V&R

Arbeiten zur Kirchlichen Zeitgeschichte

Herausgegeben im Auftrag der Evangelischen Arbeitsgemeinschaft
für Kirchliche Zeitgeschichte von
Carsten Nicolaisen und Harald Schultze

Reihe B: Darstellungen
Band 38

Vandenhoeck & Ruprecht

Simone Mantei

Nein und Ja zur Abtreibung

Die evangelische Kirche in der Reformdebatte um § 218 StGB (1970–1976)

Vandenhoeck & Ruprecht

Redaktionelle Betreuung dieses Bandes:
Carsten Nicolaisen

Bibliografische Information Der Deutschen Bibliothek

Die Deutsche Bibliothek verzeichnet diese Publikation in der Deutschen Nationalbibliografie; detaillierte bibliografische Daten sind im Internet über <http://dnb.ddb.de> abrufbar.

ISBN 3-525-55738-8

Satz: Satzspiegel, Nörten-Hardenberg
Druck und Bindung: Hubert & Co., Göttingen

Gedruckt auf alterungsbeständigem Papier.

Vorwort

Es war ein vierjähriger Weg von der ersten konzeptionellen Idee bis zur Fertigstellung der vorliegenden Untersuchung, die im Herbst 2002 von der Evangelisch-Theologischen Fakultät der Westfälischen Wilhelms-Universität Münster als Dissertation angenommen wurde. Ich bin dankbar und glücklich, auf diesem Weg so vielfältige Wegbegleitung erfahren zu haben.

Nur einige der Menschen, die auf ganz unterschiedliche Weise zur Entstehung dieses Buches beigetragen haben, seien an dieser Stelle namentlich genannt.

Mein erster Dank gebührt meinem Doktorvater Prof. Dr. Wolf-Dieter Hauschild, der das Promotionsvorhaben mit großer Weitsicht angeregt und gefördert hat. Verbunden bin ich ferner Prof. Dr. Hans-Richard Reuter, der das Zweitgutachten erstellte, sowie den Professoren Jochen-Christoph Kaiser, Martin Greschat und Ulrich Schwab, an deren Forschungskolloquien ich teilnahm und die das Projekt mit wohlwollendem Interesse begleiteten. Zu danken habe ich auch der nordrhein-westfälischen Graduiertenförderung für das Promotionsstipendium sowie der Evangelischen Arbeitsgemeinschaft für Kirchliche Zeitgeschichte für die Veröffentlichung der Dissertation.

Regen Anteil an der Entstehung dieser Arbeit haben die Mitglieder des praktisch-theologischen Kolloquiums an der Universität Marburg sowie der kirchengeschichtlichen Kolloquien an den Universitäten Marburg und Münster genommen. Ihre konstruktive Kritik hat mich immer wieder auf den rechten Weg gesetzt. Anregende Foren waren darüber hinaus die Forschungsgruppe Kirchengeschichte-mobil sowie die kirchengeschichtliche Sektion der European Society of Women in Theological Research (ESWTR).

Von unschätzbarem Wert waren mir ferner die Zeitzeugen und -zeuginnen, die mich an ihrem Fachwissen und ihrer Sicht der damaligen Ereignisse teilhaben ließen. Ihre Erzählungen und Erinnerungen haben den Archivakten Leben eingehaucht und der Geschichte die nötige Würze verliehen. Für die Orientierung bei der Erarbeitung der breiten archivalischen Basis danke ich darüber hinaus Dr. Christa Stache vom Evangelischen Zentralarchiv in Berlin.

Ganz besonders danke ich schließlich den Freundinnen und Freunden, die mich bei der Korrektur und technischen Fertigstellung dieser Arbeit tatkräftig unterstützt haben. Allen voran Dr. Claudia Schulz, die stets zur Stelle war, Dr. Stefanie Theis und Dr. Achim Plagentz, die mich mit scharfsinniger Kritik und einem Patenkind beschenkten, meiner Mitbewohnerin und Spezialistin für Strukturfragen Judith Gärtner sowie Propst Dr. Sigurd Rink, der die Korrektur als Bettlektüre genoss und mir während meines Spezialvikariats einen instruktiven Einblick in heutige kirchenpolitische Abläufe gewährte. Auf ganz verschiedene Weise - durch Gespräche und Tipps, gewissenhaftes Lektorat und großes Verständnis - haben mir auch Prof. Dr. Michael Haspel, Prof. Dr. Carsten Nicolaisen, Gertraud Grünzinger M. A. und Pfarrer Andreas Friede-Majewski ihre Hilfe zukommen lassen.

Von Herzen danken möchte ich abschließend meiner Familie und meinem Partner Jens Georg, die mich durch ihre vielfältige Unterstützung und ihr Vertrauen auf einen guten Abschluss des Projekts stets getragen haben. Sie waren für mich das Rückgrat dieser Arbeit.

Wiesbaden, im Februar 2004 Simone Mantei

Inhalt

Einleitung

Die meisten ungeplanten Schwangerschaften enden mit der Geburt eines Kindes.[1] Die willentlich herbeigeführte, vorzeitige Beendigung einer Schwangerschaft stellt dagegen die Ausnahme dar. Die rechtliche wie ethische Bewertung der Abtreibung[2] war im Lauf der abendländischen Geschichte allerdings immer wieder umstritten und unterlag zahlreichen Änderungen. Auch in den zurückliegenden dreißig Jahren wurde das Phänomen des Schwangerschaftsabbruchs in der deutschen Öffentlichkeit mehrfach diskutiert. Den Auftakt bildete die an Leidenschaft, Schärfe und Ausdauer unübertroffene Abtreibungsdebatte der Jahre 1970 bis 1976, an deren Ende die umfassende Novellierung des Paragraphen 218 Strafgesetzbuch (StGB) stand. Im Zuge der Rechtsangleichung nach dem Ende der DDR folgte Anfang der neunziger Jahre eine weitere Reformdebatte, die 1995 zur Verabschiedung der zurzeit gültigen Fassung des § 218 StGB führte.[3] Die gegenwärtig geführten Diskussionen um Ziel und Umfang der Präimplantationsdiagnostik (PID) sowie der so genannten ‚verbrauchenden' Forschung an totipotenten embryonalen Stammzellen stehen ebenfalls in unmittelbarer inhaltlicher Nähe zur Problematik des Schwangerschaftsabbruchs.

Geschichte und Gegenwart zeigen, dass die Frage nach dem angemessenen Umgang mit dem Lebensbeginn – den ihm innewohnenden Chancen, Risiken und Nöten – angesichts der Komplexität der Problemlagen nicht in immer gültigen kurzen Formeln beantwortet werden kann, sondern je und je neu verhandelt werden muss. Die persönliche Haltung zum Schwangerschaftsabbruch wird dabei – wie wissenschaftliche Studien belegt haben – bis in unsere Tage am nachhaltigsten von der religiösen Einstellung der Menschen geprägt.[4] Alice Lex-Nerlinger hat in ihrem hier als Titelbild

---

[1] Vgl. R. MÜNZ/J. PELIKAN, Geburt oder Abtreibung, S. 50–53.

[2] Der im wissenschaftlichen und rechtlichen Sprachgebrauch seit Mitte der siebziger Jahre übliche Begriff des ‚Schwangerschaftsabbruchs' (interruptio graviditatis) wird im Weiteren synonym verwendet zum volkssprachlichen Ausdruck der ‚Abtreibung', womit ursprünglich allein der kriminelle Abortus bezeichnet wurde. Der bis in die siebziger Jahre übliche euphemistische Terminus der ‚Schwangerschaftsunterbrechung' wird dagegen vermieden.

[3] Zur jüngsten Geschichte des § 218 StGB seit 1976 vgl. S. DEMEL, Zwischen Straffreiheit und Exkommunikation, S. 131–164; M. SPIEKER, Kirche und Abtreibung, S. 16–107; M. LIPPOLD, Schwangerschaftsabbruch, S. 165–241.

[4] Vgl. H.-W. EICHELBERGER, Konfession und Ethik; L. SPRUIT, Religie en abortus; W. MCINTOSH/L. ALSTON/J. ALSTON, The differential impact; N. ECKL, Einfluß sozialer Anschauungen; W. SIEBEL u. a., Soziologie der Abtreibung.

abgedruckten Gemälde von 1930 sogar einen unmittelbar kausalen Zusammenhang zwischen der religiös motivierten ethischen Bewertung des Schwangerschaftsabbruchs und der rechtlichen Ausgestaltung des Abtreibungsverbots hergestellt. In der Tat war und ist die Haltung der kirchlichen Institutionen zur Frage des Schwangerschaftsabbruchs von erheblichem gesellschaftlichem und politischem Belang. Dies zeigte sich erst im Sommer 1999 erneut, als Papst Johannes Paul II. den deutschen katholischen Bischöfen die Anordnung zum Rückzug aus der Schwangerschaftskonfliktberatung gab und damit nicht nur die reibungslose Umsetzung der Bestimmungen des § 218 StGB gefährdete, sondern auch eine neue gesellschaftliche Diskussion auslöste.[5]

Die soeben skizzierte enge Korrelation zwischen der politisch-rechtlichen und der ethisch-religiösen Bewertung des Schwangerschaftsabbruchs bildet den Anknüpfungspunkt für die Fragestellung der vorliegenden Untersuchung. Ausgehend von dem leidenschaftlichen Ringen um eine gesetzliche Neuregelung des § 218 StGB in der Zeit von 1970 bis 1976 soll der Beitrag der evangelischen Kirche zu diesem öffentlichen und politischen Meinungsbildungsprozess untersucht werden.

Forschungsüberblick

Die Problematik des Schwangerschaftsabbruchs wurde im wissenschaftlichen Diskurs bereits vielfach aufgegriffen und unter juristischen, medizinischen, philosophischen, sozial-, politik- und kulturwissenschaftlichen, theologischen sowie historischen Gesichtspunkten erörtert.

Für die hier untersuchte Fragestellung interessieren neben den theologischen Auseinandersetzungen vor allem die historischen Arbeiten.[6] Zur Geschichte des Abtreibungsverbots von dessen erster Nennung im Codex Hamurabi bis zur jüngsten Gesetzesreform von 1995 liegen zahlreiche instruktive Einzelstudien und Gesamtdarstellungen vor.[7] Besonders hervorzuheben

[5] Zum Konflikt um den Beratungsschein vgl. M. SPIEKER, Kirche und Abtreibung.

[6] Darüber hinaus sei auf die umfassende rechtsvergleichende Studie des Max-Planck-Instituts für internationales Strafrecht verwiesen (A. ESER/H.-G. KOCH, Schwangerschaftsabbruch im internationalen Vergleich), sowie auf die instruktive sozialwissenschaftliche Untersuchungen von Helge PROSS (DIES., Abtreibung).

[7] Vgl. G. DEVEREUX, abortion in primitive societies; F. DÖLGER, Lebensrecht; K. KAPPARIS, Abortion in the ancient world; M. GORMAN, Abortion and the early church; J. RIDDLE, Eve's herbs; D. KLUGE, eyn noch nit lebendig kindt, sowie aus medizinischer Sicht: I. SCHNELL, Schwangerschaft. Vgl. außerdem die populärwissenschaftlich ausgerichtete wiewohl sehr instruktive Veröffentlichung von N. JÜTTE, Geschichte der Abtreibung, sowie den vom Deutschen Hygiene-Museum publizierten Ausstellungskatalog UNTER ANDEREN UMSTÄNDEN. Einführende Zusammenfassungen finden sich schließlich bei: S. DEMEL, Zwi-

ist hier die detaillierte Studie von Günter Jerouschek zur Rechtsgeschichte des Abtreibungsverbots von der Antike bis zur Neuzeit.[8] Die Wirkungsgeschichte des 1871 verabschiedeten § 218 RStGB in der ersten Hälfte des 20. Jahrhunderts ist ebenfalls breit erforscht.[9] Was die Aufarbeitung der Geschichte des § 218 StGB nach 1945 betrifft, wird die Literaturdecke dagegen dünner. Den bedeutendsten Beitrag lieferte hier die zeitgeschichtliche Dissertation von Michael Gante, der die anthropologischen Grundlagen der politisch-parlamentarischen Meinungs- und Willensbildung zur Reform des § 218 StGB in der Zeit von 1945 bis 1976 analysierte.[10]

Über die historischen Vorarbeiten hinaus konnte sich die vorliegende Untersuchung auf verschiedene politikwissenschaftliche Studien stützen, die erhellende Informationen zur strukturellen Dimension der Abtreibungsdebatte lieferten. Michael Lißke etwa verglich in seiner Dissertation die Leistungsfähigkeit der politischen Systeme in der BRD und den USA anhand der jeweiligen Abtreibungsdebatten, wobei er den Ansatz der polity-Forschung bestätigt sah, nach welchem politische Prozesse weniger durch das Ziel, d. h. den Entscheidungsgegenstand (policy), als durch das politische System und dessen verfasste Strukturen und Institutionen, d. h. die kulturelle Basis (polity), geprägt werden.[11] In einem groß angelegten Forschungsprojekt des Wissenschaftszentrums für Sozialforschung in Berlin unternahmen auch Jürgen Gerhards, Friedhelm Neidhart und Dieter Rucht den Versuch, mit Hilfe einer systematischen Inhaltsanalyse der bundesdeutschen sowie der US-amerikanischen Abtreibungsdebatten zwischen 1970 und 1994 die komplexe Struktur öffentlicher Diskurse abzubilden und zu Aussagen über den Prozess öffentlicher Meinungsbildung zu gelangen.[12] Eberhard Sandschneider schließlich hat bereits 1983 in einem lohnenden Aufsatz eine erste Skizze des während der bundesdeutschen Abtreibungsdebatte wirksamen Kräftefeldes gesellschaftlicher Gruppen und Interessen vorgelegt.[13]

Auch der jeweilige Beitrag der Kirchen findet in diesen politikwissenschaftlichen Studien Berücksichtigung, doch wird er kaum konfessionell

---

schen Straffreiheit und Exkommunikation, S. 27–60; M. Gante, § 218, S. 10–22; G. Dähn, Geschichte des Abtreibungsverbots.

[8] G. Jerouschek, Lebensschutz und Lebensbeginn.

[9] Vgl. R. Wecker, Frauenbewegung; C. Dienel, Kinderzahl und Staatsräson; P. Finck, Geburtenrückgang; M. Eckhof, Abtreibungsseuche; U. Saatz, § 218; H. Onstein, Straftatbestände der Abtreibung; A. Grossmann, Reforming sex; J.-C. Kaiser/K. Nowak/M. Schwartz, Eugenik.

[10] Vgl. M. Gante, § 218. Vgl. im Übrigen die kaum rezipierte Dissertation von U. Muth, Reform des strafrechtlichen Schwangerschaftsabbruchs, sowie die überblicksartige Zusammenfassung der Abtreibungsdebatte Anfang der siebziger Jahre in G. Kraiker, Zwei Schritte.

[11] Vgl. M. Lisske, Abtreibungsregelung.

[12] J. Gerhards/F. Neidhart/D. Rucht, Zwischen Palaver und Diskurs.

[13] Vgl. E. Sandschneider, § 218 StGB.

ausdifferenziert, was in der Regel dazu führt, dass das eigenständige evangelische Engagement, dessen Vielstimmigkeit sich nur schwer bündeln und darstellen lässt, mit der weitaus unmissverständlicher vorgetragenen Position der katholischen Kirche identifiziert wird bzw. neben ihr verblasst.[14] Diese in der wissenschaftlichen Auseinandersetzung mit der Abtreibungsproblematik allgemein zu konstatierende ‚konfessionelle Asymmetrie' spiegelt sich auch in der theologischen Forschung wider. Es liegen bereits mehrere ausführliche Untersuchungen über die Haltung der katholischen Kirche zur gesetzlichen Neuregelung des Schwangerschaftsabbruchs vor.[15] Die größte inhaltliche Nähe zu der hier untersuchten Fragestellung weist die Dissertation von Hermann Tallen auf, der die Entwicklung des Verhältnisses zwischen der katholischen Kirche und der SPD anhand der Abtreibungsdebatte Anfang der siebziger Jahre nachzeichnete.[16] Auf evangelischer Seite dagegen wurde die Thematik des Schwangerschaftsabbruchs lange Zeit vernachlässigt. Die jüngst vorgelegten sozialethischen Dissertationen von Michael Lippold und Christiane Kohler-Weiß deuten allerdings eine Trendwende an und vermögen die bisherige Forschungslücke zumindest im Blick auf die sozialethische Debatte zu schließen.[17]

Worauf die vorliegende Untersuchung nicht zurückgreifen konnte, war eine umfassende Gesamtdarstellung der kirchlichen Zeitgeschichte seit 1945. Zu Recht wurde bereits in anderen zeitgeschichtlichen Arbeiten bedauert, dass noch kein theologie- und kirchengeschichtlicher Referenzrahmen zur Verfügung steht, in welchen sich die jeweiligen Einzelanalysen einordnen ließen.[18] Die vorliegende Arbeit kann lediglich auf verschiedene zeitgeschichtliche Einzeluntersuchungen zurückgreifen, die in zeitlicher bzw. inhaltlicher Nähe zu der hier erörterten Fragestellung stehen. Hervorzuheben sind dabei zum einen das bereits 1973 erschienene einschlägige Werk Wolfgang Hubers, der das öffentliche Handeln der Kirche in verschiedenen Fallbeispielen rekonstruierte und im Hinblick auf die ekklesiologischen Implikationen reflektierte, sowie zum zweiten die sozialethische Dissertation Reiner Anselms, der den Beitrag der evangelischen Kirche zur deutschen Strafrechtsreform zwischen 1954 und 1969 aufarbeitete.[19] Indem

---

[14] Vgl. z. B. die ansonsten recht informative Arbeit von K. FREISE, Abtreibungsproblematik.

[15] Vgl. S. DEMEL, Zwischen Straffreiheit und Exkommunikation, sowie M. SPIEKER, Kirche und Abtreibung. Angesichts der guten Forschungslage kann die vorliegende Untersuchung sich darauf beschränken, nur dort näher auf den Beitrag der katholischen Kirche einzugehen, wo es zu Wechselwirkungen mit dem Beitrag der evangelischen Kirche bzw. zur interkonfessionellen Zusammenarbeit kam.

[16] Vgl. H. TALLEN, §218 StGB.

[17] Vgl. M. LIPPOLD, Schwangerschaftsabbruch, sowie C. KOHLER-WEISS, Schutz der Menschwerdung.

[18] Vgl. exemplarisch B. HOFMANN, Gute Mütter – starke Frauen, S. 16.

[19] Vgl. W. HUBER, Kirche und Öffentlichkeit, sowie R. ANSELM, Jüngstes Gericht. Eben-

die hier vorgelegte Untersuchung sowohl thematisch als auch zeitlich an diese Arbeiten anknüpft und die Wahrnehmung des politischen Mandats der EKD anhand eines jüngeren Fallbeispiels erörtert, eröffnet sich die Möglichkeit, Entwicklungslinien und Veränderungen in der Ausgestaltung des politischen Mandats der EKD herauszuarbeiten. Zudem bietet ein elementares Ergebnis der Untersuchung Anselms, dass nämlich den Auseinandersetzungen um strafrechtliche Fragen oftmals tiefgreifende Meinungsverschiedenheiten um das Staats- und Kirchenverständnis zugrunde liegen, auch für die Abtreibungsdebatte der siebziger Jahre den zentralen hermeneutischen Schlüssel zum Verständnis des Konflikts.[20]

Forschungsgegenstand und Erkenntnisinteresse

Terminus a quo der vorliegenden Untersuchung über den Beitrag der evangelischen Kirche zur Debatte um die Reform des § 218 StGB ist der Auftakt der – zunächst auf Fachkreise beschränkten – Diskussion um die Änderung des Abtreibungsstrafrechts im Jahr 1970. Die 1969 verabschiedete geringfügige Modifikation der strafrechtlichen Bestimmungen des § 218 StGB gehört deutlich in eine Vorphase, da das Problem einer grundlegenden Reform hier noch ohne nennenswerten öffentlichen Einspruch vertagt werden konnte.[21] Terminus ad quem des Untersuchungszeitraums ist das Jahr 1976, in dem es zur endgültigen Verabschiedung und zum In-Kraft-Treten der Reform kam. Auch hier liegt eine deutliche Zäsur vor, da die parlamentarische Diskussion um die Problematik des Schwangerschaftsabbruchs zunächst ein Ende fand und erst 1980 mit der Veröffentlichung des Berichts der „Kommission zur Auswertung der Erfahrungen mit dem reformierten § 218 StGB" erneut kurz aufkeimte.[22]

Die historische Aufarbeitung und Analyse des vielgestaltigen evangelischen Beitrags zur Abtreibungsdebatte richtet ihr besonderes Augenmerk

---

falls instruktiv waren die praktisch-theologische Dissertation M. AHMES, der den zeitlich parallel zur Abtreibungsdebatte verlaufenden Versuch der EKD zur Durchführung einer Struktur- und Verfassungsreform analysierte (vgl. DERS., Reformversuch), sowie die sozialwissenschaftliche Dissertation J. VOGELS, die den Beitrag der EKD zur Diskussion um die Wiederbewaffnung in den fünfziger Jahren analysierte (vgl. DIES., Wiederbewaffnung). Vgl. am Rande auch K. KUNTER, Kirchen im KSZE-Prozeß; S. RINK, Der Bevollmächtigte.

[20] Vgl. R. ANSELM, Jüngstes Gericht, S. 229 f.

[21] Das am 25.6.1969 verabschiedete Erste Gesetz zur Reform des Strafrechts nahm lediglich kleinere kosmetische Korrekturen des Strafmaßes vor (vgl. BGBl I, 654).

[22] Vgl. „Bericht der ‚Kommission zur Auswertung der Erfahrungen mit dem reformierten § 218 des Strafgesetzbuches" (BT-Drs. 8/3630 vom 31.1.1980) sowie „Erklärung des Rates der EKD zum Schwangerschaftsabbruch" vom 9. Mai 1980 (in: DIE DENKSCHRIFTEN DER EKD, Bd. III/1, S. 241–245.

auf die strukturelle Dimension der kirchlichen Meinungsbildung und Einflussnahme. Im Zuge der chronologischen Rekonstruktion der Ereignisgeschichte werden dazu die verschiedenen Formen der kirchlichen Intervention – offizielle Verlautbarungen und Gespräche ebenso wie inoffizielle Kontakte und Vermittlungsbemühungen – nachgezeichnet und auf ihre Motive und Ziele hin befragt. Darüber hinaus werden die internen kirchlichen Interaktionsmuster nachvollzogen und die jeweiligen Meinungsbildner benannt. Schließlich werden die Reaktionen auf die verschiedenen kirchlichen Interventionen zusammengestellt und die Frage nach möglichen gesellschaftlichen und politischen Wirkspuren kirchlichen Handelns und Redens bedacht. Die Untersuchung fokussiert damit weniger ein systematisch-theologisches als ein soziologisch-funktionales Kirchenverständnis und betrachtet die evangelische Kirche primär in ihrer historischen Sozialgestalt als Institution. Das Hauptinteresse gilt den kirchlichen Organisations- und Interaktionsabläufen, die anhand des historischen Beispiels der Abtreibungsdebatte exemplarisch nachvollzogen und analysiert werden.

Den Ausgangspunkt und Interpretationsrahmen für die Analyse des Beitrags der evangelischen Kirche zur Abtreibungsdebatte bildet der so genannte Öffentlichkeitsauftrag der Kirche, d. h. die kirchliche Selbstverpflichtung zur aktiven Beteiligung am öffentlichen Diskurs über den politischen Weg und das soziale Wohl der Gesellschaft. Unter Einbeziehung der Voruntersuchungen von Huber und Anselm zur Wahrnehmung des kirchlichen Öffentlichkeitsauftrags in den fünfziger und sechziger Jahren geht die vorliegende Arbeit von der Hypothese aus, dass es in Folge der gesellschaftlichen Umbrüche und des von diesen ausgelösten Säkularisierungsschubes Ende der sechziger Jahre zu einer Neuverortung der Kirche in der Gesellschaft und infolge dessen zu einem Wandel im Verständnis des kirchlichen Öffentlichkeitsauftrags kam.[23]

Übergeordnetes Ziel der vorliegenden mikrohistorischen Studie ist es, diese Hypothese vom veränderten Verständnis des kirchlichen Öffentlichkeitsauftrags im Anschluss an die gesellschaftlichen Transformationsprozesse Ende der sechziger Jahre anhand der Aufarbeitung des im Zuge der Abtreibungsdebatte real wahrgenommenen politischen Mandats der Kirche zu verifizieren und zu konkretisieren. Die leidenschaftlichen Kontroversen um die Reform des § 218 StGB eignen sich dabei, so die Ausgangsthese dieser Arbeit, besonders gut als Paradigma, da sich in ihnen verschiedene, durch die gesellschaftlichen Umwälzungen Ende der sechziger Jahre ausgelöste Entwicklungen wie in einem Brennglas bündeln.

Durch die historische Rekonstruktion der Ausbildung und Vermittlung des kirchlichen Beitrags zur Reform des § 218 StGB sollen sich, so das Erkenntnisinteresse der Untersuchung, wertvolle Einsichten zur konkreten

---

[23] Vgl. dazu weiter unten S. 41–43.

Wahrnehmung des Öffentlichkeitsauftrags und zur Rolle der evangelischen Kirche im gesellschaftlichen Kräftespiel Anfang der siebziger Jahre gewinnen lassen. Die Aufarbeitung des evangelischen Beitrags zur Abtreibungsdebatte möchte somit nicht nur einen Beitrag zu einem noch nahezu unbearbeiteten Feld der jüngsten kirchlichen Zeitgeschichte leisten, sondern zugleich als Fallstudie über die veränderten Möglichkeiten und Grenzen des politischen Mandats der Kirche im Anschluss an den Ende der sechziger Jahre eingeleiteten Säkularisierungsschub dienen.

Indem die Untersuchung induktiv vorgeht und die Möglichkeiten und Grenzen des gesellschaftlich vertretbaren Redens und Handelns der Kirche aus der historischen Analyse der konkreten Ausgestaltung des kirchlichen Öffentlichkeitsauftrags im Zuge der Abtreibungsdebatte 1970 bis 1976 erarbeitet, möchte sie darüber hinaus dem verschiedentlich geäußerten Desiderat nach historischer Fundierung der systematisch- bzw. praktisch-theologischen sowie politikwissenschaftlichen Diskussion um Wesen und Inhalt des kirchlichen Öffentlichkeitsauftrags nachkommen.[24]

Die Quellenlage

Politische Brisanz und geschichtliche Bedeutung des Themas lassen sich leicht an der Fülle des Quellenmaterials ablesen. Die vorliegende Studie konzentriert sich zunächst auf jene Äußerungen, mit welchen Organe und einzelne Repräsentanten der EKD die Debatte um die Reform des § 218 StGB begleitet haben. Berücksichtigt werden ferner Stellungnahmen der Landeskirchen und landeskirchlichen Zusammenschlüsse, des Diakonischen Werkes, ausgewählter evangelischer Verbände, der evangelischen Fakultäten und bedeutender evangelischer Persönlichkeiten.[25]

---

[24] E. WILKENS hatte bereits 1978 gemahnt: „Uns fehlen wissenschaftliche Darstellungen und Verarbeitungen der Geschichte des politischen Dienstes der EKD und ihrer Gliedkirchen in der Bundesrepublik Deutschland seit dem Zweiten Weltkrieg. Die reichlich gefüllten Archive, Synodalberichte und Quellensammlungen geben für die heutige Urteilsbildung und Weiterarbeit zur politischen Ethik und zum politischen Dienst der Kirche mehr her, als die wenigen hierzu bisher vorliegenden Arbeiten erkennen lassen" (DERS., Geschichte des politischen Dienstes, S. 17). Noch gut zehn Jahre später beklagte sich auch G. WEWER, dass die kirchliche Zeitgeschichtsforschung erst in der Nachkriegszeit angelangt sei und für eine aktuelle Analyse kirchlicher Interventionen noch kein Material bereit gestellt habe (vgl. DERS., Die großen Kirchen und das politische System, S. 53). Vgl. auch J. MEHLHAUSEN, Methode, S. 515.

[25] Auf die Einbeziehung der breiten Diskussion an der kirchlichen Basis musste zugunsten einer wirksamen Eingrenzung des Untersuchungsgegenstandes verzichtet werden. Eine komplementäre Studie, welche die historische Aufarbeitung um die Debatten in den Gemeinden, den verschiedenen kirchlichen Verbänden sowie den Evangelischen Akademien ergänzen würde, wäre zweifelsohne von Gewinn. Wünschenswert wären ferner Untersuchungen zu

Die maßgeblichen Äußerungen von evangelischer Seite zur Reform des § 218 StGB sind – soweit sie zur Veröffentlichung bestimmt waren – in den entsprechenden Jahrgängen des „Kirchlichen Jahrbuchs" (KJ) bzw. in den Dokumentationen des Evangelischen Pressedienstes *(epd-dok)* zu finden.[26] Zahlreiche Primärquellen aus dem kirchlichen sowie dem politischen Raum wurden darüber hinaus bereits in Dokumentationen zusammengestellt und zugänglich gemacht.[27] Einen wertvollen Einblick in die diffizile innerkirchliche Meinungsbildung vermitteln auch die Protokolle der Landes- sowie der EKD-Synoden.[28] Über das parlamentarische Geschehen informieren ferner die Protokolle des Bundestages und Bundesrates.[29] Zur Anhörung des parlamentarischen Sonderausschusses für die Strafrechtsreform sowie zum Normenkontrollverfahren des Bundesverfassungsgerichts liegen überdies gesonderte Quellensammlungen vor.[30]

Archivbestände

Neben den veröffentlichten Quellen wurde umfassendes Archivmaterial herangezogen. Ausgangspunkt und Grundlage bildeten die ergiebigen Quellen im Evangelischen Zentralarchiv in Berlin (EZA). Zwar unterliegen die einschlägigen Bestände noch größtenteils der 30-Jahres-Sperrfrist, doch

---

möglichen regionalen, personellen und institutionellen Verflechtungen zwischen der Frauenbewegung und der evangelischen Kirche sowie zu dem in der Abtreibungsdebatte kolportierten Frauen- und Geschlechterbild. So verdeutlicht beispielsweise die bis heute undenkbare Option, die Pflichtberatung auch auf den Schwängerer als Betroffenen auszudehnen, in welchem Maße der Schwangerschaftskonflikt nach wie vor an die Geschlechtskategorie gebunden ist und per se als ein rein ‚weiblicher' Konflikt betrachtet wird. Ein dringendes Desideratum wäre m. E. zudem eine praktisch-theologische bzw. diakoniewissenschaftliche Reflexion der in den evangelischen Beratungsstellen geleisteten Schwangerschaftskonfliktberatung (vgl. hierzu bislang nur M. KOSCHORKE/J. SANDBERGER, Schwangerschaftskonfliktberatung, sowie F.-J. STEINMEYER, Leben annehmen).

[26] Vgl. KJ 1971–1976, sowie *epd-dok* 6/72; 16/72; 14/73; 15/73; 15a/73; 15b/73; 41/73; 49/73; 16/74; 48/74; 49/74; 12/75; 13/75; 39/75.

[27] Zur Frühphase der Abtreibungsdebatte vgl. F.-C. SCHROEDER, Abtreibung. Unter besonderer Berücksichtigung des katholischen Beitrags vgl. K. PANZER, Schwangerschaftsabbruch. Mit besonderem Schwerpunkt auf dem kirchlichen und medizinischen Beitrag vgl. E. WILKENS, § 218. Einen Querschnitt der gesamten Debatte bietet ferner G. KRAIKER, Zwei Schritte.

[28] Die im Auftrag der Synode von der Kirchenkanzlei der EKD herausgegebenen Berichte über die Tagungen der Synode der EKD sind im Weiteren mit Kurztiteln (Ort, Jahr) angeführt.

[29] Aufgrund der Archivsperre nicht zugänglich waren die einschlägigen Akten des Bundesjustizministeriums. Ihre Einsichtnahme wäre zwar von Interesse gewesen, erschien für die hier bearbeitete Fragestellung allerdings nicht zwingend notwendig.

[30] Vgl. REFORM DES § 218, sowie C. ARNDT/B. ERHARD/L. FUNCKE, § 218 StGB vor dem Bundesverfassungsgericht.

erteilte das Kirchenamt der EKD dankenswerterweise seine Genehmigung zur Einsichtnahme. So war es nicht nur möglich, die umfangreichen Sachakten der Kirchenkanzlei samt ihrer Bonner Außenstelle zu studieren, sondern auch jene des Büros des Bevollmächtigten sowie der Ratsvorsitzenden der EKD. Wertvolle Informationen boten ferner die Handakten des Geschäftsführers der Strafrechtskommission der EKD, Horst Echternach. Nach intensiven Bemühungen war es schließlich auch möglich, den Nachlass des Ende 1999 verstorbenen ehemaligen Ratsbevollmächtigten Hermann Kunst einzusehen.[31]

Das umfassendste und ergiebigste Material fand sich indes im Handaktenbestand des Oberkirchenrats und späteren Vizepräsidenten der EKD-Kirchenkanzlei Erwin Wilkens. Wilkens, bis 1974 Referent für Presse- und Öffentlichkeitsarbeit der EKD, stellt im Grunde die Schlüsselfigur der vorliegenden Untersuchung dar, denn mit seinem beruflichen wie persönlichen Engagement für die Thematik des Abtreibungsstrafrechts prägte er den Beitrag der evangelischen Kirche zur Debatte um die Reform des § 218 StGB wie kein zweiter. Knapp 25 Aktenordner geben beredt Auskunft über den facettenreichen Beitrag der EKD sowie die zentrale Rolle des Öffentlichkeitsreferenten und späteren Vizepräsidenten.

Der Erhellung des diakonischen Beitrags zur Abtreibungsdebatte diente überdies die Aufarbeitung der entsprechenden Bestände des Archivs des Diakonischen Werkes (ADW). Neben den Sachakten der Hauptgeschäftsstelle des Diakonischen Werkes sowie den Handakten des Präsidenten Theodor Schober und des Direktors im Diakonischen Werk Fritz-Joachim Steinmeyer handelt es sich dabei in erster Linie um die Handakten der zuständigen Referentin für Mütterhilfe Mechthild König. Zur Abrundung des Quellenbestandes wurden darüber hinaus ergänzende Recherchen im Archiv der Evangelischen Akademie Bad Boll sowie im Archiv der Evangelischen Frauenarbeit in Deutschland (AEFD) durchgeführt.

Wertvolle Hintergrundinformationen, die ein vertieftes Verständnis des Quellenmaterials ermöglichten, erbrachten schließlich auch einige Interviews mit Personen, die in den siebziger Jahren innerhalb der Kirche, der Diakonie oder einer politischen Partei Funktionsträger und -trägerinnen waren bzw. über einen privilegierten Zugang zu Informationen über Personengruppen oder Entscheidungsprozesse verfügten.[32]

---

[31] Dabei zeigte sich allerdings, dass die Arbeit des Ratsbevollmächtigten durch die schriftlichen Quellen nur sehr begrenzt nachvollzogen werden kann, da dessen Vermittlungstätigkeit sich zu einem beträchtlichen Teil im ‚vorschriftlichen' Raum vertraulicher Gespräche abspielte und – wie aus den spärlichen Quellen erschlossen werden kann – oftmals sogar einen primär seelsorgerlichen und weniger politischen Charakter hatte.

[32] Vgl. M. Meuser/U. Nagel, ExpertInneninterviews, S. 443. Eine Namensliste der Interviewpersonen findet sich unten S. 585.

Pressematerial

In Ergänzung zu den kirchlichen Quellen wurde ferner umfangreiches Pressematerial zur Abtreibungsdebatte gesichtet.[33] Dazu konnte auf die Pressesammlung des sehr gut sortierten Pressearchivs der Evangelischen Kirche von Berlin-Brandenburg (PAEVKBB), auf das Pressearchiv des Presse- und Informationszentrums der Bundesregierung in Bonn (PABReg) sowie auf das Archiv des Evangelischen Pressedienstes (PAEpd) in Frankfurt a. M. zurückgegriffen werden.[34]

Die systematische Aufarbeitung der überregionalen Tages- und Wochenpresse diente dabei zunächst der Rekonstruktion der politischen wie gesellschaftlichen Ereignisgeschichte. Darüber hinaus vermittelten die Kommentare in Zeitungen sowie die Artikel in Illustrierten und Magazinen ein instruktives Bild von der öffentlichen Wahrnehmung und Beurteilung der einzelnen historischen Ereignisse. Entsprechend der untersuchten Fragestellung wurden die Pressepublikationen insbesondere auf die Kommentierung kirchlicher Äußerungen sowie auf mögliche Wirkspuren kirchlicher Einflussnahme hin befragt.

Methodisches Vorgehen

Die vorliegende Untersuchung möchte durch die möglichst detaillierte Befragung eines Teilbereichs der jüngsten Geschichte Einsichten in die Möglichkeiten und Grenzen eines gesellschaftlich verantwortbaren Redens und Handelns der Kirche gewinnen. Im Mittelpunkt der Arbeit steht die historisch-kritische Quellenanalyse des evangelischen Beitrags zur Abtreibungsdebatte zwischen 1970 und 1976. Die Untersuchung ist darum bemüht, Urteil und Wertung zugunsten der Dokumentation des Geschehenen zurückzuhalten.[35] Schematische Charakterisierungen wie ‚konservativ' oder ‚progressiv/liberal' sind ausdrücklich nicht mit Wertungen verbunden, son-

---

[33] Auf die Dokumentation der zahlreichen Presseartikel im Literaturverzeichnis wurde aus Gründen der Übersichtlichkeit und des Raums verzichtet. Die vollständigen bibliographischen Angaben der Tages- und Wochenpresse finden sich unmittelbar am Zitationsort.

[34] Umfangreiche thematische Material- und Pressezusammenstellungen fanden sich auch unter den Archivalien des EZA. Als so genannte „Rundbriefe" wurden sie von der Kirchenkanzlei der EKD in unregelmäßigen Abständen an einen größeren Verteilerkreis versandt.

[35] Die Wissenschaftstheorie hat freilich mit Recht darauf hingewiesen, dass eine ‚objektive', wertfreie Forschung nicht möglich ist (vgl. S. Harding, Whose science?). Zur Offenlegung meiner hermeneutischen Option sei darum angefügt, dass ich mein Arbeiten in den Kontext einer historisch-theologischen Frauen- und Geschlechterforschung stelle, welche die Genderperspektive als integralen Bestandteil wissenschaftlichen Arbeitens und Reflektierens betrachtet.

dern sollen in ihrem begrenzten Aussagegehalt lediglich der groben Orientierung dienen.

Die Studie ist im Bereich der Kirchlichen Zeitgeschichte verortet. Die fachwissenschaftliche Diskussion um den exakten Standort der Kirchlichen Zeitgeschichte dauert freilich an.[36] Ein wesentliches Merkmal der Kirchlichen Zeitgeschichtsforschung liegt in ihrem intensiven Dialog mit den Gesellschaftswissenschaften. Neben den Berührungspunkten zu gesellschaftswissenschaftlichen und allgemein-historischen Fragestellungen besteht die Besonderheit der vorliegenden Arbeit zudem in ihrer unmittelbaren thematischen Nähe zu den angrenzenden Fachdisziplinen der Praktischen Theologie und der Sozialethik.[37] Diese enge Verflechtung ist m. E. als Zeichen für die Gegenwartsrelevanz der Kirchengeschichte zu betrachten und regt dazu an, die untergeordnete Stellung der kirchlichen Zeitgeschichte im Kontext evangelischer Theologie neu zu bedenken.[38]

Aufbau der Arbeit

Die Untersuchung orientiert sich in ihrem chronologischen Aufbau an den politischen Zäsuren der Abtreibungsdebatte und gliedert sich in sechs Hauptteile.

Die ersten beiden Teile beschreiben die Jahre 1970 bis 1972, angefangen bei den ersten Vorüberlegungen zur Reform des § 218 StGB und dem Auftakt der öffentlichen Abtreibungsdebatte sowie der Einbringung erster Gesetzentwürfe bis zum vorzeitigen Ende der sechsten Wahlperiode des Deutschen Bundestages und dem damit verbundenen Abbruch der Reformbemühungen. Die Schwerpunkte der Darstellung bilden die Gründung und die schwierigen Verhandlungen der Strafrechtskommission der EKD sowie die breite Kontroverse um die Veröffentlichung der ersten evangelisch-katholischen Verlautbarung „Das Gesetz des Staates und die sittliche Ord-

---

[36] Vgl. dazu die instruktive Aufsatzsammlung von A. DOERING-MANTEUFFEL/K. NOWAK, Kirchliche Zeitgeschichte.

[37] Der Forschungsbereich, in dem Kirchengeschichte und Sozialethik sich berühren und z. T. überlappen, ist von R. ANSELM mit dem Begriff ‚Ethikforschung' umschrieben worden (vgl. DERS., Jüngstes Gericht, S. 13). Anselm, dessen Dissertation zur Geschichte der Strafrechtsreform ebenso wie die vorliegende Arbeit die Leistungsfähigkeit protestantischer Beiträge zu konkreten gesellschaftlichen und politischen Steuerungsproblemen in den Blick nimmt, begreift das Konzept der Ethikforschung allerdings zunächst nur als historisch-reflektierende Teildisziplin der Ethik. Ist jedoch für die Ethikforschung nicht nur der thematische Rahmen der Ethik konstitutiv, sondern, wie Anselm meint, auch die historisch-kritische Methodik, so braucht das Konzept m. E. nicht auf die Ethik beschränkt zu bleiben, sondern bietet einen interdisziplinären Ansatz, der auch von Seiten der Kirchengeschichte Aufnahme finden kann. Die vorliegende Arbeit unternimmt einen ersten Schritt dazu.

[38] Vgl. dazu auch den Aufsatz von M. BEINTKER, Kirchliche Zeitgeschichte.

nung". Diese Schrift, deren bisher ungeklärte Entstehungshintergründe hier erstmals anhand des Quellenmaterials aufgedeckt werden, wird dabei als letzter Ausdruck eines in den folgenden Jahren zunehmend zurückgedrängten prätentiösen kirchlichen Selbstverständnisses begriffen. Der erste Teil skizziert jedoch nicht nur die kirchliche Ausgangsposition, sondern beschreibt auch den Auftakt der öffentlichen Abtreibungsdebatte im Sommer 1971 sowie die daraufhin einsetzende breite Meinungsbildung innerhalb der evangelischen Kirche. Der zweite Teil widmet sich sodann dem politischen Prozedere in Bonn und rekonstruiert den intensiven Konsultationsprozess zwischen der EKD und dem Bundesjustizministerium. Abgerundet wird die Darstellung durch die Schilderung der zeitgleichen Zuspitzung und Eskalation des Konflikts zwischen der katholischen Kirche und der Bundesregierung.

Der dritte und vierte Teil der Untersuchung erstreckt sich von der Neuaufnahme des Reformvorhabens zu Beginn der siebten Wahlperiode (1973) bis zum – zunächst – erfolgreichen Abschluss der parlamentarischen Arbeit im Frühjahr 1974. Den Auftakt der Darstellung bildet die abermals aufflammende öffentliche, politische und innerkirchliche Diskussion um das Reformvorhaben, das unter neuen – aus evangelischer Sicht weitaus ungünstigeren – politischen Vorzeichen als in der sechsten Wahlperiode fortgesetzt wurde.[39] Im Zentrum der Darstellung steht die Rekonstruktion des polyphonen evangelischen Beitrags in dieser neuen Phase der Abtreibungsdebatte. Dazu werden sowohl eine Reihe landeskirchlicher Verlautbarungen als auch die zentralen EKD-Erklärungen zu diesem Problemkreis analysiert und auf ihren Wirkungsgehalt hin befragt. Ausführlich geht die Arbeit auf die viel gelobte erste Wortmeldung des Diakonischen Werkes, das so genannte ‚rosa Papier', sowie die umstrittene ‚Gemeinsame Erklärung' des Rates der EKD und der katholischen Bischofskonferenz vom Dezember 1973 ein. Besondere Aufmerksamkeit wird darüber hinaus den leidenschaftlichen öffentlichen Auseinandersetzungen im Vorfeld der parlamentarischen Beschlussfassung sowie den Bundestagsdebatten und schließlich der Verabschiedung der Fristenregelung durch den Deutschen Bundestag am 26. April 1974 zuteil.

Die letzten beiden Teile der Untersuchung befassen sich abschließend mit der Revision des § 218 StGB durch das Bundesverfassungsgericht sowie der Neuaufnahme und dem endgültigen Abschluss des Gesetzgebungsverfahrens. Es wird untersucht, wie die öffentliche Auseinandersetzung ab-

---

[39] Die politischen Kräfteverhältnisse hatten sich dahingehend geändert, dass in dieser zweiten Phase der Reformbemühungen nicht länger die Verabschiedung einer so genannten Indikationenregelung, sondern einer von kirchlicher Seite mehrheitlich abgelehnten Fristenregelung als wahrscheinlich galt. Zur Erläuterung der verschiedenen Modelle vgl. unten S. 45–50.

flaute, wie die evangelische Kirche ihren Beitrag zunehmend vom Engagement in strafrechtlichen Fragen auch auf diakonische Maßnahmen ausweitete und wie ihre Bemühungen um Vermittlung zwischen den verhärteten politischen Fronten scheiterten. Der letzte Teil behandelt ferner die endgültige Verabschiedung der Gesetzesreform sowie die verschiedenen Reaktion der Kirchen – ihrer Organe und einzelner Vertreter – auf das vom Bundestag 1976 beschlossene Indikationenmodell.

In einem abschließenden Fazit werden die Erkenntnisse aus der detaillierten historischen Rekonstruktion der Ereignisgeschichte systematisiert und auf ihre Implikationen für die Ausgangsfrage nach dem Verständnis des kirchlichen Öffentlichkeitsauftrags und seines Wandels Anfang der siebziger Jahre hin befragt.

Die Abtreibungsproblematik im Spiegel der Geschichte

Bevor man sich den zeitgenössischen Diskussionen um den Schwangerschaftsabbruch zuwendet, erscheint es sinnvoll, sich zunächst einen historischen Überblick über die verschiedenen kirchlichen, gesellschaftlichen und strafrechtlichen Bewertungen des Schwangerschaftsabbruchs zu verschaffen. Da zur abendländischen Geschichte des Abtreibungsverbots inzwischen sowohl qualitativ hochwertige Einzeluntersuchungen als auch eine Reihe empfehlenswerter Überblicksdarstellungen erschienen sind, kann die vorliegende Arbeit sich darauf beschränken, einige Leitlinien nachzuzeichnen.[40] Die folgende Skizze soll in erster Linie dazu dienen, den weiten Problemhorizont und die verschiedenen Bezugsrahmen aufzuzeigen, innerhalb derer die Abtreibungsfrage im Verlauf ihrer Geschichte behandelt worden ist.

Grundlegende Erkenntnis der historischen Beschäftigung mit dem Schwangerschaftsabbruch ist zunächst die Feststellung, dass dieser zu keinem Zeitpunkt in der Geschichte als ein der Schwangeren fraglos zukommendes Recht verstanden worden ist.[41] Das Verbot der Abtreibung ist im Verlauf der Jahrhunderte allerdings sehr verschieden begründet worden. Es lassen sich zwei divergente Argumentationslinien herausarbeiten: Auf der einen Seite die in der Antike und später in der Aufklärung sowie im „Dritten Reich" vertretene rechtlich motivierte Auffassung, wonach die Abtreibung einem Sachentzug, d. h. einem Eigentumsdelikt gegen den Vater bzw. gegen den Staat gleichkam,[42] auf der anderen Seite die der hellenis-

---

[40] Für einen Überblick über die einschlägige Literatur siehe oben Anm. 7.

[41] Vgl. G. JEROUSCHEK, Lebensschutz und Lebensbeginn, S. 12.

[42] Die ersten rechtlichen Abtreibungsverbote, wie sie im Codex Hamurabi oder im Bundesbuch (Ex 21,22–25) zu finden sind, thematisieren noch nicht die willentliche Selbstab-

tisch-jüdischen Gedankenwelt entspringende, heute vertretene ethisch-normative Überzeugung, nach welcher es sich bei jedem Schwangerschaftsabbruch primär um die Tötung werdenden Lebens handelt.[43] Der fundamentale Unterschied zwischen den verschiedenen Argumentationslinien liegt in der Bewertung des Embryos, der einmal primär als Gegenstand ‚besitz'-rechtlicher Auseinandersetzungen, das andere Mal als Träger eigenständiger und schutzwürdiger Personenrechte angesehen wird. Die heute im Kontext des Schwangerschaftsabbruchs immer wieder zentral diskutierte Frage nach dem Beginn des Lebens stellt sich folglich nicht automatisch, sondern setzt bereits einen bestimmten – ethisch-normativen – Bezugsrahmen voraus. Sie ist in der Geschichte zudem sehr verschieden beantwortet und lange Zeit gar vom – angenommenen – Geschlecht des Embryos abhängig gemacht worden.[44]

---

treibung als Tat der Schwangeren, sondern die uneinverständliche Fremdabtreibung, für die der Schädiger dem Ehemann, der als Geschädigter betrachtet wurde, Schadensersatz zu leisten hatte. In der römischen Republik wurde später auch die Selbstabtreibung durch die Frau als Verstoß gegen das ius vitae et necis, das römische Recht des freien Mannes auf Entscheidungshoheit über Leben und Tod seines Hausverbandes, verstanden. Da die Sanktionierung der Abtreibung sich allein aus der Verletzung der pater potestas begründete, war weder die mit Einwilligung des Ehemannes vorgenommene Abtreibung noch der Schwangerschaftsabbruch lediger Frauen untersagt.

Mit der vaterrechtlichen Motivation des Abtreibungsverbots vergleichbar ist die bevölkerungspolitische, die die Entscheidung über die Vornahme einer Abtreibung nicht dem Vater, sondern dem Staat und seinen Interessen unterordnete. So betrachteten Plato und Aristoteles sowohl die Abtreibung als auch den Kindesmord – der noch bis ins 20. Jahrhundert weitaus verbreiteter war als der Schwangerschaftsabbruch – als wertneutrales Bevölkerungsregulativ, das bei drohender Überbevölkerung *ge-*, bei Bevölkerungsmangel dagegen *ver*boten sein sollte.

Dies und das Folgende nach G. JEROUSCHEK, Lebensschutz und Lebensbeginn. Auch die Systematisierung geht auf ihn zurück. Allerdings betrachtet Jerouschek die bevölkerungspolitische und die vaterrechtliche Motivierung des Abtreibungsverbots je für sich, während sie in dieser Arbeit wegen des beiden zugrunde liegenden ‚besitz'-rechtlichen Denkens zusammengefasst und dem ethisch-religiös motivierten Denken gegenüber gestellt werden (vgl. EBD., S. 286).

[43] Zu der ethisch-normativen Neubegründung des Abtreibungsverbots kam es infolge der Septuaginta-Übersetzung der hebräischen Schriften, denn hier wurde die in Ex 21,22–25 erwähnte Abtreibung erstmals nicht als Verletzung der Rechte des Ehemannes, sondern als Rechtsverletzung des Fötus selbst, d. h. als Tötung, aufgefasst. Dieses dem hellenistischen Judentum entspringende ethisch-normative Verständnis des Schwangerschaftsabbruchs wurde vom Christentum übernommen und prägte nicht nur das kanonische Recht des Mittelalters, sondern auch das weltliche Recht der Neuzeit.

[44] Zum Folgenden vgl. S. DEMEL, Zwischen Straffreiheit und Exkommunikation, S. 21–29. Die altkirchliche auf dem von Tertullian vertretenen Traduzianismus fußende Simultanbeseelungsdoktrin identifizierte den Lebensanfang mit dem Akt der Zeugung, da die neue Seele bereits im Samen des Mannes enthalten sein bzw. – so der Generatianismus nach Gregor von Nyssa – im elterlichen Zeugungsakt entstehen sollte. Augustin dagegen prägte die bis ins 17. Jahrhundert gültige, auf Aristoteles zurückgehende Lehre von der Sukzessivbeseelung,

Der vor allem durch das Christentum tradierte ethisch-normative Bezugsrahmen hat eine wechselvolle Geschichte erfahren. Seit dem Ausgang des Mittelalters prägte er nicht nur die kanonischen Bußordnungen, sondern fand auch Eingang in das neu entstehende weltliche Recht der frühen Neuzeit.[45] Im Zuge der Aufklärung war man dann jedoch bestrebt, das Recht aus seiner christlichen Verankerung zu lösen und suchte nach einer säkularen Begründung für das Abtreibungsverbot. Man fand sie im staatlichen Interesse an Bevölkerungsmaximierung, das Jerouschek als die „legislatorische conditio sine qua non des neuzeitlichen Strafrechts des Schwangerschaftsabbruchs" bezeichnet hat.[46] Zwar schlug sich die bevölkerungspolitische Motivation des Abtreibungsverbots in der Ausbildung des modernen Strafrechts im 19. Jahrhundert noch nicht unmittelbar nieder, und das Abtreibungsverbot behielt im Reichsstrafgesetzbuch von 1871 seinen rechtssystematischen Ort unter den Straftaten gegen das Leben, doch fußten bereits die kurz nach der Jahrhundertwende einsetzenden Reformdebatten nicht mehr in einem ethisch-normativen, sondern in einem ‚besitz'-rechtlichen Denken.

Die wiederholten Diskussionen um das Abtreibungsverbot in der ersten Hälfte des 20. Jahrhunderts waren ganz von bevölkerungspolitischen, eugenischen und rassenhygienischen Motiven geprägt und ordneten den Lebensschutz konsequent diesen Interessen unter.[47] Die Entwicklung fand

---

welche ihre theologische Entsprechung in der von Thomas von Aquin vertretenen Lehre des Kreatianismus fand, wonach die Seele von Gott erschaffen und dem werdenden Leben im Verlauf der Schwangerschaft eingegossen wurde. Der Beseelungstermin, der mit dem Lebensbeginn identifiziert wurde, war allerdings stets umstritten. Zumeist wurde er für männliche Embryos auf den 40. Tag nach der Empfängnis, für weibliche dagegen auf den 80. oder 90. Tag nach der Empfängnis festgesetzt. Ab dem 18. Jahrhundert kam es, unterstützt durch die Erkenntnisse der Medizin, erneut zu einer Hinwendung zur Lehre von der Simultanbeseelung, die – in säkularisierter Form – bis in unsere Tage vertreten wird.

Die altkirchlichen Lehren bilden den unerlässlichen Verstehenshorizont zeitgenössischer Auseinandersetzungen. Während sich das absolute Abtreibungsverbot der katholischen Kirche – bis hin zum Verbot von Verhütungsmitteln und Onanie – nur aus dem Traduzianismus und der auf ihm fußenden Lehre von der Simultanbeseelung erklären lässt, bot umgekehrt die Lehre von der Sukzessivbeseelung überhaupt erst das ideologische Gerüst für eine Fristenregelung. In den Diskussionen um die ‚verbrauchende' Forschung an embryonalen Stammzellen oder auch im Streit um die Wortwahl ‚werdendes' Leben versus ‚ungeborenes' Leben zeigt sich nach wie vor die Aktualität der historischen Erklärungsmuster (Sukzessiv- versus Simultanbeseelung).

[45] Der Übergang der Strafverfolgung vom geistlichen zum weltlichen Recht führte zu einer erheblichen Verschärfung des Strafmaßes. Die Peinliche Gerichtsordnung Karls V., die so genannte Carolina von 1532, die bis 1871 nahezu im gesamten Deutschen Reich Gültigkeit beanspruchte, verfügte in Artikel 133, dass, wer ‚eyn lebendig kindt' abtreibt, mit dem Tod zu bestrafen sei (vgl. D. KLUGE, eyn noch nit lebendig kindt).

[46] G. JEROUSCHEK, Lebensschutz und Lebensbeginn, S. 262.

[47] Das Folgende nach R. WECKER, Frauenbewegung, S. 182–242, und M. GANTE, § 218, S. 13–22. Bereits kurz nach der Jahrhundertwende hatte es erste vom Gedanken der Volkshygiene getragene Reformdiskussionen gegeben, die – unterbrochen vom ersten Weltkrieg –

ihren grausamen Höhepunkt in den lebensverachtenden Verbrechen des Nationalsozialismus. Die Nationalsozialisten instrumentalisierten die Gesetzgebung zum Schwangerschaftsabbruch konsequent für ihre rassenhygienischen Ziele und unterstellten das werdende Leben der staatlichen Willkür. Während die Vornahme von Abtreibungen im Fall so genannter ‚erbkranker oder minderwertiger' Eltern aus eugenischen Gründen gestattet und befürwortet war, wurde der Abbruch von Schwangerschaften, die nach rassenhygienischen Gesichtspunkten wünschenswerte Nachkommenschaft erwarten ließen, allein auf die medizinische Indikation beschränkt.[48] Ab 1943 wurde die an deutschen, nicht jüdischen Frauen vorgenommene illegale Abtreibung gar als ‚Beeinträchtigung der Lebenskraft des deutschen Volkes' begriffen und mit der Todesstrafe für gewerbemäßige Abtreiber und Abtreiberinnen belegt.[49]

Nach dem zweiten Weltkrieg kam es in den Westzonen zu einer Rückbesinnung auf die ethisch-normative Begründung des Abtreibungsverbots und damit zu einer erneuten Betonung der eigenständigen Menschenwürde des Embryos.[50] Der wieder aufgerichtete starre ethisch-normative Bezugsrahmen ließ allerdings keine Einschränkung des absoluten Abtreibungsverbots zu, so dass es trotz der zahlreichen Vergewaltigungen durch alliierte Soldaten nach Kriegsende nur in den Ostzonen zur Einführung einer so genannten ethischen Indikation kam.[51] Ein späterer Versuch, die Verge-

---

zu Beginn der Weimarer Republik ihre Fortsetzung fanden, ohne jedoch zu einschneidenden gesetzlichen Änderungen zu führen. Nicht durch eine Gesetzesänderung, sondern durch eine reichsrichterliche Entscheidung vom 11. März 1927 kam es unter Berufung auf die Güterabwägungstheorie erstmals zur gerichtlichen Anerkennung des medizinisch indizierten Schwangerschaftsabbruchs.

[48] Die medizinische sowie die eugenische Indikation – letztere sollte sich erst später infolge der verbesserten Möglichkeiten der Präimplantationsdiagnostik von einer elterlichen zu einer kindlichen Indikation entwickeln – waren somit die ersten Indikationen, welche eine gesetzliche Verankerung erfuhren (vgl. „Gesetz zur Änderung des Gesetzes zur Verhütung erbkranken Nachwuchses" vom 26. Juni 1935, in: RGBl. vom 27.6.1935/I, S. 773). Bereits die rechtssystematische Einordnung zeigt, dass die Anerkennung der Indikation ganz der rassenhygienischen Ideologie dienstbar gemacht wurde.

[49] Vgl. „Verordnung zum Schutz von Ehe, Familie und Mutterschaft", die am 9. März 1943 aus bevölkerungspolitischen Motiven unter dem Eindruck der Kriegsverluste erlassen wurde (RGBl. vom 16.3.1943/I, S. 140 f., sowie Durchführungsverordnung in: RGBl. vom 18.3.1943/I, S. 169–171). Schwangerschaften jüdischer und ‚fremdvölkischer' Frauen, d. h. vor allem von Zwangsarbeiterinnen, galten ‚vom völkischen Standpunkt aus' als nicht erwünscht und konnten per Erlass von der Verordnung ausgenommen werden (EBD., vgl. dazu ausführlicher G. CZARNOWSKI, Mütter der „Rasse").

[50] Nachdem die Alliierten die Strafmaßverschärfung von 1943 außer Kraft gesetzt hatten, kam es zu einer uneinheitlichen Rechtslage. Die medizinische Indikation wurde zwar in allen Landesteilen anerkannt, doch basierte diese Anerkennung in einigen Landesteilen auf dem Erbgesundheitsgesetz von 1933 und in anderen auf der reichsgerichtlichen Entscheidung von 1927 (vgl. M. GANTE, § 218, S. 24 f.).

[51] Vgl. K. POUTRUS: „Der Widerstand der Kirche, die politische Stärke der CDU sowie

waltigungsindikation auch in den ehemaligen Westzonen einzuführen, scheiterte Anfang der sechziger Jahre am Widerstand der Kirchen.[52] Erst durch die rasche Verbreitung der Nidationshemmer Mitte der sechziger Jahre wurde der ethisch-normative Bezugsrahmen, der jeder lebensweltlichen Anpassung des absoluten Abtreibungsverbots bis dahin entgegengestanden hatte, geweitet.

Mit der Abtreibungsdebatte Anfang der siebziger Jahre trat schließlich ein bis dahin nahezu unberücksichtigter Aspekt ins allgemeine Bewusstsein: das Recht der Frau auf Selbstbestimmung.[53] Die Abtreibungsdebatte wäre jedoch zu eng geführt, wollte man sie ausschließlich als Kampf der *Frauen* um mehr Selbstbestimmung begreifen. Sie war vielmehr ein – exemplarischer und bedeutender – Teil des damaligen *gesamtgesellschaftlichen* Ringens um Emanzipation und das rechte Verhältnis von Heteronomie und Autonomie.[54]

Die Kontroversen um die Lockerung des § 218 StGB kreisten in jenen Jahren um die Grundsatzfrage, ob der nach dem Zweiten Weltkrieg restituierte starre ethisch-normative Bezugsrahmen des Abtreibungsverbots, als dessen Förderer und Erhalter vor allem die Kirchen galten, zugunsten eines emanzipatorischen, ‚besitz'-rechtlichen Verständnisses aufgegeben, und der

---

die Halbherzigkeit der SPD in bezug auf das Abtreibungsproblem verhinderten in den Westzonen die juristische Anerkennung der Realität" (DIES., Staat, S. 82).
In der SBZ kam es nach dem Krieg sowohl zur Einführung einer ethischen sowie in den meisten Landesteilen auch zur Anerkennung weiterer Indikationen. Nach der Gründung der DDR wurde aus bevölkerungspolitischen und volkshygienischen Gründen 1950 jedoch wieder eine enge Indikationenregelung, welche nur die medizinische und die ethische Indikation umfasste, eingeführt (vgl. „Gesetz über den Mutter- und Kinderschutz und die Rechte der Frau" von 1950, abgedruckt in: K. THIETZ, Ende der Selbstverständlichkeit?, S. 70–76). Zur Entwicklung in der DDR findet sich neben der instruktiven Quellensammlung von K. THIETZ auch bei M. LIPPOLD (DERS., Schwangerschaftsabbruch, S. 49–60) ein kurzer Überblick.

[52] Die Bundesregierung hatte 1960 die ethische Indikation kurzerhand aus dem entsprechenden Reformentwurf ihres Justizministeriums gestrichen. R. ANSELM weist in seiner Untersuchung über den evangelischen Beitrag zur Strafrechtsreform schlüssig nach, dass die vereint ablehnende Haltung der Kirchen ein bedeutendes Movens dieser politischen Entscheidung gegen die ethische Indikation gewesen war (DERS., Jüngstes Gericht, S. 140 f.).

[53] Dem soeben aufgestellten Schema folgend, könnte die radikal-emanzipatorische Argumentation, die sich in dem Slogan „Mein Bauch gehört mir!" ausdrückte, als Fortführung der ‚besitz'-rechtlichen Argumentation betrachtet werden. Die a-personale Sichtweise des Embryos drückte sich z. B. in der Begrifflichkeit „fötales Gewebe" (für Embryo) aus („Abtreibung: Aufstand der Schwestern", in: *Der Spiegel* vom 11.3.1974). Zur Begriffsklärung: Der medizinische Ausdruck Fötus bzw. Fetus meint die menschliche Leibesfrucht etwa vom fünften Schwangerschaftsmonat an, während der umgangssprachlich oft gleichbedeutend verwendete Begriff Embryo die Leibesfrucht ab der vierten Schwangerschaftswoche bis zum Ende des vierten Schwangerschaftsmonats bezeichnet.

[54] Die Begriffe ‚emanzipiert' und ‚emanzipatorisch' werden in dieser Untersuchung ohne geschlechtsspezifische Konnotation stets in der oben skizzierten umfassenden Bedeutung verwendet.

Schwangerschaftsabbruch fortan nicht mehr primär unter dem Aspekt des Lebensschutzes, sondern des Selbstbestimmungsrechts betrachtet werden sollte. Als Vorbilder für diesen ‚Paradigmenwechsel' in der Problemdefinition konnten die parallel zur deutschen Debatte in den USA, in Schweden und der DDR vorgenommenen Gesetzesänderungen dienen, welche den Schwangerschaftsabbruch in der Tat aus seinem ethisch-normativen Bezugsrahmen gelöst und nach emanzipatorischen Gesichtspunkten neu verortet hatten.[55]

Theologische Positionen zum Schwangerschaftsabbruch im 20. Jahrhundert

Die lehramtlichen Aussagen der katholischen Kirche zum Problem des Schwangerschaftsabbruchs sind eindeutig. Sie findet ihren wichtigsten Ausdruck im kanonischen Recht, das jeden ausgeführten Schwangerschaftsabbruch ohne Unterschied mit der höchsten kirchenrechtlichen Strafe, der Tatstrafe der Exkommunikation, belegt.[56] Auch die kirchenamtlichen Verlautbarungen des 20. Jahrhunderts lehnten jeden Schwangerschaftsabbruch strikt ab. In der 1930 veröffentlichten Enzyklika „Casti connubii" ließ Papst Pius XI. verlautbaren, man empfinde zwar Erbarmen mit der Mutter, der aufgrund der „Pflicht der Natur" schwere Gefahren für die Gesundheit und mitunter sogar das Leben drohten; „aber", hieß es weiter, „was für ein Grund könnte jemals gelten, in irgendeiner Weise die Tötung eines Unschuldigen zu entschuldigen? [...] Eine gleich heilige Sache ist das Leben beider, das zu ersticken niemals einer Autorität, nicht einmal der öffentlichen, erlaubt sein kann."[57] Die Enzyklika „Humanae vitae" wiederholte 1968 die strikte

---

[55] 1971 hatte eine schwedische Expertenkommission ihr Gutachten mit dem Titel ‚Recht auf Abtreibung' vorgelegt. Es führte 1974 zur Einführung einer gestaffelten Fristenregelung (vgl. B. WISKEMANN/K. CORNILS, Landesbericht Schweden, S. 1406–1413). In der DDR sprach die am 9.3.1972 verabschiedete Fristenregelung ebenfalls jeder Frau das Recht zu, die Zahl ihrer Kinder, den Zeitpunkt und die zeitliche Aufeinanderfolge der Geburten in eigener Verantwortung zu bestimmen (vgl. unten, S. 168 f.). In den USA schließlich erklärte der supreme court am 22.1.1973 den Schwangerschaftsabbruch bis zum sechsten Monat als Grundrecht der Frau und untersagte nahezu jede gesetzliche Beschränkung dieses Rechts auf Abtreibung (vgl. M. LISSKE, Abtreibungsregelung, S. 58–60).

[56] Vgl. sowohl CODEX IURIS CANONICI (CIC) in der Fassung von 1917 (can. 2350) als auch in der Neufassung von 1983 (can. 1398). Tatstrafe meint, dass die Strafe mit Ausführung der Tat in Kraft tritt, ohne eigens von einem Vertreter der Kirche verhängt werden zu müssen. Eine ausführliche Auseinandersetzung mit dem katholischen Kirchenrecht zum Schwangerschaftsabbruch bietet S. DEMEL, Zwischen Straffreiheit und Exkommunikation, S. 232–347.

[57] Enzyklika „Casti connubii" vom 31.12.1930, Nr. 64 zitiert nach: H. DENZINGER, Kompendium, S. 3700–3724, S. 3719. Zu den lehramtlichen Stellungnahmen vgl. auch die Pastoralkonstitution „Gaudium et Spes" des II. Vatikanischen Konzils (Nr. 27 sowie Nr. 51) und

Ablehnung der Abtreibung und hielt nochmals fest, dass der direkt gewollte und herbeigeführte Schwangerschaftsabbruch, selbst wenn er aus therapeutischen Gründen indiziert sein mag, absolut auszuschließen ist.[58] Die katholische kirchenamtliche Position zum Auftakt der Abtreibungsdebatte Anfang der siebziger Jahre war somit geprägt von der Ablehnung aller Reformbestrebungen und der Forderung nach Beibehaltung des absoluten Abtreibungsverbots sowohl im Bereich der Ethik als auch im Strafrecht.

Auch die protestantische Ethik der ersten Hälfte des 20. Jahrhunderts war zunächst von einem normorientierten Denken geprägt, das von der Unbedingtheit des göttlichen Gebots ausging und daraus deduktiv Handlungsanweisungen ableitete. Eine Einbeziehung des jeweiligen Lebenskontextes in die ethische Urteilsfindung war nicht vorgesehen, da man fürchtete, dies könne zu einer Relativierung des unbedingten Gebots führen.[59]

---

die Enzyklika „Evangelium vitae" von 1991 (Nr. 61; beide in: DEKRETE DER ÖKUMENISCHEN KONZILIEN).

[58] Enzyklika „Humanae vitae" vom 25.7.1968, abgedruckt in: H. DENZINGER, Kompendium, S. 4470–4479. „Humanae vitae" führte damit die Unterscheidung zwischen direkter und indirekter Tötung, wie der Moraltheologe und Ordensgründer Alfons Maria von Liguori sie Mitte des 18. Jahrhunderts eingeführt hatte, fort. Liguori hatte die Auffassung vertreten, dass der direkte und willentliche Schwangerschaftsabbruch eine Tötung darstelle und durch nichts – auch nicht die Rettung der Mutter – zu rechtfertigen sei. Hingenommen werden könne, so Liguori, allein die so genannte „indirekte Abtreibung", d. h. das Inkaufnehmen eines Fruchtabgangs als ungewollte bzw. indirekte Folge einer ärztlichen Behandlung der Mutter (vgl. A. LIGUORI, Der Beichtvater). Alfons AUER spricht in diesem Zusammenhang von der Lehre von der „doppelten Wirkung einer Handlung" (vgl. DERS., Schwangerschaftsabbruch, S. 201f.).
Selbst wenn das Leben der Schwangeren in Gefahr sei, hob Papst Paul VI. in einem Schreiben an den Kongress der katholischen Ärzteverbände in Washington im Herbst 1970 nochmals hervor, könne eine Abtreibung als direkte therapeutische Maßnahme aus katholischer Sicht nicht hingenommen werden (vgl. „Leben ist schweren Bedrohungen ausgesetzt" in: *kna* vom 14.10.1970). Die katholische – insbesondere in konfessionellen Kliniken beschäftigte – Ärzteschaft befand sich somit selbst im Falle einer so genannten letalen Indikation in einem schweren Gewissenskonflikt, was mancherorts tatsächlich zur Unterlassung ärztlicher Hilfeleistung bei lebensbedrohlichen Schwangerschaftskomplikationen führte. Der 1995 erschienene katholische Erwachsenen-Katechismus brachte unterdessen Verständnis für die letale Indikation auf, lehnte alle übrigen Rechtfertigungsgründe inklusive der medizinischen Indikation jedoch nach wie vor entschieden ab (vgl. KATHOLISCHER ERWACHSENEN-KATECHISMUS, S. 289–292).

[59] Vgl. z. B. Karl HEIM: „Wenn wir in diesem Punkt [dem indizierten Schwangerschaftsabbruch] ‚Barmherzigkeit' walten ließen, dann wirkte dieses Verhalten geradezu demoralisierend" (DERS., Christliche Ethik, S. 197). Auch E. WILKENS von der Kirchenkanzlei der EKD plädierte noch 1966 dafür, dass die Rechtsgemeinschaft „um einer unaufgebbaren Rechtsnorm willen einer Frau das Opfer zumutet, ein durch Verbrechen empfangenes Kind auszutragen" (DERS., Schwangerschaftsunterbrechung, S. 1946). I. PRAETORIUS wies mittels einer Wortfeldanalyse der Aussagen zum Schwangerschaftsabbruch in der Ethik von Wolfgang Trillhaas nach, wie auch hier das weibliche Subjekt hinter den abstrakten Normen zurücktritt (vgl. DIES., Anthropologie und Frauenbild, S. 148 f.).

Die beherrschende Frage der evangelischen Sexualethik in der ersten Hälfte des Jahrhunderts war ohnehin zunächst die Frage nach der Zulässigkeit der Empfängnisverhütung. Der Schwangerschaftsabbruch dagegen wurde in den ethischen Entwürfen – wenn überhaupt – nur am Rande gemeinsam mit der Sterilisation sowie der artifiziellen Insemination abgehandelt.[60] Zur Diskussion stand dabei bis Anfang der sechziger Jahre allein die Anerkennung der letalen bzw. medizinischen Indikation. Anders als in der katholischen Lehre wurde sie von den protestantischen Ethikern zumeist bejaht.[61] Während lutherische wie unierte Ethiker dabei allerdings zwischen rechtlicher und ethischer Bewertung differenzierten und vorerst allein die strafrechtliche Rechtfertigung der medizinischen Indikationen akzeptierten,[62] verbanden reformierte Theologen die rechtliche Anerkennung in der Regel sogleich mit der ethischen Rechtfertigung des Schwangerschaftsabbruchs und vertraten insgesamt betrachtet liberalere Positionen.[63]

Die nach Kriegsende vorübergehend diskutierte Einführung einer ethischen Indikation wurde von evangelischer Seite einhellig abgelehnt. Die Kirchenkanzlei schloss sich dazu im Frühjahr 1947 einem Votum der Evangelischen Frauenarbeit an, worin die gesetzliche Verankerung der letalen Indikation nachdrücklich befürwortet, die Einführung weiterer Indikationen jedoch abgelehnt wurde, obschon die Möglichkeit richterlicher Strafabsehung bei Vorlage einer ethischen Indikation für die Zukunft in Erwägung gezogen wurde.[64]

---

[60] Vgl. K. Heim, Christliche Ethik, S. 196 f., sowie W. Schweitzer, Freiheit zum Leben, S. 121 f. und W. Trillhaas, Ethik, 1959, S. 183 f. Bei Werner Elert und Paul Althaus findet sich dagegen an keiner exponierten Stelle eine Auseinandersetzung mit der Problematik des Schwangerschaftsabbruchs.

[61] Vgl. dazu M. Vogler, Schwangerschaftsunterbrechung. Eine Ausnahme unter den protestantischen Ethikern bildete D. Bonhoeffer, der selbst die medizinische Indikation ablehnte (vgl. Ders., Ethik, S. 118 f.).

[62] Vgl. dazu die Ausführungen des Schweizer Strafrechtlers und damaligen Vizepräsidenten des Außenamtes der EKD, G. Stratenwerth, der die medizinische Indikation zwar nicht verwarf, ihr allerdings auch keine ethische Rechtfertigung zuteil werden ließ, sondern auf die individuelle Verantwortung des Arztes (bzw. der Ärztin) vor Gott verwies (Ders., Schwangerschaftsunterbrechung, S. 889 f., sowie [ohne Autor] Medizinische Indikation). Eine ähnliche Position vertrat K. Heim (Ders., Christliche Ethik, S. 197). In abgeschwächter Form findet sich die Argumentation auch bei H. Thielicke (Ders., Theologische Ethik III., Abs. 2776), W. Trillhaas (Ders., Ethik, ^{2}1965, S. 196) und S. Keil (vgl. Ders., Sexualität, S. 234).

[63] So postulierte K. Barth, dass es sich beim Schwangerschaftsabbruch zwar grundsätzlich im Vollsinn des Wortes um Tötung menschlichen Lebens handele, dass es jedoch Situationen gebe, „in denen die Tötung keimenden Lebens nicht Mord, sondern geboten" sei (Ders., Kirchliche Dogmatik, Bd. III.4, S. 480). Ähnlich auch H. van Oyen, Grenzfälle.

[64] Nachdem der Kirchenkanzlei Ende 1946 zugetragen worden war, dass der Alliierte Kontrollrat eine Änderung des § 218 StGB erwog, hatte Präsident Hans Asmussen sich am 26.2.1947 an den Kontrollrat gewandt und eine am 21.2.1947 von der Evangelischen Frau-

Anfang der sechziger Jahre brach der evangelische Konsens über die Ablehnung aller, die medizinische Indikation übersteigenden Beweggründe zur Vornahme einer Abtreibung erstmals auf. Die Ursache lag im Aufkommen eines mit dem traditionellen deontologisch-thetischen Ansatz konkurrierenden stärker teleologisch ausgerichteten Denkens.[65] Die neue Form der ethischen Argumentation orientierte sich nicht allein an der abstrakten Begründbarkeit einer Handlung, sondern fragte auch nach ihren möglichen Wirkungen und hatte damit einen stärkeren Kontextbezug. Das größere Gewicht teleologischer Aspekte in der ethischen Argumentation führte zu einer notwendigen Wahrnehmungsschärfung für die Mehrdimensionalität der ethischen Entscheidung über den Schwangerschaftsabbruch.[66]

---

en*arbeit* verabschiedete, von der damaligen Oberkirchenrätin Elisabeth Schwarzhaupt abgefasste Stellungnahme übersandt (beides in: EZA 2/302). R. ANSELM nimmt irrtümlich an, die Kirchenkanzlei habe die an die Gesundheitsbehörde der Provinz Hannover gerichtete, im Ton schärfere Stellungnahme des Deutschen Evangelischen Frauen*bundes* zur Frage der künstlichen Schwangerschaftsunterbrechung und der empfängnisverhütenden Mittel vom 1.4.1946 weitergeleitet (in: EZA 2/301; vgl. auch R. ANSELM, Jüngstes Gericht, S. 207 f.). Auch die Landeskirche von Berlin-Brandenburg sprach sich gegen eine Gesetzesreform aus und verband ihre Stellungnahme sogleich mit einem diakonischen Hilfsangebot. „Die Evangelische Kirche in Berlin-Brandenburg, gestützt auf ihre innere Mission", hieß es in dem Aufruf vom 23.9.1947, „ist bereit, jedes neugeborene Kind, für das die Eltern aus Gründen äußerer Not nicht glauben sorgen zu können, zu sich zu nehmen. Sie wird ein solches Kind liebevoll pflegen und es gewissenhaft aufziehen. Sie wird es aber auch jederzeit der Mutter zurückgeben, wenn sie glaubt, nunmehr selbst für ihr Kind sorgen zu können" (Aufruf des Evangelischen Bischofs von Berlin und des Direktors des Zentralausschusses für Innere Mission-Ost an alle jungen Mütter in Berlin und Brandenburg vom 23.9.1947, in: PAEVKBB, Abtreibung und Kirche, S. 60–71). Das sozial-diakonische Engagement der Landeskirche von Berlin-Brandenburg blieb ein Einzelfall und wurde lediglich von der westfälischen Landeskirche übernommen.

[65] Vgl. M. HONECKER, Denkschriften, S. 134 f.

[66] Neben den traditionellen, vom Tötungsverbot und dem Lebensschutzgedanken ausgehenden Ansatz trat eine neue Argumentationslinie, die das Schicksal der betroffenen Frauen stärker in den Blick nahm. Zur Rechtfertigung der medizinischen Indikation wurde zunächst allerdings noch nicht mit dem Lebens- und Selbstbestimmungsrecht der Schwangeren argumentiert, d. h. mit ihrem Selbstwert, sondern mit ihrem ‚Nutzwert', d. h. mit ihren Verpflichtungen zur Versorgung des Ehemanns, der Kinder oder auch der Eltern. Vgl. G. BARCZAY: „Es geht hier nicht mehr um den Wert der Mutter, sondern um ihre *Pflicht* [Hervorhebung im Original], sich für die ihr anvertrauten Menschen zu erhalten" (DERS.: Revolution der Moral?, S. 258 f.; ähnlich auch S. KEIL, Sexualität, S. 228). Auch Wilkens wollte noch im Sommer 1971 statt von Konfliktsituationen lieber von einer „Pflichtenkollision" für die Schwangere sprechen (Auszug aus dem Protokoll der Ratssitzung vom 15./16.12.1971 in: EZA 2/93/6216). Später wurde dieses Argumentationsmuster auch auf die Diskussion um die soziale Indikation übertragen. So ließ das Bundesjustizministerium Anfang 1972 verlautbaren: „Die vierte Indikation betrifft allgemeine Notlagen [. . .]. Es handelt sich insbesondere um Fälle, in denen die Schwangerschaft die Frau in einen schwerwiegenden Konflikt mit ihrer Verantwortung für andere Menschen, zumal für ihre Kinder, bringt" („Presseerklärung zur geplanten Veröffentlichung der §§ 218 bis 220 des Bundesjustizministeriums vom 9.2.1972", abgedruckt in: *epd-dok* 6/72, S. 13–15, S. 13).

Mit diesem Umdenken ging zugleich eine wachsende Offenheit für eine strafrechtliche Liberalisierung des absoluten Abtreibungsverbots einher.[67] Aus aktuellem politischen Anlass votierte Karl Janssen in den ersten Monaten des Jahres 1960 erstmals offen für die strafrechtliche Anerkennung der Vergewaltigungsindikation und löste damit eine kontroverse fachwissenschaftliche Diskussion innerhalb der evangelischen Ethik aus.[68] Die daraufhin von kirchenamtlicher Seite in Auftrag gegebenen evangelischen Gutachten widersprachen Janssen zwar noch, doch fand die ethische Indikation im Laufe der sechziger Jahre immer mehr Befürworter unter den evangelischen Ethikern.[69] Ausschlaggebend für diese Entwicklung war nicht allein die Neuorientierung der evangelischen Ethik von ihrem ursprünglichen deontologischen Ansatz zu einer stärkeren Berücksichtigung teleologischer Aspekte; von großer Bedeutung war auch die weit reichende Einsicht in die zunehmende Pluralisierung der Gesellschaft und die daraus resultierenden Konsequenzen für die Rechtsgestaltung.[70]

---

[67] Karl Janssen erläuterte in einem Referat vor der Strafrechtskommission, dass die evangelische Ethik sich in den zurückliegenden Jahren weiterentwickelt und die drei Faktoren 1. Selbstbestimmung der Frau, 2. Bewertung des werdenden Lebens und 3. Verantwortung der Schwangeren wie der Gesellschaft in ein neues Verhältnis zueinander gebracht habe (vgl. Protokoll über die Sitzung der Strafrechtskommission der EKD vom 6./7.11.1970 in Bonn, in: EZA 99/1.298). Dieser Wandel lässt sich sowohl an den verschiedenen Auflagen der theologischen Lexika, als auch an einzelnen Ethikern nachvollziehen (vgl. z. B. W. TRILLHAAS, Ethik [1959], S. 183 f.; ²1965, S. 193–201; ³1970, S. 211–214, sowie DERS., Sexualethik [1969 und ²1970], S. 116–120; vgl. auch H. v. OYEN, Evangelische Ethik, Bd. II. [1957], S. 372 f., sowie DERS., Grenzfälle [1960]). Vgl. ferner die entsprechenden Artikel im EStL von 1966 (E. WILKENS, Schwangerschaftsunterbrechung) und 1975 (DERS., Schwangerschaftsabbruch), sowie die Artikel im ESL von 1954 (G. STRATENWERTH, Schwangerschaftsunterbrechung) und 1963 (DERS., Schwangerschaftsunterbrechung b).

[68] Vgl. K. JANSSEN, Unterbrechung der aufgezwungenen Schwangerschaft. Zur weiteren Diskussion vgl. W. BECKER, Schwangerschaftsbeseitigung; H.-C. v. HASE, Ethische Indikation?; H. v. OYEN, Grenzfälle, und G. STRATENWERTH, Kritische Bemerkungen. Selbst Helmut Thielicke soll sich Presseberichten zufolge 1962 für die Einführung einer ethischen Indikation ausgesprochen haben (vgl. „Thielicke gegen ‚Gewissentyrannei'", in: *Die Welt* vom 6.10.1962).

[69] Von der Kirchenkanzlei als offizielle Stellungnahmen veröffentlicht wurden die ‚Stellungnahme der Familienrechtskommission der EKD zur Notzuchtindikation', die ‚Stellungnahme des Eugenischen Arbeitskreises des Diakonischen Werkes, Innere Mission und Hilfswerk der EKD zu Fragen der Notzuchtindikation', sowie die ‚Stellungnahme der Strafrechtskommission der Evangelischen Studiengemeinschaft (Christophorus-Stift) zur Notzuchtindikation' (alle drei in: G. HORNIG, Schwangerschaftsunterbrechung, S. 49–54). Eine ausführliche Besprechung der Stellungnahmen findet sich bei R. ANSELM, Jüngstes Gericht, S. 218–225.

[70] Erste Demonstrationen des neuen Denkens zum Schwangerschaftsabbruch lieferten G. Hornig und G. Barczay bereits 1967 (vgl. G. BARCZAY, Revolution der Moral?, sowie G. HORNIG, Schwangerschaftsunterbrechung). Hornig etwa hinterfragte offen, ob kirchlich-amtliche Forderungen nach unveränderter Beibehaltung des absoluten Abtreibungsverbots nicht darauf hinausliefen, „daß ganz bestimmte Glaubensüberzeugungen und Wertvorstel-

Zu Beginn der siebziger Jahre hatten sich die Sichtweisen, die in den sechziger Jahren ausgearbeitet worden waren, weitgehend etabliert.[71] Barczay, der noch 1967 festgestellt hatte, die Ethik habe auf dem Gebiet der Sexualethik anders als etwa in der Friedens- oder Wirtschaftsethik den Bruch mit der Tradition noch nicht vollzogen, konnte 1974 die Wende konstatieren und erklären: „[N]eueres evangelisches Denken hat sich dazu durchgerungen, die Überschreitung einer in dieser Frage bisher als absolut geltenden Grenze ethisch zu rechtfertigen. Anders ausgedrückt: Charakteristisch für die neu sich herausbildende Einstellung evangelischer Ethik ist, dass sie Schwangerschaftsunterbrechung nicht mehr bloß [...] duldet, sondern unter ganz bestimmten Bedingungen mit einem guten Gewissen ermöglicht".[72]

Auch wenn Barczay in der Frage des Schwangerschaftsabbruchs eine liberale Minderheitenposition unter den evangelischen Ethikern vertrat, zeigt seine Analyse doch die Richtung an, in welche die evangelische ethische Diskussion sich Anfang der siebziger Jahre entwickelte.[73] Eingeleitet worden war diese Wende nach Barczays Ansicht von seinem Lehrer

---

lungen, die in dieser Rangordnung nur von einem Teil der Bevölkerung – ja nicht einmal von allen Christen – bejaht werden, auf dem Wege der staatlichen Gesetzgebung für das Verhalten aller Bürger verbindlich gemacht werden sollen" (EBD., S. 47). Frühe Hinweise auf die Pluralisierungsproblematik finden sich auch bei Thielicke und Hanack („Thielicke gegen ‚Gewissentyrannei'", in: *Die Welt* vom 6.10.1962, sowie E.-W. HANACK, Schwangerschaftsunterbrechung, S. 1942 f.).

[71] Rigorose Stimmen, die die Einführung einer ethischen Indikation nach wie vor ablehnten, waren die Ausnahme. Als eines der letzten Zeugnisse vgl. den Artikel „Unerwünschtes Leben. Straffreiheit für Abtreibung?" von Karl Horst Wrage (*DS* vom 5.4.1970). Doch selbst Wrage vertrat bereits drei Monate später eine moderat reformoffene Position und erklärte in einem Referat vor dem Rat der EKD, es gehe für die Kirche zunächst vordringlich darum, die enorme Bedrängnis, die einem Schwangerschaftskonflikt in der Regel zugrunde läge, voll anzuerkennen und Verständnis für die daraus gegebenenfalls resultierenden strafrechtlichen Ausnahmeregelungen aufzubringen (vgl. Auszug aus dem Protokoll der Ratssitzung vom 10.6.1970, in: EZA 2/93/6215). T. RENDTORFF argumentierte ein Jahrzehnt später ähnlich (vgl. DERS., Ethik, S. 138–143).

[72] G. BARCZAY, Für die Fristenregelung, S. 91; vgl. auch DERS., Revolution, S. 270. Auch Janssen hatte bereits 1970 festgestellt, dass die zukünftige Entwicklung innerhalb der evangelischen Ethik dahin gehe, „dass ein nicht gewolltes Kind von liebesfähigen und verantwortungsvollen Menschen nicht verantwortet werden könne" (Protokoll über die Sitzung der Strafrechtskommission der EKD vom 6./7.11.1970 in Bonn, in: EZA 99/1.298).

[73] Dabei wurden mitunter nicht unbedenkliche Positionen vorgetragen. So erachteten verschiedene Ethiker den Schwangerschaftsabbruch auch als probates Mittel der Geburtenregelung (vgl. H. v. OYEN, Grenzfälle, S. 200 f.; G. HORNIG, Schwangerschaftsunterbrechung, S. 10). Hornig erwog sogar staatliche Zwangsmaßnahmen zur Eindämmung der Überbevölkerung (EBD.). Die Strafrechtskommission der EKD schließlich diskutierte, ob die eugenische Indikation mit dem ‚Liebesgebot' gegenüber dem behinderten Fötus zu rechtfertigen sei (vgl. „Ergebnisse der Strafrechtskommission der EKD nach der Sitzung vom 24/25.6.1971", in: EZA 87/743; EZA 99/1.301).

Hendrik van Oyen, der das Lebens- und Selbstbestimmungsrecht der Schwangeren erstmals jenem des Ungeborenen übergeordnet hatte.[74] Zur theologischen Fundierung dieses Schritts hatte van Oyen die Abtreibungsproblematik nicht wie üblich unter der Maxime des Tötungsverbots betrachtet, sondern das Liebesgebot des Neuen Testaments zum Ausgangspunkt seiner Überlegungen gemacht.[75] Mit dem Liebesgebot, das auf die Schwangere und ihre Not bezogen wurde, konnte fortan dem Tötungsverbot ein zweiter Angelpunkt zur ethischen Bewertung der Abtreibung entgegengesetzt werden. Damit lieferte van Oyen ein neues ethisches Paradigma, das in der Abtreibungsdebatte der siebziger Jahre vielfach aufgegriffen wurde.[76]

Nachdem die evangelische Ethik zunächst die medizinische sowie im Verlauf der sechziger Jahre auch die ethische Indikation mehrheitlich anerkannt und sowohl die Pluralisierungsproblematik als auch kontextuelle Bezüge zunehmend in ihre ethische Urteilsbildung einbezogen hatte, wurde die Notwendigkeit einer umfassenden Reform des Abtreibungsstrafrechts zum Auftakt der Abtreibungsdebatte Anfang der siebziger Jahre kaum mehr hinterfragt. Anders als auf katholischer Seite stand aus Sicht der evangelischen Theologie folglich allein der Umfang der Gesetzesänderung zur Diskussion.[77]

Die evangelische Kirche Anfang der siebziger Jahre – Ein Schlaglicht

Mit dem Ende der sechziger Jahre war in der Bundesrepublik Deutschland eine Ära des Aufbruchs und der Veränderung eingeleitet worden. Der in den Studentenunruhen eingeklagte gesellschaftliche Modernisierungsschub brachte u. a. die Hinterfragung des überkommenen Staatsverständnisses mit sich. Der Staat, dessen Bild bis dahin vom autoritären Demokratieverständnis der Adenauerära geprägt worden war, wurde zunehmend in seiner Abhängigkeit vom Willen der Bürger und Bürgerinnen betrachtet. Mit der programmatischen Erklärung, ‚alte Zöpfe abzuschneiden' und ‚mehr Demokratie wagen' zu wollen, trat die sozial-liberale Regierung

[74] Vgl. G. BARCZAY, Für die Fristenregelung, S. 255.

[75] Vgl. H. v. OYEN, Grenzfälle, S. 199, sowie DERS., Evangelische Ethik Bd. II., S. 366 f.

[76] Vgl. z. B. die Diskussion innerhalb der Strafrechtskommission (unten S. 118).

[77] Neben einigen Stimmen, die sich für eine Fristenregelung aussprachen, plädierte die überwiegende Mehrheit der evangelischen Ethiker für eine – im Einzelnen freilich sehr verschieden ausgestaltete – erweiterte Indikationenregelung. So auch das Urteil G. BARCZAYS, der selbst für eine Fristenregelung votierte (vgl. DERS., Für die Fristenregelung, S. 92).

1969 an, den eingeleiteten gesellschaftlichen Bewusstseinswandel auch politisch umzusetzen. „Das implizierte", wie Martin Greschat formuliert, „verstärkte Demokratisierung und die Höherschätzung der Individualität, den Abbau autoritärer Strukturen in privaten und öffentlichen Bereichen sowie einen grundsätzlichen Pluralismus."[78] Für die Kirchen bedeutete das, so Greschat weiter, „daß sie sich ebenfalls nicht länger als oberhalb der Gesellschaft angesiedelt begreifen konnten, sondern sich fortan als ein Segment, als eine Gruppe innerhalb der Gesellschaft verstehen lernen mussten."[79]

Um ein solches neues Selbstverständnis, das dem gesellschaftlichen Wandel Rechnung zu tragen vermochte, rang die Evangelische Kirche in Deutschland zum Auftakt des neuen Jahrzehnts.[80] Mit prägnanten Worten skizzierte der Vizepräsident der Kirchenkanzlei, Gottfried Niemeier, diese Suchbewegung: „Die Welt, in der wir leben", schrieb er in der Einleitung zum Kirchlichen Jahrbuch von 1970, „ist auf dem Wege an einen neuen geschichtlichen Ort, von dem die Futurologen sagen, daß er eine ‚Zukunft ohne Vorbild' darstelle. [...] Auch die Kirche ist genötigt, den Exodus aus dem Gestern und Heute mit zu vollziehen und sich auf das einzustellen und auszurichten, was als ‚Zukunft ohne Vorbild' auch auf sie zukommt und dem sie entgegengeht."[81] Diese Nötigung zum Exodus, fuhr Niemeier fort, träfe die Kirche jedoch in einem Augenblick, in welchem sie aufs Höchste von außen angefochten und von innen verunsichert sei. Nicht allein die Kirchenaustrittsbewegung und die zunehmende kirchenkritische Stimmung innerhalb der Gesellschaft bereiteten große Sorgen, auch innerkirchliche Phänomene wie die zunehmende Diversifizierung der theologischen Positionen erfüllten die Kirche mit krisenhaften Spannungen mannigfacher Art.

Der Kernpunkt zahlreicher Kontroversen jener Zeit war die immer wieder heftig kritisierte ‚Politisierung' der evangelischen Kirche.[82] Sie war

---

[78] M. GRESCHAT, Kirchen, S. 192. Vgl. dazu auch A. BARING, Machtwechsel.

[79] M. GRESCHAT, Kirchen, S. 192. Greschat weist darauf hin, dass gesellschaftliche Umbrüche in den sechziger Jahren auch in den Kirchen Englands und Frankreichs zu großen Veränderungen führten (EBD., S. 191). Die katholische Kirche lehnte die gesellschaftlichen Entwicklungen unter Verwies auf die traditionelle, naturrechtliche Bestimmung des Wesens von Staat und Kirche weitaus entschiedener ab als der Protestantismus.

[80] Während der gesellschaftliche Wandel in Bonn 1969 mit einem Regierungswechsel einherging, verzögerte sich der Einschnitt auf kirchlicher Ebene um einige Jahre. Mit der Wahl des bayerischen Landesbischofs Hermann Dietzfelbinger zum Ratsvorsitzenden war 1967 zunächst der von Otto Dibelius und Hanns Lilje eingeschlagene konservative Kurs der EKD fortgesetzt worden. Die Nachwahlen zur 4. EKD-Synode 1970 deuteten allerdings bereits eine Trendwende an, die sich 1973 in den Neuwahlen zur EKD-Synode sowie zum Rat der EKD fortsetzte (vgl. unten S. 81–85 sowie unten S. 271–274).

[81] KJ 1970, S. 1.

[82] Zu den umstrittensten gesellschaftspolitischen Themen innerhalb der Kirche gehörten

freilich zunächst nur ein Spiegelbild der enormen gesamtgesellschaftlichen Politisierung jener Jahre (die Bundestagswahlen von 1972 und 1976 hatten mit 91,1 % und 90,7 % die höchste Wahlbeteiligung in der Geschichte der BRD). Sodann zeigte sich in den verschiedenen EKD-internen Kontroversen um gesellschaftspolitische Fragen jedoch in der Tat auch eine politische Neuorientierung unter den Protestanten und Protestantinnen. Zwar hatte die EKD nach dem Zweiten Weltkrieg stets offiziell parteipolitische Neutralität gewahrt, doch waren die Affinitäten zum politischen Konservatismus in den ersten Jahrzehnten offenkundig gewesen.[83] Substanzielle Übereinstimmungen, wie sie sich paradigmatisch in der Ostdenkschrift von 1965 zeigten, hatten allerdings einen Prozess der vorsichtigen Annäherung der evangelischen Kirche an die Sozialdemokratie in Gang gesetzt.

Mit der Ausweitung der politischen und theologischen Optionen stieg zugleich die Polarisierung innerhalb der evangelischen Kirche. Deutliches Zeichen dafür waren die Abspaltungen evangelikaler Gruppierungen seit Mitte der sechziger Jahre. Diese Kreise, die sich 1970 in der ‚Konferenz bekennender Gemeinschaften in den evangelischen Kirchen Deutschlands' zusammenschlossen, verstanden sich als Traditionalisten und waren bestrebt, den theologischen wie politischen Pluralismus innerhalb der Kirche rückgängig zu machen und konservative Werte neu in der Gesellschaft zu verankern.[84]

Nicht allein die *Politisierung* der evangelischen Kirche bildete damit die Herausforderung zu Beginn der siebziger Jahre, sondern vor allem auch die politische wie theologische *Pluralisierung* und *Polarisierung* unter den Gläubigen.[85] In dieser innerlich wie äußerlich angespannten Situation, in der die EKD durch das Ausscheiden der „älteren Kirchenkampfgeneration" auch vor einschneidenden personellen Veränderungen stand, hatten sich 1969 zudem die Landeskirchen im Osten Deutschlands institutionell von der EKD losgesagt.[86] Die westlichen Landeskirchen nahmen die Auflösung

---

Anfang der siebziger Jahre neben der Reform des § 218 StGB und der Ratifizierung der Ostverträge die Debatte um das Anti-Rassismus-Programm des ÖRK sowie die Kontroversen um die Vereinbarkeit von kirchlichem Amt und politischem Mandat (vgl. KJ 1970 und KJ 1971).

[83] Vgl. W.-D. HAUSCHILD, Evangelische Kirche, S. 670.

[84] „Etwas vereinfacht ausgedrückt: Das Leitbild dieser Kreise sind die fünfziger Jahre in der Kirche und Gesellschaft der BRD" (M. GRESCHAT, Kirchen, S. 197). Die Konferenz propagierte u. a. die Auffassung, dass die zunehmende Politisierung der evangelischen Kirche zu ihrer kommunistischen Unterwanderung geführt habe (vgl. das umstrittene von J. MOTSCHMANN und H. MATTHIES herausgegebene „Rotbuch Kirche").

[85] Eine facettenreiche Diskussion der vielschichtigen Implikationen des Pluralismusphänomens auf die Theologie bietet der Tagungsband des VIII. Europäischen Theologenkongresses, der 1993 unter dem Thema „Pluralismus und Identität" stand (vgl. J. MEHLHAUSEN, Pluralismus und Identität).

[86] Vgl. „Vor dem ‚Ausscheiden der älteren Kirchenkampfgeneration'", Kommuniqué der

der gesamtdeutschen evangelischen Kirche daraufhin zum Anlass, umfassende Strukturüberlegungen einzuleiten. Ziel der notwendigen Neuorganisation der evangelischen Kirche sollte die Überwindung des landeskirchlichen Partikularismus zugunsten einer Ausweitung der Befugnisse der EKD sein. Die kräftezehrenden Reformarbeiten, die zeitlich parallel zur Abtreibungsdebatte verliefen, führten allerdings nur zu weiteren Spannungen innerhalb der EKD und scheiterten 1976 am Veto der württembergischen Landessynode.[87]

Die Evangelische Kirche in Deutschland war in der ersten Hälfte der siebziger Jahre, so lässt sich abschließend zusammenfassen, von einem breiten Aufbruch gekennzeichnet, von einem „Exodus", wie Niemeier es ausdrückte, und von einer intensiven Suchbewegung in Richtung auf ein gewandeltes Selbstverständnis.

Der Öffentlichkeitsauftrag der Kirche

Über die politische Verantwortung der Kirche, die mit Begriffen wie ‚politische Diakonie', ‚politischer Dienst', ‚Öffentlichkeitsauftrag', ‚Öffentlichkeitsanspruch', ‚politisches Mandat' oder ‚Wächteramt' umschrieben wurde,[88] ist viel diskutiert und geschrieben worden, wobei die Debatte um Struktur, Inhalt, Legitimation und Wirksamkeit der politischen Verantwortung der Kirche nach wie vor andauert und aufgrund der jeweils zeit- und kontextgebundenen Antworten wohl auch zu keinem Ende finden wird.[89] Weder zur systematischen Begründung des Öffent-

---

Sitzung der Bischofskonferenz vom 13.2.1970 (*epd za* vom 14.2.1970). Die Selbstorganisation der Landeskirchen in der DDR war eine Folge der bereits seit Jahren kaum mehr möglichen Zusammenarbeit über die innerdeutsche Grenze hinweg.

[87] Zur Strukturreform der EKD vgl. die Dissertation von M. AHME, Reformversuch, und jetzt P. BEIER, „Kirchwerdung". Parallel zu den Reformüberlegungen fanden ferner innerevangelische Lehrgespräche zwischen Reformierten und Lutheranern statt (näheres in: KJ 1970, S. 37–56).

[88] In der vorliegenden Arbeit wird in Anlehnung an den Sprachgebrauch zu Beginn der siebziger Jahre zumeist vom ‚Öffentlichkeitsauftrag', bzw. dem ‚politischen Mandat' der Kirche gesprochen. Allerdings ist sowohl die Rede vom ‚Öffentlichkeitsauftrag' – so der offizielle Ausdruck wie er erstmals in der Präambel des Niedersächsischen Kirchenvertrags von 1955 Verwendung fand (abgedruckt in: E.-G. MAHRENHOLZ, Kirchen, S. 182 f.) – als auch der Ausdruck ‚politisches Mandat' missverständlich, da beide die fälschliche Annahme befördern, die Kirche sei beauftragt worden, bzw. habe durch ihre Mitglieder ein politisches Mandat erhalten. Die gegenwärtig gebräuchlichen Begriffe ‚politische Verantwortung', ‚politische Diakonie' oder auch ‚politischer Dienst' der Kirche zeugen dagegen bereits von einem Wandel im Verständnis des Öffentlichkeitsauftrags, wie er sich in der ersten Hälfte der siebziger Jahre erst allmählich durchzusetzen begann.

[89] In Auswahl seien hier erwähnt: W. HUBER, Kirche und Öffentlichkeit; F. SPOTTS, Kirchen und Politik; W. HEIERLE, Kirchliche Stellungnahmen; L. RAISER, Denkschriften.

lichkeitsauftrags[90] noch zu seiner genauen historischen Herleitung aus dem Kontext der nationalsozialistischen Erfahrungen konnte bislang ein Konsens erzielt werden.[91]

Blickt man auf die konkrete Ausgestaltung der politischen Verantwortung der evangelischen Kirche, eröffnet sich ebenfalls eine breite Skala von Möglichkeiten. Sie reicht von der Veröffentlichung von Erklärungen und Denkschriften über die Beteiligung kirchlicher Mitarbeiter und Mitarbeiterinnen an staatlichen Beratungsgremien bzw. umgekehrt der Einladung staatlicher Entscheidungsträger zur Teilnahme an kirchlichen Konsultationsprozessen bis zu informellen Einzelgesprächen mit Abgeordneten und Ministerialbeamten sowie der Interessenvermittlung über Parteigrenzen hinweg.[92]

Die institutionelle Wahrnehmung des politischen Dienstes der evangelischen Kirche ist in der Hauptsache dem Bevollmächtigten des Rates der EKD am Sitz der Bundesrepublik Deutschland übertragen, wobei auch die Synode und der Rat der EKD sowie die Leitungsorgane der Landeskirchen

---

Für die katholische Diskussion vgl. T. GAULY, Katholiken, sowie aus rechtswissenschaftlicher Perspektive W. CONRAD, Öffentlichkeitsauftrag der Kirche, und G. KLOSTERMANN, Öffentlicheitsauftrag der Kirchen. Zur politikwissenschaftlichen Bearbeitung vgl. J. WIEMEYER/W. LOCHBÜHLER/J. WOLF, Öffentlichkeitsauftrag der Kirche, sowie H. ABROMEIT/G. WEWER, Kirchen und die Politik. Was die systematisch-theologische Diskussion betrifft, sei exemplarisch verwiesen auf M. HONECKER, Legitimation; R. PREUL, Kirchentheorie, S. 347–367, sowie den von W. HÄRLE herausgegebenen Tagungsband „Kirche und Gesellschaft".

90 Vgl. dazu die von W. HUBER vorgelegte Analyse der seit dem Zweiten Weltkrieg konkurrierenden theologischen Interpretationen des Verhältnisses von Kirche und Öffentlichkeit (vgl. DERS., Kirche und Öffentlichkeit, C.VIII). Analog zu den widersprüchlichen Traditionen der Zwei-Reiche-Lehre und der Königsherrschaft Christi finden sich in der so genannten Denkschriften-Denkschrift von 1970 ebenfalls zwei verschiedene Ansätze zur Begründung des politischen Engagements der EKD. Einerseits werden die Denkschriften der EKD als Äußerungsform eines partnerschaftlichen Dialogs gesellschaftlicher Kräfte verstanden und andererseits als Teil des Verkündigungsauftrags der Kirche (vgl. AUFGABEN UND GRENZEN, Abs. 10; 16; vgl. dazu auch E. WILKENS, Kirchliche Mitverantwortung, S. 39, sowie M. HONECKER, Denkschriften, S. 139).

91 Mehrheitlich wird der Ursprung des Öffentlichkeitsauftrags auf den Öffentlichkeitsanspruch des Evangeliums zurückgeführt, wie er von der Barmer Bekenntnissynode 1934 gegen den Gleichschaltungs- und Totalitätsanspruch des nationalsozialistischen Staates festgehalten wurde (vgl. AUFGABEN UND GRENZEN, S. 45 f.; W. HUBER, Kirche und Öffentlichkeit, S. 550–556; H.-J. GROSSE KRACHT, Zivilreligion, S. 9). Andere führen den Öffentlichkeitsauftrag auf die Einsicht in das Verschulden der Kirchen im „Dritten Reich", wie es im sog. Stuttgarter Schuldbekenntnis von 1945 festgestellt wurde, zurück (vgl. J. VOGEL, Wiederbewaffnung, S. 19–29; E. WILKENS, Geschichte des politischen Dienstes, S. 17–23). K. TANNER schließlich knüpft zur Herleitung des Öffentlichkeitsanspruchs der evangelischen Kirche an das von der Synode in Treysa im August 1945 verabschiedete „Wort zur Verantwortung der Kirche für das öffentliche Leben" an (vgl. DERS., Organisation und Legitimation, S. 201).

92 R. ANSELM gliedert das politische Engagement der Kirche in 1. individuelle Seelsorge; 2. informelle Einflussnahme und 3. institutionelle Mitarbeit (DERS., Jüngstes Gericht, S. 164–170).

ein selbstständiges politisches Mandat wahrnehmen können. Politischer Dienst wird darüber hinaus nicht nur in den Evangelischen Akademien, sondern auch der alltäglichen kirchlichen Betätigung in Verkündigung und Unterricht geleistet.

Das Verständnis vom politischen Mandat der Kirche und dessen Ausgestaltung – darauf hat bereits Reiner Anselm hingewiesen – stehen in einem engen Zusammenhang zum jeweils zugrunde gelegten Staats- und Kirchenverständnis.[93] Sie sind somit zeitgebunden und unterliegen dem Wandel. Bewusst untersucht die vorliegende Arbeit deshalb die Wahrnehmung des Öffentlichkeitsauftrags in einer ausgesprochenen – gesellschaftlichen wie kirchlichen – Umbruchsituation.

Heinz Zahrnt prophezeite schon 1973, dass dem kirchlichen Beitrag zur Abtreibungsdebatte in der damaligen geschichtlichen Konstellation vermutlich eine paradigmatische Funktion zufallen würde. Unter der Überschrift „Planspiel 218 oder das Ende der Machbarkeit aller Dinge“ erläuterte Zahrnt: „Das ‚Planspiel 218‘ bietet der Christenheit eine Gelegenheit, sich in ihre künftige gesellschaftliche Rolle einzuüben. Sie bildet nicht mehr wie einst die absolute Mehrheit in unserer Gesellschaft und hat daher auch nicht mehr allein das Sagen. Vielmehr kann sie künftig nur noch Mitverantwortung dafür übernehmen, daß der Kräftehaushalt der Gesellschaft bei ihrem Fortschritt in die Zukunft gesund bleibt.“[94] Der evangelische Beitrag zur Abtreibungsdebatte sollte nach Zahrnts Vorstellung ein erstes Übungsfeld, ein erstes Fallbeispiel für die Umsetzung eines neuen, bescheideneren Selbstverständnisses der Kirche werden, das deren veränderter gesellschaftlicher Stellung Rechnung zu tragen vermochte und die überholte klassisch-paternalistische Konzeption durch ein neues – wie Axel von Campenhausen es an anderer Stelle ausdrückte – „pluralismus-konformes Verhalten der Kirche“ ersetzen sollte.[95]

Inwiefern der Beitrag der evangelischen Kirche zur Abtreibungsdebatte zwischen 1970 und 1976 diesem Anspruch in der Tat gerecht zu werden vermochte und sich an ihm ein Wandel im institutionellen Verständnis des evangelischen Öffentlichkeitsauftrags exemplarisch nachvollziehen lässt, wird die Einzeluntersuchung im Weiteren aufzeigen.

---

93 Vgl. Ebd., S. 228–230.

94 *DAS* vom 1.4.1973.

95 A. v. Campenhausen, Rez.: Kirche und Öffentlichkeit, S. 188.

Kapitel I
Vorphase und Auftakt der Reformdebatte (1970–1971)

1. Erste Überlegungen zur Reform des Abtreibungsstrafrechts

Die bereits 1954 eingeleitete – bis zum Ende der sechziger Jahre jedoch noch nicht entscheidend vorangekommene – Reform des Strafrechts gewann mit dem Antritt der sozial-liberalen Regierung unter Willy Brandt im Herbst 1969 neu an Fahrt. Nachdem noch unter der großen Koalition im Sommer 1969 das Erste und Zweite Strafrechtsreformgesetz zur Straffreistellung des Ehebruchs sowie der Homosexualität verabschiedet worden waren, stand als nächstes die gesetzliche Neuregelung der Pornografie, des Schwangerschaftsabbruchs, der Sterilisation sowie der artifiziellen Insemination an. Nach dem Willen der neuen Regierung sollte die gesamte Strafrechtsreform bis zum Ende der Legislaturperiode im Herbst 1973 abgeschlossen sein.[1]

1.1 Die Veröffentlichung erster außerparlamentarischer Gesetzentwürfe

Bereits vor der Aufnahme konkreter gesetzgeberischer Anstrengungen zur Reform des Abtreibungsstrafrechts hatten sowohl die Kirchen als auch medizinische und juristische Standesvertretungen sowie weltanschaulich geprägte Gruppierungen eigene Kommissionen zur Begleitung der anstehenden Gesetzesnovellierungen eingesetzt.

Die vorerst auf diese Fachgremien beschränkte, noch nicht öffentliche Diskussion um die Reform des § 218 StGB führte 1970 u. a. zur Veröffentlichung dreier außerparlamentarischer Gesetzentwürfe, wobei insbesondere die beiden recht verschiedenen Fristenentwürfe, die von der Humanistischen Union (HU) sowie den so genannten Alternativ-Professoren vorgelegt wurden, die Aufmerksamkeit der Öffentlichkeit auf sich zogen und – zumal nach dem Auftakt der breiten öffentlichen Abtreibungsdebatte – erheblichen Einfluss auf den Fortgang der Reformarbeiten übten.[2]

Die Fristen- oder auch 3-Monats-Regelungen orientieren sich allein an

[1] Vgl. BT Sten. Ber. 6. WP 5. Si. vom 28.10.1968, S. 26.
[2] Zu den Gesetzentwürfen im Einzelnen S. 46–50.

zeitlichen Kriterien zur Straffreistellung des Schwangerschaftsabbruchs, während die ebenfalls zur Diskussion stehenden Indikationenregelungen zusätzliche inhaltliche Richtlinien vorgaben und damit nicht allein ‚quantitative', sondern auch ‚qualitative' Kriterien aufstellten, die zur Vornahme eines legalen Schwangerschaftsabbruchs erfüllt sein mussten. Der Katalog dieser Rechtfertigungsgründe, der so genannten Indikationen, war äußerst vielfältig. Die vier gängigsten waren die medizinische bzw. letale (bei Gefahr für Gesundheit oder Leben der Schwangeren), die ethische oder auch kriminologische (bei aufgezwungener Schwangerschaft), die eugenische oder auch kindliche (bei schwerer gesundheitlicher Schädigung des Fötus) sowie die soziale oder auch Notlagenindikation (bei sozialen Unwägbarkeiten, die die Fortführung der Schwangerschaft unzumutbar erscheinen lassen).[3] Verhängnisvollerweise war die gesamte Diskussion um die Reform des § 218 StGB davon geprägt, dass die z. T. fließenden Grenzen zwischen Fristen- bzw. Indikationenmodellen oftmals überzeichnet, die z. T. gravierenden Unterschiede zwischen den verschiedenen Fristenentwürfen, von denen einige korrekter als Beratungsregelungen hätten betitelt werden müssen, dagegen nivelliert wurden.[4]

1.1.1 Die zwei Modelle des Alternativ-Entwurfs

Im Frühjahr 1970 veröffentlichten 16 liberale Strafrechtsprofessoren, die 1966 bereits den „Allgemeinen Teil" eines Alternativ-Entwurfs zum Regierungsentwurf eines Strafgesetzes von 1962 vorgelegt und damit viel Gehör gefunden hatten, den zweiten, „Besonderen Teil" ihres Alternativ-Entwurfs (AE).[5] Er umfasste u. a. weit reichende Vorschläge zur Neuregelung der Straftaten gegen das werdende Leben. Die Alternativ-Professoren, zu denen exponierte FDP-Politiker wie der spätere Hamburger Justizsenator Ulrich Klug, der spätere Bundesinnenminister Werner Maihofer und der stellvertretende Vorsitzende des FDP-Bundesfachausschusses für Inneres und Recht Jürgen Baumann zählten, hatten allerdings trotz erheblicher Anstrengungen keinen Konsens zur Neugestaltung des Abtreibungsstrafrechts erzielen können und legten daher zwei Reformmodelle vor.

Erster Zweck der Bestimmungen über den Schwangerschaftsabbruch, darüber herrschte Konsens unter den Alternativ-Professoren, zu denen mit

---

[3] Im Weiteren wird begrifflich unterschieden zwischen Lösungsmodellen, die nur *eine* Indikation – die medizinische bzw. letale – anerkannten (Indikationsmodell) und solchen, die mehrere Indikationen umfassten (Indikationenmodell).

[4] Vgl. dazu Erwin Wilkens, „Zwei Entwürfe zu § 218. Aber keiner kann recht befriedigen" (*epd Ausg. f. kirchl. Presse* vom 16.2.1972).

[5] Vgl. ALTERNATIV-ENTWURF.

Anne Eva Brauneck im Übrigen auch eine Frau zählte, müsse die Eindämmung der hohen Zahl von Schwangerschaftsabbrüchen sein. Übereinstimmend stellte man ebenfalls fest, dass der § 218 StGB in seiner gültigen Form keinen wirksamen Schutz des werdenden Lebens mehr gewährleisten konnte, da Rechtsnorm und Rechtswirklichkeit dermaßen weit auseinander klafften, dass der Strafsanktion weder Überzeugungskraft noch Abschreckung mehr zukomme.[6] Geteilte Auffassungen bestanden unter den Verfassern des AE allerdings über die Frage, auf welchem alternativen Weg eine effektivere Eindämmung der Zahl der Schwangerschaftsabbrüche zu bewerkstelligen sei.

Die Mehrheit der ‚Alternativ-Professoren' hatte sich dafür entschieden, einer neu zu schaffenden Beratung, durch welche der Schwangeren finanzielle, soziale und familiäre Hilfe zuteil werden sollte, den Vorrang vor der Strafandrohung zu geben. Da man davon ausging, dass die betroffenen Frauen erst aus ihrer Anonymität treten und ein Beratungsangebot in Anspruch nehmen würden, wenn sie nicht mehr befürchten müssten, durch ein Gesetz von ihrem Abbruchvorhaben abgehalten zu werden, bedingte die Entscheidung für den Aufbau eines effektiven Beratungsangebots nach Ansicht der Mehrheit der ‚Alternativ-Professoren' eine befristete strafrechtliche Freistellung des Schwangerschaftsabbruchs.[7] Der Mehrheitsvorschlag des AE bestimmte deshalb, dass ein Schwangerschaftsabbruch innerhalb des ersten Schwangerschaftsmonats grundsätzlich straffrei und bis zum dritten Monat dann straffrei bleiben sollte, wenn er nach einer Beratung der Schwangeren und durch ärztliches Personal durchgeführt würde.[8]

Ein Teil der Alternativ-Professoren vermochte diesem Beratungsmodell nicht zuzustimmen und kritisierte, dass die Straflosigkeit des Schwangerschaftsabbruchs sich nach dem Mehrheitsvorschlag nur noch an die Einhaltung eines Verfahrens (i.e. den Besuch einer Beratungsstelle) knüpfen

---

[6] Die Alternativ-Professoren gaben zu bedenken, dass mehreren hunderttausend Abtreibungen in den Jahren 1963–1965 lediglich 3621 Verurteilungen gegenüberstanden und fast 90 % der Selbstabtreibungen mit Bewährungs- oder Geldstrafen geahndet worden seien (vgl. ALTERNATIV-ENTWURF, §§ 105–107, Begründung). Die Schätzungen schwankten zwischen 80 000 und einer Million Abtreibungen jährlich. Die niedrigste Schätzung zugrunde gelegt, bedeutete dies, dass statistisch jede fünfte Frau einmal in ihrem Leben eine Abtreibung hatte (vgl. N. JACHERTZ, Klischees, S. 2203).

[7] Vgl.: „Die der Frau belassene Entscheidungsfreiheit bedeutet daher nicht, daß die Verf. des AE den Schutz des werdenden Lebens gewissermaßen nur noch mittelbar bezwecken und das Rechtsgut der individuellen Willkür ‚freigeben' wollen oder die Frucht als ‚Teil des Mutterkörpers' verstehen, über den die Schwangere uneingeschränkt Verfügungsgewalt habe. Die belassene Entscheidungsfreiheit beruht vielmehr auf der Überzeugung, daß sich nur auf diese Weise die den Beratungsstellen zugedachte Funktion zur Eindämmung der Abtreibung verwirklichen läßt" (ALTERNATIV-ENTWURF, §§ 105–107, Begründung).

[8] Ohne jede Frist wurden ferner die medizinische sowie die eugenische Indikation, die durch eine Gutachterstelle festzustellen waren, freigegeben (vgl. EBD., § 106).

sollte. Das Rechtsgut des werdenden Lebens wurde ihrer Ansicht nach durch die Beratung nicht hinreichend geschützt und bedurfte auch weiterhin des umfassenden strafrechtlichen Schutzes. Der Vorschlag der Minderheit der Alternativ-Professoren sah darum ab dem zweiten Schwangerschaftsmonat statt einer Fristen- eine Indikationenregelung vor. Diese wurde durch eine Generalklausel eingeleitet, welche bestimmte, dass der Schwangerschaftsabbruch straflos bleiben sollte, „wenn der Schwangeren die Austragung der Schwangerschaft unter Berücksichtigung der gesamten Lebensumstände nicht zumutbar ist."[9] In fünf Unterpunkten wurde die Generalklausel näher ausgeführt. So sollte der Abbruch insbesondere dann straffrei bleiben, wenn Gefahr für Leib und Leben der Schwangeren bestand, wenn es sich um eine aufgezwungene Schwangerschaft handelte, wenn die Wahrscheinlichkeit bestand, dass das Kind behindert sein würde,[10] wenn die Schwangere das 16. Lebensjahr noch nicht vollendet hatte oder wenn Schwangerschaft und Geburt die Versorgung der übrigen Kinder der Schwangeren gefährdeten.[11]

Durch den Leitbegriff der Unzumutbarkeit, an dem sich die einzelnen Unterfälle der Generalklausel orientierten, ging auch der Vorschlag der Minderheit der Alternativ-Professoren über das bis dahin geltende rein medizinische Kriterium zur Straffreistellung des Schwangerschaftsabbruchs hinaus und öffnete die gesetzlichen Bestimmungen für soziale Gesichtspunkte. Er unterschied sich vom Mehrheitsvorschlag des AE somit allein darin, dass er die Aufgabe des Lebensschutzes weiterhin im Bereich des Strafrechts verortete, statt sie mit der Mehrheit der Professoren auf die Sozialpolitik zu übertragen. Der Dissens zwischen den Strafrechtsprofessoren beschränkte sich folglich im Wesentlichen auf die Frage, *wie* der Schutz des ungeborenen Lebens am Besten zu gewährleisten sei. *Dass* es sich beim Embryo um ein schützenswertes Rechtsgut handelte, war zu diesem Zeitpunkt noch unbestritten.

1.1.2 Der Entwurf der Humanistischen Union

Von Anbeginn an rege beteiligt an der Diskussion um die Reform des Abtreibungsstrafrechts war auch die Humanistische Union (HU), der nicht nur namhafte Persönlichkeiten der weiteren Abtreibungsdebatte angehör-

---

[9] ALTERNATIV-ENTWURF, §§ 105–107, Minderheitenvotum. Im ersten Schwangerschaftsmonat blieb der Abbruch – wie auch im Mehrheitsvorschlag – grundsätzlich straffrei.

[10] Die eugenische Indikation wurde im Gegensatz zum Mehrheitsvorschlag nicht unbefristet, sondern nur bis zum Ende des sechsten Schwangerschaftsmonats gestattet (EBD.).

[11] Über das Vorliegen einer der Indikationen sollte weiterhin durch eine Gutachterstelle entschieden werden (EBD.).

ten,[12] sondern die 1971 auch bedeutende Impulse gab für die Frauenbewegung gegen den § 218 StGB.

Bereits wenige Monate nach den Alternativ-Professoren veröffentlichte die HU Anfang August 1970 ebenfalls einen Gesetzvorschlag zur Reform des § 218 StGB. Dieser sah zwar ebenso wie der Mehrheitsvorschlag des AE eine Fristenregelung bis zum dritten Monat vor, doch lag dem Entwurf der HU eine völlig neue Problemdefinition zu Grunde.[13]

Während für die Alternativ-Professoren noch die Verminderung der Zahl der Abtreibungen im Mittelpunkt ihrer Überlegungen gestanden hatte, betrachtete die HU den Lebensschutzgedanken in der Diskussion um den Schwangerschaftsabbruch als religiöses Relikt, das es aus dem zur Neutralität verpflichteten Strafrecht zu eliminieren galt.[14] Der Entwurf der HU sah darum im Unterschied zum Mehrheitsvorschlag des AE keine Verlagerung des strafrechtlichen Lebensschutzes auf den sozialpolitischen Bereich vor, sondern eine ersatzlose Aufhebung. Eine Pflichtberatung war im Fristenmodell der HU folgerichtig nicht vorgesehen.

Die Forderung nach befristeter Freigabe des Schwangerschaftsabbruchs diente hier erstmals allein der Sicherung des individuellen Rechts auf Selbstbestimmung und Gesundheit der Schwangeren. Die Fristenmodelle der HU und der Alternativ-Professoren unterschieden sich damit trotz ihrer formal ähnlichen Ausgestaltung grundlegend in ihrer jeweiligen Intention.

Im weiteren Verlauf der Untersuchung gilt es darum gewissenhaft zu differenzieren, welches der Fristenmodelle jeweils zu Grunde gelegt wurde, d. h., ob von einer rein emanzipatorisch motivierten Fristenregelung ohne Beratungspflicht als Vorstufe zur Abschaffung des Abtreibungsverbots die Rede ist,[15] oder von einem Fristenmodell, das grundsätzlich an der Maxime

---

[12] Neben den Mitverfassern des AE Ulrich Klug und Werner Maihofer gehörten auch die SPD-Politikerin Helga Timm, die Gießener Soziologin Helge Pross und der Berliner Theologe Helmut Gollwitzer der HU an.

[13] Vgl. Vorschlag der HU vom 3.8.1970 (in: F.-C. SCHROEDER, Abtreibung, S. 69–74). Die Tatsache, dass der HU die Alternativ-Professoren Ulrich Klug und Werner Maihofer in führenden Positionen angehörten, könnte darauf hindeuten, dass es unter den Alternativ-Professoren möglicherweise eine dritte – radikal reformwillige – Fraktion gegeben hatte, die sich hier nunmehr zu Wort meldete.

[14] Vgl. „Die Einwände gegen den Abbruch der Schwangerschaft sind stark durch tradierte Auffassungen der christlichen Kirchen bedingt, die jeden Schwangerschaftsabbruch als Tötungshandlung und ‚Sünde' bezeichnen. Auch wird hierbei das Recht auf Leben für das noch ungeborene Kind und das von Gott verliehene Recht auf Existenz hervorgehoben. Derartige Gedankengänge dürfen die Haltung des staatlichen Gesetzgebers nicht beeinflussen. [...] Er kann daher religiös motivierten Argumenten für eine Bestrafung des Schwangerschaftsabbruchs nicht folgen" (EBD., S. 71).

[15] Bildet nicht der Lebensschutz, sondern wie bei der HU das Selbstbestimmungsrecht der Frau den alleinigen Ausgangspunkt der Überlegungen zur Reform des Abtreibungsstrafrechts, liegt die Forderung nach Streichung des § 218 StGB durchaus nicht fern. In der Tat

des Lebensschutzes festhält und eine Umsetzung lediglich durch sozialpolitische Maßnahmen – wie etwa Beratung – besser gewährleistet sieht als durch das Strafrecht.

1.2 Die Kirchen und das Reformvorhaben

Die Kirchen hatten die Reform des Strafrechts bereits seit Mitte der fünfziger Jahre aktiv begleitet und waren entschlossen, dies auch unter der neuen sozial-liberalen Regierung weiter zu tun.[16] In der Frage des Abtreibungsstrafrechts zeichnete sich dabei bald ab, dass der katholischen Kirche eine Vorreiterrolle zukommen würde, da sie sich nicht nur früher, sondern auch weitaus entschiedener zu Wort meldete als die evangelische Kirche.[17]

1.2.1 Die Haltung der katholischen Kirche

Infolge des II. Vatikanischen Konzils und angesichts der auch von katholischer Seite mit Wohlwollen betrachteten großen Koalition in der BRD war es Ende der sechziger Jahre zu einer ersten zaghaften Entspannung in dem bis dahin schwer belasteten Verhältnis zwischen Sozialdemokratie und katholischer Kirche gekommen.[18] Diese Entwicklung, für die u. a. Namen wie Herbert Wehner standen und Heinrich Tenhumberg, der bis zu seiner Ernennung zum Bischof von Münster 1969 Leiter des Katholischen Büros gewesen war, drohte allerdings durch die geplante Reform des Abtreibungsstrafrechts in Gefahr zu geraten, wie sich bereits im Sommer 1970 andeutete.

Zu einer ersten ernsthaften Verstimmung zwischen der katholischen Seite und Regierungsvertretern kam es, als das *Passauer Bistumsblatt* die Ankün-

---

hatte die HU bereits im März 1969 eine 150 Unterschriften umfassende Petition zur Abschaffung des § 218 StGB an den Bundestag weitergereicht (vgl. Meldung im *Stern* vom 13.4.1970).

[16] Für den evangelischen Beitrag zur Debatte um die Strafrechtsreform zwischen 1954 und 1969 vgl. R. ANSELM, Jüngstes Gericht.

[17] Vgl. dazu Brief von Erwin Wilkens an Otto Dibelius vom 13.3.1970: „Wir werden uns also sputen müssen […] Während in der Frage des Ehescheidungsrechtes die katholische Seite sich mehr oder weniger an uns angelehnt hat, werden wir hier am besten wohl umgekehrt verfahren und versuchen müssen, von der katholischen Arbeit zu profitieren" (EZA 99/1.294).

[18] Eindrücklichstes Zeichen für diese neue Epoche im Verhältnis der katholischen Kirche zu den politischen Parteien war die Einstellung der seit Kriegsende üblichen Wahlhirtenbriefe, in denen die katholischen Bischöfe bis 1969 Wahlempfehlungen zu Ungunsten der SPD abgegeben hatten (vgl. dazu E.-G. MAHRENHOLZ, Kirchen, S. 74–77; S. 84 f.; T. GAULY, Katholiken, S. 210–216).

digung des Bundesjustizministers Gerhard Jahn, man werde die Arbeit an der Reform des § 218 StGB aufnehmen, zum Anlass nahm, Anfang August 1970 mit der Schlagzeile zu titeln: „Minister Jahn will Mord legalisieren“.[19] Der Bundesjustizminister gab daraufhin in einem offenen Brief zu bedenken, dass derartige Beiträge kaum zur Lösung der menschlich wie rechtlich schwierigen Problematik des Schwangerschaftsabbruchs beitrügen.[20]

Wenige Wochen nach diesem ersten Schlagabtausch trat die katholische Kirche Ende September 1970 mit einer ersten offiziellen Erklärung zur weiteren Reform des Strafrechts an die Öffentlichkeit. Zum Abschluss ihrer Herbstkonferenz leiteten die katholischen Bischöfe eine „Stellungnahme zur Strafrechtsreform“ an die Bundestagsabgeordneten weiter und formulierten darin die entschieden ablehnende Haltung der katholischen Kirche zu jeder Form des Schwangerschaftsabbruchs. „Das werdende Leben“, hieß es in dem Votum, „bedarf vom Augenblick der Empfängnis an des Schutzes. Es ist unantastbar wie das Leben des schon geborenen Kindes. An diesem Grundsatz, der der beständigen Lehre unserer Kirche entspricht, müssen wir unverbrüchlich festhalten.“[21]

Ende Oktober verabschiedete auch das Zentralkomitee der Katholiken (ZdK) auf seiner Vollversammlung eine Erklärung und schloss sich darin der bischöflichen Position an, dass auf die Mittel des Strafrechts zum Schutz des werdenden Lebens nicht verzichtet werden könne.[22] Die Unantastbarkeit des menschlichen Lebens, hieß es in der Verabschiedung, sei ein naturrechtliches Axiom, das als ethisches Minimum einer Gesellschaft nicht der Beliebigkeit anheim gestellt werden dürfe.

Die Regierung bemühte sich sogleich, die von katholischer Seite vorgetragene Besorgnis abzumildern, und bekundete durch verschiedene Vertreter ihre Nähe zu den katholischen Grundüberzeugungen.[23] Die katholische

---

[19] Vgl. *Passauer Bistumsblatt* vom 2.8.1970. Obgleich die Meldung des Bundesjustizministeriums nur vage formuliert hatte, die ärztlich indizierte Abtreibung werde möglicherweise bis zum dritten Schwangerschaftsmonat bei voller Kostenübernahme durch die Krankenkassen legalisiert (vgl. Meldung in: *ppp* vom 13.7.1970), wetterte das Bistumsblatt sogleich, Naturrecht und göttliches Recht würden von der Regierung mit Füßen getreten.

[20] Vgl. „Straffrei und moralisch“ (*Deutsche Tagespost* vom 14.8.1970). Jahns Verärgerung über die polemische Anschuldigung des Bistumsblattes zeigte sich noch knapp 1½ Jahre später, als er in einem *kna*-Interview darauf hinwies, dass eine Zurücknahme der Unterstellung nach wie vor ausstehe (vgl. *kna* vom 14.1.1972).

[21] Die bis Herbst 1971 abgegebenen maßgeblichen katholischen Stellungnahmen zur Reform des § 218 StGB finden sich von K. PANZER zusammengestellt in: DERS., Schwangerschaftsabbruch: So auch die „Stellungnahme der Bischofskonferenz zur Strafrechtsreform vom 25.9.1970“ (EBD., S. 18–21, S. 20).

[22] „Erklärung des ZdK vom 30.10.1970“ (abgedruckt EBD., S. 180 f.).

[23] Vgl. „Wehner kritisiert Reform-Vorgehen des Justizministers. Weitgehende Übereinstimmung mit den Bedenken der Bischöfe bekundet“ (*kna* vom 6.11.1970). Der Vorsitzende des Arbeitskreises Rechtswesen der SPD-Fraktion Martin Hirsch lud den katholischen

Seite reagierte jedoch reserviert.[24] Das Protokoll der 24. Sitzung des Katholischen Arbeitskreises für Strafrecht von Anfang Februar 1971 vermittelt ein eindrückliches Bild der vorherrschenden kompromisslosen Grundstimmung. Es bestünde für den katholischen Arbeitskreis keinerlei Veranlassung, hieß es darin, von seinen früheren Stellungnahmen gegen eine Änderung des § 218 StGB abzuweichen. Auf die von Generalbundesanwalt Max Güde vorgebrachten Einwände bezüglich der Realisierbarkeit der katholischen Absolutforderung hieß es im Protokoll weiter: „Prälat Wöste warnt davor, im Frühstadium der politischen Verhandlungen von uns aus Kompromisse anzubieten. [...] Es sollten Maximalforderungen gestellt werden. Auch nach seiner Auffassung dürfe der Katholische Arbeitskreis für Strafrecht seine Stellungnahmen nicht davon abhängig machen, ob eine Forderung politisch realisierbar sei."[25]

Die Stellungnahmen der Bischofskonferenz und des ZdK sowie die Diskussion innerhalb des katholischen Arbeitskreises für Strafrecht verdeutlichen, dass man in der Frage des Schwangerschaftsabbruchs auf katholischer Seite keine Möglichkeit zum politischen Kompromiss sah. Die katholische Kirche – soviel war nach ihren ersten Äußerungen klar – würde sich jeder über den Status quo hinausgehenden Reform des § 218 StGB widersetzen.[26]

Arbeitskreis für Strafrecht ferner zu einem Gedankenaustausch ein und machte ebenfalls bereits im Einladungsschreiben seine Ablehnung sowohl der eugenischen als auch der sozialen Indikation deutlich (vgl. Brief von Hirsch an Döpfner vom 19.10.1970, in: EZA 99/1.306).

[24] Der Vorsitzende der Bischofskonferenz Julius Kardinal Döpfner nahm das Gesprächsangebot des Arbeitskreises Rechtswesen der SPD-Fraktion zwar an, erklärte in seinem Antwortschreiben jedoch, dass die von Hirsch vorgetragenen Argumente für eine Reform des § 218 StGB die Sorgen der Bischöfe keineswegs verringert, sondern im Gegenteil eher noch verstärkt hätten (vgl. „Bischöfe äußern sich besorgt über die Strafrechtsreform", in: *Die Welt* vom 3.11.1970, sowie „Tiefe Sorge um die Strafrechtsreform", in: *SZ* vom 3.11.1970).

[25] Der Arbeitskreis lehnte jede Form der Nidationshemmer ab und stimmte lediglich der Zulassung einer medizinischen Indikation sowie einer ethischen bis zum 12. Tag nach der Empfängnis zu (vgl. Protokollauszug der 24. Sitzung des katholischen Arbeitskreises für Strafrecht im Haus Venusberg/Bonn vom 5./6.2.1971, in: EZA 87/743). Dem Arbeitskreis gehörten 37 Mitglieder an. Zahlreiche von ihnen bekleideten wichtige Ämter wie z. B. Generalbundesanwalt Ludwig Martin, Bundesrichter i. R. Dietrich Lang-Hinrichsen, Bundestagsvizepräsident Richard Jäger, Minister a. D. Paul Mikat, Minister a. D. Franz-Josef Würmeling sowie der Chefredakteur des *Rheinischen Merkur* Friedrich Graf von Westphalen, oder traten später in der öffentlichen Abtreibungsdebatte bzw. durch wissenschaftliche Veröffentlichungen zum Thema besonders hervor wie der Bonner Moraltheologe Franz Böckle und die Juristen Albin Eser, Vincens Lissek und Karl Panzer. Prälat Wilhelm Wöste war im September 1969 als Nachfolger Tenhumbergs zum Beauftragten der deutschen katholischen Bischöfe bei der Bundesregierung ernannt worden und leitete das Kommissariat der deutschen Bischöfe.

[26] So auch H. Tallen, § 218, S. 40.

1.2.2 Erste Erwägungen auf evangelischer Seite

Die evangelische Kirche hatte sich seit der Diskussion um die Anerkennung der ethischen Indikation Anfang der sechziger Jahre nicht eingehender mit der Problematik des Schwangerschaftsabbruchs befasst.[27] Als man sich Anfang der siebziger Jahre erneut mit der Reform des Abtreibungsstrafrechts zu beschäftigen hatte, war die Diskussionslage indes eine grundlegend andere als noch wenige Jahre zuvor. „Zum Tatbestand der Abtreibung bzw. der Schwangerschaftsunterbrechung", formulierte Oberkirchenrat Erwin Wilkens aus der Kirchenkanzlei der EKD in Hannover Anfang Mai 1970 vorausschauend, „wird sich die Diskussion von der ethischen Indikation auf die soziale Indikation verlagern, wenn nicht überhaupt dieses System der Indikationen in Frage gestellt wird. [...] Die Frage der Schwangerschaftsunterbrechung aus ethischer Indikation hält man im BMJ[28] offenbar für ausdiskutiert. Die Möglichkeit einer Schwangerschaftsunterbrechung aus sozialer Indikation wird ohne Zweifel starke Vertreter in den Organen der Gesetzgebung und in der Öffentlichkeit finden."[29]

Damit hatte Wilkens die neuen Bedingungen skizziert, unter denen die Diskussion um die Reform des Abtreibungsstrafrechts in den folgenden Jahren stand. Die – Anfang der sechziger Jahre noch infolge der kirchlichen Intervention verhinderte – Aufnahme der ethischen Indikation in das Strafrecht war inzwischen selbst nach interner kirchlicher Einschätzung ‚kein Thema' mehr.[30] Wie es schien, ging es – zumindest aus evangelischer Sicht – auch nicht länger darum, jede Einschränkung des rigorosen strafrechtlichen Abtreibungsverbots zu verhindern.[31] Vielmehr sah Wilkens die Aufgabe der evangelischen Kirche offenbar darin, sich dafür einzusetzen, dass der einzuführende Katalog der gesetzlichen Ausnahmen möglichst umsichtig ausgestaltet werden würde und es nicht zur Verabschiedung eines weit reichenden Fristenmodells käme. Das ethisch-religiös motivierte Unwert-

---

[27] Eine Ausnahme bildete die Anfang des Jahres 1970 herausgegebene umfangreiche Veröffentlichung des Öffentlichkeitsausschusses der Rheinischen Landeskirche, in der Autoren verschiedenster Berufsfelder sich für eine Liberalisierung des Sexualstrafrechts – u. a. für die Anerkennung der ethischen Indikation – aussprachen. Die Schrift gehört ihrer Genese und ihrem Inhalt nach allerdings noch in die Diskussion der sechziger Jahre (vgl. EVANGELISCHE KIRCHE IM RHEINLAND, Kirche und Sexualstrafrecht). Vgl. auch die Besprechung bei R. ANSELM, Jüngstes Gericht, S. 159–163.

[28] Bundesministerium der Justiz.

[29] „Vermerk betr. Strafrechtsreform" vom 1.5.1970 (EZA 99/1.294).

[30] Zur Abtreibungsdebatte Anfang der sechziger Jahre und dem evangelischen Beitrag vgl. die historische Hinführung in der Einleitung sowie R. ANSELM, Jüngstes Gericht, S. 140 ff.

[31] In der Anerkennung verschiedener strafrechtlicher Beweggründe für eine befristete Straffreistellung des Schwangerschaftsabbruchs lag, wie sich im Weiteren zeigen wird, die Hauptdifferenz zwischen der katholischen und der evangelischen Position in der Abtreibungsdebatte der siebziger Jahre.

urteil über den Schwangerschaftsabbruch veranlasste die evangelische Seite somit nicht länger, sich grundsätzlich einer rechtlich notwendigen Reform des Abtreibungsstrafrechts zu widersetzen. Man war bereit zu akzeptieren, dass Recht und Moral in der Frage des Schwangerschaftsabbruchs nicht länger in Deckungsgleichheit stehen mussten und der Staat den Schwangerschaftsabbruch in begründeten Fällen straffrei belassen konnte.

Dies implizierte für den Rat der EKD, wie er Mitte Juni 1970 während einer ersten Aussprache über die Reformpläne festhielt, dass es *auch* nicht Aufgabe der Kirche sein könne, an der rechtlichen Lockerung des Abtreibungsverbots mitzuwirken bzw. die ethische Rechtfertigung für kriminalpolitisch u. U. notwendige Reformen zu liefern.[32] Die Feststellung des Rates deutet darauf hin, dass die Revision des Verhältnisses von Recht und Moral möglicherweise nicht in erster Linie ein freies Zugeständnis an die Autonomie des Staates darstellte, sondern einem gewissen Legitimationsdruck entsprang, den die Kirche selbst verspürte. Wenn Recht und Moral in der Frage der Abtreibung nicht voneinander abweichen durften, dann – so u. U. die Sorge des Rates – könnte die Kirche infolge strafrechtlicher Reformen am Ende genötigt werden, auch ihre ethisch-religiöse Grundhaltung zur Frage des Schwangerschaftsabbruchs zu revidieren.

Für die evangelische Seite lässt sich damit zusammenfassen, dass es zunächst so schien, als würde die Diskussion auf eine Art Stillhalteabkommen und gegenseitige Respektierung zwischen der Kirche als Vertreterin der ethisch-religiösen und dem Gesetzgeber als Vertreter der rechtlichen Bewertung des Schwangerschaftsabbruchs hinauslaufen. Eine identische Problemdefinition sowie das übereinstimmende Reformziel des verbesserten Lebensschutzes wurden dabei selbstverständlich vorausgesetzt – zumal der Gesetzentwurf der Humanistischen Union, welcher beides erstmals radikal in Frage stellte, erst wenige Wochen nach der Aussprache im Rat der EKD veröffentlicht wurde.

1.2.3 Die Gründung der Strafrechtskommission der EKD

Neben dem Rat der EKD hatte es bereits seit Beginn der Reformarbeiten Mitte der fünfziger Jahre weitere Gremien auf evangelischer Seite gegeben, die sich eingehend mit den Fragen der Strafrechtsreform beschäftigt hatten. Die Kirchenkanzlei der EKD hatte zunächst auf die Einsetzung einer offiziellen EKD-Kommission zur Begleitung der Strafrechtsreform verzichtet und diese Aufgabe der institutionell nicht unmittelbar an die EKD angebundenen Strafrechtskommission des Christophorus-Stiftes in Heidel-

[32] Vgl. Auszug aus dem Protokoll der Ratssitzung vom 10.6.1971 (EZA 2/93/6215).

berg überlassen.[33] Die Kommission des Christophorus-Stiftes hatte seit ihrer Gründung 1956 jedoch personell erheblich abgebaut und stand, wie Wilkens der Bonner Außenstelle der Kirchenkanzlei kurz vor Jahresschluss 1969 mitteilte, nicht länger für die Wahrnehmung der evangelischen Interessenvertretung zur Verfügung.[34] Wilkens empfahl deshalb die Gründung einer offiziell von der EKD eingesetzten Strafrechtskommission, durch welche die evangelische Seite die Reformvorhaben der Regierung auch weiterhin kritisch-konstruktiv begleiten sollte.

Die Anregung fand Aufnahme, und die Mitarbeiter der Kirchenkanzlei gingen in den ersten Monaten des Jahres 1970 daran, sich über die Aufgabenstellung[35] sowie die personelle Zusammensetzung der Kommission zu verständigen. Nachdem die Vorarbeiten abgeschlossen waren und die Kirchenkanzlei mit Hilfe eines Vertreters aus dem Bundesjustizministerium eine Nominierungsliste zusammengestellt hatte,[36] berief der Rat der EKD Ende April die fünfzehn zukünftigen Mitglieder der Strafrechtskommission.[37] Der Kreis umfasste zwei Theologen (Karl Janssen, Wolfgang Schweitzer),[38] zwei Strafrechtler (Hans-Heinrich Jeschek, Ernst-Walter

[33] Vgl. Brief Otto von Harling an Hans Dombois vom 4.6.1959 (EZA 2/2818). Neben der Strafrechtskommission des Christophorus-Stiftes hatten sich auch die Eherechtskommission der EKD sowie die Wissenschaftliche Kommission der evangelischen Konferenz für Strafrechtspflege mit der kritischen Begleitung der Strafrechtsreform befasst (vgl. dazu ausführlich R. ANSELM, Jüngstes Gericht, S. 117–149).

[34] Vgl. Brief von Wilkens an Otto Dibelius und Cornelius Adalbert von Heyl vom 19.12.1969 (EZA 99/1.294).

[35] Ursprünglich hatte Wilkens der neuen Strafrechtskommission ausschließlich die Beratung der Pornografie- und Unzuchtparagrafen (§§ 184/185 StGB), der bereits bestehenden Familienrechtskommission dagegen die Abtreibungsthematik übertragen wollen. Nach einem Protest des Geschäftsführers der Familienrechtskommission, der die Zuständigkeit seines Gremiums auf das Ehe- und Familienrecht beschränkt sah, wurde die Strafrechtskommission schließlich mit der Beratung des kompletten zweiten Teils der Reform des Sexualstrafrechts betraut (vgl. Schreiben von Heyls an Wilkens vom 16.1.1970, in: EZA 99/1.294).

[36] Ministerialrat Hermann Horstkotte war bei der Zusammenstellung der Nominierungsliste behilflich (vgl. Brief von Dibelius an Wilkens vom 25.2.1970, in: EZA 99/1.294). Wilkens hatte ferner – offenbar erstmals – die Landeskirchen sowie das Diakonische Werk um Berufungsvorschläge gebeten, sah sich jedoch unvermittelt mit der Erwartung der Befragten nach einer adäquaten Berücksichtigung ihrer Kandidaten und Kandidatinnen konfrontiert. In dieser prekären Situation entschloss er sich kurzerhand, den gesamten Vorgang an Dibelius und Horst Echternach, den Nachfolger von Heyls, der Anfang 1970 aus der Kirchenkanzlei ausgeschieden war, abzugeben. Die Bonner Außenstelle erhielt damit die Aufgabe, dem Rat aus der 79 Namen umfassenden Vorschlagsliste eine engere Berufungsliste von circa zwölf Personen vorzulegen (vgl. Brief von Wilkens an Dibelius vom 3.4.1970, in: EZA 99/1.294).

[37] Dies und das Folgende nach Auszug aus dem Protokoll der Ratssitzung vom 23./24.4.1970 (EZA 99/1.294).

[38] Neben dem Vorsteher des Stephansstiftes in Hannover Karl Janssen einem moderaten Reformbefürworter, wurde – nach Absagen von Trutz Rendtorff und Heinrich Greeven –

Hanack),[39] einen Vertreter und eine Vertreterin aus dem Bereich des Gerichtswesens (Karl-Heinz Nüse, Else Koffka) sowie einen Vertreter des Bundeskriminalamts (Thomsen),[40] darüber hinaus zwei Bundestagsabgeordnete (Ingeborg Geisendörfer, Horst Krockert),[41] einen weiteren Vertreter sowie eine Vertreterin aus dem Bereich der Politik (Hermann Horstkotte, Elisabeth Schwarzhaupt),[42] einen Mediziner (Heinz Kirchhoff),[43] einen Psychotherapeuten (Rudolf Affemann)[44] sowie die Vorsitzenden der evangelischen Vorgängergremien der Strafrechtskommission (Hans Dombois und Walter Becker)[45].

Eine Reihe der neu berufenen Mitglieder der Strafrechtskommission hatte schon anderen Gremien der evangelischen Kirche angehört und war bereits in fortgeschrittenem Alter, doch zeichnete der Kreis sich daneben auch durch eine große Bandbreite der vertretenen Positionen aus.[46] Im Rat

---

Wolfgang Schweitzer, Vertreter einer reformfreudigen Position, berufen. Im Sommer 1971 stieß ferner Gottfried Hornig, ebenfalls ein Reformbefürworter, zur Strafrechtskommission.

[39] Jeschek galt als Repräsentant konservativer Ansichten. Hanack, der dem Kreis der ‚Alternativ-Professoren' angehörte, wurde erst nach Absagen von Claus Roxin, dem bedeutendsten Vertreter der jüngeren Strafrechtsreformer, sowie Eberhard Schmidhäuser, einem Mann der Mitte, berufen.

[40] Bundesrichterin i. R. Koffka wurde als modern und ausgleichend bezeichnet. Oberstaatsanwalt Nüse galt ebenfalls als Vertreter einer recht offenen Mittelposition. Regierungskriminalrat Thomsen vom Bundeskriminalamt wurde dagegen als Vertreter konservativer Überzeugungen in die Strafrechtskommission berufen.

[41] Neben der CSU-Bundestagsabgeordneten Ingeborg Geisendörfer nominierte der Rat den SPD-Abgeordneten und Pfarrer Horst Krockert, der allerdings an keiner der Sitzungen teilnahm und sein Amt Anfang 1971 schließlich niederlegte. Daraufhin wurde Udo Fiebig, ebenfalls Pfarrer und SPD-Abgeordneter, berufen.

[42] Ministerialrat Horstkotte (SPD) aus dem Bundesjustizministerium war bereits bei der Zusammenstellung der Berufungslisten behilflich gewesen (vgl. oben Anm. 36). Die ehemalige Bundesgesundheitsministerin Elisabeth Schwarzhaupt (CDU) sollte den Vorsitz des Gremiums übernehmen.

[43] Heinz Kirchhoff, Vizepräsident der Gesellschaft für Gynäkologie, galt als besonnener Vertreter einer Indikationenregelung, musste jedoch aus gesundheitlichen Gründen im Herbst 1971 ausscheiden (vgl. Brief von Kirchhoff an Echternach vom 3.11.1971, in: EZA 99/1.295). Auf seine Empfehlung zog die Strafrechtskommission daraufhin den Humangenetiker Friedrich Vogel als Sachverständigen in medizinischen Fragen vermehrt zu Rate.

[44] Unklar bleibt, wie der konservative Stuttgarter Psychotherapeut Rudolf Affemann in die Strafrechtskommission gelangte, da er weder auf einer der Nominierungslisten stand noch Unterlagen über seine Nachberufung auffindbar sind. Der Geschäftsführer der Strafrechtskommission trat späteren Gerüchten, wonach Affemann kein ordentlich berufenes Mitglied gewesen sei, allerdings ausdrücklich entgegen (vgl. Brief von Echternach an Barbara Just-Dahlmann vom 27.7.1972, in: EZA 99/1.295).

[45] Becker hatte der Wissenschaftlichen Kommission der evangelischen Konferenz für Strafrechtspflege vorgestanden. Dombois, der langjährige Vorsitzende der Strafrechtskommission des Heidelberger Christophorus-Stifts, legte sein Mandat bereits nach wenigen Monaten im Winter 1970/71 – wohl aus Protest gegen die so genannte ‚Orange Schrift' – nieder (vgl. unten S. 96).

der EKD hatte man bewusst davon abgesehen, bereits durch die Zusammensetzung des Gremiums das Ergebnis der Beratungen zu präjudizieren.[47]

Der Arbeitsauftrag, wie er im Berufungsschreiben an die Kommissionsmitglieder formuliert wurde, lautete knapp und umfassend: „Die neue Kommission hat die Aufgabe, den Rat der EKD zu beraten und kirchliche Äußerungen, die sich unter Umständen als ratsam oder notwendig erweisen, vorzubereiten."[48] Im Gegensatz zur Kommission des Christophorus-Stifts war die Strafrechtskommission der EKD somit kein eigenständiges Forum, sondern ein internes Beratungsgremium des Rates. Das bedeutete u. a., dass die von der Kommission zu erarbeitenden Stellungnahmen nicht in eigener Verantwortung, sondern nur nach Autorisierung durch den Rat der EKD veröffentlicht werden durften.[49]

Bevor die Kommission sich konstituieren und ihre Arbeit aufnehmen konnte, waren allerdings noch zwei Hindernisse zu überwinden, denn sowohl mit dem Vorsitz als auch mit der Geschäftsführung der Kommission gab es noch Besetzungsprobleme. Nachdem der Wunschkandidat der Kirchenkanzlei, Ministerialdirigent a. D. Eduard Dreher, den Vorsitz der Kommission bereits im Vorfeld der offiziellen Berufung aus zeitlichen Gründen abgelehnt hatte, war der Rat der EKD der zweiten Empfehlung der Kirchenkanzlei gefolgt, der ehemaligen Bundesgesundheitsministerin Elisabeth Schwarzhaupt den Vorsitz anzutragen.[50] Doch auch Schwarz-

---

[46] „Der Bestand der jetzt Gewonnenen", schrieb Dombois ein wenig enttäuscht über die Zusammensetzung der Kommission, „enthält aus verständlichen Gründen doch nicht sehr viel über das hinaus, was mindestens zeitweilig in unserem Umkreis schon vorhanden war" (Brief an Wilkens vom 22.5.1970, in: EZA 99/1.294). Dombois spielte auf Schwarzhaupt, Jeschek und Janssen an, die seiner Kommission angehört hatten (vgl. R. ANSELM, Jüngstes Gericht, S. 211 sowie S. 136, Anm. 62). Darüber hinaus hatte Kirchhoff dem eugenischen Arbeitskreis des Diakonischen Werks angehört und Nüse war sowohl Mitglied der Synode der EKU als auch der Berliner Landessynode. Thomsen schließlich hatte nach eigenem Bekunden ebenfalls bereits verschiedenen evangelischen Kommissionen zur Strafrechtsreform angehört (vgl. Brief von Thomsen an Wilkens vom 4.6.1970, in: EZA 99/1.294).

[47] Vgl. Brief von Wilkens an Dibelius vom 3.4.1970 (EZA 99/1.294).

[48] Rundbrief von Wilkens an die Mitglieder der Strafrechtskommission vom 20.5.1970 (EZA 99/1.294).

[49] Vgl. auch das Berufungsschreiben von Echternach an Gottfried Hornig vom 14.6.1971: „Die Strafrechtskommission ist an sich nicht als ständige Kommission gedacht, sondern aus der aktuellen Problematik des Sittenstrafrechts heraus berufen worden (kann aber auf Bitten des Rates auch länger arbeiten). Sie ist kein eigenständiges Organ; vielmehr hat sie eine Beratungsfunktion gegenüber dem Rat der EKD und die Möglichkeit, Vorlagen für Briefe, Worte an die Öffentlichkeit oder gar eine Denkschrift vorzubereiten. Verlautbaren kann nur der Rat" (EZA 99/1.301).

[50] Sowohl Dreher als auch Staatssekretär Walter Strauß, der ebenfalls in Betracht gezogen worden war, hatten dem Bundesjustizministerium angehört und waren bereits Mitglieder der Kommission des Christophorus-Stiftes gewesen (vgl. R. ANSELM, Jüngstes Gericht, S. 135 f.). Der Gedanke, Strauß zum Vorsitzenden zu ernennen, war von Dibelius allerdings rasch wieder fallen gelassen worden, da der Umstand, dass Strauss dem rechten Flügel der CDU

haupt erwiderte auf eine informelle Anfrage zunächst, sie müsse das Amt leider ablehnen. Zur Begründung führte sie allerdings kein zeitliches, sondern ein inhaltliches Argument an. Schwarzhaupt teilte der Kirchenkanzlei schriftlich mit, dass sie zur Reform des Abtreibungsstrafrechts eine Auffassung vertrete, „die wahrscheinlich von der Mehrheit der Mitglieder und sicher von der Mehrheit des Rates der EKD abweicht."[51] Die Juristin, die u. a. dem Rechtsausschuss der Evangelischen Frauenarbeit in Deutschland sowie dem Deutschen Frauenrat vorstand, präzisierte weiter, sie könne nur einen solchen Gesetzentwurf vertreten, der die Strafbarkeit der Abtreibung weitgehend einschränkt und bis zum dritten oder sogar vierten Monat generell straffrei belässt.

Ungeachtet ihres unmissverständlichen Votums für eine Fristenregelung suchte Wilkens die Unionspolitikerin zur Annahme des Kommissionsvorsitzes zu bewegen und ihre Bedenken zu zerstreuen. Er sei zwar selbst noch ein wenig verunsichert bezüglich der besten rechtlichen Regelung des Schwangerschaftsabbruchs, antwortete Wilkens in ungewohnt entgegenkommender Manier, doch könne er sich nach dem gegenwärtigen Stand seiner Erkenntnisse durchaus mit den von Schwarzhaupt angestellten Erwägungen einverstanden erklären.[52] Auch im Hinblick auf das Meinungsspektrum innerhalb der Strafrechtskommission beruhigte er die designierte Vorsitzende, dass der Kreis recht breit zusammengesetzt sei.[53] Sollte es dem Gremium nicht gelingen, sich zu einem übereinstimmenden Votum „zusammenzuraufen", schrieb er, werde man sich eben damit begnügen, die verschiedenen Standpunkte zu beschreiben.[54] Schwarzhaupt ließ sich schließlich von Wilkens überzeugen und nahm das ihr angetragene Leitungsamt an.[55]

---

zugerechnet wurde, eine unter seinem Vorsitz zustande gekommene Stellungnahme der EKD in der parlamentarischen Beratung hätte belasten können, wie Dibelius selbst einwandte (vgl. Brief von Dibelius an Wilkens vom 10.4.1970, in: EZA 99/1.294). Darum hatte Dibelius schließlich Schwarzhaupt (CDU) ins Gespräch gebracht und zu bedenken gegeben, diese würde die zur Diskussion stehenden Fragen als ehemalige Oberkirchenrätin der Kirchenkanzlei sowohl mit den „Augen des Staates als auch mit den Augen der Kirche" betrachten (Internes Papier „Kommission für Strafrechtsreform" von Dibelius vom 19.4.1970, in: EZA 99/1.294).

[51] Brief an Wilkens vom 13.5.1970 (EZA 99/1.294).

[52] Vgl. Brief vom 22.5.1970 (EZA 99/1.294).

[53] Zum konservativen Flügel des Gremiums zählten Affemann, Jeschek und Thomsen (vgl. z. B. R. AFFEMANN, Geschlechtlichkeit). Betont liberale Ansichten hatten Hanack und Schwarzhaupt (vgl. u. a. E.-W. v. HANACK, Verhältnis von Recht und Ethik). Die übrigen Mitglieder vertraten sehr unterschiedliche Formen von Mittelpositionen (vgl. z. B. I. GEISENDÖRFER, Gesellschaftspolitik und Strafrechtsreform, sowie W. BECKER, Kampf um die Abtreibung).

[54] Vgl. oben Anm. 52.

[55] Brief von Wilkens an Dibelius vom 15.6.1970 (EZA 99/1.294).

Noch während der Verhandlungen über den Kommissionsvorsitz bemühte Wilkens sich auch bereits darum, die Geschäftsführung für die Strafrechtskommission wieder abzugeben.[56] „Wie ich höre, ist der ‚Schwarze Peter' mit der Geschäftsführung dieser Kommission hinter den Kulissen schon von Referat zu Referat gewandert", schrieb Horst Echternach, den es schließlich selbst getroffen hatte, Anfang Juni an Walter Hammer, den Präsidenten der Kirchenkanzlei.[57] Handstreichartig war Echternach – dem Nachfolger von Heyls im Sozialreferat der Bonner Außenstelle der Kirchenkanzlei – ohne sein Wissen von Hannover aus die Geschäftsführung übertragen worden. Echternach zeigte sich daraufhin offen überrascht und gab zu bedenken, dass er sich noch in der Einarbeitungsphase befände und zudem nicht wie von Heyl Jurist, sondern Theologe und somit wenig versiert in der juristischen Materie des Strafrechts sei.[58] Zähneknirschend erklärte er sich jedoch bereit, die Aufgabe zu übernehmen.[59] Nach einem guten halben Jahr der Vorbereitung waren die Planungen damit soweit abgeschlossen, dass die Strafrechtskommission ihre Beratungen nach der Sommerpause aufnehmen konnte.

Die Strafrechtskommission nimmt ihre Arbeit auf

Am 18. September 1970 trat die Strafrechtskommission der EKD zu ihrer konstituierenden Sitzung zusammen. Thematisch verhandelte der Kreis zunächst die unmittelbar bevorstehende Reform des § 184 (Pornografie).[60]

---

[56] Wilkens schied allerdings nicht völlig aus, sondern wurde sowohl zum ordentlichen Mitglied als auch zum Korreferenten des Geschäftsführers ernannt, obgleich dieses Amt bis dahin stets einem Juristen vorbehalten gewesen war (vgl. Beschwerdebrief des Referenten IV an Hammer vom 26.6.1970, in: EZA 99/1.294). Wilkens' saloppe Information an Echternach, er wolle gerne ein wenig bei der Kommission mittun und auf dem Laufenden gehalten werden, deutet allerdings trotz der verschiedenen Ämter darauf hin, dass er sich recht früh von dem Gremium distanzierte und sich nur noch in einer lockeren Verbindung zur Kommission sah (vgl. Brief vom 15.6.1970, in: EZA 99/1.294).

[57] Brief vom 2.6.1970 (EZA 99/1.294).

[58] Vgl. Ebd. Echternach machte es zur Bedingung für die Annahme des ihm zugedachten Amtes, dass ihm eine juristische Fachkraft zur Beratung und Protokollführung an die Seite gestellt wurde. Auf dem Weg der informellen Amtshilfe erhielt er daraufhin für die Sitzungstermine einen Assessor aus dem rheinischen Landeskirchenamt freigestellt (vgl. Brief von Echternach an Beckmann vom 15.6.1970, in: EZA 99/1.294, sowie Dankesschreiben von Echternach an Beckmann vom 21.7.1970, in: EZA 99/1.294).

[59] Noch ein halbes Jahr nach der Übergabe schrieb Echternach, dass er „diese recht undankbare Aufgabe" nur vorübergehend übernommen habe, nachdem verschiedene Referenten der Kirchenkanzlei sie ausgeschlagen hätten (Brief an Reinhard Mumm vom 2.12.1970, in: EZA 99/1.306).

[60] Was die Reform der gesetzlichen Bestimmungen zur Pornografie betraf, stand die Mehrheit des Gremiums dem Regierungsentwurf zu § 184 StGB wohlwollend gegenüber. Er wurde lediglich von Affemann, Jescheck, Thomsen und Becker abgelehnt (vgl. Protokoll über die Sitzung der Strafrechtskommission der EKD vom 17./18.9.1970 in Bonn, in: EZA

Auf besonderen Wunsch der EKD, die vom Bundesjustizministerium zwischenzeitlich gebeten worden war, möglichst bald ihre Position zur Reform des § 218 StGB darzulegen, wandte die Strafrechtskommission sich in ihrer zweiten Sitzung am 6./7. November 1970 sodann der Frage des Schwangerschaftsabbruchs zu.[61]

Den Einstieg gaben eine Reihe von Referaten zu medizinischen, ethisch-theologischen und juristischen Fragen des Schwangerschaftsabbruchs.[62] Insbesondere das Referat über die „Probleme der Schwangerschaftsunterbrechung in theologischer Sicht" entfachte eine lebhafte und kontroverse Diskussion innerhalb der Kommission. Die evangelische Ethik, hatte Janssen berichtet, habe sich in den zurückliegenden Jahren in der Frage des Schwangerschaftsabbruchs weiterentwickelt und sei davon abgekommen, das Postulat des Tötungsverbots als geschlossenes Prinzip zu betrachten, sondern relativiere es durch das Liebesgebot.[63] Die Geburt eines nicht gewollten, nicht geliebten Kindes, lautete – so Janssen – die neue ethische Prämisse, könne von verantwortungsvollen Menschen nicht mehr verantwortet werden, da nicht die bloße physische Existenz, sondern erst die Liebe das Zusammenleben ermöglichte.

Die sich an Janssens Referat anschließende überaus kontroverse Debatte über das Verhältnis von Liebesgebot und Tötungsverbot ließ die Anwesenden erkennen, dass die hier aufgeworfenen Fragen dringend einer eingehenden Bearbeitung bedurften.[64] Das Gremium setzte deshalb einen Un-

---

99/1.297, sowie Protokoll über die Sitzung der Strafrechtskommission der EKD vom 6./7.11.1970 in Bonn, in: EZA 99/1.298).

[61] Vgl. Brief von Schwarzhaupt an Kunst vom 13.10.1970 (EZA 742/531). Schwarzhaupt zeigte sich verärgert, dass das Justizministerium und der Strafrechtssonderausschuss die Gesetzgebungsverfahren derart beschleunigten, dass die angemessene Vorbereitung einer Mitsprache im vorpolitischen Raum kaum mehr möglich sei. Sie bat den Rat der EKD um Verständnis dafür, dass noch zwei bis drei Kommissionssitzungen nötig sein würden, um eine fundierte Stellungnahme zu den anstehenden Reformen zu erarbeiten.

[62] Kirchhoff referierte über die „Schwangerschaftsunterbrechung aus der Sicht des Gynäkologen", Affemann gab einen „Überblick über den medizinisch-ethischen Standpunkt in Empfängnisverhütung und Schwangerschaftsunterbrechung" und Hanack informierte über den Alternativ-Entwurf. Als Gäste referierten ferner der Leiter des katholischen Arbeitskreises für Strafrecht, Senatspräsident August Wimmer, sowie der Geschäftsführer der sexualethischen Kommission der EKD, der Mediziner Karl Horst Wrage. Beide Redner berichteten über den Stand der Beratungen in ihren Gremien (vgl. Protokoll über die Sitzung der Strafrechtskommission der EKD vom 6./7.11.1970 in Bonn, in: EZA 99/1.298).

[63] Janssen verwies hier auf G. Barczay, Revolution der Moral? Dies und das Folgende vgl. Protokoll über die Sitzung der Strafrechtskommission der EKD vom 6./7.11.1970 (vgl. Anm. 62).

[64] Während die einen am Tötungsverbot als unverbrüchlichem Prinzip festhielten, suchten andere Kommissionsmitglieder die Vornahme von Schwangerschaftsabbrüchen mit Hilfe des Liebesgebots auch ethisch zu rechtfertigen. Eine dritte Gruppe wiederum stimmte zwar zu, dass das Tötungsverbot im Einzelfall in unlösbaren Konflikt zum Liebesgebot treten kann, war allerdings der Meinung, dass in diesen Situationen die Unentrinnbarkeit der Sünde lediglich anerkannt, nicht jedoch aufgehoben werden könne.

terausschuss ein und betraute diesen mit der Formulierung der theologischen Problematik, wie sie sich in der Diskussion dargestellt hatte.[65]

Die scharfe theologische Kontroverse unter den Kommissionsmitgliedern ließ beim Geschäftsführer bereits nach der ersten Beratung zur Reform des § 218 StGB Bedenken um eine fruchtbare Weiterarbeit der Kreises aufkommen. „Wenn ich mir die Kommission [...] ansehe“, schrieb Echternach nach der Sitzung an den persönlichen Referenten des Ratsvorsitzenden Reinhard Mumm, „so stelle ich mit Sorge fest, daß die Divergenzen unter den Mitgliedern doch sehr erheblich sind. Summa summarum:“, resümierte er nüchtern, „Ich sehe im Augenblick noch keine Möglichkeit, zu einem guten Votum in Fragen des Sexualstrafrechts zu kommen.“[66]

Nachdem die Lage in der Strafrechtskommission schon zu einem frühen Zeitpunkt verfahren schien und die Kirchen Ende November in einem öffentlichen Hearing des Strafrechtssonderausschusses zur Reform des Pornografieverbots ebenfalls – nach eigenem Eindruck – ein blamables Bild abgegeben hatten, wandte man sich in der EKD schließlich einem dritten Projekt zu, das bislang recht unscheinbar vorangetrieben worden war. „Meine persönliche Hoffnung“, schrieb Echternach Anfang Dezember 1970, „richtet sich nun auf das Papier, das als gemeinsame Verlautbarung von evangelischen und katholischen Amtsträgern verantwortet werden und veröffentlicht werden soll“.[67] Gemeint war die so genannte Orange Schrift: „Das Gesetz des Staates und die sittliche Ordnung“.

2. Die so genannte Orange Schrift: „Das Gesetz des Staates und die sittliche Ordnung“[68]

Die Strafrechtsreform warf immer wieder die sehr grundsätzliche Frage nach dem Verhältnis von Recht und Moral, von Staat und Kirche auf. Auch die geplante Änderung des § 218 StGB sowie die parallel laufenden

---

[65] Wrage, Wilkens, Schweitzer und Janssen sollten das Ergebnis ihrer theologischen Konsultation auf der nächsten Sitzung am 15./16. Januar 1971 präsentieren.

[66] Echternach fuhr mit seiner Analyse des aufgebrochenen Dissenses fort: „Es ist mir interessant, daß gerade die beiden theologischen Vertreter, Professor D. Janssen (Hannover) und Professor Wolfgang Schweitzer (Bethel) zu den progressivsten Kräften im Sinne einer Liberalisierung des Sexualstrafrechts gehören.“ Auch die Position Schwarzhaupts irritierte ihn, und er schrieb an Mumm: „Sie pendelt leider, wenn ich Ihnen das einmal ganz persönlich sagen darf, sehr zwischen den Fronten“ (Brief vom 2.12.1970, in: EZA 99/1.306).

[67] Brief von Echternach an Affemann vom 1.12.1970 (EZA 99/1.295).

[68] Die gemeinsame evangelisch-katholische Stellungnahme „Das Gesetz des Staates und die sittliche Ordnung“ wurde wegen der Farbe ihres Umschlags zumeist ‚Orange Schrift‘ genannt (vgl. I. GEISENDÖRFER, Gesellschaftspolitik und Strafrechtsreform, S. 43, sowie „Der Schrei des Ratsvorsitzenden“ von Heinz Beckmann, in: *Rheinischer Merkur* vom 26.2.1971).

Reformen des Pornografieverbots und des Ehescheidungsrechts wurden von vielen Bürgern und Bürgerinnen im Horizont der allgemeinen Emanzipation der staatlichen Gesetzgebung und des gesellschaftlichen Verhaltens von den christlichen Grundlagen betrachtet. Was die grundsätzliche Haltung zu dieser Entwicklung betraf, hatte sich das Meinungsspektrum allerdings sowohl innerhalb der Gesellschaft als auch innerhalb der evangelischen Kirche und nicht zuletzt zwischen Protestanten und Katholiken seit dem Ende der sechziger Jahre erheblich aufgefächert. Während die einen den Ansehens- und Machtverlust der Kirchen sowie die Relativierung der von diesen vertretenen Werte bedauerten und dieser Entwicklung entgegentraten, indem sie das bis dahin überaus enge Verhältnis zwischen Staat und Kirche neu zu konstituieren suchten, betrachteten andere die gesamtgesellschaftlichen Umbruchprozesse insgesamt mit Wohlwollen und zeigten sich auch grundsätzlich offen, die Stellung der Kirchen in der Gesellschaft selbstkritisch zu reflektieren.

In der breiten Kontroverse um die Veröffentlichung der ersten evangelisch-katholischen Ausarbeitung in der Geschichte der Bundesrepublik, der so genannten Orangen Schrift, trafen die verschiedenen Positionen erstmals nicht nur zwischen der Öffentlichkeit und den Kirchen, sondern auch innerhalb der evangelischen Kirche selbst in aller Schärfe aufeinander.

2.1 Die Ausarbeitung der Schrift

Nach Ansicht von Kunst und Wilkens bedurfte die übergeordnete Fragestellung nach dem Verhältnis von Recht und Moral angesichts der von der Bundesregierung eingeleiteten Reformvorhaben dringend einer eingehenden Bearbeitung durch die Kirche. Die verschiedenen vom Rat der EKD eingesetzten Fachgremien, die sich mit den Sachfragen der einzelnen Reformvorhaben auseinander setzten, hielten die Kirchenmänner allerdings für ungeeignet.[69] Ende Juli 1970 regten sie deshalb im Rat der EKD an, man möge losgelöst von der Fachdiskussion in den Kommissionen einmal ganz grundlegende Erwägungen zum Verhältnis zwischen dem Gesetz des Staates und der sittlichen Ordnung anstellen.[70] Der Rat nahm diesen Impuls

[69] Die Familienrechtskommission beriet zu jener Zeit über die Reform des Ehescheidungsrechts, die sexualethische Kommission über die des Sexualstrafrechts und die Strafrechtskommission sollte in Kürze ihre Beratungen über die Novellierung des Abtreibungsstrafrechts aufnehmen.

[70] Vgl. Kunsts spätere Darstellung auf der EKD-Synode (Berlin 1971, S. 103), sowie das Ratsprotokoll vom 29./30.7.1970 (laut telefonischer Auskunft des EZA/Stache vom 28.5.2001). Die Frage, ob die Initiative zur Ausarbeitung der Schrift auf Kunst oder Wilkens zurückging, lässt sich anhand der spärlichen Quellen nicht eindeutig beantworten, doch deutet die spätere Auskunft des stellvertretenden Bevollmächtigten Hermann Kalinna, dass

einvernehmlich zur Kenntnis, erteilte allerdings keinen förmlichen Auftrag zur Abfassung einer Stellungnahme, sondern überließ die Angelegenheit vorerst der persönlichen Initiative der beiden EKD-Vertreter.[71]

Kunst und Wilkens setzten daraufhin ihre Überlegungen fort und griffen erneut den bereits im Zuge der Planungen zur Strafrechtskommission aufgekommenen Gedanken einer überkonfessionellen Zusammenarbeit auf.[72] Im katholischen Büro in Bonn stieß die evangelische Anregung zur Ausarbeitung einer ersten gemeinsamen Stellungnahme auf Zustimmung.[73] Am 29. September 1970 trat ein kleiner überkonfessioneller Kreis in Bonn zu einer ersten Besprechung zusammen. Anwesend waren von evangelischer Seite der Ratsbevollmächtigte Hermann Kunst und der Referent für Öffentlichkeitsarbeit Erwin Wilkens sowie von katholischer Seite der Sekretär der Deutschen Bischofskonferenz Prälat Karl Forster sowie der stellvertretende Leiter des katholischen Büros in Bonn Johannes Niemeyer.[74] Die Versammelten hatten ein klares Ziel vor Augen: die Veröffentlichung einer gemeinsamen Erklärung zur Reform des Strafrechts. Wilkens, so beschloss man noch auf der ersten Zusammenkunft, sollte bis zum nächsten Besprechungstermin am 20. Oktober bereits einen ersten Entwurf ausarbeiten.

Der evangelische Öffentlichkeitsreferent übersandte den übrigen Gesprächsteilnehmern Anfang Oktober zunächst einmal eine grobe Gliede-

---

die Orange Schrift „zwar nicht von Herrn Bischof D. Kunst initiiert wurde, aber mitverfaßt und herausgegeben worden ist“, auf Wilkens' Initiative hin (Brief von Kalinna an Arthur Neupert aus Uetersen/Holstein vom 12.2.1971, in: EZA 87/674).

[71] Vgl. Ratsprotokoll vom 29./30.7.1970 (vgl. Anm. 70).

[72] In der Planungsphase der Strafrechtskommission hatte man auf Anregung von Kunst, der im März 1970 zu einer Privataudienz im Vatikan gewesen war, zunächst einen gemeinsamen katholisch-evangelischen Arbeitskreis zu den Fragen der Strafrechtsreform erwogen, diesen Gedanken jedoch verworfen, als deutlich geworden war, dass die katholische Strafrechtskommission in ihren Beratungen bereits recht weit vorangeschritten war (vgl. Brief von Wilkens an Dibelius vom 13.3.1970, in: EZA 99/1.294).

[73] Dass die Initiative von evangelischer Seite ausging, wurde nach Veröffentlichung der Schrift in der Regel verschwiegen, steht allerdings zweifelsfrei fest und lässt sich u. a. aus einem Schreiben des katholischen Büros an einen privaten Einsender entnehmen (vgl. Brief von Niemeyer an Burghardt vom 30.9.1970, in: EZA 2/93/6215).

[74] Aus Gründen der Parität – mit Beteiligung des Leiters des Kommissariats der Deutschen Bischöfe Wilhelm Wöste entstand ein leichtes katholisches Übergewicht im Autorenkreis – wurde Niemeyer später nicht als offizieller Mitverfasser der Schrift genannt (vgl. Interview der Autorin mit Niemeyer vom 14.1.2002). Im November, kurz vor Abschluss der Arbeiten, wurde der Verfasserkreis außerdem um zwei Sachverständige erweitert und zwar den Leiter des sozialmedizinischen Amtes der Hannoverschen Landeskirche, den Mediziner Karl Horst Wrage, sowie den Kirchenrechtler, früheren nordrhein-westfälischen Kultusminister und Bundestagsabgeordneten Paul Mikat (vgl. Brief von Wilkens an Kunst vom 2.11.1970, in: EZA 87/671). Auf den marginalen Einfluss der beiden Experten deutet allerdings die Tatsache, dass Wrage erst unmittelbar vor der Veröffentlichung realisierte, dass er nicht nur als Berater fungieren, sondern als Mitverfasser der Schrift verantwortlich zeichnen sollte (vgl. Brief von Wrage an Wilkens vom 6.12.1970, in: EZA 650/95/266).

rung der geplanten Ausarbeitung.[75] Die Schrift sollte vier Abschnitte enthalten, von denen der erste die Grundsatzfrage des Zusammenhangs von Recht, Moral und Ethik behandeln und die drei übrigen diesen Zusammenhang an den geplanten Reformen zur Ehescheidung, zur Pornografie und zum Schwangerschaftsabbruch exemplifizieren sollten. Im Hinblick auf den anvisierten Abschnitt über die rechtliche Regelung des Schwangerschaftsabbruchs zeigte Wilkens sich allerdings ein wenig skeptisch. „In diesem Punkte“, schrieb er den übrigen Gesprächsteilnehmern, „bin ich etwas unsicher, da sich hier gewisse Unterschiede in der Akzentsetzung zwischen evangelisch und katholisch ergeben könnten.“[76] Persönlich, fuhr der Oberkirchenrat fort, plädiere er dafür, die medizinische Indikation hinzunehmen und auch die ethische Indikation praktisch straffrei zu lassen; er könne sogar einem erweiterten Indikationenkatalog zustimmen, fügte er hinzu, wenn nur gleichzeitig das Verfahren zur Indikationsfeststellung streng reglementiert bliebe und die Beratungsmöglichkeiten für Schwangere ausgebaut würden.[77]

Knapp zwei Wochen nach dieser kurzen Skizze legte Wilkens wie verabredet eine erste Rohversion des Textes für die gemeinsame Stellungnahme vor.[78] Mit dem sehr allgemein gehaltenen Abschnitt zum Schwangerschaftsabbruch schien der Verfasser allerdings nach wie vor nicht recht zufrieden zu sein und meldete dringenden Gesprächsbedarf an. Vorsichtig gab er zu bedenken, ob es nicht eventuell sogar ratsamer sei, den gesamten Fragenkomplex des Schwangerschaftsabbruchs, der so kompliziert und beziehungsreich sei, auszuklammern und den zuständigen kirchlichen Kommissionen zur Beratung anheim zu stellen.[79]

Die katholische Seite indes hatte offenbar ein genuines Interesse an der Behandlung der Abtreibungsproblematik und wollte diese nicht einfach fallen lassen. Im Anschluss an die zweite Sitzung verfasste Forster deshalb einen eigenen Neuentwurf des Abschnitts über den Schwangerschaftsabbruch.[80] Auch Forsters Text war im Grundton moderat gehalten und ver-

---

[75] Vgl. Brief von Wilkens an Kunst, Wöste, Forster, Niemeyer vom 8.10.1970 (EZA 87/671).

[76] Ebd.

[77] Wilkens verwies dazu positiv auf das Modell in der DDR: „Beachtlich sind hierbei bei sehr liberalen Grundbestimmungen die strengen Instruktionen an die Gutachter sowie auch die in diesem Zusammenhang wichtige starke Förderung der Einrichtung von Ehe- und Familienberatungsstellen“ (Ebd.).

[78] „Das Gesetz des Staates und die sittliche Ordnung. Zur öffentlichen Diskussion über die Reform des Eherechts und des Strafrechts“, Rohentwurf vom 20.10.1970 (EZA 87/671).

[79] Ebd.

[80] Vgl. „Das Gesetz des Staates und die sittliche Ordnung. Zur öffentlichen Diskussion über die Reform des Eherechts und des Strafrechts“, Entwurf vom 9.11.1970, S. 21–24 (EZA 87/671); Brief von Forster an die Mitverfasser vom 26.10.1970, sowie Brief von Wilkens an die Mitverfasser vom 5.11.1970 (Ebd.).

mied nähere Aussagen etwa über einen von beiden Kirchen befürworteten Indikationenkatalog oder ein Verfahren zur Indikationsfeststellung. Im Unterschied zur ersten Textversion wandte er sich allerdings entschieden gegen den Alternativ-Entwurf und dessen Mehrheitsvotum für eine Fristenregelung.[81]

Forsters Formulierungsvorschlag wurde zunächst von Wilkens in das Manuskript übernommen, doch musste der Autorenkreis Ende November, nachdem die Schrift am 9. November bereits endredigiert worden war, ein weiteres Mal zusammentreten, da Wilkens keine Ruhe gefunden und nachträglich noch eine Neufassung des Kapitels zum Schwangerschaftsabbruch ausgearbeitet hatte.[82] Aus Rücksicht auf die laufenden Beratungen in der Strafrechtskommission, ließ er die Mitverfasser wissen, habe er das vierte Kapitel noch einmal abgeschwächt und die Kritik am Alternativ-Entwurf wieder fallen gelassen.[83] Die übrigen Gesprächsteilnehmer stimmten der von Wilkens vorgelegten Neuformulierung zu, da sie sich inhaltlich ohnehin nur unwesentlich von Forsters Entwurf unterschied. So wurde Ende November schließlich auch der – innerhalb des Autorenkreises zweifelsohne am leidenschaftlichsten diskutierte – Abschnitt der Schrift fertiggestellt. Die gesamte Ausarbeitung ging damit letzten Endes in ihrem Wortlaut auf ihren Initiator, den evangelischen Oberkirchenrat Erwin Wilkens, zurück.[84]

Der Rat der EKD war durch Kunst und Wilkens Anfang November bereits mündlich über das vorläufige Ergebnis der Beratungen informiert worden.[85] Die Schrift sollte zwar nicht in seiner Verantwortung und seinem Namen, sondern unter Nennung ihrer Verfasser veröffentlicht werden, doch baten diese, der Rat möge Dietzfelbinger ermächtigen, in seiner Funktion als Ratsvorsitzender ein gemeinsames Vorwort mit dem Vorsit-

---

[81] Vgl. „Das Gesetz des Staates und die sittliche Ordnung. Zur öffentlichen Diskussion über die Reform des Eherechts und des Strafrechts", Entwurf vom 9.11.1970; vgl. auch Brief von Wilkens an die Mitverfasser vom 5.11.1970 (EZA 87/671).

[82] Vgl. Brief von Wilkens an Forster, Kunst, Mikat, Niemeyer, Wöste vom 27.11.1970 (EZA 87/671).

[83] Ebd. Die Aussagen zum Schwangerschaftsabbruch deckten sich freilich nach wie vor voll mit jenen der Bischofskonferenz und des ZdK (so auch H. Tallen, § 218, S. 38).

[84] Die Presse vertrat später die irrige Auffassung, die Schrift gehe ob ihres Charakters auf eine katholische Anregung zurück und sei – zumindest in weiten Teilen – auch aus katholischer Feder. Vgl. z. B. die Analyse von Eberhardt Franßen: „Die Schrift ist daher insgesamt deutlich von der katholischen Handschrift, genauer: von den Vorstellungen der katholischen Amtskirche geprägt [...] Typisch für den katholischen Einfluß ist z. B. die bloß verbale Anerkennung von gesellschaftlichen Entwicklungen" („Die Reformabsichten werden negativ dargestellt" von Eberhardt Franßen, in: *FR* vom 28.1.1971; vgl. auch Brief von Hans Schueler/*Die Zeit,* an Wilkens vom 19.1.1971, in: EZA 650/95/266, sowie „Meinung der ‚beiden' Kirchen?" Leserzuschrift von Pfarrer G. Heipp/Rieschweiler, in: *FR* vom 8.1.1971).

[85] Vgl. Auszug aus der Niederschrift über die 46. Sitzung des Rates der EKD am 11./12.11.1970 in Bonn (EZA 87/671).

zenden der Bischofskonferenz Kardinal Döpfner zu unterzeichnen und der Schrift voranzustellen.[86] Ohne dass der Text im Wortlaut vorlag, stimmten die Ratsmitglieder dem Anliegen zu.[87]

Das daraufhin verfasste Vorwort war indes mitnichten ein einfacher Gruß, sondern bereits Programm. Mit ihrer geballten Autorität unterstützten Döpfner und Dietzfelbinger die Intention der Ausarbeitung, der es laut Prolog darum ging, „den sittlichen Wertvorstellungen von allgemeiner Gültigkeit Gehör zu verschaffen und damit einer Selbstzerstörung von Staat und Gesellschaft zu wehren".[88]

Das Vorwort fasste damit bereits in nuce das Verständnis der Autoren vom Verhältnis zwischen Recht und Moral zusammen, wie es im ersten Kapitel der Schrift noch einmal ausführlich erläutert wurde. In scharfer Abgrenzung zu den Pluralismuserscheinungen der Zeit gingen die Verfasser in einer Art Naturrechtsdenken davon aus, dass es sittliche Wertvorstellungen gebe, die dem Gesetzgeber bindend vorgegeben seien. Mit Nachdruck wandten sie sich deshalb dagegen, sittliche Gesichtspunkte aus der Gesetzgebung in die Privatsphäre zurückzudrängen und dies mit der zunehmenden Pluralisierung der Wertvorstellungen zu legitimieren. Die zwar spannungsreiche, für das Leben der Gemeinschaft jedoch unentbehrliche Zuordnung von Recht und Sittlichkeit dürfe, so die Auffassung der Autoren, nicht aufgelöst werden zugunsten einer Orientierung am Kriterium der Sozialschädlichkeit und einer Reduzierung des Rechts auf ein ethisches Minimum. Anhand der Regierungsvorhaben zur Reform des Ehescheidungsrechts sowie des Pornografie- und Abtreibungsverbots wurden die Grundsätze, wie sie im Vorwort und im ersten Kapitel dargelegt worden waren, in den folgenden Kapiteln sodann zur Anwendung gebracht und mit eindringlichen Warnungen vor zu weit gehenden Reformen verknüpft.[89]

---

[86] Vgl. Auszug aus der Niederschrift über die 47. Sitzung des Rates der EKD am 9. und 11.12.1970 in Frankfurt/Main (EZA 87/671); vgl. auch L. RAISER, Kein vollgeglücktes Modell, S. 103.

[87] Vgl. Kunsts Auskunft in seinem Antwortschreiben an den Jugenddelegierten der EKD-Synode stud. theol. Hartmut Kießling vom 5.1.1971; vgl. auch E. STAMMLER, Fehlalarm, S. 121. Den Ratsmitgliedern war auch der Text der Schrift vor der Veröffentlichung nicht im Wortlaut vorgelegt worden (vgl. EBD.).

[88] GESETZ DES STAATES, S. 6; vgl. auch EBD., S. 13.

[89] So kündigten die evangelischen Mitautoren an, dass die evangelische Kirche sich durch die Reform des Ehescheidungsrechts u. U. genötigt sehen könne, ihr Verständnis vom Verhältnis der standesamtlichen Eheschließung zur kirchlichen Trauung neu zu bedenken (vgl. EBD., S. 15). Für eine ausführliche inhaltliche Besprechung der Schrift vgl. auch R. ANSELM, Jüngstes Gericht, S. 150–158.

2.2 Veröffentlichung und Reaktionen

Am 28. Dezember 1970 wurde die Orange Schrift der Öffentlichkeit übergeben.[90] Laut Auskunft der Kirchenkanzlei erschien die 30-seitige Broschüre in sehr hoher Auflage und wurde nicht nur den Mitgliedern der Bundesregierung und des Bundestages sowie den wichtigsten Presse-, Hörfunk- und Fernsehredaktionen, sondern darüber hinaus auch allen evangelischen und katholischen Pfarrämtern in Deutschland sowie den Mitgliedern der wichtigsten EKD-Kammern und der Synode der EKD zugestellt.[91] Das Papier erfuhr damit eine – zumindest für evangelische Verhältnisse – singuläre Verbreitung. Der große Verteiler muss um so mehr verwundern, als es sich bei der Orangen Schrift genau genommen nicht einmal um eine offizielle kirchliche Verlautbarung, sondern lediglich um eine persönliche Stellungnahme hoher Vertreter der beiden großen Kirchen handelte.

In der Öffentlichkeit freilich wurde das „religionsgeschichtliche Unikum", wie Kunst die erste evangelisch-katholische Ausarbeitung anlässlich ihrer Präsentation vor der Presse bezeichnete,[92] mitnichten nur als ein halbamtlicher kirchlicher Diskussionsbeitrag aufgefasst, zumal sie sich in ihrer äußeren Erscheinung in keiner Weise von den offiziellen Denkschriften der EKD unterschied. Das unmittelbar auf die Veröffentlichung einsetzende breite gesellschaftliche Echo überstieg dabei die Erwartungen der Verfasser bei Weitem und konnte nur mit den leidenschaftlichen Kontroversen um die so genannte Ostdenkschrift der EKD von 1965 verglichen werden.[93] Allerdings erfuhr die Orange Schrift ein nahezu einhellig negatives Urteil. Zwar reagierten die Bonner Opposition sowie Teile der kirchlichen Presse noch überwiegend mit Genugtuung auf das gemeinsame Wort,[94] doch erhob sich in weiten Teilen der ‚weltlichen' Presse sowie –

---

[90] Die Schrift war bereits Anfang Dezember in Druck gegangen, konnte aus technischen Gründen jedoch nicht – wie ursprünglich geplant – noch unmittelbar vor Weihnachten veröffentlicht werden (vgl. Rundschreiben mit Notiz zur Verbreitung der Orangen Schrift von Wilkens an die Mitautoren vom 15.12.1970, in: EZA 650/95/266; Vermerk von Rittberg an Wilkens vom 16.12.1970, in: EZA 87/672; Rundschreiben von Wilkens an Autoren vom 18.12.1970, in: EZA 650/95/266).

[91] Vgl. Rundbrief von Hammer an Rat, Synodalpräsidium, Gliedkirchen, Kammer für Öffentliche Verantwortung, Familien-, Strafrechtskommission vom 6.1.1971(EZA 99/1.306). Die Schrift war auch im Buchhandel erhältlich und gelangte selbst bis nach Rom, wo sie Papst Paul VI. in Übersetzung vorgelegt wurde (vgl. Antwortschreiben von Berger/Botschafter beim Vatikan an Kunst vom 27.1.1971, in: EZA 87/673).

[92] Zit. nach: „Zwei Kirchen – Im Nein vereint" von Robert Leicht, in: *SZ* vom 16.1.1971.

[93] Zu dieser Einschätzung vgl. auch KJ 1971, S. 116. *Die Welt* titelte am 29.12.1970 sogar mit der Orangen Schrift (vgl. „Kirchen kritisieren Jahns Entwurf für ein neues Scheidungsrecht", in: *Die Welt* vom 29.12.1970).

[94] Zur Opposition vgl. unten S. 73. Für die evangelische Presse vgl. „Merkwürdiger Lärm" von Sepp Schelz (*Berliner Sonntagsblatt* vom 17.1.1971) sowie „Ohne schulmeisterliche At-

zur Verwunderung der Verfasser – auch innerhalb der evangelischen Kirche deutliche, bisweilen heftige Kritik an dem Papier.[95]

2.2.1 *Die wesentlichen Kritikpunkte*

„Soweit Kritik geübt worden ist", hieß es Mitte Februar 1971 im Protokoll des Rates, „beziehe sich diese vorwiegend auf Verfahrensfragen. [...] Es sei ferner erklärt worden, die Schrift sei unwissenschaftlich, untergrabe Reformabsichten der Bundesregierung und habe wesentliche Aufgaben der Strafrechtskommission der EKD präjudiziert."[96] In nuce waren damit in der Tat einige der wichtigsten Kritikpunkte zusammengefasst. Vor allem das Verfahren der Ausarbeitung,[97] die Legitimation der Schrift[98] sowie der

titüde" von Rudolf Orlt (*epd Ausg. f. kirchl. Presse* vom 20.1.1971). Für die katholische Presse vgl. „Warnung vor Reformeifer" von Konrad W. Kraemer (*kna* vom 29.12.1970) sowie „Von der Sexwelle überrollt. Ökumenisch im Widerstand" von Friedrich Graf von Westphalen (*Rheinischer Merkur* vom 8.1.1971).

[95] Zur innerevangelischen Kritik vgl. unten S. 76–80 und 85–91. Was die Medien betraf, fasste Kunst später zusammen: „Die Massenmedien sind über uns hergefallen wie ein Mann" (Brief von Kunst an Wilhelm Krelle/Bonn vom 3.5.1971, in: EZA 87/674). Wilkens hatte sogleich einen leidenschaftlichen Kampf gegen die kritische Kommentierung seiner Ausarbeitung aufgenommen. Er reagierte mit Leserbriefen auf Artikel in der *FAZ*, in *DZ* sowie in der *Jungen Stimme* und lieferte sich kontroverse Briefwechsel mit den Redaktionen der *Zeit* und der *SZ* (vgl. „Kirche und Ehe" von Maria Stein, in: *DZ* vom 8.1.1971, sowie Leserbrief von Wilkens, in: *DZ* vom 22.1.1971; ferner: „An der Diskussion über die Rechtsreform vorbei" von Hanno Künnerth, in: *FAZ* vom 8.1.1971, sowie Leserbrief von Wilkens (ohne Datum), in: EZA 656/289; EZA 99/1310; vgl. weiter: „Aufruf zum Kulturkampf" von Hans Schueler, in: *Die Zeit* vom 8.1.1971, sowie Brief von Wilkens an Chefredakteur Theo Sommer vom 12.1.1971, Antwort von Schueler an Wilkens vom 19.1.1971 und Erwiderung von Wilkens an Schueler vom 8.2.1971, alles in: EZA 650/95/266; vgl. schließlich die Kontroverse um einen Kommentar des späteren Ratsmitgliedes Robert Leicht: „Zwei Kirchen – Im Nein vereint", in: *SZ* vom 16.1.1971, Schreiben von Wilkens an Chefredakteur Hans Heigert vom 20.1.1971; Heigerts Antwort an Wilkens vom 22.1.1971; Leichts Antwort an Wilkens vom 1.2.1971; Wilkens' Erwiderung an Heigert vom 4.2.1971; Wilkens' Erwiderung an Leicht vom 9.2.1971, alles in: EZA 650/95/266).

[96] Auszug aus der Niederschrift über die 49. Sitzung des Rates der EKD am 17./18.2.1971 in Berlin (EZA 87/674).

[97] Vgl. „Die drei evangelischen Mitautoren des Memorandums schulden uns doch wohl präzise Auskunft darüber, wie ihr Verfahren gestaltet war und warum das reiche Potential der vorhandenen Kammern [...] sowie der Kommissionen [...] und zahlreicher anderer Fachkräfte ungenutzt blieb" (H. SIMON, Selbstgerecht, S. 99; ähnlich auch der Beschwerdebrief des Mitgliedes der Kammer für Öffentliche Verantwortung Hans Bosse an Wilkens und Dietzfelbinger vom 11.2.1971, in: EZA 650/95/266). Der Ethiker T. RENDTORFF lieferte eine nahe liegende Erklärung für das ungewöhnliche Verfahren der Ausarbeitung vorbei an den Fachgremien. „Aus dieser Stellungnahme", schrieb er, „spricht die Sorge, die offiziellen Ratgeber der Kirchen, ihre Kommissionen und Beschlußgremien würden nicht mit der deutlichen Schärfe und politisch gezielten Polemik ihre Stimme erheben, wie sie in der

für viele befremdlich anmutende apodiktische und prätentiöse Ton des Worts[99] sorgten für erheblichen Unmut.

Erst ein Jahr zuvor, Anfang 1970, hatte die so genannte Denkschriften-Denkschrift den kirchlichen Stellungnahmen nahe gelegt, weniger zu mahnen als zu argumentieren, Sachkompetenz an die Stelle von Amtsautorität zu setzen und über den Bedeutungsgrad einer jeden öffentlichen Äußerung Auskunft zu geben.[100] Die Orange Schrift hatte alle diese Kriterien außer Acht gelassen. Statt eines inhaltlich überzeugenden Diskussionsbeitrags hatten die Autoren – so der Vorwurf der Kritiker und Kritikerinnen – ein allgemeines Räsonnement von fragwürdiger Qualität vorgelegt, welches einzig darauf abzielte, die von der Regierung angestoßenen Reformen zu desavouieren. „Die politische Zielsetzung rangiert vor dem Sachverstand, das Postulat vor dem Argument", resümierte die *Herder Korrespondenz* knapp, und Hans Schueler von der *Zeit* kommentierte, die

gegenwärtigen politischen Konstellation vonnöten sei" (DERS., Christliche Gemeinschaft im Durchschnitt, S. 176). Zum Beleg vgl. beispielsweise Echternachs gleichlautende Kritik am Beitrag von W. Trillhaas zum Pornografiehearing des Strafrechtssonderausschusses (Brief von Echternach an Mumm vom 2.12.1970, in: EZA 99/1.306).

[98] Es herrschte Verwirrung ob der unbestimmbaren Gattung dieses Papiers, das weder eine offizielle kirchliche Stellungnahme noch ein Memorandum oder ein ‚Wort' geschweige denn – wie häufig und zu Unrecht angenommen – eine Denkschrift war, sondern im Vorwort schlicht als „Stellungnahme eines bestimmten Autorenkreises" bezeichnet wurde (zur Frage der Gattung vgl. auch I. GEISENDÖRFER, Gesellschaftspolitik und Strafrechtsreform, S. 43). Zu Recht wurde von Kritikern und Kritikerinnen angemerkt, dass sowohl durch die äußere Aufmachung ganz nach Art der Denkschriften als auch durch das Vorwort von Dietzfelbinger und Döpfner bewusst ein „Etikettenschwindel" befördert worden sei, als handele es sich bei der Schrift um eine offizielle Stellungnahme der beiden Kirchen („Das Gegenteil einer hilfreichen politischen Diakonie der Kirche", in: *epd za* vom 6.1.1971). Selbst das Ratsmitglied L. RAISER gestand ein: „Das Unbehagen gegenüber einer so zwielichtig halbamtlichen ‚Stellungnahme' bleibt" (DERS., Kein vollgeglücktes Modell, S. 103).

[99] Ihrem Stil und Impetus nach stand die Studie ganz in der Tradition hochkirchlicher Stellungnahmen und atmete nach Ansicht ihrer Kritiker und Kritikerinnen wieder etwas von jenem „Geist der obrigkeitlichen Kundmachung an das Volk", den man durch die 1962 begonnene Tradition der EKD-Denkschriften bereits lange überwunden zu haben meinte (K.-A. ODIN, Das politische Wort der Kirche, S. 6). In einem Offenen Brief württembergischer Pfarrer und Vikare hieß es dazu: „Gegenüber den früheren, an vernünftige Einsicht appellierenden Denkschriften ist in der neuen Schrift die ganz offen ausgesprochene Drohung mit der Macht der Kirche unerhört" (Offener Brief württembergischer Pfarrer und Vikare übersandt von Studienleiter Karl-Heinrich Lütcke an Wilkens vom 16.2.1971, in: EZA 650/95/266). Auch Bundesverfassungsrichter H. SIMON kritisierte, dass hier wieder einmal „penetrant selbstgerecht vom Dach der Kirche herabgetönt" worden sei (DERS., Selbstgerecht, S. 100). Nach Ansicht Robert Leichts von der *SZ* steigerte sich die kirchliche Selbstüberschätzung in der Schrift zuweilen sogar bis ins „Groteske", und auch Karl-Alfred Odin von der *FAZ* bezeichnete die evangelische Drohung mit der Verweigerung der kirchlichen Eheschließung schlicht als überheblich („Zwei Kirchen – Im Nein vereint", in: *SZ* vom 16.1.1971, sowie „Von Unzucht und Sünde nicht mehr die Rede", in: *FAZ* vom 13.4.1971).

[100] Vgl. AUFGABEN UND GRENZEN.

Kirchen hätten der Regierung „mit der Bischofsschrift den Fehdehandschuh zu einem neuen Kulturkampf auf begrenztem Felde hingeworfen", wobei Schueler keck fortfuhr: „Sie [die Regierung] sollte ihn aufnehmen und die Repräsentanten klerikaler Machtansprüche gegenüber dem Staat und einer keineswegs mehr homogenen christlichen Gesellschaft deutlich in ihre Schranken weisen."[101]

Die Orange Schrift hatte sich jedoch nicht nur den Vorwurf allzu offenkundiger politischer Zielsetzung, sondern auch jenen der mangelnden Sachkompetenz und verzerrenden Darstellung gefallen zu lassen, da sie sich der populären Polemik angeschlossen und Grundsätze als gefährdet angeführt hatte, welche durch die Reformvorhaben des Bundesjustizministeriums mitnichten in Frage gestellt wurden.[102] Am deutlichsten zeigte sich diese Unredlichkeit im Kapitel über das Ehescheidungsrecht. Hier hatten die Verfasser den im November 1970 fertig gestellten zweiten Entwurf des Bundesjustizministeriums zur Reform des Ehescheidungsrechts wider besseres Wissen außer Acht gelassen, obwohl – oder gerade weil? – der Entwurf wesentlichen kirchlichen Forderungen, wie sie in der Schrift nochmals erhoben wurden, bereits entgegengekommen war.[103] Dementis von

---

101 „Kirchen und Rechtsreform" (*HK* 25. 1971, S. 59) sowie „Aufruf zum Kulturkampf" von Hans Schueler (*Die Zeit* vom 8.1.1971). Tallen schloss sich später dem Urteil der *HK* an (vgl. H. TALLEN, § 218, S. 40), und auch R. ANSELM kam zu dem Ergebnis: „Es ging hier weniger und die konsistente Argumentation im Einzelfall, als vielmehr um die Aufrechterhaltung des Verhältnisses von Staat und Kirche" (DERS., Jüngstes Gericht, S. 220).

102 Im *Materialdienst des Konfessionskundlichen Instituts Bensheim* fielen die Worte „Unterstellung und Denunziation", und selbst die *DZ* sprach von einer „intellektuellen Unredlichkeit" der Schrift (vgl. G. HILD, In gemeinsamer Sorge?, S. 4, sowie „Kirche und Ehe" von Maria Stein, in: *DZ* vom 8.1.1971). Ähnliche Vorwürfe fanden sich ferner in: „Zwei Kirchen – Im Nein vereint" von Robert Leicht (*SZ* vom 16.1.1971); „An der Diskussion über die Rechtsreform vorbei" von Hanno Künnerth (*FAZ* vom 8.1.1971), sowie B. JUST-DAHLMANN, Tiefschlag, S. 102.

103 Der Entwurf hatte das Zerrüttungsprinzip dahingehend eingeschränkt, dass bei Widerspruch und außergewöhnlicher Härte die Scheidung verneint werden konnte, wie es die Kirchen zuvor sowohl in Stellungnahmen als auch persönlichen Gesprächen gefordert hatten (vgl. „Gestolpert, doch noch nicht gestürzt" von Hans Schueler, in: *Die Zeit* vom 5.3.1971). Vgl. ferner die kurz vor der Orangen Schrift erschienene „Erklärung des Rates der Evangelischen Kirche in Deutschland zur Reform des Ehescheidungsrechts" vom 12.11.1970, abgedruckt in: DENKSCHRIFTEN, III/1, S. 45 f.). Auch zur Reform des Pornografieverbots hatte Jahn Ende November das Gespräch mit der Kirche gesucht und seine Argumente noch einmal schriftlich dargelegt, nachdem ihm ein kritisches Statement des Bevollmächtigten zum entsprechenden Gesetzentwurf zugetragen worden war (vgl. Brief von Jahn an Kunst vom 27.11.1970, in: EZA 650/95/266). Nur sechs Tage vor Veröffentlichung der Schrift hatte es schließlich ein ausführliches Gespräch zwischen Jahn und einer katholisch-evangelischen Delegation führender Kirchenvertreter zu den Fragen des Eherechts gegeben (vgl. BERLIN 1971, S. 106). Kunst argumentierte später, die Orange Schrift habe sich nicht auf einzelne Gesetzentwürfe, sondern auf die öffentliche Debatte beziehen wollen und darum bewusst noch einmal gegen Einzelnes votiert, das zwar nicht mehr im Gesetzentwurf, wohl aber

evangelischer Seite, man habe keineswegs eine Kampfschrift gegen die Regierung verfassen wollen, erschienen angesichts solcher bewusst in Kauf genommener inhaltlicher Unredlichkeiten wenig glaubhaft.[104]

Auch die zunächst zweifelsohne bemerkenswerte Tatsache, dass die beiden großen Kirchen erstmals in der Geschichte der BRD eine gemeinsame Stellungnahme erarbeitet hatten, wurde in den meisten Reaktionen auf die Schrift eher kritisiert denn honoriert. Nicht ahnend, dass das ganz und gar ‚katholisch' anmutende Papier der Feder eines Lutheraners entsprungen war, vermissten viele Protestanten den originär ‚evangelischen' Beitrag in der gemeinsamen Ausarbeitung.[105] Ihrer Ansicht nach war die konzeptionelle Verwurzelung der Schrift im Naturrechtsdenken sowie das damit einhergehende Staats- und Kirchenverständnis nicht nur anachronistisch, sondern mit evangelischen Grundüberzeugungen schlicht unvereinbar. Wilkens hatte als Verfasser des Textes freilich unter Beweis gestellt, dass es auch unter Protestanten überzeugte Anhänger eines Naturrechtsdenkens oder zumindest einer diesem nahe kommenden Form der Ordnungstheologie gab.[106]

Ebenso wie in Bezug auf die theologische Grundlegung waren die evan-

---

noch in der öffentlichen Diskussion stünde (Brief von Kunst an Verkehrsminister Georg Leber vom 3.2.1971, in: EZA 87/673).

[104] Vgl. die vergeblichen Versuche des Bevollmächtigten auf der EKD-Synode (Berlin 1971, S. 103; S. 107) sowie des Synodalpräses (L. Raiser, Kein vollgeglücktes Modell). Vgl. auch unten Anm. 110.

[105] Mit feinsinniger Ironie charakterisiert Tallen den Grundtenor der Orangen Schrift, wie er sich der unvoreingenommenen Leserschaft darstellte: „Inhaltlich jedoch markiert sie [die Orange Schrift] als eine Art Grundsatzpapier die Grundposition wenigstens der katholischen Amtskirche" (H. Tallen, § 218, S. 37; vgl. auch G. Hild, In gemeinsamer Sorge?, S. 3–5, sowie zum Beleg die Eingabe von Pfarrer Kratz/Schloßkirchengemeinde Offenbach an die Synode/Präses Raiser vom 17.1.1971, in: EZA 87/674). Instruktiv schließlich auch L. Raisers Fazit: „Für die Zusammenarbeit zwischen den Kirchen, die in der heutigen Lage dringend und unausweichlich geworden ist, bildet die Schrift, trotz oder wegen der allzu glatten Einigung unter den Autoren, leider kein voll geglücktes Modell" (Ders., Kein vollgeglücktes Modell, S. 104). Selbst die *FAZ* warf der Schrift „Konservatismus" vor („An der Diskussion über die Rechtsreform vorbei" von Hanno Künnerth, in: *FAZ* vom 8.1.1971).

[106] Ordnungstheologische Ansätze klangen etwa dort an, wo es hieß, das Ehe- und Familienrecht erfülle eine sittliche Aufgabe, indem es ein „in der geschichtlichen Kontinuität entwickeltes und bewährtes Leitbild von Ehe und Familie jedermann verbindlich vor Augen stelle" (Gesetz des Staates, S. 18; kritisch dazu vgl. S. Keil, Einerseits und andererseits). Dass es sich nicht nur bei der ordnungstheologischen, sondern auch bei der naturrechtlichen Argumentation um Wilkens' eigene Position und nicht etwa einen Verhandlungskompromiss handelte, wird deutlich, wenn man jenen Aufsatz im *DAS* betrachtet, in dem Wilkens Anfang 1971 statuierte, die christliche Ethik vertrete für Recht und Gesellschaft „Grundsätze, die von allgemeiner Gültigkeit sind: vernünftige Sachverhalte, die auch Andersdenkende und Nichtchristen überzeugen" (Manuskript: „Wertneutralität des staatlichen Gesetzes?", in: EZA 99/1310; gekürzt erschienen unter dem Titel „Ein Mindestmaß an Sittlichkeit", in: *DAS* vom 10.1.1971).

gelischen Verfasser auch im Hinblick auf ihre Autorisierung zur Abfassung der Schrift zwar mit ihren katholischen Mitautoren einig, trafen im eigenen Lager jedoch auf massiven Widerspruch. Kunst und Wilkens hatten sich nämlich ebenso wie die katholischen Kollegen allein auf ihre Amtsautorität berufen, obgleich diese Form der Legitimation auf evangelischer Seite spätestens seit der Denkschriften-Denkschrift keineswegs mehr fraglos anerkannt wurde.[107] Das prätentiöse Auftreten der evangelischen Verfasser, die für sich in Anspruch nahmen, den Standpunkt des Protestantismus in toto zu vertreten, streng genommen jedoch nur als Einzelpersonen agierten, entbehrte in den Augen vieler Protestanten und Protestantinnen einer ausreichenden Autorisierung und provozierte heftige Gegenreaktionen, die bis zu Rücktrittsforderungen reichten.[108]

Es lässt sich abschließend zusammenfassen, dass die fragwürdigen Umstände der Abfassung sowie die zweifelhafte Qualität der inhaltlichen Aussagen dazu führten, dass der Orangen Schrift die öffentliche Wertschätzung weitestgehend versagt blieb. „Von allen offiziösen Verlautbarungen der Kirchen in der Bundesrepublik“, resümierte die *FAZ* ganz zu Recht, „ist diese die am wenigsten glaubwürdige.“[109]

---

[107] So kritisierte Hans Bosse, Mitglied der Kammer für Öffentliche Verantwortung, zu Recht, dass die Schrift sich weder durch Sachkompetenz auswies noch durch die Berufung auf ein autorisiertes Gremium, sondern – in verzerrend offiziöser Weise – lediglich die Meinung von Privatpersonen wiedergab (vgl. Brief von Bosse an Wilkens und Dietzfelbinger vom 11.2.1971, in: EZA 650/95/266).

[108] Vgl. „Ganz und gar unerträglich müssen wir Angehörige des ‚niederen Klerus‘, also die evangelischen Gemeindepfarrer, es empfinden, daß die Protestschrift gegen eine repressionsfreie Strafgesetzgebung von den hohen Kirchenführern als ‚die‘ Meinung der ‚beiden‘ Kirchen in der Bundesrepublik ausgegeben wird“ („Meinung der ‚beiden‘ Kirchen?“ Leserzuschrift von Pfarrer G. Heipp/Rieschweiler, in: *FR* vom 8.1.1971; ähnlich auch Brief von Pfarrer Kratz/Schloßkirchengemeinde Offenbach an die EKD-Synode/Präses Raiser vom 17.1.1971, in: EZA 87/674). Ähnliche Kritik äußerte auch der SPD-Bundestagsabgeordnete Wilhelm Dröscher: „Was mich stört, ist die Tatsache, daß hier auf einem amtlichen Papier mit einem Vorwort zweier hoher Kirchenmänner eine Meinung verbreitet wird, so, als ob sie *die* Meinung der Kirchen in Deutschland sei. Das kann aber nicht zutreffen“ (Brief an Kunst vom 16.2.1971, in: EZA 87/672; Hervorhebung im Original). Die Theologen Rendtorff und Scharfenberg gaben ebenfalls zu verstehen, dass Wilkens' Erläuterung, man habe „die nach Auffassung der Verfasser durchschnittliche Auffassung der Kirchen“ formulieren wollen, zur Begründung nicht genügen könne (vgl. E. WILKENS, Staat und sittliche Ordnung, S. 97, sowie T. RENDTORFF, Christliche Gemeinschaft im Durchschnitt, S. 176, und J. SCHARFENBERG, Das Leiden am Leitbild der Ehe, S. 130). Zur Rücktrittsforderung siehe unten, Anm. 124. Die umstrittene Frage, inwieweit die evangelischen Mitverfasser befugt waren, für die evangelische Kirche zu sprechen, und durch welchen internen Konsultationsprozess ihre Aussagen rückgebunden waren, sollte im Februar 1971 auch die Synode der EKD beschäftigen (vgl. unten S. 85–91).

[109] „An der Diskussion über die Rechtsreform vorbei“ von Hanno Künnerth, in: *FAZ* vom 8.1.1971. Auch die *Zeit* sprach vom offiziösen Charakter der Schrift (vgl. „Aufruf zum Kulturkampf“ von Hans Schueler, in: *Die Zeit* vom 8.1.1971). Vgl. auch T. RENDTORFF, der

2.2.2 *Bonner Reaktionen auf die Orange Schrift*

In Anbetracht der Tatsache, dass die Orange Schrift in Presse und Öffentlichkeit überwiegend kritisch aufgenommen wurde, stellt sich die Frage nach den Reaktionen der Bonner Parlamentarier und Parlamentarierinnen, an die sich das Memorandum – allen gegenteiligen Bekundungen der evangelischen Mitverfasser zum Trotz – in erster Linie richtete.[110]

Infolge der breiten öffentlichen Resonanz, welche die Schrift erfuhr, war auch das Bonner Echo auf die kirchliche Stellungnahme weit umfassender als gemeinhin üblich, wobei das Gros der Abgeordneten es bei einem förmlichen Dank für die Übersendung der Broschüre beließ.[111] Unter den Oppositionsvertretern stieß das Kirchenpapier im Übrigen in der Regel auf Einvernehmen.[112] Eine kritische Anmerkung gestattete sich hier allein der ehemalige Präsident des Deutschen Bundestages Eugen Gerstenmaier der als Begründer des Hilfswerks der EKD auch ein führender ‚Mann der Kirche' gewesen war. In einem vertraulichen Schreiben an Kunst bedauerte Gerstenmaier es, dass die Verfasser der Orangen Schrift sich in den Ausführungen zum Schwangerschaftsabbruch vorschnell der Position des katholischen Lehramts angeschlossen hätten. „Ich glaube", schrieb der Politiker, „daß in Zukunft über diese Fragen nicht nur etwas differenzierter geredet werden, sondern daß auch in einigen Grundsatzpositionen eine bewusste Änderung stattfinden muss. Geschieht das nicht, dann fürchte ich, dass die schon beinahe sturmreif geschossenen Positionen von einer rasanten Säkularisation vollends geschleift werden, soll heissen – um mit

kritisierte, dass die Stellungnahme weit unter dem Niveau der in der Kirche selbst geltenden Maßstäbe geblieben sei, und zu dem Fazit gelangte: „Sie [die Orange Schrift] streift damit an die Grenze der Verantwortungslosigkeit. Man kann deshalb nur hoffen, daß sie möglichst bald vergessen wird" (DERS., Christliche Gemeinschaft im Durchschnitt, S. 177).

110 Kunst hob auf der EKD-Synode später hervor, die Schrift sei keinesfalls als eine Art Kampfschrift an die Adresse der Regierung gerichtet gewesen, sondern die Autoren hätten für die Öffentlichkeit, vor allen Dingen jedoch für die „Amtsbrüder und für die Gemeinden", Diskussionsmaterial zu verschiedenen Fragen bereit stellen wollen (vgl. BERLIN 1971, S. 103; S. 107). Im Vorwort der Schrift war hingegen nicht von den Gemeinden die Rede, sondern nur davon, dass die Stellungnahme „den gesetzgebenden Organen und der Öffentlichkeit" (Reihenfolge!) mit der Bitte um Berücksichtigung in den weiteren Diskussionen und Beratungen vorgelegt werde (GESETZ DES STAATES, S. 6). Bezeichnenderweise wurde von katholischer Seite auch nie bestritten, dass es sich bei der Orangen Schrift um eine primär an den Gesetzgeber gerichtete Stellungnahme gehandelt habe (vgl. „Strafrechtsreform und kirchliches Veto" von Werner Birkenmaier, in: *Stuttgarter Zeitung* vom 11.1.1971, sowie H. TALLEN, § 218, S. 39).

111 Vgl. die gesamte Akte EZA 87/672.

112 So dankte Friedrich Vogel (CDU) Wilkens für seine „tatkräftige Mitwirkung am Zustandekommen dieser Schrift" (Brief vom 2.2.1971, in: EZA 650/95/266). Vgl. auch die Schreiben von Werner Dollinger vom 19.1.1971, von Bruno Heck vom 19.1.1971 sowie von Franz-Josef Strauß vom 4.5.1971, alle in: EZA 87/672.

Ihrer Veröffentlichung zu sprechen (S. 30) – der ‚Schwangerschaftsabbruch überhaupt grosszügig freigegeben' wird."[113]

Aus dem Regierungslager waren eher verhaltene Töne zur Orangen Schrift zu hören. Dabei hätte insbesondere der Bundesjustizminister allen Grund zur Befremdung gehabt, da er seit seinem Amtsantritt den Kontakt zu den Kirchen nicht nur kontinuierlich gepflegt, sondern einer Delegation von hohen Vertretern beider Kirchen erst wenige Tage vor Veröffentlichung des Memorandums auch weiteres Entgegenkommen in der Reform des Ehescheidungsrechts zugesagt hatte.[114] Die Spitzenpolitiker der Regierung reagierten jedoch – wie auch bereits auf die katholischen Stellungnahmen vom Herbst 1970 – mit großem Verständnis für die kirchlichen Bedenken und bekundeten ihre fortgesetzte Gesprächsbereitschaft.[115]

Deutliche Kritik an der Orangen Schrift erhob sich lediglich aus den hinteren Reihen der Regierungsfraktionen. Hier meldete sich u. a. der Pfarrer und SPD-Abgeordnete Rudolf Kaffka in einem offenen Brief zu Wort und verweigerte den Autoren der Erklärung den Dank für ihre Ausarbeitung, da diese seiner Ansicht nach keinen sachdienlichen Beitrag zur Re-

113 „Sie wissen, lieber Bruder Kunst", grenzte Gerstenmaier sich von den ‚linken' Kritikern der Schrift ab, „daß ich heute den Traditionen der katholischen Theologie näherstehe als der konformistischen Entwicklung bei uns." Gleichwohl regte sich auch in ihm der protestantische Geist und er fuhr fort: „Aber ich muß mich dennoch weigern, mich blindlings der Lehrautorität des Hl. Stuhles zu unterwerfen" (Brief an Kunst vom 2.2.1971, in: EZA 87/673).

114 Diese Information hatte Bundesverfassungsrichter Helmut Simon in einem vertraulichen Gespräch weitergegeben und hinzugefügt, man könne nicht übersehen, dass der Justizminister ein positiver Gesprächspartner der Kirche sei (vgl. Gesprächsnotiz von Erich Wolf/Bad Boll vom 8.2.1971, in: EZA 99/1310). Eine kurze Erwähnung der Zusammenkunft am 22.12.1970 im Bundesjustizministerium findet sich auch im Rundbrief der Kirchenkanzlei vom 6.1.1971 (EZA 99/1.306) sowie im EKD-Synodalprotokoll BERLIN 1971, S. 106. Vgl. zudem oben Anm. 103.

115 So erklärte der Bundeskanzler in seinem Antwortschreiben, es läge ihm viel an dem fachkundigen Rat der Kirchen und er freue sich über die vielfältigen Kontakte zwischen dem Bundesjustizminister und den Vertretern der Kirchen. Brandt zeigte sich darüber hinaus an einem baldigen Gespräch mit dem Ratsvorsitzenden interessiert (Brief an Kunst vom 18.1.1971, in: EZA 650/95/266). Wehner und Schmidt reagierten ebenfalls mit großem Entgegenkommen auf die Orange Schrift (vgl. Brief von Schmidt an Kunst vom 25.1.1971, in: EZA 87/672, sowie zu Wehner die Meldung in: *epd za* vom 16.1.1971).
Der stellvertretende Fraktionsvorsitzende Martin Hirsch hatte sich bereits im Herbst an die Kirchen gewandt und einen Austausch zwischen dem von ihm geleiteten Arbeitskreis Rechtswesen der SPD-Bundestagsfraktion und den entsprechenden kirchlichen Beratungsgremien angeregt (Brief an die EKD vom 3.12.1970, in: EZA 650/95/266, sowie oben Anm. 23). Über das Gespräch, das am 9. Februar 1971 zwischen dem Arbeitskreis und einer evangelischen Delegation zu den Fragen des Scheidungsrechts sowie der Pornografiegesetzgebung geführt wurde, berichtete der *epd*, es sei von beiden Seiten als „gut, nützlich und interessant" bezeichnet worden („SPD-Parlamentarier sprachen mit Kirchenvertretern", in: *epd za* vom 11.2.1971, vgl. auch „Genosse Romantiker", in: *Der Spiegel* 8/25 vom 15.2.1971, S. 26).

formdebatte beizusteuern vermochte.[116] Der stellvertretende Fraktionsvorsitzende Hans Apel bemühte sich allerdings umgehend klarzustellen, dass Kaffka nicht die offizielle Meinung der sozialdemokratischen Fraktion wiedergegeben habe.[117]

Anders als in der Presse stieß die Orange Schrift somit in Bonner Kreisen kaum auf offene Kritik. Aus taktischen Überlegungen, wie angenommen werden darf, war die Regierung um eine maßvolle und besonnene Reaktion auf das Memorandum der Kirchen bemüht. Anstatt die kirchlichen Forderungen schroff zurückzuweisen, suchte man das Gespräch; ja Brandt und Jahn verständigten sich sogar darauf, den bereits vorliegenden Gesetzentwurf zur Reform des Ehescheidungsrechts aus Rücksicht auf die Kirchen vorerst nicht in den Bundestag einzubringen.[118] Diese – wenngleich nur kurzfristige – politische Wirkung der Orangen Schrift zeigte, dass die Regierung den ‚Warnschuss' der Kirchen außerordentlich ernst nahm.

---

[116] Vgl. Offener Brief von Rudolf Kaffka (SPD) an Kunst vom 28.1.1971 (EZA 99/1310, abgedruckt in: Das Gesetz der Moral, S. 84 f.). Udo Fiebig, auch SPD-Abgeordneter und Pfarrer, hatte ebenfalls eine kritische öffentliche Äußerung verfasst, doch verweigerte der *epd* die Veröffentlichung mit dem Hinweis auf die Länge des Artikels (vgl. Fernschreiben „In dubio pro caritate. Die Kirchen und das Strafrecht" von Udo Fiebig an den *epd* vom 25.1.1971, sowie Antwortschreiben des *epd* vom 5.2.1971, beides in: EZA 87/673). Vgl. außerdem die kritischen Kommentare des SPD-Abgeordneten Claus Arndt sowie der parlamentarischen Staatssekretärin beim Bundeskanzler Marie Schlei („Erfüllt § 218 des Strafgesetzbuches noch seinen Zweck? Die umstrittene bischöfliche Stellungnahme" von Claus Arndt, in: Sonderdruck *Frankfurter Hefte* von März 1971, sowie „Ein Aufruf zum Kulturkampf?" von Marie Schlei, in: *Berliner Stimme* vom 16.1.1971).

[117] Vgl. „Sozialdemokratischer Pfarrer greift Evangelische Kirche an" (*Stuttgarter Zeitung* vom 2.2.1971) sowie „Der Meinungsaustausch zwischen Bischof Kunst und dem Abgeordneten Kaffka" (*epd za* vom 6.2.1971). Kunst hatte Kaffka am 5.2.1971 in einem ebenfalls offenen Schreiben geantwortet (abgedruckt in: Das Gesetz der Moral, S. 86 f.). Die Antwort war von Wilkens verfasst worden, der Kaffkas Stellungnahme intern als ein „Gemisch von Frechheiten und Halbwahrheiten" bezeichnete (Fernschreiben von Wilkens an Kunst vom 3.2.1971, in: EZA 650/95/266).

[118] Vgl. „Gestolpert, doch noch nicht gestürzt" von Hans Schueler (*Die Zeit* vom 5.3.1971). Am 9.2.1971 kam es auf Initiative des Bundesjustizministeriums zu einem Gespräch zwischen Ministerialrat Böhmer und Wilkens über den eherechtlichen Teil der Orangen Schrift (vgl. Briefe von Böhmer an Wilkens vom 11.1.1971 sowie 1.2.1971, in: EZA 650/95/266). Kunst berichtete ferner von einem Gespräch am 13. Januar 1971, das von Georg Leber vermittelt und unter seiner Beteiligung mit evangelischen Kirchenvertretern geführt worden war (vgl. Brief von Kunst an Georg Leber vom 3.2.1971, in: EZA 87/673). Den ‚Erfolg' der kirchlichen Intervention benannte Kunst später in einem Schreiben an den ehemaligen oldenburgischen Bischof Gerhard Jacobi: „Mir ist die Hauptsache, daß die ganze Arbeit nicht für die Katz war. Wenn Sie die neuen Entwürfe des Bundesjustizministers ansehen, können Sie deutlich erkennen, wie genau er auf das achtete, was wir aussprachen" (Brief vom 3.5.1971, in: EZA 87/674).

2.2.3 *Reaktionen verschiedener innerkirchlicher Kreise und Persönlichkeiten*

Die Kritik der Regierungskoalition an der Orangen Schrift war mit Bedacht und aus politischem Kalkül äußerst verhalten ausgefallen. „Aber vielleicht sollte es die kirchlich führenden Männer [...] generell nachdenklich stimmen", hatte der SPD-Abgeordnete Claus Arndt den Blick auf einen anderen Schauplatz gelenkt, „daß sie jetzt beobachten müssen, wie harter Kritik sie aus den eigenen Reihen ausgesetzt sind."[119] Innerhalb der evangelischen Kirche erhoben sich in der Tat bereits unmittelbar nach der Veröffentlichung der evangelisch-katholischen Ausarbeitung massive Proteste. Zwar traf die Orange Schrift – vor allem unter radikalen Gegnern und Gegnerinnen der Strafrechtsreform – durchaus auch auf Zustimmung, doch überwogen fraglos die kritischen Stimmen.[120]

Ein erster offener Brief, der sich nicht nur gegen den Veröffentlichungsmodus der Schrift aussprach, sondern auch gegen die darin zum Ausdruck gekommene „Tendenz zum totalitären Denken", welche den gesellschaftlichen Pluralismus nur vordergründig akzeptierte, wurde im Januar 1971 von 24 Pfarrern und Pfarrerinnen aus dem Rheinland, aus Westfalen und Württemberg verfasst.[121] Bis Ende Februar schlossen sich außerdem 250 Unterzeichnende einem Protestschreiben württembergischer Pfarrer und Vikare an, in welchem Ton und Inhalt der Orangen Schrift ebenfalls scharf kritisiert wurden.[122] Der Vorstand des badischen Landesverbandes der

---

[119] „Erfüllt § 218 des Strafgesetzbuches noch seinen Zweck? Die umstrittene bischöfliche Stellungnahme" von Claus Arndt (Sonderdruck aus *Frankfurter Hefte*, März 1971).

[120] Lobend äußerten sich u. a. der Kölner Jurist Friedrich Wilhelm Bosch (Brief an Wilkens vom 15.1.1971, in: EZA 650/95/266), der Bonner Wirtschaftswissenschaftler Wilhelm Krelle (Brief an Kunst vom 29.3.1971, in: EZA 87/674), sowie Rechtsanwalt Hans-Joachim Göhring (Brief an Kunst vom 11.2.1971, in: EZA 87/674). Zahlreiche zustimmende Zuschriften gingen darüber hinaus von radikalen Lebensrechtsgruppen, wie der Aktion Ulm 70 e. V. (Brief an Kunst vom 23.3.1971, in: EZA 87/673), der Aktion „Lebensrecht für alle" (Brief von Hilde Bayerl/Mechthild Bayer/Rita Metz an Kunst vom 26.1.1971, in: EZA 87/674), der „Aktion Menschenwürde und Familie Hamburg" (Brief von Arthur Neupert/Uetersen an Kunst vom 7.1.1971, in: EZA 87/674). Vgl. auch Brief des Vorsitzenden der Konferenz der bekennenden Gemeinschaften in Deutschland Rudolf Bäumer an Kunst vom 19.1.1971, in: EZA 87/673. Kunst berichtete später, dass es Städte gegeben haben soll, „in denen mehr als 100. 000 Unterschriften für das Votum" gesammelt worden seien (Brief von Kunst an seinen Amtsnachfolger in Stift Berg/Herford, Friedrich Brasse, vom 30.6.1971, in: EZA 87/671). Die Akten des Bevollmächtigten geben allerdings keine weiteren Hinweise auf derartige Unterschriftensammlungen.

[121] „Offener Brief von 24 Pfarrern und Pfarrerinnen der Rheinischen, Westfälischen und Württembergischen Landeskirche an Dietzfelbinger vom 22.1.1971", abgedruckt in: Das Gesetz der Moral, S. 82 f.

[122] Offener Brief von württembergischen Pfarrern und Vikaren initiiert und übersandt von Studienleiter Karl-Heinrich Lütcke/Stuttgart an Wilkens vom 16.2.1971, in: EZA 650/95/266, abgedruckt auch in: *ZEE* 15. 1971, S. 178 f.

Evangelischen Akademikerschaft tadelte ferner, dass die Orange Schrift ein unrichtiges Bild der geplanten Neuerungen vermittelt habe und geeignet sei, dringend notwendige Reformansätze im Keim zu ersticken.[123] Eine Gruppe Marburger Theologen um den Universitätsassistenten Dieter Eichhorn forderte Kunst, den man für den maßgeblichen Initiator und Autor der Schrift hielt, sogar öffentlich zum Rücktritt von seinem – ohnehin umstrittenen – Amt als Militärbischof auf.[124] Einiges Aufsehen erregte schließlich auch die von namhaften Autoren zusammengestellte, Anfang März veröffentlichte Gegendenkschrift „Das Gesetz der Moral und die staatliche Ordnung", in der die Proteste nochmals gebündelt und dokumentiert wurden.[125]

Einer der Mitautoren der Gegendenkschrift und zweifelsohne der bedeutendste Kritiker der Orangen Schrift war der Bundesverfassungsrichter Helmut Simon. Simon war nicht nur Mitglied der EKD-Synode sowie des Kirchentagspräsidiums, sondern er war auch Vorsitzender der Kammer für soziale Ordnung gewesen, die 1970 die Denkschriften-Denkschrift erarbeitet hatte. Alarmiert durch Pressemeldungen über die Veröffentlichung des evangelisch-katholischen Wortes hatte Simon sich Ende Dezember umgehend an die Kirchenkanzlei gewandt. „Die wenigen Andeutungen in der Presse lassen befürchten", schrieb er, „daß wesentliche Ergebnisse der rechtstheologischen Diskussion in EKD und Ausschüssen in den letzten 20 Jahren unberücksichtigt blieben".[126] Beunruhigt bat der Jurist um Über-

---

[123] „Akademiker kritisieren gemeinsame Schrift zur sittlichen Ordnung" (*epd za* vom 28.1.1971, abgedruckt auch in: DAS GESETZ DER MORAL, S. 81).

[124] Die Forderung des Theologenkreises fand ein breites Presseecho, da sie von der *dpa* verbreitet worden war, nachdem der *epd* ihre Veröffentlichung abgelehnt hatte (so Kalinnas Auskunft in einem Brief an Heinz Matthias Niedenstein vom 20.1.1971, in: EZA 87/673). Zur Presse vgl. „Theologen fordern Rücktritt von Militärbischof Kunst" (*SZ* vom 5./6.1.1971), sowie Meldungen in: *Die Welt*, *Stuttgarter Zeitung* und *Frankfurter Neue Presse* vom 4.1.1971. Massive Kritik an Kunst findet sich auch in der Leserzuschrift „Meinung der ‚beiden' Kirchen?" von Pfarrer G. Heipp/Rieschweiler (*FR* vom 8.1.1971). Der oldenburgische Altbischof Gerhard Jacobi bot sich an, die Rücktrittsforderung öffentlich zurückzuweisen, was von EKD-Seite jedoch nicht für notwendig erachtet wurde (vgl. Brief von Mumm an Jacobi vom 4.2.1971, in: EZA 87/674).

[125] Horst Zilleßen vom Sozialwissenschaftlichen Institut der EKD in Bochum galt als Spiritus rector dieser Gegendenkschrift, wie Wilkens dem Bevollmächtigten in einem Brief mitteilte und bei dieser Gelegenheit sogleich hinzufügte: „Uns ist hier in der Kirchenkanzlei seit langem fraglich, ob dieses Institut die ihm zugedachten Aufgaben tatsächlich erfüllt" (an Kunst vom 2.3.1971, in: EZA 742/558).

[126] Handschriftlicher Brief von Simon an die Außenstelle der Kirchenkanzlei in Bonn vom 30.12.1970 (EZA 99/1310). Simon, Eppler und Wilkens hatten sich erst im Herbst 1969 im Rahmen einer Tagung der Evangelischen Akademie Baden unter dem Titel „Wie konkret sollen kirchliche Denkschriften sein?" eingehend mit den Fragen zur Abfassung von Denkschriften auseinandergesetzt. Ihre Beiträge finden sich in: W. BÖHME/E. WILKENS, Möglichkeit und Grenze.

sendung des Memorandums sowie um Auskunft über die Verantwortlichkeiten im Blick auf dessen Ausarbeitung und Veröffentlichung.

Wenige Tage später trat Simon mit seiner Kritik auch an die Öffentlichkeit. Das Memorandum, so der Rechtsexperte und Sozialdemokrat in einem Rundfunkinterview am 5. Januar 1971, sei in eine hoffnungsvoll begonnene gesellschaftliche Diskussion um die Strafrechtsreform hineingeplatzt „und zwar mit einer peinlich selbstgerechten Argumentation".[127] Die Schrift, fuhr Simon fort, habe keine Lösungsvorschläge erarbeitet, sondern lediglich zu einer überflüssigen ideologischen Polarisierung der Gesellschaft beigetragen. Das Fazit des Juristen lautete darum: „Das Memorandum ist im Grunde das Gegenteil einer hilfreichen politischen Diakonie der Kirche."[128]

Wilkens, der ohnehin einen leidenschaftlichen, fast verbissenen Kampf gegen die kritische Kommentierung seiner Ausarbeitung in der Presse führte,[129] sah sich durch Simons Verdikt zur Erwiderung veranlasst. Im Eifer des Gefechts vergriff sich der Oberkirchenrat in seiner geharnischten Replik jedoch im Ton und wies den Bundesverfassungsrichter hochmütig zurecht.[130] Wilkens wurde allerdings selbst sogleich in die Schranken verwiesen für sein anmaßendes Urteil über die nach Ton und Inhalt angeblich für einen Bundesverfassungsrichter ‚neuartigen' Aussagen Simons. U.a. beschwerte sich der Göttinger Theologe Ernst Wolf, der einem Unterausschuss der Kammer für soziale Ordnung angehört hatte, über eine „derartige gereizte und selbstgerechte Polemik"; allerdings, fügte Wolf hinzu, sei der Oberkirchenrat für derartige Impertinenzen auch bereits einschlägig bekannt.[131]

---

[127] Zitiert nach: DAS GESETZ DER MORAL, S. 75. Unter der Überschrift „Das Gegenteil einer hilfreichen politischen Diakonie der Kirche" wurde der Wortlaut des Interviews auch abgedruckt in: *epd za* vom 6.1.1971; vgl. auch H. SIMON, Selbstgerecht, S. 99 f.

[128] Zitiert nach: DAS GESETZ DER MORAL, S. 75.

[129] Zur ‚Presseschlacht' des Oberkirchenrats vgl. oben Anm. 95.

[130] Selbstgefällig stellte Wilkens in seiner Replik einleitend fest: „Die Äußerungen von Dr. Helmut Simon müssen nach Ton und Inhalt als für einen Bundesverfassungsrichter neuartig bezeichnet werden". Der Oberkirchenrat hielt Simon weiter vor, er habe die Öffentlichkeit mit seinen Äußerungen irregeführt. Außerdem, so Wilkens abschließend, hielte er es für „geschmacklos", auf den ersten ökumenischen Versuch einer Zusammenarbeit mit einer derartigen „Stimmungsmache" zu reagierten („Oberkirchenrat weist Kritik zurück", in: *epd Hannover* vom 6.1.1971, abgedruckt in: DAS GESETZ DER MORAL, S. 77 f.). Wilkens reagierte auf Simons Tadel ferner in einem Interview (vgl. „Aus gegebenem Anlaß – In christlicher Sicht". Interview mit Erwin Wilkens von Manfred Linz; gesendet in: NDR 2 am 12.1.1971, 19.35–19.45 Uhr; verschriftlicht in: EZA 656/289; EZA 99/1310).

[131] Brief an Wilkens vom 4.2.1971(EZA 650/95/266). Unabhängig von Wolf entrüsteten sich auch andere Einsender über Wilkens' anmaßenden Ton (vgl. Brief von Pfarrer Kratz/ Schloßkirchengemeinde Offenbach an Raiser vom 17.1.1971 (EZA 87/674), sowie Gemeinsamer Brief der evangelischen und katholischen Studentengemeinden Saarbrücken an Simon mit Abschrift an Wilkens vom 4.2.1971, in: EZA 650/95/266). In einem vertraulichen

Die Meinungsverschiedenheiten, die zwischen Wilkens und Simon seit langem bestanden, waren eskaliert. Das zeigte sich u. a. daran, dass der Oberkirchenrat infolge der Kritik des Bundesverfassungsrichters an der Orangen Schrift alles daran setzte, dessen vom Rat zwar bereits beschlossene, von Wilkens jedoch noch nicht ausgeführte Neuberufung in die Kammer für öffentliche Verantwortung wieder rückgängig zu machen, zumal Simon nach dem Willen des Rates in absehbarer Zeit sogar zum Vorsitzenden der Kammer hätte ernannt werden sollen.[132] Wilkens ließ Kunst jedoch wissen, dass die seiner Meinung nach „sehr impulsive, radikale und auch oft rabiate Art, in der Herr Simon sich zu verhalten und zu äußern pflegt", nicht nur eine schwere Belastung für das Klima in der Kammer, sondern allemal auch für deren Verhältnis zur Kirchenkanzlei darstellen würde.[133] „Wolf und Simon", fügte der Insinuant ferner hinzu, „sind eng befreundet und miteinander liiert. Wollen wir dies eigentlich alles in die Kammer für öffentliche Verantwortung hineinlassen? Jedenfalls würde meine Mitarbeit an der Kammer damit ihrem Ende entgegengehen."[134]

Derweil Wilkens hinter den Kulissen massiven Druck ausübte, um Simons endgültige Berufung in die Kammer für öffentliche Verantwortung – übrigens letztlich erfolgreich – zu verhindern, erhob sich allerdings auch unter den bereits amtierenden Mitgliedern der Kammer Kritik an der Orangen Schrift. Hans Bosse, Professor für Sozialisationstheorie in Frankfurt a. M., wandte sich Mitte Februar 1971 schriftlich an die Kirchenkanzlei sowie den Ratsvorsitzenden und drängte darauf, die näheren Umstände der Ausarbeitung des Papiers auf der nächsten Ausschusssitzung zu erörtern.[135] Das in den zurückliegenden Jahren gute

Vermerk an Kunst schrieb Wilkens am 8.2.1971, der fragliche Passus seiner Replik sei ihm etliche Male kritisch vorgehalten worden, doch halte er ihn nach wie vor für gerechtfertigt (EZA 650/95/266). Auch Hans Schueler von der *Zeit* war von Wilkens nach einem kritischen Kommentar ‚abgekanzelt' worden und hatte sich daraufhin über die selbstgerechte Attitüde des Oberkirchenrats beklagt (Brief an Wilkens vom 19.1.1971, in: EZA 650/95/266; vgl. auch oben Anm. 95).

132 Vgl. vertraulichen Vermerk von Wilkens an Kunst vom 8.2.1971(EZA 650/95/266).

133 Ebd.

134 Ebd. Wilkens berichtete Kunst, er habe die vom Rat Anfang Dezember 1970 beschlossene Berufung Simons zunächst nicht an diesen weitergeleitet und die Ratsmitglieder statt dessen im Januar 1971 gebeten, ihren Beschluss nochmals zu überdenken. Der Rat habe jedoch – zumal Kunst und Dietzfelbinger nicht anwesend waren – die Auffassung vertreten, man solle Simon nach den Ereignissen erst recht berufen. Auf Wilkens' Intervention hin sei der Beschluss über die endgültige Berufung jedoch auf die Februarsitzung vertagt worden (vgl. Ebd.). Es gelang Wilkens in der Tat, die Berufung Simons in die Kammer für öffentliche Verantwortung zu verhindern. Der Vorsitz wurde später Roman Herzog angetragen (vgl. Auskunft des EZA/Stache vom 7.6.2002). Auch in Schreiben an Paul Mikat und Friedrich Vogel vom 3.3.1971 schmiedete Wilkens Ränke gegen Simon (EZA 650/95/266).

Verhältnis zwischen Staat und Kirche, schrieb Bosse, habe wesentlich darauf beruht, dass die EKD sich seit dem Zweiten Weltkrieg darum bemüht habe, tragfähige Grundlagen innerkirchlicher Bewusstseins- und Willensbildung zu entwickeln, welche sicherzustellen versuchten, dass offizielle Äußerungen der EKD entweder den Consensus omnium der Gläubigen ausdrückten, oder aber verschiedene Standpunkte innerhalb der Kirche sichtbar zum Ausdruck brächten. „Ich bin nun beunruhigt darüber", ließ Bosse die Autoren der Schrift wissen, „daß durch die Bedingung der Entstehung und Autorisierung der vorliegenden Studie, die den kirchenrechtlich verankerten oder durch die Praxis eingespielten Verfahren innerkirchlicher Willensbildung nicht ausreichend Rechnung tragen, das Vertrauensverhältnis zwischen Öffentlichkeit und Kirche sowohl, wie zwischen den Christen in der EKD und ihren exekutiven Organen ernsthaft in Frage gestellt wurde."[136]

Wie sehr das Vertrauensverhältnis zwischen den Christen in der EKD und ihren exekutiven Organen in der Tat durch die Orange Schrift strapaziert wurde, sollte bald die Synode der EKD zeigen.

2.2.4 Reaktion des Rates

Nach den ersten kritischen Stellungnahmen zur Orangen Schrift blickte der Rat der EKD mit Sorge auf die nahende Synodalversammlung. Aufgrund verschiedener schriftlicher Synodaleingaben sowie einzelner Ankündigungen prominenter Synodaler zeichnete sich bereits im Vorfeld der Synode ab, dass die Versammlung nicht umhin kommen würde, sich mit der evangelisch-katholischen Veröffentlichung zu befassen.[137]

Mitte Januar, vier Wochen vor der Synode, beriet der Rat erstmals über das Echo auf die Orange Schrift.[138] Die Ausarbeitung, wurde einleitend festgestellt, habe eine stärkere Beachtung gefunden, als zu erwarten gewesen war. Der Rat nahm die allgemeine Kritik, die am Inhalt der Schrift sowie am Verfahren ihrer Ausarbeitung geübt wurde, wie es schien, sehr

---

[135] Brief an Wilkens und Dietzfelbinger vom 11.2.1971 (EZA 650/95/266).

[136] Ebd.

[137] Vgl. Brief des Jugenddelegierten stud. theol. Hartmut Kießling an Dietzfelbinger vom 3.1.1971 (EZA 87/673) sowie Synodaleingabe von Barbara Boehme, Emmi Bloecher, Gustav Jäger, Hildegard Leuze, Hans Georg Zollenkopf vom 7.2.1971 (EZA 650/95/266). Neben Simon äußerte sich auch die Synodale Lieselotte Funcke bereits im Vorfeld kritisch zur Orangen Schrift (vgl. „Bundestagsvizepräsidentin kritisiert Studie zur sittlichen Ordnung", in: *epd za* vom 4.2.1971, sowie zu Simon: „Das Gegenteil einer hilfreichen politischen Diakonie der Kirche", in: *epd za* vom 6.1.1971).

[138] Vgl. Auszug aus dem Protokoll der Ratssitzung vom 13./14.1.1971 in Hannover (EZA 656/289).

ernst. Angesichts der Reaktionen in der Öffentlichkeit, hieß es im Ratsprotokoll, sei nach Ansicht des Rates in der Tat zu prüfen, ob die gewählte Kombination der Veröffentlichung katholischer und evangelischer Auffassungen in einer gemeinsamen Erklärung beibehalten werden könne.[139]

Nachdem der Rat auf seiner Sitzung Mitte Januar – zumal Dietzfelbinger und Kunst als starke Lobby nicht zugegen gewesen waren – keinerlei Anstalten gemacht hatte, sich öffentlich mit den in die Kritik geratenen Verfassern der Orangen Schrift solidarisch zu erklären, kam von der VELKD Rückendeckung. Am 6. Februar begrüßte die Kirchenleitung der VELKD in einem Kommuniqué die evangelisch-katholische Ausarbeitung als einen wichtigen kirchlichen Diskussionsbeitrag und warnte davor, Öffentlichkeit und Staat „der Diktatur ideologischer Minderheiten" zu unterwerfen.[140]

Wenige Tage vor der Synode beschäftigte sich der Rat der EKD Mitte Februar ein weiteres Mal mit der Orangen Schrift. Und abermals zeugte das Ratsprotokoll von einer eher distanzierten Grundhaltung des Gremiums zu dem Memorandum. Zwar stellte der Rat fest, man werde auf der Synode bemüht sein müssen, die Diskussion auf die Sachfragen zu lenken, doch erkannte das Gremium auch die vielfach geäußerte Kritik am Verfahren der Ausarbeitung an, insofern es selbst den dringenden Bedarf festhielt, Verfahrensfragen für künftige Verlautbarungen im Rahmen einer anzuberaumenden Klausurtagung nochmals näher zu diskutieren.[141] Die Devise des Rates im Blick auf die bevorstehende Synodalaussprache zur Orangen Schrift lautete jedoch zunächst Schadensbegrenzung.

2.3 Die EKD-Synode in Berlin – Aufbruch und Auseinandersetzung

Die vom 18. bis 21. Februar 1971 in Berlin tagende Synode der EKD unterschied sich in vielfacher Hinsicht von ihren Vorgängerinnen und mar-

---

[139] EBD. Vgl. dazu auch den Aufsatz des Ratsmitgliedes L. RAISER, Kein vollgeglücktes Modell. Dramatisierend und larmoyant – was auf Wilkens' Verfasserschaft deutet – hieß es im Ratsprotokoll allerdings auch: „Wenn die zum Teil heftigen Reaktionen auf die Veröffentlichung [...] deutlich werden lassen, daß offenbar Äußerungen mit vermeintlich konservativem Unterton nicht erscheinen könnten, ohne sofort repressiven Reaktionen zu begegnen, so müsse der Rat dieser Tatsache eine besondere Aufmerksamkeit schenken, weil sie im besonderen Maße die Existenz der liberalen Demokratie zu gefährden geeignet ist" (Auszug aus dem Protokoll der Ratssitzung vom 13./14.1.1971 in Hannover, in: EZA 656/289).

[140] „Lutherische Kirchenleitung billigt Kritik an Bonner Reformplänen" (*epd za* vom 8.2.1971). Der leitende Bischof der VELKD Hans-Otto Wölber hatte Wilkens bereits im Vorfeld angekündigt, er werde sich für eine entsprechende Erklärung der Kirchenleitung einsetzen (Brief an Wilkens vom 4.2.1971, in: EZA 650/95/266).

[141] Vgl. Auszug aus der Niederschrift über die 49. Sitzung des Rates der EKD am 17./18.2.1971 in Berlin (EZA 87/674).

Lieselotte Funcke und Erwin Wilkens im Vordergrund, Barbara Boehme und Hermann Kunst im Hintergrund nach der ersten Plenardiskussion der EKD-Synode in Berlin 1971.
Foto: Hans Lachmann.

kierte in gewisser Weise eine Art ersten Aufbruch in eine neue Ära, die 1973 mit der Neuwahl der Synode sowie des Ratskollegiums endgültig anbrechen sollte.[142] Bereits die Berliner EKD-Synode von 1971 brachte jedoch erste Weichenstellungen in Form umfassender personeller Veränderungen. Zunächst war aufgrund des Ausscheidens der ostdeutschen Gliedkirchen die Nachwahl von 42 Synodalen notwendig geworden, um die Synode wieder auf ihren regulären Bestand von 120 Mitgliedern aufzustocken.[143] Doch nicht nur für ein Drittel der Synodalen handelte es sich in Berlin um eine ‚Eingewöhnungssynode', auch der Synodalpräses Ludwig Raiser war erst 1970 nachgewählt worden und übte sein Amt in Berlin erstmals aus. Selbst der Rat der EKD wies eine hohe Diskontinuität auf, da innerhalb der vorausgegangenen zwei Jahre acht der elf Mitglieder vor Ablauf der regulären Amtszeit ausgeschieden waren.[144] Gleichsam als sichtbares Zeichen des Wandlungsprozesses und Neuaufbruchs war schließlich die Sitzordnung der Synode verändert worden. Die Synodalen wurden in Berlin nicht mehr nach Landeskirchen, sondern in alphabetischer Reihenfolge platziert, und – wichtiger noch – ihnen gegenüber auf dem Podium saß allein das Synodalpräsidium, während der Rat der EKD erstmals nur einen Seitentisch zugewiesen bekam.[145]

In das kollektive Gedächtnis der EKD ging die Berliner Synode von 1971 freilich weniger als Neuaufbruch denn als Debakel ein, da sich die innere Krise der Evangelischen Kirche in Deutschland hier erstmals in aller Deutlichkeit manifestierte.[146] „Es gab wohl keinen Synodalen", hieß es in der evangelischen Presse im Anschluss an die Tagung, „der am 21. Februar nach zweieinhalb Beratungstagen befriedigt das Johannes-Stift in Berlin-Spandau verließ."[147] Die Synode, so später der allgemeine Tenor, sei von Referaten überfrachtet gewesen, habe unter erheblichem Zeitdruck gestan-

---

142 Vgl. unten S. 271 ff.

143 Zu den neuen Synodalen zählten u. a. die Politiker Erhard Eppler (SPD) und Werner Dollinger (CSU) sowie der Bundesverfassungsrichter Helmut Simon (SPD). Zwar lag das Durchschnittsalter der Synodalen nach wie vor bei 55 Jahren (vgl. „Ein Zwischenspiel", in: *DAS* vom 28.2.1971) und der Anteil an Frauen war mit knapp 10 % nur geringfügig höher als im Bundestag, doch registrierte die Presse bereits den sich anbahnenden Umschwung und notierte: „Man spürte jedenfalls einen kräftigen Hauch von Selbstbewußtsein und Aktivität" („Glasperlenspiele in der Synode?" von Heinrich Stubbe, in: *DZ* vom 26.2.1971).

144 Die Berliner Synode hatte allein vier Ratsmandate neu zu vergeben, wobei die Pluralisierung der Positionen sich auch hier zeigte, denn die Nachwahl des vierten freien Ratssitzes musste nach sechs Wahlgängen erfolglos abgebrochen werden, da es keinem Kandidaten und keiner Kandidatin gelang, die erforderliche Zweidrittelmehrheit der Stimmen auf sich zu vereinen (vgl. BERLIN 1971, S. 165).

145 Vgl. „Glasperlenspiele in der Synode?" von Heinrich Stubbe (*DZ* vom 26.2.1971) sowie BERLIN 1971, S. 18.

146 Vgl. „Ein Zwischenspiel", in: *DAS* vom 28.2.1971.

147 E. STAMMLER, Fehlalarm, S. 121.

den, sei stark politisch ausgerichtet gewesen und gerade in diesen politischen Fragen zudem einer erheblichen Polarisierung erlegen.[148]

In der Tat hatte sich erstmals entschiedene Kritik an der harten Linie des Ratsvorsitzenden der EKD erhoben, und die evangelische Meinungsvielfalt zu politischen und kirchenpolitischen Fragen war offen und in aller Schärfe zu Tage getreten. Dietzfelbinger selbst hatte mit seinem Rechenschaftsbericht vor der Synode den Auftakt zu der Konfrontation gegeben, welche sich zwischen Vertretern der EKD und Teilen der Synode bereits seit der Veröffentlichung der Orangen Schrift abgezeichnet hatte. Entschieden hatte der Ratsvorsitzende sich gegen eine Strukturreform der EKD ausgesprochen und mit Nachdruck vor der seiner Ansicht nach fatale Entwicklung der Kirche gewarnt. Mit drastischen Worten – ja, mit einem „Schrei", wie Dietzfelbinger es selbst ausdrückte, –[149] hatte er sich gegen die Pluralisierungstendenzen in Kirche und Theologie gewandt. „Haben diejenigen ganz unrecht", hatte er seine Kritik abschließend zugespitzt, „die von einer Epoche geistlicher Verwirrung und Verzweiflung reden, in deren Anfang wir uns befinden? Anders gesagt: Wenn nicht alles täuscht, so stehen wir heute in einem Glaubenskampf, einem Kirchenkampf, gegenüber dem der Kirchenkampf des Dritten Reiches ein Vorhutgefecht war. Das Unheimliche dabei ist, daß dieser heutige Kampf vielfach kaum erkannt, zu allermeist verharmlost wird und unter Tarnworten wie Pluralismus voranschreitet."[150]

Die – zumal von der Presse aufmerksam zur Kenntnis genommene – ‚Glaubenskampfthese' Dietzfelbingers stieß in der Aussprache zum Rechenschaftsbericht zwar verschiedentlich auf Widerspruch, doch kam es erstaunlicherweise zu keiner eingehenden Auseinandersetzung mit der provokanten Gegenwartsanalyse des Ratsvorsitzenden.[151] Ein Grund dafür mag

---

[148] Vgl. KJ 1971, S. 13. In der Tat waren die zwei ursprünglichen Schwerpunkte der außerordentlichen Tagung – die EKD-Strukturreform sowie die interkonfessionellen Lehrgespräche zwischen Lutheranern und Reformierten – durch aktuelle kirchenpolitische Kontroversen und den außerordentlichen Zeitdruck der Tagesordnung in den Hintergrund gedrängt worden.

[149] BERLIN 1971, S. 188.

[150] EBD., S. 33 f. M. AHME betrachtet Dietzfelbingers Rechenschaftsbericht als einen bedeutenden Wendepunkt in der Debatte um die EKD-Strukturreform, da deren unverhohlene Hinterfragung durch den Ratsvorsitzenden die Gegner auf den Plan rief und ihnen sogleich einen prominenten Fürsprecher gab (vgl. DERS., Reformversuch, S. 51–56). Zwei Jahre später, auf der Synode in Coburg wiederholte Dietzfelbinger seine Glaubenskampfthese abermals (vgl. COBURG 1973, S. 41 f.).

[151] Widerspruch kam von Helmut Hild (EBD., S. 176 f.), Erhard Eppler (EBD., S. 46 f.), Bernhard Suin de Boutemard (EBD., S. 175 f.). Deutliche Kritik an der „eigenwilligen" Glaubenskampfthese des Ratsvorsitzenden übte auch das *DAS*, während sie im *Rheinischen Merkur* dagegen positive Aufnahme fand (vgl. „Ein Zwischenspiel", in: *DAS* vom 28.2.1971; „Der Schrei des Ratsvorsitzenden" von Heinz Beckmann, in: *Rheinischer Merkur* vom 26.2.1971).

– wie der Synodale Simon andeutete – neben dem Zeitdruck die Tatsache gewesen sein, dass der Bericht des Ratsvorsitzenden den Synodalen nicht schriftlich vorlag, was eine Erwiderung erheblich erschwerte.[152] Die von Dietzfelbinger angefachte Diskussion über die umwälzenden gesamtgesellschaftlichen Reformprozesse und ihre gegensätzliche Bewertung innerhalb der Kirche verlief gleichwohl nicht im Sande, sondern wurde von den Synodalen auf einen anderen, nicht minder passenden Schauplatz verlagert: auf die Debatte um die so genannte Orange Schrift.[153]

2.3.1 Die Kritik der Synode an der Orangen Schrift

Ungeachtet der dicht gedrängten Tagesordnung, die trotz des offenkundigen Diskussionsbedarfs keine Aussprache zu dem evangelisch-katholischen Memorandum vorsah, leitete die Synodale und Vizepräsidentin des Deutschen Bundestages Lieselotte Funcke die Plenardebatte über den Rechenschaftsbericht des Ratsvorsitzenden am Vormittag des ersten Verhandlungstages sogleich mit einem Aufsehen erregenden Statement zur Orangen Schrift ein. Funcke wiederholte zunächst ihre bereits ihm Vorfeld geäußerte Kritik, dass die Lebenswirklichkeit von Frauen in der ausschließlich von Männern verfassten Ausarbeitung nicht berücksichtigt worden sei.[154] Sodann führte sie ihre Einwände gegen die Schrift am Kapitel über den Schwangerschaftsabbruch näher aus: „Wenn man das Kapitel liest", erläuterte Funcke vor der Synode, „hat man den Eindruck, daß man über die archaischen Vorstellungen vom Entstehen des Lebens noch nicht weit hinausgekommen ist. Kinder entstehen aus dem Samen und Willen des Mannes. Die Frau ist Gebärerin, sie hat zu tragen und zu ertragen. Der Same ist wertvoll; das Schicksal, das Leid, der mögliche Konflikt der Frau stehen nicht zur Diskussion. Die Frau hat den Samen zu hüten – andernfalls Gefängnis!"[155]

---

152 Vgl. BERLIN 1971, S. 42.

153 Neben der Kontroverse um die Orange Schrift kam die Pluralisierung und Polarisierung der Auffassungen auch in der Synodaldebatte um das Antirassismusprogramm des ÖRK zum Ausdruck. Der Exekutivausschuss des ÖRK hatte im Herbst 1970 den Beschluss gefasst, aus dem Sonderfonds zur Bekämpfung des Rassismus auch militante Organisationen zu unterstützen, was in der EKD auf heftige Gegenreaktionen gestoßen war (ausführlich vgl. KJ 1970, S. 133–154 sowie KJ 1971, S. 131–145).

154 BERLIN 1971, S. 38. Funcke hatte sich bereits vor der Synode auf einer Veranstaltung der Evangelischen Frauenhilfe zur Orangen Schrift geäußert (vgl. „Bundestagsvizepräsidentin kritisiert Studie zur sittlichen Ordnung", in: *epd za* vom 4.2.1971).

155 BERLIN 1971, S. 39 f. Funcke fuhr fort und stellte der Synode die Konfliktsituationen ungewollt schwangerer Frauen eindringlich vor Augen: „Da ist die Ehefrau, die sich gegen den betrunkenen Mann nicht wehren kann, die Frau, die das fünfte, sechste oder achte Kind austragen muß, weil ihr Ehemann nicht bereit ist, sich an den Ehekalender zu halten, da

Im Gegensatz zu den Verfassern der Orangen Schrift begriff Funcke die Schwangerschaft als dynamischen Prozess, in dem das Rechtsgut des Kindes erst allmählich über jenes der Mutter gestellt werden könne. Die FDP-Politikerin sprach sich darum nachdrücklich für die Einführung einer Fristenregelung aus.[156] Mit Applaus pflichtete die Synodalversammlung den Ausführungen der Politikerin bei, und auch die Presse horchte auf.[157] Die evangelischen Mitverfasser der Schrift dagegen reagierten hinter den Kulissen mit äußerster Empörung und blankem Entsetzen darauf, dass Funckes Rede unter den Synodalen auf Zustimmung gestoßen und ihren Äußerungen nicht umgehend widersprochen worden war.[158]

---

ist die fünfzehnjährige Schülerin, und da ist auch die unverheiratete Frau, [...] von der man aber einseitig erwartete, daß sie ‚standhaft' bleibt – andernfalls ‚geschieht's ihr recht'; und da ist auch die berufstätige Frau, die mit dem zweiten oder dritten Kind den Beruf aufgeben müßte" (Ebd., S. 39).

156 Ihr leidenschaftliches Plädoyer gegen die Aussagen der Orangen Schrift zum Schwangerschaftsabbruch gab – so Funcke rückblickend – den entscheidenden Auslöser zu ihrem Einsatz für eine Änderung des § 218 StGB (vgl. Interview mit Lieselotte Funcke vom 29.6.1999). Funcke gehörte in den folgenden Jahren zu den führenden Reformstimmen in Deutschland (vgl. z. B. die entsprechende Aussage ihres Fraktionskollegen Andreas von Schoeler in: BT Sten. Ber. 7. WP 33. Si. v. 17.5.1973, S. 1774).

157 Positiv kommentiert wurde Funckes Rede z. B. in der *Stuttgarter Zeitung* vom 20.2.1971 (vgl. „EKD ringt um neues Funktionsverständnis der Kirche"). Der *Rheinische Merkur* dagegen schrieb: „Es war, ganz gelinde gesprochen, einigermaßen ungewöhnlich, in einer christlichen Synode ein verdecktes Plädoyer für die Abtreibung zu hören. [...] Mit einigem Kummer vermißte man, besonders nach der Rede von Lieselotte Funcke, die sonst so mannhaften [!] Stimmen jener Geistlichen in der Synode, die aus ihren Erfahrungen im Kirchenkampf des Dritten Reiches wissen, wie notwendig es ist, den Anfängen zu wehren. So fanden die Anfänge nur lautstarken Beifall" („Der Schrei des Ratsvorsitzenden" von Heinz Beckmann, in: *Rheinischer Merkur* vom 26.2.1971).

158 Im Ratsprotokoll wurde später ebenfalls bedauert, dass Funckes Äußerungen keinen Widerspruch ausgelöst hatten. Zur Erklärung hieß es, auf der Synode habe sich ein „Husarenritt" vollzogen, auf den die meisten Synodalen nicht vorbereitet gewesen seien (Auszug aus der Niederschrift über die 51. Sitzung des Rates der EKD am 17./18.3.1971, in: EZA 87/674). Auch einen Monat nach der Synode hatte die FDP-Politikerin, wie der *epd* im Anschluss an ein Interview mit Funcke meldete, noch keine negativen, dagegen auffallend viele zustimmende Zuschriften erhalten (vgl. „Zustimmung für Lieselotte Funcke", in: *epd za* vom 22.3.1971; vgl. auch „Lieselotte Funcke und die Abtreibungsdiskussion", in: *Rheinischer Merkur* vom 2.4.1971). Wilkens beschwerte sich umgehend beim Chefredakteur des *epd* über die Meldung und scheute nicht davor zurück, die *epd*-Berichterstattung über Funckes Rede in direkten Zusammenhang mit möglichen Etatkürzungen für den *epd* zu bringen. „Selten ist die Äußerung eines Mitgliedes der EKD-Synode als so peinlich empfunden worden wie die von Frau Funcke zum Schwangerschaftsabbruch", ließ er Heßler in einem Brief vom 26.3.1971 wissen und fuhr fort: „Wir gehen jetzt wieder sehr schwierigen Verhandlungen zum EKD-Haushalt 1972 entgegen. Ich zweifle überhaupt nicht daran, daß uns dabei die ‚Funcke-Meldung' die größten Schwierigkeiten der bekannten Art bereiten wird" (EZA 87/744).

Wilkens veranlasste ferner eine Verschriftlichung der Äußerungen Funckes, die er Heßler gegenüber als „dilettantisch" bezeichnet hatte (Ebd.), und leitete diese an Kunst und Dietz-

Der Beitrag der FDP-Politikerin zur Orangen Schrift bildete indes erst den Auftakt einer Reihe weiterer kritischer Äußerungen, die im Zuge der Aussprache über den Rechenschaftsbericht noch folgten. So drangen etwa die Mitglieder der ‚Arbeitsgruppe EKD-Synode' auf die Beantwortung ihrer im Vorfeld an den Rat und das Synodalpräsidium gerichteten Interpellation, worin sie u. a. die Fragen aufgeworfen hatten, bei wem die Kosten für Herstellung und Verbreitung der Orangen Schrift gelegen hatten, warum die Broschüre der äußeren Aufmachung nach den Denkschriften der EKD glich, warum die Verfasser sich nicht mit anderen Fachgremien abgesprochen hatten und warum die Schrift unmittelbar vor Veröffentlichung der Sexualethischen Denkschrift herausgebracht worden war.[159] Ähnlich kritische Anfragen zu den Hintergründen der evangelisch-katholischen Ausarbeitung wurden während der Synodalaussprache auch von Helmut Simon geäußert sowie vom ehemaligen hessischen Staatsminister Ludwig Metzger (SPD) und dem Direktor der Evangelischen Akademie Bad Boll, Eberhard Müller, der an sich als EKD-loyal und unionsnah galt.[160]

Durch das Layout der Broschüre, durch ihr Vorwort und ihre Propagierung seitens der Kirchenkanzlei, so lautete der Grundtenor zahlreicher Beiträge, sei der falsche Eindruck entstanden, als handele es sich bei der Orangen Schrift um eine zumindest halbamtliche Äußerung der EKD, die sich primär gegen den Reformkurs der Regierung richtete. Insbesondere Simon kritisierte heftig, dass der Rat der EKD diesem Missverständnis nicht entgegengetreten sei, sondern den Gemeinden das Memorandum sogar besonders ans Herz gelegt habe. „Kann man eine Schrift empfehlen",

felbinger weiter (Brief von Wilkens an Dietzfelbinger vom 26.3.1971, in: EZA 2/93/6215, sowie Übersendung des Auszugs von Wilkens an Dietzfelbinger und Kunst vom 1.4.1971, in: EZA 87/743). Noch vor Erhalt des Protokollauszugs hatte Dietzfelbinger die *epd*-Meldung bereits zum Anlass genommen, Funcke mitzuteilen, dass er ihren in Berlin getätigten Aussagen entschieden widerspreche (vgl. Brief an Funcke vom 29.3.1971, in: EZA 81/89/62). Auch Kunst hatte sich auf der Synode offenbar außerordentlich über Funcke empört, da er kurz darauf an Eberhard Müller schrieb: „Ich habe ihr [Funcke] freilich nachher sagen müssen, für die Auffassungen vom Leben, die sie der Synode verkauft habe, sei beispielsweise Ernst Wilm 1943 in's KZ gegangen" (Brief von Dietzfelbinger an Müller vom 1.3.1971, in: EZA 87/674).

159 Vgl. Synodaleingabe von Barbara Boehme, Emmi Bloecher, Gustav Jäger, Hildegard Leuze, Hans Georg Zollenkopf vom 7.2.1971 (EZA 650/95/266). Zur Sexualethischen Denkschrift vgl. unten S. 97–99. Auch ein Jugenddelegierter der Synode hatte noch vor Beginn der Tagung in einer Synodaleingabe angefragt, ob die Kirchen vom Bundesjustizministerium um eine Stellungnahme gebeten worden waren bzw. ob der Rat der EKD die Verfasser um eine Stellungnahme gebeten hatte, und ob ein Sozialethiker zu den Beratungen hinzugezogen worden war (vgl. Brief von stud. theol. Hartmut Kießling an Dietzfelbinger vom 3.1.1971, in: EZA 87/673).

160 Vgl. BERLIN 1971, S. 42–44 (Simon), S. 48 f. (Müller), S. 52 (Metzger). Vgl. auch EBD., S. 45 (Kissel).

fragte er, „die die grundsätzlichen Probleme von Recht und Ethik in einer Weise behandelt, daß – aus evangelischer Sicht – der Vorwurf unwissenschaftlicher Oberflächlichkeit milde formuliert ist?“[161] Und weiter: „Will man wirklich eine Schrift zur Behandlung in den Gemeinden empfehlen, die in der seriösen weltlichen Presse von der ‚FAZ‘ bis zur ‚Süddeutschen‘ und zur ‚Stuttgarter Zeitung‘ wegen ihrer Mängel so scharf kritisiert worden ist wie noch nie eine Schrift dieser Art?“[162]

Nach dieser im Verlauf des ersten Vormittags geäußerten schonungslosen Kritik lag es daraufhin beim Rat der EKD bzw. bei den Verfassern des Memorandums, angemessen auf die Anfragen und Anschuldigungen einzugehen, um den sich anbahnenden Eklat einer offenen Distanzierung der Synode von der Orangen Schrift abzuwenden.

2.3.2 Verteidigungsversuche zur Schadensbegrenzung

Angesichts der schweren Vorwürfe, die an den Rat und die Verfasser der Orangen Schrift gerichtet worden waren, hatte der Hamburger Bischof Hans-Otto Wölber sich noch während der Aussprache zum Bericht des Ratsvorsitzenden zu Wort gemeldet und die evangelisch-katholische Veröffentlichung verteidigt. „Es wäre wohl eine Irreleitung zu meinen, daß eine deformale Art der Herausgabe der eigentlich umstrittene Punkt sei“, hatte Wölber erklärt und war fortgefahren: „In der Tat sind wir uns vielmehr nicht einig über die theologisch-ethische, die sozialpädagogische und die sozial-politische Grundlage eines solchen Unternehmens.“[163] Just auf diese innerkirchliche Entzweiung habe Dietzfelbinger indes mit seiner Glaubenskampfaussage anspielen wollen, erläuterte Wölber weiter. Ausdrücklich schloss der VELKD-Vorsitzende sich abschließend der Auffassung des Ratsvorsitzenden an, dass die zunehmende Meinungsvielfalt im Blick auf die sozialen und politischen Gegebenheiten es erfordere, dass die Protestanten sich zunächst wieder auf ihre gemeinsame Plattform besännen, bevor sie erneut mit geschlossener Stimme an die Öffentlichkeit treten könnten.[164]

Neben Wölber bemühten sich auch Dietzfelbinger und Kunst wenig später der vielfach geäußerten Kritik an der Orangen Schrift entgegenzu-

---

161 Ebd., S. 42.

162 Ebd., S. 42 f.

163 Ebd., S. 49 f. Auch der bayerische Oberkirchenrat Werner Hofmann fragte die Synode an, ob sie die äußere Form der Orangen Schrift sowie die Umstände ihrer Ausarbeitung in ähnlicher Weise kritisiert hätte, wenn der Inhalt des Papiers ein anderer gewesen wäre (Ebd., S. 48).

164 Vgl. Ebd., S. 49 f.

treten. Während der Ratsvorsitzende sich dabei in erster Linie darauf berief, dass die Schrift inhaltlich nichts anderes als die Kommissionen der EKD aussage, wies der Bevollmächtigte die Anschuldigungen gegen das Papier in seiner umfassenden Erwiderung vor allem mit dem Hinweis auf die hinter der Orangen Schrift stehende *seelsorgerliche* Intention der Autoren zurück und appellierte an seine Hörer und Hörerinnen, diese lautere Gesinnung der Verfasser zunächst unabhängig von den politischen Implikationen des Papiers anzuerkennen.[165] „Selten ist mir so eindrücklich vor Augen geführt worden", hatte Kunst sein rhetorisch beachtenswertes Plädoyer eingeleitet, „welch offenkundig tiefer Riß ist zwischen dem, was ein Teil der Synode hier vertritt, und jenem großen Kreis von Pfarrern, Presbytern, Gemeinden, Gruppen, die uns in einer bestürzenden Fülle ihre Dankbarkeit ausgesprochen haben."[166]

Nachdem der Bevollmächtigte im Weiteren die verschiedenen Anfragen zu den Umständen der Entstehung, zur Übergehung anderer kirchlicher Gremien, zum Charakter, zur Zielsetzung sowie zur inhaltlichen Qualität des Papiers kurz gestreift hatte, ließ er seine Überlegungen - ebenso wie Wölber und Dietzfelbinger vor ihm - in die übergreifende Problematik des zunehmenden Meinungspluralismus innerhalb der EKD einmünden. „Ich will Ihnen sagen", wandte er sich an das Auditorium, „am meisten hat mich bei der ganzen Auseinandersetzung die Frage bewegt, was steht eigentlich dahinter? Wie ist das möglich, daß wir Sachargumente vorbringen, keine fremden, sondern die bereits bekannt sind, sie nur neu formulieren für die Diskussion in unseren Gemeinden, und dann passiert, was Sie erlebt haben [...] wie kann es sein, daß wir uns so schwer verstehen in dieser Sache?"[167] Zurückkehrend zum Auftakt seiner Rede bekundete der Bevollmächtigte abschließend nochmals mit bescheidenem Pathos: „Wir haben, hohe Synode, in dieser Sache, glauben Sie uns, nichts anderes gewollt, als unser Amt als Pastoren wahrnehmen."[168]

---

[165] Vgl. Ebd., S. 70 f., S. 102–108.

[166] Ebd., S. 102 f. In einer imponierenden „Winkelried-Manier", kommentierte die *DZ*, habe Kunst in seiner Rede den gewiss nicht unberechtigten Vorwurf des Affronts gegen die Regierung zurückgewiesen (vgl. „Glasperlenspiele in der Synode?" von Heinrich Stubbe, in: *DZ* vom 26.2.1971). Die von Kunst erwähnte breite Unterstützung lässt sich - zumindest anhand der verschriftlichten Quellen - nicht nachweisen, da der weitaus überwiegende Teil der mehr als vier Aktenordner umfassenden Reaktionen auf die Orange Schrift kritische Kommentierungen umfasst (vgl. EZA 87/671–674).

[167] Berlin 1971, S. 107.

[168] Ebd., S. 108. Die Mitverfasser der Orangen Schrift Wrage, Mikat und Niemeyer übten als Mediziner bzw. Juristen freilich genau genommen kein pastorales Amt aus.

2.3.3 Die Beschlussfassung der Synode

Ebenso wie die Beiträge von Wölber und Dietzfelbinger vermochte auch die imposante, in der Sache freilich so kaum haltbare Apologie des Bevollmächtigten, der die primär politische Zielsetzung der Orangen Schrift zurückgewiesen und sich statt dessen auf die seelsorgerliche Intention der Verfasser berufen hatte, den Unmut der Synodalen nicht zu besänftigen. Der Konflikt zwischen den Verfassern und Teilen der Synode spitzte sich vielmehr auf das Äußerste zu und drohte zu eskalieren, als der mit zahlreichen Kritikern und Kritikerinnen der Orangen Schrift besetzte Berichtsausschuss I, welchem die Formulierung einer Synodalerklärung zur Orangen Schrift übertragen worden war, seinen ersten Entwurf fertig stellte. Kunst, Wilkens und der schleswig-holsteinische Bischof Hübner kündigten umgehend ihren entschiedenen Protest gegen die Beschlussvorlage an, ja, Wilkens drohte hinter verschlossenen Türen sogar mit seinem Rücktritt, falls die Synode die Orange Schrift tatsächlich öffentlich kritisieren würde.[169] Es gelang den EKD-Vertretern jedoch, die Einsetzung eines kleinen Vermittlungsausschusses zu erwirken, der den Wortlaut der Entschließung noch einmal überarbeiten sollte. Der Vermittlungsausschuss, dem Eppler und Simon auf der einen sowie Kunst und Wilkens auf der anderen Seite angehörten, verständigte sich auf Betreiben der evangelischen Mitautoren schließlich auf eine erhebliche Abschwächung der ursprünglichen Textfassung. Um der Einheit willen, wie es später hieß, enthielt die Beschlussvorlage sich in ihrer Endversion jedes Urteils über den Inhalt der Orangen Schrift und beschränkte sich allein darauf, mögliche Missverständnisse im Hinblick auf Bedeutung und Absicht der Ausarbeitung auszuräumen.[170]

Die Synode nehme zum Inhalt der Schrift nicht Stellung, hieß es in der Entschließung einleitend, da die Zeit für eine angemessene Diskussion nicht ausgereicht habe. Die Synode habe die Aussagen der evangelischen Mitautoren zur Intention ihrer Ausarbeitung jedoch zur Kenntnis genommen und stelle fest, dass die Schrift sich auch nach Ansicht ihrer Verfasser vornehmlich mit Auffassungen auseinandergesetzt habe, welche die Bundesregierung zu vertreten nie die Absicht gehabt habe. Das kurze Votum schloss mit der Aufforderung an die Gemeinden, sich bei der Meinungsbildung über die Orange Schrift hinaus breitest möglich zu informieren.

Sowohl der Berichtsausschuss als auch das Synodalplenum, welchem die Vorlage am letzten Verhandlungstag vorgelegt wurde, stimmten dem Ent-

---

169 Vgl. dazu den Bericht des Synodalen Diether Bischoff vor dem Synodalplenum (BERLIN 1971, S. 202) sowie zur Rücktrittsdrohung: Interview der Verfasserin mit Horst Echternach vom 5.2.2000.

170 Vgl. „Entschließung der Synode der EKD betreffend die Schrift ‚Das Gesetz des Staates und die sittliche Ordnung' vom 21. Februar 1971" (BERLIN 1971, S. 194 f., S. 219).

schließungsantrag des Vermittlungsausschusses mit breiter Mehrheit zu.[171] Dass der hier erzielte Konsens allerdings äußerst fragil war und nicht mehr als ein diplomatisch gehaltenes – ja im Grunde recht nichtssagendes – Synodalvotum zu tragen vermochte, zeigte sich nochmals eindringlich, als Hübner einen letzten Vorstoß wagte und im Plenum beantragte, man möge die Synodalentschließung um einen Passus erweitern, der die Veröffentlichung der Orangen Schrift explizit begrüßte.[172] Indem die Synodalen Hübners Antrag umgehend energisch und mit überwältigender Mehrheit ablehnten, wurde nochmals deutlich, wie groß der Unmut über das evangelisch-katholische Papier im Grunde war, und dass der Verzicht der Synode auf eine explizite Distanzierung offenbar bereits ein beträchtliches Zugeständnis darstellte.[173]

2.4 Nachspiel

Mit der Entschließung der EKD-Synode waren die Diskussionen um die Veröffentlichung der Orangen Schrift keineswegs an ihr Ende gelangt. Der Rat der EKD sowie verschiedene seiner Kommissionen und natürlich die evangelischen Mitverfasser der Ausarbeitung waren auch in den folgenden Monaten des Frühjahrs 1971 noch intensiv mit der Thematik befasst.

2.4.1 „Gestolpert, doch noch nicht gestürzt“[174] – Die evangelischen Mitautoren

Die an Kunst gerichtete öffentliche Rücktrittsforderung, aber auch Wilkens' interne Rücktrittsandrohung zeigten – obschon beide nicht allzu wörtlich genommen werden sollten – den Ernst der Lage an. Die massiven Anfragen, mit denen die evangelischen Autoren der Orangen Schrift sowohl

[171] Mit jeweils vier Enthaltungen und zwei Gegenstimmen wurden die drei kurzen Absätze der Beschlussvorlage unverändert angenommen (vgl. EBD., S. 204). Dass die Vorlage auch im Ausschuss mit großer Mehrheit angenommen worden war, hatte der Synodalpräses zuvor erwähnt (vgl. EBD., S. 196).

[172] EBD., S. 201–203.

[173] In der Presse wurde die deutliche Ablehnung des Hübner-Antrags als klare Distanzierung der Synodalen von der Schrift interpretiert. Karl-Alfred Odin wies ferner darauf hin, dass die Synode den Verfassern den Dank verweigert hatte, was die bis dahin schroffste Form der Missbilligung innerhalb der evangelischen Kirche darstellte (vgl. „Von Unzucht und Sünde nicht mehr die Rede“, in: *FAZ* vom 13.4.1971; ähnlich E. STAMMLER, Fehlalarm, S. 121).

[174] Vgl. „Gestolpert, doch noch nicht gestürzt“ von Hans Schueler (*Die Zeit* vom 5.3.1971).

innerhalb als auch außerhalb der Kirche konfrontiert worden waren, hatten den Kirchenmännern unbestreitbar arg zugesetzt.[175]

Insbesondere über die Reaktion der Synode zeigten Kunst und Wilkens sich im Nachhinein tief enttäuscht und verärgert. Die Synode, empörte Wilkens sich noch zwölf Monate später, habe ein „peinliches" Bild abgegeben, ihr Beschluss stelle ein „Kabinettstück der Fehlleistung" dar.[176] Ja, die gesamte Auseinandersetzung um die Orange Schrift war seiner Ansicht nach „ein besonders beschämendes Kapitel der allerneusten Kirchengeschichte".[177]

Auch Kunst war reichlich betrübt über die Entwicklung, welche die Diskussion um die Orange Schrift genommen hatte. „Die Massenmedien und die Synode mögen sagen, meine Beteiligung an dieser Studie sei kein Ruhmesblatt in meiner Biographie", schrieb der Bevollmächtigte am 3. Mai 1971 an den oldenburgischen Altbischof Jacobi und fuhr fort: „Gut, aber die Behandlung dieser Studie durch die Massenmedien und die Synode gehört für beide auch ganz sicher nicht zu ihren Spitzenleistungen."[178] Es

---

[175] Vgl. dazu Kunsts Notiz in einem Schreiben an den Bonner Wirtschaftswissenschaftler Wilhelm Krelle: „selten geht man aus einer Arena unverwundet" (Brief vom 3.5.1971, in: EZA 87/674).

[176] Brief von Wilkens an Dietzfelbinger und Kunst vom 4.2.1972 (EZA 87/746; EZA 650/95/193; EZA 81/89/63). Vgl. dazu R. ANSELMS treffende Analyse: „Dabei offenbart die Haltung von Erwin Wilkens, Hermann Kunst und Hermann Dietzfelbinger, daß es den kirchenleitenden Gremien durchaus schwer fiel, ein Grunddatum des protestantischen Kirchenverständnisses zu akzeptieren: Die Überzeugung, derzufolge letztlich kein Christ verbindlich über den Bestand der christlichen Überlieferung verfügen kann" (DERS., Jüngstes Gericht, S. 230).

[177] Brief von Wilkens an Studienleiter Martin Stöhr/Arnoldshain vom 1.3.1971 (EZA 650/95/266). Da Wilkens fürchtete, ihm würde wie in Berlin erneut ‚der Prozess gemacht', lehnte er Stöhrs Einladung, im Rahmen der Tagung des Arbeitskreises Recht der Evangelischen Akademie Arnoldshain („Rechtsreform auf Abwegen" 23.–25.4.1971) zur Orangen Schrift Stellung zu nehmen, strikt ab. Kunst, der zuvor aus terminlichen Gründen abgesagt hatte, hatte Wilkens inständig um Teilnahme gebeten: „Lieber Bruder Wilkens", hatte er ihm geschrieben, „können Sie es irgendwie möglich machen, sollten sie sich der Veranstaltung nicht entziehen. [...] die Presse wird sagen, daß wir keine Traute hätten, uns der öffentlichen Diskussion zu stellen. Sie tun also Ihren Mitautoren einen großen Dienst, wenn Sie sich gewinnen lassen" (Brief vom 25.2.1971, in: EZA 87/674). Wilkens erwiderte jedoch, er sei nicht bereit, sich „vor das Richterforum einer Evangelischen Akademie zerren zu lassen" (Brief an Kunst vom 2.3.1971, in: EZA 87/674). Er machte zudem keinen Hehl daraus, dass er sich weigerte, gemeinsam mit Simon in der Öffentlichkeit aufzutreten, solange dieser sich nicht für seine Kritik an den Verfassern der Orangen Schrift entschuldige (vgl.: „Vielleicht bin ich an einem solchen Punkte überempfindlich. Nun gut, dann bin ich es eben." Brief von Wilkens an Willy Paul vom 12.2.1971, in: EZA 650/95/266). Der Ratsvorsitzende hatte sich noch in Berlin vergeblich darum bemüht, die Spannungen zwischen Wilkens und Simon in einem persönlichen Gespräch auszuräumen (vgl. Brief von Kunst an Wilkens vom 25.2.1971, in: EZA 87/674). Zu Wilkens und Simon vgl. auch oben S. 78 f.

[178] EZA 87/674. Über vieles, fuhr Kunst fort, ließe er mit sich reden – insbesondere über das „wirklich schreckliche Vorwort" –, an der Richtigkeit der Sachaussagen jedoch halte er

verärgerte Kunst, dass man sich sowohl in der Öffentlichkeit als auch in der Synode vorwiegend mit formalen Fragen zur Orangen Schrift, nicht jedoch mit deren Sachaussagen auseinander gesetzt hatte. Und es verbitterte ihn, dass der Rat der EKD die evangelischen Mitverfasser nicht vor der allgemeinen Kritik - zumal jener der Synodalen - in Schutz genommen hatte. „Man hat mich auf der Synode hängen lassen", schrieb er, „daß es wirklich schlimm war, nicht nur im Blick auf die beteiligten Brüder, sondern vor allem mit Rücksicht auf die von uns vertretene Sache."[179] Der Rat der EKD, fügte Kunst hinzu, habe dieses Versäumnis später allerdings korrigiert.

2.4.2 Verspäteter Versuch zur Ehrenrettung

Als Reaktion auf die Veröffentlichung der Gegendenkschrift, wie es hieß, wich der Rat der EKD Ende März 1971 unerwartet von seiner bis dahin distanziert-neutralen Haltung zur Orangen Schrift ab und stellte sich schützend vor die evangelischen Mitverfasser der Ausarbeitung.[180] In einem öffentlichen Sitzungskommuniqué konstatierte der Rat am 18. März, er selbst habe den Auftrag zur Abfassung der Schrift erteilt und stimme deren Grundaussagen zu.[181] Die offizielle Ratsbeauftragung, von der im Kommuniqué die Rede war, widersprach jedoch nicht nur der bis dahin - auch durch die Autoren - propagierten Darstellung, wonach die Ausarbeitung

---

fest. Wie aus einem anderen Schreiben des Bevollmächtigten hervorgeht, war offenbar nicht das ursprünglich vorgesehene Vorwort gedruckt worden, in welchem auf Kunsts besonderen Wunsch hin ausdrücklich erwähnt worden war, dass es sich bei der Ausarbeitung nicht um eine Kampfschrift gegen die Regierung handelte (vgl. Dankesschreiben von Kunst an Wilhelm Krelle/Bonn vom 3.5.1971, in: EZA 87/674).

[179] EZA 87/674.

[180] „Die Vorgänge um diese Schrift", hieß es im nicht-öffentlichen Ratsprotokoll, „werfen auch Fragen zur Arbeitsweise des Rates auf. Offensichtlich hat es sich nicht bewährt, [...] die Auffassungen des Rates selbst für die Öffentlichkeit mehr oder weniger im unklaren zu lassen" (Auszug aus der Niederschrift über die 51. Sitzung des Rates der EKD am 17./18.3.1971, in: EZA 87/674). Deshalb beschloss der Rat, trotz einiger reservierter Stimmen, die sich gegen eine erneute Äußerung zur Orangen Schrift aussprachen, eine kurze Stellungnahme im Rahmen des öffentlichen Kommuniqués der Sitzung abzugeben. Nach Kunsts Aussage verfasste schließlich sogar einer der schärfsten Kritiker unter den Ratsmitgliedern, Raiser, den entsprechenden Passus im Kommuniqué (vgl. Brief von Kunst an Claus Arndt/MdB vom 20.3.1971, in: EZA 87/674).

[181] Vgl. Kommuniqué der Sitzung des Rates der EKD am 17./18.3.1971, in: EZA 99/11; EZA 87/671. „Die von einigen Mitgliedern des Rates geäußerten Bedenken", hieß es im nichtöffentlichen Protokoll ferner, „galten überwiegend der Präsentation dieser Schrift. Hinsichtlich des Inhaltes konnten die Verfasser mit Recht der Auffassung sein, sich in Übereinstimmung mit dem Rat zu befinden" (vgl. Anm. 180).

in der alleinigen Verantwortung ihrer Verfasser stand, sondern ist überdies in dem entsprechenden Protokoll des Rates auch nicht nachweisbar.[182] Zu Recht reagierten daher sowohl die Presse als auch führende Regierungspolitiker, denen Kunst das Kommuniqué in seinem Bemühen um dessen größtmögliche Verbreitung persönlich hatte zukommen lassen, ungläubig auf die Mitteilung, dass die Abfassung der Orangen Schrift auf die Initiative des Rates selbst zurückzuführen sei. Kein Blatt, beklagte Kunst später, habe die „Richtigstellung" des Rates abgedruckt.[183] Auch der Justizminister schenkte dem Kommuniqué in seiner Antwort auf dessen Übersendung keinerlei Beachtung, sondern würdigte statt dessen – demonstrativ? – die breite innerkirchliche Diskussion über die Orange Schrift sowie den entsprechenden Beschluss der Synode.[184]

Auf offenen Widerspruch stieß die Aktion des Rates einmal mehr innerhalb der Kirche selbst. In einem Beschluss seiner Mitgliederversammlung warf der badische Landesverband der Evangelischen Akademikerschaft dem Rat Geringschätzung der Synode vor.[185] Nach Ansicht der Akademikerschaft hatte der Rat die synodalen Strukturen missachtet und das Synodalvotum zu desavouieren getrachtet, da er sich in seinem Kommuniqué öffentlich hinter die Orange Schrift gestellt hatte, obwohl die Synode es in der Zurückweisung des Hübner-Antrages ausdrücklich und mit überwältigender Mehrheit abgelehnt hatte, den Verfassern für ihre Ausarbeitung zu danken.

Der in der Tat allzu offenkundige Versuch zur Rehabilitierung der evangelischen Mitverfasser kann angesichts der Skepsis und Nichtbeachtung, welche dem Ratskommuniqué allgemein entgegengebracht worden waren, allerdings ohnehin als gescheitert betrachtet werden.

---

[182] Die evangelischen Mitverfasser gaben allerdings widersprüchliche Auskünfte darüber, ob sie vom Rat förmlich beauftragt worden waren oder nicht. Das eine Mal betonten sie, die Schrift sei im Wesentlichen von ihnen selbst verantwortet (vgl. z. B. Kunsts Ausführungen vor der EKD-Synode Berlin 1971, S. 102–108), und das andere Mal sprachen sie von einer Ratsbeauftragung, wobei Kunst in verschiedenen Briefen die Ratssitzung am 29./30. Juli 1970 als Datum nannte (vgl. Brief Kunst an Jahn vom 24.3.1971, in: EZA 87/673, sowie Brief Kunst an Claus Arndt vom 3.4.1971, in: EZA 87/674, sowie vertraulicher Brief von Wilkens an Kunst vom 2.3.1971, in: EZA 87/674). Eine förmliche Ratsbeauftragung zur Abfassung der Schrift findet sich in diesem Ratsprotokoll allerdings nicht (vgl. telefonische Auskunft des EZA/Stache vom 21.5.2001).

[183] Vgl. Brief an Jacobi vom 3.5.1971 (EZA 87/674).

[184] Jahn machte darüber hinaus deutlich, dass er die evangelisch-katholische Ausarbeitung als eine „vornehmlich für die innerkirchliche Diskussion bestimmte Schrift" verstand. (Brief an Kunst vom 11.6.1971, in: EZA 87/673). Auch der Vorsitzende des Arbeitskreises Rechtswesen der SPD-Fraktion Martin Hirsch hatte reserviert auf die Übersendung des Kommuniqués reagiert und darauf hingewiesen, dass die evangelische Kirche durch die Ratsstellungnahme in Widerspruch zu ihren vorherigen Aussagen geraten sei (vgl. Brief von Hirsch an Kunst vom 30.3.1971, in: EZA 87/674).

[185] Vgl. „Badische Akademiker kritisieren den Rat der EKD" (*epd za* vom 16.6.1971).

2.4.3 *Der Unmut der Strafrechtskommission*

Entschiedener Widerspruch gegen die Orange Schrift erhob sich auch innerhalb der Strafrechtskommission der EKD. Am 15./16. Januar 1971, inmitten der lebhaften kirchlichen wie öffentlichen Auseinandersetzungen um die evangelisch-katholische Ausarbeitung, trat das Gremium in Bonn zusammen und beriet u. a. über die Implikationen der Schrift für die eigene Weiterarbeit. Wie zu erwarten gewesen war, zeigten die Kommissionsmitglieder sich mehrheitlich überaus verärgert über die Veröffentlichung. Unverhohlen äußerten sie ihren Unmut vor den zwei anwesenden evangelischen Mitverfassern, Wilkens und Wrage, und behielten sich vor, ihre Kritik auch öffentlich kundzutun.[186] Man forderte Wilkens ferner auf, dem Rat der EKD den Protest der Kommission zu übermitteln und die Allgemeinheit im Rahmen eines *epd*-Artikels darauf hinzuweisen, dass die Strafrechtskommission keinerlei Anteil an der Abfassung der Schrift gehabt habe.[187]

Die Anfragen des Kreises an die Orange Schrift und ihre Auswirkungen auf die Arbeit der Kommission waren sehr grundsätzlicher Art. Die Mehrheit der Kommissionsmitglieder begriff das evangelisch-katholische Votum als offene Infragestellung der eigenen Tätigkeit und fürchtete um eine Präjudizierung des Beratungsergebnisses, da der Rat sich mit der Orangen Schrift bereits öffentlich auf eine bestimmte – äußerst restriktive – Linie festgelegt hatte. Im Protokoll der Strafrechtskommission hieß es offen: „man stelle sich die Frage nach dem weiteren Spielraum der Kommission, insbesondere, ob der Rat noch in der Lage sei, der mit Sicherheit zu erwartenden abweichenden Stellungnahme der Kommission zuzustimmen bzw. diese der Öffentlichkeit zugänglich zu machen."[188]

Nachdem durch die Herausgabe der Orangen Schrift deutlich geworden war, dass das Interesse der Kirchenleitung an den Einsichten und Ergebnissen der Strafrechtskommission begrenzt zu sein schien, kamen auch innerhalb des Gremiums massive Zweifel am Sinn und Nutzen der eigenen

---

186 Vgl. Protokoll über die Sitzung der Strafrechtskommission der EKD vom 15./16.1.1971 in Bonn (EZA 99/1.299).

187 Der Kommissionsforderung nach einem *epd*-Artikel stimmte Wilkens grundsätzlich zu, behielt sich jedoch eine Rücksprache mit dem Ratsvorsitzenden vor (vgl. Ebd.). Für eine später tatsächlich erfolgte Abfassung und Veröffentlichung einer entsprechenden Pressemeldung finden sich im Archiv des *epd* allerdings keinerlei Anhaltspunkte. In einem Rundbrief informierte Schwarzhaupt die Mitglieder später darüber, dass sie die Beschwerden des Kreises an Dietzfelbinger weitergeleitet habe. Sie berichtete ferner von einem längeren Telefonat mit dem Ratsmitglied Raiser über die Orange Schrift (vgl. Brief an die Mitglieder der Strafrechtskommission vom 5.3.1971, in: EZA 650/95/266).

188 Vgl. Anm. 186. „OKR Wilkens", hieß es im Protokoll weiter, „versicherte, daß eine Präjudizierung der Kommission durch die Stellungnahme nicht erfolgt sei".

ehrenamtlichen Tätigkeit auf. Erste Kommissionsmitglieder traten von ihren Ämtern zurück. Sowohl Hans Dombois als auch Horst Krockert erklärten ihr Ausscheiden.[189] Den Wünschen der Strafrechtskommission Folge leistend, berief der Rat daraufhin zwar den liberalen Bochumer Systematiker Gottfried Hornig[190] sowie – nach einigem Zögern – den jungen Pfarrer und SPD-Abgeordneten Udo Fiebig,[191] doch hatte die Veröffentlichung der Orangen Schrift das Vertrauen der Kommission in den Rat und die Kirchenkanzlei bereits unwiederbringlich erschüttert; und das zu Recht, wie der weitere Gang der Ereignisse zeigen sollte.

---

[189] „Ich weiß nicht", schrieb Wilkens am 7.4.1971 verstimmt an Echternach, „ob sich Herr Dombois hinreichend klar gemacht hat, in welche Gemeinschaft er bei dieser seiner Haltung zu der bekannten Schrift geraten ist" (EZA 99/1.295). Wilkens' Schreiben ist zu entnehmen, dass der bereits seit 20 Jahren bestehende gute Kontakt zwischen Dombois und ihm durch die Orange Schrift offenbar schwer belastet worden war. Das zweite Kommissionsmitglied, das sein Mandat niederlegte, war der SPD-Abgeordnete Horst Krockert, der bald zu den exponiertesten Vertretern einer Fristenregelung in seiner Fraktion gehören und entscheidenden Anteil an der Abfassung des entsprechenden Gesetzentwurfs haben sollte. Zu Krockerts Position vgl. seine „Thesen zur ‚Fristen'-regelung bei der Strafbarkeit des Schwangerschaftsabbruchs/§§ 218 ff. StGB" vom 15.2.1972 (EZA 99/1.303).

[190] Vgl. Auszug aus dem Protokoll der Ratssitzung vom 19.–21.5.1971 (EZA 2/93/6215) sowie Schreiben von Schweitzer an Schwarzhaupt vom 13.5.1971 (EZA 99/1.295) und G. Hornig, Schwangerschaftsunterbrechung. Hornig hatte bereits reges Interesse an der Mitarbeit in der Strafrechtskommission bekundet, da er zugleich Mitglied eines Sachverständigengremiums des Bundesministeriums für Jugend, Familie und Gesundheit zu diesem Thema war (vgl. Hornigs Briefe an Echternach vom 17.11.1970 und 9.12.1970, in: EZA 99/1.299). Mit der Berufung Hornigs sprach der Rat sich gegen den von Wilkens und Dietzfelbinger bereits ins Auge gefassten Kandidaten, den bayerischen Oberkirchenrat Gerhard Grethlein, aus. Der ehemalige Oberstaatsanwalt, der dezidiert reformkritische Ansichten vertrat, hätte nach Wilkens' Wunsch eine „Note" in die Strafrechtskommission einbringen sollen, die dieser aufgrund ihrer „unausgewogenen Zusammensetzung" nach Ansicht des hannoverschen OKR noch fehlte (Brief von Wilkens an Echternach vom 7.4.1971, in: EZA 99/1.295; zu Grethleins Position vgl. z. B. seinen Brief an Wilkens vom 24.8.1971, in: EZA 2/93/6215).

[191] Vgl. Auszug aus dem Protokoll der Ratssitzung vom 19.–21.5.1971 (EZA 2/93/6215) sowie Brief von Echternach an Hammer vom 28.5.1971 (EZA 99/1.301). Fiebig war offenbar durch seinen Vater, einen führenden Pfarrer der westfälischen Deutschen Christen, belastet. Die Berufung erfolgte erst, nachdem Geisendörfer, die den SPD-Pfarrer ursprünglich vorgeschlagen hatte, eine vertrauliche Information Horstkottes an Kunst weitergab, dass Fiebig zu den Befürwortern einer Indikationenregelung innerhalb seiner Partei zählte (vgl. Aktennotiz vom 9.6.1971, in: EZA 87/743, sowie Berufungsschreiben von Echternach an Fiebig vom 15.6.1971, in: EZA 99/1.295).

2.5 Im Schatten der Orangen Schrift: Die Denkschrift zu Fragen der Sexualethik

Unmittelbarer noch als die Strafrechtskommission war die Kommission für sexualethische Fragen von der Veröffentlichung der Orangen Schrift getroffen worden.[192] Vorsitzender des Kreises war der Leiter des sozialmedizinischen Amts der hannoverschen Landeskirche Karl Horst Wrage. Die Geschäftsführung lag bei Erwin Wilkens. Die 22 Kommissionsmitglieder, zu denen fünf Frauen zählten, deckten ein sehr breites Meinungsspektrum ab. Das von der EKD bereits im Herbst 1965 eingesetzte Gremium hatte sich in einem langen und kontroversen Diskussionsprozess mit den ‚Problemen der öffentlichen Moral' befasst. Sein Beratungsergebnis, das zu zahlreichen Fragen der Sexualität Stellung nahm – u. a. zur Homosexualität, zur Ehe, zum Geschlechterverhältnis, zum vorehelichen Geschlechtsverkehr, zur Empfängnisregelung, zur Sterilisation und auch zum Schwangerschaftsabbruch – war dem Rat der EKD bereits Monate vor Veröffentlichung der Orangen Schrift vorgelegt worden.

Die Ausarbeitung war allerdings sowohl innerhalb der Kommission als auch im Rat der EKD umstritten.[193] Nachdem der Rat mehrere Vorlagen abgeschmettert und sich auch der neunten Vorlage nicht in Gänze anzuschließen vermocht hatte, verständigte man sich im Januar 1971 schließlich darauf, die Denkschrift zwar freizugeben, sie allerdings nicht im Namen des Rates, sondern lediglich als Ergebnis der Kommissionsarbeit zu veröffentlichen.[194] Dass der Rat sich zu diesem Schritt bereit fand und einer

[192] Da die langwierigen Beratungen der sexualethischen Kommission dem in dieser Untersuchung verhandelten Thema zeitlich vorausgingen, musste an dieser Stelle auf eine detaillierte quellenkritische Aufarbeitung verzichtet werden. Eine historische Untersuchung, die meines Wissens noch aussteht, wäre indes – insbesondere auf dem Hintergrund der parallel verlaufenden ‚sexuellen Revolution' der sechziger Jahre – gewiss ertragreich.

[193] Vgl. „Heftige Auseinandersetzungen blieben innerhalb der Kommission nicht aus [...] Der Streit in der Kommission spiegelte damit die innerkirchlichen Auseinandersetzungen wider und bedrohte bis zum Schluß das Zustandekommen einer gemeinsamen Aussage der Kommission" (Interview mit Karl Horst Wrage, in: *epd za* vom 27.2.1971). Ein Kommissionsmitglied bezeichnete die Denkschrift später als ein Beispiel für das ‚Miteinander des Verschiedenartigen' (S. Keil, Einerseits und andererseits, S. 203 f.; vgl. auch: „Dr. Keil: EKD-Denkschrift korrigiert gemeinsame Erklärung", in: *epd za* vom 27.2.1971). 19 der 22 stimmberechtigten Mitglieder hatten sich schließlich für die Annahme der Endversion der Denkschrift ausgesprochen (vgl. „Zur Klärung sexualethischer Fragen". Interview mit Karl Horst Wrage, in: *Berliner Sonntagsblatt* vom 7.3.1971). Nach Wrages Auskunft waren sowohl Wilkens als auch der Protokollant der Kommission, der Alttestamentler Horst Seebaß, maßgeblich an der Ausformulierung der Denkschrift beteiligt (vgl. Interview mit Wrage, in: *epd za* vom 27.2.1971).

[194] Vgl. „Zur Klärung sexualethischer Fragen". Interview mit Wrage (vgl. Anm. 193). Vgl. ferner Wrages Auskunft: „Wir mußten als Kommission darauf bedacht sein, daß unsere Arbeitsergebnisse auch vom Rat der EKD gebilligt werden, und haben deshalb eine Reihe

Veröffentlichung nicht länger im Weg stand, wurde intern zunächst darauf zurückgeführt, dass der Ratsvorsitzende – einer der entschiedensten Kritiker der Denkschrift – auf der fraglichen Ratssitzung nicht anwesend war.[195] Darüber hinaus darf allerdings angenommen werden, dass die Ratsmitglieder durch die Freigabe der Denkschrift auch dem – in der Tat kaum von der Hand zu weisenden – Verdacht zu begegnen trachteten, man habe mit Hilfe der Orangen Schrift das Beratungsergebnis der sexualethischen Kommission unterlaufen wollen.[196] Die – zumal nach dem langen Zögern des Rates – recht unverhoffte Zustimmung zur Veröffentlichung der Sexualdenkschrift im Januar 1971 kann somit als ein weiterer Versuch verstanden werden, den Proteststurm, den die Orange Schrift ausgelöst hatte, zu besänftigen.

Zwischen der Orangen Schrift und der sexualethischen Denkschrift fanden sich nicht nur inhaltliche, sondern vor allem auch erhebliche formale Differenzen. „In der Denkschrift liegt der Ton auf der vorsichtigen Öffnung; in Dietzfelbingers Stellungnahme liegt er auf dem Ruf nach dem Staatsanwalt," formulierte Karl-Alfred Odin von der *FAZ* den fundamentalen Unterschied.[197] Was die recht kurz gefassten Ausführungen zum Schwangerschaftsabbruch betraf, so erkannte die Denkschrift zunächst die Nidationshemmer als probate Mittel zur Empfängnisverhütung an und ging sodann auf die Frage der Zulässigkeit verschiedener Indikationen ein. Akzeptiert wurden die medizinische sowie – allerdings sehr zögerlich und auf die Entscheidung im Einzelfall beschränkt – die ethische und die eugenische Indikation. Eine eigenständige soziale Indikation lehnte das Papier hingegen

von Einschränkungen in Kauf genommen" („Überblick über die Denkschrift der sexual-ethischen Kommission". Referat in der Strafrechtskommission am 7.11.1970, in: EZA 99/1.298).

195 Vgl. die Auskunft von Kunst: „Im übrigen war es im Dezember mehr als zweifelhaft, ob der Rat die Herausgabe dieser Schrift erlauben würde. Es ist mir sehr zweifelhaft, daß es jetzt schon dazu gekommen wäre, wenn der Ratsvorsitzende nicht durch Krankheit gehindert worden wäre, an der Januarsitzung des Rates teilzunehmen" (Brief an E. Müller vom 1.3.1971 in: EZA 87/674).

196 In ähnliche Richtung spekulierte auch K.-A. Odin (vgl. „Von Unzucht und Sünde nicht mehr die Rede", in: *FAZ* vom 13.4.1971).

197 Ebd. Vgl. auch: „Die erste betont die Übereinstimmung im Grundsätzlichen und die allgemeine Gültigkeit, stellt Forderungen an den Gesetzgeber und droht mit Konsequenzen", beschrieb ein Kommissionsmitglied den Unterschied. „Die zweite", hieß es weiter, „unterstreicht die Schwierigkeiten, in diesem Problemkreis zu einer einheitlichen Meinung zu kommen, gibt eine differenzierte Darstellung der Sachverhalte als Basis für Gespräche und verzichtet auf Allgemeingültigkeit zugunsten eigener Urteilsbildung und Entscheidung des einzelnen" (S. Keil, Einerseits und andererseits, S. 203). Der Systematiker M. Honecker wies später darauf hin, dass sich in den unterschiedlichen Argumentationsstilen der Gegensatz zwischen einem deontologischen Denken zeige, das sich primär an Normen orientiere und nach der Begründbarkeit einer Handlung frage, und einem teleologischen Denken, das von den Wirkungen her zu seiner ethischen Urteilsbildung komme (vgl. Ders., Denkschriften, S. 133).

entschieden ab, befürwortete jedoch die Berücksichtigung sozialer Aspekte im Rahmen der medizinischen Indikation.[198] Auf den noch recht jungen Alternativ-Entwurf einer Fristenregelung ging die Denkschrift nicht ein.[199]

Was die öffentlichen Reaktionen auf die Veröffentlichung betraf, so fand die sexualethische Denkschrift eine insgesamt recht wohlwollende Beurteilung durch die Medien.[200] Allerdings war das Presseecho bei weitem nicht so breit wie jenes, das die Orange Schrift nach sich gezogen hatte.[201] Es war der Orangen Schrift folglich gelungen, die Wirksamkeit und Bedeutung der sexualethischen Denkschrift auf ein Minimum zu begrenzen. Wider Willen hatte sie freilich indirekt auch dazu beigetragen, dass der Rat der EKD der Veröffentlichung der sexualethischen Denkschrift ungeachtet fortbestehender Anfragen überhaupt zugestimmt hatte.

2.6 Resümee: Krisenstimmung in der Kirche

Die kontroversen innerkirchlichen Diskussionen um die Orange Schrift waren in der Öffentlichkeit aufmerksam verfolgt und als Zeichen einer wachsenden Entfremdung innerhalb der EKD gedeutet worden. Die evangelische Kirche, so etwa das Urteil Karl-Alfred Odins von der *FAZ,* spalte sich angesichts zunehmender weltanschaulicher Divergenzen in verschiedene Lager, wobei noch nicht abzusehen sei, wie die Gewichte verteilt lägen und ob es gelingen würde, wieder zueinander zu finden.[202]

---

[198] Vgl. Denkschrift zu Fragen der Sexualethik, Abs. 49.

[199] Nicht nur in dieser Einzelfrage, auch insgesamt betrachtet bestand das Schicksal und die Tragik der zu einem erstaunlich frühen Zeitpunkt, d. h. noch unter der großen Koalition, eingesetzten Kommission darin, dass sie bei Abschluss ihrer Beratungen bereits von den gesamtgesellschaftlichen Ereignissen Ende der sechziger Jahre überholt worden war.

[200] Überaus positiv kommentierten: „EKD-Erkenntnisse" (*FR* vom 25.2.1971); „Denk-Schrift" von Robert Leicht (*SZ* vom 27./28.2.1971); „Gedanken der Kirche zur Sexualethik" (*Der Tagesspiegel* vom 7.3.1971). Verhalten positiv äußerte sich Volkmar Sigusch/Institut für Sexualforschung, Hamburg, „Liebe kann doch nichts dafür" (*Der Spiegel* 26/25 vom 21.6.1971). Neutral berichtete *Die Welt* vom 25.2.1971. Kritisch kommentierte K.-A. Odin (vgl. Anm. 196). Auf Protest stieß die Denkschrift auch in Kreisen der Abtreibungsgegner. Laut Auskunft der Aktion Ulm 70 e. V. wurde von Siegfried Ernst eine „Gedenkschrift gegen gespaltenes Denken" verfasst (vgl. Brief von Martin Krähmer an Wilkens vom 17.4.1973, in: EZA 2/93/6220).

[201] In einem Pressespiegel des *epd* hieß es zusammenfassend, dass die sexualethische Denkschrift in den meisten Presseorganen zwar aufgegriffen und zumal im Vergleich zur Orangen Schrift in ihrer Grundtendenz auch positiv beurteilt worden sei, dass es jedoch kaum zu eingehenderen Auseinandersetzungen etwa in Form von Kommentaren gekommen sei, was auf die unmittelbare zeitliche Nähe zur Orangen Schrift zurückgeführt wurde (vgl. „Sexualethische Denkschrift der EKD fand nur mäßiges Presseecho" von Karl-Ludwig Günsche, in: *epd za* vom 6.3.1971).

[202] Vgl. Anm. 196. Die letzten drei Generationen hatten, so Odin weiter, gezeigt, dass es

„Was bedeutet das Evangelium für die Gemeinschaft der Kirchen und Gemeinden angesichts der Tatsache, daß Christen politisch und ethisch unterschiedlich urteilen?"[203] So fragte auch der Leitende Bischof der VELKD Hans-Otto Wölber und richtete nach Abschluss der Berliner Synode im Namen seiner Bischofskonferenz die Anregung an den Ratsvorsitzenden, eine EKD-Klausurtagung zu diesem Fragenkomplex einzuberufen.[204] Die VELKD-Leitung hatte erkannt (ohne indes die EKD-Führung überzeugen zu können), dass hinter den 1970 in der evangelischen Kirche massiert aufgebrochenen Konflikten um politische und ethische Themen sehr viel tiefer greifende ekklesiologische Grundsatzfragen standen. Im Zuge der gesamtgesellschaftlichen Reformprozesse hatte sich innerhalb des deutschen Protestantismus offenbar das Meinungsspektrum zum Selbstverständnis der Kirche aufgespalten und ausdifferenziert.[205]

Auf dem Hintergrund der divergierenden ekklesiologischen Auffassungen – etwa im Hinblick auf die Frage, wer dazu befugt sei, die Position der evangelischen Kirche in der Öffentlichkeit zu vertreten, bzw. in welcher Weise und mit welchem Anspruch dieses zu geschehen habe – wird nachvollziehbar, warum sich die Kritik an der Orangen Schrift hauptsächlich auf formale und weniger auf inhaltliche Aspekte bezogen hatte. Im Verfahren der Ausarbeitung, in der äußeren Aufmachung und dem Geltungsanspruch des evangelisch-katholischen Papiers hatte sich ein Kirchenverständnis dokumentiert, das zahlreichen evangelischen Christen und Christinnen nicht mehr zeitgemäß erschien, und das – vor allem da hier ein Dissens in Grundsatzfragen zu Tage getreten war – größeren Widerspruch provozierte als die inhaltlichen Einzelaussagen der Ausarbeitung.[206] Wenn-

keinen Konsens mehr darüber gab, was ein Christ tut und was nicht. Dies machte seiner Ansicht nach die Schwäche der evangelischen Kirche aus, die sich seit Kriegsende zunehmend darum bemühe, die „Gemeinsamkeit des Denkens" neu zu erringen.

[203] Zitiert nach: KJ 1971, S. 111. „Vielleicht wäre es notwendig", sinnierte auch Heinz Beckmann, „einmal eine etwas längere Klausurtagung der Synode einzuberufen, mit dem einzigen Ziel, die Auseinandersetzungen zwischen dem Ratsvorsitzenden und einem nicht geringen Teil der Synode in Ruhe ausreifen zu lassen" („Der Schrei des Ratsvorsitzenden", in: *Rheinischer Merkur* vom 26.2.1971). Vgl. auch „EKD-Synode rät zur Mäßigung" (*HAZ* vom 22.2.1971).

[204] Der Appell der VELKD fand in der EKD keine Aufnahme, wie Wölber im Herbst 1971 auf der Generalsynode der VELKD berichtete, und hinzufügte: „Ich hoffe, es ist kein Schade für den weiteren Weg, daß man sich nicht einmal richtig ausgesprochen hat" (Ebd.).

[205] Vgl. auch R. Anselm, Jüngstes Gericht, S. 157. Die Abspaltung der Bekenntnisbewegung 1970 kann als deutliches Zeichen divergierender ekklesiologischer Auffassungen innerhalb der evangelischen Kirche betrachtet werden.

[206] H. Zillessen etwa warf der Orangen Schrift einen „Rückfall in den Obrigkeitsstaat" vor und vertrat die Ansicht, der Staatsbegriff der Verfasser entstamme einem Menschenbild, das jenem des orthodoxen Luthertums des neunzehnten Jahrhunderts entspräche (vgl. Ders., Rückfall in den Obrigkeitsstaat). Ein Briefwechsel zwischen Kunst und E. Müller veranschaulichte die Differenzen eindrücklich. Müller hatte Kunsts Auffassung, dass durch eine

gleich die evangelischen Autoren diese Fokussierung der Kritik später vielfach beklagten, so bleibt doch festzuhalten, dass auch ihr Impuls zur Abfassung der Schrift keineswegs primär auf den Wunsch nach fundierten Sachbeiträgen zu einzelnen Reformvorhaben zurückging. Die Verfasser hatten vielmehr ein Grundsatzmanifest intendiert, das die Bestrebungen zur Emanzipation der Gesellschaft und des Rechts von christlichen Bindungen hinterfragen und für die Aufrechterhaltung des traditionell engen Verhältnisses von Staat und Kirche eintreten sollte.[207]

Die von Dietzfelbinger, Kunst und Wilkens in unterschiedlichem Maße vertretene Ablehnung des politischen Reformkurses und ihre Opposition gegen den gesellschaftlichen Pluralismus samt seiner ekklesiologischen Implikationen hatten dabei die Polarisierung innerhalb der evangelischen Kirche weiter vorangetrieben. Allerdings hatten sich hier auch neue Allianzen mit der katholischen Kirche ergeben. Die bis dahin hohen konfessionellen Grenzen waren Anfang der siebziger Jahre offenbar bereits weniger trennend als die innerkonfessionellen Grenzen zwischen reformoffenen und reformkritischen Kirchengliedern.

Die Auseinandersetzungen um die Orange Schrift führten allerdings eindrücklich vor Augen, dass sich der von den Autoren erhobene Geltungsanspruch weder gegenüber der Politik noch gegenüber der Öffentlichkeit, ja nicht einmal mehr innerhalb der evangelischen Kirche durchsetzen ließ.[208]

---

strenge juristische Auslegung der Gesetze eine „Pansexualisierung“ der Gesellschaft hätte verhindert werden können, widersprochen, woraufhin Kunst konterte: „Natürlich hat der Knüppel des Gesetzes seine Grenze. Aber können Sie bei der Lehre der Schrift über die Verfassung des Menschen eine Sekunde glauben, Sie könnten ein Volk ohne diesen Knüppel halbwegs beieinander halten?“ (Brief vom 6.3.1971; vgl. auch Brief von Müller an Kunst vom 1.3.1971, beides in: EZA 87/674).

207 Vgl. R. ANSELM, Jüngstes Gericht, S. 220. Anselm weist zu Recht darauf hin, dass die Strafrechtsreform und insbesondere die Neuregelung des § 218 StGB im Umkreis von Wilkens und Kunst (man ist geneigt, Dietzfelbinger und Echternach hinzuzufügen) zunächst und zuvorderst als ein Symbolthema für die Emanzipation staatlicher Gesetzgebung und gesellschaftlichen Verhaltens von seinen christlichen Grundlagen angesehen wurde.

208 Ein wenig wehmütig formulierte der Präsident der Kirchenkanzlei Gottfried Niemeier die Erkenntnis, dass die evangelische Kirche die veränderten gesellschaftlichen Bedingungen fortan in ihrem Reden und Handeln zu berücksichtigen hatte, wie folgt: „In der gesellschaftlichen Großwetterlage unseres Landes ist ein erheblicher Umschlag zuungunsten der Kirche erfolgt: Aus einem Hoch ist sie in ein Tief, aus der wohligen Wärme öffentlicher Gunst in die Kaltluft der Gleichgültigkeit, Abneigung und Ablehnung, aus dem Sonnenschein der Beachtung und Wertschätzung in den Schlagschatten der Kritik und polemischen Anfeindung geraten“ (KJ 1971, S. 1). Die Entfremdung zwischen Kirche und Gesellschaft, von der Niemeier sprach, schlug sich u. a. in der starken Zunahme der Kirchenaustritte, in rückgängigen Gottesdienstbesuchen und Kasualien nieder. Das sich ausweitende innerkirchliche Krisenbewusstsein fand seinen Ausdruck schließlich auch darin, dass die evangelische Kirche sich erstmals zum Gegenstand einer empirisch-soziologischen Erhebung machte und eine Mitgliederstudie in Auftrag gab (vgl. H. HILD, Wie stabil ist die Kirche?).

Die bittere Erkenntnis der zunehmenden Pluralisierung und Polarisierung außerhalb wie innerhalb der evangelischen Kirche war deshalb für die EKD-Führung das ernüchternde Fazit aus der Veröffentlichung der Orangen Schrift und zugleich der Erfahrungshorizont für ihr weiteres Engagement in der Abtreibungsdebatte der kommenden Jahre.

3. Beginn der breiten Abtreibungsdebatte

Bis zum Auftakt der Abtreibungsdebatte im Sommer 1971 wurde das Gespräch um eine Änderung des Abtreibungsstrafrechts im Wesentlichen in Fachgruppen geführt und gelangte nur punktuell – z. B. durch die verschiedenen außerparlamentarischen Gesetzentwürfe sowie die Orange Schrift der Kirchen – an die Öffentlichkeit.

Die Meinungsbildung innerhalb der als besonders relevant betrachteten juristischen und medizinischen Fachkreise wurde u. a. durch die Evangelischen Akademien unterstützt. Sie stellten sich als Diskussionsforen zur Verfügung und boten verschiedene Fachtagungen zur Strafrechtsreform im Allgemeinen sowie zur Reform des § 218 StGB im Besonderen an.[209] Die ‚Sprengung' einer dieser Expertentagungen durch Mitglieder verschiedener Frauengruppen sowie der Humanistischen Union machte Anfang 1971 erstmals deutlich, dass es neben den traditionellen Fachgruppen weitere Interessengruppen gab, die zur geplanten Reform des § 218 StGB gehört werden wollten.

Auch die Medien begannen sich im Frühjahr 1971 vermehrt für die Problematik des Schwangerschaftsabbruchs zu interessieren. Es kam zu einer Verbindung zwischen der Presse und der neu erstarkenden Frauenbewegung. Das Resultat, die so genannte Selbstbezichtigungskampagne im *Stern,* gab im Juni 1971 den letzten Anstoß für die breite öffentliche Abtreibungsdebatte, welche den Fortgang der politischen Reformbemühungen fortan massiv mitbestimmen und eine neue Sicht des Schwangerschaftsabbruchs propagieren sollte.

---

[209] Neben der Tagung in Bad Boll, auf die sogleich näher einzugehen sein wird, fand Ende April in Arnoldshain die bereits erwähnte Tagung des Arbeitskreises Recht (vgl. oben Anm. 177) statt, sowie Ende Mai eine weitere Tagung unter dem Titel „Schwangerschaftsabbruch – Freigabe und Begrenzung" in der Akademie Mülheim (vgl. „Strafgesetz untauglichstes Mittel gegen Abtreibung. Mülheimer Akademietagung über Schwangerschaftsabbruch", in: *epd za* vom 26.5.1971).

3.1 Auslöser der Debatte

Der Auftakt zur Ausweitung der Abtreibungsdebatte wird im Allgemeinen mit der so genannten Selbstbezichtigungskampagne im *Stern* identifiziert. Wie im Folgenden dargelegt wird, hatte die Aktion indes ihre Vorläufer. Die Charakteristika der breiten Abtreibungsdebatte – ihre Ausweitung über die traditionellen Interessengruppen hinaus, die neue Problemdefinition des Schwangerschaftsabbruchs und die tragende Rolle der Medien als Meinungsmacher – zeichneten sich bereits seit Beginn des Jahres 1971 ab.

3.1.1 Die Expertentagung in der Evangelischen Akademie Bad Boll

Die von großem Medieninteresse begleitete Sprengung der Expertentagung in der Evangelischen Akademie Bad Boll kann als erstes Initial zur Ausweitung der Abtreibungsdebatte betrachtet werden.[210]

Die Tagung

Auf Anregung des Bundesjustizministeriums veranstaltete die Evangelische Akademie Bad Boll in Zusammenarbeit mit der Deutschen Gesellschaft für Gynäkologie vom 19. bis 21. Februar 1971 eine Expertentagung zur Reform des § 218 StGB.[211] Der Konferenz vorausgegangen war die Bitte des Bundesjustizministeriums an die Gesellschaft für Gynäkologie, eine Stellungnahme zur anvisierten Reform des Abtreibungsstrafrechts zu erarbeiten. Im Herbst 1970 war daraufhin eine breit angelegte Fragebogenaktion unter den Mitgliedern der Gesellschaft durchgeführt worden. Auf der Grundlage der Umfrageergebnisse, die bei fortwährender Anerkennung der prinzipiellen Schutzwürdigkeit des ungeborenen Lebens zugleich den deutlichen Wunsch nach Liberalisierung der Gesetzgebung in Form eines weit gefassten Indikationenmodells dokumentierten, sollte auf der Akademietagung im württembergischen Bad Boll der Meinungsaustausch zwischen der Ärzteschaft und anderen Statusgruppen gefördert werden.[212] Über die Anlage

---

[210] So auch L. JOCHIMSEN, Wir sind keine Mörderinnen!, S. 11.

[211] Zur Anregung des Justizministeriums vgl. Brief von Klaus Rassmann/Bad Boll an Horstkotte vom 30.7.1970 (AEvABB, Tagungsakten Rassmann, Die Diskussion um den § 218, 19.–21.2.1971) sowie EUROPÄISCHE ÄRZTEAKTION, Alarm um die Abtreibung, S. 13; S. 18.

[212] Die Umfrageergebnisse lagen in Bad Boll allerdings noch nicht vollständig ausgewertet vor. Bei nahezu geschlossener Ablehnung einer völligen Freigabe des Schwangerschaftsabbruchs (92,7 %) hatten 85,46 % der Befragten für die Einführung einer sozial-medizinischen Indikation gestimmt, die sich an den WHO-Gesundheitsbegriff anlehnen und sowohl physische als auch psychische und soziale Umstände berücksichtigen sollte. Ebenfalls befürwortet wurden die eugenische Indikation (73,13 %), die ethische Indikation (83,94 %), eine selbst-

der Konsultation hieß es später in einem internen Akademiebericht: „Zu dieser Tagung waren von Anfang an Ärzte und Fachärzte der Gynäkologie eingeladen, um mit Juristen, insbesondere den Vertretern der Alternativentwürfe zur Strafrechtsreform, über ethische und medizinische Grundlagen zur Schwangerschaftsunterbrechung zu diskutieren. Dabei sollten insbesondere die Juristen die Meinung der Ärzte kennenlernen, und außerdem war den besonders interessierten Stellen des Bundestages und des Justizministeriums Gelegenheit gegeben, sich selbst anhand der Diskussion ein Bild von der allgemeinen Meinung zu machen."[213]

Zu der mit 115 Teilnehmern und Teilnehmerinnen sehr gut besuchten Tagung fanden sich neben etlichen Medizinern und Medizinerinnen sowie einer Reihe von Pressevertretern und -vertreterinnen namhafte Rechtsexperten wie die Mitverfasser des Alternativ-Entwurfs Jürgen Baumann und Arthur Kaufmann, der Vorsitzende des Sonderausschusses für Strafrechtsreform Adolf Müller-Emmert sowie Ministerialdirigent Richard Sturm ein.[214] Die ‚allgemeine Meinung', von welcher sich ein Bild zu machen ‚den besonders interessierten Stellen des Bundestages und des Justizministeriums in Bad Boll Gelegenheit gegeben werden sollte, artikulierte sich allerdings – zum Leidwesen der Tagungsleitung – unverhofft deutlich.[215]

Die Proteste

Massive Proteste verschiedener Gruppen begleiteten die Konsultation in Bad Boll. Bereits zum Auftakt der Zusammenkunft trafen am Abend des 19. Februar ca. 50 Angehörige des SPD-Frauenbundes Baden-Württemberg unter der Leitung der Soziologin und späteren Bundestagsabgeordneten Renate Lepsius am Tagungsort ein und verlangten eine Beteiligung an der dort anberaumten Podiumsdiskussion. Die Demonstrantinnen wiesen darauf hin, dass sowohl die Referenten als auch die Podiumsteilnehmer ausschließlich Männer waren, obgleich jede Änderung des § 218 StGB in erster Linie die Frauen existenziell betraf, weswegen deren Perspektive nicht ausgeschlossen bleiben dürfe. Die Proteste erwirkten, dass drei der angereisten Frauen auf das Podium zugelassen wurden. Sie traten in der

---

ständige soziale Indikation (65,48 %), eine Altersindikation für jugendliche Schwangere (73,13 %), die Zulassung von Nidationshemmern (89,08 %) sowie die Beibehaltung der Gutachterstellen (89,72 %) (vgl. *Deutsches Ärzteblatt* vom 13.5.1971, S. 1481 ff., sowie „Das werdende Leben muß geschützt werden" von Heinz Kirchhoff (in: *Die Welt* vom 11.6.1971, abgedruckt in: E. WILKENS, § 218, S. 75–82).

213 Sachlicher Bericht des 2. Tagungsleiters Hans-Joachim Koch vom 13.4.1971 (AEvABB, Tagungsakten Rassmann, Die Diskussion um den § 218, 19.–21.2.1971).

214 Vgl. Teilnehmerliste (EBD.)

215 Vgl. Anm. 213. Vgl. ferner ZUR DISKUSSION UM § 218. Es sei allerdings angemerkt, dass das Tagungsprotokoll ein geglättetes und damit verzerrtes Bild von der turbulenten Tagung vermittelt (vgl. dazu unten Anm. 222).

nachfolgenden kontroversen Diskussion gemeinsam mit den Autoren des Alternativ-Entwurfs für die Verabschiedung einer Fristenregelung ein, während die zwei übrigen auf dem Podium platzierten Ärzte für eine Indikationenregelung votierten.[216]

Nachdem die Gruppe des SPD-Frauenbundes im Anschluss an die Podiumsdiskussion abgereist war, trafen tags darauf bereits die nächsten Demonstrantinnen ein. Mit Plakaten und Slogans wie „§ 218 ich hasse Dich" forderten fünf ältere Damen der Ersten deutschen Frauenpartei vor dem Gebäude der Akademie die Abschaffung des § 218 StGB. Ihr Bild ging durch die Presse.[217] Im Akademiebericht hieß es später allerdings, die Aktion habe sich in der Enthüllung der Plakate erschöpft, und die Frauen seien nicht weiter in Erscheinung getreten.[218]

Die größten Sorgen bereitete der Tagungsleitung nach eigenen Angaben eine dritte Protestgruppe, die an der gesamten Konsultation teilnahm und sowohl deren Verlauf als auch das Endergebnis massiv beeinflusste.[219] Die Frauen und Männer, die sich z. T. unter falschem Namen und falscher Berufsbezeichnung angemeldet hatten und der Humanistischen Union bzw. der Frankfurter Frauenaktion 70 angehörten, votierten radikaler als die anderen Protestgruppen für eine möglichst weit gehende Freigabe der Abtreibung, da sie jede ethische Dimension des Schwangerschaftsabbruchs rigoros zurück wiesen.[220]

---

[216] Während das Protokoll sich überaus bedeckt hält, sprach Jacobi später von einem „stürmischen Verlauf" der Diskussion (P. JACOBI, Bad Boll, S. 83). Die Akademie hatte die Demonstrantinnen mit einem beschwichtigenden Schreiben empfangen und zunächst in einen anderen Raum verwiesen, von dem aus sie die Diskussion per Lautsprecher verfolgen sollten (vgl. EBD., S. 77, wo sich das entsprechende Schreiben der Tagungsleitung abgedruckt findet). Rassmann berichtete später, Lepsius habe mit ihrer Gruppe ursprünglich eine andere Veranstaltung sprengen wollen, sich jedoch kurzfristig nach Bad Boll umorientiert (vgl. Brief von Klaus Rassmann an Siegfried Ernst vom 23.2.1972, in: AEVABB, Tagungsakten Rassmann, Die Diskussion um den § 218, 19.–21.2.1971).

[217] Vgl. die umfassende Dokumentation des Presseechos (AEVABB, Presseberichte Tagungen 1971).

[218] Vgl. Sachlicher Bericht des 2. Tagungsleiters Hans-Joachim Koch vom 13.4.1971 (AEVABB, Tagungsakten Rassmann, Die Diskussion um den § 218, 19.–21.2.1971). Aufgrund der Demonstration in Bad Boll wurde die Vorsitzende der Partei Gisela Gawlik aus Mannheim, wenig später von ihren Mitstreiterinnen abgewählt, und es ging ein recht verwirrendes Entschuldigungsschreiben der nunmehr religiös überaus eifrigen Referentin für Glaubensfragen der Partei in Bad Boll ein (vgl. Schreiben von Caroline Hegert an die Evangelische Akademie Bad Boll vom 19.3.1971, in: AEVABB, Tagungsakten Rassmann, Die Diskussion um den § 218, S. 19.–21.2.1971).

[219] Vgl. Sachlicher Bericht des 2. Tagungsleiters vom 13.4.1971 (vgl. Anm. 218).

[220] Mehrmals, so der Bericht der Akademie, sei der Schwangerschaftsabbruch von dieser Seite z. B. mit einer Mandeloperation verglichen worden (vgl. EBD.).
Die Frauenaktion 70 war aus der HU hervorgegangen und, wie es im Tagungsprotokoll hieß, erstmals im Sommer 1970 in Frankfurt a. M. mit der Forderung nach Streichung des § 218 StGB an die Öffentlichkeit getreten (vgl. ZUR DISKUSSION UM § 218, S. 23). Da auch

Die zahlenmäßig recht kleine Protestgruppe der radikalen Reformbefürworter und -befürworterinnen konnte sich letztlich sowohl gegen die Tagungsleitung als auch gegen weite Teile der anwesenden Ärzteschaft durchsetzen. Sie verfasste eine Resolution, in der sie von ihrer ursprünglichen Forderung nach Streichung des § 218 StGB abrückte und nur noch an den Bundesjustizminister appellierte, sich der Fristenregelung des Alternativ-Entwurfs anzuschließen.[221] Durch diese Konzession konnten nicht nur prominente Fürsprecher wie Kaufmann und Baumann gewonnen werden, sondern es gelang in der Schlussdebatte auch, knapp die Hälfte der noch anwesenden 60 Tagungsgäste zur Zustimmung zu bewegen. Obgleich der Beschluss damit als offizielle Tagungsresolution angenommen worden war, betrachtete die Akademieleitung ihn als nicht repräsentativ für die Mehrheit der Kongressteilnehmer und -teilnehmerinnen und vernichtete ihn kurzerhand, so dass er weder in den Tagungsunterlagen archiviert noch im später veröffentlichten Tagungsprotokoll abgedruckt, sondern ausschließlich durch die Protestgruppe selbst publik gemacht wurde.[222]

Nachwirkungen

Nicht zuletzt weil Vertreter und Vertreterinnen nahezu aller namhaften Presseorgane an der Konsultation in Bad Boll teilgenommen hatten, fand die Tagung ein breites Medienecho.[223] Für Schlagzeilen sorgte neben den

der Kopf der deutschen Lebensschutzbewegung, der Arzt Siegfried Ernst, an der Tagung teilnahm, war in Bad Boll das gesamte Meinungsspektrum der Abtreibungsdebatte vertreten.

[221] Die Resolution findet sich abgedruckt in: P. Jacobi, Bad Boll, S. 81.

[222] Vgl. Brief von Eberhard Müller an die private Einsenderin Emma Rieser/Ravensburg vom 25.2.1971 (AEvABB, Tagungsakten Rassmann, Die Diskussion um den § 218, 19.–21.2.1971). Die Resolution findet sich abgedruckt in: P. Jacobi, Bad Boll, S. 81. Im offiziellen Tagungsprotokoll findet sich statt des ordentlich verabschiedeten Beschlusses eine von fünf Tagungsgästen unterschriebene, nie anderweitig veröffentlichte Stellungnahme der katholischen Ärzteschaft sowie Diskussionsthesen des katholischen Moraltheologen Alfons Auer, der nachweislich nicht an der Tagung teilgenommen hatte (vgl. Zur Diskussion um § 218, S. 45, sowie die Teilnehmerliste der Tagung, in: AEvABB, Tagungsakten Rassmann, Die Diskussion um den § 218, 19.–21.2.1971). Nicht weniger irreführend als das Tagungsprotokoll ist allerdings auch der Bericht über die Tagung aus Sicht der Demonstrierenden (vgl. P. Jacobi, Bad Boll).

[223] Vgl. „Eine Million Mörder“ von Günter Dahl (*Stern* vom 28.2.1971); „Mit den Frauen hatte man nicht gerechnet“ von Roderich Reifenrath (*FR* vom 23.2.1971); „Abtreibung: der letzte Ausweg“ von Friedrich Deich (*Die Welt* vom 24.2.1971); „Der Paragraph 218 ist Klassenstrafrecht“ von Werner Birkenmaier (*Stuttgarter Zeitung* vom 22.2.1971); „Ein Paragraph wird zum heißen Eisen“ von Dr. Elisabeth Emmerich (*Augsburger Allgemeine* vom 26.2.1971); „Ist Abtreibung Mord?“ von Inge Peter-Habermann (*Die Zeit* vom 30.4.1971). Alle genannten Autoren und Autorinnen gehörten zu den Tagungsgästen (vgl. Teilnehmerliste in: AEvABB, Tagungsakten Rassmann, Die Diskussion um den § 218, 19.–21.2.1971). Noch Monate später rekurrierte die Presse auf die Ereignisse in Bad Boll (vgl. „Ich habe nur Umgang mit Mörderinnen“, in: *Der Spiegel* 23/25 vom 31.5.1971, S. 134 sowie „Der Streit um die Ungeborenen“ von Sybille Krause-Burger, in: *Stuttgarter Zeitung* vom 26.6.1971).

Protesten der verschiedenen Gruppen auch ein kurzer kontroverser Wortwechsel zwischen dem Strafrechtler Baumann und dem Gynäkologen Dietel. Während der Abschlussdiskussion hatte Dietel auf eine rhetorisch geschickte Frage Baumanns geantwortet, dass auch er einen illegalen Schwangerschaftsabbruch vornehmen würde – ja dies sogar bereits getan habe –, wenn die Fortsetzung der Schwangerschaft nach seinem Ermessen für die Frau unzumutbar sei. Vom *Spiegel* bis zur *Welt* war daraufhin in der Presse zu lesen, der Präsident der Deutschen Gesellschaft für Gynäkologie habe sich öffentlich zum Verstoß gegen das geltende Abtreibungsstrafrecht bekannt, was Dietel freilich energisch zurückwies.[224]

Die Verbitterung des Tagungsleiters Klaus Rassmann über den Verlauf seiner Veranstaltung und die sich anschließende Medienberichterstattung war groß.[225] Die ursprüngliche Intention der Tagungsleitung, den Juristen

---

[224] Vgl. Friedrich Deich (*Die Welt* vom 24.2.1971) sowie: „Ich habe nur Umgang mit Mörderinnen" (*Der Spiegel* 23/25 vom 31.5.1971, S. 134). Peter Jacobi, der – vermutlich als Vertreter der Humanistischen Union – an der Tagung teilgenommen hatte, rief die Ärzteschaft daraufhin in einem Leserbrief auf, dem Beispiel Dietels zu folgen und sich ebenfalls zur Vornahme illegaler Abtreibungen zu bekennen (vgl. Leserbrief in: *Der Spiegel* 25/25 vom 14.6.1971, S. 7 f.). Dietels Dementi wurde in Form eines Leserbriefs in der Fachzeitschrift *Der Frauenarzt* (12. 1971, S. 178) veröffentlicht. Auch der Tagungsleiter widersprach der Darstellung des *Spiegel* (vgl. Leserbrief von Rassmann, in: *Der Spiegel* 25/25 vom 14.6.1971, S. 8). Der Alternativ-Professor Arthur Kaufmann ließ Rassmann daraufhin am 12.6.1971 wissen: „Ich bin mit Ihnen einer Meinung, dass in diesem Artikel die Dinge völlig verzerrt dargestellt worden sind. Auch das Anliegen unseres Alternativ-Entwurfs ist in ein ganz falsches Licht gerückt worden. [...] ich verstehe deshalb nicht, wieso mein Kollege Jürgen Baumann in dem Spiegel-Artikel (wie auch in dem sensationellen Stern-Artikel) eine Unterstützung unserer Sache sehen kann. Ich jedenfalls halte diese Art von ‚Aufklärung' der Öffentlichkeit für verhängnisvoll, und daher begrüße ich es, dass Sie auf den *Spiegel*-Artikel eine Erwiderung geschrieben haben" (AEvABB, Tagungsakten Rassmann, Die Diskussion um den § 218, 19.–21.2.1971).

[225] Vgl. Brief von Rassmann an die private Einsenderin Emma Rieser/Ravensburg vom 15.3.1971; vgl. auch Brief von Rassmann an Siegfried Ernst vom 23.2.1972, sowie Brief von Rassmann an Richard Kepp vom 4.3.1971 (alles in: AEvABB, Tagungsakten Rassmann, Die Diskussion um den § 218, 19.–21.2.1971). Im Anschluss an die Tagung und das Presseecho war überdies eine interne Kontroverse zwischen Rassmann und dem Pressereferenten der Akademie Ekkehard Schwerk gefolgt. Dieser habe sich – so Rassmanns Vorwurf – auf der Tagung mit der „APO und Demonstrantengruppen" verbündet und eine der ausliegenden Unterschriftenlisten zur Abschaffung des § 218 StGB unterzeichnet. Der Konflikt eskalierte, als Schwerk einen Beitrag über die Tagung im Mitteilungsblatt der Akademie veröffentlichte und darin Verständnis für die Protestgruppen und ihre Anliegen zum Ausdruck brachte. Vgl. „Verhüten ist besser als Abtreiben" von Ekkehard Schwerk (in: *Aktuelle Gespräche* herausgegeben von der Evangelischen Akademie Bad Boll Nr. 2, Juni 1971, S. 15–17). Nachdem Rassmann sich bereits zuvor bei Akademieleiter E. Müller über das unkollegiale Verhalten Schwerks beschwert hatte, reagierte später auch der Beirat der Abteilung Gesundheitswesen der Akademie mit einer offiziellen Beschwerde über die Berichterstattung des Pressereferenten (vgl. Aktennotiz von Rassmann an E. Müller vom 29.6.1971 sowie Beschwerdeschreiben des Beirats der Abteilung Gesundheitswesen der Evangelischen Akademie Bad Boll vom

owie den Bonner Vertretern einen Eindruck von dem Meinungsbild der Ärzteschaft zur Reform des § 218 StGB zu vermitteln, war durch die Proteste der verschiedenen Gruppierungen durchkreuzt worden. Nicht die Ärzteschaft, sondern vor allem die Frauen waren es gewesen, die sich unerwartet zu Wort gemeldet und den Fachgremien wie der Öffentlichkeit zu verstehen gegeben hatten, dass auch sie einen Beitrag zur Diskussion um die Reform des § 218 StGB zu leisten hatten. Die Frauen hatten sich jedoch nicht nur als neue, bis dahin offensichtlich nicht wahrgenommene Interessengruppe Gehör verschafft;[226] es war den Demonstrantinnen in Bad Boll auch gelungen, erstmals ein Bewusstsein dafür zu schaffen, dass der Konflikt um den Paragraphen 218 nicht nur ein medizinisches und juristisches bzw. kriminologisches, sondern überdies ein emanzipatorisches Problem darstellt.

Die Akademietagung bildete damit in der Diskussion um die Reform des Abtreibungsstrafrechts einen entscheidenden Angelpunkt, an dem sich erstmals herauskristallisierte, dass die Gesetzesnovelle nicht allein in Fachkreisen würde verhandelt werden können, sondern dass sich eine neue gesellschaftliche Lobby formierte, die ebenfalls Gehör verlangte und deren Sicht auf die gesetzliche Abtreibungsregelung sich zudem teilweise grundlegend von der bisherigen Problemdefinition unterschied.

3.1.2 Vorläufer der breiten Kampagne gegen das Abtreibungsverbot

Die Frauenbewegung gegen den § 218 StGB, so urteilt Lißke in seiner bestechend scharfen Analyse der damaligen Kräfteverhältnisse, wäre wohl ohne größeren politischen Einfluss geblieben, wenn die Presse sich nicht als Koalitionspartnerin angeboten und die neue Sichtweise auf den Schwangerschaftsabbruch samt der Forderung nach Streichung des gesetzlichen Abtreibungsverbots massiv propagiert hätte.[227]

Recht unversehens kam Ende April 1971 ein reges mediales Interesse an der Reform des § 218 StGB auf. Das Thema erhielt über die Tagespresse hinaus Einzug in die großen Wochenmagazine[228] und wurde sogar im

16.11.1971, beides in: AEvABB, Tagungsakten Rassmann, Die Diskussion um den § 218, 19.–21.2.1971). Was Rassmanns Position zur Reform betraf, so vertrat er eine moderate Indikationenregelung ohne eigenständige soziale Indikation (vgl. Rassmanns Brief an die private Einsenderin Hannelore Grossmann/Giengen vom 26.4.1972 in: AEvABB, Tagungsakten Rassmann, Die Diskussion um den § 218, 19.–21.2.1971).

[226] Vgl. auch bereits Lieselotte Funckes Kritik an der Orangen Schrift (oben S. 85 f.).

[227] Vgl. M. Lisske, Abtreibungsregelung, S. 131–139. Zur Rolle der Presse in der Abtreibungsdebatte vgl. auch „Sternmarsch der Amazonen“ von Jürgen Tern (*DZ* vom 23.7.1971).

[228] Vgl. „Das Gerede um Mord am Ungeborenen“ von Horst Woesner (*Der Spiegel* 17/25 vom 19.4.1971, S. 77–82) sowie „Verurteilt, ein Kind zu kriegen“ (*Stern* vom 16.5.1971).

Fernsehen wiederholt in Diskussionsrunden aufgegriffen.[229] Im Gegensatz zu den verschiedenen Frauengruppen, die zwar zumeist aus der Humanistischen Union oder sozialdemokratischen bzw. sozialistischen Vereinigungen hervorgegangen waren, für welche indes die feministische Perspektive im Vordergrund stand, traten in den Medien allerdings humanistisch motivierte liberalistische Argumentationen an die erste Stelle. Der Kampf der Frauen um ein höheres Maß an Selbstbestimmung wurde hier zumeist als ein Exempel für die Autonomiebestrebungen breiter gesellschaftlicher Kreise begriffen. Die feministischen Anliegen erhielten folglich im Wesentlichen über ihre Identifizierung mit Forderungen nach breiter, allgemein gesellschaftlicher Emanzipation von staatlicher und kirchlicher Bevormundung ein größeres Forum.[230]

Eine Reform des § 218 StGB, daran ließen die Medien keinen Zweifel aufkommen, würde vornehmlich von der Ausschaltung der retardierenden kirchlichen Kräfte abhängen.[231] Es wurde berichtet, sogar der Vorsitzende des Strafrechtsonderausschusses Adolf Müller-Emmert habe in Bad Boll darauf hingewiesen, dass eine weit gehende Reform etwa nach dem Modell

[229] Im ZDF hatten Ende April die Frauenrechtlerin Renate Lepsius, der Strafrechtler Jürgen Baumann und der Gynäkologe Wolfgang Cyran miteinander diskutiert (vgl. „Ist Abtreibung Mord?“ von Inge Peter-Habermann, in: *Die Zeit* vom 30.4.1971). Die Presse berichtete ferner über eine Diskussionssendung, die Anfang Mai 1971 unter dem Titel „Ansichtssachen – legalisierter Schwangerschaftsabbruch?“ im 3. Fernsehprogramm ausgestrahlt wurde und an welcher der Leiter des Kommissariats der Deutschen Bischöfe, Prälat Wilhelm Wöste, der katholische Moraltheologe Waldemar Molinski, der Bundesverfassungsrichter Ernst Benda, der SPD-Rechtsexperte Martin Hirsch sowie die FDP-Abgeordnete Lieselotte Funcke teilnahmen (vgl. „Schwangerschaftsabbruch eine Ansichtssache?“, in: *kna* vom 5.5.1971). Unter den Studiogästen einer Diskussionssendung Anfang Juni 1971, an der u. a. Lieselotte Funcke und der katholische Moraltheologe Franz Böckle teilnahmen, ergab eine Schlussabstimmung ein Verhältnis von 24 Ja-Stimmen bei einer Gegenstimme für die Einführung einer Fristenregelung (vgl. Protokoll der Sendung „Pro und Kontra“ am 2.6.1971 im ZDF, in: EZA 81/89/62).

[230] Vgl. auch M. LISSKE (Abtreibungsregelung, S. 137): „Die Frage der Abtreibungsregelung war nach der Stern-Aktion [...] ein für jeden einsichtiges, potenziell alle betreffendes Problem, bei dem es um individuelle Entscheidungsfreiheit und Mündigkeit gegenüber autoritärer Bevormundung ging und das sich gut in die aktuelle Deutung der politischen Auseinandersetzungen als emanzipatorisch-progressiv versus konservativ-autoritär einordnen ließ.“ Durch die frühe Verquickung feministischer Kritik am § 218 StGB mit humanistisch-emanzipatorischen Anliegen hatten es fortan jene feministisch denkenden Frauen und Gruppen schwer, welche sich z. B. einem christlichen Kontext verbunden fühlten und die Kritik am Abtreibungsstrafrecht nicht notwendig mit einer antikirchlichen Haltung verbunden sahen.

[231] Vgl. EBD., sowie M. LISSKE (Abtreibungsregelung, S. 115): „Schließlich zeigte sich auch schon eine Frontstellung, die die spätere Abtreibungsdebatte bestimmen sollte: Auf der einen Seite kirchliche, besonders katholische Kreise als Verteidiger des restriktiven Status quo, auf der anderen die liberale Presse als Vertreterin individueller Emanzipation, die alte Tabus und Gesetze engagiert und mit zunehmender Unterstützung der Bevölkerung angriff, während Parteien und andere gesellschaftliche Gruppen sich sehr zurückhielten.“

des Alternativ-Entwurfs politisch gar nicht realisierbar sei, da ähnlich einschneidende Gesetzesänderungen (wie z. B. die Straflosigkeit bei einfacher Homosexualität und Sodomie) ebenfalls erst durchsetzbar gewesen seien, nachdem der Widerstand der Kirchen nachgelassen habe.[232] „Wahrhaftig:", hieß es dazu im *Spiegel*, „Wenn selbst eine sozialliberale Koalition es nicht fertigbringt, den übermäßigen Einfluß der Kirchen auszumanövrieren, dann wäre die Chance, den inhumanen Paragraphen 218 abzuschaffen, vorerst wieder einmal verspielt."[233]

Zum Beleg für die rigoros ablehnende Haltung der Kirchen zur Reform des § 218 StGB verwies man zumeist auf die diesbezüglichen Aussagen der Orangen Schrift. Nunmehr wurde deutlich, dass die Kirchen sich mit jener frühen Festlegung auf eine kompromisslose Position pauschal zu Gegenspielerinnen aller reformoffenen Kräfte gemacht und sich dadurch wichtige Gestaltungsspielräume und Einflussmöglichkeiten auf den weiteren politischen Entscheidungsprozess genommen hatten.[234] Dies war insbesondere für die evangelische Seite, die in der Frage des Schwangerschaftsabbruchs grundsätzlich verhandlungsbereiter war als es die Orange Schrift suggeriert hatte, bedauerlich, denn sowohl für die breite Öffentlichkeit als auch für die Bonner Entscheidungsträger musste es sich zum Auftakt der Abtreibungsdebatte so darstellen, als säßen die beiden großen Kirchen in einem Boot und ruderten mit voller Kraft gegen den Reformkurs der Regierung an.

---

[232] Vgl. ZUR DISKUSSION UM § 218; vgl. auch „Ist Abtreibung Mord?" von Inge Peter-Habermann (*Die Zeit* vom 30.4.1971).

[233] „Ich habe nur Umgang mit Mörderinnen" (*Der Spiegel* 23/25 vom 31.5.1971, S. 138). Werner Birkenmaier fügte pointiert hinzu: „Eher ist aber wahrscheinlich, daß Franz Josef Strauß der Kommunistischen Partei beitritt, als daß die katholische Kirche einer Freigabe der Abtreibung zustimmt" („Der Paragraph 218 ist Klassenstrafrecht", in: *Stuttgarter Zeitung* vom 22.2.1971).

[234] Vgl. „So macht denn auch weniger das Prinzipielle („Werdendes Leben ist ein Rechtsgut") als vielmehr das Axiomatische („Werdendes Leben ist gleich geborenes Leben") die Argumentation der Kirchen gegen eine Lockerung des Abtreibungsverbots für einen vorurteilslosen Gesetzgeber unannehmbar" („Schreckgespenster" von Hans Schueler, in: *Die Zeit* vom 2.7.1971). Selbst in der *Deutschen Zeitung/Christ und Welt* war zu lesen, die Kirchen verträten in der Frage der Strafrechtsreform „überwiegend den Standpunkt einer übersteigerten Gesetzlichkeit" („Dürfen Frauen selbst bestimmen?" von Maria Stein, in: *DZ* vom 11.6.1971). Auch H. TALLEN (§ 218, S. 40 f.) und M. LISSKE (Abtreibungsregelung, S. 128) teilen die Einschätzung, dass die frühzeitige und entschiedene Festlegung der Kirchen das Risiko barg, bei einem anders als erwartet verlaufenden öffentlichen und parlamentarischen Diskussionsprozess „ins konservative Abseits zu geraten" (EBD.).

3.1.3 Die Selbstbezichtigungskampagne im „Stern"

Anfang Juni 1971 brach schließlich aus, was sich zu Jahresbeginn in Bad Boll erstmals angekündigt und seit Ende April in der Medienberichterstattung weiter zugespitzt hatte: die breite öffentliche Abtreibungsdebatte.

Bereits Mitte Mai hatte das Schicksal einer Dortmunder Jugendlichen großes Aufsehen erregt. Die Ärztekammer Westfalen-Lippe hatte dem 13-jährigen Mädchen den Schwangerschaftsabbruch ungeachtet der Tatsache, dass die Gravidität infolge einer Vergewaltigung durch mehrere unbekannte Täter eingetreten war, mit der Begründung versagt, es sei ‚kräftig genug', die Schwangerschaft auszutragen.[235]

Ende Mai folgten Presseberichte über eine Kampagne in Frankreich, wo sich zwei Monate zuvor 343 Frauen aus Protest gegen das Abtreibungsverbot öffentlich des Delikts der Abtreibung bezichtigt hatten.[236] Die Frauen – unter ihnen Prominente wie Simone de Beauvoir, Jeanne Moreau und Francoise Sagan – hatten mit ihrer Aktion auf das Ausmaß des Phänomens Schwangerschaftsabbruch sowie die vielfache Not der Schwangeren hinweisen und auf eine Aufhebung des Abtreibungsverbots hinwirken wollen. Würden alle Abtreiberinnen sich selbst anzeigen, so ein Grundgedanke der Aktion, wäre die Strafrechtspflege für Jahre stillgelegt.

Der Impuls aus Frankreich wurde von deutschen Frauenrechtlerinnen aufgegriffen und fand das Interesse der Medien. Angeregt von der Journalistin Alice Schwarzer titelte der *Stern* am 6. Juni 1971 mit einem Appell verschiedener Frauengruppen zur ersatzlosen Streichung des § 218 StGB und veröffentlichte 374 Unterschriften von Frauen, die sich selbst der Abtreibung bezichtigten.[237] Die Selbstbezichtigungen trugen folgenden Wortlaut: „Jährlich treiben in der Bundesrepublik rund 1 Million Frauen

[235] Vgl. „Verurteilt, ein Kind zu kriegen" (*Stern* vom 16.5.1971); „Aufstand der Frauen" von Anneliese Friedmann (*Stern* vom 20.6.1971). Der scharf kritisierte und gemeinhin als Fehlentscheidung beurteilte Beschluss der Ärztekammer sollte die – ohnehin umstrittene – Institution der Gutachterstellen für die gesamte weitere Debatte um die Reform des Abtreibungsstrafrechts desavouieren (vgl. Abschrift des Referats von Horstkotte zur Sitzung der Strafrechtskommission der EKD vom 22./23.10.1971 in Frankfurt a. M., in: EZA 99/1.302). Die Gutachterstellen oder auch so genannten I-Kommissionen (Interruptions-Kommissionen) waren 1935 mit dem Erbgesundheitsgesetz ins Leben gerufen und nach dem Krieg beibehalten worden.

[236] Dies und das Folgende vgl. „Ich habe nur Umgang mit Mörderinnen" (*Der Spiegel* 23/25 vom 31.5.1971, S. 134–145). *Der Spiegel* titelte in dieser Ausgabe mit dem Thema Abtreibung.

[237] „Wir haben abgetrieben" von Alice Schwarzer (*Stern* vom 6.6.1971). Zu den Initiatorinnen zählten der Sozialistische Frauenbund Berlin, die aus der Humanistischen Union entstandene Frankfurter ‚Frauenaktion 70' sowie der Frankfurter ‚Weiberrat' und die Münchner ‚Roten Frauen'. Für Näheres zur Selbstbezichtigungskampagne vgl. K. FREISE, Abtreibungsproblematik, S. 27–45, sowie A. SCHWARZER, So fing es an, S. 21–31.

ab. Hunderte sterben, Zehntausende bleiben krank und steril, weil der Eingriff von Laien vorgenommen wird. Frauen mit Geld können gefahrlos im In- und Ausland abtreiben. Frauen ohne Geld zwingt der § 218 auf die Küchentische der Kurpfuscher. Er stempelt sie zu Verbrecherinnen und droht ihnen mit Gefängnis bis zu 5 Jahren. Trotzdem treiben Millionen Frauen ab – unter erniedrigenden und lebensgefährlichen Umständen. Ich gehöre dazu [...] Ich bin gegen den § 218."[238]

Die Selbstbezichtigungskampagne, der sich Prominente wie Senta Berger, Romy Schneider, Helga Anders und Sabine Sinjen anschlossen, wurde zur Wiege der neuen deutschen Frauenbewegung und gab den Auslöser zu der breiten öffentlichen Abtreibungsdebatte der folgenden Jahre. Die Kampagne weitete sich rasch auf das ganze Land aus. Frauengruppen initiierten in zahlreichen größeren Städten Unterschriftenaktionen, Zeitschriften wie *Jasmin, Neue Revue* oder auch *Praline* veröffentlichten Schicksalsgeschichten und Unterschriftenlisten.[239] Die Listen gliederten sich in drei Kategorien. Neben Selbstbezichtigungslisten für Frauen, die abgetrieben, sowie für Männer, die Beihilfe geleistet hatten, gab es eine dritte Liste für jene, die sich im Zusammenhang mit dem § 218 StGB zwar nicht strafbar gemacht hatten, jedoch ihre Solidarität mit der Aktion und ihren politischen Zielen erklärten.[240] Innerhalb von gut vier Wochen wurden laut Auskunft der Initiatorinnen insgesamt 86 100 Solidaritätsbekundungen sowie 2 345 Selbstbezichtigungen von Frauen und 937 Selbstbezichtigungen von Männern zusammengetragen.[241]

---

[238] „Wir haben abgetrieben" von Alice Schwarzer (*Stern* vom 6.6.1971). Der *Stern* veröffentlichte am 11.7.1971 noch einmal 355 Selbstbezichtigungen Das Delikt des illegalen Schwangerschaftsabbruchs verjährt nach fünf Jahren, so dass die Frauen, bei denen die Tat bereits länger zurücklag, keine strafrechtlichen Konsequenzen zu befürchten hatten. In verschiedenen Städten leitete die Justiz zwar Ermittlungen wegen der Selbstbezichtigungen ein, stellte die Verfahren jedoch bald wieder ein (vgl. R. RUSCH, Aktionen, S. 91; vgl. auch „§ 218: Polizeiaktion gegen Frauen", in: *Stern* vom 4.7.1971, sowie „Viele Ermittlungsverfahren wegen Abtreibung eingestellt", in: *Der Tagesspiegel* vom 3.12.1971).

[239] Vgl. z. B. „Abtreibung in Deutschland: Nur die Armen werden schuldig" (*Neue Revue* vom 27.6.1971); „Verzweifelte Frauen fordern: Deutschland braucht Abtreibung ohne Angst" (*Neue Revue* vom 4.7.1971); „Deutschlands Frauen dürfen hoffen: Abtreibung endlich leichter" (*Neue Revue* vom 18.7.1971); vgl. ferner das Interview zum Schwangerschaftsabbruch mit Ursula Noack (*Praline* vom 23.6.1971); das Interview mit Beate Uhse (*Praline* vom 30.6.1971) sowie das Interview mit Sabine Sinjen (*Praline* vom 7.7.1971); vgl. auch die Berichterstattung in: *Jasmin* vom 16.7.1971 sowie vom 13.8.1971; vgl. schließlich zusammenfassend A. SCHWARZER, Frauen gegen den § 218.

[240] Vgl. dazu exemplarisch: Unterschriften-Faltblatt: Aktion Paragraph 218. Beilage zur sozialistischen Zeitung *links*, Juli/August 1971, sowie „Aufruf des Sozialistischen Frauenbundes Westberlin und der Abtreibungsinitiative der Humanistischen Union Berlin", abgedruckt in: F.-C. SCHROEDER, Abtreibung, S. 149–151.

[241] Vgl. R. RUSCH, Aktionen, S. 105 f. Ähnliche Zahlen wurden auch im *Tagesspiegel* vom 18.7.1971 verbreitet. Zu den prominenten Männern, die sich der ideellen wie finanziellen

Im Juli, auf dem Höhepunkt der Kampagne, trat die ‚Aktion 218' – ein im Zuge der Selbstbezichtigungskampagne gegründeter Zusammenschluss von 22 Frauenorganisationen und Ad-hoc-Gruppen – in Frankfurt a. M. zusammen, um erste Ergebnisse der initiierten Aktionen zu bündeln und politisch fruchtbar zu machen.[242] Die 96 Delegierten verabschiedeten eine Petition, die neben der Forderung nach Streichung des Abtreibungsverbots u. a. für ein öffentliches Hearing zum Reformvorhaben des Bundesjustizministeriums sowie für umfassende sexuelle Aufklärung, die Krankenkassenfinanzierung der ‚Antibaby-Pille' und des Schwangerschaftsabbruchs sowie den Ausbau der Kindergartenplätze eintrat.[243] Die Petition mitsamt den Unterschriftenlisten, die in den zurückliegenden Wochen allerorts gesammelt worden waren, wurde Bundesjustizminister Jahn am 19. Juli von 30 Delegierten der Aktion 218 überreicht.[244]

3.1.4 Die emanzipatorische Perspektive – Ein neues Paradigma

Durch die Selbstbezichtigungskampagne kam es im Sommer 1971 zu Veränderungen zweier grundlegender Problemkonstanten in der Diskussion um die Reform des Abtreibungsstrafrechts. Die Debatte um die Änderung des § 218 StGB erfuhr zunächst eine erhebliche Ausweitung. Mit Veröffentlichung der *Stern*-Kampagne beschränkte sich die Meinungsbildung nicht länger auf Fachkreise, sondern erfasste nahezu alle Bevölkerungsschichten. Indem die Selbstbezichtigungskampagne einen derart breiten Meinungsbildungsprozess initiierte, übte sie zugleich erheblichen Druck auf den Fortgang der politischen Beratungen aus. Nachdem die Bevölkerung sensibilisiert war, gab es – anders als noch Anfang der sechziger Jahre

Beihilfe zur Abtreibung bezichtigten, gehörten u. a. Günther Wallraff, Max von der Grün, Sebastian Haffner und Ernst Bloch (vgl. „Hilfe für die Frauen", in: *Stern* vom 18.7.1971). Haffner verglich seine Beihilfe gar mit seinem Widerstand gegen die nationalsozialistischen Rassengesetzte und schrieb: „Aber eines will ich öffentlich sagen, daß ich natürlich, wie jeder anständige Mann, in meinem Leben mehr als eine Abtreibung arrangiert und finanziert habe und daß ich es mit dem besten Gewissen der Welt getan habe, demselben guten Gewissen, mit dem ich seinerzeit die Nürnberger Gesetze gebrochen habe. Denn ein unsittliches Gesetz zu brechen, ist ein sittliches Gebot, und der Gebärzwang, den der Paragraph 218 des Strafgesetzbuchs verordnete, ist zutiefst unsittlich – keinen Deut weniger unsittlich als das Liebesverbot der Hitlerschen Rassengesetze" („Gebärzwang ist unsittlich", in: *Stern* vom 13.6.1971).

242 „Jahn diskutiert mit Aktion 218" (*FR* vom 20.7.1971).

243 Vgl. EBD.

244 EBD. Anfang Oktober sprach die Aktion 218 sich in einer öffentlichen Stellungnahme erneut mit Nachdruck für eine Streichung des § 218 StGB und gegen jede Indikationen- bzw. Fristenregelung aus (vgl. Presseerklärung anläßlich der 3. Bundeskonferenz der ‚Aktion 218' vom 11.10.1971, abgedruckt in: F.-C. SCHROEDER, Abtreibung, S. 175–178).

– kein Zurück mehr hinter die Einsicht einer unausweichlichen und unverzüglich einzuleitenden Reform.[245]

Die Selbstbezichtigungskampagne führte darüber hinaus auch zu einem Wandel in der Problemdefinition. Ihr nachhaltigster Ertrag bestand darin, dass sie die Debatte über den Schwangerschaftsabbruch und dessen gesetzliche Reglementierung um eine bis dahin – wie Funcke bereits auf der EKD-Synode in Berlin festgestellt hatte – vernachlässigte Dimension erweiterte: um die Perspektive der Frauen. Erstmals wurde das Anrecht der Frauen auf verantwortliche Selbstbestimmung über ihren Körper und ihre Lebensgestaltung dem Lebensrecht des Embryos an die Seite gestellt. Die Selbstbezichtigungskampagne trotzte den politischen Entscheidungsträgern und -trägerinnen die Erkenntnis ab, dass der Schwangerschaftsabbruch nicht länger losgelöst von der Geschlechterfrage als ein rein ethisch-religiöses, medizinisches oder kriminalpolitisches Problem betrachtet werden konnte. Sie beförderte die Einsicht, dass ein wirksamer Schutz des ungeborenen Lebens schlussendlich nur *mit* und nicht *gegen* den Willen der Schwangeren möglich ist.

Zahlreiche Frauengruppen, verschiedene politische Gruppierungen und die Humanistische Union gingen in ihren Ansichten allerdings weiter. Sie negierten jede ethische Dimension des Schwangerschaftsabbruchs und proklamierten das uneingeschränkte ‚Recht auf Abtreibung', da sie das Abtreibungsverbot ausschließlich unter emanzipatorischen, klassenrechtlichen oder humanistischen Gesichtspunkten als ein Instrument des Staates zur Unterdrückung der Frau betrachteten. So schrieb etwa Sebastian Haffner in seiner Kolumnen im *Stern*: „Der Drei-Monats-Fötus ist Leben – aber Leben etwa auf der Stufe der Qualle oder Kaulquappe. Nun ist es aber noch nie jemandem eingefallen, die Tötung einer Qualle oder Kaulquappe unter Strafe zu stellen."[246] Haffner folgerte deshalb: „Vom Standpunkt weltlicher, humanistischer und staatsbürgerlicher Moral muß der Gebärzwang aus vier Gründen verdammt werden: Er diskriminiert die Frauen, er schafft unglückliche Kinder, er macht die Liebe zu einem Klassenprivileg, und er sorgt für eine negative Auslese des Nachwuchses."[247]

---

[245] Vgl. „Kampf dem Abtreibungselend – aber wie?" von Peter Jochen Winters (*FAZ* vom 18.6.1971).

[246] „Der Fötus ist kein Mensch" (*Stern* vom 8.8.1971).

[247] „Gebärzwang ist unsittlich" (*Stern* vom 13.6.1971). Haffner fuhr fort, verantwortungsbewusste Eltern trieben oftmals ab, während „die Asozialen und halb oder ganz Schwachsinnigen" das Abtreibungsverbot befolgten, und der Nachwuchs des „Lumpenproletariats [...], mit dem die Gemeinschaft dann irgendwie fertig werden" müsse, entsprechend aussehe. Vgl. ähnliche Argumentationsmuster im „Dritten Reich" (G. CZARNOWSKI, Mütter der „Rasse", S. 59).

Biologistische und bevölkerungspolitische Argumentationen wurden im Zug der Debatte um das Abtreibungsverbot mancherorts laut. So wies Bundesrichter Horst Woesner den § 218

Erstmals seit Jahrzehnten traten in Deutschland damit wieder verschiedene Problemdefinitionen in Konkurrenz zueinander, und es wurde offen hinterfragt, ob wirklich der Schwangerschaftsabbruch das Problem sei oder nicht vielmehr lediglich dessen gesetzliches Verbot. Diese radikale Infragestellung des tradierten Paradigmas, das bis dahin in erster Linie den Schutz des ungeborenen Lebens, nicht jedoch die Schwangere im Blick gehabt hatte, brachte erhebliche Irritationen mit sich.[248] Ob das neue Paradigma das alte indes gänzlich würde verdrängen können (bzw. umgekehrt), oder ob es zu einer – wie auch immer gearteten – Kompromisslösung kommen würde, blieb vorerst abzuwarten.

3.2 Bonner Reaktionen auf die Selbstbezichtigungskampagne

Die Parteien reagierten überwiegend verhalten auf die Selbstbezichtigungskampagne und die von ihr ausgelöste breite Abtreibungsdebatte. Der Bundestag befasste sich am 18. Juni 1971 im Rahmen einer Fragestunde zwar kurz mit dem Problem des Schwangerschaftsabbruchs, doch stellte die Regierung vorerst lediglich fest, dass sie am strafrechtlichen Schutz des werdenden Lebens festhalten wolle und eine Streichung des § 218 StGB ablehne.[249] Mit weiter reichenden Aussagen zu einer möglichen inhaltlichen Neugestaltung des § 218 StGB hielten sich die großen Parteien zunächst zurück. Sie standen erst am Anfang ihres internen Meinungsbildungsprozesses.

StGB wegen dessen weltanschaulicher Verwurzelung zurück und legitimierte eine gesetzliche Einschränkung der Abtreibung statt dessen mit dem Argument der Arterhaltung (vgl. „Das Gerede um Mord am Ungeborenen" in: *Spiegel* 17/25 vom 19.4.1971, S. 77–82). Die bevölkerungspolitische Argumentation wurde sowohl für als auch gegen den § 218 StGB eingesetzt. Während Woesner (Ebd.) sowie Dieter Dietrich (*Stuttgarter Nachrichten* vom 16.7.1971) im Blick auf die drohende Überbevölkerung der Welt entschieden für die Abtreibung als probate Methode der Geburtenregulation eintraten, sah die *National-Zeitung* – wie einst das nationalsozialistische Regime – im Schwangerschaftsabbruch einen Anschlag auf die deutsche Volkskraft und titelte am 25.6.1971 „Abtreibung – Mord oder Recht? Der Anschlag auf das deutsche Volk" (vgl. auch: „Erst den deutschen Osten – dann den deutschen Nachwuchs verkauft", in: *National-Zeitung* vom 23.7.1971).

[248] Die Verunsicherung, welche durch die konkurrierende Problemdefinition derjenigen, die radikal für eine Streichung des § 218 StGB votierten, entstanden war, führte u. a. zu voreiligen Pauschalisierungen und Abgrenzungen. So war z. B. eine differenzierte Beurteilung der verschiedenen Fristenentwürfe fortan kaum mehr möglich, da alle pauschal unter dem Verdacht standen, sich lediglich als eine Vorstufe zur Abschaffung des Abtreibungsverbots zu begreifen.

[249] Vgl. BT Sten. Ber. 7. WP 129. Si. vom 18.6.1971, S. 7468 f., sowie „Bundesregierung hält Abtreibung grundsätzlich für strafwürdig" (*Die Welt* vom 19.6.1971).

Lediglich die FDP hatte ihre Meinungsbildung im Sommer 1971 bereits abgeschlossen und trat geschlossen für eine Fristenregelung ein. Der FDP-Parteitag hatte bereits im Juni 1970 den Alternativ-Entwurf als Grundlage einer kommenden Reform ins Gespräch gebracht. Auch der FDP-Bundesfachausschuss für Rechts- und Innenpolitik hatte seiner Fraktion noch unmittelbar vor dem Auftakt der Selbstbezichtigungskampagne nahe gelegt, im Sinne des Alternativ-Entwurfs im Bundestag initiativ zu werden.[250] Mit der öffentlichen Ankündigung der Bundestagsvizepräsidentin, die FDP erwäge eine eigene Gesetzesinitiative, falls es in der Frage des § 218 StGB zu keiner Verständigung mit der SPD kommen sollte, übte die Partei ab Mitte Juni ferner erheblichen Druck auf die größere Koalitionspartnerin aus, in deren Reihen sich die Meinungsbildung sehr viel diffiziler gestaltete.[251]

Während erste Anzeichen darauf hindeuteten, dass die Opposition einer engen Indikationenregelung (inkl. medizinischer und evtl. ethischer Indikation) zuneigte, schien die SPD sich in zwei Lager aufzuspalten, von denen das eine für eine Indikationenregelung (inkl. sozial-medizinischer Generalklausel) und das andere für eine Fristenregelung eintrat.[252] Die Parteigremien der SPD fassten im Sommer allerdings zunächst den Beschluss, den Entwurf des Bundesjustizministeriums abzuwarten und bis zu seiner Vorlage keine weiteren Maßnahmen einzuleiten.[253] Der Bundesjustizminister indes kündigte die Fertigstellung seines Gesetzentwurfs erst für den Herbst an. Die Presse wusste allerdings bereits zu berichten, dass die Überlegungen im Bundesjustizministerium nicht auf eine Fristen-, sondern auf eine Indikationenregelung zielten, wobei über die Vorlage der Indikationen nicht länger Gutachterstellen, sondern einzelne Ärzte und Ärztinnen entscheiden sollten. Dem Indikationenkatalog, dessen exakter Umfang, wie

---

250 In der Entschließung des Ausschusses hieß es: „Der geltende § 218 StGB ist auch zutiefst unchristlich. Er bedeutet ein pharisäisches Lippenbekenntnis zum Schutz werdenden Lebens, hinter welchem sich die Gesellschaft nur verschanzt" (Entschließung des Bundesfachausschusses für Rechts- und Innenpolitik der FDP vom 4.6.1971, abgedruckt in: F.-C. SCHROEDER, Abtreibung, S. 153–155). Teile der Jungdemokraten erklärten sich darüber hinaus auch mit den Initiativen zur Abschaffung des § 218 StGB solidarisch. Dass der *Stern* in seiner Berichterstattung den Eindruck erweckte, die gesamte Partei trete für eine Streichung des Abtreibungsverbots ein, mag u. U. darauf zurückzuführen sein, dass der Bundesvorsitzende der Jungdemokraten Heiner Bremer *Stern*-Redakteur war (vgl.: „FDP zu § 218: Dieser Paragraph 218 muß weg!", in: *Stern* vom 11.7.1971).

251 Vgl. „FDP notfalls allein gegen § 218" von Karl-Heinz Bernhard (*FR* vom 14.6.1971); „FDP erwägt Gesetzentwurf zur Abtreibung" (*Die Welt* vom 16.6.1971). Vgl. auch die Unterüberschrift eines *Stern*-Interviews mit Walter Scheel und Lieselotte Funcke: „Die Freien Demokraten wollen ihren Koalitionspartner SPD zwingen, die Schwangerschaftsunterbrechung in den ersten drei Monaten freizugeben" („FDP zu § 218: Dieser Paragraph 218 muß weg!", in: *Stern* vom 11.7.1971).

252 Vgl. „Paragraph 218 im Kreuzfeuer" von Rudolf Orlt (*epd za* vom 24.6.1971).

253 Vgl. „SPD will Jahn nicht übergehen" (*epd za* vom 22.6.1971).

es hieß, noch unklar sei, sollte eine sozial-medizinische Generalklausel vorangestellt werden.[254]

Die auffallende Zurückhaltung der SPD wie ihres Bundesjustizministers zum Auftakt der Abtreibungsdebatte im Sommer 1971 wurde gemeinhin – und gewiss nicht zu Unrecht – auf die Sorge der Partei vor einer erneuten Auseinandersetzung mit den Kirchen zurückgeführt.[255] Hatten die bisherigen Diskussionen um die Reform des Sexual- und Eherechts sowie die Veröffentlichung der Orangen Schrift doch gezeigt, wie scharf sich die klerikale Opposition gebärden konnte. In der Presse wurde darum die ernst zu nehmende Frage aufgeworfen, ob die zweifelsohne reform*willige* Regierung überhaupt reform*fähig* war, d. h. ob sie stark genug war, die zu erwartenden Angriffe der Kirchen gegen eine grundlegende Änderung des § 218 StGB zu überstehen. Die Regierung, vor allem der Bundesjustizminister, befanden sich, wie Hans Schueler in der *Zeit* schrieb, in einem Dilemma zwischen „taktischen Rücksichtnahmen, moralischen Hemmungen und als notwendig erkannten Lösungen".[256] Die Aussichten dafür, dass das Bundesjustizministerium zu mehr als der kleinen Lösung Mut fassen würde, formulierte Robert Leicht, hingen entschieden davon ab, ob sich eine gesellschaftliche und politische Mehrheit finden würde, die es aussichtsreich erscheinen ließ, den Konflikt mit den Kirchen zu überstehen.[257] Noch war der sich immer breiter artikulierende öffentliche Wille nach einer grundlegenden Reform des Abtreibungsstrafrechts kein ausreichendes Gegengewicht zum angekündigten Veto der Kirchen. Schon bald jedoch begann der Einfluss der breiten Abtreibungsdebatte, sich auf das Kräftespiel zwischen Staat und Kirche auszuwirken.

---

[254] Dies und das Folgende vgl. „Jahn will den Paragraphen 218 nur vorsichtig reformieren" von Bruno Waltert (*Die Welt* vom 26./27.6.1971); „Leben und Tod" von W. Hertz-Eichenrode (*Die Welt* vom 30.6.1971). Auch die im Rahmen der Fragestunde abgegebene Stellungnahme des parlamentarischen Staatssekretärs Alfons Bayerl ließ sich dahingehend interpretieren, dass die Regierung einer Indikationenregelung den Vorzug vor einer Fristenregelung gab (vgl. BT Sten. Ber. 7. WP 129. Si. vom 18.6.1971, S. 7468 f.).

[255] Vgl. „Wer ein Klavier hebt, mordet nicht!" (*Der Spiegel* 27/25 vom 28.6.1971, S. 19 f.). Vor Vertretern der Kirchenpresse hatte auch Jahn seiner Besorgnis Ausdruck verliehen und gemeint: „Ich fürchte, dies [der § 218 StGB] wird jedoch ein Punkt werden, an dem es schwer sein wird, auch mit den Kirchen zu einer Verständigung zu kommen" („Jahn fordert ‚sachgerechte Diskussion' über Strafrechtsreform", in: *kna* vom 26.6.1971).

[256] „Schreckgespenster" (*Die Zeit* vom 2.7.1971).

[257] „Was wird aus dem Paragraphen 218?" (*SZ* vom 5./6.6.1971).

3.3. Diskussionsstand innerhalb der Kirchen und erste Meinungsäußerungen

Während sich die katholische Kirche im Juni 1971 umgehend mit verschiedenen Stellungnahmen in die öffentliche Abtreibungsdebatte eingeschaltet und ihre Gegenposition zu den Zielen der Selbstbezichtigungskampagne vorgetragen hatte, fand die Auseinandersetzung mit den Ereignissen des Sommers auf evangelischer Seite zunächst weitestgehend hinter verschlossenen Türen statt. Zwar wurde die bereits im Frühjahr in der evangelischen Presse aufgenommene Fachdiskussion fortgesetzt,[258] doch wandte man sich auf EKD-Ebene zunächst primär dem intensivierten internen Austausch zum Zwecke der Meinungsbildung, sowie dem Gespräch mit politischen Vertretern und Vertreterinnen zu. Darüber hinaus indes erfasste die sich ausweitende Diskussion um die Reform des § 218 StGB auch die Landeskirchen sowie die theologischen Fakultäten und führte hier zu ersten öffentlichen Meinungsäußerungen.

3.3.1 Fortgang der Beratungen in der Strafrechtskommission

Die Strafrechtskommission, die bereits lange vor dem Auftakt der breiten Abtreibungsdebatte vom Rat der EKD eingesetzt worden war, war in der ersten Hälfte des Jahres 1971 zu drei ausführlichen Plenarsitzungen zusammengekommen. Ihr Hauptaugenmerk hatte der theologischen Herleitung und Legitimation der zu erarbeitenden Stellungnahme zur Reform des § 218 StGB gegolten. In zwei Zwischenberichten hatte das Gremium ferner seinen Diskussionsstand zu verschiedenen Einzelfragen der strafrechtlichen Neugestaltung des Abtreibungsverbots festgehalten. Der Rat der EKD hatte sich allerdings zunehmend besorgt gezeigt über den Beratungsverlauf und eine Delegation der Kommission Anfang Juli zu einer ersten Aussprache nach Berlin geladen.

---

[258] Vgl. die Aprilausgabe der EK, die April-/Maiausgabe von WZM sowie die Maiausgabe der ZEE. Reformfreundliche Positionen, wie sie etwa von Lieselotte Funcke in verschiedenen evangelischen Publikationsorganen vertreten wurden, überwogen in der evangelischen Presse leicht vor reformkritischen Kommentaren, die zumeist von kirchenleitenden Persönlichkeiten wie etwa Erwin Wilkens oder dem späteren Präses der Synode Cornelius Adalbert von Heyl abgegeben wurden. Vgl. z. B. „Abtreibung: Mit Strafe ist hier nicht zu helfen" von Lieselotte Funcke (*Evangelisches Sonntagsblatt für Westfalen und Lippe* vom 27.6.1971) sowie DIES., Die Last trägt die Frau, und: Die Liberalen denken an morgen. Vgl. dagegen „Stellungnahme ‚contra'" von Erwin Wilkens (*DAS* vom 27.6.1971) sowie „Mein Bauch gehört mir" von Cornelius Adalbert von Heyl (*Familienpolitische Informationen EAF*, Heft 7, 1971).

Die theologische Diskussion

Im Januar 1971 hatte ein theologischer Unterausschuss bestehend aus Janssen, Schweitzer, Wilkens und Wrage ein Papier erarbeitet, das sich um eine Klärung des im November 1970 äußerst kontrovers diskutierten Verhältnisses von Tötungsverbot und Liebesgebot in der Frage des Schwangerschaftsabbruchs bemühte.[259] Das von der Unterkommission verabschiedete Papier trug im Wesentlichen die Handschrift der Vertreter einer engen gesetzlichen Regelung, da es den Gebrauch von Nidationshemmern ablehnte und den Anschein erweckte, als erkenne man lediglich die letale Indikation an.[260] Zudem konzentrierte sich die Ausarbeitung weniger auf die Klärung von Grundsatzfragen, sondern nahm bereits eine enge Verzahnung von abstrakten theologischen Gedanken mit konkreten gesetzgeberischen Erwägungen vor. So hieß es in dem Papier: „Der Gesetzgeber sollte das Tötungsverbot im Blick auf das werdende Leben nicht zu eng fassen, daß damit die Erfüllung des Liebesgebots im Blick auf das Leben der Frau unmöglich wird. Andererseits darf der Gesetzgeber dem Liebesgebot nicht zu weiten Spielraum geben, daß dadurch das Tötungsverbot praktisch aufgehoben würde."[261] Statt einer theologischen Reflexion wurden hier Theologumena verkürzt und vorschnell zu einer Richtschnur für den Gesetzgeber instrumentalisiert.

Die Strafrechtskommission konnte sich mit dem Ergebnis des Unterausschusses, wie abzusehen war, nicht einverstanden erklären. Die Mitte Januar in der Aussprache aufgeworfenen Fragen drangen dabei bis an die Fundamente evangelischer Theologie vor. So bezweifelten einzelne Kommissionsmitglieder, dass für den einzelnen Menschen und seine Verantwortung vor Gott in einem echten Konfliktfall überhaupt von Schuld gesprochen werden könne.[262] Nicht minder radikal war die Überlegung, die Normativität des Tötungsverbots zugunsten des subjektiven Empfindens der Beteiligten zu relativieren[263] oder auch das Liebesgebot allein auf die Schwangere, nicht jedoch auf den Embryo anzuwenden.

---

[259] Vgl. oben S. 60 f.

[260] Vgl. Anlage zum Protokoll der Strafrechtskommission: Theologenvorbesprechung vom 5.1.1971 in Hannover (EZA 99/1.299). Die Tatsache, dass Wilkens in anderen Kontexten wiederholt positiv auf die Ausarbeitung der Unterkommission verwies, deutet darauf hin, dass das Papier seine Auffassung wiedergab und er u. U. maßgeblichen Anteil an dessen Abfassung hatte (vgl. Brief an Heßler/Chefredakteur des *epd*, vom 26.3.1971, in: EZA 87/744 sowie Brief an Dietzfelbinger vom 26.3.1971, in: EZA 2/93/6215).

[261] Anlage zum Protokoll der Strafrechtskommission: Theologenvorbesprechung vom 5.1.1971 in Hannover (EZA 99/1.299).

[262] Dies und das Folgende vgl. Protokoll über die Sitzung der Strafrechtskommission der EKD vom 15./16.1.1971 in Bonn (EZA 99/1.299).

[263] D. h. ein Tötungsdelikt ist für die ethische Werturteilsbildung nur dann ein solches, wenn der Täter bzw. in diesem Fall die Täterin und das Opfer es als solches empfinden.

Den Überlegungen gemein war die Intention, die Schärfe des ethischen Konflikts abzuschwächen. Anstatt die mit einer echten Konfliktsituation wesensmäßig verbundene Nivellierung des Entscheidungs- und Handlungsspielraums anzuerkennen, bemühte sich die Strafrechtskommission, eine eindeutige, ethisch zu rechtfertigende Handlungsoption im Schwangerschaftskonflikt aufzuzeigen – und scheiterte zwangsläufig an dieser Aufgabe.

Die Strafrechtskommission übergab das Papier des Unterausschusses schließlich mit der Bitte um Überarbeitung an Wolfgang Schweitzer und machte deutlich, dass sie bis zur nächsten Zusammenkunft Ende März eine Liberalisierung des Inhalts wünschte.[264] Doch vermochte auch Schweitzers Neuentwurf die Kommission im Frühjahr nicht zu überzeugen, denn die Ausarbeitung konzentrierte sich ebenso wenig wie das Vorgängerpapier der Unterkommission auf die theologische Begründung des kirchlichen Beitrags zur Abtreibungsdebatte, sondern leitete ebenfalls aus den theologisch-ethischen Reflexionen sogleich politische Handlungsoptionen ab.[265] Bei formal ähnlichem Aufbau bestand der einzige Unterschied zwischen den Entwürfen darin, dass Schweitzer sich nicht um die theologische Rechtfertigung einer möglichst restriktiven, sondern einer möglichst liberalen Reform bemühte.[266] Weder Schweitzers Papier noch der Entwurf des theologischen Unterausschusses vermochten jedoch das theologische Begründungsdefizit in der Arbeit der Strafrechtskommission überzeugend zu lösen.[267]

---

[264] Vgl. Ebd.

[265] Vgl. Protokoll über die Sitzung der Strafrechtskommission der EKD vom 26./27.3.1971 in Bonn (EZA 99/1.301).

[266] Schweitzer leitete die Notwendigkeit einer Reform des § 218 StGB von der veränderten Einstellung zur Rolle der Frau in der Gesellschaft her. „Der erste Beruf der Frau", formulierte der Theologe prägnant, „wird nicht mehr darin gesehen, sich notfalls für werdendes Leben zu opfern". Analog zu seiner Forderung nach Einschränkung des strafrechtlichen Abtreibungsverbots plädierte Schweitzer allerdings auch auf theologisch-ethischem Gebiet für eine Relativierung des Tötungsverbots, das seiner Ansicht nach der Erfüllung des Gebots zur Liebe der Frau im Weg stand. „Die Liebe", lautete somit das Fazit seiner theologischen Ausarbeitung, „gebietet, daß das geltende Recht zugunsten der Frau liberalisiert wird" („Thesen zur gesetzlichen Neuregelung des Schwangerschaftsabbruchs in evangelischer Sicht", ausgearbeitet zur Sitzung der Strafrechtskommission vom 26.3.1971, in: EZA 99/11). W. Schweitzer veröffentlichte seine dem Entwurf zugrunde liegenden Erwägungen kurz darauf in den *EK* (vgl. Ders., Respekt).

[267] „[E]s muß doch geklärt werden,", hatte Schweitzer die bedrängende Grundsatzfrage umrissen, „warum, mit welcher Begründung wir als evangelische Kommission so oder so Stellung nehmen" (Brief an Schwarzhaupt vom 1.4.1971, in: EZA 99/1.301). Zu einer in diesem Zusammenhang anvisierten eingehenden Aussprache über das Verhältnis von evangelischer Ethik und Strafrecht, zu welcher u. a. Kunst und Rendtorff eingeladen werden sollten, kam es leider nicht, obwohl ein solches Gespräch gewiss zur Bewältigung des Legitimationsproblems ertragreich gewesen wäre (vgl. Protokoll über die Sitzung der Strafrechtskommission der EKD vom 30.4./1.5.1971 in Bonn, in: EZA 99/1.301).

Die strafrechtlichen Fragen

Auf ihrer fünften Sitzung Ende April 1971 widmete sich die Strafrechtskommission in erster Linie strafrechtlichen Fragen, da Schwarzhaupt in Erfahrung gebracht hatte, dass der Bundesjustizminister beabsichtigte, Vertreter der beiden großen Kirchen zu Konsultationen über die Reform des § 218 StGB nach Bonn einzuladen.[268] Auf dem Hintergrund dieser Information hatte die Kommission den Beschluss gefasst, eine Zwischenbilanz ihrer bisherigen Ergebnisse zu erstellen und dem Bevollmächtigten des Rates zukommen zu lassen. Das von Schwarzhaupt konzipierte, nach der Sitzung von ihr endredigierte und am 12. Mai versandte Schreiben informierte Kunst darüber, dass die Kommission sowohl die medizinische als auch die ethische Indikation befürwortete, während sie über die eugenische und die Altersindikation noch kein abschließendes Urteil abzugeben vermochte.[269] Der Zwischenbericht gab jedoch deutlich zu verstehen, dass die Kommission in ihrem abschließenden Beratungsergebnis mit Sicherheit weitergehende Auffassungen zur Reform des § 218 StGB vertreten werde als die Autoren der Orangen Schrift.[270]

Diese Ankündigung beunruhigte sowohl Kunst als auch den Rat der EKD und ließ das Vertrauen auf ein Beratungsergebnis, welches ihren Erwartungen entsprach, weiter schwinden.[271] Der Rat entschied sich, eine Delegation der Strafrechtskommission für ein klärendes Gespräch zur nächsten Sitzung Anfang Juli einzuladen.[272] Der Ratsvorsitzende sollte ferner das persönliche Gespräch mit der Kommissionsvorsitzenden suchen. Um Dietzfelbinger für das avisierte Gespräch zu präparieren und die eigene Position noch einmal in aller Deutlichkeit vorzutragen, wandte sich Wilkens, dessen Einstellung zu der einst von ihm selbst angeregten Kommission unverändert kritisch war, mit einem längeren Schreiben an den Rats-

---

[268] Vgl. EBD.

[269] Vgl. „Zwischenbilanz der Strafrechtskommission zu Fragen des 5. Strafrechtsänderungsgesetzes" (Schreiben von Schwarzhaupt an die Kirchenkanzlei, den Rat und Kunst vom 12.5.1971, in: EZA 87/743). Es gab eine sehr ähnliche Vorversion, die bereits vom 20. April datierte, also noch vor der Sitzung der Strafrechtskommission ausgearbeitet worden war (vgl. „Notiz für Bischof Kunst im Hinblick auf sein Gespräch mit Minister Jahn zur Reform des § 218", ohne Verfasser/in vom 20.4.1971, in: EZA 99/1.295).

[270] EBD. Vgl. dazu 1990 die Reaktion der Kammer ‚Ehe und Familie' auf die Veröffentlichung der evangelisch-katholischen Ausarbeitung GOTT IST EIN FREUND DES LEBENS und die Ankündigung des Gremiums, seine Denkschrift werde sich „mit ziemlicher Sicherheit in Inhalt und Tonfall vom Text der bikonfessionellen Arbeitsgruppe unterscheiden" (M. KOSCHORKE, Mit gespaltener Zunge, S. 159; vgl. GOTT IST EIN FREUND DES LEBENS).

[271] Kunst hatte nach Erhalt des Papiers darauf bestanden, dass die Strafrechtskommission auch den Rat von ihren Zwischenergebnissen in Kenntnis setzte (vgl. Brief von Echternach an Hammer vom 12.5.1971, in: EZA 2/93/6215).

[272] Vgl. Auszug aus dem Protokoll der Ratssitzung vom 19.–21.5.1971 (EZA 2/93/6215).

vorsitzenden. „Es ist nicht daran zu zweifeln“, versicherte der Verfasser der Orangen Schrift dem Ratsvorsitzenden, „daß wir einen offenen und öffentlichen Skandal heraufbeschwören, wenn die Strafrechtskommission sich nach diesen Grundsätzen äußert, wie sie hier [im Zwischenbericht] niedergelegt sind.“[273] Die Ankündigung einer von der Orangen Schrift abweichenden Stellungnahme sei, so Wilkens weiter, nur so zu verstehen, dass sich zumindest ein Teil der Strafrechtskommission die Mehrheits-Variante des Alternativvorschlags, d. h. die Fristenregelung, zu eigen machen wolle. Sollte dies indes geschehen, schloss der Oberkirchenrat, „dann steht uns allerdings ein heißer Herbst 1971 bevor.“[274]

Noch ehe Wilkens' Schreiben den Ratsvorsitzenden erreichte, war Dietzfelbinger am 1. Juni bereits mit Schwarzhaupt zu einer einstündigen Unterredung zusammengekommen, in deren Verlauf er seine eigenen sowie die Bedenken des Rates zur Sprache gebracht hatte. „Ich versuchte“, berichtete Dietzfelbinger Wilkens später, „ihr die harte Problematik so klar wie möglich vor Augen zu stellen. Gerade in den letzten Tagen ist ja auf der angedeuteten ‚Rutschbahn‘ alles mögliche geschehen, von dem *Stern*-Artikel bis zur Fernsehdiskussion.“[275] Die Kommissionsvorsitzende und ihr Kreis, versicherte Dietzfelbinger abschließend, seien freilich ganz seiner Meinung, „daß man im Blick auf die derzeitige schwierige Lage, wo man sich auf einer Art ‚Rutschbahn‘ befinde, nicht allzu rasch eine Äußerung abgeben solle.“[276]

3.3.2 Das Treffen zwischen Vertretern der EKD und der Regierung

Die Vorbereitung

Inmitten der ‚Rutschpartie‘, die durch die Selbstbezichtigungskampagne ausgelöst worden war und in deren Verlauf sich die Ereignisse überschlugen, suchten der Bundesjustizminister und die Gesundheitsministerin das Gespräch mit den Kirchen. Als möglichen Termin eines Treffens boten sie

---

[273] Brief an Dietzfelbinger vom 2.6.1971 (EZA 87/743).

[274] EBD.

[275] „Aktennotiz über das Gespräch mit Frau Schwarzhaupt vom 1.6.71“, Anlage zum Brief von Dietzfelbinger an Wilkens und Echternach vom 4.6.1971 (EZA 2/93/6215).

[276] EBD. Es darf allerdings davon ausgegangen werden, dass Dietzfelbinger und Schwarzhaupt diese Einschätzung äußerstenfalls im Hinblick auf die Strafrechtskommission teilten, denn der Ratsvorsitzende stimmte nur wenige Wochen später der Aufnahme von Gesprächen für ein ökumenisches Wort zum Schwangerschaftsabbruch zu (vgl. unten S. 137) und die Politikerin plädierte ebenfalls bereits sieben Tage nach der Unterredung im Kreis des Rechtsausschusses der EFD für die baldige Verabschiedung einer Erklärung zur Reform des § 218 StGB (vgl. Protokoll der Sitzung des Rechtsausschusses der EFD vom 7.6.1971, in: AEFD, Rechtsausschuß, § 218).

den 23. Juni an. Nach einem Hinweis seiner Mitarbeiterin Else Gräfin von Rittberg ließ Kunst die Zusammenkunft jedoch mit Rücksicht auf die Strafrechtskommission um fünf Tage verschieben.[277] Das gab der Kommission, die am 25. Juni zusammentrat, die Möglichkeit, ihren Erkenntnisstand noch einmal zu formulieren und dem Bevollmächtigten als Gesprächsgrundlage zur Verfügung zu stellen. In einer vierseitigen Ausarbeitung, die wesentlich ausführlicher ausfiel als die Ende April abgefasste erste kurze Zwischenbilanz, wurden die Ergebnisse der bisherigen Beratungen innerhalb der Strafrechtskommission zusammengefasst.[278]

Einleitend führte die Kommission zunächst die ethische wie die juristische Problematik des Schwangerschaftsabbruchs auf die Spannung zwischen Tötungsverbot und Liebesgebot zurück. Ferner stellte sie einige Aussagen zu den Aufgaben und Grenzen des Strafrechts voran und hielt in Abgrenzung zur Orangen Schrift fest, dass sie das Strafrecht lediglich als ultima ratio zur Sicherung der ‚weltlichen' Gemeinschaft, nicht jedoch zur Sicherung sittlicher Normen betrachtete. Was einen möglichen Indikationenkatalog betraf, signalisierte das Gremium Einigkeit hinsichtlich der medizinischen, der eugenischen sowie der ethischen Indikation. Die Kommission befürwortete ferner eine Altersindikation für jugendliche Schwangere unter 15 Jahren. Zu einer sozialen Indikation hatte sie sich dagegen nach eigener Aussage noch nicht entschließen können. Ebenfalls nicht abschließend ausdiskutiert sei zudem die Grundsatzfrage einer Fristen- oder Indikationenregelung. Zum Abschluss ihrer Ausarbeitung ging die Strafrechtskommission auch erstmals auf die Notwendigkeit flankierender Maßnahmen ein und appellierte an ein verstärktes kirchliches wie staatliches Engagement in diesem Bereich.

Insgesamt betrachtet gab das Papier den Diskussionsstand des Gremiums allerdings nicht ganz korrekt wieder, sondern zeichnete ein recht einseitiges Meinungsbild des liberalen Flügels, was später innerhalb der Kommission auch auf Kritik stieß.[279] In ihrer Eigenschaft als Diskussions-

---

[277] Vgl. Notiz von Rittberg an Kunst vom 16.6.1971 sowie vom 22.6.1971 (beide in: EZA 87/743).

[278] Vgl. „Ergebnisse der Strafrechtskommission der EKD nach der Sitzung vom 24./25.6.1971" (EZA 87/743; EZA 99/1.301).

[279] Entgegen den Aussagen des Ergebnispapiers hatte die Kommission sich laut Sitzungsprotokoll weder auf die Annahme der Nidationshemmer noch auf einen Indikationenkatalog verständigen können (vgl. Protokoll über die Sitzung der Strafrechtskommission der EKD vom 25./26.6.1971 in Bonn, in: EZA 99/1.301). Geisendörfer beschwerte sich ferner, dass ihre Einwände gegen die Alters- und die eugenische Indikation weder ins Protokoll noch in den Zwischenbericht aufgenommen worden seien, obwohl sie vor ihrer vorzeitigen Abreise ausdrücklich darum gebeten hatte (vgl. Brief von an Schwarzhaupt vom 4.7.1971, in: EZA 99/1.302). Das Papier stieß auch innerhalb der EKD auf Widerspruch. Zur Kritik des Rates der EKD vgl. unten S. 125 f.; vgl. ferner Brief von Wilkens an Echternach vom 2.7.1971 (EZA 87/743). Der *Spiegel* meldete dagegen, die Strafrechtskommission vertrete in ihrem

grundlage des Bevollmächtigten gelangte die Ausarbeitung gleichwohl zunächst zu einigem Einfluss.

Das Treffen

Am Nachmittag des 28. Juni fand die seit April erwartete Zusammenkunft zwischen Vertretern der Regierung sowie der EKD statt. Neben Staatssekretär von Manger-König, der in Vertretung für die Gesundheitsministerin erschienen war, nahmen Justizminister Jahn und sein parlamentarischer Staatssekretär Alfons Bayerl sowie von evangelischer Seite Kunst und Echternach an der Besprechung teil.

„Das Gespräch verlief in einer freundlichen und sachlich recht qualifizierten Form", hieß es im Anschluss in Echternachs kurzem Bericht über die zweistündige Unterredung.[280] Das Treffen, so der Bericht weiter, sei für Jahn nach eigener Aussage ein „Schlussstein der Informationen" gewesen, die dieser vor seiner ersten öffentlichen Stellungnahme zur Frage des § 218 StGB habe einholen wollen.[281] Jahn und Bayerl hatten aus diesem Grund einen Katalog von Fragen mitgebracht, zu denen sie an kirchlichen Stellungnahmen interessiert waren.[282] Zur Beantwortung des Fragenkatalogs hatte Kunst auf das Ergebnispapier der Strafrechtskommission zurückgegriffen und Teile daraus verlesen, wobei er darauf hingewiesen hatte, dass noch kein abschließendes evangelisches Votum zur Reform des § 218 StGB vorlag und auch noch nicht abzuschätzen sei, inwieweit sich der Rat die Ausarbeitungen der Strafrechtskommission zu eigen machen könne. „Ebenso neu wie wichtig" sei den Zuhörenden dessen ungeachtet die Auskunft gewesen, notierte Echternach, dass die Position der evangelischen Kirche nur in der Spannung zwischen Tötungsverbot und Liebesgebot gefunden werden könne.[283]

Ergebnispapier recht reaktionäre Ansichten und erkenne lediglich die medizinische sowie die ethische Indikation an (vgl. „Wer ein Klavier hebt, mordet nicht!", in: *Der Spiegel* 27/25 vom 28.6.1971, S. 19 f.).

280 Dies und das Folgende nach: Bericht von Echternach über ein Gespräch im Bundesjustizministerium am 28.6.1971 von 16–18 Uhr (EZA 87/743).

281 Ebd. Erwähnung fand in diesem Zusammenhang auch Jahns Gespräch mit Vertretern der katholischen Kirche. Echternach schrieb dazu: „Jahn verhehlte nicht, daß bei der Besprechung mit der katholischen Seite ein Votum geäußert worden sei, das ihn in seiner Härte bedrückte" (Ebd.). Echternachs Bericht zufolge ging der Justizminister jedoch davon aus, dass es aufgrund der harten bischöflichen Stellungnahme vom 23. Juni (vgl. unten S. 135 f.) noch zu innerkatholischen Auseinandersetzungen kommen werde.

282 „Die Formulierungen und Erläuterungen ließen darauf schließen", notierte Echternach, „daß uns von Seiten des Justizministeriums offenbar keine große Sachkenntnis zugetraut wurde (Erklärungen, was ethische Indikation bedeute etc.)" (Ebd.).

283 Ebd. Als Ergänzung zum Papier der Strafrechtskommission hatte Echternach noch unmittelbar vor der Besprechung ferner eine Empfehlungsliste von flankierenden Maßnahmen ausgearbeitet, die von Kunst ebenfalls ins Gespräch eingebracht und insbesondere beim

Aus Echternachs Bericht über die Besprechung geht hervor, dass es unter den Gesprächspartnern zu keinerlei nennenswerten Differenzen inhaltlicher Art kam. Unterschiedliche Auffassungen wurden abschließend lediglich im Hinblick auf die Frage geäußert, zu welchem Zeitpunkt der zu erstellende Gesetzentwurf am besten in den Bundestag eingebracht werden sollte. Während Kunst riet, zu warten, bis sich die Wogen geglättet hätten, hielt Jahn eine baldige Einbringung für sinnvoll.[284] Da man ihm bereits mangelnden Mut und Unentschlossenheit vorgeworfen habe und er die Angelegenheit nicht zum „Wahlkampfschlager" für die Bundestagswahl 1973 machen wolle, erläuterte Jahn, dass seine Planungen dahin gingen, den Regierungsentwurf zu § 218 StGB am Ende der Sommerpause - d. h. im September - ins Kabinett einzubringen.[285]

3.3.3 *Die erste kurze Äußerung des Rates der EKD zur Abtreibungsproblematik*

Am 8. Juli, zehn Tage nach dem Gespräch mit den Regierungsvertretern, trat der Rat der EKD erstmals seit dem Auftakt der öffentlichen Abtreibungsdebatte zusammen. Neben dem Bericht des Bevollmächtigten über die Bonner Konsultation mit dem Bundesjustizminister stand u. a. ein Klärungsgespräch mit der Delegation der Strafrechtskommission auf dem Programm. Schwarzhaupt, Schweitzer, Hanack und Kirchhoff waren geladen worden, um den Rat über den Beratungsstand innerhalb der Kommission zu informieren und ihm den Zwischenbericht der Kommission vorzustellen.[286] Während der anschließenden Aussprache wurde deutlich, dass nicht nur zwischen der Strafrechtskommission und dem Rat, sondern auch innerhalb der jeweiligen Gremien z. T. erheblich voneinander abweichende Auffassungen zur Reform des Abtreibungsstrafrechts vertreten wurden.[287] Die 90-minütige Unterredung endete ohne konkreten Beschluss. Im Kommuniqué zur Ratssitzung hieß es später lediglich, der Rat habe die Absicht, sich in Zusammenarbeit mit der Strafrechtskommission in absehbarer Zeit

Vertreter des Gesundheitsministeriums auf großes Interesse gestoßen war, zumal sie u. a. den Wunsch nach Beibehaltung und Ausbau der Ehe- und Familienberatungsstellen enthielt.

[284] Auch der Bundesminister für wirtschaftliche Zusammenarbeit Erhard Eppler plädierte in jenen Tagen dafür, den § 218 StGB in der laufenden Legislaturperiode unangetastet zu lassen (vgl. „Wer ein Klavier hebt, mordet nicht!", in: *Der Spiegel* 27/25 vom 28.6.1971, S. 19 f.).

[285] Vgl. oben Anm. 280.

[286] Vgl. Auszug aus dem Protokoll der Ratssitzung vom 7./8.7.1971 (EZA 2/93/6215; EZA 99/11).

[287] Vgl. u. a. Brief von Schwarzhaupt an Geisendörfer vom 12.7.1971 (EZA 99/1.302).

ausführlich zum Fragenkomplex des Schwangerschaftsabbruchs zu äußern.[288]

Darüber hinaus und unabhängig von der Aussprache mit den Kommissionsmitgliedern nahm der Rat in seinem öffentlichen Kommuniqué kurz Stellung zu den gesellschaftlichen Ereignissen der zurückliegenden Wochen. Er erkannte die Notwendigkeit einer Reform an, verwahrte sich jedoch entschieden gegen die im Zuge der Selbstbezichtigungskampagne erhobene Forderung nach Streichung des § 218 StGB.[289] Mit schroffen Worten wandte er sich zudem gegen die neu propagierte These von der freien Verfügbarkeit über den eigenen Körper. „Die Erfahrungen des Dritten Reichs", hieß es im Kommuniqué, „sollten aber eine Warnung sein, wie schnell dort, wo der Mensch nach eigener Willkür über ‚lebenswertes' oder ‚lebensunwertes' Leben entscheidet, alle Dämme eingerissen werden können, und es dann kein Aufhalten für das Abgleiten in brutalste Menschenverachtung mehr gibt."[290]

Zwischen der Emanzipationsbewegung und den führenden Repräsentanten und Repräsentantinnen der EKD war keine Verständigung möglich. Das wurde sowohl in der undifferenzierten und plakativen Zurückweisung emanzipatorischer Anliegen im Ratskommuniqué als auch in den kirchenfeindlichen Äußerungen humanistisch bzw. sozialistisch geprägter (Frauen-)Gruppen deutlich. Die Gräben der gegenseitigen Voreingenommenheit waren zu tief, um zu einem Meinungsaustausch zu gelangen und durchaus vorhandene Überschneidungen – so klein sie auch gewesen sein mögen – wahrzunehmen.

3.3.4 *Erste Reaktionen aus den Landeskirchen*

Ab Sommer 1971 beschäftigte man sich innerhalb der evangelischen Kirche nicht mehr allein auf EKD-Ebene mit der Reform des § 218 StGB. Die Selbstbezichtigungskampagne hatte eine breite öffentliche Abtreibungsde-

---

288 Vgl. Kommuniqué des Rates der EKD vom 9.7.1971 (EZA 87/743) sowie *epd za* vom 9.7.1971.

289 Vgl. Ebd. In der kirchlichen Presse war später zu lesen, Bundeskanzler Brandt habe die Feststellung des Ratskommuniqués in einem Vortrag vor dem Politischen Club der Evangelischen Akademie Tutzing als hilfreich gewürdigt und die Kirche aufgefordert, sich zum Anwalt derer zu machen, die keine ausreichende Stimme in der Reformdebatte erhielten („Der erste Stein", in: *Berliner Sonntagsblatt – Die Kirche* vom 1.8.1971).

290 Kommuniqué des Rates der EKD vom 9.7.1971 (EZA 87/743). Vgl. dazu auch „Freie Verfügbarkeit unvertretbar" (*FR* vom 10.7.1971); „EKD gegen ersatzlose Streichung des Paragraphen 218" (*SZ* vom 10./11.7.1971); „EKD-Rat gegen ersatzlose Streichung des § 218"(*Die Welt* vom 10.7.1971).

batte ausgelöst, welche auch die Landeskirchen erfasste und nicht selten sogar bis in einzelne Ortsgemeinden und deren Gottesdienste reichte.[291]

Berlin-Brandenburg: „Wir müssen aufhören zu verurteilen und anfangen zu helfen“[292]

Die erste offizielle Reaktion aus der evangelischen Kirche auf die Selbstbezichtigungskampagne kam – lange vor der kurzen Stellungnahme im Kommuniqué des Rates – aus der Landeskirche Berlin-Brandenburg. Zwei Wochen nach dem Auftakt der Selbstbezichtigungskampagne hatte der Berliner Bischof Kurt Scharf erklärt, seine Kirche fühle sich als Kirche des Evangeliums aufgerufen, der Mahnung ‚du sollst nicht töten‘ das Angebot ‚du brauchst es auch nicht‘ anzufügen.[293] Scharf wiederholte darum am 18. Juni vor dem Plenum seiner Regionalsynode das Angebot des ehemaligen Berliner Bischofs Otto Dibelius von 1947. „Wir erklären uns erneut dazu bereit“, lautete der von Scharf verlesene Aufruf der Berliner Kirchenleitung, „schwangere Mütter, die eine Abtreibung erwägen, zur Entbindung unentgeltlich in unsere Kliniken aufzunehmen – allerdings mit der Bitte, daß sie ihr Kind in den ersten 3 Wochen nach der Geburt bei sich behalten [...]. Sind sie danach weiterhin entschlossen, ihr Kind abzugeben, verpflichtet sich die Berliner Kirche und ihre Diakonie, die Sorge für die Kinder zu übernehmen.“[294]

In seinem Bericht vor der Synode führte Scharf weiter aus: „Wir sind dessen sicher, daß unsere Gemeinden uns bei diesem diakonischen Dienst

---

[291] Es zeigte sich dabei bald, dass es unter den Protestanten und Protestantinnen ein breites Spektrum an Meinungen gab. So geschah es z. B., dass der leitende Bischof der VELKD Hans-Otto Wölber in der Hamburger Hauptkirche St. Nikolai eindringlich vor einer zu weit gehenden Lockerung des Abtreibungsverbots warnte, während sich wenige Kilometer weiter in der Hauptkirche St. Jacobi knapp 250 Gottesdienstbesucher und -besucherinnen im Rahmen eines so genannten kritischen Gottesdienstes, an dem sich u. a. die Journalistin und Frauenrechtlerin Luc Jochimsen beteiligte, für die Einführung einer Fristenregelung aussprachen (vgl. „Dürfen Katholiken abtreiben?“ von Anton Antweiler, in: *Stern* vom 18.7.1971; „Nur einer war dagegen“, in: *Hamburger Morgenpost* vom 14.6.1971, sowie Predigt von Wölber am 1. Sonntag nach Trinitatis in der Hauptkirche St. Nikolai/Hamburg, abgedruckt in: *epd-dok* 32/71). Am 28.6.1971 fand ein zweiter kritischer Gottesdienst zum Thema Abtreibung in St. Jacobi statt, wobei nochmals eine Resolution, die sich für die Einführung der Fristenregelung aussprach, verabschiedet wurde (vgl. R. RUSCH, Aktionen, S. 99).

[292] Beschluss der Regionalsynode West der Evangelischen Kirche in Berlin-Brandenburg vom 20.6.1971 (vgl. KJ 1970, S. 151).

[293] Dies und das Folgende nach KJ 1970, S. 150–152, sowie *epd-dok* 32/71, S. 29–30.

[294] EBD. Das Mitglied der Kirchenleitung Carl Kessler berichtete später, das Angebot sei auf Scharfs Initiative zurückgegangen und von diesem persönlich auf der letzten Sitzung der Kirchenleitung in den Bericht eingefügt worden (vgl. VERHANDLUNGEN DER REGIONAL-SYNODE DER EVANGELISCHEN KIRCHE IN BERLIN-BRANDENBURG IN BERLIN [WEST] vom 18.-20.6.1971, S. 99 f.). Zu dem Angebot von 1947 vgl. Einleitung, Anm. 64.

in unserer Stadt unterstützen werden, daß sie es billigen, wenn ihre Kirche auch in einer Sache, die ein derartiges öffentliches Ausmaß angenommen hat, nicht zuerst nach dem Strafrichter ruft, sondern wenn sie Opfer zu bringen bereit ist, um Taten zu verhindern, die nicht im Einklang stehen mit Gottes Willen."[295] Die Synode erklärte nach längerer kontroverser Aussprache ihre prinzipielle Zustimmung zu dem Projekt, machte in ihrem Beschluss jedoch deutlich, dass sie eine Reform des Strafrechts ungeachtet des kirchlichen Hilfsangebots für unabdingbar hielt.[296] Die Synodalen gaben damit zu erkennen, dass sie die Problematik des Schwangerschaftsabbruchs – anders als Scharf – nicht primär unter individualethischen, sondern unter gesellschaftspolitischen Gesichtspunkten betrachteten und zur Linderung der Not nicht allein diakonische, sondern darüber hinaus auch strafrechtliche Maßnahmen für notwendig erachteten.

Nicht nur innerhalb der Synode waren Wert und Wirkung des Angebots der Kirchenleitung angezweifelt und die Offerte als unzureichende Antwort auf die drängende Problematik des Schwangerschaftsabbruchs bezeichnet worden. Auch aus den Reihen von Presse und Politik erhob sich Kritik am Angebot der Landeskirche, das den Kern der Abtreibungsproblematik verfehle, wie es hieß, und nicht dauerhaft zu einer Linderung der Not beitrage.[297] Vor der nächsten Regionalsynode wandten sich schließlich auch einige Sozialarbeiter und Sozialarbeiterinnen des Diakonischen Werks an die Kirchenleitung, wiesen kenntnisreich auf die Mängel des Angebots vom Sommer hin und unterbreiteten Alternativen, die ihrer Ansicht nach besser geeignet waren, Schwangeren in Not zu helfen.[298] Die Synode beschäftigte

[295] KJ 1970, S. 151, sowie *epd-dok* 32/71, S. 29–30. Scharf griff damit eine viel zitierte Wendung Barbara Just-Dahlmanns von der Evangelischen Akademikerschaft auf, die zu bedenken gegeben hatte, dass es der Kirche nicht gut anstehe, nach dem Strafrichter zu rufen, wo der ‚Bruder' gefragt sei (vgl. DIES., Tiefschlag).

[296] „Dieses Angebot kann zwar das Problem als Ganzes nicht lösen", stellte der entsprechende Synodalbeschluss fest, „[a]ber es verpflichtet alle Gemeindeglieder zu solidarischer Hilfe." Und weiter: „Die Synode begrüßt jede Bemühung, die Verlogenheit der augenblicklichen Praxis zu beenden. [...] Christen wissen um ihre Pflicht, Leben zu schützen. Aber die jetzige strafrechtliche Regelung [...] dient gerade diesem Schutz nur ungenügend" (Provinzialsynode Berlin-Brandenburg, Regional-Synode Berlin-West, Antrag des Berichtsausschusses zum Bericht der Kirchenleitung [§ 218] vom 20.6.1971, Drucksache 126, in: EZA 87/743; abgedruckt in: *epd-dok* 32/71, S. 29 f., sowie KJ 1970, S. 151).

[297] Vgl. „Zu viele Emotionen im Spiel" (*Berliner Stimme* vom 10.7.1971). Vgl. auch das Interview mit Lieselotte Funcke („FDP zu § 218: Dieser Paragraph 218 muß weg!", in: *Stern* vom 11.7.1971) sowie den Leserbrief der Assistentin der SPD-Abgeordneten Helga Timm, Hannelore Fuchs (*Rundschau am Sonntag* vom 8.8.1971).

[298] Die Sozialarbeiter und Sozialarbeiterinnen wiesen darauf hin, dass eine unentgeltliche Entbindung auch durch die Sozialgesetzgebung gewährleistet werde. Ferner sei das Angebot der Kirchenleitung insofern ein Scheinangebot, als es die Mütter verpflichte, sich die ersten drei Wochen um ihr Kind zu kümmern, was nicht nur finanzielle, sondern auch erhebliche soziale und psychische Probleme mit sich brächte. Und drittens könne die Zusage der Sorge

sich daraufhin im November 1971 abermals mit der Thematik des Schwangerschaftsabbruchs, nahm die Anregungen aus der Diakonie auf und wies in einem zweiten Beschluss darauf hin, dass es über eine Änderung des § 218 StGB hinaus vor allem vermehrter Beratung und Aufklärung in Fragen der Empfängnisverhütung bedürfe, um die hohe Zahl der Abtreibungen zu senken.[299]

Widersprüchliche Voten aus anderen Landeskirchen

Nicht nur aus Berlin kamen bald nach dem Auftakt der Selbstbezichtigungskampagne erste Reaktionen auf die neu entfachte breite Diskussion um die Reform des Abtreibungsstrafrechts. Da die meisten Landessynoden allerdings erst im Herbst wieder zusammentreten sollten, handelte es sich in der Regel um persönliche Meinungsäußerungen von Kirchenoberhäuptern. Die Bischöfe und Präsides stellten ihre Positionen dabei auf recht unterschiedliche Weise zur Diskussion. Während der bayerische Landesbischof und Ratsvorsitzende Hermann Dietzfelbinger sich in Predigten,[300] sowie der Bischof von Kurhessen-Waldeck Erich Vellmer[301] sich ebenfalls mündlich in einer kurzen Stellungnahme zur Frage des Schwangerschaftsabbruchs äußerten, wandten sich der Bischof von Braunschweig Gerhard Heintze[302] sowie der westfälische Präses Hans Thimme[303] in ausführlichen Anschreiben an die Presbyterien und die kirchliche Mitarbeiterschaft ihrer Landeskirchen.

---

für das Kind u. U. dazu führen, dass nicht nur die Eltern, sondern auch der Staat sich seiner Verantwortung entbunden fühle, so dass allein die Kirche für die Erziehung aufzukommen habe (vgl. Schreiben der Sozialarbeiter des Diakonischen Werks Miketta, Noelle, Pfannschmidt, Rohrmoser, Siemon-Halle, Tempel zum Beschluss der Synode 20.6.1971 und den Ausführungsbestimmungen der Kirchenleitung vom 5.8.1971 ohne Datum [handschriftliche Notiz: Nov. 71], in: PAEvKBB, Abtreibung und Kirche 60–71).

299 Vgl. Provinzialsynode Berlin-Brandenburg, Regional-Synode in Berlin-West vom 19.–24.11.1971. Antrag des Berichtsausschusses betr. § 218 StGB, Drucksache 136 (abgedruckt in: KJ 1970, S. 152). *Die Welt* interpretierte den Einsatz des Synodalvotums für eine verbesserte Empfängnisverhütung fälschlich als Plädoyer gegen eine Reform des § 218 StGB (vgl. „Syndoalbeschluß gegen eine Veränderung des Paragraphen 218", in: *Die Welt* vom 26.11.1971).

300 Vgl. Predigt zu Einführung von OKR Lanzenstiel und Dekan Glaser vom 11.7.1971, sowie Predigt in St. Matthäus/München zu Röm 8,12–17 am 8. Sonntag nach Trinitatis/1.8.1971, beides in Materialsammlung der Bayerischen Landeskirche (EZA 87/745).

301 Vgl. „Bischof Vellmer gegen völlige Freigabe der Abtreibung" (*epd za* vom 24.6.1971).

302 Vgl. Auszug aus einem Schreiben von Heintze vom 23.7.1971 (EZA 87/743; EZA 87/745); vgl. dazu auch: „Das bloße Nein zur Streichung des § 218 StGB genügt nicht" (*epd za* vom 29.7.1971).

303 Brief von Thimme an die Presbyterien vom 12.7.1971 (EZA 87/745; EZA 2/93/6215). Vgl. ferner seinen Beitrag für die Kirchenzeitung *Unsere Kirche*/Evangelisches Sonntagsblatt für Westfalen und Lippe vom 25.7.1971 (abgedruckt auch in: *Berliner Sonntagsblatt* vom 8.8.1971) sowie „Präses Thimme: ‚Heilighaltung des Lebens in jeder Entwicklungsphase'" (*epd za* vom 26.7.1971).

Der Impetus und die jeweiligen Kernaussagen der verschiedenen Stellungnahmen variierten z. T. erheblich voneinander. Dietzfelbinger und Thimme beklagten sich in ihren Äußerungen – ganz im Duktus der Orangen Schrift – über den Zeitgeist, warfen der Gesellschaft eine Überbewertung des Sexuellen vor und gemahnten daran, dass auch das Leid und die Lasten zum Leben dazugehörten.[304] Mehr als eine medizinische Indikation, die in Ausnahmen gleichwohl die Grenzfälle der psychischen sowie der ethischen Indikation umfassen konnte, war der westfälische Präses nicht bereit zu akzeptieren, und auch Dietzfelbingers Aussagen wiesen in diese Richtung. Die Bischöfe von Braunschweig und Kurhessen-Waldeck, Heintze und Vellmer, zeigten sich in ihren Äußerungen hingegen weitaus reformoffener. Sie gaben zu verstehen, dass sie eine Neufassung des § 218 StGB grundsätzlich begrüßten, und erhoben lediglich gegen eine Fristenregelung Einwände.[305]

3.3.5 Wortmeldungen aus den theologischen Fakultäten

Neben den Kirchenführern meldeten sich im Sommer 1971 auch Vertreter und Vertreterinnen der theologischen Fakultäten zu Wort. Einen erstes Votum kam aus Münster, wo sich Ende Juni 26 Mitarbeiter und Mitarbeiterinnen des evangelischen Fachbereichs durch verschiedene Äußerungen kirchlicher Vertreter zum öffentlichen Widerspruch veranlasst sahen. Um dem Eindruck entgegenzutreten, dass der evangelischen Kirche gleich der katholischen an einer unveränderten Konservierung des § 218 StGB gelegen sei und sie die vielfältige Not ungewollter Schwangerschaften ignoriere, wandten sich die Fakultätsmitglieder auf Initiative des Alttestamentlers Horst Seebaß in einem offenen Brief an den Ratsvorsitzenden sowie den westfälischen Präses.[306] Der Schwangerschaftsabbruch sei selbstverständlich nur die allerletzte Notlösung, hoben die Münsteraner hervor, doch müsse das Abtreibungsstrafrecht im Blick auf die ethische und die soziale Indikation dringend humanisiert werden. Man richtete deshalb die Bitte an die

[304] „Es gibt erfülltes Leben auch ohne Orgasmus", konstatierte Thimme. Unter Aufnahme der Grundsatzaussagen der Orangen Schrift zum Verhältnis von staatlichem Gesetz und sittlicher Ordnung vertrat er die Auffassung, dass die Kirche den Staat daran werde erinnern müssen, „daß Gottes Gebot nicht nur für Christen, sondern für alle Menschen gilt, und daß Gott dem Staat bzw. den Politikern gerade dafür eine besondere, selbständige Verantwortung gegeben hat" (Brief an die Presbyterien vom 12.7.1971, in: EZA 87/745; EZA 2/93/6215).

[305] Vgl. oben Anm. 301 und 302.

[306] Vgl. Erklärung von 26 Mitgliedern der Theologischen Fakultät Münster vom 30.6.1971 (EZA 2/93/6215; EZA 81/89/62); abgedruckt auch in: *epd-dok* 32/71, S. 14; KJ 1971, S. 154; *ZEE* 15. 1971, S. 380 f. Der Erklärung hatten sich auch rund 90 Studierende angeschlossen.

kirchenleitenden Gremien, „die bisher oft zu enge Argumentation zum Schutz werdenden Lebens zu überprüfen und auf eine möglichst baldige und umsichtige Änderung des § 218 hinzuwirken.“[307]

Dietzfelbinger und Thimme gaben in ihren Erwiderungen auf den offenen Brief aus der Theologischen Fakultät Münster zu verstehen, dass sie sich außer Stande sahen, dem Wunsch nach kirchlicher Unterstützung einer besonnenen Reform des § 218 StGB zu entsprechen. Die Erklärung aus Münster, begründeten sie ihre Haltung, sei zu unverbindlich, als dass man in ihrem Sinne tätig werden könne; sie versäume es überdies, eingehend zu ethischen Fragen – etwa nach dem Verhältnis von sittlicher Norm und staatlicher Gesetzgebung – Stellung zu nehmen.[308]

Das Versäumnis der Münsteraner Erklärung – so man dem Urteil Thimmes und Dietzfelbingers denn folgen möchte – wurde schon bald in einer zweiten Stellungnahme aus dem Raum der universitären Theologie umfassend aufgearbeitet. Anfang August 1971 legten vier Professoren der theologischen Fakultät Tübingen eine argumentativ bestechend scharfe gutachterliche Äußerung zur Reform des § 218 StGB aus theologisch-ethischer Sicht vor.[309] Die namhaften Verfasser – Eberhard Jüngel, Ernst Käsemann, Jürgen Moltmann und Dietrich Rössler – hatten sich auf Veranlassung des Tübinger Strafrechtlers und Mitverfassers des Alternativ-Entwurfs, Jürgen Baumann, mit der Thematik befasst.

In ihrem fünfseitigen Votum wiesen die Professoren einleitend zunächst auf die Grenze einer theologischen Stellungnahme zur Änderung des Abtreibungsstrafrechts hin. Nach Ansicht der Autoren überschritt es die Kompetenz des theologischen Urteils, zur konkreten Ausgestaltung des strafrechtlichen Abtreibungsverbots Stellung zu nehmen. Sie enthielten sich darum jedes Urteils über das Für und Wider einer Fristen- oder Indikationenregelung. Allerdings lehnten die Theologen sowohl die uneingeschränkte Freigabe des Schwangerschaftsabbruchs als auch das absolute Abtreibungsverbot ab, da ihrer Ansicht nach sowohl die Forderung nach unbedingter Selbstbestimmung der Schwangeren als auch die Forderung nach unbedingter Bewahrung des werdenden Lebens auf einem rücksichtslosen Prinzip absoluter Selbstverwirklichung basierten, welches einmal die Rechte des ungeborenen Lebens, das andere Mal die der Schwangeren negiere.

Das Ziel einer Reform des § 218 StGB, so die Grundthese der Tübinger, müsse eine Regelung sein, welche die Verantwortungsfähigkeit und Ver-

---

307 Ebd.

308 Vgl. Brief von Thimme an Seebaß vom 5.7.1971 (EZA 2/93/6215; EZA 81/89/62) sowie Brief von Dietzfelbinger an Seebaß vom 13.8.1971 (EZA 81/89/62).

309 Dies und das Folgende vgl. „Annahme oder Abtreibung. Thesen zur Diskussion über § 218 StGB“ von E. Jüngel, E. Käsemann, J. Moltmann, D. Rössler (in Rohfassung veröffentlicht in: EK 4. 1971, S. 452–454, sowie in der Endfassung in: J. Baumann, Abtreibungsverbot, S. 135–143, und E. Wilkens, § 218, S. 168–173).

antwortungsbereitschaft der Betroffenen fördere, denn das Gesetz könne lediglich einen Rahmen abstecken, innerhalb dessen Verantwortung zu üben und wahrzunehmen sei. Der beste Schutz menschlichen Lebens, so das Fazit des Gutachtens, sei die sozialpolitische Abwendung möglicher Bedrohungen menschenwürdigen Lebens. Jede Reform des Abtreibungsstrafrechts habe deshalb, so die Forderung der Professoren, Hand in Hand zu gehen mit einer Fülle flankierender Maßnahmen, die von sozialpolitischen Hilfestellungen bis zum Wandel der öffentlichen Moral samt ihrer Werte und Tabus reichen sollten.

Mit der gutachterlichen Äußerung der Tübinger Theologen waren nicht nur die Möglichkeiten und Grenzen dessen benannt, was theologische Urteilsbildung zur Reform des § 218 StGB beizutragen vermochte, sondern die Ausführungen zum Interessenausgleich und zur Verantwortungsübernahme gaben der Diskussion um die strafrechtliche Änderung des Abtreibungsverbots auch wertvolle ethische Kriterien an die Hand. Darüber hinaus umrissen die Verfasser, indem sie darauf hinwiesen, dass es im Blick auf die Entscheidungsfindung der einzelnen Betroffenen gelte, ihre Verantwortungsfähigkeit und -bereitschaft zu fördern sowie ihnen mit sozialpolitischen und diakonischen Hilfen zur Seite zu stehen, in gewisser Weise bereits die Aufgaben des künftigen kirchlichen Engagements zur Frage des Schwangerschaftsabbruchs. Es sollten allerdings noch einige Jahre vergehen, bis sich die Einsichten des Theologenpapiers in weiten Teilen der evangelischen Kirche durchgesetzt hatten.

3.3.6 Radikale Positionen innerhalb der evangelischen Kirche

Die Meinungsvielfalt innerhalb der evangelischen Kirche war, wie bereits deutlich geworden ist, recht groß, wobei sich die weitaus überwiegende Zahl der evangelischen Stellungnahmen zur Reform des § 218 StGB zwischen einer engen Indikationenregelung und einer Fristenregelung nach dem Modell der Alternativ-Professoren bewegten. An den Rändern des evangelischen Meinungsspektrums wurden allerdings auch radikalere Positionen vertreten.

Zum ‚linken Rand' des Meinungsspektrums gehörten nicht nur einzelne Studentengemeinden und Kreise, die sich für eine Abschaffung des § 218 StGB aussprachen, sondern z. B. auch die evangelischen Studentenpfarrer und -pfarrerinnen, die sich auf ihrer Jahrestagung im September 1971 mit dem Gesetzentwurf der Humanistischen Union solidarisch erklärten.[310] Der

---

[310] Vgl. Resolution der Evangelischen Studentengemeinde Münster vom 18.7.1971 (PAEPD R521.60) sowie „Evangelische Studentenpfarrer für Reform des Paragraphen 218" (*epd za* vom 27.9.1971). Auch die Nürnberger und Augsburger Regionalgruppen der Aktionsgemein-

,rechte Rand' des Meinungsspektrums wurde unterdessen von den radikalen Reformgegnern und -gegnerinnen abgesteckt. Widerstand gegen jede Liberalisierung des Abtreibungsstrafrechts erhob sich vor allem aus den Reihen der Bekenntnisbewegung, die sich in den sechziger Jahren innerhalb der evangelischen Kirche formiert und deren verschiedene Gruppierungen sich im Herbst 1970 zur Konferenz Bekennender Gemeinschaften zusammengeschlossen hatten.[311] Daneben gab es auch kleinere regionale Initiativen wie die 1971 durch den Tirschenreuther Pfarrer Reinhard Ernst gegründete ,Aktion Öffentlichkeit und Familie', die in Oberfranken und der Oberpfalz agierte und eng mit der ,Aktion Ulm 70 e. V.' – einer von Alice und Martin Krähmer geführten Gruppe um den Ulmer Arzt Siegfried Ernst – zusammenarbeitete.[312]

Siegfried Ernst war die Gallionsfigur der deutschen Lebensrechtsbewegung. Er war Vorsitzender der ,Europäischen Ärzteaktion', die gemeinsam mit der ,Juristenvereinigung Lebensrecht' und der von Pädagogikstudierenden gegründeten katholisch orientierten ,Aktion Lebensrecht für Alle' zu den führenden Lebensrechtsorganisationen in Deutschland zählte.[313] Der radikale Widerstand gegen die Reform des Abtreibungsstrafrechts be-

schaft für Arbeitnehmerfragen (AfA) plädierten einstimmig für eine Fristenregelung nach dem Modell der Humanistischen Union (vgl. Brief der Frauenarbeit in Bayern [ohne Namen] an Christa Siegmund-Schultze vom 25.11.1971, in: AEFD, Rechtsausschuß, § 218). Der Kölner ökumenische Arbeitskreis „Politisches Nachtgebet" initiierte im Herbst ebenfalls eine Unterschriftenaktion und forderte eine möglichst weit gehende Legalisierung des Schwangerschaftsabbruchs (vgl. *epd za* vom 21.10.1971).

[311] Ende Juni 1971 meldete die Presse, Vertreter der Konferenz Bekennender Gemeinschaften hätten an einem Gedankenaustausch zur Reform des § 218 StGB mit Mitgliedern des Strafrechtssonderausschusses teilgenommen und zu diesem Anlass auch rund 200 000 Unterschriften gegen eine Freigabe der Pornografie überreicht (vgl. *epd za* vom 28.6.1971). Am 9. September verabschiedete die Konferenz der bekennenden Gemeinschaften in Deutschland ferner eine Resolution an die Regierung, in welcher sie sich entschieden gegen jede ,Aufweichung' der §§ 184 und 218 StGB aussprach (abgedruckt in: *epd-dok* 6/72, S. 34–37).

[312] Zur „Aktion Öffentlichkeit und Familie" vgl. *epd za* vom 2.8.1971, sowie *epd za* vom 3.12.1971. Zur „Aktion Ulm 70 e. V." vgl. Brief von Krähmer an Kunst vom 23.3.1971 sowie an Dietzfelbinger vom 8.3.1971 (beide in: EZA 87/674); vgl. ferner Brief von Alice und Martin Krähmer an Dietzfelbinger vom 1.8.1971 (EZA 81/89/62) sowie Sechster Rundbrief der „Aktion Ulm 70 e. V." von Alice Krähmer vom 9.3.1972 (EZA 650/95/198). In den Akten der Kirchenkanzlei findet sich darüber hinaus eine von Marburg aus operierende „Aktion Stimme Junger Christen", über die jedoch nichts Näheres bekannt ist (vgl. Übersendungsschreiben eines Flugblattes von Klaus Pehlke/Marburg an Dietzfelbinger ohne Datum [vermutlich Nov/Dez 1971], in: EZA 87/746; EZA 81/89/62).

[313] Zur Lebensschutzbewegung vgl. W. RAU, Konservativer Widerstand, sowie FRAUEN GEGEN § 218, Vorsicht „Lebensschützer". Die Proteste der Lebensrechtsgruppen gegen die Reform des Abtreibungsstrafrechts waren ebenso wie ihre vorangegangene Opposition gegen eine Lockerung des Pornografieparagrafen (§ 184) nur Einzelbeispiele, an welchen sich eine weitaus umfassendere Heimatlosigkeit in der sich wandelnden Gesellschaft veranschaulichte.

schränkte sich folglich keineswegs allein – ja nicht einmal primär – auf das kirchliche Umfeld. Das Verhältnis zwischen der Lebensrechtsbewegung und der evangelischen Kirche war vielmehr recht angespannt. Zwar brachten der Ratsvorsitzende sowie sein persönlicher Referent gewisse Sympathien für die Ziele der Reformgegner auf,[314] und Ernst gewann auch einigen kirchlichen Einfluss, als er sich Ende 1971 in die württembergische Landessynode wählen ließ, doch stieß das süddeutsche Interesse an der Lebensschutzbewegung weder in den übrigen Landeskirchen noch in der Kirchenkanzlei auf Resonanz.[315]

So wenig die meisten Leitungsgremien der evangelischen Kirche sich mit den Forderungen der Lebensschutzorganisationen identifizieren konnten, so wenig konnten die radikalen Reformgegner und -gegnerinnen sich umgekehrt mit dem breiten Meinungsspektrum innerhalb des Protestantismus abfinden. Abgesehen von einigen wenigen kirchlichen Äußerungen, die – wie z. B. die Orange Schrift oder verschiedene Voten Wölbers, Dietzfelbingers oder Thimmes – unter den Lebensschützern auf Wohlwollen stießen,[316] warfen diese der evangelischen Kirche immer wieder Untätigkeit vor, verlangten entschlosseneren Widerstand gegen die Reformpläne der Regierung und nahmen Anstoß daran, dass der evangelische Beitrag zur Abtreibungsdebatte weitaus vielstimmiger war als der katholische.[317]

---

[314] Zu Ernsts Agitation in der württembergischen Landessynode vgl. u. a. unten S. 202 ff., S. 509 ff. und S. 546 ff. Reinhard Mumm, der CSU-nahe persönliche Referent des Ratsvorsitzenden, hatte bereits am 25.11.1970 an Echternach geschrieben: „Am 24.11. hörte ich Dr. Ernst in München reden. Er macht auf mich den Eindruck eines überzeugten evangelischen Christen, eines erfahrenen Arztes und eines tapferen Mannes, der sich aus Gewissenspflicht unter persönlichen Opfern der Flut des Schmutzes auf dem Gebiet des Films und anderer Massenkommunikationsmittel entgegenstellt. Ich wünsche mir, daß er in der Kirche und in der Öffentlichkeit Gehör und Anerkennung findet" (EZA 99/1.306). Zu Dietzfelbinger vgl. dessen Brief inkl. Materialzusendung an Wilkens vom 9.7.1971 (EZA 81/89/62).

[315] So schrieb Dietzfelbinger im Sommer an Wilkens: „Dr. Siegfried Ernst aus Ulm ist Ihnen ja nicht unbekannt. Ich weiß auch, daß Sie in manchem ihm kritisch gegenüberstehen" (Ebd.). Dietzfelbinger übersandte dennoch Informationsmaterial der Europäischen Ärzteaktion.

[316] Vgl. „Mit grosser Dankbarkeit haben wir und Millionen anderer Menschen die gemeinsame Stellungnahme von Kardinal Döpfner und Bischof Dietzfelbinger [...] gegen die geplante ‚Reform' des Sexualstrafrechts zur Kenntnis genommen" (Brief von Ernst an die Präfektur des Apostolischen Stuhls in Rom vom 26.4.1971, in: EZA 81/89/62).

[317] Insbesondere die Tatsache, dass ausgerechnet eine Synodale der evangelischen Kirche – Lieselotte Funcke – in der Öffentlichkeit mit Nachdruck für eine Fristenregelung eintrat, sorgte unter evangelischen Reformgegnern und -gegnerinnen für Unmut und veranlasste sie, den Rücktritt der FDP-Politikerin von ihrem Synodalamt zu fordern (vgl. Brief von Alice und Martin Krähmer an Dietzfelbinger vom 1.8.1971, in: EZA 81/89/62, sowie Brief von Dr. Heinz Petzold/Dassel an Funcke vom 21.8.1971 und deren Antwortschreiben vom 1.9.1971, beide in: EZA 81/89/64).

Auf kirchenleitender Ebene, lässt sich resümieren, fanden weder die Forderungen nach Beibehaltung des unbedingten Abtreibungsverbots noch jene nach Streichung des § 218 StGB nachhaltig Gehör, obgleich beide Positionen durchaus innerhalb der evangelischen Kirche vertreten wurden.

3.3.7 Die katholische Kirche: Unisono gegen jede Reform

Die zahlreichen katholischen Voten zur Reform des Abtreibungsstrafrechts – Tallen listet in seiner Monographie allein für die Zeit von Juni bis November 1971 37 Stellungnahmen auf – waren in ihrem Tenor sehr viel kongruenter als die evangelischen Äußerungen.[318]

In unmittelbarer Reaktion auf die Selbstbezichtigungskampagne überreichte das Kommissariat der deutschen Bischöfe dem Bundesjustizminister bereits am 23. Juni 1971 eine erste offizielle Stellungnahme „Zum Schutz des werdenden Lebens".[319] Da aus Bonn noch keine konkreten Reformpläne vorlagen und die Verfasser sich vorerst lediglich gegen die öffentlichen Initiativen und Pressekampagnen zur Abschaffung des § 218 StGB abzugrenzen hatten, fiel die Stellungnahme im Vergleich zu späteren Äußerungen im Ton recht moderat aus. Inhaltlich freilich ließ man keinen Zweifel an den massiven Vorbehalten der katholischen Kirche gegen eine Reform des § 218 StGB und akzeptierte weder die Anwendung von Nidationshemmern zur Kontrazeption noch eine andere als die streng medizinische Indikation.[320]

Zeitgleich mit der Veröffentlichung des Votums gaben verschiedene Repräsentanten der katholischen Kirche ferner scharfe Protesterklärungen gegen eine Lockerung des § 218 StGB ab; unter ihnen der Berliner Kardinal Alfred Bengsch sowie die Bischöfe Hermann Schäufele (Freiburg), Franz Hengsbach (Essen) und Heinrich Tenhumberg (Münster).[321] Der Paderborner Erzbischof Lorenz Kardinal Jäger verurteilte die Bestrebungen zur

---

[318] Vgl. H. TALLEN, § 218, S. 47 f.

[319] Vgl. Stellungnahme des Kommissariats der deutschen Bischöfe „Zum Schutz des werdenden Lebens" vom 23.6.1971 (*epd-dok* 32/71, S. 5–7, sowie F.-C. SCHROEDER, Abtreibung, S. 82–86).

[320] Die Erklärung, die nach Wöstes Auskunft auf die Vorarbeiten des katholischen Arbeitskreises für Strafrecht zurückgriff, argumentierte auf der Grundlage der natürlichen Erkenntnis und wies Einwände, es handele sich bei der persönlichen Einstellung zum Schwangerschaftsabbruch um eine Glaubensfrage, entschieden zurück: „Nicht weil die Kirche die Tötung Unschuldiger verbietet, ist die Abtreibung unzulässig", hieß es in der Stellungnahme, „sondern weil sie für alle Menschen gleichermaßen und allezeit Unrecht war und Unrecht ist, bezeichnet auch die Kirche sie um des Menschen willen als Unrecht" (EBD.; vgl. auch: „Die Kirche und der Paragraph 218", in: Publik vom 2.7.1971).

[321] Vgl. R. RUSCH, Aktionen, S. 98 f.

Reform des § 218 StGB in einem Hirtenbrief, der Ende Juni von allen Kanzeln seiner Diözese verlesen wurde, sogar als „neues Euthanasieprogramm“.[322] Eindringlich warnten schließlich auch der Vorsitzende der Bischofskonferenz Julius Kardinal Döpfner sowie der Erzbischof von Köln Joseph Kardinal Höffner vor einer Liberalisierung des § 218 StGB.[323]

Die katholische Kirche verwahrte sich – bis auf wenige Ausnahmen – unisono gegen eine Änderung des geltenden Abtreibungsstrafrechts.[324] „Obwohl die Einstellung der katholischen Kirche damit gegenüber früheren Verlautbarungen zur Reform der Abtreibungsregelung gleich geblieben war,“ fasst Lißke die Entwicklung nach der Selbstbezichtigungskampagne zutreffend zusammen, „erschien sie in dem nun veränderten Kontext der gesellschaftlichen Diskussion starrer und extremer als jemals zuvor.“[325]

3.3.8 Ökumenische Gespräche zu einem gemeinsamen Wort

Am 28. Juni, wenige Tage nachdem das Kommissariat der Deutschen Bischöfe seine Stellungnahme „Zum Schutz des werdenden Lebens“ veröffentlicht hatte, stellte man auch im bayerischen Landeskirchenamt Überlegungen zu einer Verlautbarung an. Dazu berichtete Oberkirchenrat Gerhard Grethlein dem Ratsvorsitzenden am 28. Juni 1971 in einem ausführlichen Aktenvermerk von einem Telefonat mit dem CSU-Bundestagsabgeordneten und evangelischen Pfarrer Hans Roser. „Nach Ansicht

---

[322] „Die Kirche und der Paragraph 218“ (*Publik* von 2.7.1971); „Neues Euthanasieprogramm“ (*dpa*-Meldung vom 27.6.1971).

[323] Zu Döpfner vgl. *kna* vom 8.6.1971, sowie Wortlaut seiner Ansprache in der Sendung „Zum Sonntag“ des BR, II. Programm, vom 3.7.1971 (EZA 81/89/62). Zu Höffner vgl. Interview „Ungeborenes Kind ist kein Niemand ohne Rechte“ (*kna* vom 12.8.1971).

[324] Neben einzelnen katholischen Moraltheologen wie Johannes Gründel und Franz Böckle sprach sich vor allem der katholische Arbeitskreis der sozialdemokratischen Wählerinitiative, dem prominente Vertreter wie die Theologen Norbert Greinacher und Peter Lengsfeld sowie der Schriftsteller Günter Grass angehörten, für eine moderate Reform des § 218 StGB und eine größere katholische Meinungsvielfalt aus. In einer Broschüre des Arbeitskreises hieß es: „Der katholische Arbeitskreis in der Sozialdemokratischen Wählerinitiative bejaht auch in der Frage der Reform des § 218 die Pluralität der verantworteten Meinungen. Er selbst vertritt dabei keine einheitliche Position, wendet sich aber entschieden gegen jeden Versuch, eine politische Position weiterhin für alle Katholiken als verbindlich zu erklären und andere als unchristlich oder gar unmenschlich abzuwerten“ („Katholiken zur Reform des § 218“ o. J., in: PAEvKBB, Abtreibung und Kirche 1’72 – 6’73). Zu Gründel vgl. *kna* vom 30.6.1971; zu Böckle vgl. *kna* vom 10.7.1971.

[325] M. Lisske, Abtreibungsregelung, S. 148. H. Tallen spitzt seine Beobachtungen noch weiter zu und kommt zu dem Schluss, dass die katholischen Erklärungen ab Sommer 1971 deutlicher zum Widerstand gegen die gesellschaftlichen und politischen Entwicklungen aufriefen und damit politischer wurden als noch zu Beginn des Jahres 1971 (vgl. Ders., § 218, S. 47 f.).

von Pfarrer Roser", schrieb Grethlein, „würde ein Wort des Herrn Landesbischofs (u. U. gemeinsam mit Kardinal Döpfner) eine große Hilfe bedeuten, vor allem wenn es rasch käme. Ein klares Wort des Herrn Landesbischofs sei hier mehr wert als eine in einiger Zeit vielleicht mögliche verwaschene Erklärung des Rates der EKD."[326] Und weiter: „Der Abgeordnete Roser ist davon überzeugt, daß ein solches klares Wort des Herrn Landesbischofs, besonders, wenn es gemeinsam mit Kardinal Döpfner ergeht, die politische Diskussion um den § 218 beenden würde."[327] Grethlein schloss sich der von Roser vorgetragenen Bitte um eine baldige öffentliche Erklärung mit Nachdruck an. „Selbst wenn die Wirkung nicht so stark wäre, wie Pfarrer Roser sie sich erwartet", schrieb er, „kann die Kirche nicht mehr lange schweigen."[328]

Dietzfelbinger ging auf die Anregung aus Bonn ein. Am 4. August 1971 kam es im Landeskirchenamt in München zu einem ersten ökumenischen Spitzengespräch über ein gemeinsames Wort zur Reform des § 218 StGB. Die Teilnehmer - auf katholischer Seite Höffner, Wöste und Forster sowie auf evangelischer Seite Dietzfelbinger, Kunst und Wilkens - hatten mit Ausnahme von Höffner bereits dem Verfasserkreis der Orangen Schrift angehört.

Dennoch sollten sich die intensiven Verhandlungen über ein erneutes Wort schwierig gestalten. Insbesondere Wilkens stand dem Vorhaben - zumal nach den Erfahrungen mit der Orangen Schrift - ablehnend gegenüber. In einem ausführlichen Vermerk über das evangelisch-katholische Gespräch in München zählte er die seiner Ansicht nach gravierenden konfessionellen Unterschiede in der Haltung zur Reform des Abtreibungsstrafrechts auf.[329] Bereits im Hinblick auf die Anerkennung der Nidationshemmer bestehe Dissens, und auch an die Zulassung weiterer Indikationen, die über die medizinische hinausgingen, sei von katholischer Seite nicht gedacht. Wilkens gab ferner zu bedenken, dass auch das schwere Gewicht des von katholischer Seite gewählten Vokabulars und der immer wieder angestrengte Vergleich mit der Vernichtung lebensunwerten Lebens zur Zeit des Nationalsozialismus die engen Grenzen aufzeige, in denen sich die katholische Meinungsbildung bewege. Die Meinungsunterschiede zwischen Katholiken und Protestanten, lautete Wilkens' abschließendes Resümee, betrafen ganz umfassend „Natur und Umfang der Konfliktsfälle, ihre

---

[326] EZA 81/89/62.

[327] Ebd.

[328] Ebd.

[329] Dies und das Folgende vgl. Wilkens' Protokoll vom 20.8.1971 über das ev.-kath. Gespräch vom 4.8.1971 (EZA 87/744). Das Gespräch hatte Wilkens so sehr beschäftigt, dass er sich - obgleich er bereits im Urlaub in Dänemark weilte - entschlossen hatte, eine auswertende Niederschrift zu verfassen und sie verschiedenen Ratsmitgliedern zuzusenden.

Feststellbarkeit und die Funktion, die dabei dem Gesetz des Staates und besonders der strafrechtlichen Sanktion zuzuerkennen ist.“[330]

Ungeachtet dieser Einwände wurden die Verhandlungen jedoch fortgeführt. Auf Kunsts und Wöstes Wunsch hin verfasste Niemeyer vom katholischen Büro eine Vorlage für eine gemeinsame Verlautbarung.[331] Der Entwurf wurde auf evangelischer Seite von Echternach in mehreren Korrekturgängen bearbeitet und am 2. September schließlich zur Begutachtung an Wilkens weitergeleitet, wobei Echternach anfügte: „Persönlich kann ich Ihnen sagen, daß ich mit der jetzigen Formulierung des Entwurfs in vielem nicht zufrieden bin – er stellt einen Kompromiß dar.“[332] Worin freilich der Kompromiss bestand, von dem Echternach sprach, angesichts eines Papiers, das weder die ethische noch die eugenische Indikation anerkannte und selbst die Anerkennung der medizinischen Indikation lediglich auf eine Duldung der letalen Indikation beschränkte, blieb offen.[333] Es war Echternach offenkundig nicht gelungen, evangelische Argumentationsansätze in das Schriftstück einzubringen. Auch Wilkens kritisierte unmittelbar nach Erhalt des Entwurfs, dass der Text von vornherein zu sehr von einem in sich geschlossenen moraltheologischen Grundansatz ausginge.[334] Hier noch evangelische Erwägungen einbringen zu wollen, erschien ihm ein aussichtsloses Unterfangen.[335]

Die Entscheidung über eine gemeinsame Erklärung sollte beim 7. Kontaktgespräch zwischen Vertretern der beiden großen Kirchen am 13./14. September in Essen fallen. Ohne vorherige Absprache mit Kunst hatte Wilkens den evangelischen Teilnehmern der Zusammenkunft im Vorfeld den Entwurf der gemeinsamen Ausarbeitung samt seiner kritischen Beurteilung des Papiers zukommen lassen.[336] Die Delegationen, der auf katholischer Seite Höffner, Jäger, Hengsbach, Tenhumberg und Volk sowie auf evangelischer Seite Beckmann, Heintze, Viering, Dietzfelbinger, Kunst und Axel von Campenhausen angehörten, kam daraufhin – wie Wilkens und Echternach erwartet und gehofft hatten – zu keiner Einigung.[337] „Es

330 Ebd.

331 Vgl. Brief von Echternach an Wilkens vom 2.9.1971 (EZA 650/95/195).

332 Ebd. Die drei Versionen datierten vom 23. und 31. August sowie vom 1. September (alle in: EZA 99/1.306).

333 Echternach riet davon ab, in einer möglichen Unisono-Erklärung einzelne Indikationen, wie sie erst in der letzten Überarbeitung des Textes von katholischer Seite eingefügt worden waren, zur Sprache zu bringen, da er wie Wilkens nicht damit rechnete, dass die katholische Kirche sich über die medizinische Indikation hinaus zur Anerkennung weiterer Indikationen bewegen lassen würde (Brief an Wilkens vom 2.9.1971, in: EZA 650/95/195).

334 Brief an Forster vom 9.9.1971 (EZA 650/95/195).

335 Ebd. Wilkens hielt das von Dietzfelbinger anvisierte Ziel einer gemeinsamen Stellungnahme für nicht realisierbar.

336 Vgl. Brief von Wilkens an Dietzfelbinger, Beckmann, v. Campenhausen, Heintze, Kunst, Viering vom 9.9.1971 (EZA 87/744).

besteht Übereinstimmung", hieß es später im Protokoll, „daß mit Rücksicht auf einige Akzentunterschiede in der Beurteilung und auf den Stand der Beratungen in den Strafrechtskommissionen beider Kirchen im Augenblick ein gemeinsames Wort nicht möglich ist."[338] Die Gesprächspartner beschlossen, weiterhin in gegenseitigem Informationsaustausch zu bleiben und das erarbeitete Papier als Grundlage für mögliche zukünftige Verlautbarungen zu verwenden. Das siebte Kontaktgespräch bildete damit den vorläufigen Abschluss der Bemühungen um eine Annäherung der Standpunkte und die Herausgabe eines gemeinsamen evangelisch-katholischen Wortes.

Am 16. September, zwei Tage nach dem Essener Gespräch, trat der Rat der EKD zusammen und wurde über das Ergebnis der Verhandlungen in Kenntnis gesetzt.[339] Kunst, der offenbar wie Dietzfelbinger auf eine baldige Ratsstellungnahme drängte und das Scheitern des interkonfessionellen Gesprächs bedauerte, äußerte den dringenden Wunsch, der Rat möge wenigstens Meinungsbilder formulieren, sowohl zu der Möglichkeit einer Annäherung an die katholische Position als auch zu den Gesetzesoptionen, die gegenwärtig in den Bundestagsfraktionen diskutiert würden. Die Mehrheit der Ratsmitglieder lehnte dies jedoch ab und hielt im Protokoll fest, sie erachte eine Ratsstellungnahme vor der Veröffentlichung erster Gesetzentwürfe im Wortlaut nicht für nötig.

Auch die katholische Kirche sah davon ab, eine Erklärung auf der Grundlage der gemeinsamen Ausarbeitung abzugeben. Sie veröffentlichte Ende September statt dessen zwei allgemeiner gehaltene Voten, die sich im Kontext der gesellschaftspolitischen Entwicklung sowie des allgemeinen Lebensschutzes nur am Rande mit der Abtreibungsproblematik befassten.[340]

Die Kirchen hielten sich im Herbst 1971 somit noch mit deutlichen Worten zurück, obgleich ihre ablehnende Haltung zu der Entwicklung, welche die Abtreibungsdebatte seit der Selbstbezichtigungskampagne im Sommer genommen hatte, außer Frage stand. Die Erfahrungen aus der Orangen Schrift hatten sie möglicherweise gelehrt, sich nicht zu früh auf eine bestimmte Position festzulegen und dadurch Spielräume zu vergeben, die von Nutzen sein konnten für die weitere Diskussion und Intervention nach Einleitung des politischen Reformprozesses.

---

[337] Als Gäste und Sachverständige nahmen auch Wöste und Wilkens an der Zusammenkunft teil (vgl. Protokoll des 7. Kontaktgesprächs im Priesterseminar im Bistum Essen am 13./14.9.1971 (EZA 99/11).

[338] Ebd.

[339] Dies und das Folgende vgl. Auszug aus der Niederschrift über die 55. Sitzung des Rates der EKD am 15./16.9.1971 in Berlin (EZA 87/744; EZA 2/93/6216).

[340] Vgl. „Erklärung der Deutschen Bischofskonferenz zur gesellschaftspolitischen Entwicklung in der Bundesrepublik vom 21.9.1971" (*epd-dok* 15/73, S. 63 f.) sowie „Wort der Deutschen Bischofskonferenz zur Verantwortung für das menschliche Leben vom 23.9.1971" (*epd-dok* 15/73, S. 59–62).

Kapitel II
Aufnahme und vorzeitiger Abbruch der Gesetzesreform (1971–1972)

1. Erste Schritte zur Reform und der Beitrag der evangelischen Kirche

Nachdem der Sommer des Jahres 1971 ganz im Zeichen der durch die Selbstbezichtigungskampagne ausgelösten breiten öffentlichen Abtreibungsdebatte gestanden hatte, richtete sich das mediale Interesse im Herbst 1971 zunehmend auf das Bundesjustizministerium, wo die Beratungen über die Neufassung des § 218 StGB auf Hochtouren liefen.

Da die Reform des Abtreibungsstrafrechts immer konkretere Züge annahm, kam es auch in verschiedenen Gremien der evangelischen Kirche im Herbst 1971 zu einer verstärkten Auseinandersetzung mit der Problematik des Schwangerschaftsabbruchs. Während der Rat der EKD und die Strafrechtskommission sich noch in internen Beratungen befanden, verabschiedeten einzelne Landessynoden sowie die Evangelische Frauenarbeit in Deutschland (EFD) bereits erste öffentliche Stellungnahmen und beteiligten sich am gesellschaftlichen Meinungsbildungsprozess. Es zeigte sich jedoch, dass die allgemeine Meinungsbildung u. a. durch die Ereignisse des Sommers und die mediale Mobilmachung in der Zwischenzeit derart weit vorangeschritten war, dass die breite Öffentlichkeit den Diskussionsstand in den EKD-Gremien und im Bundesjustizministerium hinter sich gelassen hatte und bereits eine Abschaffung des § 218 StGB in Betracht zog.

1.1 Gesellschaftliche Stimmungen

Insgesamt drei großangelegte Meinungsumfragen zur Reform des Abtreibungsstrafrechts hatte die Bundesregierung zu Beginn des Jahres 1971 in Auftrag gegeben. Das erste Ergebnis hatte im Frühjahr, d. h. noch vor Beginn der breiten Abtreibungsdebatte, das Allensbacher Institut ermittelt. Danach sprachen sich im März 1971 bereits 46 % der Befragten für und nur 39 % gegen eine Abschaffung (!) des § 218 StGB aus.[1] Eine zweite

---

[1] „Selbst viele Katholiken sind für eine Reform" von Hans Lerchbacher (*FR* vom

Umfrage des Münchner Infratest Instituts nach dem Auftakt der Selbstbezichtigungskampagne ergab, dass nur noch 31 % der Befragten eine Neufassung des § 218 StGB ablehnten, während sich bereits 54 % für eine Streichung aussprachen.[2] Laut einer dritten Meinungsumfrage des Infas-Instituts stimmten nur 23 % der Befragten der geltenden Regelung zu, während 65 % sich – auf die sozialen Ungerechtigkeiten des Abtreibungsverbots hin befragt – für eine Aufhebung des § 218 StGB aussprachen.[3] Die Bejahung einer Fristenregelung lag bei 58 %, wobei selbst unter den CDU-Wählern und -Wählerinnen sowie unter der katholischen Bevölkerung die Zustimmung zu einer Dreimonatsfrist leicht vor deren Ablehnung überwog.[4] Zum Katalog der Indikationen befragt, plädierten jeweils weit über 70 % der Bevölkerung für die Anerkennung der vier gängigen Indikationen (der medizinischen, ethischen, eugenischen und sozialen).[5]

„Den Resultaten der Umfrage", hieß es Ende Juli in der Presse, „wird in Bonn um so mehr Gewicht beigemessen, als die Fraktionen sich noch nicht definitiv auf ihr Vorgehen bei der Reform des Strafgesetzparagraphen geeinigt haben."[6] Die Umfrageergebnisse könnten, so die Spekulationen, insbesondere die Meinungsbildung in der CDU-Fraktion beeinflussen und die Opposition dazu bewegen, auf die Vertreter und Vertreterinnen einer Indikationenregelung innerhalb der SPD zuzugehen.

Einer großen ‚Koalition der Mitte', wie sie u. a. vom innenpolitischen Experten der *FAZ*, Friedrich Karl Fromme, gefordert wurde, stand allerdings nicht nur die Opposition, sondern auch die SPD und deren uneinheitliche Meinungsbildung im Weg.[7] Bedeutende Regierungsvertreter wie Brandt, Jahn oder Wehner, die einer Indikationenregelung den Vorzug vor

---

22.9.1971); vgl. auch „Paragraph 218". Repräsentativumfrage des Institutes für Demoskopie Allensbach (*epd-dok* 32/71, S. 8).

[2] Vgl. „Mehrheit der Bevölkerung für legale Abtreibung" (*HAZ* vom 29.7.1971).

[3] Vgl. „Selbst viele Katholiken sind für eine Reform" von Hans Lerchbacher (*FR* vom 22.9.1971).

[4] Laut Infratest waren 49 % der CDU-Wähler und -Wählerinnen für eine Fristenregelung und 40 % dagegen. Unter den Katholiken stimmten 44 % einer Fristenregelung zu, während 36 % sie ablehnten (vgl. „Mehrheit der Bevölkerung für legale Abtreibung", in: *HAZ* vom 29.7.1971).

[5] Vgl. Ebd.

[6] Ebd.

[7] Vgl. „Einigung über die Reform des Abtreibungs-Paragraphen?" (*FAZ* vom 7.8.1971). Während sich das Präsidium der SPD mit einer dünnen Mehrheit für eine Indikationenregelung ausgesprochen hatte, hatten die Diskussionen im rechtspolitischen Arbeitskreis der SPD-Bundestagsfraktion sowie die Aussprachen im Parteirat, im Parteivorstand und in der Kontrollkommission der SPD eine schwache Mehrheit für eine Fristenregelung erbracht (vgl. „SPD-Mehrheit für Frist von drei Monaten bei Abtreibung", in: *Die Welt* vom 19.10.1971, sowie „SPD fällt die Entscheidung über Paragraph 218 schwer", in: *FR* vom 19.10.1971; zum Arbeitskreis Recht vgl. „Wer ein Klavier hebt, mordet nicht!", in: *Der Spiegel* 27/25 vom 28.6.1971, S. 19 f., sowie den oben erwähnten Artikel von Fromme).

der Fristenregelung gaben, konnten nicht darüber hinwegtäuschen, dass weite Teile der SPD-Fraktion eher zu einer Fristenregelung tendierten, für die sich auch die kleinere Koalitionspartnerin, die FDP, nahezu geschlossen aussprach.[8] Ungeachtet der breiten Zustimmung innerhalb der Regierungskoalition wurden der Fristenregelung allerdings kaum Chancen ausgerechnet, denn: „Für die politische Entscheidung", erläuterte Robert Leicht von der *SZ*, „ist freilich die Prognose maßgebend, daß die Fristenregelung keine Mehrheit, dafür aber entschiedenen kirchlichen Widerspruch findet, dessen politisches Gewicht in Bonn niemand mehr unterschätzt."[9] Für eine Indikationenregelung dagegen, fuhr Leicht fort, dürfe der Bundesjustizminister damit rechnen, dass diese wenigstens von der evangelischen Kirche toleriert werde, denn die EKD hätte sich in der sexualethischen Denkschrift immerhin für die Berücksichtigung aller Lebensumstände bei der Reform des § 218 StGB ausgesprochen und lediglich eine rein soziale Indikation abgelehnt.

1.2 Die Veröffentlichung des Referentenentwurfs

Aus der Sommerpause zurückgekehrt, machte der Bundesjustizminister den Spekulationen ein vorläufiges Ende und äußerte sich am 6. September 1971 erstmals eingehender über seine Pläne zur Reform des § 218 StGB. Im Arbeitsbericht über die Rechtspolitik in der 6. Wahlperiode des Deutschen Bundestages hieß es: „Bei der Reform des § 218 StGB wird der Entwurf von der Erwägung ausgehen, daß der Schutz des Lebens und auch des werdenden Lebens von der Verfassung geboten und unverzichtbar ist." Und weiter: „Eine sogenannte Fristenlösung kann schon deshalb als im Widerspruch mit dem Grundgesetz (Art. 2 GG) stehend dem Gesetzgeber nicht vorgeschlagen werden."[10]

[8] Zu Jahn und Wehner vgl. Aktenfeststellung von Grethlein an Dietzfelbinger vom 28.6.1971 über ein Gespräch Grethleins mit Pfarrer Hans Roser (MdB) vom 23.8.1971 (EZA 81/89/62); zu Brandts Position vgl. „Brandt: Paragraph 218 soll humanisiert werden" in: *epd za* vom 23.7.1971.

[9] „Gerhard Jahn zwischen den Fronten" (*SZ* vom 26.7.1971). Leicht hatte gute Kontakte zum Bundesjustizminister, für dessen Aufsatzsammlung er 1972 das Nachwort verfasste (vgl. G. JAHN, Rechtspolitik). Zur Einschätzung der politischen Lage vgl. auch „Korrespondentenbericht: Wenig Chancen für Dreimonats-Frist" von Rudolf Orlt (*epd za* vom 27.7.1971) sowie „Chancen für Liberalisierung des Abtreibungsverbots" von Friedrich Karl Fromme (*FAZ* vom 3.9.1971). Der Artikel trug die Unterüberschrift: „Fristenregelung jedoch unwahrscheinlich".

[10] Jahns Ankündigung aus dem Arbeitsbericht über die Rechtspolitik in der 6. Wahlperiode des Deutschen Bundestages vom 6.9.1971 findet sich in: F.-C. SCHROEDER, Abtreibung, S. 158 f., sowie G. KRAIKER, Schritte, S. 150.

Das kategorische Urteil des Bundesjustizministers über die Verfassungswidrigkeit einer Fristenregelung traf erwartungsgemäß auf heftigen Widerspruch: „Jahn weiß natürlich, daß Artikel 2 des Grundgesetzes keinen Gesetzgeber hindern könnte, eine sogenannte ‚Fristenlösung' einzuführen", konterte der FDP-Abgeordnete und *Spiegel*-Verleger Rudolf Augstein in seinem Magazin und fuhr fort: „Gegen solch ein Gesetz könnte die CDU vor das Bundesverfassungsgericht ziehen, aber den Senat möchte man denn doch sehen, der im Gegensatz zu den fortschrittlichsten Rechtssystemen die kirchlichen Auffassungen von Person, Persönlichkeit und Leben für rechtsverbindlich hielte."[11] Augstein schlussfolgerte, dass Jahn sich im Falle der Verabschiedung einer Fristenregelung vermutlich weniger vor einer möglichen Verfassungsklage, als vor dem Verlust von Wählerstimmen und mehr noch vor einer Agitation der Kirchen gegen die Regierung fürchte.

Am 22. Oktober schließlich veröffentlichte Jahn den Referentenentwurf des Bundesjustizministeriums für das 5. Strafrechtsreformgesetz (StrRG). Er hob allerdings hervor, dass das Papier zunächst einer ausführlichen Diskussion bedürfe, bevor abschließend ein kabinettsreifer Entwurf vorgelegt werden könne.[12] Was den weiteren Zeitplan des Reformvorhabens betraf, visierte der Bundesjustizminister an, bis zur Jahreswende einen Regierungsentwurf verabschieden zu lassen, der dann gegen Februar 1972 den Bundestag erreichen und dort möglichst noch vor der Sommerpause – und damit vor Beginn des Bundestagswahlkampfes – zur Verabschiedung gebracht werden sollte.[13]

Was den Inhalt betraf, schloss sich der von Jahn vorgelegte Referentenentwurf in seiner Einleitung zunächst der Haupterkenntnis des Alternativ-Entwurfs an, dass sowohl der Schutz des werdenden Lebens als auch die Verminderung unsachgemäß vorgenommener Schwangerschaftsabbrüche wirksam nur durch Maßnahmen gewährleistet werden können, die außerhalb des Strafrechts liegen.[14] Das Strafrecht konnte nach Ansicht des Bundesjustizministeriums nur ‚ultima ratio' in den vielschichtigen Konflikten sein, die mit dem Schwangerschaftsabbruch verbunden sind.

---

[11] „Grundgesetz und 218" (*Der Spiegel* 38/25 vom 13.9.1971, S. 22). Vgl. allerdings unten S. 442 ff.

[12] Vgl. Presseerklärung des Bundesjustizministeriums zum Referentenentwurf des 5. StrRG vom 22.10.1971 (in: F.-C. SCHROEDER, Abtreibung, S. 179–184). In der Presse war zu lesen, das Bundesjustizministerium habe zehn Anläufe benötigt und erst den elften Entwurf veröffentlicht (vgl. „Zwischen allen Stühlen gelandet" von Werner A. S. Perger, in: *Die Presse* vom 12.11.1971, sowie „Abtreibung ist des Teufels", in: *Der Spiegel* 6/26 vom 31.1.1972, S. 24 f.).

[13] Vgl. Abschrift des Referats von Horstkotte zur Sitzung der Strafrechtskommission der EKD vom 22./23.10.1971 in Frankfurt a. M. (EZA 99/1.302).

[14] „Presseerklärung des Bundesjustizministeriums zum Referentenentwurf des 5. StrRG vom 22.10.1971" (in: F.-C. SCHROEDER, Abtreibung, S. 179–184, S. 180).

Der vom Ministerium ausgearbeitete Referentenentwurf basierte auf einer Indikationenregelung, die neben der medizinischen auch die eugenische sowie die ethische Indikation umfasste.[15] Die Institution der Gutachterstellen war abgeschafft worden. Die Indikationsfeststellung konnte statt dessen von jedem Arzt und jeder Ärztin vorgenommen werden. Sie war nach dem Gesetzentwurf lediglich an die Beratung des indikationsfeststellenden Arztes bzw. der Ärztin durch einen behördlich ermächtigten und für die jeweilige Indikation besonders sachverständigen Konsilius gebunden. Insgesamt betrachtet suchte der Referentenentwurf damit einen Mittelweg zu finden zwischen dem Schutz des Lebens und dem Selbstbestimmungsrecht der Schwangeren.

1.3 Reaktionen aus der evangelischen Kirche auf den Referentenentwurf

In Gesprächen mit Vertretern und Vertreterinnen der Regierungskoalition sowie in verschiedenen Voten einzelner Landeskirchen und kirchlicher Verbände beteiligte sich die evangelische Seite an der weiteren Diskussion um die Reform des § 218 StGB. Die führenden Gremien und Vertreter der evangelischen Kirche reagierten dabei unterschiedlich auf den Fortgang der Reformdebatte und den Referentenentwurf des Justizministers und gaben damit einen recht dissonanten evangelischen Chor ab.

1.3.1 Ratsgespräche mit der politischen Führung

Nur wenige Tage vor der Veröffentlichung des Referentenentwurfs war der Rat der EKD in Bonn zu ausführlichen Gesprächen mit Vertretern und Vertreterinnen aller im Bundestag vertretenen Parteien zusammengekommen. Am Abend des 13. Oktober 1971 hatten die Ratsmitglieder sich zunächst mit einer Delegation von 21 ranghohen Abgeordneten der Opposition ausgetauscht, wobei die Reform des § 218 StGB nach Presseinformationen allerdings keine Erwähnung gefunden hatte.[16] Sie stand indes

---

[15] EBD.

[16] Die Teilnehmerliste umfasste u. a. den Fraktions- und Parteivorsitzenden Rainer Barzel sowie seine – ebenfalls katholischen – Stellvertreter Franz-Josef Strauss (CSU) und Richard Stücklen (CSU), ferner den Bundesverfassungsrichter Ernst Benda, den Vorsitzenden des rechtspolitischen Arbeitskreises der CDU/CSU-Fraktion Friedrich Vogel, den EKD-Synodalen und ehemaligen Bundesminister Werner Dollinger (CSU) sowie den ehemaligen Bundesminister und Vorsitzenden des evangelischen Arbeitskreises der CDU Gerhard Schröder. Darüber hinaus fanden sich auf der Teilnehmerliste die Abgeordneten Katzer, Wörner,

m Mittelpunkt des zweiten Gesprächs, das der Rat am darauf folgenden Abend, dem 14. Oktober, mit Vertretern und Vertreterinnen der Regierungsparteien führte.[17] Im Kommuniqué über die Zusammenkunft hieß es später, die Anwesenden seien sich sowohl darüber einig gewesen, dass die geltende Fassung des § 218 StGB unzulänglich sei als auch darüber, dass eine Reform sich nicht auf die strafrechtlichen Aspekte beschränken dürfe, sondern eine Reihe von sozialpolitischen Maßnahmen einzuschließen habe.[18] Abgelehnt hatte der Rat der EKD dagegen eine Fristenregelung, wie sie während des Gesprächs von den FDP- sowie von zwei SPD-Fraktionsmitgliedern vertreten worden war. Eine von den übrigen vier anwesenden SPD-Politikern favorisierte Indikationenregelung hatte indessen die Zustimmung einiger Ratsmitglieder gefunden.[19]

Auf der Ratssitzung zwischen den zwei abendlichen Parteigesprächen hatten Kunst und Dietzfelbinger den übrigen Ratsmitgliedern darüber hinaus von einer Unterredung mit dem Bundeskanzler berichtet, in deren Verlauf die Reform des Abtreibungsstrafrechts ebenfalls zur Sprache gekommen war. „Jahn, der zu dem Gespräch hinzugekommen sei", hieß es im Protokoll der Ratssitzung, „habe von den Schwierigkeiten innerhalb der SPD-Fraktion für seinen Vorschlag des erweiterten Indikationenkatalogs gesprochen."[20] Zum weiteren Verlauf des Gesprächs führte der Bevollmächtigte aus, Dietzfelbinger habe sich vor allem auf das Fragen beschränkt und es – gemäß dem Beschluss der vorangegangenen Ratssitzung – vermieden, einen Standpunkt des Rates zu formulieren.[21]

Griesinger, Kraske, Windelen, Marx, Gradl, Martin, Gölter, Müller-Hermann, Höcherl, von Bismarck, Eyrich, Pfeiffer (Teilnehmerliste für Treffen zwischen Rat und Parteien am 13./14.10.1971 ohne Datum, in: EZA 87/990). Hauptgesprächsthema der Zusammenkunft war laut Presse die bevorstehende Ratifizierung der Ostverträge (vgl. „Kirchenvertreter gegen Fristenlösung", in: *FR* vom 16.10.1971; „Rat der EKD und Regierung: Paragraph 218 unzulänglich", in: *epd za* vom 15.10.1971).

[17] Auf der Liste der Teilnehmenden finden sich der Fraktionsvorsitzende Herbert Wehner, Bundesjustizminister Gerhard Jahn, der Vorsitzende des rechtspolitischen Arbeitskreises der SPD-Fraktion Martin Hirsch sein designierter Nachfolger Hans de With sowie Hans Bardens und Annemarie Renger. Aus der FDP-Fraktion nahmen Hans-Dietrich Genscher, Kurt Spitzmüller und Lieselotte Funcke teil (vgl. Teilnehmerliste für das Treffen zwischen Rat und Parteien am 13./14.10.1971, in: EZA 87/990).

[18] Vgl. „Rat der EKD und Regierung: Paragraph 218 unzulänglich" (*epd za* vom 15.10.1971), sowie „Kirchenvertreter gegen Fristenlösung" (*FR* vom 16.10.1971).

[19] Vgl. „Rat der EKD und Regierung: Paragraph 218 unzulänglich" (*epd za* vom 15.10.1971).

[20] Auszug aus der Niederschrift über die 56. Sitzung des Rates der EKD am 13./14.10.1971 in Bonn (EZA 2/93/6216; EZA 87/744). Über Gespräche dieser Art wurden laut Auskunft des EZA grundsätzlich keine Protokolle angefertigt, so dass die näheren Umstände der Unterredung zwischen Kunst, Dietzfelbinger, Brandt und Jahn im Dunkeln bleiben (Auskunft des EZA/Stache vom 28.5.2001).

[21] Die Ratsmitglieder hatten es Mitte September 1971 abgelehnt, eine Stellungnahme zur

Verschiedene evangelische Gremien und Persönlichkeiten traten im Herbst 1971 allerdings an, die Leerstelle, die der Rat in seinem Entschluss von Mitte September ganz bewusst gelassen hatte, auszufüllen. Der vielstimmige Chor, der sich dabei aus den verschiedenen evangelischen Voten zusammensetzte, brachte ein breites Spektrum der im deutschen Protestantismus zur Abtreibungsfrage vertretenen Auffassungen zu Gehör. In diesen Meinungsbildungsprozess frühzeitig dirigierend einzugreifen, sah die Mehrheit des Rates offenbar zunächst keine Veranlassung – oder auch keine Möglichkeit.

1.3.2 Die Diskussion in den Landeskirchen

Divergierende Äußerungen aus der westfälischen Landeskirche

Die erste Landessynode, die sich im Herbst 1971 mit der Reform des Abtreibungsstrafrechts befasste, tagte Mitte Oktober – unmittelbar vor Veröffentlichung des Referentenentwurfs – in Westfalen. Die Meinungsfindung unter den westfälischen Synodalen gestaltete sich – obgleich Präses Thimme in einem Rundschreiben an alle Presbyterien bereits im Sommer deutlich gemacht hatte, er könne lediglich eine eng gefasste Indikationenregelung befürworten – recht schwierig.[22] Nachdem eine erste Synodalvorlage abgeschmettert worden war und auch eine zweite Ausarbeitung des Berichtsausschusses auf massive Vorbehalte gestoßen war, fand bemerkenswerterweise der Formulierungsvorschlag eines Vertreters der Theologiestudierenden breite Zustimmung und wurde nach eingehender Synodaldebatte und kurzer Überarbeitung verabschiedet.[23]

Bewusst sah die westfälische Landessynode in ihrer Erklärung davon ab, die umstrittene Frage einer geeigneten strafrechtlichen Regelung des Abtreibungsverbots zu verhandeln. Sie stellte lediglich fest, dass sie die verbreitete Auffassung von der Reformbedürftigkeit des § 218 StGB teile.[24] Im Übrigen konzentrierte sich die Entschließung jedoch ganz auf die sozialpolitische Dimension des Schwangerschaftskonflikts. Da jeder Schwangerschaftsabbruch Tötung und damit Widerspruch gegen Gott sei, die Schuld indes nicht allein bei der Schwangeren liege, sondern die kin-

---

Reform des Abtreibungsstrafrechts abzugeben bzw. auch nur ein internes Meinungsbild zu erheben, solange noch kein endgültiger Gesetzentwurf aus Bonn vorlag (vgl. oben S. 139).

[22] Vgl. oben S. 129 f.

[23] Vgl. VERHANDLUNGEN DER 6. WESTFÄLISCHEN LANDESSYNODE. 5. ordentliche Tagung vom 10.–15. Oktober 1971, S. 130, S. 145–147, sowie Beschluss Nr. 83: „Zur Problematik des Schwangerschaftsabbruchs“ (EBD.; abgedruckt auch in: *epd-dok* 6/72, S. 44 und KJ 1971, S. 152 f.).

[24] EBD.

derfeindliche Gesellschaft ebenfalls Mitverantwortung trage, müssten Gesellschaft und Kirche bereit sein, hieß es in der Erklärung, erhebliche Mittel zur Verfügung zu stellen, um Schwangerschaftsabbrüche aufgrund sozialer Notlagen überflüssig zu machen. Zu den sozialpolitischen und diakonischen Hilfsmaßnahmen, welche die Synode in ihrem Papier zusammenstellte, gehörten u. a. Nachbarschaftshilfe, Beratungs- sowie Pflege- und Adoptionsstellen, Kindergartenplätze, Muttergeld, familiengerechte Wohnungen und Mieten sowie die Vermittlung von Teilzeitarbeit. Ausdrücklich befürwortete die Erklärung abschließend auch die Familienplanung und den verantwortlichen Gebrauch empfängnisverhütender Mittel.

Anders als der Bevollmächtigte, der sein Lob darüber aussprach, dass das Synodalvotum „Kraft und Mut zum Konkreten" hatte, stand die westfälische Kirchenleitung dem Synodalbeschluss offenbar recht reserviert gegenüber.[25] Sie ließ nahezu zwei Monate verstreichen, bevor die Erklärung Anfang Dezember an die Landtags- sowie die westfälischen Bundestagsabgeordneten weitergeleitet wurde. Überdies fügte sie der Synodalerklärung ein langes Begleitschreiben des Präses bei, in welchem dieser – gegen die Intention des Synodalvotums – nochmals dezidiert zu den verschiedenen Gesetzesmodellen Stellung nahm.[26] Entschieden lehnte Thimme eine Fristenregelung ab und gab zu verstehen, seine Kirche könne lediglich einer Indikationenregelung ohne soziale Indikation zustimmen. „Wir bitten Sie, diese Gesichtspunkte bei den Überlegungen und Entscheidungen der kommenden Wochen zu berücksichtigen", schloss Thimme sein Schreiben und unterstrich abermals: „Wir können unsererseits nur einer sorgfältig formulierten ‚Indikationen-Lösung' zustimmen."[27]

---

[25] Brief von Kunst an Thimme vom 11.11.1971 (EZA 87/745). Der Bevollmächtigte, einst selbst Pfarrer in der westfälischen Landeskirche, gab allerdings zu bedenken, dass die sozialpolitischen Forderungen der Synode Milliarden kosten würden und vermutlich nur durch einen Konsumverzicht und höhere Steuern zu finanzieren seien. Überdies müssten sich die Kirchen von den Politikern und Politikerinnen die Frage stellen lassen, gab Kunst zu bedenken, welche Beiträge sie selbst zu den flankierenden Maßnahmen zu leisten beabsichtigten. Der Bevollmächtigte gab darum abschließend seiner Hoffnung Ausdruck, dass die westfälische Landeskirche ihrer Synodalerklärung auch Taten folgen lassen werde.

[26] Vgl. Schreiben Thimmes an die westfälischen Bundestags- und Landtagsabgeordneten vom 8.12.1971 (EZA 87/745). Der Entschließung beigefügt war ferner eine Tagungsresolution der Evangelischen Akademie Iserlohn, in welcher Grundsätze für ein zukünftiges Verfahren zur Indikationsfeststellung aufgestellt wurden (vgl. „Entschließung der Tagung zu sozialpolitischen Aspekten des § 218 der Evangelischen Akademie Haus Ortlohn/Iserlohn vom 21.11.1971", in: EZA 87/745, abgedruckt auch in: K. PHILIPPS, Dokumentation, Ergänzungsheft 2, S. 33 f.). Vgl. auch den ganz ähnlichen Diskussionsverlauf in der schleswig-holsteinischen Landessynode 1973 (unten S. 244 f.).

[27] Vgl. Anm. 26. Zu den Bonner Reaktionen vgl. „Thimme in Übereinstimmung mit Jahn und der CDU. Politiker reagieren positiv auf Schreiben des westfälischen Präses" (*epd za* vom 7.1.1972). Die westfälische Theologiestudierendenschaft verabschiedete auf ihrer Frühjahrstagung 1972 dagegen eine Resolution, in welcher sie ihrem Befremden darüber Ausdruck

Im Ton moderat – in der Sache hart: das Synodalvotum der Bayerischen Landessynode

Wie die westfälische engagierte sich auch die bayerische Landeskirche recht früh in der Debatte um die Reform des § 218 StGB. Bereits Ende Mai, d. h. noch vor Beginn der öffentlichen Abtreibungsdebatte, hatte sich der landeskirchliche Ausschuss für Strafrechts- und Strafvollzugsreform mit der Thematik befasst. Die überaus restriktive Position, zu welcher der Kreis dabei gefunden hatte, war im Vergleich zu anderen Beratungsgremien innerhalb der EKD allerdings singulär. Der Ausschuss hatte sowohl die Anerkennung von Nidationshemmern zur Kontrazeption als auch die Zulassung nicht-medizinischer Gründe zur straffreien Vornahme von Schwangerschaftsabbrüchen strikt abgelehnt.[28]

Auf der Grundlage dieser rigoros reformfeindlichen Überzeugung hatte der Ausschuss im Sommer 1971 ein Votum zur Reform des § 218 StGB ausgearbeitet, welches der im Oktober tagenden Herbstsynode der bayerischen Landeskirche zur Verabschiedung vorgelegt wurde.[29] Dort traf das Papier allerdings auf entschiedenen Widerspruch.[30] Nach mehreren Überarbeitungen im Synodalausschuss für Öffentlichkeitsfragen wurde aus der

---

gab, dass Thimme sich in der Frage des § 218 StGB derart „politisch, vehement und eindeutig“ zeige. Die Theologiestudierenden forderten den Präses auf, dem Eindruck entgegenzutreten, die christlichen Kirchen, ihre Mitglieder und Gemeinden stünden geschlossen im Lager der Reformgegner (Resolution der Theologiestudentenschaft/Rolf Wischnath an Thimme vom 3.4.1972, in: PAEPD R 521.6; vgl. dazu auch oben S. 130 f.).

[28] Die ethische Indikation wurde als „Zulassung der Tötung eines unschuldigen Lebens, weil ein Dritter gefehlt hat“, abgelehnt. Zur eugenischen Indikation, die durch eine verbesserte Empfängnisregelung überflüssig gemacht werden sollte, hieß es im Protokoll ferner: „Es wäre aus der Verantwortung heraus zu überlegen, ein Gesundheitszeugnis vor der Eheschließung zu verlangen. Dadurch könnte die Gefahr der Erbkrankheiten vermindert werden“ (Protokoll der Sitzung des gemischten Ausschusses für Strafrecht und Justizvollzug vom 26.5.1971, in: EZA 81/89/62; vgl. auch Zusammenfassung der Aussprache über die Abtreibung im Ausschuß für Strafrechts- und Strafvollzugsreform am 26.5.1971 in Nürnberg, in: EZA 81/89/62; vgl. ferner Entschließung des Ausschusses für Strafrechts- und Strafvollzugsreform der Evangelisch-Lutherischen Landeskirche in Bayern vom 26.5.1971, abgedruckt in: K. PANZER, Schwangerschaftsabbruch, S. 285–289).

[29] Mit der Abfassung eines ersten Entwurfs waren die Ausschussmitglieder Kirchenrat Wolfgang Rüdel und der Genetiker Paul Römhild betraut worden (vgl. EBD.; vgl. ferner Brief von Grethlein an Wilkens vom 24.8.1971, in: EZA 2/93/6215; zu Römhilds Position vgl. DERS., Ursprung). Neben der Arbeit an dem Votum hatte der Ausschuss den Landesbischof am 13.9.1971 auch in einer Unterredung mit den bayerischen Bundestagsabgeordneten unterstützt. Grethlein – OKR, Jurist und Ausschussvorsitzender – hatte dazu einen Vortrag über die Thematik des Schwangerschaftsabbruchs gehalten (vgl. „Abgeordnete erörtern mit Dietzfelbinger den Paragraphen 218“, in: *SZ* vom 14.9.1971).

[30] Vgl. VERHANDLUNGEN DER LANDESSYNODE DER EVANGELISCH-LUTHERISCHEN KIRCHE IN BAYERN, Synodalperiode 1966/71, 11. ordentliche Tagung (46.) in Bayreuth 17.–22.10. 1971, S. 57.

kurzen Vorlage, die jede Form des Schwangerschaftsabbruchs scharf verurteilte, schließlich jedoch eine ausführliche Ausarbeitung, die sich sichtlich um eine differenzierte Sichtweise der Abtreibungsproblematik bemühte.[31] Die stilistisch erheblich überarbeitete und sehr viel konzilianter formulierte Erklärung wich bei genauer Analyse inhaltlich freilich kaum von den Vorgaben der ursprünglichen Vorlage ab.

Ohne die Reformbedürftigkeit des § 218 StGB anzuerkennen, setzte die Stellungnahme mit einer Zurückweisung der Fristenregelung ein. Im Hinblick auf einen möglichen Indikationenkatalog fanden weder die eugenische noch die soziale Indikation Erwähnung. Explizit abgelehnt wurden eine eigenständige ethische Indikation sowie die Anerkennung psychischer Gründe zur Strafausschließung des Schwangerschaftsabbruchs. Abschließend wandte sich das Votum auch der sozialpolitischen Dimension zu und bat das Landeskirchenamt um konkrete Vorschläge für den Ausbau praktischer Hilfen. Die neu zu wählende nächste Synode der bayerischen Landeskirche wurde aufgefordert, für die Verwirklichung der flankierenden Maßnahmen Sorge zu tragen.

Ob die Ausarbeitung sich angesichts ihrer Länge von mehreren Seiten für eine Erklärung an den Gesetzgeber eignete, war zunächst umstritten, doch nahm die Synode das Votum schließlich im ganzen zustimmend zur Kenntnis und verfügte seine Weiterleitung an die Verantwortlichen in Kirche und Politik.[32] Das Landeskirchenamt erstellte daraufhin einen Verteiler, der nicht nur jenen der EKD-Voten um einiges überstieg, sondern dessen Umfang auch in keinem Verhältnis zum sachlichen Gehalt des Wortes stand. Die Stellungnahme wurde nicht nur an den Bundespräsidenten, den Bundeskanzler, die Bundesminister und die Ministerpräsidenten sowie die Justizminister der Länder, sondern auch an die bayerischen Bundestagsabgeordneten sowie die bayerischen Landtagsabgeordneten weitergeleitet. Ferner übersandte die Kirchenleitung allen Gemeinden der Landeskirche eine ausführliche Dokumentation, die neben der Synodalerklärung weitere Stellungnahmen umfasste, welche zur Umsicht bei der Reform des § 218 StGB aufriefen.[33]

Im Frauenreferat der bayerischen Landeskirche zeigte man sich unterdessen amüsiert über die Anstrengungen der Kirchenleitung, die Landeskirche ‚auf Linie zu bringen': „Wie sie sehen", schrieb die bayerische Referentin der EFD an ihre Kollegin in Frankfurt, „laufen bei uns die Stellungnahmen der AFA [Aktionsgemeinschaft für Arbeitnehmerfragen,

---

[31] Vgl. EBD., S. 157–159. Die Erklärung findet sich auch in: KJ 1971, S. 148–150 sowie in: *epd-dok* 6/72, S. 42 f.

[32] Vgl. VERHANDLUNGEN (vgl. Anm. 30), S. 157; S. 161 f.

[33] Vgl. Unterrichtung der Evangelischen Kirche von Bayern vom 15.11.1971 (EZA 87/745).

S. M.] quer durch den Gemüsegarten, [...] und der LKR schlägt die Hände über dem Kopf zusammen, weil er glücklich auf seiner Synode zu einer wieder anderen Einigkeit gekommen war, die er nun gerne als ‚kirchlich' von allen vertreten haben wollte. Mama mia!"[34]

Der Landesbischof von Württemberg – zur Stellungnahme gedrängt

Nahezu zeitgleich mit der bayerischen tagte Ende Oktober auch die württembergische Landessynode. Landesbischof Helmut Claß äußerte sich in seinem Bericht zum Auftakt der Versammlung zunächst nicht näher zur Reform des § 218 StGB, erklärte sich jedoch nach dem Einspruch eines Synodalvertreters der ‚Sammlung um Bibel und Bekenntnis' bereit, zu diesem Themenkomplex gesondert Stellung zu nehmen.[35]

In der längeren Erklärung, die Claß daraufhin am dritten Verhandlungstag abgab, lenkte er den Blick zunächst auf die theologischen Erwägungen zum Schwangerschaftsabbruch. Der Landesbischof bedauerte es, dass von evangelischer Seite zumeist juristisch, sozial oder medizinisch argumentiert werde, und sprach den Wunsch aus, dass auch die theologischen Argumente stärker in die Diskussion eingebracht und einer gewissen gemeinsamen Willensbildung entgegengeführt werden sollten.[36]

Was die Frage der strafrechtlichen Ausgestaltung des Abtreibungsverbots betraf, erklärte der Bischof sehr zum Gefallen der starken evangelikalen und pietistischen Kreise innerhalb der Synode: „Die Tötung eines ungeborenen Lebens kann nach meiner Überzeugung allenfalls gerechtfertigt werden, theologisch gesprochen, als ein Opfer, weltlich gesprochen, zur Rettung eines anderen Lebens."[37] Claß befürwortete folglich ebenso wie

[34] Brief des Frauenreferats im Amt für Industrie- und Sozialarbeit der bayerischen Landeskirche an Christa Siegmund-Schultze/Geschäftsführerin der EFD vom 25.11.1971 (AEFD, Rechtsausschuß, § 218). Nicht nur das Frauenreferat, das die AfA dazu angeregt hatte, in ihren Ortsgruppen Meinungsbilder zur Reform des § 218 StGB zu erstellen, wobei eine Vielzahl verschiedenster Voten zusammengekommen war, scherte indes aus der Reihe. Auf einer Rüstzeit für Soldatenfamilien wurde Anfang November ebenfalls eine Resolution für die Fristenregelung verabschiedet und nach Bonn weitergeleitet (vgl. Brief des ev. Standortpfarrers Regensburg an Jahn, Strobel, Dietzfelbinger, Döpfner, Kunst, *epd*, Fraktionen des Bundestages vom 1.11.1971, in: EZA 1/89/62).

[35] Vgl. VERHANDLUNGEN DER 7. EVANGELISCHEN LANDESSYNODE IN WÜRTTEMBERG. 47. Sitzung am 27.10.1971, S. 1646.

[36] Vgl. EBD., S. 1770.

[37] EBD., S. 1772. Claß' Ausführungen zum diakonischen Auftrag der Kirche blieben weit hinter seinen theologischen Erwägungen zurück. Er könne sich dem Aufruf von Bischof Scharf nicht anschließen, erklärte Claß. Habe die Kirchliche Bruderschaft in Württemberg doch mit Recht eingewandt, dass die Kirche nicht Tausende ausgesetzter Kinder in ihre Heime aufnehmen könne, da zu einer menschlichen Erziehung nicht nur Windeln und Penatencreme, sondern vor allem die Nestwärme und die Liebe der Mutter gehörten. Der sexualethische Arbeitskreis der Kirchlichen Bruderschaft in Württemberg hatte im Oktober

die katholische Kirche lediglich eine enge medizinische, d. h. letale Indikation. Die Anerkennung der letalen Indikation war freilich nicht nur in der Rechtsprechung bereits seit 1927, sondern auch innerhalb der evangelischen Ethik spätestens seit der zweiten Hälfte des 20. Jahrhunderts unbestritten.[38] Die Abtreibungsdebatte Anfang der siebziger Jahre kreiste um ganz andere Fragen, was dem württembergischen Landesbischof und späteren Ratsvorsitzenden zu diesem Zeitpunkt noch nicht voll bewusst zu sein schien.

1.3.3 Die EKD-Synode in Frankfurt – Eine Wende im evangelischen Beitrag zur Abtreibungsdebatte?

Nachdem sich bereits verschiedene Landessynoden mit der Reform des § 218 StGB befasst hatten, war absehbar, dass auch die Synode der EKD, die vom 7. bis 11. November in Frankfurt am Main zusammentreten sollte, die Abtreibungsthematik aufgreifen würde. Der Ratsvorsitzende hatte den EKD-Sachverständigen für die Strafrechtsreform Erwin Wilkens aus diesem Grund bereits im Vorfeld der Tagung gebeten, für den mündlichen Rechenschaftsbericht einen kurzen Passus zur Reform des § 218 StGB zu verfassen.

Im Gegensatz zu der von Dietzfelbinger vertretenen überaus reformkritischen Position hatte Wilkens sich in seiner ausführlichen Stellungnahme für den Ratsbericht für eine deutliche Erweiterung des Indikationenkatalogs eingesetzt. Und mehr noch, der Kirchenmann hatte inzwischen auch für die emanzipatorische Dimension des Abtreibungskonflikts ein Bewusstsein entwickelt und in seinem Entwurf für den Bericht des Ratsvorsitzenden formuliert: „Der Wandel menschlicher und gesellschaftlicher Lebensverhältnisse, besonders hinsichtlich der Beanspruchung der Frau in Beruf und Familie, führt in weiteren Einzelfällen in Notsituationen, die hinsichtlich ihrer menschlichen Schwere mit der unmittelbaren Bedrohung von Leben und Gesundheit der Mutter vergleichbar sind. Die rechtliche Neuordnung wird den Bereich der Straffreiheit über die medizinische Indikation hinaus erweitern müssen."[39]

Es verwundert kaum, dass Dietzfelbinger – einer der letzten evangelischen Gegner der Frauenordination – einer solchen Argumentation nicht

---

1971 ein recht provokantes Pamphlet herausgebracht, worin er sich – anders als Claß – für eine erweiterte Indikationenregelung eingesetzt hatte (vgl. „Evangelische Überlegungen zur Schwangerschaftsunterbrechung von der Kirchlichen Bruderschaft in Württemberg", in: EZA 87/745; *epd-dok* 6/72, S. 58–63).

[38] Siehe oben S. 32–38

[39] Brief an Dietzfelbinger vom 22.10.1971(EZA 2/93/6216; EZA 81/89/62).

zuzustimmen vermochte und sie folglich auch nicht in seinen Rechenschaftsbericht übernahm. Immerhin – und im Unterschied zu früheren Stellungnahmen – räumte der Ratsvorsitzende in seinem Bericht vor der EKD-Synode am 7. November ein, dass eine Neufassung des Abtreibungsstrafrechts notwendig erschien. Dietzfelbinger sprach sich allerdings mit Nachdruck dafür aus, dass die Kirche den Blick wenden und ihren Beitrag zur Abtreibungsproblematik künftig nicht primär auf die strafrechtlichen, sondern auf die diakonischen Fragen ausrichten möge, denn erst in dem Maße, in dem die Kirche ihre diakonische Verantwortung wahrnehme, gemahnte der Ratsvorsitzende, habe sie auch das Recht, zur Frage der strafrechtlichen Regelung des Abtreibungsverbots Stellung zu nehmen.[40]

Dietzfelbingers Ratsbericht stieß auf breite Kritik unter den Synodalen. Wie bereits auf der Frühjahrssynode standen erneut die gravierenden Meinungsverschiedenheiten, die zwischen dem Ratsvorsitzenden und einer Reihe von Synodalen in der Bewertung der gesellschaftlichen Umbrüche sowie in der Einstellung zum Pluralismus herrschten, im Mittelpunkt der Aussprache.[41] Doch auch Dietzfelbingers Ausführungen zur Abtreibungsthematik samt seiner Anregung, man möge den kirchlichen Beitrag zur Abtreibungsdebatte zukünftig primär diakonisch begreifen, fanden wenig Zustimmung. Möglicherweise ahnten manche Synodale, was sich rückblickend aufgrund des Vorentwurfs der Kirchenkanzlei ebenfalls nahe legt, dass der Ratsvorsitzende den diakonischen Beitrag vor allem aus einer gewissen Verlegenheit heraus stark gemacht hatte, da seine Position zu den strafrechtlichen Fragen auf EKD-Ebene nicht mehrheitsfähig war.

Das diakonische Engagement der evangelischen Kirche zur tätigen Hilfe in Schwangerschaftskonflikten war freilich in der Tat mehr als unterentwickelt und verdankte sich nahezu ausschließlich dem Engagement der evangelischen Frauenverbände. Neben bundesweit sechs Mutter-Kind-Wohnheimen, die vom Evangelischen Frauenbund unterhalten wurden, jedoch in schlechtem Zustand, permanent von der Schließung bedroht und z. T. aufgrund ihrer hohen Mietkosten gar nicht ausgelastet waren, konnte die evangelische Kirche lediglich auf die Mütterhilfe, die insbesondere in

---

40 Vgl. FRANKFURT 1971, S. 36.

41 Vgl. EBD., S. 72–76. Einzelne Synodale verwehrten Dietzfelbinger sogar den Dank für seinen Bericht (EBD., S. 91). Unbestreitbar herrschte allerdings nicht nur zwischen verschiedenen Synodalen und dem Ratsvorsitzenden, sondern auch innerhalb der Synode eine große Entfremdung, die sich lähmend auf die Arbeit auswirkte. So konnte die im Frühjahr an der notwendigen 2/3-Mehrheit gescheiterte und vertagte Ratsnachwahl nur unter größten Anstrengungen zu einem Abschluss gebracht werden, da sich nach wie vor weder für den konservativeren noch für den liberaleren Kandidaten eine ausreichende Mehrheit fand (vgl. EBD., S. 205).

Westfalen sehr aktiv war und Schwangerschaftskonfliktberatung anbot, verweisen.[42]

Mit treffender Ironie bemerkte der Synodale und SPD-Abgeordnete Erhard Eppler darum zu Dietzfelbingers Mahnung, die Kirche habe nur in dem Maß, in dem sie diakonische Verantwortung übernehme, auch das Recht, sich zu strafrechtlichen Fragen zu äußern: „Ich halte das für einen sehr guten Satz. Ich hoffe, er wird nicht zu eng ausgelegt, denn sonst könnte es sein, daß vorerst nicht sehr viel zu sagen wäre."[43]

1.3.4 Die Stellungnahme des Rechtsausschusses der Evangelischen Frauenarbeit

Mit Ausnahme des Rechtsausschusses der Evangelischen Frauenarbeit in Deutschland (EFD) hatten die evangelischen Frauenverbände, obgleich sie den Löwenanteil der diakonischen Hilfe in Schwangerschaftskonflikten leisteten, keine Stimme in der Debatte um die strafrechtliche Neuregelung des Abtreibungsverbots. Der Rechtsausschuss der EFD, die als Dachverband der evangelischen Frauenorganisationen siebzehn landeskirchliche Frauenwerke und achtundzwanzig Frauenverbände umfasste, war 1949 von der damaligen Oberkirchenrätin im Kirchlichen Außenamt und späteren Gesundheitsministerin Elisabeth Schwarzhaupt ins Leben gerufen worden. Als ständiges Organ der EFD hatte sich der Kreis, der im Zwei-Monats-Turnus zusammentrat und etwa zur Hälfte aus Juristinnen bestand, der Aufgabe verpflichtet, die Stimme der evangelischen Frauen zu Rechtsfragen zu Gehör zu bringen und durch Eingaben und

---

42 Die Evangelische Mütterhilfe war 1947 nach einem Aufruf von Bischof Dibelius (vgl. oben S. 35, Anm. 64) innerhalb der westfälischen Frauenhilfe eingerichtet worden und hatte zunächst Babyausstattungen zusammengestellt und in begrenztem Maße wirtschaftliche Unterstützung geleistet. 1965 hatte die Mütterhilfe eine Beratungsstelle am Sitz der Ärztekammer von Westfalen-Lippe in Münster eingerichtet und seitdem auch in 20 weiteren Orten Schwangerschaftskonfliktberatung durch eigens dafür geschulte Kontaktpersonen angeboten (vgl. Brief der Leiterin der westfälischen Mütterhilfe Helene Fengler an Schober vom 11.7.1973, in: EZA 650/95/204, sowie Bericht über die Tätigkeit der Evangelischen Mütterhilfe e. V. in Hannover vom 1.1. bis 31.12.1970, in: ADW, HGSt 4650). Über kleine Anzeigen in der lokalen Presse und Faltblätter machte die Mütterhilfe auf ihre ehrenamtliche Hilfe in Schwangerschaftskonflikten aufmerksam (z. B. Gespräch mit den Eltern; Vermittlung von Tagespflegestellen etc.). Vgl. Faltblatt „Was tun?" für Schwangere, sowie Faltblatt „Unerwünschte Schwangerschaft – Was tun?" für Ärzte und Ärztinnen (AEFD, Rechtsausschuß, § 218).
Zur Situation der Wohnheime vgl. „Flankierende Maßnahmen zu § 218 StGB. Auswertung einer Umfrage in der evangelischen Frauenarbeit i.D. e. V. vom 25.1.1974" (*epd-dok* 16/74, S. 82–91), sowie Brief des Diakonischen Werkes Karlsruhe an die Kirchenkanzlei vom 12.7.1974 (PAEPD R522).

43 FRANKFURT 1971, S. 79.

Stellungnahmen an der öffentlichen Diskussion im vorparlamentarischen Raum teilzunehmen.[44]

Die Ausarbeitung

Was die Reform des § 218 StGB betraf, war der Rechtsausschuss der EFD neben der Strafrechtskommission eines der ersten evangelischen Fachgremien gewesen, das sich noch vor dem Auftakt der Abtreibungsdebatte im Sommer 1971 mit der Thematik beschäftigt hatte. Bereits Ende November 1970 hatte Schwarzhaupt, die zugleich Mitglied des Rechtsausschusses und Vorsitzende der Strafrechtskommission war, den ersten Anstoß zur Aufnahme der Beratungen gegeben.[45] Die Ausarbeitung und Verabschiedung einer Stellungnahme des Rechtsausschusses gestaltete sich jedoch außerordentlich schwierig. Wider Erwarten konnte sich der Kreis zunächst auf kein gemeinsames Votum verständigen.[46] Die Diskussion verfing sich immer wieder in der Grundsatzfrage Fristen- oder Indikationenregelung. Eine interne Abstimmung ergab, dass mindestens vier der elf Ausschussmitglieder einer Fristenregelung zuneigten, während die übrigen sich mehrheitlich für eine erweiterte Indikationenregelung aussprachen.[47] Angesichts der

[44] Vgl. den Bericht der Vorsitzenden, Antonie Kraut, über die Arbeit des Rechtsausschusses in den Jahren 1973 und 1974 vom 16.9.1974 (AEFD, Rechtsausschuß, Korrespondenz mit Mitgliedern).

[45] Vgl. Protokoll der Sitzung des Rechtsausschusses der EFD vom 30.11.1970 (AEFD, Rechtsausschuss, Strafrechtsreform 1970–1974). Letztmalig hatte der Ausschuss 1962 aus Anlass der Diskussion um die Einführung einer ethischen Indikation Stellung genommen und diese im Gegensatz zu verschiedenen anderen evangelischen Gremien ausdrücklich befürwortet (vgl. „Wort zur Frage der ethischen Indikation", in: KJ 1962, S. 117 f.; zur damaligen Diskussion vgl. ferner R. ANSELM, Jüngstes Gericht, S. 205–225).

[46] Vgl. „Stellungnahme zur Abschaffung des § 218 StGB". Entwurf vom 10.8.1971 von A. Kraut (ADW, HGSt 5655) sowie der etwas weiter formulierte zweite „Entwurf einer Stellungnahme zu § 218 Strafgesetzbuch" von Hilke Snoek vom 13.9.1971 (EZA 87/744). Beide Entwürfe sahen eine Indikationenregelung vor. Vgl. ferner Protokoll der Sitzung des Rechtsausschusses der EFD vom 13.9.1971 (AEFD, Rechtsausschuß, Protokolle 1969–1973); Protokoll der Sitzung des Rechtsausschusses der EFD vom 25.10.1971 (ADW, HGSt 4662). Die Verzögerung war auch insofern bedauerlich, als das Presse- und Informationsamt der Bundesregierung vom 18.–20. Oktober 1971 eine Informationstagung für die EFD geplant hatte, auf deren Programm ein Gespräch zur Frage der Reform des § 218 StGB im Bundesjustizministerium vorgesehen war (vgl. Brief von H. Snoek an Dietgard Meyer/Pfarrerin im Amt für kirchliche Frauenarbeit der Evangelischen Kirche von Kurhessen-Waldeck vom 16.8.1971, in: AEFD, Rechtsausschuß, § 218).

[47] Abstimmungsergebnis laut Protokoll der Sitzung des Rechtsausschusses der EFD vom 13.9.1971 (AEFD, Rechtsausschuß, Protokolle 1969–1973); aufschlussreich dazu auch die Korrespondenz der Ausschussmitglieder: Brief von Mechthild König an Ilse Haun vom 27.10.1971 (ADW, HGSt 5655), sowie Brief von Snoek an Erika Scheffen vom 1.10.1971 (AEFD, Rechtsausschuß, § 218). Ein Stimmungsbild, das Anfang 1972 aus den Voten verschiedener Ortsvereine der EFD zusammengestellt wurde, zeigte, dass die Meinungen auch hier stark divergierten und von der Infragestellung jeder Reform bis zur Befürwortung

knappen Mehrheitsverhältnisse entschied der Kreis sich Ende Oktober 1971 schließlich zur Veröffentlichung beider im Rechtsausschuss vertretenen Grundsatzpositionen.[48]

Nachdem die juristische Referentin der EFD Hilke Snoek ein Mehrheitsvotum für die erweiterte Indikationenregelung und Elisabeth Schwarzhaupt ein Minderheitenvotum für die Fristenregelung verfasst hatten, und nachdem diesem rein strafrechtlich argumentierenden Hauptteil ein von der Philologin Helene Marie Krapp verfasster Einleitungsteil vorangestellt worden war, der sich aus evangelischer Sicht mit dem christlichen Beitrag zur Reform des § 218 StGB befasste, konnte die „Stellungnahme des Rechtsausschusses der Evangelischen Frauenarbeit in Deutschland e. V. zur Reform des § 218 StGB" am 30. November 1971 – ein Jahr nach Aufnahme der Beratungen – veröffentlicht werden.[49]

Die Stellungnahme

„Schwangerschaftsabbruch bleibt Tötung", hieß es im Einleitungsteil des Votums zur ethischen Bewertung der Abtreibung, „aber es gibt Situationen, welche die Frau schwer belasten und in denen sie sich – wenn nicht frei von Schuld so doch mit einem getrösteten Gewissen – dazu entschließen darf, ihre Schwangerschaft abbrechen zu lassen."[50] Der zweite Grundgedanke der Einleitung unterstrich die Unangemessenheit solcher Bestrebungen, die dahin gingen, christliche Vorstellungen ethischen Verhaltens mit Hilfe des Strafgesetzes durchsetzen zu wollen. Christliches Verhalten, gemahnte der Rechtsausschuss, könne und dürfe nicht durch staatliche Gesetze erzwungen werden, sondern habe auf freier Entscheidung zu beruhen. Gelebtes Beispiel und überzeugende Argumente seien deshalb die Kräfte, die Christen ihren Mitbürgern und Mitbürgerinnen schuldeten.[51]

---

einer Fristenregelung reichten (vgl. „Überlegungen und Stellungnahmen einiger Ortsverbände zum § 218", in: KJ 1972, S. 156–158).

[48] Zuvor hatte der Rechtsausschuss erwogen, nur ein internes Votum für die Mitgliedsorganisationen der EFD als Hilfe zur Meinungsbildung zu verfassen bzw. das Vorhaben einer eigenen Stellungnahme ganz aufzugeben und sich in einer öffentlichen Note lediglich der Position des Bundesjustizministers anzuschließen. Der letzte Gedanke fand wenig später Aufnahme durch die EAF, deren Präsidium am 30.11.1971 eine Meldung herausgab, welche dem Bundesjustizminister die Unterstützung des Verbandes bei seinen Reformbemühungen signalisierte (vgl. „Evangelische Aktionsgemeinschaft für Familienfragen über Schwangerschaftsabbruch und Sterilisation", in: *epd-dok* 6/72, S. 52).

[49] In: *epd-dok* 6/72, S. 45–50, und *epd-dok* 15/73, S. 27–33. Zur Abfassung vgl. Protokoll der Sitzung des Rechtsausschusses der EFD vom 25.10.1971 (ADW, HGSt 4662), sowie Brief von Krapp an Kraut vom 17.11.1971 und Brief von Kraut an Snoek vom 27.11.1971 (beides in: AEFD, Rechtsausschuß, § 218).

[50] *epd-dok* 6/72, S. 45.

[51] Vgl. Ebd., S. 46.

Auf die beachtenswerten Grundsatzüberlegungen folgte das Mehrheitsvotum zu den strafrechtlichen Fragen. Es sprach sich für ein erweitertes Indikationenmodell aus, das die vier gängigen Indikationen sowie eine Altersindikation für Schwangere vor Vollendung des 15. Lebensjahres einschloss. Die Begründung der Indikationenregelung wurde ex negationis über die Ablehnung der Fristenregelung geführt. Selbstständige Erwägungen aus evangelisch-weiblicher Sicht, wie sie der Einleitungsteil geboten hatte, wurden für die Bewertung der einzelnen Indikationen nicht mehr angestellt.[52]

Den dritten und letzten Teil der Stellungnahme bildete das Minderheitenvotum der Vertreterinnen eines Fristenmodells mit Beratungspflicht. Im Unterschied zu den Alternativ-Professoren, die in erster Linie mit dem verbesserten Lebensschutz, d. h. ethisch, für ihr Fristenmodell argumentiert hatten, beschränkte sich das Minderheitenvotum der EFD ausschließlich auf kriminalpolitische Erwägungen und verwies lediglich darauf, dass die Fristenregelung im Gegensatz zu einer Indikationenregelung keine Ungleichbehandlung, sondern ein Höchstmaß an Rechtssicherheit mit sich brächte. Die Aufgabe des Lebensschutzes dagegen – und hierin lag eine interessante Eigenheit des Minderheitenvotums – wurde nicht dem Staat aufgetragen und an die gesetzlich geordnete Beratung delegiert, sondern der Kirche überantwortet. Ausdrücklich erwartete das Minderheitenvotum „vor allem von der Kirche, daß durch Predigt und Seelsorge die Verantwortung für erzeugtes Leben den Menschen einsichtig gemacht" werde.[53]

Die aufgrund der Benennung verschiedener Standpunkte insgesamt recht ausgewogene Stellungnahme des Rechtsausschusses der EFD erhielt nach ihrer Veröffentlichung eine beachtliche Verbreitung. Sie wurde sowohl an die Mitgliedsorganisationen der EFD als auch an den Bevollmächtigten der EKD, das Bundesjustizministerium, die 30 weiblichen Bundestagsabgeordneten, die Fraktionsvorsitzenden, den Familien- sowie den Rechtsausschuss des Bundestages und die Presse versandt. Im Frühjahr 1972

---

[52] Im Hinblick auf die soziale Indikation übernahm der Rechtsausschuss gar die herkömmliche, einem unzeitgemäßen Frauenbild verhaftete Argumentation, wonach eine Notlage nur dann vorlag, wenn die Konfliktlage nicht allein die Schwangere betraf, sondern durch die Kollision ihrer Pflichten als Mutter bzw. Ehefrau auch Dritte beeinträchtigte. Der Abbruch der Berufsausbildung bzw. -ausübung stellten nach Ansicht des Rechtsausschusses somit keine hinreichenden Gründe für einen legalen Schwangerschaftsabbruch dar, sondern erst solche Umstände, welche „die Ehe oder die Entwicklung der schon vorhandenen Kinder schwer" gefährdeten (Ebd., S. 49; vgl. dazu oben S. 35 f., Anm. 66).

[53] *epd-dok* 6/72, S. 51. Die von Teilen der Bevölkerung propagierte Ansicht von der freien Verfügbarkeit der Frau über die Leibesfrucht wurde ausdrücklich zurückgewiesen (Ebd.). Schwarzhaupt hatte bereits zuvor zur Fristenregelung ausgeführt: „Allerdings setzt diese Lösung voraus, daß die Kirchen überzeugende Aussagen über die ethische Bedeutung eines Schwangerschaftsabbruches machen" (Protokoll der Sitzung des Rechtsausschusses der EFD vom 13.9.1971, in: ADW, HGSt 4662).

wurde die Erklärung ferner dem Strafrechtssonderausschuss und ein Jahr darauf schließlich allen Bundestagsabgeordneten zugeleitet.[54]

Die Resonanz

Während die Bonner Resonanz auf das Votum der Frauenarbeit positiv ausfiel, blieb eine Reaktion der EKD-Führung aus.[55] In den vierziger Jahren hatte die Kirchenkanzlei eine damalige Erklärung der Frauenarbeit zur Frage des Schwangerschaftsabbruchs noch ohne Zögern übernommen und an die zuständigen politischen Instanzen weitergeleitet; nunmehr jedoch wurde das Votum des Rechtsausschusses in EKD-Kreisen geflissentlich übergangen und nicht einmal in die von Wilkens später veröffentlichte umfassende Dokumentation zur Reform des § 218 StGB aufgenommen, obgleich die Stellungnahme inhaltlich keineswegs radikale Außenseiterpositionen vertrat.[56]

In der Hauptgeschäftsstelle des Diakonischen Werks dagegen fiel der Stellungnahme des Rechtsausschusses eine Art Katalysatorfunktion zu, denn hier wurde man überhaupt erst infolge der Beratungen im Kreis der EFD auf die Abtreibungsproblematik aufmerksam. Die im Diakonischen Werk für den Bereich ‚Frauen und Familie' verantwortliche Referentin für Mütterhilfe Mechthild König hatte verschiedentlich an den Sitzungen des Rechtsausschusses teilgenommen. Im November 1971 gab sie die dort erhaltenen Impulse in einem ausführlichen Vermerk an den Direktor im Diakonischen Werk Fritz Joachim Steinmeyer weiter. „Die beiden letzten Sitzungen des Rechtsausschusses der Evangelischen Frauenarbeit befassten sich ausschließlich mit dem § 218", schrieb König und fuhr fort: „Dies veranlasst mich zu der Frage, ob bei uns im Hause dieses Thema bis jetzt

---

[54] Vgl. *epd za* vom 1.12.1971. Echternach ermutigte die EFD ferner, den Ratsmitgliedern die Stellungnahme unter Umgehung des Dienstwegs über die Kirchenkanzlei unmittelbar zukommen zu lassen (vgl. Aktennotiz von Snoek über ein Telefonat mit Echternach vom 7.12.1971, in: AEFD, Rechtsausschuß, § 218). 1972 erfolgte die Übersendung der Stellungnahme auf Anfrage des parlamentarischen Strafrechtssonderausschusses anlässlich der öffentlichen Anhörung zur Reform des § 218 StGB (vgl. Stellungnahme der evangelischen Frauenarbeit in Deutschland e. V. zum Fragenkatalog des Deutschen Bundestages/Sonderausschuss für die Strafrechtsreform vom 29.3.1972, in: ADW, HGSt 5655). 1973 beschloss der Rechtsausschuss, seine Stellungnahme in Anbetracht der erneuten Aktualität der Abtreibungsdebatte nochmals zu versenden (vgl. Protokollauszug vom 7.3.1973, in: AEFD, Rechtsausschuß, Korrespondenz mit Mitgliedern, Aktennotizen bis Ende 1975).

[55] Vgl. z. B. Brief von Marie Schlei (SPD) an die EFD vom 7.12.1971, sowie das ausführliche Schreiben von Hermann Dürr (SPD) an Brigitte Wendrich (EFD) vom 13.4.1973 (beides in: AEFD, Rechtsausschuß, § 218).

[56] Vgl. die ebenfalls von Schwarzhaupt verfasste Stellungnahme der Evangelischen Frauenarbeit vom 21.2.1947 sowie das Übersendungsanschreiben der Kirchenkanzlei an den Alliierten Kontrollrat vom 26.2.1947 (beides in: EZA 2/302). Vgl. ferner E. Wilkens, § 218, sowie *epd za* vom 6.11.1973.

schon irgendwo diskutiert wurde, und wenn nicht, ob es von uns aufgegriffen werden sollte.“[57] Königs Anregung fand Aufnahme. Ende Februar 1972 trug Schober dem Diakonischen Rat erste Empfehlungen für einen Katalog flankierender Maßnahmen vor.[58] Bis die von König angesprochene Verantwortlichkeit der Diakonie zur Hilfe in Schwangerschaftskonflikten zu ersten konkreten Projekten führte, sollte freilich noch einige Zeit vergehen.

1.3.5 Abschluss der Meinungsbildung in der Strafrechtskommission

Im Spätherbst 1971 neigten sich die Beratungen der Strafrechtskommission allmählich ihrem Ende zu, und der Rat der EKD, der sich nach wie vor noch nicht zur Thematik des Schwangerschaftsabbruchs geäußert hatte, war erneut aufgefordert, sich zu den Ergebnissen des von ihm eingesetzten Expertengremiums zu verhalten.

Oktobersitzung

Am 22. Oktober 1971, zeitgleich mit der Veröffentlichung des Referentenentwurfs durch das Bundesjustizministerium, war die Strafrechtskommission der EKD nach einer längeren Sommerpause zum ersten Mal seit Ende Juni wieder zusammengetreten.[59] Aus aktuellem Anlass hatte Ministerialrat Horstkotte zunächst einen ausführlichen Bericht über den Gesetzentwurf gegeben, an dessen Ausarbeitung er selbst maßgeblich beteiligt gewesen war.[60] An das Referat hatte sich eine Grundsatzdiskussion über die Vor- und Nachteile der erweiterten Indikationenregelung bzw. der Fristenregelung mit Beratungspflicht angeschlossen. Eine erste Abstimmung in der Kommission hatte eine klare Mehrheit von sieben zu zwei Stimmen (bei einer Enthaltung) gegen eine Fristenregelung ergeben.[61] Die Diskussion

---

[57] Vermerk für Steinmeyer zur Evangelischen Frauenarbeit vom 2.11.1971 (ADW, HGSt 5655). König rechnete damit, dass man im Diakonischen Werk ebenso wenig wie im Rechtsausschuss der EFD zu einer einheitlichen Position im Blick auf die strafrechtlichen Fragen finden würde (Ebd.).

[58] Vgl. Niederschrift über die 46. Sitzung des Diakonischen Rates vom 29.2./1.3.1972 in Stuttgart (ADW, PB 422).

[59] Vgl. Protokoll über die Sitzung der Strafrechtskommission der EKD vom 22./23.10.1971 in Frankfurt a. M. (EZA 99/1.302). Zum Referentenentwurf vgl. oben S. 142 ff.

[60] Vgl. Abschrift des Referats von Horstkotte zur Sitzung der Strafrechtskommission der EKD vom 22./23.10.1971 in Frankfurt a. M. (EZA 99/1.302).

[61] Vgl. Protokoll (vgl. Anm. 59). Anwesend waren: Schwarzhaupt, Koffka, Becker, Hanack, Horstkotte, Nüse, Hornig, Schweitzer, Janssen und Geisendörfer. Während Horstkotte sich der Stimme enthielt, votierten Schwarzhaupt und Hanack für die Fristenregelung.

hatte jedoch gezeigt, dass die verschiedenen Standpunkte nur schwer zusammenzubringen sein würden. Aus diesem Grund hatte man Hanack abschließend gebeten, ein Minderheitenvotum zu Gunsten des Alternativ-Entwurfs auszuarbeiten.

Die Kommission war in ihren Beratungen mit einer Abstimmung über die prinzipielle Ausgestaltung eines Indikationenmodells fortgefahren, hatte die endgültige Abstimmung über die verschiedenen Indikationen allerdings auf die folgende Sitzung Ende November vertagt, da ein Unterausschuss zunächst einen detaillierten Indikationenkatalog ausformulieren und nach Möglichkeiten suchen sollte, die soziale Indikation möglichst exakt einzugrenzen.[62]

Ein weiterer Punkt, mit welchem die Kommission sich zu befassen gehabt hätte, wäre schließlich ihr theologischer Beitrag zum Problem des Schwangerschaftsabbruchs gewesen. Schweitzer hatte berichtet, dass die Ratsmitglieder im Sommer zu verstehen gegeben hatten, dass ihnen insbesondere an einer theologischen Profilierung gelegen war und ihnen eine im Wesentlichen kriminalpolitische Argumentation, wie sie von der Strafrechtskommission erarbeitet worden war, nicht ausreichend erschien. Die Kommission beschloss jedoch, die von Schweitzer angesprochene Problematik des theologischen Begründungsdefizits auf die nächste Sitzung zu vertagen und bis dahin einen Unterausschuss mit der Überarbeitung der bereits mehrfach redigierten theologischen Einleitung zu betrauen.[63]

Novembersitzung

Auf der Sitzung der Strafrechtskommission Ende November wurde das von Schweitzer, Schwarzhaupt und Hornig in der Zwischenzeit überarbeitete theologische Papier dem Plenum erneut vorgelegt. Knapp hieß es dazu später im Protokoll: „Die Diskussion zeigt erneut, daß die theologisch-ethische Begründung unter den Teilnehmern noch lebhaft umstritten ist."[64]

Nicht anwesend waren: Jeschek, Affemann und Kirchhoff, der kurz darauf aus gesundheitlichen Gründen sein Ausscheiden aus der Kommission erklärte (vgl. Brief von Kirchhoff an Echternach vom 3.11.1971, in: EZA 99/1.29).

[62] Mit einer knappen Mehrheit von sechs Ja- bei drei Gegenstimmen und zwei Enthaltungen hatte sich die Kommission grundsätzlich für die Berücksichtigung sozialer Notlagen bei der Reform des § 218 StGB ausgesprochen (vgl. Ebd.).

[63] In einem Brief an Schwarzhaupt bedauerte Schweitzer am 31.10.1971 dieses erneute „Nicht-Verhalten" der Kommission und führte es darauf zurück, dass es in der Frage der theologischen Begründung nach wie vor keine gemeinsame Basis unter den Mitgliedern des Ausschusses gab (EZA 99/1.302).

[64] Während die eine Fraktion innerhalb der Kommission – gleich der katholischen Kirche – die uneingeschränkte Gültigkeit des unteilbaren Lebensschutzes postulierte, hatte eine andere Fraktion sich dagegen der von humanistischen und sozialistischen Kreisen propagierten Auffassung von der Abtreibung als eine Art der Geburtenregelung angenähert. Der

Das kirchliche Gremium scheiterte abermals daran, theologisch-ethische Grundaussagen zu formulieren, denen die Mehrzahl der Kommissionsmitglieder zuzustimmen vermochte. Man beschloss statt dessen, eine weitere Überarbeitung in Auftrag zu geben, zu der nunmehr auch Hanack, Horstkotte und Echternach hinzugezogen wurden.

Den zweiten großen Tagesordnungspunkt neben der Besprechung des theologischen Eingangsteils bildete die Aussprache und Abstimmung über die verschiedenen Indikationen, welche gemäß dem Auftrag der letzten Zusammenkunft von einem Unterausschuss ausgearbeitet worden waren. Keinen weiteren Diskussionsbedarf gab es im Hinblick auf die medizinische sowie der eugenische Indikation in der Formulierung des Referentenentwurfs. Auch die ethische Indikation wurde nach kurzer Diskussion bejaht und sogar um den Tatbestand der Inzest an Minderjährigen erweitert. Der vierte Vorschlag des Katalogs formulierte schließlich eine Altersindikation, die ebenfalls die Zustimmung der Kommission fand. Entgegen früherer Beratungsergebnisse fand sie allerdings nicht mehr auf jugendliche Schwangere unter 14 Jahren Anwendung, sondern auf ältere Schwangere, die das 40. Lebensjahr überschritten hatten.[65] Die Abstimmung über die fünfte vorgeschlagene Indikation, die so genannte „Vier-Kinder-Indikation", ergab eine Stimmengleichheit, weswegen die Kommission sich darauf verständigte, lediglich den Gedanken ohne eine genaue Angabe zur Kinderzahl in die Stellungnahme aufzunehmen.

Die längste Zeit nahm schließlich die Diskussion der Notlagenindikation

Gedanke der Verantwortung für das werdende Leben, der an die Stelle des unbedingten Lebensschutzes zu setzten sei, impliziere, so ihre Argumentation, nicht nur die Freiheit, sich mit Hilfe von Verhütungsmitteln gegen ungewünschte Schwangerschaft, sondern auch jene Freiheit, sich durch einen Schwangerschaftsabbruch gegen nicht gewünschte Elternschaft entscheiden zu können (vgl. Protokoll über die Sitzung der Strafrechtskommission der EKD vom 26./27.11.1971, in: EZA 99/1.302).

[65] Es ist davon auszugehen, dass die ursprünglich sozial verstandene Altersindikation für jugendliche Schwangere aufgrund eines Referats des Heidelberger Humangenetikers Friedrich Vogel auf der Oktobersitzung der Kommission eine medizinisch-eugenische Umdeutung erfahren hatte und sich später auf das mit dem Alter steigende Risiko gesundheitlicher Schäden für Mutter und Kind bezog (vgl. Protokoll über die Sitzung der Strafrechtskommission der EKD vom 22./23.10.1971 in Frankfurt a. M., in: EZA 99/1.304, sowie Protokoll über die Sitzung der Strafrechtskommission der EKD vom 28./29.4.1972 in München, in: EZA 99/1.304; EZA 2/93/6220). Drei Kommissionsmitglieder votierten gegen die Altersindikation und argumentierten, diese beruhe auf der überholten Anschauung, dass eine Frau in fortgeschrittenem Alter kein Kind mehr bekommen dürfe, weil ihre sexuellen Beziehungen damit aufgedeckt würden. Geisendörfer, Jeschek und Becker zeigten damit, dass emanzipatorische Argumentationen keineswegs auf die Befürworter und Befürworterinnen einer weit gehenden Liberalisierung des § 218 StGB beschränkt waren (Handschriftliche Ergänzung durch Echternach auf der Anlage II – Vorschlag für Indikationenkatalog – des Protokolls über die Sitzung der Strafrechtskommission der EKD vom 26./27.11.1971, in: EZA 99/1.302).

in Anspruch. Hierzu hatte der Unterausschuss zwölf Konkretisierungsvorschläge ausgearbeitet, die von der Kommission einzeln abgestimmt wurden, und von denen folgende Notlagen nach Ansicht der Mehrheit der Kommissionsmitglieder Berücksichtigung bei der gesetzlichen Neuregelung des § 218 StGB finden sollten:

- das Kind kollidiert mit der Versorgungspflicht der Frau anderen pflegebedürftigen Familienmitgliedern gegenüber;
- das Kind beeinträchtigt die weiteren Kinder der Familie in ihrer Entwicklung schwer;
- das Kind behindert Ausbildung, Berufstätigkeit oder Berufslaufbahn der Mutter wesentlich;
- der werdende Vater ist Alkohol-, Rauschgift- oder anderweitig abhängig;
- die Schwangere ist erziehungsunfähig;
- die Schwangere würde durch die Austragung der Schwangerschaft in eine außergewöhnliche, anders nicht abwendbare Notlage geraten, so dass ihr die Schwangerschaft nicht zugemutet werden kann.[66]

Die Kommission entschloss sich mehrheitlich, den letzten Punkt nicht als selbstständigen Auffangtatbestand für solche Notlagen zu konzipieren, die durch die übrigen Konkretionen nicht erfasst wurden, sondern ihn vorzuziehen und den anderen Einzelfallbestimmungen als Einleitung voranzustellen.[67]

Im Anschluss an die Einzelabstimmung über die verschiedenen Unterfälle der Notlagenindikation trat die Kommission schließlich in die Schlussab-

[66] Vgl. Anlage II – Vorschlag für Indikationenkatalog – des Protokolls über die Sitzung der Strafrechtskommission der EKD vom 26./27.11.1971 (Ebd.). In derselben Weise wie die Strafrechtskommission war die Organisation Pro Familia im Sommer vorgegangen und hatte ebenfalls einen umfassenden Beispielkatalog zu den verschiedenen von ihr empfohlenen Indikationen vorgelegt. Neben einer medizinischen, eugenischen und ethischen Indikation hatte der Verband ferner eine Altersindikation vorgesehen für Schwangere unter 16 und über 40 Jahren sowie eine soziale Indikation bei großer Kinderzahl oder finanzieller Not, eine geistig-seelische Indikation bei Selbstmordgefahr, Neurosen der Schwangeren bzw. zerrütteter Ehe, eine so genannte Berufsindikation bei Gefährdung von Beruf oder Ausbildung der Schwangeren sowie schließlich eine Indikation ‚pro infantibus', durch welche das unerwünschte Kind vor „krankem, asozialem oder ungesichertem Milieu" geschützt werden sollte („Für Abtreibung auch im Fall der Familien-Zerrüttung", in: *Der Tagesspiegel* vom 26.6.1971).

[67] Mit der Formulierung „Eine besondere Notlage liegt insbesondere dann vor, wenn [...]" wurde angezeigt, dass es sich bei den Beispielen um Explikationen der Generalklausel handelte, deren abstrakte Prinzipien – Unabwendbar- und Unzumutbarkeit – hier ihre Konkretion und damit ihre enge Begrenzung erfuhren (vgl. Anlage II – Vorschlag für Indikationenkatalog – des Protokolls über die Sitzung der Strafrechtskommission der EKD vom 26./27.11.1971, in: EZA 99/1.302).

stimmung über den von ihr befürworteten Gesamtentwurf zur Reform des § 218 StGB ein. Dabei lehnte man sowohl eine Fristenregelung nach dem Modell des Alternativ-Entwurfs als auch eine enge Indikationenregelung ohne Notlagenindikation mit sieben zu zwei Stimmen ab. Eine klare Mehrheit von sieben zu zwei Stimmen trat hingegen für das erweiterte Indikationenmodell inklusive Notlagenindikation ein.[68] Was das Verfahren der Indikationsfeststellung betraf, plädierte die Kommission nahezu geschlossen für den Fortbestand zentraler Gutachterstellen und sprach sich gegen das im Referentenentwurf vorgesehene Modell ärztlicher Einzelgutachter aus.[69]

Die Strafrechtskommission kam somit zu einem klaren Votum für eine erweiterte Indikationenregelung bei strenger Eingrenzung der Notlagenindikation und unter Beibehaltung des bisherigen Begutachtungsverfahrens. Während das Verfahren der Indikationsfeststellung damit strenger als im Referentenentwurf des Bundesjustizministeriums geregelt wurde, war der Katalog der Indikationen zugleich großzügiger angelegt und umfasste im Gegensatz zum Referentenentwurf immerhin eine, wenn auch eng begrenzte, so doch eigenständige Notlagenindikation. Nach Auffassung der Kommission stellte die Mehrheitsmeinung damit einen Mittelweg zwischen einer eng gefassten Indikationenregelung und einer Fristenlösung dar.[70]

1.3.6 Das zweite Ratsgespräch mit einer Delegation der Strafrechtskommission

Mitte Dezember 1971 präsentierte eine Delegation der Strafrechtskommission dem Rat der EKD das vorläufige Ergebnis der Kommissionsarbeit. Einen abschließenden Bericht konnte die Kommission noch nicht vorlegen, da die theologische Einleitung noch immer überarbeitet wurde. Schweitzer informierte die Ratsmitglieder jedoch über den aktuellen Diskussionsstand innerhalb der Kommission und stellte den aktuellen Entwurf der theologischen Einleitung vor. Erneut vertrat er dabei den Standpunkt, dass es falsch wäre, sich allein darauf zu beschränken, ethische Grundsätze ins

---

[68] Das Modell einer erweiterten Indikationenregelung mit selbstständiger sozialer Indikation ohne Eingrenzung durch einen Beispielkatalog hatte bei der Abstimmung drei Ja- und drei Neinstimmen sowie drei Enthaltungen erhalten (vgl. Protokoll über die Sitzung der Strafrechtskommission der EKD vom 26./27.11.1971, in: EZA 99/1.302).

[69] Für die Beibehaltung der Gutachterstellen stimmten sieben Kommissionsmitglieder (bei jeweils einer Enthaltung und einer Gegenstimme). Ungeklärt blieben die Fragen, ob das Gutachterurteil bindend sein sollte und ob es bei abschlägigem Bescheid ermöglicht werden sollte, weitere Gutachterstellen aufzusuchen (vgl. Ebd.).

[70] Vgl. Niederschrift über die 60. Sitzung des Rates der EKD am 15./16.12.1971 in Stuttgart (EZA 2/93/6216; EZA 87/746).

Gedächtnis zu rufen und die Bedeutung flankierender Maßnahmen hervorzuheben, ohne konkrete Empfehlungen für eine gesetzliche Regelung des Schwangerschaftsabbruchs auszusprechen.[71]

Im Anschluss an Schweitzers Erörterungen zur theologischen Einleitung präsentierten die übrigen anwesenden Kommissionsmitglieder die verschiedenen in ihrem Kreis vertretenen Auffassungen zur gesetzlichen Ausgestaltung des Abtreibungsverbots. Die Mehrheitsmeinung der Kommission wurde von Nüse vertreten – nach Wilkens' späterem Urteil allerdings nicht sehr überzeugend.[72] Schwarzhaupt vertrat das Minderheitenvotum und erläuterte, sie hoffe und erwarte, dass auch die Kirche durch eine Fristenregelung ihrer eigentlichen Aufgabe in dieser Sache nachkomme und den hohen Wert des Lebens in der ethischen Verkündigung hervorhebe.[73] Jeschek schließlich sprach sich für eine enge Indikationenregelung ohne Notlagenindikation aus und erklärte, die Fristenregelung sei zwar die kriminalpolitisch beste Gesetzesregelung, könne theologisch jedoch nicht verantwortet werden, während die Mehrheitsvariante nicht nur theologische Argumente gegen sich habe, sondern aufgrund ihrer weit gefassten Formulierungen auch kriminalpolitisch nutzlos sei.[74] Mit seiner polarisierenden Argumentation zog er sich allerdings den Unmut der Kommissionsvorsitzenden zu, zumal mehrere Ratsmitglieder in der anschließenden Aussprache seiner Einschätzung von der Wirkungslosigkeit der Mehrheitslösung zustimmten.[75]

Im Wesentlichen konzentrierte sich der Rat jedoch auf die Aussprache zur theologischen Einleitung und übte auch hier mannigfaltige Kritik. Erneut wandte man sich gegen die Art und Weise, in der mit dem Liebesgebot

[71] Vermerk [ohne Verfasser] über den Bericht von 4 Mitgliedern der Strafrechtskommission zum § 218 in der Ratssitzung vom 16.12.1971 (EZA 99/11). Vgl. C.-C. SCHWEITZERS kurz zuvor veröffentlichten Aufsatz, in dem es hieß: „Die Kirche muß den weltlichen Gesetzgeber ständig an ‚Gottes Recht und Gerechtigkeit' erinnern. [...] Die Kirche darf sich aber nicht damit begnügen, nur in abstrakter Weise an bestimmte Grundnormen zu erinnern. [...] Sie muß sich deshalb immer wieder darum bemühen, daß dem Liebeswillen Gottes im Bereich des Rechts (wie auch in der Politik) möglichst gut gedient wird." Wenngleich die Kirche die weltliche Gesetzgebung nicht bevormunden sollte, ging Schweitzer doch von einer kirchlichen Mitverantwortung in der Gesetzgebung aus, da sich seiner Meinung nach erst in Einzelfragen erwies, wieweit das Recht jeweils in der Lage war, dem Liebeswillen Gottes zu dienen (vgl. DERS., Respekt). Schweitzers Position deckte sich damit – wiewohl nicht inhaltlich, so doch formal – mit jener Dietzfelbingers, Thimmes oder Wilkens' und stand in krassem Widerspruch sowohl zum Gutachten der Tübinger Theologieprofessoren als auch zum Votum des Rechtsausschusses der EFD.

[72] Vgl. Brief von Wilkens an Kunst vom 9.2.1972 (EZA 87/746).

[73] Vgl. die gleichlautende Argumentation im Minderheitenvotum der EFD oben S. 156.

[74] Vgl. Auszug aus dem Protokoll der Ratssitzung vom 15./16.12.1971 (EZA 2/93/6216) sowie Brief von Jeschek an Schwarzhaupt vom 16.12.1971 (EZA 99/1.295).

[75] Das Protokoll nennt Scharffenorth, Heckel, Beckmann und Dietzfelbinger (vgl. Auszug aus dem Protokoll der Ratssitzung vom 15./16.12.1971, in: EZA 2/93/6216).

zugunsten des Schwangerschaftsabbruchs argumentiert wurde.[76] Zurückgewiesen wurden darüber hinaus auch einige emanzipatorische Einsichten, welche sich die Strafrechtskommission zu eigen gemacht hatte. So konnten die Ratsmitglieder weder die Zulässigkeit des Grundsatzes von der Unzumutbarkeit für die Frau noch der Rede vom individuellen Lebensplan der Frau und dessen Durchkreuzung nachvollziehen.[77] Nach Ansicht des Ratsvorsitzenden fehlte dem Entwurf vielmehr der Hinweis auf die Notwendigkeit der Furcht vor dem Gebot Gottes und die Kategorie des Gerichts. Er verlangte über Einzelformulierungen hinaus grundsätzliche inhaltliche Änderungen im Votum der Strafrechtskommission.

Aufgrund der sich in der Diskussion deutlich abzeichnenden Divergenzen zwischen der Mehrheit der Kommissionsmitglieder und dem Rat, der offenbar Jeschecks enger Indikationenregelung ohne Notlagenindikation den Vorzug gab, kam Schwarzhaupt abschließend auf die Möglichkeiten zur Veröffentlichung des Arbeitsergebnisses zu sprechen und trug die Auffassung der Kommission vor, wonach die Stellungnahme in jedem Fall veröffentlicht werden sollte; sei es mit Billigung des Rates und in seinem Namen oder ohne seine Zustimmung als selbstständige Äußerung der Kommission.

Der Rat hielt sich indes weiterhin bedeckt und scheute vor jeder Kursfestlegung seines weiteren Vorgehens in der Abtreibungsdebatte zurück. Das ‚Nicht-Verhalten' des Gremiums stieß allerdings auch in der Kirchenkanzlei zunehmend auf Kritik. „Wilkens führt bewegte Klage darüber", hieß es dazu im Protokoll der Referentenbesprechung, „daß bei der letzten Ratssitzung keine deutlichen Ergebnisse und Leitlinien für das weitere Vorgehen zu verzeichnen waren."[78] Ein halbes Jahr nach dem Auftakt der breiten Abtreibungsdebatte fand der Rat sich demnach noch immer nicht dazu bereit, Position zu beziehen zur Reform des § 218 StGB – weder intern noch in der Öffentlichkeit. Die Zurückhaltung des Rates, die in den Sommermonaten zunächst als besonnene Entscheidung zu begrüßen gewesen war, erschien zunehmend als Zeichen der Schwäche, der Rat- und Sprachlosigkeit.

---

[76] Der Berliner Bischof legte in diesem Zusammenhang Wert darauf, dass die theologische Einleitung zwar nicht den Menschen, wohl aber die Tat entschieden zu verwerfen habe (vgl. Ebd.)

[77] Ebd.

[78] Auszug aus dem Protokoll der Referentenbesprechung vom 12.1.1972 in: EZA 2/93/6216.

2. Die Einleitung des Gesetzgebungsverfahrens und die Reaktion der Kirchen

In den ersten Monaten des Jahres 1972 erfuhren die Auseinandersetzungen um die strafrechtliche Neugestaltung des Abtreibungsverbots neuen Aufwind. Ausgelöst wurden die Kontroversen durch die Überarbeitung des Referentenentwurfs und die endgültige Beschlussfassung des Kabinetts über den Regierungsentwurf zu § 218 StGB.

Auch die Kirchen intensivierten ihre Bemühungen um Partizipation erheblich. Die Intervention der EKD gelangte Anfang des Jahres 1972 sogar auf einen ersten Höhepunkt. Der Rat der EKD erwachte im Januar aus seiner Regungslosigkeit und setzte – gemeinsam mit der Kirchenkanzlei – in den folgenden Wochen alles daran, eine Kabinettsentscheidung für ein Fristenmodell zu verhindern und das Indikationenmodell des Justizministers zu unterstützen. Auch nach der Kabinettsentscheidung über den Regierungsentwurf brach das Engagement der evangelischen Kirche nicht ab. Der Rat der EKD verabschiedete eine erste Erklärung zur Reform des § 218 StGB, verschiedene Landeskirchen befassten sich mit der Thematik und die Anliegen der EKD wurden im Rahmen einer Anhörung vor dem Strafrechtssonderausschuss des Bundestages zu Gehör gebracht. Durch den guten Kontakt leitender Kirchenvertreter zum Bundesjustizministerium und die inhaltliche Nähe der Positionen stießen die evangelischen Anregungen in Bonn mehrheitlich auf Verständnis und Entgegenkommen, während die Spannungen zwischen der Regierung und der katholischen Kirche sich zeitgleich erhöhten.

2.1 Überarbeitung des Referentenentwurfs

Der Referentenentwurf des Bundesjustizministers erfuhr nach seiner Veröffentlichung Ende Oktober 1971 von allen Seiten scharfe Kritik. Jahns Bemühungen, mit seinem Gesetzentwurf ein möglichst breites Meinungsspektrum abzudecken, gereichten ihm zum Nachteil. „[D]er Minister, der den massiven Druck zur Reform sehr wohl verspürte, suchte so lange nach der Mitte zwischen den Gegensätzen [...]", hieß es in einem österreichischen Blatt, „daß er dort endete, wo dies leicht enden kann: Zwischen allen Stühlen."[79] Auch die bundesdeutsche Presse – vom rechten bis zum linken Rand – kritisierte den Minister und seinen Entwurf

[79] „Zwischen allen Stühlen gelandet" von Werner A. S. Perger (*Die Presse* vom 12.11.1971). Auch E. SANDSCHNEIDER spricht von einem „erfolglosen Lavieren" Jahns zwischen den politischen Fronten (DERS., Reform, S. 30).

scharf.[80] Die Frauenbewegung, die mit der Selbstbezichtigungskampagne im Sommer 1971 (neu) zum Leben erwacht war und ihre Unterschriftensammlungen seitdem unvermindert fortgesetzt hatte, reagierte überdies mit bundesweiten Protestdemonstrationen auf die Veröffentlichung des Referentenentwurfs und forderte Ende November, nach einem gescheiterten Gespräch mit dem Justizminister, sogar dessen Rücktritt.[81]

Selbst im Bundestag fanden Jahns Bemühungen um einen Mittelweg nicht die gewünschte Anerkennung. Während die Oppositionsparteien die Reformpläne als zu weit gehend zurückwiesen und Jahns Indikationenregelung als verkappte Fristenregelung betrachteten, erschien sie zahlreichen Koalitionsabgeordneten dagegen noch als zu zaghaft.

2.1.1 Der außerordentliche SPD-Parteitag: Jahn unter Druck

Mitte November zeigte sich auf dem außerordentlichen Parteitag der SPD in Bonn, dass der Justizminister nicht einmal in der eigenen Partei den erforderlichen Rückhalt für seinen Gesetzentwurf fand. Gegen den Willen des Parteivorstandes, der keine Aussprache über die Reform des § 218 StGB vorgesehen hatte, ergänzten die rund 340 Delegierten die Tagesordnung und votierten – bei nur 16 Gegenstimmen und 15 Enthaltungen – mit überwältigender Mehrheit für die Verabschiedung einer Fristenregelung und damit gegen den Referentenentwurf aus dem Bundesjustizministerium.[82]

Es sei zwar zu erwarten gewesen, kommentierte die *SZ* den Parteitagsbeschluss, dass es unter den Sozialdemokraten eine Mehrheit für die Fristregelung geben würde, „[a]ber daß die Mehrheit so groß ausfallen würde,

---

[80] Zwei Interviews, von denen Jahn das erste Anfang November 1971 dem *Spiegel* und das zweite kurz darauf der *Katholischen Nachrichtenagentur* gab, veranschaulichten seine prekäre Situation angesichts der massiven Kritik von allen Seiten (vgl.: „Rücksicht auf die Konservativen im Lande? *Spiegel*-Gespräch mit Jahn", in: *Der Spiegel* 46/25 vom 8.11.1971, S. 42–52, sowie „Zur Reform des § 218 StGB. Interview des Bundesministers der Justiz", in: *kna* vom 18.11.1971, abgedruckt in: *epd-dok* 6/72, S. 25–30).

[81] Vgl. „Aktion 218 fordert den Rücktritt Jahns", in: *FAZ* vom 25.11.1971, sowie Meldung im *Bulletin* hg. vom Presse- und Informationsamt der Bundesregierung vom 25.11.1971, S. 1876. Die Presse meldete, dass neben der Aktion 218 vor allem die Humanistische Union, aber auch die Jungsozialisten, Studentenausschüsse und andere Gruppierungen zu Protestaktionen in zahlreichen deutschen Städten aufgerufen hatten (vgl. „Aktionen gegen Paragraph 218 werden fortgesetzt", *dpa* vom 7.11.1971; „demonstrationen gegen parargraph 218", *dpa* 183 id vom 20.11.1971).

[82] Zum Verlauf des Parteitags vgl. „Jahn bekräftigt: Auch ungeborenes Leben braucht Schutz" (*FAZ* vom 22.11.1971). Im Parteitagsbeschluss wurde die zeitliche Begrenzung der Straffreiheit auf die ersten drei Monate nicht mit dem Lebensschutz, sondern rein medizinisch mit dem steigenden Risiko gesundheitlicher Komplikationen für die Schwangere begründet (vgl. „Beschluß des außerordentlichen Parteitages vom 18. bis 20. November 1971 in Bonn zur Reform des § 218", abgedruckt in: G. KRAIKER, Schritte, S. 151–153).

war eine Überraschung."[83] Wenngleich es laut Presse unrealistisch erschien, dass die Fristenregelung sich auch im Parlament würde durchsetzen lassen, so hatte der Beschluss der Parteibasis gleichwohl erhebliche Auswirkungen auf die weitere Meinungsbildung innerhalb des Parlaments, insbesondere der SPD-Fraktion.[84] Zum einen bestärkte er die Fristenvertreter und -vertreterinnen innerhalb der Regierungskoalition, zum anderen verdeutlichte er noch einmal die Außenseiterposition des Justizministers, der mit seinem Entwurf selbst in der eigenen Partei auf verlorenem Posten stand.[85]

Gestützt von Umfragen, die von einer breiten gesellschaftlichen Zustimmung zur Fristenregelung zeugten, kündigte eine Gruppe von Abgeordneten der Regierungsparteien dem Justizminister Anfang Dezember 1971 schließlich die Gefolgschaft auf und ließ verlautbaren, sie werde eine eigene Gesetzesinitiative für eine Fristenregelung in den Bundestag einbringen.[86] Die gravierenden Meinungsverschiedenheiten innerhalb der SPD-Fraktion sowie unter den Koalitionspartnern traten damit offen zutage. Doch nicht nur die Mehrheit der Koalitionsfraktionen, wusste die Presse zu berichten, sondern auch das Kabinett rückte infolge des klaren Votums der SPD-Parteibasis zunehmend vom Entwurf des Justizministers ab.[87]

---

[83] „Jahns Plan zu Paragraph 218 abgelehnt" von Robert Leicht (*SZ* vom 22.11.1971).

[84] Vgl. „Die Lehre aus dem Bonner Votum zum Paragraphen 218" von Bruno Waltert (*Die Welt* vom 22.11.1971). Bereits vor dem Parteitag hatte Horstkotte im Kreise der Strafrechtskommission erklärt, man habe es bislang innerhalb der verschiedenen SPD-Gremien tunlichst vermieden, eine Abstimmung über den § 218 StGB herbeizuführen, da die Meinungen zu dieser Frage offenbar weit auseinander gingen (vgl. Abschrift des Referats von Horstkotte zur Sitzung der Strafrechtskommission der EKD vom 22./23.10.1971 in Frankfurt a. M., in: EZA 99/1.302).

[85] Vgl. dazu auch M. LISSKES Urteil: „Die langwierigen Vorarbeiten im Justizministerium hatten zu einem Entwurf geführt, der sachlich angemessen sein und theoretisch eine gewisse Mehrheitschance haben mochte, tatsächlich zum Zeitpunkt seiner Vorlage politisch überholt war" (DERS., Abtreibungsregelung, S. 164).

[86] Vgl. Meldung in: *FAZ* vom 2.12.1971. Eine Ende November veröffentlichte, von der *WDR*-Sendung *Monitor* in Auftrag gegebene Umfrage der Wickertinstitute ergab, dass inzwischen 73 % aller befragten Frauen für eine Fristenregelung plädierten (vgl. „Umfrage: 73 von 100 Frauen für Fristenlösung", *dpa* 217 id vom 29.11.1971). Eine von der Frauenaktion 70 in Auftrag gegebene Umfrage des Instituts Infratest korrigierte diese Zahl zwar nach unten, ergab jedoch auch noch eine Bevölkerungsmehrheit von 59 % (55 % der Frauen, 63 % der Männer [!]) für eine Fristenregelung (vgl. „Abtreibung: mehr Männer als Frauen für straffreie Abtreibung", *dpa* 88 id vom 23.11.1971). Als Indiz für eine hohe Akzeptanz der Fristenregelung kann auch angesehen werden, dass sich selbst ein Leitartikel in der *FAZ* für die Drei-Monats-Regelung aussprach (vgl. „In den ersten drei Monaten" von Hanno Kühnert, in: *FAZ* vom 7.12.1971).

[87] Die Indikationengruppe, die im Herbst auf mindestens 40 % der SPD-Fraktion geschätzt worden war, schmolz im Anschluss an das Parteitagsvotum nach Schätzungen auf die Hälfte zusammen. Auch die politische Zukunft des Justizministers sah man durch den Beschluss gefährdet (vgl. „Die Lehre aus dem Bonner Votum zum Paragraphen 218" von Bruno Waltert, in: *Die Welt* vom 22.11.1971).

2.1.2 Exkurs: Die unverhoffte Entwicklung in der DDR

Bevor es Anfang 1972 in der BRD zur endgültigen Beschlussfassung über die Gesetzesvorlagen zur Reform des Abtreibungsstrafrechts kam, überraschte zunächst eine Meldung aus der DDR. Seit 1965 galt in der ehemaligen Ostzone eine erweiterte Indikationenregelung, die neben der medizinischen sowohl die ethische als auch die soziale Indikation umfasste.[88] Am 23. Dezember 1971 gaben das Politbüro der SED sowie der Ministerrat der DDR allerdings völlig unerwartet einen gemeinsamen Beschluss bekannt, wonach der Schwangerschaftsabbruch künftig bis zum dritten Monat allein der Entscheidung der Frau anheim gestellt werden sollte.[89]

Sowohl die katholische als auch die evangelische Kirche reagierten mit Bestürzung auf diese Ankündigung. Die Berliner Ordinarienkonferenz, in der alle katholischen Bischöfe und bischöflichen Kommissare der DDR zusammengeschlossen waren, ließ am 9. Januar 1972 in den katholischen Kirchen des Landes eine Stellungnahme verlesen, die eine Fristenregelung entschieden zurückwies und Gewissensfreiheit für das medizinische Personal forderte.[90] Auch die evangelischen Landeskirchen in der DDR ließen Anfang Februar 1972 eine Erklärung in ihren Kirchen verlesen. Das Wort richtete sich aufgrund der abweichenden politischen Umstände in der DDR nicht wie die meisten kirchlichen Stellungnahmen in der BRD an die Entscheidungsträger in Staat und Gesellschaft, sondern an die einzelnen Glieder der Kirche und – wie es hieß – „an alle, die es hören wollen".[91] Eindringlich appellierten die evangelischen Bischöfe an jene, die sich mittel- bzw. unmittelbar vor die Entscheidung über einen Schwangerschaftsabbruch gestellt sahen: „Macht von der Möglichkeit des Schwangerschaftsabbruchs keinen Gebrauch! Drängt niemand dazu [...] Laßt die betroffenen Frauen, Mädchen und Familien in dieser schweren Frage nicht allein!"[92] Mit Nachdruck erinnerte das Votum an die christliche Grund-

---

[88] Vgl. Instruktion vom 15.3.1965 zur Anwendung des § 11 des Gesetzes über den Mutter- und Kindschutz und die Rechte der Frau vom 27.9.1950 (abgedruckt in: K. Thietz, Ende der Selbstverständlichkeit?, S. 200–204). Zur Rechtsentwicklung in der ehemaligen Ostzone vgl. Dies. sowie M. Lippolds instruktiven Überblick in: Ders., Schwangerschaftsabbruch, S. 49–60.

[89] Vgl. Ankündigung in: *Neues Deutschland* vom 23.12.1971, abgedruckt in: K. Thietz, Ende der Selbstverständlichkeit?, S. 154 f. Zu verschiedenen Hypothesen über das Zustandekommen des Beschlusses vgl. M. Lippold, Schwangerschaftsabbruch, S. 56 f.

[90] „Wenn eine Gesellschaft auf den gesetzlichen Schutz des werdenden Lebens verzichtet", hieß es in der Erklärung u. a., „wird sie mit ihrem Bemühen um wahren Humanismus unglaubwürdig" („Erklärung der Berliner Ordinarienkonferenz zur geplanten ‚Fristen-Lösung' in der DDR vom 3.1.1972", abgedruckt in: KJ 1972, S. 268 f.; *epd-dok* 6/72, S. 85a–87).

[91] „Wort der evangelischen Landeskirchen in der Deutschen Demokratischen Republik vom 15.1.1972", abgedruckt in: *epd-dok* 6/72, S. 84 f.; *epd-dok* 15/73, S. 52 f.; KJ 1972, S. 267 f.

überzeugung, wonach der Schwangerschaftsabbruch Tötung keimenden Lebens und damit kein probates Mittel der Geburtenregelung ist.

Die Erklärung der evangelischen Landeskirchen in der DDR fand insbesondere in Westdeutschland große innerkirchliche Beachtung und Anerkennung, da sie sich sowohl durch den Adressatenkreis als auch die aufrichtige Emphase von der Mehrzahl der evangelischen Voten in der BRD abhob.[93] An der Revision des Abtreibungsstrafrechts in der DDR vermochte sie freilich nichts zu ändern.

Am 9. März 1972 verabschiedete die Volkskammer der DDR das „Gesetz über die Unterbrechung der Schwangerschaft", wobei es erstmals zu keinem einstimmigen Gesetzbeschluss, sondern zu 14 Gegenstimmen und 8 Stimmenthaltungen aus den Reihen der CDU-Fraktion kam.[94] Das neue Gesetz sah eine Fristenregelung mit ärztlicher Beratungspflicht über den medizinischen Eingriff sowie sonstige Verhütungsmethoden vor. Die Gesetzesnovelle, die keinerlei ethische Überlegungen zum Schutz des werdenden Lebens erkennen ließ, sondern ausschließlich auf gesellschaftspolitische Aspekte der Gleichberechtigung und Volkshygiene abstellte, führte den Schwangerschaftsabbruch neben der Empfängnisverhütung als legitime Form der Geburtenregulation ein. „Zur Bestimmung der Anzahl, des Zeitpunktes und der zeitlichen Aufeinanderfolge von Geburten", hieß es im Gesetzestext, „wird der Frau zusätzlich zu den bestehenden Möglichkeiten der Empfängnisverhütung das Recht übertragen, über die Unterbrechung einer Schwangerschaft in eigener Verantwortung zu entscheiden."[95]

Mit der Ankündigung und Verabschiedung einer Fristenregelung, die in ihrem Impetus dem Entwurf der HU von 1970 und damit den Forderungen der bundesdeutschen Frauenbewegung sehr nahe kam, übte die Regierung der DDR einigen Einfluss auf den weiteren Verlauf der Abtreibungsdebatte in der BRD aus.

---

[92] Ebd. Weiter hieß es: „Gott hat mit dem Gebot ‚Du sollst nicht töten' menschliches Leben bejaht und geschützt. Es gibt Grenzfälle, in denen die Tötung dennoch verantwortet werden muß, aber Grenzfälle sind Ausnahmen, die Gottes Gebot nicht aufheben" (Ebd.).

[93] Vgl. Brief von Mumm an Echternach vom 8.2.1972 (EZA 99/12); Wilkens hatte das Wort am 31.1.1972 – noch vor dessen Veröffentlichung – sogar an Minister Jahn gesandt (EZA 2/93/6216). Er relativierte die Bedeutung des Votums, das zahlreichen evangelischen Gremien in den nächsten Jahren als Vorlage dienen sollte, im Rückblick jedoch und schrieb 1976, er habe die Erklärung nie für so bedeutsam und gut gehalten wie sie innerhalb der evangelischen Kirche stets gehandelt worden sei (vgl. Brief an Rudolf Weeber vom 9.8.1976, in: EZA 650/95/191).

[94] Vgl. „Gesetz über die Unterbrechung der Schwangerschaft vom 9.3.1972" (GBl der DDR Teil I Nr. 5 vom 15.3.1972, S. 89, abgedruckt in: K. Thietz, Ende der Selbstverständlichkeit?, S. 163 f.).

[95] Ebd. Vgl. in diesem Zusammenhang auch die zusätzliche Verfügung, wonach zwischen zwei legalen, d. h. von den Krankenkassen finanzierten Schwangerschaftsabbrüchen mindestens sechs Monate zu liegen hatten (Ebd. § 3 Abs. 2).

2.1.3 Jahn gibt nach – Die Erweiterung des Indikationenkatalogs

Das Bundesjustizministerium war seit dem außerordentlichen SPD-Parteitag in Bonn einem enormen Reformdruck ausgesetzt. Die Ankündigung einer zweiten Gesetzesinitiative aus den eigenen Reihen sowie die unverhoffte Entwicklung in der DDR hatten diesen Druck weiter erhöht.

Das Erstarken der Fristenfraktion innerhalb der Regierungskoalition und die anhaltende Kritik am Referentenentwurf veranlassten Jahn schließlich zu einer Überarbeitung seines Diskussionsentwurfs. Mitte Januar 1972 meldete das Bundesjustizministerium, der Indikationenkatalog des Referentenentwurfs werde um die Berücksichtigung sozialer Notlagen erweitert.[96] Der Entschluss zur Erweiterung des Indikationenkatalogs, erläuterte das Ministerium, ginge bereits auf eine Kabinettsentscheidung von Anfang November 1971 zurück. Damals hätten die Kabinettsmitglieder sich mit knapper Mehrheit gegen eine Fristenregelung und für eine erweiterte Indikationenregelung unter Aufnahme einer sozialen Indikation ausgesprochen.[97]

Die Erweiterung des Referentenentwurfs deutete allerdings auch die wachsende Sorge des Justizministers um die Mehrheit in den eigenen Reihen an. Die Presse mutmaßte, dass die soziale Indikation in erster Linie eingefügt worden war, um der großen Zahl der Fristenbefürworter und -befürworterinnen innerhalb der Regierungskoalition entgegenzukommen und ihnen eine Zustimmung zum Indikationenmodell des Regierungsentwurfs zu erleichtern.[98] Zunächst blieb jedoch abzuwarten, ob sich angesichts des Parteitagsbeschlusses überhaupt noch eine Kabinettsmehrheit für eine Indikationenregelung finden würde oder ob Jahns Entwurf bereits im Kabinett scheitern und zugunsten einer Fristenregelung fallen gelassen würde. Die Kabinettsberatung über den Regierungsentwurf zu § 218 StGB war für den 2. Februar 1972 angesetzt.

---

[96] Vgl. „Jahn erweitert den Katalog für erlaubte Abtreibung" von Hans Lerchbacher (*FR* vom 12.1.1972). Zunächst war noch unklar, ob Jahn die medizinische Indikation um eine soziale Komponente erweitern oder eine selbstständige vierte Indikation schaffen würde (vgl. „Kommt die eingeschränkte soziale Indikation?", in: *epd za* vom 13.1.1972).

[97] Vgl. „Jahn erweitert den Katalog für erlaubte Abtreibung" von Hans Lerchbacher (*FR* vom 12.1.1972). Der parlamentarische Staatssekretär im Bundesjustizministerium Alfons Bayerl hatte die Einführung einer sozialen Indikation bereits im Dezember 1971 angekündigt, was damals jedoch noch von Jahn zurückgewiesen worden war (vgl. *dpa* 230 id vom 7.12.1971, sowie *kna-4-inl* vom 10.12.1971).

[98] „Jahn erweitert den Katalog für erlaubte Abtreibung" von Hans Lerchbacher (*FR* vom 12.1.1972); vgl. auch „Abtreibung ist des Teufels" (*Der Spiegel* 6/26 vom 31.1.1972, S. 24 f.).

2.2 Evangelische Reaktion und Intervention

In den gut zwei Wochen zwischen der Nachricht über die Erweiterung des Indikationenentwurfs bis zur endgültigen Verabschiedung der Regierungsvorlage Anfang Februar überschlugen sich die Ereignisse innerhalb der EKD, und es kam sowohl von Seiten der Kirchenkanzlei als auch durch den Rat und dessen Vorsitzenden zu einem geschäftigen Treiben.

2.2.1 Ein Ratswort? – Kontroverse Meinungsbildung im Rat der EKD

Angesichts der neuen Nachrichten aus dem Bundesjustizministerium sah sich der Rat der EKD auf seiner ersten Zusammenkunft im neuen Jahr, am 19. Januar 1972, unverhofft drängend mit der Problematik der Strafrechtsreform konfrontiert. An erster Stelle stand die Frage, wie groß der akute Handlungsbedarf war. Es galt abzuwägen, inwieweit es angeraten schien, noch vor der Kabinettssitzung Anfang Februar ein deutliches Votum gegen jede Fristenregelung zu verabschieden, und dem Justizminister dadurch Unterstützung für sein Indikationenmodell zukommen zu lassen. Wilkens war dazu unmittelbar vor der Ratssitzung eigens mit Jahn in Kontakt getreten und hatte diesen zu seiner Einschätzung der Lage befragt. Der Justizminister habe die Verabschiedung einer Ratserklärung noch vor der Kabinettssitzung zwar nicht für unbedingt erforderlich gehalten, berichtete Wilkens dem Rat anschließend, doch habe er den Wunsch geäußert, noch vor dem 2. Februar zu einem Meinungsaustausch mit EKD-Vertretern zusammenzukommen, um sich ein Bild machen zu können von der Haltung der EKD-Führung zur Abtreibungsreform im Allgemeinen sowie zum Referentenentwurf im Besonderen.[99]

Unter erheblichem Zeitdruck galt es nun für den Rat, das zu bewerkstelligen, was er in den zurückliegenden Monaten seit dem Auftakt der breiten Abtreibungsdebatte tunlichst zu vermeiden gesucht hatte. Das Gremium war aufgefordert, noch während der laufenden Sitzung eine Meinung zur Reform des § 218 StGB zu formulieren. Der Diskussionsverlauf und die Meinungsfindung gestalteten sich entsprechend turbulent.[100] Eine erste, offenbar recht unerfreuliche Ratsaussprache, in der es

---

[99] Vgl. Auszug aus dem Protokoll der Ratssitzung vom 19./20.1.1972 (EZA 2/93/6216).

[100] „Nach meinem Dafürhalten", schrieb Wilkens später über die Ratssitzung, „wäre es höchst an der Zeit gewesen, in der Dezember-Sitzung den Auftrag für die Abfassung des Entwurfs einer Ratserklärung zu geben. Das aber geschah nicht. So kam es [...], daß in der Januar-Sitzung des Rates dann ganz plötzlich die Notwendigkeit einer Erklärung oder doch einer Äußerung gegenüber dem Justizminister den Rat überfiel. Was sich dann in der Ratssitzung abspielte, war wirklich schlimm und bedrückend" (Brief an Kunst vom 9.2.1972, in: EZA 87/746).

zu Meinungsverschiedenheiten über das weitere Vorgehen kam, endete schließlich mit dem Beschluss, umgehend einige Ratsmitglieder zur Formulierung eines Votums abzustellen.[101] Der Unterausschuss legte dem Plenum am folgenden Sitzungstag sein Ergebnis vor. Die recht allgemein gehaltene Stellungnahme bettete die Ablehnung der Fristenregelung wie der sozialen Indikation in weiter gehende Überlegungen zur kirchlichen Mitverantwortung für soziale Hilfsmaßnahmen sowie zur Propagierung empfängnisverhütender Mittel.[102] Während der Aussprache über das Papier brach jedoch der Grundsatzkonflikt, ob der Rat umgehend Maßnahmen ergreifen und eine Erklärung abgegeben oder erneut abwarten sollte, abermals auf. Die Diskussion endete schließlich mit der Ablehnung der Vorlage, die nach Ansicht ihrer Kritiker zu unkonkret – vermutlich jedoch auch zu moderat – ausgefallen war.[103]

Resigniert schrieb Wilkens, der eine Ratserklärung zwar seit langem befürwortete, den Entwurf des Unterausschusses jedoch abgelehnt hatte, an Dietzfelbinger und Kunst, die an der spannungsreichen Sitzung nicht teilgenommen hatten: „Uns sollte es alle miteinander besonders bedrücken, daß der Rat der EKD sich durch die ganzen letzten Monate hindurch nicht imstande gesehen hat, sich als leitendes Organ und damit als ganzer hinreichend überzeugend und glaubwürdig mit der Frage des Schwangerschaftsabbruchs zu befassen und sich dazu zu äußern."[104] Es zeigte sich damit abermals, dass das öffentliche Schweigen des Rates weniger in taktischen Überlegungen gründete als vielmehr ein Resultat der erheblichen Schwierigkeiten war, auf die selbst dieser relativ homogene Kreis bei seinen Bemühungen um eine konsensfähige Meinungsäußerung zur strafrechtlichen Regelung des Schwangerschaftsabbruchs stieß.

---

[101] Zu der Formulierungsgruppe gehörten Gerta Scharffenorth, Grete Schneider, Ernst Wilm, Fritz Viering, Wenzel Lohff, Horst Echternach und später auch Erwin Wilkens (vgl. Auszug aus dem Protokoll der Ratssitzung vom 19./20.1.1972, in: EZA 2/93/6216).

[102] Vgl. Rohentwurf vom 20.1.1972 (EZA 99/11).

[103] Vgl. Brief von Wilkens an Dietzfelbinger und Kunst vom 4.2.1972 (EZA 87/746; EZA 650/95/193; EZA 81/89/63). Die Propagierung empfängnisverhütender Mittel, wie der Rohentwurf sie angeregt hatte, war unter führenden Kirchenmännern keineswegs unumstritten (vgl. z. B. Brief von Kunst an Thimme vom 11.11.1971, in: EZA 87/745).

[104] Brief an Dietzfelbinger und Kunst vom 4.2.1972 (EZA 87/746; EZA 650/95/193; EZA 81/89/63).

2.2.2 *Das umstrittene Meinungsbild des Rates und seine Weiterleitung an Jahn*

Zwar war es dem Rat der EKD Mitte Januar nicht gelungen, sich auf eine offizielle Stellungnahme zu verständigen, doch war er im Hinblick auf das von Jahn angeregte Gespräch zumindest angehalten gewesen, ein internes Meinungsbild zur Reform des § 218 StGB zu erheben.

Laut Sitzungsprotokoll war der Präses der EKD-Synode Ludwig Raiser der einzige Vertreter einer Fristenregelung im Rat.[105] Zwei Ratsmitglieder votierten ferner für eine nicht näher bestimmte Mittellösung zwischen einer Indikationen- und einer Fristenregelung.[106] Die übrigen elf Ratsmitglieder traten, wie es im Protokoll hieß, „– mit gewissen Modifikationen – gegen die Fristenlösung und [...] für eine Regelung ein, nach der Abtreibung nur bei medizinischer Indikation straffrei bleiben darf.“[107] Zwar befürworte die Ratsmehrheit eine Ausweitung der medizinischen Indikation, sprach sich jedoch entschieden gegen deren ‚Verwässerung‘ zu einer sozialen Indikation aus, denn allein eine ernsthafte Lebensgefahr rechtfertigte ihrer Ansicht nach eine Ausnahme vom Tötungsverbot. So dargestellt, vertrat der Rat der EKD mehrheitlich eine Auffassung, die sich nicht wesentlich von der katholischen Position unterschied und auf eine engst mögliche Indikationsregelung hinauslief.

Die Mehrheit der Ratsmitglieder konnte sich in dieser Darstellung allerdings nicht wiederfinden, so dass der Rat auf seiner folgenden Sitzung Mitte Februar eine Korrektur des Protokolls veranlasste und die Mehrheitsmeinung neu formulierte. Der Großteil der Ratsmitglieder, hieß es in der revidierten Fassung, trete für eine Regelung ein, die eine „ausgewogene Indikationenregelung“ vorsehe.[108] Damit wurde zwar jede inhaltliche Aussage über den genauen Umfang der anzuerkennenden Indikationen vermieden, im Gegensatz zur Erstfassung rückte der Rat jedoch deutlich von einer engen Indikationsregelung ab und behielt sich so die Möglichkeit vor, u. U. auch einem erweiterten Indikationenkatalog zuzustimmen.

Die Umformulierung des Ratsprotokolls, die eine ausgesprochene Seltenheit darstellte und die Brisanz des Themas veranschaulichte, kam jedoch zu spät. Gemäß Ratsbeschluss war die Ratsmeinung in ihrer ersten, verzerrten Darstellung dem Bundesjustizminister Ende Januar bereits in einem vertraulichen Gespräch übermittelt worden. An der von Jahn angeregten Zusammenkunft am 27. Januar in München hatten neben dem Justizminis-

---

105 Vgl. Auszug aus dem Protokoll der Ratssitzung vom 19./20.1.1972 (EZA 2/93/6216).

106 Das Protokoll nennt Fritz Viering und Grete Schneider (EBD.).

107 EBD.

108 Anlage zum Auszug aus der Niederschrift über die 62. Sitzung des Rates der EKD am 17./18.2.1972 in Berlin (EZA 87/747; EZA 2/93/6217).

ter und dessen Beratern, Erkel und Bayerl, von kirchlicher Seite Dietzfelbinger, Wilkens und der ehemalige rheinische Präses Joachim Beckmann teilgenommen. Das im Ratsprotokoll niedergelegte äußerst restriktive Stimmungsbild schien in München allerdings nur eine untergeordnete Rolle gespielt zu haben, denn Wilkens berichtete später zufrieden über die Atmosphäre des Treffens: „Es war wie immer mit Herrn Jahn ein offenes und freundliches Gespräch, das in vielen wesentlichen Punkten erneut eine weitgehende Übereinstimmung zeigte."[109] Obzwar Dietzfelbinger und Beckmann Einwände gegen die nachträgliche Aufnahme der Notlagenindikation erhoben hätten, fuhr Wilkens fort, sei insgesamt betrachtet ein weit gehender Konsens festgehalten worden, was die strafrechtlichen Regelungen der Kabinettsvorlage betraf. Lediglich im Hinblick auf die Beratung und das Verfahren zur Indikationsfeststellung hatten die Kirchenvertreter nach Wilkens' Auskunft den Bundesjustizminister nicht in derselben Weise bestärken können.[110]

Zu einer Irritation war es allerdings gekommen, als Jahn die Kirchenvertreter auf ein Votum ansprach, das Mitglieder der Theologischen Fakultät Göttingen am Vortag der Besprechung nach Bonn gesandt hatten, über das die Ratsdelegation indes nicht informiert war.[111] Es musste der Eindruck entstehen, als wisse die rechte Hand nicht, was die linke tut, zumal Jahn die Göttinger Stellungnahme, die sich gegen seinen Entwurf richtete und für eine Fristenregelung votierte, fälschlich als offizielles kirchliches Gutachten aufgefasst hatte. In jedem Fall wurde deutlich, dass die von kirchenoffizieller Seite vertretenen – ohnehin bereits recht divergenten – Ansichten kaum für sich beanspruchen konnten, eine bzw. *die* verbindliche evangelische Position zu repräsentieren.[112] Jahn musste somit erkennen, dass es ein aussichtsloses Unterfangen sein würde, den zahlreichen, widersprüchlichen Vorstellungen innerhalb der evangelischen Kirche genü-

---

[109] Vgl. Brief an Eppler vom 31.1.1972 (EZA 2/93/6216).

[110] Vgl. Ebd.

[111] Vgl. „Stellungnahme zur Änderung des Paragraphen 218 StGB von Mitgliedern der Theologischen Fakultät der Universität Göttingen an die Fraktionen des Deutschen Bundestages und Justizminister Jahn", veröffentlicht am 28.1.1972, abgedruckt in: *epd-dok* 6/72, S. 54–57; *epd-dok* 15/73, S. 23–26, sowie E. Wilkens, § 218, S. 164–167. Auch die Presse schenkte der Stellungnahme nach Auskunft der Kirchenkanzlei breite Beachtung und kolportierte sie zum Leidwesen der EKD-Vertreter ebenfalls fälschlich als offizielles theologisches Gutachten (vgl. Brief von Wilkens an Kunst und Dietzfelbinger vom 4.2.1972, in: EZA 87/746; EZA 650/95/193; EZA 81/89/63).

[112] Vgl. dazu die zutreffende Einschätzung des späteren Ratsmitgliedes Robert Leicht: „Die Evangelische Kirche in Deutschland hat nach einer überwiegend kritisch aufgenommenen evangelisch-katholischen Denkschrift im letzten Jahr eine derart breite und intensive innere Meinungsbildung erlebt – bis hin zu Plädoyers für die Fristenregelung –, daß eine dezidiert evangelische, gar eine ‚offizielle' Meinung nicht verläßlich formuliert werden kann" („Rom schießt übers Ziel hinaus", in: *SZ* vom 15.2.1972).

ge zu tun, um sich die geschlossene Unterstützung der Protestanten für seinen Regierungsentwurf zu sichern.

2.2.3 Fortgesetzte vertrauliche Intervention der EKD

Ungeachtet der Kritik an Einzelbestimmungen seines Entwurfs hatte Jahn sich während des Treffens in München auf das Ganze betrachtet vom Wohlwollen und der grundsätzlichen Zustimmung der EKD überzeugen können. Auf evangelischer Seite wiederum wusste man nicht nur die profunde und ernsthafte Auseinandersetzung des Bundesjustizministers mit dem Reformvorhaben zu schätzen, sondern war sich auch darüber im Klaren, dass weite Teile der Regierungskoalition wie der Öffentlichkeit weitaus umfassendere Reformen anstrebten. Um diese zu verhindern, bedurfte es, so das Kalkül der Kirchenmänner, einer starken Koalition *mit* dem Bundesjustizminister und nicht *gegen* ihn - selbst wenn man auch gegen dessen Regierungsentwurf noch gewisse Vorbehalte hegte.[113]

Die führenden Köpfe innerhalb der EKD - insbesondere Wilkens, der sich in der Frage des Abtreibungsstrafrechts zunehmend exponierte - verfolgten in diesen ersten Wochen und Monaten des Jahres 1972 ein doppeltes Ziel. Zum einen suchten sie die Verabschiedung einer Fristenregelung zu verhindern, indem sie dem Justizminister den Rücken stärkten, zum anderen bemühten sie sich durch konstruktive Kritik auch im Regierungsentwurf noch einige Änderungen zu erwirken. Die Aussichten für Letzteres standen nach Wilkens' Einschätzung nicht schlecht, da Jahn und Bayerl in München den Eindruck erweckt hatten, als seien sie selbst mit ihrem Entwurf zu § 218 StGB auch noch nicht zufrieden.[114] Wilkens regte deshalb im Anschluss an die Münchener Unterredung eine vermehrte Intervention der EKD an und ergriff sogleich selbst die Initiative.

Anfang Februar 1972 setzte er den Bevollmächtigten nach dessen Rückkehr aus dem Urlaub über das Gespräch mit den Bonner Vertretern in Kenntnis und informierte ihn darüber, dass Bayerl noch während der Zusammenkunft weitere Gesprächsbereitschaft über die Verfahrensfrage und den Beratungskomplex signalisiert habe. „Das Gespräch mit Herrn Bayerl kann natürlich nur über Sie laufen", ließ er Kunst wissen, fügte jedoch im selben Atemzug hinzu: „Ich gestehe, daß ich nicht ungern daran teilnehmen würde."[115] Zunehmend verschoben sich im Hinblick auf die

---

[113] Vgl. Brief von Wilkens an Bayerl vom 31.1.1972 (EZA 2/93/6216). Kirchenvertreter nahmen Jahn auch gegen Kritik privater Einsender in Schutz und wiesen auf dessen schwierige Lage nach dem SPD-Parteitagsbeschluss für eine Fristenregelung hin (vgl. Brief von Kalinna an Dorothea Baatz vom 1.2.1972, in: EZA 87/746).

[114] Vgl. Notiz von Kalinna an Kunst vom 14.2.1972 (EZA 87/746).

[115] Brief von Wilkens an Kunst vom 9.2.1972 (EZA 87/746). Unerwähnt blieb, dass

Reform des § 218 StGB die Kompetenzen vom Bevollmächtigten der EKD, der sich in der weiteren Debatte diplomatisch im Hintergrund hielt und lediglich die formale Zuständigkeit beibehielt, zu Erwin Wilkens, dem Presse- und Öffentlichkeitsreferenten der Kirchenkanzlei, der den inhaltlichen Beitrag der EKD zur Reform des Abtreibungsstrafrechts in den kommenden Jahren maßgeblich mitbestimmen sollte.

Im Anschluss an die Münchener Zusammenkunft, auf welcher Jahn der evangelischen Delegation bereits ein Vorabexemplar seines endgültigen Gesetzentwurfs übergeben hatte, war Wilkens vom Ratsvorsitzenden um eine Besprechung des Gesetzestextes gebeten worden. Der ausführliche Vermerk, den der Oberkirchenrat daraufhin anfertigte, konzentrierte sich in erster Linie auf das Verfahren zur Indikationsfeststellung.[116] „Das Indikationenmodell", erläuterte Wilkens dem Ratsvorsitzenden, „steht und fällt [...] mit der Verfahrensregelung."[117] Die entscheidende Schwäche der im Referentenentwurf vorgesehenen Verfahrensregelung, fuhr er fort, läge im Verzicht auf eine geordnete Beratung der Frau sowie in der Abschaffung der Gutachterkommissionen. Der Referentenentwurf des Justizministers, so Wilkens' abschließendes Fazit, versuche sowohl dem Fristen- als auch dem Indikationenmodell gerecht zu werden, doch werde der „akzeptable Grundansatz" damit praktisch in eine „verdeckte Fristenregelung" verfälscht.[118]

Am 5. Februar 1972, einen Tag nachdem Wilkens dem Ratsvorsitzenden seine Analyse hatte zukommen lassen, wandte Dietzfelbinger sich in einem Brief an Jahn und übermittelte ihm seine Beurteilung des Referentenentwurfs – ohne Beratung mit seinen Mitarbeitern, wie er bemerkte. Tatsächlich setzte Dietzfelbinger in seinem Schreiben deutlich andere Akzente als Wilkens und streifte die Frage des Verfahrens zur Indikationsfeststellung nur am Rande. Seine Hauptkritik lag auf der nachträglichen Erweiterung des Referentenentwurfs um die soziale Indikation, zu der er unmissverständlich erklärte: „gerade an diesen Punkten würde [...] der Entwurf, falls er so beschlossen wird, auch vonseiten der evangelischen Kirche deut-

Wilkens sich bereits am 31.1.1972 eigenständig mit Bayerl zwecks Terminabsprache in Verbindung gesetzt hatte (EZA 2/93/6216).

116 Wilkens deutete in seinem Schreiben allerdings an, dass er den Referentenentwurf noch gar nicht gelesen und im Einzelnen durchgearbeitet habe (vgl. Brief an Dietzfelbinger und Kunst vom 4.2.1972, in: EZA 87/746; EZA 650/95/193; EZA 81/89/63).

117 Ebd.

118 Ebd. Wilkens hatte sich kurz zuvor, am 31.1.1972, bereits in eigener Verantwortung an Jahn gewandt und – quasi als Resümee der Münchner Aussprache – zusammengefasst: „Daß wir Ihnen im Grundsatz weitgehend zustimmen, ist ja nicht erst jetzt deutlich geworden. Umso mehr macht es mir zu schaffen, daß ich dem vorgesehenen Verfahren für die Entscheidung über den Schwangerschaftsabbruch nicht in der gleichen Weise zustimmen kann" (EZA 2/93/6216).

liche Anfragen und Widersprüch[e] erfahren."[119] Aus diesen Worten sprach derselbe unzeitgemäße kirchliche Anspruch wie einst aus der Orangen Schrift. Unüblich war der Ton allemal geworden in Zeiten des entspannten, ja außerordentlich guten Verhältnisses zwischen der evangelischen Kirche und dem Bundesjustizministerium.

Jahn ließ sich von Dietzfelbingers Zeilen allerdings nicht verunsichern und wies in seinem Antwortschreiben vom 15. Februar darauf hin, dass sein – inzwischen vom Kabinett verabschiedetes – Indikationenmodell auch in den Augen der Kirche eine Verbesserung zur Alternative des Fristenmodells darstellen müsse. Spürbar erleichtert über die Kabinettsentscheidung resümierte Jahn sogar über die evangelischen Bemühungen der zurückliegenden Wochen: „Daß es mir gelungen ist, diesen Entwurf als Regierungsvorlage durchzusetzen, sehe ich als Erfolg an, der nicht zuletzt durch Ihre und Ihrer Kollegen verständnisvolle Haltung möglich geworden ist."[120]

Das erste Ziel der EKD, die Verhinderung einer Kabinettsentscheidung für die Fristenregelung, war damit erreicht. Den Einfluss der evangelischen Kirche auf diese Entscheidung wird man freilich, ungeachtet der Aussage des Justizministers, nicht überbewerten dürfen; waren die Interventionsbemühungen der verschiedenen EKD-Vertreter doch viel zu disparat gewesen, um nennenswertes politisches Gewicht ausüben zu können.

2.3 Die endgültige Beschlussfassung in der Regierungskoalition

Am 9. Februar 1972 wurde der vom Kabinett verabschiedete Regierungsentwurf des 5. StrRG veröffentlicht. Er entsprach im Wesentlichen dem erweiterten Indikationenmodell des Referentenentwurfs aus dem Justizministerium.[121] Bei der Bekanntgabe des Beratungsergebnisses räumte der Regierungssprecher ein, dass es eine „schwere Geburt" gewesen sei, bis die Kabinettsmitglieder sich zu einer Indikationenregelung hätten durchringen können, da eine Reihe von ihnen – im Gespräch waren die FDP-Minister Walter Scheel und Hans Dietrich Genscher sowie Helmut Schmidt von der SPD – eher einer Fristenregelung zuneigten.[122]

---

119 EZA 87/746.

120 EZA 81/89/63.

121 Vgl. Entwurf eines fünften Gesetzes zur Reform des Strafrechts (5. StrRG), BT-Drs. 6/3434 vom 15.5.1972. Der Regierungsentwurf unterschied sich vom ursprünglichen Referentenentwurf in der neu hinzugefügten Notlagenindikation sowie in der Begrenzung der eugenischen Indikation auf 20 Wochen. Außerdem hatte man das Verfahren zur Indikationsstellung noch ein wenig präziser ausgestaltet.

122 Vgl. „Muß ‚Onkel Herbert' die Fristenreformer bremsen?" von Claus Wettermann (*Spandauer Volksblatt* vom 12.2.1972), sowie „Kabinett will Einmütigkeit bei der Reform des

Nach Ansicht der Presse war der kirchliche – insbesondere katholische – Protest gegen eine Fristenregelung ein bedeutendes Movens der Regierung für ihre Entscheidung zugunsten einer Indikationenregelung gewesen. „Der Kanzler und viele seiner Minister dürften klar erkannt haben", kommentierte z. B. Bruno Waltert von der *Welt*, „daß es für diese Bundesregierung wahlpolitisch verhängnisvoll sein könnte, wenn sie sich in dieser Frage gegen die religiösen, sittlichen oder moralischen Überzeugungen weiter Bevölkerungskreise stellte."[123]

Zeitgleich mit der Veröffentlichung des Regierungsentwurfs brachten die dissentierenden Mitglieder der Regierungskoalition am 9. Februar 1972 auch ihren bereits im Dezember 1971 angekündigten Gruppenantrag in den Bundestag ein. Der bis dahin streng geheim gehaltene Fristenentwurf knüpfte in seiner Zielsetzung an den Alternativ-Entwurf der Strafrechtsprofessoren an und strebte nach eigenen Angaben ebenfalls einen wirksamen Schutz für das werdende Leben an.[124] Der Antrag hatte jedoch das entsprechende Herzstück des Alternativ-Entwurfs, die Verpflichtung zur sozial-psychologischen Beratung, durch eine ärztliche Beratung ersetzt, die sich gegebenenfalls auch in der medizinischen Aufklärungspflicht über den Eingriff erschöpfen konnte. Da der zentrale Ort zur Wahrnehmung des Lebensschutzes damit in seiner Bedeutung erheblich relativiert worden war, stand die Fristenregelung des Gruppenantrags in ihrer praktischen Ausgestaltung der geplanten Gesetzesnovelle in der DDR im Grunde näher als dem Alternativ-Entwurf der Strafrechtsprofessoren.

Unter den Abgeordneten der Koalitionsparteien stieß der Gruppenantrag gleichwohl auf große Zustimmung. Zwar hatten – auf Wehners Intervention hin, wie man munkelte – nur 51 der 251 Abgeordneten der Regierungskoalition den Initiativantrag unterzeichnet, doch galt es als sicher, dass die Anhänger und Anhängerinnen der Fristenregelung die Mehrheit innerhalb der Regierungskoalition stellten.[125] Es wurde freilich fest damit gerechnet, dass die Fristenfraktion aufgrund taktischer Überlegungen in den Abstimmungen schließlich auf den Regierungsentwurf einschwenken würde. Die Regierungskoalition war – zumal die Opposition beide Entwürfe ablehnte – darauf angewiesen, sich auf ein gemeinsames Modell zu verständigen, um die nötige Stimmenmehrheit zusammenzubringen.[126] Da es als

§ 218 demonstrieren" (*Die Welt* vom 9.2.1972). Zu den Fristenvertretern innerhalb der Regierung vgl. ferner *Handelsblatt* vom 23.11.1971.

[123] „Abtreibung – Ausnahme oder nicht?" (*Die Welt* vom 11.2.1972).

[124] Vgl. Entwurf eines Gesetzes zur Änderung des § 218 des Strafgesetzbuches, BT-Drs. 6/3137 vom 9.2.1972.

[125] Vgl. „Muß ‚Onkel Herbert' die Fristenreformer bremsen?" von Claus Wettermann (*Spandauer Volksblatt* vom 12.2.1972).

[126] Die Opposition gedachte keinen eigenen Entwurf zur Reform des § 218 StGB vorzulegen. Der Bundesvorstand der CDU hatte Anfang Dezember 1971 in einem Beschluss zur

weitaus wahrscheinlicher galt, dass die Fristenvertreter und -vertreterinnen einem Indikationenmodell würden zustimmen können als umgekehrt, hatte sich die Fristenfraktion somit – wollte sie nicht das Gelingen der gesamten Reform gefährden – zu fügen und am Ende der erweiterten Indikationenregelung des Regierungsentwurfs zuzustimmen.[127]

2.4 Die divergierenden Reaktionen der Kirchen

Die Reaktionen der Kirchen auf die Einbringung des Regierungsentwurfs hätten gegensätzlicher kaum sein können. Es war nicht länger zu übersehen, dass die Kirchen im Blick auf die Novellierung des § 218 StGB verschiedene Ansichten vertraten und sich damit auch in ihrer Intervention gegenseitig behinderten. Allerdings divergierten die Auffassungen nicht nur zwischen Katholiken und Protestanten, sondern auch innerhalb der evangelischen Kirche, wie die verschiedenen Voten einzelner Landeskirchen und der Strafrechtskommission zeigten, die sich z. T. deutlich von dem zeitgleich verabschiedeten ersten Ratswort zur Reform des Abtreibungsstrafrechts unterschieden.

2.4.1 Zunehmender Druck auf den Rat und ein halb offizielles ‚Jein' zum Regierungsentwurf

Nach der Verabschiedung des Kabinettsentwurfs, so hatte Wilkens den Ratsvorsitzenden bereits im Vorfeld der Kabinettsentscheidung wissen lassen, würde der Rat sich nicht länger einer öffentlichen Stellungnahme entziehen können.[128] Wilkens hielt eine baldige Ratsäußerung zur Frage des Schwangerschaftsabbruchs folglich für unabdingbar, riet allerdings vor einem überstürzten Vorgehen ab. Er empfahl, der Rat möge auf seiner bevorstehenden Sitzung Mitte Februar zunächst lediglich den Auftrag zur

---

Reform des Abtreibungsstrafrechts lediglich festgehalten, dass er eine Fristenregelung ablehnte und eine Lockerung des Strafrechts nur für die Zulassung der Nidationshemmer sowie die Anerkennung der medizinischen und der ethischen Indikation befürworten könne. Überdies wollte man an der Institution der Gutachterstellen festhalten (vgl. Beschluss des CDU-Bundesvorstandes vom 9.12.1971, abgedruckt in: *epd-dok* 6/72, S. 23, sowie *epd-dok* 15a/73, S. 21).

127 Vgl. „Muß ‚Onkel Herbert' die Fristenreformer bremsen?" von Claus Wettermann (*Spandauer Volksblatt* vom 12.2.1972) sowie „Kabinett will Einmütigkeit bei der Reform des § 218 demonstrieren" (*Die Welt* vom 9.2.1972).

128 Brief an Dietzfelbinger und Kunst vom 4.2.1972 (EZA 87/746; EZA 650/95/193; EZA 81/89/63). Die katholische Bischofskonferenz hatte in den zurückliegenden zwei Jahren bereits drei Erklärungen zur Reform des Abtreibungsstrafrechts veröffentlicht.

Anfertigung einer Erklärung erteilen und diese erst auf seiner Märzsitzung verabschieden.[129] Nicht alle Referenten in der Kirchenkanzlei teilten unterdessen Wilkens' Ansicht. Einige sprachen sich im Rahmen der Referentenbesprechung zur Vorbereitung der Ratssitzung nachdrücklich für die umgehende Verabschiedung einer Erklärung noch im Februar aus.[130] Sie wiesen u. a. darauf hin, dass der Rat in den zurückliegenden Monaten bereits in drei Kommuniqués eine Äußerung zur Reform des Abtreibungsstrafrechts angekündigt habe.[131]

Auch im Rat selbst wurde die Dringlichkeit einer Stellungnahme unterschiedlich bewertet.[132] Gegen eine starke Minderheit, die sich für die umgehende Ausarbeitung und Veröffentlichung eines Votums einsetzte, folgte das Gremium auf seiner Sitzung Mitte Februar schließlich der von Wilkens und Echternach ausgesprochenen Empfehlung, zunächst einen Unterausschuss einzusetzen und diesen bis zur nächsten Sitzung mit der Vorbereitung eines Entwurfs für ein Ratswort zu betrauen.[133]

---

[129] Offen schrieb er am 10.2.1972 an Echternach: „Der Herr Ratsvorsitzende hat mir zwar nahegelegt, zu der Sitzung [des Rates Mitte Februar, S. M.] den Entwurf einer Ratserklärung mitzubringen, dies aber wiederum nicht so deutlich und mit einem präzisen Auftrag versehen, daß ich Freudigkeit hätte, mir dazu am Sonntag eine Arbeit zu machen, die dann unter Umständen doch nutzlos ist. Im übrigen plädiere ich dafür, eine solche Erklärung, nachdem wir in den letzten Wochen und Monaten den richtigen Zeitpunkt dafür ohnehin verpaßt haben, jetzt nicht übers Knie zu brechen und damit mitten in die Diskussion über den Kabinettsbeschluß hineinzuplatzen" (EZA 99/12).

[130] Vgl. Auszug aus dem Protokoll der Referentenbesprechung vom 9.2.1972 (EZA 2/93/6216). Beeindruckt von der Erklärung der DDR-Bischöfe wünschte sich auch der persönliche Referent des Ratsvorsitzenden, Reinhard Mumm, ein beherztes Zeugnis vom Rat der EKD. In einem Schreiben vom 8.2.1972 ermutigte er Echternach, dem Ratsvorsitzenden eine pointierte Stellungnahme zukommen zu lassen und ihn damit zu einem entschiedeneren Vorgehen zu bewegen (EZA 99/12). Echternach indes wollte das in Bälde zu erwartende Ergebnis der Strafrechtskommission in die Ratserklärung einfließen lassen und sprach sich darum gegen eine umgehende Ratsstellungnahme aus (vgl. Auszug aus dem Protokoll der Ratssitzung vom 17./18.2.1972, in: EZA 2/93/6217).

[131] Vgl. die Kommuniqués des Rates der EKD vom 9.7.1971, 16.12.1971 sowie 20.1.1972 (EZA 87/743, EZA 2/93/6216 sowie EZA 2/93/6216). Da man in der Kirchenkanzlei offenbar nicht damit rechnete, die divergierenden Auffassungen der Ratsmitglieder in Einklang bringen zu können, wurde auf der Referentenbesprechung zudem die Frage erörtert, ob der Rat eine Stellungnahme nur im Sinne eines möglichen Mehrheitsvotums veröffentlichen oder auch ein Minderheitenvotum zulassen sollte. Die Mehrheit der Referenten neigte dazu, auch ein Minderheitenvotum zuzulassen (vgl. Auszug aus dem Protokoll der Referentenbesprechung vom 9.2.1972, in: EZA 2/93/6216).

[132] Die Grenze zwischen den Positionen verlief dabei keineswegs entlang verschiedener Frömmigkeitsprofile oder divergierender politischer Überzeugungen. Vielmehr vermengten sich mancherlei sehr unterschiedliche Überlegungen zu den je individuellen Auffassungen darüber, zu welchem Zeitpunkt und mit welcher Intention das Leitungsgremium der EKD Stellung beziehen sollte (vgl. Auszug aus dem Protokoll der Ratssitzung vom 17./18.2.1972, in: EZA 2/93/6217).

[133] Ebd. Unter Wilkens' Federführung wurde dazu der Formulierungskreis der Januar-

Da der Rat somit von einer unmittelbaren Reaktion auf die Veröffentlichung und Einbringung der Reformentwürfe absah, griff die Presse auf eine erste Äußerung von „halboffizieller evangelischer Seite", wie es hieß, zurück, um die Haltung der evangelischen Kirche zu den vorgelegten Gesetzentwürfen zu eruieren.[134] Bereits unmittelbar nach Veröffentlichung der beiden Reformentwürfe war im *epd* ein erster Kommentar erschienen, der kurz darauf von einer zweiten ausführlichen Besprechung des Referentenentwurfs ergänzt worden war. Beide Texte stammten aus der Feder des Presse- und Öffentlichkeitsreferenten der EKD Erwin Wilkens.[135]

In seinen Stellungnahmen würdigte Wilkens das Indikationenmodell des Regierungsentwurfs als ethisch, medizinisch und rechtlich durchaus vertretbar. Der Gruppenantrag für eine Fristenregelung stellte aus Sicht des Kirchenvertreters indes keine gangbare Alternative zum Regierungsentwurf dar, da der emanzipatorische Freiheitsgedanke hier in den Vordergrund getreten war und den Lebensschutz als Hauptintention der Reform verdrängt hatte.[136] Zwar barg die Aufnahme der Notlagenindikation in den Regierungsentwurf für Wilkens ebenfalls die Gefahr, das Indikationenmodell zu einer Fristenregelung ‚auszuhöhlen', doch fügte er nicht ohne Verständnis für Jahns Entscheidung hinzu: „Diese vierte Indikation ist so unbegründet nicht, da sie einem lebensfernen Schematismus entgegenwirken soll, der immer die Gefahr einer klaren Indikationenregelung bildet."[137]

Die eigentliche Schwäche des Regierungsentwurfs lag für Wilkens nach wie vor in den Verfahrensregelungen. Erneut trat er für die Beibehaltung der Gutachterstellen sowie die Einführung der sozial-psychologischen Pflichtberatung ein und appellierte an die Bonner Abgeordneten, dem Gesetzentwurf nicht ohne weitere Überarbeitungen zuzustimmen. Der Re-

---

sitzung neu eingesetzt. Als Sitzungstermin des Unterausschusses, dem Viering, Wilm, Echternach und Scharffenorth sowie als neues Mitglied Beckmann angehörten, wurde der 6. März anvisiert. Echternach hatte dem Rat gegenüber erklärt, zwei Tage zuvor werde auf der abschließenden Redaktionssitzung das Papier der Strafrechtskommission fertiggestellt und stünde dem Formulierungsausschuss des Rates dann zur Verfügung (vgl. auch Brief von Echternach an Schwarzhaupt vom 23.2.1972, in: EZA 99/12).

[134] „Rom schießt übers Ziel hinaus" von Robert Leicht (*SZ* vom 15.2.1972).

[135] Vgl. „Ein zweideutiger Kompromiß" (*epd za* vom 10.2.1972, abgedruckt auch in: *Berliner Sonntagsblatt – Die Kirche* vom 20.2.1972); vgl. ferner „Zwei Entwürfe zu § 218. Aber keiner kann recht befriedigen" (*epd Ausg. f. kirchl. Presse* vom 16.2.1972, abgedruckt auch in: *epd-dok* 6/72, S. 38–40).

[136] Vgl. „Ein zweideutiger Kompromiß" (vgl. Anm. 135).

[137] „Zwei Entwürfe zu § 218. Aber keiner kann recht befriedigen" (vgl. Anm. 135). Wilkens war allerdings kein uneingeschränkter Befürworter der Notlagenindikation. Er plädierte dafür, die Notlagenindikation nicht als vierte eigenständige Indikation zu fassen, sondern sie in Form einer Generalklausel an den Anfang zu stellen und die übrigen drei Indikationen als Explikationen und Regelbeispiele folgen zu lassen (vgl. „218-Strafe ohne Hilfe ist keine richtige Reform", in: *DAS* vom 26.3.1972).

gierungsentwurf sei verbesserungsbedürftig, urteilte Wilkens abschließend, fügte allerdings zuversichtlich hinzu, er sei auch verbesserungsfähig.

Nachdem das erste Ziel der evangelischen Intervention auf EKD-Ebene – die Verhinderung einer Kabinettsentscheidung für die Fristenregelung – erreicht war, hatte Wilkens sich, wie seine Kommentierung der Reformentwürfe zeigte, sogleich dem zweiten Ziel – der inhaltlichen Überarbeitung des Regierungsentwurfs – zugewandt. Grundsätzliche Bedenken, wie sie von katholischer Seite gegen den Regierungsentwurf erhoben wurden, waren ihm dabei fremd.

2.4.2 Der katholische Protest und die Eskalation des Konflikts mit der Regierung

Wie kein anderes Thema nach 1945 bewegte die Reform des Abtreibungsstrafrechts die katholischen Gemüter und führte Anfang 1972 zu einem neuen Tiefpunkt im Verhältnis zwischen der katholischen Kirche und der Regierung.[138] Für die katholische Seite war die Kabinettsentscheidung für eine erweiterte Indikationenregelung gleichermaßen inakzeptabel wie eine Fristenregelung und rief denselben erbitterten Widerstand hervor.

Das Verhältnis zwischen der katholischen Kirche und der Regierung war bereits durch die Ankündigung der Erweiterung des Indikationenkatalogs Mitte Januar 1972 erheblich belastet worden.[139] Die katholische Kirche hatte verlautbaren lassen, sie erwäge, angesichts der Erweiterung des Referentenentwurfs erneut Wahlempfehlungen auszusprechen und zur Bundestagswahl im Herbst 1973 bzw. u. U. auch schon zur Landtagswahl in Baden-Württemberg Ende April 1972 die Tradition der Wahlhirtenbriefe wieder aufzugreifen, die nach dem Zweiten Vatikanischen Konzil eingestellt worden war.[140]

---

[138] Zum Folgenden vgl. ausführlich H. TALLEN, § 218, S. 68; S. 77–120.

[139] Keine 24 Stunden nach Bekanntgabe der Nachricht war Jahn am 13. Januar 1972 zu einer Unterredung mit dem Vorsitzenden der katholischen Bischofskonferenz in München zusammengetroffen. Obgleich über den Verlauf des Gesprächs nichts bekannt wurde, hatte die Presse keinen Zweifel daran, dass Döpfner Druck auf Jahn ausgeübt und den entschiedenen Widerstand der katholischen Kirche angekündigt habe, falls es tatsächlich zur Aufnahme einer sozialen Indikation in den Regierungsentwurf kommen würde (vgl. „Döpfner empfing Jahn", *kna*-2-inl vom 14.1.1972; vgl. auch H. TALLEN, § 218, S. 65). Dass die Atmosphäre zwischen der katholischen Kirche und dem Bundesjustizminister auf das äußerste angespannt war, zeigte auch ein Interview, das Jahn der *kna* einen Tag nach seiner Unterredung mit Döpfner gab. Sowohl die Fragen der Interviewer als auch die Antworten Jahns hatten erheblich an Schärfe zugenommen und ließen einen neuen, gereizten Ton anklingen (vgl. *kna* Interview mit Jahn vom 14.1.1972).

[140] Vgl. „Abtreibungsfrage: Zeit zum Vergessen" (*kna* vom 20.1.1972). Die Landtagswahlen in Baden-Württemberg entschieden über die Mehrheitsverhältnisse im Bundesrat und waren

Zündstoff aus dem Vatikan

Der Konflikt zwischen der katholischen Kirche und der Regierung brach schließlich offen aus, als das halb offizielle Sprachrohr des Vatikan, der *Osservatore Romano*, der deutschen Regierung vorwarf, mit der Verabschiedung des Regierungsentwurfs das Gedankengut des „Dritten Reichs" wieder aufzugreifen.[141] Die italienische Zeitung unterstellte der Regierung, ihre Anstrengungen zur Reform des Abtreibungsstrafrechts reichten an vergangene Euthanasieverbrechen heran und liefen erneut darauf hinaus, unwertes Leben zu vernichten. Das ebenfalls katholische Mailänder Blatt *L'Avvenire d'Italia* wurde nahezu zeitgleich mit dem *Osservatore* noch deutlicher und kommentierte zu den deutschen Reformplänen: „Die Krankenhäuser, in denen man damals Abtreibungen und Sterilisationen vornahm, hießen Auschwitz, Dachau und Mauthausen. Eine einzigartige Schule, will uns scheinen, für Sozialisten und Sozialdemokraten."[142] Es gebe nichts Unmenschlicheres und Antichristlicheres, hieß es in dem Artikel weiter, als die Kabinettsentscheidung der Regierung Brandt für ein erweitertes Indikationenmodell. Sie habe nur *einen* Präzedenzfall: Hitler.

Presse und Politik hierzulande reagierten gleichermaßen empört auf den Vergleich zwischen den Reformplänen der Regierung und den Euthanasieverbrechen des „Dritten Reichs". „Die Tonart [...]", hieß es im *DAS* über den *Osservatore*-Artikel, „ist anmaßend bis rüde; sie lässt selbst unterkühlten Notenaustausch zwischen Staaten unterschiedlicher Gesellschaftssysteme als nobel erscheinen und hätte derzeit nur die Konkurrenz russisch-chinesischer Epistelschreiber zu fürchten."[143] Jedes Augenmaß, jeder Wirklichkeitskontakt und eben darum auch jeder Anspruch auf Seriosität, hieß es weiter, seien verloren gegangen und zu einfacher Agitation abgeglitten.[144]

---

deshalb von besonderem Gewicht. In der Tat wurden später sowohl zur Landtagswahl in Baden-Württemberg als auch zu den Bundestagswahlen Wahlhirtenbriefe erlassen (vgl. H. Tallen, § 218, S. 142; S. 146).

141 Vgl. *Osservatore Romano* vom 12.2.1972, in Übersetzung abgedruckt in: K. Panzer, Schwangerschaftsabbruch, S. 386 f. Zwar nannte der *Osservatore Romano* keinen Verfasser, doch ging man davon aus, dass der Artikel unter dem Titel „Gegenwart und Vergangenheit" nur im Einvernehmen mit dem Staatssekretariat hatte publiziert werden dürfen und darum als inoffizielle Stellungnahme des Vatikan gewertet werden konnte. Für eine ausführliche Schilderung des Vorfalls vgl. H. Tallen, § 218, S. 77–82.

142 *L'Avvenire d'Italia* vom 11.2.1972, in Übersetzung zitiert nach: „Scharfer Angriff des Vatikans gegen Bonn" von Horst Schlitter (*FR* vom 14.2.1972).

143 „Jedes Augenmaß ging verloren" von Günther Mack (*DAS* vom 20.2.1972). Vgl. auch „Unmoralische Kritik" (*FR* vom 14.2.1972); „Rom schießt übers Ziel hinaus" von Robert Leicht (*SZ* vom 15.2.1972); „Der Artikel im Osservatore Romano ist geschmacklos" von Hans Lerchbacher (*FR* vom 18.2.1972). Positiv über den *Osservatore*-Artikel äußerte sich lediglich der *Rheinische Merkur* am 18.2.1972 („Gläubige warten auf ein Wort der Bischöfe" von Friedrich Graf von Westphalen).

144 „Jedes Augenmaß ging verloren" (vgl. Anm. 143).

Als „nicht angebracht“[145] und „fast geschmacklos“[146] wiesen auch Koalition und Opposition in Bonn die Anschuldigungen der katholischen Blätter zurück. Die Bundesregierung gab derweil auf diplomatischem Wege zu verstehen, sie erwarte eine Erklärung des Vatikansekretariats. Der Apostolische Nuntius, Erzbischof Corrado Bafile, versicherte daraufhin, es habe sich bei dem Artikel im *Osservatore* nicht um eine öffentliche Stellungnahme des Vatikan gehandelt. Der *Osservatore Romano* erklärte ferner, man habe nicht im Entferntesten die Absicht gehabt, die demokratische Gesinnung des deutschen Gesetzgebers in Zweifel zu ziehen, sondern lediglich die negativen Folgen der Kabinettsentscheidung über die Notlagenindikation hervorheben wollen.[147] Die Bundesregierung betrachtete die Angelegenheit damit als erledigt und sah von einer öffentlichen Erklärung zu den Vorfällen ab.[148] In den Augen breiter Kreise der Öffentlichkeit hatte die katholische Kirche sich mit den diffamierenden Vorwürfen gegen den deutschen Gesetzgeber freilich bis auf Weiteres diskreditiert.

„Der Vatikan“, resümierte die *DZ* im Nachhinein über die Kontroverse, „hat mit seiner jüngsten Stellungnahme [...] sich selbst, der katholischen Kirche in Deutschland und darüber hinaus allen Kirchen in der BRD keinen guten Dienst erwiesen.“[149] Durch die katholische Kampfansage an die Regierung und deren Gesetzentwurf, den der Justizminister nicht zuletzt mit Rücksicht auf die kirchlich Gesinnten gegen alle politischen Widerstände durchgesetzt hatte, war nach dem Urteil der Presse lediglich die Position der Befürworter und Befürworterinnen einer Fristenregelung gestärkt worden, da die von katholischer Seite gewünschte unveränderte Beibehaltung des § 218 StGB politisch nicht durchsetzbar war.[150] „Sollten

---

[145] So die stellvertretende CDU-Vorsitzende Helga Wex laut *SZ* vom 17.2.1972. Die Unterüberschrift des Artikels „CDU lehnt Indikation der ‚Notlage‘ ab“ lautete: „Die Union distanziert sich jedoch von der Kritik des Vatikans an der 218-Reform“.

[146] So Staatssekretär Bayerl laut *FR* vom 18.2.1972 („Der Artikel im Osservatore Romano ist geschmacklos“ von Hans Lerchbacher). Sechs Wochen später wurde Bayerl noch deutlicher und verurteilte den *Osservatore*-Artikel gerade heraus als „geschmacklos und infam“ (Vortrag vor dem Richterbund und Anwaltsverein in Bamberg vom 27.3.1972, in: EZA 2/93/6218).

[147] Vgl. „Osservatore mildert Kritik an Bonn“ (*Die Welt* vom 18.2.1972).

[148] Vgl. *kna*-2-inl vom 16.2.1972, sowie „Befriedigung in Bonn über Klarstellung des Vatikans“ (*FR* vom 18.2.1972).

[149] „Ziel der Kirchen“, hieß es in dem Artikel weiter, „sollte doch nicht in erster Linie eine gesetzliche Regelung in dieser oder jener Form sein, sondern die Zahl der Abtreibungen so niedrig wie möglich zu halten. Das heißt: Sie müssen versuchen, das Verhalten des einzelnen zu beeinflussen. Das aber werden sie um so besser können, je unabhängiger vom Staat sie argumentieren und je weniger sie vom ‚Makel der Niederlage‘ in der Diskussion um das staatliche Gesetz gezeichnet sind“ („Der Vatikan kann nur verlieren“ von Ludger Stein-Ruegenberg, in: *DZ* vom 18.2.1972).

[150] Vgl. „Jedes Augenmaß ging verloren“ (vgl. Anm. 143). Auch der *Bayerische Staatsanzeiger vom 3.3.1972* sann offen darüber nach, ob es taktisch klug von der katholischen Kirche sei,

politische oder kirchliche Kräfte es dennoch versuchen", so die eindringliche Warnung eines Kommentators, „könnten sie über Nacht die Fristenlösung im Strafgesetzbuch vorfinden."[151]

Die katholische Kirche ließ es jedoch darauf ankommen und setzte ihren Protest gegen den Regierungsentwurf unvermindert fort. Der Leiter des Kommissariats der deutschen Bischöfe unterstrich eine Woche nach dem *Osservatore*-Artikel die grundsätzliche Übereinstimmung der deutschen Bischöfe mit der Position des Vatikan und gab nochmals zu verstehen, dass für die katholische Kirche lediglich eine enge medizinische Indikation strafrechtlich hinnehmbar sei.[152] Allgemein zum Verhältnis zwischen der katholischen Kirche und der Regierung befragt, führte Wöste aus, dass es neben der Reform des Abtreibungsstrafrechts auch in weiteren Bereichen gravierende Meinungsunterschiede gebe. Der *Spiegel* meldete daraufhin in seiner Ausgabe vom 21. Februar 1972, die sozial-liberale Koalition richte sich unterdessen auf einen „Kampf" mit der katholischen Kirche ein.[153] Die Meldung des *Spiegels* und die Befürchtungen der Regierung sollten sich noch am selben Tage bestätigen.

§ 218 StGB als status confessionis – Höffners Wählbarkeitsaussage

In einem Interview mit der *Katholischen Nachrichtenagentur (kna)* konstatierte der Kölner Erzbischof und spätere Vorsitzende der Bischofskonferenz Joseph Kardinal Höffner am 21. Februar 1972: „Abgeordnete, die nicht bereit sind, die Unantastbarkeit des menschlichen Lebens, auch des ungeborenen Kindes, zu gewährleisten, sind für einen katholischen Christen nicht wählbar."[154]

---

die gemäßigte Reformgruppe zu schwächen und damit indirekt den radikalen Reformgruppen Vorschub zu leisten (vgl. „Grenzen der Harmonie").

[151] „Der Vatikan kann nur verlieren" (vgl. Anm. 149).

[152] Wöste erklärte weiter, er gehe zwar davon aus, dass die Gespräche mit den Kirchen einen nicht unbedeutenden Einfluss auf Jahns Entscheidung für eine Indikationenregelung gehabt hätten, doch entspreche dessen Modell keineswegs katholischer Auffassung, da es das Lebensrecht des Ungeborenen ‚durchlöchere' (vgl. Abdruck des Interviews von Prälat Wöste im *Süddeutschen Rundfunk*, „Das Aktuelle Interview" vom 20.2.1972, 18.40 Uhr, in: EZA 87/747). Vgl. dazu auch: „Entspricht nicht katholischer Auffassung" von Friedrich Karl Fromme, in: *FAZ* vom 21.2.1972.

[153] Anders als Heinrich Tenhumberg, der dem katholischen Büro in Bonn einst vorgestanden und ein gutes Verhältnis zur SPD gepflegt hatte, galt dessen Nachfolger Wöste laut *Spiegel* als Exponent des „Kalten Krieges" gegen die sozial-liberale Regierung („Heimweh nach der einfachen Welt", in: *Der Spiegel* 9/72 vom 21.2.1972, S. 19 f.). Wie weit verbreitet die Kriegsmetaphorik war, zeigte u. a. ein Aufruf der Vollversammlung des ZdK zum „Kampf mit legalen Mitteln gegen die beiden Gesetzentwürfe" („Katholiken-ZK ruft zum Kampf auf", in: *FR* vom 13.3.1972).

[154] „Interview mit Kardinal Höffner: Ungeborenes Leben rechtlos?" (*kna* vom 21.2.1972). Höffner bezeichnete den Schwangerschaftsabbruch ferner als „vorverlegte Todesstrafe". Die

Aus den Reihen der Koalition erhob sich umgehend entschiedener Widerspruch gegen die Äußerung des Kölner Erzbischofs, der die Haltung zur Reform des § 218 StGB – wie es später hieß – zur „katholischen Gretchenfrage" erklärt hatte.[155] Am schärfsten wurde Höffner von der SPD-Abgeordneten Lenelotte von Bothmer attackiert. „Sie verlangen nicht weniger", schrieb sie in einem offenen Brief, „als daß der Staat sich der Kirche, und zwar der katholischen, unterwirft. Meinen Sie, wir hätten hier einen Kirchenstaat?"[156] Auch der nordrhein-westfälische Ministerpräsident Heinz Kühn widersprach dem Kölner Erzbischof und stellte sich hinter seinen Staatssekretär, den Mitverfasser des Alternativ-Entwurfs Ulrich Klug, der die Höffner-Aussage frei heraus als „politischen Nötigungsversuch" bezeichnet hatte.[157]

Der Kardinal indes wies die Kritik, er habe aus der katholischen Lehre politische Schlüsse gezogen, die nur den einzelnen Gläubigen zustehen,

katholische Bischofskonferenz und ihr Vorsitzender Döpfner schlossen sich dem Kölner Erzbischof indirekt an. Die von der Vollversammlung der Bischofskonferenz drei Tage nach Höffners Interview verabschiedete „Verlautbarung zum Schutz des ungeborenen Lebens" appellierte – ohne Höffners Wählbarkeitsaussage zu korrigieren oder zu relativieren – an alle Bundestagsabgeordneten, weder einer Fristen- noch einer erweiterten Indikationenregelung zuzustimmen (vgl. Verlautbarung der Deutschen Bischofskonferenz für das ungeborene Leben vom 24.2.1972, in: EZA 81/89/63). Döpfner erklärte in einem Fernsehinterview ferner, die Mehrheit der Katholiken stünde den Unionsparteien wegen des gemeinsamen weltanschaulichen Ausgangspunktes in der Tat näher als den Regierungsparteien (vgl. „Kulturkampf um die Kreuzchen? Die katholische Kirche und die Sozialdemokraten" von Udo Bergdoll, in: *SZ* vom 24.2.1972).
Widerspruch gegen die Wählbarkeitsaussage wurde innerhalb der katholischen Kirche lediglich durch die Arbeitsgemeinschaft von Priestern und Solidaritätsgruppen in der BRD, die nach eigenen Angaben rund 2 000 katholische Priester vertrat, erhoben (vgl. *SZ* vom 7.3.1972). Auch der Tübinger Pastoraltheologe und Sozialdemokrat Norbert Greinacher schloss sich der Erklärung der Arbeitsgemeinschaft an. Greinacher, der darüber hinaus für eine Fristenregelung plädierte, wurde daraufhin zeitweilig von seinen Ämtern enthoben und zum Widerruf gedrängt (vgl. „Eindeutig für eine Fristenlösung", in: *kna* vom 28.3.1972, sowie „Spannungen zwischen Greinacher und Bischöfen ausgeräumt", in: *kna* vom 6.6.1972).

[155] T. GAULY, Katholiken, S. 255. Sowohl die exponierte Fristenvertreterin Lieselotte Funcke als auch der nordrhein-westfälische Landesminister Diether Posser – beide Angehörige der EKD-Synode – wandten sich gegen Höffners Wählbarkeitsaussage (vgl. *epd za* vom 23.2.1972, sowie *epd za* vom 25.3.1972; vgl. auch: „Höffner betreibt Wahlwerbung" in: *FR* vom 23.2.1972).

[156] Die sechsfache Mutter fügte hinzu: „Ich klage Sie der Intoleranz an! Sie sagen: wer nicht bereit ist, die Unantastbarkeit des menschlichen Lebens, auch des ungeborenen Kindes, zu gewährleisten, sei für einen gläubigen Katholiken nicht wählbar. Das mag für Sie, Herr Kardinal, persönlich gelten – aber Sie wissen natürlich nicht allzuviel vom Kindergebären und -aufziehen" (Offener Brief von Lenelotte von Bothmer an Joseph Kardinal Höffner vom 1.3.1972, in: EZA 87/747).

[157] Vgl. „Aussage Höffners scharf verurteilt" (*FR* vom 15.3.1972); vgl. auch „Kühn contra Höffner" (*kna* vom 16.3.1972); vgl. auch H. TALLEN, § 218, S. 104 f.

zurück, bekräftigte seine Wählbarkeitsaussage und verglich die politische Situation erneut mit der NS-Zeit.[158]

Höffner, kommentierte die Presse, habe der sozial-liberalen Koalition mit der Wählbarkeitsaussage offen den Fehdehandschuh hingeworfen.[159] SPD und FDP hätten seit langem geahnt, dass die katholische Kirche die Reform des Paragrafen 218 zum Anlass nehmen würde, um gegen die ungeliebte Bonner Koalition Front machen zu können. Die Bonner Opposition nahm Höffners Wahlhilfe derweil dankbar an und stimmte ein. Katholische Christen in der SPD, erklärte der Sprecher der CDU, seien schlichtweg Renegaten. Ein Katholik, der sich in eine SPD-Versammlung verirre, ertappe sich nach wie vor in der Situation eines gläubigen Christen, der zufällig in eine Moschee geraten sei.[160]

Die Diskussion über eine Änderung des § 218 StGB verließ damit endgültig die Sachebene und geriet in den größeren Zusammenhang der grundsätzlichen Vorbehalte der katholischen Kirche gegen die Regierung und ihre Reformpolitik. Der Konflikt war weiter eskaliert – und der Vorwahlkampf eröffnet.[161]

2.4.3 Das evangelisch-katholische Kontaktgespräch

„Für die römisch-katholische Kirche", hatte Wilkens noch vor Veröffentlichung des Regierungsentwurfs an Dietzfelbinger geschrieben, „läßt sich schon jetzt eine scharfe und ausgedehnte Reaktion auf die Kabinettsvorlage voraussagen."[162] Allgemeine politische Töne würden dabei vermutlich nicht fehlen, denn gewiss würde der ganze in katholischen Kreisen angesammelte Unmut über die Regierung an dieser Stelle mit zum Ausdruck kommen. Man werde allerdings fragen können, hatte der evangelische Oberkirchen-

---

[158] Vgl. „Höffner bleibt bei Wahlempfehlung" (*FR* vom 6.4.1972); vgl. auch: „Höffner bekräftigt seine Erklärung zum Schutz des Lebens"/Interview in: *kna* vom 7.4.1972).

[159] „Kulturkampf um die Kreuzchen? Die katholische Kirche und die Sozialdemokraten" von Udo Bergdoll (*SZ* vom 24.2.1972); vgl. auch „Wahlverwandtschaft auf katholisch" von F. J. Trost (SJ) (*DAS* vom 5.3.1972).

[160] „Kulturkampf um die Kreuzchen?" (vgl. Anm. 159).

[161] „Man wird sich an den Gedanken gewöhnen müssen", kommentierte der *Stern* am 5.3.1972, „daß Rom tatsächlich vorhat, 1973 seine deutschen Bataillone gegen die sozial-liberale Koalition in den Wahlkampf zu führen" („Kampfansage aus Rom" von Sebastian Haffner). Umfragen konterkarierten derweil die Strategie der katholischen Kirche und führten zu dem Ergebnis, dass die SPD mit erheblichen Stimmengewinnen unter der nichtpraktizierenden katholischen Bevölkerung würde rechnen können, wenn die katholische Kirche „die CDU/CSU noch offener begünstigen und die gesellschaftspolitische Kontroverse in die Kirche selbst hinein tragen würde" („Kulturkampf um die Kreuzchen?" [vgl. Anm. 159]; vgl. auch G. HILD, Gebetbuch, S. 88 f.).

[162] Brief an Kunst und Dietzfelbinger vom 4.2.1972 (EZA 87/746).

rat seine Überlegungen abgeschlossen, „ob wir hinreichend legitimiert sind, die katholische Kirche zu einer sachgemäßen Behandlung der Fragen des Schwangerschaftsabbruchs in der nächsten Zeit zu ermahnen."[163]

Da der evangelischen Seite im Blick auf die absehbare Eskalation die Hände gebunden waren, zeigte Wilkens sich umso erfreuter, als von katholischer Seite Anfang Februar 1972 Interesse an einer Abstimmung des weiteren Vorgehens zur Strafrechtsreform signalisiert wurde, nahm er doch an, die katholische Kirche sei in eine Phase der ‚Läuterung' eingetreten. „Man ist dort sicherlich inzwischen davon überzeugt", schrieb er am 9. Februar an Kunst, „in dieser Frage [Reform des § 218 StGB, S. M.] nicht sehr glücklich in den letzten Monaten verfahren zu sein."[164] Wilkens sollte freilich irren. Nur drei Tage nach seinem Schreiben entbrannte am 12. Februar die Kontroverse um den *Osservatore*-Artikel und keine zehn Tage darauf erreichten die Auseinandersetzungen zwischen der katholischen Kirche und der Regierung durch die Wählbarkeitsaussage Höffners einen weiteren Höhepunkt.

Wilkens' Befürchtung, die katholische Seite würde ihre Kritik an den Gesetzesvorlagen zu § 218 StGB allzu schnell mit einer allgemeinen Regierungsschelte vermengen, hatte sich damit bestätigt. Seine Bemühungen um eine differenzierte Modifikation des Regierungsentwurfs waren von katholischer Seite konterkariert worden. Die evangelische Kirche hielt sich in der Kontroverse zwischen der katholischen Kirche und der Regierung dennoch bedeckt. Einzelne hochrangige Vertreter der EKD äußerten zwar ihr Unverständnis über die Wählbarkeitsaussage des Kardinals und schlossen eine ähnliche Äußerung von evangelischer Seite mit Bestimmtheit aus, eine offizielle Stellungnahme des Rates bzw. seines Bevollmächtigten zu den Ereignissen blieb jedoch aus.[165]

---

[163] EBD. Bei aller Kritik gab es auch gelungene evangelisch-katholische Zusammenarbeit. So reiste Wilkens am 5.2.1972 nach Münster, um auf Einladung Thimmes und Tenhumbergs an einem gemeinsamen Gespräch mit Bundes- und Landtagsabgeordneten Westfalens teilzunehmen. Er berichtete später, das Gespräch, an dem u. a. Lieselotte Funcke und Friedrich Vogel teilgenommen hatten, sei sehr sachlich und auf einem außerordentlich hohen Niveau verlaufen (vgl. Brief von Wilkens an Echternach vom 10.2.1972, in: EZA 99/12; vgl. auch *epd za* vom 9.2.1972).

[164] EZA 87/746; vgl. auch Notiz von Kalinna an Kunst vom 14.2.1972: „Betrifft Ihre Verfügung auf Brief von Erwin Wilkens vom 9.2.1972" (EZA 87/746).

[165] Neben dem Ratsmitglied und ehemaligen Präses der rheinischen Landeskirche Joachim Beckmann gab auch sein Nachfolger Karl Immer zu verstehen, dass er die Äußerungen Höffners als zu weit gehend betrachtete (vgl. *epd za* vom 25.2.1972, sowie VERHANDLUNGEN DER 20. AUSSERORDENTLICHEN RHEINISCHEN LANDESSYNODE vom 9. bis 14. April 1972 in Bad Godesberg, S. 36). Der Präses der EKD-Synode Ludwig Raiser erklärte in einem Interview im *Deutschlandfunk* ebenfalls, die evangelische Kirche werde „unter keinen Umständen derartige Empfehlungen aussprechen" („Evangelische Kirche zur Abtreibung", in: *SZ* vom 4.4.1972). Kunst indes hatte auf die *epd*-Anfrage, ob die evangelische Kirche sich

Anfang März 1972 kam es im Rahmen eines der unregelmäßig stattfindenden Kontaktgespräche zwischen der Deutschen Bischofskonferenz und dem Rat der EKD allerdings zu einer interessanten Aussprache über die Reform des Abtreibungsstrafrechts. Das Gespräch, bei dem „Gemeinsamkeiten und Unterschiede klar herauskamen", wie Dietzfelbinger es später formulierte, führte zu einer Klärung der Standpunkte.[166] Ungewöhnlich deutlich kritisierte die evangelische Delegation die ihrer Ansicht nach „zu undifferenziert" gehaltene Verlautbarung der Bischofskonferenz. Im Gegenzug sprach die katholische Abordnung unmissverständlich ihre Erwartung aus, dass sich das bevorstehende Ratswort der EKD nicht öffentlich vom Wort der Bischofskonferenz distanzieren möge.[167]

Während sich die Kirchen in ihrer jeweiligen Haltung zur strafrechtlichen Regelung des Schwangerschaftsabbruchs deutlich voneinander unterschieden,[168] deuteten sich indes im Blick auf die sozialpolitische Dimension der Abtreibungsproblematik Gemeinsamkeiten an. Die Teilnehmer des Kontaktgesprächs beschlossen deshalb, eine gemeinsame Arbeitsgruppe einzusetzen, welche den Auftrag erhalten sollte, kirchliche Hilfsmöglichkeiten für in Not geratene Frauen zu prüfen und praktische Hilfsmaßnahmen vorzubereiten. Nach Abschluss der Gesetzgebung sollten die Ergebnisse in einem gemeinsamen Wort zur Frage des Schwangerschaftsabbruchs veröffentlicht werden.[169] Alles deutete darauf hin, dass dies noch vor der Sommerpause geschehen würde. Niemand konnte zu diesem Zeitpunkt ahnen, dass sich das Blatt noch einmal wenden und einige weitere Runden zähen Ringens auf alle Beteiligten zukommen sollten.

---

den Aussagen Höffners anschließe, jeden Kommentar verweigert (vgl. Notiz über eine Anfrage des *epd*-Redakteurs Rudolf Orlt an Kunst vom 23.2.1972, in: EZA 742/248; EZA 87/747).

[166] Auszug aus dem Protokoll der Sitzung der Kirchenkonferenz vom 15.3.1972 (EZA 2/93/6217); vgl. auch Auszug aus dem Protokoll des 8. Kontaktgesprächs zwischen Vertretern der Deutschen Bischofskonferenz und Vertretern des Rates der EKD (EZA 87/747; EZA 87/750).

[167] Ebd.

[168] Im Gegensatz zur evangelischen Kirche nahm die katholische eine radikal konfrontative Haltung zum Regierungsentwurf ein, da sie in ihm keine wesentliche Verbesserung zu einer Fristenregelung erkennen konnte. Insbesondere in der Bewertung der Notlagenindikation differierte man, da die katholische Seite dieser Indikation im Gegensatz zu den Protestanten auch im Fall eines streng geregelten Verfahrens zur Indikationsfeststellung nicht zuzustimmen vermochte. (Vgl. Ebd.).

[169] Vgl. „Kontaktgespräch" (*Berliner Sonntagsblatt – Die Kirche* vom 12.3.1972). Ende April fasste der Rat ferner den Beschluss, die Anfang März im Verlauf des evangelisch-katholischen Kontaktgesprächs verabredete Ausarbeitung einer gemeinsamen Erklärung zur Verabschiedung des § 218 StGB zunächst hintanzustellen, und sprach sich statt dessen dafür aus, die noch einzusetzende ökumenische Arbeitsgruppe möge zunächst nur ein Konzept flankierender Maßnahmen erarbeiten (vgl. Auszug aus der Niederschrift über die 64. Sitzung des Rates der EKD am 20./21.4.1972 in Berlin, in: EZA 87/750).

2.4.4 Abschluss der Beratungen in der Strafrechtskommission

Wenige Wochen bevor der Rat der EKD das anvisierte Ratswort im März 1972 verabschieden sollte, beendete zunächst die Strafrechtskommission der EKD ihre Beratungen und schloss ihren Bericht für den Rat der EKD ab.

Die Strafrechtskommission hatte sich auf ihrer vorläufig letzten Sitzung Mitte Februar auf die Fertigstellung des theologischen Einleitungsteils konzentriert, da dieser noch immer der Beratung und Abstimmung bedurfte.[170] Den Anwesenden war dazu ein neuer Entwurf vorgelegt worden, welcher die schweren Bedenken, die der Rat im Dezember 1972 geäußert hatte, zu berücksichtigen versuchte. Wilkens und Echternach hatten die Vorlage in der Woche vor der Kommissionssitzung gemeinsam mit Schweitzer, Hornig und Schwarzhaupt erarbeitet. Verschiedene Mitglieder der Unterkommission hatten sich mit dem Ergebnis allerdings keineswegs zufrieden gezeigt, da der theologische Teil durch die Überarbeitung ihrer Ansicht nach eine recht konservative Note erhalten hatte.[171] Angesichts des zunehmenden Zeitdrucks zur Fertigstellung der Erklärung sowie in Anbetracht der bis dahin wenig ertragreichen Verbesserungsversuche hatte die Kommission jedoch auf eine abermalige umfangreiche Überarbeitung verzichtet

---

[170] Aus aktuellem Anlass hatte Horstkotte ferner eine Einführung in den zwei Tage zuvor vom Kabinett verabschiedeten Regierungsentwurf gegeben. Der Gesetzentwurf war in der anschließenden Aussprache allerdings auf unerwartet deutliche Ablehnung gestoßen. Die Hauptkritikpunkte der Kommission waren zugleich die zwei wesentlichsten Differenzen zwischen dem Kommissionspapier und dem Regierungsentwurf. Zum einen beklagte die Kommission das Fehlen eines Beispielkatalogs zur Eingrenzung der Notlagenindikation und zum anderen den Verzicht auf Gutachterstellen. „Alle Formulierungen des Regierungsentwurfs", stellte Schwarzhaupt zum Abschluss der Aussprache als übereinstimmende Auffassung der Kommission fest, „werden für zu weit und zu unbestimmt gehalten." Alle Nachteile der bisherigen Lösungen, fuhr die Vorsitzende fort, fänden sich im vorliegenden Modell vereinigt (vgl. Auszug aus den Tonbandaufzeichnungen der Sitzung der Strafrechtskommission vom 12.2.1972, in: EZA 99/12).

[171] Vgl. Entwurf für eine Stellungnahme der Strafrechtskommission zur Reform des § 218; Textfassung vom 12.2.1972 (EZA 99/1.303). Schwarzhaupt wies am 21.2.1972 in einem Rundschreiben an die Kommissionsmitglieder noch einmal darauf hin, dass der theologische Teil ihrer Ansicht nach nicht mehr mit dem Votum des strafrechtlichen Teils für eine erweiterte Indikationenregelung in Einklang zu bringen sei. Sie appellierte darum an die Kommissionsmitglieder, die in nächtlicher Eile überstürzte Streichung wichtiger Passagen, welche u. a. die Verschiedenheit ethischer und strafrechtlicher Vorstellungen herausgearbeitet hatten, noch einmal zu überdenken (EZA 99/1.303). Echternach wies Schwarzhaupts Bitte umgehend zurück und sprach sich gegen weitere Eingriffe in den theologischen Teil aus (vgl. Brief an Schwarzhaupt vom 23.2.1972, in: EZA 99/12). Auch Hornig kritisierte den theologischen Teil (vgl. Brief von Wilkens an Echternach vom 10.2.1972, in: EZA 99/12). Obgleich Wilkens feststellte, ihm und Echternach sei es gelungen, durch die Überarbeitung eine Reihe nicht unwesentlicher Verbesserungen anzubringen, zeigte auch er sich mit dem Ergebnis der Überarbeitung noch nicht ganz befriedigt (vgl. Ebd., sowie Brief von Wilkens an Kunst vom 9.2.1972, in: EZA 87/746).

und nur noch einige geringfügige Änderungen des Entwurfs verabschiedet. Die Änderungsbeschlüsse waren Anfang März von einem Redaktionsausschuss in den Endtext eingearbeitet worden.[172] Nach Absprache mit den Kommissionsmitgliedern war der strafrechtliche Teil ferner um zwei von Schwarzhaupt verfasste Absätze erweitert worden, in denen die vom Mehrheitsvotum der Kommission abweichenden Voten für eine enge Indikationenregelung ohne soziale Komponente bzw. für eine Fristenregelung mit Beratungspflicht kurz vorgestellt wurden.[173]

Am 8. März übergab die Kommissionsvorsitzende den fertig gestellten Bericht ihres Gremiums an Echternach, den Geschäftsführer der Kommission.[174] Dieser leitete die Ausarbeitung zwei Tage darauf an die zuständigen kirchlichen Stellen weiter und fügte dem Schreiben eine eigene Beurteilung der Kommissionsarbeit bei. Das Gremium, schrieb Echternach, habe sich breitest möglich informiert und alle Sachargumente ausgetauscht, wobei es seine Aufgabe mit großem Fleiß und viel Leidenschaft erfüllt habe. Er fuhr fort: „Es war ein außerordentlich agiles, kritisches und mit Emotionen angeschwängertes Unternehmen mit recht hohem wissenschaftlichen Niveau. Dennoch: mit dem sachlichen Ergebnis [...] gehe ich nicht konform."[175] Allerdings resümierte Echternach mit einer gewissen Erleichterung, dass das Ergebnis der Kommissionsarbeit insgesamt betrachtet doch wesentlich gemäßigter ausgefallen sei, als noch vor einem halben Jahr zu erwarten gewesen wäre.

2.4.5 Die erste Ratserklärung zur Reform des § 218 StGB

Die in den zurückliegenden Monaten erfolgte inhaltliche Annäherung zwischen der Position führender EKD-Vertreter und jener der Strafrechtskommission hatte nichts an der grundsätzlichen Ablehnung zu ändern vermocht, die der Presse- und Öffentlichkeitsreferent der Kirchenkanzlei Erwin Wilkens dem Beratungsgremium von Anbeginn an entgegengebracht hatte.[176] Wie im Zuge der Orangen Schrift intervenierte Wilkens deshalb

---

172 Vgl. Brief von Echternach an die Mitglieder der Strafrechtskommission vom 10.3.1972 (EZA 99/1.303).

173 Vgl. Ebd. Für eine enge Indikationenregelung ohne Notlagenindikation sprachen sich mindestens Jeschek, Echternach und Koffka aus, während Schwarzhaupt und Hanack für eine Fristenregelung eintraten (vgl. Auszug aus den Tonbandaufzeichnungen der Sitzung der Strafrechtskommission vom 12.2.1972, in: EZA 99/12).

174 Vgl. „Stellungnahme der Strafrechtskommission der EKD zur Reform des § 218", sowie Übersendungsanschreiben von Schwarzhaupt an Dietzfelbinger vom 8.3.1972 (beides in: EZA 87/747).

175 Brief an Kunst und Dietzfelbinger vom 10.3.1972 (EZA 87/747).

176 Wilkens' Kritik richtete sich in erster Linie gegen die theologischen Erwägungen der

Anfang 1972 abermals, um die Arbeit der Kommission zu unterlaufen und seinen eigenen Standpunkt im Rat und in der Öffentlichkeit zu Gehör zu bringen.

In einem Schreiben an Dietzfelbinger und Kunst sprach er sich bereits Anfang Februar 1972 nachdrücklich dagegen aus, mit der Verabschiedung einer Ratserklärung zu warten, bis die Strafrechtskommission ihren endgültigen Bericht vorlegen würde. Darüber hinaus wandte sich Wilkens am 10. Februar 1972 an Echternach und warnte diesen, die Frage einer möglichen Ratserklärung im Plenum der Strafrechtskommission zu diskutieren, da das Gremium sicher der „unrealistischen Meinung" sei, es sollte eine solche Ratserklärung selbst vorformulieren, was nicht nur unüblich, sondern in diesem Fall zudem gewiss nicht ratsam wäre.[177] Doch nicht nur die Strafrechtskommission, auch den ratsinternen Formulierungskreis, der Mitte Februar mit der Ausarbeitung einer Vorlage für die Ratserklärung beauftragt worden war, wusste Wilkens zu umgehen, indem er die Mitglieder kurzerhand informierte, er habe keinen gemeinsamen Besprechungstermin gefunden und werde aus diesem Grund selbst eine Vorlage anfertigen.[178]

Der Entwurf für die erste Ratserklärung wurde damit letztlich weder von der einst zu diesem Zweck berufenen Strafrechtskommission noch von der eigens dafür eingesetzten Unterkommission des Rates, sondern allein von Erwin Wilkens, dem Presse- und Öffentlichkeitsreferenten der Kirchenkanzlei, ausgearbeitet.

Vorbesprechung

Die sich zuspitzende Kontroverse zwischen der Regierung und der katholischen Kirche hatte Wilkens im Vorfeld der Ratserklärung dazu veranlasst, den Kontakt zum Bundesjustizministerium zu suchen. Beunruhigt, die

Kommission und weniger gegen ihre strafrechtlichen Ausführungen, die er nach eigenen Angaben sogar für „recht befriedigend" hielt (Brief an Kunst vom 9.2.1972, in: EZA 87/746). Nach Ansicht Wilkens' deckten sich die strafrechtlichen Ausführungen der Kommission zudem nahezu vollständig mit den Aussagen der Orangen Schrift, was freilich ernsthaft zu hinterfragen ist (vgl. Brief an Dietzfelbinger und Kunst vom 4.2.1972, in: EZA 87/746; EZA 650/95/193; EZA 81/89/63).

177 EZA 99/12.

178 Vgl. Brief an Scharffenorth, Beckmann, Viering und Wilm vom 9.3.1972 (EZA 99/12). Wilkens stand der recht moderat zusammengesetzten Unterkommission, deren im Januar vorgelegten Entwurf einer Ratserklärung er bereits kritisiert hatte, vermutlich reserviert gegenüber (vgl. Brief an Dietzfelbinger und Kunst vom 4.2.1972, in: EZA 87/746; EZA 650/95/193; EZA 81/89/63). Im Zuge seiner Absage unterbreitete er das Angebot, der Kreis könne sich eventuell unmittelbar vor der Ratssitzung kurz besprechen. Vor der Ratssitzung hieß in diesem Fall jedoch nach der Kirchenkonferenz, auf welcher der Entwurf nach dem Willen des Rates bereits verhandelt werden sollte, um ihn gegebenenfalls als gemeinsame Erklärung des Rates und der Kirchenkonferenz zu verabschieden (vgl. Auszug aus dem Protokoll der Ratssitzung vom 17./18.2.1972, in: EZA 2/93/6217).

EKD könne durch die voreilige Identifizierung mit der Haltung der katholischen Kirche ihre bis dahin gewahrte politische Mittel- und Mittlerposition unfreiwillig verlieren, hatte der Oberkirchenrat in einem vertraulichen Schreiben an Jahn und Bayerl Ende Februar seine Hoffnung ausgedrückt, dass die Gesprächsmöglichkeiten zwischen der EKD und dem Justizministerium keinen Abbruch erleiden mögen durch die Ereignisse der zurückliegenden Wochen.[179] Die Bonner Adressaten hatten mit ausführlichen Antwortschreiben reagiert und den Oberkirchenrat wissen lassen, dass sie ihr Verhältnis zur evangelischen Kirche durch die katholische Agitation keineswegs beeinträchtigt sahen. „Sie dürfen versichert sein", hatte Bayerl am 7. März an Wilkens geschrieben, „daß ich die Polemik in den letzten Wochen richtig beurteile und daß selbstverständlich zu Ihnen die weiteren Gesprächsmöglichkeiten nicht verschüttet worden sind."[180] Es sei ihm vielmehr eine Freude, war der parlamentarische Staatssekretär fortgefahren, wenn sich in Kürze eine Gelegenheit fände für ein persönliches Gespräch über noch offene Fragen zur Reform des § 218 StGB.

Wilkens, der sich bereits Ende Januar um eine Fortsetzung des Gesprächs mit dem Justizministerium bemüht hatte, war umgehend auf das Angebot eingegangen.[181] Nur sieben Tage nach Bayerls Schreiben kam es am Vormittag des 14. März im Haus des Bevollmächtigten in Bonn zu einem Treffen.[182] Über Inhalt und Verlauf des Gesprächs, an dem neben Wilkens und Bayerl auch Kunst teilnahm, wurde kein Vermerk angefertigt; der Termin der Unterredung sowie die Eile, mit der sie anberaumt worden war, lassen indes nur einen Schluss zu: Die evangelischen Vertreter wollten sich mit den Bonner Vertretern noch im Vorfeld der Ratssitzung am 16. März über den von Wilkens ausgearbeiteten Entwurf für die Ratserklärung verständigen. Sowohl die Tatsache, dass es so kurzfristig zu dem Treffen kam, als auch die begründete Annahme, dass die Unterredung der Absprache über das unmittelbar bevorstehende erste Ratswort diente, können als Indiz für das anhaltende Interesse beider Seiten an einem nahen, kritisch-konstruktiven Verhältnis betrachtet werden. Der Kontakt zwischen

---

[179] Vgl. Auskünfte zum Brief von Wilkens an Jahn und Bayerl vom 25.2.1972 im Antwortschreiben von Jahn an Wilkens vom 5.4.1972 (EZA 2/93/6217). Wilkens ließ Jahn und Bayerl ferner seine Pressekommentare zum Regierungsentwurf zukommen (EBD.; zu den Kommentaren vgl. oben S. 181 f.).

[180] EZA 87/747. Auch Jahn griff die Wendung von der unverschütteten Gesprächsmöglichkeit auf und schrieb darüber hinaus, es habe ihn gefreut zu lesen, dass Wilkens den Entwurf der Regierung nicht rundherum ablehne, sondern durchaus für verbesserungsfähig halte (vgl. Brief an Wilkens vom 5.4.1972, in: EZA 2/93/6217).

[181] Vgl. oben S. 175 ff.

[182] Vgl. Kalinnas handschriftliche Notizen auf dem Brief von Bayerl an Wilkens vom 7.3.1972 (EZA 87/747). Offenbar hatte sogar Jahn zunächst seine Teilnahme angekündigt, aus Termingründen später jedoch absagen müssen (EBD.).

der EKD und dem Justizministerium – daran hatte die Verstimmung zwischen der Regierung und der katholischen Kirche offenbar nichts geändert – war nach wie vor eng und gut.

Verabschiedung

Bevor der Rat der EKD am 16. März 1972 über die geplante Stellungnahme zur Reform des Abtreibungsstrafrechts verhandelte, hatte sich die Kirchenkonferenz, die unmittelbar zuvor tagte, bereits von Wilkens über das zu erwartende Ratswort informieren lassen.[183] Als zentrale Themen der bevorstehenden Erklärung hatte Wilkens neben der Kritik an der Notlagenindikation sowie den Verfahrensregelungen drittens den Hinweis auf die Notwendigkeit flankierender Maßnahmen angeführt.[184] Schon in der Aussprache innerhalb der Kirchenkonferenz zeichnete sich jedoch ab, dass es nicht leicht werden würde, im Rat Einigkeit über den Entwurf zu erzielen. Der Ratsvorsitzende machte deutlich, dass ihm die Schwerpunktsetzung der Vorlage missfiel. Seiner Ansicht nach hatte die Kirche, ehe sie von flankierenden Maßnahmen sprechen konnte, zunächst etwas über die Grundvoraussetzungen des Lebens zu sagen, etwa darüber, dass nicht nur die Selbstverwirklichung dazu gehöre, sondern auch Schmerz und Opfer.[185]

Einen Tag nach der Kirchenkonferenz kam der Rat der EKD zu seiner zweitägigen Besprechung zusammen. Noch am ersten Sitzungstag wandte er sich der geplanten Erklärung zur Reform des § 218 StGB zu, wobei ihm rein formal zwei Entwürfe vorlagen: Wilkens' Vorlage sowie die Ausarbeitung der Strafrechtskommission. Der Rat stellte allerdings sogleich fest, er könne sich das Beratungsergebnis der Strafrechtskommission nicht

[183] Vgl. Auszug aus dem Protokoll der Sitzung der Kirchenkonferenz vom 15.3.1972 (EZA 2/93/6217). Von einer gemeinsamen Verabschiedung, wie der Rat sie Mitte Februar angedacht hatte, war allerdings nicht mehr die Rede (vgl. dazu oben Anm. 178). Der Kirchenkonferenz gehört ein Vertreter bzw. eine Vertreterin jeder Landeskirche der EKD an.

[184] Der letzte, im gesamten kirchlichen Kontext bis dahin kaum reflektierte, neue Aspekt war möglicherweise eine Frucht der engen Kontakte des Verfassers zum Bundesjustizministerium, zumal Wilkens die Forderung nach flankierenden Maßnahmen weniger an die Adresse der Regierung als vielmehr an die eigene Institution richtete und mit der provokanten Frage an die Versammelten endete: „Was hat die Evangelische Kirche nun wirklich anzubieten?" (Auszug aus dem Protokoll der Sitzung der Kirchenkonferenz vom 15.3.1972, in: EZA 2/93/6217).

[185] Ebd. (vgl. dagegen Dietzfelbingers Äußerungen auf der EKD-Synode in Frankfurt a. M., oben S. 152). Auch Thimme äußerte klare Vorstellungen, wie eine Ratsäußerung aufgebaut sein sollte. Er verlangte ein Wort, dass erstens die Heiligkeit des Lebens, zweitens die Verantwortung gegenüber der Frau und drittens die Gesamtverantwortung der Gesellschaft, d. h. die flankierenden Maßnahmen, abhandeln sollte (vgl. Ebd.). Das später verabschiedete Ratswort kam Thimmes Vorstellungen weitaus näher als jenen Dietzfelbingers (vgl. unten S. 195 ff.).

zu eigen machen, und widmete sich sodann dem Entwurf aus der Kirchenkanzlei.[186]

Auch diese Vorlage stieß jedoch nicht auf ungeteilte Zustimmung. Selbst nach einem intensiven Korrekturgang im Plenum war das Papier noch nicht beschlussfähig. Der Rat bat daher den im Februar eingesetzten, von Wilkens jedoch umgangenen Formulierungskreis, das Votum bis zum kommenden Tag zu überarbeiten. Der redigierte Entwurf wurde im Plenum erneut durchberaten und an einigen Stellen umformuliert. Die mehrmaligen Überarbeitungen erbrachten dabei kaum inhaltliche Änderungen, sondern beschränkten sich im Wesentlichen auf die möglichst diplomatische Einfügung verschiedener Einzelwünsche.[187] Die Endversion des Textes wurde schließlich jedoch einstimmig angenommen.

Inhalt

Die „Erklärung der EKD zu den Rechtsfragen des Schwangerschaftsabbruchs" gliederte sich in vier Abschnitte und zeichnete sich – zumal angesichts der angespannten Lage – durch ihren sachlichen Gehalt und konzilianten Grundton aus.[188] Auf die Einleitung folgte zunächst ein Abschnitt, welcher allgemeiner gehaltene sozialethische Überlegungen anstellte, bevor ein dritter Teil sich der Einzelbesprechung der vorliegenden Gesetzentwürfe zu § 218 StGB zuwandte, und die Stellungnahme abschließend mit einigen Ausführungen über die Dringlichkeit flankierender Maßnahmen endete.

Bereits in der Einleitung des Wortes fand sich der Hinweis, dass die Neufassung der Strafbestimmungen – für sich allein genommen – noch keine Reform darstelle, sondern es darüber hinaus umfangreicher Anstrengungen des Gesetzgebers sowie der hierzu berufenen gesellschaftlichen Kräfte bedurfte, um wirksame sozialpolitische Hilfen für bedrängte Frauen und deren Familien bereitzustellen. Folgerichtig formulierte der Rat im

---

[186] Vgl. Auszug aus dem Protokoll der Ratssitzung vom 16./17.3.1972 (EZA 2/93/6217; EZA 99/1.304). Eine Übernahme der Ausarbeitung der Strafrechtskommission in die Verantwortung des Rates, erklärte Wilkens der Vorsitzenden später frei heraus, sei seit längerem nicht mehr in Betracht gezogen worden. (vgl. Wilkens' Ausführungen in seinem Brief an Echternach vom 21.3.1972, in: EZA 2/93/6217).

[187] In den Archivunterlagen (EZA 87/747 sowie EZA 81/89/63) finden sich drei undatierte, im Büro des Bevollmächtigten allerdings mit Datum abgezeichnete Entwürfe des Ratswortes, die sich inhaltlich nicht gravierend voneinander unterscheiden. Die zweite Textversion ist zwar, was die strafrechtlichen Fragen angeht, enger formuliert, findet jedoch im Hinblick auf die Entscheidung und das Schicksal der Schwangeren auch konziliantere Töne als die erste Fassung.

[188] Dies und das Folgende nach „Erklärung des Rates der Evangelischen Kirche in Deutschland zu den Rechtsfragen des Schwangerschaftsabbruchs vom 17.3.1972", abgedruckt in: E. WILKENS, § 218, S. 140–144, sowie *epd-dok* 15/73, S. 3–5.

letzten Abschnitt der Ratserklärung eine Art Selbstverpflichtung. „Die Kirchen", hieß es am Ende einer Liste sozialpolitischer Reformvorschläge, „stellen solche Forderungen nicht nur an Staat und Gesellschaft, sondern sind zu einem eigenen Einsatz bereit. Darum werden die Kirchenleitungen, die Diakonischen Werke, die Frauenorganisationen, die sozialen Dienste der Kirche und ihre Beratungseinrichtungen in enger Zusammenarbeit ihr bisheriges Angebot an Hilfeleistungen für Notstände bei Schwangeren zu überprüfen und erheblich auszuweiten haben."[189] Die Erörterungen des Rates über die geplante Gesetzesänderung wurden damit von der Einsicht um die Grenzen strafrechtlicher Regelungen zum wirksamen Schutz des ungeborenen Lebens gerahmt.

Bevor die Stellungnahme sich der Besprechung der einzelnen Gesetzentwürfe zuwandte, hielt der Rat ferner einige so genannte Grundwerte fest, die seiner Ansicht nach bei der geplanten Reform zu berücksichtigen waren. Zu diesen Grundwerten zählte neben dem Schutz des werdenden Lebens auch die gesellschaftliche Verantwortung zur Achtung des Wohls der Frau. Darüber hinaus hob der Rat hervor, dass es dem einzelnen Gewissen unabhängig von der Lockerung der strafrechtlichen Bestimmungen auch weiterhin aufgegeben sei, ethisch verantwortlich zu entscheiden, ob es von der Möglichkeit eines Schwangerschaftsabbruchs Gebrauch machen wolle oder nicht.[190]

Der dritte Abschnitt der Stellungnahme wandte sich schließlich den beiden dem Gesetzgeber vorliegenden Entwürfen zur Neufassung des § 218 StGB zu. Der Rat wusste es zunächst zu würdigen, dass beide Gesetzesvorlagen – sowohl das Fristenmodell des Initiativentwurfs als auch das Indikationenmodell des Regierungsentwurfs – den Grundsatz des bestmöglichen Lebensschutzes verfolgten. Das kirchliche Gremium teilte jedoch die Auffassung des Justizministers, dass der Fristenentwurf des Gruppenantrags das selbst gesteckte Ziel des bestmöglichen Lebensschutzes verfehlte und die Verabschiedung dieses Entwurfs einer nicht zu verantwortenden Freigabe des Schwangerschaftsabbruchs gleichkäme. Das Indikationenmodell des Regierungsentwurfs dagegen vermochte den Grundansatz des Lebensschutzes nach Ansicht des Rates wesentlich besser zu realisieren. Allerdings richtete der Kreis auch an dieses Modell einige Anfragen. Sie deckten sich mit den bereits im Vorfeld durch Dietzfelbinger und Wilkens geäußerten Bedenken

---

189 EBD.

190 In diesem Zusammenhang stellte man sich auch schützend vor das vielfach kritisierte ärztliche Standesethos und würdigte die hohen ethischen Maximen der Ärzte und Ärztinnen. Vgl. z. B. die zwei Wochen nach dem Ratswort veröffentlichte Stellungnahme der Bundesärztekammer zum Entwurf eines Fünften Strafrechtsänderungsgesetzes, welche den Regierungsentwurf wegen der Aufnahme der Notlagenindikation sowie der Bestimmungen zur Indikationsfeststellung scharf kritisierte (abgedruckt in: *DÄ* vom 30.3.1972, S. 730 f.).

der evangelischen Seite und bezogen sich erneut auf die Notlagenindikation sowie das Verfahren zur Indikationsfeststellung. Die Erklärung des Rates trat dafür ein, die Notlagenindikation umzustellen, die Institution der Gutachterstellen beizubehalten und eine Pflichtberatung für Schwangere einzuführen.[191] Mit dem Appell, das Ziel aller Anstrengungen müsse in der Wiedergewinnung einer verantwortlichen Einstellung zum Leben liegen, beendete der Rat sein Votum zur Reform des § 218 StGB.

Reaktionen

Das Ratswort stieß insgesamt auf ein positives Echo, und das nicht nur bei Indikationenbefürwortern wie dem SPD-Abgeordneten Hermann Dürr,[192] sondern auch bei Fristenbefürworterinnen wie der FDP-Politikerin Lieselotte Funcke, die es öffentlich begrüßte, dass die Erklärung des Rates „in erfreulicher Weise" auf die werdenden Mütter und deren Nöte einging.[193] Auch der Bundesjustizminister würdigte das Ratswort in der Presse als einen wesentlichen Beitrag zur Erörterung der Abtreibungsproblematik und gab zu verstehen, dass sowohl die kirchliche Kritik an der Notlagenindikation als auch die Forderung nach Beibehaltung der Gutachterstellen geprüft würden.[194] Jahn wisse sich darüber hinaus mit der Kirche darin einig, hieß es in der Presseäußerung, dass die gesundheits- und sozialpolitischen Maßnahmen der Reform im Vordergrund stünden. Er würde es deshalb begrüßen, wenn sich die relevanten gesellschaftlichen Gruppen, wie im Ratswort angekündigt, zur vermehrten Information, Aufklärung und sozialen Hilfe bereit erklärten.

---

[191] Durch die Umstellung der Notlagenindikation, welche nicht als eigenständige vierte Indikation, sondern als einleitende Generalklausel formuliert werden sollte, trachtete der Rat eine andernfalls befürchtete Aushöhlung des Abtreibungsverbots zu verhindern. Die Gutachterstellen sollten eine möglichst objektivierte Entscheidung über die Vornahme eines Schwangerschaftsabbruchs garantieren, und der Pflichtberatung fiel nach Ansicht des Rates eine wichtige Brückenfunktion zwischen dem Strafrecht und den zur Abwendung von Schwangerschaftsabbrüchen bereitzustellenden flankierenden Maßnahmen zu.

[192] Brief von Dürr an die Kirchenkanzlei vom 14.4.1972 (EZA 2/93/6217). Vgl. auch Ders.: „Der Kirche ihre Recht nicht streitig machen. § 218-Reformer achten menschliches Leben nicht gering" (*SPD-Pressedienst* P/XXVII/51 vom 14.3.1972).

[193] „Lieselotte Funcke begrüßt Stellungnahme der EKD zu Paragraph 218" (*epd za* vom 5.4.1972). Vgl. ferner die Dankesschreiben von Wehner vom 22.3.1972, H. Maul i. A. des Kanzlers vom 24.3.1972, sowie E. Luetjohann i.A. von Barzel vom 29.3.1972 (alles in: EZA 742/248).

[194] „Jahn würdigt Erklärung des Rates der EKD zu Paragraph 218" (*epd za* 24.3.1972). Wilkens erklärte später, dass Jahn und Bayerl in der Tat „bis in die Kabinettssitzungen hinein" noch versucht hätten, die Voranstellung der Notlagenindikation zu erwirken, die Systematik jedoch aus Rücksicht auf die Vertreter und Vertreterinnen der „sehr weichen Fristenregelung" schließlich beibehalten worden war (vgl. Brief von Wilkens an Echternach vom 21.3.1972, in: EZA 2/93/6217).

Die wichtigste Reaktion auf die erste Stellungnahme des Rates – wie auch auf den gesamten evangelischen Beitrag zur Abtreibungsdebatte – stellte allerdings das vertrauliche Schreiben dar, mit dem Jahn sich am 3. Mai an den Bevollmächtigten wandte und in welchem der Justizminister sich nicht nur sehr positiv über die Ratserklärung, sondern auch über die enge Zusammenarbeit der zurückliegenden Monate äußerte. „Sehr geehrter, lieber Herr Bischof Kunst“, leitete Jahn sein Schreiben ein. „Ich weiß das Gewicht zu würdigen, das dieser Erklärung angesichts ihres Inhaltes und ihrer Verfasser zukommt. Um so größer ist meine Befriedigung darüber, daß die Erklärung des Rates der Evangelischen Kirche in Deutschland in vielen Punkten mit meinen Überzeugungen übereinstimmt und auch dort, wo sie sich gegen den von der Bundesregierung vorgelegten Reformentwurf wendet, den Weg für weitere Gespräche offenhält.“[195] Das Treffen zwischen Kunst, Wilkens und Bayerl schien von großem Gewinn für die Aufnahme der Erklärung im Bundesjustizministerium gewesen zu sein. Dessen eingedenk schrieb Jahn, er betrachte die Stellungnahme des Rates als eine fruchtbare Fortsetzung der gemeinsamen Diskussionen. Der enge Kontakt zwischen der EKD und dem Justizministerium schien damit auf einem neuen Höhepunkt angelangt und hätte besser nicht sein können.

Die Presse interpretierte die Ratserklärung zu Recht als eine – wenn auch vorsichtig formulierte – Unterstützung des Regierungsentwurfs.[196] Das Ratswort, hieß es, zeichne sich durch einen „bemerkenswerten Realismus“ aus und bemühe sich durchweg um konstruktive Kritik am Regierungsentwurf.[197] Auch die kritischen Ratsäußerungen zur Notlagenindikation, zu den Gutachterstellen sowie zur Beratung fanden Anerkennung. So kommentierte Siegfried Maruhn von der *WAZ:* „Das sind Ratschläge, die man nicht einfach beiseite schieben sollte. Die sollten bei der weiteren Diskussion der Reform eine wichtige Rolle spielen. Sie verdienen es jedenfalls, ebenso dankbar registriert zu werden, wie die Bereitschaft der evangelischen Kirche, ihre sozialen Dienste zu verstärken.“[198]

---

[195] EZA 742/248; EZA 742/431; EZA 87/748; vgl. auch *epd za* vom 16.5.1972. Jahn griff auch die einzelnen Kritikpunkte der Ratserklärung auf und gab zu verstehen, dass es sowohl im Hinblick auf die Einführung einer Pflichtberatung als auch was die Umstellung der Notlagenindikation an den Anfang des Katalogs betraf, weitere Überlegungen im Justizministerium geben würde.

[196] Vgl. W. Schweitzers gleich lautendes Resümee über die Presse zum Ratswort (DERS., Kommentar, S. 249).

[197] „Weder Ja noch Nein“ von Heinrich Stubbe (*DZ* vom 24.3.1972); vgl. auch: „Rat der EKD hält Fristenlösung für unzureichend“ (*FR* vom 20.3.1972) sowie „Guter Rat“, Kommentar von Siegfried Maruhn (*WAZ* vom 18.3.1972).

[198] EBD. Vgl. auch „Weder Ja noch Nein“ von H. Stubbe (*DZ* vom 24.3.1972).

Da sowohl die Presse als auch die Regierungskoalition es überaus zu schätzen wussten, dass der Rat der EKD sich in der zugespitzten gesellschaftlichen Diskussionslage im Frühjahr 1972 um eine ausgewogene und vermittelnde Stellungnahme bemüht hatte, konnte die EKD überaus zufrieden sein mit der ersten Ratsstellungnahme zur Reform des § 218 StGB.

Die Reaktion der Strafrechtskommission

Vier Tage nach der Ratssitzung wandte Wilkens sich (in Urlaubsvertretung für Echternach) an die Vorsitzende der Strafrechtskommission und übermittelte ihr den abschlägigen Bescheid des Rates. Die Haupteinwände, die der Rat gegen die Ausarbeitung der Kommission geltend gemacht habe, erläuterte Wilkens, hätten sich auf den strafrechtlichen Teil des Papiers bezogen.[199] Treffend resümierte das ehemalige Kommissionsmitglied Wolfgang Schweitzer später jedoch, dass den Unterschieden in strafrechtlichen Einzelfragen sehr viel gewichtigere Differenzen zwischen den Verfasserkreisen zugrunde gelegen hätten und diese letzten Endes ausschlaggebend für die Ablehnung des Kommissionsergebnisses gewesen seien.[200]

Wilkens beschränkte sich in seinem Schreiben an Schwarzhaupt indes auf die Ratskritik an der Notlagenindikation sowie der Offenlegung verschiedener Mehr- bzw. Minderheitsverhältnisse, welche den Kommissionsbericht angeblich zu unübersichtlich hatten werden lassen.[201] Er berichtete ferner, der Rat habe nicht nur eine Übernahme des Kommissionsergebnisses abgelehnt, sondern auch erhebliche Bedenken gegen eine selbstständige Veröffentlichung des Berichts erhoben.[202] Er sei allerdings gewillt, das Gespräch mit der Kommission weiterzuführen und unterbreite darum das Angebot, die kommende Kommissionssitzung Ende April von Bonn nach München zu verlegen, um dort mit einer Ratsdelegation zu einer Aussprache zusammenzutreffen.[203]

---

[199] Vgl. Brief von Wilkens an Schwarzhaupt vom 21.3.1972 (EZA 2/93/6217).

[200] W. SCHWEITZER schrieb, es habe sowohl divergierende theologisch-ethische Grundüberzeugungen als auch erhebliche Unterschiede hinsichtlich der Bestimmung des Verhältnisses von sittlicher und rechtlicher Norm gegeben. Darüber hinaus sei man über die Stellung der Kirche in der pluralistischen Gesellschaft sowie über ihren Auftrag dem Gesetzgeber gegenüber ebenfalls verschiedener Ansicht gewesen (Vgl. DERS., Kommentar).

[201] Wilkens berichtete weiter, die Ratsmitglieder hätten auch den Beispielkatalog nachdrücklich abgelehnt, denn mit dieser Ausdifferenzierung sei die Kommission noch über den Regierungsentwurf hinausgegangen und habe weitere Argumente für die Notlagenindikation geliefert. Dies hingegen könne wohl kaum die Aufgabe einer kirchlichen Äußerung sein. „Eine Reihe von Ratsmitgliedern", gab Wilkens darum unverhohlen zu verstehen, „widersprach mit großer Entschiedenheit einer Veröffentlichung dieser Ausarbeitung, wenn sie diesen Abschnitt unverändert enthielte" (vgl. oben Anm. 199).

[202] Vgl. EBD. sowie Auszug aus dem Protokoll der Ratssitzung vom 16./17.3.1972 (EZA 99/1.304; EZA 2/93/6217).

[203] Dem vom Rat Mitte März eingesetzten Unterausschuss, der über die Frage der Ver-

Noch ehe Wilkens das Schreiben an Schwarzhaupt absandte, hatte diese sich telefonisch mit ihm in Verbindung gesetzt. Die Mitglieder der Strafrechtskommission hatten inzwischen aus der Tagespresse erfahren, dass der Rat ihr Votum abgeschmettert und eine Erklärung anderen Inhalts abgegeben hatte. Die Ereignisse von 1970, als die Orange Schrift ohne Wissen der Strafrechtskommission veröffentlicht worden war, hatten sich somit wiederholt. Die Verärgerung der Vorsitzenden war verständlicherweise groß, und das Telefonat verlief entsprechend kontrovers. Wilkens berichtete später, Schwarzhaupt habe das Ratsangebot einer erneuten Aussprache zunächst ausgeschlagen, da jede Weiterarbeit der Kommission ihrer Ansicht nach mit der Ratserklärung obsolet geworden war.[204] Durch die von Wilkens in Aussicht gestellte Veröffentlichung des Kommissionsergebnisses ließ sich die Vorsitzende allerdings schließlich überreden, die kommende Sitzung der Strafrechtskommission nach München umzudisponieren, so dass Wilkens am Ende halbwegs saturiert resümieren konnte: „Also die Wogen scheinen mir, soweit es überhaupt geht, geglättet zu sein."[205]

2.4.6 Die Diskussion in den Landeskirchen

Nicht nur auf EKD-Ebene, sondern auch in verschiedenen Landessynoden befasste man sich im Frühjahr 1972 mit der Reform des Abtreibungsstrafrechts, wobei die Ergebnisse der Synodalaussprachen mitunter keineswegs auf der Linie des Ratswortes lagen.

Dissonanzen in der neuen bayerischen Landessynode

Wenige Tage vor Veröffentlichung der Ratserklärung kam es auf der konstituierenden Sitzung der neu gewählten bayerischen Landessynode zu einer lebhaften Diskussion über die Reform des Abtreibungsstrafrechts. Ausgelöst worden war die kontroverse Debatte durch den Landesbischof, der in seinem Synodalbericht überaus reformkritische – ja, wie viele meinten – reformfeindliche Töne zur Neufassung des § 218 StGB hatte anklingen lassen.[206] In der Synodalaussprache erhob sich hernach vielfacher Wider-

---

öffentlichung weiter mit der Kommission verhandeln sollte, gehörten Beckmann, Dietzfelbinger, Heckel und Scharffenorth an (vgl. Auszug aus dem Protokoll der Ratssitzung vom 16./17.3.1972, in: EZA 99/1.304; EZA 2/93/6217).

204 Brief an Echternach vom 21.3.1972 (EZA 2/93/6217).

205 Ebd. Wilkens hatte Schwarzhaupt den Vorschlag unterbreitet, die Stellungnahme der Strafrechtskommission in einer Broschüre gemeinsam mit dem Ratswort sowie gliedkirchlichen Stellungnahmen aus Württemberg, Berlin, Westfalen und Bayern herauszugeben (Ebd.).

206 Dietzfelbinger erinnerte daran, dass die Menschen durch Zeugung und Geburt am Schöpferwillen Gottes teilhätten und argumentierte – fast schon naturrechtlich –, es sei eine

spruch gegen die von Dietzfelbinger vertretenen Ansichten.[207] Wilkens, der ebenfalls in Bayreuth anwesend war und um ein Abschlussplädoyer zur Diskussion um die Strafrechtsreform gebeten wurde, schien die kritischen Anfragen der Synodalen in gewisser Weise zu teilen. Deutlicher als kurz darauf im Ratswort zeigte er seine Sympathie für den Regierungsentwurf und erklärte vor der Synode: „Zur Kabinettsvorlage, die ja im Ansatz dem Indikationsmodell folgt, würde ich meinen, wir sollten uns nicht von der von unserer katholischen Schwesterkirche vorgetragenen pauschalen und totalen Verwerfung dieses Entwurfes anstecken lassen. (Beifall) Den Verfassern und den politischen Kräften, die hinter diesem Entwurf stehen, tut man bitteres Unrecht, wenn man ihnen nur sagt, daß damit gegen christliches und allgemein-menschliches Gebot die Entscheidung über den Schwangerschaftsabbruch der Frau und dem Arzt überantwortet wird. Ich meine", schloss Wilkens sein Statement, „wir sollten alles daransetzen, in den kommenden Besprechungen noch Verbesserungen zu erreichen. Ich würde das auch für möglich halten, aber ich halte eine sehr pauschale, totale Verurteilung des vorliegenden Entwurfs nicht für sehr hilfreich."[208]

Dietzfelbingers Versuch, die deutlichen Worte der Orangen Schrift von 1970 zu wiederholen, war damit gescheitert. Wie damals die EKD-Synode, so gaben dem Bischof und Ratsvorsitzenden nunmehr auch die eigene,

---

Schutzmauer um die Gabe des Lebens gelegt, von der auch nicht-christliche Menschen eine Ahnung hätten. Der Bischof hielt es ferner für seine Aufgabe, gegen den Trend der Zeit daran zu erinnern, dass zum Leben und Gebären nicht allein die Selbstverwirklichung, sondern auch die Hingabe, die Qual und der Schmerz gehörten. Die Kirche, so der Bischof abschließend, verkündige nicht bloße Emanzipation, sondern eine Freiheit, „die zugleich Befreiung zum Dank für Gottes Gabe wie zum Gehorsam gegen sein Gebot" bedeute (VERHANDLUNGEN DER LANDESSYNODE DER EVANGELISCH-LUTHERISCHEN KIRCHE IN BAYERN, Synodalperiode 1972/1978, 1. ordentliche Tagung (47.) in Bayreuth 5.–10.3.1972, S. 22, abgedruckt auch in: KJ 1972, S. 154 f.). Nicht nur die Presse (vgl. „Dietzfelbinger gegen geplante Abtreibungsreform", in: *Die Welt* vom 8.3.1972), sondern auch verschiedene private Einsender und Einsenderinnen interpretierten Dietzfelbingers Worte als Protest gegen jede Reform. Dank für die ‚eindeutige' und ‚klare' Stellungnahme erreichte den Bischof z. B. von Herwig Gückelhorn/*Rheinischer Merkur* (Brief vom 13.3.1972, in: EZA 81/89/63) sowie von Alice Krähmer/Aktion Ulm 70 e. V. (Brief vom 11.3.1972, in: EZA 81/89/63).

[207] Vgl. VERHANDLUNGEN DER LANDESSYNODE (vgl. Anm. 206), S. 127–135. Man hinterfragte den Anspruch, mit dem der Bischof auftrat, und erinnerte Dietzfelbinger, dass es in der evangelischen Kirche keine Lehrentscheidungen ex cathedra gab. Auch der Systematiker Wilfried Joest gemahnte, sich untereinander das Christsein nicht abzusprechen (vgl. EBD., S. 131 f.). Darüber hinaus kritisierten zahlreiche Synodale die politische Ausrichtung des evangelischen Beitrags zur Abtreibungsdebatte und erinnerten daran, dass der Kirche zuerst ein seelsorgerlicher Auftrag zufiele (vgl. EBD., S. 131; S. 133–135). Andere Synodale wiederum sprachen sich ausdrücklich für den Regierungsentwurf aus und grenzten sich damit gegen Dietzfelbinger ab (vgl. EBD., S. 128; S. 132 f.; S. 134). Die polemische Entgleisung eines Reformgegners, der offenbar der Lebensschutzbewegung zuzurechnen war, blieb indes eine Einzelerscheinung (vgl. EBD., S. 130).

[208] EBD., S. 155.

bayerische Landessynode und selbst der loyale Mitstreiter Erwin Wilkens zu verstehen, dass er eine nicht repräsentative Randposition vertrat.[209]

Das württembergische Synodalvotum und der Konflikt um seine Weiterleitung

Ebenso wie in Bayern hatten Ende 1971 auch in der württembergischen Landeskirche Neuwahlen zur Synode stattgefunden. Mit fast der Hälfte der Synodalen war der konservative, pietistisch-evangelikale Gesprächskreis „Lebendige Gemeinde – Bibel und Bekenntnis" als stärkste Fraktion aus den Wahlen hervorgegangen. Ferner hatte sich neben dem langjährigen Synodalen Oswald Seitter mit Siegfried Theodor Ernst ein zweiter führender Vertreter der Lebensschutzbewegung in die Synode wählen lassen.[210]

Bereits auf der konstituierenden Sitzung der neuen Landessynode hatte Seitter am 5. Februar 1972 den Antrag gestellt, im Plenum über die Reform des § 218 StGB zu beraten und eine Erklärung zu verabschieden.[211] Sein Vorstoß war zunächst allerdings an einen Unterausschuss überwiesen und auf die kommende Zusammenkunft vertagt worden. Zur Synodaltagung am 22. April legte der Ausschuss für Kirche und Öffentlichkeit, der Seitters Antrag beraten hatte, sein Ergebnis vor. Die Beschlussvorlage des Gremiums war bereits im Herbst 1971 ausgearbeitet, nach der Grundsatzrede des Landesbischofs damals jedoch wieder zurückgezogen worden und sollte nunmehr in leicht überarbeiteter Version verabschiedet werden.[212]

Der Entwurf hielt einleitend fest, die Synode stelle sich im Wesentlichen hinter die Erklärung des Rates. Die weiteren Ausführungen wichen freilich im Ton erheblich vom Ratswort ab und gingen auch inhaltlich weit über dessen Kritik am Regierungsentwurf hinaus.[213] Zehn Synodale brachten

---

209 Die Synodalaussprache, die sich insgesamt bis nach Mitternacht erstreckte und mit 104 Redebeiträgen eine Rekordlänge erreichte, ließ den tiefen Bruch zwischen dem Landesbischof und Teilen der Synode deutlich hervortreten (vgl. auch: „Debatte über Paragraph 218 bis nach Mitternacht", in: *epd za* vom 10.3.1972).

210 In der württembergischen Landeskirche werden die Synodalen, anders als in anderen Landeskirchen, durch Urwahl direkt von den Gemeindegliedern gewählt (vgl. H. KEIL, Ruck nach rechts, S. 47 f.).

211 Vgl. VERHANDLUNGEN DER 8. EVANGELISCHEN LANDESSYNODE IN WÜRTTEMBERG (1971–1976). Eröffnungssitzung am 5.2.1972 in Stuttgart, S. 29 f.

212 Vgl. Antrag 3 des Ausschusses für Kirche und Öffentlichkeit zur 3. Sitzung der 8. evangelischen Landessynode am 22.4.1972 in Stuttgart (im Besitz der Verf.). Zur württembergischen Herbstsynode vgl. oben S. 150 f.

213 Der Entwurf erhob Einwände gegen die Ausgestaltung der medizinischen sowie der ethischen Indikation im Regierungsentwurf und lehnte die Zulassung einer eugenischen Indikation sowie der gerichtlichen Möglichkeit zur Strafabsehung rigoros ab. „Um ein Umgehen dieses Gesetzes im Ausland zu verhindern", hieß es überdies, „halten wir es für erforderlich, daß sich die Bundesregierung für einheitliches Recht in diesem Sinne in den europäischen Partnerländern einsetzt" (Antrag 3 des Ausschusses für Kirche und Öffent-

deshalb einen Gegenantrag zur Vorlage des Synodalausschusses ein. Ihre sehr viel konzilianter formulierte Ausarbeitung schloss sich nicht nur formal, sondern auch inhaltlich dem Ratswort sowie darüber hinaus der Stellungnahme der EFD und dem Entschluss des Diakonischen Rates zur Ausarbeitung eines Katalogs flankierender Maßnahmen an.[214] Die Aussprache über die beiden Beschlussvorlagen wurde von den ausführlichen Redebeiträgen der Synodalen Seitter und Ernst dominiert.[215] Am Ende stimmten 24 Synodale für den Gegenentwurf und 42 für die Beschlussvorlage des Synodalausschusses.[216] Seitter und Ernst konnten ihren ersten Erfolg in der württembergischen Landessynode verbuchen.

Gemäß Synodalbeschluss war die Erklärung den Mitgliedern der Bundesregierung, des Bundestages sowie des Bundesrats zuzuleiten. Der württembergische Oberkirchenrat wandte sich dazu am 3. Mai an die Kirchenkanzlei sowie den Bevollmächtigten der EKD und wies sie an, die entsprechenden Schritte einzuleiten.[217] Die EKD-Vertreter zeigten sich allerdings irritiert, da sie den Anspruch und das Selbstverständnis, die aus dem kurzen Anschreiben des Oberkirchenrats sprachen, so nicht nachvollziehen konnten. Die Kirchenkanzlei frage sich, ließ Wilkens die Württemberger am 23. Mai wissen, inwieweit Gliedkirchen der EKD und ihre Organe gegenüber dem Bund in Angelegenheiten tätig werden sollten, in denen der Rat sich dem Bund gegenüber bereits geäußert habe.[218] Nach Rücksprache mit dem Rat leitete die Kirchenkanzlei das Synodalvotum jedoch an den Bevollmächtigten weiter. Dieser wiederum übersandte die Erklärung Anfang Juni an den Justizminister, fügte jedoch ein persönliches Anschreiben hinzu, das die schroffe Kritik des württembergischen Votums insofern konterkarierte als es Jahn ausdrücklich in seinem Kurs bestärkte.[219]

---

lichkeit [vgl. oben Anm. 212]). Der Synodale Benz hinterfragte daraufhin, ob die Synode sich mit dem letzten Absatz ihres Votums allen Ernstes zu einer Art „moralischem Lehrmeister Europas“ aufschwingen wolle (VERHANDLUNGEN DER 8. EVANGELISCHEN LANDESSYNODE IN WÜRTTEMBERG. 3. Sitzung am 22.4.1972 in Stuttgart, S. 95).

214 Vgl. Antrag 4a zur 3. Sitzung der 8. evangelischen Landessynode am 22.4.1972 in Stuttgart (EZA 87/748). Zu der Vorlage des Synodalausschusses hieß es: „Die Wortwahl erschreckt [...] Die Formulierungen beunruhigen uns durch ihre Härte, die ihren Höhepunkt in der Aufforderung findet, selbst Straffreiheit nach ‚Handlungen in besonderer Bedrängnis‘ abzulehnen“ (VERHANDLUNGEN [vgl. Anm. 213], S. 90 f.).

215 Ernsts Redebeitrag findet sich u. a. abgedruckt in: EUROPÄISCHE ÄRZTEAKTION, Alarm um die Abtreibung, S. 25–34.

216 Fünf Synodale enthielten sich der Stimme (vgl. EBD., S. 100). „Abbruch der Schwangerschaft. Beschluß der Württembergischen Evangelischen Landessynode vom 22.4.1972“ (abgedruckt in: KJ 1972, S. 155 f., sowie in: EUROPÄISCHE ÄRZTEAKTION, Alarm um die Abtreibung, S. 34–36).

217 EZA 87/749; EZA 742/248.

218 EZA 87/749.

219 Vgl. Brief von Kunst an Jahn vom 6.6.1972 (EZA 742/248; EZA 87/749). Näheres vgl. unten S. 210 ff.

Das Verhältnis zwischen der EKD und den Landeskirchen, so wurde durch das württembergische Synodalvotum deutlich, war dringend klärungsbedürftig.[220] Offenkundig überschnitten sich hier Kompetenzen und Zuständigkeiten, was mitunter dazu führte, dass den Ratserklärungen in den Landeskirchen ein verschiedenes Maß an Bedeutung zuerkannt wurde. Infolgedessen schmälerten landeskirchliche Voten – zumal wenn sie deutlich von jenen des Rates abwichen bzw. in unmittelbarer zeitlicher Nähe zu diesen abgegeben wurden – immer wieder das Gewicht der Ratserklärungen. Wenn jedoch nicht einmal die Landeskirchen – ja nicht einmal der Ratsvorsitzende – hinter den Stellungnahmen des Rates stand, wer sollte ihnen dann in der Öffentlichkeit das nötige Gewicht verleihen?!

Zurückhaltung und erste Umorientierung im Rheinland

Die politisch aktivste und liberalste evangelische Landeskirche, die Evangelische Kirche im Rheinland, beschäftigte sich auf ihrer Frühjahrssynode Mitte April 1972 ebenfalls mit der Reform des § 218 StGB. Präses Karl Immer ging in seinem Bericht zum Auftakt der Synode ausführlich auf die Abtreibungsdebatte der zurückliegenden Monate ein, zeigte sich jedoch skeptisch, ob es möglich und sinnvoll sein würde, den zahlreichen Voten aus dem evangelischen Raum ein weiteres hinzuzufügen.[221] Immer wandte sich damit indirekt gegen den ständigen rheinischen Öffentlichkeitsausschuss, der in einer synodalen Beschlussvorlage einer Fristenregelung ohne Beratungspflicht das Wort redete.[222] Der Präses erklärte dagegen, er habe sich fünf Wochen zuvor öffentlich gegen eine Fristen- und für eine Indikationenregelung nach dem Modell des Regierungsentwurfs ausgespro-

---

[220] Vgl. dazu die parallel verlaufenden Reformbemühungen um eine Stärkung der EKD, denen insbesondere die württembergische Landessynode sowie Dietzfelbinger und die bayerische Landeskirche mit Skepsis und Widerstand begegneten (M. Ahme, Reformversuch; P. Beier, „Kirchwerdung").

[221] Vgl. Verhandlungen der 20. ausserordentlichen Rheinischen Landessynode in Mülheim an der Ruhr vom 9. bis 14.4.1972, S. 35; vgl. auch KJ 1972, S. 154 f. In der württembergischen Synode wurde wenig später darauf hingewiesen, dass aus dem evangelischen Raum bereits 14 Stellungnahmen an den Gesetzgeber weitergeleitet worden seien (vgl. oben Anm. 213, S. 92 f.).

[222] Vgl. Stellungnahme des Öffentlichkeitsausschusses der Rheinischen Landeskirche zur Reform des § 218 (ohne Datum) (AEKiR, Sammlung Landessynode, LS 1972, Handakten Goerisch). Die Erklärung war im Wesentlichen vom Sozialethiker Siegfried Keil verfasst worden (vgl. Brief von Echternach an Wilkens vom 20.4.1972, in: EZA 650/95/194). Als Vorsitzender der EKFuL hatte Keil sich Anfang März auch bereits mit dem Vorstand des Verbandes darauf verständigt, die Stellungnahme öffentlich zu begrüßen, falls die rheinische Synode sie verabschieden sollte und sie andernfalls kurzerhand als Erklärung der EKFuL zu übernehmen (vgl. Ebd., sowie unten S. 286 ff.). Zum Öffentlichkeitsausschuss vgl. Evangelische Kirche im Rheinland, Kirche und Sexualstrafrecht.

chen.[223] Immer warnte allerdings davor, die Theologie zur Durchsetzung politischer Interessen zu missbrauchen und erteilte der Wählbarkeitsaussage Kardinal Höffners eine klare Absage.[224] Die Kirchen müssten ihre Aufgabe vielmehr darin sehen, erklärte der Präses, durch Erziehung, Verkündigung und Seelsorge auf die Wiedergewinnung einer verantwortlichen Einstellung zum Leben hinzuwirken.

Der Intention des Präses folgend, legte der Berichtsausschuss am letzten Verhandlungstag eine Ausarbeitung vor, die sich nicht an den Gesetzgeber, sondern an die eigene Kirchenleitung richtete und diese aufforderte, ihren Beitrag zur Ausarbeitung eines gezielten sozialpolitischen Programms zu leisten.[225] Aufgrund zahlreicher Änderungsanträge und zunehmenden Zeitdrucks kam es allerdings nicht mehr zur Verabschiedung des Papiers. Die Synode beschloss lediglich, die Beschlussvorlage mitsamt den Änderungsanträgen an die Kirchenleitung zu übergeben und diese – gemeinsam mit dem Öffentlichkeitsausschuss – mit der weiteren Bearbeitung der Angelegenheit zu betrauen. Das Ergebnis der Beratungen sollte später allen Synodalen zur Verfügung gestellt werden.[226]

Entgegen voriger Erwartungen folgte die Synode in ihrer Beschlussfassung somit ihrem Präses und übte sich in politischer Enthaltsamkeit.[227] Das Gremium scheiterte jedoch an der Aufgabe, statt eines strafrechtlich ausgerichteten Beitrags einen Beschluss über die notwendigen sozialpolitischen und diakonischen Hilfsmaßnahmen zu verabschieden. Der begrüßenswerte Ansatz, die Aufmerksamkeit der Kirche verstärkt auf diese zweite Dimension des Reformvorhabens zu § 218 StGB zu richten, blieb folglich im Ansatz stecken.[228]

---

[223] Vgl. *epd za* vom 7.3.1972. Auch der ehemalige rheinische Präses Beckmann hatte sich Ende Februar in der Öffentlichkeit gegen eine Fristenregelung ausgesprochen (vgl. *epd za* vom 25.2.1972).

[224] Vgl. VERHANDLUNGEN DER 20. AUSSERORDENTLICHEN RHEINISCHEN LANDESSYNODE in Mülheim an der Ruhr vom 9. bis 14.4.1972, S. 36. Die Beschlussvorlage des Berichtsausschusses stimmte dem Präses darin später ausdrücklich zu (EBD., S. 163).

[225] EBD., S. 161–163. Man forderte die Kirchenleitung auf, eine Bestandsaufnahme der regionalen Hilfsmöglichkeiten für Schwangere (Beratung, Heime für Mutter und Kind, Kinderbetreuung, Adoptionsvermittlung) zu erstellen und, wo nötig, ein Programm der jeweils erforderlichen Ergänzungsmaßnahmen auszuarbeiten.

[226] EBD., S. 165.

[227] Vgl. „Evangelische Synode schweigt zum Problem Paragraph 218", sowie „Probleme vertagt, statt sie zu lösen" Kommentar von Rüdiger Durth (beides in: *Kölnische Rundschau* vom 15.4.1972).

[228] Zwei Jahre darauf berichtete die Kirchenleitung allerdings, man habe sich die Anregung des Berichtsausschusses zu eigen gemacht und in Verbindung mit dem Diakonischen Werk inzwischen eine Bestandsaufnahme bestehender Hilfsmöglichkeiten sowie die Ausarbeitung eines Programms ergänzender Maßnahmen initiiert (vgl. VERHANDLUNGEN DER 21. ORDENTLICHEN RHEINISCHEN LANDESSYNODE vom 8.–12.1.1973, S. 26 f.).

2.4.7 Der evangelische Beitrag zur Anhörung vor dem Strafrechtssonderausschuss

Vom 10. bis 12. April 1972 veranstaltete der Sonderausschuss für die Strafrechtsreform, dem die parlamentarische Beratung der Gesetzentwürfe zu § 218 StGB federführend oblag, ein breit angelegtes Anhörungsverfahren zur geplanten Neufassung des Abtreibungsstrafrechts. Der Bundestagsausschuss lud dazu 29 Sachverständige, darunter acht Frauen, zu einem dreitägigen, öffentlichen Hearing nach Bonn.[229]

Während die am ersten Tag der Anhörung referierenden Naturwissenschaftler sich in ihren Beiträgen mehrheitlich für eine Indikationenregelung aussprachen, traten die Vertreter und Vertreterinnen aus dem sozialen Bereich am zweiten Tag nahezu geschlossen für eine Fristenregelung ein.[230] Der dritte und letzte Tag des Hearings galt schließlich jenen Organisationen, welche eine exponierte, z. T. weltanschaulich geprägte Position zum Schwangerschaftsabbruch und dessen strafrechtlicher Bewertung vertraten.[231] Für die katholische Kirche sprachen der Pastoraltheologe Johannes Bökmann sowie der Moraltheologe Aloys Heck. Beide lehnten die vorliegenden Gesetzentwürfe strikt ab und bejahten lediglich eine enge medizinische Indikation.

Die evangelische Kirche wurde durch Oberkirchenrat Erwin Wilkens vertreten.[232] Sein sachlicher und kenntnisreicher Beitrag unterschied sich

---

[229] Dies und das Folgende nach: REFORM DES § 218. Zu den Referenten und Referentinnen zählten u. a. der Leiter des Evangelischen Zentralinstituts für Familienberatung Guido Groeger sowie als Vertreterin des Frauenrates Elisabeth Schwarzhaupt. Zahlreiche weitere Verbände, unter ihnen auch die EFD sowie die Arbeitsgemeinschaft deutscher Schwesternverbände, waren ferner um schriftliche Stellungnahmen gebeten worden (vgl. oben S. 157, Anm. 54, sowie Brief der Arbeitsgemeinschaft deutscher Schwesternverbände an Reinhard Neubauer vom 30.4.1973, in: ADW, HGSt 3961; vgl. auch Stellungnahme der Arbeitsgemeinschaft deutscher Schwesternverbände vom 11.1.1972, abgedruckt in: *epd-dok* 6/72, S. 53).

[230] Zwölf Mediziner, Genetiker und Psychotherapeuten sowie neun Männer und Frauen aus der Soziologie, der Sozialarbeit sowie aus Gutachter- und Beratungsstellen waren an den ersten beiden Tagen als Referenten und Referentinnen geladen. Auf die Einladung und Befragung von Rechtsgelehrten hatte der Sonderausschuss bewusst verzichtet, da ihre Ansichten als allgemein zugänglich betrachtetet wurden.

[231] Es referierten zwei Katholiken, ein Protestant, ein Vertreter der HU, drei Sprecherinnen verschiedener Frauenverbände und eine Vertreterin der Lebensschutzbewegung.

[232] Der Bevollmächtigte, an den die Einladung zunächst ergangen war, hatte die Aufgabe aus terminlichen Gründen an Wilkens abgegeben (vgl. Kunsts handschriftliche Notiz auf dem Brief des Sonderausschusses für die Strafrechtsreform an Kunst vom 16.3.1972, in: EZA 87/747). Die Entsendung eines Universitätsvertreters war offenbar nicht mehr in Betracht gezogen worden, nachdem das ausgewogene Statement des Göttinger Sozialethikers Wolfgang Trillhaas zum Hearing über das 4. StrRG/Pornografie (vgl. *epd-dok* 52/70, S. 22–30) im Herbst 1971 in EKD-Kreisen auf Kritik gestoßen war (vgl. Brief von Echternach an

sowohl inhaltlich als auch formal von den katholischen Voten und orientierte sich im Wesentlichen an der Ratserklärung vom 17. März 1972.[233] Anders als seine katholischen Kollegen ließ Wilkens keinen Zweifel daran, dass nach evangelischer Überzeugung zumindest der Regierungsentwurf der Grundmaxime des Lebensschutzes weitestgehend gerecht zu werden vermochte.[234] Ausführlich ging der Oberkirchenrat allerdings auch auf die bereits wiederholt geäußerten Vorbehalte der evangelischen Seite gegen den Regierungsentwurf ein und regte erneut an:

1. die Notlagenindikation nicht als eigenständige vierte ‚Auffang'-Indikation zu fassen, sondern sie dem Indikationenkatalog als einleitende Generalklausel voranzustellen,
2. das Verfahren zur Indikationsfeststellung durch die Beibehaltung entscheidungsbefugter Gutachterstellen zu objektivieren,
3. aus dem Alternativ-Entwurf die Pflichtberatung der Schwangeren zu übernehmen.[235]

Zum Abschluss seines Statements hob der EKD-Vertreter den hohen Stellenwert flankierender Maßnahmen hervor und sprach sich in Anlehnung an das Ratswort dafür aus, die Reform des Strafrechts nicht isoliert zu betrachten, sondern in den größeren Kontext einer sozialpolitischen Gesamtreform einzubetten.

„Nicht jede Anhörung macht klüger", resümierte Friedrich Karl Fromme in der *FAZ* im Anschluss über das Hearing des Sonderausschusses.[236] In der Tat hatte die mit großem Aufwand durchgeführte Anhörung, welche die verschiedenen gesellschaftlichen Positionen zur Reform des § 218 StGB noch einmal gebündelt zu Wort kommen ließ, keine Auswirkungen auf das weitere Gesetzgebungsverfahren. Der Grund dafür lag allerdings weniger in der Veranstaltung selbst als im politischen Tagesgeschehen. Noch bevor

---

Affemann vom 1.12.1971, in: EZA 99/1.295, sowie „hier nur Sex ..." Leserbrief von W. Trillhaas, in: *Die Zeit* vom 25.12.1971).

233 Vgl. Wilkens' Redemanuskript zur öffentlichen Anhörung des Sonderausschusses des Deutschen Bundestages für die Strafrechtsreform am 12.4.1972 (EZA 650/95/193; leicht gekürzt abgedruckt in: Reform des § 218, S. 151–159; Die Denkschriften der EKD Bd. III, S. 218–232, sowie E. Wilkens, § 218, S. 145–157).

234 Die unterschiedliche Bewertung des Regierungsentwurfs durch die Vertreter der beiden großen Kirchen wurde auch in der Öffentlichkeit zur Kenntnis genommen (vgl. „Theologen uneins über Beurteilung der Abtreibungs-Entwürfe", *dpa* 242 id vom 12.4.1972, sowie „Standpunkt der Kirchen zur Abtreibungs-Regelung. Katholische Bischöfe bei der Anhörung gegen beide Modelle/EKD: In Fällen besonderer Bedrängnis", in: *FAZ* vom 13.4.1972). Was den Fristenentwurf betraf, erkannte Wilkens dessen Zielsetzung des Lebensschutzes zwar an, sah diesen jedoch nicht befriedigend umgesetzt (vgl. E. Wilkens, § 218, S. 148–150).

235 Vgl. Ebd., S. 150–156.

236 *FAZ* vom 14.4.1972.

der Sonderausschuss die Ergebnisse der Anhörung in den weiteren Gesetzgebungsprozess einspeisen konnte, kam es zur Aussetzung des gesamten Reformvorhabens.

3. Abbruch der Reform

Das Jahr 1972 zählt zu den ereignisreichsten und bedeutendsten Jahren der deutschen Nachkriegsgeschichte. Das gesellschaftliche Klima wurde nicht nur durch die Olympischen Spiele in Deutschland, sondern auch durch den zermürbenden Vietnamkrieg und den terroristischen Anschlag auf das israelische Olympiateam geprägt. Politisch wurde das Jahr ab Ende April von der Regierungskrise, dem Ringen um die Unterzeichnung der Ostverträge und von der vorzeitigen Auflösung des Bundestages bestimmt. Die politische wie gesellschaftliche Debatte um die Reform des Abtreibungsstrafrechts geriet dabei zunehmend in den Schatten der größeren politischer Ereignisse und verstummte nahezu vollständig.

3.1 Die Regierungskrise

Die Ratifizierung der Ostverträge – seit Jahren das umstrittenste Thema der deutschen Politik – stand im Frühjahr 1972 unmittelbar bevor.[237] Brandts Bemühungen um die Aussöhnung mit Osteuropa, für die der Kanzler 1971 mit dem Friedensnobelpreis ausgezeichnet worden war, stießen innenpolitisch allerdings nicht nur auf den Widerstand der Opposition, sondern hatten seit dem Beginn der Legislaturperiode auch bereits mehrere Abgeordnete zum Austritt aus der Regierungskoalition bewegt. Jeder Koalitionsabgeordnete, der seiner Partei den Rücken kehrte, verbesserte die Aussichten der Opposition auf einen vorzeitigen Regierungswechsel, denn die sozial-liberale Koalition hatte bei Regierungsantritt 1969 nur über eine dünne Mehrheit von 12 Mandaten verfügt. Anfang 1972 war die Regierungsmehrheit im Bundestag auf vier Stimmen zusammengeschmolzen.[238]

---

[237] Die endgültige Bundestagsabstimmung war – nach einer ersten Lesung Ende Februar – für Mai anberaumt worden. Zeitgleich mit der ersten Ratserklärung zu § 218 StGB hatte der Rat der EKD Mitte März auch eine „Erklärung zur anstehenden Ratifizierung der Ostverträge“ verabschiedet. Die darin geübte Zurückhaltung stand nach Ansicht von Kritikern allerdings in einem gewissen Widerspruch zur Ostdenkschrift von 1965, die als ein Meilenstein im Aussöhnungsprozess galt (abgedruckt in: KJ 1972, S. 123–135, sowie Die Denkschriften der EKD Bd. I,1, S. 43–76).

[238] Vgl. die Aus- und Übertritte der FDP-Abgeordneten Siegfried Zoglmann, Erich Mende und Heinz Starke im Jahr 1970 sowie des Berliner SPD-Abgeordneten Klaus-Peter Schulz

Da es nur noch zwei weiterer Übertritte bedurfte, um den Regierungsparteien die Mehrheit zu entziehen, sprach Oppositionsführer Rainer Barzel am 10. März 1972 erstmals öffentlich von der Möglichkeit eines konstruktiven Misstrauensvotums.[239]

Wenige Wochen später, am 23. April, trug die CDU bei den Landtagswahlen in Baden-Württemberg nicht nur einen furiosen Sieg davon und erlangte damit die Mehrheit im Bundesrat, sondern der Bundestagsabgeordnete Wilhelm Helms erklärte überdies seinen Austritt aus der FDP. Da inzwischen zwei weitere FDP-Abgeordnete der CDU ihre Loyalität zugesichert hatten, verlor die Regierung an einem Tag sowohl die Mehrheit im Bundesrat als auch im Bundestag. Die Regierungskrise war besiegelt und die Zeichen standen auf Sturm.

Die Union ergriff sogleich die sich bietende Gelegenheit. Am 24. April beantragte die CDU/CSU-Bundestagsfraktion das konstruktive Misstrauensvotum gegen Brandt. Für die Abstimmung zum Sturz des amtierenden Bundeskanzlers konnte die Opposition mit 250 Stimmen – einer mehr als notwendig – rechnen. Entgegen aller Erwartungen scheiterte das Misstrauensvotum am 27. April 1972 jedoch und Rainer Barzel erhielt nur 247 der notwendigen 249 Stimmen.[240] Damit war der Machtwechsel zwar verhindert, doch zeigte das Abstimmungsergebnis zugleich, dass die Koalition nicht länger über eine ausreichende Regierungsmehrheit verfügte und folglich de facto regierungsunfähig war.[241] Angesichts der Pattsituation im Parlament sprachen Bundespräsident und Bundeskanzler sich Mitte Mai, unmittelbar nachdem es – u. a. aufgrund des außenpolitischen Drucks – mit großen Mühen noch gelungen war, die Ostverträge zu verabschieden, für Neuwahlen aus.[242] Der Zeitplan, auf den Brandt und Scheel sich im

---

1971 und im Januar 1972 schließlich den Übertritt des Vizepräsidenten des Vertriebenenbundes Herbert Hupka aus der SPD in die CDU (A. BARING, Machtwechsel, S. 398).

[239] Vgl. EBD., S. 402 f. Auch die *Bild*-Zeitung, so Baring, hatte am 8. März bereits mit der Frage „Tritt Brandt zurück?“ getitelt (vgl. EBD., S. 447).

[240] Neben Helms, der sich entgegen vorheriger Zusagen spontan zu einer Enthaltung entschlossen hatte, enthielt sich auch der Unionsabgeordnete Julius Steiner, der seine Stimme nach eigenen Angaben an die Regierungskoalition verkauft hatte. Die dritte Enthaltung, so wurde Jahre später mit guten Argumenten vermutet, war aus inhaltlichen Motiven von der CSU-Abgeordneten Ingeborg Geisendörfer abgegeben worden (vgl. EBD., S. 423 f.).

[241] Das wurde bereits einen Tag nach dem gescheiterten Misstrauensvotum deutlich, als es bei der Abstimmung über den Kanzleretat zu einer Pattsituation im Parlament kam (vgl. EBD.).

[242] Vgl. EBD., S. 452. Zwei Tage zuvor, am 15. Mai, war der Regierungsentwurf zum 5. StrRG noch an den Bundestag übersandt worden, doch kam es vor seiner ersten Lesung zur vorzeitiger Auflösung des Parlaments (vgl. Entwurf eines Fünften Gesetzes zur Reform des Strafrechts [5. StrRG], BT-Drs. 6/3434 vom 15.5.1972). Der Entwurf war zuvor geschäftsordnungsgemäß an den Strafrechtssonderausschuss des Bundestages sowie an den Bundesrat gegangen, der sich am 24.3.1972 gegen die Aufnahme einer Notlagenindikation ausgesprochen hatte (vgl. EBD. Anl. 2 und 3).

Juni verständigten, sah die Auflösung des Bundestages nach der parlamentarischen Sommerpause im September sowie Neuwahlen Ende November 1972 vor.[243]

3.2 Die evangelische Intervention nach Ausbruch der Regierungskrise

Mit dem Ausbruch der Regierungskrise trat die geplante Reform des § 218 StGB ab Ende April 1972 in den Hintergrund des öffentlichen und politischen Interesses. Nicht nur in der Presse und im Parlament, auch innerhalb der evangelischen Kirche kamen die lebhaften Diskussionen zum Erliegen, da sich jede weitere Auseinandersetzung mit der Reform durch die völlig ungewisse Zukunft der sozial-liberalen Regierung zunächst erübrigte.[244] Ausnahmen auf evangelischer Seite bildeten die EKD-Strafrechtskommission, die ihre Arbeit im Sommer 1972 gegen viele Widerstände zu einem Abschluss brachte, sowie Jahn und Kunst, die in Kontakt blieben und offenbar bereits den Fortgang der Reform in der kommenden Legislaturperiode im Blick hatten.

Diese vereinzelten Initiativen konnten indes nicht darüber hinwegtäuschen, dass die im Herbst 1971 mit der Veröffentlichung des Referentenentwurfs eingeleitete Phase der breiten gesellschaftlichen Meinungsbildung durch den Ausbruch der Regierungskrise im Frühjahr 1972 ein abruptes Ende fand. Selbst das erst kurz zuvor aufgekeimte Interesse in Kirche und Diakonie an der sozialpolitischen Dimension der Abtreibungsproblematik ließ mit der Regierungskrise umgehend nach. Es gelang der evangelischen Kirche nicht, die vorläufige Unterbrechung der Debatte um strafrechtliche Fragen für eine intensivierte Beschäftigung mit den flankierenden Maßnahmen zu nutzen.

3.2.1 Jahn und Kunst weiter im Gespräch

Die Regierungskrise tat dem guten Verhältnis zwischen der EKD und dem Justizministerium zunächst keinen Abbruch. Nur sechs Tage nach dem gescheiterten Misstrauensvotum wandte Jahn sich am 3. Mai in einem ausführlichen Antwortschreiben auf die Ratserklärung von Mitte März an den Bevollmächtigten und äußerte sich – wie bereits erwähnt – sehr positiv

---

[243] Vgl. A. BARING, Machtwechsel, S. 457.

[244] So beschäftigte sich die EKD-Synode vom 1.–5.10.1972 zwar ausgiebig mit dem politischen Beitrag der Kirche, die Reform des § 218 StGB blieb jedoch bis auf eine kurze Notiz im Ratsbericht unerwähnt (vgl. BERLIN-SPANDAU 1972, S. 30 f.).

über die engen Kontakte der zurückliegenden Monate.[245] „Ich sehe in der Stellungnahme des Rates der EKD eine fruchtbare Fortsetzung unserer gemeinsamen Diskussionen", schrieb der Justizminister und fuhr fort: „Ich würde es begrüßen, wenn die Kontakte, die sich als so ertragreich erwiesen haben, in Zukunft auch im Hinblick auf die Praxis kirchlicher Beratungs- und Hilfstätigkeit nutzbar gemacht werden könnten."[246]

Wegen seines erfreulichen Inhalts legte Kunst das Bonner Schreiben sogleich dem Rat der EKD vor und übergab eine Zusammenfassung des Briefes – mit Erlaubnis des Ministers – an die Presse.[247] Überdies zeigte sich der Bevollmächtigte in seiner vertraulichen Antwort auf Jahns Schreiben ebenfalls erstaunlich entgegenkommend und ließ den Minister Anfang Juni wissen: „Wir [der Rat der EKD, S. M.] sind nach wie vor der Hoffnung, daß Sie die von Ihnen geplante Reform zu einem guten Ende bringen. Halten Sie sich versichert, daß ich mir dafür auch in Zukunft eine große Mühe geben werde."[248] Diese in ihrer Offenheit – zumal schriftlich fixierte – überaus unübliche Parteinahme des Bevollmächtigten, der Jahn nicht nur weitere Unterstützung zusagte, sondern ihm zugleich zu verstehen gab, er habe sich auch in den zurückliegenden Monaten bereits für dessen Gesetzentwurf eingesetzt, diese Ermutigung darf als Beleg dafür angesehen werden, dass man sich auf dem Höhepunkt der guten Verbindungen zwischen der EKD und dem Bundesjustizministerium befand. Kunsts Äußerung bestätigt zudem, dass der enge Kontakt zwischen der EKD und dem Justizministerium auch von der Mehrheit des Rates mitgetragen wurde.

Der Minister wusste um den Wert der von Kunst getätigten Aussage und gab dies in einer kurzen Erwiderung Anfang Juli auch zu verstehen. „Ich bin Ihnen besonders für Ihre Zusicherung dankbar", schrieb er, „daß Sie sich auch in Zukunft für ein gutes Ergebnis der Arbeiten an der Reform des § 218 StGB einsetzen werden."[249] Aufgrund der gesamtpolitischen Lage

---

[245] Vgl. oben S. 192 ff.

[246] EZA 742/248; EZA 87/748.

[247] Vgl. handschriftliche Notiz Ebd., sowie *epd za* vom 16.5.1972. Vgl. dagegen die noch zu Zeiten der Unionsregierung ergangene Antwort des damaligen Bundesjustizministers Ewald Bucher (FDP) auf die Übersendung evangelischer Stellungnahmen zur Reform des Abtreibungsstrafrechts sowie den Unmut, welchen die Antwort in Kreisen der EKD ausgelöst hatte, da Bucher offen auf widersprüchliche evangelische Äußerungen hingewiesen hatte (Brief von Ewald Bucher an Kunst vom 19.8.1964, sowie Brief von Wilkens an Heyl vom 28.8.1964, beides in: EZA 87/724).

[248] Brief von Kunst an Jahn vom 6.6.1972 (EZA 742/248; EZA 87/749). Der äußere Anlass des Briefes war die Übersendung der württembergischen Synodalerklärung gewesen (vgl. oben S. 203). Auch Wilkens stellte sich im Herbst 1972 ausdrücklich hinter die – wie er schrieb – „mittlere Linie" Jahns (vgl. kurzes Anschreiben von Wilkens an Kunst vom 30.10. 1972, in: EZA 742/558).

[249] Brief vom 6.7.1972 (EZA 742/248; EZA 742/431; EZA 2/93/6218). Auf dem Schreiben

kündigte Jahn an, werde sich die Reform des Abtreibungsstrafrechts in die nächste Legislaturperiode ziehen. „Um so wichtiger“, fuhr er fort, „ist es, daß die Bereitschaft zum freimütigen Gespräch und zu sachbezogener Kritik erhalten bleibt, ja wächst.“[250] Darauf freilich durfte er nach der moderat formulierten Ratserklärung, den guten Gesprächen mit Vertretern der EKD und nicht zuletzt nach dem offenherzigen Briefwechsel mit dem Bevollmächtigten getrost vertrauen.

Wie stark die Sympathien leitender Persönlichkeiten innerhalb der EKD für den Justizminister waren, sollte sich auch zeigen, als im Herbst die Bundestagswahlen näher rückten und Jahns politische Zukunft angesichts seiner parteiintern umstrittenen Haltung zur Reform des § 218 StGB immer offener in Frage gestellt wurde. „Für manche steht es ja schon so gut wie fest, daß Jahn auch in eine neue Regierung Brandt nicht zurückkehrt“, schrieb Wilkens am 30. Oktober an Kunst und bat ihn um Intervention: „*Muß* man nicht der SPD sagen, daß sie damit einen ganz großen Fehler begeht?“[251] Die Akten geben keine Auskunft darüber, ob der Bevollmächtigte sich in den kommenden Wochen tatsächlich für den Justizminister einsetzte und welcher Gestalt seine Intervention gewesen sein könnte, es ist jedoch zu erfahren, dass Kunst nach der Bundestagswahl im November 1972 überaus erfreut auf Jahns erneute Ernennung zum Justizminister reagierte.[252] „Über ihren langen, freundschaftlichen und von so viel Verständnis getragenen Glückwunschbrief habe ich mich ganz besonders gefreut“, erwiderte Jahn auf Kunsts Gratulation zur Wiederwahl und fuhr fort: „Trotz aller Schwierigkeiten und Anfeindungen freue ich mich, daß ich meine Aufgabe fortführen kann. Einer der Gründe dafür ist, daß ich in den vergangenen drei Jahren gerade in den Begegnungen mit Ihnen immer wieder die ganz wichtige Erfahrung machen durfte: Es lohnt sich, darum bemüht zu sein, aufeinanderzuzugehen, und es gibt in wichtigen Bereichen die Fähigkeit des Verständnisses und der Verständigung.“[253] Damit war der Grundstein gelegt für die Fortsetzung des guten Kontakts und der konstruktiven Zusammenarbeit zwischen der EKD und dem Bundesjustizministerium auch in der neuen Legislaturperiode.

---

findet sich ein handschriftlicher Vermerk: „Schreiben ist offenbar von MR Horstkotte verfaßt“.

[250] Ebd.

[251] EZA 742/558 (Hervorhebung im Original). Wilkens hatte nach eigenen Angaben auf der letzten Sitzung der staatlichen Eherechtskommission mit Jahn über die Reform des Abtreibungsstrafrechts gesprochen und den Eindruck gewonnen, dass der Minister von diesem Thema stark umgetrieben sei (vgl. Brief an Dietzfelbinger mit Abschrift an Kunst vom 30.10.1972, in: EZA 742/558).

[252] Zur Bundestagswahl vgl. unten S. 224 f.

[253] Brief vom 2.12.1972 (EZA 742/431).

3.2.2 *Das Ergebnis der Strafrechtskommission und seine Veröffentlichung*

Gut zwei Monate nachdem die parlamentarischen Bemühungen um die Reform des Abtreibungsstrafrechts auf Eis gelegt worden waren und das öffentliche Interesse sich im Frühsommer 1972 vor allem der Olympiade zugewandt hatte, konnte die Strafrechtskommission der EKD ihre Arbeit zu einem halbwegs befriedigenden Ende bringen. Die 1970 vom Rat einberufene Kommission, deren Beratungen von Anfang an unter einem unglücklichen Stern standen, hatte ihren Bericht zwar bereits im März 1972 vorgelegt, doch hatte der Rat der EKD erhebliche Vorbehalte geltend gemacht und weder einer Übernahme noch einer selbstständigen Veröffentlichung des Papiers zuzustimmen vermocht.[254] Unmittelbar nach Ablehnung des Kommissionsergebnisses hatte er zudem eine Erklärung anderen Inhalts verabschiedet. Um die Spannungen auszuräumen, zu denen es infolge dieser Ereignisse gekommen war, und um die Frage der – von der Kommission angestrebten – Veröffentlichung ihres Berichts zu klären, war für Ende April eine Aussprache zwischen der Kommission und einer Delegation des Rates vereinbart worden.

Letzte Kontroversen um das Resultat der Beratungen

Am Vormittag des 29. April kam es zu der Konsultation zwischen der Ratsdelegation und der Strafrechtskommission, die sich an jenem Wochenende in München zu ihrer Abschlusssitzung versammelt hatte. Das Protokoll der Unterredung, an welcher von Seiten der EKD neben Dietzfelbinger und Heckel auch Wilkens teilnahm, gibt beredt Auskunft über die tiefgreifenden Meinungsverschiedenheiten, die zum wiederholten Male zwischen den Kommissionsmitgliedern und den Vertretern des Rates bzw. der Kirchenkanzlei aufbrachen.[255]

Zum Eingang des Gesprächs gaben die Kommissionsmitglieder sogleich zu verstehen, dass sie die Umstände der Veröffentlichung des Ratswortes, welches sie im Übrigen inhaltlich scharf kritisierten, als Hintergehung betrachteten, und verlangten von den Ratsvertretern Rechenschaft über das Vorgehen der EKD.[256] Die Ratsdelegation bedauerte daraufhin, dass die

---

[254] Vgl. oben S. 190 f., S. 194 f. sowie S. 199 f.

[255] Vgl. Protokoll über die Sitzung der Strafrechtskommission der EKD vom 28./29.4.1972 in München (EZA 2/93/6220; EZA 99/1.304).

[256] Die Stellungnahme des Rates bewege sich, so das Urteil des Kreises, in Phrasen von wenig Inhalt und Belang. Schwarzhaupt pflichtete Schweitzers Kritik bei, hier sei einmal mehr die „Kirche als Bremser" am Werk gewesen, und hielt dem Rat überdies vor, er habe den Stellenwert strafrechtlicher Regelungen für den Lebensschutz überbewertet und die ihrer Ansicht nach wesentlichste kirchliche Aufgabe – die „Barmherzigkeit gegenüber den Notleidenden" – vernachlässigt (handschriftliche Notizen zum Gespräch zwischen Rat und

Kommission erst durch die Presse von den Ratsbeschlüssen gegen ihr eigenes und für ein abweichendes Votum erfahren habe, und versicherte, es habe sich hierbei selbstverständlich nicht um eine bewusste Missachtung des Gremiums gehandelt; der Rat habe sich im März vielmehr trotz seiner Ablehnung des Kommissionspapiers aufgrund terminlicher Erwägungen zur umgehenden Verabschiedung einer Stellungnahme veranlasst gesehen.[257] Dietzfelbinger und Heckel erläuterten im Weiteren, dass es eine ganze Reihe von Punkten gegeben habe, die es dem Rat unmöglich gemacht hatten, sich die Ausarbeitung der Strafrechtskommission zu eigen zu machen.[258] Angesichts der unüberbrückbaren Divergenzen, die sich im Verlauf der Aussprache erneut auftaten, überraschte es nicht, dass die Ratsvertreter sich auch durch das Angebot einer abermaligen Überarbeitung des Kommissionspapiers nicht zu einer definitiven Zusage über dessen Veröffentlichung bewegen lassen konnten. Das Gespräch endete einmal mehr ergebnislos, und die Frage der Veröffentlichung des Kommissionsberichts stand weiter ungeklärt im Raum.

Der Rat der EKD hatte sich aus diesem Grund auf seiner Sitzung am 9. Mai erneut mit der Thematik zu beschäftigen. Die Kommissionsvorsitzende reiste dazu eigens an und legte dem Rat die im Anschluss an die Münchener Unterredung nochmals leicht redigierte Stellungnahme vor. Schwarzhaupt erklärte ferner, ihr Gremium sei nunmehr zu keinen weiteren Konzessionen bereit.[259] Der Rat sah sich indes nach wie vor nicht in der Lage, der Ausarbeitung der Strafrechtskommission zuzustimmen. Da Schwarzhaupt jedoch zu verstehen gab, die Kommission werde das Beratungsergebnis notfalls auch ohne die Billigung des Rates veröffentlichen, beschloss dieser, sich nicht länger zu widersetzen und der Veröffentlichung des Kommissionsergebnisses zuzustimmen.[260] Der Rat erteilte allerdings die

---

Strafrechtskommission am 29.4.1972 [ohne Verfasser, vermutlich Echternach], in: EZA 99/1.304).

[257] Vgl. Ebd. sowie Protokoll über die Sitzung der Strafrechtskommission (oben Anm. 255).

[258] Von zentraler Bedeutung waren nach Aussage der Ratsverteter die divergierenden Ansichten zur Notlagen- sowie zur Altersindikation. Ferner kritisierten die Ratsvertreter, dass die Notwendigkeit von Gutachterstellen im Kommissionspapier nicht ausreichend betont worden sei und der theologische Teil im Vergleich zu den strafrechtlichen Ausführungen über Gebühr zurücktrete, ja dass überhaupt ein einleitender Absatz zur „gesellschaftstheologischen Situation“ fehle (vgl. Ebd. sowie Auszug aus der Niederschrift über die 65. Sitzung des Rates der EKD vom 9.–13.5.1972 in Kirchberg, in: EZA 87/749).

[259] Vgl. Ebd. Unter Aufnahme der Ratskritik nahm Schwarzhaupt später doch noch eine Änderung vor und fügte einen Hinweis auf die Notwendigkeit von Gutachterstellen als unabdingbare Voraussetzung für eine soziale Indikation in den Text ein, obgleich dies einen nicht unerheblichen inhaltlichen Eingriff bedeutete (vgl. Brief von Schwarzhaupt an die Mitglieder der Strafrechtskommission vom 16.5.1972, in: EZA 99/1.304).

[260] Vgl. dazu den zweiten Ratsbeschluss zu diesem Tagesordnungspunkt: „Bei der Einsetzung von Kommissionen sollen diese künftig von vornherein darauf hingewiesen werden,

Auflage, dem Kommissionsbericht ein Vorwort voranzustellen, das die Meinungsabweichungen zwischen dem Rat und der Kommission deutlich benennen sollte.

Als Publikationsort konnte Schwarzhaupt neben den weniger öffentlichkeitswirksamen Alternativen einer kircheninternen Dokumentation verschiedener Voten bzw. eines Rundschreibens der Kirchenkanzlei die „Zeitschrift für evangelische Ethik“ (ZEE) durchsetzen. Schweitzer, der von der Vorsitzenden umgehend über den Ratsbeschluss informiert wurde, konnte es als Mitherausgeber ermöglichen, die Stellungnahme noch in der Julinummer der Zeitschrift unterzubringen. Einzige Bedingung: Der Text musste bis Ende Mai in Druck gehen.[261] Trotz zeitweiser Verunsicherungen, da die Kommission noch von verschiedenen Seiten zu Änderungen ihres Papiers gedrängt wurde, schien es zunächst, als stelle der Terminplan kein größeres Problem dar.[262] Dass er dennoch fast gescheitert wäre, lag schließlich an Wilkens.

Ein letzter Obstruktionsversuch

Wenige Tage nach der Ratssitzung, am 16. Mai, hatte Wilkens, der vom Rat per Beschluss mit der Abfassung des Vorwortes zum Kommissionsbericht betraut worden war, sich in einem ausführlichen Schreiben an Dietzfelbinger gewandt und darum gebeten, von seiner Aufgabe suspendiert zu werden. „Ich sehe mich aus schwerwiegenden Gründen nicht in der Lage“, schrieb er, „auch nur in dieser Form an der Veröffentlichung der Ausarbeitung der Strafrechtskommission mitzuwirken.“[263] Nach Wilkens' Dafürhalten hatte die Kommission mit ihrer Ankündigung, den Bericht notfalls auch ohne die Zustimmung des Rates zu veröffentlichen, eine unzulässige Pression auf denselben ausgeübt. Wilkens hatte darum an Dietzfelbinger

---

daß ihnen ein Anspruch auf Veröffentlichung ihrer Stellungnahme nicht zusteht.“ Vgl. ferner die von Dietzfelbinger zu Protokoll gegebene Feststellung: „Der Vorsitzende behält sich vor, sich gegebenenfalls für die eigene Person noch stärker von der Stellungnahme der Kommission zu distanzieren“ (Auszug aus der Niederschrift über die 65. Sitzung des Rates der EKD vom 9.–13.5.1972 in Kirchberg, in: EZA 87/749).

[261] Vgl. Brief von Schwarzhaupt an die Mitglieder der Strafrechtskommission vom 16.5.1972 (EZA 99/1.304).

[262] Scharffenorth aus dem Rat wandte sich Mitte Mai an die Kommission und bat die Mitglieder, nochmals zu bedenken, ob sie die Altersindikation nicht fallen lassen könnten, da anzunehmen sei, dass das Vorwort des Rates durch einen solchen Entschluss etwas milder ausfallen würde als offenbar geplant (vgl. Auskunft im Brief von Schweitzer an die Mitglieder der Strafrechtskommission vom 23.5.1972, in: EZA 99/1.304). Echternach hatte sich nach eigenen Angaben – ebenfalls erfolglos – darum bemüht, die positiven Aussagen der Stellungnahme zur Fristenregelung noch zu relativieren (vgl. Auszug aus der Niederschrift über die 66. Sitzung des Rates der EKD vom 7./8.6.1972 in Mauloff, in: EZA 2/93/62217; EZA 87/749).

[263] EZA 87/748; EZA 99/1.304.

appelliert, der Rat möge noch einmal darüber beraten, ob er ernsthaft gewillt sei, einer derartigen Nötigung nachzugeben. Er, Wilkens, war es nicht und hatte in seinem Schreiben auch die Motive für seine Weigerung dargelegt. Demnach hatten die unausgewogene Zusammensetzung sowie die – seiner Ansicht nach – mangelnde fachliche Kompetenz der Strafrechtskommission zu dem von ihm heftig kritisierten Beratungsergebnis geführt.[264]

Wilkens' Brief löste zunächst beim Geschäftsführer der Kommission erhebliche Verärgerung aus; und das nicht nur, weil der Kommissionsbericht sich bereits im Satz befand und man Schweitzer gegenüber im Wort stand, sondern auch, weil Echternach dem Schreiben ein gewisses Misstrauen gegen seine eigene Geschäftsführungstätigkeit entnahm. Brüskiert darüber, dass Wilkens inzwischen jede Mitverantwortung an der Kommission abstritt und statt dessen ihn, Echternach, für das Scheitern der Beratungen verantwortlich zu machen schien, wies der Oberkirchenrat in der Folgezeit wiederholt darauf hin, dass ihm die Geschäftsführung regelrecht aufgenötigt worden sei und nicht er, sondern Wilkens dereinst der ‚spiritus rector' der Strafrechtskommission gewesen sei.[265]

Wilkens' Bemühungen, die Veröffentlichung des Kommissionsergebnisses durch die Weigerung zur Abfassung des Vorwortes zu obstruieren, führten letztlich nicht zu dem gewünschten Erfolg. Zwar war der Rat durch das Dispensbegehr aus Hannover gezwungen, sich in seiner Sitzung Anfang Juni abermals mit der Angelegenheit zu befassen, doch nahm man die im

[264] Kritik übte Wilkens besonders an Hanack, auf dessen Fürsprache er die Notlagenindikation im Kommissionspapier zurückführte, sowie an Vogel, dem er die Hauptverantwortung für die Altersindikation gab (Ebd.). Wilkens kritisierte zudem, dass der Rat nicht über die Nachberufung Vogels entschieden habe. Es bleibt allerdings unklar, ob Vogel ein nicht ordentlich berufenes Vollmitglied der Kommission war, wie Wilkens meinte, oder, wie Echternach behauptete, nicht auf Wunsch der Kommission, sondern auf Kirchhoffs Betreiben hin lediglich als Sachverständiger benannt worden war (vgl. handschriftliche Randnotizen von Echternach auf einer Kopie des Briefes von Wilkens an Dietzfelbinger vom 16.5.1972, in: EZA 99/1.304).

[265] Vgl. Ebd. sowie zur Übergabe der Geschäftsführung oben S. 59. Echternach sollte mit seiner Vermutung, Wilkens wolle ihm das ‚Kuckucksei' der Strafrechtskommission unterschieben, richtig liegen. Ein Jahr nach Beendigung der Kommissionsberatungen brach der Dissens erneut auf und Echternach verwahrte sich abermals entschieden gegen Wilkens' implizite Unterstellung, er sei für das Scheitern der Strafrechtskommission verantwortlich. „Ich möchte doch mit aller Deutlichkeit", schrieb er an Wilkens, „die Nebenbemerkung in Ihrem dritten Absatz korrigieren, wo Sie sagen: ‚Ich kann mich im Augenblick nicht erinnern, ob die Ausarbeitung Ihrer unglückseligen Strafrechtskommission [...] durch den Rat gegangen ist.' Ich möchte darauf hinweisen, daß es sich nicht um ‚meine' Kommission handelt, sondern um ein Gremium, dessen Berufung Sie selbst im Rat angeregt und auch in der personellen Zusammensetzung vorgeschlagen haben. [...] Unglückselig mag die Kommission wohl gewesen sein, aber ‚meine' Kommission war sie nicht" (Brief an Wilkens vom 14.3.1973, in: EZA 99/1.296).

Mai erteilte Veröffentlichungserlaubnis für das Kommissionspapier nicht wieder zurück.[266] Am Ende der eingehenden Ratsdiskussion stand vielmehr der Beschluss, dem Votum der Strafrechtskommission statt einer längeren Vorrede lediglich eine kurze Feststellung voranzustellen. Der Rat entschied sich ausdrücklich gegen einen von Echternach vorgelegten Textentwurf, welcher die Ratskritik am Kommissionsbericht nochmals inhaltlich ausgeführt hatte, und formulierte statt dessen vier kurze Sätze, die lediglich die formale Feststellung trafen, dass die Mehrheitsmeinung der Kommission sich nicht mit jener des Rates deckte.[267]

Veröffentlichung des Beratungsergebnisses

Trotz der von Wilkens verursachten Verzögerung gelang es, die Stellungnahme der Strafrechtskommission noch in der Juliausgabe der ZEE abzudrucken.[268] Der neunseitigen Erklärung angehängt fand sich überdies auch ein von Friedrich Vogel verfasstes „Votum zu der Frage: Warum sollte man die Schwangerschaftsunterbrechung bei Frauen über vierzig straffrei lassen?"[269] Auf der Länge einer Seite führte der Heidelberger Humangenetiker vier Gesichtspunkte an, aufgrund derer es seines Erachtens nach „dem christlichen Barmherzigkeitsgebot entsprechen würde", Frauen über vierzig nicht zu zwingen, unerwünschte Schwangerschaften auszutragen.[270] Die Akten schweigen darüber, wie es zur Anfügung dieses Textes kam, durch welchen die Altersindikation eine exponierte Stellung innerhalb des Kommissionsberichts erhielt.

Wie nach der Hervorhebung durch das Sondergutachten zu erwarten war, kaprizierte sich die Presse in ihrer Berichterstattung über die Stel-

---

[266] Vgl. Auszug aus der Niederschrift über die 66. Sitzung des Rates der EKD vom 7.–8.6.1972 in Mauloff (EZA 2/93/62217; EZA 87/749).

[267] Vgl. Ebd. Echternachs Entwurf hatte die Bedenken gegen die Notlagen- sowie die Altersindikation als Gründe für die Ablehnung des Kommissionsergebnisses durch den Rat angeführt (vgl. Entwurf für ein Vorwort vor den Text der Strafrechtskommission, in: EZA 99/1.304). Über die näheren Umstände, die den Rat dazu bewegten, von einer deutlicheren Distanzierung abzusehen, erteilt das Protokoll keine Auskunft.

[268] ZEE 16/72, S. 233–242. Zum Inhalt der Stellungnahme vgl. oben S. 158–162.

[269] ZEE 16/72, S. 243. Die Ausarbeitung umfasste ferner eine kurze Stellungnahme zum Regierungsentwurf. Dieser letzte Abschnitt der Erklärung, über dessen Abfassung ebenfalls keinerlei Informationen vorliegen, fasste die Mitte Februar von der Kommission zusammengetragenen Kritikpunkte noch einmal zusammen (vgl. oben S. 190, Anm. 170).

[270] Ebd. Die von Vogel vorgebrachten Argumente waren rein medizinisch-eugenischer Natur und hoben das mit fortschreitendem Alter steigende Risiko gesundheitlicher Beeinträchtigungen der Schwangeren bzw. des Kindes hervor. Vgl. dazu auch Wilkens' Kritik: „Im übrigen hat Prof. Vogel in der Münchner Besprechung am 29. April als Argument ausdrücklich auch das mutmaßliche Lebensschicksal geschädigter Kinder mit herangezogen. An diesem Punkt wird aber die Grenze zur Euthanasie durchbrochen" (Brief an Dietzfelbinger vom 16.5.1972, in: EZA 87/748; EZA 99/1.304).

lungnahme in erster Linie auf die Altersindikation.[271] Insgesamt betrachtet war das Presseecho auf die Erklärung der Strafrechtskommission neutral bis positiv, wenn auch gering. Einige Blätter übernahmen eine ausführliche *epd*-Meldung, in der das Votum recht positiv besprochen und würdigend von der im März erschienenen Ratserklärung abgehoben wurde.[272] Von besonderer Bedeutung war dabei, dass die *epd*-Meldung die nicht unwesentliche Tatsache, dass der Rat seine Zustimmung zum Kommissionsbericht verweigert hatte, erst im Schlusssatz erwähnte, woraufhin sie in einigen Artikeln, die sich an den *epd*-Text anlehnten, ganz unterschlagen wurde.[273]

Das wohlwollende Presseecho konnte jedoch nichts daran ändern, dass dem Votum ohne die Autorisierung und Übernahme durch den Rat eine breite kirchliche wie gesellschaftliche Öffentlichkeit und damit die entsprechende Bedeutung versagt blieben.[274] Das Resultat der knapp zweijährigen Beratungen stand damit in keinem Verhältnis zu dem Aufwand, der für seine Ausarbeitung aufgebracht worden war.

Das Ende der Strafrechtskommission

Theoretisch hätte die Veröffentlichung des Beratungsergebnisses keineswegs die Auflösung der Kommission zur Folge haben müssen, da diese ursprünglich als ständiges Fachgremium eingerichtet und ihr Arbeitsauftrag 1970 nicht allein auf die Reform des Abtreibungsstrafrechts beschränkt worden war.[275] Die inhaltlichen Differenzen zwischen dem Rat und seinem

[271] In der Presse wurde die Altersindikation erneut umgedeutet und nicht länger medizinisch-eugenisch, sondern primär emanzipatorisch verstanden, d. h. als Recht der Schwangeren auf eigene Lebensgestaltung. (Vgl. z. B. „Auch die Mutter hat ein Recht auf Existenz", in: *epd za* vom 13.7.1972; „Recht auf eigene Existenz", in: *Münsterländische Tageszeitung* vom 3.8.1972; „Strafrechtskommission der EKD betont ‚Recht der Mutter'", in: *Stuttgarter Zeitung* vom 13.7.1972).

[272] Vgl. „Auch die Mutter hat ein Recht auf Existenz" (*epd za* vom 13.7.1972, abgedruckt auch in: *Berliner Sonntagsblatt – Die Kirche* vom 30.7.1972). Wie aus einem späteren Schreiben vom 4.1.1974 hervorgeht, hatte Schweitzer dem Chefredakteur des *epd*, Hans-Wolfgang Heßler, die Stellungnahme persönlich zukommen lassen (PAEPD, R 521.61).

[273] Vgl. z. B. „Kommission der EKD bedingt für Abtreibung" (*Die Welt* vom 15.7.1972); „Recht auf eigene Existenz" (*Münsterländische Tageszeitung* vom 3.8.1972). Echternach kritisierte den Bericht des *epd* als „verkürzt und mißverständlich". Er wies ferner auf die in der Meldung unerwähnt gebliebene Tatsache hin, dass die Kommission sich keineswegs einig gewesen war (vgl. Brief an Just-Dahlmann vom 27.7.1972, in: EZA 99/1.295).

[274] Anders als den landeskirchlichen Voten oder auch der Orangen Schrift stand der Strafrechtskommission kein kirchliches Verteilersystem zur Verfügung, das ihre Erklärung weiter hätte publik machen können. Sogar im „Kirchlichen Jahrbuch" überging man die Stellungnahme und erklärte, sie habe aus „Raumgründen" nicht abgedruckt werden können (vgl. KJ 1972, S. 152).

[275] Vgl. oben S. 57.

Beratungsgremium legten indes aus Sicht einiger EKD-Vertreter ein Ende der Zusammenarbeit nahe. Ein formeller Beschluss zur Auflösung der Kommission erschien allerdings wenig opportun, denn es stand zu befürchten, dass sich im Rat u. U. Widerspruch dagegen erheben würde.[276] Da die Kammern der EKD jedoch formal mit Ablauf jeder Synodalperiode enden und der Neuberufung bedürfen, verständigten Dietzfelbinger und Echternach sich schließlich unter Umgehung des Rates darauf, einfach von einem Antrag auf Verlängerung abzusehen und die Kommission mit dem Ende der vierten Synodalperiode Anfang 1973 ‚sang- und klanglos' auslaufen zu lassen.[277] Den Mitgliedern der Strafrechtskommission blieb dies freilich nicht verborgen, doch erhoben sie keinen Protest.[278] Eine Fortführung ihrer Arbeit, welche vom Rat und der Kirchenkanzlei von Anbeginn an mit Misstrauen beargwöhnt und wiederholt desavouiert worden war, erschien ihnen offenbar nicht erstrebenswert.

Die Geschichte der Strafrechtskommission ist damit eine Geschichte des Scheiterns. Bereits die breit angelegte personelle Zusammensetzung des Kreises, die zum einen auf eine ausgewogene Berufungspolitik des Rates sowie zum anderen auf verschiedene Absagen zurückzuführen war, hatte Erwin Wilkens in Distanz zu seinem Projekt treten lassen und die Zusammenarbeit zwischen der Kirchenkanzlei und der Kommission schwer belastet. Von Anfang an war der Kreis von Experten und Expertinnen seitens der zuständigen EKD-Vertreter mit Argwohn betrachtet und in seiner ursprünglichen Funktion als Beratungsgremium des Rates nicht in Anspruch genommen worden. Die EKD-Vertreter – insbesondere Erwin Wilkens – hatten de facto nicht mit der Strafrechtskommission, sondern gegen sie gearbeitet.[279]

Die Strafrechtskommission hatte allerdings auch daran gekrankt, dass ihr trotz der Mitarbeit mehrerer Theologen keine theologisch-ethische Fundierung ihrer strafrechtlichen Überlegungen gelungen war. Die gewissenhafte Erörterung der strafrechtlichen Fragen auf hohem Abstraktionsniveau sowie die erstaunliche Integrationskraft, durch welche sie sich aus-

[276] Vgl. Interview der Verfasserin mit Echternach am 5.2.2000.

[277] Nach Absprache mit Dietzfelbinger beantragte Echternach keine weiteren Gelder für die Strafrechtskommission und dankte deren Mitgliedern in einem abschließenden Rundschreiben vom 5.11.1972 für ihre Mitarbeit und den von ihnen geleisteten wichtigen Beitrag zur Orientierung des Rates (EZA 99/1.296). Der Rat wurde zu einem späteren Zeitpunkt von Dietzfelbinger beiläufig darüber informiert, dass die Strafrechtskommission sich aufgelöst habe (vgl. Interview der Verfasserin mit Echternach vom 5.2.2000).

[278] Schweitzer resümierte später ernüchtert: „Wichtig ist: Die Strafrechtskommission, die der Rat s. Zt. eingesetzt hat, existiert nicht mehr – der Rat war eben mit uns nicht zufrieden" (Brief an Heßler vom 4.1.1974, in: PAEPD, R 521.61).

[279] Vgl. die Ereignisse im Zuge der Veröffentlichung der Orangen Schrift sowie des ersten Ratswortes (oben S. 95 f. sowie S. 191–194).

gezeichnet hatte, waren auf eine unerwartete theologische Sprachlosigkeit und Unschärfe gestoßen.

Kurzum, das ‚Projekt Strafrechtskommission' war aus verschiedenen Gründen schon zu einem recht frühen Zeitpunkt auf ganzer Linie gescheitert und hatte sich nicht als Modell zur Partizipation der evangelischen Kirche an der Debatte um die Reform des Abtreibungsstrafrechts bewähren können.

3.2.3 Erste Hinwendung zur sozialpolitischen Dimension der Reform

Beherrscht wurde die Abtreibungsdebatte zweifelsohne von der Kontroverse um die strafrechtliche Ausgestaltung des Abtreibungsverbots. Daneben gab es jedoch auch Bemühungen, ein Bewusstsein für die sozialpolitische Dimension der Abtreibungsproblematik zu wecken und die Gesellschaft zu einem Umdenken in der Abreibungsprävention zu bewegen. Die Alternativ-Professoren waren 1970 die ersten gewesen, die darauf hingewiesen hatten, dass der Ausbau flankierender Hilfsmaßnahmen in Schwangerschaftskonflikten mindestens ebenso bedeutsam für die Senkung der Abtreibungszahlen und damit den Lebensschutz sei wie die Reform der strafrechtlichen Bestimmungen.[280] Diese Erkenntnis, die im Nachhinein als bedeutendster Ertrag der gesamten Abtreibungsdebatte betrachtet werden kann, setzte sich allerdings nur sehr zögerlich durch, da sie ihrem Ursprung nach zunächst eng mit dem Plädoyer für eine Fristenregelung verbunden war.[281]

Einer der ersten Vertreter einer Indikationenregelung, der sich dem Appell der Alternativ-Professoren öffnete und sich Anfang 1972 dafür aussprach, den Schwerpunkt der Reform weniger auf die strafrechtlichen denn auf die sozialpolitischen Maßnahmen zu legen, war Bundesjustizminister Jahn.[282] Der Rat der EKD schloss sich dieser Einsicht im März 1972

---

[280] Als Brücke zwischen der strafrechtlichen Ahndung und der sozialen Hilfe für die Frau hatten die Alternativ-Professoren die Pflichtberatung eingeführt. Die staatliche Verantwortung zum Lebensschutz sollte dergestalt wahrgenommen werden, dass die Schwangere vor ihrer Entscheidung über Alternativen zur Abtreibung und das Angebot an verfügbaren sozialen Hilfsmaßnahmen beraten wurde (vgl. oben S. 47 f.).

[281] Vgl. dazu den internen Vermerk von Collmer an Schober vom 26.3.1973 (EZA 87/751): „Ein Bedenken könnte gegen eine solche Aktion [Aufbau kirchlicher Beratungsstellen, S. M.] dahingehend geltend gemacht werden, daß die Vertreter der Fristenlösung vielleicht noch in ihrer Haltung deshalb bestärkt würden, weil sie auf dieses Hilfeangebot zu ihrer eigenen Beruhigung hinweisen könnten. Doch meine ich, daß man sich bei der Entwicklung eines solchen Vorhabens nicht von taktischen Erwägungen, sondern gemäß der vorhandenen Situation und den heute verpflichtenden Erkenntnissen leiten lassen sollte."

[282] Anders als bei den Alternativ-Professoren ging Jahns Umdenken freilich nicht so weit, die strafrechtlichen Regelungen weitestgehend zugunsten der Hilfsmaßnahmen zurückzunehmen und einer Fristenregelung zuzustimmen.

in seiner ersten Erklärung zur Reform des § 218 StGB ebenfalls an und wies darauf hin, dass der wirksame Lebensschutz nicht allein durch das Strafrecht zu gewährleisten sei, sondern es darüber hinaus auch einer umfassenden sozialpolitischen Gesamtreform bedürfe.[283] Die Inblicknahme der sozialpolitisch-diakonischen Dimension war für die evangelische Kirche und ihre Diakonie allerdings erst möglich geworden, nachdem sich Anfang Februar die in ihren Augen vordringlichste Frage – ob Jahn das Kabinett von seinem Indikationenmodell würde überzeugen können – geklärt hatte und man beruhigt davon ausgehen konnte, dass der Bundestag keine Fristenregelung verabschieden würde.

In dieser Lage, in welcher der strafrechtliche Teil der Reform ‚in trockenen Tüchern' schien, konnte die evangelische Seite sich sogar selbstkritisch eigenen Versäumnissen zuwenden. So legte der Präsident des Diakonischen Werks Theodor Schober als er sich Anfang April erstmals öffentlich in die Diskussion einschaltete, das Hauptgewicht seiner Überlegungen auf die vielfache Mitverantwortung der Kirche an der Not lediger Mütter.[284] Entschieden trat Schober für einen Bewusstseinswandel in der Kirche ein und gemahnte die eigenen Brüder und Schwestern: „Wir sollten endlich begreifen, daß auch die entstehendes Leben getötet haben und töten, die durch eine wie immer begründete Moral Menschen in ihrer Mitte aburteilen und ausstoßen und damit erst die Voraussetzungen für eine Abtreibung schaffen."[285] Und er fuhr fort: „Wir haben überhaupt keine Moralgesetze, sondern das Evangelium zu verkünden."[286] Schober benannte damit nicht nur das kirchliche Mitverschulden an der Verschärfung von Schwangerschaftskonflikten und forderte die dringend gebotene Korrektur christli-

---

[283] Vgl. oben S. 191–194.

[284] Der Aufsatz von Theodor Schober ist unter dem missverständlichen Titel „Ein Klumpen Fleisch oder – ein Mensch?" in: *epd Ausg. f. kirchl. Presse* vom 5.4.1972 erschienen. Was die strafrechtliche Reform betraf, vertrat Schober, wie aus anderen Quellen hervorgeht, eine Indikationenregelung und lehnte eine Fristenregelung entschieden ab (vgl. Empfehlungsschreiben vom 24.4.1972, in: ADW, HGSt 3961; das Empfehlungsschreiben bezog sich auf die Schrift von R. NEUBAUER, Betrifft § 218).

[285] „Ein Klumpen Fleisch oder – ein Mensch?" (*epd Ausg. f. kirchl. Presse* vom 5.4.1972). Als Beispiele für die Diskriminierung durch die Kirche führte Schober an, dass Frauen bei der Taufe ihrer unehelichen Kinder in der Vergangenheit vielerorts der kirchliche Segen verweigert wurde, und dass die Kirchenbücher die Vermählung lediger Mütter bis in die zwanziger Jahre mit dem Sondervermerk „ohne Kranz" gekennzeichnet hatten. Auf der Frühjahrssynode der bayerischen Landeskirche war ferner darauf hingewiesen worden, dass Frauen, die uneheliche Kinder zur Welt gebracht hatten, früher die kirchliche Aussegnung verweigert worden war und selbst die damals noch gültige Agende III ein eigenes Formular für ledige Mütter vorsah. In vielen Kirchen hatten unverheiratete Mütter zudem während des Gottesdienstes auf der sog. Büßerbank sitzen müssen (vgl. VERHANDLUNGEN DER LANDESSYNODE DER EVANGELISCH-LUTHERISCHEN KIRCHE IN BAYERN, Synodalperiode 1972/1978, 1. ordentliche Tagung (47) in Bayreuth vom 5.–10.3.1972, S. 128; S. 134).

[286] „Ein Klumpen Fleisch oder – ein Mensch?" (*epd Ausg. f. kirchl. Presse* vom 5.4.1972).

cher Haltungen, sondern er gemahnte die Kirche auch zur Selbstbesinnung auf ihren Auftrag.

Die erste Hinwendung zu den flankierenden Maßnahmen sowie die wachsende Aufmerksamkeit leitender kirchlicher Kreise für die sozialen Aspekte des Schwangerschaftsabbruchs ließ mit dem Ausbruch der Bonner Regierungskrise Ende April allerdings bereits wieder nach. Angesichts der ungewissen Zukunft der sozial-liberalen Regierung und ihrer Reformpolitik sahen weder der Rat der EKD noch der Diakonische Rat eine Veranlassung, ihre Initiativen zur Ausarbeitung von Maßnahmenkatalogen fortzuführen.[287] Sowohl auf EKD-Ebene als auch im Diakonischen Werk wurden die ersten zaghaften Bemühungen um sozialpolitische und diakonische Reformen im Frühjahr 1972 auf Eis gelegt.

Allein die westfälische und die bayerische Landeskirche brachen ihren Konsultationsprozess nicht ab, als sich abzeichnete, dass es in der laufenden Legislaturperiode zu keiner Reform mehr kommen würde. Im bayerischen Landeskirchenamt kam es Mitte Juli zu einer ersten großen Besprechung über die Möglichkeiten flankierender Maßnahmen – insbesondere den Ausbau des Beratungsangebots.[288] Und die westfälische Landeskirche wandte sich noch unmittelbar vor den Bundestagswahlen im Herbst 1971 in einem Rundschreiben an ihre Kreissynodalvorstände und forderte diese auf, sich an der Ausweitung des Beratungsangebots zu beteiligen.[289] Abge-

---

[287] Weder der vom Rat und der Bischofskonferenz geplante Arbeitskreis zu den diakonisch-caritativen Fragen der Reform nahm seine Beratungen auf (vgl. oben S. 189 Anm. 169) und schließlich Kunsts handschriftliche Notizen auf dem Auszug aus der Niederschrift über die 64. Sitzung des Rates der EKD am 20./21.4.1972 in Berlin (EZA 87/750) noch legte der Diakonische Rat den Ende Februar angekündigten Katalog flankierender Maßnahmen vor (vgl. oben S. 158). Erst knapp zwei Jahre später präsentierte das Diakonische Werk auf Drängen der Synodalen Lieselotte Funcke (vgl. Brief an Claß vom 5.6.1973, in: EZA 2/93/6221) eine Ausarbeitung zur Frage der flankierenden Maßnahmen (vgl. unten S. 291–304).

[288] Das Protokoll der Zusammenkunft, an der neben dem Bischof und Vertretern der Kirchenleitung auch zahlreiche Experten und Expertinnen aus den zuständigen Bereichen der Sozialarbeit und Diakonie teilnahmen, wurde im Anschluss dem Diakonischen Werk der Landeskirche zur Auswertung und Umsetzung der Ergebnisse übergeben. Die 19 Anwesenden hatten die Vertreter des Landeskirchenamtes zunächst darauf hingewiesen, dass die notwendige Strafrechtsreform durch den Ausbau der flankierenden Maßnahmen keinesfalls obsolet werde. Sodann hatte man die Ausarbeitung eines Informationsfaltblattes sowie die Schulung so genannter Kontaktpersonen beschlossen. Kontaktpersonen, wie sie in der westfälischen Landeskirche bereits seit Jahren ausgebildet wurden, sollten den Schwangeren im vorinstitutionellen Raum schnell, diskret und unbürokratisch für Beratungsgespräche zur Verfügung stehen (vgl. oben S. 153 Anm. 42, sowie VERHANDLUNGEN DER LANDESSYNODE DER EVANGELISCH-LUTHERISCHEN KIRCHE IN BAYERN (Synodalperiode 1972/1978) 2. ordentliche Tagung (49.) in Nürnberg vom 5.–10.11.1972).

[289] In zahlreichen Kirchenkreisen, hieß es in dem Rundschreiben, gebe es bereits Beratungsstellen der Westfälischen Mütterhilfe, doch sei das Angebot dieser Anlaufstellen, die unter der Trägerschaft und Leitung der Frauenhilfe stünden, weiter auszubauen. Die Kreissynodalvorstände wurden darum angehalten, die Beratungsstellen weiter finanziell zu unter-

sehen von diesen vereinzelten landeskirchlichen Ausnahmen erfuhren die ersten kirchlichen und diakonischen Bemühungen um die flankierenden Maßnahmen nach dem Ausbruch der Regierungskrise jedoch keine Fort- und Umsetzung. Im Gegenteil, die Wiederaufnahme des Gesetzgebungsverfahrens in der 7. Legislaturperiode ließ zunächst die Diskussion um die strafrechtliche Ausgestaltung des § 218 StGB wieder in den Vordergrund, die Bemühungen um den Ausbau der flankierenden Maßnahmen dagegen in den Hintergrund treten.

---

stützen und dort, wo es noch keine gebe, mit der Frauenhilfe in Kontakt zu treten, um sich für Neugründungen einzusetzen (vgl. Rundschreiben von Thimme an die Kreissynodalvorstände der Evangelischen Kirche von Westfalen vom 7.11.1972, in: EZA 2/93/6219, abgedruckt in: K. PHILIPPS, Dokumentation, Heft 1, S. 55).

Kapitel III
Wiederaufnahme des Gesetzgebungsverfahrens (1973)

1. Die stürmischen Monate des Frühjahrs 1973

Nach lebhaften Auseinandersetzungen in den ersten Monaten des Jahres 1972 war das öffentliche und politische Interesse an der Reform des § 218 StGB Ende April 1972 mit der Nachricht über die mögliche vorzeitige Auflösung des Deutschen Bundestages zunächst abgeklungen. Erst das Jahr 1973 brachte durch erneute Anstrengungen zu einer Gesetzesreform eine Wiederbelebung der Diskussion. Die im Frühjahr 1973 neu aufflammende Abtreibungsdebatte stand allerdings unter ganz anderen politischen Vorzeichen als im Vorjahr.

1.1 Der Fortgang der Diskussion unter neuen politischen Vorzeichen

Um das vorzeitige Ende der 6. Legislaturperiode herbeizuführen und die politische Pattsituation im Bundestag zu beenden, hatte Bundeskanzler Willy Brandt am 20. September 1972 die Vertrauensfrage gestellt. Nachdem sich das Parlament daraufhin wie geplant aufgelöst hatte, war der Weg für Neuwahlen frei geworden. Es folgte ein kurzer wiewohl heftiger Wahlkampf.[1] Die Wahlen vom 19. November 1972 endeten mit einer Bestätigung der Regierungskoalition, die nunmehr über eine klare Mehrheit von 46 Mandaten im neuen Bundestag verfügte.[2] Die Bundestagswahl, ein Plebiszit über den Kanzler und seine Reformpolitik, machte die SPD erstmals in

---

[1] Auch die Kirchen – insbesondere die katholische – beteiligten sich mit zahlreichen Erklärungen an der breiten gesamtgesellschaftlichen Diskussion vor der Bundestagswahl. Während der Rat der EKD sich um parteipolitische Zurückhaltung bemühte und erklärte, alle im Bundestag vertretenen Parteien seien geeignet, die Regierungsverantwortung zu übernehmen, verabschiedeten die katholische Bischofskonferenz und das ZdK mehrere Erklärungen, die sich mehr oder weniger offen gegen die sozial-liberale Regierung aussprachen (vgl. dazu H. TALLEN, § 218, S. 131–152, sowie KJ 1972, S. 135–158). Der Anteil der katholischen SPD-Wähler und -Wählerinnen stieg dennoch von 30 % im Jahr 1969 auf 35 % im Jahr 1972 (vgl. H. TALLEN, § 218, S. 158).

[2] Vgl. D. THRÄNHARDT, Geschichte, Anhang. Von den 496 Mandaten (ohne die 22 Berliner Sitze) entfielen 271 auf die Regierungskoalition (230 SPD; 41 FDP) und 225 auf die Opposition (177 CDU; 48 CSU).

ihrer Geschichte zur stärksten Fraktion im Bundestag und gab ihr gewaltigen Rückenwind.[3] Mit gestärktem Selbstbewusstsein sah die Partei sich durch den Wählerwillen berufen, ihren Reformkurs fortzusetzen und trat in eine neue radikal-reformerische Phase ein.[4]

1.1.1 Der Umschwung der parteipolitischen Willensbildung

In seiner Regierungserklärung zu Beginn der 7. Wahlperiode unterstrich Bundeskanzler Willy Brandt am 18. Januar 1973 den ungebrochenen Willen der Regierung, die Reform des § 218 StGB fortzuführen und zu einem baldigen Ende zu bringen. Was das weitere Verfahren zur Novellierung des Abtreibungsstrafrechts betraf, kündigte Brandt allerdings eine Neuerung an. Die Bundesregierung werde in der 7. Wahlperiode davon absehen, so der Kanzler, einen eigenen, im Justizministerium erarbeiteten Regierungsentwurf einzubringen und werde die Gesetzgebungsinitiative dem Parlament überlassen.[5] Die Regierung zog damit die Konsequenz aus Jahns vergeblichen Anstrengungen der zurückliegenden Legislaturperiode, einen Kompromissvorschlag zu formulieren, der sowohl den Ansprüchen des Ministers als auch den Wünschen der Regierungsfraktionen gerecht werden konnte. Jahn und sein Ministerium, die in den vergangenen zwei Jahren viel Kritik für ihre Bemühungen hatten einstecken müssen, traten mit der Ankündigung des Bundeskanzlers an den Rand des Geschehens. Hauptakteure des neu einzuleitenden Gesetzgebungsverfahrens wurden die einzelnen Mitglieder des Deutschen Bundestages, denen es nunmehr oblag, neue Entwürfe zur Reform des § 218 StGB vorzulegen.

1.1.2 Die neu eingebrachten Gesetzentwürfe zu § 218 StGB

Mit Beginn der 7. Legislaturperiode revidierte der Bundesvorstand der SPD sein (ohnehin knappes) Votum von 1971 für eine Indikationenregelung und fügte sich dem Willen der Fraktionsmehrheit.[6] Gemeinsam mit der FDP,

---

[3] Der Wahlkampf kreiste zentral um die Ostpolitik und thematisierte die Reform des § 218 StGB nur vereinzelt. Der Berlin-Brandenburgische Bischof Scharf hatte in diesem Kontext allerdings eine Erklärung des ZdK vom 30.8.1972 kritisiert und zu bedenken gegeben, man dürfe diejenigen Abgeordneten, welche für eine Liberalisierung des § 218 StGB einträten, nicht moralisch attackieren und disqualifizieren (vgl. *epd za* vom 9.11.1972).

[4] Vgl. D. THRÄNHARDT, Geschichte, S. 203 f. Thränhardt gibt eine anschauliche Skizze des neuen euphorischen, fast schon utopischen Selbstverständnisses der Partei, deren Mitgliederstruktur sich durch den Eintritt zahlreicher junger Akademiker und Akademikerinnen deutlich veränderte.

[5] Vgl. BT Sten. Ber. 7. WP 7. Si. vom 18.1.1973, S. 132.

[6] Vgl. C.-C. SCHWEITZER, Der Abgeordnete, S. 58.

die nach wie vor geschlossen für die Fristenregelung votierte, brachte man am 21. März einen Fristenentwurf als Fraktionsantrag in den Deutschen Bundestag ein.[7]

In der Formulierung lehnte sich das Fristenmodell eng an den Gruppenantrag der 6. Wahlperiode sowie den Alternativ-Entwurf der Strafrechtsprofessoren von 1970 an. Ein wesentlicher Unterschied zum Alternativ-Entwurf bestand allerdings darin, dass dessen Kernstück, die primär sozial verstandene Beratung, im Fraktionsentwurf durch eine ärztliche Aufklärungspflicht über die Risiken des operativen Eingriffs ersetzt worden war.

Als zweiter Entwurf zur Änderung des § 218 StGB wurde der Öffentlichkeit am 3. April 1973 der Gesetzentwurf einer Abgeordnetengruppe um den Sozialdemokraten Adolf Müller-Emmert vorgestellt.[8] Er sah in weit gehender Übereinstimmung mit dem Regierungsentwurf der vorausgegangenen Legislaturperiode eine erweiterte Indikationenregelung vor.[9]

Ob auch die Opposition eine eigene Gesetzesinitiative einleiten sollte, blieb zunächst ungewiss. Der weitere Verlauf des parlamentarischen Geschehens zeichnete sich nach Einbringung der zwei SPD-Entwürfe dennoch immer deutlicher ab. Da nicht damit zu rechnen war, dass die Opposition sich einem der Entwürfe anschließen würde, lautete die Alternative für die Abstimmung im Bundestag: Einigung zwischen den Vertretern und Vertreterinnen der zwei Entwürfe aus den Reihen der Regierungskoalition oder keine Reform.

Einen anderen Weg ließen die Mehrheitsverhältnisse nicht zu. Zwar konnte der Fristenentwurf zunächst ohne die Stimmen der SPD/FDP-Indikationenvertreter mit relativer Mehrheit im Bundestag beschlossen werden, doch war mit dem Veto des unionsregierten Bundesrates zu rechnen. Um dieses zurückweisen zu können, war die absolute Mehrheit der Stimmen des Bundestages nötig. Für eine absolute Mehrheit war die Koalition indes auf die Stimmen beider Gruppen, sowohl der Fristen- als auch der Indikationenvertreter und -vertreterinnen in ihren Reihen, angewiesen.

Während diese Konstellation noch in der 6. Wahlperiode ein Einlenken der Fristenvertreter und -vertreterinnen auf den damaligen Regierungsentwurf bedeutet hätte, hatte sich das Blatt nunmehr gewendet und die Anhänger eines Indikationenmodells bildeten jene Minderheit innerhalb der

---

[7] Vgl. „Gesetzentwurf der Fraktionen der SPD, FDP für ein 5. StrRG" (BT-Drs. 7/375 vom 21.3.1973).

[8] „Gesetzentwurf der Abgeordneten Dr. Müller-Emmert, Dürr, Dr. Bardens und Genossen für ein 5. StrRG" (BT-Drs. 7/443 vom 3.4.1973).

[9] Der wesentlichste Unterschied des Müller-Emmert-Entwurfs im Vergleich zum Regierungsentwurf der 6. Wahlperiode bestand darin, dass der Schwangeren generelle Straffreiheit zugesichert wurde. Vom Strafrechtssonderausschuss wurde später ferner die zeitliche Begrenzung der eugenischen Indikation auf zwanzig Wochen fallen gelassen (vgl. BT-Drs. 7/1982 vom 10.4.1974, S. 26).

Regierungskoalition, von welcher für den Ernstfall Konzessionen verlangt wurden. Da im Bundestag Einigkeit darüber herrschte, dass der Fraktionszwang für die Abstimmung über § 218 StGB aufzuheben sei, blieb völlig offen, ob die Anhänger eines Indikationenmodells notfalls dazu bereit wären, einer Fristenregelung zuzustimmen. Die 27 Unterzeichner des Müller-Emmert-Entwurfs – unter denen sich mit Antje Huber nur eine Frau befand – wurden damit zum Zünglein an der Waage und sahen sich fortan dem vermehrten innerparteilichen wie öffentlichen Druck ausgesetzt.

1.2 Katholische Agitation und öffentliche Reaktion

Bereits unmittelbar nach Einbringung des Fristenentwurfs in den Deutschen Bundestag kommentierten die *Stuttgarter Nachrichten* Ende März 1973: „Wie es scheint, haben die Kirchen und alle, die nicht ganz ohne Grund am Prinzip der Unantastbarkeit menschlichen Lebens festhalten wollten, eine Schlacht verloren."[10]

Die Kirchen, insbesondere die katholische, gaben sich freilich keineswegs schon geschlagen, sondern zeigten sich in den kommenden zwei Monaten bis zur ersten Lesung der Gesetzentwürfe am 17. Mai überaus ‚kampflustig'. Das Klima der Auseinandersetzungen gestaltete sich dabei deutlich rauer als noch im Vorjahr, so dass die militärische Metaphorik durchaus ihre Berechtigung hatte.[11]

Mitverantwortlich für die Zuspitzung des Konflikts war nicht nur der Umschwung der parteipolitischen Willensbildung zur Reform des Abtreibungsstrafrechts, sondern – in einem weiteren Kontext betrachtet – auch ein Aufsehen erregender Grundsatzbeschluss der Jungdemokraten, der Ende Januar 1973 die totale Trennung von Kirche und Staat gefordert hatte und das Verhältnis der Kirchen zur Regierung spürbar kühler werden ließ.[12]

---

[10] „Fristenlösung" von Peter Henkel (*Stuttgarter Nachrichten* vom 22.3.1973).

[11] Das SPD-Presseorgan *Vorwärts* sprach gar vom „journalistischen Waterloo", das die katholische Presse der Koalition bereiten wolle („Die Kirchen zur Fristenlösung: Donnernde Kritik von der Kanzel" von Heinz Kornetzky, in: *Vorwärts* vom 29.3.1973).

[12] Die am 28.1.1973 verabschiedete Thesenreihe der Jungdemokraten findet sich abgedruckt in: KJ 1973, S. 114 f. Die Thesen lösten eine breite innerparteiliche Diskussion aus. Eine von Funcke geleitete FDP-Kommission wurde eingesetzt. Sie erarbeitete ein zweites, abgemildertes Thesenpapier zum Verhältnis von Staat und Kirche, das die Grundlage bildete für das am 1.10.1974 auf dem Hamburger Bundesparteitag der FDP schließlich verabschiedete Kirchenpapier „Freie Kirche Und Freier Staat" (beide Texte abgedruckt in: L. FUNCKE/C. V. HEYL/J. NIEMEYER, Kirche, S. 98–107). Zur gesamten Diskussion, deren eingehende Erörterung den Rahmen dieser Arbeit sprengen würde, vgl. *epd-dok* 39/73; KJ 1974, S. 58, sowie T. GAULY, Katholiken, S. 264–277, und E. LOHSE, Erneuern und Bewahren, S. 98–102.

1.2.1 Die katholische Kirche auf Konfrontationskurs zur Regierung

Da man auf katholischer Seite weiterhin der Verbesserung der sozialen Rahmenbedingungen den Vorzug vor einer wie auch immer gearteten Reform des Abtreibungsstrafrechts gab, richtete sich der Widerstand der katholischen Kirche nicht nur gegen das Fristenmodell der Regierungsfraktionen, sondern auch gegen das Indikationenmodell Müller-Emmerts.[13] Nicht nur das Ausmaß, sondern auch die Intensität und vor allem der scharfe Ton der im Frühjahr 1973 vorgebrachten Kritik überstiegen dabei die Bonner Befürchtungen und führten zu scharfen Kontroversen zwischen den Abgeordneten der Regierungskoalition und der katholischen Kirche. Nachdem der Kölner Erzbischof Höffner den Koalitionsentwurf anlässlich seiner Einbringung in den Bundestag als „Kindermord“ scharf verurteilt hatte, meldeten sich z. B. die 13 weiblichen Abgeordneten der SPD-Bundestagsfraktion zu Wort und verwahrten sich in einem öffentlichen Schreiben gegen zunehmend unsachgemäße Angriffe auf die Bemühungen ihrer Partei um eine Reform des Abtreibungsstrafrechts.[14]

Der kleine Koalitionspartner wählte unterdessen nicht die Verteidigungs-, sondern die Angriffsstrategie. Der Vorsitzende der FDP-Bundestagsfraktion Wolfgang Mischnick kritisierte, dass dieselben „klerikalen Kräfte“, welche sich dieser Tage gegen eine Fristenregelung stemmten, in den zurückliegenden Jahren kaum etwas dazu beigetragen hätten, eine verantwortliche Familienplanung zu unterstützen.[15] Wie Mischnick warf

---

[13] Vgl. „Weitere Alternativen müssen vorgeschlagen werden. Kommissariat der Bischöfe zum SPD-Indikationen-Gesetzentwurf“ (*kna* vom 9.4.1973).

[14] Vgl. „Verhängnisvolle Entscheidung“ Presseerklärung des Erzbischofs von Köln, Kardinal Joseph Höffner vom 21.3.1973 (*epd-dok* 15/73, S. 68) sowie „Offener Brief der weiblichen SPD-Bundestagsabgeordneten“ vom 23. März 1973 (*epd-dok* 15a/73, S. 18–19). Die FDP-Abgeordnete und EKD-Synodale Lieselotte Funcke stellte zu Höffners Verdikt ferner fest: „Es überrascht bei solchen kirchlichen Äußerungen immer wieder, daß die Kirche für die Entscheidung des Menschen in einer Konfliktlage dem Strafrecht so große und der Predigt und Seelsorge eine offenbar geringe Bedeutung beimißt“ („Zur Reform des § 218: Frau Funcke antwortet kirchlichen Kritikern“, in: *fdk tagesdienst* 122/73 vom 22.3.1973, abgedruckt in: *epd-dok* 15a/73, S. 9). Die katholische Presse konterte daraufhin: „Wenn Frau Funcke nun auch noch der katholischen und der lutherischen Kirche vorwirft, beide hätten offenbar kein Zutrauen zu Predigt und Seelsorge, sonst riefen sie nicht nach dem Strafrichter, so gibt sie lediglich zu erkennen, daß sie gar nichts begriffen hat. Sie mag eine tüchtige Unternehmerin sein, von Kirchen versteht sie nichts“ („Jenseits von § 218“ von O. B. Roegele, in: *Rheinischer Merkur* vom 30.3.1973).

[15] „Zur Reform des § 218. Gastkommentar des Vorsitzenden der FDP Bundestagsfraktion Wolfgang Mischnick für die Donnerstagausgabe des ‚Express‘“ (abgedruckt in: *fdk tagesdienst* 142/73 vom 28.3.1973 sowie in: *epd-dok* 15a/73, S. 10–11). Vgl. auch Wöstes schroffe Erwiderung auf Mischnicks Kritik (*kna* vom 30.3.1973). Während die Entgegnungen der FDP auf die Kritik der katholischen Kirche im Ton unversöhnlich waren, reagierte man auf die Erklärungen der Ärzteschaft dagegen betont sachlich (vgl. „FDP-Sprecher zu ärztlichen Stellungnahmen“, in: *fdk Ausgabe* Nr. 47 vom 23.3.1973, abgedruckt in: *epd-dok* 15a/73, S. 16).

auch dessen Fraktionskollege Andreas von Schoeler die Frage nach der Glaubwürdigkeit und dem Ansehen einer Kirche auf, die für den Lebensschutz eintrat und zugleich wirkungsvolle Familienplanung ablehnte. „Wer so widerspruchsvoll handelt", schrieb er an die Adresse der katholischen Kirche, „gerät in Gefahr, bei mündigen Bürgern mehr und mehr an Vertrauen und Einfluß zu verlieren."[16]

Wie stark der Einfluss der katholischen Kirche indes nach wie vor war, sollte man in Bonn in den kommenden Wochen eindrücklich vor Augen geführt bekommen. Am 28. März 1973 erklärten die katholischen Bischöfe in einem gemeinsamen Wort ihren Widerstand gegen das Fristenmodell der Regierungsfraktionen.[17] Am selben Tag veröffentlichte der Vorsitzende der Deutschen Bischofskonferenz folgenden Appell: „Alle Christen und Bürger unseres Landes fordere ich auf, sich in diesen lebenswichtigen Fragen unseres Volkes bei ihren Bundestagsabgeordneten zu Wort zu melden."[18] Damit gab Döpfner den Anstoß zu einer Briefkampagne, und eine Flut von Briefsendungen brach in den folgenden Wochen über die Abgeordneten herein.[19] Nicht nur Tausende von Einzelpersonen, auch zahlreiche katholische Verbände und Gruppierungen meldeten sich zu Wort.[20]

---

[16] „Zur Reform des § 218 – Von Schoeler warnt vor diffamierender Stimmungsmache" (*fdk tagesdienst* 141/73 vom 26.3.1973, abgedruckt in *epd-dok* 15a/73, S. 12–13). Vgl. dazu auch die polemischen Zuspitzungen im Offenen Brief der Humanistischen Union vom 27.4.1973 an Döpfner und Dietzfelbinger, worin auf die schlechten Bedingungen in den kirchlichen Kinderheimen angespielt wurde: „Solange im Verantwortungsbereich der Kirchen täglich die seelische Verstümmelung kleiner Kinder möglich ist, klingen Ihre moralischen Appelle zum Schutze sogenannten ungeborenen Lebens wenig glaubwürdig" (ADW, HGSt 3962).

[17] Vgl. „Erklärung des Kommissariats der deutschen Bischöfe zu dem von beiden Koalitionsfraktionen beschlossenen Gesetzentwurf zur Fristenregelung" vom 28.3.1973 (*epd-dok* 15/73, S. 66). Auch das ZdK hatte das Fristenmodell wenige Tage zuvor bereits mit scharfen Worten zurückgewiesen. Nach Aussage des ZdK beabsichtigte die Regierung die Konflikt- und Notsituationen ungewollt Schwangerer mit einem „Freibrief zur Tötung" zu lösen („Stellungnahme der Vollversammlung des Zentralkomitees der deutschen Katholiken zur Überwindung von Not- und Konfliktsituationen bei Schwangerschaften" vom 24.3.1973, in: *epd-dok* 15/73, S. 70–74).

[18] „Erklärung des Vorsitzenden der deutschen Bischofskonferenz zur Änderung des § 218" vom 28.3.1973 (*kna-dok* 10/73, S. 2).

[19] Die *SZ* wusste fünf Wochen nach dem Aufruf zu berichten, dass im Präsidialbüro und beim Petitionsausschuss des Bundestages insgesamt 108 550 Eingaben, die sich gegen die Fristenregelung aussprachen, eingegangen seien. Zumeist handelte es sich dabei um vorgedruckte Postkarten, die durch katholische Organisationen verbreitet worden waren und die Aufschrift trugen: „Mit aller Entschiedenheit lehne ich die Fristenlösung bei der Reform des Paragraphen 218 Strafgesetzbuch ab. Eine Indikationslösung kann ich nur vertreten, wenn das Leben der Mutter gefährdet ist" (zitiert nach: *SZ* vom 17.5.1973). Der CDU-Abgeordnete Kurt Thürk berichtete ein Jahr später, er habe über 1 000 Zusendungen in dieser Angelegenheit erhalten (Rundbrief an alle Einsender von Anfragen zu § 218 StGB vom 24.3.1974, in: EZA 87/760).

Neben privaten Einsendungen und öffentlichen Stellungnahmen kam es auch zu Demonstrationen. So rief der Bund der Deutschen katholischen Jugend gemeinsam mit der evangelikalen ‚Kirchlichen Sammlung um Bibel und Bekenntnis' sowie der Juristenvereinigung ‚Aktion Lebensrecht für Alle' zu einer Protestkundgebung für Mitte April nach Hannover auf. Anlass war der dortige SPD-Bundesparteitag, dem Anträge verschiedener Ortsvereine vorlagen, den § 218 StGB ersatzlos zu streichen bzw. die Partei zumindest auf eine Fristenregelung zu disziplinieren.[21] Am 12. April trafen schließlich 4 000 größtenteils katholische Reformgegner und -gegnerinnen vor dem hannoverschen Rathaus auf rund 300 Gegendemonstranten, wobei es sogar zu Handgemengen kam.[22]

Eine Woche nach den Zusammenstößen in Hannover sorgten Äußerungen des Münsteraner Bischofs Heinrich Tenhumberg für erneutes Aufsehen. Am 23. April nahm Tenhumberg das medizinische Personal vor den vermeintlichen Folgen einer Reform in Schutz und versicherte vor etwa 10 000 katholischen Krankenschwestern: „Ich würde eher alle Krankenhäuser schließen lassen, als unsere Ärzte und Krankenschwestern zwingen zu lassen, ungeborenes Leben zu töten."[23] Der nordrhein-westfälische SPD-Landtagsabgeordnete Erich Küchenhoff verwahrte sich sogleich entschieden gegen diese verzerrende Darstellung der Regierungspläne.[24] Verhaltene Klage über die wachsende Zahl unsachgemäßer katholischer Beiträge kam auch aus dem Lager der kirchlichen Presse. „Von jedem Bischof", schrieb Ludger Stein-Ruegenberg im evangelischen Wochenmagazin *Deutsche Zeitung/Christ und Welt*, „lassen sich Worte ernster Sorge und heftiger Ablehnung aus Predigten, Hirtenbriefen und Interviews zitieren, die freilich

---

[20] Zu Wort meldeten sich u. a. der Ältestenrat der Arbeitsgemeinschaft katholischer Verbände Deutschlands, die Christliche Arbeiterjugend (CAJ), der Verein katholischer deutscher Lehrerinnen (VkdL), der Bund der Deutschen katholischen Jugend (BDKJ), die Katholische Arbeitnehmerbewegung (KAB), der Katholische Deutsche Frauenbund (KdF), die Arbeitsgemeinschaft katholischer Frauenverbände und nicht zuletzt der FDP-nahe Katholisch-liberale Arbeitskreis in Bonn (vgl. V. Lissek/F. Raabe, Für das Leben; *epd-dok* 15b/73, S. 15 f.; H. Tallen, § 218, S. 185 f.). Der politische Ausschuss der Bundesvereinigung katholischer Männergemeinschaften und -werke wurde am 20. März 1973 sogar zu einem Meinungsaustausch über Fragen des Strafvollzugs und des § 218 StGB beim Bundesjustizminister vorstellig (vgl. Meldung in: *Recht. Informationen des Bundesministers der Justiz* vom 5.4.1973).

[21] Vgl. *epd za* vom 18.4.1973.

[22] Vgl. Ebd. Die Veranstalter selbst sprachen von 12 000 Demonstrierenden (vgl. „Schweigemarsch mit Kundgebung gegen die Fristenlösung in Tirschenreuth" (Flugblatt der ‚Aktion Öffentlichkeit und Familie', in: EZA 2/93/6220). Evangelische Demonstranten beschwerten sich später bei der Kirchenkanzlei, dass die evangelische Kirche die Proteste in Hannover nicht unterstützt habe (vgl. Brief von Martin Krähmer an Wilkens vom 17.4.1973, in: EZA 2/93/6220).

[23] „Attacke Professor Küchenhoffs gegen Bischof Tenhumberg" (*SZ* vom 25.4.1973).

[24] Vgl. Ebd. sowie „Vorwürfe gegen Bischof Tenhumberg" (*SZ* vom 19.5.1973).

in der Form der Schwierigkeit des Themas nicht immer ganz gerecht werden. Die Resolutionen der Verbände, Aktionen und Gemeinschaften, getragen von sittlichem Ernst, und leider allzu oft durch völlige Verkennung der politischen Kräfteverhältnisse und Möglichkeiten in diesem Land ausgezeichnet, sind gar nicht mehr zu zählen."[25]

Die katholische Protestlawine, die durch die Veröffentlichung des Koalitionsentwurfs am 21. März losgetreten worden war, sollte indes eine weitere Steigerung erfahren. Waren die verschiedenen kirchlichen Aktionen bis dahin zumeist spontan und lokal initiiert worden, so schaltete sich im April 1973 die katholische Bischofskonferenz in das Geschehen ein, um den kirchlichen Protest im Vorfeld der ersten parlamentarischen Beratung nochmals zu bündeln und ihm weitere Stoßkraft zu verleihen.

1.2.2 Die Maikampagne der katholischen Kirche

Mitte April beschloss die katholische Bischofskonferenz, in den verbleibenden vier Wochen bis zur ersten Lesung der Gesetzentwürfe am 17. Mai eine groß angelegte Kampagne zum Schutz des ungeborenen Lebens durchzuführen.[26] Den Auftakt der deutschlandweiten Aktionen bildete ein Novum in der Geschichte der Bundesrepublik Deutschland: Die Bischofskonferenz wandte sich erstmals in einem persönlichen Anschreiben an die Abgeordneten des Deutschen Bundestages. In ihrem Brief vom 2. Mai 1973 unterstrichen die Bischöfe, dass es sich bei dem Lebensschutz keineswegs um eine religiös motivierte Sonderethik, sondern um ein Konstitutivum menschlichen Zusammenlebens handelt.[27] Die Kirchenführer legten ihrem Anschreiben ferner das noch unveröffentlichte „Hirtenschreiben der deutschen Bischöfe zum Schutz des ungeborenen Lebens" bei, in welchem sie den Staat an dessen in der Verfassung begründete Verpflichtung zum Schutz des Lebens gemahnten und die ihnen dazu ungeeigneten Modelle

---

[25] „Wenn Christen auf die Straße gehen" (*DZ* vom 13.4.1973).

[26] Die EKD war am 18. April, umgehend nach der Beschlussfassung der Bischofskonferenz, durch Wöste informiert worden (vgl. Aktennotiz von Rittberg vom 24.4.1973 sowie Aktennotiz von Kalinna an Kunst vom 19.4.1973, beide in: EZA 87/753). Laut Vorabbenachrichtigung umfasste die Maikampagne:
„1. Gemeinsames Hirtenwort;
2. Plakataktion;
3. Postwurfsendungen;
4. Informationsschrift für Multiplikatoren;
5. Artikel in der ganzen Kirchenpresse;
6. Gespräche der Diözesanbischöfe mit den Abgeordneten der Diözesen".

[27] Vgl. Schreiben der Bischofskonferenz an die Mitglieder des Deutschen Bundestages vom 2.5.1973 (EZA 2/93/6220).

einer Fristenregelung sowie einer erweiterten Indikationenregelung erneut entschieden ablehnten.[28]

Am Sonntag, den 6. Mai wurde das umfangreiche Hirtenwort in allen katholischen Gottesdiensten verlesen. In Form eines Faltblattes wurde es zudem in einer Auflagenhöhe von 3,5 Millionen Exemplaren gedruckt und unter den Gläubigen verteilt.[29] Für einen breiteren Empfängerkreis wurde darüber hinaus eine zweite farbige und bebilderte Broschüre mit dem Titel „Reform des § 218" abgefasst. Das vierseitige Prospekt im Zeitungsformat war informativ gehalten und ging Anfang Mai in einer Auflagenhöhe von 8 Millionen Exemplaren als Postwurfsendung an die deutschen Haushalte.[30] Ebenfalls zur groß angelegten Maikampagne der katholischen Kirche gehörte schließlich eine Plakataktion. Nach Auskunft des Sekretariats der Deutschen Bischofskonferenz belegte die Aktion Anfang Mai zeitweise bis zu 80 Prozent der Plakatwerbeflächen in der Bundesrepublik.[31] Die Plakate, die auch in allen katholischen Kirchen aufgehängt wurden, trugen die Aufschrift: „Ja zum Leben. Nein zum Töten. Mutter und Kind brauchen Rat und Hilfe. Abtreibung löst keine Konflikte. Abtreibung zerstört."[32]

Als „Abschluß und Höhepunkt", wie Kalinna den Bevollmächtigten wissen ließ, zielte die katholische Kirche zunächst auf ein gemeinsames Schreiben Döpfners und Dietzfelbingers an den Bundeskanzler.[33] Dieses Vorhaben fand auf evangelischer Seite allerdings kein Echo und blieb damit unverwirklicht.[34]

In Bonn war man derweil ohnehin noch mit dem Hirtenwort von Ende April und den Auswirkungen der katholischen Kampagne beschäftigt. Am 9. Mai beklagten sich 42 Abgeordnete der FDP in einem Antwortbrief auf die Zusendung des Hirtenwortes, dass sie täglich in Äußerungen, zu denen Pfarrer aufforderten, als Mörder und Rechtsbrecher, als Unchristen und

---

[28] „Hirtenschreiben der deutschen Bischöfe zum Schutz des ungeborenen Lebens" vom 25.4.1973, in: V. LISSEK/F. RAABE, Für das Leben, S. 52–54, sowie E. WILKENS, § 218, S. 175–182.

[29] Vgl. *Saarbrücker Zeitung* vom 10.5.1973.

[30] Vgl. „‚Reform' des § 218. Ein Beitrag für den Schutz des embryonalen Menschen in den Diskussionen zur Strafrechtsreform", Sonderdruck hg. vom Sekretariat der Deutschen Bischofskonferenz (AEFD, Rechtsausschuß, flankierende Maßnahmen). Zur Auflagenhöhe vgl. *Saarbrücker Zeitung* vom 10.5.1973.

[31] Vgl. *kna* vom 11.5.1973.

[32] EBD.

[33] Aktennotiz von Kalinna an Kunst vom 19.4.1973 (EZA 87/753).

[34] Kalinna schrieb dazu in seiner Aktennotiz an Kunst: „Daß wir beide [Wilkens und Kalinna, S. M.] einen solchen gemeinsamen Brief nicht für glücklich halten, sei nur nebenbei bemerkt" (EBD.). Statt eines gemeinsamen Wortes veröffentlichte die katholische Kirche zum Ausklang ihrer Öffentlichkeitsmaßnahmen am 22. Mai, wenige Tage nach der Bonner Plenardebatte, eigenständig eine weitere Erklärung (vgl. „Erklärung des Kommissariats der deutschen Bischöfe zum gegenwärtigen Stand der Diskussion um § 218 StGB" vom 22.5.1973, in: PAEPD, R 521.5).

Nationalsozialisten angesprochen würden.[35] Man habe mit Sorge festgestellt, schrieben die Absender, dass Flugschriften, Spruchbänder und Briefaktionen aus katholischen Gemeinden und Organisationen das geforderte Maß an Sachlichkeit, intellektueller Redlichkeit und demokratischer Toleranz in wachsendem Maße vermissen ließen.[36] Der Unmut der Politiker und Politikerinnen bezog sich auch auf die offiziellen Stellungnahmen der katholischen Kirche und ihrer Verbände, da man hier ebenfalls eine Radikalisierung in der Meinungsäußerung festzustellen meinte.[37]

Dass einige Kreise innerhalb der katholischen Kirche in der Tat Willens waren, die Grenzen der Seriosität zu überschreiten, veranschaulichte die Veröffentlichung und Verbreitung eines gefälschten Papiers. In Anlehnung an das aufsehenerregende Thesenpapier der Jungdemokraten zum Verhältnis Staat-Kirche hatte die in Würzburg erscheinende *Deutsche Tagespost* Mitte April das Pamphlet einer fiktiven ‚Arbeitsgemeinschaft Lebenshilfe der Jungsozialisten in Heidelberg' veröffentlicht, die sich angeblich dafür aussprach, die Tötung Alter, Kranker und kleiner Kinder unter bestimmten Bedingungen gesetzlich zu ermöglichen.[38] Obwohl der Ortsverband der Heidelberger SPD die Meldung dementiert und am 13. April Anzeige gegen Unbekannt erstattet hatte, wurde die Fälschung von der *kna* weiterverbreitet, in katholischen Publikationsorganen abgedruckt und in zahlreichen Gottesdiensten zitiert. Jenseits jeder journalistischen Lauterkeit bewegte sich schließlich das Münsteraner Bistumsblatt *Kirche und Leben*, das die Fälschung wider besseres Wissen noch Anfang Mai veröffentlichte.[39] Zwei Tage zuvor hatte sich der SPD-Bundesgeschäftsführer Holger Börner an Wöste gewandt und vergeblich darum gebeten, dieser möge dazu beitragen, eine weitere Verbreitung der nachweislich falschen und diffamierenden Fiktion zu unterbinden.[40]

Das Klima zwischen der katholischen Kirche und der Bonner Regierungskoalition hatte sich seit Jahresbeginn 1973 ohne Zweifel dramatisch verschlechtert und war im Mai 1973 schließlich auf einem neuen Tiefpunkt angelangt. Zu Recht kommentierte Heinz Kornetzky in der Münchner *Abendzeitung*: „Es war nicht mehr zu übersehen: die katholische Amtskir-

---

[35] Brief von 42 FDP-Abgeordneten an Döpfner vom 9.5.1973 (EZA 650/95/195).

[36] Vgl. z. B.: „Da lesen wir in einem Schreiben eines Kolpingwerkes an die Bundestagsabgeordneten: Wir protestieren gegen [...] gewissenlose Mitmenschen, die lieber einen Menschen umbringen als ihr Tun selbst verantworten und gegen Praktiken, die schon einmal in unserem Volk üblich waren" (Ebd.).

[37] Ebd.

[38] Dies und das Folgende nach: „Bischöfe um Abhilfe gebeten" (*FR* vom 4.5.1973).

[39] Vgl. *Kirche und Leben* vom 6.5.1973.

[40] Vgl. „Bischöfe um Abhilfe gebeten" (*FR* vom 4.5.1973) sowie „Vorwürfe gegen Bischof Tenhumberg" (*SZ* vom 19.5.1973).

che führt gegenwärtig einen ideologischen Buschkrieg, der hysterisches Ausmaß hat."[41]

1.3 Evangelische Reaktionen auf die neuen politischen Weichenstellungen

Am 18. Januar 1973 hatte Willy Brandt in seiner Regierungserklärung bekannt gegeben, dass das Bundesjustizministerium keinen weiteren Entwurf zu § 218 StGB vorzulegen gedenke, sondern auf Gesetzesinitiativen aus den Reihen der Bundestagsfraktionen hoffe. Damit waren in der 7. Wahlperiode wieder alle Möglichkeiten offen gewesen. Ohne Vorlage eines Regierungsentwurfs war der SPD-Fraktion der Weg geebnet, sich gemäß dem Parteitagsbeschluss von 1972 auf ein Fristenmodell festzulegen. Den Indikationenvertretern in Regierung und Opposition bot sich ferner die Chance, eine große überparteiliche Koalition zu bilden und sich auf ein gemeinsames Indikationenmodell zu verständigen. Und schließlich hatten beide Gruppierungen im Bundestag, sowohl die Fristen- als auch die Indikationenvertreter und -vertreterinnen, noch immer die Möglichkeit, durch ihr Veto überhaupt jede Reform des § 218 StGB zu verhindern.

Da der Mittelweg zwischen den Alternativen einer Fristenregelung und dem Boykott jeder Reform zu Beginn der 7. Wahlperiode im Gegensatz zur vorausgegangenen Legislaturperiode zusehends verschüttet zu werden und die Gruppe der moderaten Reformer auf dem politischen Parkett in die Minderheit zu geraten drohte, war 1973 das verstärkte Engagement jener gesellschaftlichen Interessengruppen gefragt, welche für eine moderate Reform im Sinne einer Indikationenregelung eintraten. Dazu gehörten zum einen die Ärzteschaft[42] sowie zum anderen die evangelische Kirche.

---

[41] Kornetzky vertrat die Ansicht, die Debatte um eine Reform des Abtreibungsstrafrechts diene lediglich als Vorwand, um die „traditionelle Sozialistenfurcht" im Katholizismus neu anzuheizen („Die aufsässigen Priester", in: *Abendzeitung* vom 6.6.1973). Auch der rheinische Präses Karl Immer führte die Kampagne der katholischen Kirche darauf zurück, dass diese insbesondere in Anbetracht des erneuten Stimmengewinns der Regierungskoalition bei der letzten Bundestagswahl die generelle Auffassung vertrete, dem liberalen gesellschaftlichen Dammbruch wehren zu müssen (vgl. „Rheinischer Präses für erweiterte Indikationenlösung", *epd* Düsseldorf vom 30.3.1973, abgedruckt in: *epd-dok* 15/73, S. 49).

[42] Nach einer von der *Bild am Sonntag* in Auftrag gegebenen Umfrage unter 470 Frauenärzten und -ärztinnen lehnten 63 % der Befragten einen Schwangerschaftsabbruch ohne Vorlage medizinischer Gründe, d. h. allein aufgrund einer Fristenregelung ab, wobei sie ihrer Entscheidung in erster Linie ethisch-moralische Erwägungen zu Grunde legten (vgl. Blitzumfrage der Wickert Institute Tübingen vom 22.–24.3.1973, abgedruckt in: *epd-dok* 15a/73, S. 36). Auch der Großteil der Medizinervereinigungen Deutschlands lehnte die Fristenregelung ab und trat für eine Indikationenregelung ein (vgl. Brief vom Berufsverband der Frauenärzte e. V. an die Abgeordneten des Bundestages vom 8.2.1973, abgedruckt in: *epd-dok*

1.3.1 Beratungen auf EKD-Ebene

Anfang Februar, als die Öffentlichkeit noch gespannt auf erste Initiativen aus dem Parlament wartete, erreichte den Bevollmächtigten des Rates der EKD bereits eine erste Anfrage: „Darf ich Sie um freundlichen Rat bitten", schrieb der hannoversche Landesbischof Eduard Lohse, „was wir seitens der EKD in nächster Zukunft tun können, um die erneut auflebende Diskussion über die Reform des § 218 kirchlicherseits mit gezielten Vorschlägen zu begleiten."[43] Lohse plädierte für eine kirchliche Initiative, um der wachsenden gesellschaftlichen Unsicherheit angesichts der Richtungslosigkeit in Bonn entgegenzutreten, und bat darum, die Thematik auf der nächsten Sitzung der Kirchenkonferenz am 5. April zu verhandeln.[44] Bis dahin, schloss der Bischof seinen Brief, wäre er dem Bevollmächtigten dankbar, wenn dieser ihn beraten könne, auf welche Weise man mit den Abgeordneten sowie den Mitgliedern der Regierung über die Problematik der Abtreibungsreform ins Gespräch kommen könne.

Kunst antwortete umgehend und teilte dem Landesbischof seine Einschätzung der Lage sowohl in Bezug auf die Bonner Verhältnisse als auch hinsichtlich der Ratsposition mit. Die Situation im neuen Parlament sei noch derart unübersichtlich, dass selbst der Justizminister keine Prognose über den Ausgang des Gesetzesvorhabens wage, schrieb Kunst und erläuterte, dass nach der Neuwahl nicht abzuschätzen sei, wie viele Sozialdemokraten inzwischen einem Fristenmodell den Vorzug gaben. Auch in der CDU/CSU-Fraktion seien die Verhältnisse noch unklar; Kunst verriet: „Es wurde zwar öffentlich nicht bekannt, aber tatsächlich gab es schon im letzten Parlament nach meiner Schätzung etwa 30 Abgeordnete [der CDU/CSU Fraktion, S. M.], die der Fristenlösung mindestens nicht prinzipiell widersprachen."[45]

Obgleich die Verabschiedung einer Indikationenregelung durch den neuen Bundestag somit ungewiss geworden war, war der Bevollmächtigte überzeugt, dass der Rat der EKD auch unter den neuen politischen Verhält-

15a/73, S. 32–34; Presseerklärung des Verbandes der Ärzte Deutschlands/Hartmannbund vom 22.3.1973, abgedruckt in: *epd-dok* 15a/73, S. 35, sowie Meldung in der *Welt* vom 23.3.1973 über die gemeinsame Erklärung der Gesellschaft für Gynäkologie und des Berufsverbandes der Frauenärzte vom 23.3.1973). Sondervoten, welche von Vorschlägen zur Streichung des § 218 StGB bis zur Ablehnung jeder Reform des § 218 StGB reichten, verdeutlichten allerdings, dass auch in Kreisen der Ärzteschaft ein breites Spektrum an Meinungen vertreten wurde (vgl. „NAV-Vorsitzender für 218-Beseitigung", in: *FR* vom 16.2.1973, sowie dagegen eine Pressemeldung in *epd za* vom 18.5.1973 über die reformfeindliche ‚Bürgerinitiative Lebensrecht', der 23 Hamburger Ärzte – darunter der Präsident der Bundesärztekammer Ernst Fromm – angehörten).

[43] Brief vom 2.2.1973 (EZA 742/248; EZA 2/93/6219; EZA 87/751).

[44] Ebd.

[45] Brief vom 5.2.1973 (EZA 742/248; EZA 87/751).

nissen an seiner Ablehnung der Fristenregelung festhalten würde. Kunst gab allerdings zu bedenken: „Auch wenn der Rat bei seinem bisherigen Nein bleibt, muß darüber gesprochen werden, wie dieses Nein eingebunden wird und welchen Stellenwert in der Auseinandersetzung mit dem Parlament der Rat dieser Sache geben will.“[46] Und er fuhr fort: „Es scheint mir nicht zweifelhaft, daß es eine ziemlich schwere Hypothek für das evangelisch/katholische Gespräch in unserem Lande werden würde, wenn wir uns zwar nicht gerade aus dieser Sache heraushalten, aber doch zurückhaltend votierten. Die katholische Kirche möchte nicht in der Öffentlichkeit als Hüter versteinerter Auffassungen erscheinen, während unser Licht bei der Avantgarde zu leuchten scheint.“[47] Kunst hatte neben der politischen Dimension auch das ökumenische Verhältnis im Blick und die Belastung, die das Thema Schwangerschaftsabbruch für dieses bereits mit sich gebracht hatte bzw. noch mit sich bringen könnte.

Was Lohses Anfrage zum weiteren Vorgehen der evangelischen Seite betraf, stimmte Kunst dem Landesbischof zu, dass es sinnvoll sei, auf landeskirchlicher Ebene möglichst bald das Gespräch mit den Bundestagsabgeordneten der jeweiligen Region zu suchen. Der Bevollmächtigte gab zu verstehen, dass er in der kommenden Ratssitzung eine entsprechende Anregung dazu geben werde.

Der Rat der EKD beriet am 15./16. Februar über den weiteren Kurs der evangelischen Kirche im Blick auf die Reform des § 218 StGB.[48] Inhaltlich war sich das Gremium einig, dass es trotz der zu erwartenden neuen politischen Mehrheitsverhältnisse in Bonn keine Veranlassung gab, hinter die Ratserklärung des Vorjahres zurückzugehen. Man wollte allerdings zunächst keine weitere offizielle Verlautbarung abgeben, sondern setzte auf die Wirksamkeit persönlicher Kontakte und diplomatischer Interventionen. Auf Kunsts Anregung hin sprach der Rat die Empfehlung an die Landeskirchen aus, Verbindung zu den Abgeordneten ihres jeweiligen Einflussgebietes aufzunehmen. Ferner wurde der Ratsbevollmächtigte gebeten, gemeinsam mit Wilkens das Gespräch in Bonn zu suchen. Das evangelische Engagement sollte zunächst drei Themenschwerpunkte haben:

1. eine Unterstützung der Zusammenarbeit zwischen CDU und SPD,
2. eine Anpassung der Fristenregelung an den Alternativ-Entwurf der Strafrechtsprofessoren von 1970,[49] sowie
3. die dringende Bitte, das Gespräch mit der katholischen Kirche zu suchen.

---

[46] Ebd.

[47] Ebd.

[48] Vgl. Vorabauszug aus der Niederschrift über die 75. Sitzung des Rates der EKD am 15./16.2.1973 in Bonn (EZA 87/751).

[49] Zum Alternativ-Entwurf vgl. oben S. 46 ff.

Dieser ‚Maßnahmenkatalog' wies eine deutliche Spektrumserweiterung des evangelischen Engagements auf. Die bisherige Fokussierung auf die Indikationenvertreter in Regierung und Bundesjustizministerium war aufgegeben worden, und man suchte nun, auch mit den politischen Vertretern und Vertreterinnen einer Fristenregelung ins Gespräch zu kommen. Darüber hinaus trat die katholische Kirche neu in den Blick. Mit Besorgnis beobachtete der Rat den Kurs der Schwesterkirche und ihr Mitwirken an der Verschärfung der gesellschaftlichen Auseinandersetzung. „Es ist zu befürchten", hieß es dazu im Ratsprotokoll, „daß eine Fortführung einer harten geschlossenen Linie auf katholischer Seite eher zu dem entgegengesetzten als zu dem gewünschten Erfolg führt."[50] Der Rat der EKD dagegen entschied sich vorerst zur öffentlichen Zurückhaltung und überließ den Landeskirchen das Feld. Er setzte ferner auf die diskrete diplomatische Intervention des Bevollmächtigten.

Über Kunsts ‚Lobbyarbeit' der nächsten Wochen lässt sich der Natur der Sache nach wenig sagen. Es gibt keine Protokolle, die detailliert Auskunft geben, mit wem er Kontakt aufnahm, worauf er in den Gesprächen den Fokus legte und zu welchen Ergebnissen diese Unterredungen kamen. Es lässt sich nur die begründete Vermutung aussprechen, dass Kunst seine Hauptaufgabe zunächst in der Vermittlung zwischen den Indikationenvertretern der verschiedenen Fraktionen betrachtete. Ende Februar hatte er Lohse informiert, dass einige SPD Abgeordnete sich bemühten, das Indikationenmodell des ehemaligen Regierungsentwurfs in den Bundestag einzubringen und dem Fristenmodell, das ebenfalls eingereicht werden würde, als Alternative an die Seite zu stellen. Kunst hatte hinzugefügt: „Aussicht hat dies selbstredend nur, wenn die gesamte CDU/CSU-Fraktion mitmacht."[51] Darauf galt es im Frühjahr 1973 hinzuwirken.[52]

Gemäß dem Ratsbeschluss suchte der Bevollmächtigte auch zu den Vertretern und Vertreterinnen einer Fristenregelung den Kontakt. Als Kunst unmittelbar nach Einbringung des Fristenentwurfs von der Presse über selbigen befragt wurde, zitierte er aus der Ratserklärung des Vorjahres, dass es – wo sich menschlich gesehen kein anderer Ausweg aufzeige – in

---

[50] Ebd. sowie Rundbrief der Kirchenkanzlei an die Gliedkirchenleitungen und den Rat vom 8.3.1973 (EZA 87/751). Auch in der *FAZ* war am 26.3.1973 zu lesen: „Die Ablehnung jeder Reform des Paragraphen 218 treibt Befürworter der Indikationslösung ins Lager der Anhänger des Fristendenkens. Das Unbedingte im Widerstand kann dieses katholische Nein um seine politische Wirkung bringen."

[51] Brief an Lohse vom 26.2.1973 (EZA 742/248; EZA 87/751).

[52] Einer kleinen Notiz in den Akten ist zu entnehmen, dass es zwischen Kunst und Bundesjustizminister Jahn am 13. März zu einer Besprechung über die anstehende Reform des § 218 StGB kommen sollte. Ob dieses Treffen tatsächlich stattfand und welchen Verlauf es nahm, bleibt jedoch offen (vgl. handschriftliche Notiz auf dem Auszug aus der Niederschrift über die 75. Sitzung des Rates der EKD am 15./16.2.1973 in Bonn, in: EZA 87/751).

die Gewissensentscheidung der Frau falle, von der Möglichkeit zum Schwangerschaftsabbruch Gebrauch zu machen.[53] Diese Aussage, sei sie nun von der Presse missverständlich wiedergeben oder ihrer Intention nach tatsächlich auf Kunst zurückzuführen, wurde sogleich als mögliche Brücke zwischen der Fristenfraktion und der evangelischen Kirche aufgefasst und erhöhte die Akzeptanz der evangelischen Interventionsbemühungen unter den Fristenvertretern und -vertreterinnen.[54] Gemeinsam mit Wilkens setzte Kunst sich daraufhin für die Verbesserung des Fristenentwurfs ein. Mit Nachdruck sprach er sich gegenüber der Gesundheitsministerin Katharina Focke für eine stärkere Orientierung am Alternativ-Entwurf der Strafrechtsprofessoren sowie für die Aufnahme einer psycho-sozialen Pflichtberatung aus.[55]

Dem dritten Punkt aus dem Maßnahmenkatalog des Rates, dem Gespräch mit der katholischen Kirche, widmete Kunst seine Aufmerksamkeit ebenfalls. Allerdings musste der ansonsten sehr auf ein geschlossenes ökumenisches Auftreten in Bonn bedachte Bevollmächtigte Mitte April resigniert resümieren: „Bis jetzt ist es nicht gelungen, die Katholische Kirche zu bewegen, auf einen Kompromiß zuzugehen. Auch die vom Heiligen Thomas approbierte Lehre vom minus malum[56] findet kein Echo. [...] Kardinal Döpfner scheint noch am ehesten bereit zu sein, auf einen Kompromiß zuzugehen. Aber Köln und Münster haben die Tür so laut in das Schloß geworfen, daß ich damit rechnen muß, daß wir ausschließlich durch die Haltung der Katholiken die Fristenlösung bekommen."[57] Das osten-

---

[53] Vgl. „Von Straffreiheit bei Abtreibung verantwortlich Gebrauch machen" (*epd* Bonn vom 26.3.1976, abgedruckt in: *epd-dok* 15/73, S. 49).

[54] Vgl. „Der Oberhirte empfiehlt unverblümt politisches Engagement" von Dietrich Reiss (*FR* vom 25.4.1973). Lieselotte Funcke begrüßte die Worte des Bevollmächtigten als eine ausgewogene Stellungnahme, welche besonderen Wert auf die verantwortliche Gewissensentscheidung der Frau sowie auf die Ausweitung sozialpolitischer Maßnahmen lege (vgl. *epd za* vom 30.3.1973).

[55] Kunst leitete dem Gesundheitsministerium Wilkens' Anfrage zur Wirksamkeit der geplanten flankierenden Maßnahmen zu. Wilkens kritisierte, dass die bis dato im Fristenentwurf allein vorgesehene ärztliche Beratung völlig untauglich zur Vermittlung psycho-sozialer Hilfen war, von Regierungsseite jedoch keine Pläne zur Institutionalisierung ordentlicher Beratungsstellen erarbeitet würden (vgl. Aktennotiz von Kalinna an Kunst vom 21.3.1973, in: EZA 87/751; vgl. dagegen allerdings „Antrag der Abgeordneten Frau Schlei, Frau Eilers/Bielefeld, Glombig [...] betr. Familienberatung und -planung", BT-Drs. 7/374 vom 21.3.1973). Wilkens wiederholte seine Kritik kurz darauf in der *ZDF*-Diskussionssendung „Abtreibung – straflos in den ersten drei Monaten?" und wies zudem erneut auf die vieldeutige Zielsetzung des eingebrachten Fristenentwurfs hin, der neben dem verbesserten Lebensschutz auch rein emanzipatorische Motive zur Gesetzesreform erkennen ließ (vgl. „Zur Information. Am Paragraphen 218 scheiden sich die Geister. Hearing des ZDF zu einer umstrittenen Gesetzesreform" von Rudolf Orlt, in: *epd za* vom 30.3.1973).

[56] Umgangssprachlich: das geringere Übel.

[57] Mit Köln und Münster waren die dortigen Bischöfe Kardinal Joseph Höffner und

tative Auftreten der katholischen Bischöfe erschwerte offenbar das Gespräch der Kirchen untereinander und stand einem geschlossenen Auftreten in der Öffentlichkeit entgegen.[58]

1.3.2 Die Reaktion der VELKD-Kirchenleitung

Mit der Pressemeldung vom 19. März 1973, dass die Regierungskoalition sich entschlossen habe, eine Fristenregelung in den Bundestag einzubringen, hatte sich der Druck auf die EKD zur öffentlichen Stellungnahme erheblich erhöht.[59] Über eine Ratserklärung konnte indes nicht vor der nächsten Ratssitzung am 5. April entschieden werden. In der Zwischenzeit bemühten sich zahlreiche evangelische Stimmen, das Vakuum des fehlenden aktuellen Ratswortes auszufüllen und den aus ihrer Sicht angezeigten evangelischen Beitrag zur neu entfachten Abtreibungsdebatte zu leisten.

Als erstes kirchenamtliches Gremium reagierte die Kirchenleitung der Vereinigten Evangelisch-Lutherischen Kirche Deutschlands (VELKD), des gliedkirchlichen Zusammenschlusses der evangelisch-lutherischen Bekenntniskirchen, auf die Veröffentlichung des Fristenentwurfs. Laut Pressekommuniqué vom 23. März erschien der VELKD-Kirchenleitung weder eine Fristenregelung noch eine erweiterte Indikationenregelung zur Reform des § 218 StGB geeignet, so dass angenommen werden musste, sie lehne jede weit reichende Reform des § 218 StGB ab.[60] Auch der Schlussappell des Wortes befremdete, da die VELKD-Kirchenleitung die Gemeinden auffor-

---

Heinrich Tenhumberg gemeint. Kunst berichtete Wilkens weiter, er wolle mit Paul Mikat von der katholischen Seite einen Sammelbegriff für alle Indikationen finden (z. B. „ärztlich geboten“) und fuhr fort: „Selbstredend müßte dann der Hauptton auf der Beratung liegen. Ich werde in dieser Richtung von neuem das Gespräch mit den Katholiken suchen“ (vertraulicher Brief von Kunst an Wilkens vom 16.4.1973, in: EZA 87/753; EZA 742/248).

[58] Auf dem 10. Kontaktgespräch zwischen Katholiken und Protestanten in Rummelsberg bei Nürnberg wurde am 30.4. und 1.5.1973 u. a. über die Reform des § 218 StGB verhandelt, wobei die Delegationen nach Wilkens' Aussage jedoch lediglich festhielten, dass es in dieser Frage differierende moraltheologische Auffassungen zwischen den Konfessionen gebe (vgl. Brief von Wilkens an Claß vom 24.7.1973, in: EZA 87/763). Der von katholischer Seite geäußerte Wunsch nach einer gemeinsamen Erklärung beider Kirchen als Abschluss und Höhepunkt der katholischen Kampagne war von evangelischer Seite ebenso abgelehnt worden wie die Bitte der Herausgeber der *Zeitschrift für das gesamte Familienrecht,* die beiden großen Kirchen mögen doch den Bundestagsabgeordneten einen Sonderdruck zur Frage des § 218 StGB mit einer gemeinsamen Empfehlung zukommen lassen (vgl. Brief von F.W. Bosch an Wilkens vom 17.4.1973, in: EZA 2/93/6220).

[59] Vgl. Brief von Lohse an Dietzfelbinger vom 21.3.1973 (EZA 2/93/6219) sowie Brief von Echternach an Dietzfelbinger vom 26.3.1973 (EZA 87/751).

[60] In: *epd-dok* 15/73, S. 35. Auch von der Presse wurde das Kommuniqué als weit reichende Reformkritik verstanden (vgl. *Die Welt* vom 24./25.3.1973, sowie „Kirchliche Kritik an Fristenlösung“, in: *SZ* vom 2.4.1973).

derte, sich umfassend über die Reform des Abtreibungsstrafrechts zu informieren und sich mehr als bisher - auch öffentlich - zu engagieren.[61] Damit griffen die Lutheraner sogar noch der katholischen Seite vor, deren ‚Mobilmachung' erst fünf Tage später erfolgte.[62]

Die evangelische Kirche hatte in der Abtreibungsdebatte bis dahin allerdings vor allem auf Bundesebene agiert und nicht besonders viel dazu beigetragen, die eigene Gemeindebasis in Kenntnis zu setzen.[63] Sowohl das Ratswort von 1972 als auch die vertraulichen Gespräche und Korrespondenzen der EKD-Vertreter sowie die Mehrzahl der landeskirchlichen Voten hatten sich allein an die Bonner Entscheidungsträger in Parlament und Justizministerium gewandt. Eine Aufklärungs- und Informationsarbeit in den Gemeinden war bis zum Frühjahr 1973 auf evangelischer Seite ebenso wenig im Blick gewesen, wie die Instrumentalisierung dieser kirchlichen Basis zur Durchsetzung politischer Ziele.[64]

Ende April 1973, nachdem die Kirchenkanzlei der EKD sich bereits seit über drei Jahren mit der Reform des § 218 StGB befasste, stellte deren Vizepräsident nicht ohne Erstaunen fest: „Offenbar beginnt eigentlich erst jetzt diese Diskussion auf der Ebene der Gemeinden einen breiteren Raum einzunehmen."[65] Das verstärkte Interesse der Gemeindeglieder an der Diskussion über die Abtreibungsreform war freilich weniger dem Aufruf der VELKD-Kirchenleitung als vielmehr den neu entfachten gesellschaftlichen Kontroversen nach der Wiederaufnahme des Gesetzgebungsverfahrens

---

[61] *epd-dok* 15/73, S. 35. In einem Artikel in der *Nordelbischen Kirchenzeitung* gab Bischof Alfred Petersen (Schleswig) den Beschluss der VELKD weiter und ermutigte die Gemeinden ebenfalls zu einem verstärkten Engagement. Anders als das Kommuniqué gab er jedoch zu verstehen, dass er im Zuge einer Indikationenregelung neben der medizinischen sowohl die ethische als auch die eugenische Indikation akzeptieren könne (vgl. „Zur Diskussion über die Reform des Abtreibungsparagraphen 218", in: *Kirche der Heimat – Nordelbische Kirchenzeitung* H. 8/73).

[62] Vgl. oben S. 229.

[63] Lediglich in Baden war die kirchliche Mitarbeiterschaft mit Hilfe einer Dokumentation zur Abtreibungsdebatte informiert worden (vgl. *Mitteilungen*. Information – Diskussion – Arbeitsmaterial für Mitarbeiter der evangelischen Landeskirche in Baden Nr. 5/1972).

[64] Der Aufruf der VELKD traf vor allem im Lager der radikalen Reformgegner und -gegnerinnen auf Resonanz und wurde hier wiederholt als Begründung für ein verstärktes Engagement in der Abtreibungsfrage angeführt. So beriefen sich z. B. die Demonstrierenden vor dem SPD-Parteitag in Hannover Mitte April u. a. auf die entsprechenden Aufrufe der VELKD sowie der katholischen Kirche (vgl. *epd za* vom 11.4.1973). Vgl. auch die Zustimmung und Werbung des Vorsitzenden der ‚Kirchlichen Sammlung um Bibel und Bekenntnis' für das VELKD-Kommuniqué auf der hannoverschen Landessynode im Juni 1973 (unten S. 270 f.).

[65] Rundschreiben der Kirchenkanzlei an Rat und Gliedkirchen vom 30.4.1973 (EZA 87/755; EZA 2/93/6220). G. Niemeier beklagte allerdings das Informationsdefizit in Gemeinden und Pfarrerschaft und riet den Gliedkirchen dringend an, diese besser in Kenntnis zu setzen.

zuzuschreiben. Indes belegten sowohl der Aufruf der VELKD-Kirchenleitung als auch die landeskirchlichen Aktivitäten der folgenden Wochen, dass die evangelischen Kirchenleitungen ihre Gemeinden erst im Frühjahr 1973, 1½ Jahre nach dem Auftakt der Abtreibungsdebatte, allmählich in den Blick nahmen.

1.3.3 Landeskirchliche Reaktionen

Das vom Rat Mitte Februar angeregte Engagement der Landeskirchen ließ zunächst auf sich warten. Die Kirchenkanzlei selbst hatte es ‚ausgebremst', da sie den entsprechenden Ratsbeschluss – aufgrund technischer Schwierigkeiten, wie es hieß – erst drei Wochen nach der Ratssitzung an die Landeskirchen weitergeleitet hatte.[66] Nachdem die breite gesellschaftliche Diskussion durch die Einbringung der Fristenregelung am 21. März jedoch neu angefacht worden war, meldeten sich zahlreiche Landeskirchenleitungen und Landessynoden zu Wort. Binnen kürzester Zeit herrschte ein nahezu unüberschaubares, babylonisches Stimmengewirr.

Die hannoversche Landeskirche

Am engsten an die Empfehlungen des EKD-Rates hielt sich deren Spiritus rector, der hannoversche Bischof Eduard Lohse. Am 22. März wandte Lohse sich in einem Brief an die niedersächsischen Mitglieder des Bundestages. Die Kirche, schrieb er, halte eine Reform des § 218 StGB für unbedingt erforderlich, habe jedoch darauf hinzuweisen, dass dem ungeborenen Leben bei allen Bemühungen um eine Neufassung der Strafbestimmungen der ihm gebührende Schutz weiter eingeräumt wer-

[66] Vgl. Aktennotiz aus dem Büro des Bevollmächtigten an Kunst vom 19.2.1973 (EZA 87/751). Welche Motive hinter der ‚Verzögerungstaktik' der Kirchenkanzlei gestanden haben könnten, ob Wilkens u. U. fürchtete, die Frage würde in den Landeskirchen weniger kompetent bearbeitet werden als durch die Kirchenkanzlei bzw. den Rat, lässt sich nicht mehr feststellen. In ihrem Übersendungsschreiben an die Gliedkirchen fügte die Kirchenkanzlei den vom Rat anempfohlenen drei Schwerpunkten des kirchlichen Engagements ferner einen vierten Aspekt hinzu. Es läge im Interesse der Sache, aber auch im kirchlichen Interesse, hieß es in dem Rundschreiben, die sekundäre Bedeutung strafrechtlicher Bestimmungen gegenüber sozialpolitischen Aspekten hervorzuheben (vgl. Rundbrief der Kirchenkanzlei an die Gliedkirchenleitungen und den Rat vom 8.3.1973, in: EZA 87/751). Kunst und Wilkens wiesen selbst wiederholt darauf hin, dass den flankierenden Maßnahmen eine höhere Bedeutung als bisher für eine umfassende und wirkungsvolle Reform des Abtreibungsstrafrechts zuerkannt werden müsse (vgl. „Von Straffreiheit bei Abtreibung verantwortlich Gebrauch machen. Bischof Kunst fordert kinderfreundliche Alternativen", *epd* Bonn vom 26.3.1973, abgedruckt in: *epd-dok* 15/73, S. 49, sowie „Zur Information. Am Paragraphen 218 scheiden sich die Geister. Hearing des ZDF zu einer umstrittenen Gesetzesreform" von Rudolf Orlt, in: *epd za* vom 30.3.1973).

den müsse.[67] Mit Sorge stellte Lohse fest, diese Einsicht – dass der Lebensschutz in jedem Fall gewährleistet bleiben müsse – sei in der öffentlichen Diskussion mitunter nicht mehr zu erkennen. Der Bischof schloss sich abschließend den Bedenken seines braunschweigischen Amtsbruders Gerhard Heintze zur Fristenregelung an und übersandte nochmals die Ratserklärung des Vorjahres.[68]

Die westfälische Landeskirche

Auch die Kirchenleitung von Westfalen unterstrich in einem Brief an die westfälischen Bundestagsabgeordneten und das Bundesjustizministerium ihre bereits wiederholt zum Ausdruck gebrachte Ablehnung der Fristenregelung.[69] Man zeigte sich ferner besorgt, dass die Frage des Schwangerschaftsabbruchs als Gelegenheit zur ‚parteipolitischen Profilierung und Polarisierung' missbraucht werden könnte.

In einem zweiten Schreiben wandte sich die westfälische Kirchenleitung zudem an die Gemeinden der Landeskirche und forderte diese in Anlehnung an den Beschluss der VELKD-Kirchenleitung auf, sich vermehrt in die öffentliche Diskussion einzuschalten. Beiden Schreiben beigefügt war eine umfassende Dokumentation zur Reform des § 218 StGB.[70]

Die rheinische Landeskirche

Gegen eine Fristenregelung und für eine erweiterte Indikationenregelung sprach sich ferner der SPD-nahe rheinische Präses Karl Immer bei einem

---

[67] EZA 81/89/64.

[68] Heintze hatte auf der braunschweigischen Frühjahrssynode die Auffassung vertreten, eine Fristenregelung könne zur Abstumpfung der Gewissen beitragen (vgl. *epd za* vom 19.2.1973). Die braunschweigische Landeskirche gab am 23. März auch durch einen Sprecher des Landeskirchenamtes bekannt, man bedauere, dass die Regierungskoalition sich für eine Fristenregelung ausgesprochen habe (vgl. *epd za* vom 23.3.1973).

[69] Vgl. „,Reform des Paragraphen 218 ist eine Gewissensfrage'. Briefe an die Bundestagsabgeordneten in Bayern und Westfalen" (*epd* München vom 4.4.1973, abgedruckt in: *epd-dok* 15/73, S. 51). Die westfälische Frauenhilfe hatte sich angeboten, den Abgeordneten das Schreiben persönlich zu übergeben und ihnen bei dieser Gelegenheit auch die Stellungnahme der evangelischen Frauenorganisation zu erläutern. Die 230 000 Mitglieder starke Frauenhilfe von Westfalen hatte Anfang April auf der Frühjahrskonferenz der Bezirksverbände in Soest ein Telegramm an den Kanzler, den Bundesjustizminister sowie die Fraktionsvorsitzenden und die Frauenreferate der Parteien gesandt und sich darin für eine Indikationenregelung ausgesprochen (vgl. *epd za* vom 5.4.1973).

[70] Vgl. K. PHILIPPS, Dokumentation, Bd. I, sowie Auskünfte im Brief von Karl Phillips an Kunst vom 27.3.1973 (EZA 87/751). Vgl. darüber hinaus die Presseerklärung der westfälischen Kirchenleitung anlässlich der Einbringung des Fristenentwurfs in den Deutschen Bundestag am 21.3.1973 (*epd za* vom 22.3.1973) sowie das Kommuniqué der westfälischen Kirchenleitung zur Reform des § 218 vom 12.4.1973, worin man sich erneut gegen eine Fristen- und für eine „abgewogene" Indikationenregelung aussprach (EZA 87/754).

Journalistenempfang am 28. März 1973 aus.[71] Immer stellte allerdings klar, er gebe lediglich seine persönliche Meinung wieder, da innerhalb der rheinischen Kirche verschiedene Standpunkte zur rechtlichen Regelung des Schwangerschaftsabbruchs vertreten würden. Der Präses spielte darauf an, dass der ständige Öffentlichkeitsausschuss der rheinischen Landeskirche sich Anfang Februar in einer internen Beschlussvorlage für eine Fristenregelung ohne Beratungspflicht ausgesprochen hatte.[72]

Wie in Westfalen stellte man auch im Rheinland im Frühjahr 1973 eine Dokumentation zur Reform des § 218 StGB zusammen. Ende April übersandte der Präses das Material an die Mitarbeiter und Mitarbeiterinnen in den Gemeinden. In seinem Anschreiben formulierte er zudem einige hilfreiche Punkte, über die seiner Ansicht nach auch unter den Vertretern und Vertreterinnen verschiedener gesetzlicher Optionen innerhalb der rheinischen Kirche Einigkeit bestand. Neben der Überzeugung, dass es sich beim Schwangerschaftsabbruch um eine ethische Entscheidung über die Tötung von Leben handelt und es die Aufgabe der Kirche ist, dieses Bewusstsein wach zu halten, zählten dazu ferner die Einsicht, dass das Leben der Schwangeren ebenso zu schützen sei wie das des Ungeborenen und es in der Reformdebatte letztlich um die Frage zu gehen habe, wie im Konfliktfall jeweils adäquat zwischen den verschiedenen Rechten und Interessen abgewogen werden könne.[73]

---

[71] Vgl. „Rheinischer Präses für erweiterte Indikationenlösung" (*epd* Düsseldorf vom 30.3.1973, abgedruckt in: *epd-dok* 15/73, S. 49; vgl. auch *Kölner Anzeiger* vom 30.3.1973). Ähnlich formulierte auch der Kirchentagspräsident Heinz Zahrnt im *DAS*, wenn es bei der Reform des § 218 StGB um eine vernünftige Emanzipation ginge, dann wisse er „unter allen gewiß schlechten Wegen keinen besseren als den der erweiterten Indikationslösung." Zahrnt erläuterte: „Er führt durch beide falschen Alternativen hindurch: durch die blinde Emanzipationswut mit ihrem Geheul: ‚Unser Bauch gehört uns' auf der einen und die starre Prinzipienreiterei mit ihrer verleumderischen Anklage des ‚Kindesmordes' auf der anderen Seite" („Planspiel 218 oder: Das Ende der Machbarkeit aller Dinge", in: *DAS* vom 1.4.1973).

[72] Vgl. „Stellungnahme des Öffentlichkeitsausschusses der Rheinischen Landeskirche zur Reform des § 218" vom 2.2.1973 (EZA 87/752; EZA 650/95/194; EZA 99/12). Der Ausschuss konnte Synode und Kirchenleitung nicht zur Annahme seiner ausgewogen formulierten Stellungnahme bewegen (vgl. VERHANDLUNGEN DER 21. ORDENTLICHEN RHEINISCHEN LANDESSYNODE vom 8.–12.1.1973, S. 99; S. 135; S. 210). Unter der Vorgabe, dass es sich um ein nicht offiziell verabschiedetes, vertrauliches Papier handelt, fand die Stellungnahme allerdings weite Verbreitung innerhalb der EKD und wurde von Theologen sogar in der Presse zitiert (vgl. „Evangelische Theologen zur Abtreibung" von Martin Backhaus, in: *FAZ* vom 2.5.1973).

[73] „Brief von Präses Immer an die Pfarrer und Pastorinnen, Hilfsprediger und Gemeindemissionare der Evangelischen Kirche im Rheinland" vom 27.4.1973 (EZA 2/93/6220, abgedruckt in: VERHANDLUNGEN DER 23. ORDENTLICHEN RHEINISCHEN LANDESSYNODE vom 20. bis 24.1.1975, S. 52 f.).

Die Landessynode von Schleswig-Holstein

Anfang April meldete sich die erste landeskirchliche Synodalversammlung zu den neuen politischen Weichenstellungen zu Wort. Auf Initiativantrag einiger Synodaler verabschiedeten die 79 Mitglieder der schleswig-holsteinischen Landessynode eine vier Punkte umfassende kurze Stellungnahme zur bevorstehenden Reform des § 218 StGB.[74]

Die Synodalen sprachen sich in ihrer Erklärung zwar zunächst mit Nachdruck für eine Reform des Abtreibungsstrafrechts aus, hielten sodann jedoch – anders als die Mehrzahl der bis dahin abgegebenen kirchlichen Voten – fest: „Die Synode sieht sich [...] nicht in der Lage, für oder gegen die Indikations- oder Fristenregelung einheitlich Stellung zu nehmen."[75] Die Stellungnahme der Synode wandte sich nicht in erster Linie an die Öffentlichkeit, sondern an die Kirchenleitung. Diese wurde beauftragt, gemeinsam mit dem Haushaltsausschuss für die Bereitstellung finanzieller Mittel zur Umsetzung verschiedener Hilfsmaßnahmen der Landeskirche Sorge zu tragen. Als vordringliche Aufgaben benannte die Synode:

1. den Ausbau des Bildungsangebotes im Bereich der Sexualpädagogik,
2. die Erweiterung des Beratungsangebotes und
3. die Förderung familienstützender Einrichtungen (Kindergärten, Familienbildungsstätten etc.).[76]

Nach ihrer Verabschiedung verhalf der SPD-Abgeordnete Olaf Schwencke, Synodaler und ehemaliger Studienleiter der Evangelischen Akademie Loccum, der schleswig-holsteinischen Synodalerklärung zu unverhoffter Publizität, indem er sie allen Bonner Parlamentariern zugänglich machte. Zeichnete sich das Votum doch Schwenckes Ansicht nach durch eine kirchlich bescheidene und mutige Konkretheit aus und bildete damit einen

[74] Bericht über die Verhandlungen der 45. Landessynode der Evangelisch-Lutherischen Landeskirche Schleswig-Holsteins vom 30.3.–2.4.1973 in Rendsburg, S. 96 f., abgedruckt in: *epd-dok* 15/73, S. 46. Der Beschluss war mit 52 Ja- zu 21 Neinstimmen bei 6 Enthaltungen gefasst worden (Ebd.).

[75] Ebd. Vgl. ferner: Die Münchner Regionalgruppe des Arbeitskreises Evangelische Erneuerung (AEE) gab Mitte April ebenfalls bekannt, sie könne sich „denen nicht anschließen, die die Fristenregelung als für einen Christen unannehmbar erklären" („Fristenlösung nicht unannehmbar", in: *epd Landesdienst Bayern* 5/434 vom 18.4.1973).

[76] Zur Umsetzung der Beschlüsse vgl. unten S. 439. In seinem letzten Punkt trat das Votum der Synode ferner für eine Reform des Adoptionsrechts sowie bewusstseinsbildende Maßnahmen zum Abbau der Kinderfeindlichkeit und der Stigmatisierung lediger Mütter ein (Bericht über die Verhandlungen der 45. Landessynode der Evangelisch-Lutherischen Landeskirche Schleswig-Holsteins vom 30.3.–2.4.1973 in Rendsburg, S. 97, abgedruckt in: *epd-dok* 15/73, S. 46).

Kontrapunkt zu anderen undifferenzierten klerikalen Polemiken, die das Verhältnis zwischen Parlament und Kirchen zunehmend belasteten.[77]

Die schleswig-holsteinische Kirchenleitung war offenbar anderer Auffassung als Schwencke, zumal das Synodalwort gemeinhin als stillschweigende Billigung einer Fristenregelung verstanden wurde.[78] Bereits wenige Wochen nach der Synodaltagung setzte sich der holsteinische Bischof Friedrich Hübner über das umsichtige Votum hinweg und trat in einem Brief an die Bundestagsabgeordneten Schleswig-Holsteins und Hamburgs unter Rückverweis auf die Irrwege der jüngsten deutschen Geschichte mit Nachdruck für eine Indikationenregelung ein.[79]

Die bayerische Landeskirche

Zu einer ähnlichen Konstellation wie in Schleswig-Holstein kam es in der bayerischen Landeskirche. Auch die bayerische Frühjahrssynode hatte Mitte März einen Initiativantrag verabschiedet, der sich auf die Forderung nach Bereitstellung kirchlicher Mittel zur Unterstützung flankierender Maßnahmen beschränkt hatte.[80] Und auch in Bayern konnten Landeskirchenrat und Bischof es nicht bei diesem Fokus belassen, sondern nahmen wiederholt zu den strafrechtlichen Fragen der Reform Stellung.

Am 30. März wandte sich Dietzfelbinger in einem Anschreiben an die evangelischen Bundestagsabgeordneten seiner Landeskirche. Mit dem Hin-

---

[77] Vgl. *epd za* vom 19.4.1973.

[78] Die Erklärung war gegen das Votum von Bischof Petersen und Landessuperintendent Heubach verabschiedet worden, jedoch mit der Unterstützung des FDP-Abgeordneten Uwe Ronneburger, der zugleich Mitglied der schleswig-holsteinischen Kirchenleitung war. Von der FDP wurde der Synodalbeschluss später in einem Artikel mit der Überschrift „Wachsende Zustimmung zur Fristenregelung" als Beleg für die kirchliche Billigung der Fristenregelung angeführt (vgl. *fdk tagesdienst* vom 5.12.1973).

[79] Brief des Bischofs für Holstein Friedrich Hübner an die Bundestagsabgeordneten der Landeskirchen Schleswig-Holstein und Hamburg vom 27.4.1973 (EZA 2/93/6220). Auch die Bischöfe von Hamburg und Schleswig, Wölber und Petersen, hatten bereits im Vorfeld der Synode eine deutlich restriktivere Auffassung zur Reform des § 218 StGB vertreten (vgl. oben S. 239 f.). Vgl. ferner den ähnlichen Diskussionsverlauf 1971 in der westfälischen Landeskirche (oben S. 146 f.).

[80] Vgl. 3. Ordentliche Tagung der Synode der Evangelisch-Lutherischen Kirche in Bayern vom 11.–16.3.1973 in München, S. 133. Zu den Synodalen, die den Antrag eingebracht hatten, zählte u. a. der Systematische Theologe Wilfried Joest. Die Hauptantragstellerin Uta Hickmann gehörte dem Arbeitskreis ‚Im Leben helfen', einer kleinen regionalen Initiative aus Amorbach/Miltenberg, an. Die Mitglieder des Kreises boten auf einem Faltblatt ihre nachbarschaftliche Hilfe in den verschiedensten Lebensnöten an (vgl. dazu „Flankierende Maßnahmen zu § 218 StGB. Auswertung einer Umfrage in der in ev. Frauenarbeit i.D. e. V." vom 25.1.1974, abgedruckt in: *epd-dok* 16/74, S. 82). Vgl. später die kurze Beschwerde über die ungenügende Umsetzung auf der 4. Ordentlichen Tagung der Synode der Evangelisch-Lutherischen Kirche in Bayern vom 25.–30.11.1973 in Schweinfurt, S. 82.

weis auf die Tragweite der anstehenden Bundestagsentscheidung sprach sich der Landesbischof gegen eine Fristenregelung aus und übersandte nochmals die entsprechende Ratserklärung des Vorjahres.[81] Nur wenige Tage später und zeitgleich mit dem Rat der EKD erließ darüber hinaus der bayerische Landeskirchenrat eine weitere Stellungnahme. Die Erklärung vom 5. April wandte sich mit drastischen Worten gegen eine Fristenregelung und fand insbesondere unter den Reformgegnern und -gegnerinnen große Zustimmung.[82]

Die Landeskirchen reagierten damit nicht nur verschieden heftig auf die Einbringung der Fristenregelung, an einigen Orten brach zwischen den Synoden und den Kirchenleitungen offenbar auch ein Dissens darüber auf, ob der kirchliche Beitrag zur Abtreibungsdebatte primär strafrechtlicher oder nicht eher sozialpolitisch-diakonischer Natur zu sein hatte.

1.3.4 Minderheitenpositionen innerhalb der evangelischen Kirche

Die Grenzen zwischen der Kritik an der geplanten Reform des § 218 StGB und der rigorosen Ablehnung jeder diesbezüglichen Gesetzesänderung drohten im Frühjahr 1973 mitunter zu verschwimmen, da auch die Reformkritiker und -kritikerinnen in einer für die evangelische Landschaft bis dahin unüblichen Schärfe auftraten und nicht immer deutlich wurde, ob sie sich mit ihrer Wortgewalt allein gegen die Verabschiedung einer Fristenregelung oder gegen jede Änderung des Abtreibungsstrafrechts richteten.[83] Die z. T. recht lautstarken reformkritischen Äußerungen dürfen

---

[81] *epd-dok* 15/73, S. 51. Dietzfelbinger, der einer möglichen Fristenregelung auch in verschiedenen Predigten entschieden entgegentrat, hatte sich bei seinem Schreiben von der Initiative des hannoverschen Bischofs Eduard Lohse anregen lassen (vgl. Brief von Dietzfelbinger an Lohse vom 26.3.1973, in: EZA 81/89/64; zu den Predigten vgl. *epd* Ansbach vom 2.4.1973, sowie *epd* München vom 3.4.1973, beide Meldungen abgedruckt in: *epd-dok* 15/73, S. 50). *epd za* vom 6.4.1973 berichtete ferner, dass auch der Präsident der württembergischen Synode, Amtsgerichtsrat Hans Eißler, alle baden-württembergischen Mitglieder des Bundestages in einem Brief dazu aufgerufen habe, einer Fristenregelung nicht zuzustimmen.

[82] Eine Fristenregelung, hieß es in der Stellungnahme, würde das werdende Leben in seiner ersten Phase zur Tötung freigeben und das medizinische Personal zu „Gehilfen des Tötens" machen (Stellungnahme des Landeskirchenrates der Evangelisch-Lutherischen Kirche in Bayern zur Reform des § 218 vom 5.4.1973, in: EZA 87/754). Vgl. auch die lobende Erwähnung der bayerischen Erklärung durch den radikalen Lebensschützer Martin Krähmer in einem Brief an Wilkens vom 17.4.1973, in: EZA 2/93/6220.

[83] Zwar für eine Reform, jedoch mit drastischen Worten gegen eine Fristenregelung sprach sich z. B. der Lauenburger Landessuperintendent und spätere Landesbischof von Schaumburg-Lippe Joachim Heubach von der ‚Kirchlichen Sammlung um Bibel und Bekenntnis' aus. „Wenn eine derartige Gesetzesvorlage durchkommen sollte", warnte er Ende März vor der lauenburgischen Synode, „sind wir wieder in der Situation, daß unser Staat Gesetze verab-

jedoch nicht darüber hinwegtäuschen, dass der weitaus überwiegende Teil der evangelischen Organe, d. h. sowohl die Landeskirchen als auch die EKD, die Grenze von der Kritik an der Reform zu ihrer generellen Ablehnung nicht überschritt. Insgesamt betrachtet ist nicht in Frage zu stellen, dass die Einschätzung des rheinischen Präses, Karl Immer, zutraf, dass man sich trotz einer Vielzahl von Meinungen in der evangelischen anders als in der katholischen Kirche im Wesentlichen über die Notwendigkeit einer Reform des § 218 StGB einig war.[84]

Reformfeindliche Stimmen innerhalb der evangelischen Kirche

Massiver Widerstand gegen den allgemeinen evangelischen Konsens über die Reformbedürftigkeit des § 218 StGB regte sich indes aus den Reihen der Bekenntnisbewegung. Ende März 1973 bezeichnete z. B. ein Artikel im *Informations-Dienst der Evangelischen Allianz* jede Fristen- oder ‚aufgeweichte Indikationenlösung' als einen großen Rückschritt „zu dem Heidentum und der Barbarei der Vorzeit".[85] Polemischer noch wurde im Sommer 1973 eine Resolution der Evangelischen Allianz Bremen, die allen Bundestagsabgeordneten zugeleitet wurde. Die 23 Unterzeichnenden – zumeist Angehörige evangelischer Freikirchen – setzten die Folgen der ‚allgemein herrschenden humanistischen Ideologie' mit der Massenvernichtung des nationalsozialistischen Regimes gleich. „Wer wie Adolf Hitler um einer Ideologie willen menschliches Leben vernichtet", schrieben sie, „wird, auch wenn er das nicht will, zum Massenmörder."[86]

---

schiedet, die mit unserer christlichen Überzeugung nicht vereinbar sind und zu denen Christen nicht schweigen dürfen" („Fristenlösung als Legalisierung des Mordes am ungeborenen Leben. Heubach kritisiert Vorstellungen zur Reform des Paragraphen 218", *epd* Mölln vom 30.3.1973, abgedruckt in: *epd-dok* 15/73, S. 47). Heubachs provokante Äußerung führte zu einem öffentlichen Schlagabtausch zwischen dem Helmstedter Pastor Wolfgang Büscher von der ‚Kirchlichen Sammlung um Bibel und Bekenntnis' und dem Vorstandsmitglied des SPD-Bezirks Hannover Heiner Kreuzer (vgl. „Kirchen sollen zur Versachlichung der Diskussion um 218 beitragen", *epd* Hannover vom 3.4.1973, abgedruckt in: *epd-dok* 15/73, S. 47, sowie *epd za* vom 6.4.1973).

[84] Was die nähere Positionierung der evangelischen Kirche betraf, schieden sich die Geister jedoch bereits wieder. Während Immer die Ansicht vertrat, die meisten Gremien in der EKD träten für eine erweiterte Indikationenregelung ein, meinte der pfälzische Oberkirchenrat Otto Mehringer dagegen, die evangelische Kirche votiere mehrheitlich für eine Indikationenregelung ohne soziale Indikation (vgl. „Rheinischer Präses für erweiterte Indikationenlösung", *epd* Düsseldorf vom 30.3.1973, abgedruckt in: *epd-dok* 15/73, S. 49, sowie zu Mehringer: *epd za* vom 17.5.1973).

[85] Zitiert nach: „‚Fristenlösung wäre Rückschritt in die Barbarei der Vorzeit'. Scharfe Polemik aus Kreisen der Evangelischen Allianz" (*epd* Wetzlar vom 30.3.1973, abgedruckt in: *epd-dok* 15/73, S. 48).

[86] „Resolution der Mitglieder der Evangelischen Allianz Bremen", übersandt von J. Müller/Bremen an Kunst am 13.6.1973 (EZA 87/755). Die Ablehnung jeder Änderung des bestehenden § 218 StGB wurde ferner mit dem Hinweis untermauert, eine Lockerung der

Regional auf die Oberpfalz beschränkt, dort jedoch äußerst aktiv, war ferner die ökumenische ‚Aktion Öffentlichkeit und Familie', die auf eine Initiative des Tirschenreuther Pfarrers Reinhard Ernst zurückging. Unmittelbar vor der ersten Bonner Plenardebatte zu § 218 StGB veranstaltete die Aktion Mitte Mai in Tirschenreuth einen Schweigemarsch mit Kundgebung und Gottesdienst gegen die Fristenregelung.[87] Sollte die Fristenregelung im Bundestag verabschiedet werden, drohten die Veranstalter auf einem Flugblatt, „[d]ann ladet ihr [Politiker, S. M.] eine historische Schuld auf euch, gegen die Auschwitz noch ein Kinderspiel war."[88]

Der polemische und irreführende Verweis auf die nationalsozialistische Geschichte blieb innerhalb der evangelischen Kirche in der Regel den extremen Randgruppen vorbehalten. Es kam jedoch vereinzelt auch vor, dass (ansonsten) moderate protestantische Theologen sich dieser rhetorischen Grobheit bedienten. So lehnten Anfang April einige Studienleiter der Akademie Bad Boll die Fristenlösung in einem Schreiben an den Vorstand der SPD-Bundestagsfraktion als „Endlösung der Schwangerschaftsfrage" ab.[89] Es fällt auf, dass zahlreiche Voten aus dem Raum der evangelischen Kirche im Frühling 1973 in einer für evangelische Verhältnisse bis dahin unüblichen Schärfe auftraten. Dies dürfte darauf zurückzuführen sein, dass man sich ab März 1973 – anders als noch in der zurückliegenden Legis-

---

Strafbestimmungen werde die sachgemäße Betreuung „der geburtswilligen Mütter" durch eine Überlastung der Frauenkliniken gefährden (EBD.). Das Büro des Bevollmächtigten lehnte die erbetene Verbreitung des Votums freundlich ab und empfahl die direkte Versendung an die Abgeordneten (vgl. Brief von Kalinna an J. Müller/Bremen vom 19.6.1973, in: EZA 87/755). Der Münsteraner Pfarrer Quistorp berichtete später, die Resolution sei unter seiner Federführung ausgearbeitet und an alle Glieder der Regierung und des Bundestages weitergeleitet worden (vgl. Anlage zum Anschreiben von Hartmut Metzger an Wilkens vom 23.10.1975, in: EZA 2/93/6229).

[87] „Schweigemarsch mit Kundgebung gegen die Fristenlösung in Tirschenreuth", Flugblatt der ‚Aktion Öffentlichkeit und Familie' (EZA 2/93/6220). Der evangelischen Initiative schlossen sich nach eigenen Angaben zahlreiche katholische Verbände an (u. a. Kolpingwerk, KAB, Landvolk, kath. Frauenbund, BdKJ, Landjugend, CAJ, KEG). Die Angaben über Teilnehmerzahlen schwankten zwischen zwei- und fünftausend (vgl. *Frankenpost Hof/Stiftlandbote* vom 14.5.1973; *Neuer Tag* vom 15.5.1973 und *epd za* vom 23.5.1973). Teilnehmer der Demonstration am 13.5.1973 waren u. a. der CSU-Bundestagsabgeordnete Max Kunz sowie der Landtagsabgeordnete Ernst Dietzfelbinger.

[88] Mit dieser Behauptung lehnten die Veranstalter sich an ein vom Lebensschützer Siegfried Ernst initiiertes Memorandum an, welches den Titel „Größtes Auschwitz der Geschichte Europas" trug und im Frühjahr an alle Abgeordneten versandt worden war (vgl. „Schweigemarsch mit Kundgebung gegen die Fristenlösung in Tirschenreuth", Flugblatt der ‚Aktion Öffentlichkeit und Familie', in: EZA 2/93/6220). Das Flugblatt rief die Bürger und Bürgerinnen ferner auf, sich persönlich an führende Abgeordnete zu wenden. Fast groteske Züge nahmen schließlich die Empfehlungen für Transparentaufschriften an (vgl. z. B. „60.000 Frührentner sind die Quittung für Pornos und Rauschgift" oder Kindersärge mit Kerzen und darüber die Aufschrift „Hier ruht das Kind einer armen Filmschauspielerin").

[89] Zitiert nach: *epd za* vom 6.4.1973.

laturperiode – unerwartet einer parlamentarischen Mehrheit für eine Fristenregelung gegenübergestellt sah.

In dieser Situation, die in den Augen vieler eine erhebliche Verschärfung des Konflikts darstellte, spitzten sich auch innerhalb der evangelischen Kirche die Auseinandersetzungen zwischen jenen Kreisen, welche für eine Indikationenregelung votierten, und jenen, welche für die Verabschiedung einer Fristenregelung eintraten, spürbar zu.

Ein prominentes Votum für die Fristenregelung

Eine Kontroverse von ungeahntem Ausmaß zog von Januar bis weit in den Sommer 1973 ein Artikel des Wiener Professors für Systematische Theologie Wilhelm Dantine nach sich. Der evangelische Gelehrte hatte in der Januarausgabe der „Lutherischen Monatshefte" einen Aufsatz veröffentlicht, in welchem er für eine Fristenregelung im Sinne des Alternativ-Entwurfs eingetreten war und dieses mit der Berechtigung der emanzipatorischen Interessen der Frauen begründet hatte.[90] Die Frauen, so Dantines Argumentation, sollten durch eine Gesetzesreform aus der Passivität befreit und durch Bildungsarbeit und Beratung in den Stand eigenverantwortlicher ethischer Entscheidung versetzt werden. Aufsehen erregte vor allem Dantines am Rande vorgenommene anthropologische Differenzierung des ungeborenen Lebens. Der Systematiker wollte dem Embryo im ersten Drittel der Schwangerschaft noch keine personale Existenz gegenüber dem mütterlichen Individualleben zugestehen, da die Eigenexistenz des Fötus seiner Ansicht nach erst ab dem dritten Monat zunehmend deutlich in Erscheinung trat.[91]

In der zweiten Ausgabe der „Lutherischen Monatshefte" von 1973 widersprach der Hamburger Bischof Wölber dieser Auffassung energisch. In seiner kurzen Replik hinterfragte er Dantines Unterteilung des werdenden Lebens in „Individualleben" und „Saat auf Hoffnung".[92] Wölber bestritt die von Dantine mit Hilfe der Differenzierung in den ersten drei Monaten eingeräumte „Freiheit zur Entscheidung" und wies darauf hin: „Es bleibt bei einem tiefen Konflikt. Ihn zu lösen macht uns immer unsere Unfreiheit evident, sei es im Horizont von Tragik oder Schuld."[93]

---

[90] Vgl. W. Dantine, Reform des § 218. Eine umfassende Sammlung des Presseechos findet sich in EZA 650/95/207.

[91] Vgl. W. Dantine, Reform des § 218, S. 38.

[92] Ebd., sowie H.-O. Wölber, Konflikt, S. 95.

[93] Ebd. Vgl. dagegen auch die vom Tübinger Systematiker Jürgen Moltmann am 19.3.1973 in einem Interview mit dem Südwestfunk vertretene Ansicht, dass das „biologische Leben" dem „menschlichen Leben" unterzuordnen sei und Leben nur dann menschlich sei, wenn es angenommen sei (*epd za* vom 20.3.1973). Vgl. dazu auch die radikale Position des katholischen Moraltheologen Anton Antweiler (Ders., Schutz, sowie: „Dürfen Katholiken abtreiben?", in: *Stern* vom 18.7.1971).

Weitaus größeres Aufsehen als Wölbers Erwiderung erregte Ende Februar der Evangelische Oberkirchenrat (A. B.) in Wien, der Dantines Äußerungen scharf verurteilte und seine Stellungnahme in der Aussage gipfeln ließ: „So menschenfreundlich dieser Vorschlag Prof. Dr. Dantines auch klingen mag, mit dem Glauben an den dreieinigen Gott ist er unvereinbar."[94] Der damit ausgesprochene Häresie-Vorwurf provozierte umgehend die Anfrage, inwiefern der Oberkirchenrat berechtigt war, ein derart weit gehendes Lehrurteil auszusprechen, ohne zuvor ein ordnungsgemäßes Lehrverfahren gegen Dantine angestrengt zu haben.[95] Der sich an dieser Frage entzündende innerkirchliche Konflikt kreiste im Weiteren zwar primär um machtpolitische Fragen, verhalf Dantines Aussagen jedoch zu einer breiten Öffentlichkeit, die weit über das ursprüngliche Publikum der Fachzeitschrift hinausging und bis in das bundesdeutsche Parlament reichte.[96]

Die u. a. aus der enormen Bekanntheit des Dantine-Artikels resultierende Sorge um eine gewisse Einseitigkeit der evangelischen Meinungsäußerung sollte wenig später einen wichtigen Impuls zur Abfassung des Ratswortes geben.[97] Es wirft dabei ein bezeichnendes Licht auf den Rat, dass dieser sich – ebenso wie die weitaus überwiegende Zahl der evangelischen Voten jener Zeit – zur Abgrenzung gegen die Fristenfraktion in den eigenen Reihen veranlasst sah, obgleich die Gefahr einer Überformung der moderat reformkritischen evangelischen Mehrheitsposition zu dieser Zeit weit weniger vom linken als vom rechten Rand des Meinungsspektrums ausging.

---

[94] In: Mitteilungen des Evangelischen Oberkirchenrates in Wien (hg. vom Evangelischen Oberkirchenrat A. und H. B.) Nr. 20 vom 22.2.1973, S. 9 f.

[95] Sowohl der Leiter der Evangelischen Akademie in Wien Ulrich Trinks als auch Dantines Professorenkollegium verwahrten sich gegen ein derartiges Vorgehen (vgl. „Univ. Prof. D. Dr. Wilhelm Dantine der Ketzerei beschuldigt" von U. Trinks, in: *ID – Informationsdienst* 3/73, Juli 1973, S. 9, abgelegt in: EZA 650/95/207). Das von der Synode am 28. März verabschiedete Votum „Kinder sind eine Gabe Gottes. Erklärung der Evangelischen Kirche (A. und H. B.) in Österreich zum Problem der Schwangerschaftsunterbrechung" ging zwar nicht explizit auf den Dantinefall ein, war in Form und Inhalt jedoch sehr viel maßvoller als die Stellungnahme des Oberkirchenrates und beschränkte sich im Wesentlichen auf sozialpolitische Maßnahmen sowie auf die Schärfung der allgemeinen gesellschaftlichen Einstellung zu Kindern (abgedruckt in: *epd-dok* 15/73, S. 54 f.). Bischof Oskar Sakrausky indes gehörte der Lebensrechtsbewegung an und wandte sich Anfang 1974 mit einem Aufsehen erregend radikalen Schreiben gegen die am 22.1.1974 in Österreich verabschiedete Fristenregelung (vgl. „Schreiben des Bischofs der Evangelischen Kirche Augsburgischen Bekenntnisses in Österreich, Oskar Sakrausky, an Bundeskanzler Bruno Kreisky" vom 25.1.1974, in: EZA 87/759).

[96] Horstkotte vom Justizministerium hatte Echternach darauf aufmerksam gemacht, dass der Dantine-Artikel in der gesetzespolitischen Information und Meinungsbildung große Beachtung und Verbreitung gefunden hatte, während Wölbers Replik kaum gebührend registriert worden sei (vgl. Brief von Echternach an Dietzfelbinger vom 26.3.1973, in: EZA 87/751).

[97] Vgl. unten S. 252.

1.4 Evangelische Intervention im Vorfeld der Bundestagsdebatte

Die zwei Frühlingsmonate zwischen der Einbringung des Fristenentwurfs am 21. März und der ersten Lesung der schließlich vier Gesetzentwürfe am 17. Mai 1973 waren von zahlreichen öffentlichen Stellungnahmen gesäumt. Maßgeblich wurde die Abtreibungsdebatte von den Erklärungen, Eingaben und Aktivitäten der katholischen Kirche geprägt, aber auch aus dem Raum der evangelischen Kirche, d. h. seitens der EKD, der Landeskirchen und der konfessionellen Verbände wurden in dieser Zeit nicht weniger als dreizehn kirchliche Petitionen an verschiedene Abgeordnetengruppen gerichtet; ganz zu schweigen von den Voten kleinerer evangelischer Gruppierungen und einzelner Protestanten, die sich unmittelbar an die politischen Entscheidungsträger und -trägerinnen wandten.

In dieser nahezu unüberschaubaren Diskussionslage verabschiedete der Rat Anfang April seine zweite Erklärung zur Reform des Abtreibungsstrafrechts.

1.4.1 Die Ratserklärung vom 5. April 1973

Initiiert wurde die zweite Stellungnahme des Rates der EKD zur Reform des Abtreibungsstrafrechts sowohl von landeskirchlicher als auch von politischer Seite. Unmittelbar nach der Presseankündigung, die Regierungskoalition werde einen Fristenentwurf in den Bundestag einbringen, erreichte den Ratsvorsitzenden am 21. März ein dringender Appell der hannoverschen Kirchenleitung. Das Kollegium des Landeskirchenamtes habe sich in seiner Sitzung mit der Ankündigung aus Bonn befasst, schrieb Lohse an Dietzfelbinger und fuhr fort: „Wie Sie sind auch wir angesichts dieser Entwicklung von großer Sorge erfüllt und möchten an Sie die Bitte richten, dass der Rat der Evangelischen Kirche in Deutschland an das grundsätzliche Wort, das er vor einem Jahr zu dieser Frage verabschiedet hat, anknüpfen und noch einmal eine öffentliche Stellungnahme abgeben möchte.“[98]

Weitere Anstöße für das Ratswort kamen aus Bonn. Am 26. März wurde Dietzfelbinger von Echternach über eine zufällige Begegnung mit Ministerialrat Hermann Horstkotte aus dem Bundesjustizministerium informiert.

---

[98] EZA 2/93/6219. Lohse schrieb, er habe sich auch an Wilkens gewandt und erfahren, dass der Oberkirchenrat in dieser Sache bereits mit Dietzfelbinger in Kontakt stehe. Vgl. darüber hinaus Lohses Briefwechsel mit Kunst (oben S. 235 f.). Dietzfelbinger antwortete am 26.3.1973 und ließ Lohse wissen, man habe auf seine Initiative hin der Thematik des Schwangerschaftsabbruchs sowohl in der Kirchenkonferenz als auch im Rat breiten Raum eingeräumt (EZA 81/89/64).

Horstkotte, schrieb Echternach, habe darauf aufmerksam gemacht, dass es durch den Artikel Dantines sowie durch zahlreiche Verweise der Medien auf das Synodalamt der Fristenvertreterin Lieselotte Funcke in jüngster Zeit zu einer gewissen Einseitigkeit in der Wahrnehmung der evangelischen Meinungsbeiträge gekommen sei.[99] Ohnehin stelle sich die Position der evangelischen Kirche in der Öffentlichkeit „als sehr unausgeglichen und widersprüchlich" dar.[100] Echternach berichtete weiter: „Gerade wegen dieser Unklarheit im allgemeinen Meinungsbild und der Tatsache, daß die frühere Stellungnahme des Rates kaum noch recht bekannt ist, würde er [Horstkotte, S. M.] eine kirchenoffizielle Äußerung der EKD im gegenwärtigen Zeitpunkt für außerordentlich wichtig halten."[101]

Drei Tage zuvor, am 23. März, hatte sich auch die CSU-Abgeordnete Ingeborg Geisendörfer bereits im bayerischen Landeskirchenamt erkundigt, ob seitens der EKD eine Stellungnahme zu den politischen Ereignissen geplant sei. Geisendörfer hatte darauf hingewiesen, dass die Fronten, was die Reform des § 218 StGB betraf, quer durch die Parteien verliefen und eine Ratsstellungnahme die Diskussionslage daher sehr sorgfältig zu beachten habe, wenn sie zu einer Stärkung der Mittelpositionen beitragen wolle.[102]

In Form eines vertraulichen Hintergrundberichtes hatte schließlich auch der Bonner Korrespondent des *epd* Rudolf Orlt am 23. März seine in Gesprächen mit Parlamentariern gewonnenen Eindrücke an die Kirchenleitung weitergeleitet. Orlt hatte in der Hauptsache mit Vertretern des Müller-Emmert-Entwurfs gesprochen und diese zu ihren Erwartungen an eine Reaktion des Rates zur Fristenregelung befragt. „Sie hoffen", fasste Orlt die Statements der Politiker zusammen, „auf eine adäquate Reaktion der Kirchen. Eine Reaktion, die sich nicht im Protest erschöpfe, sondern konstruktiv die Gemeinde auffordere, von der Fristenregelung keinen Gebrauch zu machen, und vielleicht dadurch zu einer kirchlichen Verinner-

---

[99] EZA 87/751. Lieselotte Funcke sprach beispielsweise in einem Beitrag für ein Diskussionsforum der *Welt* (vom 29.3.1973, abgedruckt in: *epd-dok* 15a/73, S. 20) sowohl als FDP-Abgeordnete als auch als EKD-Synodale. Die evangelische Kirche war im Gegensatz zur katholischen Kirche um keinen weiteren Beitrag gebeten worden. Vgl. auch den Titel des bereits 1971 von L. FUNCKE veröffentlichten Aufsatzes: „Die Möglichkeiten einer rechtlichen Regelung aus evangelischer [nicht politischer!, S. M.] Sicht" (DIES., Möglichkeiten). Auch die Abgeordnete Lieselotte Berger verband ihr Votum für eine Fristenregelung öffentlich mit ihrem Engagement als evangelische Christin (vgl. Brief von Berger an Döpfner vom 21.5.1973, in: EZA 87/755).

[100] Brief von Echternach an Dietzfelbinger vom 26.3.1973 (EZA 87/751).

[101] Ein Ratswort in dieser Lage, berichtete Echternach, sei nach Horstkottes Auffassung sogar von „nicht zu unterschätzendem Orientierungswert" (EBD.). Auch aus den Gemeinden kam die Aufforderung zur Stellungnahme.

[102] Vgl. Aktennotiz von OKR Kurt Horn an Dietzfelbinger über einen Anruf von Ingeborg Geisendörfer am 23.3.1973 (EZA 81/89/64).

lichung beitrage."[103] Der hier formulierte Wunsch zielte unverkennbar auf das Votum der DDR-Bischöfe von 1972.[104] An Orlts Bericht und Geisendörfers Aussagen zeigte sich damit, dass just jene Gruppierungen in Opposition und Koalition, welche durch ein Ratswort weitere Unterstützung erhalten sollten, den Rat zur Umsicht gemahnten und sich von einem direktiven Eingreifen der Kirchen in die parlamentarische Entscheidungsfindung keinen entscheidenden Gewinn versprachen.

Die EKD entschied sich indes dagegen, den Weg der DDR-Bischöfe zu gehen und ihr Votum nicht an die politischen Entscheidungsträger, sondern an die Gemeinden zu richten. Allerdings milderte Wilkens seinen ursprünglich schärfer verfassten ersten Entwurf für eine Stellungnahme nach Rücksprache mit dem Büro des Bevollmächtigten ein wenig ab und überarbeitete ihn dahingehend, dass der Hauptfokus der Erklärung schließlich auf dem Appell zur Einigung der sich polarisierenden politischen Landschaft lag.[105] Es komme in erster Linie darauf an, so der Entwurf, in Einzelfallprüfung ein „Entsprechungsverhältnis zwischen der Schwere der jeweiligen Notlage einerseits und der Schutzwürdigkeit des ungeborenen Lebens andererseits" festzustellen.[106] Eine Fristenregelung, hieß es weiter, könne den nicht zu veräußernden Schutz des ungeborenen Lebens nach Ansicht des Rates nicht gewährleisten.[107] Unbedingt begrüßens- und nach-

---

[103] „Zur Diskussion über den § 218 und das Heimgesetz/Tendenzen und Vorhaben" (in: *epd vertraulich* Nr. 2 vom 23.3.1973). Orlt hatte nach eigenen Angaben u. a. mit den Sozialdemokraten Erhard Eppler, Gerhard Jahn, Hans Bardens, Adolf Scheu, Hellmut Sieglerschmidt und Udo Fiebig gesprochen, betonte jedoch, dass offenbar auch die FDP-Abgeordnete Lieselotte Funcke den oben genannten Standpunkt vertrat.

[104] Zum Votum der evangelischen Bischöfe der DDR siehe oben S. 168 f. Vgl. auch: „Ein ähnliches Wort des Rates der EKD verbunden mit einer umfassenden Behandlung der Frage in der ganzen Kirche [...] könnte zusammen mit den zuvor genannten diakonischen Maßnahmen nicht nur dem Wesen der Kirche gemäßer, sondern auch wirkungsvoller sein als kirchlicher Einfluß auf die Gesetzgebung" („Die Kirchen und die Fristenregelung" von Karl Schaedel, in: *epd Ausg. f. kirchl. Presse* vom 28.3.1973 sowie unter dem Titel „Galgenfrist?" abgedruckt auch in: *Berliner Sonntagsblatt* vom 8.4.1973).

[105] Während die erste Fassung die zu erwartende tiefgreifende Auseinandersetzung über die Reform des § 218 StGB noch für „unvermeidlich" erachtet hatte, trat das überarbeitete Vorwort der zweiten Version für eine Versachlichung in der Diskussion ein und sprach sich gegen jede parteipolitische Polemik aus. Dies und das Folgende nach: „Entwurf 1: Erklärung der Evangelischen Kirche in Deutschland zum gegenwärtigen Stand der Auseinandersetzung über Fragen des Schwangerschaftsabbruchs" vom 4.4.1973 (EZA 87/751) sowie „Erklärung des Rates der Evangelischen Kirche in Deutschland zum gegenwärtigen Stand der Auseinandersetzung über Fragen des Schwangerschaftsabbruchs" vom 5.4.1973, abgedruckt in: *epd-dok* 15b/73, S. 11–15, sowie E. WILKENS, § 218, S. 157–160.

[106] „Entwurf 1" (vgl. Anm. 105). Der Gedanke vom Entsprechungsverhältnis zwischen dem Beweggrund für einen Abbruch und der Schutzwürdigkeit des ungeborenen Lebens war eines der zentralen Motive in Wilkens' Argumentation (vgl. z. B. unten S. 258 Anm. 125 sowie E. WILKENS, Lebensrecht, S. 535).

[107] Die erste Version hatte sich noch schärfer gegen eine Fristenregelung gewandt und war

ahmenswert am Fristenentwurf der Alternativprofessoren sei indes die zentrale Stellung der dort vorgesehenen Beratung. In diesem Zusammenhang verwies der Entwurf abschließend auf die unabdingbare Verklammerung der strafrechtlichen Reform mit sozialpolitischen Maßnahmen.

Die von Wilkens vorab ausgearbeitete Stellungnahme wurde vom Rat der EKD auf dessen Sitzung am 4./5. April in Grundzügen gebilligt. Das Gremium kam jedoch zu der Überzeugung, dass das Votum um einen wichtigen Aspekt zu ergänzen sei. Man hielt es für unerlässlich, dass auch die Kirche zu erkennen gab, was sie ihrerseits zur Lösung der Abtreibungsproblematik beizutragen gedachte. Dem Entwurf wurde deshalb ein abschließender Absatz angefügt, in welchem die EKD sich zum Ausbau ihrer diakonischen Einrichtungen und zum Einsatz für eine familien- und kinderfreundliche Gesellschaft verpflichtete.[108] Nach ihrer redaktionellen Überarbeitung wurde die „Erklärung des Rates der Evangelischen Kirche in Deutschland zum gegenwärtigen Stand der Auseinandersetzung über Fragen des Schwangerschaftsabbruchs" einstimmig beschlossen und dem Bevollmächtigten zur Weiterleitung an Regierung und Parlament übergeben.[109]

---

zu dem Urteil gekommen, diese „verdient es nicht, als fortschrittliches Reformvorhaben gewertet zu werden", „Entwurf 1" (vgl. oben Anm. 105 und EZA 2/93/6219). Nachdem Kunst die scharfe Verurteilung in einer Randbemerkung angefragt hatte, korrigierte Wilkens sie und ergänzte die Erklärung um eine anerkennende Bemerkung zur Intention des Alternativ-Entwurfs (vgl. handschriftliche Korrekturen von Kunst auf dem oben angegebenen Entwurf).

[108] Vgl. Auszug aus dem Protokoll der Ratssitzung vom 5./6.4.1973 (EZA 2/93/6219). Schober hatte dazu an Steinmeyer in Stuttgart telegrafiert und ihn darum gebeten, geeignete flankierende Maßnahmen vorzuschlagen (vgl. Vermerk von Schober an Steinmeyer von 5.4.1973, in: ADW, HGSt 3961). Steinmeyer hatte daraufhin einen beachtlichen Katalog zusammengestellt, sich angesichts der zu erwartenden Beratungs*pflicht* jedoch gegen einen Ausbau der kirchlichen Beratungsarbeit ausgesprochen. Er hatte statt dessen dafür plädiert, den Schwerpunkt der diakonischen Hilfe auf die konkrete finanzielle Unterstützung der Schwangeren in Not zu legen. Neben der Einrichtung eines Geldfonds für einmalige Überbrückungshilfen und dauerhafte rentenähnliche Beihilfen hatte er den Ausbau der Kinderhorte sowie der Angebote temporärer Heimunterkunft, die Erleichterung der Adoption und die Entwicklung neuer Formen der Fremderziehung sowie schließlich die Einführung struktureller Hilfen für Familien und vermehrte Sexualerziehung angeregt (vgl. Schnellbrief von Steinmeyer an Schober vom 6.4.1973, in: ADW, HGSt 3961). Steinmeyers Anregungen blieben allerdings weitgehend unberücksichtigt. Die Selbstverpflichtung zum Ausbau des kirchlichen Wohnungsbauprogrammes, das es in dieser Form gar nicht mehr gab, verdeutlichte statt dessen, dass es sich bei den Angeboten der Ratserklärung mehr um ad hoc zusammengetragene Ideen und kaum um ernst zu nehmende Selbstverpflichtungen handelte.

[109] Vgl. Ebd. Die Ratserklärung vom 5.4.1973 findet sich abgedruckt in: *epd-dok* 15b/73, S. 11–15 sowie E. Wilkens, § 218, S. 157–160. Warum der Bevollmächtigte den Parlamentariern die Erklärung erst mit achttägiger Verzögerung übersandte, muss offen bleiben; u. U. suchte Kunst eine Überschneidung mit dem weitaus kritischer gehaltenen, ebenfalls von Dietzfelbinger unterzeichneten Votum des bayerischen Landeskirchenrats zu vermeiden. Vgl.

Reaktionen auf das Ratswort

„Der Argumentation des Rates ist nichts hinzuzufügen", kommentierte Ludger Stein-Ruegenberg die Erklärung in der *DZ*, „[...] Ein Dokument – will man es werten – theologisch fundiert, juristisch beachtlich und in der sozialen Absichtserklärung bedeutsam, ein Dokument besten Willens."[110] Auch die *SZ* würdigte die Intention des Rates, mit seiner Erklärung zur Versachlichung der Diskussion beitragen zu wollen.[111] Die *FAZ* fügte hinzu, der Rat habe eine „äußerst vorsichtig formulierte" Erklärung veröffentlicht, in der er sich zwar gegen die Fristenregelung, jedoch ausdrücklich für eine vorsichtige Erweiterung der Indikationen nach dem Beispiel des Regierungsentwurfs von 1972 ausgesprochen habe.[112]

So vorsichtig die Erklärung indes auch formuliert gewesen sein mag, die Antwortschreiben aus Bonn machten deutlich, wie gereizt das Klima hier inzwischen war. Die Union begrüßte die Stellungnahme zwar als einen wesentlichen Beitrag zur Versachlichung der Diskussion;[113] und die rheinland-pfälzische Staatssekretärin und Vizepräsidentin des ZdK Hanna Renate Laurien wandte sich unmittelbar nach Veröffentlichung des Ratswortes auch an Wilkens, um ihn wissen zu lassen: „Ich begrüße außerordentlich, in dieser Stellungnahme eine Fülle fundierter Argumente zusammengefaßt zu finden und möchte Sie der Gemeinsamkeit unserer Bemühungen ausdrücklich versichern."[114] Die Antwortschreiben aus den Reihen der Regierungskoalition klangen jedoch weitaus reservierter. Unverkennbar zeigten sich hier die Folgen des anhaltenden ‚Bombardements' mit offiziellen Erklärungen und persönlichen Stellungnahmen. Ermüdungserscheinungen machten sich daran bemerkbar, dass einige Abgeordnete dazu übergingen, nur noch standardisierte Rundschreiben auf

---

Anschreiben von Kunst an die Abgeordneten des Deutschen Bundestages vom 13.4.1973 (EZA 742/248; EZA 87/753, sowie zur bayerischen Stellungnahme oben S. 245 f.).

110 „Ein Dokument aber auch", fuhr Stein-Ruegenberg fort, „der völligen Verkennung politischer Realitäten in der Bundesrepublik" („Wenn Christen auf die Straße gehen", in: *DZ* vom 13.4.1973.). Die Abtreibungsdebatte, erläuterte der Kommentator, sei längst auf die Ebene parteipolitischer Machtspiele und Polemiken herabgesunken. Hier jedoch vermochten die guten Argumente der EKD weit weniger auszurichten als die spektakulären Aktionen der katholischen Kirche.

111 Vgl. „EKD will § 218-Diskussion versachlichen" (*SZ* vom 7./8.4.1973).

112 „Kirche verwirft Fristenlösung" (*FAZ* vom 7.4.1973).

113 Vgl. *epd za* vom 10.4.1973.

114 Brief vom 12.4.1973 (EZA 2/93/6220). Eine positive Aufnahme der Ratserklärung lässt sich auch aus einem Offenen Brief des CDU-Abgeordneten Kai-Uwe von Hassel entnehmen. Dieser verwahrte sich im Sommer 1973 gegen die Aufforderung des Bezirksverbandes der Jungdemokraten in Brunsbüttel, für die Fristenregelung zu stimmen, indem er auf seine christliche Überzeugung und die Stellungnahme des Rates der EKD verwies (vgl. Offener Brief an Herrn Polley/Brunsbüttel vom 17.6.1973, in: EZA 87/755; der Brief wurde in der *Dithmarscher Landeszeitung* vom 26.6.1973 als Leserbrief veröffentlicht).

Eingaben zurückzusenden.[115] Die Präsidentin des Deutschen Bundestages Annemarie Renger (SPD) unternahm ferner den unsachgemäßen Versuch, im gleichen Zuge beiden großen Kirchen auf Stellungnahmen zu antworten. Rengers kühle Entgegnung, die den Einsendern den Dank für die Eingaben versagte, sowie ihre durchaus berechtigte Bitte, den § 218 StGB nicht länger in polemischer Weise mit den Euthanasie-Verbrechen des Nationalsozialismus in Verbindung zu bringen, trafen dabei zu Unrecht auch den Rat der EKD.[116]

Vorherrschendes Thema der Bonner Antwortschreiben war die Sorge vor einer weiteren Eskalation der öffentlichen Diskussion.[117] Eine eingehende inhaltliche Auseinandersetzung mit den im Ratswort vorgebrachten Argumenten – z. B. gegen den Koalitionsentwurf – fand nicht statt und war angesichts der Flut von Erklärungen, die über die Abgeordneten hereinbrach, auch kaum zu erwarten.[118] Die Reaktionen ließen vielmehr erkennen, dass über die Haltung der evangelischen Kirche nach wie vor Unkenntnis herrschte und sie nicht selten mit der katholischen Position gleichgesetzt wurde – im positiven wie im negativen Sinn.[119]

---

[115] Vgl. z. B. Rundbrief von Karl Haehser/SPD vom 2.10.1973 (EZA 87/756) sowie Rundbrief von Albert Burger/CDU vom 14.6.1973 (EZA 87/755). Vgl. auch Brief von Dietrich Sperling/SPD an den Rat der EKD vom 5.6.1973 (EZA 87/755). Sperling schloss sich der Meinung seines Genossen Horst Krockert an, legte dessen Erklärung zur Reform des § 218 StGB bei und beendete sein Anschreiben mit den knappen Worten: „Vielleicht läßt sich auf diese Weise ein versachlichter Dialog erreichen".

[116] Brief an Kunst vom 9.5.1973 (EZA 742/248; EZA 87/754). Renger antwortete vermutlich sowohl auf das Ratswort vom 5.4.1973 als auch auf das Schreiben der Bischofskonferenz vom 2.5.1973 (vgl. oben S. 231 f.).

[117] Vgl. Brief von Bayerl an Kunst vom 10.5.1973 (EZA 87/754) sowie Brief von Harsdorf i.A. von Katharina Focke an den Rat der EKD vom 26.6.1973 (EZA 87/754). Vgl. auch den Pressebeitrag des nordrhein-westfälischen Justizministers und EKD-Synodalen, Diether Posser/SPD („Pro und Contra", in: *DAS* vom 13.5.1973). Auch die CDU-Abgeordnete Helga Wex gab in einer Reaktion auf die Veröffentlichung des Rates ihrer Hoffnung Ausdruck, die Erklärung möge eine Grundlage für das ernste Gespräch aller Kreise der Gesellschaft darstellen und die Diskussion stärker auf die flankierenden Maßnahmen ausweiten (vgl. *epd za* vom 10.4.1973).

[118] Allein der SPD-Abgeordnete Hermann Dürr ging in seinem Antwortschreiben ausführlich auf das Ratswort ein, doch traf seine Erwiderung erst ein halbes Jahr nach Veröffentlichung der Ratserklärung und damit zu einer Zeit ein, als sich die Wogen der öffentlichen Auseinandersetzung seit Monaten wieder geglättet hatten. Doch auch Dürr, der sich stets in besonderer Weise um ein gutes Verhältnis zur evangelischen Kirche bemühte und zu den Vertretern eines Indikationenmodells innerhalb der SPD zählte, gab deutlich distanzierter als sonst zu verstehen, dass er ‚im Gegensatz zum Rat' eine Modifizierung des § 218 StGB, „die die Bezeichnung ‚Reform' wirklich verdient", für unbedingt erforderlich erachtete (Brief an den Rat der EKD vom 15.10.1973, in: EZA 742/248; EZA 87/756).

[119] Vgl. Brief von Franz Josef Nordlohne/CDU an Kunst vom 18.5.1973, sowie Brief von Lieselotte Berger/CDU an Döpfner vom 21.5.1973 (EZA 87/755). Beide Politiker gingen davon aus, dass der evangelischen Kirche ebenso wie der katholischen an der Beibehaltung des Status quo gelegen war, was Nordlohne begrüßte, Berger hingegen ablehnte.

1.4.2 Ein Spitzengespräch mit der Opposition

Apodiktische Äußerungen und öffentliche Aktionen waren nicht die Sache der evangelischen Kirche. Statt auf medienwirksame Auftritte – zumal gemeinsam mit der katholischen Kirche, zu der sich im Frühjahr 1973 ein gewisses Befremden einstellte – setzten die EKD-Vertreter in den verbleibenden sechs Wochen zwischen dem Ratswort vom 5. April und der ersten Lesung der Gesetzentwürfe im Parlament erneut auf das vermittelnde Gespräch und die vertrauliche Intervention.

„Eine helfende Hand" wollte der Bevollmächtigte des Rates vor allem der zersplitterten CDU bieten, die nach wie vor keinen eigenen Gesetzentwurf veröffentlicht hatte und in der, so Kunst, ‚viele vieles vertraten'.[120] Auf Initiative des Rechtsexperten der CDU Friedrich Vogel lud der Bevollmächtigte deshalb führende Unionspolitiker für den 3. Mai 1973 zu einer Konsultation in die Löwenburgstraße ein.[121] Kunst intendierte offenbar, Vogel und seinen Bemühungen um einen Unionsentwurf mehr Gehör zu verschaffen und die CDU/CSU anzuhalten, aus ihrer passiven Rolle herauszutreten. An jenem Donnerstag, zwei Wochen vor der ersten Lesung der Reformentwürfe zu § 218 StGB, trafen Wilkens und der Bevollmächtigte in dessen Büro mit Barzel, von Weizsäcker, Mikat, Vogel und Regierungsdirektorin Möller zusammen.[122] Kunst hatte im Vorfeld zunächst in Erwägung gezogen, auch den ehemaligen rheinischen Präses Joachim Beckmann zu den Beratungen hinzuzubitten, dann jedoch an Wilkens geschrieben: „Bleiben wir allein, können wir auch viel unbefangener die CDU daran erinnern, welchem Vorhalt sie sich 1976 aussetzen wird, wenn sie sich in unserer Frage wie ein aufgeregter Hühnerhaufen verhält."[123]

Als wesentlichste Zielpunkte für das weitere Vorgehen der EKD benannte der Bevollmächtigte am 3. Mai: „1. Die Verhinderung der Fristenregelung und 2. eine befriedigende Lösung der Gutachterfrage".[124] Wie es schien, zielten Kunst und Wilkens darauf ab, die Opposition durch eine strenge Verfahrensregelung für eine Erweiterung der Indikationen und damit für ein Zugehen auf die Indikationengruppe innerhalb der Koalition

---

[120] Vertraulicher Brief an Wilkens vom 16.4.1973 (EZA 742/248; EZA 87/753).

[121] Vgl. Einladungsschreiben vom 30.4.1973 (EZA 87/753).

[122] Ebd. Richard Stücklen, Vorsitzender der CSU-Landesgruppe im Bundestag, und Heinz Eyrich, Obmann der CDU/CSU-Fraktion im Strafrechtssonderausschuss und ebenso wie Vogel einer Einigung mit der Koalition nicht abgeneigt, waren ebenfalls eingeladen, mussten jedoch absagen (vgl. Notiz ohne Datum, in: EZA 87/753).

[123] Vgl. oben Anm. 120. Die Jahreszahl spielte auf die nächste Bundestagswahl an.

[124] Protokollnotiz von Kalinna an Wilkens und Kunst vom 3.5.1973 (EZA 742/248; EZA 87/754; EZA 2/93/6220; EZA 87/753). Kalinna war demzufolge offenbar ebenfalls anwesend, obwohl er im Protokoll unerwähnt blieb.

zu gewinnen.[125] Diese Hoffnung wurde durch den Vorsitzenden der CDU/CSU-Bundestagsfraktion indes zerschlagen. Zum geplanten Vorgehen der Union stellte Barzel fest: „[W]enn es auch darum ginge, die Fristenregelung zu verhindern, so doch nicht um jeden Preis".[126] Die Kompromissbereitschaft seiner Partei sei begrenzt. Barzel bat Kunst sodann, die „Toleranzgrenze" der EKD für einen möglichen parlamentarischen Kompromiss abzustecken.[127] Der Bevollmächtigte formulierte zwei ihm wesentliche Eckpunkte:

„1. Die Entscheidung eines Arztes alleine reicht nicht aus.
2. Im Indikationenkatalog muß so oder so eine soziale Komponente vorkommen."[128]

Erneut zeigte sich, dass man seitens der EKD durchaus bereit war, einem erweiterten Indikationenkatalog zuzustimmen, wenn nur das Verfahren zur Indikationsfeststellung entsprechend ausgestaltet würde.[129] Zustimmung erfuhr der Bevollmächtigte von Vogel, Mikat und Weizsäcker, die hinzu-

---

[125] Zu Kunst vgl. oben S. 237. Auch Wilkens hatte im Vorfeld des Gesprächs bereits zu verstehen gegeben, dass seine Meinung in der Frage des § 218 StGB keineswegs festgelegt sei. Kalinna notierte: „Auf meine Rückfragen, was er denn vorschlage, sagte er öfters: ‚Das muß eben diskutiert werden.' Sein Dollpunkt ist der Gutachterausschuß [...]. Es geht ihm darum, daß auf alle Fälle eine Güterabwägung zwischen dem ungeborenen Leben und der Notlage der Frau stattfindet. Unter dieser Voraussetzung ist er offensichtlich bereit, auch auf eine soziale Indikation zuzugehen" (Aktennotiz an Kunst vom 19.4.1973, in: EZA 87/753). Kalinna berichtete weiter, diese müsse nach Wilkens' Auffassung nicht einmal der medizinischen Indikation zugeordnet werden, sondern könne auch eigenständig formuliert sein, wenn es dadurch nur gelänge, genügend Sozialdemokraten für eine Indikationenregelung zu gewinnen.

[126] Protokollnotiz von Kalinna an Wilkens und Kunst vom 3.5.1973 (EZA 87/754; EZA 2/93/6220; EZA 87/753). Auch Kunsts Empfehlung, in der gegenwärtigen „Situation der Panikmache", in welcher es zunächst galt, wieder zu einer sachlichen und verantwortlichen Diskussion zurückzufinden, die erste Lesung im Bundestag zu vertagen, fand nicht die Zustimmung des Parteivorsitzenden. Dieser betonte vielmehr, er sehe es als eine Aufgabe der Kirchen an, dafür Sorge zu tragen, dass die erste Lesung in würdiger Form verlaufe, wenngleich die CDU dazu kaum ermahnt werden müsse. Ein Gespräch mit dem Bundeskanzler dagegen wäre sicher hilfreich. Für den Fall, dass es letztendlich doch zur Verabschiedung einer Fristenregelung kommen sollte, regte Barzel zudem bereits eine Erklärung der EKD an die konfessionellen Krankenhäuser an (Ebd.). Vgl. dazu unten S. 407–410 sowie unten S. 431 f.

[127] Protokollnotiz von Kalinna (vgl. oben Anm. 126).

[128] Ebd.

[129] Die EKD-Vertreter lehnten eine eigenständige soziale Indikation zwar ab, hielten eine sozial-medizinische Indikation jedoch für unumgänglich; nicht zuletzt um mit den Indikationsanhängern der Koalition im Gespräch zu bleiben (vgl. Ebd.). Die Tatsache, dass der zweite von Kunst aufgeführte Punkt keineswegs – wie von Barzel gefordert – eine Grenze absteckte, sondern im Gegenteil auf einen Spielraum hinwies, untermauert die These, dass es den Kirchenvertretern in erster Linie um eine Aufweitung der Unionsposition ging.

fügten, dass ein Entwurf, der auf die Berücksichtigung besonderer Notlagen verzichtete, ihrer Ansicht nach selbst innerhalb der CDU-Fraktion kaum Chancen hätte. Barzel jedoch schien anderer Auffassung zu sein. Der Fraktionsvorsitzende verließ die Besprechung allerdings vorzeitig, ohne den Kurs auch nur anzudeuten, den er in den verbleibenden zwei Wochen bis zur ersten Lesung des Parlaments einzuschlagen gedachte. Das Protokoll konstatierte daraufhin eine allgemeine Ratlosigkeit sowohl auf Seiten der Kirchenvertreter als auch auf Seiten der Parteikollegen.[130] Wie es schien, war es den gesprächs- und kompromissbereiten Unionsabgeordneten Mikat, Vogel und Weizsäcker auch mit Hilfe des Bevollmächtigten nicht gelungen, den Fraktionsvorsitzenden von ihrer Position zu überzeugen.[131]

Für Barzel indes hatte das Gespräch in einem wichtigen Punkt eine zufrieden stellende Klärung herbeigeführt. Hatte er doch, kurz bevor er ging, Kunsts Versicherung, die beiden großen Kirchen würden sich in Sachen § 218 weder öffentlich noch politisch auseinander dividieren und gegeneinander ausspielen lassen „mit großer Befriedigung", wie es im Protokoll hieß, zur Kenntnis genommen.[132] Barzel hatte offenbar sofort erkannt, dass dies bedeutete, die EKD werde sich - auch wenn sie die CDU intern für ihre Passivität kritisierte und für ein moderates Indikationenmodell zu gewinnen suchte - nicht öffentlich gegen die Union auf die Seite der Koalition stellen - allein schon, um die Gemeinschaft mit der katholischen Kirche nicht zu gefährden und die politische Landschaft nicht konfessionell zu spalten. Die Opposition konnte sich mit Hilfe der katholischen Kirche folglich unabhängig ihres weiteren Kurses der Duldung durch die EKD gewiss sein.

1.4.3 Weitere evangelische Initiativen

Nach der Veröffentlichung des Ratswortes am 5. April 1973 hatten die evangelischen Interventionsbemühungen zunächst für einige Wochen nachgelassen. Im Vorfeld der auf den 17. Mai anberaumten ersten Bundestagsdebatte über die Gesetzentwürfe zur Reform des § 218 StGB nahmen die Wortmeldungen einzelner protestantischer Persönlichkeiten und verschiedener Landeskirchen allerdings wieder zu.

---

[130] Vgl. Ebd.
[131] Der Schein sollte freilich trügen! (Vgl. unten S. 265 ff.
[132] Ebd.

Die bayerische und die westfälische Landeskirche

Den Anfang machte am 3. Mai der bayerische Landeskirchenrat, der sich erst vier Wochen zuvor, zeitgleich mit dem Rat der EKD, zur Reform des Abtreibungsstrafrechts geäußert hatte.[133] Die erneute Stellungnahme im Mai brachte daher verständlicherweise kaum neue Aspekte, sondern bekräftigte zunächst lediglich die Anfang April bereits vorgetragene Zurückweisung der Fristenregelung. Die kurze Erklärung thematisierte über die strafrechtlichen Fragen hinaus allerdings erstmals den diakonischen Auftrag der bayerischen Landeskirche zur Linderung von Schwangerschaftskonflikten. Als Kontaktpersonen zur Vermittlung sozialer Hilfsmaßnahmen verwies das Wort auf die Pfarrer, die tags darauf, am 4. Mai, auch tatsächlich durch ein Rundschreiben über die kirchlichen Möglichkeiten zur Hilfe in Schwangerschaftskonflikten informiert wurden.[134]

Auch die westfälische Kirchenleitung, die neben der bayerischen zu den engagiertesten evangelischen Kräften in der Abtreibungsdebatte gehörte, bezog Mitte Mai noch einmal Stellung. Und auch hier lag das letzte landeskirchliche Votum gegen eine Fristenregelung erst vier Wochen zurück.[135] Am 16. Mai, einen Tag vor der ersten Bonner Lesung der Gesetzentwürfe zu § 218 StGB, bekräftigte die westfälische Kirchenleitung ihren Standpunkt gleichwohl ein weiteres Mal und sprach sich gemeinsam mit den Gynäkologen der evangelischen Krankenhäuser Westfalens für eine „sorgfältig differenzierte Indikationsregelung" aus.[136] Die Kirchenleitung gemahnte die Abgeordneten in ihrer Erklärung darüber hinaus zu einer möglichst nüchternen Diskussion, vermochte diesem Anspruch jedoch selbst stellenweise nicht ganz gerecht zu werden.[137]

---

[133] Vgl. Erklärung des Landeskirchenrates der Evangelisch-Lutherischen Kirche in Bayern vom 3.5.1973 (EZA 87/755). Zu den vorausgegangenen bayerischen Aktivitäten vgl. oben S. 245 f.

[134] Der Landeskirchenrat informierte, dass es in Bayern drei Heime für Mutter und Kind sowie acht Kinderkrippen gab. Er wies darauf hin, dass Mütter mit Kindern bei der Diakonie mitunter auch eine feste Anstellung fänden. Er forderte die Geistlichen ferner auf, auch die Gemeinden um ihre aktive Unterstützung von Frauen in Not zu bitten (vgl. Rundschreiben des Landeskirchenrats der Evangelisch-Lutherischen Kirche in Bayern an alle Pfarrämter und Dienststellen der Evangelisch-Lutherischen Kirche in Bayern über flankierende Maßnahmen zu § 218 StGB vom 4.5.1973, in: EZA 87/755; EZA 2/93/6221).

[135] Vgl. Wortlaut des Kommuniqués der westfälischen Kirchenleitung zur Reform des § 218 vom 12.4.1973 (EZA 87/754).

[136] Erklärung der Kirchenleitung der Evangelischen Kirche von Westfalen vom 16.5.1973 (EZA 2/93/6221; EZA 2/93/6221).

[137] Vgl. z. B.: „Durch die neuen Möglichkeiten der Empfängnisverhütung erscheint es gerade jetzt unverständlich und verhängnisvoll, durch ein Gesetz das im Mutterleib sich entwickelnde Kind in den ersten drei Monaten der Gefahr willkürlicher Vernichtung auszusetzen und damit die Grundlagen der Rechtsordnung unseres Staates zu erschüttern" (EBD.).

Die badische Landessynode

Neben der westfälischen und der bayerischen gab auch die kleine und in dieser Frage ansonsten zurückhaltende badische Landeskirche Anfang Mai 1973 eine Erklärung ab.[138] Der neu gewählten und stark umbesetzten badischen Landessynode lag zu ihrer ersten Tagung der Initiativantrag einiger Synodaler vor, die sich für eine moderate Indikationenregelung aussprachen.[139] Nach einem schwierigen Verhandlungsverlauf und drei jeweils nicht mehrheitsfähigen Überarbeitungen der Vorlage ergriff Bischof Hans-Wolfgang Heidland schließlich die Initiative und arbeitete mit einigen Synodalen einen Neuentwurf aus, der von einer Positionierung zu den strafrechtlichen Fragen Abstand nahm und statt dessen einfache, bekenntnishafte Sätze aus dem Glauben formulierte, wie Heidland es später umschrieb.[140]

Eingeleitet wurde der Alternativentwurf, der letztlich mit einer knappen Mehrheit von 33 zu 30 Stimmen verabschiedet wurde, von der zutreffenden Feststellung, dass in den vorausgegangenen Wochen und Monaten innerhalb der evangelischen Kirche recht widersprüchliche Stimmen zur Reform des § 218 StGB laut geworden waren.[141] Um der in den Gemeinden aufgekommenen Verwirrung zu begegnen, hielt das Wort der badischen Synode einige wesentliche Grunddaten des evangelischen Beitrags zur Abtreibungsdebatte fest. Eine christlich gebotene Festlegung auf ein Indikationenmodell gehörte ausdrücklich nicht dazu.[142] Einig wusste man sich

---

138 Eine Initiative der ebenfalls recht kleinen pfälzischen Landeskirche scheiterte. Kirchenpräsident Walter Ebrecht ließ die Presse Mitte Mai wissen, dass man in der Frage des § 218 StGB zu keiner gemeinsamen Erklärung mit der katholischen Delegation des bischöflichen Ordinariats in Speyer unter Führung von Bischof Wetter gekommen sei, da die katholische Seite die evangelische Befürwortung einer moderaten Indikationenregelung ohne soziale Indikation nicht hatte teilen können (vgl. *epd za* vom 17.5.1973).

139 Vgl. Verhandlungen der Landessynode der Vereinigten Evangelischen Landeskirche in Baden. Ordentliche Tagung vom 29.4.–4.5.1973. 2. Tagung der 1972 gewählten Landessynode, S. 59–61; S. 199–216. Über die Hälfte der Synodalen war nach Schätzungen neu in die Synode gewählt worden (vgl. Ebd., S. 59).

140 Vgl. Ebd., S. 204 f.

141 Vgl. Ebd.

142 Vgl. „Wie beidem [i.e. dem Schutz des werdenden Lebens und der besonderen Notlage der Mutter, S. M.] Rechnung getragen wird, sagt uns die Bibel nicht. Wir müssen die Antwort nach bestem Wissen und Gewissen geben. So ist verständlich, daß Christen verschiedene Meinungen haben können" (Wortlaut der badischen Landessynode zur Reform des Paragraphen 218; in: *epd* Landesdienst Baden Nr. 38 vom 7.5.1973). Auch die Catholica- und Ökumene-Referenten der evangelischen Kirchenleitungen in der Bundesrepublik, die vom 29.–31.3.1973 in Bensheim tagten, betonten in einer Erklärung, dass sie im Gegensatz zu verschiedenen kirchlichen Gremien und Repräsentanten der Auffassung seien, die strafrechtliche Regelung der Abtreibung sei nicht Sache der Kirchen, sondern der gewählten politischen Vertreter und Vertreterinnen. Die genuine Aufgabe der Kirchen sahen die Tagungsteilnehmer – ebenso wie die badische Synode – in einer Schärfung der Gewissen (vgl. *epd* Bensheim vom 2.4.1973, abgedruckt in: *epd-dok* 15/73, S. 48). So auch „Die Kirchen und die Fristen-

hingegen in elementaren Grundüberzeugungen wie der gesellschaftlichen Verpflichtung zum Lebensschutz und der Gültigkeit des fünften Gebots für die ethische Orientierung der Gläubigen. Da die Erklärung auf der Differenzierung zwischen der ethischen Bewertung des Schwangerschaftsabbruchs und seiner strafrechtlichen Ahndung gründete, konnte sie – unabhängig von der staatlichen Entscheidung über die Reform des Abtreibungsverbots – zur ethischen Dimension der Problematik in aller Klarheit festhalten: „Nur in besonderen Ausnahmefällen kann der Schwangerschaftsabbruch vor Gott verantwortet werden. Er bleibt auch dann eine Notmaßnahme und bedarf der Vergebung."[143]

Die badische Synodalerklärung war insgesamt ein gelungener Versuch, aus dem Stimmengewirr der evangelischen Stellungnahmen die Quintessenz dessen herauszufiltern, was den originären Beitrag der protestantischen Christen und Christinnen zur Diskussion um die Reform des § 218 StGB ausmachte und sie – jenseits der abweichenden Einzelmeinungen zur strafrechtlichen Ausgestaltung des Abtreibungsparagraphen – untereinander verband. In der aufgeladenen Atmosphäre des Frühjahrs 1973 bildete die badische Erklärung jedoch ebenso wie das schleswig-holsteinische Synodalvotum und das Schreiben des rheinischen Präses an die Mitarbeiter und Mitarbeiterinnen in den Gemeinden eine Ausnahme, die zunächst ohne nennenswerten Einfluss auf die weitere Ausgestaltung des kirchlichen Öffentlichkeitsauftrags blieb.

Der Brief des Ratsvorsitzenden an den Bundeskanzler

Unmittelbar vor der ersten, für den 17. Mai angesetzten Plenardebatte des Bundestages über die Neuentwürfe zur Reform des § 218 StGB unternahm der bayerische Landesbischof Hermann Dietzfelbinger in seiner Funktion als Ratsvorsitzender einen vorläufig letzten Versuch zur politischen Einflussnahme. In einem vertraulichen Schreiben wandte er sich am 14. Mai an Bundeskanzler Willy Brandt. Ausgearbeitet worden war das fünfseitige Schriftstück, das auf eine Aussprache in der Ratssitzung vom 10./11. Mai zurückging, von Erwin Wilkens.[144] Dessen aus den Ratsworten hinreichend vertrauter Stil war allerdings kaum wiederzuerkennen, da er einmal nicht nach den Wünschen des Rates abwägend und bedachtsam formuliert hatte, sondern ganz nach Dietzfelbingers Geschmack sehr viel deutlicher gewor-

---

regelung" von Karl Schaedel (*epd Ausg. f. kirchl. Presse* vom 28.3.1973; unter dem Titel „Galgenfrist?" abgedruckt in: *Berliner Sonntagsblatt* vom 8.4.1973).

[143] Ebd.

[144] Vgl. dazu Wilkens' Auskünfte in einem Brief an das ehemalige Ratsmitglied Rudolf Weeber vom 9.8.1976 (EZA 650/95/191). Den Ratsmitgliedern wurde Dietzfelbingers Schreiben erst nachträglich zur Kenntnis gebracht (vgl. Rundbrief der Kirchenkanzlei an die Ratsmitglieder vom 25.6.1973, in: EZA 87/755).

den war und unverhohlen vor den Auswirkungen einer „bis in ihre Konsequenzen hinein unbedachten Neufassung der Rechtsbestimmungen" gewarnt hatte.[145] Irritierender noch als die Sachaussagen des recht redundanten Schreibens war dessen apodiktischer Stil, der bereits in der Orangen Schrift aufgefallen und durch die EKD-Synode scharf kritisiert worden war. Interne Konsequenzen, die das Schreiben im Falle einer Veröffentlichung ob seines Tones mit großer Wahrscheinlichkeit nach sich gezogen hätte, blieben aufgrund seiner vorläufigen Geheimhaltung jedoch aus.[146]

Das Dankesschreiben des Bundeskanzlers für die „Stellungnahme des Rates der Evangelischen Kirche in Deutschland" zeigte Ende Juni, dass Brandt den persönlichen Appell Dietzfelbingers als Ratserklärung begriffen und ihm damit einen falschen Stellenwert zugemessen hatte.[147] Der Eindruck eines offiziellen Ratsvotums hatte sich aus dem Schreiben freilich nahe gelegt, zumal es keinerlei Auskunft über seinen genauen Charakter gegeben hatte.[148] Was den Inhalt der Eingabe betraf, so ging Brandt in seinem Antwortschreiben im Sommer freundlich, aber bestimmt auf verschiedene von Dietzfelbinger angesprochene Punkte ein, würdigte das Bemühen der EKD um einen breiten Konsens und schloss mit einem Gesprächsangebot an die Adresse des – unterdessen neu gewählten – Rates der EKD.[149]

---

[145] „Schreiben des Vorsitzenden des Rates der EKD, Landesbischof D. Hermann Dietzfelbinger an den Bundeskanzler Willy Brandt" vom 14.5.1973 (abgedruckt in: E. WILKENS, § 218, S. 161–164). In einer Seitenbemerkung problematisierte das Schreiben auch die bis dahin innerhalb der EKD noch nicht aufgegriffene Frage der Krankenkassenfinanzierung von Schwangerschaftsabbrüchen (vgl. EBD., S. 163 f.); vgl. dazu unten S. 547 f.

[146] Wilkens veröffentlichte das Schreiben erst im Herbst 1973 (vgl. DERS., § 218, S. 161–163).

[147] Brief von Brandt an Claß vom 29.6.1973 (EZA 87/754). Das Schreiben Dietzfelbingers ging zwar auf eine Ratsaussprache zurück, war vom Rat jedoch nicht im Wortlaut und als gemeinsame Stellungnahme verabschiedet worden (vgl. Rundbrief der Kirchenkanzlei an die Ratsmitglieder vom 25.6.1973, in: EZA 87/755).

[148] Dietzfelbingers Schreiben an Brandt glich auch in dieser Hinsicht der Orangen Schrift, die ihren halb-offiziellen Charakter ebenfalls bis ins Druckbild zu verschleiern versucht hatte (vgl. oben S. 67).

[149] Vom 5. bis 6. Oktober 1973 kam es zu dem von Brandt angeregten Spitzengespräch zwischen Regierungsvertretern und dem Rat der EKD. Hauptthema war das „Verhältnis von demokratischem Staat und freien Kräften der Gesellschaft" im Blick auf das diakonische Dienstleistungsangebot (Brief von Kunst an die Ratsmitglieder vom 4.9.1973, in: EZA 87/763).

1.5 Die erste Aussprache im Bundestag und das Abflauen der Abtreibungsdebatte

Seit der Einbringung der Fristenregelung Ende März 1973 hatte sich die Abtreibungsdebatte erheblich verschärft. Die gesellschaftlichen wie politischen Auseinandersetzungen um eine Novellierung des § 218 StGB waren weit über die Sachfragen hinausgegangen und hatten sich zunehmend zum Austragungsort grundsätzlicher, weltanschaulicher Differenzen entwickelt. Aufmerksam hatte der designierte Vizepräsident der Kirchenkanzlei Erwin Wilkens diese Ausweitung der Debatte beobachtet und kurz vor der ersten Lesung im Bundestag an Theodor Schober, den Präsidenten des Diakonischen Werks, geschrieben: „Es ist ganz eindeutig, daß wir uns in der Auseinandersetzung um den § 218 inzwischen in einem Weltanschauungskampf befinden, in dem es gar nicht mehr so sehr um diese spezielle Angelegenheit geht, für die der § 218 vielmehr ein vermeintlich oder tatsächlich populärer Anwendungsfall ist."[150] Der Streit um die Änderung des Abtreibungsstrafrechts war, so Wilkens an anderer Stelle, zu einer Art „Glaubenskrieg" geworden.[151]

Die gegnerischen Parteien waren längst ausgemacht. Auf der einen Seite fanden sich die reformwilligen, liberalen Kreise der Gesellschaft, für die sich die Emanzipation der mündigen Bürger und Bürgerinnen von der Bevormundung durch Staat und Kirche exemplarisch an der Reform des § 218 StGB vollziehen sollte.[152] Auf der anderen Seite indes standen die Reformgegner und -gegnerinnen – allen voran die radikalen Lebensschutzorganisationen und die katholische Kirche – die seit der Veröffentlichung der Fristenregelung verstärkt den Eindruck vermittelten, als gefährde eine Liberalisierung des Abtreibungsstrafrechts das gesamte abendländische

---

[150] Brief vom 8.5.1973 (EZA 87/754).

[151] „§ 218 – Streit ohne Ende?" von Erwin Wilkens (*DAS* vom 12.8.1973). Auch der *Rheinische Merkur* vertrat die Ansicht, es gehe den Reformbefürwortern und -befürworterinnen längst nicht mehr um § 218 StGB, sondern um die Zerschlagung eines Wertgefüges: „[E]in behauptetes Freiheitsrecht ist durchzusetzen gegen ein vorgebliches Komplott repressiver Mächte, veranstaltet von so merkwürdigen Komplicen wie dem Verband der deutschen Frauenärzte, der Lutherischen Kirche und dem Zentralkomitee der deutschen Katholiken" („Jenseits von § 218", in: *Rheinischer Merkur* vom 30.3.1973). Der Frauenbewegung wurde in diesem Szenario nur noch eine Nebenrolle zugewiesen: „[D]as schon leicht ranzig gewordene Pathos von ‚Woman's lib' verleiht dem Agitations-Cocktail jenen Schuß Hysterie, den er braucht, um für die Massenmedien so recht progressiv zu erscheinen" (EBD.).

[152] Vgl. dazu z. B. R. SCHMID, Chronik § 218, S. 563. Schmid vertrat die Ansicht, jener Prozess, in welchem die gesetzlichen Verbote religiöser Herkunft aus dem weltlichen Strafrecht ausgeschieden würden, habe mit der anstehenden Reform des § 218 StGB seinen Höhepunkt erreicht. Wilkens vertrat indes die These, die Regierung wolle mit dem Fristenentwurf, der in der Tat deutliche Züge eines „Weltanschauungsgesetzes" trage, lediglich ein Surrogat für die ansonsten ausgebliebene Gesellschaftsveränderung anbieten (vgl. Anm. 151).

Wertgefüge, treibe weite gesellschaftliche Kreise in die Entfremdung zum Staat und bedrohe die Grundlagen der Demokratie.[153]

In dieser hoch ideologischen Diskussionslage sah sich der Bundestag vor die schwierige Aufgabe gestellt, seine erste Aussprache über die vorgelegten Gesetzentwürfe zur Reform des § 218 StGB in möglichst sachlicher Form zu führen, um die anstehenden Beratungen in den Unterausschüssen nicht zu behindern und die Möglichkeit zur gegenseitigen Annäherung der Standpunkte nicht schon zu einem frühen Zeitpunkt zu verschütten.

Das Parlament war zudem mit einer ungewohnten Fülle konkurrierender Modelle konfrontiert. Zusätzlich zu den zwei Gesetzentwürfen aus den Reihen der Regierungskoalition lagen den Abgeordneten am 17. Mai zwei weitere Entwürfe zum 5. Strafrechtsreformgesetz (StrRG) vor, die noch wenige Tage vor der ersten Plenardebatte aus dem Oppositionslager eingereicht worden waren.

1.5.1 Zwei Gesetzentwürfe aus der Opposition

Friedrich Vogel, der Vorsitzende des innen- und rechtspolitischen Arbeitskreises der CDU, hatte sich bereits 1972 – damals vergeblich – für eine Gesetzesinitiative der Union ausgesprochen. Ein Jahr später, im April 1973, legte er seiner Fraktion erneut einen Entwurf vor.[154] Bei ähnlicher Ausgestaltung des Indikationenkatalogs unterschied sich Vogels Vorlage vor allem in drei Punkten vom SPD-Indikationenmodell. Zum einen kannte der CDU-Entwurf keine selbstständige soziale Indikation (wohl aber eine weit gefasste medizinische Indikation, welche die Gefahr einer psychischen Schädigung der Schwangeren mit berücksichtigte). Zum anderen lehnte der Entwurf die generelle Straffreiheit der Schwangeren, wie der Müller-Emmert-Entwurf sie verfügte, ab und sah statt dessen lediglich die Möglichkeit zur gerichtlichen Absehung von Strafe vor. Drittens schließlich beinhaltete Vogels Entwurf zwar eine Beratungspflicht, behielt jedoch zusätzlich die Einrichtung der Gutachterstellen zur Indikationsfeststellung bei und ließ sich nicht auf die bei Müller-Emmert stellvertretend vorgesehene Attestierung der Indikation durch einen niedergelassenen Arzt bzw.

---

[153] So z. B. der Essener Bischof Franz Hengsbach (vgl. „Bedenklichster Angriff gegen sittliche Grundlagen", in: *Die Welt* vom 29.3.1973). Vgl. auch oben S. 234, Anm. 41.

[154] Vogel hatte bereits am 3.4.1973 zwei Entwürfe – einen mit und einen ohne selbstständige eugenische Indikation – parteiintern zur Diskussion versandt und auch dem Ratsbevollmächtigten zukommen lassen (EZA 2/93/6220). Zu F. Vogels Position vgl. auch DERS., Wirksamer Schutz. Das Folgende nach: „CDU/CSU bereiten Initiative zur Reform des Paragraphen 218 vor" (*FAZ* vom 19.4.1973).

eine Ärztin ein. Trotz dieser Differenzen war Vogels Gesetzesvorschlag alles in allem durchaus geeignet, um mit den Indikationenvertretern der Regierungskoalition ins Gespräch zu kommen und möglicherweise noch zu einer überparteilichen Einigung im Bundestag zu gelangen.

Die von Vogel ausgearbeitete Vorlage für eine eigene Gesetzesinitiative der CDU/CSU-Fraktion stieß allerdings innerhalb der Union selbst auf große Zurückhaltung. Die Parteiführung fand sich zunächst zu keiner Beschlussfassung über den Entwurf bereit.[155] Allerdings sah sich die Union sowohl in der Presse als auch in den eigenen Reihen zunehmend dem Vorwurf ausgesetzt, durch ihr passives Verhalten nicht die notwendige Neufassung des § 218 StGB zu befördern, sondern höchstens zum Scheitern der Reform bzw. indirekt sogar zur Verabschiedung der Fristenregelung beizutragen.[156]

Am 3. Mai, dem Tag des Spitzengesprächs im Büro des EKD-Ratsbevollmächtigten, unternahm Vogel deshalb einen weiteren Versuch, übersandte eine leicht redigierte und von seinem Arbeitskreis beschlossene Gesetzesvorlage an die Mitglieder der CDU/CSU-Fraktion und leitete damit die abschließende Meinungsbildung über die Einbringung eines eigenen Unionsentwurfs ein.[157] Nach längeren kontroversen Debatten, einigen Korrekturen und unter erheblichem Zeitdruck beschlossen in den darauf folgenden Tagen sowohl die Fraktionsmitglieder als auch der Landesvorstand der CDU und die Landesgruppe der CSU die Annahme der Vorlage und brachten sie am 11. Mai in den Bundestag ein.[158]

Die Union entschied sich damit zugleich gegen ein zweites Modell, das der Abgeordnete Gottfried Köster den Fraktionsmitgliedern noch unmittelbar vor deren Beschlussfassung hatte zukommen lassen. Kösters eng gefasste Indikationsregelung sah lediglich die Anerkennung des Status quo,

---

155 Vgl. „CDU/CSU bereiten Initiative zur Reform des Paragraphen 218 vor" in: *FAZ* vom 19.4.1973.

156 Vgl. „Die Risiken der Abtreibung. Die Union sollte die Reform des Paragraphen 218 noch einmal überdenken" von Wolfgang Cyran (*FAZ* vom 12.4.1973). Vgl. auch: „Der Erfolg der Fristen-Anhänger wird augenscheinlich auch durch die CDU/CSU garantiert. Nämlich dadurch, daß die Fraktion keinen Konsens über einen eigenen Entwurf zustandebringt. [...] Deshalb nimmt es nicht wunder, wenn man in Bonn von kompetenter Seite hört, der Zug sei abgefahren" („Zur Diskussion über den § 218 und das Heimgesetz. Tendenzen und Vorhaben". Hintergrundbericht von Rudolf Orlt, in: *epd vertraulich* Nr. 2 vom 23.3.1973). Auch der 8. Bundesdelegiertentag der Frauenvereinigung der CDU forderte die eigene Partei auf, ein Alternativmodell zur Reform des § 218 StGB vorzulegen (vgl. Entschließung des 8. Bundesdelegiertentag der Frauenvereinigung der CDU in Kassel vom 1.4.1973, in: EZA 2/93/6220).

157 Dies und das Folgende nach M. GANTE, § 218, S. 143.

158 Vgl. „Gesetzentwurf der Fraktion der CDU/CSU für ein 5. StrRG" (BT-Drs. 7/554 vom 11.5.1973). Zu den Korrekturen zählte z. B., dass die eugenische Indikation im schließlich eingebrachten Entwurf nicht als eigenständige Indikation, sondern als Unterfall der medizinischen verhandelt wurde (vgl. EBD.).

d. h. der medizinischen Indikation vor. Als Gruppenantrag von 27 Abgeordneten um Bruno Heck wurde jedoch auch dieses Modell am 15. Mai, zwei Tage vor der ersten Lesung, in den Bundestag eingebracht.[159] Dem Parlament lagen damit abschließend vier Gesetzentwürfe zur Beratung vor: Eine Fristenregelung, zwei verschieden weit gefasste Indikationenmodelle sowie eine eng gefasste Indikationsregelung.

1.5.2 Die erste Lesung der Gesetzentwürfe zur Reform des § 218 StGB

Am Morgen des 17. Mai 1973 trat der Deutsche Bundestag zu seiner ersten Plenardebatte über die Reform des Abtreibungsstrafrechts zusammen. Zur Beratung standen nicht nur die vier oben genannten Vorlagen zum 5. StrRG, sondern darüber hinaus auch drei Gesetzentwürfe und vier Anträge, die sich mit dem Ausbau der sozialpolitischen Hilfsmaßnahmen befassten.[160] Die Aussprache über die zahlreichen Eingaben erstreckte sich bis weit in den Abend.

Das Niveau der insgesamt 18 Reden, die zu einem überproportional hohen Anteil von weiblichen Parlamentariern gehalten wurden, war allgemein hoch, so dass die Debatte in einer weit gehend sachlichen Atmosphäre verlief.[161] Die Abgeordneten hatten sich offenbar den verschiedenen Kräften zu entziehen vermocht, die seit Monaten polemisierend und polarisierend auf sie einwirkten. Einige Redner und Rednerinnen kamen in diesem Zusammenhang explizit auf die Interventionsbemühungen der katholischen Kirche sowie einzelner Lebensschutzorganisationen zu sprechen und wiesen diese nochmals entschieden zurück.[162] Ansätze einer konstruktiven Aufnah-

---

[159] „Gesetzentwurf der Abgeordneten Dr. Heck, Köster, Dr. Unland, Dr. Becker/Mönchengladbach, Dr. Blüm, Dr. Jahn/Münster, Nordlohne, Carstens/Emstek und Genossen für ein 5. StrRG" (BT-Drs. 7/561 vom 15.5.1973). Dieser restriktivste der vier Gesetzentwürfe, den 22 Unionsabgeordnete mit ihrer Unterschrift unterstützten, wurde allgemein der CSU zugeschrieben, doch wies Fromme darauf hin, dass Bruno Heck aus Schwaben komme und die Mitunterzeichner des Entwurfs „mehr bei den älteren und jüngeren Kolpingsöhnen" zu finden seien als bei der CSU, d. h. sich nicht so sehr nach parteipolitischer Couleur als nach Konfession und Kirchenbindung ausmachen ließen (vgl. „Vier Entwürfe und keine Mehrheit" von Friedrich Karl Fromme, in: *FAZ* vom 24.12.1973).

[160] Dies und das Folgende nach: BT Sten. Ber. 7. WP 33. Si. vom 17.5.1973, S. 1760–1841; hier: S. 1760 f.

[161] Besondere Tiefe wurde der Debatte durch die Grundsatzrede des Bundesjustizministers Gerhard Jahn verliehen, der nicht für einen der vorliegenden Entwürfe, sondern zum Thema allgemein sprach und mit seinen Ausführungen über die Fraktionsgrenzen hinweg auf breite Zustimmung stieß (vgl. Ebd., S. 1798–1801). Sieben der insgesamt 18 Reden wurden von weiblichen Abgeordneten gehalten.

[162] Vgl. Ebd., S. 1776 (von Schoeler); S. 1798 (Jahn); S. 1813 (Timm) sowie S. 1804 (Funcke).

me des kirchlichen Beitrags waren dagegen selten. In den vereinzelten Anspielungen auf die Haltung der Kirchen zur Frage des Schwangerschaftsabbruchs und seiner rechtlichen Regelung drückte sich meist ein deutliches Bedürfnis nach Abgrenzung aus.[163] Positive Bezugnahmen fanden sich lediglich bei der Unionsabgeordneten Roswitha Verhülsdonk sowie den Koalitionsabgeordneten Adolf Müller-Emmert und Katharina Focke.[164] Die Gesundheitsministerin streifte dabei als einzige nicht nur den katholischen, sondern auch den evangelischen Beitrag und zitierte aus der Erklärung des Rates der EKD vom 5. April, dass es für die Frage des Schwangerschaftsabbruchs weder in rechtlicher noch in sittlicher Hinsicht eine voll befriedigende Lösung geben könne, da hier verschiedene Rechtsgüter und sittliche Verpflichtungen in Konkurrenz zueinander stünden.[165]

Die Marathonsitzung des Parlaments endete schließlich mit der Überweisung der Gesetzentwürfe und des sozialpolitischen Reformpakets an die dafür zuständigen Fachausschüsse des Bundestages.[166] Federführend für die weitere Beratung der vier Gesetzentwürfe eines 5. StrRG war der Sonderausschuss für die Strafrechtsreform. Mit dem Abschluss der Ausschussberatungen wurde allerdings nicht vor Herbst 1973 gerechnet.

1.5.3 Die letzten Ausläufer des evangelischen Engagements

Mit der Überweisung der Gesetzesvorlagen an die Unterausschüsse des Bundestages kehrte am 17. Mai nach drei turbulenten Frühlingsmonaten der politische Alltag nach Bonn zurück. Auch in der Öffentlichkeit ebbten die erregten Kontroversen über die Reform des Abtreibungsstrafrechts nach der ersten Lesung im Parlament ab. Es schien, als sei wieder Raum für eine besonnene und konstruktive Weiterarbeit geschaffen, sowohl in den Ausschüssen des Bundestages als auch in den verschiedenen gesellschaftlichen Gruppen.

---

[163] Die Gesundheitsministerin Katharina Focke (Ebd., S. 1829) und der FDP-Abgeordnete Burkhard Hirsch (S. 1833) kritisierten die Haltung der Kirchen ledigen Müttern gegenüber. Selbst der Unionsabgeordnete Alois Heck, der für das engste Indikationenmodell sprach, trat in eine gewisse Distanz zur Position der katholischen Kirche (S. 1797).

[164] Vgl. Ebd., S. 1764 f. (Müller-Emmert); S. 1825 (Focke) und S. 1815–1822 (Verhülsdonk). Funcke argumentierte ferner mit Prälat Wöste vom katholischen Büro in Bonn, dass es keinen Mittelweg zwischen einer Fristenregelung und einer engen medizinischen Indikationsregelung geben könne (S. 1806).

[165] Vgl. Ebd., S. 1825. Müller-Emmert (S. 1779) und Focke (S. 1827) erwähnten die Kirchen ferner als Partnerinnen im Bereich der sozialpolitischen Hilfsmaßnahmen.

[166] Vgl. Ebd., S. 1760 sowie S. 1840.

Das Votum der VELKD

Völlig unerwartet erfuhr die öffentliche Auseinandersetzung um die Reform des § 218 StGB, die bis dahin in erster Linie verbal ausgetragen worden war, eine Woche nach der Bundestagsdebatte noch einmal eine erschreckende, militante Zuspitzung. Unbekannte deponierten am 24. Mai 1973 vor dem Lutherischen Kirchenamt in Hannover eine entsicherte Bombe, um ihrer Forderung nach Streichung des § 218 StGB Nachdruck zu verleihen, wie an der Hauswand des Kirchenamtes zu lesen war.[167]

Da die Tagesordnung der auf den 24. Mai anberaumten Kirchenleitungssitzung eine Aussprache zur Abtreibungsproblematik vorgesehen hatte, musste angenommen werden, dass die nur durch Zufall nicht detonierte Bombe gezielt jenem Gremium gegolten hatte.[168] Demonstrativ bekräftigte die VELKD-Kirchenleitung tags darauf ihre überaus reformkritische Position und gab erneut ihrer Sorge Ausdruck, dass die Folgelasten einer Liberalisierung des Abtreibungsstrafrechts von den Reformbefürwortern und -befürworterinnen nicht richtig eingeschätzt würden.[169] Die Presse widmete bezeichnenderweise weder dem Kommuniqué der Kirchenleitung noch dem vereitelten Bombenanschlag größere Beachtung.

Das hannoversche Synodalvotum

Zu einiger Bedeutung gelangte die – auch in innerkirchlichen Kreisen durchaus nicht unumstrittene –[170] reformkritische Position der VELKD einige Wochen nach dem Zwischenfall durch die größte VELKD-Mitgliedskirche. Die hannoversche Landessynode hatte sich auf Antrag verschiedener Kirchengemeinden mit der Reform des Abtreibungsstrafrechts und der Problematik des Schwangerschaftsabbruchs zu befassen.

---

167 Vgl. *epd za* vom 28.5.1973.

168 Über die Motive für den Anschlag lässt sich nur mutmaßen, da die Position der VELKD-Kirchenleitung zwar den rechten Rand des evangelischen kirchenamtlichen Meinungsspektrums markierte, jedoch kaum mit der reformfeindlichen Auffassung der katholischen Kirche oder auch der radikalen Lebensschutzgruppen zu vergleichen war. Möglicherweise ermangelte es im ‚lutherischen' Hannover schlicht eines exponierteren Gegners.

169 Vgl. *epd za* vom 25.5.1973.

170 So hatten sich z. B. neun Pfarrer der freien Osnabrücker Pfarrkonferenz in einem Beschwerdebrief gegen die Äußerungen des VELKD-Vorsitzenden Wölber und die darin zum Ausdruck gekommene „Rekatholisierung der Lutherischen Kirche" gewandt (vgl. *epd za* vom 20.5. sowie vom 28.5.1973). Die freie Osnabrücker Pfarrkonferenz hatte indes den Plan zweier Pfarrer aus dem Raum Burgdorf befürwortet, in kirchlichen Räumen Verhütungsmittel-Automaten aufzustellen (*epd za* vom 4.1.1973). Vgl. aber auch die kritischen Äußerungen des Synodalen und späteren hannoverschen Landesbischofs Horst Hirschler zur Position der VELKD (18. LANDESSYNODE DER EVANGELISCH-LUTHERISCHEN LANDESKIRCHE HANNOVERS, 5. Tagung, 2. Teil vom 20.–22.6.1973, S. 55 f.; S. 94 f.).

Die turbulente Synodaldebatte am 20. Juni 1973 kreiste zunächst um die Grundsatzfragen, *ob* und wenn ja, *wann* das Gremium eine Erklärung zu dieser Thematik abgeben sollte, sowie darum, an welchen Adressatenkreis sie sich richten und was sie beinhalten sollte.[171] Der Öffentlichkeits- und Presseausschuss der Synode hatte einen Entwurf für ein Votum an die Gemeinden vorgelegt, das nach den Vorstellungen seiner Verfasser und Verfasserinnen erst im Anschluss an eine mögliche Gesetzesnovelle veröffentlicht werden sollte.[172] Es sah entsprechend keine Parteinahme für eine der gesetzgeberischen Optionen vor, sondern eine ethische Unterrichtung der Gläubigen darüber, dass die Strafbestimmungen des Staates in einer pluralistischen Gesellschaft nicht immer den Maximalforderungen von christlicher Seite entsprächen und den sozialen Maßnahmen zum Schutz des ungeborenen Lebens ohnehin die größere Bedeutung zukäme. Verschiedene Synodale votierten allerdings entschieden dagegen, sich erst nach der Verabschiedung der Gesetzesnovelle zu Wort zu melden und damit die Chance – ja die Verpflichtung – zur Einflussnahme auf den politischen Entscheidungsprozess zu vergeben. Sie plädierten dafür, die Synode möge sich das Kommuniqué der VELKD-Kirchenleitung vom 23. März zu eigen machen.[173]

Nach intensiven Beratungen im Öffentlichkeitsausschuss sowie einer zweiten ausführlichen und kontroversen Diskussion im Plenum kam die hannoversche Landessynode am 22. Juni schließlich zu folgenden Beschlüssen:

1. Die Synode hielt eine Fristenregelung ohne pflichtgemäße Beratung für nicht annehmbar.[174]
2. Eine Mehrheit von 43 Synodalen lehnte darüber hinaus jede Fristenregelung ab und machte sich das Kommuniqué der VELKD-Kirchenleitung vom 23. März 1973 zu eigen.
3. Eine Minderheit von 23 Stimmen hielt eine Fristenregelung mit pflichtgemäßer Beratung dagegen für möglich.[175]

---

[171] Vgl. Ebd., S. 47–61.

[172] Vgl. „Überlegungen des Öffentlichkeits- und Presseausschusses für eine spätere Erklärung an die Kirchengemeinden in Sachen § 218 StGB". Anlage zum Aktenstück Nr. 104 der 18. Landessynode (Ebd., S. 269–271).

[173] Die VELKD hatte sich im März sowohl gegen eine Fristen- als auch gegen eine erweiterte Indikationenregelung ausgesprochen und zu einem verstärkten öffentlichen Engagement der Gemeindeglieder aufgerufen (vgl. oben S. 239 ff.).

[174] Die SPD/FDP-Fraktionsvorlage zu § 218 StGB sah zu diesem Zeitpunkt noch keine sozial-psychologische Pflichtberatung vor (vgl. oben S. 225 ff. sowie unten S. 279).

[175] Vgl. Aktenstück Nr. 104 A der 18. Landessynode der Evangelisch-Lutherischen Landeskirche Hannovers, 5. Tagung, 2. Teil vom 20.–22.6.1973, S. 271 f., sowie die vorangegangene Synodaldebatte Ebd., S. 90–99.

Die Synode war, was Intention und Inhalt ihrer Erklärung betraf, von der Linie des Öffentlichkeits- und Presseausschusses abgerückt und hatte eine politische Kampfabstimmung für bzw. gegen die Fristenregelung vorgenommen.[176] Sie hatte somit den Kurs der westfälischen sowie der bayerischen Kirchenleitung eingeschlagen und – anders als die badische Landessynode – die Option zur politischen Positionierung gewählt. Der Versuch zur Richtungsansage in strafrechtlichen Fragen fiel allerdings recht kläglich aus, da er angesichts der evangelischen Meinungsvielfalt nur zu einer verwirrenden, aus drei z. T. widersprüchlichen Einzelvoten zusammengesetzten Synodalerklärung führte. Überdies wurde die Erklärung zu einem Zeitpunkt verabschiedet, als die lebhafte Abtreibungsdebatte des Frühjahrs bereits abgeklungen war und die Reform des § 218 StGB kaum mehr politische Aktualität besaß.

1.5.4 Die EKD-Synode in Coburg

Ende Mai, vier Wochen vor der hannoverschen Landessynode, war die Synode der EKD zusammengetreten. Auch hier hatte sich im Vorfeld die Frage gestellt, ob es zu einer Behandlung der Abtreibungsproblematik kommen würde, zumal die Bundestagsdebatte noch keine zwei Wochen zurücklag.

Das Hauptaugenmerk galt allerdings einem anderen Thema. Die neu gewählte fünfte Synode der EKD hatte auf ihrer konstituierenden Sitzung in Coburg zunächst die Aufgabe, den neuen Rat der EKD zu wählen. Die Ratsneuwahl veranschaulichte dabei den in Gesellschaft und Kirche sich allseits vollziehenden Umbruch und führte zu einem einschneidenden Wechsel in der Führung der Evangelischen Kirche in Deutschland.[177] Lediglich fünf der fünfzehn Mitglieder des neuen Rates hatten dem Gremium bereits zuvor angehört, vier von ihnen kürzer als eine Amtsperiode. Die übrigen zehn Mitglieder, darunter der Ratsvorsitzende und sein Stellvertreter, waren noch ohne jede Ratserfahrung. Zum Vorsitzenden des Rates

---

[176] Durch den Synodalbeschluss änderte sich selbstverständlich nicht nur der anvisierte Zeitpunkt der Veröffentlichung, sondern auch der Adressatenkreis der Stellungnahme. Das Synodalvotum wurde nicht erst nach der Verabschiedung einer Gesetzesnovelle, sondern umgehend veröffentlicht und nicht nur den Gemeinden, sondern auch den niedersächsischen Bundestagsabgeordneten zugeleitet (vgl. *epd za* vom 25.6.1973).

[177] Vgl. „Schwierige Wahl zum Kirchenregiment“ (*SZ* vom 2./3.6.1973). Der Synodale Hans von Keler bemerkte ferner, dass der Pressekommentar zur Synode von 1967: „Schwarze Anzüge und graue Haare“ unterdessen kaum mehr zuträfe und eine Reihe junger Männer und Frauen in die Synode nachgerückt seien (COBURG 1973, S. 203 f.; vgl. auch H. v. KELER, Die neue Synode). Zum neuen synodalen Selbstbewusstsein vgl. auch E. LOHSE, Erneuern und Bewahren, S. 16.

wurde entgegen voriger Erwartungen nicht der westfälische Präses Hans Thimme gewählt, sondern die Integrationsfigur des württembergischen Bischofs Helmut Claß.[178] Zu seinem Stellvertreter bestimmte man den hessen-nassauischen Kirchenpräsidenten Helmut Hild. Als neuer Präses der Synode setzte sich nur mit knapper Mehrheit der unionsnahe Rechtsanwalt Cornelius Adalbert von Heyl gegen den vom Plenum der Synode nominierten, liberal gesinnten Akademiedirektor Hans-Gernot Jung aus Hofgeismar durch.[179]

Eingeleitet wurde die Coburger Synode vom Abschlussbericht des scheidenden Ratsvorsitzenden. Dietzfelbinger kam darin auch kurz auf die Problematik des Schwangerschaftsabbruchs zu sprechen und äußerte den Wunsch, das Diakonische Werk möge in Bälde konkrete Anregungen geben, welchen Beitrag die evangelische Kirche zur Linderung von Schwangerschaftskonflikten leisten könnte. An die politisch Verantwortlichen appellierte der bayerische Landesbischof ferner, den Lebensschutz nicht generell, und sei es auch nur für einen begrenzten Zeitraum, zurückzuziehen.[180]

Obgleich sich weitere Synodale für eine ausführliche Behandlung der Abtreibungsproblematik präpariert hatten, sollte Dietzfelbingers kurzes Statement der einzige Beitrag der Coburger Synode zu diesem Fragenkomplex bleiben.

Bereits im Vorfeld der Tagung hatte die FDP-Politikerin Lieselotte Funcke dem Synodalbüro eine Vorlage zum Schutz des ungeborenen Lebens eingereicht.[181] In Anlehnung an das schleswig-holsteinische Synodalvotum hatte die Fristenvertreterin die Synode der EKD dazu bewegen wollen, sich zur Frage der strafrechtlichen Ausgestaltung des Abtreibungsverbots neutral zu erklären, mit allem Nachdruck für den Ausbau der sozialpolitischen Hilfsmaßnahmen einzutreten und Gesellschaft wie Politik an das ethische Gebot zum Lebensschutz zu gemahnen.[182] Funckes Vorlage hatte u. a. die wohl formulierte Bitte an die Bundestagsabgeordneten gerichtet: „für die gesetzliche Regelung einen Weg zu finden, der es den Frauen erleichtert

---

[178] Thimme gelangte sogar nur mit Mühen und erst im fünften Wahlgang in den Rat der EKD (Coburg 1973, S. 241). Zur Frage des Ratsvorsitzenden vgl. bereits den Brief von Wilkens an Kunst vom 14.2.1972 (EZA 742/558). Wilkens hatte neben Thimme auch Kunst und Wölber als mögliche Ratsvorsitzende in Erwägung gezogen. Der hannoversche Bischof Eduard Lohse war in Coburg ebenfalls im Gespräch gewesen, hatte das ihm angetragene Amt jedoch bereits im Vorfeld abgelehnt (vgl. Interview mit Horst Echternach vom 5.2.2000).

[179] Coburg 1973, S. 105.

[180] Vgl. Ebd., S. 47.

[181] Vgl. „Vorlage der Synodalen L. Funcke" (ohne Datum) (EZA 87/755).

[182] Der entsprechende Passus ihres Antrags lautete: „Die Synode sieht sich angesichts der Vielschichtigkeit der Probleme nicht in der Lage, einheitlich für oder gegen die eine oder andere strafrechtliche Regelung Stellung zu nehmen" (Ebd.). Vgl. auch das Synodalwort aus Schleswig-Holstein (oben S. 244 f.).

und sie ermutigt, das Kind auszutragen, und der es zugleich sicherer macht, daß das Gebot und die Mahnung, werdendes Leben als gerufenes Leben ernst zu nehmen, die betroffene Frau in ihrer persönlichen Lage auch tatsächlich erreicht."[183] Die Ausarbeitung hatte den Rat der EKD zudem aufgefordert, einen Sonderausschuss zu berufen, der sich mit dem Strukturwandel in der Gesellschaft und dessen Implikationen auf Kirche und Familie beschäftigen sollte. Die Eingabe der Politikerin wurde auf der Synodaltagung in Coburg zwar vorgelegt und an den zuständigen Berichtsausschuss für öffentliche Verantwortung überwiesen, blieb dort allerdings ‚stecken', da der Ausschuss seine Beratungen aus Zeitgründen nicht zum Abschluss bringen und dem Plenum somit keine Vorlage für eine Synodalerklärung unterbreiten konnte.[184]

Wie Funcke hatte sich auch Schober auf die Behandlung der Abtreibungsthematik in Coburg vorbereitet und für die Synode eigens eine Vorlage ausarbeiten lassen. Er hatte seine Mitarbeiterin Mechthild König dazu gebeten, auf die Diskussion strafrechtlicher Lösungsmöglichkeiten zu verzichten und statt dessen eine ausführliche Liste flankierender Maßnahmen zur Hilfe in Schwangerschaftskonflikten zusammenzustellen.[185] Das von König formulierte Papier kam in Coburg jedoch ebenfalls nicht zum Zuge.[186]

Auch eine dritte Initiative, die Abtreibungsproblematik auf der Synode zu implementieren, scheiterte. Auf Bitten der Frauenarbeit hatte König der EKD-Synodalen Hildegard Zumach eine ausführliche Zusammenfassung ihrer Ausarbeitung zukommen lassen, denn auch Zumach wollte in Coburg das Wort zur Frage des Schwangerschaftsabbruchs ergreifen. Da Königs

[183] Vgl. Anm. 181.

[184] Vgl. COBURG 1973, S. 270. In einem Brief an Claß vom 5.6.1973 betonte Funcke, dass nach ihren Informationen mindestens 80 % der weiblichen sowie eine nicht unbeträchtliche Zahl der männlichen Synodalen den Antrag befürwortet hätten (EZA 2/93/6221). Funcke legte dem Rat aus diesem Grund die Berücksichtigung der Zwischenergebnisse der Unterausschussberatungen nahe; insbesondere den Wunsch der Synodalen nach einem Bericht des Arbeitsausschusses des Diakonischen Werks sowie die Berufung einer Kommission, die sich mit dem Strukturwandel in der Familie, Kirche und Gesellschaft beschäftigen möge. Beiden Anliegen war Erfolg beschieden. In einem Schreiben an die Ratsmitglieder empfahl die Kirchenkanzlei im Sommer die Einberufung eines Arbeitskreises ‚Die Frau in Familie, Kirche und Gesellschaft' (vgl. Rundbrief der Kirchenkanzlei an die Ratsmitglieder vom 20.6.1973, in: EZA 2/93/6221). Das Diakonische Werk legte zur nächsten EKD-Synode ferner eine Ausarbeitung seines Arbeitsausschusses zur Frage der flankierenden Maßnahmen vor (vgl. unten S. 291–304).

[185] Vgl. Aktennotiz vom 7.5.1973 zur Sitzung des Leitungskreises am 14.5.1973 (AEFD, Rechtsausschuß, § 218) sowie Anschreiben von König an Wendrich vom 27.5.1973 (AEFD, Rechtsausschuß, flankierende Maßnahmen).

[186] Die Gründe dafür bleiben unklar. Die Tagesordnung der Synode sah allerdings nicht einmal den sonst üblichen Synodalbericht Schobers vor.

Informationen die EFD-Vorsitzende jedoch nicht rechtzeitig vor ihrer Abreise nach Coburg erreichten, schwieg auch sie.[187]

Wiewohl die Abtreibungsproblematik unter den Tagungsteilnehmern und -teilnehmerinnen im Vorfeld bereits vielfach aufgegriffen und anvisiert worden war, konnte eine offene Aussprache über das Thema in Coburg aufgrund verschiedener Widrigkeiten – und nicht zuletzt wohl auch durch eine taktische Verhandlungsführung – vermieden werden. Aufmerksamen Beobachtern wie Wilkens war indes nicht entgangen, dass es Kräfte innerhalb der neuen Synode gab, die weiterhin auf eine eigenständige Behandlung der Abtreibungsfrage drängen würden. Für die nächste Synode, so Wilkens' Prognose, sei damit zu rechnen, dass sich diese Stimmen auch durchsetzen würden.[188] Es war demnach nur eine Frage der Zeit, bis die Synode der EKD sich dem Thema widmen sollte.

1.6 Resümee: Die Pluralität des Protestantismus

Überblickt man abschließend die zahlreichen evangelischen Voten, die im Zuge der Abtreibungsdebatte in den Frühlingsmonaten 1973 veröffentlicht wurden, so eröffnet sich ein beträchtliches Spektrum. Die Bandbreite der Erklärungen reicht von solchen, die sich auf sozialethische Grundsatzaussagen und sozialpolitische Hilfsmaßnahmen konzentrierten bis zu jenen, welche ausschließlich zu den strafrechtlichen Fragen der Reform Stellung nahmen und dezidiert für bzw. gegen eine der gesetzgeberischen Optionen votierten.

Nahezu alle Erklärungen, die zu den strafrechtlichen Fragen der Reform Stellung nahmen – und das war die überwiegende Mehrheit – sprachen sich gegen eine Fristenregelung aus. Das bedeutete freilich keineswegs, dass der deutsche Protestantismus eine geschlossene Position vertrat. Die Eindeutigkeit, mit der sich einzelne Landeskirchenämter und verschiedene Bischöfe zu Wort meldeten, wurde nicht nur durch die Synodaldebatten und -erklärungen konterkariert, sondern auch in repräsentativen Bevölkerungsumfragen widerlegt.

Eine Anfang Juni 1973 veröffentlichte Studie der Allensbacher Institute, die sich ausführlich mit der religiösen und konfessionellen Prägung der

---

[187] Vgl. Anschreiben von Wendrich an König vom 23.5.1973, sowie deren handschriftliche fünfseitige Antwort: „Persönliche Vorschläge von Frau M. König zu flankierenden Maßnahmen im Zusammenhang mit der Reform des § 218 vom 27.5.73" sowie Aktennotiz von Wendrich an Zumach vom 15.6.1973 (alles in: AEFD, Rechtsausschuß, flankierende Maßnahmen).

[188] Vgl. Wilkens' Statement auf der 2. Sitzung des Ausschusses ‚Fragen des Schwangerschaftsabbruches' in Stuttgart (Protokoll der Beratung vom 19.7.1973, in: ADW, HGSt 3962; EZA 650/95/205).

verschiedenen gesellschaftlichen Meinungsgruppen auseinander setzte, kam zu folgenden statistischen Werten:[189]

	Gesamtbevölkerung	Protestanten			Katholiken		
		Insgesamt	die regelmäßig zur Kirche gehen	die nie zur Kirche gehen	Insgesamt	die regelmäßig zur Kirche gehen	die nie zur Kirche gehen
Beibehaltung des § 218 StGB	15 %	11 %	43 %	5 %	29 %	39 %	8 %
Änderung des § 218 StGB	79 %*	82 %	51 %	91 %	64 %	55 %	84 %
Indikationenregelung	41 %	40 %	37 %	31 %	42 %	47 %	22 %
Fristenregelung	38 %**	42 %	14 %	60 %	22 %	8 %	62 %

**dpa* berichtete, eine Allensbacher Befragung von März 1971 – d. h. noch vor dem Auftakt der öffentlichen Abtreibungsdebatte – hatte ergeben, dass damals lediglich 46 % der Bevölkerung für eine Änderung des § 218 StGB eingetreten waren. Die Meinungsforscher waren seinerzeit zu dem Ergebnis gekommen, dass es sich bei der Haltung zur Reform des Abtreibungsstrafrechts in erster Linie um eine Frage des Lebensalters handelte, da ein Großteil der Älteren gegen eine Gesetzesänderung, viele Jüngere indes dafür gewesen waren (vgl. *dpa* 135 id vom 2.6.1973).

**Insgesamt plädierten mehr Männer (39 %) als Frauen (35 %) für die Fristenregelung. Nach parteipolitischer Orientierung votierten 48 % der SPD-Anhänger/Anhängerinnen, 46 % der FDP und 23 % der CDU Anhänger/Anhängerinnen für eine Fristenregelung (vgl. Ebd.).

In der Interpretation dieser Ergebnisse wurde der Fokus verschieden gesetzt. Während die kirchliche Presse eher auf die relative Ähnlichkeit der Überzeugungen beider Konfessionen abstellte, betonte die *dpa* stärker die Divergenz zwischen den verschiedenen Resultaten.[190] Obgleich die konfessionelle Zugehörigkeit durchaus eine Rolle für die Haltung zu den verschiedenen Gesetzesmodellen spielte, dürfte m. E. noch wichtiger sein, dass die formelle Konfessionszugehörigkeit deutlich hinter der Kirchenbindung zurücktrat, die in dieser Frage offensichtlich von weitaus größerer Bedeutung war.[191] Die Zahlen dokumentieren damit eine bereits mehrfach registrierte Beobachtung: die kirchengebundenen Protestanten und Protestantinnen standen den praktizierenden Katholiken und Katholikinnen, was

[189] Das Folgende nach: *Allensbacher Berichte* 20/1973 (zitiert nach: *epd za* vom 6.6.1973).

[190] Ebd.

[191] Besonders anschaulich wird diese Tatsache an der Beobachtung, dass nahezu die Hälfte der regelmäßigen evangelischen Kirchgänger für eine Beibehaltung des § 218 StGB plädieren, aber nur weniger als ein Zehntel der kirchenfernen Protestanten. Vgl. dazu auch L. Spruit, Religie en abortus.

die Haltung zur Reform des § 218 StGB anging, mitunter näher als ihren eigenen distanzierteren Glaubensbrüdern und -schwestern.

Verlief der trennende Graben folglich innerhalb der eigenen Konfession entlang der Kirchenbindung, wird deutlich, wie schwierig es für die verschiedenen Gremien und Vertreter der evangelischen Kirche war, in einer Art und Weise zu sprechen, die das breite Spektrum innerhalb der eigenen Glaubensgemeinschaft abzudecken vermochte. Wie sollte die evangelische Kirche die 43 % der regelmäßigen Kirchgänger, die für eine Beibehaltung des § 218 StGB votierten, mit jenen 60 % der Kirchenfernen ‚unter einen Hut bringen', die für eine Fristenregelung eintraten?[192] Angesichts dieses Dilemmas verwundert es kaum, dass viele Protestanten sich von den Äußerungen ihrer Kirche nicht repräsentiert fühlten, sobald diese konkrete Empfehlungen für oder gegen eine der gesetzgeberischen Optionen aussprach. Die Kirche, daran bestand kein Zweifel, war in der Frage des strafrechtlichen Umgangs mit dem Schwangerschaftsabbruch tief gespalten.

2. Konstruktive Atempause – Die Zeit der großen evangelischen Stellungnahmen

Nach der ersten Lesung und der Überweisung der vier Gesetzentwürfe zur Reform des § 218 StGB in die zuständigen Bundestagsausschüsse flaute die öffentliche Abtreibungsdebatte im Mai 1973 ab und die zugespitzte Lage der vorangegangenen Monate entspannte sich. Da es zunächst galt, die Beratungen der Unterausschüsse abzuwarten, trat das Gesetzgebungsverfahren – wie im Jahr zuvor – erneut in eine Interimsphase ein.

Die evangelische Kirche, die die erste Unterbrechung der Abtreibungsdebatte 1972 noch nicht recht für sich zu nutzen gewusst hatte, verwandte die ruhigeren Monate des Jahres 1973 nunmehr auf eine intensive Meinungsbildung und -profilierung. Sowohl der Rat der EKD als auch das Diakonische Werk arbeiteten größere Verlautbarungen zur Reform des § 218 StGB aus. Als Reaktion auf die im Dezember 1973 veröffentlichten Voten des Rates und des Diakonischen Werks verabschiedete auch die Synode der EKD im Januar 1974 eine bedeutende Erklärung zur Frage des Schwangerschaftsabbruchs.

---

[192] Selbst wenn man sich ausschließlich auf die Gruppe der Kirchennahen beschränkte, löste sich der Zwiespalt nicht zugunsten einer eindeutigen Position auf, da sich auch unter ihnen zwei nahezu gleich große Lager gegenüber standen: die einen, die für eine unveränderte Beibehaltung des Abtreibungsstrafrechts eintraten und die anderen, die grundsätzlich für eine Novellierung des § 218 StGB votierten.

Mit diesen drei Stellungnahmen suchte die evangelische Kirche im Winter 1973/74 ihren Standpunkt weiter auszudifferenzieren, bevor Politik und Öffentlichkeit sich im Frühjahr 1974 wieder vermehrt der Thematik zuwenden sollten und eine neue Runde im Gesetzgebungsverfahren eingeläutet wurde.

2.1 Die allgemeine Diskussionslage im Winter 1973/74

Die Beratungen in den Unterausschüssen des Bundestages boten den verschiedenen gesellschaftlichen Gruppen eine gute Gelegenheit zur Interessenvertretung. Friedrich Karl Fromme von der *FAZ* formulierte dazu: „Was sich in der nächsten Zeit zwischen den Fraktions- und Parteiführungen, was sich in Gesprächen mit ‚gesellschaftlich relevanten Gruppen', hier vorab den Kirchen und auch den Ärzteorganisationen, auf diskrete Weise abspielen wird, dürfte für das Ergebnis wichtiger sein als die sicherlich sehr soliden, fachkundigen und sachbezogenen Beratungen im Sonderausschuß des Bundestages für die Strafrechtsreform."[193] Diskret und konstruktiv konnten die verschiedenen Interessengruppen in diesem Stadium des Gesetzgebungsverfahrens ihre Vorstellungen zur Ergänzung und Ausdifferenzierung der jeweils von ihnen favorisierten Entwürfe vorbringen und über das Gespräch mit den Partei- und Fraktionsführungen sowie den Kontakt zu Mitgliedern des Strafrechtssonderausschusses direkt und damit äußerst wirkungsvoll in jenen verdichteten Raum sprechen, in dem die Reform des § 218 StGB in der Zeit zwischen Mai 1973 und Frühjahr 1974 ihre Weiterentwicklung erfuhr.

2.1.1 Die Beratungen des Bonner Strafrechtssonderausschusses

Die Beratungen über die strafrechtliche Ausgestaltung des § 218 StGB oblagen federführend dem Sonderausschuss des Bundestages für die Strafrechtsreform (kurz Strafrechtssonderausschuss). Dem Gremium, das seine Beratungen zu den Gesetzentwürfen Ende September 1973 aufnahm, gehörten 17 Mitglieder an. Die Regierungskoalition besaß eine Mehrheit von einer Stimme, was freilich noch nicht bedeutete, dass auch die Fristenregelung eine Mehrheit im Ausschuss fand. Da dem Gremium zwei Anhänger des Müller-Emmert-Entwurfs angehörten, fand sich im Gegenteil ein leichter Stimmenvorteil für eine Indikationenregelung.[194]

---

[193] „Vier Entwürfe und keine Mehrheit" (*FAZ* vom 24.12.1973).

[194] Die Mehrheit betrug allerdings nur eine Stimme, da die CDU mit der Abgeordneten Lieselotte Berger ihre bis dahin einzige Fristenvertreterin in den Ausschuss entsandt hatte (vgl. AMTLICHES HANDBUCH DES DEUTSCHEN BUNDESTAGES, 7. Wahlperiode, S. 36).

Die Mehrheitsverhältnisse im Strafrechtssonderausschuss nährten nicht nur auf evangelischer Seite Spekulationen über eine mögliche Einigung unter den Indikationenvertretern und -vertreterinnen der verschiedenen Fraktionen.[195] Es gab allerdings auch skeptische Stimmen. Zwar sei die ‚Fristenfront' innerhalb der SPD ein wenig aufgeweicht, schrieb Friedrich Karl Fromme, in der *FAZ* Ende 1973, doch seien die einzelnen Indikationenentwürfe nichts desto trotz sehr verschieden.[196] Fromme gab zudem zu bedenken, dass sowohl die Regierungskoalition als auch die Opposition ihre radikalen Außenflügel verlören, wenn sie aufeinander zugingen.

Sollte es indes zu keinem überparteilichen Konsens kommen, und würde jedes Ausschussmitglied nur für den von ihm selbst verfochtenen Entwurf und gegen alle anderen stimmen, dann konnte kein Modell im Ausschuss eine absolute Mehrheit finden und das gesamte Reformvorhaben war in Gefahr. Mangels absoluter Mehrheit für einen der vorliegenden Entwürfe traf der Strafrechtssonderausschuss schließlich die interfraktionelle Übereinkunft, von der Geschäftsordnung des Bundestages abzuweichen und alle vier Gesetzesvorlagen ohne besondere Empfehlung zur Annahme bzw. Ablehnung an das Plenum des Bundestages zurück zu überweisen.[197]

---

[195] Der *epd* berichtete Anfang Oktober, dass aus Kreisen der SPD zu hören gewesen sei, die CDU/CSU werde ihre Entwürfe fallen lassen und statt dessen für das Indikationenmodell Müller-Emmerts stimmen (vgl. Korrespondentenbericht von Rudolf Orlt, in: *epd za* vom 8.10.1973). Noch Anfang Dezember rechnete auch die *dpa* ernsthaft mit der Möglichkeit einer überparteilichen Einigung (vgl. *dpa* Nr. 73 vom 2.12.1973).

[196] Vgl. oben Anm. 195. Nach Frommes Angaben war die Zahl der Müller-Emmert-Anhänger bis Ende 1973 von 27 auf nahezu 60 gestiegen. Die Zusicherung genereller Straffreiheit für die Frau war für die Opposition zweifelsohne der Haupthinderungsgrund für einen Kompromiss, da man diese als eine zu weit reichende Annäherung des Müller-Emmert-Modells an die Fristenregelung betrachtete. Über den Umfang des Indikationenkatalogs indes bestand durchaus Verhandlungsspielraum seitens der Union. Fromme verwies auf Aussagen Friedrich Vogels, wonach die Indikationen um so großzügiger gefasst werden könnten, je eher das System zur Indikationsfeststellung deren Missbrauch verhindere. Die Anerkennung der sozialen Indikation wurde damit indirekt an die Beibehaltung der Gutachterstellen geknüpft. Diese jedoch waren nach Auffassung der SPD unhaltbar, womit deutlich wurde, wie gering sich der Verhandlungsspielraum zwischen den Indikationsvertretern der verschiedenen Parteien letzten Endes doch nur gestaltete. Auch ein Kompromissvorschlag, den Bundesjustizminister Jahn in einem Interview mit dem SFB vom 29.12.1973 unterbreitete, stieß weder in den eigenen Reihen noch bei der Opposition auf Zustimmung. In Anlehnung an das Minderheitenvotum der Alternativ-Professoren von 1970 hatte Jahn angeregt, die Abtreibung in den ersten vier Wochen der Schwangerschaft straffrei zu belassen und im Anschluss an diese Frist eine Indikationenregelung zu verabschieden (vgl. „Jahns Kompromiß stößt auf Ablehnung" von Hans Lerchbacher, in: *FR* vom 5.1.1974).

[197] Dies und das Folgende vgl. Brief von Gottfried Köster/CDU an Claß vom 6.12.1973 (EZA 87/759). Um nicht alle Entwürfe mit einer absoluten Mehrheit abzublocken, hatten die Ausschussmitglieder vereinbart, für das jeweils eigene Modell mit Ja zu votieren und sich im Übrigen der Stimme zu enthalten. Gegen M. GANTE, § 218, S. 149 f., der den Eindruck erweckt, als hätte die realistische Alternative zu dieser Absprache in der Konsensfindung für einen der vier Entwürfe bestanden.

Zuvor erhielten die Vertreter und Vertreterinnen der verschiedenen Modelle im Strafrechtssonderausschuss allerdings die Gelegenheit, ihre Entwürfe nochmals zu überarbeiten. Diese Endredaktion gab auch den verschiedenen gesellschaftlichen Interessengruppen erneut die Gelegenheit zur Intervention.

2.1.2 *Wortmeldungen der ‚Alternativ-Professoren' und des Deutschen Ärztetages*

Die weit reichendste Überarbeitung, die im Strafrechtssonderausschuss vorgenommen wurde, betraf den Fristenentwurf der Regierungskoalition, der um eine Beratungspflicht ergänzt wurde.[198]

Dieser Entschluss war nicht nur eine Konzession an die Indikationenvertreter innerhalb der SPD, sondern auch eine Reaktion auf die massive Kritik der so genannten Alternativ-Professoren, die mit ihren Ausarbeitungen und Empfehlungen in den vorausgegangenen Jahren bereits großen Einfluss auf die Strafrechtsreform ausgeübt hatten.[199] In einem offenen Brief an die Abgeordneten des Deutschen Bundestages wiesen die 23 liberalen Rechtsgelehrten Mitte November 1973 darauf hin, dass der 1970 von ihnen unterbreitete Entwurf einer Fristenregelung den Besuch einer Beratungsstelle als Kernstück der Reform begriffen hatte. Mit Nachdruck forderten die Alternativ-Professoren deshalb die Überarbeitung der entsprechenden Beratungsklausel im Entwurf der Regierungskoalition, der sich eng an den Alternativ-Entwurf anlehnte.[200] Da zu befürchten stand, dass die Alternativ-Professoren, die „im Lager der ‚Liberalisierer'", wie es in

---

[198] Vgl. „Erster Bericht des Sonderausschusses für die Strafrechtsreform zu dem von den Fraktionen der SPD, FDP eingebrachten Entwurf eines Fünften Gesetzes zur Reform des Strafrechts (5. StrRG) – Drucksache 7/375" (BT-Drs. 7/1981 vom 10.4.1974). Die rein medizinische Beratungsregelung, die zunächst nur eine ärztliche Aufklärung über die Risiken des operativen Eingriffs vorsah, wurde wenig später ferner in eine sozialmedizinische Beratung umgestaltet, die nicht nur von einem Arzt oder einer Ärztin, sondern auch von einer dazu ermächtigten Beratungsstelle vorgenommen werden konnte (vgl. BT-Drs. 7/1981 [neu] vom 24.4.1974).

[199] Vgl. „Bedenken der Alternativ-Professoren" (*FR* vom 27.11.1973). Zu den Alternativ-Professoren vgl. auch oben S. 46 ff.

[200] In dem Offenen Brief hieß es: „Die sogenannte Fristenlösung geht auf den Mehrheitsvorschlag des Alternativ-Entwurfs zurück. Danach hatte die befristete Freigabe des Schwangerschaftsabbruchs den Sinn, der Frau den Weg zu einer Beratungsstelle zu ebnen, die ihr Rat und Hilfe vermitteln kann. Die Abtreibung sollte also statt durch Strafe mit sozialen Maßnahmen bekämpft werden. Dieser sozialpolitische Grundgedanke des Alternativ-Entwurfs wird verfehlt, wenn die Fristenlösung ohne die obligatorische Einschaltung der Beratungsstelle verwirklicht wird. Die Einführung der Beratungsstellen ist daher energisch in Angriff zu nehmen" (Offener Brief von Arthur Kaufmann an die Abgeordneten des Deutschen Bundestages vom 18.11.1973, in: EZA 87/758).

der *FAZ* hieß, „geradezu als Propheten des Fortschritts“ angesehen wurden und zudem die geistigen Väter der Fristenregelung waren, dem Gesetzentwurf der Regierungskoalition ihre Unterstützung versagen würden, wurden die Beratungsbestimmungen umgehend überarbeitet.[201]

Neben den Alternativ-Professoren meldete sich im Herbst 1973 auch die deutsche Medizinerschaft mit einer richtungsweisenden Stellungnahme zu Wort. Am 12. Oktober verabschiedete der 76. Deutsche Ärztetag in München eine Resolution zur Reform des § 218 StGB.[202] Die Ärzteschaft betonte in ihrer Erklärung, dass der Abort aus ärztlicher Sicht ausschließlich als therapeutische Maßnahme, d. h. um der Erhaltung der Gesundheit der werdenden Mutter willen, gebilligt werden könne. Eine generelle Freigabe des Schwangerschaftsabbruchs innerhalb einer begrenzten Frist schied nach Ansicht der Mediziner und Medizinerinnen aus. Der Ärztetag formulierte statt dessen eine erweiterte Indikationenregelung, die die verschiedenen Indikationen unter einer weit gefassten medizinischen Indikation subsumierte.[203]

Breitere Aufmerksamkeit fand die Erklärung der Ärzteschaft, die bei ihrer Veröffentlichung zunächst auf wenig Resonanz stieß, im Frühjahr 1974, als sie durch eine Plakataktion einer größeren Öffentlichkeit bekannt gemacht wurde.[204] Auch die EKD verhalf der Stellungnahme zu wachsender Beachtung, indem sie in nahezu allen künftigen Voten zur Frage des Schwangerschaftsabbruchs auf die so genannte ‚Ärzteformel‘ zur Ausgestaltung des Indikationenkatalogs verwies.[205] Zu ihrer vollen Bedeutung

---

[201] „Vier Entwürfe und keine Mehrheit“ von Friedrich Karl Fromme in: *FAZ* vom 24.12.1973.

[202] Dies und das Folgende nach: „Entschließung des 76. Deutschen Ärztetages in München zur Reform des § 218 StGB“ vom 12.10.1973 (EZA 2/93/6223, abgedruckt auch in: K. PHILIPPS Dokumentation, 2. Ergänzungsheft, S. 18).

[203] Der später viel zitierte Passus der Erklärung lautete: „Ein Schwangerschaftsabbruch ist nur dann gerechtfertigt, wenn er nach den Erkenntnissen der medizinischen Wissenschaft angezeigt ist, um von der Schwangeren eine Gefahr für ihr Leben oder die Gefahr einer schwerwiegenden Beeinträchtigung ihres Gesundheitszustandes abzuwenden. Medizinisch indiziert ist der Schwangerschaftsabbruch unter diesem Gesichtspunkt auch dann, wenn sich die Gefahr für den seelischen Gesundheitszustand der Schwangeren aus einer aufgezwungenen Schwangerschaft, einer begründeten Befürchtung der Schwangeren, ein gesundheitlich schwer geschädigtes Kind zur Welt zu bringen, oder aus einer anders nicht abwendbaren sozialmedizinischen Notsituation der Schwangeren ergibt“ (EBD.).

[204] Vgl. Brief von Ernst Theodor Mayer/Bayerische Ärztekammer an Claß vom 13.1.1974 (EZA 2/93/6223).

[205] Der bayerische Landesbischof und ehemalige Ratsvorsitzende Hermann Dietzfelbinger hatte die Position der Ärzteschaft bereits in einem Gottesdienst anlässlich des Ärztetages gewürdigt (vgl. „Dietzfelbinger auf Ärztetag in München“, in: *epd za* vom 17.10.1973). Zu den späteren offiziellen Verlautbarungen der EKD, die auf die Ärzteformel verweisen, vgl. z. B. das Telegramm vom Präsidenten des Diakonischen Werks und dem Vorsitzenden der Diakonischen Konferenz an den Bundesrat, das Bundeskanzleramt und die Fraktionsvorsit-

sollte die Erklärung allerdings erst 1975 gelangen, als man auf der Suche nach einer neuen Kompromissformel auf die Empfehlung des Ärztetages zurückgriff.[206]

2.1.3 Verhaltene katholische Aktivität

Die katholische Kirche setzte nach den öffentlichkeitswirksamen Protesten des Frühjahrs ab Mitte Mai 1973 vermehrt auf diskrete Formen der Intervention und suchte das vertrauliche Gespräch mit den Bonner Parlamentariern. Bereits sechs Wochen nach der ersten Lesung der Gesetzentwürfe im Bundestag führte der Leiter des Kommissariats der Deutschen Bischöfe Prälat Wilhelm Wöste Ende Juni Gespräche mit verschiedenen Parteivertretern im Blick auf die zweite Lesung, die allerdings frühestens im Herbst 1973 erwartet wurde.[207] Die Gespräche fanden ihre Fortführung, als die zweite Lesung der Gesetzesvorlagen ein halbes Jahr später in absehbare Nähe rückte. Am 16. Januar 1974 versammelte Wöste abermals führende Juristen der großen Bundestagsfraktionen zu einem gemeinsamen Mittagessen.[208] Die Presse vermutete, das parteiübergreifende Gespräch sei arrangiert worden, um den geladenen Indikationenvertretern die Gelegenheit zu geben, „parlamentarische Geschäftsordnungstricks" zu beraten.[209]

---

zenden vom 29.5.1974 (EZA 2/93/6226; EZA 87/761) sowie den Brief von Claß an die Vorsitzenden der Bundestagsfraktionen und die Parteivorsitzenden vom 30.5.1974 (EZA 87/761); vgl. ferner die „Erklärung des Rates der EKD zum Urteil des Bundesverfassungsgerichts in der Frage des Schwangerschaftsabbruchs" vom 1.3.1975 (EZA 2/93/6228; EZA 650/95/194) sowie Brief von Kunst an Willy Brandt vom 13.6.1975 (EZA 2/93/6229; EZA 650/95/192). Besonderen Gefallen fand die evangelische Seite daran, dass alle Rechtfertigungsgründe auf den Grundtatbestand der Gefahr für Leben und Gesundheit der Schwangeren zurückgeführt wurden und damit ein isolierter Tatbestand sozialer Gesichtspunkte vermieden werden konnte.

[206] Vgl. unten S. 495.

[207] Vgl. Brief von Thimme an Kunst vom 25.6.1973 (EZA 87/755).

[208] Anwesend waren laut Presse Adolf Müller-Emmert, Hermann Dürr und Hermann Schmitt-Vockenhausen von der SPD sowie Benno Erhard, Hans Eyrich und Friedrich Vogel von der Union. Der *Stern* berichtete weiter, dass auch der Kölner Kardinal Joseph Höffner regelmäßig mit den katholischen Abgeordneten seines Bistums zusammenträfe. Mitte Oktober 1973 sollte er bei einem dieser Treffen geäußert haben, er werde auf jeden etwaigen katholischen Fristenbefürworter im Bundestag den zuständigen Bischof ansetzen, „um die Abweichler für die Indikationenregelung zu gewinnen" (vgl. „Planspiele beim Prälaten" von Wibke Bruhns, in: *Stern* vom 31.1.1974).

[209] Ebd. Nach Einschätzung des *Stern* hatte sich die Politik der katholischen Kirche unterdessen dahingehend geändert, dass man auch eine weiter gefasste Indikationenregelung nach dem CDU/CSU-Fraktionsmodell akzeptierte und inoffiziell nach dem Grundsatz verfuhr, das kleinere Übel dem größeren vorzuziehen. Auch die SPD-Abgeordnete Renate Lepsius berichtete später, das katholische Büro in Bonn bemühe sich um eine „Unter-der-Hand-Einigung aller Indikationenbefürworter" (vgl. „Eine Reform auch für Katholiken.

Anfang Februar 1974 berichtete die *kna* ferner, dass Wöste auch mit der Bundesgesundheitsministerin Katharina Focke ein Gespräch geführt und die sozialpolitischen Aspekte der Reform erörtert habe.[210] Neben ihren diskreten Interventionsbemühungen setzte die katholische Kirche in abgemilderter Form auch ihren öffentlichen Protest gegen die Regierungspläne zur Änderung des Abtreibungsstrafrechts fort. Zu den bedeutendsten Aktionen zählte Ende September ein Schweigemarsch mit anschließender Großkundgebung 1973 in Bonn. Unter dem Motto „Für Das Leben!" hatte die Arbeitsgemeinschaft der katholischen Verbände zu der Demonstration aufgerufen.[211] Laut anschließender Presseinformation waren 30.000 Katholiken dem Aufruf gefolgt und hatten sich gemeinsam mit dem Vorsitzenden der katholischen Bischofskonferenz Kardinal Julius Döpfner gegen eine Liberalisierung des Abtreibungsstrafrechts und für eine verbesserte Familienpolitik ausgesprochen.[212]

2.1.4 Einzelne Initiativen aus den evangelischen Landeskirchen

Bevor die evangelische Kirche sich zum Jahresende 1973 mit verschiedenen großen Stellungnahmen zu Wort meldete, gab es im Herbst 1973 zunächst auf landeskirchlicher Ebene vereinzelte Aktivitäten und Voten zur Reform des § 218 StGB. Ihrem Umfang nach standen die regionalen Initiativen allerdings in keinem Verhältnis zu den zahlreichen kirchlichen Äußerungen der Frühlingsmonate.

In der Frage des § 218 wird ein Binnenkonflikt der katholischen Kirche sichtbar" von Renate Lepsius, in: *Vorwärts* vom 28.3.1974).

[210] Vgl. *kna* vom 1.2.1974. Ein ähnliches Gespräch war auch zwischen einer Delegation des Diakonischen Werks und des Gesundheitsministeriums vorgesehen, stand Ende Februar jedoch noch aus (vgl. „Niederschrift: Gegenseitige Orientierung und Beratung über ergänzende Maßnahmen zu § 218 StGB am 28. Februar 1974 in Frankfurt, Dominikanerkloster", in: ADW, HGSt 4644; EZA 650/95/205).

[211] Vgl. Informationsschreiben des ZdK an Kunst vom 20.8.1973 (EZA 87/756).

[212] „Demonstration gegen Reform des § 218" (*Die Welt* vom 1.10.1973). Liselotte Graeser, Mitglied der Kirchenleitung der Evangelischen Kirche in Berlin-Brandenburg, bedauerte, dass durch Aktionen wie diese „in der Öffentlichkeit das Bild entsteht oder entstehen soll, als könne man nur Christ sein, wenn man für die Beibehaltung des Paragraphen 218 oder mindestens der Indikationslösung sei" (*epd za* vom 4.10.1973). Die Aktionsgemeinschaft von Priestergruppen in der BRD (AGP), die sich für eine moderate Indikationenregelung nach dem Vorbild des CDU/CSU-Fraktionsentwurfs aussprach, stellte in einer Erklärung am 23. September 1973 ebenfalls fest, dass die Fristenregelung „auch unter Christen nicht einfach indiskutabel" sei („Meinungsäußerung der Aktionsgemeinschaft von Priestergruppen in der BRD (AGP)" vom 23.9.1973, in: EZA 87/756).

Die bayerische Konsultation in Bonn

Über den regionalen Rahmen hinaus bis auf die Bundesebene reichte Ende September 1973 eine Initiative der bayerischen Landeskirche. In Zusammenarbeit mit Hermann Kunst lud der bayerische Landeskirchenrat die evangelischen Bundestagsabgeordneten Bayerns zu einem Abendgespräch über die Änderung des § 218 StGB in die Bonner Löwenburgstraße, den Sitz des Bevollmächtigten, ein. Ziel des überparteilichen Gesprächs auf konfessioneller und regionaler Basis war es, unter den Abgeordneten eine Mehrheit für eine Indikationenregelung zu schaffen.[213]

Einige Tage nach der Zusammenkunft wandte sich der bayerische Oberkirchenrat Hermann Greifenstein am 29. September noch einmal schriftlich an die Bonner Gesprächsteilnehmer und -teilnehmerinnen, um rückschauend einige ergänzende Anmerkungen zu verschiedenen Schwerpunkten der Unterredung anzufügen.

Eindringlich appellierte Greifenstein nochmals an die Fristenvertreter und -vertreterinnen, auf eine Indikationenregelung zuzugehen, und listete erneut die seiner Ansicht nach „erheblichen Schwächen" einer Fristenregelung auf.[214] Die von Greifenstein vorgetragenen bevölkerungspolitischen und biologistischen Argumente standen allerdings in krassem Gegensatz zu den bis dahin bekannt gewordenen amtlichen Äußerungen der evangelischen Kirche und rückten den Brief aus Bayern in Besorgnis erregende Nähe zur Agitation der radikalen Lebensschutzorganisationen.[215] Greifenstein verstand sich freilich keineswegs als Reformgegner oder Protagonist eines möglichst restriktiven Gesetzesmodells, sondern sah sich im Gegenteil in der Rolle des Vermittlers zwischen den verschiedenen parlamentarischen Indikationenmodellen. Weder seine extremistische Argumentation gegen eine Fristenregelung noch seine inhaltlichen Empfehlungen für eine überparteiliche Konsensformel zeugten jedoch von dem Takt und der Sach-

[213] Vgl. Brief von Greifenstein an die evangelischen Bundestagsabgeordneten aus Bayern vom 29.9.1973 (EZA 87/756). In den Akten des Bevollmächtigten findet sich kein Protokoll über die Zusammenkunft. Nach der Darstellung des CSU-Abgeordneten Carl-Dietrich Spranger lag das Ergebnis des Abendgesprächs in der Feststellung, dass gesellschaftspolitische Erwägungen die ethisch-moralischen Überlegungen in den Hintergrund gedrängt hätten (vgl. „Erfahrungen sprechen gegen Fristenlösung", in: *Familienpolitische Informationen* 13/1974). Zu den evangelischen Abgeordneten Bayerns zählten neben Spranger u. a. Ingeborg Geisendörfer (CSU), Hans Roser (CSU) und Hans de With (SPD).

[214] Vgl. Anm. 215.

[215] Die Fristenregelung würde, so Greifenstein, einen „ethischen Erdrutsch" und damit einen Riss in der Gesellschaft verursachen, da sie die Tendenz habe, „jenem politischen Radikalismus, insoweit er die ‚bürgerliche Ehe und Familie' in Frage ziehen und zersetzten möchte, neuen Nährboden zu geben, der Kinderfeindlichkeit neuen Auftrieb zu verleihen und den biologischen Willen unseres Volkes, weiterhin überleben zu wollen, zu untergraben" (EBD.).

kenntnis, die man in Bonn von der EKD gemeinhin gewohnt war.[216] Es verwundert somit kaum, dass es den evangelischen Gastgebern aus Bayern nicht gelang, die parteipolitischen Fronten aufzuweichen.[217]

Weitere Wortmeldungen aus den Regionen

Neben dem bayerischen Landeskirchenrat beschäftigten sich im Herbst 1973 auch andere evangelische Gremien mit der Reform des Abtreibungsstrafrechts, wobei es zu unterschiedlichen Schwerpunktsetzungen kam. So verabschiedete die westfälische Landessynode Mitte Oktober einstimmig einen Beschluss, der sich ganz auf den diakonischen Auftrag der Kirche beschränkte und die Kirchenkreise anhielt, das Beratungsnetz der Mütterhilfe zu vervollständigen und dafür notfalls auch Haushaltsmittel zur Verfügung zu stellen.[218]

Auch kleinere evangelische Zusammenschlüsse meldeten sich zu Wort. So ließ die Evangelisch-altreformierte Kirche in Niedersachsen – eine traditionsbewusste, 13 Gemeinden umfassende Abspaltung der Reformierten Kirche – Ende Oktober 1973 verlautbaren, dass man sich auf einer Synodaltagung gegen die Fristenregelung ausgesprochen habe.[219] Nicht gegen,

---

[216] Während Bonner Beobachter einen überparteilichen Kompromiss am ehesten dergestalt für möglich hielten, dass die CDU/CSU die soziale Indikation anerkannte, während sich die Indikationenanhänger innerhalb der SPD in der Frage der Straffreiheit der Frau sowie der Indikationsfeststellung auf die Opposition zu bewegten, plädierte Greifenstein umgekehrt dafür, die soziale Indikation fallen zu lassen und die Frau möglichst weitgehend von Strafverfolgung auszuschließen. Vgl. dagegen die Position von Wilkens und Kunst (oben S. 257 ff.) sowie „Vier Entwürfe und keine Mehrheit" von Friedrich Karl Fromme (*FAZ* vom 24.12.1973).

[217] Spranger nahm das Treffen gar zum Anlass, der Presse gegenüber zu erklären, den Verantwortlichen beider Kirchen in Deutschland „erwachse aus ihrer christlichen Lehre die Pflicht, alles zu tun, um zusammen mit den Unionsparteien die Fristenlösung zu verhindern" („Kirchen sollen Fristenlösung verhindern", in: *epd za* vom 25.9.1973). Auf der bayerischen Frühjahrssynode 1974 berichtete Greifenstein dagegen, dass das Gespräch mit den Abgeordneten einen positiven Widerhall gefunden habe und man seitens der bayerischen Landeskirche auf dieser Basis weiterarbeite (vgl. VERHANDLUNGEN DER LANDESSYNODE DER EVANGELISCH-LUTHERISCHEN KIRCHE IN BAYERN [1972–1978]. 5. ordentliche Tagung (52.) vom 10. bis 15.3.1974 in Rummelsberg, S. 83).

[218] Vgl. VERHANDLUNGEN DER 2. ORDENTLICHEN TAGUNG DER 7. WESTFÄLISCHEN LANDESSYNODE vom 15. bis 19. Oktober 1973, Beschluss Nr. 135, S. 194–197. Der Berichtsausschuss der Synode, der die Vorlage für den Beschluss ausgearbeitet hatte, hatte sich damit zugleich gegen den Antrag des Synodalen Kriege entschieden, der sich ganz auf das Bonner Geschehen konzentriert und gefordert hatte: „[d]ie Landessynode möge sämtliche Bundestagsabgeordneten in einem persönlichen Schreiben an die Verantwortung bei Beratung und Abstimmung über die Reform des § 218 StGB erinnern" (EBD., S. 76). Auch Präses Thimme hatte in seinem Bericht vor der Synode zwar erklärt, dass es sich beim Schwangerschaftsabbruch nicht in erster Linie um ein strafrechtliches Problem handele, war jedoch nicht weiter auf die sozialpolitische Dimension eingegangen (EBD., S. 66–69).

[219] Vgl. *epd za* vom 24.10.1973.

sondern für die Fristenregelung hatten dagegen drei Wochen zuvor 150 Teilnehmer und Teilnehmerinnen einer Veranstaltung in der Evangelischen Akademie Berlin sowie die Berliner Vikarskonferenz votiert und die Abgeordneten in einer Resolution zur Stimmabgabe für den SPD/FDP-Entwurf aufgerufen.[220]

Die kirchliche Meinungsbildung zur Abtreibungsproblematik war somit nicht länger auf die Ebene der EKD oder der Landeskirchen beschränkt, sondern reichte bis hinein in einzelne Kreise und Gemeinden. Problematisch wurde es allerdings, wo sich auch marginale Gruppen, wie etwa die verschiedenen Fraktionen einer Pfarrkonferenz, berufen sahen, ihre Auffassungen unmittelbar an die politischen Vertreter und Vertreterinnen sowie die Öffentlichkeit weiterzuleiten, statt sie zunächst innerhalb der Kirche zu Gehör zu bringen.[221] Hierin spiegelte sich erneut ein Grundsatzproblem der evangelischen Kirche. Trotz ekklesiologischer Grundprämissen wie des Priestertums aller Gläubigen ermangelte es der EKD an Partizipationsmöglichkeiten, um die verschiedenen kirchlichen Ebenen in Kontakt zueinander zu bringen und den Meinungsaustausch zu ermöglichen.[222] Die einzige strukturelle Möglichkeit zur Beteiligung an der kirchenamtlichen Meinungsäußerung bildeten die Synoden. Deren Voten fanden jedoch zumeist weder in den Gliedkirchenleitungen noch in der EKD die entsprechende Würdigung und Berücksichtigung. So hatte letztlich jeder und jede für sich selbst zu sprechen. Die Polyphonie des Protestantismus war demnach nicht allein darauf zurückzuführen, dass nach evangelischem Verständnis jeder Christ und jede Christin ihrem eigenen Gewissen verpflichtet war, sondern auch darauf, dass es strukturell kaum eine Möglichkeit gab, auf geordnetem demokratischem Wege eine umfassende Meinungsbildung unter den Protestanten und Protestantinnen herbeizuführen.

---

220 Vgl. *epd za* vom 4.10.1973.

221 Die evangelischen Stellungnahmen gerieten 1973 immer häufiger zu bloßen Bekenntnissen für oder wider die Fristenregelung, wobei der gegenseitige Schlagabtausch z.T. groteske Züge annahm. So wandten sich 35 Frankfurter Pfarrer und Pfarrerinnen öffentlich gegen die Stellungnahme von 50 hessischen Kollegen und Kolleginnen, die für eine Fristenregelung votiert hatten, und erklärten ihre Solidarität mit dem EKD-Ratswort, das eine befristete Freigabe des Schwangerschaftsabbruchs abgelehnt hatte (vgl. *epd za* vom 2.11.1973 sowie *epd za* vom 2.7.1973 und *FAZ* vom 27.6.1973).

222 Das gilt im Übrigen auch für die strukturell nicht vorgesehenen Mitbestimmungsmöglichkeiten der Landeskirchen an der Meinungsbildung der EKD. Die Kirchenkonferenz war dazu ein völlig ungeeignetes Organ.

2.2 Die Aktivitäten des Diakonischen Werks und der ihm angegliederten Verbände

Der diakonische Bereich kirchlichen Wirkens, der in vielerlei Hinsicht – sei es im Krankenhauswesen, in der Beratung oder auch der sozialen Hilfe – ganz unmittelbar mit den Problemen ungewollter Schwangerschaft konfrontiert war, hatte in den ersten Jahren zunächst sehr zurückhaltend auf die Diskussion um eine Lockerung des Abtreibungsstrafrechts reagiert. Erst 1973 schaltete sich das Diakonische Werk in die bereits seit Sommer 1971 laufende gesamtgesellschaftliche Debatte ein. Einige dem Diakonischen Werk angegliederte Fachverbände hatten sich indes bereits zuvor mit der Frage der Reform des § 218 StGB beschäftigt und eigene Erklärungen zu diesem Thema verabschiedet.

2.2.1 Die Erklärungen verschiedener Fachverbände

Sowohl die Evangelische Konferenz für Familien- und Lebensberatung (EKFuL) als auch die Evangelische Aktionsgemeinschaft (EAF) und der Deutsche Evangelische Krankenhausverband (DEKrV) hatten sich im Verlauf des Jahres 1973 in öffentlichen Stellungnahmen zur Reform des Abtreibungsstrafrechts geäußert.

Die diakonischen Fachverbände hatten sich dabei keineswegs allein – oder auch nur vornehmlich – auf den sozialpolitischen Bereich der Reform konzentriert, sondern in erster Linie zu den strafrechtlichen Fragen Stellung genommen. Die in den verschiedenen Erklärungen vertretenen Positionen differierten allerdings beträchtlich und reichten von der ausdrücklichen Zustimmung zu einer Fristenregelung bis zu ihrer entschiedenen Ablehnung. Der diakonische Bereich war im Blick auf die strafrechtlichen Fragen der Reform somit nicht weniger gespalten, als die übrige evangelische Kirche.

Das Schreiben der Evangelischen Konferenz für Familien- und Lebensberatung (EKFuL)

Als Verband zur Förderung der kirchlichen Beratungsarbeit war die Konferenz für Familien- und Lebensberatung (EKFuL) dem Diakonischen Werk assoziiert, „driftet aber schon seit längerem nach links ab“, wie man im Büro des Bevollmächtigten im Frühjahr 1973 bemerkte.[223] In Verbindung gebracht wurde diese Entwicklung mit dem Vorsitzenden der EKFuL, dem Sozialethiker und Pädagogen Siegfried Keil. In einem Schreiben an die

[223] Notiz von Kalinna an Kunst vom 17.3.1973 (EZA 87/753).

Fraktionsvorsitzenden der Bundestagsparteien hatte Keil sich am 28. März 1973, d. h. unmittelbar nach Einbringung des SPD/FDP-Fraktionsentwurfs und der darauf einsetzenden kirchlichen Kritik, offen für eine Fristenregelung ausgesprochen.[224] Nach eigenen Angaben wollte der EKFuL-Vorsitzende damit dem öffentlichen Eindruck entgegentreten, als leisteten die Kirchen geschlossen Widerstand gegen eine Fristenregelung. „Gemeindeglieder und Theologen beider Kirchen", schrieb Keil an die Fraktionsvorsitzenden, „bieten in ihrer Haltung zu dieser Frage ein getreues Abbild des gesellschaftlichen Pluralismus. Die Situation in kirchlichen Gremien, Ausschüssen und Kommissionen ist angesichts des Problems Schwangerschaftsabbruch prinzipiell die gleiche wie in Ihrer Fraktion und im Bundestag als ganzem. Lassen Sie sich daher bitte in Ihrer Entscheidung nicht irritieren, wenn einzelne Kirchenführer oder kirchliche Leitungsorgane bei ihrem Widerstand gegen eine bestimmte Lösung den Anspruch erheben, für die Kirche schlechthin zu sprechen."[225]

Beim Präsidenten des Diakonischen Werks hatte das Schreiben des EKFuL-Vorsitzenden für große Verärgerung gesorgt.[226] Die zuständige Referentin hatte daraufhin erläutert, dass es sich bei der Aktion zunächst

---

[224] Keil war Sozialdemokrat und Mitglied des Öffentlichkeitsausschusses der rheinischen Landeskirche. Für diesen hatte er bereits im Frühjahr 1972 eine Stellungnahme verfasst, die sich für eine Fristenregelung ausgesprochen hatte, jedoch weder damals noch nach ihrer Überarbeitung Anfang 1973 eine Mehrheit in der Synode gefunden hatte. Bereits im Frühjahr 1972 hatte Keil jedoch die Zustimmung einiger Mitglieder des Präsidiums der EKFuL eingeholt, dass man seine ausgewogen formulierte Ausarbeitung seitens der EKFuL übernehmen werde, falls sie im Rheinland keine Zustimmung finden sollte. In seinem Schreiben an die Fraktionsvorsitzenden nahm Keil seine Vorlage schließlich zwar nicht im Wortlaut, wohl aber der Sache nach auf (vgl. Brief von Keil an den Vorstand der EKFuL vom 16.3.1972 sowie Brief von Echternach an Wilkens vom 20.4.1972, beide in: EZA 650/95/194). Zur Vorlage des rheinischen Öffentlichkeitsausschusses vgl. ferner oben S. 204 f. sowie S. 242 f.

[225] Schreiben an Rainer Barzel, Wolfgang Mischnick und Herbert Wehner vom 28.3.1973 (EZA 99/1.305, abgedruckt in: *epd-dok* 15b/73, S. 19–22). Keil argumentierte, dass nur die Fristenregelung die Möglichkeit zur Beratung eröffne und damit den größeren Spielraum für eine Gewissensentscheidung der Schwangeren ermögliche. Zur Frage einer sozialpsychologischen Beratungspflicht schwieg das Papier allerdings. An anderer Stelle sprach sich der Vorsitzende des ‚Berater-Verbandes' aufgrund verschiedener Bedenken der Berater und Beraterinnen indes deutlich gegen eine entsprechende Pflichtberatung aus (vgl. Protokoll der 2. Sitzung des Ausschusses ‚Fragen des Schwangerschaftsabbruches' in Stuttgart vom 19.7.1973, in: ADW, HGSt 3962; EZA 650/95/205).

[226] Vgl. Schobers Notizen auf der Pressemeldung „Konferenz für Familien- und Lebensberatung bejaht Fristenlösung" (*epd za* vom 13.4.1973). Schobers tiefes Missfallen für die Positionierung der EKFuL kam kurze Zeit später nochmals in einem Briefwechsel mit dem rheinischen OKR Jürgen Schroer zum Ausdruck (vgl. unten Anm. 240). Eine äußerst wohlwollende und kenntnisreiche Presse erhielt Keils Schreiben unterdessen in dem Artikel von Dietrich Reiss „Der Oberhirte empfiehlt unverblümt politisches Engagement" (*FR* vom 25.4.1973).

um einen Alleingang Keils gehandelt habe und dieser sein Schreiben erst auf der Mitgliederversammlung der EKFuL am 20. Juni in Nürnberg zur Diskussion gestellt habe. „Das Ergebnis", hieß es allerdings weiter, „sei eine allgemeine beifällige Zustimmung gewesen. Damit gilt nunmehr die ursprüngliche persönliche Meinung von Herrn Prof. Dr. Dr. Keil auch als Meinung der Konferenz."[227] Der Alleingang des Vorsitzenden war somit nachträglich von der EKFuL gebilligt und die von Keil in seinem Schreiben vertretene Position vom Verband übernommen worden.

Die Erklärung der Evangelischen Aktionsgemeinschaft für Familienfragen (EAF)

Eine ganz andere Position als die EKFuL vertrat der Zusammenschluss der evangelischen Familienverbände, die Evangelische Aktionsgemeinschaft für Familienfragen (EAF). Das Präsidium der EAF hatte bereits im November 1971 eine kurze Grundsatzerklärung abgegeben, in der es sich zwar mehrheitlich für eine Indikationenregelung ausgesprochen hatte, allerdings zugleich festgehalten hatte, dass man ebenso eine Fristenregelung mit Gründen vertreten könne, „die auch bei kritischer evangelisch-sozialethischer Reflexion Bestand haben."[228] Fast zwei Jahre darauf, am 28. August 1973, meldete sich die EAF erneut zu Wort und wandte sich mit einer ausführlichen Erklärung an die Bonner Abgeordneten.

In dem einstimmig angenommenen Votum verzichtete das Präsidium der EAF bewusst darauf, einen Beitrag zur Frage der flankierenden Maßnahmen zu leisten.[229] Der – u. a. von der EKD wiederholt vertretenen – Grundeinsicht der Reform, dass das Hauptgewicht zur Bewältigung der Abtreibungsnot auf den sozialpolitischen Maßnahmen lag, hielt die EAF entgegen, dass strafrechtliche Bestimmungen noch immer die wirkungsvollste Prävention gegen Abtreibungen darstellten.[230] Anders als noch 1971 sprach

[227] Vermerk von Isolde Traub an Theodor Schober vom 5.9.1973 (ADW, HGSt 3963).

[228] „Stellungnahme der Evangelischen Aktionsgemeinschaft für Familienfragen zur Reform der Strafbestimmungen über Schwangerschaftsabbruch und Sterilisation" vom 30.11.1971 (*epd-dok* 6/72, S. 52; vgl. auch *epd za* vom 22.12.1971).

[229] Vgl. „Stellungnahme der Evangelischen Aktionsgemeinschaft für Familienfragen zur Reform der Strafbestimmungen über Schwangerschaftsabbruch und Sterilisation" vom 28.8.1973 (EZA 87/758, abgedruckt in: *epd-dok* 1/74, S. 77). Im Mitteilungsblatt der EAF wurde die Bonner Eingabe allerdings mit einer Reihe von Empfehlungen für flankierende Maßnahmen veröffentlicht. Diese waren in den Landesarbeitskreisen von Berlin und Westfalen zusammengestellt und an die zuständigen kirchlichen und politischen Instanzen weitergeleitet worden (vgl. „Flankierende Maßnahmen", in: *Familienpolitische Informationen* 12/1973, S. 66 f., abgedruckt auch in: *epd-dok* 1/74, S. 77).

[230] Vgl. „So dankenswert und notwendig solche [sozialpolitischen, S. M.] Überlegungen sind, so scheint es doch erforderlich, mit aller Deutlichkeit darauf hinzuweisen, daß gesellschaftliche Hilfen für die Familien ein Gebot der Nächstenliebe, der Solidarität und der

man sich 1973 zudem mit Nachdruck gegen eine Fristenregelung aus und bemühte sich um eine Vermittlung zwischen den Indikationenentwürfen der beiden großen Parteien.[231] Insgesamt betrachtet zeichnete sich der Beitrag der EAF, trotz der im Vorwort erwähnten Beratung durch einen Fachausschuss, durch geringe argumentative Tiefe und nur oberflächliche Kenntnis des politischen Diskussionsstandes aus.[232] Die EAF-Erklärung dürfte deshalb kaum geeignet gewesen sein, eine Annäherung der verfestigten parlamentarischen Lager zu begünstigen.

Der Beschluss des Deutschen Evangelischen Krankenhausverbandes (DEKrV)

Wie die EAF beschäftigte sich auch der Deutsche Evangelische Krankenhausverband (DEKrV) – das öffentliche Sprachrohr der deutschen Krankenhäuser in evangelischer Trägerschaft – im Sommer 1973 mit der Reform des Abtreibungsstrafrechts und verabschiedete eine entsprechende Erklärung. Angeregt worden war die Stellungnahme durch eine Anfrage des katholischen Krankenhausverbandes, der auf der Grundlage eines bereits ausgearbeiteten Entwurfs gerne ein gemeinsames Wort der beiden konfessionellen Krankenhausverbände veröffentlicht hätte.[233] Nachdem der DEKrV die katholische Anfrage wegen inhaltlicher Differenzen jedoch abschlägig beschieden hatte, arbeitete der Geschäftsführer des Verbandes Gottfried Thermann eine eigene Vorlage aus.[234] Der in der Hauptgeschäftsstelle des Diakonischen Werks beschäftigte Diplom-Kaufmann ließ sich dabei nach eigener Aussage von der dringenden Bitte der evangelischen Krankenhausträger in der DDR leiten, nicht hinter deren generelle Ablehnung von Schwangerschaftsabbrüchen zu-

politischen Vernunft und nicht ein Mittel zur Vermeidung von Straftaten sind" („Stellungnahme der Evangelischen Aktionsgemeinschaft für Familienfragen zur Reform der Strafbestimmungen über Schwangerschaftsabbruch und Sterilisation" vom 28.8.1973 (EZA 87/758, abgedruckt in *epd-dok* 1/74, S. 77).

[231] EBD. Gemeinsam mit der CDU/CSU-Fraktion lehnte das Präsidium der EAF die generelle Straffreiheit der Frau entschieden ab. Durch die Ablehnung der von der Opposition geforderten Gutachterstellen ging die Erklärung jedoch auch einen Schritt auf die Indikationenfraktion innerhalb der SPD zu.

[232] Das Präsidium der EAF trat ähnlich dem bayerischen Landeskirchenrat just für jenen Lösungsweg ein, der in Bonn als der unwahrscheinlichere galt, d. h. dafür, den Indikationenkatalog enger als im Müller-Emmert-Entwurf, das Verfahren zur Indikationsfeststellung dagegen lockerer als im CDU/CSU-Fraktionsentwurf zu fassen (vgl. oben S. 284 Anm. 216). Pauschalisierend und unreflektiert spielte die Erklärung zudem den Schutz des ungeborenen Lebens wiederholt gegen das Selbstbestimmungsrecht der Schwangeren aus.

[233] Vgl. Vermerk von Gottfried Thermann an Schober vom 10.7.1973 zur Anfrage des katholischen Krankenhausverbandes (ADW, HGSt 3962).

[234] Vgl. EBD. sowie Protokoll der 2. Sitzung des Ausschusses ‚Fragen des Schwangerschaftsabbruches' in Stuttgart vom 19.7.1973 (ADW, HGSt 3962; EZA 650/95/205).

rückzufallen.[235] Die Verpflichtung den evangelischen Krankenhausträgern in der DDR gegenüber mag eine Erklärungshilfe für den am 24. September 1973 veröffentlichten, auffällig restriktiven Beschluss des DEKrV sein. Mahnend hieß es in der von der Mitgliederversammlung einstimmig verabschiedeten Entschließung: „[D]er Gesetzgeber muß daher wissen, daß jede Reform des § 218 StGB, die über die medizinische Indikation hinausgeht, bei ihrer Durchführung in evangelischen Krankenhäusern auf erhebliche Schwierigkeiten stoßen wird."[236]

Diese Äußerung konnte als Votum gegen jede Reform des Abtreibungsstrafrechts und für eine Beibehaltung des Status quo verstanden werden. Zwar darf bezweifelt werden, dass dies tatsächlich die Intention des DEKrV gewesen war, da man sich sonst kaum vom katholischen Entwurf hätte distanzieren müssen, doch blieb die Erklärung gleichwohl missverständlich.[237] Es verwundert somit nicht, dass Verbandsvertreter in der Folge Pressemeldungen zu dementieren hatten, wonach die evangelischen Krankenhäuser die Vornahme von Schwangerschaftsabbrüchen generell ablehnten.[238] In den Richtigstellungen hieß es dagegen differenzierter, dass evan-

---

[235] Vgl. Ebd.

[236] Beschluss des Deutschen Evangelischen Krankenhausverbandes (DEKrV) an die Mitglieder der Deutschen Krankenhausgesellschaft vom 24.9.1973 (EZA 87/758, veröffentlicht in: *Diakonie aktuell* 36/73 vom 5.10.1973). Auch seitens der Kirchenkanzlei hatte man die Möglichkeit einer Weigerung der Krankenhäuser in evangelischer Trägerschaft bereits angedacht, wobei sich aus den Quellen nicht erschließen lässt, welche Antwort Wilkens aus der Hauptgeschäftsstelle des Diakonischen Werks auf seine Frage erhielt, wie sich eine Weigerung der evangelischen Krankenhäuser finanziell für diese ausnehmen würde (vgl. Brief von Wilkens an Schober vom 8.5.1973, in: EZA 87/754).

[237] Eine Vorabversion des Vorstandsprotokolls vom Juni hatte noch festgehalten: „Dennoch sieht sich der Vorstand nicht in der Lage, sich für oder gegen eine bestimmte Lösung einzusetzen und zu den theologischen und sozialethischen Aspekten der diskutierten Reform des § 218 StGB Stellung zu nehmen" („Vorab gegebener Auszug aus der Niederschrift über die Vorstandssitzung des DEKrV vom 5.6.1973", in: ADW, HGSt 3962). Der Satz war später allerdings aus dem offiziellen Protokoll gestrichen worden (vgl. Niederschrift über die Vorstandssitzung des DEKrV vom 5.6.1973, in: ADW, HGSt 3962).

[238] Massive Kritik am Votum des DEKrV und seiner Veröffentlichung durch das Diakonische Werk übte auch der rheinische OKR Jürgen Schroer. Man sei im Rheinland überrascht und betroffen gewesen, schrieb der Sozialdemokrat, „weil diese Erklärung den falschen Eindruck erweckt, als gäbe es unter evangelischen Christen, besonders den Ärzten, Gewissensentscheidungen nur *gegen* den Abbruch der Schwangerschaft, sofern es über begrenzte Indikationen hinausgeht" (Brief von Schroer an Claß vom 21.10.1974, in: ADW, HGSt 3963, Hervorhebung im Original). Schober verteidigte das Votum des DEKrV indes entschlossen und kritisierte im Gegenzug die Stellungnahme der im Rheinland ansässigen EKFuL (vgl. Brief an Schroer vom 4.11.1974, in: ADW, HGSt 3963). Im Frühjahr 1974 forderte Schroer den DEKrV nochmals direkt auf, seine Stellungnahme zu revidieren. „Solange Träger evangelischer Krankenhäuser sich von vornherein weigerten, über Fälle rein medizinischer Indikation hinaus den Abbruch von Schwangerschaften in ihren Häusern vornehmen zu lassen", erklärte Schroer vor dem Hauptausschuss des Diakonischen Werkes im Rheinland,

gelische Kliniken die Vornahme von Schwangerschaftsabbrüchen nicht grundsätzlich ablehnten, sondern hier von Fall zu Fall entschieden würde und es dazu eines übereinstimmenden Gewissensentscheides des Trägers sowie des ärztlichen und des Pflegepersonals bedürfe.[239]

2.2.2 *Der Fachausschuss zu Fragen des Schwangerschaftsabbruchs beim Diakonischen Werk und das so genannte Rosa Papier*

Die Meinungsäußerungen der verschiedenen Verbände aus dem diakonischen Bereich ergaben eine ähnliche Vielstimmigkeit wie die landeskirchlichen Stellungnahmen zur Reform des § 218 StGB. Eine Stellungnahme des Diakonischen Werks stand 1973 dagegen noch aus und das, obwohl der Diakonische Rat bereits im Frühjahr 1972 den Auftrag zur Ausarbeitung eines erweiterten Katalogs flankierender Maßnahmen erteilt hatte.[240] Was war aus dem Vorhaben geworden?

Der Diskussionsstand im Diakonischen Werk

In der Hauptgeschäftsstelle des Diakonischen Werks in Stuttgart hatte man – vermutlich wegen der 1972 bald ausgebrochenen Regierungskrise – zunächst keinerlei Anstrengungen zur Umsetzung des Ratsbeschlusses unternommen. Nach der Wiederaufnahme des Gesetzgebungsverfahrens Anfang 1973 zeigte sich zudem, dass führende Vertreter im Diakonischen Werk zu einer recht nüchternen, fast resignativen Einschätzung der Möglichkeiten zur Hilfe in Schwangerschaftskonflikten neigten. So stellte der Direktor in der Hauptgeschäftsstelle Fritz-Joachim Steinmeyer im Januar 1973 fest: „Nach meinem derzeitigen Wissens-, Erkenntnis- und Meinungsstand sind überzeugende ‚flankierende Maßnahmen', die neu und kurzfristig organisierbar wären, nicht drin!"[241] Fast fatalistisch fuhr Steinmeyer fort: „Schwangerschaftsunterbrechung ist doch offenbar ein uraltes menschliches Problem [...]. Diese oder jene ‚flankierende Maßnahme' dürfte das Problem höchstens ein klein wenig ‚entschärfen', keineswegs aber aus der Welt

„werde auch eine evangelische Beratungsstelle das für ihre Arbeit notwendige Vertrauen nicht finden" (*epd za* vom 4.4.1974).

[239] Vgl. *epd za* vom 14.11.1973 sowie *epd za* vom 4.4.1974.

[240] Niederschrift über die 46. Sitzung des Diakonischen Rates vom 29.2./1.3.1972 in Stuttgart (ADW, PB 422). Vgl. auch oben S. 158.

[241] Vermerk über ein gemeinsames Gespräch am 2.1.1973 von Steinmeyer an Schober vom 15.1.1973 (ADW, HGSt 4650). Steinmeyer fuhr fort, er habe 1972 zwar einen Katalog flankierender Maßnahmen für Schober zusammengestellt, doch seien ihm im Nachhinein erhebliche Bedenken an deren Wirksamkeit gekommen.

schaffen!"[242] Angesichts der Vielzahl von Kriegen und des mannigfachen Leides auf der Welt sei es, so Steinmeyer, ohnehin kaum möglich, sogar ‚schier anachronistisch', in besonderer Weise für das werdende Leben einzutreten; die Kirche habe sich vielmehr für alles menschliche Leben einzusetzen. Konkrete Hilfsangebote mussten im Licht dieser umfassenden Perspektive auf die vielfältigen Formen der Lebensfeindlichkeit zwangsläufig marginal erscheinen.

Pragmatischer und weniger resignativ – wenngleich ebenso ernüchtert im Blick auf die Bilanz kirchlich-karitativer Maßnahmen zur Linderung der Abtreibungsnot – zeigte sich der Vizepräsident des Diakonischen Werks Paul Collmer. „Eine auf die Problematik des § 218 zugeschnittene Arbeitsform hat es in der Vergangenheit, von Ansätzen und Versuchen abgesehen, nicht gegeben", stellte Collmer am 26. März 1973 in einem Vermerk an Schober unverhohlen fest und fuhr fort: „Wenn die Wichtigkeit der Aufgabe bejaht wird und wenn der bisherige Zustand, auf diesem Gebiet mehr oder weniger nichts zu tun, aufgegeben werden soll, dann muß man entsprechende Arbeitsformen entwickeln."[243] Neben der Eröffnung von Beratungsstellen empfahl Collmer die Gründung geeigneter Heime sowie den Ausbau der Adoptionsvermittlung. Nur ein solches umfassendes diakonisches Engagement, schloss der Vizepräsident, würde den kirchlichen Verlautbarungen in dieser Frage entsprechen „beziehungsweise diese erst glaubwürdig machen."[244]

Collmer traf auf offene Ohren. Bereits zwei Wochen zuvor, am 9. März 1973, hatte der Diakonische Rat über die Abtreibungsproblematik beraten und beschlossen, eine Fachkommission zu diesem Thema einzusetzen.[245] Das recht allgemein gehaltene Ziel des Ausschusses sollte zunächst darin bestehen, eine sozialethische Wegfindung zu erarbeiten. Wenige Tage nach dem Beschluss des Diakonischen Rates hatte Schober diese Aufgabenstellung in einem Brief an Wilkens von der Kirchenkanzlei jedoch weiter präzisiert. Man habe dem zu berufenden Gremium drei Arbeitsaufträge zugedacht, schrieb Schober:

1. Ideen zu sammeln für eine gesellschaftliche Bewusstseinsänderung unter dem Motto „Mut zum Leben",
2. ein Wort an die Gemeinden auszuarbeiten und
3. Richtlinien für die Beratung zu formulieren.

---

242 Ebd.

243 EZA 87/751. In Anbetracht des finanziellen Gesamtvolumens der Kirche war es nach Ansicht des Vizepräsidenten durchaus realisierbar, die entsprechenden Mittel freizusetzen.

244 Ebd.

245 Vgl. Auszug aus dem Protokoll der Sitzung des Diakonischen Rates am 8./9.3.1973 (ADW, HGSt 3960).

Insgesamt, so Schober, werde es darum gehen, „das da und dort doch recht gebrochene Nein der Kirche zur Indikations- oder Fristenlösung durch eine Mobilisierung des kirchlichen Bewußtseins [...] in Richtung auf ein verantwortliches Leben aufzufangen."[246]

Einsetzung der Fachkommission

Am 3. April 1973, drei Tage vor Verabschiedung des EKD-Ratswortes zur Reform des § 218 StGB und inmitten der lebhaften öffentlichen Abtreibungsdebatte, versandte Schober die ersten Berufungsschreiben an einen Teil der zukünftigen Mitglieder der neuen Kommission.[247] Das Gremium konstituierte sich fast ausschließlich aus Mitarbeitern und Mitarbeiterinnen des Diakonischen Werks bzw. diesem nahe stehenden Personen aus dem sozialen und medizinischen Umfeld.[248] Zu den ‚Erstberufenen' zählten neben den Direktoren im Diakonischen Werk Dipl.-Volkswirt Fritz-Joachim Steinmeyer und Pfarrer Heinrich-Hermann Ulrich, das Mitglied des Diakonischen Rates Pfarrer Otto Kehr,[249] Erwin Wilkens aus der Kirchenkanzlei[250] sowie die stellvertretende Vorsitzende der EAF Irmgard von Meibom[251] und der Vorsitzende der EKFuL, der Sozialethiker Siegfried Keil. Schnellbriefe mit der Einladung zur kurzfristig anberaumten ersten Sitzung am 17. April ergingen zudem an die bereits vom Diakonischen Rat bestimmten Personen Oberin Gräfin Vitzthum von Eckstädt aus der Krankenhausleitung des Evangelischen Krankenhauses in Düsseldorf und Pastor Reinhard Neubauer

---

[246] Brief an Kunst und Wilkens vom 14.3.1973 (EZA 87/751). Welchen Standpunkt Schober in der Frage der strafrechtlichen Ausgestaltung des § 218 StGB vertrat, lässt sich nicht mit Bestimmtheit sagen, da er sich in seinen Äußerungen zumeist auf den sozialpolitischen Bereich beschränkte. Aussagen wie die oben zitierte deuten allerdings darauf hin, dass Schober zu den Kritikern einer weit gehenden Reform des Abtreibungsstrafrechts zählte.

[247] Schnellbrief Schober an die Mitglieder des Fachausschusses zu Fragen des Schwangerschaftsabbruchs beim Diakonischen Werk vom 3.4.1973 (EZA 650/95/204).

[248] Wilkens' Wunsch nach Berufung eines Juristen war unberücksichtigt geblieben (vgl. Brief von Wilkens an Schober vom 19.3.1973, in: ADW, HGSt 3960). Damit spiegelte sich bereits in der Zusammensetzung der Kommission deren diakonischer und nicht der von Wilkens geforderte strafrechtliche Schwerpunkt wider.

[249] Kehr war Vorsitzender der Evangelischen Konferenz für Telephonseelsorge.

[250] Wilkens hatte Schober auf dessen Einladung zur Mitarbeit geantwortet, dass der Rat der EKD ihn bereits vor einiger Zeit beauftragt habe, mit dem Diakonischen Werk zum Zwecke eines ganz ähnlichen Vorhabens wie des von Schober initiierten in Kontakt zu treten. Aus dem Mitglied der Kommission wurde daraufhin ein Mitverantwortlicher (vgl. Brief von Wilkens an Schober vom 19.3.1973, in: ADW, HGSt 3960).

[251] Da der Diakonische Rat bestimmt hatte, dass der Kommission auch eine Vertreterin der Frauenarbeit angehören sollte, wurde Irmgard von Meibom auf Schobers Anregung mit der Doppelfunktion betraut, sowohl die EAF als auch die EFD zu vertreten. Ein doppeltes Stimmrecht erhielt sie freilich nicht (vgl. Auszug aus dem Protokoll der Sitzung des Diakonischen Rates am 8./9.3.1973, in: ADW, HGSt 3960, sowie Vermerk von Schober an Steinmeyer vom 5.4.1973 in: ADW, HGSt 3961).

vom Evangelischen Diakonieverein Berlin-Zehlendorf.[252] Laut Protokoll nahmen an der ersten Sitzung des Fachausschusses ferner Gertrud Raiser, Chefärztin im Diakonissenkrankenhaus Stuttgart, und ihr Kollege Reiner Blobel aus dem Diakonie-Krankenhaus Schwäbisch Hall sowie die Oberinnen Margret Feldmann und Sigrid Hornberger teil.[253] Zu den vierzehn Anwesenden der ersten Besprechung zählten schließlich auch Theodor Schober und die Referentin für Mütterhilfe aus der Hauptgeschäftsstelle Dipl.-Volkswirtin Mechthild König.

Aufnahme der Ausschussberatungen

Die Schwerpunkte der konstituierenden Sitzung des ‚Fachausschusses zu Fragen des Schwangerschaftsabbruchs beim Diakonischen Werk' lagen am 17. April 1973 zunächst auf dem allgemeinen Erfahrungsaustausch sowie der Ausdifferenzierung und Eingrenzung der Arbeitsziele des Gremiums. Der EKD-Vertreter Erwin Wilkens richtete seine Bemühungen – wie bereits im Vorfeld – erneut darauf aus, dem Kreis die Aufgaben der ehemaligen Strafrechtskommission zu übertragen.[254] Wiederholt vertrat er die Ansicht, der Kreis dürfe sich nicht allein mit den flankierenden Maßnahmen beschäftigen, sondern müsse auch die gesetzlichen Regelungen zum Schwangerschaftsabbruch thematisieren. Die Kommissionsmitglieder sahen sich indes nicht in der Lage, sowohl die sozialpolitische als auch die strafrechtliche Dimension der Abtreibungsthematik in der nötigen Ausführlichkeit zu verhandeln. Sie beschlossen, die Diskussion um die verschiedenen Gesetzesmodelle vorerst zurückzustellen und sich auf den Bereich der sozialen und diakonischen Aufgaben zu beschränken.[255]

---

[252] Vgl. Auszug aus dem Protokoll der Sitzung des Diakonischen Rates am 8./9.3.1973 (ADW, HGSt 3960). Neubauer hatte Schober noch in der Konstituierungsphase vergeblich darum gebeten, auch einen kirchlichen Vertreter der Fristenregelung, wie z. B. Guido Groeger vom Evangelischen Zentralinstitut in Berlin, zu berufen (vgl. Brief vom 26.3.1973, in: ADW, HGSt 3961). R. Neubauer selbst hatte sich 1972 für eine enge Indikationenregelung ohne soziale Indikation ausgesprochen (vgl. Ders., Betrifft § 218).

[253] Dies und das Folgende vgl. Protokoll der Sitzung des Fachausschusses zu Fragen des Schwangerschaftsabbruchs beim Diakonischen Werk am 17.4.1973 (EZA 650/95/204).

[254] Wilkens hatte bereits zuvor den Wunsch geäußert, das neue Gremium möge den Aufgabenbereich der „unglückseligen" Strafrechtskommission übernehmen, da diese den Anforderungen, die an sie gerichtet worden waren, nicht gerecht zu werden vermocht hatte (vgl. Brief an Schober vom 19.3.1973, in: ADW, HGSt 3960).

[255] Das Ergebnis der Aussprache wurde später allerdings verschieden wiedergegeben. Während die Protokollantin König die EFD informierte, man habe sich einmütig entschlossen „nicht mehr über das Für oder das Wider der verschiedenen Lösungsmöglichkeiten zu diskutieren, sondern die flankierenden Maßnahmen zu erörtern", ließ Wilkens dagegen in einer *epd*-Meldung über die zukünftigen Aufgaben der Kommission mitteilen, man werde sich mit den rechtlichen Folgen der Reform befassen und darüber hinaus auch über flankierende Maßnahmen beraten (vgl. Aktennotiz der EFD vom 7.5.1973 zur Sitzung des

Neben der Sondierung der Arbeitsschwerpunkte galt es auf der konstituierenden Sitzung ferner, erste Projektideen zu sammeln. Es gab Überlegungen, ein Wort an die Gemeinden zu richten, gemeinsam ein Buch zu veröffentlichen[256] und einen Spielfilm - oder zumindest einen Fernesehbeitrag über das so genannte Baseler Modell[257] - anzuregen. Die Kommission griff jedoch zunächst auf Altbewährtes zurück und bat Neubauer um die Abfassung einer Handreichung für Verkündigung, Unterricht und Seelsorge.[258] Diese Arbeitshilfe für Gemeindepfarrer und -pfarrerinnen war vorerst das einzige anvisierte Projekt des Kreises, der sich nach seiner ersten Zusammenkunft Mitte April auf den Sommer vertagte.

Zweite Sitzung des Fachausschusses zu Fragen des Schwangerschaftsabbruchs

Die zweite Sitzung des Fachausschusses war auf den 19. Juli 1973 anberaumt worden. Zuvor wurde die Zahl der Kommissionsmitglieder allerdings beträchtlich erhöht. Schober berief sukzessive neun weitere Personen aus der Hauptgeschäftsstelle sowie den verschiedenen Fachverbänden der Diakonie.[259] Durch die Nachberufungen verdoppelte sich das Gremium nahezu und der Anteil der weiblichen Mitglieder stieg auf über die Hälfte.[260]

Leitungskreises der EFD am 14.5.1973, in: AEFD, Rechtsausschuß, § 218; sowie Meldung in: *epd za* vom 24.4.1973).

256 Da diese Anregung in der Kommission keine Annahme fand, verwirklichte Wilkens sie wenige Monate später in eigener Verantwortung und gab im Herbst 1973 eine Dokumentation zur Reform des § 218 StGB heraus (vgl. E. WILKENS, § 218).

257 In der Universitätsfrauenklinik Basel hatte man zur Vorbereitung der Gutachterentscheidung (die von zwei Medizinern gefällt wurde) einen hauseigenen sozial-medizinischen Dienst eingerichtet, der einmal in der Woche tagte und sein Votum vornehmlich nach den Kriterien der individuellen Belastbarkeit der Antragstellerin ausrichtete (vgl. ausführlich zum Baseler Modell M. MALL-HAEFELI, Liberalisierung der Schwangerschaftsunterbrechung). Das Baseler Modell wurde in weiten Kreisen der evangelischen Kirche als vorbildhaft betrachtet (vgl. z. B. unten S. 478 Anm. 68).

258 Neubauer, der im Vorjahr bereits eine Schrift zu diesem Thema veröffentlicht hatte (vgl. R. NEUBAUER, Betrifft § 218), hatte selbst die Anregung zur Abfassung einer Arbeitshilfe gegeben.

259 Zur Mitarbeit in der noch jungen Kommission eingeladen wurden Helmut Hochstetter und Gottfried Thermann vom DEKrV, Eckhard Kutzer vom Verein zur Einrichtung evangelischer Krankenhäuser, Helene Fengler von der westfälischen Mütterhilfe, Käthe Rohleder, die Leiterin des Mutter-Kind-Heimes in Fürth, sowie ihre Kollegin Pfleiderer, die das Weraheim in Stuttgart leitete. Aus der Hauptgeschäftsstelle in Stuttgart wurden ferner nachberufen Christine Winzler von der Bahnhofsmission, Oberin Ursula Issmer, die für die Krankenschwesternausbildung zuständig war, und Assessorin Isolde Traub aus der Geschäftsführung des Evangelischen Zentralinstituts für Familienberatung (vgl. Protokoll der 2. Sitzung des Fachausschusses zu Fragen des Schwangerschaftsabbruchs beim Diakonischen Werk am 19.7.1973, in: ADW, HGSt 3962; EZA 650/95/205).

260 Nicht ohne Stolz verwies Schober auf der EKD-Synode später ausdrücklich auf den hohen Frauenanteil seines Gremiums (vgl. KASSEL 1974, S. 135). Dies mag u. U. auch eine

Zum Auftakt der zweiten Sitzung gab Wilkens zunächst einen Überblick über den Stand der Diskussion zur Reform des § 218 StGB.[261] Für den kirchlichen Bereich sei mit Sicherheit davon auszugehen, berichtete er, dass die EKD-Synode das Thema auf ihrer kommenden Tagung im Januar 1974 aufgreifen werde. Schober fügte hinzu, man erwarte von der Synode die Bereitstellung erheblicher finanzieller Mittel.

Damit ergab sich für den Fachausschuss eine klare Aufgabenstellung: Die Ausarbeitung eines detaillierten kirchlichen Maßnahmenkatalogs für die EKD-Synode, die die nötigen finanziellen Mittel zur Realisierung der Vorhaben bereitstellen sollte. Als Vorlage für die Weiterarbeit präsentierte König den Anwesenden dazu die von ihr bereits zur Frühjahrssynode in Coburg zusammengestellte Auflistung möglicher flankierender Maßnahmen.[262] Der Erhalt und der Ausbau der Heime für Mutter und Kind fanden dabei das besondere Interesse der Anwesenden.

Der Kreis beschäftigte sich darüber hinaus mit dem Modell der ehrenamtlichen Kontaktpersonen, das von der westfälischen Mütterhilfe bereits seit mehreren Jahren praktiziert wurde.[263] Nach eingehender Information durch die zuständige Referentin der westfälischen Mütterhilfe Helene Fengler beschloss man, sich für einen weiteren Ausbau des Modells einzusetzen und Ausbildungsziele für die Schulung von Kontaktpersonen sowie Richtlinien für deren Mitarbeit auszuformulieren. Keil und Neubauer erklärten sich darüber hinaus bereit, eine Übersicht über das differenzierte System kirchlicher Beratungsdienste zu erstellen. Sie rieten allerdings dringend davon ab, für die Schwangerschaftskonfliktberatung auf bereits bestehende Ehe- und Familienberatungsstellen zurückzugreifen, da diese Einrichtungen grundsätzlich auf längerfristige Beratung ausgerichtet und somit für die kurzfristige Krisenintervention in Schwangerschaftskonflikten ungeeignet seien. Keil und Neubauer sprachen sich statt dessen für die Suche nach alternativen Beratungsmöglichkeiten aus. Die Einführung einer sozialpsychologischen Pflichtberatung war in der Kommission des Diakonischen Werks ohnehin ebenso umstritten wie in der Strafrechtskommission

---

indirekte Reaktion darauf gewesen sein, dass die Orange Schrift einst ihres rein männlichen Verfasserkreises wegen scharf kritisiert worden war (vgl. BERLIN-SPANDAU 1971, S. 39).

261 Die Tagesordnung sah ferner fünf Kurzvorträge vor, die von den Hilfsangeboten in der Sozialgesetzgebung bis zu den Erfahrungen mit der Fristenregelung in der DDR reichten. In einem weiteren Themenschwerpunkt befasste sich das Gremium zudem mit den zu erwartenden arbeitsrechtlichen Problemen für den Fall, dass Krankenhausangestellte aus Gewissensgründen von ihrem Weigerungsrecht zur Vornahme von Schwangerschaftsabbrüchen Gebrauch machen wollten (vgl. Protokoll der 2. Sitzung des Ausschusses ‚Fragen des Schwangerschaftsabbruches' in Stuttgart vom 19.7.1973, in: ADW, HGSt 3962; EZA 650/95/205).

262 Vgl. oben S. 273.

263 Zum Modell der Kontaktpersonen vgl. oben S. 153 Anm. 42, sowie S. 222 Anm. 288.

der EKD, im Rechtsausschuss der Frauenarbeit und anderen evangelischen Gremien.[264]

Zum Abschluss der Zusammenkunft fasste Wilkens die Diskussionsergebnisse noch einmal zusammen und nahm das Ziel der Ausschussberatungen erneut in den Blick. Zunächst griff er den von Steinmeyer geäußerten Vorschlag auf, ein internes Memorandum an die Landeskirchen, das Diakonische Werk und die diakonischen Fachverbände zu verfassen. Mittels einer solchen Ausarbeitung, erläuterte Wilkens, ließe sich der kirchliche Beitrag zur Hilfe in Schwangerschaftskonflikten gut bündeln und dem entsprechenden Adressatenkreis mit der Bitte um Umsetzung zuleiten. Neben einem solchen kircheninternen Votum erachtete Wilkens es allerdings für unerlässlich, auch an den Gesetzgeber eine Erklärung zu den Wünschen, Forderungen und Bedenken der Diakonie zu richten.

Der Kreis stimmte dem EKD-Vertreter zu und betraute Assessorin Isolde Traub mit der Erstellung eines Papiers, das die vorgelegten Gesetzentwürfe zur Neufassung des § 218 StGB einer kritischen Würdigung unterziehen sollte. Die ursprünglichen Pläne zu einem Wort an die Gemeinden wurden indes vertagt. Die Kommission war der Ansicht, dass ein solches Wort grundsätzlich zwar notwendig sei, zum damaligen Zeitpunkt jedoch verfrüht gewesen wäre.

Abschluss der Beratungen

Die dritte Zusammenkunft des Fachausschusses zu Fragen des Schwangerschaftsabbruchs war im Sommer auf den 16. November anberaumt worden. Da Schober davon ausging, der Ausschuss würde bis Jahresfrist zu Ergebnissen kommen, die der Synode der EKD im Januar 1974 vorgestellt werden konnten, darf angenommen werden, dass sowohl ihm als auch seinen Mitarbeitern und Mitarbeiterinnen bewusst war, dass es sich bei der dritten Zusammenkunft des Ausschusses im Herbst 1973 vermutlich um die letzte handeln würde.[265] Ein Blick auf den nach der zweiten Sitzung erreichten Arbeitsstand der Kommission zeigte indes

---

[264] Lediglich Collmer hatte sich im Vorfeld ausdrücklich für die Einrichtung spezieller Beratungsstellen ausgesprochen (Vermerk an Schober vom 26.3.1973, in: EZA 87/751). Steinmeyer hatte Schober dagegen wissen lassen: „[D]er Unterhalt evangelischer Beratungsstellen, deren Besuch *Pflicht* ist, schiene mir durchaus problematisch" (Schnellbrief vom 6.4.1973, in: ADW, HGSt 3961; Hervorhebung im Original). Auch Keil und König teilten die Bedenken der kirchlichen Beratungsstellen, sich in das staatliche System zur Abtreibungsprävention einbinden zu lassen (vgl. Protokoll der 2. Sitzung des Ausschusses ‚Fragen des Schwangerschaftsabbruches' in Stuttgart vom 19.7.1973, in: ADW, HGSt 3962; EZA 650/95/205).

[265] Am 10.7.1973 hatte Schober an Pfleiderer/Leiterin des Weraheimes in Stuttgart geschrieben, dass „es sich um ein Unternehmen handelt, das nicht viele Jahre hindurch arbeiten soll, sondern zum Ende des Jahres ein Ergebnis vorlegen will" (ADW, HGSt 3962).

noch keine befriedigenden Zwischenergebnisse.[266] Das anvisierte Arbeitsziel eines internen Memorandums, das die kirchenleitenden Gremien zu einem verstärkten Engagement anhalten sollte, war noch nicht verwirklicht. Seine Abfassung war auf der Sommersitzung nicht einmal in Auftrag gegeben worden.

Anfang Oktober, sechs Wochen vor der dritten Sitzung des Fachausschusses, nahm sich Mechthild König, die als Referentin für Mütterhilfe in der Hauptgeschäftsstelle für den gesamten Aufgabenbereich ‚Frau und Familie' zuständig war, jedoch der Angelegenheit an. König, die in der Kommission mit der Protokollführung betraut worden war, wandte sich in einem ausführlichen Vermerk an Schober und legte ihm eine detaillierte Bilanz der bis dahin erzielten Zwischenergebnisse sowie konkrete Empfehlungen für das weitere Vorgehen vor.[267] Ihr erster Punkt war das noch ausstehende interne Memorandum an die Landeskirchen und gliedkirchlich-diakonischen Werke. Die Referentin bot sich an, eine erste Vorlage dafür zu erstellen. Zweiter Punkt des Vermerks war der von Isolde Traub noch einzufordernde Text zu den Wünschen und Bedenken des Ausschusses im Blick auf die strafrechtlichen Reformentwürfe.[268] Beide Texte, sowohl jener an die Adresse des Gesetzgebers als auch jener an die kirchlichen Leitungsgremien sollten nach Königs Vorstellung auf der Novembersitzung des Ausschusses endredigiert und verabschiedet werden. Sie sollten sodann zusammengefügt und der EKD-Synode im Januar 1974 als Beratungsergebnis der Kommission vorgelegt werden.

Die Referentin berichtete weiter, sie habe mit den Leiterinnen der Mutter-Kind Wohnheime in Stuttgart und Fürth zwei Heimkonzepte ausgearbeitet.[269] König unterbreitete Schober den Vorschlag, die Synode in Kassel

---

[266] Einzig Neubauer hatte seine seelsorgerliche Handreichung vorgelegt. Sie war den Ausschussmitgliedern daraufhin zur Begutachtung zugesandt worden. Nachdem Keil jedoch von seinem Einspruchsrecht Gebrauch gemacht hatte, und die Herausgeberschaft ohnehin nicht endgültig geklärt war, sah man in der Hauptgeschäftsstelle schließlich davon ab, den Text in der ursprünglich vorgesehenen Form als Arbeitshilfe des Fachausschusses zu veröffentlichen (vgl. Brief von Schober an die Kommissionsmitglieder vom 26.7.1973, in: EZA 650/95/204; Brief von Wilkens an Steinmeyer vom 30.10.1973, in: ADW, HGSt 3963; „Überlegungen zur nächsten Sitzung des Ausschusses ‚Fragen des Schwangerschaftsabbruches'". Internes Papier von König an Schober vom 9.10.1973, in: ADW, HGSt 4643).

[267] Dies und das Folgende nach Ebd.

[268] Auch Keil und Neubauer sollten daran erinnert werden, dass sie eine Übersicht über das evangelische Beratungsangebot sowie Richtlinien zur Ausbildung von Kontaktpersonen zugesagt hatten (vgl. Ebd.).

[269] Während das Weraheim in Stuttgart mit seinem an das Heimkonzept angelehnten Modell vorwiegend junge Mütter ansprach, war das zweite Modell – verwirklicht im Wohnheim des bayerischen Frauenbundes in Fürth – altersübergreifend konzipiert und lief auf Apartmentbasis (vgl. Ebd.). Das Projekt in Fürth hatte bereits einen hohen Bekanntheitsgrad, da es am 20. Mai 1973 in einer Reportage des ZDF vorgestellt worden war (vgl. Brief von

um großzügige Finanzierungshilfen zur Unterstützung dieser Wohnprojekte zu bitten. Der Präsident des Diakonischen Werks übernahm das von König ausgearbeitete detaillierte Konzept für die Weiterarbeit der Kommission und veranlasste die nötigen Schritte.[270]

Wenige Tage vor der dritten Sitzung des Fachausschusses konnte König die Arbeit am Rohentwurf des Memorandums abschließen. Schober leitete die Ausarbeitung – in die sowohl Traubs Text als auch die von Keil und Neubauer ausgearbeitete Orientierung zum System evangelischer Beratungsmöglichkeiten eingeflossen waren – per Eilbrief umgehend an die Kommissionsmitglieder weiter, damit das Papier auf der Novembersitzung des Ausschusses abschließend beraten werden konnte.[271] Über den Verlauf der Verhandlungen auf der letzten Ausschusstagung am 16. November 1973 gibt der lückenhafte Aktenbestand des Diakonischen Werks bedauerlicherweise keine Auskunft. Das Ergebnis der Besprechung, das wegen seiner Farbe später so genannte ‚Rosa Papier', [272] ist allerdings sowohl in seiner Roh- als auch in seiner Endversion überliefert. Der Vergleich zeigt, dass die Endredaktion sich auf Umstellungen und kleinere Ergänzungen beschränkte. In weiten Teilen wurde Königs Vorlage unverändert übernommen.[273]

Meibom an Steinmeyer vom 22.6.1973, in: ADW, HGSt 4643). König regte an, den Film wiederholen zu lassen, zumal Schober sich nach der Ausstrahlung eines Berichts über eine katholische Beratungsstelle (am 30.9.1973 im ZDF) „etwas ähnliches von evangelischer Seite" gewünscht hatte; vgl. „Überlegungen zur nächsten Sitzung ..." (oben Anm. 268).

270 Schober leitete Königs Vermerk, mit einer Reihe zustimmender Randnotizen versehen, an Steinmeyer weiter und fügte an: „Ich wäre Ihnen sehr dankbar, wenn sie – auch in meinem Namen – die im Vermerk von Frau König angesprochenen Schritte einleiten würden" (EBD.).

271 Vgl. Eilbrief von Schober an die Mitglieder der Kommission zu Fragen der Schwangerschaftsunterbrechung vom 12.11.1973 (ADW, HGSt 3963). Zuvor hatte Schober Erkundigungen eingezogen, wie weit die Arbeiten an der Gemeinsamen Erklärung des Rates der EKD und der katholischen Bischofskonferenz gediehen waren (vgl. Notiz ohne Absender an Schober vom 9.11.1973, in: ADW, HGSt 3963); zur Gemeinsamen Erklärung vgl. unten S. 304–324.

272 Zur EKD-Synode im Januar 1974 erschien die Ausarbeitung als vierseitiger Sonderdruck auf besagtem rosa Papier (vgl. Sonderdruck in: *Das Diakonische Werk* Heft 1/1974, abgelegt in: ADW, HGSt 4643).

273 Zu den wesentlichen Veränderungen zählte die von Schober eingefügte Forderung nach einer Reform des Adoptionsrechts sowie die besondere Hervorhebung der bewusstseinsbildenden Maßnahmen und ihre Erweiterung um Sexualerziehung und -aufklärung (vgl. die von Schober handschriftlich korrigierte „Vorlage für die Sitzung des Ausschusses ‚Fragen der Schwangerschaftsunterbrechung' am 16.11.1973 für ein Memorandum für die EKD-Synode 1974", in: ADW, HGSt 4643, sowie die Endversion: „Ungewolltes Leben annehmen. ‚Flankierende Maßnahmen' als die eigentlichen Aufgaben der Kirche" in: *Diakonie Korrespondenz* 43/73 vom 18.12.1973).

Das Ergebnis

Die Ausarbeitung des Fachausschusses zu Fragen des Schwangerschaftsabbruchs gliederte sich in zwei Teile. Während sich der Hauptteil mit den flankierenden Maßnahmen befasste, sprach der kürzere Anhang ausgewählte rechtspolitische Aspekte der Abtreibungsreform an.

Der gesamte Dienst der Kirche, hieß es in der Einleitung des Rosa Papiers zunächst, habe in seinem Beitrag zur Abtreibungsproblematik das Ziel, auf eine kinderfreundliche Gesellschaft, eine umfangreiche Sexualerziehung sowie ausreichende Möglichkeiten zur Schwangerschaftskonfliktberatung hinzuwirken. Nicht nur das werdende Leben, das mitunter als unerträgliche Belastung empfunden werde, auch die durch eine ungewollte Schwangerschaft in eine außergewöhnliche Not- und Konfliktsituation geratene Frau bedürfte des Schutzes und der besonderen Hilfe. Dafür habe die Kirche nicht nur verbal in ihren offiziellen Erklärungen einzutreten, sie habe es in Verkündigung, Seelsorge und Diakonie auch zu verwirklichen.

Der Zuspruch der Hilfe, hieß es weiter, gelte ohne Ausnahme allen, die durch eine ungewollte Schwangerschaft in Not geraten seien, denn: „Sie [die Kirche] hat kein Recht, über die Betroffenen ein Urteil zu fällen, da der Herr der Kirche Vergebung zugesagt und geboten hat, daß einer des anderen Last mittragen soll."[274] Hier war das Grundmotiv benannt, das viele Mitarbeiter und Mitarbeiterinnen der Hauptgeschäftsstelle des Diakonischen Werks in ihrem Reden und Handeln zur Frage des Schwangerschaftsabbruchs leitete. Prägnant hatte Steinmeyer dieses bereits Anfang 1973 in einem internen Vermerk umrissen. „Angesichts dieser allgemeinen Situation", hatte er Schober wissen lassen, „sind wir in der schier tragisch zu nennenden Situation, nicht einer einzigen Abtreibung unseren Segen geben zu können – aber Abtreibende auch nicht zu verurteilen!"[275] Damit war der theologische Horizont abgesteckt, in dem der diakonische Auftrag der Kirche im Rosa Papier weiter entfaltet wurde.

Auf den Einleitungsteil folgte ein umfassender Katalog von Verbundmaßnahmen für Hilfen in Konflikt- und Notsituationen ungewollter Schwangerschaft. Dieser Hauptteil gliederte sich in drei Unterkapitel, die die verschiedenen Bereiche des kirchlichen Engagements umrissen.

[274] König hatte diesen Gedanken nach eigenen Angaben in einem längeren Gespräch mit Schober entwickelt (vgl. Interview der Autorin mit Mechthild König vom 7.6.2000). Vgl. dazu auch bereits Schobers Aufsatz von 1972: „Wir sollten endlich begreifen, daß auch die entstehendes Leben getötet haben und töten, die durch eine wie [auch; S. M.] immer begründete Moral Menschen in ihrer Mitte aburteilen und ausstoßen und damit erst die Voraussetzungen für eine Abtreibung schaffen. Wir haben überhaupt keine Moralgesetze, sondern das Evangelium zu verkünden" („Ein Klumpen Fleisch oder – ein Mensch?", in: *epd Ausg. f. kirchl. Presse* vom 5.4.1972).

[275] Vermerk über ein gemeinsames Gespräch am 2.1.1973 vom 15.1.1973 (ADW, HGSt 4650).

1. Die „Mitarbeit bei der Gesetzgebung", d. h. die Wahrnehmung des politischen Mandats,
2. den Beitrag zum „Abbau negativer Verhaltensweisen zugunsten einer positiven Einstellung zu Kindern und Kinderfamilien", d. h. die Bewusstseinsbildung, und
3. die Bereitstellung „konkrete[r] Hilfsangebote in akuten Notsituationen", d. h. die praktische Hilfe.[276]

Für jeden der drei Bereiche führte das Rosa Papier eine Reihe konkreter Empfehlungen an. Sie reichten von der Verbesserung des Adoptionsrechts und verschiedener Leistungen der Krankenversicherung über eine Bewusstseinsänderung durch den Ausbau der kirchlichen Erwachsenenbildung und der Sexualerziehung bis hin zu kirchlichen Hilfsangeboten zur Beratung und Betreuung, aber auch zur finanziellen Unterstützung und Wohnraumbeschaffung. Die breite Palette der ausgebreiteten Maßnahmen und Hilfsangebote beeindruckt dabei nicht nur durch ihre Vielfalt, sondern auch durch ihr realistisches Augenmaß und ihr hohes Konkretionsniveau.

Eine Zusammenfassung gab abschließend die Hauptaussagen des Papiers nochmals in der gebotenen Kürze wieder und stellte aus der Fülle der im Hauptteil angeregten Hilfsangebote einen Prioritätenkatalog zusammen.[277] Er umfasste die folgenden fünf Punkte:

- „Gewinnung und Anleitung von ‚Kontaktpersonen' (in den Gemeinden),
- Ausbau der Beratungsstellen [...],
- Bereitstellung pädagogischer Hilfen (insbesondere für alleinerziehende Mütter),
- Schaffung eines/regionaler Sonderfonds für schnelle und unkonventionelle finanzielle Hilfen in akuten Notlagen,
- finanzielle Hilfen für Heime/Wohngruppen für Mutter und Kind mit überregionaler Bedeutung (Fürth, Heidelberg)."[278]

[276] Dies und das Folgende nach: „Ungewolltes Leben annehmen. ‚Flankierende Maßnahmen' als die eigentlichen Aufgaben der Kirche" (in: *Diakonie Korrespondenz* 43/73 vom 18.12.1973, sowie als Sonderdruck in: *Das Diakonische Werk* Heft 1/1974). Ein vierter Abschnitt befasste sich darüber hinaus mit den zusätzlichen Problemen sozialschwacher Kreise und ausländischer Arbeitnehmerinnen.

[277] In der Zusammenfassung wurden die Prioritäten des kirchlichen Engagements anders geordnet als im Hauptteil. Auf Schobers Wunsch stand nunmehr die Bewusstseinsbildung an erster Stelle, gefolgt vom diakonischen Auftrag zur konkreten Hilfe. Das politische Mandat der Kirche entfiel (vgl. Schobers Korrekturen in der „Vorlage für die Sitzung des Ausschusses ‚Fragen der Schwangerschaftsunterbrechung' am 16.11.1973 für ein Memorandum für die EKD-Synode 1974", in: HGSt 4643).

[278] Vgl. oben Anm. 278.

Mit diesen Anregungen für das künftige kirchliche Engagement in Konflikt- und Notsituationen infolge ungewollter Schwangerschaft hatte das Rosa Papier, wie es später im Vorwort zur Veröffentlichung hieß, „die Richtung aufgezeigt, in der Lebenshilfe in Konfliktfällen aus christlicher Verantwortung zu praktizieren ist."[279] Der Anhang der Stellungnahme wandte sich sodann nicht mehr an ein innerkirchliches Publikum, sondern an den Bonner Gesetzgeber. Auch in diesem Teil gelang es den Verfassern und Verfasserinnen, sich auf die aus Sicht der Diakonie wichtigsten Forderungen zu beschränken. Dazu gehörten neben der Aufnahme einer Beratungsbestimmung sowie der Gewährung von Muttergeld und verlängertem Mutterschaftsurlaub u. a. die Einführung eines Babyjahres, das auf die Sozialversicherung angerechnet werden sollte, d. h. der heute so genannten Elternzeit.

Zu der Frage, welchem der strafrechtlichen Reformentwürfe zu § 218 StGB der Vorzug zu geben sei, machte das Rosa Papier an keiner Stelle eine Aussage. Wohl wissend, dass die Meinungen hierüber auch innerhalb der Kommission weit auseinander gingen, hatte man diesen Themenkomplex aus den Beratungen ausgeklammert.[280] Dadurch war es dem Ausschuss gelungen, arbeitsfähig zu bleiben und sich nicht – wie die EKD-Strafrechtskommission – über die strafrechtliche Regelung des Abtreibungsverbots zu entzweien. Und noch mehr: In dem Maße, in dem der Gesetzgeber als Adressat der Wünsche und Forderungen in den Hintergrund getreten war, hatte man sich auf den eigenen, diakonischen Beitrag zur Linderung von Schwangerschaftskonflikten konzentrieren können. Der Fachausschuss des Diakonischen Werks hatte sich damit jenem Bereich zugewandt, der sich dem Kreis ob seiner personellen Besetzung nicht nur nahe gelegt hatte, sondern im Blick auf den Diskussionsstand innerhalb der evangelischen Kirche auch seit langem von besonderer Dringlichkeit war: Das diakonische Engagement der Kirche in Schwangerschaftskonflikten.

Verabschiedung und Veröffentlichung des Rosa Papiers durch den Diakonischen Rat

Am 12. Dezember 1973, knapp einen Monat nach dem Abschluss der Kommissionsberatungen, trat der Diakonische Rat zusammen und machte sich die Ausarbeitung seines Fachausschusses zu eigen. „Der Diakonische Rat", formulierte das Leitungsgremium des Diakonischen Werks im Vor-

---

[279] Ebd.

[280] Mit dieser Konzentration auf die sozialpolitische Dimension der Reform hatte man sich gegen Wilkens' Wunsch entschieden, in Fortführung der ehemaligen Strafrechtskommission der EKD auch die strafrechtlichen Fragen der Reform zu erörtern. Schober begrüßte diese Selbstbeschränkung des Ausschusses und hob sie auf der EKD-Synode in Kassel im Januar 1974 nochmals lobend hervor (vgl. Kassel 1974, S. 135).

wort zur Veröffentlichung des Papiers, „wendet sich mit diesem Katalog von Verbundmaßnahmen an die Synode der EKD, an die Synoden und Leitungen der Gliedkirchen und an die Werke der Kirche mit dem dringenden Appell, die zur Verwirklichung dieser Dienste notwendigen personellen und finanziellen Konsequenzen großzügig, schnell und unkonventionell und in mutiger Kooperation zu ziehen. Nur dann werden auch verbale Äußerungen der Kirche zu dieser notwendigen Gesetzesreform ihr Gewicht behalten und neu an Bedeutung gewinnen."[281]

Am 18. Dezember, sechs Tage nach der Verabschiedung durch den Diakonischen Rat, wurde die Ausarbeitung in der „Diakonischen Korrespondenz" unter dem Titel „Ungewolltes Leben annehmen. ‚Flankierende Maßnahmen' als die eigentlichen Aufgaben der Kirche" veröffentlicht.[282] Da es sich beim Rosa Papier in erster Linie um ein innerkirchliches Votum handelte, das nicht gezielt an die Öffentlichkeit oder das Parlament weitergeleitet wurde, blieben unmittelbare Reaktionen auf die Veröffentlichung zunächst aus.[283] Zudem war knapp drei Wochen zuvor eine vom Rat der EKD und der katholischen Bischofskonferenz gemeinsam verfasste Erklärung zur Reform des § 218 veröffentlicht worden.[284] Die umstrittene Stellungnahme hatte die gesamte kirchliche wie öffentliche Aufmerksamkeit auf sich gezogen und der Ausarbeitung des Diakonischen Werks den Wind aus den Segeln genommen.

Das Hauptverdienst des Rosa Papiers lag jedoch ohnehin in seiner langfristigen Signalwirkung. Durch die positive Aufnahme auf der EKD-

---

281 Auch in der Zusammenfassung des Rosa Papiers hieß es: „Das öffentliche Wort der Kirche zum Schutz werdenden Lebens setzt voraus, daß die Kirche ihre eigenen Möglichkeiten ausschöpft, Schwangeren, Müttern, Kindern und Familien zu helfen" (vgl. oben Anm. 278).

282 Vgl. Ebd. – Am 12. Dezember, nach der beschlussfassenden Sitzung des Diakonischen Rates, sandte Schober die leicht redigierte Endversion des Textes nochmals an die Kommissionsmitglieder und bat um Rückmeldung bis zum 19. Dezember (vgl. Brief an die Mitglieder der Kommission ‚Hilfen in Konflikt- und Notsituationen ungewollter Schwangerschaft' vom 12.12.1973, in: ADW, HGSt 3963). – Das Rosa Papier wurde allerdings bereits am 18. Dezember veröffentlicht (vgl. oben Anm. 278).

283 Die Akten des Diakonischen Werks geben keinerlei Hinweis auf eine Übersendung der Ausarbeitung an die Presse oder den Gesetzgeber (vgl. auch Interview der Autorin mit Mechthild König vom 7.6.2000). Statt dessen hieß es in einem internen Rundschreiben des Diakonischen Werks Ende Januar 1974: „Zur Frage des Schwangerschaftsabbruches wurde unser Arbeitspapier ‚Ungewolltes Leben annehmen' [...] allseits begrüßt und bejaht [...] Es sollte in den kommenden Wochen und Monaten keine Landes-Synode, keine größere Mitgliederversammlung oder Jahrestagung der Diakonie geben, wo dieses Papier nicht verteilt, ausführlich diskutiert und nach den jeweiligen – örtlich verschiedenen – Konsequenzen gefragt wird" (Rundbrief von Schober an den Diakonischer Rat, die Diakonische Konferenz, Landespfarrer der Diakonischen Werke in den Gliedkirchen und den ad-hoc-Ausschuss 218 vom 24.1.1974, in: ADW, HGSt 5670).

284 Vgl. dazu unten S. 304–324.

Synode in Kassel Anfang 1974 sowie die intensive Nacharbeit, die das Diakonische Werk leistete, um die Anregungen des Papiers im evangelischen Raum so weit wie möglich umzusetzen, wurde das Memorandum zum Initial für eine verstärkte Hinwendung der evangelischen Kirche zu den flankierenden Maßnahmen.[285] Das evangelische Engagement, das bis dahin fast ausschließlich den strafrechtlichen Fragen der Reform gegolten hatte, wurde damit grundlegend erweitert und ergänzt.

Auch für die Bonner Entscheidungsträger waren das Rosa Papier und die ihm folgenden Bemühungen der EKD wie des Diakonischen Werks ein wichtiges Signal. Verdeutlichten sie doch, dass man über die politische Intervention und den Widerspruch zu verschiedenen gesetzestechnischen Optionen hinaus auf sozialpolitischem Gebiet durchaus zu einer verstärkten Mitarbeit bereit war, um den Nöten ungewollt Schwangerer dort zu begegnen, wo die eigentliche Reform anzusetzen hatte, im sozialpolitischen und diakonischen Bereich.

2.3 Die Gemeinsame Erklärung des Rates der EKD und der Deutschen Bischofskonferenz

Wie oben erwähnt erschien im Herbst 1973, nahezu zeitgleich mit dem Rosa Papier, eine zweite kirchliche Stellungnahme zur Reform des Abtreibungsstrafrechts. Parallel zur Ausarbeitung des Rosa Papiers im Diakonischen Werk in Stuttgart und unabhängig von den dortigen Beratungen hatte der Rat der EKD im Sommer 1973 Verhandlungen mit der katholischen Bischofskonferenz aufgenommen. Knapp zwei Jahre nach der umstrittenen Orangen Schrift hatten sich die zwei großen Kirchen in Deutschland erneut angeschickt, ein gemeinsames Wort zur gesetzlichen Regelung des Schwangerschaftsabbruchs zu erarbeiten. Auch dieses evangelisch-katholische Projekt war jedoch umstritten und führte in der EKD zu schweren Auseinandersetzungen.

---

[285] Innerhalb der EKD hatte man wiederholt darauf hingewiesen, dass es in der katholischen Kirche bereits sehr viel früher zu einer Beschäftigung mit den flankierenden Maßnahmen gekommen war; vgl. z. B. Brief von Wilkens an Schober vom 19.3.1973, in welchem Wilkens auf die hervorragende Arbeit der Caritas aufmerksam machte (ADW, HGSt 3960). Vgl. auch das Rundschreiben der Kirchenkanzlei vom 27.6.1973, in dem sich der Hinweis auf die Rahmenrichtlinien der katholischen Bischöfe zur Beratung vom 12.6.1973 fand. Mit der Veröffentlichung der Rahmenrichtlinien waren zudem die finanziellen Hilfen der katholischen Kirche für Mütter in Not erheblich verstärkt worden (vgl. *kna* vom 16.6.1973).

2.3.1 *Ausarbeitung und Veröffentlichung der Gemeinsamen Erklärung*

Die Initiative zu einer evangelisch-katholischen Stellungnahme war aus Westfalen gekommen, wo sich sowohl der evangelische Präses als auch der katholische Bischof von Münster in den vorausgegangenen Jahren durch ihr besonderes Engagement in der Debatte um die Reform des Abtreibungsstrafrechts hervorgetan hatten. Ende Juni 1973 hatten sich Hans Thimme und sein katholischer Kollege Heinrich Tenhumberg getroffen, um die Möglichkeit einer gemeinsamen Stellungnahme beider Kirchen zu sondieren. „Es ging uns um die Überlegung, wie die Kirchen zu einem tragbaren Kompromiß in Richtung auf ein erweitertes Indikationsmodell beitragen können", informierte Thimme später den Bevollmächtigten in Bonn und bat diesen, sich zur kommenden Ratssitzung auf die Frage einer gemeinsamen Stellungnahme vorzubereiten.[286]

Kunst beauftragte daraufhin seinen Stellvertreter Hermann Kalinna mit der genauen Prüfung des Sachverhalts. Kalinna zeigte sich nach dem Studium der katholischen Erklärungen optimistisch, was den Versuch eines gemeinsamen Votums betraf, stellte jedoch klare Maßgaben für das Verhandlungsergebnis auf. Der fraglos gegebene Grundkonsens zwischen den Konfessionen reichte seiner Ansicht nach noch nicht aus, um die Verabschiedung einer Fristenregelung im Bundestag zu verhindern.[287] Diese ohnehin geringe Chance sah Kalinna nur dann gegeben, wenn beide Seiten sich auf einen Indikationenkatalog verständigen könnten, der über die von den Katholiken bereits anerkannte medizinische Indikation hinaus nicht nur die ethische und die kindliche Indikation, sondern auch besondere Notlagen berücksichtigen würde.[288] Diese angesichts der gegebenen parla-

[286] Vgl. Brief vom 25.6.1973 (EZA 87/755). Der Begriff ‚erweiterte Indikationenregelung' war von Thimme – bewusst oder unbewusst – missverständlich gebraucht worden, denn er bezeichnete im Allgemeinen Indikationenentwürfe mit eigenständiger Notlagenindikation. Das entsprechende SPD-Indikationenmodell Müller-Emmerts, das in führenden EKD-Kreisen auf Zustimmung stieß, wurde jedoch weder vom westfälischen Präses noch von der katholischen Seite befürwortet (vgl. oben S. 260 sowie S. 228).

[287] Gemeinsamkeiten zwischen den Konfessionen sah Kalinna im Katalog der flankierenden Maßnahmen sowie der Überzeugung, dass nicht jedes ethisch gebotene Verhalten auch justiziabel sein müsse (vgl. Aktennotiz von Kalinna an Kunst vom 28.6.1973, in: EZA 87/755).

[288] Ein Indikationenkatalog ohne Notlagenindikation würde, so Kalinna, „unter keinen Umständen ausreichen, nicht einmal in der CDU Fraktion" (EBD.). Kalinna berichtete später, dass auch Wilkens unmissverständlich zu verstehen gegeben habe: „Eine breite Mehrheit sei im Bundestag nicht zu gewinnen, wenn wir wesentlich hinter dem Müller-Emmertschen-Entwurf zurückbleiben wollten" („Protokollnotiz über das Gespräch über § 218, Montag, den 9. Juli 16–19 Uhr" an Kunst vom 19.7.1973, in: EZA 87/763; ausführlich dazu auch der Brief von Wilkens an Thimme vom 18.10.1973, in: EZA 87/764). Vgl. ferner die diesbezüglichen Informationen im Spitzengespräch zwischen EKD und CDU im Frühjahr 1973 (oben S. 257 ff.).

mentarischen Verhältnisse einzige Möglichkeit zur Verhinderung einer Fristenregelung sei dem Verhandlungspartner, so Kalinnas Rat, unmissverständlich vor Augen zu führen.

Aufnahme der Verhandlungen

Der Rat der EKD folgte auf seiner Sitzung Anfang Juli der Anregung des westfälischen Präses, das Gespräch mit der katholischen Kirche in Sachen § 218 StGB wieder aufzunehmen und einen evangelisch-katholischen Arbeitskreis einzuberufen.[289] Wie es später im Einladungsschreiben an die Diskussionsteilnehmer und -teilnehmerinnen hieß, wünschte der Rat eine breite parlamentarische Mehrheit für eine Reform des Abtreibungsstrafrechts, wozu er nach Lage der Dinge zunächst ein evangelisch-katholisches Gespräch für erforderlich erachtete.[290]

Einladungen zu dem kurzfristig anberaumten ersten Treffen des Arbeitskreises am 9. Juli ergingen an die Ratsmitglieder Präses Hans Thimme (Bielefeld), Bischof Alfred Petersen (Schleswig), OKR Werner Hofmann (München) und Abteilungsdirektorin Grete Schneider (Münster). Ebenfalls zur evangelischen Delegation zählten die Stuttgarter Medizinerin Gertrud Raiser, Erwin Wilkens aus der Kirchenkanzlei sowie der Ratsbevollmächtigte Hermann Kunst, der sich durch Kalinna vertreten ließ.

Für die katholische Seite wurden eingeladen: Bischof Franz Hengsbach (Essen), Weihbischof Hubert Luthe (Köln), Weihbischof Georg Moser (Rottenburg), Bischof Heinrich Tenhumberg (Münster), der Generalsekretär des ZdK Friedrich Kronenberg, die Vertreterin des SkF Else Mues

---

289 Vgl. Auszug aus der Niederschrift über die 4. Sitzung des Rates der EKD am 1./2.7.1973 in Bonn (EZA 87/763). Lißke, der die Initiative für die Gemeinsame Erklärung auf katholischer Seite vermutet, ist somit zu widersprechen (vgl. M. LISSKE, Abtreibungsregelung, S. 175). Die evangelische Initiative verwundert allerdings, da noch im Frühjahr 1973 sowohl die EKD als auch die pfälzische Landeskirche ökumenischen Initiativen eine Absage erteilt hatten (vgl. oben S. 232 sowie oben S. 221 Anm. 138). Für den diakonischen Bereich vgl. ferner die Absage des DEKrV an den katholischen Schwesterverband (oben S. 289 ff.).

290 Vgl. Einladungsschreiben vom 3.7.1973 (EZA 2/93/6220). Die *kna* hatte sich im Frühjahr zwar positiv zur Möglichkeit einer überparteilichen Einigung der Indikationenvertreter und -vertreterinnen geäußert, gleichzeitig jedoch klargestellt, dass die katholische Kirche lediglich die letale Indikation anerkennen könne und auch ein Indikationenkompromiss noch nicht dem katholischen Standpunkt entspräche (vgl. *kna* vom 31.3.1973). Vgl. auch: Funckes Aussage: „Der Vertreter der katholischen Kirche in Bonn, Prälat Wöste, hat einmal gesagt, zwischen der strengen medizinischen Indikation und der Fristenregelung gebe es keine vertretbare Lösung" („Es gibt keine ideale Lösung", in: *DAS* vom 13.5.1973). Diese kompromisslose Haltung der katholischen Seite galt es aus evangelischer Sicht abzumildern, um die Unionsfraktion für ein Zugehen auf den Müller-Emmert-Entwurf gewinnen zu können.

(Dortmund), der Sekretär der Bischofskonferenz Prälat Joseph Homeyer und Prälat Wilhelm Wöste vom Kommissariat der deutschen Bischöfe.[291]

„Unsere Vorstellungen gehen dahin", hieß es im Einladungsschreiben, „daß wir in diesem Kreise etwa zweimal zusammen arbeiten, um dann mit einem möglichst konkreten Konzept in der ersten September-Hälfte, also vor Wiederbeginn der Ausschußarbeiten, mit Politikern zu sprechen."[292] Thimmes ursprüngliche Intention – die Abfassung einer gemeinsamen öffentlichen Erklärung – wurde mit keinem Wort erwähnt.

Über die erste Besprechung am 9. Juli im Haus des Bevollmächtigten fertigte Kalinna später einen ausführlichen Vermerk für Kunst an. „Wilkens, Hofmann und ich", schrieb Kalinna ernüchtert, „haben anschließend zusammen zu Abend gegessen. Wir waren uns einig, daß der Versuch, eine gemeinsame Marschroute zu finden, um die Fristenregelung zu verhindern, gescheitert sei."[293]

Kalinna berichtete weiter, Wilkens habe bereits zum Auftakt des Treffens in einem Kurzreferat darauf hingewiesen, dass eine breite Mehrheit im Bundestag nur auf der Grundlage einer erweiterten Indikationenregelung zu erzielen sei. Tenhumberg habe indes erwidert, dass die katholische Seite eine erweiterte Gesetzgebung allenfalls tolerieren, nicht jedoch akzeptieren könne und deshalb bis zur letzten Minute um die äußerste Einschränkung des § 218 StGB kämpfen werde. Damit waren die Unterschiede im politischen Kurs der Verhandlungspartner benannt. Zu einer Annähe-

[291] Hengsbach, Moser und Homeyer mussten ihre Mitarbeit absagen. Statt ihrer nahmen Hengsbachs Mitarbeiter Domkapitular Ferdinand Schulte-Berge und Johannes Niemeyer vom katholischen Büro in Bonn an den Besprechungen teil. Auf evangelischer Seite ließ sich Bischof Alfred Petersen für die ersten drei der insgesamt vier Sitzungstermine entschuldigen und kann insofern ebenfalls höchstens formal zum evangelisch-katholischen Gesprächskreis gezählt werden (vgl. „Protokollnotiz über das Gespräch über § 218, Montag den 9. Juli 16–19 Uhr" von Kalinna an Kunst vom 19.7.1973, in: EZA 87/763, sowie Aktennotiz von Kalinna an Kunst zum Hochschulgesetz und zur Reform des § 218 StGB vom 5.10.1973, in: EZA 87/756).

[292] Einladungsschreiben (ohne Absender) an Gertrud Raiser, Grete Schneider, Werner Hofmann, Hermann Kunst, Alfred Petersen, Hans Thimme vom 3.7.1973 (EZA 2/93/6220). Auch an anderer Stelle sprach Wilkens davon, dass der Kreis lediglich den Auftrag habe, eine gemeinsame Unterlage für zukünftige Besprechungen mit den Bonner Abgeordneten zu erarbeiten (vgl. vertraulicher Brief von Wilkens an die Ratsmitglieder vom 17.7.1973, in: EZA 2/93/6222).

[293] Dies und das Folgende nach: „Protokollnotiz über das Gespräch über § 218, Montag den 9. Juli 16–19 Uhr" vom 19.7.1973 (EZA 87/763). Kalinna und Wilkens hatten sich vor dem evangelisch-katholischen Treffen in Gesprächen mit Horstkotte vom Bundesjustizministerium sowie dem katholischen Moraltheologen Franz Boeckle eingehend vorinformiert (Ebd.). Kalinna versuchte sich trotz der ernüchternden Gesprächsbilanz in einer optimistischen Deutung der katholischen Position: „Ergo: eng begrenzte Indikationen – dafür Straffreiheit. Dieses soll die Marschroute für die Abgeordneten sein, dann wollte die Kirche Stillschweigen bewahren" (Ebd.).

rung der Positionen kam es nicht. Wilkens berichtete später vielmehr, er habe frei heraus vor der katholischen Delegation erklärt: „Und wenn ganz Bonn so schwarz wäre, wie Sie hier alle, könnte ich nicht wünschen, daß ein § 218-Gesetz herauskäme, wie es Ihren Vorstellungen entspricht."[294]

Wie es schien, wollten die Initiatoren das gemeinsame Projekt jedoch nicht sogleich für gescheitert erklären. Ungeachtet des schwierigen Gesprächsverlaufs fasste der Kreis daher zum Abschluss seiner ersten Zusammenkunft den Beschluss, ein gemeinsames Verhandlungsergebnis zu formulieren. „Dieser Konsens", erläuterte Kalinna, „soll schriftlich festgehalten werden, jedoch unter keinen Umständen der Öffentlichkeit übergeben, sondern nur als internes Papier verwandt werden."[295]

Der erste Entwurf

Am 10. Juli 1973, bereits einen Tag nach der konstituierenden Sitzung des evangelisch-katholischen Gesprächskreises, erstellte Thimme, der gemeinsam mit Wilkens, Tenhumberg und Wöste um die Abfassung des Ergebnispapiers gebeten worden war, eine erste Vorlage. Die fünfseitige Ausarbeitung, die mitnichten den Charakter einer internen Besprechungsunterlage, sondern eindeutig die Gestalt einer öffentlichen Erklärung trug, erkannte die Reformbedürftigkeit des § 218 StGB zwar an, lehnte eine Fristenregelung jedoch ab. „Die Entscheidung zum Abbruch der Schwangerschaft", hieß es in dem Entwurf statt dessen, „sollte in eng begrenztem Indikationsbereich nur dann erfolgen, wenn eine unmittelbare oder mittelbare Gefährdung des Lebens der Mutter mit an Sicherheit grenzender Wahrscheinlichkeit zu erwarten steht oder nicht behebbare Notstände vorliegen, die sich in der Regel lebensgefährdend auswirken."[296] Hier war nicht mehr wie noch in Thimmes Brief an Kunst von einer ‚erweiterten Indikationenregelung', sondern explizit von einem ‚eng begrenzten Indikationsbereich' die Rede.

Im Büro des Bevollmächtigten stieß der Entwurf sogleich auf heftige Kritik. Thimme habe nicht nur den Auftrag der Kommission missverstanden, konstatierte Kalinna, sondern auch die gesellschaftspolitische Lage übersehen und die kirchlichen Möglichkeiten überschätzt.[297] Außerdem ginge die im Entwurf formulierte letale Indikation noch hinter die 1927 festgestellte

---

[294] Brief an Redakteur Karl Schaedel vom 18.6.1974 (EZA 2/93/6226). Wilkens berichtete weiter, er habe sich mit Nachdruck gegen den Versuch verwahrt, der Politik die „ethischen Hochziele" des Christentums aufzuoktroyieren.

[295] Vgl. oben Anm. 294.

[296] „Gesichtspunkte zur Reform des § 218, als Hilfe zur Gewissensentscheidung der Abgeordneten gemeinsam erarbeitet vom Rat der EKD und der Katholischen Bischofskonferenz" vom 10.7.1973 (EZA 2/93/6222).

[297] Vgl. oben Anm. 294.

Anerkennung der medizinischen Indikation zurück. „Wie dem auch sei", schloss Kalinna seinen Vermerk, „es ist nicht nur völlig ausgeschlossen, daß wir mit dieser Erklärung an die Öffentlichkeit gehen, sie taugt auch überhaupt nicht als Basis für Gespräche mit den Abgeordneten."[298]

Auch bei Wilkens stellten sich nach der Durchsicht der Vorlage ernste Bedenken ein.[299] Vom Ratsvorsitzenden um sein Urteil zur Ausarbeitung gebeten, erläuterte er in einem ausführlichen Schreiben seine Kritik. Die in der Abtreibungsdebatte aufgebrochene Schwierigkeit der katholischen Moraltheologie bestünde darin, so die Quintessenz seiner Einzelanmerkungen, die Eigenständigkeit und besondere Funktion weltlicher Ordnung anzuerkennen. Die katholische Seite führe ihre Probleme dagegen einzig auf die sozial-liberale Regierung zurück.[300] Wilkens lehnte es ab, sich an der weiteren Ausarbeitung des Papiers zu beteiligen.[301] Statt dessen übersandte er den Entwurf am 17. Juli kurzerhand vertraulich an die Ratsmitglieder und bat um Rückmeldungen.[302] Wohl wissend, dass ein derart eng gefasstes Indikationenmodell im Rat mehrheitlich auf Ablehnung stoßen würde, eröffnete er dem Gremium damit die Möglichkeit, einzuschreiten, bevor der evangelisch-katholische Gesprächskreis die Arbeit an der Verhandlungsunterlage Mitte September zu Ende führen wollte.

In der Tat kam es auf der Ratssitzung Mitte August zu einer kontroversen Diskussion des westfälischen Entwurfs.[303] Während Thimme seine Ausarbeitung verteidigte und die Ratsmitglieder von Heyl und Schneider sich auf einige konkrete Änderungswünsche zum vorliegenden Text beschränkten, brachten Hofmann, Eßer, Weizsäcker und Kunst grundsätzliche Vorbehalte gegen eine gemeinsame Stellungnahme diesen Inhalts vor. Weizsäcker, ansonsten sehr zurückhaltend im Rat, gab zu verstehen, er

---

298 Ebd.

299 In einem Brief an seinen katholischen Kollegen Niemeyer vom 17.7.1973 bekannte Wilkens offen: „Mit meinem zur Aufrichtigkeit neigenden Herzen füge ich hinzu, daß ich persönlich gewichtige Vorbehalte gegenüber diesem bisherigen Arbeitsergebnis habe" (EZA 2/93/6222).

300 Brief an Claß vom 24.7.1973 (EZA 87/763). Wilkens hielt nochmals ausdrücklich fest, dass er im Gegensatz zu Thimme keine gemeinsame moraltheologische Auffassung zwischen den Konfessionen feststellen könne, und erklärte: „Ich empfinde [...] die vorliegende Ausarbeitung moraltheologisch gesehen als katholosierend, sie harmonisiert die Unterscheide und bleibt daher auch weit hinter den bisherigen Äußerungen der EKD zurück" (Ebd.).

301 Ebd. Nachdem Tenhumberg Thimmes Entwurf unwesentlich überarbeitet hatte, war das Papier am 13. Juli mit der Bitte um weitere Überarbeitung an Wöste und Wilkens weitergeleitet worden (vgl. Thimmes Anschreiben an Wöste und Wilkens vom 13.7.1973 sowie die von Wilkens handschriftlich eingefügten Korrekturen Tenhumbergs in: „Gesichtspunkte zur Reform des § 218, als Hilfe zur Gewissensentscheidung der Abgeordneten gemeinsam erarbeitet vom Rat der EKD und der Katholischen Bischofskonferenz" vom 10.7.1973, in: EZA 2/93/6222).

302 Vgl. EZA 2/93/6222.

303 Vgl. Auszug aus dem Protokoll der 5. Ratssitzung vom 10./11.8.1973 (EZA 2/93/6222).

habe keine Hoffnung, dass die Verhandlungspartner sich noch auf eine großzügige Regelung zu bewegen könnten. Gemeinsam mit Eßer plädierte er dagegen, sich durch ein gemeinsames Auftreten mit der katholischen Kirche einschränken zu lassen.[304] Am weitesten ging Hofmann, der die politische Aktivität des Rates in dieser Angelegenheit grundsätzlich in Frage stellte und es für sinnvoller erachtete, das parlamentarische Gesetzgebungsverfahren zunächst abzuwarten und erst nach dessen Abschluss ein seelsorgerliches Wort zu erlassen.[305]

Ungeachtet dieser massiven Einwände, die von verschiedenen Ratsmitgliedern und den zuständigen EKD-Dienststellen erhoben wurden, konnte sich der Rat letztlich jedoch nicht dazu entschließen, Thimmes Vorlage zurückzuweisen oder die Konsultation mit der katholischen Kirche abzubrechen. So nahmen die Dinge ihren Lauf.

Fortsetzung der Verhandlungen

Knapp acht Wochen nach der ersten Ratsaussprache erstattete Wilkens dem Gremium Ende September 1973 erneut Bericht über den Stand der Beratungen.[306] Der evangelisch-katholische Gesprächskreis hatte sich unterdessen am 21. September ein zweites Mal getroffen.[307] Niemeyer vom Katholischen Büro und Kalinna vom Büro des Bevollmächtigten waren mit der Weiterarbeit an einem Entwurf für ein gemeinsames Votum betraut worden. Wilkens stand dem Projekt nach wie vor kritisch gegenüber, wie er die Ratsmitglieder wissen ließ, da der Konsens seiner Ansicht nach wegen der inhaltlichen Differenzen zwischen den Konfessionen auf mehrdeutige Kompromissformeln hinauslief. Der Rat teilte die Bedenken des Oberkirchenrats und hielt im Protokoll fest, man sei sich darin einig, „daß wesentliche Unterschiede in der evangelischen und katholischen Position in dieser Sache nicht verwischt oder ‚zugeschmiert' werden dürfen."[308]

---

[304] Weizsäcker gab zu Bedenken, dass die evangelische Kirche, wenn sie sich nicht von der katholischen Kirche an deren Position binden ließe, u. U. noch einen nützlichen Beitrag zur Abtreibungsdebatte leisten könne (vgl. EBD.). Eßer wies ebenfalls darauf hin, dass die evangelische Seite eine weiter reichende und daher erfolgversprechendere Indikationenregelung bejahen könne. Der Professor für Reformierte Theologie hatte 1971 das Votum des theologischen Fachbereichs Münster mitunterzeichnet, gehörte jedoch nicht unbedingt zu den progressiven Kräften im Rat. Zum Münsteraner Votum vgl. oben S. 130.

[305] Vgl. Auszug aus dem Protokoll der 5. Ratssitzung vom 10./11.8.1973 (EZA 2/93/6222).

[306] Vgl. Auszug aus dem Protokoll der 6. Ratssitzung vom 28./29.9.1973 (EZA 2/93/6222).

[307] Über die Treffen des evangelisch-katholischen Gesprächskreises liegen zwar keine Protokolle vor, doch informierte Kalinna den Bevollmächtigten abermals in einer ausführlichen Notiz über den Fortgang der Verhandlungen (vgl. „Aktennotiz zum Hochschulgesetz und zur Reform des § 218 StGB" von Kalinna an Kunst vom 5.10.1973, in: EZA 87/756).

[308] Auszug aus dem Protokoll der 6. Ratssitzung vom 28./29.9.1973 (EZA 2/93/6222). Auch im Protokoll der Referentenbesprechung der Kirchenkanzlei hieß es, im Kontext des

Bereits wenige Tage nach der Ratssitzung legten Kalinna und Niemeyer den Teilnehmern und Teilnehmerinnen des evangelisch-katholischen Gesprächskreises die redigierte zweite Fassung des gemeinsamen Votums zur Begutachtung vor. Das Papier war allerdings im Vergleich zur ersten Vorlage und entgegen der von evangelischer Seite geäußerten Kritik nicht weiter gefasst, sondern im Gegenteil an zentralen Punkten nochmals verschärft worden. Unmissverständlicher als im ersten Entwurf hieß es: „Der Rat der EKD und die Deutsche Bischofskonferenz halten [...] die Fristenregelung für unvertretbar."[309] Zur Indikationenfrage hielt der Entwurf ferner fest, „daß Indikationen nur zur Ermittlung der einen Konfliktlage dienen können, die als Grundlage für eine Einschränkung des Schutzes des ungeborenen menschlichen Lebens gelten kann, nämlich derjenigen, bei der dem Rechtsgut dieses Lebens das Rechtsgut des Lebens der Mutter gegenübersteht."[310] Noch immer sah die Erklärung lediglich eine weit gefasste letale Indikation vor.[311] In einem ausführlichen Aktenvermerk zum Stand der Beratungen informierte Kalinna den Bevollmächtigten, dass er persönlich noch unzufrieden sei mit diesem engen Indikationenkatalog und

---

gemeinsamen Votums werde „die grundsätzliche Frage nach Kriterien für die Ratsamkeit von gemeinsamen Stellungnahmen aufgeworfen [...] Auch sei zu erwägen, ob eine Erklärung nicht einen gemeinsamen Teil und Passagen mit abweichenden Voten enthalten könnte [...] Weiterhin wird die Auffassung vertreten, daß Stellungnahmen der Kirche zu politischen Fragen keine Formelkompromisse enthalten sollten" (Auszug aus dem Protokoll der Referentenbesprechung vom 6.11.1973, in: EZA 2/93/6222). Vgl. schließlich die spätere Kritik des EKD-Synodalen und SPD-Abgeordneten Hellmut Sieglerschmidt, der der Gemeinsamen Erklärung „alle deutlichen Zeichen eines dilatorischen Formelkompromisses" bescheinigte (KASSEL 1974, S. 122).

309 „Erklärung des Rates der Evangelischen Kirche in Deutschland und der Deutschen Bischofskonferenz zur Reform des § 218 StGB", ohne Datum mit Anschreiben von Kalinna an die evangelischen Teilnehmer des evangelisch-katholischen Gesprächskreises vom 3.10.1973 (beides in: EZA 2/93/6222). Im ersten Entwurf hatte Thimme noch moderater formuliert, der Lebensschutz „verbietet nach der Überzeugung der beteiligten kirchlichen Leitungsgremien das Eingehen auf die sogenannte Fristenregelung, wobei zugestanden sein soll, daß die Befürworter einer solchen Regelung von der subjektiven Überzeugung getragen sein mögen, mit der Freigabe des Schwangerschaftsabbruchs während der ersten drei Monate dem illegalen Abort wehren und damit indirekt ebenfalls dem werdenden Leben dienen zu können" („Gesichtspunkte zur Reform des § 218, als Hilfe zur Gewissensentscheidung der Abgeordneten gemeinsam erarbeitet vom Rat der EKD und der Katholischen Bischofskonferenz" vom 10.7.1973, in: EZA 2/93/6222).

310 „Erklärung ... zur Reform des § 218 StGB" (vgl. Anm. 309).

311 Der Entwurf gestattete einen Schwangerschaftsabbruch nur dann, wenn „das Leben der Mutter in seiner leiblich-seelischen Ganzheit" gefährdet war (EBD.). Zwar herrsche Einvernehmen darüber, dass es sich hier nicht um eine enge letale oder medizinische Indikation handele, ließ Kalinna Kunst wissen, doch: „Es herrscht [...] auch Einigkeit darüber, daß die katholische Seite die leiblich-seelische Ganzheit vermutlich enger auslegen wird als wir" (Aktennotiz zum Hochschulgesetz und zur Reform des § 218 StGB von Kalinna an Kunst vom 5.10.1973, in: EZA 87/756).

es am liebsten sähe, wenn sowohl die ethische als auch die kindliche Indikation explizit in das Papier aufgenommen würden.[312]

Diese Aussage erstaunt in doppelter Hinsicht: zum einen, weil sie angesichts des Verhandlungsstandes im Herbst 1973 geradezu illusorisch klang und zum anderen, weil Kalinna selbst noch wenige Monate zuvor die Ansicht vertreten hatte, eine gemeinsame Stellungnahme sei politisch überhaupt nur dann sinnvoll, wenn sie über die gängigen Indikationen hinaus auch die Möglichkeit beinhielte, soziale Notlagen zu berücksichtigen.[313] Bereits auf dem ersten Treffen des evangelisch-katholischen Gesprächskreises hatte sich jedoch deutlich gezeigt, dass das evangelische Junktim einer Notlagenindikation von katholischer Seite unmöglich akzeptiert werden konnte. Die Verhandlungen abzubrechen und damit die Konsequenz daraus zu ziehen, dass die Positionen der beiden Kirchen in wesentlichen Punkten voneinander divergierten, dazu zeigte sich auf evangelischer Seite (bis auf Wilkens) dennoch niemand bereit.

Verschiedene evangelische Gesprächsteilnehmer bemühten sich statt dessen um eine Überarbeitung des unbefriedigenden Verhandlungsergebnisses. Unmittelbar nach Erhalt der zweiten Vorlage wandte sich der hannoversche Bischof Eduard Lohse an Wilkens und bat ihn inständig, sich in die Verhandlungen einzuschalten, um eine Verbesserung der Ausarbeitung zu erreichen.[314] Dies, fuhr Lohse fort, sei auch der Wunsch des Spiritus rector der gemeinsamen Stellungnahme Hans Thimme. Nach Darstellung des hannoverschen Bischofs wollte es den Anschein haben, als seien selbst dem Initiator des Projekts, dem westfälischen Präses, Zweifel gekommen. In der Tat wandte Thimme sich zur selben Zeit an Kalinna und ließ diesen wissen: „Ich gestehe, daß ich im ganzen nicht sehr glücklich bin. Die ständige inhaltliche Reduktion hat am Ende den Inhalt etwas dürftig werden lassen. Eine nicht unerhebliche Anreicherung wäre wünschenswert."[315]

Ein gemeinsames Schreiben des Redaktionsteams an die Teilnehmer und Teilnehmerinnen des Gesprächskreises vom 16. Oktober 1973 deutete wenig später an, dass man kurz vor dem Scheitern der Verhandlungen stand. Nach Sichtung der Rückmeldungen zu ihrem Entwurf, schrieben Kalinna und Niemeyer, hätten sie sich zwar dazu entschlossen, die kommende Sitzung am 20. Oktober 1973 abzuhalten, doch werde sich dann herausstellen müssen, ob die Delegationen in den strittigen Fragen noch weitere

---

312 Ebd.

313 Vgl. oben S. 305 f.

314 Auch Synodalpräses von Heyl, fuhr Lohse fort, sei der Ansicht, dass die Erklärung den Eindruck erwecke, als könne ausschließlich die medizinische Indikation anerkannt werden (vgl. Brief vom 8.10.1973, in: EZA 2/93/6222).

315 Brief vom 8.10.1973 (EZA 87/764).

Schritte aufeinander zugehen könnten oder nicht.[316] Besondere Probleme bereitete dem Gesprächskreis der Indikationenkatalog. „Hier ist von beiden Seiten eine Präzisierung erbeten worden", berichtete das Redaktionsteam, „allerdings in jeweils entgegengesetzter Richtung."[317] Während die Protestanten eine Ausweitung des Katalogs verlangt hätten, sei einigen Katholiken bereits die Anerkennung psychischer Faktoren zu weit gegangen. Man habe sich daher nicht in der Lage gesehen, schlossen Niemeyer und Kalinna, in diesem Punkt auf die Kritik der Ausschussmitglieder einzugehen. Der entsprechende Abschnitt Nr. 5, der praktisch darüber entscheiden sollte, ob es überhaupt zu einer gemeinsamen Aussage kommen würde, war unverändert beibehalten worden.

Abschluss der Verhandlungen

Anfang November befasste sich der Rat der EKD auf einer Klausurtagung in Stapelage ausführlich mit dem evangelisch-katholischen Gemeinschaftsprojekt. Nach eingehender Aussprache formulierte das Gremium einen zusätzlichen Passus zum umstrittenen fünften Absatz der gemeinsamen Erklärung, der sich mit dem Indikationenkatalog befasste. Gemäß dem Ratsbeschluss vom Sommer, wonach die Unterschiede zwischen den Konfessionen in der Erklärung nicht „zugeschmiert"[318] werden sollten, hielt der Rat in seiner kurzen Ergänzung fest, dass es verschieden weit reichende Auffassungen darüber gebe, wie der Zentralbegriff der Erklärung, die ‚Gefährdung des Lebens der Mutter', im Einzelnen auszufüllen sei.[319]

Darüber hinaus ergänzte das Gremium die Vorlage um die Forderung an den Gesetzgeber, eine juristische Möglichkeit zur Strafabsehung in Notsituationen zu schaffen.[320] Eine Delegation des Rates machte sich un-

---

[316] EZA 2/93/6222. An der Unterredung am 20. Oktober nahmen von evangelischer Seite nur Erwin Wilkens, Hermann Kalinna, Hans Thimme und Gertrud Raiser teil. Eduard Lohse, Cornelius von Heyl, Werner Hofmann, Alfred Petersen und Grete Schneider hatten abgesagt (vgl. Kalinnas handschriftliche Notizen auf seinem Einladungsschreiben vom 15.10.1973, in: EZA 87/764). Wie es scheint, wurden die Probleme am 20. Oktober jedoch nur vertagt, da es weder zu einem Abbruch der Verhandlungen noch zu einer einschneidenden Überarbeitung des Entwurfs kam (vgl. „Erklärung des Rates der Evangelischen Kirche in Deutschland und der Deutschen Bischofskonferenz zur Reform des § 218 StGB" vom 25.10.1973, in: EZA 87/764).

[317] EZA 2/93/6222.

[318] Vgl. oben S. 310.

[319] Vgl. weiter: „Sie reichen von unmittelbarer Lebensgefahr durch Schwangerschaft oder Geburt und drohender Selbstmordgefahr bis zu der Gefahr einer tiefgreifenden und dauernden Beeinträchtigung des Lebens der Mutter" (Ziffer 5 des Entwurfs für eine gemeinsame evangelisch-katholische Erklärung zum Schwangerschaftsabbruch, Fassung vom 3. November 1973, in: EZA 2/93/6222).

[320] Diese Möglichkeit zur Absehung von Strafe kann als ein letzter Versuch angesehen werden, sozial bedingte Schwangerschaftskonflikte nicht gänzlich unberücksichtigt zu lassen.

mittelbar nach der Klausurtagung in Stapelage am 5. November 1973 sogleich nach Würzburg auf zur abschließenden Beratung der gemeinsamen Stellungnahme mit Vertretern der katholischen Bischofskonferenz. Der Rat hatte seine Kontaktleute zuvor ermächtigt, dem Papier zuzustimmen, solange die Stapelager Vorlage in ihrer Substanz nicht abgeändert würde.[321]

In Würzburg sollte die Ausarbeitung jedoch erneut eine Verschärfung erfahren. Durch eine redaktionelle Erweiterung wurde zunächst das Verdikt über die Fristenregelung noch unbedingter formuliert. „Der Rat der EKD und die Deutsche Bischofskonferenz", lautete der Passus abschließend, „halten aber die Fristenregelung auch aus sittlichen, rechtlichen und gesellschaftlichen Erwägungen für unvertretbar."[322]

Sodann formulierten die Würzburger Verhandlungsteilnehmer den Indikationenkatalog noch enger als er ohnehin bereits war. Von einer ‚leiblich-seelischen Ganzheit' des Lebensverständnisses, das auch eine mittelbare Lebensgefährdung einschließen konnte, war im fraglichen fünften Abschnitt nicht mehr die Rede. Statt dessen hieß es: „Wenn Schwangerschaft oder Geburt nach ärztlichem Urteil das Leben der Mutter [gestrichen: unmittelbar oder mittelbar, S. M.] gefährden oder tiefgreifend und dauernd schwer schädigen, mag [statt: kann, S. M.] die Rechtsordnung den Abbruch der Schwangerschaft straflos lassen."[323] Jener Ratszusatz, in dem auf die Differenzen zwischen den Auffassungen der beiden Kirchen hingewiesen wurde, fand keine Berücksichtigung. Einziger Verhandlungserfolg der evangelischen Seite war die Aufnahme der Ratsforderung nach einer gesetzlichen Möglichkeit zur Strafabsehung.

Aus heutiger Sicht kaum nachvollziehbar, sah sich die evangelische Delegation ungeachtet der massiven Eingriffe in die Substanz der Stapelager Beschlüsse autorisiert, dem Endtext zuzustimmen. Die katholischen Vertreter indes hatten vor der endgültigen Verabschiedung der Erklärung zunächst das Plazet der Bischofskonferenz einzuholen. Die dadurch gewonnene Zeit nutzte Wilkens für einen letzten Interventionsversuch. In

---

321 Vgl. Rundschreiben von Wilkens an die Ratsmitglieder vom 8.11.1973, in: EZA 87/756.

322 „Erklärung des Rates der Evangelischen Kirche in Deutschland und der Deutschen Bischofskonferenz zur Reform des § 218 StGB" ohne Datum, am 8.11.1973 von Wilkens an die Ratsmitglieder übersandt (EZA 87/756; EZA 87/764; EZA 2/93/6222). Niemeyer erinnerte sich, dass er und Kalinna den verschärfenden Zusatz bedauerten und als klare Überforderung der evangelischen Seite ansahen (vgl. Interview der Autorin mit Johannes Niemeyer am 14.1.2002).

323 „Erklärung ... zur Reform des § 218 StGB" (vgl. Anm. 322). Anders als die Ratsvorlage, die in Anlehnung an den Müller-Emmert-Entwurf von der ‚Beeinträchtigung des Lebens der Mutter' gesprochen hatte, lehnte man sich mit der Würzburger Terminologie der ‚schweren Schädigung des Lebens der Mutter' an den CDU/CSU-Fraktionsentwurf an. Die veränderte Wortwahl hatte somit politische Hintergründe. Zu den verschiedenen Gesetzentwürfen vgl. unten S. 225 ff.

eigener Verantwortung versandte er das Würzburger Verhandlungsergebnis am 8. November an die Ratsmitglieder und bat um ihre Stellungnahme.[324] Statt des erwarteten Vetos zur Veröffentlichung der Erklärung kamen von den Mitgliedern der Würzburger Ratsdelegation jedoch nur scharfe Zurechtweisungen für Wilkens' eigenmächtiges Vorgehen.[325] Die Krise innerhalb der evangelischen Führungsebene war damit nicht länger zu leugnen.[326]

Selbst die Meinungsführer in der Kirchenverwaltung zogen nicht mehr an einem Strang. Kalinna und Kunst verfolgten in Bonn augenscheinlich eine Linie, die Wilkens in Hannover zutiefst zuwider lief. Unmittelbar vor der Veröffentlichung der Stellungnahme gab er seiner Enttäuschung und seinem Unmut über den Gang der Ereignisse und das Resultat der Verhandlungen nochmals unmissverständlich Ausdruck. Am 19. November 1973 telegrafierte er dem Bevollmächtigten in Bonn: „das evangelisch/katholische wort zu paragraph 218 stellt in meinen augen eine schwere moralische, theologische und politisch-gesellschaftliche niederlage der ekd dar. ich bin bestuerzt darueber, dass sie anscheinend diesen weg mitgehen."[327] Kunst ließ sich jedoch nicht mehr beirren. Nachdem Claß und er den von Niemeyer ausgearbeiteten Entwurf für ein gemeinsames Anschreiben zur Übersendung der Erklärung gebilligt hatten, wurde der genaue Terminplan zur Übergabe im Bundeskanzleramt sowie zur öffentlichen Bekanntmachung verabredet.[328] Stichtag für die Veröffentlichung war der 30. November 1973, drei Tage vor der Klausurtagung der SPD-Fraktion zur Reform des § 218 StGB.[329]

---

[324] EZA 87/756.

[325] Der oldenburgische Bischof Harms und Synodalpräses von Heyl, die der ansonsten nicht mehr zu rekonstruierenden Würzburger Delegation angehört hatten, sahen ihre Zustimmungsvollmacht durch Wilkens' abermalige Ratsbefragung untergraben (vgl. Antwortschreiben von Wilkens an Harms vom 19.11.1973, in: EZA 87/756 sowie an von Heyl vom 28.11.1973, in: EZA 87/757). Vgl. allerdings unten S. 320 ff.

[326] Wilkens berichtete, die entsprechenden Meinungsverschiedenheiten in der EKD seien ein offenes Geheimnis, von dem sogar die Presse Wind bekommen und sich bereits bei ihm erkundigt habe (vgl. Anm. 325).

[327] EZA 87/757.

[328] Schnellbrief von Niemeyer an Kalinna, weitergeleitet an Claß am 26.11.1973 (EZA 87/757) sowie Brief von Niemeyer an Kunst vom 29.11.1973 (EZA 742/248; EZA 87/757). Unmissverständlich wurde in dem kurzen Anschreiben von der „Verpflichtung des Staates zum unverkürzten [!] Schutz des menschlichen Lebens" gesprochen (vgl. Anschreiben zur Übersendung der Gemeinsamen Erklärung vom 28.11.1973, in: EZA 742/248).

[329] Vgl. das Telegramm von Kunst an den Präsidenten der Kirchenkanzlei Walter Hammer vom 20.11.1973: „ich habe den 27.11. als übergabetermin für das paragraph-218-papier mit rücksicht auf die klausurtagung der spd am 3.12. über diese sache vorgeschlagen" (EZA 87/764). Dem Bundeskanzler und den Fraktionsvorsitzenden wurde die Erklärung schließlich am 29. November, der Öffentlichkeit am 30. November 1973 übergeben (vgl. Brief von Wöste an Kunst vom 29.11.1973, in: EZA 87/757).

2.3.2 Erste Reaktionen auf die Gemeinsame Erklärung

Der Kampf um die Reform des § 218 StGB sei nunmehr in seine letzte Phase eingetreten, stellte der Kommentator der *FR* einen Tag nach der Veröffentlichung der so genannten ‚Gemeinsamen Erklärung' der beiden großen Kirchen fest.[330] Die Reformgegner, hieß es weiter, hätten massive Schützenhilfe durch die beiden großen Kirchen erhalten. „Wer künftig für die Fristenlösung eintritt", so schließlich das Fazit, „muß es gegen die geschlossene Front der beiden Amtskirchen tun."[331]

Die Diskussion um den Umfang des Indikationenkatalogs, der in den kirchlichen Beratungen einen so breiten Raum eingenommen hatte, trat in der öffentlichen Besprechung der Erklärung nahezu völlig hinter das Erstaunen über eine derart kategorische Ablehnung der Fristenregelung zurück.[332] Ungeachtet des massiven Auftretens der Kirchen waren jedoch sowohl das Presseecho als auch die Bonner Reaktionen auf die Gemeinsame Erklärung weit weniger kritisch als auf das moderater formulierte Ratswort vom Frühjahr 1973.[333] Hier machte es sich offenbar bemerkbar, dass es seit Monaten ruhiger geworden war um die Reform des Abtreibungsstrafrechts und der öffentliche Druck nachgelassen hatte.

Lob und Anerkennung für die kirchliche Stellungnahme kam vor allem aus den Reihen der Opposition. „Ihre eindeutige Erklärung wird von der CSU-Landesgruppe im höchsten Maße positiv bewertet", schrieb der Vorsitzende der CSU-Landesgruppe im Bundestag Richard Stücklen an den EKD-Ratsbevollmächtigten und hob hervor, dass die Union sich in der Ablehnung der Fristenregelung mit den Kirchen vollkommen einig

---

330 Die „Erklärung des Rates der Evangelischen Kirche in Deutschland und der Deutschen Bischofskonferenz zur Reform des § 218 StGB" vom 26.11.1973 findet sich abgedruckt in: EUROPÄISCHE ÄRZTEAKTION, Alarm um die Abtreibung, S. 85–90. Zur Presse vgl. „Die Kirchen und ihre Basis" von Horst Köpke (*FR* vom 1.12.1973). Während die rigorose Zurückweisung der Fristenregelung für die katholische Seite keineswegs überrasche, schrieb Köpke, habe man von der evangelischen Seite eine differenzierte Haltung erwartet. Von der evangelischen Position, analysierte der Artikel korrekt, sei jedoch allenfalls beim Hinweis auf außergewöhnliche Grenzfälle etwas erhalten geblieben.

331 EBD.

332 Die entsprechenden Pressemeldungen in *FR*, *Die Welt* und *SZ* vom 30.11.1973 sowie *FAZ* vom 1.12.1973 gingen allesamt zunächst auf die rigorose Ablehnung der Fristenregelung durch die Kirchen ein. Rückblickend hieß es später in einem Kommentar: „Aus dem Gesamtvorgang Abtreibungsreform lassen ich folgende Beobachtungen festhalten: 1. der Einfluß der katholischen Kirche ist unterschätzt, die Progressivität der evangelischen Kirche überschätzt worden" („Das letzte Gefecht" von Ingo von Münch, in: *Die Zeit* vom 24.1.1975).

333 Interessant, wenngleich an dieser Stelle zu weit führend, wäre die Frage, inwiefern sich die Antworten an die katholische Kirche von den bis dahin auf katholische Stellungnahmen eingegangenen Reaktionen unterschieden, d. h. ob man für die katholische Seite eine ‚Liberalisierung' ihrer bisherigen Haltung konstatierte, oder diese im Wesentlichen unverändert wieder zu erkennen meinte.

wisse.[334] Auch Helmut Kohl, Helga Wex, Friedrich Vogel und Gottfried Köster begrüßten das ‚klare und ernste' Wort der Kirchen als einen ‚unüberhörbaren Appell' und ‚wichtigen Beitrag' zur Diskussion über die Reform des Abtreibungsstrafrechts.[335]

Während die Opposition die Gemeinsame Erklärung überschwänglich begrüßte, war aus dem Lager der Regierungskoalition kaum mehr als förmlicher Dank zu hören.[336] Offenbar hatten die Kirchen jedoch nicht nur die Fristenvertreter und -vertreterinnen innerhalb der Koalition verstimmt, sondern auch die Indikationenfraktion. „Von Enttäuschung bis zu Empörung", berichtete der *epd*, „reicht die Reaktion zahlreicher Verfechter eines Indikationenmodells in der SPD-Bundestagsfraktion auf die jüngste evangelisch-katholische Stellungnahme zum Problem des Schwangerschaftsabbruchs. Im Gespräch mit dem Evangelischen Pressedienst brachten diese Abgeordneten zum Ausdruck, daß sie sich insbesondere vom Rat der Evangelischen Kirche in Deutschland im Stich gelassen fühlen."[337] Mit Unverständnis, so der *epd* weiter, hätten die meisten auf die „seltsame Ökumene" reagiert, durch welche der Rat seine früheren Stellungnahmen

[334] Antwortschreiben vom 10.12.1973 (EZA 742/248; EZA 87/757).

[335] Zu Wex vgl. *kna* vom 1.12.1973; zu Vogel vgl. „Vorsichtiges Ja zur Indikation als ‚Angelpunkt'" von Rüdiger Durth (*Kölnische Rundschau* vom 1.12.1973); zu Kohl vgl. *epd za* vom 6.12.1973 sowie Antwortschreiben von Kohl an Kunst vom 7.12.1973 (EZA 742/248; EZA 2/93/6223). Als Berichterstatter für den Heck-Entwurf im Strafrechtssonderausschuss ermutigte Köster die beiden großen Kirchen zudem, sich mit etwaigen Änderungswünschen zum Heck-Entwurf direkt an ihn zu wenden. Er werde die Anregungen im Kreise der Mitunterzeichner des Entwurfs beraten und so weit als möglich berücksichtigen (vgl. Brief an Claß vom 6.12.1973, in: EZA 87/759).

[336] Die deutlichste Kritik übte Lieselotte Funcke, die das Wort bedauerte und sich keine große politische Wirkung von ihm versprach („Vorsichtiges Ja zur Indikation als ‚Angelpunkt'" von Rüdiger Durth, in: *Kölnische Rundschau* vom 1.12.1973). Auch Eppler von der SPD bedauerte die Erklärung und betrachtete sie als Zurücknahme der bis dahin vertretenen Position der EKD („Eppler kritisiert evangelisch-katholische Erklärung zu Paragraph 218" (*epd za* vom 14.12.1973) sowie „Kirchenerklärung bedauert" (*FR* vom 15.12.1973). Wehner hingegen sah in der Erklärung ein begrüßenswertes Signal („Vorsichtiges Ja zur Indikation als ‚Angelpunkt'" von Rüdiger Durth, in: *Kölnische Rundschau* vom 1.12.1973). Nach Müller-Emmert zeugte das kirchliche Wort sogar „von hohem Verantwortungsbewußtsein" und sei „sorgfältig bearbeitet" (vgl. *Kölnische Rundschau* vom 30.11.1973). Der Bundeskanzler hob in seinem Antwortschreiben an den Ratsvorsitzenden indes die sozialpolitische Dimension der Reform hervor und unterstrich den Lebensschutz nochmals als tragenden Grundsatz der Familienpolitik seiner Regierung (vgl. Antwortschreiben von Brandt an Claß und Döpfner vom 20.12.1973, in Auszügen zitiert in: *epd za* vom 24.12.1973 sowie Kassel 1974, S. 47).

[337] „Indikationenverfechter der SPD: Seltsame Ökumene. Gemeinsame Erklärung zu § 218 scharf kritisiert" (*epd za* vom 20.12.1973). Auch Wilkens hatte vor Veröffentlichung der Gemeinsamen Erklärung bereits intern darauf hingewiesen, dass der Indikationenkatalog der Gemeinsamen Erklärung nicht über den Heck-Entwurf hinausging und die Kontinuität zu früheren Ratsäußerungen damit ohne Frage „zerbrochen" sei (vgl. Brief an von Heyl vom 28.11.1973, in: EZA 87/757).

praktisch außer Kraft gesetzt habe.[338] Die Gemeinsame Erklärung, hieß es zur Erläuterung, vertrete im Gegensatz zu früheren Ratsvoten keine moderate Indikationenregelung, die auf einen Kompromiss zwischen dem CDU/CSU-Fraktionsentwurf und dem Müller-Emmert-Entwurf abziele, sondern stelle Forderungen auf, die im Grunde nur durch das enge Indikationsmodell des Heck-Entwurfs erfüllt würden. „Die evangelische Kirche habe also eine gute Gelegenheit ungenutzt verstreichen lassen", lautete das Fazit, „doch noch eine breite Mehrheitsbildung zu unterstützen."[339]

Ein solches Urteil musste den Rat der EKD nachdenklich stimmen; zeigte es doch, dass die Gemeinsame Erklärung die evangelische Vermittlungspolitik der vorausgegangenen zwei Jahre in Frage gestellt und zu einem erheblichen Vertrauensverlust bei den bisherigen politischen Ansprechpartnern der EKD geführt hatte. Gravierender als die politischen Auswirkung waren jedoch die Reaktion, die das Wort innerhalb der evangelischen Kirche selbst hervorrief.

2.3.3 Kritik aus Kreisen der evangelischen Kirche

Länger als die Liste der Bonner Reaktionen war die Reihe der Erwiderungen aus dem Raum der evangelischen Kirche. Allen gegenteiligen Bekundungen der evangelischen Seite zum Trotz wurde die Gemeinsame Erklärung nicht nur von den Medien und den politisch Verantwortlichen, sondern auch von vielen Kirchengliedern als Preisgabe protestantischer Auffassungen verstanden.[340] Vor allem jene Gruppen innerhalb der Kirche, die sich für eine Fristenregelung aussprachen, übten scharfe Kritik am evangelisch-katholischen Wort.

Die Unterzeichner und Unterzeichnerinnen, hieß es z. B. in einem gemeinsamen Protestschreiben mehrerer kirchlicher Kreise aus dem Rheinland, „sprechen dem Rat der EKD in diesem konkreten Fall die Berechtigung ab, für alle evangelischen Christen zu sprechen. Sie erklären, daß sie mit vielen evangelischen Christen einschließlich einiger Kirchenleitungen und deren Organen eine Reform des § 218 im Sinn einer erweiterten Indikationslösung oder des Fristenlösungsmodells der SPD/FDP-Fraktionen

---

338 Ebd.

339 Ebd.

340 Sowohl die Kirchenkanzlei als auch der hannoversche Bischof Lohse wiesen darauf hin, dass die Erklärung lediglich einen Minimalkonsens darstelle und die darüber hinausgehenden Sachverhalte der früheren amtlichen Erklärungen des Rates durch das ökumenische Wort nicht in Frage gestellt würden (vgl. Rundbrief der Kirchenkanzlei zur Gemeinsamen Erklärung am 30.11.1973, in: EZA 87/757, sowie zu Lohse unten S. 321 f.). Ähnlich Hild und von Heyl (vgl. Ebd.).

befürworten. Eine Minderheit unter ihnen bejaht sogar eine völlige Freigabe der Abtreibung."[341]

Mögen die in den Protesten mitunter vertretenen Ansichten zur Reform des § 218 StGB auch nicht repräsentativ für die Mehrheit der engagierten evangelischen Christen und Christinnen gewesen sein, so wiesen die Beschwerdeschreiben doch auf die neuralgischen Punkte der ökumenischen Stellungnahme hin: Zum einen hatte der Rat in der Gemeinsamen Erklärung wider besseres Wissen eine Position als sittlich unannehmbar verurteilt, die unter Protestanten und Protestantinnen durchaus auch nach gewissenhafter ethischer Prüfung vertreten wurde. Zum anderen hatte der Rat der EKD einen radikal reformkritischen Standpunkt eingenommen, der innerhalb der evangelischen Kirche nicht mehrheitsfähig war.

Indirekte Kritik – Das oldenburgische Synodalvotum

Einen wegen seiner unmittelbaren zeitlichen Nähe fast schon provokativ anderen Weg als die Gemeinsame Erklärung beschritt die Synode der kleinen oldenburgischen Landeskirche. Am 29. November 1973, unmittelbar vor Veröffentlichung der Gemeinsamen Erklärung, verabschiedete die oldenburgische Landessynode ein Votum, das in vielerlei Hinsicht einen bemerkenswerten Beitrag zur Abtreibungsdebatte darstellte.[342]

Im Gegensatz zur evangelisch-katholischen Stellungnahme legte sich die oldenburgische Synode auf keine der gesetzgeberischen Optionen fest, sondern formulierte: „Es ist Sache des Gesetzgebers zu entscheiden, wie

---

[341] „Stellungnahme im Namen der Rheinischen AG für Kirchenreform (RAK), der Kirchlichen Bruderschaft im Rheinland, des ökumenischer Arbeitskreises – Christen für den Sozialismus (Köln) und des Arbeitsausschusses Zusammenarbeit Christen-Sozialisten (Duisburg)" vom 19.12.1973 (EZA 2/93/6223). Mitunterzeichnerin war Dorothee Sölle, die laut Pressebericht auf einem Festvortrag zum Goßner-Jubiläum später die Auffassung vertrat, die EKD habe sich bei der Gemeinsamen Erklärung von den Katholiken erpressen lassen (vgl. *epd za* vom 21.12.1973; vgl. auch D. SÖLLE, Bejahung). In einem Protestschreiben der Aachener Bürgerinitiative ‚Christen und Politik' hieß es ferner: „Wir erwarten, daß der Rat der EKD der Tatsache Rechnung trägt, daß die Mehrzahl der evangelischen Christen für die Reform des § 218 im Sinne einer Fristenregelung eintritt" (Brief von Barbara Krüger/Aachener Bürgerinitiative ‚Christen und Politik' an Hammer vom 16.1.1974, in: EZA 2/93/6223). Die Initiative hatte sich nach eigenen Angaben im Sommer 1973 in einer eigenen Broschüre für die Fristenregelung ausgesprochen (EBD.).

[342] Vgl. „Beschluss der Synode vom 29.11.1973 zu den Problemen des Schwangerschaftsabbruchs" (EZA 2/93/6224). Das oldenburgische Votum sollte u. a. in Bonn publik gemacht werden und wurde dazu an die Kirchenkanzlei weitergeleitet (vgl. Anschreiben von OKR Rolf Schäfer/Oldenburg an die Kirchenkanzlei vom 29.11.1973, in: EZA 2/93/6224). Eine Reaktion der Kirchenkanzlei ist in den Akten allerdings nicht dokumentiert. Der Stellungnahme blieb damit – vermutlich nicht allein wegen der terminlichen Überschneidung mit der Gemeinsamen Erklärung, sondern auch wegen inhaltlicher Differenzen – eine größere Verbreitung und Aufmerksamkeit verwehrt.

schwer und wie weitgehend ein Schwangerschaftsabbruch unter Strafe gestellt werden soll oder nicht. Die Kirche aber ist verpflichtet zu einem hilfreichen Wort an alle Betroffenen."[343] Die Synode beschränkte sich auf sieben Punkte, die ihrer Meinung nach aus kirchlicher Sicht zu der Diskussion um eine Änderung des § 218 StGB beizutragen waren. Die wichtigsten Passagen sind es wert, in extenso zitiert zu werden:

„2. Wir [die Mitglieder der oldenburgischen Landessynode, S. M.] sehen die gegenwärtig unüberwindlichen Schwierigkeiten, eine allen Erwartungen entsprechende gesetzliche oder strafrechtliche Regelung zu finden. Wenn menschliches Leben angetastet wird, entsteht Schuld auch dort, wo der Gesetzgeber ein solches Verhalten straffrei läßt.
3. Wir unterscheiden deshalb zwischen sittlicher Erlaubtheit einerseits und Straffreiheit in eingegrenzten Ausnahmefällen andererseits, bieten aber allen, die schuldig geworden sind, als unseren besonderen Dienst die Botschaft Jesu Christi von der Vergebung an. [...]

Wir bekennen uns zur seelsorgerlichen Verpflichtung der Kirche, den Betroffenen mit Rat und Hilfe beizustehen. Zu dieser Verpflichtung gehört auch die Einrichtung und Unterhaltung von Beratungsstellen, Kindergärten, Familienerholungsstätten, Familienbildungsstätten und anderen hierfür geeigneten Einrichtungen [...]"[344]

Das oldenburgische Synodalvotum zeichnete sich somit nicht nur durch seine differenzierte theologische Argumentation, sondern auch durch die konkrete Entfaltung des seelsorgerlichen und diakonischen Auftrags der Kirche aus. Damit stand es jedoch – bewusst oder unbewusst – in deutlichem Widerspruch zur Gemeinsamen Erklärung.[345]

2.3.4 Evangelisch-katholische Verstimmungen

Wie sich bereits vor Veröffentlichung der Gemeinsamen Erklärung gezeigt hatte, fand die evangelisch-katholische Ausarbeitung selbst unter den Mitgliedern des Rates und der Kirchenkanzlei keine ungeteilte Zustimmung.

---

[343] Auch der Bensberger Kreis – eine junge Laienvereinigung von rund 170 Katholiken – hatte unmittelbar vor der Gemeinsamen Erklärung in einer ausgewogenen Stellungnahme konstatiert, „daß die Frage, welcher strafrechtlichen Regelung man den Vorzug geben soll, auch unter Katholiken umstritten ist und bleibt" („Memorandum des Bensberger Kreises zur Reform des § 218 des Strafgesetzbuches" vom 27.11.1973, in: EZA 87/757).

[344] Vgl. oben Anm. 342.

[345] Eine besondere Brisanz des Synodalvotums lag darin, dass der oldenburgische Bischof Harms selbst wenige Wochen zuvor der Würzburger Ratsdelegation angehört hatte und entschieden für eine Annahme der Gemeinsamen Erklärung eingetreten war (vgl. Brief von Wilkens an Harms vom 19.11.1973, in: EZA 87/756).

Vermutlich durch eine gezielte Indiskretion drangen die kritischen Stimmen innerhalb der EKD schließlich bis an das Ohr der Presse. Am 3. Dezember 1973, drei Tage nach der Veröffentlichung der Gemeinsamen Erklärung, sorgte der *Spiegel* mit einen kenntnisreichen Bericht über die Querelen im Rat für einige Verstimmung im evangelisch-katholischen Verhältnis. Unter der Überschrift „Vom Kardinal brüskiert" war zu lesen, die beiden großen Kirchen hätten sich wegen ihrer Stellungnahme zur Reform des Abtreibungsstrafrechts „zerstritten", da verschiedene Ratsmitglieder Anstoß an der Verhandlungsstrategie der katholischen Seite genommen hätten.[346]

Die evangelische Verhandlungsdelegation, wusste das Magazin zu berichten, habe auf Döpfners Intervention hin und ohne Rücksprache mit dem Rat der Streichung zentraler Passagen der Erklärung zugestimmt, die zuvor vom Rat der EKD ausgearbeitet worden waren.[347] Als Ratsmitglieder wie der hannoversche Bischof Lohse daraufhin eine neue Beratung verlangt hätten, habe Döpfner laut *Spiegel* wissen lassen, „die Rücknahme des Einheitstextes könnte das Verhältnis beider Kirchen schwer belasten."[348]

Lohse ließ die *Spiegel*-Meldung, er fühle sich vom Vorsitzenden der katholischen Bischofskonferenz brüskiert, zwar umgehend dementieren, räumte allerdings ein, es sei über das gemeinsame Wort in der Tat zu Meinungsverschiedenheiten gekommen, und er wäre in der Erklärung gerne ‚in Richtung auf eine Notlagenindikation' weitergegangen.[349] Am Tag zuvor hatte sich der hannoversche Bischof wegen der *Spiegel*-Meldung bereits in einem vertraulichen Schreiben an Döpfner gewandt. „Es trifft zu", hatte er dem Vorsitzenden der katholischen Bischofskonferenz erläutert, „daß einige Herren – darunter auch ich – es begrüßt hätten, wenn im Punkt 5 unserer Gemeinsamen Erklärung noch etwas mehr in Richtung auf eine so genannte Notlagen-Indikation als Ausdruck gemeinsamen Verständnisses hätte geäußert werden können. Herr Kirchenpräsident Hild und ich haben mehrfach in dieser Frage miteinander telefoniert. Wir haben dann aber

---

[346] „Vom Kardinal brüskiert" (*Der Spiegel* Nr. 49/27 vom 3.12.1973, S. 16).

[347] Hier wurde auf die vom Rat in Stapelage verfasste Textpassage zu den divergierenden Auffassungen der Kirchen angespielt (vgl. oben S. 313).

[348] Vgl. oben Anm. 346. Hier wusste der *Spiegel* mehr, als sich durch die Quellen belegen lässt. Die übrigen verifizierbaren Informationen des Artikels lassen jedoch darauf schließen, dass man sich auf einen zuverlässigen Informanten stützte. Kalinna vermutet, dass es sich möglicherweise um Wilkens selbst gehandelt haben könnte (vgl. Interview der Autorin mit Kalinna vom 7.6.2000).

[349] Vgl. *epd za* vom 6.12.1973. Im *Spiegel*-Artikel war zu lesen gewesen: „Eine Minderheit im EKD-Rat – darunter die Landesbischöfe Eduard Lohse (Hannover), Kurt Scharf (Berlin) und der hessische Kirchenpräsident Helmut Hild – befürworten durchaus ein erweitertes soziales Indikationsmodell" (vgl. oben Anm. 346).

einsehen müssen, daß über den Text der veröffentlichten Erklärung hinaus ein weiterreichendes gemeinsames Verständnis nicht formuliert werden konnte. Wir haben daher beide dem Text der Erklärung als Ausdruck eines Minimalkonsensus zugestimmt."[350]

Dieses von Lohse auch tags darauf in seiner Presseerklärung vertretene Verständnis des ökumenischen Wortes als ‚Ausdruck eines Minimalkonsenses' traf insbesondere unter den Indikationenvertretern innerhalb der Regierungskoalition auf Interesse und wurde dort als vorsichtige Korrektur der Gemeinsamen Erklärung interpretiert.[351] Die Ratsmitglieder Hild und von Heyl bestärkten diese Interpretation, indem sie ebenfalls darauf hinwiesen, dass der Indikationenkatalog der Gemeinsamen Erklärung keineswegs so eng gedeutet werden müsse, wie gemeinhin angenommen, sondern nach evangelischem Verständnis durchaus auch eine Notlagenindikation umfassen könne.[352] An diesen ersten Äußerungen verschiedener Ratsmitglieder ließ sich bereits ablesen, dass der Rat der EKD schon unmittelbar nach Veröffentlichung der Gemeinsamen Erklärung den geordneten Rückzug antrat.

2.3.5 Erste Bilanz des Rates zur Gemeinsamen Erklärung

Die Zustimmung und das Lob der Vertreter des Heck-Entwurfs, insbesondere aber die Kritik der Müller-Emmert-Leute machten dem Rat der EKD deutlich, dass es sich bei der Gemeinsamen Erklärung mitnichten um ein Glanzstück diplomatischen Geschicks handelte. Die *FAZ* meinte in ihrer Weihnachtsausgabe zwar, die Gemeinsame Erklärung sei nicht ohne Wirkung in Bonn geblieben und habe die ‚Fristenfront' bröckeln lassen, doch zeichnete der SPD-Politiker Erhard Eppler auf der EKD-Synode wenige Wochen darauf ein ganz anderes Bild.[353]

---

[350] Brief vom 4.12.1973 (EZA 2/93/6223).

[351] Vgl. „Eppler kritisiert evangelisch-katholische Erklärung zu Paragraph 218" (*epd za* vom 14.12.1973); „Kirchenerklärung bedauert" (*FR* vom 15.12.1973). Die Enthüllungen des *Spiegel* waren von den Mitgliedern der Regierungskoalition ebenfalls nicht ohne Genugtuung zur Kenntnis genommen worden. Der Fraktionsvorsitzende der FDP Wolfgang Mischnick hatte die Nachricht, dass die Kirchen trotz Gemeinsamer Erklärung geteilter Meinung seien, umgehend in einem Gastkommentar im Kölner *Express* kolportiert (vgl. *epd za* vom 6.12. 1973).

[352] Zu von Heyl vgl. „Vom Kardinal brüskiert" (*Der Spiegel* Nr. 49/27 vom 3.12.1973, S. 16) sowie die entsprechenden Ausführungen des Synodalpräses auf der EKD-Synode in Kassel (vgl. KASSEL 1974, S. 127). Zu Hild vgl. *epd za* vom 17.12.1973. Der Kirchenpräsident räumte zudem ein, dass er einigen Passagen der Gemeinsamen Erklärung kritisch gegenüberstand (vgl. *epd za* vom 21.12.1973).

[353] Vgl. „Vier Entwürfe und keine Mehrheit" von Friedrich Karl Fromme (*FAZ* vom 24.12.1973).

„Wenn ich richtig sehe“, sagte Eppler, „[...] war das Ziel, eine Indikationsregelung im Deutschen Bundestag mehrheitsfähig zu machen. Und ich kann Ihnen sagen, der Erfolg ist exakt der umgekehrte. Denn diese in diesem Papier angeregte Indikationsregelung wird sicher nicht mehrheitsfähig im Deutschen Bundestag.“[354] Der Indikationenvertreter fuhr fort: „In dem Augenblick, wo Leute wie ich vor die Alternative gestellt werden, diese Art von Indikationenregelung anzunehmen [...] und auf der anderen Seite die Fristenregelung, dann weiß ich nicht, wie wir abstimmen würden.“[355] Entgegen der ursprünglichen Absicht des Rates hatte die Gemeinsame Erklärung keinen Kompromiss für ein fraktionsübergreifendes Indikationenmodell aufgezeigt, sondern die Ränder des politischen und öffentlichen Meinungsspektrums gestärkt.

Mit dieser ernüchternden Bilanz setzte sich der Rat der EKD bereits eine Woche nach Veröffentlichung der Gemeinsamen Erklärung Anfang Dezember 1973 auseinander. In einem Bericht zur evangelisch-katholischen Stellungnahme stellte Wilkens zudem fest, dass sich bereits massiver Widerstand von verschiedenen Seiten ankündige.[356] So sei damit zu rechnen, dass die EKD-Synode sich im Januar 1974 mit der Thematik beschäftigen werde. Auch habe die FDP-Politikerin und EKD-Synodale Lieselotte Funcke bereits dringend um ein klärendes Gespräch gebeten.

Die Ratsaussprache im Anschluss an Wilkens' Bericht befasste sich nochmals mit den Schwierigkeiten im Zuge der Ausarbeitung der Gemeinsamen Erklärung. Der Rat zog sogar kurz in Erwägung, eine interpretierende Verlautbarung über das evangelische Verständnis der ökumenischen Stellungnahme abzugeben, entschied sich jedoch schließlich dagegen. Statt dessen besann man sich auf die altbewährte Praxis und bat den Bevollmächtigten um vertrauliche diplomatische Intervention in Bonn.[357]

Schadensbegrenzung lautete damit die Devise, nach der die EKD-Führung ihr Reden und Handeln zur Gemeinsamen Erklärung ausrichtete. Zu dieser Strategie der Schadensbegrenzung mag es auch gehört haben, über das evangelisch-katholische Wort hinwegzugehen, wo immer dies möglich

---

[354] Kassel 1974, S. 133.

[355] Ebd., S. 133.

[356] Dies und das Folgende nach: Auszug aus dem Protokoll der 9. Ratssitzung vom 7./8.12.1973 in Frankfurt a. M. (EZA 87/757).

[357] Kunst sollte insbesondere mit Funcke in Kontakt treten. Der Bevollmächtigte organisierte daher ein gemeinsames Essen, zu dem neben Funcke u. a. Uwe Ronneburger (FDP), Hans Koschnick (SPD) und den stellvertretenden Ratsvorsitzenden Helmut Hild eingeladen wurden (vgl. Notiz von Kunst an Gräfin von Rittberg vom 9.12.1973, in: EZA 87/757) sowie zweite Notiz ohne Datum und Absender über die Gästeliste für das gemeinsame Essen (EZA 87/756). Auch das Ratsmitglied Hans Helmut Eßer wurde vom Rat gebeten, auf der Synode das vermittelnde Gespräch mit Lieselotte Funcke zu suchen (vgl. Auszug aus dem Protokoll der 9. Ratssitzung vom 7./8.12.1973 in Frankfurt a. M., in: EZA 87/757).

schien, und seine Verbreitung innerhalb der evangelischen Kirche nicht unnötig zu befördern.[358] Die Gemeinsame Erklärung wurde weder in eine der zahlreichen *epd*-Dokumentationen zur Reform des § 218 StGB noch in die EKD-Denkschriftensammlung aufgenommen.[359] Letzteres erstaunt um so mehr, als das evangelisch-katholische Votum, verabschiedet und veröffentlicht durch den Rat der EKD, durchaus die notwendige Dignität besaß, um unter die Denkschriften der EKD aufgenommen zu werden.

Darüber hinausgehende strukturelle oder gar personelle Konsequenzen wurden aus den ungeheuerlichen Vorgängen um die Ausarbeitung und Verabschiedung der Gemeinsamen Erklärung nicht gezogen. Erst die Synode der EKD, die zwei Monate nach Erscheinen der Gemeinsamen Erklärung zusammentrat, zog den Rat der EKD zur Verantwortung und verlangte Rechenschaft über seine Motive und seine Legitimation zur Verabschiedung der umstrittenen Stellungnahme.

2.4 Die EKD-Synode in Kassel

Wie Wilkens es prophezeit hatte, war das beherrschende Thema der Kasseler EKD-Synode im Januar 1974 die Gemeinsame Erklärung des Rates der EKD und der Deutschen Bischofskonferenz. Eine abermalige Vertagung der prekären Abtreibungsfrage wie auf der Coburger EKD-Synode im Frühjahr 1973 war mit Veröffentlichung der evangelisch-katholischen Stellungnahme unmöglich geworden. Die innerkirchlichen Auseinandersetzungen um die Reform des § 218 StGB hatte sich durch die Gemeinsame Erklärung vielmehr zugespitzt und drohten sich in Kassel zu entladen.

2.4.1 Stimmen im Vorfeld der Zusammenkunft

In Protestschreiben und Verlautbarungen drängten verschiedene kirchliche Kreise bereits im Vorfeld der Zusammenkunft darauf, die Reform des Abtreibungsstrafrechts samt der dazu ergangenen Gemeinsamen Erklärung

---

[358] In der katholischen Kirche erhoben sich indes keine größeren Proteste gegen die Gemeinsame Erklärung. Öffentliche Kritik übte lediglich der Bensberger Kreis (vgl. *dpa* 243 id vom 30.11.1973). Im Gegensatz zur EKD nahm die katholische Seite daher auch in der Folgezeit gern auf die gemeinsame Ausarbeitung Bezug (vgl. z. B. „Erklärung von Kardinal Döpfner vor der Bundespressekonferenz zur bevorstehenden parlamentarischen Beratung der Gesetzentwürfe zur Novellierung des § 218 StGB" vom 17.4.1974, in: EZA 87/760). Das Diözesansynodalamt des bischöflichen Ordinariats Limburg leitete die Gemeinsame Erklärung im März 1974 sogar nochmals an die Bundestagsabgeordneten weiter (vgl. *epd za* vom 29.3.1974).

[359] Sie findet sich lediglich abgedruckt in: Europäische Ärzteaktion, Alarm um die Abtreibung, S. 85–90.

in Kassel aufzugreifen. Bereits Mitte Dezember 1973 gaben zwei Dutzend EKD-Synodale, die sich zur liberal-progressiven ‚Arbeitsgemeinschaft EKD-Synode' zusammengeschlossen hatten, bekannt, sie würden auf der kommenden Kasseler Synode eine Diskussion über die Frage der Legitimation der evangelisch-katholischen Stellungnahme initiieren.[360]

Scharfe Kritik an der Gemeinsamen Erklärung übten Anfang Januar 1974 auch die drei theologischen Mitglieder der ehemaligen Strafrechtskommission der EKD. Mit Bestürzung – schrieben Wolfgang Schweitzer, Karl Janssen und Gottfried Hornig am 4. Januar in einem Offenen Brief an den Rat und die Synode der EKD – hätten sie die Veröffentlichung des evangelisch-katholischen Wortes zur Kenntnis genommen und festgestellt, dass dessen Ausführungen der aktuellen gesamtgesellschaftlichen Diskussionslage in keinster Weise gerecht zu werden vermochten.[361]

Die Gemeinsame Erklärung, fuhren die Theologen fort, befürworte trotz ihres verbalen Hinweises auf die Reformbedürftigkeit des § 218 StGB im Grunde die Beibehaltung des Status quo und widerspreche damit nicht nur den bis dahin veröffentlichten Ratserklärungen, sondern auch der Überzeugung zahlreicher Kirchenglieder. „Wir meinen", erklärten Schweitzer, Janssen und Hornig, „der Rat der EKD sei es Ihnen [den Kirchengliedern, S. M.] schuldig, darauf hinzuweisen, daß innerhalb der EKD von verantwortlichen Gremien und sachverständigen Christen auch andere Meinungen vertreten werden."[362]

Die ehemaligen Mitglieder der Strafrechtskommission spielten damit u. a. auf das Beratungsergebnis ihres eigenen Ausschusses an. „Sie erinnern sich", führte Schweitzer dazu im Übersendungsanschreiben an den Präsidenten der Kirchenkanzlei Walter Hammer aus, „daß der Weg der Strafrechtskommission schon durch die Veröffentlichung der Studie ‚Das Gesetz des Staates und die sittliche Ordnung' erheblich belastet war; [...] Aber was nun geschehen ist, läßt unsere ganze Arbeit als nahezu sinnlos erscheinen – wenn die Synode hier nicht die Weichen anders stellt."[363]

---

360 Vgl. *epd za* vom 19.12.1973.

361 EZA 87/759; vgl. auch „EKD-Erklärung mißbilligt" (*FR* vom 11.1.1974). Auf Schweitzers Initiative hin und nach Rücksprache mit Hornig hatte Janssen das Schreiben verfasst, von Schweitzer redigieren und mit Unterstützung der evangelischen Akademikerschaft in Stuttgart verbreiten lassen (vgl. Brief von Schweitzer an die Mitglieder der ehemaligen Strafrechtskommission vom 9.1.1974, EZA 2/93/6223).

362 Offener Brief (vgl. Anm. 361).

363 Anschreiben vom 3.1.1974 (EZA 2/93/6223). Zur Strafrechtskommission, deren Ergebnis im Frühjahr 1972 vom Rat der EKD abgelehnt worden war, vgl. oben S. 191 f. sowie S. 194. Erst am 9.1.1974 setzte Schweitzer auch die übrigen Mitglieder der ehemaligen Strafrechtskommission über den Offenen Brief in Kenntnis (EZA 2/93/6223). Auf der Synode in Kassel wurde später kritisiert, dass das Schreiben der Theologen nicht an die Synodalen weitergeleitet worden war (vgl. KASSEL 1974, S. 130 f.; S. 134).

Schweitzer, Hornig und Janssen setzten somit ihre Hoffnung darauf, dass die EKD-Synode den Kurs der Gemeinsamen Erklärung korrigieren würde.

Am Vormittag des 14. Januar 1974, einen Tag nach Aufnahme der Synodalverhandlungen in Kassel, verabschiedete schließlich auch der Rechtsausschuss der Evangelischen Frauenarbeit in Deutschland ein Protestschreiben zur Gemeinsamen Erklärung.[364] Die Kritikpunkte des Papiers waren nahezu identisch mit jenen der ehemaligen Kommissionsmitglieder.[365] Der Rechtsausschuss der EFD bestritt in seiner Stellungnahme, dass die Gemeinsame Erklärung die überwiegende Meinung der evangelischen Kirchenglieder wiedergab und kritisierte die Lebensferne des Wortes, dessen Empfehlungen an den Gesetzgeber nach Ansicht des Ausschusses die bedenklichen Mängel des alten Rechtszustandes fortbestehen ließen.[366] Wegen der gravierenden Divergenzen zwischen der Gemeinsamen Erklärung und der Auffassung des Rechtsausschusses habe sich der Kreis veranlasst gesehen, wie es in der Beschwerde abschließend hieß, einzelne Synodale zu bitten, in Kassel eine Aussprache über das Wort des Rats und der Bischofskonferenz herbeizuführen.

Noch während der Sitzung des Rechtsausschusses rief die EFD-Vorsitzende und EKD-Synodale Hildegard Zumach am Mittag des 14. Januar aus Kassel an und teilte mit, dass die Anliegen des Rechtsausschusses bereits umfassend durch die Synode aufgegriffen und eine ausführliche Diskussion über die Gemeinsame Erklärung initiiert worden sei.[367] Die Mitglieder des Rechtsausschusses beschlossen daraufhin, das Protestschreiben zunächst nicht abzusenden, behielten sich jedoch eine spätere Intervention vor, falls die Synode zu keinem befriedigenden Ergebnis kommen sollte.[368]

Sowohl der Rechtsausschuss der Frauenarbeit als auch die theologischen Mitglieder der ehemaligen Strafrechtskommission erwarteten folglich ein korrigierendes Synodalvotum zur Gemeinsamen Erklärung. Die evange-

---

364 Protokoll der Sitzung des Rechtsausschusses vom 14.1.1974 (AEFD, Rechtausschuß, Protokolle 1974 bis 1977). Das Protokoll vermerkte, dass das Votum „im Hause" vorformuliert worden war (EBD.). Die genaue Verfasserschaft bleibt allerdings unklar.

365 Die Ähnlichkeit der Beschwerdebriefe dürfte auf Elisabeth Schwarzhaupt zurückzuführen sein, die als ehemalige Vorsitzende der Strafrechtskommission und Mitglied des Rechtsausschusses das Bindeglied war zwischen beiden Kreisen und die das Schreiben der Theologen wenige Tage zuvor erhalten hatte (vgl. vgl. Brief von Schweitzer an die Mitglieder der ehemaligen Strafrechtskommission vom 9.1.1974, EZA 2/93/6223).

366 Brief der Vorsitzenden des Rechtsausschusses der EFD Antonie Kraut an von Heyl und Claß vom 14.1.1974 (AEFD, Rechtsausschuß, § 218). Ähnlich wie der Rechtsausschuss der EFD beklagte später auch die Synodale Anne-Lore Schmid, sie vermisse in der Gemeinsamen Erklärung „die evangelische Orientierung für eine realistische Zeitgenossenschaft" (KASSEL 1974, S. 118).

367 Vgl. oben Anm. 366.

368 Vgl. EBD.

lisch-katholische Stellungnahme – soviel machten die Proteste im Vorfeld der Synode bereits deutlich – war damit von ähnlicher Sprengkraft wie die Orange Schrift zwei Jahre zuvor.

2.4.2 Die Synodalverhandlungen

Die Hauptaufgabe der vom 13. bis 17. Januar 1974 in Kassel tagenden EKD-Synode war die Verabschiedung des Haushalts. Die Tagesordnung war weit weniger gedrängt als im Frühjahr 1973 in Coburg auf der ersten Zusammenkunft der neu gewählten Synode. Eine Aussprache über die Gemeinsame Erklärung des Rates der EKD und der Deutschen Bischofskonferenz oder eine Sachdiskussion über die Haltung der evangelischen Kirche zur Frage des Schwangerschaftsabbruchs war laut Tagesordnung gleichwohl nicht vorgesehen.[369]

Der Bericht des Ratsvorsitzenden

Der neue Ratsvorsitzende Helmut Claß ging in seinem ersten Ratsbericht zum Auftakt der Synodalverhandlungen allerdings ausführlich auf die evangelisch-katholische Ausarbeitung ein.[370] Er berichtete, dass der Rat manche Kritik wegen der Stellungnahme erfahren habe, wies die Vorwürfe jedoch zurück und erklärte: „Meines Erachtens hat er [der Rat, S. M.] seine frühere Linie in Sachen § 218 nicht verlassen oder gar verraten. Ebensowenig ist der Vorwurf begründet, der Rat sei von katholischer Seite unter Druck gesetzt worden."[371] Claß erläuterte, einzelne Ratsmitglieder hätten zwar öffentliche Bedenken zu verschiedenen Punkten der Erklärung geäußert, doch habe kein Ratsmitglied seine Zustimmung verweigert oder nachträglich zurückgezogen. Auch Claß stellte sich nochmals hinter die Gemeinsame

---

369 Die evangelischen Kirchenführer, die für die Gemeinsame Erklärung verantwortlich zeichneten und zu denen auch Synodalpräses von Heyl zählte, suchten eine kontroverse Synodalaussprache über die evangelisch-katholische Stellungnahme offenbar zu umgehen. Der Synodale Wolfgang Heintzeler übte später heftige Kritik an der Tagesordnung, die einen Synodalbeschluss zur Gemeinsamen Erklärung erheblich erschwert habe (vgl. KASSEL 1974, S. 380 f.).

370 Der erste Bericht des neuen Ratsvorsitzenden unterschied sich sowohl stilistisch als auch inhaltlich von den Berichten seines Amtsvorgängers Dietzfelbinger. Claß verzichtete darauf, in machtvollen Worten apokalyptische Bilder von der voranschreitenden Säkularisierung und Pluralisierung der Gesellschaft zu zeichnen und trug statt dessen ein vorsichtig formuliertes Referat über die verschiedenen Aufgabenbereiche der Kirche vor. Erfreut stellte der Präsident der Kirchenkanzlei der EKU Martin Fischer in der Aussprache über den Bericht später fest: „Es ist diesmal erstmalig nicht über Pluralismus nur geseufzt [worden]" (EBD., S. 91).

371 EBD., S. 48.

Erklärung, hob allerdings zugleich hervor, dass sich eine Diskriminierung Andersdenkender für den Rat selbstverständlich ausschließe, da auch die Vertreter und Vertreterinnen einer Fristenregelung der Überzeugung seien, mit ihrem Gesetzentwurf dem ungeborenen Leben zu dienen.[372]

Mit der Anerkennung der achtbaren Motive der Fristenvertreter und -vertreterinnen reagierte Claß auf einen zentralen Kritikpunkt an der Gemeinsamen Erklärung und nahm deren kategorisches Urteil, die Fristenregelung sei aus sittlichen, rechtlichen und gesellschaftlichen Gründen unvertretbar, indirekt wieder zurück.[373]

Der Bericht des Präsidenten des Diakonischen Werks

Auch der Präsident des Diakonischen Werks Theodor Schober ging in seinem Bericht vor der Synode auf die Abtreibungsproblematik ein, konzentrierte sich allerdings ganz auf die flankierenden Maßnahmen. Knapp zitierte er aus dem Rosa Papier, das allen Synodalen ausgehändigt worden war, drei der dort genannten Aufgaben, die sich dem diakonischen Handeln der Kirche stellten:

1. Die landeskirchliche Förderung von Beratungsstellen;
2. die Einrichtung von Sonderfonds zur Geldmittelbereitstellung für unkonventionelle Hilfe in akuten Konflikt- und Notsituationen; sowie
3. die finanzielle Förderung von zwei kirchlichen Heimen für ledige Mütter. Hier bat Schober die Synode um die Bereitstellung von 400 000 DM.[374]

Der Präsident des Diakonischen Werks schloss seine Ausführungen mit den Eingangsworten aus dem Rosa Papier: „Die Kirche, die für den Schutz werdenden Lebens eintritt, ist, wenn sie glaubwürdig bleiben will, verpflichtet praktische Hilfen für werdende Mütter und ihre Kinder nicht nur von Staat und Gesellschaft zu fordern, sondern auch selbst anzubieten."[375]

---

[372] EBD., S. 47. Vgl. auch Thimmes entsprechende Formulierung in der ersten Version der Gemeinsamen Erklärung (oben S. 311 Anm. 309).

[373] Die Befürworter und Befürworterinnen der Gemeinsamen Erklärung nahmen später Bezug auf Claß' Aussagen und lehnten die Verabschiedung eines korrigierenden Synodalvotums mit dem Hinweis ab, dass die Fristenanhänger und -anhängerinnen sich nach den wohlwollenden Erläuterungen des Ratsvorsitzenden nicht länger diskriminiert fühlen müssten (KASSEL 1974, S. 377 [Kampf]; S. 382 [Illies]).

[374] EBD., S. 78 f.; vgl. auch die entsprechende Vorlage von Steinmeyer an Schober vom 10.1.1974 (ADW, HGSt 5672). Ausgelassen wurden in Schobers Aufzählung die Gewinnung von Kontaktpersonen sowie die Bereitstellung von pädagogischen Hilfen, die im Prioritätenkatalog des Rosa Papiers neben den drei oben genannten Punkten ebenfalls aufgeführt worden waren (vgl. „Ungewolltes Leben annehmen. ‚Flankierende Maßnahmen' als die eigentlichen Aufgaben der Kirche", in: *Diakonie Korrespondenz* 43/73 vom 18.12.1973, sowie als Sonderdruck in: *Das Diakonische Werk* Heft 1/1974).

[375] KASSEL 1974, S. 79.

Die Synodalaussprache

Die Synodalaussprache über die Berichte von Claß und Schober wurde noch am Abend des ersten Verhandlungstages aufgenommen, kreiste jedoch zunächst um andere Themen und kam erst im letzten Diskussionsbeitrag auf die Abtreibungsproblematik zu sprechen. Das ehemalige Ratsmitglied Gerta Scharffenorth bat die Synodalen eindringlich, Schobers Bitte um finanzielle Unterstützung nachzukommen.[376] Bevor weitere Redner oder Rednerinnen das Wort ergreifen konnten, stellte die württembergische Synodale Erika Kimmich allerdings sogleich den Antrag auf Schluss der Debatte.[377] Mit Annahme des Antrags wäre die Aussprache über den Ratsbericht beendet gewesen, noch ehe eine Diskussion über die Frage des Schwangerschaftsabbruchs oder die Gemeinsame Erklärung hätte aufkommen können. Die Leiterin des schleswig-holsteinischen Frauenwerks Annemarie Grosch intervenierte jedoch und stellte den Gegenantrag auf Vertagung der Debatte.[378] Dem Antrag wurde stattgegeben.[379]

Am Morgen des zweiten Verhandlungstages wurde deutlich, dass der Diskussionsbedarf zur Abtreibungsproblematik keineswegs erschöpft war. Noch bevor die Aussprache fortgesetzt wurde, lagen bereits 13 Wortmeldungen vor und die Liste der Redner- und Rednerinnen musste geschlossen werden.[380] Die mit großer Leidenschaft geführte Debatte erstreckte sich schließlich über den gesamten Vormittag.[381] Es zeigte sich dabei, dass die gesamte Bandbreite der Positionen zur Reform des § 218 StGB in der Synode vertreten wurde. Inhaltlich verwoben sich von Anfang an zwei Diskussionsstränge ineinander:

1. Die Sachfrage nach der besten gesetzlichen Regelung des Schwangerschaftsabbruchs, sowie
2. die Grundsatzfrage, welche Rechte und Pflichten dem Rat in seinen öffentlichen Erklärungen zukamen.[382]

---

[376] Vgl. Ebd., S. 111.

[377] Vgl. Ebd.

[378] Vgl. Ebd.

[379] Vgl. Ebd.

[380] Vgl. Ebd., S. 111 f. Es sprachen schließlich 16 Personen. Man beschränkte die Redezeit auf fünf Minuten (Ebd.). Insgesamt sollte die Synode fast zwei halbe der viereinhalb Verhandlungstage auf die Abtreibungsthematik verwenden.

[381] Polemische Entgleisungen blieben der Debatte weitgehend erspart (vgl. lediglich Ebd., S. 120 [Seitter]; S. 124–126 [Illies]; S. 132 f. [Pareigis]). Allerdings verlor die Diskussion streckenweise an Niveau und geriet recht emotional (vgl. Ebd., S. 128 f. [Meves; von Trott zu Solz]; S. 130 [Rhein]; S. 132 [Hoffmeister]).

[382] Vgl. Ebd., S. 131 (Frost). Während die Befürworter und Befürworterinnen der Gemeinsamen Erklärung zumeist nur die umstrittene gesetzliche Regelung des Schwangerschaftsabbruchs thematisierten, fragten die Kritikern und Kritikerinnen grundsätzlicher nach den Ratsvollmachten und der Legitimation der Schrift.

Viele Kritiker und Kritikerinnen der Gemeinsamen Erklärung gaben in ihren Beiträgen zunächst ihrem „Betrüben",[383] ihrer „Bestürzung"[384] und ihrem „Zorn"[385] darüber Ausdruck, dass der Rat seine frühere Position einer moderaten Indikationenregelung verlassen hatte und auf den katholischen Standpunkt, den man mit einer prinzipiellen Reformfeindlichkeit gleichsetzte, eingeschwenkt war.[386] „Ich bin für jede gemeinsame Aussage der beiden Kirchen", erklärte der SPD-Abgeordnete Erhard Eppler in einem später vielzitierten Votum, „aber bei jeder dieser Aussagen kommt es auch auf den Preis an. Und Gemeinsamkeit um jeden Preis halte ich für falsch. In diesem Fall war der Preis zu hoch."[387]

Mehr noch als der enge Indikationenkatalog der Gemeinsamen Erklärung befremdete die Kritiker und Kritikerinnen der apodiktische Anspruch, mit dem die Repräsentanten der Kirchen aufgetreten waren. Ministerialrat Gerd Frost führte seinen Mitsynodalen dazu nochmals die Tragweite der Aussagen der kirchlichen Verlautbarung vor Augen: „Dort heißt es kurz und bündig, die Fristenregelung sei ‚unvertretbar'. Im juristischen Sprachgebrauch [...] bedeutet dies etwa, daß eine andere Meinung oder Stellungnahme unter gar keinen vernünftigen Gesichtspunkten aufrecht erhalten werden kann. Damit spricht der Rat aber dann ein vernichtendes Urteil aus über die abweichende Ansicht von Organen und Stellen innerhalb der verfaßten Kirche, ganz zu schweigen von vielen Christen."[388] Dieses ‚vernichtende Urteil' sah Frost durch Claß' Ausführungen vom Vortag noch nicht hinreichend zurückgenommen und erklärte deshalb: „[I]ch warte mit vielen Synodalen darauf, daß es auf dieser Synode noch ausgeräumt

[383] EBD., S. 123 (Funcke).

[384] EBD., S. 116 (Dräger).

[385] EBD., S. 129 (Rhein).

[386] Der Versicherung des Ratsvorsitzenden, der Rat habe seine „frühere Linie in Sachen § 218 nicht verlassen oder gar verraten" (EBD., S. 48) wurde zumeist widersprochen. Auch der Hinweis von Heyls, der Rat habe die Fristenregelung kontinuierlich in allen seinen öffentlichen Äußerungen abgelehnt (vgl. EBD., S. 127) überzeugte nicht, da es den Kritikern und Kritikerinnen in erster Linie um die neuartige, unbedingte Form der Zurückweisung ging (vgl. EBD., S. 116 [Dräger]; S. 117 [Schmid]; S. 122 [Sieglerschmidt}). Selbst die konservative Presse verstand die Gemeinsame Erklärung als klare Abweichung von früheren Ratsvoten (vgl. „Evangelische Kirche will weiter Volkskirche sein", in: *FAZ* vom 14.1.1974).

[387] KASSEL 1974, S. 133. Vgl. „Synodale über gemeinsame Erklärung verärgert" von Robert-Julius Nüsse (*FR* vom 15.1.1974); „Lob für Genf aus Kassel" von Wolfgang Teichert (*DAS* vom 20.1.1974); „Evangelische Synode widerspricht dem Rat" von Heinz Beckmann (*DZ* vom 25.1.1974). R. BIEBER vom Konfessionskundlichen Institut in Bensheim nahm ferner Helmut Sieglerschmidts Rede vom dilatorischen, nach allen Seiten hin auslegungsfähigen Formelkompromiss auf und resümierte nach der Verabschiedung des Synodalvotums knapp: „Damit hat sie [die Synode, S. M.] den Rat in protestantischer Verantwortung verpflichtet, keine Einheit mit der katholischen Kirche vorzutäuschen, wo es keine gibt" (DERS., Umstrittene Ökumene, S. 1; zu Sieglerschmidt vgl. KASSEL 1974, S. 122).

[388] EBD., S. 132.

wird."[389] Damit war die Forderung nach Verabschiedung eines korrigierenden Synodalvotums zur Gemeinsamen Erklärung ausgesprochen.

Auch zahlreiche weitere Wortmeldungen zielten darauf ab, jene Mitchristen und -christinnen in Schutz zu nehmen, die ein Fristenmodell vertraten, und sie nicht länger aus der Glaubensgemeinschaft auszuschließen, wie die Gemeinsame Erklärung es in den Augen vieler getan hatte.[390] Die Synodale Annemarie Grosch hatte bereits unmittelbar nach dem Auftakt der Aussprache einen entsprechenden Entschließungsantrag eingebracht. Er lautete: „Die Synode bedauert, daß durch die Gemeinsame Erklärung des Rates der EKD und der Deutschen Bischofskonferenz zum § 218 StGB der Eindruck erweckt wird, als habe das Gespräch innerhalb der Evangelischen Kirche zu einer übereinstimmenden Befürwortung der Indikationsregelung geführt. Die Synode stellt fest, daß zahlreiche Christen, auch Synodale der EKD, einer Fristenregelung den Vorzug geben. Sie weist darauf hin, daß es allen Befürwortern einer Reform um besseren Schutz des geborenen und ungeborenen Lebens geht und betont, daß die vorliegenden Probleme nicht durch strafrechtliche Maßnahmen gelöst werden können."[391]

Die Mehrzahl der Redner und Rednerinnen, die sich an jenem Vormittag des zweiten Verhandlungstages zu Wort meldeten, vertrat eine Indikationenregelung. „Ich bin, um es klar zu sagen, kein Vertreter einer Fristenregelung [...]", erklärte z. B. der schleswig-holsteinische Synodalpräses Hans-Rolf Dräger, „[s]ondern mir geht es um die Frage der Toleranz und die Fragen der ideologischen Verhärtung landauf, landab."[392] Ungeachtet der eigenen Position war es vielen Synodalen offenbar ein Anliegen, der in der Gemeinsamen Erklärung verleugneten evangelischen Meinungsvielfalt wieder zu ihrem Recht zu verhelfen.[393]

Hier erhob sich indes Widerspruch unter den Verfechtern und Verfechterinnen der evangelisch-katholischen Stellungnahme. Sie betrachteten die kompromisslosen Aussagen der Erklärung gerade als besondere Stärke. „Ich begrüße es", erklärte etwa der Esslinger Dekan Kurt Hennig, „daß der Rat es gewagt hat, in voller Kenntnis der unterschiedlichen Antwortversuche innerhalb der EKD in einem inhaltsträchtigen Wort das zu verantworten, was er gesagt haben wollte."[394]

---

389 EBD.

390 Vgl. EBD., S. 117 f. (Schmid); S. 116 (Dräger); S. 122 (Sieglerschmidt); S. 123 (Funcke); S. 130 (Rhein).

391 EBD. S. 114. Grosch verwahrte sich in ihrem Beitrag ferner gegen die in kirchlichen Veröffentlichungen verschiedentlich aufgestellte Alternative zwischen den Geboten Gottes und den Emanzipationsbestrebungen der Frauen.

392 EBD., S. 379. Vgl. auch EBD., S. 122 (Sieglerschmidt); S. 380 (Bischoff); S. 381 (Dienst).

393 Vgl. EBD., S. 131 (Frost); S. 116 (Dräger); S. 119 (Kaiser); S. 378 (Zeiss).

394 EBD. S. 378. Vgl. ferner EBD., S. 129 (Trott zu Solz); S. 132 (Hoffmeister); ähnlich S. 115 (Kampf). Die Synodalen Sieglerschmidt und Dräger wiesen dagegen darauf hin, dass

Die Kritiker und Kritikerinnen der Gemeinsamen Erklärung äußerten dagegen Zweifel, dass der christliche Glaube ein eindeutiges Bekenntnis für oder gegen einen der Gesetzentwürfe nahe legte. Die Vielfalt der im Namen des christlichen Glaubens geäußerten Auffassungen machte es ihrer Ansicht nach unmöglich, von dem einen, einzig gebotenen christlichen Standpunkt in dieser Frage zu sprechen.[395]

Ohnehin verorteten zahlreiche Synodale den christlichen Beitrag zur Frage des Schwangerschaftsabbruchs auf einer anderen als der strafrechtlichen Ebene. „Wenn von einem spezifisch christlichen Standpunkt in dieser Angelegenheit geredet wird", so der schleswig-holsteinische Probst Walter Pareigis, „dann möchte ich ihn so definieren: So oder so geraten wir in Schuld. Das heißt so oder so bedürfen beide Gruppen [Fristen- und Indikationenbefürworter, S. M.] der verstehenden Gerechtigkeit Gottes, anders nicht."[396]

Lieselotte Funcke sah diesen originären Beitrag der Kirche zur ethischen Orientierung allerdings in Gefahr. „Meine Herren und Damen", hob sie in der für sie typischen Anrede an, „in einem Punkte sind wir uns alle einig, daß Abtreibung Sünde ist und daß die Kirche dies zu sagen hat. Ich habe aber die Sorge, daß, wenn wir uns über die strafrechtliche Regelung dieses Tatbestandes so auseinanderreden und dies in aller Öffentlichkeit auch mit jeder Menge unterschiedlichen Stellungnahmen sagen, der evangelische Christ in seiner persönlichen Situation die Beliebigkeit der Meinungen auch für die ethische Beratung für sich in Anspruch nimmt. [...] Und deswegen hätte ich es begrüßt", schloss Funcke, „man hätte dieses Wort nicht gesagt. Denn worauf es jetzt ankommen wird, ist, den Menschen klarzumachen, daß, was auch immer der Staat erlaubt, der Christ seine Orientierung in der Bibel und den Geboten finden muß, und nicht im Strafgesetz."[397] In Umkehrung der üblichen Fronten waren es beim Thema Strafrechtsreform die liberalen Synodalen, die den Beitrag der Kirche weniger im politischem Einsatz für eine der strafrechtlichen Rege-

eben diejenigen, die in der Frage des § 218 eine Unabdingbarkeitshaltung einnahmen, beim Thema Friedensethik und Militärseelsorge von der Kirche dagegen forderten, auf die Fülle der Loyalitätskonflikte Rücksicht zu nehmen und eindeutige Entscheidungen zu vermeiden (vgl. EBD., S. 115 f.; S. 122).

395 „Sicherlich kann man die Ablehnung der Fristenregelung auch aus seinem Christsein begründen. Und ich persönlich tue das auch", bekannte der SPD-Abgeordnete Hellmut Sieglerschmidt, „[a]ber auf der anderen Seite muß man sich fragen, ob diese Erklärung nun bedeuten soll, daß der Rat damit sagen will, daß es für einen evangelischen Christen keine andere Haltung als die Ablehnung der Fristenregelung gebe – und hier würde ich nun ein sehr großes Fragezeichen setzten wollen" (EBD., S. 122). Vgl. auch EBD., S. 123 (Funcke); S. 132 (Pareigis).

396 EBD., S. 133.

397 EBD., S. 123. Vgl. auch EBD., S. 118 (Schmid).

lungen als in der allgemeinen ethischen Orientierung und der diakonischen Hilfe sahen.

Der Berliner Superintendent Christoph Rhein fasste die in vielen Voten zum Ausdruck gebrachte Kritik abschließend noch einmal zusammen und spitzte sie zu: „Mein Fazit, die Erklärung ist ein Unglück. Sie ist basisfremd und sehr bürgerlich. Sie ist theologisch und sozialethisch kümmerlich, politisch keine Hilfe, seelsorgerlich ein Mißgriff."[398] An die Adresse des Rates appellierte Rhein zudem, sich nicht in einer „Art von Korpsgeist" nur um internes Einvernehmen zu bemühen und die gesamtkirchliche Gemeinschaft aus dem Blick zu verlieren.[399]

Sichtlich aufgebracht bemühte sich der Ratsvorsitzende in einem Schlusswort, die massiven Einwände der Synodalen zu entkräften. Vehement wandte er sich zunächst gegen den Vorwurf des ‚Korpsgeistes' und unterstrich die Bereitschaft des Rates, sich über maßgebliche evangelische Äußerungen zu informieren. „Aber meine verehrten Synodalen", erklärte Claß, „der Tag hat 24 Stunden und es wird im Neuen Testament nicht verlangt, mehr zu tun, als was man tun kann."[400] So richtig diese Feststellung sein mochte, als Rechtfertigung für die Missachtung einer Reihe evangelischer Voten war sie schwerlich zu akzeptieren. Auch Epplers Kritik, der Rat habe einen zu hohen Preis für die Gemeinsame Erklärung gezahlt, konnte nicht überzeugend zurückgewiesen werden. Claß stellte zwar die Gegenfrage, ob nicht auch die katholische Seite einen Preis für das gemeinsame Wort gezahlt habe, blieb die Antwort, worin dieser Preis bestanden haben könnte, jedoch schuldig.[401]

Am gereizten Schlusswort des Ratsvorsitzenden ließ sich ablesen, wie heftig Rat und Synode über die Gemeinsame Erklärung aneinander geraten waren und wie tief die Leidenschaften reichten, die diese Kontroverse geweckt hatte. Der Alleingang des Rates, der die interne evangelische Meinungsbildung ignoriert und sich der katholischen Extremposition angeschlossen hatte, war der Synode offenbar nicht plausibel zu machen. Der Konflikt zwischen Rat und Synode, der sich bereits mit der Veröffentlichung der Orangen Schrift Ende 1970 angedeutet hatte, war damit offen ausgebrochen.

Erste Zwischenkommentare

Ausführlich berichtete die Presse am folgenden Tag, den 15. Januar 1974, über die Synodalaussprache zur Gemeinsamen Erklärung. Alle Standpunkte – von der Fristenregelung bis zur engen Indikationsregelung – seien in der

398 EBD., S. 131.
399 EBD.; vgl. dazu auch EBD., S. 118 f. (Kaiser).
400 EBD., S. 137.
401 EBD.

Synodalaussprache mit Vehemenz vertreten worden, hieß es in der *FAZ*.[402] „Warum in der durch Emotion und Uneinigkeit bestimmten Lage der Rat der EKD (Kirchenleitung) sich ausgerechnet auf die extremste Position einließ und sich in der gemeinsamen Erklärung [...] auf das katholische Modell festlegte", war dem Kommentator allerdings schwer nachvollziehbar.[403] Es erschien daher selbst der konservativen Presse nur konsequent, dass aus der Synode ein „Tadelsantrag" gegen die Gemeinsame Erklärung des Rates der EKD und der Deutschen Bischofskonferenz eingebracht worden war.[404] Auch die *Stuttgarter Zeitung* rechnete mit der Verabschiedung eines korrigierenden Synodalvotums.[405] Die *Frankfurter Rundschau* meinte gar, am Beifall in der Synodalaussprache bereits abgelesen zu haben, dass die Mehrheit der Synodalen einer Fristenregelung den Vorzug vor einer Indikationenregelung gab.[406]

Doch nicht nur die Presse, auch die katholische Kirche meldete sich zu den Kasseler Ereignissen zu Wort. Im Anschluss an den Bericht des Ratsvorsitzenden ließ der Münsteraner Bischof Heinrich Tenhumberg noch am selben Tag verlautbaren, er begrüße es, dass Claß sich vor der Synode zur Gemeinsamen Erklärung bekannt habe.[407]

Die ersten Reaktionen auf die Synodaldebatte zeichneten damit ein bestechend scharfes Bild der Schieflage, in welche die evangelische Kirche durch die Gemeinsame Erklärung geraten war. Der Rat, der zuvor vermittelnd auf der Grenze zwischen den festgefahrenen Lagern balanciert war, hatte in der Gemeinsamen Erklärung eine reformfeindliche Position eingenommen und dadurch die Gegenreaktion der Synode provoziert. Zwischen den verschiedenen kirchenleitenden Gremien klaffte offenbar ein tiefer Graben. Während es den Anschein hatte, als stünde die Synode mehrheitlich im Lager der Fristenvertreter und -vertreterinnen, wähnte man den Rat an der Seite der reformfeindlichen katholischen Bischofskonferenz.[408] Wie es schien, hatte die evangelische Führungsspitze ihre Integrationskraft verloren und war von der ‚Brückenbauerin' zur Konfliktpartei geworden.

---

[402] „Tadelsantrag gegen den Rat der Evangelischen Kirche" (*FAZ* vom 15.1.1974).

[403] Ebd.

[404] Ebd.

[405] Vgl. *Stuttgarter Zeitung* vom 15.1.1974.

[406] Vgl. „Synodale über gemeinsame Erklärung verärgert" von Robert-Julius Nüsse (*FR* vom 15.1.1974).

[407] Vgl. „Tenhumberg begrüßt EKD-Erklärung" (*Die Welt* vom 15.1.1974).

[408] Die *FAZ* hatte die Gemeinsame Erklärung des Rates und der Bischofskonferenz sowie die Orange Schrift von 1971 zum Auftakt der Synode in einem längeren Artikel vorgestellt und war zu dem Schluss gekommen: „Zu ihm [§ 218 StGB, S. M.] sind in der evangelischen Kirche so gegensätzliche Erklärungen veröffentlicht worden, daß sich nicht mehr erkennen läßt, ob der Protestantismus auf die reformfeindliche Linie umgeschwenkt ist, oder ob er an einer gründlichen Erweiterung der Indikationen festhält" („Evangelische Kirche will weiter Volkskirche sein", in: *FAZ* vom 14.1.1974).

2.4.3 *Die Synodalbeschlüsse*

Am Abend des vorletzten Verhandlungstages, am 16. Januar 1974, verabschiedete die Synode zunächst das Haushaltsgesetz für das laufende Jahr. Es sah die Bereitstellung der von Schober beantragten 400 000 DM für die zwei Mutter-Kind-Wohnheime in Stuttgart und Fürth vor.[409] Die Synode stimmte darüber hinaus einer Vorlage des Diakonieausschusses zu, in der die flankierenden Maßnahmen in Anlehnung an das Rosa Papier als „vordringlichste Aufgabe der Kirche im Rahmen der Reform des § 218 StGB" bezeichnet wurden.[410] Die Synodalen riefen die Gliedkirchen und kirchlichen Werke ferner auf, das vom Diakonischen Werk im Rosa Papier erarbeitete Programm flankierender Maßnahmen großzügig und schnell zu verwirklichen.[411]

Am 17. Januar 1974, dem letzten Verhandlungstag, stand schließlich die Aussprache über die Eingabe der Synodalen Grosch auf der Tagesordnung. Zur Beratung und Beschlussfassung über diesen letzten Tagesordnungspunkt verblieb den Synodalen allerdings nur eine knappe halbe Stunde, wobei es erneut zu einer kontroversen Diskussion kam.[412] Eingeleitet wurde die Aussprache vom Vorsitzenden des Berichtsausschusses Werner Danielsmeyer, dessen Unterausschuss die Eingabe beraten hatte. Danielsmeyer stellte das Ergebnis seines Kreises vor und merkte dazu sogleich an, dass es dem Gremium in seinen Beratungen weniger an Zeit gemangelt habe, sondern dass ihm „in gewisser Weise die Kraft fehlte, die seelische und die geistliche Kraft fehlte, dieses Thema in angemessener Weise zu verhandeln."[413] Die Aussprache über die Beschlussvorlage des Berichtsausschusses sollte dies bestätigen. Die meisten Synodalen, die sich zu Wort meldeten, hatten selbst dem Unterausschuss angehört und setzten die dort geführten Auseinandersetzungen in der Plenardebatte fort.

Der Berichtsausschuss hatte sich darum bemüht, den ‚Tadelsantrag' der Synodalen Grosch in eine positiv formulierte Erklärung umzuwandeln, die den kleinsten gemeinsamen Nenner innerhalb der Synode wiedergeben sollte.[414] Zu diesem Zweck hatte der Ausschuss allerdings just jene Absätze des Vorentwurfs streichen müssen, die den verschiedenen Konfliktparteien

---

[409] Vgl. KASSEL 1974, S. 322. In der kontroversen Synodalaussprache vom Montag war auf das Rosa Papier des Diakonischen Werks nur am Rande eingegangen worden (vgl. EBD., S. 134 [Eppler]; S. 128 [Meves]).

[410] EBD., S. 331.

[411] EBD.

[412] Zur Begründung hieß es, das Synodalpräsidium hätte die Beratung über den Entwurf zum Thema Schwangerschaftsabbruch gerne vorgezogen, doch habe man die Vorlagen nicht rechtzeitig vervielfältigen können (vgl. EBD., S. 372).

[413] EBD., S. 369 f. Zur Zusammensetzung des Berichtsausschusses vgl. EBD., S. 441.

[414] EBD., S. 371.

ein besonderes Anliegen gewesen waren. Die Synode hatte die Reform des § 218 StGB indes nicht aufgegriffen, um eine Konsenspapier zu verabschieden, sondern weil sich ein Teil ihrer Mitglieder durch eine Äußerung des Rates massiv angegriffen sah und auf Richtigstellung drang. Der Wille zum Konsens war unter den Synodalen somit begrenzt.

Wie zu erwarten gewesen war, hatte das Ergebnis der Ausschussberatungen am Ende weder den Befürwortern und Befürworterinnen noch den Kritikern und Kritikerinnen der Gemeinsamen Erklärung im Unterausschuss zugesagt.[415] Beide Seiten reichten daher die in den Ausschusssitzungen gestrichenen Passagen, die auf den Dissens unter den Synodalen abstellten, in der Plenardebatte erneut als Änderungsanträge ein. Synodalpräses von Heyl beantragte, die Synode möge dem Entschließungsantrag hinzufügen, dass sie eine Fristenregelung mehrheitlich ablehne, womit der Präses eine indirekte Synodalabstimmung über die Fristenregelung provozierte.[416] Rhein brachte dagegen nochmals eine leicht redigierte Fassung des ursprünglichen Tadelsantrages der Synodalen Grosch ein, der die pauschale Verdammung der Fristenregelung in der Gemeinsamen Erklärung korrigierte und damit auch als Misstrauensvotum gegen den Rat verstanden werden konnte.[417]

Die Änderungsanträge forcierten jedoch nur scheinbar eine klare Aufspaltung der Synode, denn mehrere Redner gaben zu verstehen, dass sie – obschon selbst Anhänger eines Indikationenmodells – dem Rhein-Antrag zustimmen würden, da sie nicht gewillt seien, die Diskreditierung der

[415] Die Entschlussvorlage, führte Danielsmeyer aus, war von einer Unterkommission vorformuliert und bis in die Nachtstunden vom Berichtsausschuss durchberaten worden, bevor man sie – mit wechselnden Mehrheiten zu den einzelnen Absätzen – angenommen habe. Auch der bayerische Oberkirchenrat Greifenstein erläuterte später, dass man „einen ganzen Tag und eine halbe Nacht“ an der Formulierung gearbeitet habe, ohne eine Einigkeit zu erzielen (vgl. Verhandlungen der Landessynode der Evangelisch-Lutherischen Kirche in Bayern [1972–1978]. 5. ordentliche Tagung [52.] vom 10. bis 15.3.1974 in Rummelsberg, S. 83). Die Beschlussvorlage war im Berichtsausschuss schließlich mit dem ungünstigen Stimmenverhältnis von fünf Gegenstimmen und 10 Enthaltungen bei 10 Ja-Stimmen angenommen worden (vgl. handschriftlicher Zusatz auf dem „Entwurf Berichtsausschuß zum Thema Schwangerschaftsabbruch“ vom 14.1.1974, in: PAEvKBB, EKD-Synode Kassel 1974 [Januar], Dokumente).

[416] Vgl. Kassel 1974, S. 373.

[417] Vgl. Ebd., S. 379 sowie Rheins Ausführungen Ebd., S. 375 f. Auch die Synodale Anne-Lore Schmid beklagte, dass der Vorlage des Berichtsausschusses eine Stellungnahme zu eben jenen Aussagen der Gemeinsamen Erklärung fehle, die Anlass für die erste Synodalaussprache gewesen seien. „Darum verstehen Sie bitte,“ appellierte Schmid an die Synodalen, „wenn ich meine, es müßte unbedingt zurückgewiesen werden, daß eine Fristenregelung als sittlich für unvertretbar erklärt wird. Hier liegt das Entscheidende!“ (Ebd., S. 373). Von Heyl spitzte den Konflikt indes weiter zu, indem er die umstrittene Aussage der Gemeinsamen Erklärung zur Unvertretbarkeit der Fristenregelung nochmals im Namen des Rates bekräftigte (vgl. Ebd., S. 380).

Fristenvertreter und -vertreterinnen durch die Gemeinsame Erklärung unwidersprochen hinzunehmen.[418] Die Schlussabstimmung unmittelbar vor dem Ende der Synodaltagung gestaltete sich entsprechend umständlich und endete letztlich mit der Verabschiedung der Synodalerklärung sowie beider Änderungsanträge.[419] Die Annahme beider Anträge, d. h. die wechselnden Mehrheiten zu den sich scheinbar ausschließenden Eingaben, verdeutlichte nochmals, dass es sich um keine reine Kampfabstimmung für oder gegen eines der Gesetzesmodelle gehandelt hatte.[420] Tatsächlich hatten einige Synodale sowohl dem Rhein- als auch dem Heyl-Antrag zugestimmt und damit zu verstehen gegeben, dass sie persönlich zwar eine Indikationenregelung vertraten, das Verdikt der Gemeinsamen Erklärung über die Fristenregelung jedoch nichts desto trotz ablehnten.[421]

Die Abstimmungsergebnisse verrieten noch mehr. Den 51 Befürwortern und Befürworterinnen des Heyl-Antrages stand eine recht beachtliche Zahl von 34 Synodalen gegenüber, die gegen den Heyl-Antrag und damit indirekt für eine Fristenregelung votiert hatten. Der Rat der EKD hatte in der Gemeinsamen Erklärung folglich nicht nur vielen Kirchengliedern, sondern auch einem Viertel der EKD-Synodalen die Lauterkeit ihrer Überzeugung von der Vereinbarkeit des christlichen Glaubens mit der politischen Entscheidung für eine Fristenregelung abgesprochen. Es konnte daher kaum verwundern, dass die Synode sich veranlasst sah, die Aussagen der Gemeinsamen Erklärung zu korrigieren.

---

418 Vgl. z. B. Ebd., S. 380 (Bischoff), S. 381 (Heintzeler) und S. 379 (Dräger). Auch der Darmstädter Oberkirchenrat Karl Dienst wies darauf hin, dass weder all diejenigen, die dem Antrag Heyl zustimmen würden, die Aussagen der Gemeinsamen Erklärung zur Fristenregelung begrüßten noch all diejenigen, die dem Antrag Rhein zustimmen würden, damit automatisch für eine Fristenregelung votierten bzw. dem Rat der EKD ihr Misstrauen aussprachen (vgl. Ebd., S. 381).

419 Mit nur fünf Gegenstimmen und zehn Enthaltungen erhielt das Votum eine erstaunlich hohe Zustimmung (Ebd., S. 385–387). Ein Viertel der 120 Synodalen war allerdings bereits abgereist, so dass nur noch 89 Delegierte über diese wichtigste Entschließung der Kasseler Synode von 1974 abstimmten. Auch zwei kleinere Änderungsanträge wurden leicht variiert von der Synode angenommen (vgl. Ebd.).

420 Für den Rhein-Antrag ergab sich eine Zustimmung von 47 zu 41 Stimmen bei einer Enthaltung. Der Heyl-Antrag wurde mit 51 zu 34 Stimmen bei 4 Enthaltungen angenommen (vgl. Ebd., S. 385 f.).

421 Während 47 Synodale dem Antrag Rheins zustimmten, lehnten nur 34 den Antrag von Heyls ab. Unter Berücksichtigung der Enthaltungen ist davon auszugehen, dass etwa zehn bis 13 Synodale dem Entwurf Rhein zustimmten, obwohl sie persönlich eine Indikationenregelung vertraten (und daher auch den Antrag von Heyls befürworteten). Selbst der Antragsteller Christoph Rhein war kein Anhänger der Fristenregelung (vgl. Braunschweig 1976, S. 258).

2.4.4 Reaktionen auf das Synodalwort zur Gemeinsamen Erklärung

Der Beschluss der Kasseler EKD-Synode zur Gemeinsamen Erklärung sorgte nach seiner Verabschiedung am 17. Januar 1974 für einiges Aufsehen und wurde nicht nur in innerkirchlichen Kreisen, sondern auch in Öffentlichkeit und Politik aufmerksam zur Kenntnis genommen.

Pressestimmen

Die Presse – insbesondere die evangelische – war in ihrem Urteil über das Kasseler Synodalvotum gespalten. Heinz Beckmann von der *Deutschen Zeitung/Christ und Welt* konnte kein Verständnis dafür aufbringen, dass die Synode es nicht bei ihrem Votum für eine Indikationenregelung belassen hatte, sondern „vor lauter Toleranzbedürfnis" auch abweichende Meinungen in ihrem Beschluss hatte zu Wort kommen lassen.[422]

Die übrige – evangelische wie weltliche – Presse bewertete die Synodalerklärung dagegen positiv. „Die Synode hat deutlich gemacht", hieß es etwa im *Deutschen Allgemeinen Sonntagsblatt*, „daß es ihr weder um Mißbilligung noch um Tadel des eigenen Rates geht; sie hat aber zugleich gezeigt, daß sie nicht bereit ist, Entscheidungen in strittigen Fragen ohne Widerspruch allein dem Rat zu überlassen. Mit dieser Haltung kommt sie ihrer Aufgabe als basisorientiertes und mitverantwortendes Organ sachgerecht nach. Darüber hinaus signalisiert der synodale Beschluß die Bereitschaft, sich den differenzierten Argumenten in pluraler Toleranz zu stellen".[423]

Auch die *Frankfurter Allgemeine* würdigte das Synodalvotum als „Absage an Versuche, im Protestantismus strittige Fragen durch Willenskundgebungen kirchlicher Oberinstanzen aus deren eigener Vollmacht zu entscheiden".[424] Die Mehrzahl der Kommentatoren stimmte damit der Kernaussage des Kasseler Beschlusses zu, dass nach evangelischem Selbstverständnis keine einheitliche und für alle verbindliche protestantische Position zum Schwangerschaftsabbruch formuliert werden konnte.[425]

---

[422] „Evangelische Synode widerspricht dem Rat" (*DZ* vom 25.1.1974).

[423] „Pastor ja, Theologe nein" von Wolfgang Teichert (*DAS* vom 27.1.1974).

[424] „Synode der EKD lehnt sittliche Verurteilung der Fristenregelung ab" (*FAZ* vom 18.1.1974). Der *epd* stellte ferner befriedigt fest, die Aussagen verschiedener Ratsmitglieder in Kassel hätten gezeigt, dass der Rat sich in der Gemeinsamen Erklärung kein Lehramt angemaßt und nicht für den deutschen Protestantismus in toto gesprochen habe („Synodalpräses legt gemeinsame Erklärung evangelisch aus", in: *epd za* vom 15.1.1974 und „Befreiende Erklärung – Die Synode der EKD und der Paragraph 218", in: *epd Ausg. kirchl. Presse* vom 17.1.1974). Claß und von Heyl hatten in Kassel hervorgehoben, dass es sich bei der Gemeinsamen Erklärung lediglich um eine Meinungsäußerung des Rates handele, die keinen Anspruch auf Alleinvertretung der evangelischen Position erhebe (vgl. KASSEL 1974, S. 126; 137).

[425] Vgl. dazu auch: „Können auch Christen die Fristenlösung vertreten?" von Friedrich

Bonner Reaktionen

Ebenso wie in der Presse wurde das Kasseler Votum auch in politischen Kreisen unterschiedlich aufgenommen. Während die Union auf öffentliche Stellungnahmen zum Kasseler Beschluss verzichtete,[426] äußerten sich Vertreter der Regierungskoalition sehr wohlwollend und begrüßten die „erfreulich mutige Entscheidung der Kasseler Synode".[427]

Sie habe deutlich werden lassen, erklärte etwa der FDP-Fraktionsvorsitzende Wolfgang Mischnick, dass die enge Indikationenregelung der Gemeinsamen Erklärung kaum Unterstützung in der Synode gefunden habe und dass die Auffassungen zur Reform des § 218 StGB unter den führenden Kräften der Kirche ebenso divergierten wie im Bundestag.[428] Der SPD-Abgeordnete Hans de With ergänzte, die Synodalerklärung trage überdies zu einer Versachlichung der Diskussion bei, da sie endgültig das Vorurteil ausräume, die Fristenregelung stelle eine Erlaubnis zum Töten dar.[429]

Nach Ansicht des *epd*-Korrespondenten Rudolf Orlt trug das Kasseler Synodalvotum sogar zu einem spürbaren Stimmungsumschwung in der Regierungskoalition bei. Orlt berichtete, dass es in der Fristenfraktion des Bundestages Ende 1973, nach der Gemeinsamen Erklärung der beiden Kirchen, zunächst besorgte Spekulationen über eine überparteiliche Annäherung der Indikationenvertreter und -vertreterinnen gegeben habe.[430] „Der anfänglichen Betroffenheit in manchen Gruppierungen des Parlaments", fuhr Orlt fort, sei jedoch eine „deutliche Erleichterung" gefolgt, nachdem die Kasseler Synode Mitte Januar 1974 erklärt habe, dass auch eine Fristenregelung sittlich vertretbar sei.[431] Folgt man der Darstellung des *epd*-Korrespondenten, hatte das Kasseler Synodalvotum die Fristenfraktion im Parlament somit erneut gestärkt und die politische Wirkung der Gemeinsamen Erklärung wieder aufgehoben.

Weigend (*Stuttgarter Zeitung* vom 18.1.1974) sowie „In Kassel gab es keine theologischen Haarspaltereien" von Robert-Julius Nüsse (*FR* vom 18.1.1974).

[426] Der *epd* meldete lediglich, der Unionsabgeordnete Konrad Kraske habe bei einem Vortrag in der Berliner Kaiser-Wilhelm-Gedächtniskirche erklärt, der „kaum verständliche" Beschluss der Kasseler Synode habe gezeigt, dass Christen und Christinnen trotz Orientierung an der Bibel zu verschiedenen Ansichten gelangen könnten (*epd za* vom 13.3.1974).

[427] „FDP begrüßt Synodenentscheidung zum § 218" (*epd za* vom 22.1.1974).

[428] Ebd.

[429] Vgl. „Fristen-Anhänger nach wie vor optimistisch". Korrespondentenbericht von Rudolf Orlt (*epd za* vom 28.1.1974).

[430] Ebd. Orlts Einschätzung der Wirkung der Gemeinsamen Erklärung wurde geteilt von Friedrich Karl Fromme („Vier Entwürfe und keine Mehrheit", in: *FAZ* vom 24.12.1973). Der SPD-Abgeordnete und Indikationenbefürworter Erhard Eppler vertrat indes die Gegenposition (vgl. unten S. 322 f.).

[431] Vgl. oben Anm. 429.

Kritik aus den Kirchen

In den Kirchen traf die Korrektur der evangelisch-katholischen Stellungnahme durch die Synode der EKD keineswegs auf ungeteilte Zustimmung. Sowohl einzelne Leitungsgremien als auch führende Vertreter beider Kirchen übten scharfe Kritik am Kasseler Beschluss. Der stellvertretende Leiter des katholischen Büros und Mitverfasser der Gemeinsamen Erklärung Johannes Niemeyer hielt die Feststellung der Synode, dass auch eine Fristenregelung sittlich vertretbar sei, für eine „Fehlaussage von geschichtlichen Ausmaßen".[432]

Auf evangelischer Seite hatte sich der Initiator der Gemeinsamen Erklärung, der westfälische Präses Hans Thimme, unterdessen bereits während der Synodaltagung intern gegen ein Synodalvotum gewandt und kritisierte später auch öffentlich, dass die Synode unvorbereitet in die Diskussion „hineingeschlittert" sei.[433] Deutlichere Worte noch kamen aus Bayern, wo der evangelische Landeskirchenrat verlautbaren ließ, man bedauere den „mißverständlichen" Satz der Synodalerklärung über die sittliche Vertretbarkeit der Fristenregelung, da er geeignet sei, neue Verwirrung in Öffentlichkeit und Gemeinden zu tragen.[434]

Auch in der Kirchenkanzlei der EKD begegnete man dem Kasseler Synodalvotum mit Ablehnung. Die Verwaltungsbehörde informierte Ende Januar 1974 in einem Rundschreiben ausführlich über die diakonischen Beschlüsse der EKD-Synode, ohne ein Wort über das korrigierende Votum zur Gemeinsamen Erklärung zu verlieren.[435]

---

432 *kna* vom 7.2.1974.

433 Auszug aus dem Protokoll der 12. Ratssitzung vom 16./17.1.1974 (EZA 2/93/6223); vgl. auch *epd za* 21.1.1974. Der Synodale Heintzeler hatte ebenfalls kritisiert, dass die Synodalen sich nicht angemessen auf das Thema hatten vorbereiten können, dieses jedoch dem Synodalpräsidium zur Last gelegt, das die Diskussion um die Reform des Abtreibungsstrafrechts trotz der Aktualität des Themas nicht auf die Tagesordnung gesetzt hatte (vgl. Kassel 1974, S. 380 f.).

434 Kommuniqué der Klausurtagung des Landeskirchenrats der Evangelisch-Lutherischen Kirche in Bayern in Algertshausen vom 24.1.1974 (EZA 87/759; vgl. auch *epd* vom 1.2.1974). Auf der Frühjahrssynode der bayerischen Landeskirche protestierte der Synodale Martin Bogdahn später gegen die Erklärung des Landeskirchenrats und legte eine Unterschriftenliste zur Unterstützung des Kasseler Votums aus. In der von 15 Synodalen unterzeichneten Erklärung hieß es: „Wir stellen fest, dass in der evangelischen Kirche keine Einigkeit darüber besteht, welche Wege zur Erreichung dieses Zieles [des Lebensschutzes, S. M.] geeignet und zulässig sind. [...] Bei der Reformdiskussion sollte keine Gruppe der anderen von vornherein christliche Verantwortung absprechen" (*epd Landesdienst Bayern* vom 14.3.1974).

435 Vgl. Rundschreiben der Kirchenkanzlei (Hammer) an die Leitungen der Gliedkirchen vom 31.1.1974 (AEFD, Rechtsausschuß). In der Presse wurden das Rosa Papier des Diakonischen Werks und die entsprechende Beschlussfassung der Synode zu den diakonischen Hilfsmaßnahmen nur am Rande erwähnt, fanden jedoch einmütige Zustimmung (vgl. „Evangelische Synode widerspricht dem Rat" von Heinz Beckmann, in: *DZ* vom 25.1.1974;

Der neu ernannte Vizepräsident der Kirchenkanzlei Erwin Wilkens äußerte kurze Zeit später in einem Brief an einen Bekannten zudem unverhohlen seine Meinung über den Kasseler Synodalbeschluss sowie die Gemeinsame Erklärung. „So gut wie alle Erklärungen des Rates der EKD und seiner Vorsitzenden stammen aus meiner Feder", schrieb Wilkens. „Es gibt überhaupt nur zwei nennenswerte Ausnahmen und mit denen ist es, wie ich ungeniert überheblich sage, schief gelaufen. Die eine Ausnahme betrifft das gemeinsame evangelisch-katholische Wort vom November vergangenen Jahres. Dieses Wort hat uns sehr geschadet, da es viel zu undifferenziert war. Es gelang mir nicht, meine etwas andere Linie dabei durchzusetzen. Das zweite Wort war die Antwort der Synode der EKD vom Januar d. J. auf dieses Wort. Auch diese Antwort war alles andere als überlegt und hilfreich, daß sie aber in dieser Weise kommen würde, war unschwer vorauszusehen."[436] Wilkens, der Synodalvoten grundsätzlich mit Skepsis begegnete, lehnte somit auch diese Synodalerklärung ab, obgleich er die Gemeinsame Erklärung ebenfalls scharf kritisierte und der Einspruch der Synode ihm durchaus nicht unbegründet erschien.[437]

Proteste radikaler Reformgegner und -gegnerinnen

Die schärfsten Proteste gegen das Synodalwort kamen aus evangelikalen und pietistischen Kreisen. Hier war die Veröffentlichung der Gemeinsamen Erklärung Ende 1973 auf große Zustimmung gestoßen. Die Empörung über das Kasseler Votum, das die apodiktischen Aussagen der Gemeinsamen Erklärung zu korrigieren suchte, war entsprechend groß.

„Befreiende Erklärung – Die Synode der EKD und der Paragraph 218", in: *epd Ausg. kirchl. Presse* vom 17.1.1974).

[436] Brief an Pfarrer Gerhard Kumpf vom Evangelischen Diakonissenhaus Schwäbisch Hall vom 20.6.1974 (EZA 650/95/192). Vgl. auch „Zur Beurteilung der gegenwärtigen § 218-Szene", Internes Papier von Wilkens an Claß, Tenhumberg u. a. vom 1.11.1976 (EZA 650/95/214). An anderer Stelle führte Wilkens seine Kritik an der Synodalerklärung, die er für ‚missverständlich und unglücklich formuliert' hielt, näher aus. So hatte die Synode es seiner Ansicht nach versäumt zu betonen, dass sie bei ihren Überlegungen zur Fristenregelung nicht vom SPD/FDP-Fraktionsentwurf ausgegangen sei, sondern vom Alternativ-Entwurf der Strafrechtsprofessoren, der auch nach Wilkens' Auffassung auf einer durchaus achtenswerten Beratungsregelung basierte (vgl. Brief an die private Einsenderin Irmgard Schröder vom 22.4.1974 in: EZA 2/93/6225).

[437] Wilkens' inhaltliche Anfragen an den Kasseler Beschluss waren zwar nicht unberechtigt (vgl. oben Anm. 436), doch zeigten sich in seiner rigorosen Ablehnung des Synodalvotums auch die grundsätzlichen Vorbehalte des Lutheraners gegenüber dem synodalen Verfassungsprinzip. So schrieb er dem Marburger Sozialethiker Eberhard Amelung, der um Zusendung der Synodalerklärung gebeten hatte: „Ich möchte raten, der Äußerung aus Kassel keinen großen Wert beizumessen. Sie gehört zu den Produkten von Augenblickseinfällen, wie das bei Synodaltagungen leider nicht zu vermeiden ist" (Brief vom 25.3.1974, in: EZA 2/93/6224).

Der Initiator der lokalen Bürgerinitiative ‚Öffentlichkeit und Familie', der oberpfälzische Pfarrer Reinhard Ernst, zeigte sich in einem Schreiben an den Ratsvorsitzenden bestürzt darüber, dass Synodale der EKD die Fristenregelung als „christliche Empfehlung" ausgeben wollten, wie er fälschlich meinte.[438] Verschiedene private Einsender und Einsenderinnen verlangten darüber hinaus den Rücktritt einzelner Synodaler. Die Kirchenkanzlei hatte vor allem das Synodalamt der exponierten Fristenvertreterin und FDP-Politikerin Lieselotte Funcke zu verteidigen.[439] Doch selbst der SPD-Indikationenvertreter Erhard Eppler wurde aufgefordert, sein Synodalamt niederzulegen, da er angeblich nicht entschieden genug gegen die Verabschiedung einer Fristenregelung eintrat.[440] Am weitesten ging jedoch Pfarrer Reinhard Küspert von der Schwäbischen Alb, der an den Rat der EKD appellierte, „alle diejenigen Synodalen aus der evangelischen Kirche auszuschließen, die auf der Synode der EKD im Januar 1974 und auch anderweitig die totale Freigabe des Lebens der ungeborenen Kinder in der so genannten Fristenlösung vertreten haben und trotz vielfältiger Mahnungen von vielen Seiten nicht Buße taten."[441]

In ihren Antwortschreiben auf die Rücktritts- und und ‚Exkommunikations'-Forderungen, wiesen Claß und Wilkens darauf hin, dass der Rat der EKD eine Fristenregelung zwar entschieden ablehne, denjenigen Synodalen, die ein solches Gesetzesmodell befürworteten, die „lautere Gesinnung" jedoch keineswegs abspreche und ihre Überzeugung achte.[442] In einigen Kernaussagen, hieß es weiter, gebe es sogar weit reichende Übereinstimmungen, da sowohl den Ratsmitgliedern als auch den synodalen Fristenvertretern und -vertreterinnen daran gelegen sei, durch Verzicht auf Strafe sittlich verantwortliche Entscheidungen im Einzelfall zu ermöglichen.[443] Hier zeigte sich, dass die Leitungskreise der EKD jenseits der divergie-

---

[438] Brief an den Ratsvorsitzenden und die Kirchenkanzlei vom 12.3.1974 (EZA 2/93/6224).

[439] Brief der privaten Einsenderin Irmgard Schröder an die Kirchenkanzlei vom 12.4.1974 (EZA 2/93/6225). Funckes Rücktritt bzw. ihr Ausschluss aus der Synode wurden wiederholt gefordert (vgl. Brief des privaten Einsenders Martin Krähmer an Wilkens vom 17.4.1973, in: EZA 2/93/6220 sowie Brief der privaten Einsenderin Erika Nothdurft/Hamburg an die Kirchenkanzlei vom 3.2.1975, in: EZA 2/93/6228).

[440] Brief des privaten Einsenders Rolf Wahl/Pforzheim an den Rat der EKD und Eppler vom 10.2.1974 (EZA 2/93/6225). Die politischen und gesellschaftlichen Entwicklungen deuteten für den Verfasser unzweifelhaft auf die Endzeit hin.

[441] „Antrag auf Ausschluß aus der evangelischen Kirche wegen Verbreitung von Irrlehre", Schreiben vom 19.4.1974 (EZA 87/760). In der evangelischen Kirche gibt es freilich keine Exkommunikation wie in der katholischen Kirche, sondern allein den Abendmahlsausschluss.

[442] Entwurf einer Antwort auf das Schreiben von Küspert an Claß vom 19.4.1974 (ohne Autor; vermutlich Wilkens) (EZA 2/93/6225). Vgl. ferner die Briefe von Wilkens an die private Einsenderin Irmgard Schröder sowie den privaten Einsender Rolf Wahl/Pforzheim, beide vom 22.4.1974, beide in: EZA 2/93/6225.

[443] Entwurf einer Antwort (vgl. Anm. 442).

renden Sachmeinungen zur Reform des § 218 StGB nach wie vor einen christlichen Grundkonsens im deutschen Protestantismus gegeben sahen. Die scharfen innerkirchlichen Kontroversen der vorausgegangenen Monate hatten zwar ohne Frage am Fundament gerüttelt, die gemeinsame Basis unter den evangelischen Christen und Christinnen jedoch offenbar nicht zu zerstören vermocht.

2.4.5 Kurskorrekturen des Rates der EKD

Die massive Kritik an der Gemeinsamen Erklärung – insbesondere der Beschluss der Kasseler Synode – blieben nicht ohne Auswirkung auf den Rat der EKD, der sich in der Folge zu einigen Kurskorrekturen veranlasst sah.

Parallel zur Gemeinsamen Erklärung waren im Winter 1973/74 bereits einige weitere Projekte zur öffentlichen und politischen Meinungsbildung über die Änderung des Abtreibungsstrafrechts angedacht worden. Am 6. November 1973 hatte Wilkens den Bevollmächtigten in Bonn über eine ausführliche Unterredung mit dem ehemaligen Bundestagspräsidenten und Verteidigungsminister Kai-Uwe von Hassel (CDU) unterrichtet und die Anregung für ein Spitzengespräch mit führenden Unionspolitikern gegeben.[444] Auch der CDU-Rechtsexperte Friedrich Vogel, berichtete Wilkens, habe zu verstehen gegeben, ihm sei an einem Austausch mit maßgeblichen evangelischen Persönlichkeiten seiner Partei gelegen. Da die Fraktion eine solche konfessionelle Einladung jedoch unmöglich aussprechen konnte, hatte Vogel wissen lassen, er wäre für eine entsprechende Initiative der EKD dankbar.[445]

Anfang Dezember 1973 hatte der Rat über die Angelegenheit beraten. Unterdessen war allerdings die Gemeinsame Erklärung veröffentlicht worden und führende SPD-Indikationenvertreter hatten sich nicht nur enttäuscht gezeigt, sondern sich, wie es später in der Presse hieß, vom Rat regelrecht ‚im Stich gelassen' gefühlt.[446] Entgegen der ursprünglichen Planungen hatten die Ratsmitglieder daher beschlossen, keinen unionsinternen, sondern einen parteiübergreifenden Gedankenaustausch führender Indikationenanhänger zu initiieren.[447] Für den 23. Januar 1974 hatte das Büro

[444] EZA 87/758; EZA 2/93/6222.

[445] Wilkens berichtete, dass Vogel an ein Gespräch mit Karl Carstens, Richard von Weizsäcker, Christa Schröder, Kai-Uwe von Hassel und Heinz Eyrich dachte. Von evangelischer Seite sollten Wilkens, Kunst und von Heyl an der Zusammenkunft teilnehmen (vgl. Ebd.).

[446] Vgl. „Indikationenverfechter der SPD: Seltsame Ökumene. Gemeinsame Erklärung zu § 218 scharf kritisiert" (*epd za* vom 20.12.1973).

[447] Vgl. Protokoll über die 9. Sitzung des Rates der EKD in Frankfurt a. M. 7./8.12.1973 (EZA 87/757). Kunst betraute seinen Stellvertreter Kalinna, der die Gemeinsame Erklärung

des Bevollmächtigten die Unionspolitiker Friedrich Vogel, Richard von Weizsäcker und Carl-Dietrich Spranger sowie die SPD-Abgeordneten Hans Bardens, Hermann Dürr, Adolf Müller-Emmert und Udo Fiebig zu einem Mittagessen eingeladen.[448] Über den Verlauf der Konsultation bewahrte man freilich strengste Geheimhaltung, wobei die Presse sicher zu Recht mutmaßte, das Gespräche habe den überparteilichen Austausch zwischen den Indikationenvertretern befördern wollen.[449]

Acht Tage vor dem Spitzengespräch in Bonn hatte der Rat der EKD auch bereits über eine weitere Anfrage beraten. Ernst Theodor Mayer vom Vorstand der Bayerischen Ärztekammer hatte sich am 13. Januar 1974 an den Ratsvorsitzenden gewandt und um dessen Unterstützung für eine Kampagne zur Verbreitung des Ärztetagsvotums von 1973 gebeten.[450] Die Bayerische Ärztekammer plante eine groß angelegte Plakataktion, die in Bayern anlaufen und auf das gesamte Bundesgebiet ausgeweitet werden sollte. Mayer berichtete, dass die katholische Bischofskonferenz den Vorschlag unterbreitet habe, die Vorsitzenden der beiden großen Kirchen könnten zur Eröffnung der Aktion gemeinsam mit der Ärztekammer eine Pressekonferenz geben.[451]

Am 16. Januar trug Claß dem Ratskollegium die Münchner Anfrage vor und bat um Zustimmung. Wie es scheint, erhielt er diese zunächst auch, doch bereits am folgenden Tag, unmittelbar nach Verabschiedung der Kasseler Synodalerklärung, revidierte der Rat seinen Beschluss.[452] Zwar

---

mit verfasst hatte, mit der Wahrnehmung des Gesprächs (vgl. Kalinnas handschriftliche Notiz vom 20.12.1973 auf dem Brief von Wilkens an Kunst vom 6.11.1973, in: EZA 87/758; EZA 2/93/6222).

448 Vgl. Einladungsschreiben von Kalinna im Auftrag von Kunst vom 11.1.1974 (EZA 87/759). Das ZdK-Mitglied Benno Erhard (CDU) wurde dem Einladungsliste später handschriftlich hinzugefügt (vgl. Ebd.). An einer Zusammenarbeit mit den Vertretern des Heck-Entwurfs war der EKD dagegen offenbar nicht gelegen. Ein entsprechendes Angebot des Abgeordneten Gottfried Köster (vgl. oben S. 317 Anm. 335) wurde freundlich zurückgewiesen (vgl. Brief von Kalinna an Gottfried Köster vom 11.1.1974, in: EZA 87/759).

449 Vgl. *ap* vom 25.1.1974. Eine Woche zuvor hatte eine entsprechende Unterredung im katholischen Büro in Bonn stattgefunden (vgl. unten S. 281 f.).

450 EZA 2/93/6223. Zum Ärztetagsvotum vgl. unten S. 280 f. Die Presse berichtete später, auf dem Plakat sei die Resolution des Ärztetages abgedruckt und mit dem Slogan überschrieben worden: „Wir Ärzte sagen Ja zum Leben und Nein zum Töten – heute und morgen" (*epd-West* vom 28.3.1974).

451 Mayer fügte an: „Hinzu kam die Überlegung des Domkapitels, dass Sie, hochzuverehrender Herr Bischof, und der Herr Kardinal Döpfner nach dem Wechsel im Ratsvorsitz der ev. Kirche baldmöglichst gemeinsam vor die Öffentlichkeit treten sollten" (vgl. Anm. 450). Offenbar hatte es seit der Neuwahl des Ratsvorsitzenden Ende Mai 1973 noch keinen gemeinsamen öffentlichen Auftritt der beiden Kirchenführer gegeben.

452 Der entsprechende Protokollauszug lautete: „Der Rat modifiziert seinen gestern gefaßten Beschluß dahingehend, daß der Ratsvorsitzende in eigener Verantwortung zur Mitwirkung an der Aktion in seiner Eigenschaft als Ratsvorsitzender ermächtigt sein soll, falls sich

begrüße man die Aktion nach wie vor im Grundsatz, hieß es im Protokoll, doch könne der Rat die Kampagne noch nicht im einzelnen übersehen. Die bayerischen Oberkirchenräte Werner Hofmann und Hermann Greifenstein wurden vor der endgültigen Entscheidung über die Teilnahme des Ratsvorsitzenden zunächst mit der Prüfung der Zielvorstellungen und Methoden der Ärztekampagne betraut. Der Rat der EKD konnte sich allerdings, auch nachdem Hofmann auf der nächsten Ratssitzung Anfang Februar näheres über die Aktion berichtet hatte, nicht zu einer offiziellen Entsendung des Ratsvorsitzenden entschließen. Die Entscheidung wurde Claß schließlich selbst überlassen. Nach einem Informationsgespräch mit dem Vertreter der Ärztekammer sollte er gemeinsam mit Wilkens darüber befinden, ob er sich in eigener Verantwortung an der Aktion beteiligen wollte oder nicht.[453] Der Ratsvorsitzende sagte schließlich zu, am 10. April 1974 gemeinsam mit dem Vorsitzenden der katholischen Bischofskonferenz Julius Döpfner die Plakataktion der Bayerischen Ärztekammer zu eröffnen.[454] Die umständliche Vorgeschichte dieser Entscheidung – d. h. die in unmittelbarer zeitlicher Nähe zur Verabschiedung der Synodalerklärung stehende Revision des Ratsbeschlusses zur Entsendung des Ratsvorsitzenden – zeigte jedoch an, dass das Leitungsgremium der EKD von der Kritik der Synode nicht unberührt geblieben war. Die Maßregelung der Synode hatte den Rat offenbar vorsichtiger werden lassen – insbesondere im Hinblick auf ökumenische Initiativen.

2.5 Resümee: Grundkonstanten des vielstimmigen evangelischen Beitrags

Im Jahr 1973 war es in der evangelischen Kirche zu einer intensiven Meinungsbildung über die Reform des Abtreibungsstrafrechts gekommen. Dass die zahlreichen evangelischen Stellungnahmen dabei nicht nur verschiedene Schwerpunkte gesetzt hatten, sondern zum Teil auch widersprüchlichen Inhalts gewesen waren, entsprach zwar durchaus dem Meinungsspektrum innerhalb der Kirche, musste in der Öffentlichkeit allerdings verständlicherweise für einige Verwirrung sorgen. Es fiel schwer, in den evangelischen Äußerungen eine durchgängige Linie zu erkennen.

---

die Aktionen im Rahmen des bisher vom Rat Vertretenen halten [...]" (Auszug aus dem Protokoll der 12. Sitzung des Rates der EKD vom 16./17.1.1974, in: EZA 2/93/6223).

[453] Vgl. Auszug aus dem Protokoll der 13. Ratssitzung vom 8./9.2.1974, in: EZA 2/93/6224. Döpfner hatte bereits zugesagt, wie Hofmann berichtete (EBD.).

[454] Auf Inhalt und Verlauf der Pressekonferenz wird an anderer Stelle näher einzugehen sein (vgl. unten S. 379 ff.).

Vereinfachend lässt sich zunächst zusammenfassen, dass es im Wesentlichen zwei Positionen innerhalb der evangelischen Kirche gab. Während die wertkonservative Mehrheit – insbesondere in den Kirchenleitungen – eine deutliche Positionierung zur Frage der strafrechtlichen Novellierung des Abtreibungsverbots für unerlässlich erachtete, traten liberale Kräfte im Protestantismus dafür ein, die Kirche möge ihren Beitrag zur Abtreibungsdebatte in erster Linie auf den sozialpolitischen Bereich der Reform konzentrieren. Mit dem Hinweis auf die starke Minderheit der Fristenvertreter und -vertreterinnen unter den Kirchengliedern gaben sie zu bedenken, dass die Befürwortung bzw. Ablehnung eines bestimmten Gesetzesmodells sich nicht notwendig aus dem christlichen Glauben ableiten lasse.[455]

In der Tat hatte das Jahr 1973 gezeigt, dass es ein sinnloses Unterfangen war, den Protestantismus autoritativ-hierarchisch auf eine Position festlegen zu wollen. Apodiktischen Machtworten wie der Gemeinsamen Erklärung stand das Selbstverständnis vieler evangelischer Christen und Christinnen entgegen, die die Anerkennung des Meinungspluralismus im Wesen des Protestantismus selbst begründet sahen.[456] Wollte die EKD gleich der katholischen Kirche lehramtliche Aussagen ‚ex Cathedra' machen, um Einheit unter den Gläubigen herzustellen, musste sie zwangsläufig an ihrer mangelnden Legitimation scheitern.[457]

Der vielfach geäußerte Wunsch nach einer einheitlichen Position oder zumindest einer erkennbaren Linie des deutschen Protestantismus war nichts desto trotz verständlich und zur politischen Interessenvertretung auch notwendig. Um das gebotene Einvernehmen über evangelische Positionierungen herzustellen, hätte es m. E. jedoch eines Perspektivwechsels

[455] Wie die Abstimmungen in der EKD-Synode sowie in der hannoverschen Landessynode gezeigt hatten, vertraten zwischen einem Viertel und einem Drittel der Synodalen eine Fristenregelung (vgl. oben S. 269 ff. sowie S. 337).

[456] Auch der Mitherausgeber der Evangelischen Kommentare E. STAMMLER betonte, dass sich der Protestantismus – manch kirchenoffizieller Äußerung zum Trotz – durchweg der Absicht versagte, ihn auf einen geschlossenen Meinungsblock festzulegen. „Wollte man anderes von ihm erwarten", schrieb Stammler, „dann müßte er sich selbst verleugnen und seine reformatorischen Prinzipien preisgeben" (DERS., Kirchliches Machtkartell?, S. 261).

[457] Am apodiktischen Anspruch der Gemeinsamen Erklärung kristallisierten sich damit einmal mehr fundamentale ekklesiologische Differenzen zwischen den Konfessionen, wie sie zwei Jahre zuvor bereits in der Diskussion um die Orange Schrift zu Tage getreten waren (vgl. oben S. 68–93). Auf evangelischer Seite hatte Otto von Harling aus der Kirchenkanzlei bereits am 4.6.1959 offen an den Juristen Hans Dombois geschrieben: „Es ist mir ohnehin nicht immer deutlich, ob es grundsätzlich überhaupt eine Stelle gibt, die legitimiert wäre, in solchen Fragen [der Abtreibungsgesetzgebung; S. M.] einen bestimmten Standpunkt als *die* Auffassung der Evangelischen Kirche zu vertreten" (EZA 2/2818; Hervorhebung im Original). Von Harling hatte ferner darauf hingewiesen, dass man sich auch in Bonn der Legitimationsfrage bewusst war und nicht davor zurückschreckte, die Kirche in ihre Schranken zu verweisen, „wenn wir uns über die Grenze wagen, die der verfassten Kirche nun einmal durch die evangelische Freiheit gesetzt sind" (EBD.).

bedurft. Statt der glücklosen Versuche verschiedener kirchenleitender Gremien und Vertreter, den Gläubigen einen Maximalkonsens aufzuoktroyieren, hätte sich die Aufmerksamkeit auf die Formulierung eines Minimalkonsenses konzentrieren müssen.

Wenn sich der Blick auf den kleinsten gemeinsamen Nenner, d. h. die übergreifenden Grundaussagen, die den Protestantismus in der Frage des Schwangerschaftsabbruchs einten, gerichtet hätte, so wäre deutlich geworden, dass sich die tiefen Zerklüftungen und Meinungsverschiedenheiten innerhalb der evangelischen Kirche recht genau eingrenzen ließen. Sie beschränkten sich im Wesentlichen auf die strafrechtliche Regelung des Schwangerschaftsabbruchs. Sowohl hinsichtlich der ethischen Bewertung der Abtreibung als auch im Blick auf den diakonischen und seelsorgerlichen Auftrag der Kirche zur Hilfe in Schwangerschaftskonflikten bestand ein relativ breiter Konsens unter den evangelischen Christen und Christinnen.[458] Dass es sich beim Schwangerschaftsabbruch nicht primär um ein emanzipatorisches oder bevölkerungspolitisches, sondern um ein ethisches Problem handelt und dass diesem Problem nicht nur mit strafrechtlichen, sondern in erster Linie mit sozialpolitischen und diakonischen Maßnahmen begegnet werden musste, waren weit reichende Grundüberzeugungen, die die Protestanten untereinander verbanden und folglich auch jenseits der im einzelnen divergierenden Auffassungen zur strafrechtlichen Regelung mit großer Geschlossenheit in die Abtreibungsdebatte hätten eingebracht werden können.

Erste begrüßenswerte Ansätze, wie sie 1973 in verschiedenen landeskirchlichen Stellungnahmen sowie dem Rosa Papier des Diakonischen Werks unternommen wurden, waren allerdings neben dem spektakuläreren Auseinandersetzungen um die strafrechtlichen Fragen verblasst. Die Gemeinsame Erklärung des Rates der EKD und der katholischen Bischofskonferenz hatte nicht nur reaktionäre Positionen vertreten, sondern war nahezu zeitgleich mit dem Rosa Papier des Diakonischen Werks erschienen und hatte dessen Wirkung erheblich geschmälert. Die Synodalerklärung wiederum hatte die Gemeinsame Erklärung korrigiert und deren Aussage

[458] Vgl. dazu die Zusammenfassung des Synodalen Danielsmeyer auf der Kasseler EKD-Synode: „Wir waren uns also einig, daß die Notwendigkeit des Schutzes für werdendes Leben gegeben ist. Wir waren uns weiter darin einig, daß es die Aufgabe sei, die hohe Zahl von Schwangerschaftsabbrüchen zu verringern. Wir waren uns weiter darin einig, daß jeder Schwangerschaftsabbruch nach welcher Regelung auch immer werdendes Leben beendet. Wir mußten weiter feststellen, daß über vertretbare gesetzliche Regelungen der Straffreiheit beim Schwangerschaftsabbruch in der Synode verschiedene Meinungen bestehen. Einigkeit besteht aber wieder darin, daß die eigentliche Aufgabe der Kirche in dieser Frage die ist, bei den sozialen und diakonischen Maßnahmen mitzuwirken oder, ich muß es jetzt besser sagen, daß die sozialen und diakonischen Maßnahmen ihre eigentliche Aufgabe ist" (KASSEL 1974, S. 370 f.).

relativiert. Am Ende stand, wie Claß in Kassel selbst einräumte, der Eindruck, „die EKD sei ein hoffnungslos zerstrittener Haufe".[459] Die kontroverse Diskussion über die Reform des Abtreibungsstrafrechts hatte damit im Winter 1973/74 eine ernste Krise in der EKD ausgelöst.

[459] Vgl. Ebd., S. 136 f.

Kapitel IV
Erster Abschluss der Reform (1974)

1. Die letzten Monate vor der Verabschiedung der Gesetzesreform

Die Vereinten Nationen erklärten das Jahr 1974 zum Jahr der Weltbevölkerung und initiierten große Kampagnen zur Sexualaufklärung, um dem drängenden Problem der Übervölkerung entgegenzutreten. In der Bundesrepublik vermeldete das Statistische Bundesamt unterdessen die Verdreifachung des vorjährigen Geburtendefizits, und die Reform des Abtreibungsstrafrechts geriet zunehmend in den Schatten größerer Ereignisse wie der Ölkrise und Brandts Rücktritt.[1] Wenige Wochen bevor der Bundestag am 26. April 1974 über die Novellierung des § 218 StGB entschied, rückte die Reform allerdings noch einmal in den Vordergrund des politischen und öffentlichen Interesses. Auslöser war Mitte März ein umstrittener Beitrag des ARD-Fernsehmagazins „Panorama".

Zu Jahresbeginn lag der Fokus der Bonner Reformanstrengungen jedoch zunächst auf der Ausarbeitung und Verabschiedung der so genannten flankierenden Maßnahmen, die die Reform des Abtreibungsstrafrechts rahmen und stützen sollten.

1.1 Die Entwicklung im Bereich der flankierenden Maßnahmen

Dem sozialpolitischen Teil der Reform war in Bonn lange Zeit wenig Aufmerksamkeit geschenkt worden.[2] Zu Beginn des Jahres 1974 drängte die Regierung jedoch unvermittelt auf die Verabschiedung des Strafrechtsreform-Ergänzungsgesetzes (StREG), das die Krankenkassenfinanzierung des Schwangerschaftsabbruchs regeln sollte.[3] Man wollte erste Erfolge vor-

---

[1] Laut Presse überstieg die Zahl der Sterbefälle die Zahl der Geburten in Deutschland 1973 um ca. 90 000 (vgl. *kna* vom 23.1.1974).

[2] Eine Ausnahme bildete das rheinland-pfälzische Aktionsprogramm. Die christdemokratische Landesregierung hatte unter Leitung des Ministers für Gesundheit, Soziales und Sport Heiner Geißler bereits im Juni 1973 ein umfassendes Aktionsprogramm zum Schutz des werdenden Lebens vorgelegt (vgl. „Aktionsprogramm der Landesregierung Rheinland-Pfalz zum Schutz des ungeborenen Lebens", in: *epd-dok* 16/74, S. 67–72).

[3] Obgleich ein im Oktober 1971 eingesetzter Unterausschuss seine Beratungen noch nicht

weisen und betrachtete die Verabschiedung des StREG als eine Art Testlauf für die Ende April 1974 anstehende Bundestagsentscheidung über die strafrechtliche Regelung des Schwangerschaftsabbruchs.[4]

1.1.1 Politische Initiativen

Im Mai 1973 hatte sich der Deutsche Bundestag in erster Lesung mit der Reform des Abtreibungsstrafrechts befasst und den Entwurf des Strafrechtsreform-Ergänzungsgesetzes (StREG) zur weiteren Beratung federführend an den Ausschuss für Arbeit und Sozialordnung übergeben.[5] Knapp ein Jahr darauf, am 5. März 1974, legte der Ausschuss seinen Abschlussbericht vor. Das Gremium hatte den Gesetzentwurf mit leichten Änderungen gegen die Stimmen der CDU/CSU-Ausschussmitglieder angenommen und empfahl selbiges auch dem Bundestag.[6]

Das StREG regelte die Kostenübernahme des legalen Schwangerschaftsabbruchs, der ärztlichen Beratung über Empfängnisregelung sowie der Sterilisation durch die Krankenkassen. Auch die Lohnfortzahlung im Falle eines Schwangerschaftsabbruchs wurde gewährleistet. Eine staatliche Kos-

---

abgeschlossen hatte, legte der Arbeitskreis Sozialpolitik der SPD-Fraktion im Januar 1974 ein ausführliches Papier vor, das sich mit der Frage der Kostenübernahme durch die gesetzlichen Krankenkassen befasste (vgl. „Arbeitspapier zu ergänzenden Maßnahmen des Arbeitskreises Sozialpolitik der SPD-Bundestagsfraktion", vom Vorsitzenden des Arbeitskreises Eugen Glombig an Kunst weitergeleitet am 14.1.1974, in: EZA 87/759). Auch die Opposition legte ein sozial-politisches Programm vor und untermauerte damit ihre Kritik, dass die Bundesregierung noch nicht alle Möglichkeiten ausgeschöpft habe, um der Abtreibungsnot anders als durch eine Zurücknahme des strafrechtlichen Abtreibungsverbots zu begegnen. Die CDU/CSU-Bundestagsfraktion brachte einen Entschließungsantrag ein, der soziale Maßnahmen in der astronomischen Höhe von 18 Milliarden DM vorsah (vgl. „Entschließungsantrag der Abgeordneten Frau Dr. Wex, Frau Stommel, Frau Verhülsdonk, Dr. Götz, Burger, Franke (Osnabrück), Köster, Dr. Althammer und der Fraktion der CDU/CSU", BT-Drs. 7/1843 vom 20.3.1974).

[4] In der Tat präjudizierte die Ausgestaltung des StREG sowie die Abstimmung über den Entwurf bereits die Entscheidung über die strafrechtliche Regelung des Schwangerschaftsabbruchs, denn die Verabschiedung eines Fristenmodells bei gleichzeitiger Regelung der Kostenübernahme nach einem Indikationenmodell erschien ebenso wenig denkbar wie umgekehrt eine großzügige Kostenübernahme bei gleichzeitiger Verabschiedung einer Indikationenregelung.

[5] Vgl. BT Sten. Ber. 7. WP 33. Si. vom 17.5.1973, S. 1760; S. 1840, sowie „Gesetzentwurf der Fraktionen der SPD, FDP. Entwurf eines Gesetzes über ergänzende Maßnahmen zum Fünften Strafrechtsreformgesetz (Strafrechtsreform-Ergänzungsgesetz – StREG)" (BT-Drs. 7/376 vom 21.3.1973).

[6] Vgl. „Bericht und Antrag des Ausschusses für Arbeit und Sozialordnung (11. Ausschuss) zu dem von den Fraktionen der SPD, FDP eingebrachten Entwurf eines Gesetzes über ergänzende Maßnahmen zum Fünften Strafrechtsreformgesetz (Strafrechtsreform-Ergänzungsgesetz – StREG)" (BT-Drs. 7/1753 vom 5.3.1974).

tenübernahme für empfängnisverhütende Mittel sah das Gesetz dagegen nur für Sozialhilfeempfänger und -empfängerinnen vor. Zur Mitfinanzierung des Gesamtpakets flankierender Maßnahmen verpflichtete sich der Bund, über die Zeit von fünf Jahren jährlich 55 Millionen DM an die Krankenkassen zu zahlen.[7]

Am 21. März 1974 wurde das StREG im Bundestag gegen die Stimmen der Opposition verabschiedet.[8] Die CDU/CSU-Fraktion verweigerte dem Gesetz, das der Fristenregelung den Weg ebnete, die Zustimmung, da sie die Kostenübernahme auf solche Schwangerschaftsabbrüche beschränkt wissen wollte, denen eine anerkannte Indikation zu Grunde lag.[9] Nachdem die Union mit ihrer Forderung im Bundestag jedoch unterlegen war, schöpfte sie die ihr verbliebenen parlamentarischen und juristischen Mittel aus, um das In-Kraft-Treten des StREG zu verhindern.[10] Es sollten daher noch nahezu zwei Jahre vergehen, bis das StREG am 1. Dezember 1975 in überarbeiteter Form in Kraft treten konnte.[11]

Das Modellberatungsprogramm des Bundes

Das zweite, Anfang 1974 von der Regierung forcierte sozialpolitische Projekt neben der Verabschiedung des StREG war der Ausbau des Beratungsangebots. Am 15. Dezember 1973 legte das Bundesministerium für Jugend, Familie und Gesundheit (BMJFG) den Entwurf für ein Modellberatungsprogramm vor.[12] Ziel des auf drei Jahre befristeten und mit jährlich 3,5 Millionen DM finanzierten Programms zur Unterstützung von 50 Modellberatungsstellen sollte die Schaffung eines flächendeckenden, unter welt-

[7] Laut *Tagesspiegel* vom 22.3.1974 beliefen sich die Gesamtkosten der flankierenden Maßnahmen jährlich auf rund 300 Millionen DM („Flankierende Maßnahmen zum Paragraphen 218 beschlossen").

[8] Vgl. BT Sten. Ber. 7. WP 88. Si. vom 21.3.1974, S. 5769–71.

[9] Vgl. z. B. Ebd., S. 5733; S. 5750. Auch die katholische Kirche protestierte gegen die Verabschiedung des StREG (vgl. H. Tallen, § 218, S. 220 f.).

[10] Der Bundesrat erhob in seiner Unionsmehrheit Einspruch gegen das StrREG und rief den Vermittlungsausschuss an. Nachdem die SPD/FDP-Mehrheit des Vermittlungsausschusses das Vermittlungsbegehren am 27. Juni 1974 abgelehnt hatte, das StREG laut Bundesverfassungsgericht indes der Zustimmung des Bundesrates bedurfte, um in Kraft treten zu können, beschloss der Bundesrat am 12.7.1974, die weiteren Verhandlungen über das StREG zurückzustellen, bis das wenige Tage zuvor eingeschaltete Bundesverfassungsgericht zu einer Entscheidung über die Verfassungskonformität das 5. StREG gelangt sein würde (vgl. „Abtreibung vorerst nicht auf Kosten der Krankenkassen", *FAZ* vom 13.7.1974). Zum Normenkontrollverfahren vor dem BVerfG vgl. unten S. 420–460.

[11] Vgl. unten S. 493 Anm. 127.

[12] Vgl. „Beratungsstellen im Rahmen ergänzender Maßnahmen zur Reform des § 218 StGB" Regierungskonzeption für ein Modellprogramm vom 15.12.1973 (ADW, HGSt 4644, sowie in Auszügen abgedruckt in: *epd-dok* 16/74, S. 61–65). Vgl. auch die spätere ausführliche Auswertung von G. Knöferl/B. Voigt/K. Kolvenbach, Modellprogramm.

anschaulichen Gesichtspunkten möglichst ausgewogenen Beratungsnetzes sowie die Förderung des öffentlichen Ansehens und der Annahme des Beratungsangebots sein. Als Bewerbungsfrist für Anträge auf Aufnahme in das Modellberatungsprogramm des Bundes wurde der 15. Februar 1974 festgesetzt. Die potenziellen Träger – öffentliche Körperschaften und freie Verbände – waren damit aufgefordert, sich umgehend darüber zu verständigen, ob und in welchem Umfang sie gewillt waren, am Ausbau des Beratungsangebots mitzuwirken.

Die unionsregierten Länder sowie die Spitzenverbände der freien Wohlfahrtspflege übten jedoch zunächst scharfe Kritik am Modellprogramm des Bundes.[13] Der Entwurf, erklärte die Bundesarbeitsgemeinschaft der Freien Wohlfahrtsverbände am 13. Februar 1974, berücksichtige die Pluralität der Träger nur ungenügend, da er von einem Vorrang der medizinischen vor der psychosozialen Beratung ausgehe.[14] Die Arbeitsgemeinschaft, der auch die konfessionellen Wohlfahrtsverbände angehörten, klagte darüber hinaus eine Beteiligung an den weiteren Bonner Beratungen im BMJFG ein und wies mit Bedauern darauf hin, dass sie weder an der Entwicklung des Modellprogramms beteiligt noch über dessen Veröffentlichung informiert worden war.

Damit hatten sich die Befürchtungen der konfessionellen Wohlfahrtsverbände über das Modellprogramm des Bundes bestätigt. Die Caritas-Vertreterin Buschmann hatte ihre Kollegin König vom Diakonischen Werk bereits im Herbst 1973 über eine Tagung informiert, auf der eine Vertreterin des Gesundheitsministeriums kein Geheimnis daraus gemacht hatte, dass das Modellprogramm auf das medizinische Beratungskonzept von Pro Familia zugeschnitten würde, und der Verband künftig die Hauptrolle in

---

[13] Auf einer Konsultation der unionsregierten Länder über das Modellberatungsprogramm hatte der rheinland-pfälzische Sozialminister Geißler stellvertretend erklärt, er mache die Beteiligung seines Landes davon abhängig, ob das Programm noch verbessert werden würde – insbesondere was die Beratungsinhalte betraf (vgl. „Notiz über die Sitzung über den Ausbau der Beratungsdienste [...] Auf Einladung des Sozialministeriums Rheinland-Pfalz" von Mechthild König vom 22.2.1974, in: EZA 650/95/23, sowie „Ergebnisbericht des Gesprächs vom 22.2.1974" vom 14.3.1974, in: EZA 87/760).

[14] Die konfessionellen Träger sahen keine Möglichkeit zur Mitarbeit im Modellprogramm, falls sie tatsächlich darauf verpflichtet werden sollten, über die psychosoziale Beratung hinaus auch die in der Regierungskonzeption vorgesehene medizinische Aufklärung über Familienplanung und Abbruchmethoden anzubieten (vgl. „Notiz ..." von Mechthild König vom 22.2.1974 [oben Anm. 13]). Die Bundesarbeitsgemeinschaft der Freien Wohlfahrtspflege – der AWO, DW, DCV, DRK, Deutscher Paritätischer Wohlfahrtsverband und die Zentralwohlfahrtsstelle der Juden angehörten – sprach sich allerdings ohnehin gegen eine Pflichtberatung aus und plädierte lediglich für die gesetzliche Verankerung einer ärztlichen Hinweispflicht auf die Möglichkeit psychosozialer Beratung (vgl. „Erklärung der Bundesarbeitsgemeinschaft der Freien Wohlfahrtspflege e. V. an das Bundesministerium für Jugend, Familie und Gesundheit" vom 13.2.1974, in: AEFD Rechtsausschuß, flankierende Maßnahmen).

der nicht-staatlichen Beratungsarbeit spielen sollte.[15] Zu den übrigen Beratungsstellen in freier Trägerschaft hatte die Vertreterin des BMJFG nach Buschmanns Angaben dagegen gemeint, man müsse ja ein „Feigenblatt" haben im Blick auf den generellen Anspruch der freien Verbände auf Mitbestimmung im sozialen Bereich, „aber praktisch sei es nur eine Duldung ‚solcher' Stellen."[16] Eine Duldung kirchlicher Beratungsstellen bei klarer Begünstigung von Pro Familia – das waren wenig verheißungsvolle Aussichten für eine Beteiligung der Kirchen am Modellprogramm des Bundes.

1.1.2 Der kirchlich-diakonische Beitrag zum Ausbau der flankierenden Maßnahmen

In der Bundestagsdebatte unmittelbar vor Verabschiedung des Strafrechtsreform-Ergänzungsgesetzes (StREG) bedauerte die SPD-Abgeordnete Marie Schlei am 21. März 1974, dass die Öffentlichkeit dem sozialpolitischen Rahmenwerk keinerlei Interesse entgegengebracht, geschweige denn diese Art der Reformmaßnahmen massiv eingefordert hatte.[17] Eine konstruktive Unterstützung bei der Ausarbeitung des StREG sei den Abgeordneten versagt geblieben, beklagte die Parlamentarierin und machte deutlich, an wen sich ihre Kritik im Besonderen richtete. „Dies sollte um so nachdenklicher stimmen", erklärte Schlei, „als man wohl zu Recht von jenen Gruppierungen solche Denkanstöße erwarten dürfte, die sich aus ihrer weltanschaulichen Haltung heraus erst vor wenigen Monaten für eine Reform des § 218 überhaupt ausgesprochen haben."[18]

Waren die Kirchen, war die EKD, ihrem Öffentlichkeitsauftrag bei der Ausarbeitung des sozialpolitischen Teils der Reform folglich ungenügend nachgekommen? Der Ratsvorsitzende vertrat die entgegengesetzte Auffassung. Selbstbewusst erklärte Claß im Sommer 1974: „Wenn es schließlich

[15] Vermerk von König über Anruf von Buschmann am 21.10.1973 zur Klausurtagung der DAJFB am 18.10.1973 (ADW, HGSt 4647).

[16] EBD. In der Tat waren später 54 % der 46 Modellberatungsstellen in der Trägerschaft von Pro Familia, während 19,6 % in evangelischer und 15,2 % in katholischer Trägerschaft waren. Von den insgesamt 409 Nicht-Modellberatungsstellen, die es Ende 1977 auf dem Bundesgebiet gab, fiel Pro Familia allerdings nur einen Anteil von 15,3 % zu, während die evangelische Kirche einen Anteil von 38,2 % und die katholische Kirche einen Anteil 34,7 % besaß. Die Pro Familia-Beratungsstellen waren mit durchschnittlich 180 Beratungsgesuchen pro Monat indes dreimal stärker ausgelastet als die konfessionellen (vgl. „Bericht der Kommission zur Auswertung der Erfahrungen mit dem reformierten § 218 StGB", BT-Drs. 8/3630 vom 31.1.1980, S. 56–58).

[17] BT Sten. Ber. 7. WP 88. Si. vom 21.3.1974, S. 5730; vgl. auch „Koalition setzt ihren Entwurf durch" (*FAZ* vom 22.3.1974).

[18] BT Sten. Ber. 7. WP 88. Si. vom 21.3.1974, S. 5730.

durch Beschlüsse des Bundestages zu umfassenden sozialpolitischen Vorhaben und zu einer starken Berücksichtigung des Beratungs-Komplexes gekommen ist, so haben daran die Bemühungen von unserer Seite sicherlich einen nicht geringen Anteil."[19] Worin jedoch hatten diese Bemühungen im Einzelnen bestanden und wie hatte sich der Beitrag, den die evangelische Kirche und die ihr angegliederten Werke zur Planung und zum Ausbau der sozialpolitischen Hilfsmaßnahmen geleistet hatten, gestaltet?

Erste Initiativen

Bereits im Sommer 1973 hatte sich die Kirchenkanzlei in einem Rundbrief an die Gliedkirchenleitungen gewandt und diese aufgefordert, auf landeskirchlicher Ebene Arbeitsgruppen zwischen den Diakonischen Werken und den Kirchenleitungen zu installieren, um Aufgaben zu sondieren und gegebenenfalls Maßnahmen vorzubereiten, die sich aus der bevorstehenden Reform des § 218 StGB für die Kirche und ihre diakonische Arbeit ergeben könnten.[20] In der Hauptgeschäftsstelle des Diakonischen Werks in Stuttgart hatte man sich unterdessen auf die Ausarbeitung des rosa Grundsatzpapiers konzentriert. Die darin erfolgte theoretische Auseinandersetzung mit dem sozialpolitischen Teil der Reform sowie die Ausarbeitung eines konkreten kirchlichen Maßnahmenkatalogs bildeten im Herbst 1973 nicht nur die wertvolle Ausgangsbasis für die Intensivierung des diakonischen Engagements, sondern zugleich ihren Auftakt.

Eine erste Initiative zur Koordinierung der regionalen diakonischen Bemühungen ging von der Evangelischen Akademie Arnoldshain aus. Sie veranstaltete Ende Januar 1974 eine Tagung zur Frage der flankierenden Maßnahmen, um die zuständigen Fachverbände miteinander ins Gespräch zu bringen.[21] Das Konzept ging auf. Vom 28. bis 30. Januar 1974 trafen die führenden Vertreter und Vertreterinnen des diakonischen Sektors sowie der freien Wohlfahrtspflege zum gegenseitigen Austausch in Arnoldshain zusammen.[22] „Positiv war", berichtete König später, „daß es gelungen ist, die Diskussion für und gegen eine Fristenregelung aus der Tagung vollkommen herauszuhalten und sich auf Hilfsangebote zu beschränken. Dadurch verlief die Tagung sachlich und war die Atmosphäre gut und nicht

---

[19] „Antwort des Ratsvorsitzenden der EKD, Landesbischof D. Claß, an Prof. D. Helmut Gollwitzer vom 5.6.1974" (JK 35, 1974, S. 493–96; S. 495).

[20] Sowohl die katholische Kirche als auch die öffentliche Sozialarbeit, hieß es in dem Rundschreiben der Kirchenkanzlei vom 27.6.1973, seien in ihren diesbezüglichen Vorarbeiten bereits weiter vorangeschritten als die evangelische Seite (EZA 87/755; EZA 99/1.305; EZA 99/1.305).

[21] Vgl. Einladungsschreiben zur Tagung „Flankierende Maßnahmen zur Reform des § 218 StGB" in Arnoldshain vom 28. bis 30.1.1974 (ADW, HGSt 4647).

[22] Vgl. Teilnehmerliste (ADW, HGSt 4647).

emotionell aufgeladen."[23] Zufrieden stellte König ferner fest, dass das Rosa Papier von allen Seiten Zustimmung erfuhr und eine hohe Integrationskraft besaß.

Auch auf kirchenleitender Ebene begann man Anfang 1974, sich intensiver mit den sozialpolitischen Fragen der Reform auseinander zu setzen. Knapp zwei Wochen, nachdem die Synode der EKD in Anlehnung an das Rosa Papier festgehalten hatte, dass sie die flankierenden Maßnahmen als die eigentliche Aufgabe der Kirche betrachtete, wandte sich die Kirchenkanzlei am 31. Januar 1974 in einem Rundbrief an den Rat der EKD sowie die Gliedkirchenleitungen, informierte umfassend über den Stand der Beratungen im Bereich der diakonischen Hilfen zum Schutz des ungeborenen Lebens und wies nochmals auf die Dringlichkeit des verstärkten kirchlichen Engagements in diesem Bereich hin.[24] Überdies nahm der Vizepräsident der Kirchenkanzlei Erwin Wilkens Kontakt zum Präsidenten des Diakonischen Werks auf und ließ Schober wissen, er halte es für nützlich, wenn nicht gar unumgänglich, eine zentrale Besprechung zur Frage der flankierenden Maßnahmen einzuberufen.[25] Mit der Zusammenkunft, die das diesbezügliche evangelische Engagement vorantreiben und aufeinander abstimmen sollte, galt es nach Wilkens' Ansicht zudem zu verhindern, dass die anstehende Beratungsarbeit überwiegend von staatlicher bzw. katholischer Seite usurpiert würde.[26] Anfang Februar 1974 schloss der Rat der EKD sich der Anregung aus der Kirchenkanzlei an und sprach sich ebenfalls für die Einberufung einer zentralen Zusammenkunft durch das Diakonische Werk aus.[27]

---

[23] ADW, HGSt 4647. Die gute Gesprächsatmosphäre, berichtete König weiter, habe es ihr ermöglicht, trotz der gegensätzlichen Positionen in strafrechtlichen Fragen nützliche Kontakte zu Vertreterinnen anderer Organisationen wie Pro Familia oder dem Verband alleinstehender Mütter zu knüpfen.

[24] EZA 2/93/6223.

[25] Brief vom 31.1.1974 (EZA 2/93/6223).

[26] Vgl. Ebd. Buschmann vom Caritas-Verband hatte König bereits im Herbst 1973 berichtet, dass sowohl die Deutsche Arbeitsgemeinschaft für Jugend- und Eheberatung als auch der Caritasverband Anträge für das Modellberatungsprogramm einreichen wollten. Buschmann hatte König geraten, auch seitens der Diakonie Anträge zu stellen, „um wenigstens ‚im Geschäft zu sein'" (Vermerk von König über Anruf von Buschmann am 21.10.1973 zur Klausurtagung der DAJFB am 18.10.1973, in: ADW, HGSt 4647).

[27] Schober hatte dem Rat der EKD das Beratungskonzept des Modellprogramms zuvor vorgestellt und die Bedenken der Hauptgeschäftsstelle vorgetragen, wonach das vom Gesundheitsministerium vorgelegte einseitig medizinisch ausgerichtete Beratungskonzept die Beteiligung der freien Träger am Modellprogramm erheblich erschwerte. Der Rat hatte es daraufhin den Landeskirchen anheim gestellt, jeweils regional über eine Beteiligung am Modellprogramm des Bundes zu entscheiden (vgl. Auszug aus dem Protokoll der 13. Sitzung des Rates der EKD vom 8./9.2.1974, in: EZA 2/93/6224).

Die Besprechung des Diakonischen Werks in Frankfurt a. M.

Nur zwei Tage nach der Ratssitzung lud Schober knapp 40 Personen aus dem kirchlichen und diakonischen Bereich für den 28. Februar 1974 zu einer gegenseitigen Orientierung nach Frankfurt am Main ein.[28] Fast die Hälfte der Geladenen sagte allerdings ab.[29] Nach Sichtung der verbleibenden knapp 20 Anmeldungen zeigten sich die Organisatoren, Steinmeyer und König, angesichts der divergenten Gruppenzusammensetzung, die eine komplexe Verhandlungssituation erwarten ließ, skeptisch. „Daß wir auf dieser Sitzung zu durchgreifenden und einmütigen Stellungnahmen oder gar Verabredungen zum Thema kommen können", ließen sie Schober drei Tage vor der Zusammenkunft wissen, „erscheint uns nahezu ausgeschlossen."[30]

Die im Vorfeld geäußerten Befürchtungen sollten sich jedoch nicht bestätigen. Es kam am 28. Februar 1974 in Frankfurt sowohl zu einem fruchtbaren Austausch über den Stand der diakonischen Maßnahmen als auch zur Verabschiedung eines Papiers über das Modellprogramm des Bundes.[31]

---

[28] Vgl. Einladungsschreiben vom 11.2.1974 zur gegenseitigen Orientierung und Beratung über flankierende Maßnahmen am 28.2.1974 (EZA 650/95/205).

[29] Vgl. „Niederschrift: Gegenseitige Orientierung und Beratung über ergänzende Maßnahmen zu § 218 StGB am 28. Februar 1974 in Frankfurt, Dominikanerkloster" (ADW, HGSt 4644; EZA 650/95/205).

[30] Vermerk von Steinmeyer und König an Schober vom 25.2.1974 (ADW, HGSt 4644). Neben Schober, König und Steinmeyer setzte sich die Gruppe in erster Linie aus Vertretern und Vertreterinnen der Gliedkirchenleitungen, der landeskirchlichen Leitungen der Diakonischen Werke sowie der verschiedenen konfessionellen Frauenverbände zusammen. Daneben waren Wrage vom Sozialmedizinisch-Psychologischen Institut der hannoverschen Landeskirche, Thermann als Vertreter des DEKrV, eine Delegation des Kaiserswerther Verbandes sowie je ein Vertreter der EKFul und der EAF in Frankfurt zugegen (vgl. Anlage I [Teilnehmerliste] der „Niederschrift: Gegenseitige Orientierung und Beratung über ergänzende Maßnahmen zu § 218 StGB am 28. Februar 1974 in Frankfurt, Dominikanerkloster", in: ADW, HGSt 4644; EZA 650/95/205). Im Vorfeld hatte es einige Querelen um die Gästeliste gegeben. So hatte Wilkens die Einladung aus Stuttgart zunächst nur nachrichtlich erhalten und war erst auf seinen besonderen Wunsch hin auf die Teilnehmerliste gesetzt worden (vgl. Wilkens' handschriftliche Notizen auf dem Einladungsschreiben vom 11.2.1974, in: EZA 650/95/205). Auch die Frauenverbände waren erst nach Königs Intervention eingeladen worden, mit sechs Teilnehmerinnen schließlich jedoch bestens vertreten (vgl. Aktennotiz von Wendrich an den Leitungskreis der EFD ohne Datum, in: AEFD, Rechtsausschuß, flankierende Maßnahmen). Auf Wilkens' ausdrücklichen Wunsch hin war ferner darauf verzichtet worden, einen Vertreter des Evangelischen Zentralinstituts für Familienberatung zu der Konsultation hinzuzubitten (vgl. Brief von Wilkens an Schober vom 31.1.1974, in: EZA 2/93/6223).

[31] Dies und das Folgende nach: „Niederschrift" (vgl. oben Anm. 29) sowie „Evangelische Beratungsstellen im Rahmen ergänzender Maßnahmen zur Reform des § 218" vom 28.2.1974 (in: *Diakonie Korrespondenz* 7/74, sowie in: *epd-dok* 16/74, S. 92–98). Vgl. ferner den Bericht „Zur profilierten evangelischen Mitträgerschaft bereit" (*Diakonie aktuell* vom 1.3.1974).

Die Zusammenkunft begann mit einer Bestandsaufnahme über die kirchliche Beteiligung am Modellprogramm des Bundes. Verschiedene Landeskirchen waren bereits mit den zuständigen Ministerien in Verhandlungen getreten. Aus Hannover und Hamburg wurde dagegen berichtet, dass weder die Landeskirchen noch die Diakonischen Werke durch die zuständigen Behörden über das Modellprogramm in Kenntnis gesetzt worden waren. In Hamburg hatte die Landeskirche auf Nachfrage ferner die Auskunft erhalten, der Bedarf an Beratungsstellen sei durch die vorhandenen Pro Familia Einrichtungen voll gedeckt.

Bundesweit waren von evangelischer Seite bis Ende Februar vier Anträge auf Aufnahme in das Modellprogramm des Bundes gestellt worden.[32] Die Einreichung von drei weiteren Anträgen stand unmittelbar bevor. Über vier weitere Anträge konnten nur vage Auskünfte erteilt werden, da die zuständigen Landeskirchen nicht in Frankfurt vertreten waren. Zwei Beratungsstellen schließlich wurden ohne die Beantragung öffentlicher Mittel aus dem Modellprogramm geplant.

Nach der Bestandsaufnahme erörterte der Kreis in einem zweiten Schritt verschiedene Konzepte für Beratungsstellen und die jeweiligen Finanzierungspläne.[33] Die Überlegungen wurden schließlich in einem von der Hauptgeschäftsstelle bereits vorbereiteten Thesenpapier zusammengefasst.[34] Der Kreis unterbreitete in seiner Schlussresolution zunächst vier neue Vorschläge zur Erweiterung der vom Gesundheitsministerium vorgesehenen Modellvarianten für Beratungsstellen.[35] Sodann äußerte er den

---

[32] Die Federführung für die verschiedenen evangelischen Beratungsstellen variierte und lag mal bei der Landeskirche, mal beim Diakonischen Werk und in Berlin sogar bei der EAF (vgl. „Niederschrift“ [vgl. oben Anm. 29]).

[33] Der Vertreter des DEKrV sowie die Delegation des Kaiserswerther Verbandes wandten sich entschieden gegen die vom Diakonischen Werk und der EKFuL angeregte Anbindung von Beratungsstellen an evangelische Krankenhäuser. Sie wiesen darauf hin, dass die evangelischen Krankenhäuser sich im Falle einer Fristenregelung voraussichtlich mehrheitlich weigern würden, Schwangerschaftsabbrüche vorzunehmen, und Schwangere nach der Beratung somit an ein anderes Krankenhaus verweisen müssten. Die von evangelischer Seite bis dahin gestellten Anträge waren allerdings ohnehin alle nach Art der Modellvariante ‚komplexe Beratungsstelle‘ konzipiert, d. h. nicht an ein Krankenhaus angeschlossen. Die jährlichen Unterhaltskosten für diese Modellvariante wurden von der Hauptgeschäftsstelle auf ca. 252 000 DM geschätzt (vgl. Anlage 3 [Anmerkungen zum Finanzierungsplan] zu: „Niederschrift“ [vgl. oben Anm. 29]).

[34] Dies und das Folgende nach: „Evangelische Beratungsstellen im Rahmen ergänzender Maßnahmen zur Reform des § 218“ vom 28.2.1974 (in: *Diakonie Korrespondenz* 7/74, sowie in: *epd-dok* 16/74, S. 92–98). Laut Protokoll sollte das Papier den Landeskirchen und Diakonischen Werken sowie den Trägern von Beratungsstellen als Ergänzung zum Rosa Papier zugeleitet werden.

[35] Besonders hervorzuheben unter den neuen Modellen waren die Beratungsstelle für Ausländerinnen sowie die Anregung zur Gründung von Beratungsstellen in sozialen Brennpunkten (vgl. Ebd.).

Wunsch, das Gesundheitsministerium möge die Pläne zur wissenschaftlichen Begleitung des Modellprogramms weiter konkretisieren.[36] Drittens schließlich forderten die Teilnehmer und Teilnehmerinnen der Frankfurter Besprechung eine Erweiterung des einseitig medizinisch orientierten Beratungskonzeptes des Modellprogramms um ‚intrapsychische Komponenten'.[37] Man gab ferner bekannt, dass die evangelische Kirche sich mit zehn bis zwölf Beratungsstellen am Modellprogramm des Bundes beteiligen wolle. Die Regierung, so lautete die einzige Bedingung, habe lediglich zu versichern, dass sie das je eigene Profil der evangelischen Einrichtungen anerkenne.

Im Anschluss an die theoretische Grundlegung, die Ende 1973 im Rosa Papier vorgenommen worden war, hatte sich das Diakonische Werk mit der Frankfurter Konsultation Anfang 1974 auch der Frage der Umsetzung der flankierenden Maßnahmen zugewandt. Die in Frankfurt erteilten Berichte aus den Landeskirchen, Verbänden und Diakonischen Werken machten allerdings deutlich, dass das evangelische Engagement im sozialpolitisch-diakonischen Bereich bei weitem noch nicht dasselbe Ausmaß erreicht hatte, wie die kirchliche Beteiligung an der Diskussion um die strafrechtliche Regelung der Abtreibung. Der systematische Auf- und Ausbau der diakonischen Hilfsmaßnahmen in Schwangerschaftskonflikten war mit dem Rosa Papier erst aus der Taufe gehoben worden und steckte – wie die Frankfurter Konsultation zeigte – Anfang 1974 noch in den Kinderschuhen.[38]

---

[36] Der EKFuL-Vertreter hatte dazu berichtet, dass der Vorsitzende des Verbandes, der Sozialethiker Siegfried Keil, vom Gesundheitsministerium um seine Mitarbeit bei der wissenschaftlichen Begleitung und Auswertung des Modellprogramms gebeten worden war (vgl. Ebd.). Die Berufung des EKFuL-Vorsitzenden in die staatliche Kommission sollte Kunst und Wilkens jedoch zu Protesten in Bonn veranlassen, da die evangelische Kirche nicht offiziell um die Entsendung eines Vertreters gebeten worden war und man sich durch den Fristenvertreter Keil offenbar nicht angemessen repräsentiert sah (vgl. Brief der Gesundheitsministerin Katharina Focke an Kunst vom 30.3.1976, in: EZA 2/93/6230; sowie zuvor Brief von Wilkens an Kunst vom 19.1.1976, in: EZA 2/93/6229; Brief von Kunst an Wilkens vom 25.2.1976, in: EZA 2/93/6230; und Brief von Wilkens an Kunst vom 1.3.1976, in: EZA 2/93/6230).

[37] Man lege Wert darauf, hieß es in der Erklärung, dass die Beratung über medizinische Komponenten hinausgehe und die individuelle Situation der Schwangeren in ihrem „personalen (Ehepartner, Freund, Familie) und sozialen (Wohnung, Unterhalt, Arbeit, Ausbildung) Bezugsrahmen" anspreche. Es folgte eine ausführliche Auflistung konkreter sozialer Hilfsangebote, auf die im Rahmen eines Beratungsgesprächs verwiesen werden konnte. („Evangelische Beratungsstellen im Rahmen ergänzender Maßnahmen zur Reform des § 218" vom 28.2.1974, in: *Diakonie Korrespondenz* 7/74, sowie in: *epd-dok* 16/74, S. 92–98).

[38] Vgl. auch: „Mit Worten ist es nicht getan" von Hildegard Reinartz (*epd Ausg. f. kirchl. Presse* vom 27.3.1974).

Fazit: Die evangelische Kirche und der sozialpolitische Teil der Reform

Nach dem Überblick über die evangelischen Initiativen zum Ausbau der diakonischen Hilfen in Schwangerschaftskonflikten sei abschließend nochmals auf die Eingangsfrage zurückgekommen, inwiefern die evangelische Kirche ihrem Öffentlichkeitsauftrag auch im Blick auf die sozialpolitischen Reformvorhaben der Regierung gerecht zu werden vermochte.

Der eingangs skizzierten Feststellung der Abgeordneten Schlei, dass die Kirchen bis kurz vor Verabschiedung des StREG im Frühjahr 1974 weder Interesse für den sozialpolitischen Teil der Reform aufbrachten noch aktiv für dessen Ausgestaltung eintraten, ist zunächst - zumindest für die evangelische Seite - zuzustimmen. In der Tat war das Interesse der evangelischen Kirche an den sozialpolitischen Fragen erst sukzessive im Verlauf des Jahres 1973 erwacht. Anders als zu den strafrechtlichen Fragen, zu deren Bearbeitung die EKD bereits 1970 die Strafrechtskommission eingesetzt hatte, war eine ähnlich intensive und frühzeitige Auseinandersetzung mit dem sozialpolitischen Teil der Reform bis 1973 ausgeblieben. Die Kirchenführer waren bis auf wenige Ausnahmen der einseitig geführten Abtreibungsdebatte und deren Fixierung auf die strafrechtliche Problematik gefolgt. Selbst die Hauptgeschäftsstelle des Diakonischen Werks hatte zunächst kein Interesse an den sozialpolitischen Reformvorhaben gezeigt und sich ihrer erst auf sanften Druck des Rates der EKD angenommen.

Der von der Abgeordneten Schlei darüber hinaus erhobene Vorwurf, die Parlamentarier hätten aufgrund des mangelnden öffentlichen Interesses keine konstruktive Unterstützung bei der Ausarbeitung des StREG erfahren, muss indes zurückgewiesen werden. Eine kirchliche Beteiligung an den entsprechenden Konsultationen zur Beratung des sozialpolitischen Reformprogramms war vielmehr gerade seitens der zuständigen politischen Instanzen nicht immer erwünscht.[39] Während die Kirchenkanzlei und das Justizministerium in einem regen Austausch über die strafrechtlichen Fragen der Reform standen, war das Verhältnis der evangelischen Kirche zum Gesundheitsministerium, dem der sozialpolitische Teil der Reform oblag, offenbar weitaus distanzierter. Die Aussage des Ratsvorsitzenden, die evangelischen Bemühungen hätten einen nicht geringen Anteil an der Verabschiedung umfassender sozialpolitischer Vorhaben und der Ausgestaltung des Beratungskomplexes gehabt, muss daher ebenfalls in Zweifel gezogen werden.[40]

---

[39] Vgl. oben S. 350–353 sowie S. 357.

[40] Vgl. „Antwort des Ratsvorsitzenden der EKD, Landesbischof D. Claß, an Prof. D. Helmut Gollwitzer vom 5.6.1974“ (JK 35, 1974, S. 493–96; S. 495). Vgl. dazu auch die telefonische Auskunft der ehemaligen Gesundheitsministerin Katharina Focke, dass es hinsichtlich der flankierenden Maßnahmen keine nennenswerte Zusammenarbeit ihres Ministeriums mit der evangelischen Kirche gab (Telefonat der Autorin mit Focke am 17.2.1999).

Die evangelische Kirche und ihre Diakonie, lässt sich abschließend zusammenfassen, wollten und konnten ihren Öffentlichkeitsauftrag zur Begleitung der sozialpolitischen Reformvorhaben zunächst nicht angemessen wahrnehmen. Die Veröffentlichung des Rosa Papiers sowie die zentrale Konsultation des Diakonischen Werks in Frankfurt am Main waren allerdings bereits erste Vorboten einer Trendwende.

1.2 Das erneute Aufflammen der Diskussion

Nach der ersten Bundestagsdebatte über die Reform des § 218 StGB im Mai 1973 war es merklich ruhiger geworden um die Neufassung des Abtreibungsstrafrechts. Je näher jedoch der Termin der zweiten Bundestagsdebatte im Frühjahr 1974 rückte, desto reger wurde erneut das öffentliche Interesse an der Abtreibungsproblematik.

1.2.1 Der ‚Panorama'-Streit

„Noch einmal – wohl zum letzten Gefecht – prallten Gegner und Befürworter einer liberalisierten Abtreibungsgesetzgebung aufeinander", titelte der *Spiegel* am 18. März 1974.[41] Anlass für die bundesweite „Kulturkampf-Stimmung" war ein Beitrag des ARD-Magazins Panorama.[42] Am Sonntagabend, den 10. März 1974, hatte die ARD für den kommenden Abend einen Aufsehen erregenden Bericht ihres Magazins Panorama angekündigt. Der Film dokumentiere, so der Vorab-Trailer, eine illegale Abtreibung, die von einem Kamerateam des NDR gefilmt worden sei.[43] Neun Berliner Ärztinnen und fünf Ärzte hätten aus Protest gegen den Fortbestand des § 218 StGB eine ‚öffentliche' Abtreibung vorgenommen und dabei die in

[41] „Sprengsatz für die Moral" (*Der Spiegel* 12/74 vom 18.3.1974, S. 19 f.).

[42] Ebd.

[43] Im Spätprogramm des holländischen Fernsehens war bereits Ende 1971 unter großen Protesten ein Bericht über eine Abtreibung gesendet worden. Ein Sprecher der ARD hatte damals erklärt: „Einen solchen Film würden wir in unserem Programm heute noch nicht bringen. Wer weiß, was im nächsten Jahr ist" („Abtreibung im Fernsehen" von Hermann Mathias, in: *Bild* vom 2.11.1971). Bereits wenige Wochen darauf, am 22. November 1971 um 22.50 Uhr, hatte die ARD allerdings ebenfalls eine Dokumentation ausgestrahlt, die eine Abtreibung gezeigt und sich für eine Fristenregelung ausgesprochen hatte. Es hatte sich um die SFB-Produktion „Legalisierter Schwangerschaftsabbruch?" von Christa Becker gehandelt. Zu größeren Protesten wer es damals jedoch nicht gekommen (vgl. „Hier wird eine unverantwortliche Stimmung erzeugt". Interview mit Kardinal Jäger, in: *kna* vom 25.11.1971, sowie dagegen: „Abtreibung im Fernsehen – ein heilsamer Schock" von Wieland Abt, in: *Stuttgarter Nachrichten* vom 24.11.197).

Deutschland noch wenig bekannte Methode der Vakuum-Aspiration angewandt.[44]

Die Ankündigung der ARD stieß auf breite Kritik. Vor allem die katholische Kirche sah sich zur Intervention veranlasst. Der Präsident des ZdK und rheinland-pfälzische Kultusminister Bernhard Vogel (CDU) sowie der Vorsitzende der katholischen Bischofskonferenz Kardinal Döpfner telegrafierten umgehend an den erst wenige Wochen zuvor ins Amt gewählten Intendanten des NDR Martin Neuffer und verlangten die Absetzung des Panorama-Beitrags, den sie als „unerträgliche Provokation"[45] und „durch nichts zu rechtfertigende Willkürmaßnahme"[46] verurteilten. Bei dem Bericht, fuhr Döpfner fort, handele es sich um die Darstellung einer strafbaren Handlung, die u. U. sogar auf eine Verherrlichung der Tat sowie die Aufforderung zum Rechtsbruch hinauslaufe. Folgerichtig legte der Kardinal nicht nur öffentlich Protest gegen den Beitrag ein, sondern erstattete auch Strafanzeige und forderte rechtliche Maßnahmen gegen die Sendung. „Wenn dies nicht geschieht", mahnte er, „wäre es das erste Mal, daß die Staatsanwaltschaft von einer strafbaren Handlung und von der Aufforderung zur strafbaren Handlung vorher erfährt und nicht durch ein Verbot einschreitet."[47]

Deutliche Worte fand auch die CDU/CSU-Bundestagsfraktion, die verlautbaren ließ, der Panorama-Beitrag sei eine „unerhörte Brüskierung des sittlichen Empfindens von Millionen Bürgern und ein Gipfel der Geschmacklosigkeit".[48] Selbst entschiedene Fristenvertreter und -vertreterinnen

---

[44] Bei der klassischen Methode der Ausschabung wurde die Gebärmutter mit einer Art Löffel (Curette) ausgeschabt. Bei der so genannten Vakuum-Aspiration (Absaugverfahren) wird die Gebärmutter indes mit Hilfe von vier Millimeter dünnen Schläuchen, die an eine Unterdruckpumpe angeschlossen werden, ausgesaugt. Laut *Spiegel* betrachtete die amerikanische Womens lib in den Saug-Curetten „Instrumente der Befreiung", da sie eine „menstruelle Regulation" quasi im „Do-it-yourself-Verfahren" ermöglichten („Da bin ich überfragt", in: *Der Spiegel* 12/74 vom 18.3.1974, S. 21). Auch die deutsche Frauenbewegung erwog laut Presse, Laien an den Geräten auszubilden, um vom ärztlichen Urteil unabhängig zu werden (vgl. Ebd.). Ihre Kritik, die Entwicklung neuer und schonender Abtreibungsmethoden werde nicht vorangetrieben oder gar behindert, weist Parallelen auf zu der Ende der neunziger Jahre geführten Diskussion um die Einführung der so genannten ‚Abtreibungspille' Mifegyne.

[45] Vgl. Fernschreiben von Kardinal Döpfner an den Intendanten des NDR Martin Neuffer vom 11.3.1974 (EZA 87/760), abgedruckt in: *epd-dok* 16/74, S. 10.

[46] Fernschreiben von Vogel an Neuffer vom 11.3.1974 (*epd Kirche und Rundfunk* vom 16.3.1974).

[47] Fernschreiben von Döpfner an Generalstaatsanwalt Heinrich Backen vom 11.3.1974 (*epd-dok* 16/74, S. 11). Die Staatsanwaltschaft Hamburg reagierte erst vier Tage später und erklärte sich nicht befugt, ein Verbot der Sendung auszusprechen (vgl. Erklärung der Staatsanwaltschaft Hamburg vom 15.3.1974, in: *epd Kirche und Rundfunk* vom 16.3.1974).

[48] Zitiert nach: „Keine Abtreibung auf dem Bildschirm?", von Karl-Heinz Janßen (*Die Zeit* vom 15.3.1974).

wie Katharina Focke (SPD), Lieselotte Funcke (FDP) und Burkhard Hirsch (FDP) stellten in Frage, dass die Berliner Ärztegruppe mit ihrem Protest den richtigen Weg gegangen sei.[49] Vertreter des Verbandes Deutscher Ärzte/Hartmannbund erhoben darüber hinaus Zweifel an der im Beitrag praktizierten Abtreibungsmethode.[50]

Auch in der Kirchenkanzlei der EKD war man durch die Vorankündigungen beunruhigt, intervenierte jedoch zunächst auf diskretem Wege. Wilkens, der durch seine langjährige Tätigkeit im Fernsehbeirat zahlreiche Kontakte zu Medienvertretern hatte, setzte sich noch im Laufe des Montagvormittags telefonisch mit dem stellvertretenden Intendanten des NDR Dietrich Schwarzkopf in Verbindung. „Verlauf und Ergebnis dieses Gesprächs", so Wilkens später, „haben dazu geführt, daß die Kirchenkanzlei an diesem Tage von weiteren Initiativen absah."[51]

Die Absetzung des Panorama-Beitrags

Parallel zur öffentlichen Empörung wandten sich am Montag, den 11. März, auch verschiedene Sendeanstalten der ARD an den NDR und

---

[49] Vgl. Nachrichtentext der „Tagesschau" vom 11.3.1974, 20 Uhr (abgedruckt in: *epd Kirche und Rundfunk* vom 16.3.1974). Kritiker des Films wiesen später darauf hin, dass sich kein Abgeordneter und keine Abgeordnete der Regierungskoalition angeschickt hatte, den Panorama-Beitrag zu verteidigen (vgl. „NDR-Chef: Andere Grenzen als für die Presse?", in: *Saarbrücker Zeitung* vom 14.3.1974, sowie „Zensur", ohne Autor, in: *Die Welt* vom 15.3.1974). Der FDP-Abgeordnete Hirsch hatte allerdings nicht nur die Aktion der Ärzte und Ärztinnen hinterfragt, sondern auch das Vorgehen der Intendanten kritisiert und diese aufgefordert, die Kriterien für ihre Entscheidung offen zu legen, um die ernsthafte Befürchtung auszuräumen, hier sei Zensur ausgeübt worden („Erklärung von Dr. Burkhard Hirsch, Vorsitzender der medienpolitischen Arbeitsgruppe der FDP" vom 12.3.1974, in: *epd Kirche und Rundfunk* vom 16.3.1974).

[50] Vgl. „Sprengsatz für die Moral" (*Der Spiegel* 12/74 vom 18.3.1974, S. 19 f.) Der medizinische Einwand, die Vakuum-Aspiration sei keineswegs so risikolos wie in dem Fernsehbeitrag offenbar dargestellt, bildete im Verlauf der weiteren Auseinandersetzungen neben dem juristischen Hinweis darauf, dass der Beitrag gegen geltendes Recht verstoße, ein zentrales Argument. Ethische Bedenken, dass der Film das sittliche oder religiöse Empfinden der Zuschauer und Zuschauerinnen verletzen könnte, wurden nur vereinzelt und nicht in erster Linie von den Kirchen geäußert.

[51] „Stellungnahme der Kirchenkanzlei vom 25.3.1974 zu dem Aufsatz von Manfred Woyt: ‚Mit unangemessenen Mitteln. Zur Rolle der Kirchen im Streit um den Panorama-Film' (*epd Ausg. f. kirchl. Presse* vom 20.3.1974, S. 3–5)". Einen Tag nach Ausbruch des Panorama-Streits gaben allerdings sowohl die Kirchenleitung der Evangelischen Kirche in Berlin-Brandenburg als auch die evangelikale Bekenntnisbewegung ‚Kein anderes Evangelium' Stellungnahmen zu den Ereignissen ab. Während die Berliner nicht direkt auf die Frage der Ausstrahlung eingingen, sondern sich in erster Linie gegen die öffentlich vorgenommene Abtreibung wandten und feststellten, dass solche Aktionen keine geeigneten Beiträge zur Lösung der anstehenden Probleme darstellten, verwahrte sich die Bekenntnisbewegung in einem Telegramm an den NDR-Intendanten entschieden gegen die Ausstrahlung des Panorama-Beitrags (vgl. *epd za* vom 14.3.1974, sowie *epd za* vom 13.3.1974).

baten um nähere Auskünfte über den angekündigten Panorama-Beitrag. Auf einer am frühen Abend einberufenen Telefonkonferenz votierten schließlich sieben der neun ARD-Intendanten gegen eine Ausstrahlung des Berichts.[52] Dem Fernsehpublikum wurde die Entscheidung der Intendantenrunde unmittelbar vor der Panorama-Sendung in der 20-Uhr-Tagesschau mitgeteilt.[53]

Am folgenden Tag, den 12. März, lud der NDR knapp 150 Pressevertreter und -vertreterinnen zu einer kurzfristig einberufenen Pressekonferenz ein, um über die Entstehungshintergründe des abgesetzten Beitrags zu informieren und selbigen vorzuführen.[54] Der siebenminütige Bericht setzte mit einer Eingangsmoderation der Autorin – und ehemaligen Initiatorin der Selbstbezichtigungskampagne – Alice Schwarzer ein. Schwarzer stellte zunächst klar, dass sowohl sie als auch das Ärzteteam Schwangerschaftsabbrüche grundsätzlich ablehnten. Gleichwohl, so die Autorin, beabsichtigten die Mediziner und Medizinerinnen, den § 218 StGB durch einen provokativen Gesetzesbruch ad absurdum zu führen und damit zu seiner Abschaffung beizutragen.[55]

Der Beitrag dokumentierte daraufhin den medizinischen Eingriff. Es schloss sich eine kurze Befragung der Patientin an, die angab, nach drei Geburten – die letzte lag vier Monate zurück – zunächst kein weiteres Kind austragen zu wollen und die Pille nicht zu vertragen. Der Panora-

---

[52] Einen vergleichbaren Fall eines ablehnenden Votums der Intendantenkonferenz hatte es in der Geschichte der ARD noch nicht gegeben. Lediglich die Intendanten des NDR (Martin Neuffer) und Radio Bremens (Klaus Bölling) hatten sich für die Ausstrahlung des Beitrags ausgesprochen (vgl. „Keine Abtreibung auf dem Bildschirm?" von Karl-Heinz Janßen, in: *Die Zeit* vom 15.3.1974, sowie „Erklärung des HR-Intendanten Werner Hess in der regionalen Fernsehsendung Hessenschau vom 16.3.1974", abgedruckt in: *epd Kirche und Rundfunk* vom 20.3.1974; vgl. auch „Intendant Bismarck: Der Abtreibungsfilm verherrlicht Verbrechen" von Eugen Fischer, in: *Saarbrücker Zeitung* vom 14.3.1974).

[53] Vgl. Nachrichtentext der Tagesschau vom 11.3.1974, 20 Uhr (abgedruckt in: *epd Kirche und Rundfunk* vom 16.3.1974).

[54] Der NDR gab bekannt, dass Schwarzer den Panorama-Redakteur Peter Merseburger Ende Februar 1974 über die Absicht einer Berliner Ärztegruppe informiert hatte, eine öffentliche Abtreibung vorzunehmen. Nachdem Merseburger sein Interesse an der Aktion bekundet hatte, hatte die Medizinergruppe ihre Absicht zur Vornahme einer provokativen Abtreibung in einer Pressekonferenz bekannt gegeben und Frauen, die den Abbruch ihrer Schwangerschaft wünschten, aufgefordert, sich zu melden. Als sich zwei Tage später eine Frau gefunden hatte, war der Eingriff umgehend vorgenommen und filmisch dokumentiert worden. Bereits einen Tag später, am Sonntag, den 10. März, war der Beitrag dem stellvertretenden NDR-Intendanten Schwarzkopf (der gemeinhin als CDU-nah galt) vorgelegt und von ihm für sendefähig befunden worden (vgl. „Kein Montag wie jeder andere beim NDR" von Wolfgang Feucht, in: *Stuttgarter Zeitung* vom 13.3.1974).

[55] Vgl. „Originaltext eines am 11. März 1974 zwei Stunden vor der Sendung abgesetzten Beitrags im Magazin Panorama (Schwangerschaftsunterbrechung durch ein Berliner Ärzteteam)", abgedruckt in: *epd-dok* 16/74, S. 5–9.

ma-Bericht endete mit dem Statement einer der beteiligten Ärztinnen, die erläuterte, sie und ihre Kollegen betrieben nicht nur Geburtshilfe, sondern sähen ihre Aufgabe auch darin, die Würde und das Selbstbestimmungsrecht der Frauen zu „verteidigen".[56]

Erste Reaktionen

Die Reaktionen auf die Absetzung des Panorama-Beitrags waren nicht weniger heftig als am Tag zuvor jene auf dessen Ankündigung. Der Beschluss der Intendantenrunde wurde sowohl von den Kritikern als auch von den Verfechtern in einen unmittelbaren Zusammenhang zur Intervention der katholischen Kirche gebracht. Während *Bild* Kardinal Döpfner in überschwänglichen Worten für seinen wirkmächtigen persönlichen Einsatz dankte,[57] kritisierte der Panorama-Redakteur Peter Merseburger die Entscheidung der Intendanten als „Zensur" und „widerliche Heuchelei"[58].

Auch nach Ansicht des Bundesvorstandes der Deutschen Jungdemokraten war der Sachverhalt der Zensur nicht von der Hand zu weisen. Mit deutlichen Worten wandten sich die Jungliberalen gegen die Entscheidung zur Absetzung des Beitrags. Es gehe nicht an, erklärten sie, dass das minderheitliche Parteiinteresse des klerikalen Flügels in der CDU/CSU im Verein mit den katholischen Bischöfen Vorrang vor dem Informationsrecht einer breiten Öffentlichkeit und der Informationspflicht unabhängiger Re-

---

[56] Ebd.

[57] Vgl. „Kardinal Döpfner – Sein Machtwort zum Montag. Alles über den Mann, der den Abtreibungsfilm stoppte" (*Bild* vom 13.3.1974). Vgl. auch Dankesschreiben des Bayerischen Beamtenbundes an Döpfner vom 12.3.1974 (abgedruckt in: *epd-dok* 16/74, S. 15).

[58] Zitiert nach: „Intendant Bismarck: Der Abtreibungsfilm verherrlicht Verbrechen" von Eugen Fischer (*Saarbrücker Zeitung* vom 14.3.1974); vgl. auch *epd Kirche und Rundfunk* vom 16.3.1974. Die Redaktion des Panorama-Magazins hatte ebenfalls gegen die Absetzung protestiert und sich geweigert, die Sendung in der üblichen Form zu moderieren. Das katholische Ordinariat München forderte daraufhin personelle Konsequenzen für die Panorama-Redaktion („Erklärung der Pressestelle des Ordinariates München vom 11.3.1974", in: *epd-dok* 16/74, S. 14, sowie Meldung in: *epd Kirche und Rundfunk* vom 20.3.1974). Der *Spiegel* berichtete ferner, dass sich auch der Hamburger DGB-Vorsitzende Hans Saalfeld gegen den Druck der katholischen Kirche auf den NDR gewandt habe („Sprengsatz für die Moral", in: *Der Spiegel* 12/74 vom 18.3.1974, S. 19 f.). Merseburgers Kritik schlossen sich zudem die Redaktionsausschüsse des WDR sowie des HR an. Widerspruch gegen die Vorwürfe erhoben indes die Intendanten des WDR, des HR und des SFB. Der Vorsitzende der ARD und SDR-Intendant Hans Bausch wies Merseburgers Kritik in einem Kommentar in der 20-Uhr-Tagesschau am 13. März 1974 ebenfalls entschieden zurück (vgl. „Fortsetzung im Pro und Contra um die Panorama-Sendung", in: *epd Kirche und Rundfunk* vom 20.3.1974, sowie „Keine Abtreibung auf dem Bildschirm?" von Karl-Heinz Janßen, in: *Die Zeit* vom 15.3.1974). Der WDR-Intendant von Bismarck unterstrich überdies, dass er zum Zeitpunkt seiner Kontaktaufnahme mit dem NDR noch keine Kenntnis von den öffentlichen Protesten gehabt habe (vgl. „Intendant Bismarck: Der Abtreibungsfilm verherrlicht Verbrechen" von Eugen Fischer, in: *Saarbrücker Zeitung* vom 14.3.1974).

dakteure habe.[59] Die Jungdemokraten stellten überdies in Frage, dass die Kirchen, die ihre gesellschaftliche Stellung immer wieder zur Einschränkung des Grundrechts auf Information missbrauchen würden, in den Aufsichtsgremien von Funk und Fernsehen weiter tragbar seien.

Die Medien reagierten unterdessen gespalten auf den Absetzungsbeschluss der Intendantenrunde. Während konservative Zeitungen wie die *Welt* und der *Rheinische Merkur* die Absetzung des Beitrags begrüßten,[60] sprachen sich liberale Blätter wie die *Frankfurter Rundschau*, die *Zeit*, der *Spiegel* und der *Stern* unmissverständlich für eine Ausstrahlung aus und kritisierten die Entscheidung der Intendantenrunde[61].

Eine vorsichtig formulierte Anfrage zum Beschluss der ARD kam auch aus dem evangelischen Medienbereich. In einem *epd*-Kommentar plädierte Michael Schmid-Ospach nach Abwägung verschiedener Argumente für eine Ausstrahlung des Panorama-Beitrags.[62] Aus der Kirchenkanzlei der EKD erhob sich allerdings sogleich Widerspruch gegen den Kommentar. In einer persönlichen Stellungnahme vertrat Wilkens die Gegenposition, wonach es sich bei dem Panorama-Bericht keineswegs um eine rein dokumentarische Aufklärung über eine neue medizinische Methode des Schwangerschaftsabbruchs, sondern um „eine sensationsbestimmte Geschmacklosigkeit" handelte.[63] Die Berufung auf den Informationswert des Panorama-Beitrags

---

[59] Der nordrhein-westfälische Landesvorstand der Jungdemokraten forderte die Bischofskonferenz im Gegenzug auf, die Vorführung des von der katholischen Kirche verantworteten Films „§ 218 aktuell" zu unterbinden. Der bereits in über hundert Pfarrgemeinden vorgeführte Streifen der Zentralstelle für Sozialethik und Sozialhygiene zeige die grauenvolle Zerstückelung eines Fötus während einer legalen Spätabtreibung, hieß es zur Begründung (vgl. „Erklärung des nordrhein-westfälischen Landesvorstandes der Jungdemokraten" vom 13.3.1974, abgedruckt in: *epd Kirche und Rundfunk* vom 16.3.1974). Auch Karl-Heinz Krumm von der *FR* schloss sich der Forderung an (vgl. „Ein Hauch vom Mittelalter", in: *FR* vom 16.3.1974).

[60] Vgl. „Zensur" (*Die Welt* vom 15.3.1974) sowie „Das verhöhnte Gesetz" von Generalbundesanwalt Ludwig Martin (*Rheinischer Merkur* vom 29.3.1974). Selbst die *Saarbrücker Zeitung*, sowie der Fristenbefürworter Robert Leicht von der *SZ* kritisierten den Panorama-Beitrag (vgl. „Durch Rechtsbruch zum Recht?", in: *SZ* vom 13.3.1974; „NDR-Chef: Andere Grenzen als für die Presse?", in: *Saarbrücker Zeitung* vom 14.3.1974; „Recht und Ethik bei Paragraph 218" von Werner J. Mayer, in: *Saarbrücker Zeitung* vom 18.3.1974).

[61] Vgl. „Keine Abtreibung auf dem Bildschirm?" von Karl-Heinz Janßen (*Die Zeit* vom 15.3.1974); „Ein Hauch vom Mittelalter" von Karl-Heinz Krumm (*FR* vom 16.3.1974); „Die öffentliche Abtreibung. Ein deutsches Fernseh-Spektakel" (*Stern* vom 14.3.1974); „Sprengsatz für die Moral" (*Der Spiegel* 12/74 vom 18.3.1974, S. 19 f.).

[62] „Die Grenzen des Deutschen Fernsehens werden durch ‚Fälle' sichtbar"(*epd Kirche und Rundfunk* vom 13.3.1974, abgedruckt in: *epd-dok* 16/74, S. 41). In seiner Antwort vom 15.3.1974 auf den Protest des Osnabrücker Bischofs Helmut-Hermann Wittler verwies der niedersächsische Ministerpräsident Alfred Kubel später auf den Kommentar Schmid-Ospachs, der belege, dass die Problematik des § 218 StGB in der Bevölkerung durchaus unterschiedlich gewertet werde (abgedruckt in: *epd-dok* 16/74, S. 29 f.).

[63] Schreiben an Schmid-Ospach vom 14.3.1974 (in: *epd-dok* 16/74, S. 43 f.).Wilkens hatte

hielt er für „reines Geschwätz".[64] Schmid-Ospach wiederum problematisierte in seiner Erwiderung auf Wilkens' Kritik die emotionale Wucht und den „Inquisitionston" der kirchlichen Reaktionen.[65]

Die von den Gegnern des Panorama-Beitrags aufgeworfene Frage nach der Rolle der Presse als Meinungsmacherin wurde von den Befürwortern des Beitrags folglich mit der Gegenfrage nach der Rolle der Kirchen in der Debatte um die Reform des § 218 StGB erwidert.

Aktionen der Frauenbewegung

Das zähe Ringen um Ausstrahlung und Absetzung des Panorama-Beitrags vermittelt einen Eindruck von der allgemeinen Anspannung, die sich in den letzten Wochen vor der Bundestagsentscheidung ausbreitete. Angefacht wurde die gesellschaftliche Kontroverse u. a. durch die ‚Aktion 218', den Zusammenschluss zahlreicher Frauengruppen, der sich zu Jahresbeginn neu formiert hatte und im März 1974 – zeitgleich mit dem Beginn der Panorama-Affäre – mit einem breiten Aktionsprogramm an die Öffentlichkeit trat.

Den Auftakt bildete eine neue Selbstbezichtigungskampagne, die am 11. März 1974 im *Spiegel* veröffentlicht wurde. Die ‚Aktion 218' hatte dazu 329 Selbstbezichtigungen von Ärzten und Ärztinnen zusammengetragen, die sich bekannten, illegale Schwangerschaftsabbrüche vorgenommen zu haben.[66] Der *Spiegel* berichtete darüber hinaus, dass die Frauenbewegung einen Beitrag im *ARD*-Magazin Panorama sowie Flugblattaktionen, Informationsstände und einen demonstrativen Massenaustritt aus den Kirchen

---

um Abdruck seines Briefes in der nächsten Ausgabe *epd Kirche und Rundfunk* gebeten, doch findet sich sein Beitrag weder in der 20. Ausgabe vom 16. März noch in 21. Ausgabe vom 20. März 1974. Am 19. März berichtete die *FR* indes, der Vizepräsident der Kirchenkanzlei habe eine persönliche Stellungnahme zur Panorama-Affäre abgegeben. Der Inhalt der Stellungnahme war identisch mit Wilkens' Schreiben an Schmid-Ospach (vgl. „Wilkens hört ‚reines Geschwätz'", in: *FR* vom 19.3.1974).

[64] Ebd. Nicht zu Unrecht wiesen die Kritiker des Beitrags darauf hin, dass man auch einen legal vorgenommenen Schwangerschaftsabbruch hätte filmen können, wenn es im Panorama-Beitrag lediglich um die Präsentation eines neuen Abtreibungsverfahrens hätte gehen sollen.

[65] Vgl. „Die Kritische Auseinandersetzung mit dem geltenden Recht" (*epd Kirche und Rundfunk* vom 16.3.1974, abgedruckt in: *epd-dok* 16/74, S. 45).

[66] „Abtreibung: Aufstand der Schwestern" (*Der Spiegel* 11/28 vom 11.3.1974, S. 28–31). Der Selbstbezichtigungskampagne vorausgegangen war Anfang Februar 1974 die Veröffentlichung von Adresslisten von Ärzten und Ärztinnen, die sich nach Aussage von Frauengruppen jahrelang an illegalen Schwangerschaftsabbrüchen finanziell bereichert hatten (vgl. „Sehkraft geschwächt", in: *Der Spiegel* 7/28 vom 11.2.1974, S. 122–125). Die Berliner Initiativgruppe ‚Brot und Rosen' hatte ferner Anzeige gegen fünf Ärzte erstattet, die sich im Zusammenhang mit der Vornahme illegaler Schwangerschaftsabbrüche weiterer Vergehen wie Steuerhinterziehung, Beleidigung und Notzucht schuldig gemacht haben sollten (vgl. „Frauen erheben schwere Vorwürfe gegen fünf Ärzte" von Monika Mengel, in: *Spandauer Volksblatt* vom 8.2.1974).

plante.[67] Abgeschlossen werden sollte die ‚nationale Aktionswoche' am Sonnabend, den 16. März 1974, mit bundesweiten Protestmärschen gegen das Abtreibungsverbot.[68]

Durch den Panorama-Streit, der wenige Stunden nach Erscheinen des *Spiegel*-Artikels am 11. März 1974 ausbrach, fiel der zeitgleich anlaufenden Aktionswoche der Frauenbewegung breite Aufmerksamkeit und zusätzliche Brisanz zu. Die Aktionen der Frauen – obgleich im *Spiegel* bereits vor Beginn des Panorama-Streits angekündigt – wurden nach dessen Ausbruch umgehend als Reaktionen auf die illegitime katholische Einflussnahme uminterpretiert. Der Konflikt weitete sich abermals aus. In den Augen der Frauenbewegung war die Panorama-Affäre nicht allein eine Auseinandersetzung um die Informations- und Pressefreiheit, sondern auch ein Streit um das Recht der Frauen auf Selbstbestimmung.[69]

Der geplante kollektive Austritt aus den Kirchen avancierte bald zum Höhepunkt der Aktionswoche. Die in den Aufrufen zum Massenaustritt propagierten Motive und Ziele divergierten allerdings. Während einige Frauengruppen mit dem Kirchenaustritt in erster Linie gegen die Haltung der Kirchen zur Reform des § 218 StGB protestieren wollten und andere zudem darauf hinwiesen, dass der Kirchenaustritt – zumal der kollektive – auch ein wirkungsvolles Mittel sei, um den Einfluss der Kirchen in Staat und Gesellschaft zurückzudrängen, gingen einige Gruppen weit darüber hinaus.[70] „Es geht nicht nur um eine Trennung von Kirche und Staat", hieß es z. B. in einem Aufruf der Berliner Initiativgruppe ‚Brot und Rosen', „es geht um eine Abschaffung der Institution Kirche. Darum: Raus aus den Kirchen [...]! Raus aus dem Religionsunterricht, dem Kommunions- und Konfirmandenunterricht, keine kirchlichen Trauungen, Schluß mit dem Begräbnismonopol der Kirchen! Überführung der kirchlichen Kindergärten, Schulen, Krankenhäuser in die öffentliche Hand. Keine Unterstützung aus öffentlichen Mitteln! Abschaffung der Kirchenredaktionen in den öffentlichen Rundfunkanstalten! Kirchen raus aus den Rundfunkräten! Frauen rein!"[71] Der Protest gegen die Haltung der Kirchen zur Reform

---

[67] Vgl. „Aufstand der Schwestern" (*Der Spiegel* 11/28 vom 11.3.1974, S. 28–31), sowie „Frauen rufen zum Massenaustritt aus den Kirchen auf" (*FR* vom 13.3.1974).

[68] Der 16. März wurde von den Frauengruppen zum „Nationalen Protesttag gegen den Paragraphen 218" ausgerufen (EBD.).

[69] Vgl. „Frauen rufen zum Massenaustritt aus den Kirchen auf" (*FR* vom 13.3.1974), sowie „Frauenzentrum Berlin fordert zum Kirchenaustritt auf" (*epd Berlin* vom 15.3.1974).

[70] Vgl. EBD., sowie „Frauen rufen zum Massenaustritt aus den Kirchen auf" (*FR* vom 13.3.1974). Die *FAZ* berichtete zudem, der Protest der Frauen werde auch als Reaktion auf die Gemeinsame Erklärung betrachtet (vgl. „Geballter Protest gegen ‚218'", in: *FAZ* vom 13.3.1974).

[71] FRAUENHANDBUCH, S. 23. Vgl. auch „Frauen rufen zum Massenaustritt aus den Kirchen auf" (*FR* vom 13.3.1974).

des § 218 StGB war für einige Aktionsgruppen offenbar nur ein Aufhänger für ihren tiefgreifenden Antiklerikalismus.

Der Aufruf zum Massenaustritt richtete sich nicht nur gegen die katholische, sondern auch gegen die evangelische Kirche.[72] In Frankfurt am Main z. B. versammelten sich die Austrittswilligen am 15. März 1974 vor der evangelischen Katharinenkirche auf der Zeil. Hier sollte tags darauf auch die Demonstration des Frankfurter Frauenzentrums enden.[73] Die Evangelische Kirche in Hessen und Nassau sah sich zur Reaktion veranlasst. Die 1 500 Demonstranten und Demonstrantinnen wurden am 16. März 1974 von rund 50 Personen begleitet, die am Straßenrand Flugblätter mit einer Erklärung des Kirchenpräsidenten der EKHN Helmut Hild zur Kirchenaustritts-Aktion verteilten.[74] Hild selbst berichtete dem Rat der EKD noch am selben Tag, dass höchstens 100 Kirchenaustritte – vor allem von jüngeren Menschen – erklärt worden seien.[75] Ungeachtet dieser absoluten Zahl hatte die Aktion jedoch eine hohe Symbolkraft, da die Frauengruppen hier erstmals die direkte Konfrontation mit den Kirchen suchten. Zwischen der Frauenbewegung und den Kirchen, so die Botschaft der Austrittsaktion, klaffte ein unvereinbarer Gegensatz.

Die Ausstrahlung des Beitrags und die Reaktion der Kirchen

Der am 11. März 1974 gefasste Beschluss über die Absetzung des umstrittenen Beitrags sollte noch nicht das letzte Wort im Panorama-Streit sein. Die Auseinandersetzung ging in eine weitere Runde, als drei norddeutsche Sendeanstalten (NDR, SFB und Radio Bremen) am 13. März bekannt gaben, sie würden den abgesetzten Abtreibungsbericht in ihren Regionalprogrammen ausstrahlen.[76] Er sollte am Freitagabend, den 15. März, um

---

[72] Die Begründungen zur Einbeziehung der evangelischen Kirche wirkten z. T. etwas bemüht. So argumentierte eine Sprecherin des Frauenzentrums Berlin, der Aufruf zum Kirchenaustritt richte sich auch gegen die evangelische Kirche, „da sie zur Problematik des Schwangerschaftsabbruchs nicht eindeutig Stellung genommen habe" („Frauenzentrum Berlin fordert zum Kirchenaustritt auf", in: *epd Berlin* vom 15.3.1974). Ein stichhaltiges Argument dürfte indes gewesen sein, dass ein Aufruf zum Austritt allein aus der katholischen Kirche in Zentren der Frauenbewegung wie Berlin und Frankfurt aufgrund der konfessionellen Prägung der Städte wohl wenig ausgetragen hätte.

[73] Vgl. „Frauen rufen zum Massenaustritt aus den Kirchen auf" (*FR* vom 13.3.1974). Die *FAZ* vom 18.3.1974 berichtete allerdings, dass der Demonstrationszug nicht wie geplant an der Katharinenkirche enden durfte.

[74] Vgl. *epd za* vom 18.3.1974.

[75] Auszug aus dem Protokoll der 14. Sitzung des Rates der EKD vom 15./16.3.1974 (EZA 2/93/622). Die Vizepräsidentin des ZdK Hanna-Renate Laurien sprach tags darauf von insgesamt 200 Frauen, die aus den Kirchen ausgetreten seien (vgl. *Wort zum Sonntag* vom 16.3.1974, abgedruckt in: *epd-dok* 16/74, S. 31 f.).

[76] Vgl. „CDU meldet Protest gegen Abtreibungsfilm an" (*Hamburger Morgenpost* vom 14.3.1974).

21 Uhr im Rahmen der Sendung „Was darf das Fernsehen? Eine Diskussion über einen abgesetzten Beitrag“ ausgestrahlt und in ein Studiogespräch über die gesamte Kontroverse eingebettet werden.[77]

Die Ankündigung der norddeutschen Sendeanstalten löste abermals eine Welle der Empörung aus. An der Spitze des Protests stand erneut die katholische Kirche.[78] In die Kontroverse zwischen Kardinal Döpfner und Intendant Neuffer um die Verantwortung der Medien schaltete sich jedoch auch der leitende Bischof der VELKD Hans-Otto Wölber ein. In einem für evangelische kirchenamtliche Stellungnahmen ungewöhnlich harschen Ton attackierte der Hamburger Bischof den NDR-Intendanten, der sich hinter den Panorama-Bericht gestellt hatte. „Was eigentlich“, schrieb Wölber an Neuffer, „wollen Sie außerhalb der Legalität alles noch verbreiten, um gesellschaftliche Prozesse zu fördern? Wollen Sie das Fernsehen zum Agenten gesellschaftlicher Prozesse machen? Sehen Sie denn nicht, daß so die Axt an die Wurzel unseres Gemeinwesens gelegt werden kann? [...] Sie können doch nicht mit dem Alibi der Informationspflicht die Ambivalenz der Wirkung des Fernsehens leugnen.“[79] Wölber, der als konservativer

---

[77] Die Studiorunde, an der neben der Journalistin Alice Schwarzer und dem Panorama-Redakteur Merseburger auch verschiedene Intendanten und Ärztevertreter teilnahmen, wurde interessanterweise vom Chefredakteur des *Deutschen Sonntagsblattes* Eberhard Maseberg moderiert (vgl. *epd Kirche und Rundfunk* vom 16.3.1974). Exemplarisch wurde dem evangelischen Vertreter damit jene Mediatorenrolle angetragen, die die evangelische Kirche ihrem Selbstverständnis nach gerne in der Abtreibungsdebatte ausgeübt hätte (vgl. unten S. 453ff.).

[78] Nicht nur ZdK-Präsident Bernhard Vogel meldete sich abermals zu Wort, auch der Bischof von Berlin Alfred Bengsch appellierte an den SFB-Intendanten Franz Barsig, seine Zustimmung zur Ausstrahlung des umstrittenen Beitrags zu überprüfen (vgl. „Zweite Protesterklärung des Präsidenten des ZdK“ vom 14.3.1974, abgedruckt in: *epd Kirche und Rundfunk* vom 16.3.1974, sowie Brief des Generalvikars W. Albs an SFB-Intendant Franz Barsig vom 14.3.1974, abgedruckt in: *edp-dok* 16/74, S. 28). Der SFB zog seine Zusage kurz darauf tatsächlich zurück (vgl. *Der Tagesspiegel* vom 16.3.1974). Der Bischof von Osnabrück Helmut Hermann Wittler wandte sich – auch im Namen seiner Kollegen aus Münster (Tenhumberg) und Hildesheim (Janssen) – am 13.3.1974 zudem an den niedersächsischen Ministerpräsidenten Kubel (SPD) und verwahrte sich unter Berufung auf den Staatsvertrag über den NDR (§ 4) sowie das Niedersächsische Konkordat (Art. 10) gegen die Ausstrahlung des Panorama-Beitrags (*epd-dok* 16/74, S. 28). Der Presse war ferner zu entnehmen, dass die katholische ‚Aktion Lebensrecht für Alle‘ Strafanzeige gegen die Intendanten Bölling (Radio Bremen) und Neuffer (NDR) gestellt hatte (vgl. „Fortsetzung im Pro und Contra um die Panorama-Sendung“, in: *epd Kirche und Rundfunk* vom 20.3.1974). Kritik an der Ausstrahlung des Beitrags übten schließlich auch der Hartmannbund und die CDU-Bundestagsfraktion (vgl. „CDU meldet Protest gegen Abtreibungsfilm an“, in: *Hamburger Morgenpost* vom 14.3.1974).

[79] Brief vom 14.3.1974 (EZA 87/760, abgedruckt in: *epd-dok* 16/74, S. 21 f.). Vgl. zuvor Schreiben von Neuffer an Döpfner vom 13.3.1974 (EZA 87/760, abgedruckt in: *epd-dok* 16/74, S. 12). Als „nicht sehr fair“ bezeichnete Bölling später den Protest Wölbers, da dieser der Panorama-Redaktion unterstellt habe, sie wolle linke bzw. linksradikale Positionen zur

Lutheraner und CDU-Mann galt, schloss sich damit nicht nur inhaltlich, sondern auch im apodiktischen Stil seines Schreibens den Protesten der katholischen Seite an.

Der Fernsehbeauftragte der Bremischen Evangelischen Kirche Dietrich Sattler begrüßte dagegen in einer öffentlichen Stellungnahme vom 14. März 1974 die geplante Ausstrahlung des Panorama-Beitrags. „Solange der umstrittene Beitrag nicht öffentlich gezeigt wird," erklärte er, „ist jede Diskussion darüber müßig, ob er das sittliche oder religiöse Gefühl breiter Bevölkerungskreise verletzt oder eine strafbare Handlung verherrlicht hat."[80] Obwohl Sattler nicht davon ausging, dass spektakuläre Aktionen wie die öffentliche Abtreibung in Berlin der Diskussion um die Reform neue Gesichtspunkte hinzuzufügen vermochten, vertrat er die Auffassung, die Zuschauer und Zuschauerinnen hätten ein Recht darauf, zu erfahren, was ihnen vorenthalten worden war.

Am 14. März 1974, zeitgleich mit Sattler und Wölber, gab schließlich auch die Kirchenkonferenz – das evangelische Pendant zum Bundesrat – eine Stellungnahme zum Panorama-Streit ab. Das hohe kirchliche Gremium, das sich bei dieser Gelegenheit erstmals zur Abtreibungsthematik äußerte, betrachtete die erneute Einsetzung des Fernsehberichts in die norddeutschen Regionalprogramme als einen verhängnisvollen Vorgang und bat die Verantwortlichen dringend darum, dem Eindruck zu wehren, als sei es unterdessen legitim, geltendes Recht demonstrativ zu verletzen, um dem Gesetzgeber eine bestimmte Auffassung aufzuzwingen.[81]

Dieser Kritik, die weitaus moderater formuliert war als Wölbers Protestschreiben, schloss sich am folgenden Tag auch die braunschweigische Landessynode an. Landesbischof Gerhard Heintze, der in den Jahren zuvor wiederholt für eine großzügige Neuregelung des § 218 StGB eingetreten war, hatte sich in seinem Lagebericht vor der Synode aus aktuellem Anlass zu den Ereignissen um den Panorama-Beitrag geäußert und gegen die

---

Reform des Abtreibungsstrafrechts propagieren (vgl. *epd Kirche und Rundfunk* vom 20.3.1974).

80 *epd-dok* 16/74, S. 26. Der Präsident der Kirchenkanzlei Hammer kommentierte Sattlers Erklärung intern mit den Worten: „Also: Alles öffentlich zeigen, damit man sehen kann, ob es öffentlich gezeigt werden darf! Logik!" Wilkens reagierte: „Damit ist Sattler bei mir gestrichen. So naiv geht es nun wiederum auch nicht" (Handschriftliche Notizen auf dem Artikel „Zuschauer hat das Recht zu erfahren was ihm vorenthalten worden ist", in: *epd Landesdienst Niedersachsen-Bremen* vom 14.3.1974).

81 EZA 87/759, abgedruckt in: *epd-dok* 16/74, S. 23. Die Kirchenkonferenz bestritt, wie Wilkens in einem längeren Anschreiben zur Übersendung der Erklärung nochmals ausführte, dass es sich bei dem *Panorama*-Beitrag um einen dokumentarisch-informativen Bericht über eine neue medizinische Abtreibungsmethode handelte. Das kirchliche Gremium unterstellte dem Beitrag unmittelbar politische Motive und zog in Zweifel, dass er damit im Programm einer öffentlich-rechtlichen Sendeanstalt einen angemessenen Ort habe (vgl. Anschreiben an Neuffer vom 14.3.1974, in: EZA 87/760).

Ausstrahlung des provokativen Abtreibungsberichts votiert.[82] Die Landessynode hatte den Impuls aufgegriffen und sich in einem Telegramm an den *NDR*-Intendanten Martin Neuffer gegen die Ausstrahlung der öffentlichen Abtreibung ausgesprochen.[83]

Die kritischen Stimmen aus der evangelischen Kirche hatten in der zweiten Hälfte der Woche somit zugenommen. Öffentliche Beachtung wurde ihnen gleichwohl kaum geschenkt. Die Hauptrollen im Panorama-Drama waren längst vergeben, und den Protestanten war im Streit der Kirchen mit den Medien und der Frauenbewegung nicht mehr als eine Komparsenrolle an der Seite der Hauptdarstellerin, der katholischen Kirche, zugefallen.

Das Schlusswort

Am 15. März 1974 wurde der zunächst abgesetzte Panorama-Beitrag trotz der erneuten Proteste in zwei norddeutschen Regionalprogrammen ausgestrahlt. Das letzte Wort sollte allerdings die katholische Kirche haben. Am Abend des 16. März gab die ARD bekannt, das „Wort zum Sonntag" werde, anders als angekündigt, von der stellvertretenden Vorsitzenden des ZdK Hanna-Renate Laurien gesprochen. Die kurzfristige Programmumstellung, die auf katholische Intervention zurückgeführt wurde, stieß auf heftigen Widerstand. Zwar war der Beitrag der Staatssekretärin im rheinland-pfälzischen Kultusministerium durchaus ausgewogen, doch öffneten sich nur zehn Stunden später in Rheinland-Pfalz die Wahllokale zur Kommunalwahl, und Laurien war nicht nur Spitzenpolitikerin des CDU-Landesverbands, sondern kandidierte auch selbst für ein Mandat.[84]

Die Empörung über die parteipolitische Begünstigung durch das „Wort zum Sonntag" war entsprechend groß. Die SPD reichte Protest bei der ARD ein und attackierte die Kirchen scharf.[85] Doch auch der Fernseh-

---

[82] Vgl. „Aus dem Lagebericht von Landesbischof Gerhard Heintze vor der Landessynode der Evangelisch-Lutherischen Kirche Braunschweig am 15. März 1974" (in: *epd-dok* 16/74, S. 24).

[83] Vgl. „Fortsetzung im Pro und Contra um die Panorama-Sendung" (*epd Kirche und Rundfunk* vom 20.3.1974). Auch die bayerische Landessynode tagte in der Woche des Panorama-Streits, enthielt sich jedoch eines Votums (VERHANDLUNGEN DER LANDESSYNODE DER EVANGELISCH-LUTHERISCHEN KIRCHE IN BAYERN [1972–1978]. 5. ordentliche Tagung (52.) in Rummelsberg; 10.–15.3.1974). Die Presse berichtete indes, dass sich 120 Frauen des Bezirksverbandes der Evangelischen Frauenhilfe in Münster den kirchlichen Protesten angeschlossen hätten (vgl. *FR* vom 15.3.1974).

[84] „Wort zum Sonntag" von Hanna-Renate Laurien vom 16.3.1974 (abgedruckt in: *epd-dok* 16/74, S. 31).

[85] Vgl. „Telegramm des Sprechers des SPD-Vorstandes Lothar Schwartz an Prof. Dr. Hans Bausch vom 18.3.1974"(abgedruckt in: *epd-dok* 16/74, S. 33, sowie Meldung in: *epd za* 19.3.1974). Die katholische Kirche, kommentierte die SPD-Abgeordnete Renate Lepsius

beauftragte der EKD Robert Geisendörfer kritisierte die Programmumstellung in einer öffentlichen Stellungnahme und ermahnte die Kirchen, mit dem „Wort zum Sonntag“ keine Politik – mitnichten Parteipolitik – zu betreiben.[86] Die von Geisendörfer angesprochene Problematik sollte die evangelische Kirche noch länger beschäftigen. Der Panorama-Streit – obgleich zuvorderst ein Konflikt zwischen der katholischen Kirche und den Medien bzw. der Frauenbewegung – führte interessanterweise vor allem auf evangelischer Seite zu einer kontroversen Grundsatzdiskussion über die Grenzen des kirchlichen Öffentlichkeitsauftrags.

Der Panorama-Streit als Auslöser evangelischer Kontroversen um den kirchlichen Beitrag

Der Panorama-Streit wurde auf verschiedenen Ebenen geführt, ohne dass Einigkeit darüber herzustellen war, worin der Kern der Auseinandersetzung bestand. Während die einen das Geschehen als Kontroverse um das Recht der Frau auf Selbstbestimmung bzw. um die Beurteilung einer neuen medizinischen Abtreibungsmethode betrachteten, warfen die Ereignisse für andere primär die Frage nach den Möglichkeiten und Grenzen der öffentlich-rechtlichen Rundfunkanstalten auf.[87] Zentral für die Diskussion innerhalb der evangelischen Kirche wurde indes eine vierte Konfliktebene, auf der die Rolle der Kirchen im Panorama-Streit problematisiert wurde.

Die Presse – nicht nur die weltliche, sondern auch die kirchliche – nahm das offene Kräftemessen zwischen den Kirchen und den Medien zum Anlass, nach den Grenzen der legitimen kirchlichen Intervention zu fragen.

---

die Programmumstellung, wolle mit ihren Kampagnen gegen die Reform des Abtreibungsstrafrechts nicht die Unantastbarkeit menschlichen Lebens schützen; sie dienten vielmehr „der Verteidigung einer letzten Bastion der Kirchenhierarchie, von der aus sie [die Kirche; S. M.] Einfluß nehmen kann auf das noch praktizierende […] weibliche Kirchenvolk. […] Als Sozialdemokraten“, schloss Lepsius, „dürfen wir uns eine bitter nötige Reform nicht verwässern lassen, weil die katholische (übrigens auch die evangelische) Kirche in langer Tradition gewachsene Probleme mit ihren weiblichen Mitgliedern hat“ („Eine Reform auch für Katholiken. In der Frage des § 218 wird ein Binnenkonflikt der katholischen Kirche sichtbar“, in: *Vorwärts* vom 28.3.1974). Vgl. auch Meldung über ein Interview des *epd* mit Renate Lepsius am 28.3.1974 (*epd za* vom 29.3.1974).

[86] „Kirche darf im ‚Wort zum Sonntag‘ keine Parteipolitik machen“ (*epd za* vom 26.3.1974).

[87] Die ersten zwei Deutungen wurden primär von denjenigen vorgetragen, die die Ausstrahlung des *Panorama*-Beitrags befürworteten, während die dritte Sichtweise vor allem von Kritikern und Kritikerinnen des Berichts vertreten wurde. Zu den ersten beiden Deutungen vgl. „Da bin ich überfragt“ (*Der Spiegel* 11/28 vom 18.3.1974, S. 21); „Frauen rufen zum Massenaustritt aus den Kirchen auf“ (*FR* vom 13.3.1974). Zur dritten Deutung vgl. „Die Grenzen des Deutschen Fernsehens werden durch ‚Fälle‘ sichtbar“, *epd*-Kommentar von Michael Schmid-Ospach (*epd Kirche und Rundfunk* vom 13.3.1974, abgedruckt in: *epd-dok* 16/74, S. 41 f.).

Anstoß erregten sowohl die „zügellose Sprache“ als auch das darin zu Tage getretene Selbstverständnis des Klerus, der, wie Karl-Heinz Krumm von der *FR* schrieb, wieder einen „Hauch von Mittelalter“ durch die aufgeklärte, pluralistische Gesellschaft habe wehen lassen.[88] Die Kirchen müssten endlich akzeptieren, fuhr Krumm fort, dass engagierte Interessenvertretung und entschlossene Bemühungen, die eigenen Überzeugungen beim Gesetzgeber als Problemlösung zu installieren, dort ihre Grenze fänden, wo andere Meinungen durch massive Pression unterdrückt würden.

Auch der Leiter der Redaktion ‚Religion und Gesellschaft‘ beim NDR Manfred Linz ging hart mit den Kirchen ins Gericht. Der Versuch der Unterdrückung vollständiger Information, warnte der Theologe, isoliere die Kirchen zunehmend und bringe sie als Partnerinnen eines offenen gesellschaftlichen Gesprächs in Misskredit.[89] Die Kirchenleitung der VELKD reagierte umgehend und verwahrte sich in einem Schreiben an den Intendanten des NDR gegen die „haltlosen Unterstellungen“ des Beitrags von Linz.[90] Man verlangte eine Klarstellung, dass die kirchlichen Proteste sich allein auf die demonstrative Verletzung geltenden Rechts bezogen hatten und nicht das von Linz unterstellte Ziel verfolgten hatten, durch Meinungsunterdrückung die Einführung einer Fristenregelung zu verhindern. Die Erregbarkeit der VELKD, aber auch die harsche Kritik von Linz und Krumm verdeutlichten, dass den Kirchen der Wind scharf ins Gesicht blies.[91]

Selbst der *epd* stellte die Rolle der Kirchen im Panorama-Streit in Frage. Die evangelische Kirche müsse sich nachsagen lassen, kommentierte Manfred Woyt, ihre Rolle als Mahnerin zur Sachlichkeit und Besonnenheit aufgegeben und die Emotionen mit angeheizt zu haben.[92] Zwar sei es durchaus eine legitime Aufgabe der Kirchen – um nicht zu sagen ihr Auftrag – an der Debatte um die Reform des § 218 StGB maßgeblich

---

[88] Der Panorama-Streit, fuhr Krumm fort, habe Anlass zu der Vermutung gegeben, „daß ein verengter Horizont den Kirchensprechern nach wie vor das notwendige Verständnis für die Prinzipien unserer verfassungsmäßigen Ordnung versperrt, die die Vielfalt der Meinungen garantiert und niemandem, so bedeutsam seine Existenz auch für das Gemeinwesen angesehen werden mag, Sonderrechte und -ansprüche einräumt“ (*FR* vom 16.3.1974).

[89] „Der Panorama-Film und die Kirchen“. Kommentar von Manfred Linz am 16.3.1974, von 19.35 bis 19.40 Uhr ausgestrahlt in: NDR II; „Aus gegebenem Anlass – Christentum in dieser Zeit“, abgedruckt in: *epd-dok* 16/74, S. 38–40. Linz schloss mit den Worten: „Es gibt übrigens evangelische Kirchenführer, die das auch so sehen. Wollen sie zu dieser Sache schweigen?“ (Ebd.).

[90] Vgl. Alfred Petersen an den Intendanten des NDR vom 22.3.1974 (EZA 87/760).

[91] Nach Auffassung der Kirchenkanzlei handelte es bei der Kritik an der Rolle der Kirchen im Panorama-Streit gar um eine „massive Polemik“ der Medien (Rundschreiben der Kirchenkanzlei an den Rat und die Gliedkirchenleitungen vom 25.3.1974 in: EZA 87/760).

[92] „Mit unangemessenen Mitteln: Zur Rolle der Kirchen im Streit um den Panorama-Film“ (*epd Ausg. f. kirchl. Presse* vom 20.3.1974).

teilzunehmen, als Treuhänderin christlich-ethischer Normen einen speziellen Beitrag zu leisten und den kirchlichen Einfluss geltend zu machen, doch könne es, so Woyt, kaum Aufgabe der Kirchen sein, wegen einer Fernsehsendung mit dem Arm des Gesetzgebers zu drohen. Nicht die Tatsache, dass die Kirchen Protest erhoben hatten, stellte der Kommentator klar, sondern die Form, in der sie dies getan hatten, habe Anstoß erregt. In ihrem Auftreten, schloss Woyt, hätten die Kirchen einen Machtanspruch erhoben, der ihnen nicht mehr zustehe, da er einem staatskirchenrechtlichen Denken entsprungen sei, dessen Zeit zum Nutzen aller abgelaufen sei.[93]

Es hatte sich zwar bereits kirchlicher Unmut über den Beitrag von Linz geregt, doch war die Verärgerung über den Beitrag von Woyt ohne Beispiel. In einer Stellungnahme, deren Umfang wie Tonfall unzweideutig auf Wilkens als Autor verweisen, gab die Kirchenkanzlei der EKD zu verstehen, der Kommentar von Woyt könne nicht ohne energischen Widerspruch hingenommen werden. Er überschreite jedes Maß kritischer Begleitung kirchlichen Geschehens durch die evangelische Publizistik und verletze das Minimum an Loyalität, das von Redakteuren des *epd* erwartet werden müsse.[94] Der Kenner, hieß es in der Erklärung, „faßt sich an den Kopf, wie dieses klischeehafte Schreckensgemälde einer ebenso törichten wie ahnungslosen Kirchenleitung entstehen kann".[95] In der Tat hatte der *epd* die Rolle der evangelischen Kirche im Panorama-Streit voreilig mit jener der katholischen Schwesterkirche identifiziert und sich kaum um Differenzierung bemüht.[96]

---

[93] Wie Linz fragte auch Woyt: „Können sich unsere Kirchen, ihrer Diaspora-Situation in dieser Gesellschaft voll gegenwärtig, ein solches Vorgehen noch leisten, wenn sie in Zukunft gehört werden wollen?" (EBD.).

[94] Dies und das Folgende nach: „Stellungnahme der Kirchenkanzlei vom 25.3.1974 zu dem Aufsatz von Manfred Woyt ‚Mit unangemessenen Mitteln. Zur Rolle der Kirchen im Streit um den Panorama-Film' (*epd Ausg. f. kirchl. Presse* vom 20.3.1974)". Auf Betreiben der Kirchenkanzlei wurde die Erklärung am 2. April 1974 an alle Empfänger und Empfängerinnen der *epd Ausgabe für kirchliche Presse* weitergeleitet. Zuvor war sie bereits in einem Rundbrief der Kirchenkanzlei verbreitet und durch Wilkens an einzelne namhafte Persönlichkeiten gesandt worden. Vgl. auch den Brief von Wilkens an Ingeborg Geisendörfer (MdB), Rudolf Weeber/Stuttgart und den ehemaligen Chefredakteur des *epd* Focko Lüpsen vom 17.4.1974 (EZA 2/93/6225).

[95] „Stellungnahme" (vgl. Anm. 94).

[96] Hier dokumentierte sich einmal mehr das Schicksal der evangelischen Kirche, deren eigener Beitrag im Panorama-Streit kaum wahrgenommen wurde. Das öffentliche Bild von der Rolle der evangelischen Kirche war sogar doppelt verzerrt. Während die einen die Kirchen pauschal identifizierten und der evangelischen Seite auch die katholischen Agitation zur Last legten, empörten sich andere wiederum über die Tatenlosigkeit der evangelischen Kirche und hielten ihr das katholische Beispiel rühmend vor Augen (vgl. Brief des privaten Einsenders Rolf Wahl/Pforzheim an den Rat der EKD vom 10.2.1974, in: EZA 2/93/6225; Brief der privaten Einsenderin Irmgard Schröder vom 12.3.1974, in: EZA 2/93/6224; Brief

Die Kirchenkanzlei gab daher einen minutiösen Bericht über den Beitrag der evangelischen Kirche zum Panorama-Streit. Der Tenor lautete: Die evangelische Kirche hat sich engagiert, ihr Beitrag differierte jedoch in Form und Ausmaß deutlich von jenem der katholischen Kirche. Die Kirchenkanzlei stellte klar, dass die leitenden Gremien der EKD die katholischen Proteste inhaltlich voll geteilt hätten, in der Frage, wie der Vorgang „kirchlicherseits am sachgemäßesten zu behandeln sei" jedoch andere Auffassungen vertreten und daher bewusst dagegen votiert hätten, sich Döpfners Intervention anzuschließen.[97]

Ungeachtet der Tatsache, dass die evangelische Kirche sich in den Kontroversen um Absetzung und Ausstrahlung des Abtreibungsfilms somit nicht in derselben Weise öffentlich exponiert hatte wie die katholische Kirche, führten die Panorama-Ereignisse zu massiven Anfragen, was die Legitimation, die Ausgestaltung und die Grenze des kirchlichen Öffentlichkeitsauftrags betraf.[98] Die Kontroverse um den Panorama-Bericht lässt sich damit thematisch in die Auseinandersetzungen um die Orange Schrift sowie die Gemeinsame Erklärung einreihen – mit dem einen Unterschied, dass die evangelische Kirche dieses Mal weit weniger Anlass zur Diskussion geboten hatte als ehedem.[99]

1.2.2 Das Verhältnis zwischen Regierungskoalition und evangelischer Kirche

Das Verhältnis zwischen der EKD und den Bonner Regierungsparteien war seit der Veröffentlichung der Gemeinsamen Erklärung Ende 1973 getrübt. Zwar hatte die Regierungskoalition das Kasseler Synodalvotum Anfang 1974 mit Befriedigung zur Kenntnis genommen, der Panorama-Streit hatte die Gemüter jedoch von neuem erhitzt.

---

des privaten Einsenders Werner Huscher an die Leitung der EKD-Synode vom 15.3.1974, in: EZA 2/93/6224). Vgl. auch Antwortschreiben von Wilkens an die ‚Arbeitsgemeinschaft zur Förderung kultureller Werte' vom 16.5.1974, in: EZA 2/93/6226.

[97] Das diskrete Vorgehen der Kirchenkanzlei sollte allerdings nicht vorschnell als Indikator für ein bereits im Wandel begriffenes Selbstverständnis der evangelischen Kirche betrachtet werden, denn es lässt sich u. U. schlicht darauf zurückführen, dass der Ratsvorsitzende zum Zeitpunkt des *Panorama*-Streits zur Kur im Ausland weilte (vgl. Auskunft von Wilkens in einem Brief an die private Einsenderin Irmgard Schröder vom 21.3.1974, in: EZA 2/93/6224).

[98] Dass die kirchenleitenden Gremien sich einer unmittelbaren Beteiligung am *Panorama*-Streit weitgehend entzogen hatten, war in der Öffentlichkeit kaum wahrgenommen – geschweige denn honoriert – worden (vgl. E. STAMMLER, Kirchliches Machtkartell, S. 261).

[99] Möglicherweise war das, was Kritiker der evangelischen Kirche als Folge des *Panorama*-Streits in Aussicht stellten, bereits eingetreten, und die Kirche hatte sich durch die beiden evangelisch-katholischen Erklärungen von 1971 und 1973 bereits ein Stück weit isoliert und als Partnerin im gesellschaftlichen Diskurs diskreditiert.

Animositäten zwischen den Liberalen und der evangelischen Kirche

Insbesondere zwischen der FDP und den Kirchen traten in der Abtreibungsdebatte tief greifende weltanschauliche Divergenzen zu Tage. Stein des Anstoßes war – wie bereits 1973 – die Nachwuchsorganisation der Partei.[100] Die hessischen Jungdemokraten hatten sich im Verlauf der Panorama-Auseinandersetzungen dem Aufruf des Frankfurter Frauenzentrums zum Massenaustritt aus den Kirchen angeschlossen. Überdies hatten sie die Aktion in eigener Verantwortung fortgesetzt und am 31. März 1974 selbst Kirchentüren mit Plakaten beklebt, die zum Kirchenaustritt aufriefen. Der Kirchenpräsident der EKHN Helmut Hild hatte sich daraufhin an den Vorsitzenden des hessischen Landesverbandes der FDP Wolfgang Mischnick gewandt ihn und aufgefordert, sich von der Aktion der Jungdemokraten zu distanzieren.[101]

Da weder Mischnick noch die Bundespartei Interesse an einem harten Konfrontationskurs hatten, suchte die FDP das vermittelnde Gespräch und lud Vertreter der beiden großen Kirchen zu einem Austausch mit der Parteiführung ein.[102] Die evangelische Seite nahm an, und es kam am 23. April 1974 – mithin 36 Stunden vor der Bundestagsdebatte über die Reform des § 218 StGB – zu einer mehrstündigen Konsultation zwischen dem Rat der EKD und führenden FDP-Politikern und -Politikerinnen.[103] Die Aussprache, die nach Auskunft der FDP in großer Offenheit und guter Atmosphäre verlief, kreiste in der Hauptsache um die Verhältnisbestimmung von Staat und Kirche, jene zentrale Frage, auf die sich die Mehrzahl der Einzelkontroversen zurückführen ließ.[104] Das Treffen endete mit dem Beschluss zur Bildung einer gemeinsamen Arbeitsgruppe, die das Gespräch

---

[100] Zu den Kirchenthesen der Jungdemokraten von 1973 vgl. oben S. 227 Anm. 12.

[101] Hild ließ Mischnick wissen, dass ihm Aufforderungen vorlagen, gegen die FDP Stellung zu nehmen, da sie die antikirchliche Agitation ihrer Nachwuchsorganisation zulasse. Zwar gedenke er nicht, ihnen nachzukommen, fuhr Hild fort, sondern sich erst nach Mischnicks Antwort in einer Erklärung an die Öffentlichkeit zu wenden, doch gab der Kirchenpräsident zu bedenken: „[I]ch bin überzeugt, dass die Aufforderungen um so stärker werden, je näher der Wahlkampf in Hessen heranrückt, und sie werden sich nicht nur an mich richten" (Brief an Mischnick mit Abschriften an die hessischen Minister Heinz Herbert Karry [FDP] und Hermann Stein [FDP] sowie an Kunst vom 9.4.1974, in: EZA 87/760).

[102] Vgl. *epd za* vom 22.4.1974. Das Gespräch fand unmittelbar im Anschluss an eine Tagung der FDP-nahen Theodor-Heuss-Akademie zum Thema „Grundrechte und christliche Ethik" statt (vgl. EBD.).

[103] An dem Gespräch nahmen nach Presseangaben neben Mischnick auch Hans-Dietrich Genscher, Werner Maihofer, Lieselotte Funcke, Hildegard Hamm-Brücher, Victor Kirst, Hans-Wolfgang Rubin sowie zehn der zwölf Ratsmitglieder teil (vgl. „FDP begann Dialog mit Kirche" von Eghard Mörbitz, in: *FR* vom 25.4.1974). Die Presse berichtete ferner, dass die katholische Seite eine entsprechende Einladung ausgeschlagen hatte (vgl. „Gespräch zwischen FDP-Führung und Evangelischer Kirche", in: *SZ* vom 25.4.1974).

[104] EBD. Vgl. ferner *epd za* vom 25.4.1974.

fortsetzen und ein zweites Spitzentreffen vorbereiten sollte. Durch die Aufnahme des Dialogs zwischen der FDP und der EKD konnte eine weitere Anspannung des Verhältnisses verhindert und möglicherweise die eine oder andere antiklerikale Spitze in der Bundestagsdebatte zur Reform des § 218 StGB abgewendet werden.

Fühlungnahmen der SPD

Ebenso wie den Liberalen war auch den Sozialdemokraten daran gelegen, das seit einigen Monaten belastete Verhältnis der Regierungskoalition zu den Kirchen zu entspannen. In einem Interview hob Bundeskanzler Willy Brandt Anfang April 1974 nochmals die Bereitschaft seiner Partei zur Kooperation mit den Kirchen hervor. Brandt verlieh seiner Überzeugung Ausdruck, dass von einem Zusammenwirken der Parteien mit den Kirchen – freilich ohne Verschiebung der jeweiligen Verantwortlichkeiten – wichtige Impulse für den Ausbau des sozialen Rechtsstaats ausgehen könnten.[105]

Der SPD-Abgeordnete Carl-Christoph Schweitzer, der einer renommierten Theologenfamilie angehörte, war wenige Wochen zuvor bereits offensiv auf die EKD zugegangen und hatte im Blick auf die Reform des Abtreibungsstrafrechts eine engere Zusammenarbeit zwischen seiner Partei und der evangelischen Kirche angeregt.[106] Im Anschluss an ein so genanntes Abgeordnetenfrühstück im Büro des Bevollmächtigten hatte Schweitzer sich am 22. März 1973 nochmals schriftlich an Kunst gewandt und ihn darauf hingewiesen, dass sowohl er selbst als auch der stellvertretende SPD-Fraktionsvorsitzende Hans Apel sich mit Nachdruck für eine Verlautbarung der Kirche zur Reform des § 218 StGB noch vor der abschließenden parlamentarischen Beratung aussprachen.[107]

Es komme bei einer solchen Erklärung primär darauf an, hatte Schweitzer weiter ausgeführt, dass die Freiheit zur echten Gewissensentscheidung für alle Abgeordneten deutlich gemacht werde. Er selbst sei als Befürworter des Müller-Emmert-Entwurfs ebenso wie Apel als Anhänger des Fristenmodells der Meinung, es müsse auf der Linie des Kasseler Synodalbeschlusses nochmals klargestellt werden, „daß die Gewissensentscheidung

---

[105] Vgl. *epd za* vom 9.4.1974. Die SPD, fügte Brandt hinzu, habe sich bereits mit Nachdruck um eine Zusammenarbeit mit den Kirchen bemüht, „allerdings zunächst nur mit wechselndem Erfolg“ (EBD.).

[106] Schweitzer war der Sohn des ehemaligen Leiters der Apologetischen Zentrale Carl G. Schweitzer (1883–1965) und der Bruder des Theologen Wolfgang Schweitzer. Er hatte als Politologe von 1947 bis 1949 selbst im Zentralbüro des Evangelischen Hilfswerks in Stuttgart gearbeitet.

[107] EZA 742/248; EZA 87/760. Das Abgeordnetenfrühstück war eine feste Institution im Büro des Bevollmächtigten. Kunst lud regelmäßig nach eigener Auswahl Abgeordnete aller Parteien zu Büfettrunden am Vormittag ein, um einen zwanglosen Austausch zu ermöglichen.

eines *jeden* Abgeordneten von der Kirche respektiert werden muß und respektiert werden wird."[108] Doch nicht nur was den Inhalt, sondern auch was die Form der Erklärung betraf, hatte Schweitzer recht konkrete Vorstellungen. Unter Verweis auf den marginalen Wirkungskreis schriftlich verbreiteter kirchlicher Stellungnahmen hatte er zu einem erst kurz zuvor erprobten, wirkungsvollen Medium geraten: dem „Wort zum Sonntag". Ein „Wort zum Sonntag", das dazu aufriefe, die Gewissensentscheidung der Parlamentarier zu achten - noch dazu von Kunst im „vollen Ornat" gesprochen - würde seine Wirkung in der Öffentlichkeit, so Schweitzers Überzeugung, gewiss nicht verfehlen.[109] Der Sozialdemokrat hatte die evangelische Kirche somit - im Gegenzug zur katholischen Wahlhilfe für die Union - kurzerhand um Hilfestellung für die Regierungskoalition gebeten.

Kursentscheidung auf EKD-Ebene

Kunst ließ sich mit seiner Antwort Zeit. „Immer wieder habe ich nachdenklich ihren Brief in die Hand genommen", schrieb er schließlich am 13. April an Schweitzer, und fuhr fort: „Ich habe auch mit meinen Brüdern im Rat der Evangelischen Kirche in Deutschland sorgfältig darüber gesprochen, auf welche Weise wir entweder miteinander oder einzeln jeder von uns den Abgeordneten eine helfende Hand bieten könnte."[110]

Schweitzers Anregung, die evangelische Kirche möge die Abgeordneten durch ein „Wort zum Sonntag" in ihrer Gewissensentscheidung bestärken, wies Kunst allerdings freundlich zurück und gab zu bedenken, dass ein solches Wort wohl kaum den gewünschten Gewinn brächte, sondern vermutlich selbst unter führenden Sozialdemokraten auf „heftige Einrede" träfe.[111] Nüchtern beschrieb der Bevollmächtigte die Verhärtung der politischen Fronten und die Schwierigkeiten, die sich daraus für die EKD ergaben: „Ich sehe die Gefahr darin", erläuterte er, „daß die Leitlinie der Regierungskoalition heißt: ‚Reform um jeden Preis'. Die Grundthese der Opposition ist: ‚Alles gegen die Fristenregelung'".[112] Bei solch „grobschlächtiger Art", schloss Kunst, sei es für die evangelische Kirche schwer, einen Mittelweg aufzuzeigen und damit auch Gehör zu finden.

In der Kirchenkanzlei der EKD teilte man diesen Standpunkt. „Wir glauben nicht", hatten die Referenten der Kirchenkanzlei bereits Ende März in einem Thesenpapier an den Rat festgehalten, „daß es im gegen-

---

108 Ebd. (Hervorhebung im Original).

109 Ebd. Der Bevollmächtigte trug als Amtskleidung stets einen dem preußischen Offiziersrock nachgebildeten schwarzen Lutherrock mit hoch gestelltem Eckkragen. Zum Lutherrock vgl. E. Lohse, Erneuern und Bewahren, S. 12, sowie das Foto oben S. 82.

110 EZA 742/248; EZA 87/760 (Fragment).

111 Ebd.

112 Ebd.

wärtigen Augenblick geraten ist, [...] besondere Maßnahmen zu ergreifen oder gar öffentlich tätig zu werden. Was hier geschehen kann oder sollte, unternehmen am besten einzelne in Gesprächen oder auch in Aufsätzen und Äußerungen. Die politische Situation in Bonn scheint uns von einer Art und Weise zu sein, daß kirchliche Aktivitäten gegenwärtig nicht unbedingt von Vorteil sein müssen."[113] Die Kirchenkanzlei empfahl dem Rat somit einen ähnlichen Kurs wie im Frühjahr 1973. Statt zu einem aussichtslosen Zeitpunkt vorschnell mit einer Erklärung an die Öffentlichkeit zu treten, sollte das Gremium einen geeigneten Zeitpunkt abwarten und das Feld zunächst anderen Stimmen aus dem evangelischen Raum überlassen. Die Vertreter der Kirchenkanzlei sahen offenbar ebenso wie der Bevollmächtigte keine Chance mehr, durch ein Ratswort vor der Bundestagsentscheidung noch etwas bewegen oder Mehrheiten verschieben zu können.[114]

1.2.3 Evangelische Erklärungen im Vorfeld der Bundestagsdebatte

Da der Rat der EKD im Vorfeld der parlamentarischen Entscheidung auf eine öffentliche Intervention verzichtete, kam es in den letzten Wochen vor der Bundestagsdebatte von evangelischer Seite lediglich zu einer Reihe kleinerer Einzelaktionen. Die Initiativen reichten von Artikeln und offenen Briefen über persönliche Stellungnahmen verschiedener Kirchenführer bis zu offiziellen landeskirchlichen Erklärungen. Gemeinsam war vielen Äußerungen, dass sie im Vergleich zu den Ratsvoten nicht nur radikalere Positionen vertraten, sondern auch weniger gut über den politischen wie innerkirchlichen Diskussionsstand zur Reform des § 218 StGB unterrichtet waren.

Die württembergische Landeskirche

Besonders frappant trat dieses Niveaugefälle in der Äußerung des Ratsvorsitzenden zur Eröffnung der Plakataktion des Deutschen Ärztebundes

---

113 „Aufgaben der EKD anläßlich der Neufassung des § 218 StGB". Im Auftrag des Ratsvorsitzenden verfasstes Thesenpapier der Kirchenkanzlei (Hammer) vom 28.3.1974 (EZA 87/760). Vgl. auch: „Der Rat der EKD hat ebenso wie der württembergische Oberkirchenrat kürzlich beschlossen, sich zum jetzigen Zeitpunkt zu diesem Thema nicht erneut zu äußern. [...] Längst und oft Gesagtes jetzt noch einmal zu wiederholen, würde nur den Wert kirchlicher Verlautbarungen abermals vermindern" (Brief von Claß an die Mitarbeiter und Mitarbeiterinnen im Pfarramt vom 17.4.1974, in: EZA 2/93/6225).

114 Neue Spielräume für ein Ratswort sah die Kirchenkanzlei im verdichteten Raum des parlamentarischen Vermittlungsverfahrens sowie in der breiten gesellschaftlichen Gewissensschärfung im Anschluss an die Verabschiedung des Gesetzes.

am 10. April 1974 zu Tage. In der gemeinsam mit Kardinal Döpfner abgehaltenen Pressekonferenz propagierte Claß radikale Auffassungen, wie sie zwar in der katholischen Kirche vertreten wurden, weithin geteilten evangelischen Grundauffassungen jedoch widersprachen und geeignet waren, die EKD als Partnerin im politischen Gespräch erneut zu diskreditierten.[115]

Ausgerechnet vor dem Ärztestand forderte Claß den Lebensschutz bereits vom Augenblick der Befruchtung (d. h. noch vor der Nidation), obgleich dies weder praktikabel war noch zur Diskussion stand. Zudem propagierte er die sozialpolitischen Hilfsmaßnahmen nicht als Ergänzung zur Strafrechtsreform, sondern als Ersatz für diese, und schloss sich damit radikal reformfeindlichen Positionen an.[116]

Eine Woche nach dem befremdlich reaktionären und sachunkundigen Votum, das allerdings keine größere Beachtung fand, wandte sich Claß in seiner Funktion als Landesbischof auch an die Pfarrer und Pfarrerinnen der württembergischen Landeskirche. In diesem internen Schreiben sprach er sich nochmals gegen die Fristenregelung aus, stellte die Bedeutung der flankierenden Maßnahmen sowie der Bewusstseinsbildung heraus und wies darauf hin, dass viele Bürger und Bürgerinnen in ernste Gewissenskonflikte gerieten, wenn sie über ihre Krankenkassenbeiträge eine Fristenregelung mit finanzierten.[117]

„Wenn Sie dem einen oder anderen Abgeordneten in diesen Tagen ein persönliches, hilfreiches Wort sagen können", ermutigte der Claß die Pfarrer und Pfarrerinnen abschließend, „dann tun Sie es, bitte."[118] Das politische Mandat der Kirche, das zentral wahrzunehmen dem Rat der EKD

[115] Der Rat hatte sich im Vorfeld dagegen entschieden, den Ratsvorsitzenden offiziell zu entsenden, so dass Claß in München als Einzelperson auftrat (vgl. oben S. 345). Wer den Beitrag für Claß verfasste, ist unbekannt. Wilkens, der ähnliche Aufgaben bereits wiederholt übernommen hatte, scheidet ohne Zweifel aus, da dem Autor eine radikal reformfeindliche Position ohne genaue Kenntnis der aktuellen Diskussionslage unterstellt werden muss.

[116] War Claß knapp vier Monate zuvor auf der Synode in Kassel noch dafür gelobt worden, die gesellschaftlichen Entwicklungen nicht wie sein Vorgänger Dietzfelbinger ausschließlich als apokalyptisches Menetekel des gesellschaftlichen Niedergangs zu betrachten, so befremdete der ausgeprägte Kulturpessimismus, der seine Rede in München durchzog, um so mehr. Ungewöhnlich war auch der Tonfall, in dem Claß zum einen an die Ärzteschaft appellierte, sich gegen die „Pervertierung des ärztlichen Auftrags" zu erheben, sowie zum anderen an die Politiker und Politikerinnen, sich am 26. April nach ihrem „an Gott gebundenen Gewissen" zu entscheiden („Stellungnahme des Vorsitzenden des Rates der EKD bei der Pressekonferenz im Bayerischen Ärztehaus in München am 10. April 1974", in: EZA 650/95/194). Bezeichnenderweise wurde Claß' Beitrag später in eine Dokumentation der Lebensrechtsbewegung aufgenommen (vgl. Europäische Ärzteaktion, Alarm um die Abtreibung, S. 119–123).

[117] Brief 17.4.1974 (vgl. oben Anm. 113).

[118] Ebd.

zum damaligen Zeitpunkt inopportun erschien, wurde damit bis auf die Ebene der Gemeindepfarrämter delegiert.[119]

Die bayerische Landeskirche

Die Position des württembergischen Landesbischofs deckte sich mit den Aussagen des knapp zwei Wochen zuvor veröffentlichten Votums des bayerischen Landeskirchenrats. Dieser hatte sich Anfang April 1974 ebenfalls gegen die Fristenregelung und deren Mitfinanzierung durch die Krankenkassen ausgesprochen.[120] Demonstrativ hatte der Landeskirchenrat dazu überdies auf die umstrittene und in Kassel unterdessen revidierte Aussage der Gemeinsamen Erklärung zurückgegriffen, dass die Fristenregelung aus „sittlichen, rechtlichen und gesellschaftlichen Gründen" unvertretbar sei.[121]

Die Bischöfe der schleswig-holsteinischen Landeskirche

Der massive Protest gegen den Gesetzentwurf der Regierungsfraktionen beschränkte sich nicht allein auf Süddeutschland. Die schleswig-holsteinischen Bischöfe Friedrich Hübner und Alfred Petersen sprachen sich am 17. April 1974 in einem Schreiben an die Bundestagsabgeordneten ihrer Landeskirche ebenfalls entschieden gegen die Fristenregelung aus.[122] Die Diskussion um die Reform des § 218 StGB, erklärten sie, ließe sich in letzter Konsequenz auf die Frage reduzieren, ob der Mensch ein Verfügungsrecht über das Leben habe, was aus christlicher Sicht entschieden abzulehnen sei. Das unbedingte Gebot des Lebensschutzes, räumten Hübner und Petersen ein, werde zwar nicht nur durch die Fristen-, sondern auch durch eine Indikationenregelung verletzt, doch sei der letzteren – so die schwache Argumentation der Bischöfe – als dem kleineren Übel gleichwohl der Vorzug zu geben.

[119] Auch die Landeskirche, hieß es in dem Schreiben, habe den Beschluss gefasst, sich erst nach der Gesetzesverabschiedung wieder öffentlich zu Wort zu melden (vgl. EBD.).

[120] Vgl. *epd za* vom 5.4.1974. Vgl. dazu auch die Stellungnahme des bayerischen Landeskirchenrates zur Kasseler Synodalerklärung (oben S. 340).

[121] *Epd za* vom 5.4.1974. Vgl. „Erklärung des Rates der Evangelischen Kirche in Deutschland und der Deutschen Bischofskonferenz zur Reform des § 218 StGB " vom 26.11.1973 (EUROPÄISCHE ÄRZTEAKTION, Alarm um die Abtreibung, S. 85–90).

[122] EZA 2/93/6225. Nur wer nicht wisse, dass Gottes Güte in Ewigkeit reiche, predigte Hübner am Ostermontag, 16. April, in der Kieler Nicolaikirche, könne eine Fristenregelung vertreten (vgl. *epd za* vom 16.4.1974). Hübner hatte sich bereits im Vorjahr mit einem Schreiben an die Bundestagsabgeordneten gewandt (vgl. oben S. 245).

Die westfälische Landeskirche

Die Kirchenleitung von Westfalen ging in ihrer Erklärung Anfang April 1974 ebenfalls vom Motiv des Lebensschutzes aus, hielt jedoch anders als Petersen und Hübner zunächst fest, dass sie jede Reform, die sich dieser Zielsetzung verpflichtet fühle, im Grundsatz bejahen könne.[123] Die von der Kirchenleitung einstimmig verabschiedete Stellungnahme, die allen westfälischen Bundestagsabgeordneten zugeleitet wurde, legte erst in einem zweiten Schritt ausführlich dar, weshalb die westfälische Landeskirche eine Fristenregelung ablehnte und für die Verabschiedung einer Indikationenregelung eintrat.

Weder die westfälische noch eine der anderen zuvor angeführten Landeskirchen machten allerdings nähere Angaben darüber, welche Alternative zur Fristenregelung auf ihre Zustimmung stoßen würde. Die Landeskirchen vermieden es, zum Umfang des Indikationenkatalogs und insbesondere zur sozialen Indikation Stellung zu nehmen, da sie diese – davon darf ausgegangen werden – mehrheitlich ablehnten. Diejenigen dagegen, die ein erweitertes Indikationenmodell nach dem Müller-Emmert-Entwurf befürworteten, gaben dies explizit zu verstehen, so z. B. der Kirchenpräsident der EKHN Helmut Hild, der rheinische Präses Karl Immer oder die kleine Lippische Landeskirche.[124]

Die Lippische Landeskirche

Neben den großen und seit längerem in der Frage der Strafrechtsreform engagierten Landeskirchen meldete sich am 19. April 1974 auch die bis dahin nicht in Erscheinung getretene Lippische Landeskirche zu Wort. Die vom Öffentlichkeitsausschuss der Landeskirche verabschiedete Erklärung zur Reform des Abtreibungsstrafrechts wurde den Fraktionsvorsitzenden und den lippischen Bundestagsabgeordneten zugeleitet sowie darüber hinaus als Anzeige in allen lippischen Tageszeitungen veröffentlicht.[125]

---

123 Vgl. „Erklärung der Kirchenleitung der Evangelischen Kirche von Westfalen zum § 218 StGB" vom 4.4.1974 (EZA 2/93/6225; ADW, HGSt 4631; vgl. auch *epd za* vom 8.4.1974).

124 Hild trat in einem Interview des Deutschlandfunks nicht nur für ein erweitertes Indikationenmodell ein, sondern problematisierte auch das evangelische Engagement gegen eine Fristenregelung, wodurch mitunter der Eindruck entstanden sei, die strafrechtliche Regelung des § 218 StGB und nicht die Sorge um den Menschen sei für die Kirche das vordringlichste Problem (vgl. „Hild für erweiterte Indikationenregelung", in: *epd za* vom 16.4.1974). Immer hatte bereits Ende März vor der Superintendentenkonferenz seiner Landeskirche zur Frage der Abtreibungsreform Stellung genommen und sich für eine erweiterte Indikationenregelung ausgesprochen (vgl. „Präses Immer für modifizierte Indikationenregelung", in: *epd za* vom 29.3.1974).

125 Vgl. „Zur Reform des § 218 StGB: Vorschlag zu einer Annäherung der Standpunkte" vom 19.4.1974 (EZA 87/761); vgl. auch: „Lippische Landeskirche setzt sich für erweitertes Indikationenmodell ein" (*epd za* vom 22.4.1974).

Die Stellungnahme hielt zunächst fest, dass das sittlich-religiöse Gebot des unbedingten Lebensschutzes einen Schwangerschaftsabbruch nur bei Gefahr für das Leben der Frau rechtfertige. Allerdings, hieß es weiter, gelte es in Zukunft davon abzusehen, diese ethische Maxime mit Hilfe staatlichen Zwangs durchzusetzen. Als konsensfähige gesetzliche Regelung für das Gemeinwesen bejahte die Lippische Landeskirche ausdrücklich das erweiterte Indikationenmodell des Müller-Emmert-Entwurfs und bat die Befürworter und Befürworterinnen des Fristenmodells, sich diesem anzuschließen.

In einem Begleitschreiben zur Übersendung der lippischen Erklärung an den Ratsbevollmächtigten erläuterte der Detmolder Landessuperintendent Fritz Viering später, dass eine Indikationenregelung seiner Ansicht nach überhaupt nur dann Aussicht auf Erfolg im Bundestag habe, wenn sie auch eine soziale Indikation umfasse.[126] Kunst antwortete umgehend und pflichtete Viering bei: „Sie werden sich erinnern“, schrieb er dem ehemaligen Ratsmitglied, „daß ich von Anfang an im Rat der Meinung war, eine breite Mehrheit im Parlament für die Indikationslösung ist nur zu erreichen, wenn in irgendeiner Weise die soziale Komponente mithineingenommen wird.“[127]

Ein Artikel im „Deutschen Allgemeinen Sonntagsblatt“

Auch der Vizepräsident der Kirchenkanzlei sprach sich am 21. April 1974, vier Tage vor der Bundestagsdebatte, in einem langen Artikel noch einmal öffentlich für ein erweitertes Indikationenmodell aus.[128] Wilkens kritisierte zunächst den Fristenentwurf der Regierungskoalition, der sich seiner Meinung nach in mehrfacher Hinsicht vom beachtenswerten Mehrheitsentwurf der Alternativ-Professoren aus dem Jahr 1970 abhob. Der zur Verabschiedung stehende Fristenentwurf, erläuterte der Vizepräsident, gründe im Unterschied zum Alternativ-Entwurf nicht klar auf dem Motiv des Lebensschutzes, sondern laviere doppeldeutig zwischen dem Lebensschutzgedan-

---

[126] Brief an Kunst, Claß und Wilkens vom 14.5.1974 (EZA 87/761).

[127] Kunst fuhr fort: „Ich habe schon bei der Abfassung der Stellungnahme ‚Das Gesetz des Staates und die sittliche Ordnung‘ meine katholischen Brüder darauf aufmerksam gemacht, daß es der medizinischen Indikation vergleichbar schwere Konflikte geben kann, die einen Schwangerschaftsabbruch rechtfertigen“ (Brief an Viering vom 15.5.1974, in: EZA 87/761). Hier findet sich eine der wenigen Äußerungen des Bevollmächtigten, die Rückschlüsse auf seinen persönlichen Standpunkt zulässt. In der Regel hielt Kunst sich äußerst bedeckt, so dass nicht einmal sein engster Mitarbeiter Kalinna zu sagen vermochte, welche Ansicht der Bevollmächtigte zur Reform des § 218 StGB vertrat (vgl. Interview der Autorin mit Kalinna vom 21.6.2000).

[128] „Ausdiskutiert, aber nicht ausgereift. Zur Neufassung des § 218 StGB“. Manuskript von Wilkens (EZA 87/760), veröffentlicht unter der Überschrift „Mehr Rücksicht auf die Lebenswirklichkeit“ (*DAS* vom 21.4.1974).

ken und emanzipatorischen Interessen hin und her.[129] Statt der übereilten Verabschiedung dieses „unausgereiften“ Fristenmodells, das die Abtreibungsdebatte, wie Wilkens meinte, ohnehin nicht beenden würde, wies der Vizepräsident darauf hin, dass durchaus beachtenswerte Alternativen zur gesetzlichen Neugestaltung des Abtreibungsstrafrechts vorlägen.[130] Ohne allzu direkt für den Müller-Emmert-Entwurf zu votieren, ging er lobend auf dessen Vorlage, den Regierungsentwurf von 1972, ein und erinnerte daran, dass sowohl die evangelische Kirche als auch der Deutsche Ärztetag diesen Entwurf damals ausdrücklich gewürdigt hatten.

Die Bremische Landeskirche

Der kursorische Überblick über das evangelische Engagement in den Wochen vor der Bundestagsdebatte Ende April 1974 zeigt, dass zahlreiche evangelische Gremien und Kirchenvertreter gegen die Verabschiedung der Fristenentwurfs eintraten. Die Bandbreite der implizit wie explizit vorgebrachten alternativen Gesetzesmodelle war dabei groß und reichte von der Ablehnung jeder grundlegenden strafrechtlichen Reform bis zur Befürwortung des Müller-Emmert-Entwurfs. Darüber hinaus erhoben sich jedoch auch einzelne evangelische Stimmen, die dem Gros der Stellungnahmen, das sich zumindest in der Ablehnung der Fristenregelung einig wusste, widersprachen.

Wie in der „Panorama“-Affäre war es erneut die Bremische Landeskirche, die aus dem Kanon der kirchlichen Verlautbarungen ausscherte. Wenige Tage vor der Abstimmung im Bundestag unterstrich der Präsident des bremischen Kirchenausschusses Heinz Hermann Brauer unter Rückgriff auf das Kasseler Synodalvotum, dass es durchaus möglich sei, aus christlicher Verantwortung für eine Fristenregelung einzutreten.[131] Ebenso wie der lippische Öffentlichkeitsausschuss differenzierte der Jurist allerdings

[129] Ebd. Vgl. auch „Eine Chance ist vertan“ von Erwin Wilkens (*DAS* vom 16.6.1974). Mögliche Spuren einer Wirkungsgeschichte des Aufsatzes lassen sich in den Redebeiträgen der Unionsabgeordneten Friedrich Vogel und Josef Klein finden, da beide das Wort von der Doppelstrategie in der Bundestagsdebatte fallen ließen (vgl. BT Sten. Ber. 7. WP 96. Si. vom 26.4.1974, S. 6478 [Vogel]; BT Sten. Ber. 7. WP 95. Si. vom 25.4.1974, S. 6438 f. [Klein]). Wie Wilkens warf auch Klein der Regierung vor, sie habe innerhalb des Parlaments in erster Linie den Schutz des ungeborenen Lebens betont, die Fristenregelung in der Öffentlichkeit dagegen mit dem Hinweis auf das höhere Selbstbestimmungsrecht der Frau propagiert.

[130] Vgl. oben Anm 128.

[131] Wie Hild beklagte auch Brauer das wieder aufgeflammte kirchliche Engagement, das sich seiner Ansicht nach grundsätzlich gegen eine Reform des Abtreibungsstrafrechts richtete. Der Kirche, so Brauer, stehe es besser an, nicht nach strafrechtlichen Sanktionen zu rufen, sondern sich auf die flankierenden Maßnahmen zu konzentrieren (vgl. *epd za* vom 22.4.1974 sowie *dpa* 297 id vom 23.4.1974).

zwischen der strafrechtlichen Regelung und der ethisch-religiösen Bewertung des Schwangerschaftsabbruchs. Nicht aufgrund gesetzlicher Verbote, sondern aufgrund ethisch-religiöser Bedenken, hielt er abschließend fest, sollte sich der Schwangerschaftsabbruch für evangelische Christen und Christinnen (außer aus medizinischer Indikation) grundsätzlich untersagen.

Ein theologisches Wortgefecht: Gollwitzers offener Briefwechsel mit Claß

Ungeachtet der Differenzen im Blick auf die anzustrebende gesetzliche Regelung des Schwangerschaftsabbruchs waren bis dahin alle evangelischen Stellungnahmen darin einig gewesen, dass die Abtreibung bis auf wenige Ausnahmen grundsätzlich ethisch zu missbilligen sei. Der Berliner Systematiker Helmut Gollwitzer stellte indes auch diesen Grundkonsens in Frage. Gollwitzer – Mitglied der Humanistischen Union, Marxist, entschiedener Pazifist und enger Vertrauter Gustav Heinemanns – kritisierte am 22. April 1974 in einem Offenen Brief an den Ratsvorsitzenden das Auftreten der evangelischen Kirchenführer in der Debatte um die Reform des Abtreibungsstrafrechts.[132] Die evangelische Kirche verstricke sich in Widersprüche, so der Theologe, wenn sie einerseits am absoluten Wert ungeborenen Lebens festhalte und andererseits bereit sei, einer erweiterten Indikationenregelung zuzustimmen. Es gäbe überdies ernst zu nehmende evangelische Stimmen, fuhr Gollwitzer fort, die den Schwangerschaftsabbruch nicht als Tötung begreifen würden, da sie der Auffassung seien, der Embryo sei noch kein Mensch, sondern werde dies erst im Verlauf der Schwangerschaft. Mit welchem Recht, fragte Gollwitzer abschließend, ignoriere die evangelische Kirche diese Position in ihren öffentlichen Verlautbarungen.[133]

Wilkens verfasste auf Wunsch des Ratsvorsitzenden das Antwortschreiben auf den Offenen Brief.[134] Gegen Gollwitzers These, der Embryo sei noch kein Mensch und habe daher keinen Anspruch auf gesetzlichen Schutz, hob der Vizepräsident hervor, dass es einen breiten gesellschaft-

[132] EZA 87/760; EZA 2/93/6226. Der Briefwechsel zwischen Gollwitzer und Claß wurde in der Zeitschrift „Junge Kirche“ veröffentlicht (vgl. JK 35, 1974, S. 343–345; S. 493–496; S. 606–608). Gollwitzer hatte sich bereits 1969 in einem Interview für eine Liberalisierung des § 218 StGB – damals allerdings im Sinne eines erweiterten Indikationenmodells – ausgesprochen (vgl. „Ist Abtreibung wirklich Verbrechen und Sünde?“, in: *Quick* Nr. 29 vom 16.7.1969).

[133] Gollwitzers Ehefrau Brigitte gehörte dem sozialistischen Büro an, dessen Presseorgan „*links*“ die Selbstbezichtigungskampagne unterstützt hatte (vgl. „Unterschriften-Faltblatt: Aktion Paragraph 218“, als Beilage zu *links* Juli/August 1971).

[134] Vgl. Brief von Claß an Wilkens vom 6.5.1974 (EZA 2/93/6226), sowie „Entwurf eines Schreibens an Prof. D. Helmut Gollwitzer als Antwort auf dessen Offenen Brief vom 22.4.1974“ (ohne Datum) (EZA 650/95/194), und schließlich der nahezu identische Brief von Claß an Gollwitzer vom 5.6.1974 (EZA 2/93/6227).

lichen Konsens – selbst unter den Anhängern und Anhängerinnen des Fristenmodells – über die prinzipielle Schutzwürdigkeit werdenden Lebens gebe. Nicht darüber *ob*, unterstrich Wilkens, sondern allein darüber *wie* der Lebensschutz zu gewährleisten sei, kreise die gesamte Abtreibungsdebatte.

Gollwitzer stimmte in seiner Erwiderung zu, dass der Lebensschutz als gemeinsame Grundlage – zumindest aller parlamentarischen Bemühungen – außer Frage stand.[135] Um so unverständlicher sei es ihm, fuhr der Theologe fort, warum die Kirche sich damit nicht zufrieden gebe. Statt sich zu den strafrechtlichen Fragen – zu denen nicht einmal unter den Christen und Christinnen Einigkeit hergestellt werden könne – zu äußern, sei es, so Gollwitzer, vielmehr Aufgabe der Kirche, die zentrale ethische Frage zu bearbeiten, wie lange der Mensch in den Werdeprozess menschlichen Lebens eingreifen dürfe. Hier seien die Glaubensgemeinschaften herausgefordert, jenen zu antworten, schloss der Systematiker, die die ethische Frage nach dem Beginn des menschlichen Lebens neu aufwarfen und den breiten gesellschaftlichen Grundkonsens zum Lebensschutz in Frage stellten.[136]

Der Briefwechsel zwischen Gollwitzer und Claß, der hier endete, ging weit über das allgemeine Ringen um die strafrechtliche Regelung des Abtreibungsverbots hinaus.[137] Er thematisierte nicht nur das Problem der innerkirchlichen Pluralität, sondern machte auch darauf aufmerksam, dass es neben dem politischen und dem diakonischen Beitrag der Kirche einen dritten, systematisch-theologischen bzw. sozialethischen Beitrag zur Abtreibungsproblematik zu geben hatte. Dieser Beitrag, um den bereits die Strafrechtskommission der EKD vergeblich gerungen hatte, wurde – so das ernüchternde Fazit des offenen Briefwechsels – 1974 noch immer sträflich vernachlässigt.

---

[135] Gollwitzer führte in seinem Antwortschreiben vom 16.8.1974 aus, er habe in seinem ersten Brief eben jene Radikalposition skizzieren wollen, die den breiten gesellschaftlichen Grundkonsens von der besonderen Schutzwürdigkeit des ungeborenen Lebens nicht teile. Er gab zudem zu verstehen, dass er selbst diese Position nicht vertrat (EZA 2/93/6227).

[136] Die biologistische Kasuistik, derer sich die Kirchen zur Beantwortung der Frage nach dem Beginn menschlichen Lebens in der Regel bedienten, erschien Gollwitzer zu kurz gegriffen (vgl. Ebd.). Auch der Marburger Sozialethiker Eberhard Amelung hatte die Beobachtung gemacht, dass die evangelischen Erklärungen kaum eigenständige theologische Reflexionen über den Begriff des Lebens vornahmen, sondern den biologischen Lebensbegriff zur Grundlage ihrer Argumentation machten (vgl. Brief an Wilkens vom 19.3.1974, in: EZA 2/93/6224).

[137] Statt einer Fortsetzung des öffentlichen Briefwechsels suchte Claß das Gespräch mit Gollwitzer und verständigte sich mit diesem darauf, die Auseinandersetzung nicht weiter zu führen (vgl. handschriftliche Notiz von Hartmut Metzger/Stuttgart an Wilkens [ohne Datum] auf der Kopie des Schreibens von Gollwitzer an Claß vom 16.8.1974, in: EZA 2/93/6227, sowie Auskunft in der Notiz von Mechthild König an Paul Collmer vom 25.9.1974, in: ADW, HGSt 4650).

1.2.4 Katholische Initiativen im Frühjahr 1974

„Anders als bei der evangelischen Kirche", hob der Vorsitzende der katholischen Bischofskonferenz Mitte April 1974 hervor, bestehe unter den führenden Verantwortlichen der katholischen Kirche „vollkommene Einmütigkeit" in den Auffassungen zur Reform des Abtreibungsstrafrechts.[138] In der Tat wiesen die katholischen Äußerungen des Frühjahrs 1974 keine nennenswerten inhaltlichen Differenzen auf.

Die Wortmeldungen nahmen in den letzten Wochen vor der Bundestagsdebatte noch einmal deutlich zu, da die katholische Kirche das breite Aktionsprogramm des Vorjahrs neu auflegte.[139] Den Höhepunkt bildete abermals ein Votum der Bischofskonferenz. Wie 1973, als sich die Bischöfe erstmals in einem persönlichen Schreiben an die Bundestagsabgeordneten gewandt hatten, wählten sie auch 1974 einen neuen und ungewöhnlichen Weg, um die Dringlichkeit ihres Anliegens zu verdeutlichen. Am 17. April trat der Vorsitzende der Bischofskonferenz Kardinal Döpfner erstmals in der Geschichte der Bundesrepublik vor die Bonner Bundespressekonferenz, um dem Medienforum – das üblicherweise ranghohen politischen Repräsentanten vorbehaltenen war – die Erklärung der Bischofskonferenz vorzustellen.

Die katholischen Bischöfe wiesen in ihrer Stellungnahme ausdrücklich jede über die medizinische Indikation hinausgehende Novellierung des Abtreibungsstrafrechts zurück.[140] In der Pressekonferenz hob der Kardinal

---

138 *kna* vom 18.4.1974.

139 Das Sekretariat der Deutschen Bischofskonferenz gab erneut eine aufwändig gestaltete, kurze Informationsbroschüre heraus (vgl. Faltblatt „Reform § 218", herausgegeben vom Sekretariat der Deutschen Bischofskonferenz [ohne Datum], in: PAEvKBB, Abtreibung und Kirche 7/73–12/76); das ZdK veröffentlichte eine umfassende Arbeitshilfe und verabschiedete auf seiner Vollversammlung Ende März 1974 abermals eine Stellungnahme (vgl. V. LISSEK/F. RAABE, Für das Leben, sowie „Erklärung der Vollversammlung des Zentralkomitees der deutschen Katholiken zur geplanten Änderung des § 218 StGB" vom 22.3.1974 (in: *ZdK Mitteilungen* vom 25.3.1974). Kirchenzeitungen griffen das Thema verstärkt auf, und die Zahl der Unterschriftensammlungen sowie der privaten Einsendungen an die Bundestagsabgeordneten stieg wieder an (vgl. *kna* vom 6.4.1974). Die Bischofskonferenz erklärte den Sonntag vor der Bundestagsdebatte zudem zum Gebetstag für den Schutz des werdenden Lebens (vgl. H. TALLEN, § 218, S. 227). Der Diözesanrat der Erzdiözese München und Freising schließlich erneuerte und verschärfte am 7. April 1974 die umstrittene Wählbarkeitsaussage Kardinal Höffners vom Frühjahr 1972 und gab bekannt, Abgeordnete, die in der anstehenden Bundestagsabstimmung für eine über die Zulassung der medizinischen Indikation hinausgehende Regelung votierten, seien für Katholiken nicht wählbar (vgl. „Mischnick weist Drohungen der Kirche wegen § 218 zurück", in: *SZ* vom 9.4.1974, sowie *kna* vom 18.4.1974, und „Der Kardinal verzichtet auf den Paukenschlag" von Gunter Hofmann, in: *SZ* vom 18.4.1974). Für eine ausführliche Darstellung der katholischen Intervention siehe H. TALLEN, § 218, S. 218–233.

140 Ein Bundestagsvotum gegen den Grundsatz des unbedingten Lebensschutzes, warnte Döpfner, werde viele überzeugte Demokraten in einen schweren Loyalitätskonflikt mit dem Staat stürzen (vgl. „Erklärung von Kardinal Döpfner vor der Bundespressekonferenz zur

zudem unter Verweis auf das Naturrecht hervor, dass es in der Frage des Grundrechts auf Leben per se keinen Pluralismus geben könne.[141] Die dereinst von der EKD-Kirchenleitung geäußerte Hoffnung, die kompromisslose Haltung der katholischen Kirche durch die Gemeinsame Erklärung abmildern zu können, wurde damit endgültig enttäuscht.[142]

Der „ganz und gar ungewöhnliche Gang des Kardinals vor die Bonner Bundespressekonferenz" fiel nach dem Urteil der *Süddeutschen Zeitung* trotz der eindringlichen Worte jedoch „recht harmlos" aus.[143] Die Medien und das Parlament zeigten sich angesichts der massiven katholischen Agitation der vorausgegangenen Monate und Jahre relativ unbeeindruckt.[144] Der harte Konfrontationskurs der katholischen Kirche, hieß es, beflügele ohnehin nur die Hoffnungen der Fristenfraktion, dass es zu keiner überparteilichen Einigung der Indikationenvertreter und -vertreterinnen mehr kommen und das Fristenmodell den nötigen Zulauf aus der Müller-Emmert-Gruppe erhalten werde.[145]

Anders als der Rat der EKD, der die Chancen kirchlicher Intervention nach dem Panorama-Streit skeptisch beurteilt und keine weiteren Schritte zur Wahrnehmung seines Öffentlichkeitsauftrags eingeleitet hatte, hatte

---

bevorstehenden parlamentarischen Beratung der Gesetzentwürfe zur Novellierung des § 218 StGB" vom 17.4.1974, in: EZA 87/760). Der Vorsitzende des ZdK und rheinland-pfälzische Kultusminister Bernhard Vogel hatte zuvor ebenfalls erklärt, durch die Verabschiedung einer Fristenregelung würde der Staat für viele Deutsche zu einem „fremden Haus" (*ZdK Mitteilungen* vom 25.3.1974).

[141] Döpfner betonte in seiner „Erklärung" (vgl. Anm. 140): „[D]as positive Recht unterliegt nicht nur Nützlichkeitserwägungen oder zufälligen Mehrheitsentscheidungen, auch nicht Gründen der Opportunität. Es hat vielmehr seine Begründung in Normen, die auch der Verfügung durch den Gesetzgeber entzogen sind. In der Frage des Grundgesetzartikels 2, wonach jeder ein Recht auf Leben und Unversehrtheit hat, kann es keinen Pluralismus geben".

Wie sich an der Kontroverse um die Gestalt der katholischen Schwangerschaftskonfliktberatung in den neunziger Jahren ablesen lässt, ist es unterdessen jedoch auch in der katholischen Kirche zu einer Pluralisierung der Meinungen gekommen (vgl. M. SPIEKER, Kirche und Abtreibung, S. 86–92).

[142] Zur kompromisslosen Haltung der katholischen Bischofskonferenz vgl. auch H. TALLEN, § 218, S. 225 f., sowie M. LISSKE, Abtreibungsregelung, S. 175.

[143] „Der Kardinal verzichtet auf den Paukenschlag" von Gunter Hofmann (*SZ* vom 18.4.1974).

[144] In Bonn drückten die Abgeordneten Hans de With (SPD) und Andreas von Schoeler (FDP) lediglich ihr Bedauern über Döpfners Äußerungen aus und wiesen darauf hin, dass die katholische Kirche sich mit ihrer Auffassung in der Minderheit befände (vgl. „Heinemann fordert würdige Diskussion über Paragraph 218", in: *Der Tagesspiegel* vom 18.4.1974). Harte Kritik an der Erklärung der Bischofskonferenz äußerte lediglich Lieselotte Funcke (FDP), die erklärte, das Wort „binde das Gewissen absolut an die kirchliche Autorität und kündige dem Staat die Loyalität auf" (*epd za* 22.4.1974). Für weitere Reaktionen vgl. auch H. TALLEN, § 218, S. 229–232.

[145] Vgl. Anm. 143.

die katholische Bischofskonferenz ihre Position vor der Bundestagsdebatte nochmals mit Nachdruck zu Gehör gebracht. Die Reaktionen zeigten jedoch, dass die gesellschaftlichen und politischen Rahmenbedingungen nach den Auseinandersetzungen um den Panorama-Beitrag äußerst ungünstig waren und die Position der Kirchen geschwächt schien. In dieser Lage vermochte selbst Döpfners Auftritt vor der Bundespressekonferenz nichts mehr auszutragen, und, „was als letzte geharnischte Warnung gedacht gewesen sein mag“, so der Kommentator der *Süddeutschen Zeitung*, „geriet [...] zugleich als erstes Signal des Sich-Fügens ins Unvermeidliche“.[146]

1.2.5 Radikale Auswüchse der öffentlichen Proteste

Durch den „Panorama“-Streit hatten sich die gesellschaftlichen Fronten noch einmal dramatisch verhärtet. Die Radikalisierung der Abtreibungsdebatte in den letzten Wochen vor der Entscheidung des Bundestags äußerte sich nicht nur in einer Verschärfung des Tons, sondern auch in spektakulären Aktionen. Während auf der einen Seite Aktivisten in den Hungerstreik traten, um die Fristenregelung zu verhindern, traten auf der anderen Seite Prominente – wie der Schriftsteller Günter Grass – aus der katholischen Kirche aus, um die Reform zu befördern.[147]

Doch nicht nur die Formen des friedlichen Protestes radikalisierten sich. Am 9. April 1974 wurden an der Münchner Michaelskirche, dem Wohnsitz Kardinal Döpfners und dem Gebäude der Katholischen Nachrichtenagentur Parolen gegen die Haltung der katholischen Kirche zur Reform des Abtreibungsstrafrechts angebracht.[148] Es folgten ähnliche Aktionen im gesamten Bundesgebiet.[149] Die Polizei hatte daraufhin vermehrt vor kirchlichen Gebäuden zu patrouillieren, und die Münchner Kirchen wurden zeitweise sogar rund um die Uhr bewacht.[150] In verschiedenen Messen – u. a.

---

[146] Ebd.

[147] Während Grass am 23. April 1974 aus Protest gegen die Haltung der katholischen Bischöfe zur Reform des Abtreibungsstrafrechts aus der Kirche austrat (vgl. *dpa* 137 id vom 26.4.1974), traten am selben Tag 32 radikale Reformgegner und -gegnerinnen auf dem Bonner Münsterplatz in den Hungerstreik, um gegen die Verabschiedung der Fristenregelung zu demonstrieren (vgl. „Hungerstreik gegen Fristenlösung“, *dpa* 251 id vom 23.4.1974).

[148] Vgl. *dpa*-Meldung vom 9.4.1974.

[149] Am Ostersonntag, 14. April 1974, prangte auch an den Portalen der Münchner Frauenkirche und der Theatinerkirche in großen Lettern: „Treibt Döpfner ab!“ (vgl. „Paragraph 218: ‚Wir müssen nun durch‘“, in: *Der Spiegel* 17/28 vom 22.4.1974, S. 19). Drei katholische Kirchen in Düsseldorf sowie eine weitere in Germering im Landkreis Fürstenfeldbruck wurden ebenfalls beschmiert (vgl. „Parolen gegen § 218 an Kirchenmauern“, in: *Die Welt* vom 19.4.1974). Auch am Freiburger Münster prangten am 22. April 1974 Parolen zur Abschaffung des § 218 StGB (vgl. *epd za* vom 22.4.1974).

[150] Vgl. *dpa* 220 id vom 21.4.1974.

der Ostermesse Kardinal Döpfners – kam es zudem zu Störaktionen, die die Zeremonien sprengten.[151]

Auch evangelische Kirchen waren Zielscheibe der Proteste. So wurden in Stuttgart unmittelbar vor der Bundestagsdebatte am 25. April 1974 sowohl die katholische Marienkirche als auch die evangelische Markuskirche mit Parolen wie „Nieder mit der Kirche" und „Ausbeuter" beschmiert.[152] Die Aggressionen, die sich bemerkenswerterweise nicht gegen den Staat, sondern ausschließlich gegen die Kirchen richteten, zeigten nochmals die Konfliktlinien auf. Die Abtreibungsdebatte wurde von den radikalreformerischen Kräften nicht in erster Linie als eine politische Auseinandersetzung begriffen, sondern als ein Emanzipationskampf gegen die Kirchen, deren gesellschaftlichen Einfluss es zu minimieren galt.

1.2.6 Gesellschaftliche Stimmungsbilder vor der Entscheidung des Bundestags

„Noch einmal Agitation und Demonstration, noch einmal Fernseh-Dispute und, unmittelbar vor der entscheidenden Abstimmung im Bundestag, auch noch ein dräuendes Wort der katholischen Kirche", so fasste Rudolf Augstein das Geschehen im Vorfeld der Bundestagsdebatte am 25./26. April 1974 zusammen.[153] Die Demoskopen ergänzten das Bild um verschiedene Meinungsumfragen, wobei die Befragungen je nach politischer Ausrichtung der Meinungsforschungsinstitute zu unterschiedlichen Ergebnissen kamen. Während das unionsnahe Allensbacher Institut für Demoskopie in allen Bevölkerungsgruppen eine Mehrheit für ein Indikationenmodell ermittelte, erhob das SPD-nahe Bielefelder Emnid-Meinungsforschungsinstitut unter Zugrundelegung einer leicht veränderten Fragestellung eine gesellschaftliche Mehrheit für die Fristenregelung.[154]

---

[151] Unbekannte hatten im Beichtstuhl ein Tonband versteckt, das sich während der Predigt Döpfners per Zeitschaltuhr einschaltete. Der Kardinal verließ die Kirche daraufhin unter Polizeischutz (vgl. *dpa* 127 id vom 16.4.1974). Eine Messe des Osnabrücker Bischofs Wittler wurde ferner durch Stinkbomben unterbrochen (vgl. *dpa* 220 id vom 21.4.1974).

[152] „Vor Abtreibungsdebatte: Stuttgarter Kirchen beschmiert" (*dpa* 094 id vom 25.4.1974).

[153] „Paragraph 218: ‚Wir müssen nun durch'" (*Der Spiegel* 17/28 vom 22.4.1974, S. 19).

[154] Laut Emnid-Umfrage traten 34 % der Befragten für eine Fristenregelung ein, was sich ungefähr mit den Allensbach-Ergebnissen deckte. 18 % sprachen sich laut Emnid allerdings darüber hinaus für eine Streichung des § 218 StGB aus und nur 18 % für eine Indikationenregelung bzw. 19 % gegen jede Änderung des Abtreibungsstrafrechts (vgl. „emnid: 34 % der Bundesbürger für Fristenregelung" *dpa* 126 id vom 23.4.1974). Laut Allensbach lag die Zustimmung zu einer erweiterten Indikationenregelung dagegen bei rund 50 %, während ca. 10 % der Befragten für eine unveränderte Beibehaltung des Abtreibungsverbots eintraten. Allensbach ermittelte ferner deutliche konfessionelle Differenzen bei der Bewertung der Fristenregelung, der immerhin 23 % der befragten Katholiken, jedoch 41 % der befragten

Für einige Verwirrung sorgte ferner die Meldung des Tübinger Wickert Instituts, wonach sich nur 14 % der Bevölkerung für eine sofortige Beschlussfassung des Bundestags zur Reform des Abtreibungsstrafrechts aussprachen, während die überwältigende Mehrheit von 79 % der Befragten eine Verschiebung der Bundestagsentscheidung um mindestens ein Jahr befürwortete.[155] Nicht nur die hohe Zahl derer, die eine baldige Beschlussfassung ablehnten, erstaunte; 7 % der Befragten gaben darüber hinaus an, der Reform des § 218 StGB insgesamt gleichgültig gegenüber zu stehen. Im Jahr zuvor noch undenkbar, äußerten weitere 30 % die Auffassung, andere Probleme seien vordringlicher bzw. diese Frage sei nur für einen kleinen Teil der Bevölkerung von Bedeutung.[156]

Die Daten wiesen auf einen signifikanten gesellschaftlichen Stimmungsumschwung hin. Offenbar hatte sich die Abtreibungsdebatte im Frühjahr 1974 nicht nur radikalisiert, sondern auch partikularisiert. An die Stelle der gesamtgesellschaftlichen Massenmobilisierung des Vorjahres war die Konfrontation zwischen einzelnen Interessengruppen getreten, deren radikale Positionen keine breite Resonanz mehr fanden. Die Mehrheit der Deutschen tendierte unterdessen zur Mitte des Meinungsspektrums und verlor laut Umfrage allmählich das Interesse an der Diskussion um die Reform des Abtreibungsstrafrechts.

Protestanten zustimmten (vgl. Allensbacher Berichte 1974 Nr. 11, sowie „Mehrheit für erweiterte Indikationslösung", in: *FR* vom 18.4.1974, und „Mehr als die Hälfte der Frauen für Indikationenregelung", in: *epd za* vom 17.4.1974). Auf die Frage, wer über den § 218 StGB entscheiden sollte, antworteten laut Emnid-Umfrage 56 % der Befragten die Frauen, 28 % die Ärzte, 10 % das Parlament und 3 % die Kirche (vgl. „emnid: 34 % der Bundesbürger für Fristenregelung", in: *dpa* 126 id vom 23.4.1974). Für weitere demoskopische Erhebungen vgl. H. TALLEN, § 218, S. 234–237.

155 Zur Begründung des Aufschubwunsches gaben 44 % der Befragten an, die Reformdiskussion sei noch nicht gründlich genug geführt worden (vgl. *epd za* vom 19.4.1974, sowie „Bundesbürger für Verschiebung der §-218-Diskussion", in: *Spandauer Volksblatt* vom 19.4.1974).

156 Einer Umfrage des Hamburger Sample-Instituts zufolge zeigten sich nur 68 % der befragten Katholikinnen an der Debatte um die Reform des § 218 StGB interessiert (siehe H. TALLEN, § 218, S. 236; vgl. ferner „Wie nahe ist die Kirchenführung den Katholiken? Im Streit um die Abtreibung zeigt die Mehrheit des Kirchenvolkes Teilnahmslosigkeit" von Knut Barrey (*FAZ* vom 16.4.1974).

2. Die Beschlussfassung des Bundestags

Nach zweieinhalb Jahren intensiver gesellschaftlicher Debatte sowie einem ersten gescheiterten Reformversuch sollte die Novellierung des § 218 StGB im Frühjahr 1974 endlich zu ihrem Abschluss gebracht werden. Der Ausgang des Reformvorhabens war angesichts der unsicheren Mehrheitsverhältnisse im Bundestag allerdings noch nicht absehbar. Die zweite und dritte Lesung der Gesetzentwürfe am 25. und 26. April sollten darüber entscheiden, ob es überhaupt zu einer Reform kommen würde und welcher Gestalt sie sein sollte.

2.1 Die parlamentarische Entscheidungsfindung

Die Reform des Abtreibungsstrafrechts unterschied sich in vielerlei Hinsicht von anderen Gesetzgebungsvorhaben. Das machten sowohl die hitzigen öffentlichen Auseinandersetzungen deutlich als auch verschiedene politische Hürden, die bereits im Vorfeld der Beschlussfassung Ausnahmen vom regulären parlamentarischen Prozedere verlangten. Bevor das Parlament zur abschließenden Aussprache und Abstimmung über die Gesetzentwürfe voranschreiten konnte, waren zunächst die Ausschussberatungen abzuschließen und die Fragen des Abstimmungsmodus sowie der Gewissensfreiheit der Abgeordneten zu klären.

2.1.1 Die Ergebnisse der Ausschussberatungen

Der Bundestag hatte in seiner ersten Lesung am 17. Mai 1973 beschlossen, die vier Gesetzentwürfe zur Reform des § 218 StGB zur weiteren Beratung federführend an den Strafrechtssonderausschuss weiterzuleiten. Der Ausschuss hatte seine Beratungen nach der Sommerpause im September 1973 aufgenommen und fünf Monate später, am 27. März 1974, abgeschlossen.

Das Ergebnis der Verhandlungen wich allerdings von der Geschäftsordnung des Bundestags ab. Keine Vorlage hatte im Strafrechtssonderausschuss die erforderliche Mehrheit gefunden; alle hatten mehr Nein- als Ja-Stimmen auf sich vereint.[157] Hätte der Ausschuss sich strikt an die Geschäftsordnung gehalten, hätte er keinen Entwurf an den Bundestag zurückleiten dürfen und die Reform wäre gescheitert.[158] Da jedoch keine

---

[157] Vgl. „Beratung der Frauen jetzt auch im Fristen-Antrag" von Friedrich Karl Fromme (*FAZ* vom 29.3.1974).

[158] Nach § 60 Abs. 2 der Geschäftsordnung hatte der Ausschuss die Aufgabe, dem Bundestag „bestimmte Beschlüsse zu empfehlen" (AMTLICHES HANDBUCH DES DEUTSCHEN BUNDESTAGES, S. 152 f.).

Fraktion ein Interesse daran haben konnte, für das Scheitern der Reform verantwortlich gemacht zu werden, hatten die Mitglieder des Strafrechtssonderausschusses sich darauf verständigt, dem Plenum unter Abweichung vom üblichen Verfahren alle Entwürfe wieder zurückzuleiten.[159]

Bevor die vier Reformentwürfe zur Schlussabstimmung an den Bundestag zurückgeleitet wurden, waren sie im Strafrechtssonderausschuss allerdings überarbeitet worden. Die gewichtigste Neuerung war dabei die Aufnahme einer Beratungspflicht in das Fristenmodell der Regierungskoalition. Dieser Schritt, der primär auf die Intervention der Alternativ-Professoren zurückgeführt wurde, stelle eine große Konzession der Fristenfraktion an die Indikationenvertreter und -vertreterinnen dar. „Den ideologisch stark fixierten Anhängern der Fristenregelung", erläuterte Friedrich Karl Fromme von der *FAZ*, „kann die Aufnahme der obligatorischen Beratung nicht leicht geworden sein. Denn für diejenigen, denen die ‚Freigabe' der Abreibung innerhalb einer bestimmten Frist eine starke emanzipatorische Komponente hat, ist es sehr wesentlich, dass die Frau ‚gänzlich frei' zu entscheiden habe [...]. Jede Art von ‚Beratung' sieht von diesem Standpunkt wie Bevormundung aus oder gar wie eine Vorstufe zu – entscheidungsbefugten – Gutachterstellen."[160] Durch die Aufnahme der Pflichtberatung in das Fristenmodell trat dessen ursprünglich emanzipatorischer Impetus zugunsten des Lebensschutzgedankens in den Hintergrund.[161]

Eine Entscheidungshilfe für die Schlussabstimmung vermochte der Strafrechtssonderausschuss dem Bundestag letztlich jedoch nicht zu geben. Zwar war es durch die Überarbeitung und formale Vereinheitlichung der

---

[159] Die jeweiligen Gegner und Gegnerinnen der verschiedenen Modelle enthielten sich bei der Abstimmung im Strafrechtssonderausschuss ihrer Stimme, so dass kein Model abgelehnt wurde (vgl. Ebd.). Das Verhandlungsergebnis des Strafrechtssonderausschusses wurde unterschiedlich bewertet. Während die Unionsabgeordnete Hanna Neumeister die Redlichkeit der Ausschussberatungen lobend hervorhob, vertrat ihre Fraktionskollegin Roswitha Verhülsdonk die Ansicht, die SPD habe es von Anfang an darauf angelegt, die Beratungen scheitern zu lassen (vgl. BT Sten. Ber. 7. WP 95. Si. vom 25.4.1974, S. 6357; S. 6429). Vgl. dazu auch BT Sten. Ber. 7. WP 221. Si. vom 12.2.1976, S. 15351 (Eyrich) sowie M. Gante, § 218, S. 149 f.

[160] „Beratung der Frauen jetzt auch im Fristen-Antrag" (*FAZ* vom 29.3.1974). Zur Initiative der Alternativ-Professoren vgl. oben S. 279 f. Kurz zuvor hatte sich auch der Minister für wirtschaftliche Zusammenarbeit Erhard Eppler für die Aufnahme der obligatorischen Beratung in den Fristenentwurf ausgesprochen. Der SPD-Indikationenvertreter und spätere Kirchentagspräsident hatte damit indirekt zu verstehen gegeben, dass ihm eine Stimmabgabe für das Fristenmodell unter diesen Umständen leichter fallen würde (vgl. „Eppler für obligatorische Beratung bei Fristenregelung", in: *epd za* vom 26.3.1974).

[161] Während die Indikationenentwürfe eine dreitägige Bedenkzeit zwischen der Beratung und dem Eingriff vorsahen, konnte die Beratung im Fristenentwurf allerdings auch unmittelbar vor dem Eingriff und durch denselben Arzt erfolgen, der den Schwangerschaftsabbruch vornahm (vgl. dies und das Folgende nach BT-Drs. 7/1981 bis 7/1984 vom 10.4.1974, sowie BT-Drs. 7/1981 [neu] vom 24.4.1974).

Entwürfe zu geringfügigen Annäherungen gekommen, doch hatte kein Modell ausgeschieden werden können.[162]

Da die großen Fraktionen des Bundestags zudem in sich gespalten waren und nicht einheitlich abstimmten, schien es kaum möglich, im Vorfeld klar prognostizierbare Mehrheiten für einen der vier Entwürfe auszumachen. Noch immer war nahezu alles theoretisch möglich und kein Ausgang sicher absehbar.[163] Die Bundestagsabstimmung über die Reform des § 218 StGB glich somit einer Rechnung mit vielen Unbekannten.

2.1.2 Die Gewissensfreiheit der Abgeordneten

Alle Parteien im Bundestag hatten wiederholt darauf hingewiesen, es dürfe und werde keinen Fraktionszwang bei der Abstimmung über die Reform des § 218 StGB geben. Eine Entscheidung von derart umfassender ethischer Tragweite könne keinem Parlamentarier und keiner Parlamentarierin vorgeschrieben werden, hieß es einvernehmlich, sondern müsse respektvoll dem je eigenen Gewissen überlassen bleiben.

Angesichts der vagen Mehrheitsverhältnisse im Bundestag und des unsicheren Ausgangs der Abstimmung geriet die Frage der Gewissensfreiheit

---

162 Wichtigste Ergebnisse der Vereinheitlichung waren das in alle Entwürfe aufgenommene Weigerungsrecht aus Gewissensgründen sowie die Bestimmung, dass ein Schwangerschaftsabbruch nur in einem Krankenhaus oder einer Institution mit angemessenen Einrichtungen zur medizinischen Nachbehandlung vorgenommen werden durfte (vgl. Ebd.). Der CDU/CSU-Fraktionsentwurf hatte sich zudem in drei Punkten auf den Müller-Emmert-Entwurf zu bewegt. Man hatte a) die Entscheidungsbefugnisse der Gutachterstellen abgemildert, b) die Möglichkeit zur Straffreiheit für die Frau zur Regel erhoben und sich c) durch die Anlehnung an den weit gefassten WHO-Gesundheitsbegriff ansatzweise für soziale Rechtfertigungsgründe geöffnet (vgl. BT-Drs. 7/1983 vom 10.4.1974).

163 Der *Spiegel* sah die Verantwortung für den ungewissen Ausgang der Bonner Entscheidung vornehmlich bei den Kirchen. „Mit beharrlicher Propaganda“, hieß es, „in Kanzelworten und im Zwiegespräch mit Abgeordneten hatten die Kirchen in den zurückliegenden Monaten gegen die Fristenlösung Stimmung gemacht – so daß der Ausgang der für Ende April terminierten Abstimmung in Bonn nun tatsächlich ungewiß ist“ („Sprengsatz für die Moral“, in: *Der Spiegel* 12/74 vom 18.3.1974, S. 19 f.). Fromme von der *FAZ* und Orlt vom *epd* meinten dagegen, dass es im Anschluss an die Veröffentlichung der Gemeinsamen Erklärung der beiden großen Kirchen zwar zur Jahreswende zunächst so ausgesehen hatte, als hätte die Gruppe um Müller-Emmert innerhalb der SPD an Gewicht gewonnen, doch habe sich das Blatt durch die Stellungnahme der Kasseler Synode und die Ereignisse um die „Panorama“-Sendung erneut zugunsten der Fristenfraktion gewendet (vgl. „Fristen-Anhänger nach wie vor optimistisch“, Korrespondentenbericht von Rudolf Orlt, in: *epd za* vom 28.1.1974, sowie „Vier Entwürfe und keine Mehrheit“ und „Beratung der Frauen jetzt auch im Fristen-Antrag“ von Friedrich Karl Fromme, in: *FAZ* vom 24.12.1973 und 29.3.1974). M. Lisske resümiert dagegen, dass die Versuche der Kirchen und anderer pressure groups, Meinungen und Mehrheiten in ihrem Sinne zu beeinflussen, ohne erkennbaren Einfluss auf das Parlament geblieben seien (Ders., Abtreibungsregelung, S. 170).

im Vorfeld der Plenardebatte jedoch zunehmend zu einem Politikum. Ging es doch in erster Linie um das Abstimmungsverhalten der Müller-Emmert-Gruppe, die das Zünglein an der Waage war. Von den 27 Abgeordneten der Regierungskoalition hing es nicht nur ab, ob es überhaupt zu einer Reform kommen sollte, sondern auch, welcher Gestalt die Gesetzesnovelle sein würde.[164] Angesichts derart weit reichender Konsequenzen wurde in der Regierungskoalition die Frage aufgeworfen, ob die Freiheit des eigenen Gewissens in diesem Fall nicht den Mehrheitsinteressen der Partei unterzuordnen sei.[165]

Nach Ansicht der Presse wog der parteiinterne Druck auf die SPD-Indikationenvertreter zur Befürwortung des Fristenentwurfs jedoch nichts gegen den externen, durch die Kirchen ausgeübten Druck zur Ablehnung des Fristenmodells.[166] Insbesondere die liberale Presse sah in dem Hinweis auf die Freiheit der Gewissensentscheidung ein letztes Kampfmittel reaktionärer gesellschaftlicher Kräfte zur Verhinderung der Fristenregelung. In einem ‚Rundumschlag' griff Rudolf Augstein in der letzten *Spiegel*-Ausgabe vor der Bundestagsdebatte nicht nur die Kirchen, sondern auch den Medizinerstand für ihre Berufung auf das Gewissen scharf an. „Ärzte," schrieb er, „die doch nichts weiter sind und sein sollen als Handwerker des Leibes und der Seele, wollen weiterhin Schicksal spielen, wollen den Schlüssel zum Wohl oder Wehe des Patienten geräuschvoll hin und her kommissionieren. Nicht zu reden von den berufsmäßigen Gewissensausbeutern, jenen

---

164 Blieb die Müller-Emmert-Gruppe geschlossen bei ihrem Gesetzentwurf und lehnte alle anderen ab, fände im Endeffekt kein Modell die notwendige absolute Mehrheit. Votierten die SPD-Indikationenvertreter dagegen für das Fraktionsmodell der Opposition, so hätte dies eine Chance auf Verabschiedung. Wäre indes eine genügend große Anzahl von ihnen bereit, ihre Bedenken gegen ein Fristenmodell hintanzustellen und diesem in der Stichentscheidung zuzustimmen, käme es zur Verabschiedung der Drei-Monats-Regelung.

165 Vgl. „Das Gewissen ist kein heisser Draht zu Gott" von Werner Hill (*Vorwärts* vom 17.1.1974). Anfang März 1974 hatte der Parteivorstand der SPD ferner eine längere Informationsbroschüre herausgegeben, die für das Fristenmodell warb und die Müller-Emmert-Gruppe damit innerhalb der Regierungskoalition weiter isoliert hatte (vgl. § 218. ARGUMENTE ZUR REFORM). Auf der Klausurtagung der SPD drei Tage vor der Bundestagsdebatte verzichtete der Fraktionsvorsitzende Herbert Wehner allerdings darauf, eine Probeabstimmung vorzunehmen oder den Genossen und Genossinnen Fraktionsdisziplin nahe zu legen. Dass auf der Müller-Emmert-Gruppe dennoch ein wachsender Meinungsdruck lastete, war freilich unbestritten (vgl. „Klausurtagung der Fraktion zu 218 am 22.4.", in: *SZ* vom 18.4.1974).

166 Wie üblich differenzierte die Presse nicht zwischen den Standpunkten der beiden großen Kirchen. In der *FR* vom 24.4.1974 hieß es. z. B.: „Die verantwortlichen Sprecher der Kirchen [...] haben wissen lassen, daß sie gegen jede Änderung der augenblicklichen Lösung kämpfen werden" („Das Gewissen und der Paragraph 218" von Werner Holzer). Trotz detaillierter Schilderung der evangelischen Meinungsäußerungen resümierte auch die *Abendzeitung* vom 18.4.1974: „Die Amtskirchen haben nur gegen die eng gefasste medizinische Indikation, wie sie von der 28 köpfigen Minderheitsgruppe der CDU/CSU befürwortet wird, keine Bedenken" („Vier Modelle stehen zur Entscheidung").

Papisten aller christlichen Kirchen, die noch keinen Übelstand dieser Welt behoben und uns gleichwohl all die Jahrhunderte hindurch mit den unsinnigsten Vorschriften gequält haben."[167] Die mit der Frage der Gewissensentscheidung einhergehende vehemente antiklerikale Polemik verdeutlichte nochmals, wie zutreffend Kunsts Einschätzung der Lage und wie aussichtslos Schweitzers Wunsch gewesen war, die evangelische Kirche möge die Abgeordneten durch ein „*Wort zum Sonntag*" in ihrer freien Gewissensentscheidung bestärken.[168]

2.1.3 Die Frage des Abstimmungsmodus

Nicht allein die ethische Frage, wie viel Gewissensfreiheit den Abgeordneten bei der Abstimmung über die Reform des § 218 StGB zugestanden werden sollte, bewegte die Gemüter im Vorfeld der Plenardebatte. Nachdem der Strafrechtssonderausschuss alle vier Gesetzentwürfe an den Bundestag zurücküberwiesen hatte, musste sich das Parlament auch mit der Verfahrensfrage auseinander setzen, in welcher Reihenfolge über die Anträge entschieden werden sollte. Es galt die Faustregel: Je später über einen Entwurf abgestimmt wurde, desto größer waren seine Chancen auf Verabschiedung, da er auf diese Weise noch Stimmen aus bereits abgelehnten Anträgen abwerben konnte. Die Opposition drang folglich darauf, zuerst über die Fristenregelung abzustimmen, während die Regierungskoalition zu verstehen gab, sie wolle über das Fristenmodell zum Schluss abstimmen und werde zur Not auch eine Geschäftsordnungsdebatte darüber anstrengen.[169]

Der Ältestenrat des Bundestags gelangte schließlich zu einer interfraktionellen Übereinkunft, die auch im Bundestag auf Zustimmung stieß.[170]

---

[167] „Sollten die SPD-Dissidenten nicht zur Vernunft kommen unter Opferung ihres Protagonisten Gerhard Jahn", drohte Augstein weiter, „so ist Willy Brandts nächste Niederlage schon programmiert" („Gewissen ist Macht", in: *Der Spiegel* 17/28 vom 22.4.1974, S. 20 f.).

[168] Vgl. oben S. 377 f.

[169] Zur Opposition vgl. *dpa* 256 id vom 23.4.1974; zur Regierungskoalition vgl. *dpa* 256 id vom 23.4.1974, sowie „Tauziehen um parlamentarische Behandlung des Paragraphen 218" (*Der Tagesspiegel* vom 19.4.1974). Freilich waren die theoretischen Möglichkeiten, die sich aus dem Abstimmungsmodus ergaben – dass etwa die CDU-Mehrheit sich dem Müller-Emmert-Modell anschloss oder umgekehrt – recht unwahrscheinlich (vgl. „Beratung der Frauen jetzt auch im Fristen-Antrag" von Friedrich Karl Fromme, in: *FAZ* vom 29.3.1974). Ebenfalls theoretisch möglich, wenn auch äußerst unwahrscheinlich, war, dass die Müller-Emmert-Gruppe sich nicht dem Fristenmodell, die Heck-Vertreter und -vertreterinnen sich indes dem CDU/CSU-Fraktionsmodell anschlossen und diesem so zu einer Mehrheit verhalfen (vgl. „Paragraph 218: ‚Wir müssen nun durch'", in: *Der Spiegel* 17/28 vom 22.4.1974, S. 19).

[170] Vgl. BT Sten. Ber. 7. WP 95. Si. vom 25.4.1974, S. 6331.

Einer Empfehlung der Vizepräsidentin Funcke folgend beschloss man, am Ende der zweiten Lesung nicht über jeden Entwurf einzeln, sondern gleichzeitig über alle vier Entwürfe abzustimmen.[171] Durch die schriftliche Abstimmung sollte das taktische Kalkül der Abstimmungsreihenfolge umgangen und der persönlichen Gewissensentscheidung der Abgeordneten mehr Raum gegeben werden.[172] Grundlage der dritten und letzten Lesung sollte schließlich jener Entwurf sein, der am Ende der zweiten Lesung die Mehrheit der Stimmen auf sich vereinigen würde.

2.1.4 Die Bundestagsdebatten: „Niemand von uns kommt heute aus diesem Raum ohne Schuld“[173]

Knapp ein Jahr nach der ersten Lesung trat der Deutsche Bundestag am 25. April 1974 zur zweiten Lesung der Entwürfe eines Fünften Gesetzes zur Reform des Strafrechts (5. StrRG) zusammen. Die Generaldebatte, in deren Verlauf nicht weniger als 27 Redner und Rednerinnen das Wort ergriffen, erstreckte sich von den Morgenstunden bis weit nach Mitternacht. Erst am folgenden Tag, nach der dritten Lesung der Entwürfe, kam es zur Endabstimmung.

Bundespräsident Gustav Heinemann hatte das Parlament im Vorfeld zu einer würdigen Debatte über die Novellierung des § 218 StGB angehalten.[174] Die befürchtete ‚Schlammschlacht‘ blieb allerdings aus.[175] Die Bundestagsdebatte verlief zwar nicht ohne polemische Schärfe, blieb im Ganzen jedoch sachlich.

---

[171] Vgl. *dpa* 166 id vom 23.4.1974 sowie BT Sten. Ber. 7. WP 95. Si. vom 25.4.1974, S. 6331.

[172] Vgl. BT Sten. Ber. 7. WP 95. Si. vom 25.4.1974, S. 6331. Dem vom Bundestag beschlossenen Verfahren lagen freilich ebenfalls taktische Überlegungen zu Grunde, denn es minimierte die Chancen der Minderheitenentwürfe. Da im zweiten Wahlgang nur noch der stimmstärkste Entwurf zur Abstimmung stand, wurde die Müller-Emmert-Gruppe vor die ultimative Entscheidung gestellt, dem Fristenmodell zuzustimmen oder die Reform scheitern zu lassen. Der SPD-Indikationenvertreter C.-C. SCHWEITZER bezeichnete die Verfahrensregelung daher als „Überrumpelung“ der Müller-Emmert-Gruppe und verweigerte ihr die Zustimmung (BT Sten. Ber. 7. WP 96. Si. vom 26.4.1974, S. 6500). Vgl. dazu auch DERS., Der Abgeordnete, S. 58–61.

[173] BT Sten. Ber. 7. WP 95. Si. vom 25.4.1974, S. 6389 (Funcke).

[174] Vgl. „Heinemann fordert würdige Diskussion über Paragraph 218“ (*Der Tagesspiegel* vom 18.4.1974).

[175] Während die Abgeordneten in den USA sich in Abtreibungsdebatten Fotos verstümmelter Föten und Kleiderbügel (als Abtreibungsinstrumente) vorgehalten hatten, verlief die bundesdeutsche parlamentarische Beratung auf erfreulich hohem Niveau (vgl. „Jetzt kommt es auf die sozialen Maßnahmen an“ von Rudolf Orlt, in: *epd za* vom 29.4.1974). Dies und das Folgende nach: BT Sten. Ber. 7. WP 95. Si. vom 25.4.1974, S. 6331–6362; S. 6382–6445, sowie BT Sten. Ber. 7. WP 96. Si. vom 26.4.1974, S. 6463–6505.

Ein bedeutender Randaspekt, zu dem erstaunlich viele Redner und Rednerinnen Stellung nahmen, war der Beitrag der Kirchen zur Meinungsbildung um die Reform des Abtreibungsstrafrechts. Der aus den Reihen der Regierungskoalition geäußerten Kritik an der als zu massiv empfundenen kirchlichen Intervention stand deren Rechtfertigung durch die Opposition gegenüber.[176] Die Vorwürfe richteten sich in erster Linie gegen die katholische Kirche.[177] Was die evangelische Seite betraf, konnte dagegen ein jeder – von der Fristenanhängerin Lieselotte Funcke (FDP) bis zum Befürworter des Heck-Entwurfs Richard Jaeger (CSU) – auf ein kirchliches Votum zur Unterstützung der eigenen Position verweisen.[178]

Nicht der Beitrag der Kirchen zur Abtreibungsdebatte stand jedoch im Zentrum der Bundestagsdebatte, sondern die umstrittene Verhältnisbestimmung von strafrechtlicher und ethischer Norm bei der Reform des § 218 StGB. Während die Opposition an einer engen Verknüpfung festhielt und davor warnte, der Staat könne mit der Zurücknahme der strafrechtlichen Sanktion den Eindruck erwecken, als gäbe er auch die dahinter stehende

---

[176] Vgl. EBD., S. 6354 (Maihofer); S. 6414 (Sieglerschmidt); S. 6411 (Gross); S. 6472 (Kleinert) sowie dagegen S. 6410 (von Hassel); S. 6484 (Mikat). Der katholische CSU-Abgeordnete und Befürworter des Heck-Entwurfs Richard Jaeger hielt der Kritik von Regierungsseite lakonisch entgegen, die Wählbarkeitsaussagen katholischer Würdenträger seien im Grunde nichts anderes, als die Einflussnahme, die in anderen Fragen durch den Deutschen Gewerkschaftsbund ausgeübt werde (vgl. EBD., S. 6416). Die Opposition lastete der Regierungskoalition indirekt zudem die öffentlichen Ausschreitungen gegen die Kirchen an, was Andreas von Schoeler (FDP) jedoch entschieden zurückwies (vgl. EBD., S. 6334 [Eyrich]; S. 6358 [Neumeister]; S. 6429 [Verhülsdonk], S. 6341 [von Schoeler]).

[177] Die Beiträge einiger liberaler Politiker gestalteten sich allerdings eher als ‚Abrechnungen' mit der katholischen Kirche denn als Sachbeiträge zur Abtreibungsdebatte (vgl. EBD., S. 6411–6413 [Gross] sowie S. 6471 f. [Kleinert]; moderater dagegen S. 6332 [Schlei]; S. 6346 [von Schoeler]; S. 6404 f. [Brandt/Grolsheim]). Mitunter wurde der evangelische Beitrag zur Abtreibungsdebatte auch gegen den katholischen ausgespielt (vgl. S. 6413 [Gross]; S. 6414 [Sieglerschmidt]). Kritik an der evangelischen Kirche wurde dagegen nur vereinzelt geübt (vgl. S. 6383 [de With] sowie S. 6474 [Kleinert]).

[178] Sobald die Opposition ihre Kritik an der Fristenregelung mit der Gemeinsamen Erklärung der beiden großen Kirchen zu untermauern suchte (vgl. EBD., S. 6410 [von Hassel]; S. 6485 [Mikat]), wurde ihr von Regierungsseite allerdings das korrigierende Votum der Kasseler Synode entgegengehalten (vgl. S. 6415 [Sieglerschmidt]; S. 6390 [Funcke]; S. 6413 [Gross]; S. 6483 [Brandt/Grolsheim]; S. 6499 [Eppler]). Die Gesundheitsministerin Katharina Focke berief sich zur Rechtfertigung der Fristenregelung ferner auf den Präsidenten des Bremischen Kirchenausschusses (S. 6402; vgl. oben S. 384 f.), während Schweitzer zur Unterstützung des Müller-Emmert-Entwurfs auf das Votum der EKD-Strafrechtskommission zurückgriff (S. 6501; vgl. oben S. 158–162). Bundestagsvizepräsident Jaeger bezog sich in seinem Plädoyer für das Heck-Modell schließlich auf Dietzfelbingers Bericht vor der bayerischen Landessynode vom März 1974 (S. 6417; vgl. oben S. 381). Eine ähnlich ‚integrative' Kraft wie die verschiedenen evangelischen Stellungnahmen hatten auch die Voten der Ärzteschaft, die ebenfalls von Vertretern und Vertreterinnen aller vier Gesetzentwürfe im Parlament angeführt wurden (vgl. S. 6417 [Jaeger]; S. 6475 [Vogel/Ennepetal]; S. 6426 [Schmitt-Vockenhausen]; S. 6333 [Schlei]).

ethische Norm auf, kritisierten die Liberalen eine so verstandene, auf das Strafrecht angewiesene Ethik dagegen als „bedauernswert schwach“ und traten dafür ein, die Frage der ethischen Bewertung so weit wie möglich von der strafrechtlichen Sanktionierung des Schwangerschaftsabbruchs zu lösen.[179]

Eng verwoben mit der Kontroverse um das Verhältnis von Recht und Ethik war die zweite zentrale Frage der Debatte nach dem Motiv bzw. Ziel des gesamten Reformvorhabens. Hier standen sich allerdings nicht die Indikationenvertreter und -vertreterinnen auf der einen sowie die Fristenfraktion auf der anderen Seite gegenüber, sondern die Trennlinie verlief quer durch die Fristenfraktion. Während zahlreiche parlamentarische Vertreter und Vertreterinnen des Fristenmodells mit der Opposition konform gingen, dass der verbesserte Schutz des ungeborenen Lebens – d. h. die Verminderung der Abtreibungszahlen – als vorrangiges Reformziel zu gelten habe,[180] argumentierten andere dagegen, dass eine Fristenregelung primär das emanzipatorische Ziel verfolge, das Selbstbestimmungsrecht der Frau zu gewährleisten.[181]

---

[179] EBD., S. 6472 (Kleinert). Die Redner und Rednerinnen aus den Reihen der Regierungskoalition führten zur Begründung der Fristenregelung häufig soziologische und kriminalpolitisch-pragmatische Erwägungen an, während die Argumentation der CDU/CSU-Fraktion vor allem um die orientierende Funktion des Rechts sowie den absoluten Wert menschlichen Lebens kreiste (vgl. S. 6473 [Eyrich]; S. 6386–6388 [Spranger]; S. 6432 [Werner]; S. 6483 f. [Mikat] sowie dagegen S. 6472 [Kleinert]; S. 6342 [von Schoeler]; S. 6390 [Funcke]). Funcke brachte den Grundkonflikt zwischen dem Fristen- und dem Indikationenmodell auf die Formel, hier tue sich die Spannung zwischen Gesinnungs- und Verantwortungsethik auf (EBD.).

[180] De With (SPD) betonte an die Kirchen gewandt ausdrücklich: „Niemand, vor allem niemand von der sozialdemokratischen Fraktion, will die gemeinsame Grundwerteposition verlassen“ (EBD., S. 6383). Auch Funcke unterstrich, dass es einen breiten parlamentarischen Konsens in der Bewertung des Schwangerschaftsabbruchs als Schuld gebe (S. 6390).

[181] Vgl. z. B. EBD., S. 6414 (von Bothmer); S. 6434 f. (Schuchardt). Ihren Höhepunkt fand die Auseinandersetzung in einem Wortgefecht zwischen den beiden angesehenen Rechtsgelehrten Werner Maihofer (FDP) und Paul Mikat (CDU). Maihofer – Mitglied der HU und Bundesminister für besondere Aufgaben – fasste das emanzipatorische Reformziel der Fristenbefürworter in dem später viel zitierten und kritisierten Satz zusammen: „Diesen Vorrang des aus der Menschenwürde fließenden Selbstbestimmungsrechtes der Frau gegenüber allem anderen, auch dem Lebensrecht des Kindes, für eine bestimmte Frist herauszustellen, darum geht es uns“ (S. 6492). Mikat, der ehemalige nordrhein-westfälische Kultusminister und engagierte Katholik, erklärte dagegen, das Selbstbestimmungsrecht fände dort seine Grenze, wo es an das Lebensrecht eines anderen Menschen stoße. Diese Einsicht, so Mikat weiter, sei Teil der unverrückbaren Grundwerteordnung der menschlichen Gemeinschaft, die zu schützen eine staatliche Notwendigkeit darstelle (S. 6483 f.). Maihofer konstatierte indes einen weltweiten Wandel der Wertüberzeugungen und forderte die Anpassung des Rechts an die veränderten gesellschaftlichen Bedingungen. Er ging von einem Stufenmodell aus, wonach das Selbstbestimmungsrecht der Mutter mit zunehmender Schwangerschaft zurücktrat und das Lebensrecht des Kindes zunahm (vgl. S. 6492; S. 6357; vgl. dazu auch Gollwitzers Position oben S. 385 ff.).

Klärung in dieser Frage sollte der am Morgen des zweiten Verhandlungstags eingebrachte Entschließungsantrag der Regierungskoalition bringen. „Der Deutsche Bundestag bekräftigt", hieß es darin, „daß der Konsens über die Schutzwürdigkeit und Schutzbedürftigkeit des ungeborenen menschlichen Lebens durch die neue Zuordnung der staatlichen Hilfs- und Schutzmaßnahmen zueinander nicht angetastet wird. [...] Er wird auch allen etwaigen Bestrebungen entgegentreten, die darauf gerichtet sein könnten, den Schutz des ungeborenen menschlichen Lebens einzuschränken oder gar gänzlich aufzuheben."[182]

Die Fristenfraktion unterstrich damit, dass sie sich ungeachtet anders lautender Stimmen aus den eigenen Reihen ebenso wie die Indikationenvertreter und -vertreterinnen mehrheitlich zum Lebensschutz als oberstem Reformziel bekannte. Mit Zufriedenheit stellte der Bundeskanzler fest, dass der Entschließungsantrag endgültig den Verdacht ausräume, als wolle die Koalition mit ihrem Gesetzentwurf nicht nur die strafrechtliche, sondern auch die ethische Haltung zum Schwangerschaftsabbruch revidieren. Der Dissens zwischen Regierung und Opposition, unterstrich Brandt noch einmal, bestehe nicht in der Zielsetzung der Reform – dem bestmöglichen Lebensschutz –, sondern allein in der Wahl der Mittel zur Erreichung dieses Zieles.[183]

Indem sowohl der Entschließungsantrag als auch der Bundeskanzler einer primär emanzipatorisch motivierten Gesetzesänderung eine deutliche Absage erteilten und die Verbesserung des Lebensschutzes als oberstes Ziel der Reform des § 218 StGB benannten, tat die Fristenfraktion einen weiteren Schritt auf die Indikationengruppe in der Regierungskoalition zu.[184] Je näher die Schlussabstimmung rückte, desto größer wurde damit der Druck auf die SPD-Indikationenbefürworter.

---

182 „Entschließungsantrag der Fraktionen SPD und FDP zur dritten Beratung des Entwurfs eines Fünften Gesetzes zur Reform des Strafrechts" (BT-Drs. 7/2042 vom 26.4.1974). Der Entschließungsantrag wurde nach der Schlussabstimmung am Ende der dritten Lesung einem interfraktionellen Antrag folgend zur weiteren Beratung an den Strafrechtssonderausschuss überwiesen (vgl. BT Sten. Ber. 7. WP 96. Si. vom 26.4.1974, S. 6505).

183 Vgl. Ebd., S. 6480 f. Die Entscheidung über die Reform des § 218 StGB orientierte sich letztlich nahezu exakt an den Parteigrenzen. Trotz der Befreiung von der Fraktionsdisziplin wurden die verhärteten parteipolitischen Fronten kaum überschritten. Auf Unionsseite gab es zwar zwei ‚Überläufer', die für das SPD/FDP-Fristenmodell votierten, doch stimmte kein Abgeordneter der Regierungskoalition für ein Modell der Opposition (Ebd., S. 6501–05). Vgl. dazu auch E. Sandschneider, § 218 StGB, S. 36.

184 Im Verlauf der Bundestagsberatungen wurde jedoch auch deutlich, dass es noch erhebliche Differenzen zwischen beiden Gruppen gab, und die Müller-Emmert-Vertreter eine außerordentlich schwierige Position zwischen Regierungskoalition und Opposition innehatten. Die SPD-Indikationenbefürworter erhielten auf der einen Seite den Applaus der Opposition, sahen sie jedoch zugleich den Zwischenrufen aus den eigenen Reihen ausgesetzt (vgl. BT Sten. Ber. 7. WP 95. Si. vom 25.4.1974, S. 6396 [Müller-Emmert]; S. 6415 [Sieglerschmidt]; S. 6426–6428 [Schmitt-Vockenhausen]).

2.1.5 Die Entscheidung des Bundestags

Nach der Marathonsitzung am 25. April 1974 wurde zunächst über alle vier Entwürfe gleichzeitig abgestimmt, wobei die Minderheitenmodelle ausgeschieden wurden.[185] Grundlage der dritten und letzten Lesung waren damit das Fristenmodell der Regierungsfraktionen sowie das Indikationenmodell der Opposition.

Der Auftakt der dritten Lesung am Morgen des 26. April 1974 verzögerte sich jedoch, da der Bundestag zunächst eine kurzfristig anberaumte aktuelle Stunde abhielt. Anlass waren die Verhaftungen des DDR-Spions und Kanzleramtsmitarbeiters Günter Guillaume sowie seiner Ehefrau Christel. Die Spionageaffäre erregte erhebliches Aufsehen und führte wenige Wochen später sogar zum Rücktritt des Bundeskanzlers. Die letzte Lesung der Entwürfe zur Reform des Abtreibungsstrafrechts stand somit bereits im Schatten größerer Ereignisse.

Die Endabstimmung nach insgesamt über 18-stündigen Beratungen führte gegen Mittag des 26. April 1974 schließlich zur Annahme des Fristenmodells. Es wurde mit 247 Ja- zu 233 Nein-Stimmen bei neun Enthaltungen verabschiedet.[186]

Ausschlaggebend für dieses Ergebnis waren die Vertreter der Müller-Emmert-Gruppe, die sich etwa zur Hälfte in der Endabstimmung dem Antrag der SPD/FDP-Fraktionsmehrheit anschlossen.[187] Für die Entscheidung der Müller-Emmert-Anhänger ausschließlich Parteiräson verantwortlich machen zu wollen, dürfte allerdings zu kurz greifen, denn die Fristenfraktion hatte sich in den vorausgegangenen Wochen und Monaten auch

---

[185] Für den Fraktionsentwurf der SPD/FDP stimmten 233 Abgeordnete, für den Müller-Emmert-Entwurf 35, für den CDU/CSU-Fraktionsantrag 161 und für den Heck-Entwurf 62 Abgeordnete (vgl. Ebd., S. 6440). Die sich anschließende Stichwahl zwischen den Fraktionsentwürfen der SPD/FDP und der CDU/CSU ergab für das Fristenmodell einen Zuwachs von zwölf Stimmen und damit eine Mehrheit von 245 zu 219 Stimmen (Ebd, S. 6443). Der Fraktionsantrag der SPD/FDP wurde damit Grundlage der dritten und letzten Lesung. Die Opposition brachte ihren Entwurf allerdings als Änderungsantrag nochmals ein, so dass am 26. April – trotz Stichwahl am Vortag – erneut beide Modelle zur Diskussion standen (vgl. „Änderungsantrag der Fraktion der CDU/CSU“, BT-Drs. 7/2041 vom 26.4.1974). Vgl. dazu auch unten Anm. 237.

[186] Vgl. BT Sten. Ber. 7. WP 96. Si. vom 26.4.1974, S. 6504.

[187] 18 der 35 Abgeordneten, die in der ersten Abstimmung für den Müller-Emmert-Entwurf votiert hatten, unterstützten in der Endabstimmung das Fristenmodell. Acht Sozialdemokraten und zwei Liberale stimmten weiterhin gegen den SPD/FDP-Fraktionsentwurf. Neun Sozialdemokraten, darunter sowohl der damals amtierende als auch der zukünftige Bundesjustizminister, enthielten sich der Stimme. Auch von den ursprünglich 62 Anhängern und Anhängerinnen des Heck-Entwurfs schlossen sich in der Endabstimmung 58 dem CDU/CSU-Fraktionsmodell an (vgl. Ebd., S. 6501–6505). Für eine genaue Aufschlüsselung des Abstimmungsverhaltens vgl. ferner H. Tallen, § 218, S. 269.

ein gutes Stück auf die Indikationengruppe zu bewegt.[188] Das hatte sich nicht nur an der Aufnahme der Beratungspflicht und der Ausarbeitung des Entschließungsantrags zu den Reformzielen gezeigt, sondern auch daran, dass es unmittelbar vor der Bundestagsdebatte noch zu einer weiteren Präzisierung des Beratungsinhalts gekommen war. Auf Antrag des katholischen Müller-Emmert-Anhängers Heinz Rapp war die bis dahin primär medizinisch verstandene Beratungsvorschrift des § 218 c kurzfristig dahingehend ergänzt worden, dass die insbesondere über solche Hilfen informieren sollte, die die Fortsetzung der Schwangerschaft und die Lage von Mutter und Kind erleichterten.[189] Eine Ablehnung des Fristenmodells, das Hans de With schließlich auf die Kurzformel „Rücknahme der Strafdrohung zugunsten eines Beratungssystems" bringen konnte, war der Müller-Emmert-Gruppe angesichts der weit gehenden Zugeständnisse der Fristenfraktion zunehmend erschwert worden.[190] Ein letzter Grund für die Zustimmung zum Fristenmodell war für viele Indikationenvertreter der Regierungskoalition schließlich, dass sie die Verantwortung für ein Scheitern der Reform nicht auf sich nehmen wollten.[191]

2.1.6 Reaktionen auf den Beschluss des Bundestags

Die Verabschiedung der Fristenregelung löste erstaunlicherweise kein größeres öffentliches Echo aus. Die katholische Bischofskonferenz, der Präsident der Bundesärztekammer Hans Joachim Sewering und der Hartmannbund äußerten lediglich ihr Bedauern über die Entscheidung des Parlaments.[192]

---

188 Gegen M. GANTE, § 218, S. 162. Vgl. auch die Erklärungen der Müller-Emmert-Anhänger Antje Huber, Erhard Eppler, Adolf Scheu, Heinz Rapp und Carl-Christoph Schweitzer, die den Vorwurf, sie seien dem parteiinternen Druck erlegen, ausdrücklich zurückwiesen (BT Sten. Ber. 7. WP 96. Si. vom 26.4.1974, S. 6497–6500).

189 Vgl. BT-Drs. 7/1981 (neu) vom 24.4.1974. Der EKD-Synodale und ehemalige Bundesminister für wirtschaftliche Zusammenarbeit Erhard Eppler erklärte vor der Schlussabstimmung, er habe Heinz Rapp ausdrücklich zu diesem Schritt ermutigt, da ihm die Bejahung der Fristenregelung überhaupt erst durch die Aufnahme des erläuternden Passus zum Beratungsinhalt ermöglicht worden sei (vgl. BT Sten. Ber. 7. WP 96. Si. vom 26.4.1974, S. 6497). Inwiefern Rapp möglicherweise auch von seiner Kirche ermutigt worden war, bleibt offen.

190 BT Sten. Ber. 7. WP 95. Si. vom 25.4.1974, S. 6385.

191 Vgl. EBD., S. 6415 (Sieglerschmidt); S. 6497 (Dürr); S. 6498 (Eppler); S. 6501 (Schweitzer).

192 Zur Ärzteschaft vgl. *dpa* 203 id vom 26.4.1974, sowie *dpa* 052 id vom 27.4.1974. Vgl. ferner„Verlautbarung des Kommissariats der deutschen Bischöfe" vom 26.4.1974 (PAEPD, R 521.5). Der Präsident des ZdK Bernhard Vogel kündigte ferner an, sein Verband werde weiter für eine akzeptable rechtliche Regelung des Schwangerschaftsabbruchs kämpfen (vgl. „Erklärung des Präsidenten des ZdK" vom 26.4.1974, in: PAEPD, R 521.5). In einer

Auch die Presse reagierte verhalten und kommentierte den Bundestagsbeschluss je nach eigener politischer Ausrichtung eher wohlwollend bzw. kritisch.[193] Einig war man sich indes, dass Verlauf und Ernst der Debatte Anerkennung verdienten. Die Würdigung verband sich allerdings wiederholt mit kritischen Spitzen gegen den kirchlichen – vornehmlich den katholischen – Beitrag zur Abtreibungsdebatte. Nicht nur Hans Gerlach vom *Kölner Stadtanzeiger* fragte offen, „ob die kirchlichen Kritiker und ihre Mitstreiter bei ihrer erbitterten und zuweilen böse diffamierenden Kampagne gegen die Reformer" gut beraten gewesen seien.[194] Auch der ehemalige Kirchentagspräsident Heinz Zahrnt vom *Deutschen Sonntagsblatt* spekulierte offen, ob die massierten Stellungnahmen der Kirchen nicht kontraproduktiv gewesen seien und die Stimmung in der Bevölkerung sowie im Parlament in Richtung auf die Fristenregelung verstärkt hätten.[195]

Rudolf Orlt vom *epd* setzte das Engagement der Kirchen dagegen in ein positives Verhältnis zu den Bundestagsdebatten. Manch eine in den Aussprachen zum Ausdruck gekommene vertiefte Betrachtungsweise habe gezeigt, so Orlt, dass die öffentlichen Diskussionen und die kirchlichen Voten keineswegs sinnlos gewesen seien, sondern einen vielschichtigen gesellschaftlichen Lernprozess ausgelöst hätten.[196] Waren die Kirchen im

gemeinsamen Erklärung wiesen auch die katholischen Professoren der Moraltheologie am 27. April 1974 auf die fortbestehende sittliche Pflicht zum Schutz des ungeborenen Lebens hin (vgl. „Gemeinsame Erklärung der Moraltheologen der BRD [Auer, Böckle, Eid, Egenter, Elsässer, Fraling, Gründel, Hirschmann, Hofmann, Kramer, Korff, Rief, Schaffner, Schöllgen, Scholz, Schüller, Stoeckle, Teichtweier, Weber, Ziegler]" vom 27.4.1974, in: EZA 650/95/197). Für eine ausführlichere Darstellung der katholischen Reaktionen vgl. ferner H. Tallen, § 218, S. 255–257.

193 Kritische Beiträge: „Geteiltes Volk" (*FAZ* vom 27.4.1974); „Abkehr von der Zukunft" von Wolf Schneider (*Die Welt* vom 27.4.1974); „Die Entscheidung" von Hans Kraiker (*Neue Presse* vom 27.4.1974) sowie „Sieg der Inhumanität" (*DZ* vom 3.5.1974). Verhaltene Zustimmung: „Chance für das Gewissen" von Gerd Fischer (*NRZ* vom 27.4.1974); „Niemand bleibt ohne Schuld" von Hans Heigert (*SZ* vom 27.4.1974); „Zwei fehlende Stimmen" von Heinz Schröder (*Neue Westfälische Zeitung* vom 27.4.1974). Frenetischen Jubel über die Entscheidung des Bundestags äußerte lediglich die *FR* vom 27.4.1974 („Ein historischer Durchbruch" von Roderich Reifenrath).

194 „Ein Notausgang?" (*Kölner Stadtanzeiger* vom 27.4.1974). Johann Georg Reißmüller appellierte in der *FAZ* vom 4.5.1974 ebenfalls an die katholische Kirche, ihre Forderungen an das weltliche Recht zu überprüfen und „an dem für den Staat und im Staat Möglichen" zu messen („Was darf die Kirche vom Staat verlangen?").

195 Vgl. „218: Der Ernstfall ist da" (*DAS* vom 5.5.1974). Als „Kardinalfehler" kritisierte Zahrnt die Wiederholung der Wählbarkeitsaussage Höffners (vgl. oben Anm. 139) und fügte pointiert hinzu: „Bischöfe sollen ihren Gläubigen meinetwegen mit dem Jüngsten Gericht, aber nicht mit der nächsten Bundestagswahl drohen" (Ebd.). Zahrnt erinnerte in diesem Zusammenhang zudem an das Lutherwort ‚Non vi, sed verbo' und hielt die Kirchen an, ihre Ansichten künftig nicht mit Hilfe von Drohungen durchsetzen zu wollen, sondern durch gute Argumente und seelsorgerliche Zuwendung zu überzeugen.

196 „Jetzt kommt es auf die sozialen Maßnahmen an" (*epd za* vom 29.4.1974). De With

Blick auf das primäre Ziel ihrer Intervention, die Verhinderung der Fristenregelung, auch gescheitert, so hatten sie, wie Orlt hervorhob, doch eine längerfristige bewusstseinsbildende Wirkung auszuüben vermocht.

Evangelische Reaktionen

Die evangelische Kirche reagierte ebenfalls besonnen, wenn auch nicht ohne Enttäuschung, auf die Entscheidung des Bundestags. Der EKD-Ratsvorsitzende und württembergische Landesbischof Helmut Claß nahm unmittelbar nach Bekanntwerden des Bundestagsbeschlusses am frühen Nachmittag des 26. April 1974 vor der zeitgleich tagenden württembergischen Landessynode zu den Ereignissen Stellung. Mit Dank blickte er zunächst auf die Ernsthaftigkeit der Bundestagsdebatte und die darin übereinstimmend zum Ausdruck gebrachte Ehrfurcht vor dem Leben zurück.[197] Gleichwohl, so Claß, falle es der evangelischen Kirche, die sich im Vorfeld mehrheitlich gegen eine Fristenregelung ausgesprochen habe, nicht leicht, die Entscheidung des Parlaments zu respektieren.[198]

Ohne weiteren Widerstand anzukündigen, folgte der Landesbischof sodann dem Vorbild der DDR-Bischöfe von 1972 und richtete die dringende Bitte an die Frauen im Land, von der Möglichkeit des Schwangerschaftsabbruchs ungeachtet der vorgesehenen befristeten Straffreiheit keinen Gebrauch zu machen. Die Männer ermahnte Claß, sich ihrer Verantwortung nicht zu entziehen und keine Frau zur Abtreibung zu drängen oder gar zu zwingen. An die Gemeinden schließlich appellierte er: „Die neue Gesetzesregelung ist eine Herausforderung an uns Christen. Es wird unsere Aufgabe sein, Mut zum Leben zu machen und Leben in Liebe zu ermöglichen. [...] ‚Einer trage des anderen Last', dazu sind wir Christen berufen."[199] Wiewohl sich die Stellungnahme des Ratsvorsitzenden eines ausdrücklichen Urteils über das politische Geschehen enthielt und sich in erster Linie an die betroffenen Frauen und Männer sowie an die christlichen Gemeinden richtete, verkannte man in Bonn die Auswirkungen der Bundestagsentscheidung auf das Verhältnis der Kirchen zur Regierungskoalition nicht.[200] Hatte Claß doch am Tag nach der Bundestagsentscheidung

---

hatte die Aufnahme des Beratungskomplexes in der Bundestagsdebatte als „Lernprozeß" der Fristenfraktion bezeichnet und jenen Kräften, die diesen Prozess herbeigeführt hatten, ausdrücklich gedankt (vgl. BT Sten. Ber. 7. WP 95. Si. vom 25.4.1974, S. 6385).

197 Dies und das Folgende nach: VERHANDLUNGEN DER 8. EVANGELISCHEN LANDESSYNODE IN WÜRTTEMBERG. 19. Sitzung am 26.4.1974, S. 745; Claß' Stellungnahme findet sich zudem abgedruckt in: KJ 1974, S. 112 f.

198 Vgl. EBD. Vgl. auch „Frauenarbeit respektiert Abstimmungsergebnis zu 218-Reform" (*epd za* vom 3.5.1974).

199 Vgl. oben Anm. 197.

200 Der Kirche nahe stehende Regierungsabgeordnete suchten offenbar einer Abkühlung des Verhältnisses entgegenzutreten. So wandte sich Schweitzer am 29.4.1974 in einem

auf die Frage der Medien, ob er damit rechne, dass sich das Verhältnis zwischen der evangelischen Kirche und den Regierungsparteien durch die Verabschiedung der Fristenentscheidung verschlechtern werde, unumwunden mit Ja geantwortet.[201]

2.2 Verzögerung und endgültige Verabschiedung der Gesetzesreform

Mit der Bundestagsentscheidung vom 26. April 1974 war das Fristenmodell noch nicht endgültig verabschiedet, da es auch den Bundesrat zu passieren hatte. Das politische Tagesgeschäft war zunächst allerdings von der Guillaume-Affäre und dem Rücktritt des Bundeskanzlers am 6. Mai 1974 überschattet. Anders als Willy Brandt war sein Amtsnachfolger Helmut Schmidt ein entschiedener Befürworter der Fristenregelung. Der neue Justizminister Hans-Jochen Vogel, der Gerhard Jahn im Zuge der Kabinettsumbildung ablöste, war hingegen wie sein Vorgänger ein Verfechter der Indikationenregelung.[202]

2.2.1 Der Einspruch des Bundesrats

Für den Fall, dass das 5. StrRG im Bundestag nicht mit absoluter Mehrheit verabschiedet werden würde – und dazu hatten am Ende zwei Stimmen gefehlt – hatten politische Beobachter bereits im Vorfeld der Bundestagsentscheidung mit dem Einspruch des unionsdominierten Bundesrats

---

ausführlichen Schreiben an Kunst, würdigte den differenzierten evangelischen Beitrag zur Abtreibungsdebatte und ließ Kunst offen wissen: „Niemand von uns war glücklich über den Ausgang der Dinge. Das hatten Sie ja auch schon vorausgesehen. Wir müssen nun sehen, wie es weiter geht“ (EZA 87/760). Lieselotte Funcke ließ die EFD ferner wissen, sie sei der Anregung der evangelischen Frauen, die Gewissensfreiheit des medizinischen Personals noch einmal im Bundestag hervorzuheben, gern gefolgt (vgl. Brief an Antonie Kraut vom 30.4.1974, in: AEFD, Rechtsausschuß, § 218). Die EFD hatte sich in einer kurzen Eingabe unmittelbar vor der Bundestagsdebatte nochmals für die Gewissensfreiheit des medizinischen Personals eingesetzt (vgl. Brief der Vorsitzenden der EFD Hildegard Zumach an die Vorsitzenden der Bundestagsfraktionen vom 22.4.1974, in: AEFD, Rechtsausschuß, § 218).

201 Claß war am 27.4.1974 in der NDR-Sendung „Aus gegebenem Anlaß – Christentum in dieser Zeit“ zur Reform des § 218 StGB befragt worden (vgl. *epd za* vom 29.4.1974). Die Presse resümierte später ebenfalls, dass die erfolgversprechenden Bemühungen der SPD um eine Verbesserung des Verhältnisses zu den Kirchen durch die Reform des Abtreibungsstrafrechts desavouiert worden waren (vgl. „Die SPD will keinen Kollisionskurs“ von Heinrich Stubbe, in: *DZ* vom 28.6.1974).

202 Wilkens vertrat später die Ansicht, dass Jahn wegen der Kontroversen um die Reform des Abtreibungsstrafrechts nicht noch einmal Justizminister geworden sei (vgl. Brief an den privaten Einsender Martin Winkler/Walsrode vom 19.7.1974, in: EZA 2/93/6227).

gerechnet. In der Tat lehnte die Länderkammer das 5. StrRG am 10. Mai 1974 ab und rief den Vermittlungsausschuss an.[203] Dieser sollte zwischen Bundesrat und Bundestag schlichten, stand jedoch selbst im Zeichen des allgemeinen politischen Umbruchs. „Ob es im Vermittlungsausschuß zu einem Bemühen um einen Kompromiß oder zu einer Konfrontation kommt", hieß es dazu in der Presse, „hängt wesentlich davon ab, wie die Regierung Schmidt die Abtreibungsfrage beurteilt: ob sie sich eigne zur Demonstration von Flexibilität oder ob sie ein Anlass sei, den Willen der neuen Regierung zu demonstrieren, sich auch gegen den Bundesrat durchzusetzen."[204] Letzteres war der Fall, und das Vermittlungsverfahren scheiterte.[205] Erwartungsgemäß legte der Bundesrat daraufhin am 31. Mai 1974 Einspruch gegen das vom Bundestag verabschiedete 5. StrRG ein.[206]

Um den Einspruch zurückweisen und das Fristenmodell endgültig bestätigen zu können, hatte der Bundestag das Gesetz noch einmal – und zwar mit absoluter Mehrheit – zu verabschieden. Dazu benötigte die Fristenfraktion allerdings zwei weitere Stimmen aus dem Lager jener 18 Müller-Emmert-Anhänger, die sich am 26. April 1974 der Stimme enthalten bzw. gegen die Fristenregelung votiert hatten. Die erneute Abstimmung im Bundestag wurde auf den 5. Juni 1974 anberaumt.

2.2.2 *Evangelische Kompromissbemühungen*

In der Kirchenkanzlei der EKD hatte man bereits vor der Abstimmung im Bundestag damit gerechnet, dass weitere parlamentarische Verhandlungen folgen würden. „Es empfiehlt sich also", hatte der Vizepräsident der Kirchenkanzlei die übrigen kirchlichen Amtsstellen und Leitungsgremien Ende April 1974 in einem Rundbrief wissen lassen, „[...] das Gespräch weiterhin zu suchen."[207]

Die Leitung der EKD hatte sich allerdings zunächst mit der Frage auseinander zu setzen, wie die evangelische Kirche und ihre Diakonie sich

---

[203] Vgl. „Unterrichtung durch den Bundesrat" (BT-Drs. 7/2092 vom 13.5.1974 sowie BR Sten. Ber. 405 Si. vom 10.5.1974, S. 145 ff.).

[204] „Kompromiß über den Paragraphen 218 nach dem Ärzte-Konzept?" von Friedrich Karl Fromme (*FAZ* vom 20.5.1974); vgl. auch „Im Vermittlungsverfahren zur Indikationen-Regelung?" (*FAZ* vom 29.4.1974).

[205] Die sozial-liberale Mehrheit des Vermittlungsausschusses verabschiedete einen ‚Vermittlungs'-Vorschlag, der mit der im Bundestag verabschiedeten Fassung des 5. StrRG identisch war (vgl. „Unterrichtung durch den Vermittlungsausschuss", BT-Drs. 7/2151 vom 21.5.1974).

[206] Vgl. „Unterrichtung durch den Bundesrat" (BT-Drs. 7/2181 vom 31.5.1974 sowie BR Sten. Ber. 406 Si. vom 31.5.1974, S. 214).

[207] Rundbrief von Wilkens an den Rat, das Synodalpräsidium, die Gliedkirchen sowie die kirchlichen Werke und Amtsstellen vom 22.4.1974 (EZA 2/93/6225).

verhalten sollten, falls die Fristenregelung tatsächlich in Kraft treten würde. In einem *epd*-Kommentar riet Wilkens von dramatisierenden Reaktionen ab. Es sei durchaus nichts Neues, erläuterte er, dass die Ansprüche christlicher Lebensbewährung weiter reichten als strafrechtliche Bestimmungen.[208] Für die Kirche werde es daher auch zukünftig primär darauf ankommen, „die sittlich gebotene Grundeinstellung zum ungeborenen Leben glaubwürdig zu vertreten, sich menschlicher Not nicht gesetzlich zu verschließen und ein Nein zum Schwangerschaftsabbruch im Einzelfall mit dem Ja zur Hilfe vernehmbar zu verbinden."[209]

Der Präsident des Diakonischen Werks Theodor Schober war offenbar ähnlicher Auffassung. Mitte Mai berichtete er dem Rat der EKD, dass man sich von evangelischer Seite – unabhängig vom Ausgang des Gesetzgebungsverfahrens – mit 17 Beratungsstellen am Modellprogramm der Bundesregierung beteiligen werde.[210] Ferner sei vorgesehen, dass die Diakonische Konferenz – das oberste Organ des Diakonischen Werks – Ende Mai eine Empfehlung an die evangelischen Krankenhäuser erarbeite und darin die Freiheit der Gewissensentscheidung noch einmal hervorhebe.[211] Der Rat der EKD, der in seiner Sitzung am 10./11. Mai 1974 über den Beschluss des Bundestags beriet, sprach sich daraufhin ebenfalls dafür aus, eine Erklärung an die Gemeinden, die Krankenhausträger und das medizinische Personal zu richten, sobald die Fristenregelung endgültig verabschiedet werden würde.[212]

Wilkens schien mit dem Ergebnis der Ratsaussprache allerdings nicht zufrieden. Bereits Ende März hatte er die große Chance und Aufgabe der EKD in der Unterstützung des zu erwartenden parlamentarischen Vermittlungsverfahrens gesehen und dem Rat empfohlen, sich für diese Phase des Gesetzgebungsverfahrens wohl überlegte Maßnahmen vorzubehalten.[213] Als die Frage im Mai akut geworden war, hatte der Rat jedoch keinen Beschluss darüber gefasst, ob und wie er sich in die politische Kompromiss-

---

[208] „Der Zwiespalt bleibt. Vorentscheidung im Bundestag über die Neufassung des § 218 StGB" (*epd Ausg. f. kirchl. Presse* vom 30.4.1974).

[209] Ebd.

[210] Vgl. Auszug aus dem Protokoll der 16. Ratssitzung vom 10./11.5.1974 (EZA 2/93/6226; EZA 87/760; EZA 87/760).

[211] In einem Vermerk vom 5.6.1974 informierte Mechthild König Schober später, dass ein von ihr ausgearbeiteter Vorschlag in der Diakonischen Konferenz auf Ablehnung gestoßen sei. Möglicherweise handelte es sich dabei um das von Schober avisierte Wort an die evangelischen Krankenhäuser (ADW, HGSt 4650).

[212] Wilkens und Schober wurden mit der Ausarbeitung eines ersten Entwurfs betraut (vgl. Auszug aus dem Protokoll der 16. Ratssitzung vom 10./11.5.1974, in: EZA 2/93/6226; EZA 87/760; EZA 87/760, sowie zwei handschriftliche Notizen von Wilkens ohne Datum, in: EZA 650/95/192).

[213] Vgl. Rundschreiben der Kirchenkanzlei an die Ratsmitglieder vom 28.3.1974 (EZA 87/760).

suche zwischen Bundestag und Bundesrat einzuschalten gedachte. Wilkens ergriff daher schließlich selbst die Initiative und leitete eine letzte konzertierte Aktion ein.

„Der Gang der Dinge in Sachen § 218 StGB beunruhigt mich sehr", schrieb er am 27. Mai an Claß, Schober und Kunst und fuhr fort: „Deshalb habe ich mich über den Sonntag noch einmal hingesetzt und einen Bericht zur gegenwärtigen Situation in dieser Sache zusammengestellt."[214] Nach Lage der Dinge, erläuterte Wilkens, sei nicht daran zu zweifeln, dass der Bundestag den Fristenentwurf Anfang Juni endgültig beschließen werde. Der bisherige Gang des Gesetzgebungsverfahrens, fuhr der Vizepräsident fort, zeichne sich allerdings zum einen durch eine starke inhaltliche Annäherung aus sowie zum anderen durch eine bemerkenswerte Unfähigkeit, diese Übereinstimmungen zu nutzen.[215] Zur Auflockerung der starren Fronten und zur Intensivierung der Suche nach einem breiten parlamentarischen Konsens bedurfte es nach Ansicht des Vizepräsidenten nochmals eines starken Anstoßes von außen.

Wilkens sah die EKD in die Pflicht genommen.[216] Er empfahl, man möge zunächst an den Bundesratspräsidenten appellieren, den Termindruck zu lockern und die für den 31. Mai vorgesehene Beschlussfassung des Bundesrats über das Ergebnis des Vermittlungsausschusses auszusetzen. Darüber hinaus sei das Gespräch mit dem Bundeskanzler und den Fraktionsvorsitzenden zu suchen; ja, möglicherweise könne man sogar an den Bundespräsidenten herantreten und diesen bitten, sich ebenfalls einzuschalten.

Noch bevor Claß, Schober oder Kunst reagieren konnten, hatte Wilkens seine Empfehlungen bereits EKD-intern als Rundschreiben der Kirchenkanzlei verbreitet und sie verschiedenen einflussreichen Politikern zukommen lassen.[217] Durch diese gezielte Indiskretion über mögliche Maßnahmen der EKD hatte er seine Einschätzung, wonach es allein des guten Willens auf allen Seiten bedurfte, um doch noch zu einer Verständigung zu gelan-

---

[214] Dies und das Folgende nach: „Neufassung des § 218 StGB. Stand der Diskussion am 21. Mai 1974", Bericht von Wilkens (EZA 2/93/6226); sowie „Letzter Versuch zur besseren Neufassung des § 218 StGB", Anschreiben an Claß, Kunst und Schober vom 27.5.1974 (EZA 87/760).

[215] Ebd.

[216] Auch die katholische Kirche meldete sich in dieser Zeit mit verschiedenen Voten zu Wort, zeigte sich jedoch weiterhin eher kämpferisch als kompromissbereit (vgl. H. Tallen, § 218, S. 257–264).

[217] Brief an Roman Herzog, Erhard Eppler und Diether Posser durch Eilboten am 27.5.1974, sowie an Richard von Weizsäcker, Adolf Müller-Emmert, Helmut Kohl, Friedrich Vogel, Peter Popitz (zur Weiterleitung an Bundespräsident Gustav Heinemann) durch Eilboten am 29.5.1974 (EZA 2/93/6226). Vgl. auch Rundschreiben der Kirchenkanzlei an die Ratsmitglieder, das Präsidium der Synode sowie die Kirchenleitungen der Landeskirchen und kirchlichen Werke vom 27.5.1974 (EZA 87/761).

gen, in Bonn zu Gehör gebracht, noch ehe es zu einer offiziellen Intervention von evangelischer Seite kam.

Der Aufruf der Diakonischen Konferenz

Bevor Wilkens am 27. Mai 1974 initiativ geworden war, hatte er sich bereits mit dem Präsidenten des Diakonischen Werks über die Interventionsmöglichkeiten der Ende Mai im bayerischen Rummelsberg tagenden Diakonischen Konferenz verständigt.[218] Schober widmete der Reform des Abtreibungsstrafrechts in seinem Beitrag vor der Diakonischen Konferenz daraufhin besondere Aufmerksamkeit. Im Gegensatz zu früheren Voten beschränkte er sich dabei nicht allein auf die diakonischen Aufgaben, die mit der Gesetzesnovellierung auf die Kirche und ihre Diakonie zukamen, sondern nahm auch zu den politischen Ereignissen Stellung.

Das Ergebnis der parlamentarischen Entscheidungsfindung könne, so Schober, noch nicht befriedigen, doch seien sich die Parteien unterdessen ein gutes Stück näher gekommen. Der Präsident appellierte daher telegrafisch an den Bundesrat, die Beschlussfassung über den Entscheid des Vermittlungsausschusses zunächst auszusetzen, um Zeit für weitere Verhandlungen zu gewinnen.[219] Die Diakonische Konferenz schloss sich dem Aufruf an. Gemeinsam sandte man am 29. Mai 1974 ein Telegramm an den Bundesrat, das Bundeskanzleramt, die Fraktionsvorsitzenden sowie die Ministerpräsidenten der Länder und bat darum, das parlamentarische Vorgehen „[I]n dieser Situation, in der sich noch eine letzte Chance abzuzeichnen scheint, miteinander zu einer Regelung zu finden, die der Würde des menschlichen Lebens besser entspricht“, nicht vom Zeitdruck bestimmen zu lassen.[220]

Neben diesem für die Diakonische Konferenz ungewöhnlichen Schritt, mit dem Wilkens' dringender Bitte um Intervention nachgekommen wurde, beschäftigte sich die Konferenz ferner mit der Frage, wie die Krankenhäuser in evangelischer Trägerschaft sich verhalten sollten, falls die Fristenregelung tatsächlich Gesetzeskraft erlange. Die Entscheidung darüber konnte nach evangelischem Verständnis nicht zentral gefällt werden, sondern blieb den einzelnen Einrichtungen überlassen. Ohne das übereinstimmende Votum von Träger und medizinischem Personal, so die von Schober skizzierte Leitlinie, dürfe es in evangelischen Krankenhäusern allerdings keine Eingriffe im Sinne der Fristenregelung geben.[221] Es war jedoch

---

218 Vgl. Wilkens' Angaben in seinem Schreiben an Claß, Kunst und Schober vom 27.5.1974 (EZA 87/760).

219 Rede und Telegramm wurden veröffentlicht in: *Diakonie Korrespondenz* 15/74 vom 5.6.1974.

220 Ebd.

221 Vgl. Ebd.; vgl. auch den weitgehend identischen Artikel Schobers „Das unerwünschte

ohnehin davon auszugehen, dass die evangelischen Krankenhäuser sich einer Fristenregelung weitgehend verschließen und, wie von Schober angeregt, allenfalls eine erweiterte Indikationenregelung praktizieren würden.[222]

Der Appell des Ratsvorsitzenden

Nicht nur der Präsident des Diakonischen Werks und die Diakonische Konferenz gingen auf Wilkens' Initiative ein, auch der Ratsvorsitzende reagierte und wandte sich noch einmal an die Bonner Entscheidungsträger. Kalinna, der stellvertretende Ratsbevollmächtigte, hatte Wilkens dazu bereits am 26. Mai 1974 einen Textentwurf mit der Bitte um Korrektur zugesandt.[223] Wilkens überarbeitete das ursprünglich allein an die Partei- und Fraktionsvorsitzenden adressierte Schreiben von Grund auf und baute es zu einer – besser strukturierten und pointierten – Stellungnahme aus.[224] Claß übernahm den Entwurf daraufhin im Wortlaut und ließ die Erklärung am 30. Mai 1974 durch Kunst an den Bundespräsidenten, die Ministerpräsidenten und zahlreiche Bonner Persönlichkeiten sowie tags darauf an alle evangelischen Bundestagsabgeordneten weiterleiten.[225]

Der Appell des Ratsvorsitzenden zur erneuten Kompromisssuche richtete sich sowohl an den Bundesrat, der am 31. Mai 1974 über das Vermittlungsergebnis zu entscheiden hatte, als auch an den Bundestag, dessen endgültige Abstimmung über das Fristenmodell auf den 5. Juni 1974 anberaumt war. Das Schreiben bot neben einer kenntnisreichen Analyse der Situation zunächst konkrete Aufweise für die in den zurückliegenden Monaten bereits erzielte Annäherung der Standpunkte.[226] Der Ratsvorsitzende

---

Kind – und die Rolle der Krankenhäuser. Beratung wird zur vordringlichen Aufgabe" (*epd. Ausg. f. kirchl. Presse* vom 5.6.1973, abgedruckt in: KJ 1974, S. 118 f.).

[222] Vgl. Ebd. sowie unten S. 431 Anm. 43. Schober riet den Kliniken, bei ihrer Entscheidungsfindung das Votum des Deutschen Ärztetags von 1973 sowie die Osloer Deklaration der WHO von 1970 zu Grunde zu legen. Als Leitlinie sollte ferner gelten, dass, was vor dem Namen Jesu Christi nicht bestehen könne, in evangelischen Krankenhäusern auch nicht verantwortet werden sollte. „Der sich unter diesen Voraussetzungen ergebende Ermessenspielraum", hob er allerdings hervor, „schließt sowohl die Verurteilung Andersdenkender als auch vorschnelle, häufig emotionale Pauschalentscheidungen ebenso aus wie konfessionelles Machtdenken" (Ebd.).

[223] Vgl. „Brief des Ratsvorsitzenden an die Vorsitzenden der Bundestagsfraktionen und die Parteivorsitzenden"(EZA 87/761). Unklar bleibt, wer den Auftrag zu Abfassung des Entwurfs gab.

[224] Vgl. Kunsts handschriftliche Notizen auf dem ersten Entwurf (Ebd.); vgl. ferner „Stellungnahme des Vorsitzenden des Rates der EKD zur Neufassung der Strafbestimmungen zum Schwangerschaftsabbruch" vom 30.5.1974 (EZA 87/761; EZA 742/248, abgedruckt in: *epd-dok* 13/75, S. 43–46).

[225] Vgl. Liste der Adressaten der Stellungnahme vom 30.5.1974 (EZA 742/248).

[226] Claß führte aus, die CDU/CSU habe sich sowohl in der Frage der Strafbarkeit der Frau als auch hinsichtlich der Gutachterstellen auf die Regierungskoalition zu bewegt.

erinnerte ferner daran, dass alle Parteien wiederholt betont hatten, es gebe in der Frage des § 218 StGB keine wirklich befriedigende Lösung. Claß nahm diese Einsicht sodann zum Anlass, die Parteien aufzufordern, die jeweils eigenen Regelvorstellungen nicht länger zu idealisieren und die Vorschläge der Gegenseite ausschließlich nach den Unzulänglichkeiten zu beurteilen, sondern sich aufrichtig um den greifbar nahen Kompromiss zu bemühen.

In der gebotenen Zurückhaltung deutete der Ratsvorsitzende an, wie ein interfraktioneller Kompromiss seiner Ansicht nach aussehen könnte. Den Vorstellungen der Opposition, so Claß, könnte entsprochen werden, indem die Verfahrensbestimmungen möglichst eng gefasst würden, während man dem Wunsch der Regierungskoalition gemäß den Katalog der Indikationen möglichst weit fassen könnte – bis hin zur grundsätzlichen Straffreiheit der Frau. „Für den Kenner der Dinge war ganz deutlich", erläuterte Wilkens später, „daß wir damit den alten Regierungsentwurf von 1972 und den Entwurf der SPD-Minderheit um Müller-Emmert ansteuerten."[227] Da es sich bei dem Schreiben des Ratsvorsitzenden jedoch um einen Vermittlungsversuch handelte, sah die Erklärung von jeder Form der expliziten Parteinahme ab.

In aller Deutlichkeit hingegen brachte Claß abschließend seine Sorge zum Ausdruck, dass es möglicherweise zu keiner politischen Einigung und damit zur endgültigen Verabschiedung der Fristenregelung kommen könnte. Ein Fristengesetz, so der Ratsvorsitzende, würde jedoch gewiss weitere gesellschaftliche Auseinandersetzungen provozieren und dem Ansehen des Gesetzgebers Schaden zufügen.

Es blieb abzuwarten, wie die Bonner Adressaten in der für die Kirchen noch immer angespannten Lage auf die evangelische Intervention reagieren würden.

Wichtiger noch: Sie habe Bereitschaft signalisiert, der Notlagenindikation des Müller-Emmert-Entwurfs u. U. Rechnung tragen zu können, wenn man diese wie in der Formel des Deutschen Ärztetags als Unterfall der medizinischen Indikation fassen würde. Die Regierungskoalition wiederum habe im Strafrechtssonderausschuss, im Bundestag und zuletzt sogar im Bundesrat ihre Beratungsregelungen weiter ausgebaut und damit ihr zunächst stark emanzipatorisches Pathos zunehmend zu Gunsten des Lebensschutzgedankens relativiert (vgl. „Stellungnahme des Vorsitzenden des Rates der EKD zur Neufassung der Strafbestimmungen zum Schwangerschaftsabbruch" vom 30.5.1974, in: EZA 87/761; EZA 742/248, abgedruckt in: *epd-dok* 13/75, S. 43–46; KJ 1974, S. 113–115). Der SPD/FDP-dominierte Rechtsausschuss des Bundesrats hatte im Zuge des Vermittlungsverfahrens empfohlen, das Fristengesetz um eine dreitägige Bedenkzeit zwischen Beratung und Eingriff zu ergänzen (vgl. „Die Verfassungs-Zweifel der Union an der Fristenregelung" von Friedrich Karl Fromme, in: *FAZ* vom 27.6.1974).

[227] Brief an den privaten Einsender Martin Winkler/Walsrode vom 19.7.1974 (EZA 2/93/6227). Vgl. auch „Appell zum Paragraphen 218", Kommentar von Wilkens (*epd za* vom 31.5.1974).

2.2.3 *Die Bestätigung des Bundestagsbeschlusses*

Die Schreiben von Claß, Schober und Wilkens wurden in Bonn mit Aufmerksamkeit zur Kenntnis genommen.[228] Noch am 31. Mai 1974, unmittelbar nach der Bundesratssitzung, wandte sich der nordrhein-westfälische Justizminister und EKD-Synodale Diether Posser (SPD) an Wilkens, dankte für die Zusendung der Ausarbeitung und teilte mit Bedauern mit, dass es aufgrund der aussichtslos verfestigten Positionen der Landesregierungen zu keiner weiteren Annäherung im Bundesrat und somit zum Scheitern des Vermittlungsverfahrens gekommen sei.[229]

Auch der SPD-Indikationenvertreter Adolf Müller-Emmert ließ Wilkens wenige Tage darauf wissen, er teile die von der EKD vertretene Position und werde seinen Einfluss im Bundestag in diesem Sinne geltend machen.[230] Als das Parlament am 5. Juni 1974 zusammentrat, um über den Einspruch des Bundesrates abzustimmen, blieb die gewünschte Annäherung zwischen den Fraktionen jedoch aus. Eine weitere Aussprache zum Thema war laut Geschäftsordnung ohnehin nicht vorgesehen; die einzelnen Fraktionen hatten vor der Abstimmung lediglich die Möglichkeit zu einer abschließenden Erklärung, wobei alle drei Fraktionsvertreter noch einmal auf die evangelischen Vermittlungsbemühungen eingingen.[231] In der sich anschließenden

---

[228] Heinrich Stubbe vertrat in der *DZ* vom 28.6.1974 dagegen die Auffassung, der Kompromissvorschlag der EKD sei in Bonn „schlicht ignoriert" worden („Die SPD will keinen Kollisionskurs"). Abgesehen davon, dass sowohl die bei der EKD eingegangenen Reaktionen als auch die Verweise in der Bundestagsdebatte ein anderes Bild vermitteln, sei an dieser Stelle bereits auf die – freilich noch nicht absehbare – ‚Langzeitwirkung' der evangelischen Stellungnahmen von Mai 1974 verwiesen. Die darin zum Ausdruck gebrachte Befürwortung einer erweiterten Indikationenregelung nach den Modellen Müller-Emmerts und des Deutschen Ärztetags erhielt neue Aktualität, als der Bundestag ein Jahr später auf einen entsprechenden Gesetzentwurf zusteuerte (vgl. unten S. 477–481).

[229] EZA 2/93/6226. Ob sich die verfestigten Positionen ausschließlich auf das Lager der Fristenvertreter und -vertreterinnen beschränkten, wie M. GANTE glauben machen will (vgl. DERS., § 218, S. 163), oder auch der Opposition eine Mitverantwortung am Scheitern zukam, da ihr nicht in erster Linie an einer Verbesserung, sondern an einer Verhinderung des Gesetzes gelegen war, wie Wilkens meinte, sei an dieser Stelle dahingestellt (vgl. „Zum Stand der Auseinandersetzung über den § 218 StGB", 14-seitige Ratssitzungsvorlage von Wilkens ohne Datum [vermutl. Sommer/Herbst 1974], in: EZA 650/95/192).

[230] Brief vom 4.6.1974 (EZA 2/93/6226).

[231] Während von Schoeler (FDP) an der Tatsache, dass selbst die Intervention der Kirchen keine Übereinstimmung unter den Indikationenbefürwortern und -befürworterinnen hatte herstellen können, abzulesen vermeinte, dass es schlichtweg keine Gemeinsamkeiten gab, schloss sich Carstens (CDU) dagegen ausdrücklich der Hoffnung des Ratsvorsitzenden an, dass es noch nicht zu spät sei für die Suche nach einer Kompromissregelung. Dürr, der zunächst für den Müller-Emmert-Entwurf votiert hatte, seine Mitstreiter am 5. Juni 1974 jedoch im Namen der SPD-Fraktion darum bat, den Einspruch des Bundesrates durch die Zustimmung zur Fristenregelung zurückzuweisen, ließ schließlich – bewusst oder unbewusst – den falschen Eindruck entstehen, als habe der EKD-Ratsvorsitzende einer Fristenregelung

Abstimmung wurde die Fristenregelung sodann jedoch von weit mehr Müller-Emmert-Anhängern gebilligt, als für die absolute Mehrheit nötig gewesen wären und als selbst Optimisten in der SPD zu hoffen gewagt hatten.[232] Die Hälfte der 18 SPD-Indikationenvertreter votierte für das Fristenmodell, das schließlich mit der klaren Mehrheit von 260 zu 218 Stimmen verabschiedet wurde.[233]

Über die Ursachen der harten parteipolitischen Konfrontation sowie die Gründe dafür, dass die evangelischen Vermittlungsaufrufe zwar Gehör gefunden, jedoch keine Wirkung gezeigt hatten, gab es unterschiedliche Mutmaßungen. Neben inhaltlichen Divergenzen, denen jedoch zumeist keine zentrale Bedeutung beigemessen wurde, wurden vor allem taktische Erwägungen der Parteien sowie das allgemein raue politische Klima und nicht zuletzt die Intervention der katholischen Kirche für den Ausgang des Gesetzgebungsverfahrens verantwortlich gemacht.[234]

Aufschlussreich war in diesem Zusammenhang ein Schreiben des rechtspolitischen Sprechers der SPD Hermann Dürr an Theodor Schober vom 4. September 1974. Dürr, der dem Vermittlungsausschuss angehört hatte, sprach darin offen über die taktischen Erwägungen, die dem Widerstand der Regierungskoalition gegen einen parlamentarischen Kompromiss zu Grunde gelegen hatten. Zum einen, so der Abgeordnete, sei die Reform des § 218 StGB zu sehr politisch hochgespielt worden, als dass die Regierungskoalition sich ohne öffentlichen Ansehensverlust noch auf ein Indikationenmodell hätte einlassen können, und zum zweiten habe die unterschiedslose Verurteilung von Fristen- wie erweiterter Indikationenregelung seitens der katholischen Kirche den Eindruck erweckt, als brächte ein Umschwenken der SPD keine Verbesserung des Verhältnisses zur katholischen Kirche, wohl aber erhebliche partei- und koalitionsinterne Auseinandersetzungen.[235] Die evangelische Kirche, die einen Umschwung der

---

das Wort reden wollen, als er sich für eine generelle Straffreiheit der Frau ausgesprochen habe (vgl. BT Sten. Ber. 7. WP 104. Si. vom 5.6.1974, S. 6927–6930). Sogleich ging bei der Kirchenkanzlei die Beschwerde eines Gemeindegliedes über die angeblich fristenfreundliche Position der EKD ein (vgl. Antwortschreiben von Wilkens an den privaten Einsender Martin Winkler/Walsrode vom 19.7.1974, in: EZA 2/93/6227). Vgl. auch die missverständliche Wiedergabe des Schreibens von Claß bei H. TALLEN, § 218, S. 266 f. Anm. 375.

232 Vgl. BT Sten. Ber. 7. WP 104. Si. vom 5.6.1974, S. 6947–6949, sowie „Die Kirche gibt nicht auf“ von Rudolf Orlt (*Spandauer Volksblatt* vom 6.6.1974).

233 Vgl. BT Sten. Ber. 7. WP 104. Si. vom 5.6.1974, S. 6947–6949.

234 Vgl. „Die Kirche gibt nicht auf“ von Rudolf Orlt (*Spandauer Volksblatt* vom 6.6.1974) sowie „Eine Chance ist vertan“ von Erwin Wilkens (*DAS* vom 16.6.1974). In diesem Kontext sei auf die so genannte Sonthofener Geheimrede von 1974 verwiesen, worin der CSU-Vorsitzende Franz-Josef Strauß jeder konstruktiven Beteiligung der Opposition an der Regierungspolitik eine Absage erteilt und Konfrontation auf allen Gebieten gefordert hatte (vgl. D. THRÄNHARDT, Geschichte, S. 225).

235 Was die inhaltlichen Divergenzen zwischen Regierung und Opposition betraf, berichtete

Regierungsmehrheit auf das Müller-Emmert-Modell ohne Frage begrüßt hätte, spielte in den strategischen Überlegungen keine Rolle, was einmal mehr auf ihre im Vergleich zur katholischen Kirche deutlich schwächere gesellschaftliche Stellung hindeutete.

In EKD-Kreisen sah man die Verantwortung für das Scheitern der Vermittlungsbemühungen allerdings nicht allein bei der Regierungskoalition. Auch die CDU/CSU-Fraktion, erklärte Wilkens in einem internen Papier, habe sich aus Unsicherheit viel zu spät und nur „mit halbem Herzen" um einen Kompromiss bemüht.[236] Selbstkritisch räumte Wilkens jedoch ein, dass sowohl der katholische Episkopat als auch die Leitung der EKD ihren Beitrag dazu geleistet hätten, dass die Opposition sich unentschlossen gezeigt habe. Nach Ansicht des Vizepräsidenten hatten die Kirchen ihre grundsätzliche Reformbereitschaft nicht deutlich genug zum Ausdruck gebracht, so dass auf Unionsseite der Eindruck habe entstehen können, als träfe eine Obstruktionstaktik auf die Zustimmung der Kirchenführer. Wilkens betrachtete es im Nachhinein offenbar als Hauptversäumnis – zumindest der evangelischen Kirche – dass diese dem kompromissbemühten Unionsabgeordneten Friedrich Vogel nicht größere Unterstützung und damit größeres Gewicht innerhalb seiner Partei hatte zukommen lassen.[237] „Ich habe immer ein schlechtes Gewissen", bekannte der Vizepräsident noch viele Monate später, „wenn ich mich frage, ob wir denn genug getan haben, um zu einer vernünftigen Regelung unter Überwindung der parteipolitischen Kampfbedürfnisse zu kommen."[238]

Dürr, dass es zwei interfraktionelle Treffen der Indikationenbefürworter gegeben hatte, auf denen sich jedoch herauskristallisiert habe, dass man auf der Grundlage des Ärztetagmodells zwar eine Einigung über den Indikationenkatalog hätte erreichen können, dass jedoch weder in der Frage der garantierten Straffreiheit der Frau noch in der Frage der Abschaffung der Gutachterstellen eine Annäherung möglich gewesen sei (EZA 2/93/6228). Zu weiteren Äußerungen Dürrs vgl. auch H. TALLEN, § 218, S. 260 f.

[236] „Zum Stand der Auseinandersetzung über den § 218 StGB" (vgl. oben Anm. 229). Der gesamte Bundestag, kritisierte Wilkens an anderer Stelle, habe sich nicht intensiv genug um den Konsens bemüht, sondern die Neufassung des § 218 StGB zum „Objekt einer weltanschaulich motivierten Reformbewegung und zum Gegenstand eines parteipolitischen Machtkampfes gemacht" („Nach dem Urteil des BVerfG zum 5. StRG", in: *epd Ausg. f. kirchl. Presse* vom 5.3.1975).

[237] Vogel und Wilkens standen in engem Kontakt. „Sie dürfen mir glauben, Herr Wilkens", hatte Vogel am 11.6.1974 nach der Verabschiedung des 5. StrRG geschrieben, „daß von unserer Seite wirklich alles getan worden ist, um noch zu einem Kompromiß zu kommen" (EZA 650/95/206). Als Beleg fügte er seinem Schreiben einen unveröffentlichten Gesetzentwurf seiner Fraktion bei, den diese auf der Grundlage des Ärztetagmodells in letzter Minute ausgearbeitet hatte und den zur dritten Lesung am 26. April 1974 noch einzubringen ihr die Gegenseite nicht mehr gestattet hatte (vgl. Anlage EBD.).

[238] Brief an Kunst vom 22.9.1975 (EZA 650/95/192).

2.2.4 *Das Echo auf die Verabschiedung der Fristenregelung*

„Presse und Öffentlichkeit", resümiert Lißke treffend, „nahmen die parlamentarische Problementscheidung mit erstaunlich wenig Aufregung zur Kenntnis".[239] Andere Ereignisse wie der Rücktritt Brandts, der Neubeginn der Regierung Schmidt oder schlicht die Austragung der Fußballweltmeisterschaft in der Bundesrepublik ließen die endgültige Verabschiedung des 5. StrRG am 5. Juni 1974 in den Hintergrund treten.

Mit unverminderter Schärfe reagierten indes die Vertreter der katholischen Kirche auf das erneute Bundestagsvotum für die Fristenregelung. Der Präsident des ZdK Bernhard Vogel bedauerte zutiefst, dass die Mehrheit der Abgeordneten gewillt sei, den inneren Frieden des Landes aufs Spiel zu setzen, und erklärte: „Wir nehmen diese Herausforderung an; wir werden, wie häufiger in der Vergangenheit, ohne Resignation mit allen zulässigen Mitteln weiter kämpfen und dafür eintreten, daß der heutige Beschluss des Deutschen Bundestages wieder rückgängig gemacht wird."[240] Auch der Vorsitzende der katholischen Bischofskonferenz Kardinal Döpfner zeigte sich über die Bonner Abstimmung erschüttert und ließ wissen, die katholische Kirche werde sich mit einer Fristenregelung „niemals abfinden".[241] Das Fristenmodell, hob Döpfner hervor, besitze allerdings noch keine Gesetzeskraft. Dieser Hinweis, verbunden mit der Kampfansage Vogels, deutete darauf hin, dass die katholische Kirche sich noch nicht geschlagen gab. Es schien vielmehr, als habe man bereits eine neue Möglichkeit in den Blick genommen, die Fristenregelung zu stoppen. Einen ersten Anhaltspunkt dafür hatte das Zentralpräsidium des Kolpingwerks bereits Ende April 1974 gegeben, als es gefordert hatte, die Verfassungsmäßigkeit der Fristenregelung *gerichtlich* prüfen zu lassen.[242]

Die Reaktion der evangelischen Kirche auf die Bundestagsentscheidung

Für die evangelische Seite können Erwägungen der oben genannten Art mit Sicherheit ausgeschlossen werden. Nichts deutet darauf hin – die

---

[239] M. LISSKE, Abtreibungsregelung, S. 182.

[240] „Wir nehmen die Herausforderung an. Erklärung des Präsidenten des Zentralkomitees der Katholiken" (*kna* vom 6.6.1974).

[241] „Noch hat die Fristenregelung keine Gesetzeskraft. Erklärung des Vorsitzenden der Bischofskonferenz, Kardinal Döpfner" (*kna* vom 6.6.1974). Die Presse nahm die Kampfansage der katholischen Kirche sehr ernst. „Ein Oberhirte", schrieb H. Stubbe in der *DZ* vom 28.6.1974, „der nach der Annahme des Reformgesetzes deutlich erklärt hat, daß die Bundesrepublik für die Hälfte der Bürger nicht der Staat sei, den sie wünschen, weiß genau, was er gesagt hat" („Die SPD will keinen Kollisionskurs").

[242] Siehe H. TALLEN, § 218, S. 257. Der *Weser Kurier* hatte am 27.4.1974 ebenfalls gemutmaßt, dass die katholische Kirche möglicherweise den Gang nach Karlsruhe zum Bundesverfassungsgericht antreten werde (vgl. „Nach der Debatte").

intensiven Vermittlungsbemühungen sprechen vielmehr dagegen – dass den evangelischen Kirchenführern ein anderer als der parlamentarische Weg zur Verhinderung der Fristenregelung vor Augen stand.[243]

Sowohl Form als auch Inhalt der endgültigen Entscheidung des Parlaments vom 5. Juni 1974 lösten allerdings, wie Claß in einer ersten Stellungnahme zum Bundestagsbeschluss wissen ließ, Bedauern bei der EKD aus.[244] Dies sei um so größer, fuhr der Ratsvorsitzende fort, als es ungeachtet der gegenseitigen Annäherung nicht gelungen sei, die Gesetzgebung über den Schwangerschaftsabbruch aus den parteipolitischen Auseinandersetzungen herauszuhalten.

Zeitgleich mit Claß, jedoch schärfer als dieser, äußerte sich in München auch der ehemalige Ratsvorsitzende und bayerische Landesbischof Dietzfelbinger zur Verabschiedung des neu gefassten § 218 StGB. Die Entscheidung des Bundestags versetze auf dem Feld des Lebensschutzes Grenzsteine und drohe – so Dietzfelbinger in Anlehnung an die Orange Schrift von 1970 – staatliches Gesetz und sittliche Ordnung in Gegensatz zueinander zu bringen.[245]

Trotz des zum Ausdruck gebrachten Bedauerns über die Entscheidung des Parlaments akzeptierte die EKD den Bundestagsbeschluss nolens volens.[246] Weniger die Kritik stand im Mittelpunkt der evangelischen Stellungnahmen – die gleichwohl ohne Ausnahme Enttäuschung über die endgültige Verabschiedung der Fristenregelung formulierten – als die zukünftig auf die evangelische Kirche zukommenden diakonischen Aufgaben. Bereits unmittelbar nach der Bundestagsentscheidung hatte Kunst vor den Vertretern der Landeskirchen dafür plädiert, die EKD möge den Gesetzgeber

---

[243] Vgl. dazu auch unten S. 430 Anm. 40.

[244] Vgl. „Erklärung des Vorsitzenden des Rates der EKD, Landesbischof Claß, zur Verabschiedung der Neufassung von Paragraph 218 StGB" (*epd za* vom 7.6.1974, abgedruckt in: KJ 1974, S. 116).

[245] Vgl. „Erklärung von Landesbischof D. Hermann Dietzfelbinger anlässlich der Abstimmung über die neue Fassung des § 218 StGB" vom 7.6.1974 (EZA 650/95/194, abgedruckt in: KJ 1974, S. 117).

[246] „So wird alles darauf ankommen", formulierte Wilkens nach der Bundestagsdebatte im *DS* vom 16.6.1974, „ob sich die alte Juristenweisheit auch hier bewährt, daß sich mit einem schlechten Gesetz leben läßt, wenn seine Anwendung in einem wohlüberlegten Verfahren erfolgt" („Eine Chance ist vertan"). Eine Hilfe war für Wilkens die Interpretation der Fristenregelung durch den erst am 20. Mai 1974 in den Bundestag nachgerückten SPD-Abgeordneten Claus Arndt. Dieser hatte seine Zustimmung zum 5. StrRG in einer persönlichen Erklärung damit begründet, dass er die Fristenregelung nicht als befristete Freigabe der Abtreibung begreife, sondern als eine Indikationenregelung, die die Festlegung der Rechtfertigungsgründe zur Vornahme eines Schwangerschaftsabbruchs aus dem Strafrecht in das ärztliche Berufsrecht verlagere (vgl. BT Sten. Ber. 7. WP 104. Si. vom 5.6.1974, S. 7060). Wilkens hatte sich daraufhin mit Arndt in Verbindung gesetzt und dessen Sichtweise übernommen (vgl. Brief vom 26.6.1974, in: EZA 2/93/6227; sowie der oben erwähnte Artikel „Eine Chance ist vertan").

in seinem Bestreben nach einem besserem Lebensschutz beim Wort nehmen und ihm jede nur mögliche Zusammenarbeit anbieten.[247] Die Aufgabe der Kirche sei es nunmehr, wie auch die Bischofskonferenz der VELKD auf ihrer Tagung Mitte Juni betonte, alles für die Gewissensschärfung und die Bereitstellung der notwendigen flankierenden Hilfen zu tun.[248]

Die westfälische Kirchenleitung hielt in ihrer Erklärung vom 20. Juni 1974 zur Neufassung des § 218 StGB ebenfalls fest, dass die Aufmerksamkeit der Kirche sich nun, da über das Strafgesetz entschieden worden sei, vermehrt den betroffenen Menschen zuzuwenden habe.[249] Sie bat ihre Gemeindeglieder, sich um tatkräftige Mithilfe zu bemühen und die Betroffenen nicht vorschnell zu verurteilen, sondern ihnen in der Liebe Christi zu begegnen. Die Kirchenleitung verpflichtete sich überdies auch selbst, diakonische Hilfe zu leisten und Sorge dafür zu tragen, dass das gesellschaftliche Bewusstsein darüber wach gehalten werde, dass jeder Schwangerschaftsabbruch Tötung werdenden Lebens sei und eine strafrechtliche Nichtahndung noch keine ethische oder religiöse Legitimation darstelle.

Die evangelische Kirche, so machten die Stellungnahmen zur endgültigen Verabschiedung der Fristenregelung durch den Bundestag deutlich, hielt den Kampf um die strafrechtliche Regelung des Schwangerschaftsabbruchs für beendet und konzentrierte sich bereits auf die diakonischen und seelsorgerlichen Aufgaben, die sie im Zuge des neuen Rechts auf sich zukommen sah.

2.3 Resümee: Die Frage nach dem Proprium des evangelischen Beitrags und seines Verhältnisses zum katholischen

Die Gemeinsame Erklärung der beiden großen Kirchen, die Panorama-Affäre sowie die intensive evangelische Intervention während des Vermittlungsverfahrens warfen verstärkt die Frage auf, welche Rolle die evange-

[247] Vgl. Auszug aus dem Protokoll der Sitzung der Kirchenkonferenz vom 6.6.1974 (EZA 2/93/6226). Wenig später, am 18.6.1974, gab die Parlamentarische Staatssekretärin Marie Schlei im Auftrag des Bundeskanzlers in einem Brief an Kunst nochmals zu verstehen, in Bonn hoffe man auf eine Zusammenarbeit mit den Kirchen bei der Erhaltung des werdenden Lebens. „Es wird nun unsere [des Bundestags, S. M.] Aufgabe sein", ließ sie den Ratsbevollmächtigten wissen, „die neuen Rechtsvorschriften auszugestalten und anzuwenden. Ich würde es begrüßen, wenn die Kirchen uns hierbei ihre Unterstützung nicht entziehen" (EZA 742/248).

[248] Vgl. „Flankierende Maßnahmen gefordert" (*SZ* vom 18.6.1974 sowie *epd za* vom 18.6.1974).

[249] EZA 2/93/6227, abgedruckt in: KJ 1974, S. 117. Explizit forderte man auch die Männer auf, sich ihrer Mitverantwortung im Fall einer unerwünschten Schwangerschaft nicht zu entziehen (EBD.).

lische Kirche in der breiten gesellschaftlichen Auseinandersetzung um die Reform des Abtreibungsstrafrechts einnahm.

Die evangelischen Kirchenführer hatten sich in der Gemeinsamen Erklärung zunächst der katholischen Kirche angeschlossen, die in der Abtreibungsdebatte von Beginn an als Konfliktpartei und Gegenpol zu den radikal reformfreundlichen Kräften aufgetreten war.

Diese Positionierung als Konfliktpartei war innerhalb der EKD jedoch auf heftige Kritik gestoßen. Die Synode hatte sie Anfang 1974 mit dem Kasseler Beschluss zurückgewiesen, und selbst im Rat hatte sich zunehmend Unmut geregt. „Auf Vorschlag von Herrn Hild", hieß es dazu im Protokoll der Ratssitzung vom 10./11. Mai 1974, „soll sich der Rat nach Abschluss der parlamentarischen Beratungen über die Änderung des § 218 StGB einmal mit der Frage befassen, ob die in der Diskussion bezogene ethische Position, und insbesondere auch die enge Kooperation mit der Katholischen Kirche, deutlich genug die evangelische Haltung in dieser Frage hat erkennen lassen."[250] Die Referenten der Kirchenkanzlei hatten dieser Anregung zugestimmt und ebenfalls empfohlen, nach Abschluss der Debatte „in der gebotenen Ruhe das Vorgehen der Kirchen in dieser Sache [...] insbesondere auch Recht und Sinn, Methoden und Grenzen der Kooperation mit der katholischen Kirche in solchen und anderen Fragen zu analysieren und zu überprüfen."[251]

Der stellvertretende Vorsitzende des GEP Eberhard Stammler brachte die Kritik an der evangelisch-katholischen Zusammenarbeit schließlich auf den Punkt. In der publizistischen Öffentlichkeit, stellte er in einem kurzen Kommentar fest, sei im Kontext der Abtreibungsdebatte zwar im Allgemeinen von *den* Kirchen die Rede, faktisch jedoch werde der katholischen Kirche die Wortführung und der evangelischen Kirche lediglich die Rolle des „willfährigen Trabanten" zuerkannt.[252] Konkret sah Stammler die Symmetrie ökumenischer Zusammenarbeit dort aus dem Lot geraten, wo die katholische Seite „ihre naturrechtliche Argumentation, ihre hierarchische Autoritätsstruktur und nicht zuletzt auch eine lang erprobte Machtstrategie" einsetzte, obgleich die Protestanten durch die reformatorische Tradition an andere Grundsätze gebunden waren.[253] Wolle die evangelische

[250] Auszug aus dem Protokoll der 16. Ratssitzung vom 10./11.5.1974 (EZA 2/93/6226; EZA 87/760; EZA 87/760). Der hannoversche Bischof Lohse vertrat später sogar öffentlich die Ansicht, einige Vertreter der katholischen Kirche hätten in der Diskussion um § 218 StGB „zu scharf geschossen" (*epd za* vom 19.9.1974).

[251] Auszug aus dem Protokoll der Referentenbesprechung vom 14.5.1974 (EZA 2/93/6226).

[252] Als Beispiele führte E. STAMMLER den „Panorama-Streit" sowie das gemeinsame Auftreten von Döpfner und Claß vor dem Münchner Ärztekongress an (vgl. DERS., Kirchliches Machtkartell?).

[253] EBD.

Kirche ihre Glaubwürdigkeit bewahren, warnte Stammler, dürfe sie ihr eigenes Wesensprinzip auch in der Zusammenarbeit mit der katholischen Kirche nicht verleugnen. Dieses evangelische Proprium definierte der Theologe in Übereinstimmung mit der Synode der EKD als die Freiheit zur und den gegenseitigen Respekt vor der Gewissensentscheidung eines jeden und einer jeden Gläubigen.

Kapitel V
Revision der Reform (1975)

1. Das Normenkontrollverfahren vor dem Bundesverfassungsgericht

Nach seiner endgültigen Verabschiedung im Bundestag wurde das 5. StrRG am 18. Juni 1974 von Bundespräsident Gustav Heinemann ausgefertigt und drei Tage darauf im Bundesgesetzblatt verkündet.[1] Am 22. Juni 1974, dem Tag nach der öffentlichen Bekanntmachung, sollte es in Kraft treten. Dazu kam es jedoch nicht, denn das Bundesverfassungsgericht intervenierte.

In der Begründung zum Regierungsentwurf von 1972 hatte der damalige Bundesjustizminister Gerhard Jahn (SPD) den Standpunkt vertreten, eine Fristenregelung widerspreche den verfassungsrechtlichen Grundsätzen der Bundesrepublik Deutschland.[2] Diese Aussage war von der Opposition vielfach aufgegriffen und bekräftigt worden.[3] Es erschien daher nur folgerichtig, dass die Union, nachdem alle parlamentarischen Mittel zur Verhinderung der Fristenregelung ausgeschöpft waren, vor das Bundesverfassungsgericht zog. Am 21. Juni 1974 reichten 192 Abgeordnete der CDU/CSU-Fraktion in Karlsruhe einen Antrag auf abstrakte Normenkontrolle des 5. StrRG ein.[4]

---

[1] Vgl. BGBl I, S. 1300. Der Präsident der württembergischen Landessynode Hans Eißler sowie der Gnadauer Verband für Gemeinschaftspflege und Evangelisation hatten im Vorfeld an den Bundespräsidenten appelliert, das 5. StrRG nicht auszufertigen, sondern erneut zu prüfen und notfalls an das Bundesverfassungsgericht weiterzuleiten (vgl. *epd za* vom 6.6.1974, sowie *epd za* vom 7.6.1974). Da Heinemann ein entschiedener Gegner der Fristenregelung war, hatte auch die Presse darüber spekuliert, ob er das Gesetz u. U. nicht ausfertigen werde (vgl. „Kompromiß über den Paragraphen 218 nach dem Ärzte-Konzept?" von Friedrich Karl Fromme, in: *FAZ* vom 20.5.1974).

[2] Vgl. „Die Fristenlösung würde dazu führen, daß das allgemeine Bewußtsein von der Schutzwürdigkeit des ungeborenen Lebens während der ersten drei Schwangerschaftsmonate schwindet. Sie würde der Ansicht Vorschub leisten, daß der Schwangerschaftsabbruch, jedenfalls im Frühstadium der Schwangerschaft, ebenso dem freien Verfügungsrecht der Schwangeren unterliegt wie die Verhütung der Schwangerschaft. Eine solche Auffassung ist mit der Wertordnung der Verfassung unvereinbar" („Entwurf eines Fünften Gesetzes zur Reform des Strafrechts", BT-Drs. 6/3434 vom 9.2.1972, S. 9).

[3] Vgl. z. B. BT Sten. Ber. 7. WP 95. Si. vom 25.4.1974, S. 6336 f. (Eyrich). Jahn hatte seine Aussage von 1972 allerdings unmittelbar vor Verabschiedung der Fristenregelung am 26. April 1974 revidiert (vgl. BT Sten. Ber. 7. WP 96. Si. vom 26.4.1974, S. 6488 f.).

[4] Dies und das Folgende nach der Quellensammlung zum Normenkontrollverfahren C. Arndt/E. Erhard/L. Funcke, § 218. Vgl. Ebd., S. 13–15. Mit Schreiben vom 14.10.1974

Dem Verfahren schlossen sich später auch die unionsregierten Landesregierungen von Baden-Württemberg, Rheinland-Pfalz, Bayern, Schleswig-Holstein und dem Saarland an.[5]

Das unmittelbare In-Kraft-Treten der Fristenregelung am 22. Juni 1974 wurde zunächst jedoch durch einen Eilantrag der Landesregierung Baden-Württemberg verhindert. Diese reichte am 20. Juni einen Antrag auf Erlass einer einstweiligen Anordnung beim BVerfG ein und plädierte dafür, die Inkraftsetzung des 5. StrRG bis zum Abschluss der Verhandlungen über den Normenkontrollantrag auszusetzen.[6] Am 21. Juni um 21.30 Uhr – 2 ½ Stunden vor In-Kraft-Treten des 5. StrRG – gab das Gericht dem Eilantrag statt. Durch einstweilige Anordnung trat die Fristenregelung (§ 218a StGB) damit vorläufig nicht in Kraft.[7]

Das BVerfG kehrte jedoch auch nicht zum Status quo zurück, sondern verfügte für die Zeit bis zur Entscheidung über die Verfassungskonformität der Fristenregelung eine Indikationenregelung, die den Schwangerschaftsabbruch aufgrund medizinischer, eugenischer und ethischer Indikation straffrei beließ.[8] Die Beschlussfassung über den Eilantrag dürfe allerdings nicht als Präjudiz des Urteils über den Normenkontrollantrag missverstanden werden, hob das Gericht abschließend hervor.

1.1 Der Verfahrensverlauf

Die Prüfung der Verfassungskonformität des reformierten § 218 StGB oblag dem Ersten Senat des BVerfG, dem sieben Richter und eine Richterin angehörten.[9] Mitte November 1974 kam es zur mündlichen Anhö-

---

trat ferner der ehemalige Verteidigungsminister und Bundestagspräsident Kai Uwe von Hassel (CDU) dem Verfahren bei (Ebd., S. 48). Das BVerfG, dessen Richterkollegium mehrheitlich der Union zuneigte, wurde in den Jahren der sozial-liberalen Regierung wiederholt von der Opposition als politische Schiedsinstanz angerufen (Ostverträge, Kriegsdienstverweigerung, Hochschulrahmengesetz) und drohte sich nach Ansicht der Kritiker allmählich zu einer dritten Kammer zu entwickeln (vgl. D. Thränhardt, Geschichte, S. 202).

[5] Vgl. Antrag der Landesregierung von Baden-Württemberg vom 3.7.1974 (abgedruckt in: C. Arndt/E. Erhard/L. Funcke, § 218, S. 65–105); Antrag der Regierung des Saarlands vom 25.7.1974 (Ebd., S. 106); Antrag der Bayerischen Staatsregierung vom 27.7.1974 (Ebd., S. 107); Antrag der Landesregierung von Schleswig-Holstein vom 27.8.1974 (Ebd., S. 128–130); Antrag der Regierung des Landes Rheinland-Pfalz vom 27.9.1974 (Ebd., S. 131–139).

[6] Vgl. Ebd., S. 7–11.

[7] Vgl. Urteil des Ersten Senats des BVerfG vom 21. Juni 1974 (BVerfG 37, S. 324), abgedruckt in: Ebd., S. 9–11. Laufende Verfahren und rechtskräftig verhängte Strafen, die nach der Fristenregelung nicht strafbar waren, sollten laut BVerfG zunächst ausgesetzt werden (vgl. Ebd.).

[8] Vgl. Ebd.

[9] Was die parteipolitische Orientierung des Kollegiums betraf, so gehörte Karl Haager

rung.[10] Zuvor hatten die gegnerischen Parteien – die unionsregierten Bundesländer und die Opposition im Bundestag als Antragsteller sowie die Bundesregierung und die Regierungsfraktionen als Äußerungsberechtigte – bereits ausführliche Antragsbegründungen und Gegenstellungnahmen vorgelegt.[11] Sowohl in den Schriftstücken als auch in den mündlichen Voten zur Verhandlung wurden allerdings lediglich die Argumente der vorausgegangen öffentlichen Debatten nochmals in extenso ausgebreitet.

Im Zentrum der gerichtlichen Auseinandersetzung stand die Frage, inwiefern Art. 2 Abs. 2 Satz 1 des Grundgesetzes („Jeder hat das Recht auf Leben und körperliche Unversehrtheit") bereits auf den Embryo anzuwenden sei.

Nach Ansicht der Antragsteller erstreckte sich der im Grundgesetz garantierte Lebensschutz auch auf das ungeborene Leben. Der Verzicht auf Strafschutz innerhalb der ersten drei Monate der Schwangerschaft stelle, so der weitere Argumentationsgang, das hohe Gut des ungeborenen Lebens dagegen zur freien Disposition der Schwangeren und hinterlasse damit eine relevante Schutzlücke, die dem verfassungsrechtlichen Schutzgebot zuwiderlaufe. Zudem werde der Schwangerschaftsabbruch innerhalb der straffrei gestellten Frist – zumal durch seine Krankenkassenfinanzierung – aus dem Bereich des Unrechts genommen und dem öffentlichen Bewusstsein nicht mehr als eine an sich strafwürdige Tat kenntlich gemacht. Die

---

der SPD an, während Wiltraut Rupp-von Brünneck und der EKD-Synodale Helmut Simon als der SPD nahe stehend galten. Der Vorsitzende des Ersten Senats und ehemalige Innenminister Ernst Benda, der knapp zwei Jahrzehnte nach Simon Anfang der neunziger Jahre ebenfalls Kirchentagspräsident wurde, war dagegen wie seine katholischen Kollegen Werner Böhmer und Hans-Joachim Faller Unionsmitglied. Theodor Ritterspach und Hans Brox galten als CDU-nah. Die Presse berichtete ferner, dass Brox die Fristenregelung bereits im Mai 1973 im „Sonntagsblatt für das Bistum Paderborn" für verfassungswidrig erklärt hatte (vgl. „Die Acht vom ersten Senat" von Claus Donath, in: *Weinheimer Nachrichten* vom 26.2.1975, sowie „Das Gericht", in: *Stern* vom 6.2.1975). Auch Benda hatte sich einige Jahre zuvor öffentlich zum Thema geäußert, die Notwendigkeit einer Reform des § 218 StGB prinzipiell hinterfragt und lediglich die Einführung einer ethischen Indikation befürwortet (vgl. „Abtreibungskontroverse um die Reform des § 218", in: *Publik* vom 30.10.1970, S. 20 f., sowie „Schwangerschaftsabbruch eine Ansichtssache?", in: *kna* vom 5.5.1971, wo über Bendas Statement in der Sendung „Ansichtssachen – legalisierter Schwangerschaftsabbruch?", ausgestrahlt im Dritten Fernsehprogramm am 1.5.1971, berichtet wurde). H. SIMON hatte sich dagegen bereits Mitte der sechziger Jahre in einem Sammelband für eine moderate Indikationenregelung ausgesprochen (vgl. DERS., Zur rechtlichen Beurteilung).

[10] Das Wortprotokoll der mündlichen Verhandlung findet sich abgedruckt in: C. ARNDT/E. ERHARD/L. FUNCKE, § 218, S. 225–383.

[11] Zu den Antragstellern vgl. oben Anm. 5; zu den Gegenstellungnahmen vgl. Stellungnahme der Bundesregierung vom 15.9.1974 sowie Stellungnahme des Deutschen Bundestags vom 30.9.1974 (beide abgedruckt in: C. ARNDT/E. ERHARD/L. FUNCKE, § 218, S. 140–171; S. 172–216).

Antragsteller verlangten vom Gesetzgeber eine rechtliche Regelung, die dem Selbstbestimmungsrecht der Schwangeren keinen – auch keinen befristeten – Vorrang vor dem Lebensrecht des Embryos einräumte, sondern zu jedem Zeitpunkt einen Ausgleich zwischen den kollidierenden Interessen der Schwangeren und des ungeborenen Lebens anstrebte.[12]

Die vom ehemaligen Forschungsminister Horst Ehmke ausgearbeitete Gegenstellungnahme der SPD/FDP-Bundestagsmehrheit widersprach den Antragstellern bereits in der Ausgangsthese und statuierte, die Verfassung könne nicht dahingehend interpretiert werden, dass sie dem ungeborenen Leben Grundrechte einräume.[13] Zwar betrachte auch die Bundestagsmehrheit den Schutz des ungeborenen Lebens als eine dem Staat besonders aufgetragene Verpflichtung, wie Ehmke hervorhob, doch lasse sich diese Aufgabe nicht aus verfassungsrechtlich geschützten Grundrechten des Embryos ableiten. Beim Schwangerschaftsabbruch, schlussfolgerte Ehmke, seien daher nicht die Rechte zweier Grundrechtsträger gegeneinander abzuwägen, sondern die Rechte einer Person (der Schwangeren) gegen eine objektive Wertentscheidung der Verfassung zum Schutz des ungeborenen Lebens.

Die im Bundesjustizministerium ausgearbeitete Stellungnahme der Bundesregierung, die neben der Bundestagsmehrheit ebenfalls zu den Äußerungsberechtigten zählte, verfolgte einen anderen Argumentationsgang zur Begründung der Fristenregelung.[14] Anders als Ehmke teilte sie die Überzeugung der Antragsteller, dass Art. 2 des Grundgesetzes sich nach allgemeinem Urteil auch auf das ungeborene Leben bezog. Die verfassungsrechtlich festgehaltene Verpflichtung zum Schutz des ungeborenen Lebens verlange jedoch nicht, wie es in Anlehnung an die Argumentation des Alternativ-Entwurfs von 1970 hieß, dass diesem Gebot auch mit denselben Mitteln, wie sie für den Schutz des geborenen Lebens angewandt würden, Genüge geleistet werden müsse. Die Bundesregierung vertrat die Auffassung, dass der Gesetzgeber nicht zu einem durchgängigen strafrechtlichen Schutz des ungeborenen Lebens verpflichtet sei, sofern er den Anforderungen der Schutzbedürftigkeit des ungeborenen Lebens auf andere Weise angemessen entsprach.[15]

---

[12] Vgl. Ebd., S. 32 f.

[13] Vgl. Stellungnahme des Deutschen Bundestags vom 30.9.1974 (abgedruckt Ebd., S. 181).

[14] Vgl. Stellungnahme der Bundesregierung vom 15.9.1974 (abgedruckt Ebd., S. 149 f.).

[15] Vgl.: „Das ungeborene Leben ist in den Schutz des Art. 2 Abs. 2 Satz 1 GG als Rechtsgut, […] einbezogen. Ungeborenes Leben ist deshalb selbst schutzwürdig und schutzbedürftig. Auch der Gesetzgeber ist verpflichtet, durch normative Regelungen einen der Bedeutung des Rechtsguts angemessenen und wirksamen Schutz zu begründen. Das Grundgesetz verpflichtet den Gesetzgeber jedoch nicht, der Schutzverpflichtung ausschließlich durch Setzung von strafrechtlichen Normen gegen den Schwangerschaftsabbruch nachzukommen mit dem von den Antragstellern geforderten Inhalt" (Ebd., S. 149 f.).

Der Unterschied zwischen den Stellungnahmen der Äußerungsberechtigten lag folglich darin, dass die Bundestagsmehrheit den verfassungsrechtlichen Rang des staatlichen Auftrags zum Schutz des ungeborenen Lebens zu minimieren suchte, während die Regierung die von den Antragstellern geltend gemachte Anwendbarkeit von Art. 2 Abs. 2 Satz 1 des Grundgesetzes auf das ungeborene Leben widerspruchslos anerkannte und lediglich die Frage, welcher Art dieser Lebensschutz nach dem Grundgesetz zu sein habe, als kontrovers erachtete. Anders als Ehmke, dessen Beweisführung im Grunde darauf abzielte, den Schutz des ungeborenen Lebens zu relativieren, suchte die Bundesregierung dagegen zu belegen, dass auch die Fristenregelung dem verfassungsrechtlich verbrieften Lebensschutz in angemessener Weise nachkam – wenn auch mit anderen Mitteln als der von den Antragstellern geforderten durchgängigen strafrechtlichen Pönalisierung. In den divergierenden Stellungnahmen von Bundesregierung und Bundestagsmehrheit spiegelte sich damit einmal mehr der Widerstreit zwischen den verschiedenen Motivationen für die Fristenregelung.[16]

1.2 Katholische Einflussnahmen

„Jetzt hilft nur noch Beten!" hieß es Ende August 1974 in einer Anzeige der katholischen *Neuen Bildpost*.[17] Das Blatt sammelte Unterschriften von Fristengegnern und -gegnerinnen, die sich verpflichteten, bis zur Urteilsverkündung des Bundesverfassungsgerichts täglich ein Vaterunser für die ‚richtige' Entscheidung des Richterkollegiums zu sprechen. Auch der Kölner Erzbischof Kardinal Höffner übersandte den Priestern und Diakonen seines Bistums am 8. November 1974 Fürbitteempfehlungen anlässlich der bevorstehenden mündlichen Verhandlung des BVerfG.[18] Diese sublime Form der ‚Einwirkung' ausgenommen, hielt die katholische Kirche ihren Klerus jedoch an, alles zu vermeiden, „was in der Öffentlichkeit und in Kreisen des Gerichtes ‚als Kampagne missdeutet' werden könnte."[19]

Die betonte Zurückhaltung der katholischen Kirche in Deutschland wurde Ende November jedoch von höchster kirchenleitender Stelle durchkreuzt. Papst Paul VI., der anlässlich der Welternährungskonferenz in Rom erst kurz zuvor eine scharfe Attacke gegen jede Form der Geburtenkontrolle gerichtet hatte, habe die Kongregation für die Glaubenslehre höchstpersönlich, wie die Presse mitteilte, um die Abfassung eines ausführlichen Wortes zum Schwangerschaftsabbruch gebeten.[20]

---

16 Vgl. dazu bereits oben S. 399 f.

17 Eigenanzeige der *Neuen Bildpost,* in: *Berliner Extradienst* vom 30.8.1974.

18 EZA 2/93/6228. Entsprechende Aufrufe von evangelischer Seite wurden nicht bekannt.

19 *kna*-Meldung vom 14.11.1974.

20 Vgl. Meldung in: *SZ* vom 26.11.1974.

Am 27. November 1974 – wenige Tage nach der mündlichen Verhandlung in Karlsruhe – wurde das Papier aus Rom veröffentlicht. Angesichts der in verschiedenen Ländern angestrebten Liberalisierung des Abtreibungsstrafrechts, hieß es darin, wolle man die katholische Lehre, wonach jede Form des Schwangerschaftsabbruchs gegen das göttliche Gesetz und die natürliche Vernunft verstoße, erneut in Erinnerung rufen.[21] Nichts – weder das Selbstbestimmungsrecht der Frau noch ihre Gesundheit oder auch ihr Leben – könnten jemals objektiv das Recht dazu geben, hieß es weiter, über das beginnende Leben eines Dritten zu verfügen.[22] Statt strafrechtlicher Reformen klagte das Papier die soziale Reform der Gesellschaft ein und bekräftigte damit noch einmal die ablehnende Haltung der katholischen Kirche zu jeder Änderung des § 218 StGB.

1.3 Beratungen und Maßnahmen auf evangelischer Seite

„Anders als vor der Bundestagsentscheidung", charakterisiert Lisske die Zeit des Normenkontrollverfahrens, „gab es jetzt kaum Versuche seitens interessierter Gruppen, ihre Positionen noch einmal zu verdeutlichen und damit die Entscheidung des Gerichts vielleicht zu beeinflussen."[23] Diese Darstellung trifft im Hinblick auf die öffentliche Auseinandersetzung, die nach der Bundestagsentscheidung Ende April 1974 deutlich abgeflaut war, zu. Sie lässt allerdings die diskreten Interventionsversuche der verschiedenen Interessengruppen außer Acht, denn weniger das Ausmaß als die Form der Interessenvertretung änderte sich mit dem Gang vor das Bundesverfassungsgericht.

Die ehedem z. T. recht aggressiven Beeinflussungsversuche hatten sich, da sie sich nicht länger an die Legislative, sondern nunmehr an die Judikative richteten, den hier geltenden Verhaltensnormen anzupassen und dementsprechend sehr viel sublimer auszufallen.[24] Die evangelische Kirche

---

[21] Vgl. KONGREGATION FÜR DIE GLAUBENSLEHRE, Erklärung über den Schwangerschaftsabbruch.

[22] Die Erklärung argumentierte biologistisch, dass es nicht rechtens sei, die Frau dem zu entziehen, was die Natur von ihr fordere. Außerdem dürften Leid und Tod – wie es in eschatologischer Ausweitung der Argumentation hieß – nicht allein aus der Sicht des diesseitigen Lebens bewertet werden (vgl. EBD.).

[23] M. LISSKE, Abtreibungsregelung, S. 185.

[24] Vgl. E. SANDSCHNEIDER, § 218, S. 37 f. Vgl. dazu z. B. die Lancierung eines wissenschaftlichen Aufsatzes in der Oktoberausgabe der „Zeitschrift für das gesamte Familienreht", der sich gegen die Verfassungskonformität des 5. StrRG aussprach (D. LANG-HINRICHSEN, Verfassungsmäßigkeit). Eine Ausnahme bildete dagegen das Votum der Bundesärztekammer vom 12. November 1974, das die mehrheitlich ablehnende Haltung der Mediziner und Medizinerinnen zur Fristenregelung nochmals mit Nachdruck hervorhob (vgl. *DÄ* vom 14.11.1974, S. 1059).

wusste dies zu berücksichtigen und baute in der Zeit des Normenkontrollverfahrens auf dezente Formen der Intervention, die ihr ohnehin näher lagen als öffentliche ‚Machtworte'.[25]

1.3.1 Kontaktaufnahme durch die Kirchenkanzlei

Bereits wenige Tage nach Eröffnung des Normenkontrollverfahrens unternahm der Vizepräsident der Kirchenkanzlei am 26. Juni 1974 einen ersten Versuch zur unverbindlichen Kontaktaufnahme mit dem BVerfG. Zur Information übersandte Wilkens zwei ihm bekannten evangelischen Mitgliedern des Ersten Senats – dem Vorsitzenden Ernst Benda sowie dem späteren Kirchentagspräsidenten Helmut Simon – zunächst ein Materialrundschreiben der Kirchenkanzlei und wenig später, am 8. Juli, die von ihm selbst herausgegebene Taschenbuchdokumentation zur Abtreibungsdebatte.[26] Weiter als bis zur Bereitstellung von Informationsmaterial durfte die Intervention der evangelischen Kirche an dieser Stelle jedoch nicht gehen; das war auch Wilkens bewusst.

Der Vizepräsident beschränkte seine Kontaktaufnahme allerdings nicht allein auf einzelne Mitglieder des Ersten Senats, sondern wandte sich auch an die Antragsteller. Sowohl zu Benno Erhard, dem Prozessbevollmächtigten der CDU/CSU-Bundestagsfraktion als auch zu Ministerialdirektor Rebmann, der die baden-württembergische Landesregierung in Karlsruhe vertrat, hatte es zuvor bereits sporadische Kontakte seitens der Kirchenkanzlei gegeben.[27] Wilkens bemühte sich, diese lockeren Verbindungen zu

---

[25] Die katholische Seite, darauf deutet einiges hin, verfuhr ähnlich (vgl. *kna* vom 14.11.1974). Inhalt und Umfang der inoffiziellen katholischen Intervention entziehen sich allerdings der Kenntnis und könnten nur aus der Analyse des noch nicht zugänglichen katholischen Archivmaterials erschlossen werden.

[26] EZA 2/93/6227. Am 6. Januar 1975 übersandte Wilkens Simon ferner einen nicht mehr zu rekonstruierenden Text, den Kirchenpräsident Hild vom Verfasser, dem Chefarzt des Frankfurter St.-Markus-Krankenhauses Hans Joachim Süsse, einem alten Bekannten, zugesandt und an die Kirchenkanzlei weitergeleitet hatte (EZA 2/93/6228, vgl. auch ebd. Brief an Süsse vom 6.1.1975). Zu Bundesverfassungsrichterin Wiltraut Rupp-von Brünneck nahm Wilkens, obgleich diese als Beisitzerin im kirchlichen Verfassungs- und Verwaltungsgericht von Hessen und Nassau ebenfalls lockere Kontakte zur evangelischen Kirche unterhielt, keine Verbindung auf, da sie ihm vermutlich nicht persönlich bekannt war. Zur Taschenbuchdokumentation vgl. E. WILKENS, § 218. Im Frühjahr 1975 sammelte der Vizepräsident erneut Material für eine Veröffentlichung zum Normenkontrollverfahren, doch lehnte der Verlag das Projekt ab (vgl. Brief von Wilkens an Friedrich Vogel vom 14.7.1975, in: EZA 650/95/192).

[27] Vgl. Brief an Rebmann/Stuttgart vom 30.9.1974 (EZA 2/93/6228) sowie Brief an Erhard (MdB) vom 30.9.1974 (EZA 2/93/6228); vgl. auch bereits den Brief an Friedrich Karl Fromme mit Abschrift an Erhard vom 2.7.1974 (EZA 650/95/193). Rebmann war bereits 1973 im Verteiler für den Rundbrief der Kirchenkanzlei aufgelistet (vgl. Empfänger-

intensivieren, um über den Stand der Verhandlungen sowie den Fortgang der Diskussion informiert zu sein und – wo nötig – aus evangelischer Sicht u. U. etwas beisteuern zu können.[28]

Wilkens' Plan schien dahin zu gehen, evangelische Anliegen über wichtige Multiplikatoren an Schnittstellen in die Diskussion einzuspeisen. Folgerichtig wandte er sich auch an den innenpolitischen Experten der *FAZ* Friedrich Karl Fromme und setzte ihn in Kenntnis über die evangelischen Überlegungen zum laufenden Verfahren.[29]

Die evangelische Seite unternahm damit auch in der Zeit des laufenden Normenkontrollverfahrens einige Anstrengungen, ihre Position zu kommunizieren. Der Respekt vor der Integrität des BVerfG, die nicht zu wahren nur von Nachteil für die eigenen Interessen gewesen wäre, erforderte allerdings äußerste Behutsamkeit und Diskretion.

1.3.2 Die Beratungen der EKD-Synode in Berlin-Spandau

Die Anfang 1974 von der EKD-Synode in Kassel verabschiedete Stellungnahme, in der die pauschale Verurteilung der Fristenregelung durch die Gemeinsame Erklärung des Rates und der Bischofskonferenz korrigiert worden war, hatte in konservativen Kreisen der Kirche erheblichen Unmut erregt. Es stand zu befürchten, dass das Thema auf der nachfolgenden EKD-Synode Anfang November 1974 in Berlin-Spandau erneut aufgerollt werden würde.

Das Hauptthema der Zusammenkunft in Berlin-Spandau, die ganz im Zeichen der Verabschiedung der EKD-Grundordnung stand, war die Welt-

---

liste zum Rundbrief der Kirchenkanzlei vom 20.4.1973, in: EZA 2/93/6217), und mit Erhard, dem Mitglied des ZdK-Präsidiums, hatten Kunst und Wilkens erst im Januar 1974 in der Löwenburgstraße über die Reform des § 218 StGB konferiert (vgl. oben S. 281 Anm. 208). Zumindest im Blick auf Rebmann scheint Wilkens eine Intensivierung des Kontakts auch gelungen zu sein, da er im Sommer 1975 beiläufig erwähnte, den Ministerialdirektor gut zu kennen und wiederholt Informationen von ihm erhalten zu haben (vgl. Brief an Claß vom 19.6.1975, in: EZA 2/93/6229; EZA 650/95/193; EZA 2/93/6229).

[28] Die Intervention der evangelischen Seite beschränkte sich nicht allein auf Wilkens' Aktivität. Kunst stand ferner in Verbindung zum Prozessbevollmächtigten der Bundestagsmehrheit Horst Ehmke, der der EKD sein schriftliches Gutachten zum Normenkontrollantrag zukommen ließ. Kunst verzichtete allerdings auf eine eingehende Besprechung des Papiers und ließ Ehmke statt dessen wissen: „Aber dies gibt es je und je, daß zwei Männer sich redlich um eine Sache Mühe geben und am Ende doch nicht zu einem gemeinsamen Votum kommen. Dies hindert nicht den gegenseitigen Respekt und unter Christenleuten schon gar nicht die Verbundenheit" (Brief vom 25.11.1974, in: EZA 742/248; vgl. dazu auch Notiz zum Gutachten von Dibelius an Kunst vom 22.11.1974, in: EZA 742/248).

[29] Brief an Fromme mit Abschrift an Benno Erhard vom 2.7.1974 (EZA 650/95/193).

mission.[30] Die Reform des Abtreibungsstrafrechts spielte zunächst nur eine untergeordnete Rolle. Der Präsident des Diakonischen Werks ging in seinem Bericht vor der Synode nur am Rande auf das Thema ein, als er die vom Diakonischen Werk herausgegebene Adressbroschüre evangelischer Beratungsangebote vorstellte.[31]

Ausführlich widmete sich sodann jedoch die württembergische Synodale Erika Kimmich der Thematik. Die Erziehungswissenschaftlerin, die einige Jahre später in den Rat gewählt wurde und konservativ-evangelikale Positionen vertrat, brachte den insbesondere in Württemberg viel kritisierten Kasseler Synodalbeschluss nochmals zur Sprache und plädierte für die Verabschiedung eines neuen Synodalvotums, das sich entschieden gegen die Fristenregelung aussprechen sollte.[32]

Der Berichtsausschuss der Synode, dem die Angelegenheit übergeben wurde, stimmte Kimmich nach intensiver Beratung später zwar zu, dass der Kasseler Beschluss häufig missinterpretiert worden sei, hielt es jedoch für inopportun, eine zweite Erklärung zu verabschieden.[33] Es darf angenommen werden, dass der Ausschuss, dem u. a. Bundesverfassungsrichter Helmut Simon angehörte, bei seiner Entscheidungsfindung mitbedacht hatte, dass ein Synodalbeschluss zehn Tage vor der mündlichen Verhandlung des BVerfG zwangsläufig als unsachgemäßer Versuch der Synode zur Beeinflussung des Gerichts aufgefasst worden wäre und damit ebenso wie das Kasseler Votum Anlass zu Missinterpretationen gegeben hätte.

1.3.3 Das Ziel der evangelischen Intervention

Dass die Synode darauf verzichtete, eine erneute Erklärung zur Reform des § 218 StGB zu verabschieden, darf freilich nicht darüber hinweg täuschen, dass die evangelische Kirche und insbesondere der Vizepräsident der Kirchenkanzlei das Normenkontrollverfahren intensiv begleiteten.[34]

---

[30] Dies und das Folgende vgl. BERLIN-SPANDAU 1974. Die neue EKD-Grundordnung wurde in Berlin-Spandau einstimmig verabschiedet (EBD., S. 365).

[31] „Wo es um Leben und Tod geht – und hier geht es um Leben oder Tod", hatte Schober zunächst formuliert, „fallen letzte Entscheidungen, die kein anderer für den Betroffenen fällen kann und darf" (EBD., S. 25 f.). Befremdend energisch fügte er später allerdings hinzu: „Im übrigen hoffen wir, daß die ausstehenden gerichtlichen Entscheidungen und parlamentarischen Beschlüsse so ausfallen, daß unserem Volk vieles von dem Elend erspart bleibt, das in manchen anderen Ländern den dort Regierenden nach eingeräumter Straffreiheit der Schwangerschaftsunterbrechung ohne wirkliche Notlage häufig bedrängend bewußt wird" (EBD., S. 113).

[32] Vgl. EBD., S. 104 f.

[33] Vgl. EBD., S. 335.

[34] U.a. wurden die wichtigsten Schriftstücke und Reaktionen zum Normenkontrollverfahren in vier ausführlichen *epd-dokumentationen* veröffentlicht (vgl. *epd-dok* 48/74; 49/74; 12/75; 13/75).

Wie aus einem späteren Briefwechsel hervorgeht, hatte Wilkens auf der Synode das vertrauliche Gespräch mit Helmut Simon und dem SPD-Abgeordneten Erhard Eppler gesucht. Bei dieser Gelegenheit war die Frage aufgeworfen worden, ob jener Entschließungsantrag, in welchem die Regierung sich uneingeschränkt zum Lebensschutz bei der Reform des § 218 StGB bekannt hatte, in der Bundestagsdebatte am 26. April 1974 beschlossen oder lediglich an den Strafrechtssonderausschuss weitergeleitet worden war.[35] Wilkens, dem die Sache keine Ruhe ließ, wandte sich zwei Wochen nach der Synode nochmals schriftlich an Eppler, Simon und einige kirchenleitende Persönlichkeiten, um ihnen mitzuteilen, er habe seine Erinnerung, wonach der Entschließungsantrag damals nicht verabschiedet, sondern lediglich vertagt worden sei, unterdessen verifiziert.[36]

Für Wilkens war der Unterschied von erheblicher Bedeutung, denn seine Hauptkritik an der vom Bundestag verabschiedeten Fristenregelung hatte sich stets auf deren bewusst intendierte Doppeldeutigkeit in Motiv und Zielsetzung bezogen.[37] Darin, dass der Entschließungsantrag zwar eingebracht worden (um noch einige Müller-Emmert-Vertreter für die Fristenregelung zu gewinnen), nach der Abstimmung über das 5. StrRG jedoch nicht mehr verabschiedet worden war, sah Wilkens einen weiteren Beleg für das Janusgesicht der Fristenregelung. „Bleibt es bei diesem Gesetz und seiner Mehrdeutigkeit“, ließ er Eppler und Simon daher wissen, „dann ist eine Fortsetzung der tiefgreifenden Auseinandersetzungen in dieser Angelegenheit unvermeidlich.“[38]

Der Vizepräsident der Kirchenkanzlei behaftete allerdings nicht pauschal jede Fristenregelung mit einem Unwerturteil und erwartete dies auch nicht vom BVerfG.[39] Eine gerichtliche Zurückweisung des Drei-Monate-

---

[35] Zum „Entschließungsantrag der Fraktionen der SPD und FDP zur dritten Beratung des Entwurfs eines Fünften Gesetzes zur Reform des Strafrechts“ (BT-Drs. 7/2042 vom 26.4.1974) vgl. oben S. 400. Der *epd* meldete ein halbes Jahr später, dass der Entschließungsantrag noch immer nicht verabschiedet worden sei, Herbert Wehner ihn in einer Fraktionssitzung jedoch nochmals bekräftigt habe (*epd za* vom 20.2.1975).

[36] Brief an Eppler mit Abschrift an Simon, Kunst, Schober, Claß, Immer, Thimme, Petersen und Lohse vom 21.11.1974 (EZA 2/93/6228).

[37] Vgl. „Was wir der jetzigen Fristenregelung vorwerfen, ist nicht die Freistellung der Frau von Strafe, sondern im ganzen überhaupt die Zweideutigkeit. Ich sage gern etwas locker, man kann dies Gesetz von hinten und von vorne lesen. Von hinten her gelesen können diejenigen zufrieden sein, die vom Gesetzgeber eine völlige Freigabe der Abtreibung ohne jede Einschränkung verlangen. Von vorne her gelesen werden diejenigen zufriedengestellt, die auch als Vertreter einer Fristenregelung ein Gesetz zur möglichst umfassenden Verhinderung des Schwangerschaftsabbruchs gewollt haben“ (Brief von Wilkens an den privaten Einsender Martin Winkler/Walsrode vom 19.7.1974, in: EZA 2/93/6227). Ähnlich auch „Zum Stand der Auseinandersetzung über den § 218 StGB“, 14-seitige Ratssitzungsvorlage von Wilkens ohne Datum (vermutlich Sommer/Herbst 1974) (EZA 650/95/192).

[38] Vgl. oben Anm. 36.

[39] Wilkens war durchaus kein strikter Gegner jeder Fristenregelung. Das bestätigen u. a.

Modells in toto erschien ihm weder wahrscheinlich noch zwingend notwendig. „Ich kann mir schwer vorstellen", fasste er seine Überlegungen zusammen, „daß das Gericht der Klage stattgibt und das Fristengesetz als ganzes für verfassungswidrig erklärt. Auf der anderen Seite kann ich mir auch nicht vorstellen, daß das Gericht das vorliegende Gesetz hinsichtlich der Fristenregelung ohne weiteres akzeptiert. So geht meine eigene Vermutung dahin, daß das Gericht die Möglichkeit einer Fristenregelung zwar nicht ausschließt, aber doch für seine Ausgestaltung im einzelnen bestimmte Auflagen macht."[40]

Wilkens' Kritik wäre somit Genüge getan worden, wenn der Erste Senat des BVerfG weitere Auflagen zur stringenten Ausrichtung der Fristenregelung auf den Lebensschutz gemacht hätte, ohne das gesamte Reformgesetz zurückzuweisen.[41] Nicht die Kassation des 5. StrRG war demnach das primäre Ziel der evangelischen Intervention, sondern die Reduzierung und Fokussierung der Fristenregelung auf das Motiv des Lebensschutzes. „Unsere ganze Hoffnung muß dahin gehen", formulierte Wilkens dieses Ziel, „daß das Bundesverfassungsgericht diese Zwei- und Mehrdeutigkeit des vorliegenden Gesetzes weiter einschränkt."[42]

---

seine wohlwollenden Ausführungen zum Alternativ-Entwurf von 1970 (vgl. z. B. Brief an den privaten Einsender Martin Winkler/Walsrode vom 19.7.1974, in: EZA 2/93/6227). Seine unerbittliche Kritik bezog sich allein auf die vom Bundestag verabschiedete Fristenregelung in ihrer intendierten ideologischen Doppeldeutigkeit. Allein zu diesem Fristenentwurf konnte er mit der Entschiedenheit katholischer Voten konstatieren, „daß wir [die evangelische Kirche, S. M.] dem jetzt vorliegenden Gesetz nicht zustimmen und auch unter keinen Umständen zustimmen werden" (EBD.).

[40] Brief an Süsse vom 6.1.1975 (EZA 2/93/6228). Wilkens hatte sich bereits unmittelbar vor der Anrufung des BVerfG skeptisch gezeigt, dass eine Verfassungsklage zu einer Änderung des 5. StrRG führen würde (vgl. „Eine Chance ist vertan", in: *DAS* vom 16.6.1974). Auch nach dem Urteil des BVerfG vertrat er die Auffassung, dass der Erste Senat eine stringent auf den Lebensschutz ausgerichtete Fristenregelung u. U. gar nicht verworfen hätte (vgl. E. WILKENS, Lebensrecht).

[41] Wilkens nahm damit einen von Fromme in der *FAZ* vorgestellten Gedankengang auf. Fromme hatte spekuliert, das BVerfG könnte das Fristenmodell möglicherweise unter der Auflage, dass eine dreitägige Bedenkzeit zwischen Beratung und Eingriff eingefügt werde, für verfassungskonform erachten (vgl. „Die Verfassungs-Zweifel der Union an der Fristenregelung", in: *FAZ* vom 27.6.1974; vgl. auch Brief an Fromme mit Abschrift an Erhard vom 2.7.1974, in: EZA 650/95/193).

[42] Brief an den privaten Einsender Martin Winkler/Walsrode vom 19.7.1974 (EZA 2/93/6227).

2. Die Entwicklung im Bereich der sozialpolitischen und diakonischen Maßnahmen

Obgleich die Kirchenkanzlei und die Synode der EKD ihre Aufmerksamkeit in der zweiten Jahreshälfte 1974 vornehmlich auf das BVerfG richteten, ging der allgemeine Trend innerhalb der evangelischen Kirche seit der Entscheidung des Bundestags Ende April 1974 zunehmend dahin, die Auseinandersetzungen um die beste strafrechtliche Regelung des Schwangerschaftsabbruchs zugunsten verstärkter Bemühungen um den Ausbau der diakonischen Maßnahmen hintan zu stellen. Allerdings zeichneten sich auch im sozialpolitischen Bereich bereits Probleme ab für den Fall, dass das BVerfG die Fristenregelung für verfassungsgemäß erklären und das Reformgesetz in Kraft treten würde.

2.1 Die Weigerung der Krankenhäuser

Die Verabschiedung der Fristenregelung war nicht nur in der Opposition und den Kirchen auf Kritik gestoßen, sondern auch im Gesundheitswesen. Sowohl die Mehrzahl der Gynäkologen und Gynäkologinnen (Zeitungsmeldungen sprachen von 90 %) als auch ein Großteil der konfessionellen Krankenhäuser (nach Schätzungen ca. 700 katholische und 300 evangelische) lehnte die Fristenregelung ab.[43] Selbst zahlreiche nicht-konfessionelle Krankenhausträger beschränkten die Vornahme von Schwangerschaftsabbrüchen in den von ihnen unterhaltenen Kliniken auf eine eng gefasste Indikationenregelung oder untersagten den Eingriff sogar ganz. Es handelte sich dabei im Wesentlichen um unionsregierte Kreistage Süddeutsch-

[43] Vgl. „Es wächst der Aufstand gegen die Abtreibung" von Klaus Morgenstern (*FR* vom 12.7.1974). Die katholischen Kliniken lehnten die Fristenregelung geschlossen ab (vgl. „Heute beginnt in Karlsruhe die Beratung über die Fristenregelung" von Henk Ohnesorge, in: *Die Welt* vom 18.11.1974). Auf evangelischer Seite kam es zwar zu keinem entsprechend einheitlichen Votum, doch zeichnete sich auch hier ab, dass die Praktizierung der Fristenregelung von zahlreichen Einrichtungen abgelehnt wurde. Ausdrücklich gegen die Fristenregelung hatten sich im Sommer 1974 bereits das Diakonissenhaus Hof (vgl. „Kirchliche Klinik praktiziert Indikationenregelung", in: *epd za* vom 25.6.1974), der Evangelische Krankenhausverband Hamburg (vgl. *epd za* vom 28.6.1974) sowie die evangelischen Krankenhäuser Hannovers ausgesprochen (vgl. Brief von Reinhard Scheele/Chefarzt der Frauenklinik im Henriettenstift an Wilkens vom 28.6.1974, in: EZA 2/93/6225). Bereits unmittelbar nach der Verabschiedung des 5. StrRG hatten Vertreter der SPD die Kirchenleitungen im Rahmen einer Tagung in der Evangelischen Akademie Bad Boll gebeten, von einem Kollektivboykott für die evangelischen Krankenhäuser abzusehen (vgl. *epd za* vom 11.6.1974). Vgl. dazu auch „Stellungnahme evangelischer Krankenhäuser zur Reform des § 218 steht noch aus" (*epd za* vom 5.8.1974), sowie Schobers Bericht vor der Diakonischen Konferenz im Frühjahr 1974 (oben S. 409 f.).

lands, doch auch die Universitätskliniken in München, Nürnberg/Erlangen, Würzburg und Lübeck lehnten die Vornahme von Schwangerschaftsabbrüchen nach dem neu gefassten Abtreibungsgesetz ab.[44] Das im 5. StrRG verbriefte Recht der Gewissensfreiheit, wurde argumentiert, gelte nicht nur für das medizinische Personal, sondern auch für die Krankenhausträger.[45] Weder der Bund noch die Länder sahen sich trotz heftiger öffentlicher Proteste in der Lage, rechtsaufsichtlich gegen die Beschlüsse vorzugehen.[46] Angesichts des massiven Widerstandes der Krankenhausträger, der Ärzteschaft und des Pflegepersonals erschien eine reibungslose Umsetzung des 5. StrRG somit ungeachtet des Karlsruher Richterspruchs als überaus fraglich.[47]

2.2 Die Entwicklung im Bereich der diakonischen Maßnahmen

„Das laufende Normenkontrollverfahren vor dem Bundesverfassungsgericht eröffnet den beteiligten gesellschaftlichen Gruppen eine gute Chance, in der Zwischenzeit an einem Ausbau der Beratungsdienste intensiv zu arbeiten und entsprechende Erfahrungen zu sammeln."[48] Mit diesen Worten ermutigte die EKD-Kirchenkanzlei die Landeskirchenleitungen und glied-

[44] Die Kreistage der Landkreise Ravensburg, Sigmaringen, Biberach und Tettnang hatten bereits 1973 beschlossen, die Fristenregelung in den kreiseigenen Krankenhäusern nicht zu praktizieren. Nach der Verabschiedung des 5. StrRG folgten 1974 auch die Kreise Ostalb, Bodensee, Cham (Oberpfalz), Aalen, Deggendorf, Mühldorf, Unterallgäu sowie der Landkreis Reutlingen (vgl. „Aufstand gegen die Abtreibung. Wie die Opposition die Fristenregelung doch noch zu Fall bringen will" von Theodor Eschenburg, in: *Die Zeit* vom 14.6.1974; „Bayerische Kliniken verweigern Abtreibung", in: *Die Welt am Sonntag* vom 16.6.1974; „Der Aufstand des ‚imperativen Gewissens'" von Theo Wurm, in: *FAZ* vom 19.6.1974; „Es wächst der Aufstand gegen die Abtreibung" von Klaus Morgenstern, in: *FR* vom 12.7.1974, sowie „Eine Reform im Leerlauf" von Theo Wurm, in: *SZ* vom 21.8.1976).

[45] § 218 StGB, Art. 2 in der vom Bundestag verabschiedeten Fassung bestimmte: „Niemand ist verpflichtet, an einem Schwangerschaftsabbruch mitzuwirken" (vgl. BT-Drs. 7/1981 [neu] vom 24.4.1974). Umstritten war, ob dieser ‚niemand' nur eine Person oder auch ein Krankenhausträger sein konnte.

[46] Vgl. die Beantwortung der Anfrage des Abgeordneten Rudolf Schöfberger (SPD) durch Staatssekretär Hans de With (BT Sten. Ber. 7. WP 109. Si. vom 19.6.1974, S. 7382–7383). Der *Stern* führte Mitte Juli 1974 eine bundesweite Klinikbefragung durch, wobei sich eine verwirrende Vielfalt verschiedenster, von Haus zu Haus variierender Praktiken auftat (vgl. „Ist in ihrer Klinik Abtreibung auf Wunsch möglich?", in: *Stern* vom 11.7.1974).

[47] Österreich gab wenig später ein eindrückliches Beispiel ab. Das oberste Gericht billigte hier zwar die vom Parlament beschlossene Fristenregelung, doch trat diese am 1.1.1975 eher pro forma in Kraft, da sich im ganzen Land nur neun Kliniken bereit erklärten, die Fristenregelung zu praktizieren (vgl. „Zuchtmeister für Bonn und Bürger", in: *Der Spiegel* 10/29 vom 3.3.1975, S. 62–67).

[48] Rundbrief von Wilkens an den Rat sowie das Synodalpräsidium der EKD, die Gliedkirchen, Einrichtungen und Amtsstellen vom 14.8.1974 (EZA 2/93/6227).

kirchlichen Diakonischen Werke im Sommer 1974, die Zeit bis zur Entscheidung über die Verfassungsklage zu nutzen und sich verstärkt für den Ausbau der diakonischen Maßnahmen einzusetzen.

Die Hauptstelle des Diakonischen Werks in Stuttgart ergriff im Herbst 1974 ebenfalls die Initiative zur abermaligen Koordinierung und Intensivierung des diakonischen Engagements. Ein entscheidender Impuls dazu ging von der internationalen Tagung des Ökumenischen Rates der Kirchen (ÖRK) in Monbachtal aus.

2.2.1 *Eine Konsultation des ÖRK zum Problem des Schwangerschaftsabbruchs*

Der ÖRK veranstaltete in Zusammenarbeit mit der Konferenz Europäischer Kirchen (KEK) vom 7. bis 11. Oktober 1974 in Monbachtal im Schwarzwald eine kirchliche Konsultation mit dem Titel ‚Die Seelsorge und das Problem des Schwangerschaftsabbruchs'. Eine der Tagungsteilnehmerinnen, die Referentin für Mütterhilfe in der Hauptgeschäftsstelle des Diakonischen Werks Mechthild König, äußerte sich später in einem ausführlichen Bericht sehr positiv über die internationale Zusammenkunft.[49]

Die evangelische Tagungsdelegation aus Deutschland, die sich im weitesten Sinn aus Vertretern und Vertreterinnen des diakonischen Bereichs zusammengesetzt hatte, sei sich in grundsätzlichen Punkten einig gewesen, schrieb König.[50] Selbst zu den Vertretern und Vertreterinnen von Pro Familia habe man einen guten Kontakt gefunden.[51] Die Referentin für

---

[49] Vgl. „Bericht über die Europäische Konsultation des Weltrates der Kirchen ‚Seelsorge und Abtreibung' in Monbachtal vom 7.–11.10.1974" (EZA 650/95/204; ADW, HGSt 4648).

[50] Im Vorfeld hatte es einige Querelen um die Zusammensetzung der Delegation gegeben. Wilkens, der aus terminlichen Gründen nicht hatte teilnehmen können, hatte zunächst Kalinna vom Büro des Bevollmächtigten und Neubauer vom Evangelischen Diakonieverein vorgeschlagen (vgl. Brief an Hanfried Krüger/Kirchliches Außenamt vom 28.6.1974, in: EZA 2/93/6226). Die Hauptgeschäftsstelle des Diakonischen Werks hatte dagegen die Referentin für Mutterhilfe Mechthild König, die Leiterin des Mutter-Kind Heimes in Fürth Käthe Rohleder, die hannoversche Rechtsanwältin Ursula Loeffler vom Rechtsausschuss der EFD und die EKD-Synodale Elfriede Büchsel vorgesehen (vgl. Brief von König an Wilkens vom 15.7.1974, in: EZA 2/93/6227). Der Delegation gehörten letztlich der zunächst verhinderte Reinhardt Neubauer, Mechthild König, Elfriede Büchsel, Rohleders Mitarbeiterin Teufert sowie der Mitverfasser der Orangen Schrift und Leiter des sozialhygienischen Instituts der hannoverschen Landeskirche Karl Horst Wrage an (vgl. oben Anm. 49).

[51] König berichtete, Pro Familia sei ihr bereits mehrfach im „kirchlichen Gewande" begegnet. „Es ist *Tatsache*", fuhr sie fort, „daß zumindest auf Ortsebene engagierte Christen, auch Pfarrer, bei Pro Familia mitarbeiten" (Ebd. [Hervorhebung im Original]; vgl. dazu auch Kassel 1974, S. 129). König war sich mit Neubauer einig, dass man eine gewisse Kooperation auf Ortsebene ungeachtet der anfechtbaren Politik des Präsidiums von Pro Familia ruhig wagen sollte. Die ideologisch begründete Gegnerschaft zwischen der Kirche

Mütterhilfe führte die offene Gesprächsatmosphäre darauf zurück, dass die 37 Tagungsgäste, die sechs verschiedenen Konfessionen und 15 Nationalitäten angehört hatten, zum Auftakt des Treffens zunächst Einigkeit darüber hergestellt hatten, dass man sich an das Thema ‚Seelsorge und Abtreibung' halten und nicht über das Pro und Contra einer Fristenregelung debattieren wolle. „Durch die Ausklammerung des Kampfes um die Fristen- bzw. Indikationsregelung", erläuterte König, „gelang es, Gegensätze auszuschalten und die Spannungen überwindbar zu machen."[52]

Am Ende der viertägigen Konsultation stand die Verabschiedung einer besonnenen und gehaltvollen Resolution an die Kirchen. Die Tagungsgäste richteten u. a. den Appell an die Kirchen, insgesamt lebensbejahender zu werden und mit ihrem Glauben ein Zeichen der Hoffnung zu setzen gegen die Not, die mit ungewollten Schwangerschaften vielfach verbunden sei.[53] Das einstimmig angenommene Wort skizzierte ferner den Diskussionsverlauf der Tagung und stellte das Treffen als ein gelungenes Beispiel gegenseitiger Verständigung vor. Die Veranstaltung selbst legte damit Zeugnis darüber ab, dass und wie es – gerade auch unter Christen und Christinnen – möglich war, konstruktiv über das Problem des Schwangerschaftsabbruchs zu diskutieren.[54]

Die Tagung des ÖRK samt ihrer Schlussresolution vermochten in der Folge einigen Einfluss auf das Diakonische Werk in Stuttgart auszuüben

und Pro Familia war durch die Praxis ohnehin bereits unterwandert worden. In Bremen gab es sogar eine institutionelle Kooperation, denn der von der Landeskirche angestellte Ehe- und Lebensberater war in der Pro Familia Beratungsstelle tätig (vgl. Anlage 3 zum Ergebnisprotokoll der Konsultation „Ergänzende Maßnahmen im Zusammenhang mit § 218 StGB im evang. Bereich, hier: Beratung" am 28./29.10.1974 in Frankfurt, in: ADW, HGSt 4644).

[52] Vgl. oben Anm. 49. König berichtete, sie könne nicht einmal mit Bestimmtheit sagen, wer – außer denen, die das Etikett einer geprägten Richtung trugen wie Pro Familia oder die katholische bzw. die orthodoxe Kirche – welche Auffassung zur strafrechtlichen Frage des Schwangerschaftsabbruchs vertreten habe. Die Referentin hatte lediglich den vagen Eindruck, dass die Befürworter und Befürworterinnen einer Fristenregelung möglicherweise ein leichtes Übergewicht unter den Tagungsgästen gehabt hatten (vgl. Ebd.).

[53] Auch was die Grundeinstellung zur Beratung betraf, äußerte das Papier den Wunsch, von kirchlicher Seite möge mehr Vertrauen aufgebracht werden und zwar sowohl in die Kompetenzen der Berater und Beraterinnen als auch in die letztlich eigenverantwortlich zu fällende Entscheidung der Ratsuchenden (vgl. Ebd.).

[54] Das Papier hatte zunächst festgestellt, dass auch die Delegierten in Monbachtal unter allen Spannungen standen, durch die Christen und Christinnen in der Frage des Schwangerschaftsabbruchs voneinander getrennt seien. Gleichwohl, hieß es weiter, habe man gelernt, unterschiedliche Standpunkte zu respektieren und einander zu lieben. Die Teilnehmenden appellierten auch an ihre Kirchen, sorgfältig auf das zu hören, was als Herausforderung von Christen und Christinnen, die anderer Meinung seien, auf sie zukomme (vgl. Schreiben der kirchlichen Konsultationstagung ‚Die Seelsorge und das Problem der Abtreibung' vom 6.–11.10.1974 in Monbachtal, abgedruckt in: *Diakonie Korrespondenz* 32/74 vom 12.12.1974 sowie in: *epd-dok* 13/75, S. 47–49).

und dazu beizutragen, dass sich das kirchliche Engagement für den Ausbau der Hilfsmaßnahmen in Schwangerschaftskonflikten neu belebte.[55]

2.2.2 *Die zweite Frankfurter Konsultation des Diakonischen Werks zur Frage der diakonischen Maßnahmen*

Wenige Wochen nach der Konferenz in Monbachtal fand am 28./29. Oktober 1974 in Frankfurt a. M. die zweite Konsultation der evangelischen Landeskirchen und Diakonischen Werke zum Ausbau der Schwangerschaftskonfliktberatung statt. Die erste Zusammenkunft lag acht Monate zurück. Damals, Ende Februar, hatten sich die Anwesenden darauf verständigt, die Hauptgeschäftsstelle möge eine Bestandsaufnahme der Hilfsmaßnahmen und Beratungsangebote auf evangelischer Seite erstellen. Der Rücklauf auf die im Frühjahr 1974 gestartete Umfrage war jedoch dürftig.[56] Aus einer in der Hauptgeschäftsstelle zusammengestellten Übersicht ging hervor, dass sich die weitaus überwiegende Zahl der wenigen Projekte noch in der Planungsphase befand.[57] Einziger Lichtblick: Von evangelischer Seite waren mehr Anträge auf Modellberatungsstellen beim Bund eingereicht worden, als man auf der ersten Konsultation des Diakonischen Werks zunächst angenommen hatte. Von den insgesamt 17 evangelischen Anträgen wurden letztlich allerdings nur zehn bewilligt und nur acht realisiert.[58]

Nach der Sommerpause 1974 lud die Hauptgeschäftsstelle des Diakonischen Werks schließlich zu einer zweiten bundesweiten Konsultation Ende Oktober nach Frankfurt a. M. ein. „Wir können nur hoffen", hieß es

---

[55] Mehrfach lehnte sich Schober in späteren Stellungnahmen an die Erklärung von Monbachtal an. So erklärte er auf der EKD-Synode in Berlin-Spandau Anfang November 1974, jede diakonische Hilfe bräuchte „das Hinterland diakonischer Gemeinden, die als ganze Ermutigung zum Leben und Sprachschulen der Hoffnung darstellen" (BERLIN-SPANDAU 1974, S. 113). Im Sommer 1975 endete zudem ein Bericht des Diakonischen Werks mit einem langen Zitat aus der Erklärung von Monbachtal (vgl. „Bericht über den Stand der sozialen und diakonischen Maßnahmen", abgedruckt in: *epd-dok* 39/75, S. 78–97).

[56] Das Diakonische Werk startete drei Aufrufe, doch die Resonanz blieb mager (vgl. Rundbriefe des Diakonischen Werks an die EFD, die EKFuL, die EAF, die Kirchenkanzlei der EKD sowie die Gliedkirchen der EKD und ihre Diakonischen Werke vom 6.3.1974, 4.4.1974 und 9.5.1974 (alle in: AEFD, Rechtsausschuß, flankierende Maßnahmen).

[57] Anlage zum Rundbrief des Diakonischen Werks vom 9.5.1974 (vgl. Anm. 56).

[58] Bewilligt wurden die Beratungsstellen in Rendsburg, Minden, Hagen, Gelsenkirchen, Velbert, Marburg, Mosbach/Baden, München, Heidelberg und Ulm, wobei die evangelischen Projekte in Velbert und Mosbach nicht realisiert wurden. Abgelehnt wurden Anträge aus Berlin, Hamburg, Essen, Ludwigshafen, Worms, Saarbrücken und Oldenburg in Holstein (vgl. Brief von König an Wilkens vom 11.6.1974, in: EZA 650/95/204).

es im Einladungsschreiben, „daß in den Gliedkirchen bzw. ihren Diakonischen Werken mehr Initiativen ergriffen worden sind als uns bekannt wurden.“[59] Angesichts des enttäuschenden Ergebnisses der Umfrage drängte die Hauptgeschäftsstelle darauf, dass jede Gliedkirche für eine gewisse Zeit einen Referenten oder eine Referentin freistellte, um die dringend erforderlichen Maßnahmen auf regionaler Ebene einzuleiten.[60] Die Landeskirchen reagierten allerdings verhalten. „Lauter Funktionäre, die dies nur mit dem kleinen Finger nebenbei machen [...]“, klagte König Anfang Oktober nach einem Blick auf die eingegangenen Anmeldungen zur zweiten Konsultation.[61] In der Hauptgeschäftsstelle hatte man bei der Tagungsplanung eine Expertenrunde vor Augen gehabt und kein „ausgesprochenes Sammelsurium“ an Teilnehmern und Teilnehmerinnen, wie es sich schließlich darbot.[62] Die Erwartungen der Veranstaltungsleitung waren entsprechend gedämpft.[63]

Wider Erwarten gelang es Ende Oktober in Frankfurt jedoch, die im Zusammenhang des konfessionellen Beratungsangebots wesentlichen Fragen zu behandeln. Angebot und Inhalt der Beratung wurden ebenso thematisiert wie die Definition des Berater/Innen-Begriffs, die Fortbildung der Beratenden und die Ausarbeitung von Informations- und Arbeitsmaterial. In zwei Vorträgen wurden ferner die organisatorischen und psychologischen Besonderheiten beleuchtet, durch welche sich die Schwangerschaftskonfliktberatung von anderen Beratungsfeldern abhob. Das Selbstverständnis evangelischer Beratung wurde von den Anwesenden in diesem Zusammenhang noch einmal dahingehend befragt, ob und inwiefern es sich mit der Pflicht zur Ausstellung von Beratungsscheinen vereinbaren ließ. Der Kreis kam zu dem Schluss, dass den Bedenken, nur „Persil-Scheine“ für ohnehin zum Schwangerschaftsabbruch entschlossene Frauen auszustellen, die Chance gegenüberstünde, „für uns sonst nicht erreichbare

---

[59] Einladungsschreiben von Schober vom 5.9.1974 zur Konsultation ‚Ergänzende Maßnahmen im Zusammenhang mit § 218 StGB im evang. Bereich, hier: Beratung‘ am 28./29.10.1974 in Frankfurt a. M. (EZA 650/95/204).

[60] Wilkens hatte bereits in einem Rundbrief der EKD-Kirchenkanzlei vom 27.5.1974 angeregt, in jeder Landeskirche Arbeitsgemeinschaften zu bilden, die die Federführung für den Ausbau der diakonischen Maßnahmen übernehmen sollten (EZA 87/761).

[61] „Vermerk zur Konsultation am 28./29.10.1974“ von König vom 2.10.1974 (ADW, HGSt 4644). Zur Liste der Teilnehmer und Teilnehmerinnen vgl. Anlage zum Ergebnisprotokoll über die Konsultation ‚Ergänzende Maßnahmen im Zusammenhang mit § 218 StGB im evang. Bereich, hier: Beratung‘ am 28./29.10.1974 in Frankfurt a. M. (ADW, HGSt 4644).

[62] „Vermerk zur Konsultation am 28./29.10.1974“ von König vom 2.10.1974 (ADW, HGSt 4644).

[63] Vgl. „Roter Faden zur Konsultation am 28./29.10.1974“ von König an Schober und Steinmeyer [ohne Datum] (ADW, HGSt 4644). König empfahl, sich eng an die Diskussionspunkte der ÖRK-Tagung in Monbachtal anzulehnen, was Schober und Steinmeyer, die die Tagungsleitung übernommen hatten, auch taten.

Frauen anzusprechen und manches bloße ‚Schein-Anliegen' zu einem echten Beratungsbedürfnis umwandeln zu können."[64]

König berichtete den Anwesenden ferner über die von ihr durchgeführte Umfrage zum Stand der diakonischen Maßnahmen. „Über den Aufbau evangelischer Beratungsstellen", hatte sie Schober und Steinmeyer bereits im Vorfeld in einem Vermerk wissen lassen, „ist etwas m. E. wichtiges zu sagen, nämlich, daß wenig zu sagen ist."[65] Die Auflistung von evangelischen Beratungsmöglichkeiten zum Zwecke der Veröffentlichung einer Adressbroschüre habe sich, wie König weiter berichtete, als recht mühselig erwiesen, da es im evangelischen Raum noch immer eine gewisse Zurückhaltung vor dieser Aufgabe gebe. Allerdings sei ohnehin noch unklar, ob die konfessionellen Beratungsstellen überhaupt eine nennenswerte Rolle im Gesamtangebot der Beratung spielen würden, da ihnen oftmals das Vorurteil begegne, sie seien lediglich „Überredungsstellen".[66]

Trotz der Anlaufschwierigkeiten umfasste die von König zusammengestellte und Anfang 1975 veröffentlichte Broschüre zum evangelischen Beratungsangebot über einhundert Möglichkeiten zur Schwangerschaftskonfliktberatung.[67] König hatte nicht nur die evangelischen Modellberatungsstellen aufgelistet, sondern darüber hinaus auf die bereits bestehenden Beratungsstellen für Ehe- und Familienfragen zurückgegriffen sowie auf Beratungsangebote in Gemeindediensten, Dienststellen der Diakonischen Werke und einigen evangelischen Krankenhäusern. In den folgenden zwei

---

[64] Ergebnisprotokoll über die Konsultation ‚Ergänzende Maßnahmen im Zusammenhang mit § 218 StGB im evang. Bereich, hier: Beratung' am 28./29.10.1974 in Frankfurt a. M. (ADW, HGSt 4644). Nur vereinzelt sprachen sich radikal reformfeindliche Stimmen innerhalb der evangelischen Kirche gegen die Ausstellung von Beratungsscheinen aus; so z. B. der Lebensschützer und württembergische Landessynodale Siegfried Ernst (vgl. VERHANDLUNGEN DER 8. EVANGELISCHEN LANDESSYNODE IN WÜRTTEMBERG. 24. SITZUNG am 27.11.1974, S. 985). Auch die katholische Kirche war gespalten, da verschiedene Moraltheologen eine Differenzierung zwischen formaler und materialer Mittäterschaft vornahmen und die Ausstellung von Beratungsscheinen dadurch für verantwortbar erklärten (vgl. „Katholische Beratungsstellen für Abtreibungswillige umstritten", in: *FAZ* vom 21.9.1974). Zu den katholischen Kontroversen um die Ausstellung von Beratungsscheinen in den 90er Jahren vgl. S. DEMEL, Frauenfeindliche Bevormundung, sowie M. SPIEKER, Kirche und Abtreibung.

[65] Vgl. oben Anm. 63.

[66] EBD. Einzelne Vorfälle ließen dieses zunächst primär auf die katholische Beratung bezogene Vorurteil auch für die evangelische Seite nicht unbegründet erscheinen (vgl. z. B. den Konflikt um das Beratungskonzept der Hagener Beratungsstelle, unten S. 466 ff.).

[67] Vgl. die Broschüre „Schutz für das Kind – Hilfe für die Mutter" herausgegeben vom Diakonischen Werk 1975; vgl. auch „Über hundert evangelische Beratungsstellen für werdende Mütter" (*Berliner Kirchen Report* vom 26.2.1975). Die Umfrage des Diakonischen Werks hatte allerdings ergeben, dass die Besuchszahlen in den evangelischen Beratungsstellen stark schwankten, was u. a. auf Vorbehalte gegen kirchliche Beratungseinrichtungen zurückgeführt wurde (vgl. *epd za* vom 26.2.1975). Vgl. dazu auch oben S. 353 Anm. 16, sowie unten S. 528 Anm. 243.

Jahren bis Anfang 1977 stieg die Zahl der evangelischen Beratungsadressen auf 123 Einrichtungen, was einen beachtlichen Anteil von 40,2 % der insgesamt 306 Angebote zur Schwangerschaftskonfliktberatung im Bundesgebiet ausmachte.[68]

2.2.3 Landeskirchliche Konkretionen

Breiten Raum auf der zweiten Frankfurter Konsultation des Diakonischen Werks hatten die Berichte aus den Landeskirchen eingenommen. Nach einer wenig später veröffentlichten Umfrage des *epd* stellten die Gliedkirchen der EKD für das Jahr 1975 ein Gesamtvolumen von 4,4 Millionen DM für diakonische Hilfen in Schwangerschaftskonflikten bereit.[69] Die Landeskirchen engagierten sich allerdings verschieden intensiv. Den Löwenanteil von 3 Millionen DM stellte die Evangelische Kirche in Hessen und Nassau bereit. Sie gründete 1974 eine Stiftung ‚Für das Leben' und stattete sie mit dem entsprechenden Grundkapital aus.[70] Den zweithöchsten Betrag von 492 000 DM brachte die bayerische Landeskirche für ergänzende Maßnahmen und Beratung in Schwangerschaftskonflikten auf.[71]

Sehr aktiv war ferner die kleine badische Landeskirche, die 400 000 DM für ergänzende Maßnahmen in ihrem Haushalt vorsah und das Mutter-Kind-Wohnheim in Heidelberg als Wohngemeinschaft für junge Mütter neu konzipierte.[72]

---

[68] Vgl. „Bericht der Kommission zur Auswertung der Erfahrungen mit dem reformierten § 218 StGB" (BT-Drs. 8/3630 vom 31.1.1980, S. 56; S. 58).

[69] Vgl. „Die Kirche ist dem Gesetz voraus" (*Spandauer Volksblatt* vom 11.3.1975 sowie „Über hundert evangelische Beratungsstellen für werdende Mütter" (*Berliner Kirchen Report* vom 26.2.1975). Das Folgende nach: „Aktivitäten der Diakonischen Werke bzw. der Gliedkirchen betr. ergänzende Maßnahmen zu § 218 StGB, Stand Februar 1975" (AEFD, Rechtsausschuß, flankierende Maßnahmen).

[70] Vgl. Ebd. Die EKHN hatte zunächst angeregt, der Rat der EKD möge eine bundesweite Stiftung ‚Ich will das Leben' einrichten und dem Diakonischen Werk übertragen. König und Steinmeyer hatten Schober jedoch von dem Projekt abgeraten und darauf hingewiesen, dass ein solches Konzept inkonsequent sei, da es nicht alle notleidenden Kinder – d. h. auch die geborenen – berücksichtige (vgl. Vermerk zum Vorschlag einer Stiftung ‚Ich will das Leben' von König an Schober vom 10.6.1974, in: ADW, HGSt 4650).

[71] Vgl. „Aktivitäten der Diakonischen Werke bzw. der Gliedkirchen betr. ergänzende Maßnahmen zu § 218 StGB, Stand Februar 1975" (AEFD, Rechtsausschuß, flankierende Maßnahmen). Das Diakonische Werk der württembergischen Landeskirche stellte ferner 100 000 DM bereit, die westfälische Landeskirche richtete einen Fond in Höhe von 50 000 DM ein, und die braunschweigische Landeskirche stellte 20 000 DM für flankierende Maßnahmen zur Verfügung (vgl. Ebd.).

[72] Vgl. Ebd. sowie Brief des Diakonischen Werks Karlsruhe an die Kirchenkanzlei vom 12.7.1974 (PAepd, R522, und *epd za* vom 20.6.1974).

Ebenfalls 400 000 DM stellte die schleswig-holsteinische Landeskirche zur Verfügung, um das Jugend- und Familienhilfe-Zentrum Rendsburg zu fördern und ihm eine Modellberatungsstelle anzugliedern. In Schleswig-Holstein, wo sich sowohl das örtliche Diakonische Werk als auch die Landessynode und das Frauenwerk für den Ausbau der flankierenden Maßnahmen engagierten, war bereits im Frühjahr 1973 ein Synodalausschuss eingesetzt worden, der einen Katalog landeskirchlicher Hilfen in Schwangerschaftskonflikten erarbeitet und eine landesweite Tagung durchgeführt hatte.[73]

Auch in Württemberg hatte man im Sommer 1974 einen Ad hoc-Ausschuss zu § 218 StGB eingesetzt. Der Ausschuss war umgehend aktiv geworden, hatte ebenfalls eine Konsultationstagung zur Frage der flankierenden Maßnahmen angeregt, sowie per Umfrage die Bereitschaft der Kirchenkreise zur Gründung von Beratungsstellen erhoben und die Ausarbeitung eines Informationsfaltblattes in die Wege geleitet.[74]

Zur Koordinierung und Intensivierung der landeskirchlichen Initiativen schlossen sich auch im Rheinland im Herbst 1974 elf Werke und Einrichtungen der Landeskirche zum Arbeitskreis ‚Beratung in Fragen des Paragraphen 218' zusammen.[75] Der Präses der Landeskirche Karl Immer und der Präsident des Diakonischen Werks Friedrich-Wilhelm von Staa wandten sich am 12. November 1974 zudem in einem gemeinsamen Schreiben an die Mitarbeiter und Mitarbeiterinnen in Verkündigung, Diakonie und Seelsorge und ermutigten dazu, in der Kirche die offene Aussprache über die unterschiedlichen gesetzlichen Modelle zur Reform des § 218 StGB zu suchen.[76] Ziel der Gespräche sollte nach

---

[73] Das Diakonische Werk in Schleswig-Holstein führte am 6.11.1974 zudem eine Arbeitstagung mit über 100 Teilnehmern und Teilnehmerinnen zur Frage der flankierenden Maßnahmen durch (vgl. BERICHT ÜBER DIE VERHANDLUNGEN DER 48. ORDENTLICHEN LANDESSYNODE DER EVANGELISCH-LUTHERISCHEN LANDESKIRCHE SCHLESWIG-HOLSTEINS in Rendsburg vom 11.–15.11.1974, S. 180; S. 189–191); vgl. auch „Begleitende Maßnahmen zur Reform des § 218", Protokoll der Arbeitstagung des Diakonischen Werks am 6.11.1974 in Rendsburg (ADW, HGSt 4631).

[74] Von den 51 Kirchenbezirken meldeten elf Interesse an einer Ausweitung ihrer Arbeit in der Beratung an, wobei sich die Mehrheit gegen die Errichtung neuer und statt dessen für den Ausbau bereits bestehender Einrichtungen aussprach (vgl. Protokoll der Sitzung des Ad hoc-Ausschusses zu § 218 StGB vom 1.11.1974; in: ADW, HGSt 4631).

[75] Vgl. *epd za* vom 19.11.1974.

[76] Es gebe schlicht keine einfache Lösung des Problems, betonten Immer und von Staa. Keine der strafrechtlichen Regelungen, formulierten sie in Anlehnung an das Kasseler Votum, beantworte die Frage, was einem jeden Christen und einer jeden Christin vor Gott erlaubt sei (vgl. Gemeinsamer Brief der Kirchenleitung der Evangelischen Kirche im Rheinland und ihres Diakonischen Werks an die Mitarbeiter der Kirche in Verkündigung, Diakonie und Seelsorge vom 12.11.1974 (EZA 650/95/194, abgedruckt in: VERHANDLUNGEN DER 23. ORDENTLICHEN RHEINISCHEN LANDESSYNODE vom 20.–24.1.1975, S. 68–70). Alte Animositäten zwischen der Kirchenkanzlei der EKD und der rheinischen Landeskirche führten dazu,

Immer und von Staa die Erarbeitung einheitlicher Leitlinien zur Beratung und Behandlung abtreibungswilliger Schwangerer in evangelischen Krankenhäusern sein. Die gegensätzlichen strafrechtlichen Positionen, schlossen die Kirchenmänner, dürften die Christen und Christinnen nicht davon abhalten, ihrem diakonischen Auftrag zur Hilfe in Konflikt- und Notsituationen bestmöglich nachzukommen.[77]

Der kurze Überblick über die Entwicklungen in den Landeskirchen zeigt, dass die Aufforderungen der Kirchenkanzlei und des Diakonischen Werks, die Zeit bis zum Abschluss des Normenkontrollverfahrens zum Ausbau der diakonischen Maßnahmen zu nutzen, nicht ungehört verhallte. Am fruchtbarsten schien die Mitte 1974 allmählich anlaufende Arbeit zur diakonischen Hilfe in Schwangerschaftskonflikten dort, wo Kirchenleitung, Diakonisches Werk und Synode ‚an einem Strang zogen', Arbeitskreise von Expertinnen und Experten zur Koordinierung der Maßnahmen einsetzten und diese mit den nötigen finanziellen Mitteln ausstatteten.

3. Das Urteil des Bundesverfassungsgerichts

Das Jahr 1975 war von den Vereinten Nationen zum Jahr der Frau ausgerufen worden. In Deutschland sollte es sogleich von einer gerichtlichen Entscheidung eingeleitet werden, die für viele Frauen von existenzieller Bedeutung war. Zunächst allerdings wurde die ursprünglich auf den 29. Januar 1975 anberaumte Urteilsverkündung im Normenkontrollverfahren um das 5. StrRG vom Ersten Senat des BVerfG kurzfristig um vier Wochen auf den 25. Februar vertagt. Die Öffentlichkeit hatte sich weiter zu gedulden, was anfänglich mit Gleichmut hingenommen wurde.[78] Im Anschluss an die Verabschiedung der Fristenregelung im Bundestag und zumal nach der Anrufung des BVerfG war es ruhig geworden um die Reform des Abtreibungsstrafrechts. Sowohl die verschiedenen Interessengruppen als auch die Presse hatten seit Mitte 1974 sehr verhalten agiert, so dass das BVerfG ohne größeres Aufsehen hatte verhandeln können.

dass Wilkens – dem nur vom Hörensagen zugetragen worden war, das rheinische Votum habe sich auf die Kasseler Erklärung berufen – dem rheinischen Präses in Anspielung auf die Orange Schrift entgegenhielt: „Die jetzt vom Bundestag beschlossene Fassung halte ich ihres zweideutigen Charakters wegen nach wie vor für sittlich und rechtlich unvertretbar. Daran kann auch ein Synodalbeschluß nichts ändern" (Brief an Immer vom 21.11.1974, in: EZA 2/93/6228).

[77] Das innerkirchliche Gespräch, so die Absender, sei unerlässlich, „damit nicht um eines Prinzips willen Hilfe suchenden oder Hilfe leistenden Menschen Unrecht getan wird" (vgl. Anm. 76).

[78] Vgl. „Das letzte Gefecht" von Ingo von Münch (*Die Zeit* vom 24.1.1975).

3.1 Der Verdacht

Die Ruhe fand ein jähes Ende, als das *Zweite Deutsche Fernsehen* am Sonntag, den 26. Januar 1975, in den 18-Uhr-Nachrichten die Meldung verbreitete, der Erste Senat des BVerfG habe sich intern bereits gegen die Verfassungskonformität der Fristenregelung entschieden und arbeite nur noch an der Formulierung der Urteilsbegründung.[79] Die Nachricht löste unmittelbar eine Welle des Protestes unter den Befürwortern und Befürworterinnen der Fristenregelung aus. Der *Spiegel* polemisierte gegen die „konservativen Sittenhüter" in „unseres Herrgotts Kanzlei",[80] der *Stern* veröffentlichte die Fotos und Lebensläufe der Mitglieder des Ersten Senats, die „Frauen dazu verurteilen können, weiter zum Kurpfuscher oder in ausländische Abtreibungskliniken gehen zu müssen",[81] und die FDP-Politikerin Lieselotte Funcke versagte dem BVerfG öffentlich den Respekt. Die Frauen des Landes, ließ die entschiedene Fristenvertreterin wissen, könnten ein ablehnendes Votum aus Karlsruhe „nicht akzeptieren und nicht respektieren", sondern würden weiter das tun, was sie für richtig hielten.[82]

Anfang Februar 1975, wenige Tage nach Bekanntwerden des zu erwartenden Urteils, kamen ferner 150 Vertreterinnen der deutschen Frauenbewegung zu einer Konferenz zusammen und beschlossen ein neues Aktionsprogramm. „Wir Frauen in der Bundesrepublik, die seit 1968 für die Reform oder die ersatzlose Streichung des Paragraphen 218 gekämpft haben", erklärten sie in ihrem Protestschreiben, das bis Ende Februar von weiteren 6600 Frauen unterschrieben wurde, „akzeptieren keinen Spruch des Bundesverfassungsgerichts, der nicht die freie Entscheidung der Frau überläßt."[83] Die Unterzeichnerinnen, hieß es weiter, könnten in der angekündigten Ablehnung der Fristenregelung durch das BVerfG, lediglich den Ausdruck einseitiger politischer und kirchlicher Interessen erkennen. Die Frauenbewegung rief daher zum Boykott der Oppositionsparteien sowie zum Austritt aus den Kirchen auf.[84] In Frankfurt, München und Berlin kam es ferner zu Farbanschlägen gegen Kirchengebäude, und Frankfurter

---

79 Vgl. „Indizien zur Meldung verdichtet" (*Vorwärts* vom 30.1.1975). Als zuverlässiges Indiz für die Richtigkeit der Information galt der Umstand, dass der Berichterstatter des Senats, der CDU-Mann und Katholik Hans Faller, sich nicht von seiner Aufgabe zur Abfassung des Urteils hatte entbinden lassen, womit für den Fall, dass das Urteil Fallers Gewissen widersprochen hätte, gerechnet worden war.

80 Kommentar von Rudolf Augstein (*Der Spiegel* vom 6/29 3.2.1975, S. 22 ff.).

81 „Das Gericht" (*Stern* vom 6.2.1975).

82 „Indizien zur Meldung verdichtet" (*Vorwärts* vom 30.1.1975).

83 „§ 218: Wir beugen uns dem Urteil nicht!" von Christine Heide (*Stern* vom 6.3.1975).

84 Ferner wurden so genannte schwarze Listen mit den Namen von Ärzten, die sich an illegal vorgenommenen Abtreibungen bereichert hatten, veröffentlicht (vgl. „Empört und enttäuscht" von Ingeborg Münzing, in: *Abendzeitung* vom 18.2.1975).

Frauengruppen gingen sogar so weit, in einem symbolischen Akt drei Stoffpuppen – verkleidet als Arzt, Richter und Priester – öffentlich zu verbrennen.[85]

Weder die Aktionen der Frauenbewegung noch die Berichterstattung in der Presse vermochten die Bevölkerung jedoch noch einmal in demselben Maß zu mobilisieren wie in den Jahren zuvor. Offenbar hatte sich das reformfreundliche gesellschaftliche Klima der Brandt-Ära im Zuge der wirtschaftlichen Depression durch die Ölkrise und infolge des politischen Schocks durch den aufkommenden Terrorismus grundlegend gewandelt. Zudem schien es, als sei die Reformbewegung für breite Bevölkerungskreise bereits im Frühjahr 1974 mit der Verabschiedung der Fristenregelung durch das Parlament an ihr Ziel und die Abtreibungsdebatte damit an ihr Ende gelangt.

3.2 Die Urteilsverkündung

Am späten Vormittag des 25. Februar 1975 trat der Erste Senat des BVerfG zur Verkündung des Urteils über die Verfassungskonformität des 5. StrRG zusammen.

3.2.1 Das Mehrheitsvotum

Nach dem Spruch des Karlsruher Gerichts war die Fristenregelung (§ 218a StGB) in der vom Bundestag verabschiedeten Fassung mit Art. 2 Abs. 2 Satz 1 GG (Recht auf Leben) in Verbindung mit Art. 1 Abs. 1 GG (Würde des Menschen) insoweit unvereinbar und nichtig, als sie den Schwangerschaftsabbruch auch dann von der Strafbarkeit ausnahm, wenn keine Gründe vorlagen, die vor der Wertordnung des Grundgesetzes Bestand hatten.[86]

---

[85] Vgl. „Wenig Chancen für gemeinsame Lösung“ (*Stuttgarter Nachrichten* vom 27.2.1975); „Kirchentüren beschmiert“ (*Der Tagesspiegel* vom 26.2.1975); „Von hinten gegriffen“ (*Der Spiegel* 9/29 vom 24.2.1975, S. 66). Der *Spiegel* berichtete, dass Demonstrantinnen in Berlin eimerweise rote Farbe auf die Stufen der Gedächtniskirche gekippt und auf dem Vorplatz Parolen gegen den § 218 StGB angebracht hatten. Das Magazin sympathisierte offen mit der Protestaktion und empörte sich, dass eine Journalistin, die zugegen gewesen war, um die Aktion zu filmen, voreilig mit den Frauen verhaftet worden war (vgl. EBD.).

[86] Vgl. „Urteil des Ersten Senats des BVerfG vom 25.2.1975 (BVerfG 39,1)“, S. 6, abgedruckt in: C. ARNDT/E. ERHARD/L. FUNCKE, § 218, S. 392; im Weiteren nach den Seitenzahlen des Originals zitiert. Bis zur Verabschiedung eines neuen Reformgesetzes galt die vom BVerfG im Sommer 1974 erlassene Indikationenregelung. Sie umfasste die gängigen Indikationen mit Ausnahme der sozialen. Sozialen Notständen wurde in Form einer Bedrängnisklausel, die Strafabsehung ermöglichte, Rechnung getragen (vgl. EBD., S. 66). Vgl. die entgegengesetzte Entscheidung des Supreme Court der USA (unten Anm. 158).

Dem Normenkontrollantrag wurde somit stattgegeben, und die im Frühjahr 1974 vom Bundestag verabschiedete Fristenregelung wieder kassiert.

Zur Begründung hieß es, die aus der Verfassung resultierende Aufgabe des Staates zum Lebensschutz ließe die zeitweise Überordnung des Selbstbestimmungsrechts der Frau über das Lebensrecht des Embryos nicht zu.[87] Der Erste Senat stimmte der Argumentation der Bundesregierung, dass strafrechtliche Bestimmungen nur als ultima ratio angesehen werden durften, falls ein effektiver Lebensschutz nicht anders zu gewährleisten sei, zwar zu, maßgeblich sei jedoch, so das Urteil, „ob die Gesamtheit der dem Schutz des ungeborenen Lebens dienenden Maßnahmen einen der Bedeutung des zu sichernden Rechtsgutes entsprechenden tatsächlichen Schutz gewährleistet."[88] Die von der Regierung dazu geltend gemachten Beratungsbestimmungen wiesen nach Ansicht des Gerichts Mängel auf, die keinen effektiven Schutz des ungeborenen Lebens erwarten ließen.[89]

Nach Auffassung des BVerfG hatte der Gesetzgeber allerdings nicht nur den verfassungsrechtlich gebotenen Lebensschutz unzureichend realisiert, sondern es zudem versäumt, die durch das Grundgesetz gebotene prinzipielle Missbilligung des nicht indizierten Schwangerschaftsabbruchs im 5. StrRG unzweideutig zum Ausdruck zu bringen. Der Gesetzgeber, unterstrich der Erste Senat in seiner Urteilsbegründung, habe lediglich in solchen Fällen, in denen die Austragung der Schwangerschaft unzumutbar erschient und sich meist auch kein moralisches Unwerturteil einstellt, von strafrechtlichen Regelungen abzusehen und besondere Zurückhaltung vor der achtenswerten Gewissensentscheidung der Frau zu üben.[90] Grundsätz-

[87] Entschieden wandte sich das Gericht gegen die von Innenminister Werner Maihofer vertretene Auffassung, wonach das Selbstbestimmungsrecht der Frau gegenüber dem Lebensrecht des Kindes für eine bestimmte Frist herauszustellen sei, und hielt fest, dass das Selbstbestimmungsrecht der Frau für die gesamte Dauer der Schwangerschaft dem Schutz des ungeborenen Lebens nachzuordnen sei (vgl. „Urteil des Ersten Senats des BVerfG vom 25.2.1975 [BVerfG 39,1]", S. 59 f.). Zu Maihofer vgl. BT Sten. Ber. 7. WP 96. Si. vom 26.4.1974, S. 6492. Es bleibt allerdings zu bedauern, dass sich das Gericht überhaupt auf die Diskussion um die Rangordnung der Rechtsgüter einließ und Partei ergriff, statt – wie es der Alternativ-Entwurf von 1970, der Regierungsentwurf der 6. WP sowie der Müller-Emmert-Entwurf von 1973 getan hatten – in erster Linie nach Wegen des Ausgleichs zwischen den konfligierenden Interessen zu suchen.

[88] „Urteil des Ersten Senats des BVerfG vom 25.2.1975 (BVerfG 39,1)", S. 1 f.

[89] Während die im Alternativ-Entwurf von 1970 ausgearbeiteten Richtlinien zur Beratung die ausdrückliche Würdigung des Gerichts fanden, kritisierte der Erste Senat dagegen die im 5. StrRG vorgesehene Beratungsregelung. Sie umfasse keinerlei konkrete Hilfen, hieß es in der Urteilsbegründung, habe lediglich einen informativ-nondirektiven Charakter, könne auch von fachlich nicht dazu qualifizierten Ärzten und Ärztinnen vorgenommen werden und sehe keine Bedenkzeit zwischen Beratung und Eingriff vor (vgl. EBD., S. 82–87). Zum Alternativ-Entwurf vgl. oben S. 46 ff.

[90] Ausdrücklich wandte sich das Gericht allerdings dagegen, die Entscheidung allein der Frau zu überantworten. Es gäbe Frauen, hieß es zur Begründung, die die Schwangerschaft

lich jedoch müsse der Staat von einer „Pflicht zur Austragung der Schwangerschaft" ausgehen und die prinzipielle Missbilligung des Schwangerschaftsabbruchs in seiner Rechtsordnung klar zum Ausdruck bringen.[91]

Zur Begründung führte das Gericht aus, dem bundesdeutschen Gesetz sei nach den Erfahrungen des Nationalsozialismus bewusst eine wertgebundene Ordnung zu Grunde gelegt worden, die – ausgehend von dem Gedanken, dass jedem Menschen in der Schöpfungsordnung ein eigener, unverbrüchlicher Wert zukommt – den einzelnen Menschen und dessen Würde in den Mittelpunkt der Rechtsordnung gestellt habe. Diese Ausrichtung des Rechts habe sich, so das Karlsruher Richterkollegium, auch in dessen Einzelbestimmungen widerzuspiegeln. Das BVerfG stellte damit die pragmatischen Erwägungen und rechtssoziologischen Argumentationen der Regierungskoalition hintan und folgte den rechtsdogmatischen Bewertungsmaßstäben der Antragsteller. Ausdrücklich hieß es in der Urteilsbegründung: „Das Gesetz ist nicht nur Instrument zur Steuerung gesellschaftlicher Prozesse nach soziologischen Erkenntnissen und Prognosen, es ist auch bleibender Ausdruck sozialethischer und [...] rechtlicher Bewertung menschlicher Handlungen; es soll sagen, was für den Einzelnen Recht und Unrecht ist."[92]

Die vom Bundestag verabschiedete Fassung des 5. StrRG, kritisierte das BVerfG, schaffe dagegen einen rechtsfreien Raum und lasse völlig offen, ob etwa auch der nicht indizierte Schwangerschaftsabbruch rechtens sei.[93] Durch die im Strafrechtsreform-Ergänzungsgesetz geregelte Krankenkassenfinanzierung, hieß es weiter, könne gar der Eindruck entstehen, als handele es sich beim Schwangerschaftsabbruch in den ersten zwölf Wochen um einen Vorgang, dem rechtlich nichts Verwerfliches anhafte und der daher sozialrechtlich gefördert und erleichtert werde.[94] Der Erste Senat hob in seiner Urteilsbegründung indes hervor, dass es sich beim Schwangerschaftsabbruch um einen fundamentalen Grundwertekonflikt zwischen

---

nicht aus rechtlich nachvollziehbaren Gründen abbrechen, sondern lediglich, „weil sie nicht willens sind, den damit verbundenen Verzicht und die natürlichen mütterlichen Pflichten zu übernehmen" („Urteil des Ersten Senats des BVerfG vom 25.2.1975 [BVerfG 39,1]", S. 75).

[91] EBD., S. 60; vgl. auch S. 71 f. Der Erste Senat verlangte, dass Umstände erheblichen Gewichts gegeben sein müssten, „die dem [!] Betroffenen die Erfüllung seiner Pflicht außergewöhnlich erschweren, so daß sie von ihm billigerweise nicht erwartet werden kann" (EBD., S. 66). Zu Recht wies der FDP-Abgeordnete Andreas von Schoeler später darauf hin, wie schwierig es sei, vom Gebären als einer Pflichterfüllung zu sprechen (vgl. „Kommentar des FDP-Bundestagsabgeordneten Andreas von Schoeler, Mitglied des Sonderausschusses für die Strafrechtsreform", in: *HR* am 26.2.1975, abgedruckt in: *fdk tagesdienst* 110/75 vom 26.2.1975).

[92] „Urteil des Ersten Senats des BVerfG vom 25.2.1975 (BVerfG 39,1)", S. 80; vgl. auch EBD., S. 58.

[93] Vgl. EBD., S. 72, vgl. auch EBD., S. 60.

[94] Vgl. EBD.

zwei hohen Rechtsgütern handelt, den die Gesetzgebung nicht verschleiern dürfe, sondern

a) deutlich zum Ausdruck zu bringen habe und
b) durch sozialpolitische Maßnahmen nach Möglichkeit auszugleichen habe.

3.2.2 Das Minderheitsvotum

Drei der acht Mitglieder des Ersten Senats stimmten dem Mehrheitsvotum nicht zu. Sie hielten das 5. StrRG für verfassungskonform. Zwei von ihnen, Wiltraut Rupp-von Brünneck und Helmut Simon, legten ihre abweichende Meinung in einem Minderheitsvotum dar.[95]

Sie sahen im Urteil über das 5. StrRG das Gebot der verfassungsrichterlichen Selbstbeschränkung übertreten und warfen der Mehrheit des Ersten Senats vor, illegitim in die Kompetenz des Gesetzgebers eingegriffen zu haben.[96] Aufgabe des BVerfG sei es, so das Minderheitsvotum, Gesetze zu überprüfen und nicht, sie durch bessere zu ersetzen.

Das stärkste Bedenken der Minderheit richtete sich allerdings dagegen, dass eine Grundrechtsnorm erstmals in der Rechtsprechung des BVerfG dazu dienen sollte, dem Gesetzgeber eine verfassungsrechtliche Pflicht zum Strafen aufzuerlegen. Die ursprünglich als Abwehrrecht konzipierte Grundrechtsnorm werde, so die Minderheit, in ihr Gegenteil verkehrt, wenn sie von der Mehrheit des Ersten Senats nicht zur Begrenzung sondern zur Begründung von Strafsanktionen herangezogen werde. „Unser wesentlichster Einwand“, hieß es im Minderheitsvotum, „richtet sich dagegen, daß die Mehrheit nicht darlegt, woraus verfassungsrechtlich das Erfordernis der Mißbilligung als einer selbständigen Pflicht hergeleitet werden soll. Nach unserer Auffassung schreibt die Verfassung nirgends vor, ethisch verwerfliches oder strafwürdiges Verhalten müsse per se [...] mit Hilfe des Gesetzesrechts mißbilligt werden. In einem pluralistischen, weltan-

---

[95] „Abweichende Meinung der Richterin Rupp-von Brünneck und des Richters Dr. Simon zum Urteil des Ersten Senats des Bundesverfassungsgerichts vom 25.2.1975“ (abgedruckt in: C. Arndt/E. Erhard/L. Funcke, § 218, S. 430–446; im Weiteren nach den Seitenzahlen des Originals zitiert). Nach Presseberichten hatte auch Richter Karl Haager gegen das Mehrheitsvotum des Ersten Senats gestimmt. Richter Werner Böhmer, hieß es ferner, sei der Verlesung des Minderheitsvotums demonstrativ ferngeblieben, da er es als Beleidigung der Senatsmehrheit aufgefasst habe (vgl. „Dritte Stimme gegen Karlsruher Urteil erst gestern bekannt geworden“, in: *Der Tagesspiegel* vom 27.2.1975).

[96] Vgl. dazu den später vielzitierten Passus: „Hier darf das Bundesverfassungsgericht nicht der Versuchung erliegen, selbst die Funktion des zu kontrollierenden Organs zu übernehmen, soll nicht auf lange Sicht die Stellung der Verfassungsgerichtsbarkeit gefährdet werden“ („Abweichende Meinung der Richterin Rupp-von Brünneck und des Richters Dr. Simon zum Urteil des Ersten Senats des Bundesverfassungsgerichts vom 25.2.1975“, S. 3).

schaulich neutralen und freiheitlichen demokratischen Gemeinwesen bleibt es den gesellschaftlichen Kräften überlassen, Gesinnungspostulate zu statuieren. Der Staat hat darin Enthaltsamkeit zu üben."[97]

Rupp-von Brünneck und Simon sahen anders als die Mehrheit des Ersten Senats keine verfassungsrechtliche Veranlassung, eine gesetzliche Missbilligung sittlich nicht achtenswerten Verhaltens zu verlangen. Sie verwiesen zudem auf die hohe Dunkelziffer illegaler Abtreibungen, die ihrer Ansicht nach belegte, dass auch die alte Strafnorm keinen umfassenden Lebensschutz hätte gewährleisten können. Da jede Regelung unter dem Gesichtspunkt des Lebensschutzes letztlich Stückwerk bleiben müsse, schlussfolgerte die Minderheit, gebe es keine verfassungsrechtliche Notwendigkeit für ein bestimmtes Gesetzesmodell, und der Staat habe durchaus das Recht zur Verabschiedung einer Fristenregelung.[98]

3.3 Reaktionen auf die Entscheidung des Gerichts

Die Öffentlichkeit war ebenso wie der Erste Senat des BVerfG in ihrer Haltung zur Fristenregelung gespalten. Die Zurückweisung des Reformgesetzes durch den Karlsruher Urteilsspruch rief daher ein geteiltes Echo hervor. Die Reaktionen der politischen Parteien, der Presse sowie der beiden großen Kirchen und anderer Interessenverbände divergierten z. T. erheblich.

3.3.1 Bonner Stimmen

Die Bonner Fraktionen hatten sich durch die Indiskretion im Vorfeld bereits auf den Ausgang des Normenkontrollverfahrens eingestellt. Das Urteil des BVerfG – ohnedies überschattet von der Entführung des Berliner CDU-Sprechers Peter Lorenz – bestätigte nur die Vorabinformation und

---

[97] Ebd., S. 27. Die Minderheit deutete an, sie habe eine Lösung favorisiert, die die Fristenregelung akzeptiert, die Kostenübernahme durch die Krankenkassen jedoch auf indizierte Schwangerschaftsabbrüche beschränkt hätte (vgl. Ebd.).

[98] Vgl. Ebd., S. 23. Wiederholt hielt die Minderheit der Mehrheit in diesem Kontext vor, allein die symbolische Dimension der Strafsanktion im Auge gehabt und vor allem dogmatisch argumentiert zu haben, während gewichtige verfassungsrechtliche, soziale, gesundheits- und kriminalpolitische Gesichtspunkte, die zur Verabschiedung der Fristenregelung geführt hätten, außer Acht gelassen worden seien (vgl. Ebd., S. 1 f.; S. 14). Je weniger der Staat seinerseits zur Hilfe in der Lage sei, argumentierten Rupp-von Brünneck und Simon dagegen, desto fragwürdiger und wirkungsloser seien Strafandrohungen gegen Frauen, die sich der ‚Pflicht' zur Austragung des Kindes nicht gewachsen fühlten (vgl. Ebd., S. 20).

überraschte kaum jemanden.[99] Die Stellungnahmen, so die Presse, waren längst vorformuliert und lagen bereit.[100] Sowohl Regierung als auch Opposition reagierten maßvoll.

Auf Seiten der Opposition zeigte man sich zufrieden mit dem Urteil und machte erneut Angebote zur gemeinsamen Suche nach einem breiten parlamentarischen Konsens auf der Grundlage der Ärztetagsformel von 1973.[101]

Die Regierungskoalition verhehlte dagegen ihr Bedauern über die Karlsruher Entscheidung nicht, enthielt sich jedoch weitestgehend der offenen Urteilsschelte und akzeptierte den Richterspruch. Sie schloss sich allerdings der Auffassung des Sondervotums an, dass das Urteil einen zu weit gehenden Eingriff in den Aufgabenbereich des Gesetzgebers darstelle und zu einem Ansehensverlust des Gerichts führen könne.[102] Zudem widersprach man der Einschätzung der Richtermehrheit, dass die Fristenregelung den Schutz des ungeborenen Lebens nicht angemessen zum Ausdruck gebracht habe, und verwies zum Beleg auf den eigens zu diesem Zweck eingebrachten Entschließungsantrag von April 1974.[103]

---

[99] Vgl. „Ein Urteil zum Nachdenken" von Fritz Ullrich Fack (*FAZ* vom 4.3.1975). Wilkens schrieb dazu: „Ich habe gerade jetzt mehrfach mit SPD-Politikern der Spitzengruppe über den ganzen Gegenstand gesprochen und musste hören, dass man, von Ausnahmen abgesehen, dort von dem Urteil des Gerichts gar nicht überrascht war" (Brief an Kurt Naumann/Bad Boll vom 26.3.1975, in: EZA 2/93/6228).

[100] Vgl. „Das Tauziehen geht wieder los" von Klaus Dreher (*SZ* vom 26.2.1975).

[101] Vgl. „Gemeinsame Erklärung des CDU-Vorsitzenden Dr. Helmut Kohl und des CSU-Vorsitzenden Franz Josef Strauß" vom 25.2.1975, sowie „Erklärung des CDU/CSU-Fraktionsvorsitzenden Prof. Karl Carstens" vom 25.2.1975 (beide abgedruckt in: *epd-dok* 13/75, S. 20–23). Das Ratsmitglied Richard von Weizsäcker hielt das vom Deutschen Ärztetag empfohlene Modell sogar für das „Ei des Kolumbus" („Das Tauziehen geht wieder los" von Klaus Dreher, in: *SZ* vom 26.2.1975).

[102] Vgl. „Erste Stellungnahme der sozialdemokratischen Bundestagsfraktion nach der Fraktionssitzung am 25. Februar 1975" (abgedruckt in: *epd-dok* 13/75, S. 14 f.).

[103] Ebd. Zum Entschließungsantrag vgl. oben S. 400 sowie S. 429. In den verschiedenen Stellungnahmen zum Karlsruher Urteil zeigte sich allerdings, dass die Regierungskoalition, was ihre Motive für die Reform des Abtreibungsstrafrechts betraf, nach wie vor gespalten war. Die Trennlinie der verschiedenen, auf den verbesserten Lebensschutz bzw. das höhere Selbstbestimmungsrecht abzielenden Begründungen des Fristenmodells verlief nicht nur zwischen den Koalitionspartnern, sondern auch quer durch die Reihen der SPD; genauer: zwischen weiten Teilen der Parteiführung und der Fraktion. Die verschiedene Gewichtung ließ sich bis in den Sprachgebrauch nachvollziehen. Während die Regierungsfraktionen aus emanzipatorischen Motiven noch immer für eine ‚klare Fristenregelung' votierten, brachten einige Kreise in der SPD-Führung ihre anders lautende Interpretation der Drei-Monats-Regelung dadurch zum Ausdruck, dass sie vermehrt von einer „Fristen- und Beratungsregelung" bzw. wie Brandt sogar von einer „Beratungs- und Fristenregelung" sprachen („Erklärung des SPD-Vorsitzenden Willy Brandt" vom 25.2.1975, abgedruckt in: *epd-dok* 13/75, S. 13; vgl. ferner „Erklärung des SPD-Präsidiums nach seiner Sitzung am 25. Februar 1975"; „Erklärung des Bundesministers der Justiz Dr. Vogel im Namen der Bundesregierung" vom

3.3.2 Presse und Öffentlichkeit

99 % der bundesdeutschen Bürger und Bürgerinnen hatten laut Umfrage des Allensbacher Instituts vom Urteil des BVerfG gehört.[104] Knapp ein Drittel begrüßte den Richterspruch, während circa die Hälfte der Befragten die Karlsruher Entscheidung bedauerte.

Weniger die politische Orientierung, das Alter oder Geschlecht waren laut Umfrage des Allensbacher Instituts entscheidend für die Haltung zum Gerichtsurteil, sondern in erster Linie die Konfessions- bzw. Religionszugehörigkeit[105]:

	Karlsruher Urteil begrüßt	abgelehnt	unentschlossen
Gesamtbevölkerung	32 %	50 %	18 %
Katholiken	42 %	39 %	19 %
Protestanten	27 %	54 %	19 %
Andere und ohne Konfession	8 %	87 %	5 %

Das Hamburger Sample-Institut kam in seiner Umfrage dagegen zu einer Mehrheit für das Karlsruher Votum[106]:

Karlsruher Urteil:	völlig richtig	teilweise richtig	teilweise falsch	völlig falsch
Gesamtbevölkerung	27 %	32 %	12 %	26 %

Zwei Drittel der Gegner und Gegnerinnen wollten nach eigenen Angaben etwas gegen das Urteil unternehmen – z. B. einer Bürgerinitiative beitreten (38 %), an Demonstrationen teilnehmen (17 %) oder das eigene Wahlverhalten nach der Haltung der Parteien zur Reform des § 218 StGB ausrichten (19 %).[107] Trotz der in den Umfragen erhobenen hohen Aktionsbereitschaft der Bevölkerung erreichten die öffentlichen Proteste im

25.2.1975; „Erste Stellungnahme der sozialdemokratischen Bundestagsfraktion nach der Fraktionssitzung am 25. Februar 1975"; „Beitrag des SPD-Fraktionsvorsitzenden Herbert Wehner" vom 26.2.1975; „Erklärung des FDP-Fraktionsvorsitzenden Wolfgang Mischnick im Namen der Fraktion" vom 25.2.1975; „Kommentar des FDP-Bundestagsabgeordneten Andreas von Schoeler, Mitglied des Sonderausschusses für die Strafrechtsreform" vom 26.2.1975; alle Stellungnahmen abgedruckt in: *epd-dok* 13/75, S. 1–28).

104 Dies und das Folgende vgl. „Die Hälfte der Bevölkerung bedauert Urteilsspruch" (Allensbacher Berichte 9/1975, abgedruckt in: *epd-dok* 39/75, S. 7–10).

105 Ebd.

106 Vgl. „Umfrageergebnis weist Mehrheit für Bundesverfassungsgericht-Abtreibungsentscheidung aus", *dpa*-Meldung vom 25.2.1975, abgedruckt in: *epd-dok* 13/75, S. 61.

107 Ebd.

Anschluss an die Urteilsverkündung bei weitem nicht das Ausmaß wie in den Jahren zuvor.[108] Das überraschte um so mehr, als Teile der Presse sich massiv dafür einsetzten, die nach der Bundestagsentscheidung im Frühjahr 1974 nahezu zum Erliegen gekommene Abtreibungsdebatte neu anzufachen und die Massen gegen den Richterspruch zu mobilisieren.[109]

Die Presse – insbesondere die ‚linke' – schloss sich dem Minderheitsvotum des Ersten Senats an und hielt dem BVerfG ebenfalls vor, seine Kompetenzen über Gebühr ausgeweitet und weltanschaulich voreingenommen argumentiert zu haben.[110] Das Urteil lese sich, so die Kritik, wie eine „apodiktische Parole vom Feldherrenhügel des Naturrechts".[111] Die „Sittenwächter der Nation",[112] hieß es, hätten die Verfassungswidrigkeit der Fristenregelung nicht aus dem Wortlaut der Verfassung abgeleitet, sondern „mit Hilfe von Deutungen und Meditationen zusammengebastelt, die einer päpstlichen Enzyklika alle Ehre gemacht hätten"[113]. Zum Beleg verwies man auf die aus dem katholischen Sprachschatz entliehenen Worte „Sit-

---

[108] Zu einer größeren Aktion kam es – neben den Protesten verschiedener Frauengruppen – lediglich durch den baden-württembergischen Landesverband des DGB, der am Tag der Urteilsverkündung 1 500 Demonstranten und Demonstrantinnen zu einem Schweigemarsch in Karlsruhe versammelte (vgl. „Nur die Fotografen erzürnen Präsident Benda" von Karl-Heinz Krumm, in: *FR* vom 26.2.1975). Am Wochenende nach der Urteilsverkündung fanden in verschiedenen Städten weitere Demonstrationen statt. Der Bund der Konfessionslosen initiierte zudem eine Unterschriftensammlung für einen Volksentscheid zur Reform des § 218 StGB (vgl. „Wir beugen uns dem Urteil nicht!", in: *Stern* vom 6.3.1975).

[109] Nur wenigen Kritikern ging das Urteil nicht weit genug (vgl. „Ein Spruch, der keine Klarheit brachte" von Ludolf Hermann, in: *DZ* vom 28.2.1975, sowie „Frau von Brünnecks Auftritt: Das Tribunal wurde zur Szene" von Enno von Loewenstein, in: *Die Welt* vom 27.2.1975). Leidenschaftlich begrüßt wurde die Karlsruher Entscheidung nur in Ausnahmen (vgl. „Votum für das Leben" von Michael Hansen, in: *Die Welt* vom 26.2.1975). Eine dritte – nicht unbeträchtliche – Gruppe stellten allerdings die ausgewogenen Kommentare dar, die sich der Urteilsschelte weitgehend enthielten (vgl. „Nach dem Abtreibungsurteil" von Friedrich Karl Fromme, in: *FAZ* vom 27.2.1975; „Ein Urteil zum Nachdenken" von Fritz Ullrich Fack, in: *FAZ* vom 4.3.1975; „Unsere Meinung: Recht und Wirklichkeit", in: *Der Tagesspiegel* vom 26.2.1975; „Das letzte Wort" von Hans Georg Glaser sowie „Das Problem bleibt" von Karin Augustin, beide in: *WAZ* vom 26.2.1975; „Jetzt hilft nur noch bitten" von Heinz Zahrnt, in: *DAS* vom 2.3.1975).

[110] Vgl. „Grenzüberschreitung in Karlsruhe" von Robert Leicht, in: *SZ* vom 26.2.1975, sowie „Zuchtmeister für Bonn und Bürger", in: *Der Spiegel* 10/29 vom 3.3.1975, S. 62–67. Es wurde u. a. davon gesprochen, das Urteil habe erstmals eine ernsthafte Verfassungskrise in der BRD ausgelöst („Die Karlsruher Enzyklika" von Roderich Reifenrath, in: *FR* vom 26.2.1975).

[111] „Die Sittenwächter der Nation" von Hans Schueler, in: *Die Zeit* vom 28.2.1975. Vgl. auch „Tom Mix und das Abendland. Christliches in der westdeutschen Rechtssprechung" von Ingo von Münch, in: *Die Zeit* vom 28.2.1975 unter Verweis auf eine von Simon Anfang der sechziger Jahre herausgegebene Studie (vgl. H. SIMON, Katholisierung des Rechtes?).

[112] „Die Sittenwächter der Nation" von Hans Schueler (*Die Zeit* vom 28.2.1975).

[113] „Die Karlsruher Enzyklika" von Roderich Reifenrath (*FR* vom 26.2.1975).

tengesetz" und „Schöpfungsordnung", die sich in der Tat in der Urteilsbegründung fanden.[114]

Eine pluralistische Gesellschaft, erklärten die Kommentatoren, lasse sich jedoch nicht länger von einigen wenigen Richtern vorschreiben, nach welchen moralischen Kriterien sie ihren als privat empfundenen Bereich abstecken dürfe.[115] Sie lasse sich auch kein moralisches Unwerturteil oder gar das „Brandmal der Schuld"[116] für die Vornahme von Schwangerschaftsabbrüchen aufoktroyieren. So sei es schlicht absurd, schrieb Roderich Reifenrath von der *FR*, dass nach dem Karlsruher Urteil „nun auf unabsehbare Zeit weiterhin im Prinzip zwei Keimzellen strafrechtlich geschützt [werden; S. M.], die sich zufällig miteinander verbunden haben, nachdem jeden Tag Tausende absterben."[117] Aussagen wie diese verdeutlichten, dass die Kritik der Presse am Urteil des BVerfG z. T. selbst ideologisch gefärbt war und im Grunde weniger darauf zielte, *dass* das Urteil weltanschauliche Züge aufwies, sondern vielmehr *welche*.

3.3.3 Katholische Kirche

Wiewohl die Frauenbewegung und Teile der Presse das Urteil des BVerfG als Sieg der katholischen Lobby betrachteten, und das Gericht in der Tat den u. a. von kirchlicher Seite vorgetragenen Zweifeln am ausreichenden Lebensschutz des Fristengesetzes stattgegeben hatte, zeigten sich die führenden Vertreter der katholischen Kirche mit der Karlsruher Entscheidung noch nicht voll zufrieden.[118] Der Präsident des ZdK begrüßte das Urteil zwar ohne Einschränkung, doch fiel die Stellungnahme der Bischofskonferenz deutlich distanzierter aus.[119] Die Bischöfe kritisierten, dass das

---

114 Vgl. „Zuchtmeister für Bonn und Bürger" (*Der Spiegel* 10/29 vom 3.3.1975, S. 62–67). Das Selbstbestimmungsrecht der Frau, hatte das BVerfG argumentiert, sei nicht nur durch die Rechte anderer und die verfassungsmäßige Ordnung, sondern u. a. durch das „Sittengesetz" begrenzt („Urteil des Ersten Senats des BVerfG vom 25.2.1975 [BVerfG 39,1]", S. 58, abgedruckt in: C. Arndt/E. Erhard/L. Funcke, § 218, S. 388–430; nach den Seitenzahlen des Originals zitiert). Aus der „Schöpfungsordnung" hatte das Gericht die Würde des Menschen abgeleitet (Ebd., S. 90).

115 Vgl. „Die Karlsruher Enzyklika" von Roderich Reifenrath (*FR* vom 26.2.1975).

116 „Totgeborenes Recht" von Oskar Fehrenbach (*Stuttgarter Zeitung* vom 5.3.1975).

117 Vgl. oben Anm. 113.

118 Wilkens rühmte sich in späteren Jahren unter Vertrauten gerne mit der – nach heutiger Aktenlage allerdings nicht zu verifizierenden – Andeutung, das Urteil des Bundesverfassungsgerichts sei im Wesentlichen darauf zurückzuführen gewesen, dass die kirchlichen Einwände gegen eine Fristenregelung in Karlsruhe auf offene Ohren gestoßen seien (vgl. telefonische Auskunft von OKR Tilmann Winkler/Kirchenamt der EKD vom 30.11.1998).

119 Vgl. „Erklärung des Präsidenten des ZdK" vom 25.2.1975 sowie „Erklärung der Deutschen Bischofskonferenz zum Urteil des Bundesverfassungsgerichts über die Änderung des

Gericht verschiedene Konfliktsituationen – u. a. soziale Notlagen – als Strafausschließungsgründe anerkannt habe. Die Bischofskonferenz bekräftigte indes ihre Auffassung, wonach der Schwangerschaftsabbruch grundsätzlich kein Weg zur Lösung von Konfliktsituationen sei, und appellierte an die Abgeordneten, Sorge dafür zu tragen, dass der Schutz des ungeborenen Lebens in Zukunft „uneingeschränkt" [!] gewährleistet werde.[120]

Die katholischen Bischöfe waren durch den ‚Etappensieg' vor dem BVerfG somit keineswegs saturiert, sondern hielten ungebrochen an ihren Maximalforderungen fest.[121]

3.4 Die evangelische Kirche zum Urteil des BverfG

Mit Genugtuung, ja mit spürbarer Erleichterung, wie die Presse ganz recht bemerkte, reagierte die evangelische Kirche auf das Urteil des BVerfG.[122]

3.4.1 Erste Stellungnahmen

Da der Rat der EKD die Thematik des § 218 StGB wiederholt vertagt hatte und im Vorfeld der Karlsruher Urteilsverkündung zu keiner Meinungsbildung mehr gelangt war, wurde die erste Stellungnahme zum Urteil des BVerfG vom Präsidenten des Diakonischen Werks Theodor Schober abgegeben.[123] Diese Tatsache mag als Indiz dafür betrachtet werden, dass

---

§ 218 StGB" vom 25.2.1975 (beide abgedruckt in: *epd-dok* 13/75, S. 34–37). „Die katholische Kirche", hatte Wilkens im Vorfeld berichtet, „ist wohlgerüstet und hat für alle denkbaren Fälle bereits Erklärungen so gut wie fertig" (Brief an Rebmann vom 24.1.1975, in: EZA 2/93/6228).

[120] Deutliche Worte richtete die Bischofskonferenz auch an die Gläubigen. In der Erklärung (vgl. Anm. 119), die am 2. März 1975 als Hirtenwort in allen katholischen Gottesdiensten verlesen wurde, hieß es: „Wie auch immer das staatliche Gesetz aussehen wird: der katholische Christ weiß, daß er eine schwere Schuld vor Gott und den Menschen auf sich lädt, wenn er sich am ungeborenen Leben vergreift."

[121] Vgl. dazu auch H. Tallen, § 218, S. 300 f.

[122] Vgl. „Nach dem Urteil" von Frank Pauli (*Berliner Sonntagsblatt* vom 9.3.1975). Zum Beleg dieser Einschätzung vgl. auch Wilkens' Aussage: „Daß das Urteil auf unserer Seite mit großer Erleichterung aufgenommen wird, brauche ich wohl nicht eigens zu betonen" (Brief an Benda vom 5.3.1975, in: EZA 2/93/6228).

[123] Der Rat hatte Wilkens und Schober im Herbst 1974 zunächst mit der Ausarbeitung einer längeren Stellungnahme betraut (vgl. handschriftliche Notiz von Wilkens ohne Datum, in: EZA 650/95/192), das Thema dann jedoch vertagt (vgl. Auszug aus dem Protokoll der 27. Ratssitzung vom 13./14.12.1974, in: EZA 2/93/6228). Wilkens plädierte später ohnehin nicht mehr für eine umfassende Ausarbeitung, sondern nur für eine kurze Stellungnahme zur Urteilsverkündung. Hatte er doch – und dies bereits einige Tage vor Bekanntwerden der Karlsruher Indiskretion – vermutet, dass das Gesetzgebungsverfahren mit dem Richter-

die Diakonie sich ihrer Mitverantwortung in der Abtreibungsfrage zunehmend gewahr wurde.

Schober äußerte sich in erster Linie zu den sozialpolitisch-diakonischen Fragen der Reform und ging nur am Rande auf strafrechtliche Aspekte ein. Er begrüßte das Karlsruher Urteil zunächst und sprach sich im Blick auf den weiteren Gesetzgebungsprozess für eine großzügige Indikationenregelung aus, hob allerdings hervor, dass die eigentliche Arbeit zur Linderung von Schwangerschaftskonflikten jenseits des Strafrechts liege.[124] Sodann wandte sich der Präsident an die eigene Kirche und forderte diese auf, sich aktiv an der Beratung zu beteiligen. In Anlehnung an das Votum der ÖRK-Tagung rief er ferner die einzelnen Gemeinden und ihre Glieder auf, „Mut zum Kind" zu verbreiten und einen gesellschaftlichen Umdenkprozess zu initiieren, der von der Diffamierung von Konfliktschwangerschaften wegführe hin zur Hilfe für Schwangere in Not.[125]

Neben Schober nahmen auch einige Vertreter aus den Landeskirchen zum Urteil des BVerfG Stellung und ließen einen recht gemischten Chor protestantischer Stimmen erklingen.[126] Während die Voten aus Bremen und Braunschweig – ähnlich den Reaktionen aus der Regierungskoalition – lediglich davon sprachen, das Urteil sei zu respektieren,[127] wurde es von kirchlichen Vertretern aus Bayern und Württemberg vorbehaltlos begrüßt.[128]

---

spruch nicht beendet sein würde (vgl. Brief an OKR Albert Stein/Karlsruhe vom 23.1.1975 sowie Brief an Rebmann vom 24.1.1975, beide in: EZA 2/93/6228). Der Rat verzichtete auf seiner Januarsitzung 1975 schließlich gänzlich auf die Vorformulierung eines Wortes (vgl. Auszug aus dem Protokoll der 28. Ratssitzung vom 30.1./1.2.1975, in: EZA 2/93/6228). ‚Ermüdungserscheinungen' zeigten sich später auch in der Kirchenkonferenz, die zwei Tage nach der Urteilsverkündung Ende Februar tagte. Zu Wilkens' Leidwesen stieß die Abtreibungsthematik auch hier auf keinerlei Interesse (vgl. handschriftliche Notiz auf dem Auszug aus dem Protokoll der Kirchenkonferenz vom 27./28.2.1975, in: EZA 2/93/6228).

[124] Vgl. „Erste Stellungnahme des Diakonischen Werks zur Entscheidung des Bundesverfassungsgerichts" vom 25.2.1975 (*epd-dok* 13/75, S. 31). Völlig aus dem Duktus der im Ganzen auf Ausgleich bedachten Erklärung fiel Schobers Schlusssatz: „Am Leben ohne Not zu manipulieren rächt sich eben doch" (Ebd.).

[125] Ebd.

[126] Angesichts der zahlreichen Voten aus dem evangelischen Raum wirkte die in der Ratssitzung Ende Januar getroffene Verabredung der Ratsmitglieder, sich bis zu einer gemeinsamen Stellungnahme nicht einzeln zum Urteil des BVerfG zu äußern, recht hilflos (vgl. Auszug aus dem Protokoll der 28. Ratssitzung vom 30.1./1.2.1975, in: EZA 2/93/6228).

[127] Vgl. „Erklärung des Landesbischofs der Evangelisch-lutherischen Landeskirche in Braunschweig Dr. Gerhard Heintze" vom 26.2.1975 (*epd-dok* 13/75, S. 32) sowie „Bremer Öffentlichkeitspfarrer: Urteil respektieren" (*epd za* vom 26.2.1975). Am deutlichsten widersprachen sich in Berlin Hans Georg Jäkel, geschäftsführender Direktor des landeskirchlichen DW, der das Urteil begrüßte, und Guido Groeger, Leiter des evangelischen Zentralinstituts, der die Karlsruher Entscheidung als einen „Verstoß gegen die Würde des Menschen, in Sonderheit der Frau" verurteilte (vgl. „Unterschiedliche Beurteilung von evangelischen Persönlichkeiten", *epd*-Meldung vom 26.2.1975, abgedruckt in: *epd-dok* 13/75, S. 32).

[128] Der *epd* berichtete, der Präsident der württembergischen Synode Eißler habe das Urteil

Eine dritte Gruppe bildeten schließlich die Bischöfe von Kurhessen-Waldeck und Hannover, Erich Vellmer und Eduard Lohse, die ihr Augenmerk wie Schober nicht primär auf das Urteil, sondern auf die anstehenden flankierenden Maßnahmen richteten und sich der öffentlichen Forderung nach der Pille auf Krankenschein anschlossen.[129] Ihrer Ansicht nach bestand die erste Aufgabe der Kirche darin, unabhängig vom Strafrecht durch bewusstseinsbildende und diakonische Maßnahmen helfend dazu beizutragen, dass die Abtreibungszahlen sanken.

3.4.2 Die Ratserklärung

Am 1. März 1975, vier Tage nach der Urteilsverkündung, befasste sich schließlich auch der Rat der EKD mit dem Ausgang des Normenkontrollverfahrens. Der von Wilkens dazu vorgelegte Entwurf einer Ratserklärung begrüßte das Urteil des BVerfG und rief das Ärztetagsmodell von 1973 als Ausgangsbasis für eine neue, fraktionsübergreifende Parlamentsmehrheit in Erinnerung.[130]

Wilkens' Entwurf stieß jedoch auf Kritik unter den Ratsmitgliedern. Nachdem auch die kontroverse Ratsaussprache zu keinem Konsens führte, kam es daraufhin zu Kampfabstimmungen über einzelne Textpassa-

---

begrüßt (vgl. *epd za* vom 18.3.1975). Der bayerische Landesbischof Dietzfelbinger bezeichnete die Karlsruher Kassation – entsprechend seiner apokalyptischen Gesamtsicht auf die politischen und gesellschaftlichen Ereignisse der zurückliegenden Jahre – sogar als „Alarm- und Warnsignal" auf dem Weg der Gesellschaft in eine unheilvolle Zukunft (vgl. „Wort zum Sonntag" vom 1.3.1975, abgedruckt in: *epd-dok* 13/75, S. 30 f.).

[129] Zu Lohse vgl. *epd za* vom 5.3.1975; zu Vellmer vgl. *epd za* vom 27.2.1975. Der wissenschaftliche Referent des konfessionskundlichen Instituts in Bensheim Gottlob Hild vertrat eine ähnliche Position (vgl. *epd za* vom 27.2.1975). Auch die EFD war bereits ein Jahr zuvor für die Pille auf Krankenschein eingetreten (vgl. *epd za* vom 31.5.1974). Zahrnt schließlich forderte nach der Urteilsverkündung ebenfalls, dass eine Indikationenregelung verabschiedet werden müsse, die von der Legislative möglichst weit gefasst und von der Exekutive möglichst menschlich gehandhabt werden sollte (vgl. „Jetzt hilft nur noch bitten", in: *DAS* vom 2.3.1975).

[130] Vgl. „Erklärung des Rates der Evangelischen Kirche in Deutschland zum Urteil des Bundesverfassungsgerichts in der Frage des Schwangerschaftsabbruchs", Entwurf von Erwin Wilkens, datiert auf den 1.3.1975 (PRIVATBESTAND WOLF-DIETER HAUSCHILD, Entscheidung § 218, 1975). Unmittelbar nach der Urteilsverkündung hatte sich auch der Deutsche Ärztetag zu Wort gemeldet, dem Gesetzgeber seine Mitarbeit bei der Suche nach einer Reform des § 218 StGB angeboten und auf den eigenen, 1973 veröffentlichten Indikationenentwurf verwiesen (vgl. „Achtung des Lebens oberster Grundsatz", in: *SZ* vom 27.2.1975). Zum Ärztetagsmodell vgl. auch oben S. 280 f. Die zweite medizinische Standesvertretung, der Hartmannbund, hatte sich sogar offen für die Aufnahme einer eigenständigen sozialen Indikation ausgesprochen und die vom BVerfG verfügte Bedrängnisklausel als Quelle der Rechtsunsicherheit kritisiert (vgl. „Erklärung des Hartmannbundes zur Entscheidung des Bundesverfassungsgerichts" vom 25.2.1975, abgedruckt in: *epd-dok* 13/75, S. 52).

gen.[131] Erstmals verzeichnete das Protokoll schließlich zwei Gegenstimmen bei der Verabschiedung einer Ratserklärung zur Reform des § 218 StGB.[132]

Welcher Art die Kritik der Gegner genau war, geht weder aus dem Protokoll der Ratssitzung noch aus den minimalen Änderungen der Vorlage klar hervor, doch werden sich die Ratsmitglieder kaum an allzu einseitigen Positionierungen gestört haben, denn insgesamt betrachtet war das Votum des Rates mit viel Fingerspitzengefühl ausgearbeitet und leistete ein wertvolles Stück Versöhnungsarbeit.[133] Es sei dem Rat der EKD in erster Linie darauf angekommen, wie Wilkens später eindrücklich formulierte, „Wunden zu heilen, Wogen zu glätten und an einer Regelung mitzuarbeiten, die eine breite parlamentarische und gesellschaftliche Grundlage findet."[134]

Die größte Schwäche der Ratserklärung lag nicht auf der inhaltlichen Ebene, sondern bei der Bestimmung der Zielgruppe. Wie bereits deutlich wurde, richtete sich das Bemühen des Rates darauf, dem Bundestag Mut zuzusprechen für einen breiten Kompromiss, der seine Grundlage in dem von allen Parteien übereinstimmend festgelegten Reformziel des verbesserten Lebensschutzes finden sollte. Die Adressaten der Ratsstellungnahme waren demnach die Bonner Entscheidungsträger und -trägerinnen. Doch leitete der Rat seine Erklärung nicht nur an das Parlament weiter, sondern beschritt auch neue Wege und verbreitete sie durch den Ratsvorsitzenden im Fernsehen.[135] Damit war das Engagement der EKD zwar in die Öffentlichkeit getragen und dem Vorwurf der Tatenlosigkeit begegnet, doch was sollten die Zuschauer und Zuschauerinnen mit einer Erklärung anfangen, die sich nicht an sie, sondern an die politische Führung im Lande richtete? Ein Kasseler Gemeindeglied brachte das Missverhältnis auf den Punkt. „Die Stellungnahme ihres Ratsvorsitzenden", schrieb Lothar Knispel, „ist blutleer, weltfremd und in Form und Sache für das Kirchenvolk ohne Interesse, z. T. unverständlich."[136]

---

[131] Vgl. Auszug aus dem Protokoll der 29. Ratssitzung vom 28.2./1.3.1975 in Hannover (EZA 2/93/6228).

[132] Vgl. Ebd. Möglicherweise kamen die Gegenstimmen von konservativen Ratsvertretern wie Petersen oder Thimme, die für eine deutliche Positionierung des Rates votierten.

[133] In seiner Überarbeitung hatte der Rat das klare Plädoyer für die Formel des Ärztetags ein wenig diplomatischer gefasst und das Schlussvotum, das die Karlsruher Entscheidung ausdrücklich begrüßt hatte, ersatzlos gestrichen (vgl. Entwurf für eine „Erklärung des Rates ..." [vgl. oben Anm. 130] sowie „Erklärung des Rates der Evangelischen Kirche in Deutschland zum Urteil des Bundesverfassungsgerichts in der Frage des Schwangerschaftsabbruchs" vom 1.3.1975, abgedruckt in: *epd-dok* 13/75, S. 29a).

[134] Brief von Wilkens an Benda vom 5.3.1975 (EZA 2/93/6228).

[135] Vgl. *epd za* vom 3.3.1975.

[136] Brief an den Rat der EKD vom 4.3.1975 (EZA 2/93/6228). Wilkens' Erwiderung, der Rat habe in erster Linie den Gesetzgeber angesprochen und gedenke, sich erst zu einem späteren Zeitpunkt an die Gemeinden und die Frauen im Land zu wenden, bestätigte nur

Während der halbherzige Versuch, die Öffentlichkeit anzusprechen, als gescheitert betrachtet werden konnte, stieß das Ratswort in Bonn auf ein positives Echo. In einem längeren Antwortschreiben setzte sich der SPD-Parteivorsitzende Willy Brandt mit den Anregungen der EKD auseinander. „Die Erklärung des Rates erwähnt ausdrücklich den Vorschlag des Deutschen Ärztetages 1973", schrieb er und vergewisserte sich: „Ist dieser Hinweis so zu verstehen, daß der Rat der EKD sich den Vorschlag des Deutschen Ärztetages zu eigen gemacht hat?"[137] Brandt hatte den zurückhaltenden Hinweis im Ratswort richtig interpretiert.[138] Und mehr noch, er war an der Fortsetzung des Gedankenaustausches interessiert und ließ Kunst wissen: „Es könnte hilfreich sein, wenn der Rat seine Vorschläge für eine Indikationenfeststellung, die doch auf einen wirksameren Schutz des Lebens als bisher ausgerichtet sein soll, in einer ausführlicheren Weise unterbreiten würde."[139] Der Rat der EKD griff wenige Monate später, als die Frage der Neugestaltung des § 218 StGB erneut auf dem Bonner Tagesplan stand, gern auf dieses Angebot zurück.[140]

3.4.3 Das Votum des Vizepräsidenten der Kirchenkanzlei

Der Verfasser der Ratsstellungnahme Erwin Wilkens äußerte sich auch in eigener Verantwortung zum Richterspruch des Ersten Senats. Bevor darauf näher einzugehen sein wird, sei an dieser Stelle jedoch zunächst ein Blick auf die grundsätzliche Haltung des Vizepräsidenten zur Reform des § 218 StGB und seine Rolle in der Abtreibungsdebatte gerichtet.

Wilkens war in der Diskussion um die Novellierung des Abtreibungsstrafrechts zweifelsohne die zentrale Gestalt innerhalb der evangelischen Kirche. Mit Ausnahme der Gemeinsamen Erklärung stammten bis 1975 alle Ratsäußerungen zur Änderung des Abtreibungsstrafrechts aus seiner Feder. Der Beitrag der EKD zur Abtreibungsdebatte war, zugespitzt formuliert, über weite Strecken der Beitrag des Vizepräsidenten der Kirchen-

---

die Kritik, dass die EKD mit dem an sich begrüßenswerten Schritt ins Fernsehen in diesem Fall falsch beraten gewesen war (vgl. Brief vom 21.3.1975, in: EZA 2/93/6228, sowie Knispels Antwort vom 25.3.1975 in: EZA 2/93/6228).

[137] Brief an Kunst vom 19.3.1975 (EZA 2/93/6228). Neben Brandt begrüßte auch Bundeskanzler Schmidt die in der Ratserklärung zum Ausdruck gebrachte Unterstützung für eine Reform des Abtreibungsstrafrechts (vgl. Brief von Schüler/Bundeskanzleramt i.A. von Schmidt vom 11.3.1975, in: EZA 2/93/6228).

[138] Während die Erklärung knapp formulierte: „Wir erinnern dazu an die Formel des Deutschen Ärztetages 1973", hatte Wilkens' Vorlage noch hinzugefügt, „die uns in diesem Zusammenhang am meisten eingeleuchtet hat" (vgl. oben Anm. 130).

[139] Vgl. oben Anm. 137.

[140] Vgl. unten S. 478 ff.

kanzlei. Ohne einen bedeutenden Meinungsmacher wie Wilkens wäre das Engagement der EKD mit Sicherheit um einiges geringer ausgefallen.[141] Die Reform des § 218 StGB war das besondere Steckenpferd des juristisch interessierten und versierten Theologen.[142]

‚Papst Erwin' wie Wilkens in der Kirchenkanzlei der EKD zuweilen genannt wurde, war allerdings kein leichter Charakter.[143] Hegemonial suchte er die Meinungsbildung auf evangelischer Seite zu bestimmen und konnte Widerspruch nur schwer dulden.[144] Was den Vizepräsidenten dagegen auszeichnete, waren der Fleiß, mit dem er sich tief in die Diskussion einarbeitete und einen bewundernswert großen Teil der Literatur zur Kenntnis nahm, sowie sein analytisches Talent. Wilkens war damit nicht nur der unbestritten beste Kenner der Materie in der EKD, sondern auch ein kompetenter Gesprächspartner für Experten und Expertinnen aus Medizin, Jurisprudenz und Politik.

Seine eigene Position zeichnete sich durch eine große Offenheit aus.[145] Seine konservative Orientierung hinderte ihn keineswegs daran, bisweilen scharfe Kritik an der Haltung der Opposition und der katholische Schwesterkirche zu üben, während er zugleich würdigende Worte für Jahns Regierungsentwurf von 1972, den Müller-Emmert-Entwurf von 1973, ja selbst wichtige Teile der Fristenregelung des Alternativ-Entwurfs von 1970 fand.[146] Zudem gelang es Wilkens über weite Strecken der Abtreibungs-

[141] Das mindestens bis 1973 einseitig strafrechtlich orientierte Engagement der evangelischen Kirche ließ sich u. a. darauf zurückführen, dass es in der Diakonie mit Mechthild König nur eine weniger einflussreiche Fürsprecherin für die sozialpolitische Problematik des Schwangerschaftsabbruchs gab und dieser Arbeitsbereich dort daher lange vernachlässigt werden konnte.

[142] „Der Paragraph 218 verfolgt mich bis in meine Träume hinein", ließ Wilkens Ende Januar 1975 einen Vertreter des württembergischen Justizministeriums wissen und fügte vermeintlich scherzend hinzu: „Sie haben daneben wenigstens noch Baader/Meinhof-Sorgen" (Brief an Rebmann vom 24.1.1975, in: EZA 2/93/6228). Vgl. auch E. WILKENS, § 218, sowie zu seinem Gesamtwerk die Autobiografie „Bekenntnis und Ordnung".

[143] Vgl. Telefonische Auskunft von OKR Tilmann Winkler/Kirchenamt der EKD vom 30.11.1998.

[144] „Wahrscheinlich ist es für eine Reihe Ihrer Mitarbeiter gelegentlich nicht bequem", schrieb Kunst an Wilkens, „wenn sie merken, daß Sie ziemlich viele Dinge, die nicht zu Ihrem unmittelbaren Ressort gehören, bis in die Nuance hinein kennen. [...] Wenn ich es einmal so formulieren darf: Ihre Eitelkeit ist, daß Sie die Ihnen aufgegebene Sache so gut wie möglich machen wollen" (Glückwunschschreiben anlässlich der Ernennung zum Vizepräsidenten der Kirchenkanzlei vom 15.2.1974, in: EZA 742/559).

[145] Vgl. dazu die Aktennotiz von Kalinna an Kunst vom 19.4.1973 (EZA 87/753): „Er [Wilkens; S. M.] meint, die Sache sei durchaus noch nicht ausdiskutiert. Das gilt auch für seinen eigenen Standpunkt: Auf meine Rückfragen, was er denn vorschlage, sagte er öfters: ‚Das muß eben diskutiert werden.'"

[146] Vgl. z. B. Brief an Kunst und Dietzfelbinger vom 4.2.1972 (EZA 87/746; EZA 650/95/193; EZA 81/89/63) sowie Brief an Bischof Oskar Sakrausky/Evangelische Kirche A.B. in Österreich vom 3.12.1973 (EZA 2/93/6223).

debatte, die kirchlichen Interessen ohne übersteigerte Ideologisierung herauszuarbeiten und in den politischen Diskurs einzubringen. Woran es ihm indes mangelte, war das diplomatische Gespür. Oft ‚vergraulte' er sich die Gesprächspartner nicht etwa durch radikale Positionen, sondern allein durch seine despektierliche Art, die durchaus bedenkenswerte inhaltliche Argumente und Anregungen verstellen konnte.[147]

Dies zeigte sich einmal mehr in der Reaktion des Vizepräsidenten auf das Karlsruher Urteil. Wilkens übersandte dem Präsidenten des Bundesverfassungsgerichts Ernst Benda am 5. März 1975 die Erklärung des Rates, ließ ihn wissen, die evangelische Kirche sei sehr erleichtert über den Richterspruch und leitete seine eigenen Anmerkungen zum Urteil mit dem missverständlichen Satz ein: „Darf ich die Gelegenheit benutzen, auch eine Art Urteilsschelte zu üben."[148] Das Signalwort ‚Urteilsschelte' musste zweifelsohne anmaßend wirken, zumal es sich bei den nachfolgenden Ausführungen des Theologen im Grunde lediglich um Anmerkungen zur Entscheidung des BVerfG handelte.

Wilkens machte Benda zum einen darauf aufmerksam, dass der Erste Senat zu Unrecht davon ausgegangen sei, der Bundestag habe den Entschließungsantrag über das Reformziel des Lebensschutzes im Frühjahr 1974 verabschiedet.[149] Zum zweiten wies er Benda darauf hin, dass das Gericht in seiner Urteilsbegründung den Terminus ‚soziale Indikation' gebraucht habe, obgleich sowohl das Bundesjustizministerium als auch der Müller-Emmert-Entwurf diesen Begriff stets vermieden und statt dessen von einer ‚Notlagenindikation' gesprochen hatten. Neu und befremdlich war, dass Wilkens, der in den zurückliegenden zwei Jahren nicht nur die Notlagenindikation, sondern selbst die generelle Straffreiheit der Frau akzeptiert hatte, erneut an alte Maximalforderungen aus der sechsten Wahl-

---

[147] In gewisser Weise bildete Wilkens in der Diskussion um die Reform des § 218 StGB damit das Pendant zum Ratsbevollmächtigten Kunst, der weniger versiert schien, was die inhaltlichen Fragen betraf, sich jedoch durch sein diplomatisches Geschick und seine seelsorgerliche Amtsausübung auszeichnete.

[148] EZA 2/93/6228. Unter dem Titel „Nach dem Urteil des BVerfG zum 5. StrRG" veröffentlichte Wilkens seine Überlegungen auch in: *epd Ausg. f. kirchl. Presse* vom 5.3.1975.

[149] Zum „Entschließungsantrag der Fraktionen der SPD und FDP zur dritten Beratung des Entwurfs eines Fünften Gesetzes zur Reform des Strafrechts" (BT-Drs. 7/2042 vom 26.4.1974) vgl. oben S. 400; vgl. ferner „Urteil des Ersten Senats des BVerfG vom 25.2.1975 (BVerfG 39,1)", S. 71; 83. Der Antrag, teilte Wilkens Benda mit, sei lediglich an den Strafrechtssonderausschuss weitergeleitet, nicht jedoch verabschiedet worden. Die Falschinformation des BVerfG musste Wilkens um so mehr verärgern, als er im Herbst 1974 Bendas Kollegen Helmut Simon eigens darauf aufmerksam gemacht hatte, dass der Antrag noch nicht verabschiedet worden war (vgl. oben S. 429). Benda erwiderte nur knapp, er wolle zu den Ausführungen nicht im Einzelnen Stellung nehmen, was Wilkens noch Jahre später bedauerte (vgl. Brief an Wilkens vom 11.3.1975 sowie Brief von Wilkens an Joachim Gaertner/Büro des Bevollmächtigten, vom 9.6.1980, beide in: EZA 2/93/6234).

periode anzuknüpfen schien, denn er ließ Benda wissen: „An der Erklärung des Rates sehen Sie, daß wir es am liebsten sähen, wenn sowohl Begriff und Sache einer Notlagen-Indikation (erst recht natürlich einer sozialen Indikation) als auch eine Kann-Vorschrift für das Absehen von Bestrafung in einem schwerwiegenden Notlagenfall vermieden würden."[150]

Diesen Forderungen war freilich nicht einmal der CDU/CSU-Fraktionsentwurf nachgekommen, geschweige denn, dass sie innerhalb der evangelischen Leitungsgremien als konsensfähig gelten konnten.[151] Sie verdeutlichten jedoch den verlockenden Spielraum, der sich in den Augen der Reformkritiker durch das Urteil des BVerfG auftat, und zeigten damit die neue Richtung an, in die die Reform nach dem Karlsruher Richterspruch wieder zurückzuschreiten hatte.

3.5 Resümee: Vom Weltanschauungskampf zum Scharmützel um das „relativ bessere Gesetz"[152]

Das Jahr 1974 markierte, wenn auch noch nicht den Abschluss der Reform des § 218 StGB, so doch in gewisser Weise das Ende der kontroversen öffentlichen Abtreibungsdebatte. Die parlamentarische Beschlussfassung im Frühjahr 1974 und deutlicher noch das Urteil des BVerfG Anfang 1975 beendeten den Weltanschauungskampf, den sich konservative Kreise – allen voran die katholische Kirche – mit liberalen gesellschaftlichen Kräften wie der FDP, weiten Teilen der Presse sowie der Frauenbewegung seit der Selbstbezichtigungskampagne 1971 geliefert hatten.[153] Die für diese Phase

---

[150] Auch den Bischof von Kurhessen-Waldeck Vellmer korrigierte Wilkens für dessen öffentliche Befürwortung einer sozialen Indikation und schrieb ihm, die evangelische Kirche solle lieber dazu mithelfen, „daß es weder zu einer Notlagen-, schon gar nicht zu einer sozialen Indikation und auch nicht zu der jetzigen Formel des Gerichts kommt" (Brief vom 3.3.1975, in: EZA 2/93/6228). Statt einer eigenständigen sozialen Indikation plädierte Wilkens für die Berücksichtigung sozialer Notlagen als Unterfall einer sozial-medizinischen Indikation wie in der Ärztetagsformel von 1973 (vgl. Brief an Benda vom 5.3.1975, in: EZA 2/93/6228). Auch Mechthild König schrieb im Sommer 1975 in einem internen Vermerk, sie habe zwar zunächst eine eigenständige soziale Indikation befürwortet, sei angesichts der Schwierigkeit klarer Indikations-Kriterien jedoch zunehmend unsicher geworden und plädiere unterdessen eher für eine Subsumierung sozialer Notlagen unter eine medizinische Indikation (vgl. „Vermerk zum Thema Abtreibungsprobleme für das Präsidenteninterview mit den Evangelischen Kommentaren" an Schober vom 1.6.1975, in: ADW, HGSt 4650).

[151] Vgl. dazu z. B. oben S. 452 f.

[152] Zitat aus dem Brief von Wilkens an epd-Redakteur Karl Schaedel vom 18.6.1974 (EZA 2/93/6226).

[153] Vgl. dazu das von Wilkens gezeichnete Bild: „Man hat einseitig gegeneinander argumentiert und seine jeweilige Weltanschauung bemüht, aber zu wenig über die Sache selbst und ihre bestmögliche gemeinsam zu verantwortende gesetzliche Regelung miteinander gesprochen. Ungeprüfte Emanzipation und die Sicherung sittlicher Hochziele gerieten als

kennzeichnenden breiten gesellschaftlichen Kontroversen um grundlegende Rechte und Werte wurden durch Parlament und BVerfG entschieden und traten in den Hintergrund.

Auch für die EKD war aus dem Weltanschauungskampf um Motiv und Ziel der Reform bereits im Frühjahr 1974 wieder ein ganz normales – wenn auch nicht unbedeutendes – politisches Scharmützel um die bestmögliche Umsetzung des Reformziels ‚Lebensschutz' geworden. Durch die Aufnahme der Beratungsregelung in den Fristenentwurf, deren Ausdifferenzierung unmittelbar vor der Bundestagsdebatte sowie den Entschließungsantrag der Regierungsfraktionen war es nach Ansicht der EKD selbst mit der Fristenfraktion zu einer Verständigung auf den Lebensschutz als Grundlage jeder Novellierung des Abtreibungsstrafrechts gekommen.[154] In dem parlamentarischen Ringen um eine Fristen- oder Indikationenregelung war es somit nicht mehr ‚ums Prinzip' gegangen, sondern, wie Wilkens es ausgedrückt hatte, nur noch politisch-pragmatisch um das „relativ bessere Gesetz".[155]

Die EKD konnte es daher relativ gefasst hinnehmen, dass die Fristenregelung im Frühjahr 1974 trotz vehementer kirchlicher Proteste und eindringlicher Vermittlungsversuche vom Bundestag verabschiedet worden war. Die kirchlichen Interventionen hatten die Fristenregelung zwar nicht verhindern können, doch hatten sie nach Ansicht kirchlicher Vertreter über die Jahre hinweg immerhin zu einer Neuorientierung des Regierungsentwurfs am Lebensschutz beigetragen.[156]

---

extreme Positionen immer mehr gegeneinander" („Ausdiskutiert, aber nicht ausgereift. Zur Neufassung des § 218 StGB", Manuskript in: EZA 87/760, veröffentlicht unter der Überschrift „Mehr Rücksicht auf die Lebenswirklichkeit", in: *DAS* vom 21.4.1974).

[154] Wenngleich nichts darauf hindeutet, ja vieles dagegen spricht, dass die Änderungen und Ergänzungen des Fristenentwurfs sich jeweils auf evangelische Interventionen zurückführen ließen, kamen sie gleichwohl zentralen Anliegen der EKD entgegen.

[155] Vgl. oben Anm. 152 (unter Bezugnahme auf Schaedels Artikel in *epd Ausg. f. kirchl. Presse* vom 12.6.1974). Wilkens wies den von Schaedel erhoben Vorwurf, das Fristenmodell gehe von einer anderen Bewertung des ungeborenen Lebens als die christliche Ethik aus, entschieden zurück und stellte klar: „Dieser ganze Streit um das Verhältnis christlicher Ethik und gesetzgeberischer Grundlagen in einer pluralistischen Gesellschaft ist in diesem Punkte der Bewertung des Lebens ganz und gar überflüssig" (EBD.). Unter den Gesichtspunkten christlicher Ethik, konstatierte Wilkens, sei schlechterdings nichts gegen die vorliegenden Gesetzentwürfe einzuwenden, da sowohl hinsichtlich der sittlichen Bewertung des ungeborenen Lebens als auch hinsichtlich der rechtlichen Verpflichtung, es gesetzlich so weit als möglich zu schützen, unter allen parlamentarischen Gruppen große Einigkeit bestehe.

[156] Vgl. „Eine Chance ist vertan" von Erwin Wilkens (*DAS* vom 16.6.1974). Zu Recht wurde allerdings darauf aufmerksam gemacht, dass auch dem Fristenentwurf der Alternativ-Professoren das Motiv des Lebensschutzes zu Grunde gelegen hatte, und dieses erst in der politischen Adaption des Modells nach der Selbstbezichtigungskampagne zugunsten einer emanzipatorischen Motivik in den Hintergrund gedrängt worden sei (vgl. M. KRIELE, § 218, S. 72 f.).

Dieser Leitgedanke des Lebensschutzes war dem Fristenmodell allerdings erst nachträglich eingeflochten worden und stand relativ unverbunden neben den Überresten der ursprünglich emanzipatorischen Programmatik. Das Gesetz war doppeldeutig geblieben, worauf Wilkens wiederholt hingewiesen hatte.[157] Die noch ausstehende Konzentration der diffusen ‚Fristen-Motivik' auf den Lebensschutz hatte sich die Kirchenkanzlei schließlich vom BVerfG erhofft. Eine kategorische Ablehnung der Fristenregelung hatte sie nicht für notwendig erachtet. Als das BVerfG den kirchlichen Bedenken jedoch entgegenkam und darüber hinaus sogar die Zurückweisung der Fristenregelung verkündete, zeigte sich die Mehrzahl der evangelischen Kirchenvertreter überaus zufrieden, denn damit war der Weltanschauungskampf um die Problemdefinition des Phänomens Schwangerschaftsabbruch endgültig entschieden.

Der Schwangerschaftsabbruch, so lautete das Ergebnis des Weltanschauungskampfes, sollte auch künftig nicht primär unter emanzipatorischen Aspekten als ein freies Recht der Frau betrachtet werden, sondern weiterhin unter ethischen Gesichtspunkten als ein Konflikt zweier hoher Rechtsgüter.[158] Die Freigabe des Schwangerschaftsabbruchs allein aus emanzipatorischen Gründen schied damit aus, und die allgemeine Norm des Abtreibungsverbots wurde von Neuem legitimiert. Als Ziel der Reform galt von nun an wieder die Ausarbeitung möglichst lebensnaher Ausnahmeregelungen von der Norm. Damit jedoch war das Kernanliegen der evangelischen Intervention, die prinzipielle Aufrechterhaltung des Abtreibungsverbots bei gleichzeitiger ‚anwendungsbezogener' Überarbeitung, verwirklicht.

---

[157] Vgl. z. B. „Nach dem Urteil des Bundesverfassungsgerichts" von Erwin Wilkens (*epd Ausg. f. kirchl. Presse* vom 5.3.1975).

[158] Das oberste Gericht in den USA war am 22. Januar 1973 zu einem entgegengesetzten Ergebnis gekommen und hatte das bestehende Abtreibungsstrafrecht für nicht liberal genug erklärt. Da der Fötus keine Person im vollgültigen Sinn sei, hatte der Supreme Court argumentiert, dürften erst vom Zeitpunkt der Lebensfähigkeit des Fötus an Vorschriften zu dessen Schutz erlassen werden. Bis dahin sei die Abtreibung ein Grundrecht jeder Frau und deren Privatsache. Der Staat habe erst ab dem dritten Schwangerschaftsmonat das Recht, die prinzipielle Abtreibungsfreiheit aus Rücksicht auf die Gesundheit der Frau einzuschränken und dürfe nur für die letzten zehn Wochen der Schwangerschaft ein Abtreibungsverbot aussprechen (vgl. dazu ausführlicher M. LISSKE, Abtreibungsregelung, S. 58–61; H. KAUP, Schwangerschaftsabbruch, Kap. 5; H. THIERFELDER, Der oberste Gerichtshof der USA; J. HERRMANN, Liberalisierung).

Kapitel VI
Phönix aus der Asche – Der dritte Reformversuch (1975–1976)

1. Die evangelische Kirche nach dem Urteil des Bundesverfassungsgerichts

Die 1974 im Deutschen Bundestag verabschiedete Reform des § 218 StGB war in ihrem Kern, der Fristenregelung, vom BVerfG kassiert worden. Der Regierungskoalition blieb damit keine andere Wahl, als einen weiteren Anlauf zur Neuregelung des Abtreibungsstrafrechts zu unternehmen. Anders als in den Jahren zuvor standen die 1975 eingeleiteten Reformbemühungen allerdings im Zeichen eines neuen Zeitgeistes.

Die ab Winter 1973/74 rasant steigenden Ölpreise hatten die bundesdeutsche Wirtschaft stagnieren und die Arbeitslosenzahlen in die Höhe schnellen lassen.[1] Ein allgemeines Krisengefühl hatte sich daraufhin ausgebreitet und die Anfang der siebziger Jahre so überaus reformfreudige Grundhaltung der Deutschen zunehmend in Reformmüdigkeit und -ablehnung umschlagen lassen.[2] „Kontinuität und Konzentration" lautete entsprechend das Motto, unter das der neue Bundeskanzler Helmut Schmidt seine Regierungserklärung im Mai 1974 stellte. Zwar bekundete Schmidt, er werde die unter Brandt eingeleiteten Reformen fortführen, doch konnte die neue Regierung nicht darüber hinwegsehen, dass sich inzwischen sowohl die wirtschaftlichen als auch die gesellschaftlichen Rahmenbedingungen dafür entscheidend gewandelt hatten. Nicht Aufbruch und Reform, sondern Sicherung und Bewahrung prägten wieder das allgemeine Bewusstsein.

Auch in der evangelischen Kirche spiegelte sich das gesamtgesellschaftliche Krisengefühl wider.[3] Für erhebliche Beunruhigung sorgte Anfang 1975 u. a. die Entscheidung des Bremer Staatsgerichtshofes, der kirchliches Recht aufhob und die grundsätzliche Vereinbarkeit von politischem Mandat und kirchlichem Amt feststellte.[4] Die Kirche sah sich damit, nachdem

---

[1] Vgl. D. THRÄNHARDT, Geschichte, S. 211.

[2] EBD., S. 210.

[3] Mit rund 216 000 Ausritten aus der evangelischen Kirche hatte die Kirchenaustrittswelle 1974 ihren vorläufigen Höhepunkt erreicht (vgl. STATISTISCHES JAHRBUCH 1976, S. 123).

[4] Vgl. KJ 1975, S. 59–72.

die Diskussion um das FDP-Kirchenpapier von 1973 gerade erst ein Ende gefunden hatte, erneut der Kritik und Maßregelung von staatlicher Seite ausgesetzt. Die Frage nach dem Verhältnis von Staat und Kirche war abermals aufgebrochen. Doch auch innerhalb der Kirche wuchsen die Spannungen. Die Pluralität im Protestantismus schien immer stärker zur Polarität zu geraten. Nicht einmal mit der Umsetzung der 1974 durch die EKD-Synode verabschiedeten Strukturreform der evangelischen Kirche konnte mehr mit Sicherheit gerechnet werden, da nach wie vor fraglich war, ob alle landeskirchlichen Synoden der neuen Grundordnung zustimmen würden. Prägnant manifestierte sich der neue Zeitgeist, der Kirche und Gesellschaft erfasst hatte, schließlich in der Losung des 16. Evangelischen Kirchentages. Das Motto des Treffens, das im Juni 1975 in Frankfurt am Main stattfand, lautete: „In Ängsten – und siehe wir leben".[5]

Der tiefgreifende Wandel des gesamtgesellschaftlichen Klimas hatte auch auf die Reform des § 218 StGB Auswirkungen. Die breite öffentliche Abtreibungsdebatte hatte 1974 ein Ende gefunden und war selbst nach dem Urteil des BVerfG nicht noch einmal aufgeflammt. Andere Themen wie die anhaltende Wirtschaftsrezession, die steigende Inflation und der Terrorismus zogen unterdessen die Aufmerksamkeit auf sich und beschäftigten die Gemüter. Durch den Karlsruher Richterspruch und das Abflauen der scharfen öffentlichen Auseinandersetzungen standen die Zeichen für einen breiten parlamentarischen Kompromiss damit zunächst nicht schlecht. Die Positionen in den Parteien hatten sich angenähert und die Reform des § 218 StGB war wieder in das politische Alltagsgeschäft zurückgekehrt.

Die evangelische Kirche betrachtete diese Entwicklung mit Wohlwollen. Bevor die EKD und das Diakonische Werk sich im Sommer 1975 allerdings erneut in das politische Geschen einschalteten und die Wiederaufnahme des Gesetzgebungsverfahrens weiter begleiteten, befassten sie sich in der ersten Jahreshälfte zunächst mit dem diakonischen Beitrag der Kirche. Dabei kam es insbesondere über die Frage des evangelischen Beratungsverständnisses zu verschiedenen Kontroversen.

1.1 Das diakonische Engagement der Kirche

„Darüber muß man sich klar sein", hielt Mechthild König von der Hauptgeschäftsstelle des Diakonischen Werks Ende Februar 1975 in einem internen Vermerk zum Karlsruher Urteil fest, „dass eine Indikationsregelung mehr Geld und mehr Verantwortung kostet".[6] Je weniger Verantwortung

---

[5] Deutscher Evangelischer Kirchentag Frankfurt 1975, S. 5.

[6] Internes Schreiben vom 28.2.1975 „Bemerkungen zum Karlsruher Urteil" (ADW, HGSt 4642).

der Staat allein in die Hände der Schwangeren gebe, so Königs Argumentation, desto mehr falle konsequenterweise der Gesellschaft zu. Königs Schlussfolgerung aus dem Urteil des BVerfG lautete darum: „Wir sind also jetzt in unserer Beratung mehr denn je gefragt."[7]

Der Schwerpunkt der diesbezüglichen Arbeit des Diakonischen Werks verlagerte sich nach dem Urteil des BVerfG allerdings grundlegend. Im Jahr 1974 hatte sich das Diakonische Werk zunächst in erster Linie um die Errichtung und den Ausbau eines evangelischen Beratungsnetzes bemüht. Nach dem Urteil des BVerfG war die Gesetzeslage jedoch erneut unklar und es erschien nach Ansicht der Hauptgeschäftsstelle nicht länger ratsam, die Bemühungen um Anerkennung evangelischer Beratungsstellen fortzuführen.[8]

Das Hauptaugenmerk richtete sich statt dessen zunehmend auf die inhaltliche Ausgestaltung der evangelischen Beratung. Mit der Frage nach der Zielsetzung und dem Selbstverständnis evangelischer Beratung hatten sich bis dahin allerdings weniger das Diakonische Werk oder die EKD befasst als vielmehr der evangelische Beratungssektor, d. h. vor allem das Zentralinstitut für Familienberatung in Berlin (EZI) und die Evangelische Konferenz für Familien-und Lebensberatung (EKFuL).[9] Zu Konflikten zwischen den bisherigen Protagonisten der Abtreibungsdebatte auf evangelischer Seite und den neu hinzutretenden Verbänden und Instituten kam es nicht nur durch die neue Konkurrenzsituation, sondern auch dadurch, dass man sich dem Problem des Schwangerschaftsabbruchs auf beiden Seiten je verschieden näherte. Während man auf Seiten der EKD vor allem strafrechtliche Erwägungen in den Mittelpunkt der Überlegungen stellte, argumentierte der Beratungssektor stärker aus dem Blickwinkel der Betroffenen. Zudem standen sowohl die Mitarbeiter des Zentralinstituts als auch der Vorsitzende der EKFuL der sozial-liberalen Regierungskoalition politisch näher als die maßgeblichen Vertreter und Vertreterinnen der EKD und des Diakonischen Werks.

---

[7] Ebd.

[8] Brief von Steinmeyer und Schober an die Leitungen der Diakonischen Werke der Gliedkirchen, die Gliedkirchen sowie die Fachverbände des Diakonischen Werks vom 10.3.1975 (ADW, HGSt 4642). Unter der Überschrift „Zum Selbstverständnis der evangelischen Beratung" wurde der kurze Text des Rundbriefs später auch im KJ 1975 (S. 91 f.) veröffentlicht.

[9] In Bonn betrachtete man die EKFuL, die 1959 zum Zwecke der Etablierung und Weiterentwicklung der Beratung im evangelischen Bereich gegründet worden war, sogar als alleinige Ansprechpartnerin für die evangelische Beratung (vgl. „Bericht und Antrag des Ausschusses für Jugend Familie und Gesundheit", BT-Drs. 7/1813 vom 14.3.1974). Auch bei der Bonner Sachverständigenanhörung von 1972 war der evangelische Beratungssektor neben der EKD mit einem eigenen Referenten des EZI vertreten gewesen (vgl. oben S. 206 Anm. 229).

Die Dissonanzen, die sich in den zurückliegenden Jahre bereits verschiedentlich zwischen der EKD und dem Diakonischen Werk auf der einen sowie dem Beratungsbereich auf der anderen Seite angedeutet hatten, brachen im Verlauf des Jahres 1975 gleich mehrfach mit Vehemenz auf. Die Auseinandersetzungen kreisten dabei sowohl um die gesetzliche Ausgestaltung des Beratungs- und Begutachtungsverfahrens als auch um die Erarbeitung eines angemessenen evangelischen Beratungskonzepts.

1.1.1 Interne Kontroversen um das evangelische Beratungsverständnis

Zwei Wochen nach der Kassation der Fristenregelung wandte sich die Hauptgeschäftsstelle des Diakonischen Werks in einem ausführlichen Rundschreiben an die Gliedkirchen, ihre Diakonischen Werke und die Fachverbände des Diakonischen Werks, um sie über das Urteil und seine Folgen für die Diakonie zu informieren.[10]

Die im 5. StrRG verabschiedeten Bestimmungen zur Einführung einer Beratungspflicht, stellte die Hauptgeschäftsstelle klar, seien vom Urteil des Ersten Senats nicht berührt worden und träten damit in Kraft.[11] Jubel hatte diese Entscheidung im Diakonischen Werk allerdings nicht ausgelöst. Man war sich über die besonderen Schwierigkeiten einer Schwangerschaftskonfliktberatung bewusst, die zum einen unter erheblichem Zeitdruck und zum anderen unter gesetzlichem Zwang stattfand. In ihrem Rundschreiben beließ die Hauptgeschäftsstelle es vorerst bei der Benennung dieser problematischen Prämissen; intern jedoch ging König sehr viel weiter und teilte Schober in einem Vermerk mit: „Ich persönlich würde dem Anspruch auf Beratung vor der Pflichtberatung den Vorzug geben."[12] Angesichts dieser – auch von Steinmeyer zuvor bereits geäußerten – kritischen Anfragen an die Einführung einer allgemeinen Beratungspflicht lässt sich nachvollziehen, warum die Hauptgeschäftsstelle sich in der weiteren Debatte bestenfalls neutral zu dieser Frage verhielt und lediglich dafür eintrat, bei Vorlage einer Notlagenindikation den Besuch einer Beratungsstelle verpflichtend vorzuschreiben.[13]

---

[10] Vgl. oben Anm. 8.

[11] Das Verfahren gestaltete sich allerdings recht kompliziert, da aufgrund der erneuten Inkraftsetzung einer Indikationenregelung die Gutachterstellen nicht abgeschafft wurden, sondern zum Zwecke der Indikationsfeststellung erhalten blieben. Für eine ausführliche Erläuterung des Verfahrens vgl. „Probleme der Schwangerschaftskonflikt-Beratung" von Martin Koschorke (*epd-dok* 39/75, S. 43–54).

[12] „Vermerk zum Thema Abtreibungsprobleme für das Präsidenteninterview mit den Evangelischen Kommentaren" vom 1.6.1975 (ADW, HGSt 4650).

[13] Vgl. „Bericht über den Stand der sozialen und diakonischen Maßnahmen" (KJ 1975, S. 92–95). Zu Steinmeyer vgl. oben S. 254 Anm. 108.

Dringender als die Problematik der Pflichtberatung stellte sich den Kirchen allerdings die Frage nach der Ausrichtung und dem Inhalt konfessioneller Beratung. Die katholischen Bischöfe hatten bereits 1974 Rahmenrichtlinien für die Arbeitsweise ihrer Beratungsstellen erlassen und den Schutz des ungeborenen Lebens als alleiniges Ziel der katholischen Beratung festgelegt.[14] Auf evangelischer Seite waren indes weder der Rat der EKD noch der Diakonische Rat mit solchermaßen weit reichenden Kompetenzen ausgestattet.

Der Präsident des Diakonischen Werks wies in seinem Rundschreiben vom Frühling lediglich auf einige Eckpunkte zum Selbstverständnis evangelischer Beratung hin, wie sie sich nach Ansicht der Hauptgeschäftsstelle in den zwei Frankfurter Konsultationen des vorausgegangenen Jahres herauskristallisiert hatten.[15] Demnach ging es auch für die Protestanten in der Beratung primär um die Erhaltung des ungeborenen Lebens; allerdings – und hierin lag der Unterschied zum katholischen Beratungsverständnis – bestand auf evangelischer Seite Einvernehmen darüber, dass jede Frau ihre Entscheidung über einen Schwangerschaftsabbruch im Endeffekt selbst zu fällen habe und durch den Berater bzw. die Beraterin keine einseitige Überredung, sondern ausschließlich Entscheidungshilfe erfahren dürfe. Die Entscheidung der Frau – hielt das Stuttgarter Rundschreiben fest – sei nach evangelischem Verständnis in jedem Fall zu respektieren.[16]

Die Skizze der Hauptgeschäftsstelle zum evangelischen Beratungsverständnis kam jedoch zu spät. Die Grundsatzdebatte über Ziel und Inhalt evangelischer Beratung war kurz zuvor bereits ausgebrochen. Auslöser der sich in den folgenden Monaten zuspitzenden und ausweitenden Kontroverse zwischen dem evangelischen Beratungssektor, dem Diakonischen Werk sowie der EKD war eine Meinungsverschiedenheit zwischen dem scheidenden Vorsitzenden der EKFuL Siegfried Keil und dem Synodalvorstand der Kreissynode Hagen.

---

[14] „Richtlinien für die Arbeitsweise katholischer Beratungsstellen für werdende Mütter in Konfliktsituationen“ (Sonderdruck Caritas-Korrespondenz 4/1795, abgedruckt auch in: M. KOSCHORKE/J. SANDBERGER, Schwangerschaftskonfliktberatung, S. 381 f.).

[15] Vgl. oben Anm. 8.

[16] Aus dieser Grundhaltung heraus, gehöre es – so die Hauptgeschäftsstelle des Diakonischen Werks – ebenfalls zum Selbstverständnis evangelischer Beratung, auch nach einem Schwangerschaftsabbruch für die Frauen offen zu stehen. Die katholische Beratung stieß hier dagegen an ihre Grenzen, da der Schwangerschaftsabbruch nach katholischem Recht unter (fast) allen Umständen missbilligt und mit der Exkommunikation als Tatfolge schwer geahndet wurde.

Der Streit um das Hagener Beratungskonzept

Ende 1974/Anfang 1975, als das BMJFG noch grundsätzlich prüfte, ob es weltanschaulich ausgerichtete Beratungsstellen überhaupt anerkennen könne, war Keil von Vertretern des Ministeriums während einer Besprechung auf das direktive Beratungsverständnis der Modellberatungsstelle des Kirchenkreises Hagen hingewiesen worden. Die Kreissynode Hagen hatte im Herbst 1974 beschlossen, die von ihr geplante Beratungsstelle solle die Aufgabe und den ausdrücklichen Auftrag haben, „dem Schutz des ungeborenen Kindes und der Vermeidung des Schwangerschaftsabbruchs zu dienen, indem sie durch Beratung und Angebot konkreter Hilfen Frauen [...] die Entscheidung ermöglicht, die Schwangerschaft auszutragen und das Kind anzunehmen."[17]

Ende Januar 1975 drückte Keil in einem Schreiben an den Synodalvorstand sein äußerstes Bedauern über diesen Beschluss aus. Seiner Ansicht nach machte das Hagener Beratungskonzept das ergebnisoffene Beratungsverständnis, das die EKFuL den politischen Instanzen gegenüber vertreten hatte, komplett unglaubwürdig.[18] Nach Keils Auffassung widersprach der Hagener Beschluss jedoch nicht nur den evangelischen Beratungsmaximen, sondern schränkte zudem die von der Bundesregierung garantierte Freiheit der Beratungsinhalte ein. Der EKFuL-Vorsitzende, der Anfang der siebziger Jahre die Evangelische Hauptstelle für Familien- und Lebensberatung im Rheinland geleitet hatte, mahnte deshalb, die Hagener Beratungsstelle disqualifiziere sich durch ihren Beschluss für das Modellprogramm und bat dringend um Überprüfung.[19]

Anfang April reagierte Superintendent Hans Berthold im Namen des Hagener Synodalvorstandes auf Keils Schreiben und wies dessen Kritik entschieden zurück.[20] Wenn die Aussagen der EKFuL zu den Richtlinien evangelischer Beratung durch den Hagener Beschluss unglaubwürdig würden, konterte Berthold, dann doch wohl weil die EKFuL nicht die Legitimation habe, hier im Namen der gesamten evangelischen Kirche zu spre-

---

[17] Auszug aus dem Protokoll des Synodalvorstandes der Kreissynode Hagen vom 20.9.1974 (ADW, HGSt 4629).

[18] Die EKFuL habe sich doch wiederholt dafür verbürgt, schrieb Keil, dass evangelische Beratung in erster Linie auf eine verantwortliche Entscheidung der Frau ziele und von der katholischen Haltung, dass die Entscheidung in eine bestimmte Richtung herbeigeführt werden solle, Abstand nehme (vgl. Brief vom 24.1.1975, in: ADW, HGSt 4629).

[19] Die Hagener Kreissynode war sich des Risikos der Unvereinbarkeit der von ihr bestimmten Ausrichtung ihrer Beratungsstelle offenbar bewusst und hatte in ihrem Beschluss bereits festgehalten, dass die Beratungsstelle für den Fall, dass ihre Richtlinien vom Bund nicht akzeptiert würden, in rein kirchlicher Trägerschaft weiterlaufen werde (vgl. oben Anm. 17).

[20] Brief an den Vorsitzenden der EKFuL Helmut Halberstadt vom 8.4.1975 (EZA 2/93/6228).

chen.[21] Dieser Ansicht schlossen sich im Weiteren auch die westfälische Kirchenleitung, die Kirchenkanzlei der EKD sowie die Hauptgeschäftsstelle des Diakonischen Werks, die sich allesamt in den Konflikt einschalteten, an.[22] Besonders entschieden verwahrte sich Wilkens dagegen, der EKFuL eine wie auch immer geartete Entscheidungskompetenz in der Frage der evangelischen Beratungsinhalte, -ziele oder -methoden zuzubilligen.[23] Sollte die EKFuL hier die Richtlinien bestimmen dürfen, schrieb er Ende April aufgebracht an Schober, dann werde *alles* unglaubwürdig, was die EKD-Führung bisher zum Fragenkomplex des Schwangerschaftsabbruchs gesagt habe. Wilkens sah seine Arbeit auf diesem Gebiet demnach durch die EKFuL ebenso gefährdet, wie diese wiederum ihr politisches Engagement durch die Hagener Beschlüsse in Frage gestellt gesehen hatte. In dieser verfahrenen Situation des freudigen innerkirchlichen Gegeneinanders bedurfte es nach Ansicht des Vizepräsidenten dringend einer klärenden Ratsaussprache.

In der Hauptgeschäftsstelle des Diakonischen Werks betrachtete man die Angelegenheit insgesamt etwas gelassener.[24] König hatte sich hier bereits mit dem Vorgang beschäftigt und war nach eingehender Prüfung zu der Ansicht gelangt, dass zunächst keine Veranlassung zur Intervention vorlag, da die Hagener Beratungsstelle von staatlicher Seite anerkannt und am 18. April eröffnet worden war.[25] Zwar räumte auch König ein, dass der Hagener Beschluss unglücklich formuliert sei und sich allzu nah am katholischen Beratungskonzept orientiere, doch musste der Pluralitätsanspruch der Kirche ihrer Meinung nach auch für konservative Meinungen Raum geben.[26] Außerdem verwahrte sie sich wie Wilkens entschieden dagegen, dass die EKFuL sich Entscheidungsbefugnisse darüber anmaßte, wem die Aufnahme in das Modellprogramm zustand und wem nicht.

---

[21] Vgl. Ebd.

[22] Vgl. Brief von Wilkens an Schober vom 28.4.1975 (EZA 650/95/192). Über die Reaktion der westfälischen Kirchenleitung findet sich nur ein kurzer Hinweis in dem Anschreiben von Berthold (vgl. oben Anm. 20).

[23] Vgl. Brief von Wilkens an Schober vom 28.4.1975 in: EZA 650/95/192.

[24] Brief von Schober an Wilkens vom 2.5.1975 (EZA 2/93/6228).

[25] Vgl. die kurze Notiz von König vom 23.4.1975 (ADW, HGSt 4629) sowie der ausführliche „Vermerk zum Fall Beratungsstelle Hagen/Prof. Dr. Keil zu den beigefügten Unterlagen" von König vom 15.5.1975 (ADW, HGSt 4629). Zur Eröffnung der Beratungsstelle vgl. Eröffnungsrede von OKR Karl Philipps vom 18.4.1975 (ADW, HGSt 4629).

[26] Da König die Kritik der EKFuL am Hagener Beschluss, wiewohl in der Form deplaziert, so doch inhaltlich als nicht ganz unbegründet betrachtete, hatte sie das Gespräch mit dem Leiter der Beratungsstelle Ernst Fischer gesucht und ihn wissen lassen, dass das Diakonische Werk sich unmittelbar zum Einschreiten veranlasst sehen würde, wenn sich herausstellen sollte, dass die Hagener Beratungsstelle die Entscheidungsfreiheit der Frau nicht akzeptiere, in ihrer Beratung in eine Form der Überredung ‚abdrifte' und den Spielraum, den die Richtlinien des BMJFG ließen, überschreite (vgl. oben Anm. 25).

Weniger inhaltliche Unstimmigkeiten hatten somit die Hauptgeschäftsstelle und die Kirchenkanzlei gegen die Intervention der EKFuL aufgebracht, als die formale Frage nach den Kompetenzen.

Was die im Zuge der Kontroverse aufgebrochene Problematik der Ausarbeitung eines konsensfähigen evangelischen Beratungsverständnisses betraf, teilte Schober der Kirchenkanzlei Anfang Mai mit, der Diakonische Rat habe inzwischen erste Schritte zur Klärung eingeleitet und das Zentralinstitut für Familienberatung zu einem Austausch über Zielsetzung und Methodik evangelischer Beratung eingeladen.[27] Die Ankündigung eines Gesprächs mit dem EZI ließ Wilkens' Besorgnis um die bisherigen Früchte seiner Arbeit auf dem Feld der Reform des § 218 StGB freilich nur weiter wachsen. Beunruhigt schrieb er an Kunst: „Einigen Kummer macht mir die Entwicklung des Beratungsverständnisses in dieser Frage auf unserer Seite. Ich habe den Eindruck, daß hier auch Theo Schober besser aufpassen müßte. Dazu werde ich beantragen, daß sich so bald wie möglich der Rat mit diesem Komplex befaßt. Wenn das Zentralinstitut in Berlin, wie es sich leider abzeichnet, hier die Kriterien bestimmt, kann ich meine Mitarbeit an dem Komplex des Schwangerschaftsabbruchs einstellen."[28] Obschon Wilkens sich durch ein äußerst empfindsames Naturell auszeichnete, wird man diese Ankündigung sehr ernst zu nehmen haben. Eine Zusammenarbeit mit dem EZI, das aus einer emanzipatorischen Grundhaltung heraus in den zurückliegenden Jahren wiederholt für die Verabschiedung einer Fristenregelung eingetreten war,[29] erschien ihm undenkbar.

Die Kontroverse nahm somit ihren Lauf. Noch bevor der Rat der EKD sich auf Anregung des Vizepräsidenten wenige Wochen später mit den flankierenden Maßnahmen und der evangelischen Beratung befassen sollte, kam es zu zwei weiteren Vorkommnissen, die das ohnehin distanzierte Verhältnis zwischen dem evangelischen Beratungssektor und dem Diakonischen Werk sowie der EKD weiter strapazierten.

1.1.2 Der Beschluss der Evangelischen Konferenz für Familien- und Lebensberatung

Ende Mai 1975 trat die jährliche Mitgliederhauptversammlung der ‚Konferenz', wie die EKFuL in Kirchenkreisen meist kurz genannt wurde, in Heiligenhafen zusammen. Am 22. Januar, d. h. vier Monate zuvor, hatte Martin Koschorke vom Zentralinstitut für Familienberatung die neu gewählten Vorstandsmitglieder der EKFuL – der Sozialethiker Siegfried Keil

---

[27] Vgl. oben Anm. 24.
[28] Brief von Wilkens an Kunst vom 5.6.1975 (EZA 2/93/6229).
[29] Vgl. z. B. M. KOSCHORKE, Legalisierung.

hatte seinen Vorsitz inzwischen an Pfarrer Helmut Halberstadt abgegeben – schriftlich gebeten, man möge sich auf der Hauptversammlung doch primär mit der Frage auseinander setzen, in welcher Form Schwangerschaftskonfliktberatung im Bereich der EKFuL betrieben werden könne.[30] Vorstandsmitglied Horst Echternach von der Kirchenkanzlei hatte Koschorkes Bitte um Änderung des Tagungsthemas jedoch abschlägig beschieden und damit in gewisser Weise die Chance vergeben, die virulente, bald vielerorts aufbrechende Frage nach den Konstitutiva eines evangelischen Beratungskonzepts in einem angemessenen Rahmen zu bearbeiten.[31]

Das Motto der 16. Jahrestagung der EKFuL lautete weiterhin ‚Familienberatung zwischen kirchlichem und staatlichem Engagement'. Allerdings erregte auch dieses Thema kirchlichen Unmut. Sowohl Titel als auch Programm der Zusammenkunft ließen nach Ansicht Steinmeyers vom Diakonischen Werk eine gewisse Voreingenommenheit gegenüber der Kirche und ihrer Diakonie erkennen. Steinmeyer wandte sich darum vor Tagungsbeginn an den neuen EKFuL-Vorsitzenden Halberstadt und legte ihm seinen grundsätzlichen Standpunkt zur Verhältnisbestimmung zwischen EKFuL und Kirche bzw. Diakonie dar. Ihm sei besonders daran gelegen, betonte Steinmeyer, die „eigentümliche Distanz", die er auf allen Seiten habe feststellen müssen, zu überbrücken und die EKFuL möglichst nah an Kirche und Diakonie zu binden.[32] Als Ursachen der gegenseitigen Entfremdung führte Steinmeyer zum einen die Person des ehemaligen EKFuL-Vorsitzenden an (obgleich er betonte, er selbst sich stets habe bestens mit Siegfried Keil arrangiert), zum anderen räumte er ein, das angespannte Verhältnis sei auch darauf zurückzuführen, dass der Beratungsarbeit von Seiten der Kirche noch immer mit Argwohn begegnet werde und ein Verständnis hier mitnichten vorausgesetzt werden könne.[33] Steinmeyers beschwichtigende Zeilen deuteten es bereits an: Die Zeichen standen auf Sturm.

Das gegenseitige Unverständnis sowie die in wesentlichen Punkten voneinander divergierenden Beratungsvorstellungen traten auf der Mitgliederhauptversammlung schließlich offen zutage.[34] Vorstandsmitglied Timm

---

[30] Brief an den Vorstand der EKFuL vom 22.1.1975 (ADW, HGSt 3968).

[31] Brief an Koschorke vom am 6.2.1975 (ADW, HGSt 3968).

[32] Seinen persönlichen Beitrag zur Verbesserung des Verhältnisses betrachtete Steinmeyer u. a. in der regelmäßigen Teilnahme an den Vorstandssitzungen der EKFuL (vgl. Brief an Halberstadt vom 14.5.197, in: ADW, HGSt 3968).

[33] Das kirchliche Misstrauen, auf das bereits die Resolution von der ÖRK-Tagung in Monbachtal hingewiesen hatte (vgl. oben S. 434 Anm. 53), äußerte sich nicht nur in einem mangelnden Verständnis für die Beratungsarbeit, sondern nicht selten auch in recht dürftigen finanziellen Zuwendungen der Landeskirchen (vgl. *Lübecker Nachrichten* vom 30.5.1975).

[34] Bereits zu Beginn der Tagung kam es zu heftigen Kontroversen, nachdem Echternach die Tätigkeit der Berater und Beraterinnen in seinem Hauptreferat im Spannungsfeld zwischen Wert- und Situationsethik dargestellt und das offene Beratungsziel einer absichtslosen

Lohse von der Familienberatungsstelle in Bremen legte den 49 Tagungsgästen am zweiten Verhandlungstag das Ergebnispapier einer Untergruppe zur Schwangerschaftskonfliktberatung vor.[35] Die Beschlussvorlage gliederte sich in fünf Punkte:[36]

1. forderte sie die gesetzliche Einführung einer sozialen Indikation und die Zusicherung genereller Straffreiheit für die Frau;
2. forderte sie die Festschreibung einer Beratungspflicht bei Vorlage einer sozialen Indikation;
3. lehnte sie die Aufstellung eines Kriterienkatalogs für Notlagen ab;
4. lehnte sie den Fortbestand der Gutachterstellen ab und forderte, dass die Vorlage einer Beratungsbescheinigung als Voraussetzung für einen Schwangerschaftsabbruch genügen solle;
5. bejahte sie die Schwangerschaftskonfliktberatung als Teil der Beratungsarbeit der EKFuL.

Nach kurzer Diskussion verabschiedete die Mitgliederversammlung das Papier mit der überwältigenden Mehrheit von 46 zu 2 Stimmen (bei einer Enthaltung).[37] Im Diakonischen Werk stieß der Beschluss von Heiligenhafen allerdings auf massiven Widerstand, da er sich nach Ansicht der Hauptgeschäftsstelle in Punkt 4 das politische Ziel der FDP zu eigen machte und über eine großzügige Verfahrensregelung eine möglichst ‚fristennahe' Indikationenregelung anstrebte.[38] Am 20. Juni 1975 wandte Schober sich deshalb an Halberstadt und ersuchte um ein klärendes Gespräch über das Beschlusspapier.[39] Die Kritik des Präsidenten war inhaltlich recht allgemein gehalten, im Ton jedoch unmissverständlich. Das Votum der EKFuL, so Schobers Vorwurf, stünde nicht im Einklang mit den bisherigen kirchlichen Verlautbarungen. Die EKFuL sei als Fachverband des Diakonischen Werks jedoch angewiesen, sich an die Vereinbarungen zu halten, wonach Öffentlichkeitsarbeit Sache des Diakonischen Werks sei und Aktivitäten einzelner Fachverbände mit der Hauptgeschäftsstelle abgestimmt werden müssten.[40]

Ich-Stärkung, wie es von der Mehrzahl der Anwesenden vertreten wurde, entschieden verneint hatte (vgl. dazu Echternachs Bericht vor dem Rat der EKD: Auszug aus dem Protokoll der 34. Ratssitzung vom 22./23.8.1975, in: EZA 2/93/6229).

35 Protokoll über die Mitgliederversammlung in Heiligenhafen am 29./30.5.1975 (ADW, HGSt 3968).

36 Vgl. Ebd.

37 Vgl. Ebd. Die Gegenstimmen dürften von Echternach und Steinmeyer, den Vertretern der EKD und des DW, abgegeben worden sein.

38 Vgl. „Vermerk zu den Gesetzentwürfen zu § 218 StGB der Parteien" von König vom 7.8.1975 (ADW, HGSt 4641).

39 ADW, HGSt 3968.

40 Vgl. Protokoll der außerordentlichen Sitzung des Vorstandes der EKFuL am 25.8.1975

Als Reaktion auf die Zurechtweisung aus Stuttgart stellte der Vorstand der EKFuL Ende Juni zunächst fest, dass er sich an den Mitgliederbeschluss gebunden sehe und nicht gedenke, von der Veröffentlichung der Resolution Abstand zu nehmen.[41] Nachdem es Mitte August jedoch zu der von Schober angeregten Unterredung mit einer Delegation des Diakonischen Werks gekommen war, beschloss der Vorstand der EKFuL (bei zwei Enthaltungen), die Resolution von Heiligenhafen nun doch nicht in der ursprünglich verabschiedeten Fassung zu veröffentlichen.[42] Die letzten zwei Punkte der Resolution wurden ersatzlos gestrichen. In einem Rundbrief an die Mitglieder der EKFuL begründete Halberstadt die Entscheidung damit, dass der Verband in seiner Öffentlichkeitsarbeit an das Diakonische Werk gebunden und die rechtlichen Voraussetzungen für die vierte Forderung ohnehin nicht gegeben seien.[43] Ende September kam das verkürzte Votum von Heiligenhafen schließlich zur Veröffentlichung.[44]

(ADW, HGSt 3968). Am 21. Juni diskutierte auch der Vorstand der Evangelischen Aktionsgemeinschaft für Familienfragen (EAF), deren Präsident der ehemalige EKFuL-Vorsitzende Siegfried Keil war, über die Verabschiedung einer inhaltlich identischen Beschlussvorlage (vgl. „Vorlage zur Beschlussfassung durch das Präsidium der EAF betreffend eine öffentliche Erklärung zur Reform der Strafbarkeit des Schwangerschaftsabbruchs" vom 21.6.1975, in: ADW, HGSt 5672). Auch hier sprach sich der Vertreter des Diakonischen Werks – in diesem Falle Gerhard Heun – gegen eine Verabschiedung aus (vgl. interner Vermerk von Heun vom 25.6.1975, in: ADW, HGSt 5672).

41 Vgl. Protokoll der Vorstandssitzung vom 30.6.1975 (ADW, HGSt 3968).

42 Über die Unterredung am 18. August liegt in den entsprechenden Akten des Diakonischen Werks kein Protokoll vor. Vgl. jedoch das Protokoll der außerordentlichen Vorstandssitzung vom 25.8.1975 (ADW, HGSt 3968). Auch Wilkens führte in dieser Sache ein Gespräch mit Halberstadt (vgl. die Erwähnung im Protokoll, Ebd.) Im Diakonischen Werk zeigte man sich unterdessen zufrieden: „Zu vermerken ist das aufrichtige Bemühen des (neuen) Vorstandes der ev. Konferenz mit uns und auch der Kirchenkanzlei möglichst gut und ohne Kontroversen zu kooperieren" („Vermerk für Präsident Schober und Frau König nachrichtlich" von Heun vom 26.8.1975, ADW, HGSt 5672). Um die gegenseitigen Kommunikationsbarrieren weiter abzubauen, beschlossen Hauptgeschäftsstelle und EKFuL wenig später, eine gemeinsame Arbeitsgruppe zur Problematik „Beratung – evangelisch/theologisch/anthropologisch" einzusetzen (vgl. Vermerk für König von Steinmeyer vom 27.10.1975, in: ADW, HGSt 3968, sowie Protokoll der Vorstandssitzung der EKFuL vom 26./27.10.1975, in: ADW, HGSt 3968).

43 Vgl. Rundbrief vom 30.9.1975 (ADW, HGSt 3968).

44 „Für generelle Straffreiheit bei Notlagen-Indikation" (*epd Landesdienst Berlin* vom 3.10.1975). Die verkürzte Version des Beschlusses von Heiligenhafen findet sich auch in: ADW, HGSt 4641. Vom Vorstand nicht berücksichtigt wurde eine Petition der Fachtagung „Schwangerschaftskonfliktberatung", zu der 17 namhafte Vertreter des evangelischen Beratungswesens vom 30.6. bis 4.7.1975 zusammengekommen waren. Die Tagungsteilnehmer hatten die einstimmige Forderung an den Vorstand der EKFuL gerichtet, dieser möge den Bundestag auffordern, eine obligatorische Beratung über Antikonzeption und Familienplanung *nach* dem erfolgten Schwangerschaftsabbruch gesetzlich festzuschreiben (EZA 650/95/202).

1.1.3 „Massnahmen sozialer Hilfe und Beratung zum § 218" – Eine Tagung in der Evangelischen Akademie Bad Boll

Die heftigen innerkirchlichen Auseinandersetzungen der ersten Jahreshälfte 1975 beschränkten sich nicht allein auf die Kontroversen zwischen der EKFuL und dem Diakonischen Werk bzw. der EKD. Sie umfassten den gesamten Beratungssektor. Was allen Beteiligten bereits seit langem bewusst war und stets ein latentes Konfliktpotenzial in sich getragen hatte, brach nunmehr auf.

Es konnte nicht länger stillschweigend darüber hinweggegangen werden, dass das evangelische Beratungswesen in der Frage der Reform des § 218 StGB eine grundsätzlich andere Auffassung vertrat als sie in den bisherigen offiziellen kirchlichen und diakonischen Voten zum Ausdruck gebracht worden war. Die evangelischen Berater und Beraterinnen waren in der Regel nicht nur liberaler eingestellt als die kirchliche und diakonische Leitungsebene, sie betrachteten die Thematik auch weniger aus einem ethisch-normativen denn aus einem seelsorgerlichen Blickwinkel. Anders als in der Kirchenkanzlei oder dem Diakonischen Werk bildete hier weniger der Gedanke des Lebensschutzes den Ausgangspunkt der Überlegungen als die Hilfe für die Frau und deren Befähigung zur freien Entscheidung. Wogegen die Kirche sich in der politischen Debatte erfolgreich verwahrt hatte – eine primär emanzipatorische statt einer ethischen Problemdefinition – das schien ihr nunmehr aus den eigenen Reihen erneut entgegenzutreten und das Hauptanliegen ihres bisherigen Engagements in der Abtreibungsdebatte zu konterkarieren.

Als weiteren Beleg für diese Entwicklung sah man im Diakonischen Werk neben den Diskussionen um die Beschlüsse von Hagen und Heiligenhafen eine Tagung der Evangelischen Akademie Bad Boll an. Die kurzfristig auf Mitte April 1975 anberaumte Konsultation über soziale Maßnahmen und Beratung zum § 218 StGB richtete sich vor allem an die in der Familienfürsorge und im Beratungsdienst Beschäftigten der evangelischen Kirche.[45]

Bereits im Vorfeld der Zusammenkunft kam es zu Spannungen. Naumann hatte die zwei Hauptvorträge an den ehemaligen EKFuL-Vorsitzenden Siegfried Keil sowie die Verfasserin des Minderheitsvotums zum Urteil des BVerfG Wiltraut Rupp-von Brünneck vergeben. Wilkens hatte daraufhin schwere Vorwürfe gegen die Tagungskonzeption erhoben und Naumann unterstellt, dieser habe mit der Einladung der Fristenvertreterin

[45] Vgl. Einladung von Naumann an Wilkens vom 20.3.1975. Unter den 46 Tagungsgästen fanden sich später auch je eine Vertreterin des DCV, der HU und von Pro Familia (vgl. Teilnehmerliste für die Tagung ‚Massnahmen sozialer Hilfe und Beratung zum § 218' vom 10.–12.4.1975 in Bad Boll, in: ADW, HGSt 4647).

eine Urteilsschelte üben wollen.[46] Naumann wiederum hatte die Kritik entschieden zurückgewiesen und zu verstehen gegeben, er erwarte, dass weder der Korreferent Siegfried Keil noch das Publikum einer Fristenregelung zuneigen würde.[47] Mit dieser Einschätzung sollte Naumann indes auf ganzer Linie fehl gehen. Weder vertrat die Bundesverfassungsrichterin die von ihr erwartete radikale Fristenposition noch der Korreferent und die 34 Tagungsteilnehmer und -teilnehmerinnen die von ihnen erwartete Gegenposition.[48]

Die Gäste waren vielmehr, so später Mechthild Königs Einschätzung, in der Mehrheit „‚militante' Fristenregeler" ohne jede Beziehung zur Kirche.[49] Tenor der Aussprachen sei die Empörung über das Karlsruher Urteil gewesen und die Frage, wie man es am besten unterlaufen und in der Praxis in eine Fristenregelung umfunktionieren könne. Nur mit Mühe, berichtete König, habe sie die Anwesenden abhalten können, eine diesbezügliche Resolution an die Bundestagsabgeordneten zu verfassen.[50] „Das zweite Unheil, das abgewehrt werden konnte", fuhr sie fort, „war der Plan, einen Gesetzentwurf zu verfassen und dem Bundestag vorzulegen! Man schien sich einzubilden, daß man als Privatperson berechtigt sei, solche Entwürfe im Bundestag einzubringen."[51]

---

[46] Vgl. Brief von Wilkens an Naumann vom 26.3.1975 in: EZA 2/93/6228. Weder Wilkens noch Schober oder Steinmeyer konnten ihre Teilnahme einrichten und auch König reiste erst kurz vor Ende der Tagung an (vgl. Teilnehmerliste für die Tagung ‚Massnahmen sozialer Hilfe und Beratung zum § 218' vom 10.–12.4.1975 in Bad Boll, in: ADW, HGSt 4647).

[47] Zum Beleg seiner gewissenhaften Tagungsvorbereitung berichtete Naumann am 8.4.1975 an Wilkens, er habe ein längeres Gespräch mit dem Mitglied des Strafrechtssonderausschusses, dem SPD-Abgeordneten Adolf Müller-Emmert geführt und dieser habe ihm aufschlussreiche Informationen gegeben. In diesem Zusammenhang deutete Naumann an, dass es bereits mehrfach zu derartigen Gesprächen mit verschiedenen politischen Vertretern gekommen sei: „Wir hatten hier in dieser Akademie vor der Einbringung des Gesetzentwurfes über den § 218 lange Gespräche mit Vertretern aller Fraktionen. Sie suchten das Gespräch mit der Kirche – auf welcher Seite sie auch immer standen" (EZA 2/93/6228).

[48] Sowohl die Vorträge als auch die Ergebnisse der Arbeitsgruppen finden sich dokumentiert in: Materialdienste der Evangelischen Akademie Bad Boll 4/1975. König äußerte später allerdings die Vermutung, die hier veröffentlichten Ergebnisse seien bewusst sachlich gehalten worden, um die Problematik des Tagungsverlaufs im Nachhinein zu glätten (vgl. Brief an Elvira Steppat/Diakonisches Werk Rheinland vom 5.6.1975, in: ADW, HGSt 4647; vgl. dazu auch oben S. 106 Anm. 222).

[49] Vgl. Brief an Steppat (vgl. Anm. 48).

[50] König wies an dieser Stelle auf das Problem hin, dass im Namen einer evangelischen Akademie eine Resolution verabschiedet werden und in der Öffentlichkeit als evangelischer Diskussionsbeitrag angesehen werden könne, obgleich – wie in diesem Fall – ein Großteil der Verfasser und Verfasserinnen sich nicht eigentlich als evangelisch bezeichnen würde (Ebd.; vgl. dazu auch oben S. 104 ff.).

[51] Brief an Steppat (vgl. Anm. 48). Erst eine von König herbeigeholte Juristin konnte die Anwesenden von der Aussichtslosigkeit eines derartigen Unterfangens überzeugen.

„Wenn ich meinen persönlichen Eindruck auf eine Kurzformel bringen darf", resümierte König abschließend: „Es war schlicht gesagt schlimm!"[52] Die Tagung, urteilte sie im Nachhinein, habe einen weiteren Beitrag zu der sich in der evangelischen Kirche ausbreitenden ‚Szene für die Frau gegen das Kind' geleistet.[53] König, die sich bemühte, einen Mittelweg in dieser Frage zu beschreiten, nahm die Perspektivverschiebung mit großer Sorge zur Kenntnis. Erkannte sie doch, dass es hier nicht allein um die Frage nach Fristen- oder Indikationenregelung ging, sondern um die grundsätzliche Ebene der Problemdefinition. Denn auch mit vielen – zumal kirchlich gebundenen – Vertretern und Vertreterinnen der Fristenregelung, hob König hervor, habe sie sich stets darin einig gewusst, dass der Schutz des ungeborenen Lebens als das vorrangige Ziel der Reform des § 218 StGB zu betrachten sei. Just diese gemeinsame Grundlage war es jedoch, die sowohl im Beratungssektor als auch innerhalb der gesamten evangelischen Kirche zunehmend in Frage gestellt zu werden schien.

Die evangelische Kirche hatte es offenbar versäumt, die in den Jahren zuvor unter den politischen Entscheidungsträgern beförderte Einsicht, dass es sich beim Schwangerschaftsabbruch nicht allein um ein emanzipatorisches, sondern zunächst einmal um ein gravierendes ethisches Problem handelt, auch innerhalb der eigenen Kirche glaubhaft zu kommunizieren.

1.1.4 Schobers Bericht über den Stand der diakonischen und sozialen Maßnahmen

Wie eingangs geschildert, betrachtete Wilkens die innerkirchliche Entwicklung in den Frühlingsmonaten des Jahres 1975 mit größter Sorge und hegte einige Zweifel, dass Schober die Lage richtig einschätzte und ihr gemäß handelte.[54] Um seinen Einfluss auf die Geschicke im Bereich des Beratung geltend machen zu können und die befürchteten Fehlentwicklungen zu stoppen, schaltete Wilkens den Rat der EKD ein. Dieser beschloss am

---

[52] In dieser Bewertung der Tagung, schrieb König, sei sie einig gewesen mit Naumann, Hildegard Leuze von der Evangelischen Frauenarbeit in Württemberg sowie der Leiterin der Mütterhilfe Hamburg, Schwester Eleonore Schumann, obwohl keineswegs alle eine Indikationenregelung vertreten würden (vgl. Ebd.).

[53] Vgl. König an anderer Stelle: „Es ist leider zu beobachten, daß im Laufe des letzten Jahres die Konfliktsituation der Frau und ihr Recht auf Abbruch in der Kirche mehr beachtet wird und immer weniger von der Aufgabe die Rede ist, auch Anwalt des Kindes zu sein" („Vermerk zum Thema Abtreibungsprobleme für das Präsidenteninterview mit den Evangelischen Kommentaren" an Schober vom 1.6.1975, in: ADW, HGSt 4650; vgl. auch „Vermerk zum Fall Beratungsstelle Hagen/Prof. Dr. Keil zu den beigefügten Unterlagen" vom 15.5.1975, in: ADW, HGSt 4629).

[54] Vgl. oben S. 467.

21. Juni auf Betreiben des Vizepräsidenten, das Diakonische Werk mit Frist bis August um einen ausführlichen Rechenschaftsbericht zu bitten.[55] Schober sollte darin sowohl über den Stand der diakonischen Hilfsmaßnahmen informieren als auch über den Ausbau des evangelischen Beratungsangebots und den Konsultationsstand zur Verständigung auf Beratungsrichtlinien.

Am 22. August 1975 legte Schober dem Rat den – später auch veröffentlichten – Bericht des Diakonischen Werks vor.[56] Dieser gliederte sich entsprechend dem Ratsbeschluss in drei Abschnitte. Der erste befasste sich mit den Grundfragen, der Zielsetzung und der Arbeitsweise evangelischer Beratungsstellen. Der zweite gab einen Überblick über den Stand der Arbeiten am Ausbau des evangelischen Beratungswesens und der dritte präsentierte weitere Projekte aus dem Katalog der diakonischen Maßnahmen.[57]

Offen sprach das Papier eingangs die langwierige Grundsatzdiskussion innerhalb der EKD an, die zunächst um strafrechtliche Probleme, später jedoch auch um Inhalt und Nutzen der Beratung gekreist sei. Das Diakonische Werk führte es u. a. auf diesen schwierigen Prozess der innerevangelischen Meinungsbildung zurück, dass die Errichtung von Beratungsstellen insgesamt nur sehr zögerlich angelaufen sei.[58] Zudem habe es Schwierigkeiten bei der personellen Besetzung der Beratungsstellen gegeben. Das Profil evangelischer Beratung sowie die Rolle der Berater und Beraterinnen seien zu unscharf umrissen gewesen, so dass allgemeine Verunsicherung geherrscht habe. Dies gelte auch im Hinblick auf das potenzielle Klientel. In weiten Bevölkerungskreisen, hieß es in dem Bericht, gebe es nach wie vor eine Scheu vor nichtärztlichen Beratungsstellen und Zweifel, ob Schwangerschaftskonfliktberatung auch in den kirchlichen Einrichtungen

---

[55] Außerdem wurde in Ergänzung zu den bereits getroffenen Maßnahmen des Diakonischen Rates auch vom Rat der EKD ein Grundsatzgespräch mit dem EZI anberaumt. Beide Beschlüsse waren von Wilkens vorformuliert worden (vgl. Beschlussvorlage von Wilkens (ohne Datum) in: EZA 2/93/6229, sowie Auszug aus dem Protokoll der 32. Ratssitzung vom 20./21.6.1975 (EZA 2/93/6229). Die Akten geben keine Auskunft darüber, wie man im Diakonischen Werk in Stuttgart zur Initiative des Vizepräsidenten stand.

[56] Vgl. Auszug aus dem Protokoll der 34. Ratssitzung vom 22./23.8.1975 (EZA 2/93/6229). Der Bericht wurde am 23.9.1975 an die Leitungen der Gliedkirchen, die Diakonischen Werke der Gliedkirchen sowie verschiedene Fachverbände versandt (EZA 2/93/6229), sowie unter dem Titel „Bericht über den Stand der sozialen und diakonischen Maßnahmen" in: *epd-dok* 39/75, S. 78–97 und in Auszügen in: KJ 1975, S. 92–95 veröffentlicht.

[57] Der dritte Teil des Berichts bemühte sich vor allem, die Fortexistenz der Mütter-Kind-Heime zu rechtfertigen, die in ihren alten Heimkonzepten zwar überholt und wenig ausgelastet waren, jedoch intensive Umstrukturierungen eingeleitet hatten. Dem Bericht beigefügt war ferner eine Übersicht über die finanziellen Aufwendungen und Aktivitäten der einzelnen Gliedkirchen und ihrer Diakonischen Werke (abgedruckt auch in: *epd-dok* 39/75, S. 95–97).

[58] Unerwähnt blieb die unsichere politische Lage sowie die vom Diakonischen Werk im Frühjahr 1975 selbst noch anempfohlene Zurückhaltung, was den Ausbau des evangelischen Beratungsangebots betraf (vgl. oben S. 464).

als Entscheidungshilfe und nicht als Entscheidungsbeeinflussung betrachtet werde.[59]

Ausgehend von diesen Beobachtungen bemühte Schober sich, der Profilschwäche zu begegnen, indem er die grobe Skizze eines eigenen Beratungsbegriffs vorlegte. Dieser zeichnete sich dadurch aus, dass er der Beratung trotz einer klaren Zielsetzung – dem Lebensschutz für Mutter und Kind – Offenheit in Inhalt und Ergebnis zugestand, wie es auch den Vorstellungen der Fachverbände entsprach.[60]

Der im zweiten Teil des Berichts gegebene Überblick über den Ausbau des evangelischen Beratungsangebots konzentrierte sich im Wesentlichen auf die evangelische Beteiligung am Modellberatungsprogramm. Die acht evangelischen Beratungsstellen, die in das Projekt des Bundes aufgenommen worden waren, hatten ihre Arbeit unterdessen aufgenommen.[61] Die Umsetzung der übrigen vom Diakonischen Werk angestrebten Maßnahmen hatte zunächst schleppend begonnen, schritt jedoch laut Bericht ebenfalls allmählich voran. Nach dem Vorbild des Baseler Modells hatten die evangelischen Krankenhäuser in Schwäbisch Hall, Bad Kreuznach, Saarbrücken und Wesel mit dem Aufbau von Beratungsstellen in Ergänzung zu ihrer gynäkologischen Beratung begonnen, und auch das Konzept der Kontaktpersonen wurde in ersten Schulungskursen bereits realisiert.[62] Ins-

---

[59] Unklare Beratungsziele hatte Koschorke bereits im Tätigkeitsbericht des EZI von 1974 kritisiert (vgl. „Probleme der Schwangerschaftskonfliktberatung“, in: *epd-dok* 39/75, S. 43–54, S. 52 f.; vgl. dazu auch die Kontroverse um das Beratungsverständnis der Hagener Beratungsstelle, S. 466 ff.).

[60] Während der – vermutlich von König – im Bericht formulierte Beratungsbegriff durchaus von einem Verständnis für die Notwendigkeit ergebnisoffener Beratung zeugte, schienen sowohl die Ratsdiskussion als auch Schobers mündliche Erläuterungen zu dem Papier in eine andere Richtung zu weisen. So regte Schober Gespräche zwischen den Kirchenleitungen und den Beratungsstellen an, in welchen die Berater und Beraterinnen ermutigt werden sollten, ihre Scheu zu verlieren und als Christen und Christinnen von ihrer persönlichen Meinung im Beratungsgespräch zu künden – freilich ohne die Freiheit des Gegenübers zu beschränken (vgl. Auszug aus dem Protokoll der 34. Ratssitzung vom 22./23.8.1975, in: EZA 2/93/6229). Die hier angedeutete Auffassung von der Beratung als Ort der Verkündigung dürfte indes in diametralem Gegensatz zum Beratungskonzept der Fachverbände gestanden haben, da diese sich nicht am Modell der verkündigenden, sondern der therapeutischen Seelsorge orientierten.

[61] Nach ersten Rückmeldungen wurden die Beratungsstellen zunächst selten allein zum Zweck der Schwangerschaftskonfliktberatung aufgesucht (vgl. M. KOSCHORKE, Neuregelung). Vgl. dazu auch unten Anm. 242.

[62] Der Kirchenkreis Krefeld bot beispielsweise ein „Seminar zur Einführung von Frauen in den Beratungsdienst zur Mütterhilfe“ an, das zwölf Nachmittage mit je zwei Doppelstunden umfasste. Neben biblischer Unterweisung erhielten die Frauen Informationen über das Sozialhilfegesetz, das Adoptionsrecht, Wohn- und Kindergeld sowie über Methoden der Gesprächsführung und den Umgang mit Behörden (vgl. Seminarplan, in: ADW, HGSt 4631). Mitte 1976 berichtete König ferner, dass die Kontaktfrauen eine neue Aufgabe darin gefunden hätten, die Hilfesuchenden auch nach der Beratung persönlich zu begleiteten – unab-

gesamt betrachtet zeichnete Schober in seinem Bericht ein realistisches, damit teilweise allerdings auch ernüchterndes Bild des Entwicklungsstandes im Bereich der diakonischen Maßnahmen. Im Blick auf die Zukunft gab er sich jedoch optimistisch, dass Kirche und Diakonie ihr Engagement im Bereich der flankierenden Hilfsmaßnahmen kontinuierlich weiter ausbauen würden.

1.2 Evangelische Vermittlungsbemühungen in strafrechtlichen Fragen

Nach einigen Monaten der internen Auseinandersetzung und Meinungsbildung zur Frage des evangelischen Beratungsverständnisses schaltete die EKD sich in der zweiten Jahreshälfte 1975 wieder in das Bonner Geschehen ein. Inzwischen hatte das Bundesjustizministerium eine ausführliche Auswertung des Karlsruher Urteils vorgenommen und Richtlinien für eine neue Gesetzesinitiative daraus abgeleitet.[63] Die drei Fraktionen von SPD, FDP und CDU/CSU hatten ebenfalls Ausschüsse zur Sondierung und Ausarbeitung neuer Gesetzesvorhaben eingesetzt.[64] Anfang Juni zeichneten sich allmählich erste Ergebnisse ab.

In der insgesamt noch recht offenen und kreativen Phase von Juni bis Oktober 1975, in der die politischen Optionen der Parteien sich zunehmend konkretisierten, das letzte Wort gleichwohl noch nicht gesprochen war, meldete die evangelische Kirche sich wieder verstärkt zu Wort. Das Ziel ihrer zumeist informellen und über Wilkens laufenden Bemühungen bestand vornehmlich darin, den Weg zu ebnen für eine moderat formulierte Gesetzesvorlage, die eine breite – wenn irgend möglich interfraktionelle – Mehrheit im Bundestag finden und damit zur erhofften politischen und gesellschaftlichen Befriedung führen würde. Anders als in den vorangegangenen zwei Jahren wurde der evangelischen Kirche diese Vermittlerrolle auch von politischer Seite wieder verstärkt angetragen. Das Verhältnis

---

hängig davon, wie es weitergehe (vgl. Notiz von König zum Protokoll der Sitzung des Ad hoc-Ausschusses § 218 vom 20.8.1976, in: ADW, HGSt 4631).

[63] Vgl. „Auswertung des Urteils des BVerfG vom 25.2.1975 (1 BvF 1–6/74) zur Verfassungsmäßigkeit des Fünften Gesetzes zur Reform des Strafrechts vom 18. Juni 1975 (BGBl I, S. 1297) durch das Bundesjustizministerium", abgedruckt in: *epd-dok* 39/75, S. 4 f., sowie „Zum Spielraum des Gesetzgebers für eine eventuelle Initiative zu § 218" von Hans de With, in: recht – Informationen des Bundesjustizministeriums vom 24.4.1975. Die vom Bundesjustizministerium vorgelegte recht restriktive Auswertung des Urteils stieß in der Regierungskoalition auf Kritik, während sie von der Opposition begrüßt wurde (vgl. „Vogels Vorstoß verärgert Fraktion", in: *FR* vom 12.4.1975).

[64] Zur FDP vgl. „Erklärung des FDP Fraktionsvorsitzenden Wolfgang Mischnick im Namen der Fraktion" (*fdk Pressedienst* vom 25.2.1975). Zur SPD vgl. Presseerklärung der SPD vom 28.2.1975 (AEFD, § 218). Zur CDU/CSU vgl. schließlich M. GANTE, § 218, S. 185.

zwischen der evangelischen Kirche und den Bonner Volksvertretern und -vertreterinnen hatte sich offenbar weitgehend normalisiert.

1.2.1 Fortsetzung des Briefwechsels zwischen Brandt und Kunst

„Es könnte hilfreich sein", hatte der SPD-Parteivorsitzende und Ex-Kanzler Willy Brandt dem Bevollmächtigten der EKD bereits im Frühjahr 1975 mitgeteilt, „wenn der Rat seine Vorschläge für eine Indikationenfeststellung [...] in einer ausführlicheren Weise unterbreiten würde."[65] Gerne nahm die EKD-Kirchenleitung Brandts Angebot an, ihre Argumente für das im Ratswort angedeutete Interesse am Ärztetagsmodell noch einmal detaillierter darzulegen. Am 5. Juni übersandte Wilkens einen Entwurf für ein Antwortschreiben an Kunst.[66] Obgleich er allein seine Arbeitsüberlastung für die Verzögerung verantwortlich machte – Wilkens war Anfang 1975 zum Vizepräsidenten der Kirchenkanzlei ernannt worden – hat es den Anschein, als habe er sich mit der Antwort auch bewusst Zeit gelassen, um sich zunächst ein Bild davon machen zu können, in welche Richtung die parlamentarische Diskussion nach dem Urteil des BVerfG voranschreiten würde.

Als die Presse erste Berichte über einen Diskussionsentwurf der SPD brachte, hatte Wilkens sich sogleich an die Arbeit begeben. Nach seinem ersten Eindruck klang der Gesetzentwurf, den er freilich nur aus der Presse kannte und noch nicht vorliegen hatte, durchaus „akzeptabel".[67] Viel – wenn nicht sogar alles – teilte er Kunst mit Übersendung des Antwortschreibens an Brandt mit, werde allerdings von der Regelung des Verfahrens abhängen.[68] Guter Dinge und nicht unbescheiden fügte er hinzu: „Diese meine ständigen Erinnerungen an das Verfahren, einschließlich der Beratung usw., haben vielleicht auch ein wenig mit dazu beigetragen, dass dafür schon in der letzten Phase der Beratungen zu dem dann beschlos-

---

[65] Vgl. oben S. 455. Zum Modell des Ärztetages vgl. oben S. 280 f.

[66] „Entwurf eines Schreibens an den Vorsitzenden der SPD Willy Brandt zu Fragen des Schwangerschaftsabbruchs" (EZA 2/93/6229).

[67] Wilkens vermutete später, dass die Verfasser des von ihm hochgelobten SPD-Entwurfs unter den ehemaligen Müller-Emmert-Anhängern zu finden seien (vgl. Brief an Konrad Porzner/SPD vom 21.8.1975, in: EZA 2/93/6229).

[68] In seinem Antwortschreiben an Brandt ging Wilkens allerdings nur kurz auf die Frage der Verfahrensregelung ein und gab zu verstehen, dass von evangelischer Seite nach wie vor das Baseler Modell favorisiert würde. In Kopie legte er dem Schreiben einen Aufsatz der leitenden Ärztin der sozialmedizinischen Abteilung der Baseler Universitätsfrauenklinik bei (vgl. M. Mall-Haefeli, Liberalisierung der Schwangerschaftsunterbrechung). Auch dem Unionsabgeordneten Vogel legte Wilkens später das Baseler Modell nahe und ließ ihn wissen, ihm sei bisher noch keine bessere Alternative begegnet (vgl. Brief vom 19.9.1975, in: EZA 650/95/192).

senen und jetzt teilweise verworfenen Gesetz Bereitschaft und Einsicht zumindest in der SPD-Fraktion geweckt wurden."[69]

Der Vizepräsident stand dem Ergebnis der Beratungen innerhalb der SPD insgesamt wohlwollend gegenüber. Das zeigte sich auch in seinem Antwortschreiben an Brandt. Statt kritischer Anmerkungen beschränkte er sich darauf, darzulegen, warum die EKD das Modell des Ärztetags von 1973 – und damit indirekt auch den darauf gründenden Entwurf der SPD – befürwortete.[70]

Im Vergleich zu der von der FDP favorisierten Generalklausel, die auf dem recht allgemeinen Begriff der Unzumutbarkeit aufbaue, leitete Wilkens seine Argumentation ein, bestünde der Vorteil der Ärztetagsformel darin, dass ihre Generalklausel einen klaren *medizinischen* Bezugspunkt (das Leben und die Gesundheit der Frau) für alle weiteren Indikationen zum Maßstab mache und damit einen isolierten Tatbestand sozialer Gesichtspunkte vermeide.[71] Offen erläuterte er: „Wir haben seitens der evangelischen Kirche nie ein Hehl daraus gemacht, daß es menschliche Hilflosigkeits- und Verlassenheitsfälle gibt, die durch die sonst zur Diskussion stehenden Indikationen nicht hinreichend erfaßt werden. Wir haben daher auch eine besondere Notlagen-Indikation nie von vornherein abgelehnt. Doch haben wir zugleich auf die Gefahren aufmerksam gemacht, die sich bei einer isolierten Notlagen-Indikation ergeben." Kurzum, fasste Wilkens zusammen, die evangelische Kirche habe der Berücksichtigung sozialer Notlagen stets zugestimmt, jedoch immer davor gewarnt, einen Auffang-Tatbestand für extreme Sonderfälle so unscharf zu formulieren, dass er in der Praxis zum gängigen Ausweg-Tatbestand degradiere.[72]

Im Übrigen, fuhr er fort, liege der Fokus des evangelischen Interesses keineswegs vornehmlich auf dem Umfang des Indikationenkatalogs. „Indikationen sind Hilfskonstruktionen", erklärte er, „sind Anleitungen und Entscheidungshilfen für die Frau und nicht zuletzt für den Arzt. [...] In dieser Sicht der Dinge kommt es nicht eigentlich auf die Zahl der Indikationen und letzten Endes auch nicht auf die Verursachungen der Konfliktsituationen

---

[69] Brief von Wilkens an Kunst vom 5.6.1975 in: EZA 2/93/6229.

[70] Der Entwurf für das Antwortschreiben an Brandt lehnte sich in weiten Teilen an den unveröffentlichten Aufsatz an, den Wilkens unmittelbar nach dem Karlsruher Urteil für die Zeitschrift für Rechtspolitik verfasst, nach einem Dissens über den Veröffentlichungstermin jedoch zurückgezogen hatte (vgl. „Nach dem Urteil des BVerfG zum 5. StrRG", unveröffentlichtes Manuskript ohne Datum, abgedruckt in: *epd-dok* 39/75, S. 29–42; zum Schicksal des Artikels vgl. Wilkens' Angaben in seinem Brief an Porzner vom 24.4.1975, in: EZA 2/93/6228).

[71] Die FDP plädierte dafür, statt des Gesundheitsbegriffs den Begriff der Zumutbarkeit in den Mittelpunkt der Generalklausel zu stellen (vgl. „Nicht im Stich lassen" von Hajo Goertz, in: *Rheinischer Merkur* vom 29.8.1975).

[72] Wilkens sprach in diesem Zusammenhang sogar von einer „Bequemlichkeits-Indikation" (vgl. oben Anm. 66).

an."[73] Von allergrößter Bedeutung sei der evangelischen Seite indes stets gewesen, dass bei jeder Erweiterung des Indikationenkatalogs die Gleichwertigkeit der Schwere des Konflikts gewahrt bliebe.[74] Auch bei einer Indikationenregelung gelte es, eine schematisierende Anwendung nach Art der Fristenregelung so weit als möglich zu vermeiden und die Indikationstatbestände auf schwerwiegende Konflikte zu begrenzen.[75]

Diese zentrale evangelische Forderung, beendete Wilkens seine Ausführungen und kehrte zu seinem Eingangsvotum zurück, sei 1973 vom Deutschen Ärztetag aufgenommen und zur vollen Zufriedenheit der EKD erfüllt worden, denn die Ärztetagsformel gebe allen Schwangerschaftskonflikten einen klaren Bezugspunkt, indem sie sie darauf befrage, ob sie dem Ganzheitscharakter einer Existenzbedrohung des Lebens und der Gesundheit der Frau Rechnung trügen.

Das insgesamt sieben Seiten lange Schreiben des Vizepräsidenten wurde vom Bevollmächtigten der EKD ohne Änderungen übernommen und am 13. Juni 1975 an Brandt weitergeleitet.[76] Dieser reagierte abermals – wie bereits auf das Ratswort vom Frühjahr – äußerst wohlwollend. Ende Juli antwortete er Kunst: „Ich habe mich [...] mit den Verantwortlichen der SPD-Bundestagsfraktion besprochen und sie auf das Gewicht Ihrer Ausführungen aufmerksam gemacht. Nach Lage der Dinge schlage ich vor, daß wir die Sommerpause verstreichen lassen, um dann zu überlegen, wie auf der Grundlage Ihres Schreibens ein neuerlicher Gedankenaustausch geführt werden sollte."[77]

Bei der Regierungskoalition, davon darf nach Brandts Antwort ausgegangen werden, waren die Impulse von evangelischer Seite angekommen und in den weiteren Konsultationsprozess zur Ausarbeitung des Gesetzentwurfs aufgenommen worden.

---

[73] Ebd.

[74] Wilkens' Aussage entsprach ganz der Richtlinie, die das Bundesjustizministerium nach dem Urteil des BVerfG erarbeitet hatte. Der Gesetzgeber hat sicherzustellen, hieß es darin, dass eine eigenständige Notlagenindikation nur solche Fälle umfasst, welche in der Schwere des Konflikts in Kongruenz zu den übrigen drei Indikationen stehen (vgl. „Auswertung des Urteils des BVerfG vom 25.2.1975 [1 BvF 1–6/74] zur Verfassungsmäßigkeit des Fünften Gesetzes zur Reform des Strafrechts vom 18. Juni 1975 [BGBl I, S. 1297] durch das Bundesjustizministerium", abgedruckt in: *epd-dok* 39/75, S. 4 f.).

[75] König formulierte das evangelische Grundanliegen zur Reform des § 218 StGB wenig später leicht umakzentuiert: „Die ‚bestmögliche Regelung' besteht darin, daß man den Schwangerschaftsabbruch erschwert (deshalb Vorzug der Indikationsregelung vor der Fristenregelung) und die Bevölkerung [...] zu einem Rechtsbewußtsein (Tötung ungeborenen Lebens ist Schuld!) sensibilisiert" („Vermerk zu den Gesetzentwürfen zu § 218 StGB der Parteien" vom 7.8.1975, in: ADW, HGSt 4641).

[76] Brief von Kunst an Brandt vom 13.6.1975 (EZA 2/93/6229). Am 1.7.1975 informierte Kunst auch die Ratsmitglieder über sein Schreiben an Brandt (EZA 2/93/6229).

[77] Brief von Brandt an Kunst vom 24.7.1975 (EZA 742/342; EZA 2/93/6229).

1.2.2 Die Koalition einigt sich auf Richtlinien eines neuen Entwurfs

Es ist anzunehmen, dass weder Wilkens noch Kunst bewusst gewesen war, wie passend sie den Zeitpunkt ihres vertraulichen Schreibens an Brandt gewählt hatten. Nachdem SPD und FDP ihre Beratungen im Anschluss an das Urteil des BVerfG zunächst getrennt voneinander geführt und erste Gesetzentwürfe ausgearbeitet hatten, traf man sich just am 13. Juni zu einem ersten Sondierungsgespräch, in welchem die bisherigen Vorarbeiten zusammengeführt und aufeinander abgestimmt wurden.[78] Die Zusammenkunft war im Vorfeld streng geheim gehalten worden, da unklar gewesen war, ob man sich sogleich auf einen gemeinsamen Gesetzentwurf verständigen, oder erst einmal nur Leitlinien für einen solchen erarbeiten würde.[79]

Am 17. Juni, vier Tage nach dem interfraktionellen Gespräch, traten die Vertreter der Regierungskoalition schließlich vor die Presse und präsentierten die Eckpunkte eines gemeinsamen Entwurfs. Danach sollte die im Detail noch auszuarbeitende Gesetzesvorlage der Regierungskoalition auf einer weit gefassten sozial-medizinischen Indikation nach dem Vorbild der Ärztetagsformel basieren.[80] Als Unterfälle waren die eugenische, die ethische sowie die Notlagenindikation vorgesehen.[81] Zum Verfahren wurde festgehalten, dass die obligatorische Beratung mindestens drei Tage vor dem Eingriff stattzufinden habe; außerdem durften die Feststellung der Indikation und die Operation nicht von demselben Arzt bzw. derselben Ärztin vorgenommen werden. Was die Straffreiheit der Frau betraf, sollte diese gewährt werden, wenn die Frau sich vor der Tat einer Beratung

---

[78] Wilkens war bereits am Tag vor der Unterredung im Besitz der getrennt voneinander ausgearbeiteten Gesetzesmodelle und fand lobende Worte für den SPD-Entwurf (vgl. Brief an Kalinna und Claß vom 12.6.1975, in: EZA 650/95/192).

[79] Vgl. „Die Neuregelung des Paragraphen 218 soll noch vor der Sommerpause vorankommen" von Friedrich Karl Fromme (*FAZ* vom 13.6.1975).

[80] „Der Schwangerschaftsabbruch ist nicht strafbar", hieß es in der Generalklausel des Entwurfs, „wenn er unter Berücksichtigung der gegenwärtigen und zukünftigen Lebensverhältnisse der Schwangeren nach ärztlicher Erkenntnis angezeigt ist, um eine Gefahr für das Leben oder die Gefahr einer schwerwiegenden Beeinträchtigung des körperlichen oder seelischen Gesundheitszustandes der Schwangeren abzuwenden, und die Gefahr nicht auf eine andere, für die Schwangere zumutbare Weise abgewendet werden kann" (die von der Koalitionsfraktion am 17. Juni 1975 beschlossenen Grundsätze zur Reform des § 218 StGB sind abgedruckt in: *epd-dok* 39/75, S. 63 f.). Der Rückgriff auf die Formel des Deutschen Ärztetages, urteilte die Presse, diene nicht zuletzt dazu, den kritisch eingestellten Ärzten und Ärztinnen entgegenzukommen, da der Staat letztlich auf ihre Mithilfe zur Umsetzung der Reform angewiesen sei (vgl. oben Anm. 79).

[81] Explizit verwarf das Eckpapier den Begriff der sozialen Indikation und band die Notlagenindikation bewusst an den Gesundheitszustand der Schwangeren, wie auch Wilkens es wiederholt gefordert hatte (vgl. Brief von Kunst an Brandt vom 13.6.1975, in: EZA 2/93/6229; „Nach dem Urteil des BVerfG". Unveröffentlichtes Manuskript von Erwin Wilkens ohne Datum, abgedruckt in: *epd-dok* 39/75, S. 29–42).

unterzogen hatte und der Eingriff von einem Mediziner bzw. einer Medizinerin vorgenommen worden war. In Fällen besonderer Bedrängnis war ferner auch im Falle einer Selbstabtreibung eine gerichtliche Absehung von Strafe möglich.

Das Eckpapier vermied jeden Rückgriff auf die in Karlsruhe zurückgewiesenen emanzipatorischen Reformimpulse und führte als Auslöser und Ziel der Gesetzesneufassung allein den verbesserten Lebensschutz an, wie es bereits der Entschließungsantrag von 1974 getan hatte.[82] Allem Anschein nach hatte die SPD sich mit ihren Vorstellungen beim kleineren Koalitionspartner durchsetzen können. Bevor es nach der Sommerpause zur Einbringung eines erneuten Gesetzentwurfs kommen sollte, wurden die Mitte Juni vereinbarten Eckpunkte allerdings noch einmal zur abschließenden Diskussion in die Fraktionen gereicht – und hier schien sich das Blatt erneut zu wenden.

Bereits Anfang Juli äußerte Wilkens die Sorge, der Kompromiss der SPD mit der FDP könne im Endeffekt doch noch dergestalt ausfallen, dass der Indikationenkatalog zwar tadellos formuliert werde, über ein allzu lockeres Verfahren jedoch erneut Elemente der Fristenregelung Eingang in das Gesetz fänden.[83] Mitte August bestätigten sich die Befürchtungen des Vizepräsidenten und er wandte sich an Konrad Porzner, den Parlamentarischer Geschäftsführer der SPD Bundestagsfraktion. „Ich bin etwas bestürzt über die Wendung, die die Diskussion in ihrer Fraktion offenbar genommen hat“, schrieb er ohne Umschweife.[84] Augenscheinlich aus koalitionstaktischen Gründen, fuhr Wilkens fort, sei die SPD in den zurückliegenden Wochen von ihrem ursprünglichen Entwurf – den er nochmals als „ausgezeichnete Grundlage“ lobte – abgekommen.[85] Der Meinungsumschwung betraf seiner Ansicht nach insbesondere den Komplex der Begut-

---

[82] Im sozialdemokratischen Publikationsorgan *Vorwärts* meldete sich Ende Juni dagegen noch einmal eine Vertreterin der in Karlsruhe unterlegenen emanzipatorisch motivierten Reformgruppe zu Wort: „Die zweite 218-Reform wird zwar keine Fristenregelung sein“, schrieb sie, „aber es wird eine Reform, die letztlich doch dazu führen wird, daß in einiger Zeit keine Frau mehr gezwungen wird, ein Kind gegen ihren Willen auszutragen. Sie muß allerdings – und das verdankt sie dem Spruch der hohen Richter – ihren Willen medizinisch bemänteln“ („Im zweiten Anlauf die zweitbeste Lösung“ von Florentine Hoffmann, in: *Vorwärts* vom 26.6.1975). Der katholische Bischof von Münster nahm den Artikel später zum Anlass für scharfe Kritik am Koalitionsentwurf (vgl. „Bischof Tenhumberg protestiert gegen SPD-Abtreibungspläne“, in: *kna* vom 15.7.1975).

[83] Brief von Wilkens an Schober vom 4.7.1975 (EZA 650/95/192). Wilkens berief sich auf ähnliche Befürchtungen des Staatsrechtlers Kriele (vgl. „FDP-Entwurf verfassungsrechtlich völlig unhaltbar“, Interview mit Prof. Martin Kriele am 6.6.1975 im ARD-Magazin „Bericht aus Bonn“, abgedruckt in: *epd-dok* 39/75, S. 57).

[84] Brief vom 21.8.1975 (EZA 2/93/6229). Worauf konkret Wilkens seine Beobachtung gründete, geht aus seinem Schreiben bedauerlicherweise nicht hervor.

[85] Ebd.

achtung und Beratung. „Hierzu haben Sie nun offenbar zusammen mit der F.D.P.-Fraktion Vorstellungen entwickelt", prophezeite er Porzner, „die eine sehr heiße weitere Runde in der Auseinandersetzung erwarten lassen."[86]

„Die Tragödie um diese Gesetzgebung findet demnächst ihre Fortsetzung", schrieb Wilkens auch einem langjährigen Vertrauten, dem ehemaligen Vorsitzenden der Deutschen Gesellschaft für Gynäkologie Heinz Kirchhoff.[87] Mit Schrecken sah der Vizepräsident einem neuen ‚wackeligen' Koalitionskompromiss entgegen; einem Kompromiss, der gleich jenem von 1973 keinen Bestand vor dem BVerfG haben würde, da er seiner Intention nach ebenso widersprüchlich auszufallen drohte wie ersterer und abermals heftig zwischen den Maximen des Lebensschutzes und des Emanzipationswillens oszillieren würde.[88] Um dies zu verhindern und sicherzustellen, dass die emanzipatorischen Reformimpulse möglichst weit zurückgedrängt würden, bemühte sich der Vizepräsident persönlich darum, die von ihm angekündigte Diskussion um die Verfahrensbestimmungen zu initiieren. Den Ärzten und Ärztinnen, schrieb er Kirchhoff, könne doch ebenso wenig wie der EKD an einer leistungsschwachen Verfahrensregelung gelegen sein, welche den Lebensschutz erneut zugunsten emanzipatorischer Elemente zu unterwandern trachte. Darum, appellierte der Theologe abschließend an den Mediziner, sollten sich auch die ärztlichen Standesvertretungen in dieser Sache noch einmal zu Wort melden.[89]

1.2.3 Evangelische Besorgnis um den Stand der Beratungen auf Unionsseite

Größeres Unbehagen als die Regierungskoalition bereitete der evangelischen Seite in den Sommermonaten des Jahres 1975 die recht verfahrene Situation in der Unionsfraktion. Die Schwierigkeit der Opposition bestand darin, dass das Karlsruher Urteil einen Spielraum zur Gesetzgebung belassen hatte, der über die bisherigen Unionsentwürfe hinausging. Die CDU/CSU sah sich damit vor die Alternative gestellt, entweder über ihre bisherigen Entwürfe hinauszugehen und den Kompromiss mit der Regie-

---

[86] EBD., vgl. auch: „Herrn Porzner habe ich geschrieben, daß ich über die jetzt offenbar in SPD und F.D.P. vorherrschenden Vorstellungen zum Komplex der Begutachtung und der Beratung nur hellauf entsetzt sein könne. Dies wird ja nun [...] das hauptsächliche Schlachtfeld der kommenden Auseinandersetzungen sein" (Brief an Friedrich Vogel vom 21.8.1975, in: EZA 650/95/192).

[87] Brief vom 28.8.1975 (EZA 2/93/6229).

[88] EBD.

[89] Eine Antwort Kirchhoffs findet sich in den Akten nicht. Zur Reaktion der medizinischen Standesvertretungen vgl. unten S. 497.

rung zu suchen oder an ihrem restriktiven Kurs festzuhalten und auf die Chance zur Mitgestaltung der Gesetzgebung zu verzichten.[90]

Wilkens, der nach eigenen Angaben noch Mitte Juni völlig im Dunkeln darüber getappt war, welchen der beiden Wege die Opposition in der weiteren Reformdiskussion beschreiten würde,[91] schilderte bereits zwei Wochen später – recht verdrossen – seinen Eindruck, wonach insbesondere ein großer Teil der katholischen Unionsabgeordneten nicht bereit zu sein schien, der Regierungskoalition in der Frage des § 218 StGB näher zu kommen.[92] Die Union war offenbar nach wie vor konfessionell gespalten, was die gesetzliche Regelung des Schwangerschaftsabbruchs betraf.[93] Dies ließ sich nicht zuletzt darauf zurückführen, dass auch die Kirchen im Hinblick auf den weiteren Kurs der Opposition gegensätzliche Interessen vertraten. Während die katholische Kirche nach wie vor einer Obstruktionshaltung den Vorzug gab, befürwortete die evangelische Seite eine größere Öffnung der Opposition in Richtung auf einen Konsens mit der Regierungskoalition.[94] Um ein Gegengewicht zu den Liberalen zu erhalten und dadurch die ‚Mittelposition' der Indikationenvertreter innerhalb der SPD zu stärken, wollte die EKD die Union aktiv am Gesetzgebungsverfahren beteiligt wissen und richtete ihre Intervention in den Sommermonaten 1975 gezielt darauf aus.

Bereits in der Ratssitzung vom 20./21. Juni hatte Wilkens dafür plädiert, die EKD möge das Gespräch mit der Union suchen und diese darin bestärken, sich auf Verhandlungen mit der Regierungskoalition einzulassen.[95] Gemeinsam mit dem Bevollmächtigten war Wilkens daraufhin vom Rat beauftragt worden, der CDU/CSU-Fraktion die evangelischen Erwägungen in einem Gespräch nahe zu bringen. Zu der von evangelischer Seite anvisierten Zusammenkunft mit Vertretern und Vertreterinnen der Opposition scheint es allerdings vorerst nicht gekommen zu sein. In den Akten findet sich ein Brief Kunsts, worin dieser Wilkens äußerst verstimmt mitteilt, dass er trotz wiederholter Anfragen bislang noch keine verbindliche Terminabsprache mit der Union habe treffen können.[96] Das gute Verhältnis

---

[90] Vgl. dazu auch M. GANTE, § 218, S. 184 f.

[91] Vgl. Brief an Claß vom 19.6.1975 (EZA 2/93/6229; EZA 650/95/193).

[92] Vgl. Brief an Schober vom 4.7.1975 (EZA 650/95/192).

[93] Von den Abgeordneten der CDU/CSU-Fraktion waren stets – und so auch in der 7. Wahlperiode – ca. zwei Drittel katholisch (62 %) und ein Drittel evangelisch (37,6 %) (vgl. P. SCHINDLER, Datenhandbuch, S. 192 f.).

[94] Vgl. H. TALLEN, § 218, S. 302.

[95] Wenn die Union beispielsweise die persönliche Strafausschließung der Frau akzeptiere, hatte Wilkens spekuliert, könne sie sicher im Gegenzug ihre Vorstellungen zur Verfahrensfrage stärker zur Geltung bringen (vgl. Auszug aus dem Protokoll der 32. Ratssitzung vom 20./21.6.1975, in: EZA 2/93/6229).

[96] Der Bevollmächtigte hielt es für eine „unerträgliche Art der Behandlung dieser Sache", dass Helmut Kohl unnachgiebig darauf bestand, die Mitglieder des Parteipräsidiums und nicht – wie von Kunst gewünscht – sachkundige Vertreter der Fraktion sollten das Gespräch

zwischen den Führungskreisen der CDU/CSU und der EKD hatte sich offenbar ein wenig abgekühlt.

Was der evangelischen Seite blieb, war das Gespräch mit jenen Unionsabgeordneten zu pflegen, die – wie sie selbst – für einen versöhnlich-pragmatischen Kurs in Richtung auf einen breiten parlamentarischen Konsens plädierten. So intensivierte sich im Sommer 1975 z. B. der bereits seit Jahren bestehende enge Kontakt zwischen Wilkens und Friedrich Vogel.

Ende Juni sandte der Rechtsexperte der CDU/CSU-Fraktion einen unter seiner Federführung erarbeiteten, innerhalb der Union jedoch äußerst kontrovers diskutierten Gesetzentwurf an die Kirchenkanzlei und signalisierte auf der Suche nach Mehrheiten große Verhandlungsbereitschaft.[97] Der im Auftrag der Unionsfraktion von einer Untergruppe des Rechtsausschusses zusammengestellte und den CDU/CSU-Abgeordneten am 11. Juni 1975 übersandte Gesetzentwurf hatte ebenso wie der Koalitionsentwurf das Ärztetagsmodell zugrunde gelegt, im Unterschied zu diesem jedoch keine eigenständige Notlagenindikation vorgesehen, sondern soziale Konflikte nur indirekt über eine erweiterte sozial-medizinische Generalklausel berücksichtigt.[98] Trotz seines relativ eng gefassten Indikationenkatalogs hatte sich der Entwurf innerhalb der Unionsfraktion nicht durchsetzen können. Am 18. Juni – ein Tag nach der Veröffentlichung des Eckpapiers der Regierungskoalition – hatte Vogel der Presse deshalb mitteilen müssen,

---

mit der EKD führen. „Dort [in der Fraktion, S. M.]", ließ Kunst Wilkens am 25.9.1975 wissen, „sind die besten Experten. Weder Herr Kohl noch Herr Biedenkopf bringen die Sachkenntnis für solch ein Gespräch mit, die unerläßlich erforderlich ist" (EZA 2/93/6229). Die Kritik des Bevollmächtigten fiel indes auf ihn selbst zurück. In Vorbereitung auf weitere in Aussicht genommene Spitzengespräche zwischen dem Rat der EKD und den Präsidien der Parteien hatte Kunst im Alleingang ein 100-seitiges Papier von zweifelhafter Qualität verfasst und den Parteien ohne vorherige Abstimmung mit der Kirchenkanzlei oder dem Diakonischen Werk zukommen lassen. Echternach von der Kirchenkanzlei hatte erst durch negative Äußerungen aus den Ministerien von dem Papier erfahren. Die von Schober in Stuttgart eingeholten Gutachten waren ebenfalls vernichtend. Der Volkswirt Gerhard Heun aus der Hauptgeschäftsstelle schrieb: „Was darin [in Kunsts Papier, S. M.] zu Fragen der Sozialpolitik gesagt wird, ist weithin unausgegoren und oberflächlich, teilweise sogar falsch. Als Grundlage für das Gespräch mit den Parteipräsidien ist das Papier nicht geeignet." Und Steinmeyer fügte hinzu: „Der Rat sollte nicht vorgeschickt werden, um Unvergorenes vorzubringen, um unsortiert und detailliert zu meckern" (Stellungnahmen von Gerhard Heun, Gottfried Thermann und Fritz-Joachim Steinmeyer zum Papier von Kunst an die Parteispitzen vom 15.9.1975, in: ADW, SP-S XVIII 5).

[97] Brief vom 27.6.1975 (EZA 650/95/206). Weitere Briefkontakte zwischen Vogel und Wilkens datieren vom 14. und 28.7.1975 (EZA 650/95/192), vom 15.8.1975 (EZA 650/95/192), vom 11.9.1975 (EZA 650/95/200) sowie vom 19.9.1975 (EZA 650/95/192). Vgl. bereits die von Vogel angeregten Vermittlungsgespräche zwischen EKD- und CDU-Vertretern im Mai 1973 und Januar 1974 (oben S. 257 ff. sowie S. 343 f.).

[98] Vgl. Entwurf im Brief von Vogel an Wilkens vom 11.9.1975 (EZA 650/95/200).

die Opposition habe sich im Gegensatz zu den Regierungsfraktionen noch nicht auf die Leitlinien eines Gesetzentwurfs verständigen können und sei weiterhin auf der Suche nach einer mehrheitsfähigen Lösung.[99]

Der baden-württembergische Gesetzentwurf und seine Beurteilung durch die Kirchen

Neben dem Entwurf des Rechtsausschusses stand innerhalb der Union im Juni 1975 eine zweite, im Justizministerium von Baden-Württemberg ausgearbeitete Gesetzesvorlage zur Diskussion. Ministerpräsident Filbinger (CDU) kündigte gar an, sie als eigene Gesetzesinitiative seines Landes über den Bundesrat in den Bundestag einzubringen, falls die entsprechenden Bemühungen der Unionsfraktion zu keinem Ergebnis führen würden.[100] Wie die übrigen Gesetzentwürfe des Jahres 1975 basierte auch der baden-württembergische Vorschlag zunächst auf dem Ärztetagsmodell, ging jedoch in einem Punkt deutlich über die von Vogel erarbeitete Vorlage hinaus: er erkannte eine selbstständige Notlagenindikation an.[101]

Auf der Suche nach Unterstützung für seinen Entwurf hatte Traugott Bender, der baden-württembergische Justizminister und Sohn des ehemaligen württembergischen Landesbischofs, Anfang Juni auch an den Ratsvorsitzenden der EKD geschrieben und ihm die Vorlage seines Ministeriums mit den Worten übersandt: „Ich könnte mir vorstellen, daß diese Fassung auch Ihren Überlegungen nähersteht. Der Ministerrat hat mich beauftragt, über diese Frage sowie über den gesamten Komplex ein Gespräch mit Ihnen zu suchen."[102] Claß selbst war in der Materie freilich wenig bewandert und leitete Benders Schreiben sogleich mit der Bitte um Stellungnahme nach Hannover an Wilkens weiter.[103] Dieser hatte kurz zuvor über Kalinna auch die Vorentwürfe der Regierungsfraktionen erhalten und lobte den württembergischen zunächst als Ausgereiftesten von allen.[104]

---

[99] Vgl. *dpa* 188 id vom 18.6.1975.

[100] Vgl. „Die Neuregelung des Paragraphen 218 soll noch vor der Sommerpause vorankommen" von Friedrich Karl Fromme (*FAZ* vom 13.6.1975).

[101] Der Entwurf findet sich in: EZA 650/95/206. Ganz so neu war diese Idee auf Unionsseite allerdings nicht. Vogel hatte Wilkens bereits im April 1974 einen Entwurf zukommen lassen, der auf der Grundlage der Ärztetagsformel ausgearbeitet worden war und ebenfalls eine eigenständige Notlagenindikation umfasst hatte (vgl. Brief von Vogel an Wilkens vom 11.6.1974, in: EZA 650/95/206; zum Geschick des Entwurfs vgl. oben S. 414 Anm. 237). M. Gante spekuliert, dass es sich bei Vogels Entwurf um eine abgeschwächte Fassung der württembergischen Vorlage gehandelt haben könnte (vgl. Ders., § 218, S. 188).

[102] Brief vom 9.6.1975 (EZA 2/93/6229).

[103] Vgl. Auskunft von Wilkens in seinem Brief an Claß vom 19.6.1975 (EZA 2/93/6229; EZA 650/95/193).

[104] Der Schwangerschaftsabbruch ist nicht strafbar, hieß es in dem Entwurf, wenn er angezeigt ist, „um von der Schwangeren eine unter Berücksichtigung ihrer gegenwärtigen und künftig zu erwartenden Lebensverhältnisse unzumutbar schwere Belastung abzuwenden,

Anders als der erste Eindruck es hatte vermuten lassen, fiel die endgültige Beurteilung des Vizepräsidenten eine Woche später jedoch deutlich reservierter aus. Am 19. Juni ließ er dem Ratsvorsitzenden seine 16-seitige detaillierte Stellungnahme zum baden-württembergischen Entwurf zukommen und zeigte sich insgesamt eher ernüchtert.[105]

Die Begründung zum Gesetzentwurf war seiner Ansicht nach besser als der Entwurf selbst, da dieser – anders als in der Begründung ausgeführt – die Ärztetagsformel nicht in vollem Umfang aufnahm, sondern die Notlagenindikation der medizinischen Generalklausel gleichrangig beiordnete, statt sie ihr als Beispielfall unterzuordnen.[106] Was die Beschreibung der Rechtfertigungsgründe betraf, erschien Wilkens der SPD-Entwurf inzwischen sogar nicht nur „viel besser" als der württembergische, sondern „geradezu ausgezeichnet und ideal".[107] Lediglich die Verfahrensregelungen waren nach Ansicht des Vizepräsidenten im württembergischen Entwurf besser formuliert als in jenem der SPD.[108] Allerdings räumte Wilkens ein, dass sie eine kirchliche Beteiligung am Beratungswesen vermutlich unmöglich machten, da der Entwurf die Übertragung gutachterlicher Funktionen auf die Beratungsstellen vorsah, die Kirchen sich jedoch gewiss nicht bereit erklären könnten, darüber mit zu entscheiden, ob ein Schwangerschaftsabbruch vorgenommen werden dürfe oder nicht.[109]

---

die nach den Erkenntnissen der medizinischen Wissenschaft eine erhebliche Beeinträchtigung ihres Gesundheitszustandes besorgen lässt und auf eine andere ihr zumutbare Weise nicht abgewendet werden kann" (vgl. Gesetzentwurf, in: EZA 650/95/206). Vgl. Brief von Wilkens an Kalinna und Claß vom 12.6.1975, sowie Brief von Wilkens an Detlef Dahrmann, einen Juristen der Kirchenkanzlei, vom selben Tag (alle in: EZA 650/95/192). Die Tatsache, dass Wilkens den württembergischen Entwurf am 12. Juni auch bereits von Ministerialrat Rebmann aus dem Stuttgarter Justizministerium zugesandt bekommen hatte, veranschaulicht die guten Kontakte zwischen der EKD und der württembergischen Landesregierung (EZA 2/93/6229).

[105] Vgl. Brief an Claß vom 19.6.1975 (EZA 2/93/6229; EZA 650/95/193).

[106] Der baden-württembergische Entwurf durchkreuzte damit die zentrale Forderung des Vizepräsidenten, dass auch soziale Notlagen gesetzessystematisch an eine gesundheitliche Gefährdung der Frau rückgekoppelt sein sollten (vgl. oben S. 479). Es missfiel Wilkens außerdem, dass die Gesetzesvorlage sich nicht zur Strafausschließung für die Frau hatte durchringen können, sondern nur die Möglichkeit zur Strafabsehung vor Gericht vorsah. „Ich halte das nicht für eine glückliche Lösung," schrieb er dazu am 19.6.1975 an Claß (vgl. Anm. 105).

[107] Ebd.; vgl. auch sein gleich lautendes Urteil im Brief an Schober vom 4.7.1975 (EZA 650/95/192).

[108] Der Schwangerschaftsabbruch ist erst vorzunehmen, hieß es in dem Entwurf, wenn die Schwangere „mindestens drei Tage vor dem Schwangerschaftsabbruch durch ein Mitglied einer behördlich ermächtigten Beratungsstelle über die zur Verfügung stehenden öffentlichen und privaten Hilfen für Schwangere, Mütter und Kinder unterrichtet, auf die grundsätzliche Pflicht zur Achtung des Lebensrechts des Kindes vor der Geburt hingewiesen und darüber belehrt worden ist, welche Gründe in ihrem Fall für die Fortsetzung der Schwangerschaft sprechen" (Gesetzentwurf in: EZA 650/95/206).

[109] Dass die Übertragung von gutachterlichen Entscheidungsbefugnissen auf die Beratungs-

Der Ratsvorsitzende übernahm die sehr ausführlichen, im Grundton eher kritischen Darlegungen des Vizepräsidenten und übersandte sie am 24. Juni an den baden-württembergischen Justizminister. Was den von Bender angeregten persönlichen Meinungsaustausch betraf, verwies Claß in seinem Anschreiben freundlich an den Vizepräsidenten der Kirchenkanzlei als den kompetenteren Gesprächspartner.[110] Bereits eine Woche nach dem Schreiben des Ratsvorsitzenden kam es am 2. Juli in Stuttgart zu einem kurzen Treffen zwischen Bender und Wilkens. Wenngleich Inhalt und Verlauf des Gesprächs streng vertraulich blieben, lässt ein ausführliches Schreiben, das Wilkens zwei Tage nach der Unterredung an Schober sandte, den Rückschluss zu, dass er an seiner Kritik festgehalten hatte.[111] Darauf – sowie auf die gleichwohl gute Gesprächsatmosphäre – deutet auch die Tatsache hin, dass Wilkens unmittelbar nach dem Gespräch den von ihm favorisierten – freilich streng geheimen – SPD-Entwurf an Bender übersandte und damit verbunden seine Hoffnung ausdrückte, die Union möge doch die eine oder andere gelungene Formulierung daraus übernehmen und so einen Schritt auf die Regierungskoalition zu tun.[112]

Nicht nur die evangelische, auch die katholische Kirche nahm zum baden-württembergischen Entwurf Stellung. Und auch sie versagte ihm die Unterstützung; freilich ohne auf den Entwurf der SPD zu verweisen. Sie sprach sich laut Presseinformation vielmehr auf das Entschiedenste gegen jeden Alleingang Filbingers aus.[113]

---

stellen ein kirchliches Engagement im Beratungssektor erheblich erschweren würde, war Wilkens nicht von Anfang an bewusst und schien ihm offenbar zunächst auch kein allzu gewichtiges Gegenargument gegen die baden-württembergischen Verfahrensregelung (vgl. Brief an Dahrmann vom 12.6.1975, in: EZA 650/95/192). Noch im Frühjahr hatte auch auf der Tagung der Berater und Beraterinnen in Bad Boll eine Untergruppe dafür plädiert, den Beratungsstellen die Aufgabe gutachterlicher Empfehlungen zu übertragen (vgl. Materialdienst der Evangelischen Akademie Bad Boll 4/1975). Erst ab dem Spätsommer 1975 traten die Kirchen immer entschiedener gegen eine Vermengung von Indikationsfeststellung und Beratung ein (vgl. unten S. 504 sowie S. 518).

[110] Brief an Bender vom 24.6.1975 (EZA 2/93/6229).

[111] Vgl. Brief vom 4.7.1975 (EZA 650/95/192). Möglicherweise hatte Wilkens dem Justizminister auch seine bereits mehrfach angeklungenen grundsätzlichen Bedenken am Nutzen der Beratung vorgetragen, da er Bender unmittelbar nach ihrem Treffen Koschorkes Beitrag aus dem Jahresbericht des EZI (abgedruckt in: *epd-dok* 39/75, S. 43–54) sandte und darauf hinwies, dass auch Koschorke hervorhebe, wie schwer effektive Beratung sei (vgl. Brief an Bender vom 3.7.1975, in: EZA 2/93/6229). Vgl. dazu auch M. KOSCHORKE, Neuregelung.

[112] Brief vom 3.7.1975 (EZA 2/93/6229). Auch Friedrich Vogel ließ der Vizepräsident den SPD-Entwurf zukommen (vgl. Brief von Vogel an Wilkens vom 11.9.1975, in: EZA 650/95/200). Das SPD-Papier war unterdessen allerdings mit dem FDP-Entwurf zum Eckpapier zusammengearbeitet worden (vgl. oben S. 481 f.).

[113] Während das Treffen zwischen Bender und Wilkens vertraulich blieb, drang an die Öffentlichkeit, dass es zwischen der Landesregierung und der katholischen Kirche zu Spannungen gekommen war, nachdem verschiedene ranghohe katholische Vertreter in Stuttgart vorstellig geworden waren. „Dabei habe sich gezeigt“, hieß es später aus offiziellen

Angesichts der von allen Seiten geäußerten Kritik und im Hinblick auf die im Frühjahr 1976 bevorstehenden Landtagswahlen nahmen Filbinger und sein Justizminister Bender schließlich Abstand von ihrem Vorhaben einer Gesetzesinitiative über den Bundesrat.[114] Die baden-württembergische Initiative verdeutlichte damit ebenso wie der unter Vogels Federführung im Arbeitskreis Recht ausgearbeitete glücklose Gesetzentwurf das Dilemma, in welchem sich die Opposition zum wiederholten Male im Verlauf der Abtreibungsdebatte befand. Die Union saß zwischen den Stühlen und sah sich mit den gegenläufigen Interessen der moderaten Reformbefürworter und -befürworterinnen auf der einen sowie der radikalen Reformgegner und -gegnerinnen auf der anderen Seite konfrontiert. Einen Königsweg zwischen diesen unvereinbaren Alternativen, das machten sowohl die divergenten Stellungnahmen der beiden großen Kirchen als auch die innerparteilichen Kontroversen deutlich, konnte es nicht geben. Die Union hatte sich wieder einmal zu entscheiden. Und wie in den Jahren zuvor verharrte sie zunächst in Unentschlossenheit.

1.2.4 Ein Vermittlungsvorschlag des Vizepräsidenten

„In Sachen § 218 steht uns, leider, nach meinem Dafürhalten noch einmal eine recht heftige Auseinandersetzung bevor", schrieb Wilkens Anfang September 1975 an Heßler, den Chefredakteur des *epd*.[115] Die parlamentarische Situation erschien ihm alles in allem wenig verheißungsvoll. Auf der einen Seite stand die Union, die – wie Wilkens sich ausdrückte – durch „grundlegende Meinungsverschiedenheiten in Fragen der Rechtsethik" daran gehindert war, einen Gesetzentwurf vorzulegen, der nicht nur die Zustimmung der eigenen Fraktion fand, sondern auch den anderen Fraktionen als Verhandlungsebene angeboten werden konnte.[116] Auf der anderen Seite wiederum befanden sich die Koalitionsparteien, die nach Wilkens' Ansicht an einem Kompromissentwurf arbeiteten, der dem Indikationenmodell über die Verfahrensregelung erneut Elemente der Fristenregelung implantieren sollte.

Kreisen, „daß die ethische Position der Kirchen und die politischen Vorschläge nicht zusammenzubringen seien" („Konflikte zwischen Kirche und Filbinger?", in: *FAZ* vom 18.9.1975).

[114] Vgl. „Eine Reform im Leerlauf" von Theo Wurm (*SZ* vom 21.8.1976).

[115] Brief vom 1.9.1975 (EZA 2/93/6229).

[116] E. WILKENS, Lebensrecht, S. 533. Wilkens konnte für den wankelmütigen Kurs der Opposition, die sich dadurch zunehmend der katholischen Option einer Obstruktionshaltung annäherte, keinerlei Verständnis aufbringen: „Offenbar legt die CDU/CSU-Fraktion auch diesmal Wert darauf", schrieb er am 4.7.1975 an Schober, „ihre Entwürfe lediglich für das Archiv für eindrucksvolle Gesinnung zu produzieren" (EZA 650/95/192).

Nachdem Wilkens sowohl mit Vertretern der Opposition als auch der Regierungsfraktionen vertrauliche Gespräche geführt hatte, entschloss er sich daher, nochmals öffentlich das Wort zu ergreifen und seine Anregungen zur Annäherung der Standpunkte einem breiteren Publikum vorzutragen.[117] Der von ihm verfasste, wohl durchdachte und vorsichtig formulierte Aufsatz, welcher sich in der Grundstruktur sowie in einigen zentralen Gedanken an den unveröffentlichten längeren Artikel vom Frühjahr anlehnte, erschien in der Septembernummer der „Evangelischen Kommentare" und wurde von Wilkens darüber hinaus auch zahlreichen Bonner Entscheidungsträgern zugeleitet.[118]

Im Einklang mit allen bis dato diskutierten Gesetzentwürfen sprach der Vizepräsident sich in seinem Beitrag zunächst dafür aus, dem § 218 StGB eine Generalklausel nach dem Ärztetagsmodell zugrunde zu legen.[119] Wie er in den zurückliegenden Monaten und Jahren bereits vielfach zum Ausdruck gebracht hatte, sah er das eigentliche Problem des Gesetzgebungsverfahrens jedoch nicht in der Bestimmung des Indikationenkatalogs, sondern in der Frage der Verfahrensregelung und der persönlichen Strafausschließung der Frau. Was letztere betraf, legte Wilkens der Union erneut nahe, sich der Position der Regierungskoalition anzuschließen. SPD und

---

[117] Zur Intention des Aufsatzes hieß es darin ausdrücklich: „Die folgenden Ausführungen sollen zeigen, auf welche Weise eine auf breiter parlamentarischer Basis ergehende Neufassung des Paragraphen 218 weiterhin möglich ist, sofern das Urteil vom 25. Februar 1975 wirklich angewandt wird und die parteitaktischen Bedürfnisse in dieser dafür so ungeeigneten Frage endlich zurücktreten" (E. Wilkens, Lebensrecht, S. 533). Wilkens hatte den Artikel bereits zu Beginn des Sommers angekündigt (vgl. Brief von Wilkens an Claß vom 19.6.1975, in: EZA 2/93/6229; EZA 650/95/193).

[118] Vgl. E. Wilkens, Lebensrecht (abgedruckt auch in: *epd-dok* 39/75, S. 74–77). Vgl. Brief von Wilkens an Bender vom 21.8.1975 (EZA 2/93/6229) sowie an Vogel vom 15.8.1975 (EZA 650/95/192). Vgl. auch Vogels Antwort vom 11.9.1975 (EZA 650/95/200), mit welcher er Wilkens einen neuen Gesetzentwurf sowie einen längeren Vortrag zukommen ließ, in dem er einige Gedanken aus Wilkens' Aufsatz explizit aufgenommen hatte.

[119] Im Frühjahr hatte Wilkens für die Generalklausel noch den Begriff der Unzumutbarkeit zugrunde gelegt und – wie einst die Strafrechtskommission – dafür plädiert, Regelbeispiele in den Gesetzestext aufzunehmen, um den Begriff näher zu exemplifizieren und einer extensiven Auslegung der Generalklausel entgegenzuwirken („Nach dem Urteil des BVerfG zum 5. StrRG", in: *epd-dok* 39/75, S. 29–42). Nachdem die FDP jedoch ihre sehr weit gehende Indikationenregelung auf dem Begriff der Unzumutbarkeit aufgebaut hatte, zog Wilkens sich im Herbst auf die engere sozial-medizinisch definierte Generalklausel des Deutschen Ärztetages zurück, in welcher das Leben und die Gesundheit der Frau die Bezugspunkte der Indikationen darstellten. Allerdings differenzierte Wilkens seine Argumentation an dieser Stelle nur unzureichend aus und vermengte den Begriff der Unzumutbarkeit immer wieder mit der sozial-medizinisch definierten Generalklausel des Deutschen Ärztetages. Den verschiedenen Termini, darauf wies Vogel später hin, lag die juristische Kontroverse zugrunde, ob bei der Reform des § 218 StGB dem Prinzip der Rechtsgüterabwägung oder dem Prinzip der Zumutbarkeit gefolgt werden sollte (vgl. BT Sten. Ber. 7. WP 221. Si. vom 12.2.1976, S. 15323).

FDP, argumentierte er, hätten die generelle Strafausschließung aufgrund des Karlsruher Urteils einschränken müssen und seien dadurch nun nicht mehr allzu weit entfernt von der Unionsposition einer fakultativen Straffreiheit.[120] „Einen Streit in der Beschreibung der Rechtfertigungsgründe und der Strafbarkeit der Frau", resümierte Wilkens darum, „braucht es nicht zu geben".[121]

„Ein Streit um das Verfahren", warnte er dagegen in Richtung Regierungskoalition, „könnte auf den Versuch zurückgehen, hinter der Fassade einer Indikationsregelung gerade diejenigen Elemente der Fristenregelung durchzusetzen, die das Gericht zu ihrer Ablehnung veranlaßt haben."[122] In der Frage der Verfahrensregelung sprach Wilkens sich offen für die Position der Union aus und betrachtete es als Verletzung der Karlsruher Richtlinien, dass die Indikationsfeststellung nach den Plänen der Regierungskoalition nicht wie in den Unionsentwürfen auf ein ärztliches Konsilium, sondern auf einen einzelnen Arzt oder eine Ärztin, die nicht einmal einer behördlichen Ermächtigung bedurften, übertragen werden sollte.[123] Zudem plädierte er dafür, die Beratung nicht wie im Koalitionsentwurf von 1973 als ärztliche Unterrichtung zu begreifen, sondern ihr den Stellenwert zukommen zu lassen, der ihr im Alternativ-Entwurf von 1970 ursprünglich einmal zuerkannt worden war. Insbesondere in sozialen Notlagen hielt Wilkens eine rein ärztliche Beratung für unzureichend und sprach sich dafür aus, in diesen Fällen auch den Besuch einer qualifizierten Beratungsstelle verpflichtend vorzuschreiben.

Der Vizepräsident schloss seinen Beitrag, indem er nochmals auf den wiederholt zum Ausdruck gebrachten Wunsch der EKD hinwies, der Gesetzgeber möge keine Anstrengungen scheuen, um die vom BVerfG eröffnete Chance zum überparteilichen Kompromiss zu nutzen.

---

[120] Das Justizministerium hatte die Möglichkeit zur Festschreibung einer generellen Straffreiheit für die Frau nach dem Urteil des BVerfG kritisch beurteilt (vgl. „Auswertung des Urteils des BVerfG vom 25.2.1975 [1 BvF 1–6/74] zur Verfassungsmäßigkeit des Fünften Gesetzes zur Reform des Strafrechts vom 18. Juni 1975 [BGBl I, 1297] durch das Bundesjustizministerium", abgedruckt in: *epd-dok* 39/75, S. 4 f.). Im Kern der Auseinandersetzung um die Straffreiheit der Frau, fasste Zahrnt zutreffend zusammen, stand die Frage nach dem Ernst der Strafsanktion, d. h. ob die Abtreibung wirklich – außer in zahlreichen Fällen – strafbar bleiben oder ob sie nicht, außer in wenigen Ausnahmen – tatsächlich straffrei werden sollte. („Über diesen Vorschlag läßt sich reden" von Heinz Zahrnt, in: *DAS* vom 5.10.1975).

[121] E. WILKENS, Lebensrecht, S. 534.

[122] EBD. Wilkens vertrat die These, dass die Fristenregelung bei angemessener Ausgestaltung des Verfahrens wahrscheinlich nicht vom BVerfG abgelehnt worden wäre.

[123] EBD. Das Urteil des BVerfG legte auch nach Ansicht des Justizministeriums eine behördliche Ermächtigung der indikationsstellenden Ärzte und Ärztinnen nah. (vgl. „Auswertung des Urteils des BVerfG vom 25.2.1975 ..." [vgl. oben Anm. 120]).

2. Neuaufnahme und endgültiger Abschluss des Gesetzgebungsverfahrens

Nach den gescheiterten Reformversuchen von 1972 und 1974 lief im Herbst 1975 das dritte (und vorerst letzte) Gesetzgebungsverfahren zur Novellierung des § 218 StGB an. Den Auftakt bildete die Einreichung neuer Gesetzentwürfe in den Bundestag. Anfang 1976 folgten die parlamentarischen Beratungen sowie die Beschlussfindung des Parlaments.

An den öffentlichen Reaktionen auf die verschiedenen Verfahrensschritte wurde unterdessen deutlich, dass das breite gesellschaftliche Interesse am Gesetzgebungsverfahren stark nachgelassen hatte. Wie vor der Selbstbezichtigungskampagne im Sommer 1971 beschränkte sich die Diskussion erneut auf die entsprechenden politischen, medizinischen, juristischen und kirchlichen ‚Fach'-kreise. Der Rahmen für den abermaligen Reformversuch der Regierungsfraktionen war durch das Urteil des BVerfG ohnehin eng abgesteckt. Die noch offene Frage lautete lediglich, wie die zu verabschiedende erweiterte Indikationenregelung im Einzelnen ausgestaltet sein sollte.

2.1 Die Einbringung der Gesetzentwürfe zu § 218 StGB

Der nach dem Urteil des BVerfG so viel beschworene breite parlamentarische Kompromiss schien bereits vor Wiederaufnahme des Gesetzgebungsverfahrens in weite Ferne gerückt. Das Interesse der Regierungskoalition an einem überparteilich getragenen Entwurf war begrenzt und einem zweiten Bestreben klar nachgeordnet. Bereits unmittelbar nach der Urteilsverkündung des BVerfG hatte ein Regierungssprecher zu verstehen gegeben, dass die Regierung ihr vorrangiges Ziel nicht in einer überparteilichen Einigung, sondern in der weitest möglichen Ausschöpfung der Karlsruher Richtlinien betrachtete.[124] Von der Opposition nahm man indes nicht an, dass sie willens sein würde, diesen Rahmen in demselben maximalen Umfang wie die Koalitionsparteien auszuschöpfen. Friedrich Vogel war Anfang Juli 1975 im Auftrag seiner Fraktion gleichwohl auf die Regierungskoalition zugegangen und hatte die Fraktionsvorsitzenden von SPD und FDP um interfraktionelle Gespräche gebeten.[125]

Auf Regierungsseite waren die Chancen für eine breite parlamentarische Einigung allerdings nach wie vor skeptisch beurteilt worden. Die innerhalb der Regierungskoalition gefundenen Eckpunkte seien, so Jahn Mitte Juli

---

[124] Vgl. Interview des Deutschlandfunk mit dem Regierungssprecher Armin Grünewald am 26.2.1975 (abgedruckt in: *epd-dok* 13/75, S. 10 f.).

[125] Vgl. M. Gante, § 218, S. 197.

in einem Interview, bereits das Mindestmaß, auf das die Koalition sich habe verständigen können.[126] Selbst der konziliante Ex-Justizminister und Indikationenbefürworter sah somit keinen Spielraum für weitere Abstriche, wie sie die Opposition vermutlich fordern würde.

Bewegung ins parlamentarische Geschehen und damit auch neue Hoffnungen auf einen interfraktionellen Kompromiss brachte im Sommer die überraschende Wendung im Ringen um das Strafrechtsreform-Ergänzungsgesetz (StREG). Der unionsregierte Bundesrat hatte 1974 zunächst Einspruch gegen das im März des Vorjahres verabschiedete Gesetz eingelegt und wegen seiner Zustimmungspflicht das BVerfG angerufen. Nachdem das überarbeitete und erweiterte StREG am 19. Juni 1975 im Bundestag erneut gegen die Stimmen der Opposition verabschiedet worden war, gab der Bundesrat am 11. Juli 1975 schließlich unerwartet seine Zustimmung und der sozialpolitische Teil der Reform des § 218 StGB konnte am 1. Dezember 1975 in Kraft treten.[127]

Das Interesse der Regierungsseite an den von Vogel anvisierten interfraktionellen Gesprächen über die strafrechtliche Regelung des Schwangerschaftsabbruchs war unterdessen nach wie vor gering. Der koalitionsinterne Kompromiss schien keiner Belastung durch Konzessionen an die Opposition gewachsen zu sein. Vogel bemühte Mitte September schließlich noch einmal die EKD in ihrer Rolle als Vermittlerin. Deutlicher noch als Ende Juni gab er Wilkens in einem Schreiben vom 11. September zu verstehen, dass ihm außerordentlich an einer Annäherung der Positionen gelegen sei und er großes Interesse an einem interfraktionellen Gespräch habe. „Vielleicht haben Sie eine Möglichkeit“, bat er den Vizepräsidenten, „auch bei einigen Mitgliedern der Koalitionsfraktionen auf eine entsprechende Bereitschaft hinzuwirken.“[128] Vogel traf auf offene Ohren. Umgehend sicherte Wilkens ihm die Unterstützung der evangelischen Seite zu und leitete das Ansinnen sogleich an das Büro des Bevollmächtigten weiter.

---

[126] Interview mit Gerhard Jahn im Deutschlandfunk vom 16.7.1975 (*epd-dok* 39/75, S. 72 f.). Mit dem Abschluss der Ostpolitik entfiel 1975 eine wichtige Klammer der Koalition, und divergente Auffassungen in gesellschaftspolitischen Fragen traten wieder deutlicher zutage (vgl. D. THRÄNHARDT, Geschichte, S. 226).

[127] Vgl. BT Sten. Ber. 7. WP 181. Si. vom 19.6.1975, S. 12651–12654; Sten. Ber. d. BR. 422 Si. vom 11.7.1975, S. 175–180; BR-Drs. 377/75 vom 11.7.1975, sowie „Gesetz über ergänzende Maßnahmen zum Fünften Strafrechtsreformgesetz (Strafrechtsreform-Ergänzungsgesetz – StREG) vom 28.8.1975“ (BGBl I, S. 2289–2293). Das StREG verfügte die Aufnahme der ärztlichen Beratung über Fragen der Empfängnisverhütung sowie der ärztlichen Hilfe beim Schwangerschaftsabbruch in die Leistungskataloge der gesetzlichen Krankenversicherung und der Sozialhilfe. Das Kommissariat der deutschen Bischöfe bedauerte die Verabschiedung des Gesetzes in einer Stellungnahme (vgl. „Erklärung des Kommissariats der deutschen Bischöfe zum Strafrechtsreformergänzungsgesetz“, in: *kna-dok* 26/75).

[128] EZA 650/95/200.

Dort bat er Kunst, noch einmal intensiv auf eine Verständigung zwischen den Fraktionen hinzuwirken.[129]

In den folgenden Wochen kam es zwar zu den von Vogel angestrebten interfraktionellen Gesprächen, doch schufen die Regierungsparteien noch vor dem Abschluss der Verhandlungen erste Realitäten, indem sie einen gemeinsamen Gesetzentwurf veröffentlichten.[130] Der Entwurf, der am 8. Oktober in den Bundestag eingebracht wurde, gründete auf einer sozial-medizinischen Generalklausel nach Art der Ärztetagsformel und bestimmte die eugenische, die ethische und die Notlagenindikation als Unterfälle der Generalklausel.[131] Er sah darüber hinaus eine generelle Straffreiheit für die Frau vor, wenn diese sich vor der Tat hatte beraten lassen und der Abbruch von einem Arzt/einer Ärztin vorgenommen worden war.

Zum Verfahren der Beratung und Begutachtung bestimmte der Entwurf lediglich, dass es eine Beratung der Frau über die zur Verfügung stehenden öffentlichen und privaten Hilfen zur Fortsetzung der Schwangerschaft zu geben habe und diese Unterrichtung mindestens drei Tage vor dem Eingriff stattfinden müsse. Durchgeführt werden konnte sie von jedem beliebigen Mediziner bzw. jeder Medizinerin, die den späteren Eingriff allerdings nicht selbst vornehmen durften. Zur Feststellung der Indikation bedurfte es ebenfalls keiner gesonderten behördlichen Ermächtigung der Ärzte und Ärztinnen.

Nach erster heftiger Kritik aus dem Lager der Opposition mehrten sich Anfang Oktober Presseberichten zufolge die Anzeichen, dass es möglicherweise doch noch zu einer interfraktionellen Einigung kommen könnte.[132] Am 21. Oktober wurden die interfraktionellen Gespräche nach der zweiten Runde jedoch schließlich für gescheitert erklärt.[133] Zur Begründung hieß es, man habe keine Einigung über die Verfahrensfragen herstellen können. Der Kern des Dissenses zwischen den Parteien lag damit, wie

---

[129] Brief vom 19.9.1975 sowie Brief von Wilkens an Kunst vom 22.9.1975 (beide in: EZA 650/95/192). Welche konkreten Maßnahmen Wilkens und Kunst ergriffen, lässt sich aus den Akten nicht ersehen. Allerdings deutete Wilkens in seinem Antwortschreiben an Vogel an, dass er eine vage Möglichkeit sehe, u. U. auch die katholische Seite für die Formel des Ärztetages gewinnen zu können. Vgl. auch unten S. 517–520).

[130] Vgl. „SPD und FDP legen Entwurf über Schwangerschaftsabbruch vor" (*Tagesspiegel* vom 26.9.1975).

[131] Vgl. „Gesetzentwurf der Fraktionen der SPD, FDP. Entwurf eines Fünfzehnten Strafrechtsänderungsgesetzes" (BT-Drs. 7/4128 vom 8.10.1975).

[132] So ließ Vogel am 2.10.1975 eine zunächst sehr scharfe Reaktion auf den Koalitionsentwurf wieder abschwächen (vgl. „Die Kirchen und der Paragraph", in: *FR* vom 4.10.1975), und der niedersächsische CDU-Vorsitzende Hasselmann nannte ihn gar eine „brauchbare Unterlage" („SPD- und F.D.P.-Fraktion würdigen Reaktion auf 218-Entwurf", in: *epd za* vom 3.10.1975); vgl. auch „218 – neu im Brennpunkt" von Oskar Fehrenbach, in: *Stuttgarter Zeitung* vom 23.10.1975.

[133] „Keine Einigung über Paragraph 218" (*FR* vom 22.10.1975).

Wilkens bereits mehrfach festgestellt hatte, nicht mehr bei der Ausgestaltung des Indikationenkatalogs, sondern hatte sich auf die Regelung des Begutachtungs- und Beratungsverfahrens verlagert.[134]

Unmittelbar nach dem Scheitern der Verhandlungen entschloss sich am 21. Oktober auch die Opposition, einen eigenen Gesetzentwurf in den Bundestag einzureichen.[135] Die Unterschiede zwischen den Entwürfen der Regierungskoalition und der Opposition waren allerdings auf ein Mindestmaß zusammengeschmolzen.

Beide Gesetzesvorlagen folgten dem Modell des deutschen Ärztetages von 1973 und legten eine sozial-medizinische Generalklausel zugrunde.[136] Der Koalitionsentwurf sah neben der eugenischen und der ethischen zudem eine selbstständige Notlagenindikation vor, während der Unionsentwurf soziale Notlagen nicht als eigenen Unterfall, sondern nur im Rahmen der erweiterten medizinischen Generalklausel berücksichtigte. Deutlicher als beim Indikationenkatalog traten die Unterschiede in den Regelungen zum Beratungs- und Begutachtungsverfahren hervor. Während nach dem Regierungsentwurf jeder Arzt und jede Ärztin eigenverantwortlich und ohne weitere Einschränkung sowohl die Indikationsfeststellung als auch die Beratung vornehmen durfte, bestimmte der Unionsentwurf, dass vor der Indikationsfeststellung zunächst eine gutachterliche Äußerung durch zwei

[134] Vgl. E. WILKENS, Lebensrecht; vgl. auch M. GANTE, § 218, S. 184, sowie H. TALLEN, § 218, S. 310.

[135] Vgl. „Gesetzentwurf der Fraktion der CDU/CSU. Entwurf eines Gesetzes zur Änderung des Fünften Gesetzes zur Reform des Strafrechts" (BT-Drs. 7/4211 vom 23.10.1975). Zwar hatte Vogel die Presse noch Mitte Oktober wissen lassen, dass es keinen eigenen Oppositionsentwurf geben werde (vgl. *FAZ* vom 13.10.1975), doch sahen die Unionsparteien sich nach Einbringung des Koalitionsentwurfs offenbar zunehmendem Handlungsdruck ausgesetzt. In den Kirchen waren zunächst widersprüchliche Gerüchte zum weiteren Kurs der Union kursiert. Während Buschmann vom DCV bereits im Vorfeld informiert war, dass die CDU/CSU einen eigenen Gesetzentwurf vorlegen werde, hatte König von der Unionsabgeordneten Christa Schroeder in Erfahrung gebracht, dass die Opposition keinen Entwurf in petto habe (vgl. Notiz von König an Steinmeyer ohne Datum [vermutlich zwischen 13. und 23.10.1975], in: ADW, HGSt 4641). M. GANTE berichtet, der Unionsentwurf basierte auf einer zweiten württembergischen Vorlage, die von Filbinger am 9. Oktober an den Fraktionsvorsitzenden Carstens übersandt wurde (vgl. DERS., § 218, S. 188). Dagegen spricht allerdings die Tatsache, dass Wilkens bereits am 11. September von Vogel einen Entwurf zugesandt bekam, der dem späteren Unionsentwurf glich (EZA 650/95/200).

[136] Dies und das Folgende nach: „Gesetzentwurf der Fraktionen der SPD, F.D.P. Entwurf eines Fünfzehnten Strafrechtsänderungsgesetzes" (BT-Drs. 7/4128 vom 8.10.1975) und „Gesetzentwurf der Fraktion der CDU/CSU" (vgl. Anm. 135). Vgl. auch: „Wo sich die Entwürfe zum Paragraphen 218 unterscheiden" (*FAZ* vom 23.10.1975). Kurioserweise sprach der CDU/CSU-Entwurf in Anlehnung an den baden-württembergischen Entwurf nur von der Gefahr einer „erheblichen" und nicht wie der Koalitionsentwurf von der Gefahr einer „schwerwiegenden" Beeinträchtigung des Gesundheitszustandes der Frau als Voraussetzung zur Vornahme eines Schwangerschaftsabbruchs. Zum württembergischen Entwurf vgl. oben S. 486–489.

behördlich ermächtigte Ärzte/Ärztinnen eingeholt werden musste. Zudem sollte die Beratung der Schwangeren, anders als im Regierungsentwurf, allein von Beratungsstellen durchgeführt werden.

Was Inhalt und Zielsetzung der Beratung betraf, verfügte der Unionsentwurf, dass die Schwangerschaft erst abgebrochen werden durfte, nachdem die Schwangere „auf die grundsätzliche Pflicht zur Achtung des Lebensrechts des Kindes vor der Geburt hingewiesen und darüber belehrt worden ist, welche Gründe in ihrem Fall für die Fortsetzung der Schwangerschaft sprechen."[137] Der Oppositionsentwurf betrachtete die ethische Missbilligung des Schwangerschaftsabbruchs folglich als zentralen Bestandteil der Beratung. Der Koalitionsentwurf dagegen begriff die Beratung im Wesentlichen als Information und übernahm die entsprechende Formulierung aus dem 5. StrRG von 1974. An den Beratungsbestimmungen zeigte sich damit, dass Regierung und Opposition weiterhin verschiedene rechtspolitische Zielvorstellungen verfolgten. Hier lag der tiefere Grund dafür, dass beide Seiten ungeachtet der Annäherung, die es – zumal im Vergleich zu früheren Jahren – zweifelsohne gab, zu keinem überparteilichen Kompromiss finden konnten.[138]

2.2 Erste Reaktionen auf die neuen Gesetzentwürfe

Die öffentliche Reaktion auf die Einbringung der Gesetzentwürfe im Herbst 1975 stand in keinem Vergleich zu den Erfahrungen der Jahre 1972 und 1973. Die zumeist recht konstruktiv gehaltene Kritik, die sich im Wesentlichen auf die drei Punkte Verfahrensregelung, Notlagenindikation und Straffreiheit der Frau konzentrierte, konnte als Indiz dafür betrachtet werden, dass es nach dem Urteil des BVerfG und mit Hilfe der hier aufgestellten Eckpfeiler in der Tat zu einem recht weit reichenden gesellschaftlichen Einvernehmen über eine erweiterte Indikationenregelung gekommen war.

Die leidenschaftliche Abtreibungsdebatte, die in den zurückliegenden Jahren breite Kreise der Öffentlichkeit stark bewegt hatte, war – daran

---

[137] „Gesetzentwurf der Fraktion der CDU/CSU" (vgl. Anm. 135). Der Entwurf übernahm hier die, auch von Wilkens gewürdigte, Formulierung des württembergischen Vorschlags (vgl. oben S. 487 Anm. 108).

[138] Neben den inhaltlichen Differenzen dürfte einer überparteilichen Einigung weiterhin die Tatsache entgegengestanden haben, dass die Reform des § 218 StGB nach wie vor zur parteipolitischen Profilierung herangezogen wurde und die Parteigrenzen für die Vertreter und Vertreterinnen moderater Mittelpositionen deshalb nicht zu überwinden waren. Aus parteitaktischen Gründen hatte man die Geschlossenheit in den eigenen Reihen zu wahren, obgleich die Differenzen hier mitunter größer waren als zu Gleichgesinnten anderer Fraktionen.

konnte kein Zweifel bestehen – beendet und flammte im Herbst 1975 nicht noch einmal auf. Im Gegenteil, die Medien erweckten zuweilen den Eindruck, als seien auch sie des Themas allmählich überdrüssig und wollten es nach Möglichkeit ebenso schnell vom Tisch haben wie die Bonner Entscheidungsträger. Unabhängig davon, ob die Kommentatoren den Regierungsentwurf nun als eine „großzügige Indikationsregelung" begrüßten oder ihn als „verkappte Fristenregelung" kritisierten, seine Annahme im Parlament galt ohnehin bei allen als sicher.[139]

2.2.1 Stellungnahmen der medizinischen und juristischen Standesvertretungen

Mit weitaus größerem Interesse als die kirchlichen Erwiderungen auf die Gesetzentwürfe wurden in Bonn die Reaktionen der medizinischen und juristischen Standesvertretungen zur Kenntnis genommen. Erleichtert ließ die Regierungskoalition bereits mit Veröffentlichung ihres Entwurfs wissen, man habe schon im Vorfeld das Gespräch mit den ärztlichen Standesvertretungen gesucht und von diesen Einverständnis signalisiert bekommen.[140] Öffentlich begrüßte allerdings nur der Hartmannbund den Koalitionsentwurf und dessen Aufnahme der Beschlüsse des Deutschen Ärztetages.[141] Die Bundesärztekammer äußerte sich dagegen kritisch zu der Gesetzesvorlage und sprach sich für den Fortbestand neutraler Gutachterstellen aus.[142]

Am 31. Oktober meldete sich ferner der Deutsche Richterbund mit einem viel beachteten Kompromissangebot zu Wort. „Was der Deutsche Richterbund zum Thema § 218 zu sagen wußte", hieß es in der Presse, „kann

[139] Vgl. „Schwangerschaftsabbruch nach Indikation. Ärzte sollen entscheiden" (*SZ* vom 26.9.1975); „Eine verkappte Fristenregelung" von Friedrich Karl Fromme (*FAZ* vom 10.10.1975); vgl. auch „SPD und F.D.P. legen Entwurf über Schwangerschaftsabbruch vor" (*Der Tagesspiegel* vom 26.9.1975). Auch dass die Opposition noch einmal den Weg nach Karlsruhe antreten würde, hielt die Presse angesichts der 1976 anstehenden Bundestagswahl für wenig wahrscheinlich; vgl. „Paragraph 218 neu gefaßt" von Peter Henkel (*Stuttgarter Nachrichten* vom 8.10.1975); „218 – neu im Brennpunkt" von Oskar Fehrenbach (*Stuttgarter Zeitung* vom 23.10.1975).

[140] Vgl. „Schwangerschaftsabbruch nach Indikation. Ärzte sollen entscheiden" (*SZ* vom 26.9.1975, sowie *epd za* vom 3.10.1975). In der Parlamentsdebatte wurde die Zustimmung der Ärzteschaft später sowohl von Helga Timm (SPD) als auch durch Andreas von Schoeler (FDP) hervorgehoben (vgl. BT Sten. Ber. 7. WP 201. Si. vom 7.11.1975, S. 13877 f.; S. 13886).

[141] „Ärzte werten Gesetzentwurf positiv" (*SZ* vom 27./28.9.1975).

[142] Vgl. „Keine Einigung über Reform des § 218" (*SZ* vom 22.10.1975). Die widersprüchlichen Reaktionen der medizinischen Standesvertretungen wurden von der Presse auf die jeweilige parteipolitische Bindung der Spitzenfunktionäre zurückgeführt (vgl. EBD.). Über eine öffentliche Reaktion der Deutschen Gesellschaft für Gynäkologie, wie Wilkens sie Ende August in einem Schreiben an Kirchhoff angeregt hatte, wurde nichts bekannt (vgl. oben S. 483).

nicht ernst genug genommen werden. Allein, dass diese eher zurückhaltende Standesorganisation sich dazu äußert, kann als revolutionär gelten."[143]

Der Richterbund, der nach Angaben seines stellvertretenden Vorsitzenden Leo Witte für ca. 80 % der bundesdeutschen Richter und Staatsanwälte sprach, kritisierte sowohl den Koalitions- als auch den Oppositionsentwurf. Ersterer weise insbesondere aufgrund der zwar eingeschränkten, prinzipiell jedoch aufrechterhaltenen Straffreiheit der Frau noch verfassungsrechtliche Mängel auf, während letzterer das Beratungs- und Begutachtungsverfahren unnötig erschwere und die Notlagenindikation lediglich eingeschränkt aufnehme, obgleich sie vom BVerfG für zulässig erklärt worden sei.[144] Als Grundlage für einen überparteilichen Kompromiss unterbreitete der Richterbund den Vorschlag, den Indikationenkatalog des Regierungsentwurfs zu übernehmen und im Gegenzug die generelle Straffreiheit der Frau zugunsten der im Oppositionsentwurf vorgesehenen Bedrängnisklausel fallen zu lassen sowie eine behördliche Ermächtigung für die beratenden und begutachtenden Ärzte und Ärztinnen einzuführen.

Im Vergleich zu Wilkens' Kompromissangebot, das freilich keine größere öffentlich Beachtung gefunden hatte, stand die Anregung des Richterbundes der Opposition ein wenig näher als der Regierung, da sie sowohl deren großzügige Verfahrensregelung als auch ihre Ausführungen zur Straffreiheit der Frau abgelehnt und lediglich den Indikationenkatalog des Regierungsentwurfs übernommen hatte.[145] Nicht ohne Grund bezweifelte die Presse deshalb, dass der Richterbund den Parteien durch seinen Entwurf den Weg zur Einigung noch würde weisen können.

---

[143] „Eine Brücke" (*Nürnberger Nachrichten* vom 5.11.1975). Ende 1971 hatte der Richterbund noch erklärt: „Ob und in welchem Umfang sich der Gesetzgeber zu einer Einschränkung des Verbots der Schwangerschaftsunterbrechung entschließen soll, ist eine Frage des politischen und weltanschaulichen Standpunktes, zu der der DRB nicht grundsätzlich Stellung nehmen kann" (Entschließung des Deutschen Richterbundes zur Reform des § 218 StGB vom 12.11.1971, in: EZA 650/95/199). Möglicherweise lässt sich der ungewöhnliche Schritt des Richterbundes auf dessen Mitglied Friedrich Vogel zurückführen, der nicht nur die evangelische Kirche um Intervention gebeten haben könnte (vgl. oben S. 493 f.).

[144] Vgl. „Richterbund macht Vermittlungsvorschlag zu Paragraph 218" von Eghard Mörbitz (*FR* vom 5.11.1975). Zu der Bestimmung des Regierungsentwurfs, wonach die Schwangere straffrei blieb, wenn der Schwangerschaftsabbruch nach Beratung von einem Arzt vorgenommen wurde und seit der Empfängnis nicht mehr als 22 Wochen verstrichen waren, hieß es: „Das aber würde einer von 12 auf 22 Wochen erweiterten Fristenregelung gleichkommen" (Ebd.).

[145] Die größere inhaltliche Nähe des Kompromissentwurfs zur Opposition verdeutlichte sich auch dadurch, dass allein die Union in der späteren Bundestagsdebatte würdigend auf das Angebot des Richterbundes einging (vgl. BT Sten. Ber. 7. WP 201. Si. vom 7.11.1975, S. 13883 [Eyrich], sowie dagegen S. 1379 [Timm]). Zu Wilkens vgl. oben S. 489 ff.

2.2.2 *Katholische Voten zum neuen Reformversuch*

Die Beziehungen zwischen der katholischen Kirche und der SPD seien nicht mehr weit vom Nullpunkt entfernt, so war bereits im Mai 1975 im sozialdemokratischen Publikationsorgan *Vorwärts* zu lesen gewesen, nachdem Döpfner Regierungsvertretern indirekt vorgeworfen hatte, fundamentale Grundwerte beliebig nach Befragungsergebnissen zur Disposition zu stellen.[146] Die katholische Kirche hielt auch nach dem Urteil des BVerfG an ihrem harten Konfrontationskurs zur Regierung und an ihrem entschiedenen Protest gegen eine grundlegende Reform des § 218 StGB fest.

Bereits Ende September, unmittelbar nach Veröffentlichung des Koalitionsentwurfs, hatte der katholische Unionsabgeordnete Norbert Blüm einen Appell an die Kirchen gerichtet, jetzt nicht zu schweigen und sich in der Diskussion um die Reform des § 218 weiter zu Wort zu melden.[147] Der Sozialpolitiker und ehemalige Heck-Anhänger war in Sorge, wie er der Kirchenpresse mitteilte, dass die Fachleute der verschiedenen Parteien in kurzer Zeit hinter verschlossenen Türen alles „abgekartet" haben würden, d. h. dass es womöglich zu einer interfraktionellen Einigung kommen könnte. Diese hoffte er offenbar durch die Bitte um Intervention der Kirchen zu durchkreuzen. Während Blüms Ansinnen der Vermittlungspolitik der EKD indes diametral entgegenstand und hier dementsprechend auf keine Resonanz stieß, wurde ihm auf katholischer Seite in den folgenden Tagen und Wochen wiederholt entsprochen.

Zwei Tage nach dem Appell aus Bonn meldete sich der Präsident des ZdK zum Regierungsentwurf zu Wort und warf diesem vor, er schmälere wie die Fristenregelung den Schutz des ungeborenen Lebens und stehe damit ebenfalls im Widerspruch zu den Richtlinien des BVerfG.[148] Noch deutlicher wurde das Kommissariat der Deutschen Bischöfe in seiner Erklärung vom 7. Oktober. „Es wäre für das Rechtsbewußtsein unseres Volkes und für das Ansehen unserer parlamentarischen Demokratie unerträglich", warnte das Kommissariat, „wenn das Bundesverfassungsgericht in dieser

---

[146] Vgl. „Die Kirche übt die Machtprobe. Die Bischöfe schlagen einen gefährlichen Weg ein" von Roman Leick (*Vorwärts* vom 22.5.1975).

[147] Vgl. „Kirchen sollen in der Debatte über § 218 nicht schweigen" (*epd za* vom 27.9.1975) sowie „In Diskussion um Paragraph 218 nicht schweigen. Norbert Blüm appelliert an die Kirchen" (*Der Weg – Evangelisches Sonntagsblatt für das Rheinland* vom 28.9.1975).

[148] Vgl. „Stellungnahme des Präsidenten des ZdK zum Entwurf der beiden Koalitionsfraktionen zur Änderung des § 218 StGB" vom 29.9.1975 (*FR* vom 4.10.1975). Bernhard Vogel kündigte eine weitere ausführliche Stellungnahme an. Der geschäftsführende Ausschuss hatte die Bundestagsfraktionen auch bereits vor Veröffentlichung des ersten Gesetzentwurfs in einer Erklärung auf die Pflicht zum Schutz des ungeborenen Lebens hingewiesen (vgl. Stellungnahme des Geschäftsführenden Ausschusses des ZdK zur Änderung des § 218 StGB vom 12.9.1975, in: *ZdK Mitteilungen* 68/75).

für Staat und Gesellschaft so bedeutsamen Frage ein zweites Mal ein vom Deutschen Bundestag verabschiedetes Gesetz für verfassungswidrig erklären müßte."[149]

Die scharfe Attacke der katholischen Bischöfe wurde von der Regierungsseite umgehend – und nicht minder deutlich – zurückgewiesen. Im Pressedienst der SPD konterte Gerhard Jahn am 9. Oktober: „Das Kommissariat ist eine bedeutsame Instanz der katholischen Amtskirche in der BRD. Von ihm muß erwartet werden, daß es sich aus seiner Verantwortung und mit Klarheit äußert, wenn es zu wichtigen Gesetzgebungsvorhaben Stellung bezieht. Geschieht das, dann darf das Kommissariat erwarten, daß seine Haltung besonders aufmerksam geprüft und ernsthaft in die Erörterung einbezogen wird. Die Stellungnahme vom 7. Oktober gibt dazu keine Gelegenheit."[150] Der katholischen Kirche sei vielmehr, so Jahn weiter, nach wie vor ausschließlich daran gelegen, jede Reform des § 218 StGB zu verhindern.[151]

In der Tat beschränkte sich die Kritik der Katholiken nicht allein auf den Koalitionsentwurf. Zwei Tage nach Einbringung der Unionsvorlage verabschiedete die Vollversammlung des ZdK am 25. Oktober eine Erklärung, in der sie nicht nur den Regierungsentwurf verwarf, sondern – obschon in abgeschwächter Form – auch den CDU/CSU-Entwurf attackierte.[152] Die katholische Seite hielt damit ungeachtet der realpolitischen Gegebenheiten weiterhin an ihrer rigoros ablehnenden Haltung zur Reform des § 218 StGB fest.[153]

---

[149] „Stellungnahme des Kommissariats der Deutschen Bischöfe zu dem Entwurf der Regierungskoalition zur Änderung des § 218 StGB" vom 7.10.1975, zitiert nach: G. GORSCHENEK, Grundwerte, S. 248–250. Wie das ZdK sah auch das Kommissariat die Forderungen des BVerfG nach einen wirksamen Schutz des ungeborenen Lebens im Regierungsentwurf nicht erfüllt und sprach in diesem Zusammenhang von „Etikettenschwindel" (EBD.).

[150] „Zur Sache, bitte! Polemik gegen die § 218-Reform hilft niemandem" (*SPD-Pressedienst* P/XXX/193 vom 9.10.1975).

[151] Der Schlagabtausch fand seine Fortsetzung. Das Kommissariat erwiderte auf Jahns Artikel, dass hier statt einer ernsthaften inhaltlichen Auseinandersetzung Zuflucht zu einer pauschalen Abqualifizierung des katholischen Beitrags genommen worden sei, was man außerordentlich bedauere (vgl. H. TALLEN, § 218, S. 309).

[152] „Erklärung der Vollversammlung des ZdK zu den Gesetzentwürfen der Fraktionen der SPD und FDP sowie der Fraktion der CDU/CSU über die Änderung des § 218 StGB vom 25.10.1975" (PAEPD R521.5).

[153] Vgl. H. TALLEN, § 218, S. 302: „Fragt man nach der Haltung der Kirche in diesen Wochen und Monaten des Suchens nach einer neuen Lösung, so ergeben sich keinerlei Anzeichen für eine Neuorientierung."

2.2.3 *Auswirkungen der Abtreibungsdebatte auf das evangelisch-katholische Miteinander*

Die Haltung der beiden großen Kirchen zur geplanten Reform des § 218 StGB prägte in der ersten Hälfte der siebziger Jahre nicht nur ihr Verhältnis zur sozial-liberalen Regierungskoalition, sondern auch ihr Verhältnis untereinander. Während die Strafrechtsreform – insbesondere die des Sexual-, Ehe- und Abtreibungsstrafrechts – Anfang der siebziger Jahre zunächst ein Motor der ökumenischen Zusammenarbeit in der politischen Interessenvertretung gewesen war und mit der Orangen Schrift 1970 zu einer ersten Verlautbarung der beiden großen Kirchen geführt hatte, war im weiteren Verlauf der Reformdebatte immer deutlicher geworden, dass die Kirchen in vielen Fragen verschiedene, wenn nicht sogar entgegengesetzte Ziele verfolgten.

Im Rückblick auf das Jahr 1975 hieß es dazu im „Kirchlichen Jahrbuch“: „Das Gespräch mit der römisch-katholischen Kirche läuft in den vorgezeichneten Bahnen weiter, ist aber mühsamer geworden. Das zeigt sich nicht nur in den Debatten um Lehre, Kirchenrecht und Ordnung, sondern auch in Bereichen, wo man meinte, auf gemeinsamem Boden zu stehen, z. B. dem ethischen und sozialethischen. Die katholische Haltung zur Reform der Strafgesetze für Abtreibung (§ 218) oder zu den Verhaltensnormen der Geschlechter zueinander machte deutlich, welche Bindekraft der naturrechtlich Normenkatalog noch hat, durch den sich Freund und Feind leicht unterscheiden lassen.“[154]

Ausführlich äußerte sich auch Mechthild König vom Diakonischen Werk im Herbst 1975 zum katholischen Standpunkt, der ihr aus der engen Zusammenarbeit mit ihrer Kollegin vom Deutschen Caritas Verband (DCV) bestens vertraut war. Nach Königs Einschätzung hob sich die evangelische Seite durch ihre – mitunter auch verwirrende und anstrengende – Vielfalt von Positionen immer deutlicher von der klaren Haltung der katholischen Kirche ab. Zwar gebe es auch auf katholischer Seite, so König in einem internen Vermerk, Meinungsverschiedenheiten und der Sozialdienst katholischer Frauen (SkF) vertrete etwa eine liberalere Haltung als der DCV, doch könne man innerhalb der katholischen Kirche anders als unter den Protestanten im Grunde noch von einer geschlossenen dogmatisch bestimmten Auffassung ausgehen, nach welcher der Erhaltung der moraltheologischen Grundsätze der Vorrang vor

---

[154] „Innerdeutsche Ökumene. Das Verhältnis zur katholischen Kirche“ von Joachim Lell (KJ 1975, S. 115). Auch der Ratsvorsitzende zeichnete in seinem Bericht vor der EKD-Synode im Herbst 1975 ein nüchternes Bild des ökumenischen Verhältnisses (vgl. FREIBURG 1975, S. 44 f.).

der Flexibilität zugunsten des in Konflikt befindlichen Menschen zukomme.[155]

Diese Grundhaltung des „Alles oder Nichts" habe es den Katholiken ermöglicht, so die Referentin für Mütterhilfe weiter, eine „logisch ‚glatte' Verfahrensordnung" zu entwickeln.[156] Danach plane die katholische Kirche, sich im Falle einer liberalen Gesetzgebung von jeder Mitarbeit im gesetzlichen Beratungssystem zurückziehen.[157] „Böse gesagt," karikierte König, die sich im Gegensatz zu ihrer katholischen Kollegin engagiert für eine kirchliche Beteiligung am gesetzlichen Beratungssystem aussprach, die katholische Haltung: „Wir haben dieses Gesetz nicht zu verantworten, laß die anderen sich damit abquälen, wir machen unsere Hände nicht schmutzig."[158]

Die in der Frage des Abtreibungsstrafrechts – aber auch in anderen Bereichen – immer deutlicher zutage tretenden divergenten Sichtweisen wurden von katholischer Seite ebenfalls wahrgenommen. Aus Sicht der Katholiken erschwerten sie jedoch nicht nur den Dialog zwischen den Konfessionen, sondern standen auch einer weiteren Zusammenarbeit entgegen. Der DCV sprach sich aus diesem Grund im Sommer 1975 in einem von der katholischen Bischofskonferenz in Auftrag gegebenen Gutachten gegen die Gründung weiterer Sozialeinrichtungen in ökumenischer Trägerschaft aus.[159] Die zaghaften ökumenischen Annäherungen seit Beginn der siebziger Jahre erlebten einen herben Rückschlag.

---

[155] Vgl. „Vermerk zum Stand der katholischen Meinungsbildung zur Reform des § 218 StGB" vom 6.8.1975 (ADW, HGSt 4641) sowie „Vermerk über ein Gespräch betr. Neufassung des § 218 StGB mit Frau Dr. Buschmann (DCV) und Frau Ullrich (SkF)" von König vom 7.10.1975 (ADW, HGSt 4641).

[156] Ebd.

[157] Enttäuscht stellte König fest, dass auch ihre Kollegin vom DCV Buschmann zunehmend engere Ansichten vertrat und eine katholische Mitarbeit im gesetzlichen Beratungssystem unterdessen ablehnte (Ebd.).

[158] Ebd. König betrachtete die rigorose katholische Haltung nicht nur als eine Reaktion auf die massive antikirchliche Polemik, der die katholische Kirche sich in viel höherem Maße ausgesetzt sah als die evangelische Kirche, sondern führte die ihrer Ansicht nach unvereinbaren kirchlichen Standpunkte auch auf basale Differenzen in anthropologischen Überzeugungen zurück. „Im Gegensatz zu Frau Dr. Buschmann", die dem ethischen Empfinden der Bevölkerung prinzipiell misstraue und defätistisch davon ausginge, das Abtreibungsstrafrecht werde ohnehin nur dem Missbrauch ausgesetzt, schilderte die Protestantin ihre fast schon idealistische Sicht, „möchte ich auf das Vertrauen auf die Verantwortung der Ärzte und der Beratungsstellen und auf die Hoffnung auf Einsicht und Einflußmöglichkeit setzten und das Risiko des Mißbrauchs wagen, [...] weil eine Bewußtseinsbildung mehr auf der Basis des Vertrauens als durch Strafandrohungen [...] ermöglicht wird" („Vermerk zu den Gesetzentwürfen zu § 218 StGB der Parteien" von König vom 7.8.1975, in: ADW, HGSt 4641).

[159] Vgl. „Gegen Sozialeinrichtungen in ökumenischer Trägerschaft" (*epd za* vom 29.8.1975).

2.2.4 *Stellungnahmen des Rates der EKD und der Landeskirchen zur neuen Gesetzesinitiative*

Nach Monaten der vertraulichen Intervention sah der Rat der EKD sich Ende September 1975 anlässlich der Veröffentlichung des Koalitionsentwurfs erstmals seit dem Karlsruher Urteil wieder zur öffentlichen Stellungnahme über die Reform des § 218 StGB veranlasst.

Auf der Ratssitzung am 26. September 1975 stellte Wilkens den am Vortag veröffentlichten Koalitionsentwurf vor, gab eine eigene kurze Wertung ab und brachte sodann eine erste Vorlage für ein Ratsvotum ein.[160] Es folgte eine ausführliche Aussprache. Der Vizepräsident berichtete später, dass die Mehrheit der Anwesenden angenehm überrascht auf den Gesetzentwurf reagiert habe und lediglich „ein letzter Rest einer mit Erstaunen verbundenen Unsicherheit" darüber verblieben sei, ob sich in dem zunächst achtenswerten Entwurf nicht möglicherweise doch noch Elemente der Fristenregelung fänden.[161] Da es jedoch keine Gelegenheit gab, sich mit Experten eingehender über die Beurteilung des Entwurfs zu beraten, verabschiedete die EKD-Führung schließlich eine bewusst ausgewogen formulierte Stellungnahme.[162] Wilkens deutete an, dass man sich dabei vom guten Rat einiger „SPD-Freunde" habe leiten lassen, die der EKD maßvolle Kritik nahe gelegt hatten, da die Wunden, die das BVerfG-Urteil unter den Mitgliedern der einstigen Fristenfraktion hinterlassen habe, noch nicht geheilt seien und die Kompromissfindung innerhalb der Regierungskoalition deshalb bereits außerordentlich schwierig gewesen sei.[163]

Der Rat begrüßte in seinem Kommuniqué zunächst ausdrücklich, dass der Koalitionsentwurf sich in der Beschreibung der Rechtfertigungsgründe für einen straffreien Schwangerschaftsabbruch eng an das Modell des Deutschen Ärztetages anlehnte.[164] Die EKD-Führung problematisierte weder

---

[160] Vgl. Auszug aus dem Protokoll der 35. Ratssitzung vom 26./27.9.1975 (EZA 2/93/6229).

[161] Brief von Wilkens an Pfarrer H.J.J.Th. Quistorp/Münster vom 4.12.1975 (EZA 2/93/6229).

[162] Vgl. Anm. 160 und 161. Anhand der Quellenlage nicht mehr zu rekonstruieren ist, ob Wilkens' Vorlage bereits mit derselben Zurückhaltung abgefasst worden war, wie die Endversion des Ratswortes. Spätere Aussagen des Vizepräsidenten legen die Vermutung nahe, dass er für eine deutlichere Ablehnung des Koalitionsentwurfs eingetreten war (vgl. EBD.).

[163] Brief von Wilkens an das ehemalige Ratsmitglied Rudolf Weeber vom 9.8.1976 (EZA 650/95/191); vgl. auch Brief an Quistorp/Münster (vgl. oben Anm. 161). Vgl. dazu auch oben S. 492 f.

[164] Der Rat sah damit dem von ihm geäußerten Wunsch Rechnung getragen, alle Indikationen auf den Grundtatbestand der Gefahr für das Leben oder die Gesundheit der Schwangeren zurückzuführen (vgl. Kommuniqué über die Sitzung des Rates und der Kirchenkonferenz am 26./27.9.1975, in: EZA 2/93/6229, sowie Auszug aus dem Protokoll der 35. Ratssitzung vom 26./27.9.1975, in: EZA 2/93/6229).

die Notlagenindikation noch die Straffreistellung der Frau, die zwei Hauptkritikpunkte der Gegner und Gegnerinnen des Koalitionsentwurfs.[165] Bedenken äußerte man lediglich im Hinblick auf das vorgesehene Verfahren zur Begutachtung und Beratung. Es missfiel dem Rat, dass die Gesetzesvorlage dem einzelnen Mediziner bzw. der einzelnen Medizinerin die Möglichkeit beließ, sowohl die Beratung als auch die Indikationsfeststellung durchzuführen und dazu weder eines Zweitgutachtens noch einer Ermächtigung durch eine staatliche oder ärztliche Stelle zu bedürfen.[166]

Von der Presse wurde das Ratsvotum, das erneut mit einem Appell zur überparteilichen Einigung schloss, mit Interesse aufgenommen. Allerdings war man sich in der Interpretation uneinig. Während die *Stuttgarter Nachrichten* und die *Welt* berichteten, die EKD habe sich mit dem Koalitionsmodell einverstanden erklärt bzw. es sogar begrüßt, und auch die Koalitionsabgeordneten Wolfgang Mischnick und Helga Timm sich laut Presse dieser Interpretation anschlossen, stellte die *Frankfurter Rundschau* dagegen die vom Rat geäußerte Kritik in den Mittelpunkt ihrer Berichterstattung.[167]

In einem *epd*-Artikel suchte der neue Pressereferent der Kirchenkanzlei Claus-Jürgen Roepke die Verwirrung zu klären und die Kernaussage des Ratsvotums nochmals zusammenzufassen. Es sei der erklärte Wille des Rates gewesen, so Roepke, den vorgelegten Gesetzentwurf zunächst sowohl im Ganzen als auch in wesentlichen Einzelheiten zu bejahen. Darüber hinaus habe man an einer Stelle allerdings auch Bedenken im Blick auf mögliche Konsequenzen anmelden wollen. In der widersprüchlichen Interpretation, die das Ratswort erfahren habe, resümierte Roepke, spiegelten sich somit dessen zwei Grundaussagen wider: Ja und Nein.[168]

---

[165] An anderer Stelle hatte Wilkens die Notlagenindikation und die Straffreistellung der Frau sogar ausdrücklich befürwortet (vgl. oben S. 490 f.).

[166] Vgl. dazu auch die Presse: „Der Gesetzgeber schickt sich notgedrungen an, eine Verantwortung die eigentlich ihm zukäme, eben jenen zu überlassen, denen in anderem Zusammenhang ohnehin schon der Beiname ‚Halbgötter in Weiß' verliehen worden ist" („Paragraph 218 neu gefaßt" von Peter Henkel, in: *Stuttgarter Nachrichten* vom 8.10.1975). Die evangelische Presse beurteilte diesen Sachverhalt dagegen weitaus weniger kritisch. Roepke schrieb im *epd*, dass getrost davon ausgegangen werden dürfte, die Ärzteschaft sei sich ihrer Verantwortung für das Leben bewusst („Ja und Nein zum 218-Entwurf. Der Rat der EKD nahm Stellung", in: *epd Ausg. f. kirchl. Presse* vom 1.10.1975), und Heinz Zahrnt fügte im *DAS* wenig später hinzu: „Mit dem neuen Lösungsvorschlag gelangt der Schwangerschaftsabbruch dorthin, wohin er gehört: aus den Händen der Gerichte und auch der Kirchen in die Hand der Ärzte. [...] Die Kirchen aber mögen sich auf ihre vornehmste Aufgabe konzentrieren: Auf die Unterrichtung der Gewissen samt den dazugehörigen diakonischen Maßnahmen!" („Über diesen Vorschlag läßt sich reden", in: *DAS* vom 5.10.1975).

[167] „EKD für Koalitionsmodell zur Abtreibungsreform" (*Die Welt* vom 29.9.1975) sowie „Paragraph 218 neu gefaßt" von Peter Henkel (*Stuttgarter Nachrichten* vom 8.10.1975) und „SPD- und F.D.P.-Fraktion würdigen Reaktion auf 218-Entwurf" (*epd za* vom 3.10.1975); vgl. ferner „EKD hat Bedenken gegen 218-Entwurf" (*FR* vom 29.9.19759.

[168] „Ja und Nein zum 218-Entwurf. Der Rat der EKD nahm Stellung" (*epd Ausg. f. kirchl.*

Noch mehrfach hatte die Kirchenkanzlei sich für die ausgewogene Formulierung des Ratswortes zu rechtfertigen.[169] Nach Darstellung des Vizepräsidenten stieß es insbesondere in der katholischen Kirche, aber auch in bestimmten Kreisen der EKD auf Verständnislosigkeit und Kritik.[170] Der Rat setzte seinen Vermittlungskurs indes fort und suchte statt der Konfrontation das Gespräch mit der Regierungskoalition. Wenige Wochen nach Veröffentlichung der Stellungnahme kam es nach Wilkens' Auskunft zu einer Unterredung zwischen dem Ratskollegium und namhaften Vertretern der SPD-Fraktion, wobei die Bedenken der evangelischen Seite im Blick auf die Verfahrensfragen zur Indikationsstellung nochmals vorgebracht wurden.[171]

Presse vom 1.10.1975). Roepke war seit Anfang 1975 Wilkens' Nachfolger im Amt des Öffentlichkeits- und Pressereferenten der EKD.

[169] Hartmut Metzger vom Ratsbüro übersandte Wilkens am 23.10.1975 ein Protestschreiben mit den Worten: „Solche oder ähnliche Briefe kommen auch bei uns laufend an." Im Auftrag des Ratsvorsitzenden fragte er Wilkens, „ob Sie nicht nach dem jetzigen Stand des Gesetzgebungsverfahrens zu § 218 (neuer Koalitionsentwurf, neuer Oppositionsentwurf) eine Art Musterbrief verfassen könnten, von dem dann bei der Beantwortung der einzelnen Schreiben auszugehen wäre?" (EZA 2/93/6229).

[170] Vgl. Brief an Weeber (vgl. oben Anm. 163). Z. B. kritisierte der Münsteraner Pfarrer Quistorp von der Evangelischen Allianz die Ratsstellungnahme in einem Protestschreiben und forderte den Ratsvorsitzenden auf, nach dem Vorbild der katholischen Kirche ein klares Nein zum Koalitionsentwurf zu sprechen. Rabulistisch erläuterte Wilkens dem Pfarrer daraufhin, dass man bei genauer Lektüre der Ratserklärung, „doch gar nicht daran zweifeln" könne, dass die EKD-Führung die Vorlage der Koalitionsfraktionen nicht billige. Zwar bejahe die Stellungnahme den Indikationenkatalog, doch habe der Rat zugleich erkennbar zum Ausdruck gebracht, dass er die Verfahrensregelung in ihrer gegenwärtigen Fassung für unvereinbar mit dem Urteil des BVerfG halte (vgl. Brief von Wilkens an Quistorp vom 4.12.1975, in: EZA 2/93/6229).

[171] Wilkens berichtete später, er habe ebenfalls an der Unterredung teilgenommen und die Bonner Vertreter darauf hingewiesen, dass nach ihrem Entwurf derselbe Arzt bzw. dieselbe Ärztin sowohl die Beratung als auch den Eingriff durchführen könne und durch die Kooperation mit einem zweiten indikationsstellenden Kollegen bzw. einer Kollegin die Entstehung von so genannten ‚Abtreibungskliniken' nach dem britischen Vorbild wahrscheinlich sei (vgl. Wilkens' Ausführungen in seinem Brief an den Chefarzt der Frauenklinik im hannoverschen Henriettenstift Reinhard Scheele vom 14.7.1976, in: EZA 650/95/191). Wie aus einem späteren Briefwechsel mit dem SPD-Politiker Hermann Dürr hervorgeht, hatte auch von Heyl detaillierte Anfragen geäußert und sich erkundigt, ob die Bestimmungen, nach denen Schwangerschaftsabbrüche nur in einer Klinik oder einer sonst geeigneten Einrichtung vorgenommen werden durften, lediglich als Deklaration im Gesetz stehen oder bei Übertretung tatsächlich Strafe nach sich ziehen würden. Dürr ließ die Frage daraufhin nochmals prüfen und dem Juristen später mitteilen, dass der Verstoß gegen die entsprechende Vorschrift als Ordnungswidrigkeit geahndet werden würde (vgl. Brief von Referent Brockelmann im Auftrag von Dürr an von Heyl vom 18.11.1975, in: EZA 2/93/6229).
Es darf davon ausgegangen werden, dass die Reform des § 218 StGB auch in den Monaten zuvor bereits Gegenstand verschiedener Unterredungen war. Die Thematik war vermutlich sowohl am 15./16. Mai auf der Landestagung des Gesprächskreises ‚Kirche und SPD', an der u. a. Brandt und Vogel teilgenommen hatten, angesprochen worden als auch im Rahmen

Die landeskirchlichen Voten, die in den folgenden Wochen bis zur ersten Lesung der Gesetzentwürfe veröffentlicht wurden, schlossen sich dem Vermittlungskurs des Rates an. Insgesamt betrachtet hinterließen sie den Eindruck, als sei es nach dem Urteil des BVerfG nicht nur zu einer Annäherung zwischen den Positionen der großen Parteien sowie zu einer gesamtgesellschaftlichen Konzentration des Meinungsspektrums gekommen, sondern als habe sich auch innerhalb der evangelischen Kirche inzwischen ein stabiler Konsens für eine Mittel- und Mittlerposition herausgebildet. Anders als in den zurückliegenden Jahren waren die landeskirchlichen Stellungnahmen nicht darauf aus, die Ratsäußerung zu korrigieren, sondern gaben ihr lediglich hier und da eine eigene Akzentuierung.

Während etwa der rheinische Präses Karl Immer insbesondere die Übereinstimmung des Koalitionsentwurfs mit evangelischen Anschauungen hervorhob und eher am Rande hinzufügte, dass es im Hinblick auf die Verfahrensregelungen nach wie vor auch kritische Anmerkungen von evangelischer Seite gebe, legte der bayerische Landeskirchenrat den Fokus seiner Stellungnahme umgekehrt auf die seiner Ansicht nach „mangelhaften“ Verfahrensregelungen und tat sich mit einer Würdigung des Koalitionsentwurfs schwer.[172] Die westfälische Landessynode schließlich machte sich das Ratswort uneingeschränkt zu eigen und hob in einer Stellungnahme hervor, dass sie sowohl dessen Kritik als auch die Zustimmung zum Koalitionsentwurf teile.[173] ‚Ja und Nein‘ – bzw. im bayerischen Fall ‚Nein und Ja‘ – war damit nicht nur die Quintessenz der Ratserklärung, sondern auch der Grundtenor der landeskirchlichen Voten zum Koalitionsentwurf.

Man habe sich zum Auftakt der neuen Gesetzesinitiative, erläuterte Wilkens das Vorgehen der EKD, bewusst dagegen entschieden, mit einer harten Rede zur weiteren Polarisierung der Fronten beizutragen.[174] Die zurückhaltende Kritik des Rates am Koalitionsentwurf zeugte allerdings nicht allein von taktischem Kalkül, sondern auch von inhaltlicher Nähe.

---

des Besuches, den der Rat dem Bundespräsidenten wenige Tage vor Ausstellung des Fünfzehnten Strafrechtsänderungsgesetzes am 13. Mai abgestattet hatte (vgl. KJ 1976/77, S. 520).

[172] Zu Immer vgl. *epd za* vom 17.10.1975. Zur bayerischen Stellungnahme vgl. *epd za* vom 7.10.1975. Die verschiedene Akzentuierung in der Bewertung des Koalitionsentwurfs dürfte auch auf divergierende parteipolitische Präferenzen der Kirchenleitungen zurückzuführen sein.

[173] Vgl. Stellungnahme der westfälischen Landessynode zu § 218 StGB vom 22.10.1975 (EZA 2/93/6229).

[174] Vgl. Brief an Quistorp vom 4.12.1975 (EZA 2/93/6229).

2.2.5 Die Stellungnahme des Diakonischen Rates

Neben dem Rat der EKD und verschiedenen Landeskirchen, die in den Herbstmonaten zum neu eingeleiteten Gesetzgebungsverfahren Stellung nahmen, hatte auch der Rat des Diakonischen Werkes die Absicht, sich zum Koalitionsentwurf zu äußern. Die Aufgabe zur Vorbereitung des Votums lag bei Mechthild König, die sich Anfang Oktober sogleich mit ihren katholischen Kolleginnen Ullrich (SkF) und Buschmann (DCV) zu einem Austausch über das Gesetzesmodell traf. In dem Gespräch bestand zwar grundsätzliche Einigkeit über die Ablehnung des Entwurfs,[175] doch divergierten die Positionen im Einzelnen so stark, dass König im Anschluss enttäuscht feststellte, mit den Katholikinnen sei in dieser Sache im Moment nicht mehr zu reden.[176]

Darüber hinaus sah sich die Referentin vor die schwierige Aufgabe gestellt, mit ihrer Kritik am Koalitionsentwurf nicht bereits innerkirchlichen Widerspruch zu provozieren. „Wenn wir Forderungen erheben würden, gegen die dann andere kirchliche Kreise lauthals protestieren würden", ließ sie Steinmeyer wissen, „würden wir in der Öffentlichkeit noch schlechter da stehen, wie wir es infolge etlicher schlecht abgestimmter kirchlicher Verlautbarungen bereits tun."[177]

Am 22. Oktober, einen Tag, bevor der Diakonische Rat über Königs Vorlage verhandeln sollte, veröffentlichte die Union unerwartet einen eigenen Gesetzentwurf, den es nunmehr ebenfalls zu berücksichtigen galt. König fertigte einen zweiten kurzen Vermerk an. „Ich [...] habe den Eindruck," schrieb sie darin ernüchtert über den Oppositionsentwurf, „dass dieser Entwurf gut und gern als ‚Katholischer Entwurf' bezeichnet werden

---

[175] Da König Wilkens im Sommer ausdrücklich darin zugestimmt hatte, dass der SPD-Rohentwurf die evangelischen Grundanliegen einer Indikationenregelung sowie einer deutlichen Missbilligung des Schwangerschaftsabbruchs erfüllte, legt sich die Vermutung nahe, dass ihre Ablehnung des Koalitionsentwurfs weniger grundsätzlicher Natur war und sich eher auf Kritik an Einzelbestimmungen bezog (vgl. „Vermerk zu den Gesetzentwürfen zu § 218 StGB der Parteien" von König vom 7.8.1975, in: ADW, HGSt 4641).

[176] Vgl. „Vermerk über ein Gespräch betr. Neufassung des § 218 StGB mit Frau Dr. Buschmann (DCV) und Frau Ullrich (SkF)" von König vom 7.10.1975 (ADW, HGSt 4641) sowie Notiz von König an Steinmeyer ohne Datum (vermutlich zwischen dem 13. und 23.10.1975) (ADW, HGSt 4641). Die zunehmenden Verständigungsschwierigkeiten zwischen den Konfessionen belasteten König sehr, da sie in ihrer katholischen Kollegin Buschmann bislang stets eine kompetente Gesprächspartnerin gefunden hatte, wie es sie in der Hauptgeschäftsstelle zu Königs Bedauern nicht gab (vgl. Ebd.).

[177] „Mir wäre sehr wichtig", schrieb König daher mit Übersendung der von ihr erstellten Vorlage an Steinmeyer, „dafür die Meinung des Präsidenten zu erkunden, insbes. wie er die Chancen beurteilt, in den einzelnen Punkten wirklich als im Namen von Kirche und Diakonie zu sprechen (also nicht gegen die EKFuL und viele Sozialarbeiter usw. usw. aber auch nicht gegen konservative Meinungen)" (Ebd.).

kann, denn er deckt sich in der Tendenz ziemlich genau mit dem, was neulich bei unserem Gespräch Frau Dr. Buschmann und Frau Ullrich als ‚wenn schon eine erweiterte Indikation, dann allerhöchstens so' entwickelt haben."[178] Enttäuscht fuhr sie fort: „Ich bin über *diese* CDU-Initiative ziemlich unglücklich. *Diese* Lösung ist keine Lösung, sie lässt unterschwellig die Probleme weiter schmoren und führt in der Praxis genau zu dem, was die Katholiken vermeiden wollen: er wird munter unterlaufen und das unter der Fahne, dass äusserlich die Moral gerettet ist."[179] Der Unionsentwurf schied für König damit als Alternative zum Koalitionsentwurf aus.

Der Diakonische Rat schloss sich tags darauf dieser Auffassung an und ging in seinem Votum nicht näher auf den Oppositionsentwurf ein. Wie ursprünglich vorgesehen, konzentrierte er sich in seiner Stellungnahme allein auf den Koalitionsentwurf und nahm die von König ausgearbeiteten Anregungen zur Verbesserung der hier vorgesehenen Verfahrensregelungen auf.

Der Diakonische Rat forderte in seiner Erklärung, die Konsultation einer Beratungsstelle im Falle einer Notlagenindikation verpflichtend vorzuschreiben.[180] Um die Einheitlichkeit des Verfahrens zu gewährleisten, sprach er sich ferner dafür aus, Rahmenrichtlinien zur Ermächtigung bzw. zur Anerkennung der am Entscheidungsprozess beteiligten Personen, d. h. insbesondere der Ärzte und Ärztinnen zu erlassen. Schließlich betrachtete der Diakonische Rat es als unerlässlich, dass die Erziehungsberechtigten Minderjähriger rechtzeitig über einen Antrag ihrer Schutzbefohlenen informiert würden.[181] Trotz dieses letzten Punktes kann es als Anliegen des Diakonischen Rates betrachtet werden, in der Frage des Verfahrens einen Mittelweg zwischen den Entwürfen von Regierung und Opposition zu beschreiten. Das Verfahren sollte weder zu einer leeren Formsache herabsinken, sondern in der Tat wirksame Hilfe durch Beratung ermöglichen, noch sollten zu viele Hürden aufgerichtet werden, durch welche die intendierte Hilfe für die Frau letztlich konterkariert würde.[182]

---

178 Vermerk an Steinmeyer vom 22.10.1975 (ADW, HGSt 4641).

179 EBD. (Hervorhebung im Original). Der SPD-Bundestagsabgeordnete Hellmut Sieglerschmidt richtete auf der EKD-Synode in Freiburg eben diese Kritik auch an die von evangelischer Seite erhobenen Forderungen und warnte davor, durch hohe Beratungshürden das Ziel der Reform zu verfehlen und die Frauen nicht aus der Illegalität zu befreien (vgl. FREIBURG 1975, S. 84).

180 „Diakonischer Rat zum Schwangerschaftsabbruch", in: *Diakonie Aktuell* 40/75 vom 28.10.1975; vgl. auch *epd za* vom 28.10.1975.

181 EBD. Es blieb völlig unklar, wie König bzw. der Diakonische Rat die letzte Forderung begründeten, da sie in der Diskussion nicht nur neu war, sondern in gewisser Weise auch alle bisherigen Bestrebungen, den Druck der Umgebung auf die Schwangere zu reduzieren, unterlief.

182 Der Diakonische Rat verzichtete sowohl auf das im Oppositionsentwurf geforderte Ärztekonzilium als auch auf die generelle Übertragung der Beratung auf Beratungsstellen

Angesichts der Alternative des Oppositionsentwurfs war aus dem anfänglichen ‚Nein' zum Koalitionsentwurf ein grundsätzliches ‚Ja', verbunden mit deutlicher Kritik an den Verfahrensregelungen geworden. Wie die landeskirchlichen Voten lag folglich auch die Stellungnahme des Diakonischen Rates ganz auf der Linie des EKD-Ratswortes. ‚Ja' zum Koalitionsentwurf, ‚Nein' zur Regelung der Beratung und Begutachtung, so lautete damit der übereinstimmende Tenor der offiziellen evangelischen Voten in den Herbstwochen vor der ersten Beratung im Bundestag.

2.2.6 Die EKD-Synode in Freiburg

Vom 2. bis 7. November 1975 fand in Freiburg im Breisgau die Herbstsynode der EKD statt. Bereits im Vorfeld hatte sich angekündigt, dass auch die Synode sich mit der Reform des § 218 StGB beschäftigen würde – allerdings nicht aus Anlass der unmittelbar bevorstehenden ersten Lesung des Bundestages, sondern als Reaktion auf den Kasseler Synodalbeschluss von 1974.

Die Vorgeschichte

Die EKD-Synode in Kassel hatte im Januar 1974 die umstrittene Aussage der Gemeinsamen Erklärung, dass die Fristenregelung für Christen unvertretbar sei, in einem korrigierenden Votum zurückgenommen und damit erneut Unmut ausgelöst.[183] Insbesondere in der stark evangelikal und pietistisch geprägten württembergischen Landessynode war der Beschluss auf anhaltende Kritik gestoßen.

Ein Motor der Proteste, die in der weiteren innerkirchlichen Auseinandersetzung zunehmend an Bedeutung gewannen und schließlich sogar für das Scheitern der EKD-Reform mitverantwortlich gemacht wurden,[184] war der württembergische Landessynodale Siegfried Theodor Ernst. Der Mediziner, der beharrlich die Aufhebung des Kasseler Beschlusses forderte, war die Schlüsselfigur der deutschen Lebensrechtsbewegung.[185] Im

---

sowie schließlich auf eine enge Formulierung des Beratungsinhalts. Auch was die übrigen Bestimmungen des Koalitionsentwurfs betraf, schloss man sich nicht der Kritik der Opposition sowie der katholischen Kirche an und tadelte weder die Straffreistellung der Frau noch die Notlagenindikation (vgl. EBD.).

[183] Vgl. oben S. 338–343.

[184] Vgl. M. AHME, Reformversuch, S. 154; S. 176 f., sowie „Stellungnahme zur EKD Grundordnung vor der Württembergischen Evangelischen Landessynode durch den Synodalen Dr. Ernst vom 16.2.1976" (in: EUROPÄISCHE ÄRZTEAKTION, Alarm um die Abtreibung, S. 132–138).

[185] Zur Lebensrechtsbewegung vgl. W. RAU, Konservativer Widerstand. Zur vielfältigen Agitation von Ernst vgl. EUROPÄISCHE ÄRZTEAKTION, Alarm um die Abtreibung, S. 16–182.

November 1974 hatte er in Reaktion auf die Vertagung der Abtreibungsproblematik auf der EKD-Synode in Berlin-Spandau dem Haushalt seiner württembergischen Landeskirche demonstrativ die Zustimmung verweigert und angekündigt, seinen Protest so lang fortzusetzen, bis geeignete Schritte zur Revision des Kasseler Votums eingeleitet würden.[186] Knapp ein Jahr darauf, im September 1975, verabschiedete die württembergische Landessynode schließlich auf Antrag des Mediziners eine Resolution, in welcher die Synode der EKD aufgefordert wurde, die Kasseler Erklärung in aller Form zurückzunehmen.[187]

Ein Votum zur Abtreibungsproblematik?

Trotz des Beschlusses und der zusätzlich erfolgten besonderen Beauftragung der württembergischen EKD-Synodalen, sich für eine Revision des Kasseler Votums einzusetzen, kam es auf der Freiburger Synode Anfang November 1975 weder zu einer diesbezüglichen Aussprache noch zur Verabschiedung einer Erklärung.

Die Synodale Erika Kimmich, die sich bereits ein Jahr zuvor in Berlin-Spandau mit Nachdruck für eine Aufhebung des Kasseler Beschlusses eingesetzt hatte, erläuterte ihrer Landessynode später die Gründe. Kimmich berichtete, dass die württembergische Delegation in Freiburg freiwillig auf eine Behandlung des Themas verzichtet habe, nachdem ihr von informierter Seite glaubhaft versichert worden sei, dass ein Versuch zur Änderung des Kasseler Beschlusses zum damaligen Zeitpunkt, d. h. unmittelbar vor der ersten Beratung im Bundestag, zu Missinterpretationen verleitet und damit vermutlich gerade das Gegenteil dessen, was man intenierte, bewirkt hätte. Die württembergische Delegation deutete an, dass es der Bevollmächtigte persönlich gewesen sei, der sie durch diese Argumentation habe umstimmen können.[188] ‚Vom Tisch' war die württembergische Forderung nach einer Revision des Kasseler Beschlusses damit freilich noch lange nicht. Zwar hatte die württembergische Delegation ihr Anliegen nach Kunsts Interven-

---

186 Vgl. VERHANDLUNGEN DER 8. EVANGELISCHEN LANDESSYNODE IN WÜRTTEMBERG. 24. Sitzung am 27.11.1974, S. 985. Zur EKD-Synode vgl. oben S. 427 f.

187 Zur Begründung hieß es, das BVerfG habe die Fristenregelung inzwischen für nichtig erklärt und der Aussage der Gemeinsamen Erklärung damit im Nachhinein zu ihrem Recht verholfen (vgl. VERHANDLUNGEN DER 8. EVANGELISCHEN LANDESSYNODE IN WÜRTTEMBERG. 30. Sitzung am 11.9.1975, S. 1243).

188 Vgl. EBD., S. 1378 f. (34. Sitzung am 27.11.1975). Auch der Ratsvorsitzende und Landesbischof Helmut Claß schien die Auffassung des Bevollmächtigten zu teilen. Nicht nur in Freiburg hatte er davon abgesehen, in seinem Bericht ausführlicher auf die Reform des § 218 StGB einzugehen, auch vor seiner württembergischen Landessynode streifte er das Thema nur am Rande und warnte davor, dass die Kirche des Wortes hier der Versuchung erliege, zu viele Worte zu machen (vgl. EBD., S. 1251 [31. Sitzung am 24.11.1975]).

tion nicht weiter verfolgt, aufgeschoben hieß jedoch nicht aufgehoben, wie sich zwölf Monate später zeigen sollte.[189]

Abkehr vom politischen Engagement?

Die Freiburger EKD-Synode befasste sich, wie eben dargelegt, zwar nicht mit der Reform des Abtreibungsstrafrechts, doch diskutierte sie ein Thema, das indirekt auf das Engste mit diesem verknüpft war. „Kirche zwischen Auftrag und Erwartungen" lautete im Herbst 1975 das Hauptthema der Synode, die sich eine kritische Selbstreflexion über den zukünftigen Weg der Kirche zur Aufgabe gemacht hatte.[190] Beherrscht wurden die Freiburger Synodaldebatten von der Frage nach Maß und Grenze des politischen Engagements der EKD. Insbesondere konservative kirchliche Kreise machten die seit Anfang der siebziger Jahre steigende Politisierung der Kirche für die zunehmende Entzweiung unter den Protestanten verantwortlich. In der Tat hatten Themen wie die Versöhnung mit den östlichen Nachbarn, das Apartheidsystem in Südafrika, das Antirassismusprogramm des ÖRK oder die Strafrechtsreform in den zurückliegenden Jahren für heftige innerkirchliche Kontroversen gesorgt.[191] Die Auseinandersetzung um die Vereinbarkeit von kirchlichem Amt und politischem Mandat hatte die Thematik 1975 weiter zugespitzt und über den kirchlichen Rahmen hinaus in die Gesellschaft getragen.[192]

---

[189] Vgl. unten S. 550.

[190] Angesichts der wachsenden Spannungen zwischen verschiedenen Gruppierungen im Protestantismus vermehrten sich die Rufe nach einer homogenen Bekenntniskirche. Die überkommene Struktur der Volkskirche wurde darüber hinaus allerdings auch durch den beträchtlichen Mitgliederschwund und nicht zuletzt die damit verbundenen finanziellen Einbußen in Frage gestellt. Vgl. in diesem Zusammenhang auch: „Macht und Ohnmacht der Kirche in der Gesellschaft. Podiumsgespräch am 13. Juni 1975, 20 Uhr in der Kongresshalle" (in: Deutscher Evangelischer Kirchentag Frankfurt 1975, S. 475–500).

[191] In Freiburg brach die Kontroverse abermals auf, als die Synode einen deutlichen Appell zur Unterzeichnung der Polenverträge an die Regierung richtete, die württembergische Delegation dagegen geltend machte, dass sie 1974 aus Rücksicht auf den nahen Bundestagswahltermin auf eine Beratung des politisch brisanten Themas Abtreibung verzichtet habe (vgl. Freiburg 1975, S. 282; S. 488).

[192] Der Bremer Staatsgerichtshof hatte Anfang 1975 kirchliches Recht aufgehoben und die grundsätzliche Vereinbarkeit von politischem Mandat und kirchlichem Amt festgestellt (vgl. KJ 1975, S. 59–72). Obschon dieser Konflikt sich in der Hauptsache an der DKP-Mitgliedschaft von Pfarrern entzündet hatte, war in der Folge auch die Übernahme kirchlicher Ämter durch Politiker und Politikerinnen nicht mehr unumstritten. So wurde etwa der SPD-Abgeordnete Sieglerschmidt in Freiburg heftig von seinem evangelikalen Mitsynodalen Sieghard-Carsten Kampf attackiert und der parteipolitischen Instrumentalisierung der Synode bezichtigt. Sieglerschmidts Antwort veranschaulicht den Legitimationsdruck, dem er sich offenbar ausgesetzt sah: „Der Dialog eines Christen in der Politik mit seiner Synode muß möglich bleiben, sonst sollten wir aufhören zu fordern, daß Menschen als Christen in die Politik gehen" (Freiburg 1975, S. 196).

Sollte die evangelische Kirche sich um ihres inneren Friedens willen also wieder stärker vom politischen Engagement abkehren? Der Ratsvorsitzende selbst war es, der in seinem Bericht vor der Synode den Anstoß zu dieser Frage gab. Auf der einen Seite würdigte Claß die Aktivitäten der EKD im Zuge der Strafrechtsreform und wertete die kirchliche Auseinandersetzung mit den verschiedenen Gesetzgebungsvorhaben – sei es mit der Reform des Strafvollzugs, des Eherechts oder des § 218 StGB – als Zeichen dafür, dass die Kirche sich bereit fand, Mitverantwortung für den Weg des Gemeinwesens zu übernehmen. Auf der anderen Seite plädierte er jedoch für eine Umakzentuierung des kirchlichen Engagements. „Die Kirche", gab er zu bedenken, „hat sich seit dem Ende des Zweiten Weltkrieges zu einer Fülle gesellschaftlicher und politischer Probleme geäußert und gewiss wesentliche Einsichten vermittelt. Jetzt ist es an der Zeit, in einer Art ‚Umkehrung der Expansion' die Kräfte wieder stärker als bisher auf den geistlichen Aufbau der Gemeinden zu konzentrieren."[193] Zahlreiche Synodale deuteten diesen Satz als Ansage eines Kurswechsels, der vom politischen Engagement, wie es sich in den zurückliegenden Jahren entwickelt hatte, wegführen sollte hin zum Ausbau einer evangelischen Spiritualität, wie Claß sie in seinem Bericht an anderer Stelle angeregt hatte.

Der Vorstoß des Ratsvorsitzenden stieß in der Synode auf geteiltes Echo. Während er insbesondere von politisch engagierten Kirchenvertretern scharf kritisiert wurde, fand er unter den evangelikal bzw. pietistisch geprägten Synodalen große Zustimmung.[194]

Der seit längerem schwelende, auf der Freiburger Synode schließlich aufgebrochene Konflikt um die Politisierung der Kirche war dabei ganz wesentlich auch ein Streit um die spürbare parteipolitische Umorientierung der Synode. Offen sprach der württembergische Synodale Kurt Hennig diese Dimension des Konflikts in Freiburg an: „Bei der ganzen Angelegenheit liegt ja eine stillschweigende Unterstellung ständig im Raum, auch wenn sie nicht ausgesprochen wird [...] nämlich, daß es für eine sehr große Schicht auf dieser Synode als eigentlich geklärte Voraussetzung zu gelten scheint, daß es evangelischer sei, politisch eher mehr nach links als mehr nach rechts zu tendieren."[195] Die in der Tat unverkennbare ‚Öffnung

---

[193] Vgl. EBD., S. 57 f.

[194] Vgl. z. B. EBD., S. 176 (Kampf); S. 179 (Hennig) und dagegen S. 180 (Eppler). Die fünfte Synode der EKD hatte sich noch im Vorjahr den politischen Herausforderungen durch die Umstrukturierung ihrer Ausschüsse bewusst zu stellen gesucht.

[195] EBD., S. 347. In diesen Kontext fielen auch die Proteste, die laut geworden waren, als Bundesverfassungsrichter Helmut Simon 1975 das Amt des Kirchentagspräsidenten übernommen hatte. Mit dem Hinweis auf die von Simon vertretene Minderheitenmeinung im Normenkontrollverfahren zum 5. StrRG hatten evangelikale Gruppen zum Boykott des – aufgrund seiner starken Politisierung in diesen Kreisen ohnehin umstrittenen – Kirchentags aufgerufen und zu einer Konkurrenzveranstaltung geladen (vgl. EBD., S. 91). Die Kritik

nach links' hatte bereits mit der Erweiterung der vierten Synode um rund ein Drittel der Mitglieder im Jahr 1972 eingesetzt und sich im Jahr darauf mit den Wahlen zur fünften Synode und der umfassenden Neubesetzung sowohl der Synodalversammlung als auch des Rates weiter fortgesetzt.[196] Die zunehmende Politisierung der EKD und ihre Öffnung in Richtung auf die sozial-liberale Regierungskoalition hatten einander damit bedingt.[197]

Es verwundert deshalb kaum, dass auch der Bundeskanzler, als er der Einladung der Freiburger Synode folgte und ihr am letzten Tag der Verhandlungen einen Besuch abstattete, das inzwischen „relativ unkomplizierte Verhältnis" zwischen Sozialdemokratie und evangelischer Kirche in seinem ausführlichen Grußwort hervorhob und die Kirche nachdrücklich in ihrem politischen Engagement bestärkte.[198] Sowohl als Bundeskanzler, aber auch als ehemaliges Mitglied der hamburgischen Synode betrachtete Schmidt ein primär sozialethisch verstandenes politisches Mandat als eine der wesentlichsten Aufgaben der Kirche. Das kirchliche Recht auf Teilhabe am politischen Willensbildungsprozess gründete sich für Schmidt in der Gewährleistung der Glaubensfreiheit durch den Staat. Dieser bedurfte, da selbst zur Neutralität verpflichtet, für den Prozess der Bildung und Tradierung von Wertauffassungen nach Ansicht des Kanzlers notwendig des kirchlichen Beitrags. Den Kirchen falle in diesem Prozess, so Schmidt weiter, eine dreifache Aufgabe zu. Sie hätten zunächst die in einer Gesellschaft manifesten Überzeugungen wahrzunehmen und sich mit ihnen auseinander zu setzen. Darüber hinaus hätten sie ihrerseits Impulse zu geben, um zu verhindern, dass die Gesellschaft geistig erstarre. Und drittens komme ihnen die Aufgabe zu, die wechselseitige Bezogenheit von Norm und Wirklichkeit kontinuierlich zu prüfen und sie gegebenenfalls neu aufeinander auszurichten.[199]

---

konservativer kirchlicher Kreise hatte sich jedoch nicht allein daran entzündet, dass Simon die Fristenregelung für verfassungskonform gehalten hatte, sondern vermutlich auch daran, dass das bis dato mit dem Christdemokraten Richard von Weizsäcker besetzte Amt nunmehr einem Sozialdemokraten übertragen worden war.

[196] Obgleich selbstverständlich auf Parität geachtet wurde, versinnbildlichen die Berufungen des SPD-Politikers Erhard Eppler sowie insbesondere des Vorsitzenden des Deutschen Gewerkschaftsbundes Heinz Oskar Vetter diese Entwicklung. Der Synode gehörten ferner die SPD-Politiker Hellmut Sieglerschmidt und Diether Posser an. Roman Herzog, Ingeborg Geisendörfer und Richard von Weizsäcker waren dagegen die herausragenden Unionspolitiker in Rat und Synode der EKD (vgl. Ebd., S. 541–545; Kassel 1974, S. 454).

[197] Allerdings darf die Öffnung der EKD für politische Fragen nicht losgelöst betrachtet werden von der erstaunlichen gesamtgesellschaftlichen Politisierung Anfang der Siebziger Jahre. Mitte 1973 gaben immerhin 49 % der Bundesbürger an, sich für Politik zu interessieren (D. Thränhardt, Geschichte, Anhang).

[198] Freiburg 1975, S. 373.

[199] Schmidts Übertragung dieser Ausführungen auf das Beispiel der Gesetzgebung zum Eherecht und zum Schwangerschaftsabbruch machte allerdings deutlich, dass er die Aufgabe

Der Synodalversammlung fiel es weitaus schwerer als dem Kanzler, zu einer Aussage über die zentralen Aufgaben der Kirche zu gelangen. Trotz verschiedener Vorlagen für ein Synodalvotum zum evangelischen Selbstverständnis kam es zu keinem abschließenden Konsens. Der Politologe und ehemalige Kirchentagspräsident Kurt Sontheimer brachte die Problematik, die sich in den Ausarbeitungen widerspiegelte, prägnant auf den Punkt: „Man will alles zugleich haben: man will auf der einen Seite den Bestand wahren, aber auch den Wandel mit vollziehen. Man will die Gegensätze vereinigen, aber sie doch auch lebendig erhalten. [...] Man will Richtung weisen, aber im Grunde muß man allen Richtungen gerecht werden. Hier wird das Dilemma, in dem die Kirche sich sieht und das ein typisches pluralistisches Dilemma zu sein scheint, unmittelbar deutlich, aber auch die Zagheit, die Unfähigkeit der Kirche, in diesem Dilemma etwas deutlicher von dem zu reden, was sie eigentlich will und was sie dem Volk sagen will."[200]

Sontheimer erkannte, dass die Kontroversen um den zukünftigen Weg der Kirche eingebettet waren in das Gesamtphänomen der zunehmenden gesellschaftlichen Pluralisierung. In der Selbstbesinnung und -beschränkung auf den originär kirchlichen Beitrag zu den verschiedenen Fragen der Zeit sah er eine Möglichkeit, den Herausforderungen des Pluralismus zu begegnen. Einer Konzentration der kirchlichen Äußerungen stimmten selbst diejenigen Synodalen zu, die sich weiterhin ein deutliches politisches Profil der Kirche wünschten. Vehementen Widerspruch erhoben sie allein gegen die vom Ratsvorsitzenden vorgestellte Alternative zwischen dem politischen Engagement und der geistlichen Stärkung der Kirche. „Worauf es ankommt, ist nicht die Frage: Spiritualität oder politisches Engagement?", fasste der SPD-Politiker und spätere Kirchentagspräsident Erhard Eppler in der Synodalaussprache treffend zusammen, „sondern die Frage ist, ob wir unser politisches Engagement, erstens theologisch zwingender begründen, zweitens die Gebiete dieses Engagements sorgfältiger auswählen, und drittens dann dieses Engagement in diesen Gebieten mutiger durchhalten wollen."[201]

der Kirchen hier recht einseitig lediglich in der Angleichung der Normen an die Wirklichkeit sah, ohne den umgekehrten Fall – die Veränderung der Wirklichkeit im Sinne der Normen – ebenfalls in Betracht zu ziehen.

[200] FREIBURG 1975, S. 195.

[201] EBD., S. 181. In dieser Situation, in der das politische Engagement der evangelischen Kirche sehr grundsätzlich zur Disposition stand – zumindest in dem Umfang, den es im Zuge der gesamtgesellschaftlichen Politisierung in den zurückliegenden Jahren angenommen hatte – wäre es zweifelsohne äußerst misslich gewesen, wenn ausgerechnet die Kritiker und Kritikerinnen einer allzu politisierten Kirche ein hochbrisantes Thema wie die Abtreibungsthematik erneut aufgerollt hätten. Hier mag, neben dem ungünstigen Zeitpunkt, ein zweiter Grund dafür gelegen haben, dass die württembergische Delegation in Freiburg auf die Einbringung ihres Anliegens verzichtete (vgl. oben S. 510 f.).

Damit waren die Aufgaben benannt, welche sich der evangelischen Kirche stellten, wenn sie ihr politisches Engagement auch weiterhin aufrechterhalten wollte. Hatte die Synodaldebatte von Freiburg doch deutlich gemacht, dass die erst wenige Jahren zuvor erfolgte allmähliche politische Öffnung der evangelischen Kirche Mitte der siebziger Jahre bereits unter erheblichen Legitimationsdruck geraten war. Der gesamtgesellschaftliche Klima-Umschwung von einer Zeit des Aufbruchs und der Öffnung zu einer neuen Phase der Bewahrung und Sicherung bildete sich damit auch innerhalb der EKD-Synode ab und zog seine Konsequenzen für das Verständnis des politischen Mandats der evangelischen Kirche nach sich.

2.3 Beratung und Verabschiedung der Gesetzesnovelle

Nachdem das BVerfG die Fristenregelung Anfang 1975 zurückgewiesen hatte, war die Reform des § 218 StGB in gewisser Weise an den Ausgangspunkt von 1972 zurückgekehrt. In Bonn hatte man erneut einen Indikationenentwurf erarbeitet, der auf evangelischer Seite zwar nicht auf volle Zustimmung, wohl aber auf weit gehende Duldung stieß. Ohnehin konnte der dritte Anlauf zur Reform des Abtreibungsstrafrechts – im Unterschied zu den vorangegangenen Versuchen – auf einen gewissen gesellschaftlichen und politischen Grundkonsens bauen. Die abschließenden Beratungen im Bundestag sowie die letzten Interventionsbemühungen der Kirchen konzentrierten sich deshalb im Wesentlichen nur noch auf einen Bereich: die Verfahrensregelung.

2.3.1 Erste Lesung der Gesetzentwürfe im Bundestag

Am 7. November 1975 trat der Deutsche Bundestag zur ersten Lesung der zwei ihm vorliegenden Gesetzentwürfe zur Reform des § 218 StGB zusammen.[202] Die Beratung, die mit der Überweisung der Gesetzesvorlagen an die zuständigen Ausschüsse endete, fiel – anders als 1972 und 1973 – recht kurz aus, da man auf eine weitschweifige Grundsatzdebatte verzichtete. Ohne dass es zu einer Annäherung der Standpunkte kam, stellten die Redner und Rednerinnen lediglich noch einmal auf die drei Hauptdifferenzen zwischen den Entwürfen ab. Neben der Frage der generellen Straffreiheit der Frau und der verschieden gefassten Berücksichtigung sozialer

[202] Dies und das Folgende nach: BT Sten. Ber. 7. WP 201. Si. vom 7.11.1975, S. 13876–13900.

Notlagen richtete sich das Hauptaugenmerk, wie bereits erwähnt, auf die Beratung und Begutachtung der Schwangeren.[203]

Während die Regierungskoalition sich in ihrer Beratungsregelung in erster Linie auf die Ärzteschaft stützte, hatte die Opposition die soziale Beratung der Schwangeren allein in die Hände der Beratungsstellen gelegt und wandte gegen das Koalitionsmodell ein, dass es die Mediziner und Medizinerinnen sowohl fachlich als auch zeitlich überfordere, indem es sie pauschal mit der sozialen Beratung Schwangerer betraue. Die Koalition verteidigte ihre Beratungsregelung dagegen mit dem Hinweis auf das mangelnde Beratungsangebot in der Bundesrepublik. Würde die Schwangerschaftskonfliktberatung allein auf die etwa 2000 Beratungsstellen des Landes übertragen werden, argumentierte die Gesundheitsministerin, könne weder gewährleistet werden, dass jede Frau in zumutbarer Entfernung eine Beratungsmöglichkeit fände, noch dass sie ohne lange Wartezeiten einen Beratungstermin erhalte. „Aus diesem Grunde", resümierte Focke, „aber auch aus prinzipiellen Erwägungen wäre es nicht vertretbar, den Arzt außerhalb einer Beratungsstelle von der Beratung nach § 218 b des Gesetzentwurfs der SPD/F.D.P.-Fraktion auszuschließen."[204]

Doch nicht die Rechtfertigung des eigenen Beratungsmodells stand bei den Rednern und Rednerinnen der Regierungsfraktionen im Vordergrund, sondern die Erwiderung der Kritik an die Adresse der Opposition. Scharf griffen sie sowohl die ihrer Ansicht nach zu umständliche Regelung des Beratungs- und Begutachtungsverfahrens im Oppositionsentwurf als auch die darin festgehaltene inhaltliche Ausrichtung des Beratungsgesprächs an. Bestimmte der Oppositionsentwurf doch u. a., dass die Schwangere auf die grundsätzliche Pflicht zur Achtung des ungeborenen Lebens hinzuweisen und über die Gründe, die in ihrem Fall für die Fortsetzung der Schwangerschaft sprechen, zu belehren sei.[205]

„Meinen Sie ernsthaft", wandte die SPD-Abgeordnete Helga Timm sich an die Opposition, „daß die Aussicht, *belehrt* zu werden, die Frauen ermutigen könnte, überhaupt diese behördlich genehmigte Beratungsstelle aufzusuchen?"[206] Auch der FDP-Abgeordnete Andreas von Schoeler sprach

---

[203] Die Grundsatzdebatte um Reformauslöser und -ziel wurde nur am Rande fortgeführt (vgl. EBD., S. 13877 [Timm]; S. 138885 [von Schoeler]; S. 13880 f. [Eyrich]; S. 13891 f. [Heck]).

[204] EBD., S. 13898. Zur Frage der Beratung kam es ferner zu einem interessanten Wortwechsel zwischen Friedrich Vogel, der seine Kritik mit einem entsprechenden Zitat aus dem Ratsvotum der EKD untermauerte und von Schoeler, der das Votum gut zu kennen schien und sogleich konterte, dass Vogel nur dessen kritische, nicht jedoch jene würdigende Passage zitiert habe, worin dem Koalitionsentwurf zugestanden werde, dass er im Hinblick auf den Indikationenkatalog den Vorstellungen der EKD durchaus entspräche (vgl. EBD., S. 13890).

[205] Vgl. oben Anm. 108.

[206] BT Sten. Ber. 7. WP 201. Si. vom 7.11.1975, S. 13878. Nach Timms Ansicht hatte die Opposition „Belehrungsstellen" und keine Beratungsstellen konzipiert (EBD.).

sich mehrfach dagegen aus, die Frauen durch die Verpflichtung zum Besuch einer Beratungsstelle mit unzulässigen „Moralpredigten" zu belasten.[207] Die wiederholten Abgrenzungen und die Skepsis gegen die Arbeit der Beratungsstellen sowie das entschiedene Eintreten für die Möglichkeit der Beratung durch Ärzte und Ärztinnen – unabhängig von deren Qualifikation – legen die Vermutung nahe, dass die Regierungskoalition auch deshalb die ärztliche Beratung favorisierte, weil sie davon ausging, dass diese im Gegensatz zu den Beratungsstellen, unter denen sich etliche in kirchlicher Trägerschaft befanden, weitgehend wertneutral ausgerichtet sein würde.

2.3.2 Letzte kirchliche Interventionen

Die Verfahrensregelungen des Koalitionsentwurfs wurden von evangelischer Seite kritisch betrachtet; das hatte der Rat der Rat der EKD Ende September in seiner Stellungnahme bereits zum Ausdruck gebracht. Man befürchtete, dass der Indikationenentwurf der Regierungskoalition durch eine laxes Begutachtungs- und Beratungsverfahren bewusst in Richtung auf eine Fristenregelung ‚verwässert' werden würde. Hinzu kam die schon wiederholt angeklungene Sorge des Diakonischen Werks, dass dem noch jungen kirchlichen Engagement in der Schwangerschaftskonfliktberatung durch die Verabschiedung des Koalitionsentwurfs sogleich wieder die Grundlage entzogen werden könnte, da den Beratungsstellen nach dem Willen der Regierungsfraktionen nur eine äußerst untergeordnete Rolle eingeräumt werden sollte.

Im bayerischen Sozialministerium teilte man die Bedenken der Kirchen. Hier war im Anschluss an eine Konsultation mit den Verbänden der freien Wohlfahrtspflege sowie den Modellberatungsstellen eine ausführliche und differenzierte Stellungnahme zu den Beratungsregelungen der verschiedenen Gesetzentwürfe erarbeitet worden.[208] Allerdings konnte das Papier des Sozialministeriums nicht veröffentlicht, sondern nur informell verbreitet werden, da es nicht nur den Koalitions-, sondern auch den Oppositionsentwurf kritisierte.

Mit der Bitte um Unterstützung aus dem kirchlichen Raum wurde die Ausarbeitung Mitte November u. a. dem Diakonischen Werk in Bayern zugeleitet. Von hier sandte Oberkirchenanwältin Irmin Mantel es an die Hauptgeschäftsstelle des Diakonischen Werks in Stuttgart weiter und bat darum, man möge die Angelegenheit dort prüfen und gegebenenfalls wei-

[207] EBD., S. 13891. Von Schoeler wiederholte diese Aussage auch in der zweiten Lesung (vgl. BT Sten. Ber. 7. WP 221. Si. vom 12.2.1976, S. 15326).

[208] Vgl. Brief von Irmin Mantel an Schober vom 11.11.1975 sowie Papier aus dem bayerischen Sozialministerium (EZA 650/95/202; ADW, HGSt 4641).

tere Schritte einleiten. „Denkbar wäre", schrieb Mantel an Schober, „daß wir entweder als DW der EKD oder aber vielleicht noch besser über die Kirchenkanzlei beim zuständigen Bundestagsausschuß vorstellig werden."[209]

Mantels Empfehlungen stießen nicht nur beim Präsidenten des Diakonischen Werks, der den gesamten Vorgang umgehend an Kunst und Wilkens weiterleitete, auf Zustimmung.[210] Keine vier Wochen nachdem die EKD von Schober über die Angelegenheit informiert worden war, setzte der Bevollmächtigte die Anregung aus Bayern bereits um. Gemeinsam mit seinem katholischen Kollegen Wilhelm Wöste wandte Kunst sich am 5. Januar 1976 an die Vorsitzenden der Fraktionen, des Rechts- sowie des Strafrechtssonderausschusses und fasste die Bedenken der Kirchen zur Verfahrensregelung des Koalitionsentwurfs nochmals schriftlich zusammen.[211]

Inhaltlich wie formal standen die Ausführungen der Kirchenmänner den bisherigen evangelischen Voten, insbesondere dem letzten Ratswort, erstaunlich nahe und ließen wenig von der kompromisslosen katholischen Haltung der zurückliegenden Monate spüren. Bemerkenswert war bereits die Tatsache, dass man die katholische Missbilligung der Notlagenindikation sowie der Straffreiheit der Frau gänzlich außer Acht ließ und sich – in Anlehnung an das Ratswort sowie das bayerische Papier – allein auf kritische Anmerkungen zum Verfahren der Beratung und der Indikationsfeststellung beschränkte. Doch nicht nur die Themenbeschränkung, auch der maßvolle Ton des Briefes trug unverkennbar eine evangelische Handschrift.[212]

Als einen ‚hoffnungsvollen Ansatz' würdigten Kunst und Wöste es in ihrem Schreiben zunächst, dass beide dem Bundestag vorliegenden Gesetzentwürfe eine Pflichtberatung mit ‚abstiftendem Charakter' vorsahen. Die Kirchenmänner kritisierten allerdings, dass die Beratung nach den Vorstellungen der Koalition nicht in erster Linie von qualifizierten Be-

---

[209] Ebd.

[210] Vgl. Brief von König an Mantel vom 4.12.1975 (EZA 650/95/202; ADW, HGSt 4641).

[211] Vgl. Brief an Carstens, Wehner, Mischnick, Lenz (Rechtsausschuss), Müller-Emmert (Strafrechtssonderausschuß) (EZA 650/95/194). Die Presse wurde erst am 13.1.1976 von der gemeinsamen Initiative unterrichtet (vgl. *epd za* vom 14.1.1976 sowie *kna* vom 13.1.1976). Ein direkter Zusammenhang zwischen der bayerischen Anfrage und der Reaktion aus Bonn lässt sich aus den Akten zwar nicht eruieren, legt sich angesichts der zeitlichen und inhaltlichen Verbindung jedoch nahe.

[212] Die Verfasserfrage kann aufgrund der Quellenlage nicht endgültig geklärt werden, da sich über den Entstehungszusammenhang des evangelisch-katholischen Schreibens keinerlei Unterlagen finden lassen. Eine Andeutung Wilkens' weist allerdings darauf hin, dass man auf evangelischer Seite bereits seit längerem mit dem Gedanken an ein gemeinsames Wort gespielt hatte (vgl. Brief an Vogel vom 19.9.1975, in: EZA 650/95/192).

ratern und Beraterinnen, sondern von Medizinern und Medizinerinnen, die weder fachlich noch zeitlich darauf eingerichtet seien, durchgeführt werden sollte. Darüber hinaus meldeten sie Bedenken an, dass die Indikationsfeststellung ebenfalls von jedem Arzt und jeder Ärztin ohne Erfordernis einer besonderen Zulassung oder Ermächtigung vorgenommen werden konnte.

Kunst und Wöste wandten sich zudem entschieden dagegen, dass nach dem Koalitionsentwurf derselbe Arzt bzw. dieselbe Ärztin sowohl die Beratung als auch die Indikationsfeststellung durchführen konnte. Die Kirchenvertreter verlangten unbedingt eine institutionelle Trennung von Beratung und Indikationsfeststellung, denn, hieß es in ihrem Schreiben: „Eine Verknüpfung von Beratung und Indikationenfeststellung, würde es [...] den in kirchlicher Trägerschaft stehenden Beratungsstellen erschweren bzw. unmöglich machen, Schwangerenberatung im Rahmen eines solchen Gesetzes auszuüben."[213] Dieser Feststellung lag die Überlegung zugrunde, dass die kirchlichen Beratungsstellen sich zwar an der Beratung beteiligen wollten, aus ethisch-religiösen Gründen jedoch von der Indikationsfeststellung absehen müssten und damit bei In-Kraft-Treten des Koalitionsmodells unattraktiv für Schwangere werden würden, da sie keinen ‚All-round-Service' wie jeder Arzt, jede Ärztin oder auch die Pro Familia Beratungsstellen anbieten könnten. Die Verfahrensregelungen der Regierungskoalition begünstigten somit die ärztliche Beratung und ließen die kirchlichen Beratungsangebote im Vergleich dazu weitaus weniger attraktiv erscheinen.

Hinter dem gemeinsamen Schreiben von Kunst und Wöste sowie hinter ihrer abschließenden eindringlichen Bitte an die Fraktions- und Ausschussvorsitzenden, die vorgebrachten Einwände in die weiteren Überlegungen einzubeziehen, lag im Kern die ernste Sorge der Kirchen um die Marginalisierung ihres Beitrags zur Schwangerschaftskonfliktberatung.[214]

Die evangelische Seite ließ es bei dem gemeinsamen Schreiben von Kunst und Wöste bewenden. Die katholische Kirche indes meldete sich Ende Januar 1976 noch einmal mit einer Grundsatzerklärung zu Wort. In ihrer Stellungnahme, die sowohl den Bonner Repräsentanten als auch dem Kirchenvolk zugeleitet wurde, mahnte die Deutsche Bischofskonferenz zwei Wochen vor der endgültigen Beratung der Gesetzentwürfe im Bundestag den unbedingten Schutz des ungeborenen Lebens an und verweigerte nicht nur dem Koalitions-, sondern auch dem Oppositionsent-

---

[213] Vgl. oben Anm. 211.

[214] Dass diese Marginalisierung in der Tat von einigen Vertretern und Vertreterinnen der Regierungskoalition intendiert war, hatten nicht erst verschiedene Äußerungen während der ersten Lesung der Gesetzentwürfe angedeutet (vgl. bereits oben S. 352 f.).

wurf ihre Zustimmung.[215] Aufsehen erregte insbesondere die Anschuldigung der Bischöfe, dass der Koalitionsentwurf dem Töten einen ‚pseudorechtlichen Freiraum' gewähre.[216] Mehrere Koalitionspolitiker wiesen den Vorwurf – sowohl was den Inhalt als auch den Ton betraf – entschieden zurück.[217] Das gemeinsame Schreiben von Kunst und Wöste in seinem bemüht sachlichen und maßvollen Wortlaut war damit – wenn auch nicht der Sache nach, so doch durch die kompromisslose Formulierung der Bischofserklärung – wieder zurückgenommen.

Einen nachhaltigen Einfluss auf die Ausgestaltung der Gesetzentwürfe, welche nach ihrer ersten Lesung federführend an den Strafrechtssonderausschuss überwiesen worden waren, vermochten weder das gemeinsame Schreiben von Kunst und Wöste noch die Erklärung der Bischofskonferenz letztlich auszuüben. Zwar beschäftigte sich der Strafrechtssonderausschuss ausführlich mit der von den Kirchen aufgeworfenen Frage nach dem Stellenwert ihrer zukünftigen Beratungstätigkeit, doch konnte er sich zu keiner diesbezüglichen Änderung des Koalitionsentwurfs entschließen.[218] Nach Beendigung seiner Beratungen empfahl das Gremium dem Deutschen Bundestag deshalb am 28. Januar 1976 die Verabschiedung des im Wesentlichen unveränderten Koalitionsentwurfs.[219]

---

[215] „Erklärung der Deutschen Bischofskonferenz zum Schutz des ungeborenen Lebens" vom 26.1.1976 (abgedruckt in: G. Gorschenek, Grundwerte, S. 253–258). In einer kurzen Stellungnahme zur Reform des § 218 StGB hatte auch der Katholische Arbeitskreis für Strafrecht den Koalitions- sowie den Oppositionsentwurf am 17. November 1975 scharf kritisiert (vgl. Ebd., S. 251 f.). Allerdings machten beide Erklärungen, sowohl die der Bischofskonferenz als auch die des Arbeitskreises, deutlich, dass sie dem Entwurf der Koalition weit mehr Vorbehalte entgegenbrachten als jenem der Opposition.

[216] „Erklärung der Deutschen Bischofskonferenz ..." (vgl. Anm. 215). Mit dem Hinweis, dass es selbst in einer pluralen Gesellschaft sittliche Wertvorstellungen von allgemeiner Gültigkeit gebe, an die auch der Gesetzgeber gebunden sei, schlossen die katholischen Bischöfe an die gemeinsame Erklärung von 1970 an und wiesen zugleich voraus auf die Grundwertedebatte der kommenden Monate (vgl. unten S. 529–533).

[217] Kritisch äußerten sich die sozialdemokratischen Abgeordneten Willfried Penner (vgl. Informationen der sozialdemokratischen Fraktion im Deutschen Bundestag Nr. 132 vom 5.2.1976) sowie Heinz Rapp und Elfriede Eilers (vgl. BT Sten. Ber. 7. WP 221. Si. vom 12.2.1976, S. 15339; S. 15344). Zwischen Eilers und dem Unionspolitiker Köster kam es sogar zu einem kleinen Wortgefecht über die Rolle der Kirchen. Während Köster hervorhob, dass keine andere Organisation so viel für schwangere Frauen getan habe, verwies Eilers darauf, dass insbesondere die Kirchen alleinstehenden Müttern durch deren Ächtung das Leben vielfach erschwert hätten (Ebd., S. 15340).

[218] Vgl. „Bericht und Antrag des Sonderausschusses für die Strafrechtsreform" (BT-Drs. 7/4696 vom 3.2.1976, S. 8–10).

[219] Zu den geringfügigen Änderungen des Strafrechtssonderausschusses vgl. die Übersicht Ebd., S. 15–19.

2.3.3 Zweite und dritte Lesung sowie Verabschiedung des Reformgesetzes

Die zweite und dritte Lesung der Gesetzentwürfe zur Reform des § 218 StGB sowie die endgültige Beschlussfassung des Bundestages waren auf den 12. Februar 1976 anberaumt. In den Wochen vor der Abstimmung im Parlament blieb es - abgesehen von der Erklärung der Bischofskonferenz - erstaunlich ruhig. Anders als 1973 und 1974 kam es weder zu publizistischen Auseinandersetzungen noch zu öffentlichen Unruhen. Die Reform des Abtreibungsstrafrechts bewegte die Bevölkerung zweifelsohne nicht mehr in demselben Maß wie noch bis zum Frühjahr 1974.

Auch die Parlamentsdebatte vom 12. Februar 1976 ließ gewisse Ermüdungserscheinungen erkennen und blieb sowohl ihrer Dauer als auch ihrem Niveau nach deutlich hinter jenen der vorangegangenen Jahre zurück.[220] Es hatte den Anschein, als wollten die Bonner die Angelegenheit möglichst rasch vom Tisch haben. Das Ergebnis der zweiten und dritten Lesung der Gesetzentwürfe, die Verabschiedung des Koalitionsentwurfs, stand ohnehin außer Frage.

Die Debatten unmittelbar vor der Schlussabstimmung kreisten um zwei Themenbereiche: Zum einen um die Frage, welcher Partei die Hauptverantwortung für das Scheitern der Kompromissbemühungen zur Last zu legen sei, und zum anderen um die Regelungen zur Beratung und Begutachtung, die wiederholt im Zentrum der Kritik gestanden hatten.[221] Ausführlich gingen Koalition und Opposition in diesem Zusammenhang auch noch einmal auf die Rolle der Kirchen in der Abtreibungsdebatte ein. Während Unionssprecher das Recht, ja sogar die Pflicht der Kirchen zur Intervention in gesellschaftspolitisch relevanten Fragen verteidigten und hervorhoben, dass der kirchliche Beitrag sich nicht einfach in den Bereich spezifisch religiöser Wertvorstellungen abschieben lasse, die kirchliche For-

---

[220] Dies und das Folgende nach: BT Sten. Ber. 7. WP 221. Si. vom 12.2.1976, S. 15320–15358.

[221] Während die Koalition der Opposition vorhielt, nicht willens gewesen zu sein, den Rahmen des Karlsruher Urteils voll auszuschöpfen, warf die Opposition der Koalition im Gegenzug vor, die Richtlinien des Urteils weit überschritten zu haben und durch die Hintertür - d. h. über eine Indikationenregelung - erneut wesentliche Teile der Fristenregelung in die Gesetzgebung einzubringen. Vgl. z. B. Ebd., S. 15321 (Vogel/Ennepetal); S. 15325 (von Schoeler); S. 15329 f. (Müller-Emmert); S. 15335 (Spranger); S. 15347 (Köster); S. 15353 f. (Funcke). In der Presse war zu lesen, dass die katholische Kirche und der Deutsche Richterbund die verfassungsrechtlichen Bedenken der Opposition teilten, während die Ärzteschaft sowie die evangelische Kirche sich - mit Einschränkungen - der Auffassung der Regierungskoalition angeschlossen hätten, dass das Urteil des BVerfG durch den Koalitionsentwurf zwar voll ausgeschöpft, doch im Wesentlichen eingehalten werde (vgl. „Schwangerschaftsabbruch ist künftig auch bei sozialer Notlage der Frau straffrei“, in: *SZ* vom 13.2.1976).

derung nach einer Trennung von Beratung und Indikationsfeststellung vielmehr ihre volle Berechtigung habe,[222] verwahrte sich die Koalitionsseite nachdrücklich gegen den Versuch der Opposition, die Kirchen auf eine bestimmte Position festlegen zu wollen.[223]

Als unbegründet wurde von Koalitionsseite auch die Sorge der Kirchen um ihren Platz im zukünftigen Beratungssystem zurückgewiesen. Zwar räumte Müller-Emmert ein, dass das Beratungskonzept des Koalitionsentwurfs in der Tat darauf hinauslaufe, dass die Beratungsstellen die Indikationsfeststellung in ihr Angebot aufnehmen sollten, die Fortexistenz des kirchlichen Beratungsangebotes sah er durch diese Entwicklung gleichwohl nicht in Gefahr.[224] Gebe es doch keinen Hinderungsgrund für die Kirchen, in ihren Beratungsstellen etwa die Indikationsfeststellung der für sie ethisch vertretbaren medizinischen Indikation vorzunehmen. Außerdem ziele die Beratung, so Müller-Emmert, ja ohnehin auf eine Vermeidung des Abbruchs, so dass sich die Indikationsfeststellung im Idealfall erübrige.

Diese recht angestrengte Argumentation verdeutlicht, wie unbeweglich der koalitionsintern gefundene Kompromiss war, und dass selbst kleinere Modifikationen wie die Trennung von Beratung und Indikationsfeststellung keine Chance auf Berücksichtigung hatten.[225]

Im Grunde war der Spielraum für Verhandlungen von Anbeginn an minimal gewesen, da es sowohl der Koalition als auch der Opposition nach

---

[222] Insbesondere Vogel nahm einige Gedanken und Äußerungen der Kirchen in seinen Beitrag auf (z. B. dass im Koalitionsentwurf hinter der Fassade einer Indikationenregelung gerade diejenigen Elemente der Fristenregelung durchgesetzt werden sollten, die das BVerfG zu deren Ablehnung veranlasst hatten, wie der Rat in seiner Erklärung vom September 1975 zu bedenken gegeben hatte). Vgl. BT Sten. Ber. 7. WP 221. Si. vom 12.2.1976, S. 15320–15324, sowie S. 15335 (Spranger) und S. 15352 (Eyrich).

[223] Vgl. Funcke: „Es gibt keine eindeutige Meinung in der evangelischen Kirche hierzu. Es gibt sie schon gar nicht, nachdem ja, wie Sie sehr wohl wissen, die Synode der evangelischen Kirche es zurückgewiesen hat, die Fristenregelung als sittlich nicht vertretbar anzusehen. Hinter diese Auffassung kann man da ja dann wohl nicht mehr zurück. Es gibt in der evangelischen Kirche aus unterschiedlichem Verständnis heraus unterschiedliche Meinungen. Wir kennen die Stellungnahmen aus dem Bereich derer, die etwas von Beratung – Familienberatung, Eheberatung – verstehen. Sie haben sich für eine sehr offene Lösung eingesetzt. Deswegen glaube ich nicht, daß wir hier die Dinge mit solchen Behauptungen eindeutig in die eigene Richtung ziehen können" (Ebd., S. 15354). Funcke ging zur Untermauerung des Koalitionsentwurfs in ihrer Rede ausführlich auf den Jahresbericht des EZI in Berlin ein (vgl. Ebd., sowie auch schon Funckes öffentliches Lob für Koschorkes kritischen Tätigkeitsbericht, in: *fdk tagesdienst* vom 16.5.1975).

[224] Dies und das Folgende vgl. BT Sten. Ber. 7. WP 221. Si. vom 12.2.1976, S. 15331.

[225] Zu Recht hatte die Unionsabgeordnete Hanna Neumeister die Regierungskoalition daran erinnert, dass diese in ihrem Regierungsentwurf von 1972 noch selbst eine Ermächtigung der beratenden Ärzte und Ärztinnen, wie Opposition und Kirchen sie nunmehr forderten, vorgesehen hatte (vgl. Ebd., S. 15341, sowie „Entwurf eines Fünften Gesetzes zur Reform des Strafrechts", BT-Drs. 6/3434 vom 15.5.1972, § 220, S. 2).

dem Urteil des BVerfG nur unter größten Anstrengungen gelungen war, einen partei- bzw. koalitionsinternen Kompromiss zu erarbeiten. Nicht nur innerhalb der Union klafften große Unterschiede zwischen ehemaligen Heck-Anhängern und konzilianten Abgeordneten wie etwa Friedrich Vogel;[226] auch innerhalb der SPD/FDP-Koalition, die formal geschlossen hinter ihrem Gesetzentwurf stand, gab es nach wie vor offenkundige Differenzen zwischen ehemaligen Fristenvertretern und -vertreterinnen, die die Reform emanzipatorisch begründeten, und jenen Koalitionsabgeordneten, denen es primär um eine Verbesserung des Lebensschutzes bestellt war.[227] Eine überparteiliche Einigung, soviel stand nach den Plenardebatten vom 12. Februar fest, wäre weder von den ‚linken Rändern' in der SPD/FDP-Regierungskoalition noch von den ‚rechten Rändern' in der Union mitgetragen worden und somit nur unter Opferung der Parteidisziplin zu erreichen gewesen.[228] Für eine große ‚Koalition der Mitte' jedoch war das parteipolitisch aufgeladene Klima in der BRD noch zu rau. Und

[226] Verschiedene Unionspolitiker griffen in diesem Zusammenhang auf den Regierungsentwurf von 1972 zurück und bedauerten, dass es nicht gelungen war, diesen zur Basis einer gemeinsamen Gesetzesvorlage zu machen (vgl. BT Sten. Ber. 7. WP 221. Si. vom 12.2.1976, S. 15351 f. [Eyrich]; S. 15341 [Neumeister]). Die Koalition machte indes darauf aufmerksam – und wurde durch die Redebeiträge der ehemaligen Heck-Anhänger Spranger und Köster auch darin bestätigt –, dass die von einigen Unionsabgeordneten – allen voran Friedrich Vogel – unermüdlich zum Ausdruck gebrachte aufrichtige Bereitschaft zur interfraktionellen Verständigung keineswegs als repräsentativ für die gesamte Unionsfraktion angesehen werden konnte (vgl. Ebd., S. 15336 [Engelhard]; S. 15354 [Funcke], S. 15334–15336 [Spranger]; S. 15345–15349 [Köster]).

[227] Während etwa von Schoeler seinen rein emanzipatorischen Ansatz scharf gegen das Prinzip des Lebensschutzes abgrenzte und vor dem Plenum des Bundestages hervorhob, die Regierungskoalition habe den Rahmen des Karlsruher Urteils voll ausgeschöpft, „um den Frauen zu helfen, und nicht hohe Worte vom Schutz des werdenden Lebens dazu [zu] mißbrauchen, nur weiter Not und Elend zu rechtfertigen", betonte Bundesjustizminister Hans-Jochen Vogel dagegen, dass mit der Reform des § 218 StGB nicht der staatliche Auftrag zum Schutz des ungeborenen Lebens *an sich* zur Disposition stehe, sondern allein die Frage, *wie* dieser Schutz am besten zu gewährleisten sei. Entschieden wies Vogel den Vorwurf der Opposition sowie der katholischen Kirche zurück, die Regierungskoalition missachte den hohen Wert des ungeborenen Lebens. Vgl. BT Sten. Ber. 7. WP 221. Si. vom 12.2.1976, S. 15325 f. (von Schoeler); S. 15355 (Vogel).

[228] Rapp (SPD) brachte die Differenzen auf eine interessante Formel. In Anlehnung an die einst von Eppler vorgenommene Differenzierung zwischen Wert- und Strukturkonservatismus gab Rapp zu bedenken, dass es in der Frage des § 218 StGB zur wirksamen Bewahrung des hohen Wertes ‚Leben' dringend einer Anpassung der Strukturen an die veränderten gesellschaftlichen Bedingungen bedurfte. Allerdings, so Rapps Beobachtung, sei es wohl im Allgemeinen „rechts angesiedelter Denkungsart gemäß [...] in die Institutionen und Regelungen größeres Zutrauen zu haben als in die Menschen, wohingegen links in die Menschen größeres Vertrauen gesetzt wird als in gesellschaftliche Apparate und Regelungen" (Ebd., S. 15345; vgl. auch S. 1525 f. [von Schoeler]). Eine vergleichbare Argumentation findet sich interessanterweise bei König im Blick auf die Differenzen zwischen der evangelischen und der katholischen Kirche (vgl. oben Anm. 158).

so wurde der Koalitionsentwurf am 12. Februar 1976 nach nur knapp dreistündiger Plenardebatte wie erwartet mit der deutlichen Mehrheit von 234 Ja- zu 181 Neinstimmen im Bundestag verabschiedet.[229]

2.3.4 Erste Reaktionen

„Man mag klanglose ‚Verabschiedungen' begrüßen – selten zuvor traf dieser verfahrenstechnische Begriff die geschäftsmäßige Stimmung im Parlament derart genau."[230] So kommentierte Robert Leicht von der *SZ* die letzte Lesung des Reformentwurfs, die seiner Ansicht nach eine reine „Pflichtübung" gewesen war, da die Parteien durch den Karlsruher Urteilsspruch zur Vorlage von Entwürfen gezwungen worden waren, die sie im Grunde gar nicht voll befürworteten.[231]

Doch nicht nur im Lager der einstigen Fristenbefürworter herrschte Enttäuschung über das Resultat der jahrelangen Reformbemühungen. Auch Indikationenanhänger zeigten sich unzufrieden mit der verwässerten Reform, die vielen Vorstellungen im Ansatz, keiner jedoch voll entsprach. Friedrich Karl Fromme von der *FAZ* schrieb etwa: „Es geht beim neuen ‚Abtreibungsrecht' – das verkürzende Wort enthüllt einen tieferen Sinn – der Bonner Koalition nicht so sehr um Strafrecht gegen Abtreibung als gegen ein Unrecht, sondern um das Ausgestalten eines bedingen Rechts zur Abtreibung."[232] Damit, so Fromme, sei die Koalition – allen voran die FDP – erneut bei jenen emanzipatorischen Motiven angelangt, mit welchen sie Anfang der siebziger Jahre aufgebrochen sei, um den § 218 StGB zu reformieren.[233]

---

[229] EBD., S. 15358 f. Ebenfalls für den Koalitionsentwurf stimmten der Unionsabgeordnete Willi-Peter Sick sowie die Berliner CDU-Abgeordneten Jürgen Wohlrabe und Lieselotte Berger. Vermutlich nicht ohne Bedacht blieben dagegen die Abgeordneten Josef Ertl (FDP; katholischer Befürworter des einstigen Müller-Emmert-Entwurfs), Werner Maihofer (FDP; entschiedener Befürworter einer Fristenregelung) und Ulrich Lohmar (SPD; Fristenbefürworter) der Abstimmung fern. Der SPD-Abgeordnete Wilderich Freiherr Ostman von der Leye stimmte ferner gegen das Koalitionsmodell und begründete dies in einer persönlichen Erklärung damit, dass eine Indikationenregelung den Lebensschutz durch die Aufstellung von Rechtfertigungsgründen zum Töten weitaus nachhaltiger schädige, als es eine Fristenregelung getan hätte (vgl. EBD., S. 15357). Bereits am 16.4.1973 hatte er an Kunst geschrieben „Ich kann nicht bestreiten, daß auch das hier vorgeschlagene System (Fristenregelung) nicht voll befriedigt, aber es birgt gegenüber der Indikationsregelung die geringeren Gefahren für die Prinzipien des Lebensschutzes. Dass dies die Bischofskonferenz, ein großer Teil der Moraltheologen und die ‚Indikationslöser' übersehen haben, ist verwunderlich" (EZA 742/248).

[230] „Eine ungewollte Abtreibungsreform" (in: *SZ* vom 13.2.1976).

[231] EBD.

[232] „Nur ein paar Wochen zum neuen Abtreibungsrecht" (in: *FAZ* vom 6.4.1976).

[233] Nachdem der Emanzipationsgedanke auf Widerstand gestoßen und darum zwischenzeitlich in den Hintergrund gedrängt worden war, erläuterte Fromme, habe man die ur-

Über die verbreitete Enttäuschung weit hinaus reichten unterdessen die entschiedenen Proteste der katholischen Kirche. Sowohl das Kommissariat der deutschen Bischöfe als auch das ZdK bedauerten den Beschluss des Bundestages außerordentlich und gaben unmissverständlich zu verstehen, dass sie sich mit der Neufassung des § 218 StGB nicht abfinden, sondern nach Kräften für eine erneute Änderung des Abtreibungsstrafrechts eintreten würden.[234] Zu Recht wurde diese Aussage gemeinhin als Kampfansage der katholischen Kirche gegen das reformierte Abtreibungsstrafrecht und seine Umsetzung verstanden.[235]

2.3.5 Ein kurzes Votum des Ratsvorsitzenden und die Auswirkungen der Reform auf das evangelische Beratungsangebot

Blickt man auf den Beitrag der EKD zu den Reformbemühungen der zurückliegenden Monate und Jahre, so verwundert es kaum, dass ihre Reaktion auf die Bundestagsentscheidung sich deutlich von jener der katholischen Kirche abhob. Der EKD-Ratsvorsitzende äußerte sich zunächst allerdings nur in einer kurzen Stellungnahme zur Verabschiedung des Koalitionsentwurfs und kündigte eine ausführliche Erklärung für den Zeitpunkt des In-Kraft-Tretens der neuen Gesetzesregelungen an.[236]

Zu der Stellungnahme des Ratsvorsitzenden hieß es in der Presse treffend, Claß habe auf die Bundestagsentscheidung sowohl mit Kritik an einzelnen Bestimmungen als auch mit Anerkennung für die Reformbemühungen des Parlaments reagiert.[237] In der Tat hatte Claß in seiner

---

sprüngliche Absicht, die Abtreibung ‚freier' zu machen in der letzten Phase der Reform nicht mehr verhehlt, sondern offen und selbstbewusst in die Formel gekleidet, das Karlsruher Urteil ‚voll ausschöpfen zu wollen' (vgl. EBD.)

[234] Vgl. „Erklärung des Kommissariats der deutschen Bischöfe zu der vom Deutschen Bundestag verabschiedeten Neuregelung des § 218 StGB" vom 12.2.1976, sowie „Erklärung des geschäftsführenden Ausschusses des ZdK am 13.2.1976 zum Beschluß des Deutschen Bundestages über die Änderung des § 218 StGB" (beide in: PAEPD, R521.5).

[235] Sowohl der Leiter des Kommissariats der deutschen Bischöfe Wöste als auch der Vorsitzende der Bischofskonferenz Döpfner wiederholten in den Wochen nach Veröffentlichung der Bischofserklärung, dass die katholische Kirche sich mit dem neuen Gesetz nicht abfinden und sich um seine Änderung bemühen werde (vgl. *kna* vom 14.2.1976, sowie „Abtreibungsreform noch nicht in Kraft", in: *FR* vom 13.3.1976).

[236] „Erklärung des Vorsitzenden des Rates der EKD zur abermaligen Neufassung der Strafbestimmungen über den Schwangerschaftsabbruch" (in: *epd za* vom 13.2.1976, abgedruckt auch in: KJ 1976/77, S. 163 f.). Über Autor und Entstehungshintergründe der kurzen Stellungnahme geben die Akten keinerlei Auskunft. Stil und Inhalt der Erklärung lassen jedoch keine wesentlichen Unterschiede zu den von Wilkens verfassten Voten erkennen.

[237] Vgl. *Die Welt* vom 14.2.1976, sowie „EKD kritisiert Abtreibungsgesetz" (in: *FAZ* vom 14.2.1976 und *Der Tagesspiegel* vom 16.2.1976).

Stellungnahme zunächst bedauert, dass das Parlament zu keinem überparteilichen Kompromiss gefunden hatte und dass auch die Verfahrensregelungen nicht verbessert worden waren. Weder die Position der Beratungsstellen war gestärkt noch eine behördliche Ermächtigung für die indikationsfeststellenden Ärzte und Ärztinnen festgeschrieben worden. Doch hob Claß hervor, dass das verabschiedete Indikationenmodell seiner Ansicht nach eine wesentliche Verbesserung zur Fristenregelung von 1974 darstelle. Ferner zollte er dem Bemühen des Strafrechtssonderausschusses um einen möglichst ‚erträglichen Kompromiss' Anerkennung und würdigte die Vorschrift, nach welcher der Abbruch nur in einem Krankenhaus bzw. einer zugelassenen Einrichtung vorgenommen werden durfte. Der eigentliche Schutz, schloss Claß seine Erklärung, liege nach evangelischer Auffassung ohnehin nicht in Strafbestimmungen, sondern in der Kraft der Überzeugung, dass ein jeder und eine jede sich für die Bewahrung des geborenen wie des ungeborenen Lebens letztlich vor Gott zu verantworten habe.

Die evangelische Seite teilte somit die der Reform zugrunde liegende Einsicht, dass dem Strafrecht nur eine sekundäre Bedeutung für den Lebensschutz, der verantwortlichen Gewissensentscheidung der Schwangeren dagegen die Hauptverantwortung zufiel, und es deshalb ein wichtiger Beitrag zum Lebensschutz sei, der Frau durch Beratung und seelsorgerliche Begleitung eine verantwortliche und gewissenhafte Entscheidungsfindung zu ermöglichen. In kurzen Reaktionen auf die Bundestagsentscheidung bekräftigten auch der Bischof von Braunschweig und der Präses von Westfalen diese Einsicht.[238] Nach dem Vorbild der DDR-Bischöfe von 1972 appellierte Hans Thimme ferner an die Bevölkerung, auch weiterhin behutsam und verantwortungsvoll mit dem ungeborenen Leben umzugehen, den Schwangerschaftsabbruch nicht zu verharmlosen und ihn als Christin wenn irgend möglich zu unterlassen.[239]

Die evangelischen Reaktionen auf die Bundestagsentscheidung zeigen damit, dass die Kirchenleitungen ihren Blick bereits verstärkt auf die vor ihnen liegenden Beratungsaufgaben richteten und sich im Unterschied zu den Katholiken ohne größere Proteste darauf einstellten, dass das Ringen um die strafrechtliche Regelung des Schwangerschaftsabbruchs zu einem Ende gekommen war.

Unter denjenigen, welche sich bereits länger mit der Beratung befassten, herrschte allerdings Ernüchterung angesichts des Bundestagsbeschlusses und seiner Auswirkungen auf das kirchliche Beratungsangebot. „Mit dem neuen Gesetz kann eigentlich niemand so recht zufrieden sein",

---

[238] Zu Heintze vgl. *epd za* vom 17.2.1976, zu Thimme *epd za* vom 13.2.1976 und „Kein moralisches Alibi!" (*Rheinischer Merkur* vom 5.3.1976).

[239] Ebd.

hieß es etwa im Rundbrief des rheinischen Arbeitskreises ‚Beratung in Fragen Paragraph 218 StGB'.[240] In dem internen Schreiben an die Superintendenten und Kreissynodalbeauftragten für Diakonie im Rheinland beklagte der Kreis, dass die Reform den Trend zur ärztlichen Beratung untermauere und die Beratung damit insgesamt verflache. Angesichts der vom Gesetzgeber geschaffenen Möglichkeiten, die es jedem Arzt und jeder Ärztin gestatteten, die Beratung durchzuführen, beurteilte der Arbeitskreis die Aussichten, dass kirchliche Angebote in größerem Umfang in Anspruch genommen werden würden, äußerst skeptisch und warnte vor falschen Hoffnungen.

Für seine düsteren Prognosen machte der Arbeitskreis allerdings nicht allein das verabschiedete Reformgesetz, sondern auch eine gewisse Voreingenommenheit der Bevölkerung kirchlichen Beratungsangeboten gegenüber verantwortlich. Gehe die Öffentlichkeit doch mehrheitlich davon aus, Schwangerschaftskonfliktberatung im kirchlichen Raum verfolge einseitig das Ziel, Frauen zur Austragung des Kindes zu überreden. Selbstkritisch fügte der Kreis hinzu: „Leider muß gesagt werden, daß das Negativ-Image der kirchlichen Schwangerenberatung nicht zuletzt herrührt von bestimmten Äußerungen, die führende Männer der Kirche in der Öffentlichkeit gemacht haben."[241] Der Kreis wies in diesem Zusammenhang auf die Erfahrungen kirchlicher Beratungsstellen hin, die eine größere Zahl von Besucherinnen verzeichnet hätten, nachdem sie in ihren Presseanzeigen auf die kirchliche Firmierung verzichtet hätten.

Auch der württembergische Ad hoc-Ausschuss § 218 bestätigte diese Beobachtung. Zwei Monate nach In-Kraft-Treten der Reform stellten seine Mitglieder Ende August fest, dass bis dato kaum Frauen auf die schon vorhandenen psychologischen Beratungsstellen der Kirche zugegangen seien und auch vonseiten der Einrichtungen eine gewisse Unsicherheit darüber bestehe, ob man für Schwangerschaftskonfliktberatung überhaupt geeignet sei.[242]

Die Ausschussberichte geben einen Eindruck von dem anfänglich schweren Stand der evangelischen Beratungsangebote. Neben der Konzentration auf die ärztliche Beratung infolge der Verabschiedung des Koalitions-

---

240 Zweiter Rundbrief des Arbeitskreises „Beratung in Fragen Paragraph 218 StGB" an die Superintendenten und Kreissynodalbeauftragten für Diakonie im Rheinland vom 31.3.1976 (ADW, HGSt 4631).

241 Ebd.

242 Eine Ausnahme bildete laut Protokoll lediglich die Modellberatungsstelle in Ulm, die sehr gut in Anspruch genommen wurde, allerdings auch unter neutraler Trägerschaft lief (vgl. Protokoll der Sitzung des Ad hoc-Ausschusses § 218 vom 20.8.1976, in: ADW, HGSt 4631). Vgl. dazu auch: Laut EKD-Umfrage kam 1973 für 42 von 100 Befragten eine kirchliche Eheberatungsstelle „auf gar keinen Fall in Frage" (H. Hild, Wie stabil ist die Kirche?, S. 111).

entwurfs sowie neben eigenen Unsicherheiten bezüglich der Kompetenzen und Zuständigkeiten hatte man zudem unter dem verzerrten Bild zu leiden, das die kirchliche Intervention der zurückliegenden Jahre – allen voran die katholische Agitation – in der Öffentlichkeit hatte aufkommen lassen.[243]

3. Kirchliche Stellungnahmen nach In-Kraft-Treten der Reform

Bevor der Mitte Februar 1976 im Bundestag verabschiedete Koalitionsentwurf im Sommer endgültig in Kraft treten konnte, hatte er noch einige Hürden zu überwinden. Ebenso wie 1974 stieß die Reform im Bundesrat erneut auf Ablehnung. Nach einem gescheiterten Vermittlungsbegehr legte die unionsdominierte Ländervertretung Einspruch gegen das vom Bundestag verabschiedete 15. Strafrechtsänderungsgesetz ein.[244] Der Einspruch musste, wie bereits 1974, vom Bundestag mit absoluter Mehrheit zurückgewiesen werden. Die Abstimmung im Parlament wurde auf den 6. Mai anberaumt. Da die Geschäftsordnung für die Zurückweisung von Einsprüchen keine abermalige Plenardebatte vorsieht, wies der Deutsche Bundestag den Einspruch des Bundesrates Anfang Mai ohne weitere Aussprache mit der absoluten Mehrheit von 265 Ja- zu 170 Neinstimmen zurück.[245] Das Fünfzehnte Strafrechtsänderungsgesetz konnte daraufhin von Bundespräsident Walter Scheel ausgestellt und am 21. Mai 1976 im Bundesgesetzblatt

---

[243] Es scheint allerdings, als habe sich der anfangs sehr schwere Stand der evangelischen Beratung mit den Jahren verbessert. Im Sommer 1977 informierte Schober den Rat noch darüber, dass in den acht evangelischen Modellberatungsstellen in den ersten sechs Monaten seit In-Kraft-Treten der Reform am 21.6.1976 nur 2095 Schwangerschaftskonfliktberatungen durchgeführt worden waren. Am höchsten waren die Beratungsstellen in München (579) und Rendsburg (406), am niedrigsten jene in Hagen (157) und Gelsenkirchen (135) frequentiert (vgl. „Erfahrungen zum Problemkreis Konfliktsituationen durch unerwünschte Schwangerschaft seit Inkrafttreten des 15. StrÄG". Vertraulicher Bericht von Schober an den Rat der EKD vom 15.6.1977, in: EZA 2/93/6231). Bereits zwei Jahre darauf gab der rheinische Präses Karl Immer jedoch bekannt, dass die Zahl der Beratungen in den 27 evangelischen Beratungsstellen auf dem Gebiet der rheinischen Landeskirche im Vergleich zum Vorjahr um 61 % gestiegen sei und in den zwölf Monaten seit dem 1.7.1978 allein hier 2068 Gespräche geführt worden waren (vgl. Interview mit Immer in: *Rheinische Post* vom 16.10.1979).

[244] Vgl. „Unterrichtung durch den Bundesrat" (BT-Drs. 7/5022 vom 9.4.1976). Dass die unionsregierten Bundesländer bzw. die Opposition im Bundestag ein zweites Normenkontrollverfahren anstrengen würden, galt aus strategischen Gründen allerdings als extrem unwahrscheinlich (vgl. „218 – neu im Brennpunkt" von Oskar Fehrenbach, in: *Stuttgarter Zeitung* vom 23.10.1975).

[245] Helga Timm (SPD), Heinz Eyrich (CDU) und Andreas von Schoeler (FDP) gaben im Namen ihrer Partei lediglich kurze Erklärungen ab (vgl. BT Sten. Ber. 7. WP 238. Si. vom 6.5.1976, S. 16656–16662).

verkündet werden.[246] Ohne weitere Verzögerungen trat es einen Monat später, am 21. Juni 1976, in Kraft.[247]

3.1 Die katholische Kirche und der Beginn der Grundwertedebatte

Wie bereits nach dem Bundestagsvotum vom 12. Februar 1976 traten die katholischen Bischöfe und das ZdK dem Reformgesetz auch nach dessen endgültiger Verabschiedung am 6. Mai entschlossen entgegen. Der Präsident des ZdK versicherte noch am Tage der Verabschiedung und wiederholte es auch auf der Vollversammlung des ZdK am 21. Mai, dass die katholische Kirche alles tun werde, um eine erneute Gesetzesänderung zu erwirken.[248]

Am 20. Mai, einen Tag vor Beginn der Vollversammlung, meldete sich auch die katholische Bischofskonferenz zu Wort. Ihr Vorsitzender Kardinal Döpfner trat – wie bereits im Frühjahr 1974 aus ähnlichem Anlass – erneut vor die Bundespressekonferenz und legte der Öffentlichkeit eine Reihe katholischer Voten vor, die sich mit der Reform des Abtreibungsstrafrechts befassten. Als mittelbare Reaktion auf die Verabschiedung der Gesetzesreform veröffentlichte die Bischofskonferenz zunächst ein Wort zu Orientierungsfragen der Gesellschaft. In ihrer Erklärung mit dem Titel „Gesellschaftliche Grundwerte und menschliches Glück" beklagten die Bischöfe zum wiederholten Mal die Verschiebung im Wert- und Normbewusstsein der Bevölkerung und hoben verschiedene Grundwerte als unverzichtbare Eckpfeiler eines gelingenden Gemeinwohls hervor.[249] Die katholische Kirche, kündigte Döpfner vor der Bundespressekonferenz ferner an, werde auch im bevorstehenden Wahlkampf ihre Stimme erheben und dem weiteren Abbau der Grundwerte entgegentreten.[250]

---

[246] BGBl I vom 21.5.1976, S. 1213–1215.

[247] Im Strafrechtssonderausschuss war die Frist zwischen Verkündigung und In-Kraft-Treten des Gesetzes von einem Tag auf einen Monat erhöht worden (vgl. „Bericht und Antrag des Sonderausschusses für die Strafrechtsreform", BT-Drs. 7/4696 vom 3.2.1976, S. 19). M. Gante geht irrtümlich noch von der Tagesfrist aus (vgl. Ders., § 218, S. 200).

[248] Vgl. H. Tallen, § 218, S. 321 f., sowie zum Folgenden auch T. Gauly, Katholiken, S. 277–286.

[249] Vgl. „Gesellschaftliche Grundwerte und menschliches Glück. Ein Wort der deutschen Bischöfe zu Orientierungsfragen unserer Gesellschaft" vom 7.5.1976 (abgedruckt in: G. Gorschenek, Grundwerte, S. 133–145). Vgl. zu diesem Thema auch die bereits 1972 erschienene Verlautbarung der Bischofskonferenz „Menschliche Grundwerte in Gefahr" sowie die „Erklärung der Deutschen Bischofskonferenz zum Schutz des ungeborenen Lebens" vom 26.1.1976 (Ebd., S. 253–258).

[250] Die Erklärung wies ebenfalls eigens darauf hin, dass die Bischöfe sich bewusst im Blick auf die bevorstehende Bundestagswahl im Herbst an die Öffentlichkeit wandten (vgl. Anm. 249).

Über ihre gesellschaftspolitische Grundsatzerklärung hinaus veröffentlichte die Bischofskonferenz am 7. Mai 1976 des Weiteren ein allgemein gehaltenes ‚Pastorales Wort zur Novellierung des § 218' sowie spezielle ‚Empfehlungen für Seelsorger und Religionslehrer' und schließlich ‚Empfehlungen für Ärzte und medizinische Fachkräfte in Krankenhäusern'.[251]

In ihren Erklärungen mahnten die Kirchenführer die katholischen Christen und Christinnen unter Hinweis auf die Kirchenstrafen an die Lehraussage des II. Vatikanums, das die Abtreibung als „verabscheuenswürdiges Verbrechen" und „Schande" scharf verurteilt hatte.[252] Ferner forderten sie sowohl die katholischen Krankenhäuser als auch die katholische Ärzteschaft auf, keinen Schwangerschaftsabbruch zu indizieren, vorzunehmen oder zuzulassen. In seiner Ansprache vor der Bundespressekonferenz spitzte der Vorsitzende der Bischofskonferenz die Grundaussagen der Stellungnahmen nochmals zu. Die Reform habe, so Döpfner, das Fundament des Rechtsstaates erschüttert, das sittliche Bewusstsein vieler Bürger zerstört und die Gesellschaft unmenschlicher gemacht. Die katholischen Bischöfe könnten sich aus diesem Grund mit der verabschiedeten Novelle nicht abfinden.[253]

Von der Presse wurden die Erklärungen der Bischofskonferenz überwiegend mit Kritik aufgenommen. Die Kommentatoren attestierten den Verfassern nicht nur mangelnde Toleranz[254] und gezielte Wahlkampfbeeinflussung[255], sondern auch die Überschreitung ihrer Kompetenzen[256]. Zwar

---

[251] Abgedruckt in: G. GORSCHENEK, Grundwerte, S. 259–271.

[252] Vgl. die Pastoralkonstitution „Gaudium et Spes" des II. Vatikanischen Konzils, Nr. 27 und 51 (abgedruckt in: DEKRETE DER ÖKUMENISCHEN KONZILIEN).

[253] „Statement des Vorsitzenden der Deutschen Bischofskonferenz bei der Bundespressekonferenz" (veröffentlicht in: Pressedienst des Sekretariats der Deutschen Bischofskonferenz 13/76 vom 20.5.1976); vgl. auch: „Kirche wehrt sich gegen Abtreibungsreform" (*Die Welt* vom 21.5.1976) sowie „Kirche: Mit 218-Reform nicht abfinden" (*SZ* vom 21.5.1976).

[254] Vgl. z. B. Kommentar von U. Theiner (NDR/WDR vom 20.5.1976) sowie Kommentar von E. Neumaier/Bonn (Deutschlandfunk vom 20.5.1976), beide abgedruckt in: Spiegel der Frauenpublizistik vom 25.5.1976, hg. vom Presse- und Informationsamt der Bundesregierung. Die *NRZ* vom 21.5.1976 gab darüber hinaus zu bedenken, die katholische Kirche unterstütze wider Willen die ‚vulgäre Mein-Bauch-gehört-mir-Propaganda', indem sie den Reformern immer wieder niedere Motive unterstelle.

[255] Vgl. Kommentar von Franz Czerny (*WAZ* vom 21.5.1976). Bernd Kleffner schrieb in der *Westfälischen Rundschau* vom 21.5.1976 gar, die Bischöfe hätten „erneut eine Gelegenheit vertan, sich als Demokraten zu beweisen". Die katholische Kirche habe bewusst ungerecht gegen die Regierung sein wollen, unterstellte ihr auch die *SZ* und folgerte: „reine Polemik – und die braucht man auch hier nicht sehr ernst zu nehmen" („Kirche: Mit 218-Reform nicht abfinden", in: *SZ* vom 21.5.1976).

[256] Vgl. „Wenn die Bischöfe zum Boykott eines ordnungsgemäß zustande gekommenen Gesetzes aufrufen [...], dann werden – wie mir scheint – die Grenzen berechtigter kirchlicher Einflussnahme gesprengt" (Kommentar von G. Krems/Bonn im Bayerischen Rundfunk vom 20.5.1976). Vgl. auch *FR* vom 21.5.1976: „Allen Ernstes muss gefragt werden, ob der

war man sich darin einig, dass es der Kirche selbstverständlich unbenommen sei, zu gesellschaftlichen Fragen Stellung zu nehmen, doch hielt man die Art und Weise, in welcher dies hier geschehen war, für wenig überzeugend. Belege der Ton der Erklärungen doch, so die Presse, dass die Kirche sich noch immer nicht damit abgefunden habe, die sittlichen Werte nicht mehr allein zu bestimmen.[257]

Kaum hatten die katholischen Bischöfe ihren „Bannfluch" gegen Bonn geschleudert, wie es in der *FAZ* hieß, da bot die Katholische Akademie Hamburg der Regierung auch schon ein Forum zur Erwiderung.[258] Die Akademie hatte für Ende Mai 1976 eine Veranstaltungsreihe zum Thema „Grundwerte in Staat und Gesellschaft" organisiert und dazu u. a. Bundeskanzler Helmut Schmidt, Oppositionsführer Helmut Kohl und Bundesinnenminister Werner Maihofer als Referenten gewinnen können.

Den Anfang machte der Bundeskanzler, der am 23. Mai, d. h. drei Tage nach Veröffentlichung der katholischen Voten, in Hamburg zum Thema „Ethos und Recht in Staat und Gesellschaft" sprach und mit seinem Beitrag großes Aufsehen erregte.[259] Schmidt unterschied in seiner Rede zwischen Grundrechten, auf die alle Bürger und Bürgerinnen einen durch das Grundgesetz staatlich verbrieften Anspruch hätten, und Grundwerten, über die im pluralistischen Staat keine Einigkeit bestehe. Da der Staat zur Neutralität verpflichtet sei, fuhr der Kanzler fort, und folglich nicht Träger eines einheitlichen Ethos sein könne, falle die Bildung und Bewahrung von Grundwerten nicht in seine Zuständigkeit. Anders als die Grundrechte, deren Sicherung zum staatlichen Aufgabenbereich gehöre, sei der Erhalt von Grundwerten, so Schmidts zentrale These, letztlich Sache gesellschaftlicher Kräfte, wie etwa der Kirchen.[260] Mit Nachdruck wies der Kanzler

Kardinal weiß, was er sagt, wenn er behauptet, die Fundamente des Rechtsstaates seien erschüttert und das sittliche Bewusstsein der Bürger zerstört worden".

[257] So wies u. a. die *FR* vom 21.5.1976 darauf hin, dass die Kirche die Wertepluralität anzuerkennen habe und nicht länger ein „Gewissensmonopol" konstatieren könne. Auch Gottlob Hild vom Konfessionskundlichen Institut in Bensheim stimmte in die Kritik ein und legte der Kirche nahe, ihr Wächteramt „weniger vollmundig und stärker dialogisch" wahrzunehmen (G. HILD, Qual, S. 113).

[258] „Schmidts Gegenfragen an die Kirche" (*FAZ* vom 24.5.1976).

[259] Vgl. H. SCHMIDT, Ethos. In Freiburg erhielt Schmidt nach eigenem Bekunden auch die Anregung zur Herausgabe einer kleinen Aufsatzsammlung, die den Titel trug: „Als Christ in der politischen Entscheidung" (vgl. EBD., S. 11). Die bemerkenswerte Tatsache, dass ein amtierender Bundeskanzler sich als Christ äußerte, wurde im Vorwort der Aufsatzsammlung eingehend von Kunst gewürdigt.

[260] Die von Kohl später vertretene These, der Staat fände die Grundwerte nicht in der Gesellschaft, wie Schmidt meinte, sondern in der Natur des Menschen, wurde von Kurt Sontheimer, dem ehemaligen Präsidenten des Kirchentags, in der anschließenden Podiumsdiskussion sogleich als Naturrechtsdenken zurückgewiesen (vgl. G. GORSCHENEK, Grundwerte, S. 65 f.).

darum den Ruf der katholischen Bischofskonferenz nach dem „Büttel des Staates“ zurück und erinnerte die Kirchenführer an ihre eigene Verantwortung zur Bewahrung von Grundüberzeugungen.[261]

Die von der katholischen Kirche in ihren Stellungnahmen aufgeworfene und von Schmidt in seinem Grundsatzreferat aufgenommene Problematik der Vermittlung und Pflege gesellschaftlicher Grundwerte löste in der Folge eine breite Diskussion aus.[262] Im Mittelpunkt der so genannten Grundwertedebatte stand die Frage, in welchem Maß die Gesetzesreformen der sozial-liberalen Regierung normativ-ethische Vorentscheidungen getroffen hatten, die zentrale Grundwerte, wie sie vor allem von den Kirchen vertreten wurden, in Frage stellten.[263] Ihrer Genese und ihrem Inhalt nach war und blieb die Grundwertedebatte in erster Linie eine Kontroverse zwischen der katholischen Kirche und der Bundesregierung ohne einen nennenswerten Beitrag der evangelischen Kirche. Die Protestanten hielten sich bedeckt, da sie die Naturrechtslehre, auf der die Debatte fußte, nicht teilten und erhebliche Bedenken gegen den Versuch hegten, unverbrüchliche und für alle Menschen verbindliche Grundwerte aus der Vernunft herleiten zu wollen.[264]

Ein kurzzeitiger Erfolg der Diskussion – die sich von Kritikern dem Vorwurf ausgesetzt sah, sie ziele lediglich auf ein Wiedererstarken des rapide zurückgegangenen kirchlichen Einflusses in der Gesellschaft – bestand in der Aufnahme der Grundwerteproblematik in die Programmarbeit der politischen Parteien.[265] Bereits 1977 flaute das Interesse an der Thematik jedoch wieder ab, ohne nennenswerte Spuren zu hinterlassen. Das

---

261 Ebd., S. 25.

262 Zur Grundwertedebatte vgl. G. Gorschenek, Grundwerte. Um den engen Zusammenhang zwischen der Diskussion und Verabschiedung verschiedener Reformvorhaben sowie dem Ausbruch der Grundwertedebatte zu verdeutlichen, nahm Gorschenek in seine Dokumentation auch wichtige Stellungnahmen zur Novellierung des Ehescheidungs- und des Abtreibungsstrafrechts auf.

263 Ebd., S. 9.

264 Lediglich A. von Campenhausen, damals Staatssekretär im niedersächsischen Ministerium für Wissenschaft und Kunst, sprach im Februar 1977 aus evangelischer Perspektive zur Grundwertethematik. Er hielt seinen Vortrag im Rahmen einer zweiten Vortragsreihe der Katholischen Akademie Hamburg, zu der führende „Laien“-Repräsentanten der Kirchen geladen worden waren (vgl. Ders., Grundwerte). Vgl. wenig später auch M. Honecker, Grundwerte.

265 Auszüge aus den Parteipapieren finden sich abgedruckt in: KJ 1976/77, S. 126 f. Zur Kritik vgl. z. B. „Gespensterschlacht um Grundhaltung aller Demokraten“, Hans-Dietrich Genscher im *kna*-Interview vom 7.9.1976, in Auszügen abgedruckt in: G. Gorschenek, Grundwerte, S. 228–231. Vgl. auch G. Hild: „Die Frage ist nur, ob sich die katholische Position ohne diesen Hintergrund [der Naturrechtslehre, S. M.] in ihrer ganzen Reichweite und Tiefe, freilich auch in ihrer ganzen Problematik, erfassen lässt und nicht notwendig als vordergründig pragmatischer Kampf um gesellschaftlichen Einfluss missverstanden werden muss, auch wenn er zu einer Art ‚heiligem Krieg‘ hochstilisiert wird“ (Ders., Qual, S. 113).

aus evangelischer Perspektive bedeutendste Ergebnis der Grundwertedebatte war die Einsetzung eines evangelisch-katholischen Arbeitskreises, aus dem im Sommer 1979 die gemeinsame Erklärung des Rates der EKD und der Deutschen Bischofskonferenz „Grundwerte und Gottes Gebot" hervorging.[266]

3.2 Evangelische Voten zum Abschluss der Reform

Eine unmittelbare Reaktion der evangelischen Kirche auf die endgültige Verabschiedung des Fünfzehnten Strafrechtsänderungsgesetzes am 6. Mai 1976 blieb zunächst aus. Der Ratsvorsitzende hatte bereits nach der Bundestagsentscheidung im Februar bekannt gegeben, die EKD werde sich erst bei In-Kraft-Treten der neuen Bestimmungen mit einer ausführlichen Stellungnahme zu Wort melden.[267]

Die Ausfertigung des Gesetzes und, wie es schien, mehr noch die katholischen Reaktionen darauf veranlassten allerdings den Präsidenten des Diakonischen Werks zu einer Stellungnahme.

3.2.1 Schobers Schreiben an die evangelischen Krankenhäuser

Mit einem viel beachteten internen Schreiben wandte sich Theodor Schober am 19. Mai 1976 – einen Tag vor Veröffentlichung der ihm bereits bekannten katholischen Stellungnahmen – an die evangelischen Krankenhäuser. In eindrucksvoller Ausgewogenheit umriss Schober die komplexe Problematik, die mit der Reform des § 218 StGB nunmehr unweigerlich auf die Krankenhäuser zukam. Dabei betrachtete er sowohl seine Problemskizze als auch seine Anregungen zum Umgang mit der neuen Situation lediglich als Gesprächs- bzw. Entscheidungshilfe und grenzte sie deutlich von den katholischen Empfehlungen an das medizinische Personal ab: „Ich halte es nicht für möglich", schrieb er, „dass wir uns in ähnlicher Weise generell entscheiden und festlegen, nicht, weil wir das Problem weniger ernst beurteilen würden, sondern weil wir im Blick auf die bedrängten Menschen uns differenzierter äußern und verhalten müssen."[268]

---

[266] Die Erklärung befasste sich nur am Rande mit dem Schwangerschaftsabbruch. Sie mahnte u. a. eine Verbesserung des Lebensschutzes an und kritisierte die Notlagenindikation (vgl. GRUNDWERTE UND GOTTES GEBOT).

[267] Vgl. oben S. 525.

[268] Versandanschreiben und Brief des Präsidenten des Diakonischen Werkes der Evangelischen Kirche in Deutschland Theodor Schober an die evangelischen Krankenhäuser vom 19.5.1976 (EZA 2/93/6230, abgedruckt in: M. KOSCHORKE/J. SANDBERGER, Schwanger-

Wer keine „Abbruch-Kliniken“ als Folge einer pauschalen Verweigerung der Krankenhäuser wolle, fuhr Schober fort, dürfe sich die Entscheidung nicht leicht machen.[269] Zwar bestünden viele der Bedenken fort, die von evangelischer Seite einst gegen die Fristenregelung vorgetragen worden seien, doch könnten die evangelischen Krankenhäuser ihre damals eingenommene Protesthaltung nicht einfach auf die neue Indikationenregelung übertragen. Nach der Verabschiedung der Reform, erklärte Schober, sei die Zeit des Argumentierens und Protestierens vorüber und es stelle sich jedem evangelischen Krankenhaus die Aufgabe, eine Grundsatzentscheidung zu fällen über die notwendigen Kriterien für die jeweiligen Einzelfallentscheidungen. Schober rief das medizinische Personal auf, in jedem Einzelfall genau zu prüfen, ob es einen Eingriff verantworten könne.[270] Die generelle Verweigerung eines Schwangerschaftsabbruchs könne dabei ebenso problematisch sein, gab er zu bedenken, wie eine weitgehend uneingeschränkte Bereitschaft zur Vornahme von Abbrüchen.

„Christen bleiben in der Verpflichtung“, erinnerte der Präsident abschließend, „Menschen in Bedrängnis so zu begegnen, dass dabei die Liebe Gottes sichtbar wird.“[271] Viel werde deshalb zukünftig davon abhängen, dass die diakonischen Beratungsstellen und die evangelischen Krankenhäuser sich den Schwangeren in Konfliktsituationen nicht pauschal verschlössen, sondern den Frauen helfen würden, eine Entscheidung zu fällen und durchzustehen, die sie in ihrem späteren Leben bejahen könnten.[272]

Bei Schobers Schreiben handelte es sich um ein bemerkenswertes Wort, das viel Verständnis für die schwierige Situation der verschiedenen vom Schwangerschaftskonflikt betroffenen Parteien aufbrachte und voller seelsorgerlicher Zuwendung dazu ermutigte, die Spannung und die Verantwortung, die mit der ‚evangelischen Freiheit‘ verbunden waren, auf sich

schaftskonfliktberatung, S. 378–380). Ob Schober den Brief selbst verfasst hat oder König bzw. Steinmeyer die Vorlage lieferten, lässt sich aus den Akten nicht ermitteln.

269 Ebd.

270 Schober bestärkte das medizinische Personal nicht nur in der jeweils einzeln zu fällenden Gewissensentscheidung, sondern ermutigte es auch zum gegenseitigen Austausch, „denn wo es um Eingriff in das Leben geht“, schrieb er, „sollten wir alles tun, um von dem Zwang zur einsamen Entscheidung abzukommen“ (Ebd.).

271 Schober appellierte in diesem Zusammenhang an das medizinische Personal, auch den zum Schwangerschaftsabbruch entschlossenen Frauen in Würde zu begegnen. Die dialektische Spannung aufrecht erhaltend warnte er jedoch zugleich davor, dass durch eine allzu lockere Handhabung des § 218 StGB eine Entwicklung gefördert werden könnte, in der die Ränder des Lebens dem menschlichen Zugriff immer weiter geöffnet würden und nicht nur der Anfang, sondern auch das Ende des Lebens zunehmend in Frage gestellt würden (vgl. Ebd.).

272 Eindringlich appellierte Schober noch einmal an die Krankenhäuser, Beratungsdienste nach dem Baseler Modell einzurichten bzw. mit evangelischen Beratungsstellen vor Ort eng zu kooperieren, um die vor ihnen liegenden Aufgaben auf diesem besonderen Feld diakonischer Hilfe angemessen bewältigen zu können (vgl. Ebd.).

zu nehmen und auszuhalten.[273] „Es spricht für praktizierte Menschlichkeit und Christlichkeit", schrieb auch der FDP-Fraktionsvorsitzende Wolfgang Mischnick im Juni 1976 im Presseorgan seiner Partei, „wenn sich jetzt der Präsident des Diakonischen Werkes der evangelischen Kirche in einem Brief an die evangelischen Krankenhäuser für differenzierte Hilfe und Beratung der Frauen in Fragen des Schwangerschaftsabbruch ausgesprochen hat."[274] Diese abwägende Haltung, fuhr Mischnick fort, hebe sich wohltuend ab von der unerbittlichen Empfehlung der katholischen Bischofskonferenz, generell keine Schwangerschaftsabbrüche in katholischen Krankenhäusern vorzunehmen.

Zu weiteren offiziellen Reaktionen kam es allerdings nicht, da es sich bei Schobers Schreiben um eine interne und keine öffentliche Äußerung gehandelt hatte. Im Herbst, knapp ein halbes Jahr nach Abfassung des Schreibens, kam die CSU-Politikerin Ingeborg Geisendörfer allerdings auf der Synode der EKD in Braunschweig nochmals auf das Schreiben zu sprechen. Sie berichtete, dass Schobers Anregungen allergrößte Beachtung gefunden hätten und vielen außerordentlich hilfreich gewesen seien.[275] Geisendörfer beantragte die Weiterleitung des Schreibens an die Synodalen und leitete damit ein neues Kapitel seiner Wirkungsgeschichte ein; dazu in Kürze mehr.[276]

3.2.2 Das Wort des Rates anlässlich des In-Kraft-Tretens der neuen Strafbestimmungen

Schobers internes Schreiben an die evangelischen Krankenhäuser konnte, obwohl ihm im Grunde nichts hinzuzufügen war, die bereits angekündigte öffentliche Erklärung des Rates nicht ersetzen. Insbesondere reformfeindliche Kreise gemahnten Claß an dessen Ankündigung vom Februar des Jahres und drängten auf eine kritische Ratsäußerung.[277] „Wir wären Ihnen [...] sehr dankbar", schrieb etwa die Europäische Ärzteaktion Anfang Juli 1976, „wenn Sie in dieser Frage mit Kardinal Döpfner noch einmal Kontakt aufnehmen würden und evtl. eine gemeinsame Stellungnahme in der Öffentlichkeit abgeben würden."[278]

---

[273] „Evangelische Freiheit enthält immer auch ein ganz persönliches Risiko", schrieb Schober und fuhr fort: „Unter dem Evangelium kann sie weder bodenlos noch lieblos sein" (EBD.).

[274] „Zur Reaktion der Kirchen auf die Reform des § 218" von Wolfgang Mischnick (F.D.P. Fachinformation Juni 1976, abgelegt in: EZA 2/93/6230).

[275] Vgl. BRAUNSCHWEIG 1976, S. 148.

[276] Vgl. unten S. 549–557.

[277] Zu Claß' Ankündigung vgl. oben S. 525.

[278] Brief von Siegfried Ernst an Claß vom 6.7.1976 (EZA 2/93/6230). Ebenfalls mit der Bitte um Stellungnahme wandte sich die reformfeindliche Gruppe ‚Christen an der PH

Zu dieser Zeit hatte sich der Rat bereits intensiv mit der Ausarbeitung einer Stellungnahme befasst. Eine evangelisch-katholische Erklärung war angesichts der divergierenden Positionen nicht in Betracht gezogen worden, doch hatte der Rat zunächst eine Kooperation mit der Kirchenkonferenz angestrebt und in einer gemeinsamen Sitzung am 25./26. Juni auch bereits einen ersten Entwurf beraten, jedoch verworfen.[279] Wilkens war daraufhin beauftragt worden, einen zweiten Entwurf auszuarbeiten.[280]

Auf der folgenden Ratssitzung am 9./10. Juli stieß allerdings auch die zweite Vorlage des Vizepräsidenten auf Ablehnung.[281] Dem Gremium lief jedoch allmählich die Zeit davon, da es sich ursprünglich unmittelbar nach In-Kraft-Treten der Reform noch im Juni hatte äußern wollen und die Angelegenheit keine abermalige Vertagung zuließ. Ein dritter Entwurf wurde darum vor Ort erstellt.[282] Aber auch dieser Entwurf konnte nach eingehender Diskussion im Rat lediglich inhaltlich und nicht im Wortlaut verabschiedet werden.[283] Schließlich betraute man Wilkens mit der Aufgabe, die während der Ratsaussprache genannten Überarbeitungswünsche und Ergänzungen in die Erklärung einzuarbeiten und sie sodann ohne nochmalige Rücksprache zu veröffentlichen.[284]

Vier Tage nach der Ratssitzung, am 14. Juli, schloss Wilkens die Endredaktion ab und ließ die Erklärung per Rundbrief an die führenden EKD-Gremien sowie die Gliedkirchenleitungen versenden.[285] Nach dem

---

Freiburg' an den Ratsvorsitzenden (vgl. Brief von Rudolf Erz an Claß vom 22.6.1976, in: EZA 2/93/6230).

279 Vgl. Auszug aus dem Protokoll der 46. Ratssitzung vom 25./26.6.1976 (EZA 2/93/6230) sowie Brief von Wilkens an die Ratsmitglieder vom 2.7.1976 (EZA 2/93/6230). Dieser erste Entwurf ist nicht im Wortlaut erhalten.

280 Ebd. Dass es laut Protokoll nicht wie üblich Wilkens selbst war, der auf die Verabschiedung eines Ratswortes drängte, sondern mit Immer ein regierungsfreundlicher Ratsvertreter, deutet darauf hin, dass die Reformbefürworter die Mehrheit im Rat stellten, da sie sonst kaum auf eine abschließende Beratung des Themas gedrungen hätten.

281 Vgl. Zweiter Entwurf für ein „Wort des Rates der Evangelischen Kirche in Deutschland anläßlich des Inkrafttretens der strafrechtlichen Bestimmungen zum Schwangerschaftsabbruch" (EZA 2/93/6230); vgl. Auszug aus dem Protokoll der 47. Ratssitzung vom 9./10.7.1976 (EZA 2/93/6230). Vgl. auch Brief von Schober an Wilkens vom 8.7.1976, worin Schober den von Wilkens am 2.7.1976 übersandten zweiten Entwurf leicht korrigierte und einige Formulierungen abschwächte (EZA 650/95/204).

282 Vgl. 3. Entwurf für ein „Wort des Rates der Evangelischen Kirche in Deutschland anläßlich des Inkrafttretens der strafrechtlichen Bestimmungen zum Schwangerschaftsabbruch" vom 10.7.1976 (EZA 2/93/6230).

283 Vgl. Auszug aus dem Protokoll der 47. Ratssitzung vom 9./10.7.1976 (EZA 2/93/6230).

284 Wilkens' handschriftliche Notizen im dritten Entwurf zeigen, dass vor allem die Absätze drei und vier, die die Ärzteschaft und die Krankenhäuser ansprachen, sowie der an die Betroffenen gerichtete Schlussabsatz vom Rat redigiert und einfühlsamer formuliert worden waren.

285 Vgl. dazu Rundbrief von Hammer an den Rat, das Synodalpräsidium, die Gliedkirchen, die Vorsitzenden der Kammern und die Amtsstellen der EKD vom 14.7.1976 (EZA 2/93/6230).

Wunsch der Kirchenkanzlei sollte das Wort weite Verbreitung erfahren. Die Gliedkirchen wurden aufgefordert, nicht nur die Pfarrämter und kirchlichen Stellen in Kenntnis zu setzen, sondern auch die zuständigen Landesministerien, die ärztlichen Einrichtungen und Verbände sowie die Krankenhäuser und deren Träger zu informieren. Schober wurde darüber hinaus um die Weiterleitung der Erklärung an die Landesstellen der Diakonischen Werke gebeten.[286] An das Büro des Bevollmächtigten in Bonn übertrug man die entsprechenden Aufgaben zur Verbreitung des Ratswortes auf Bundesebene.[287] Am 15. Juli 1976 wurde das „Wort des Rates der Evangelischen Kirche in Deutschland anläßlich des Inkrafttretens der neuen strafrechtlichen Bestimmungen zum Schwangerschaftsabbruch", das im Rat intensiver diskutiert worden war als alle vorherigen Voten zu diesem Thema, schließlich offiziell veröffentlicht.[288]

Eine bemerkenswerte Besonderheit der Stellungnahme, die sich in sieben kurze Absätze gliederte, lag darin, dass sie gänzlich darauf verzichtete, die bereits mehrfach zum Ausdruck gebrachte Kritik des Rates an der Gesetzesnovelle noch einmal öffentlich zu wiederholen.[289] Statt dessen konzentrierte sich das Wort darauf, die Verantwortung und die Aufgaben hervorzuheben, welche die Reform des Abtreibungsstrafrechts für die gesamte Gesellschaft mit sich brachten.[290]

Die Erklärung ging ferner auf die schwierige Rolle der Ärzteschaft ein und appellierte an die Mediziner und Medizinerinnen, ihre Gewissensentscheidung zur Vornahme eines Schwangerschaftsabbruchs nicht allein von

[286] Vgl. Brief von Wilkens an Schober vom 14.7.1976 (EZA 2/93/6230).

[287] Vgl. Brief von Wilkens an Kalinna vom 14.7.1976 (EZA 2/93/6230).

[288] Die Stellungnahme findet sich abgedruckt in: DENKSCHRIFTEN 3/1, S. 238–240.

[289] In seinem Übersendungsanschreiben an die Bonner Spitzenpolitiker vom 26.7.1976 erläuterte der Bevollmächtigte die Intention des Rates und brachte dessen Bedenken nochmals zur Sprache: „Dieses Wort enthält sich jeder ausdrücklichen Kritik an dem Gesetz selber und stellt sich insofern auf den Boden der Tatsachen. Die Bemerkungen im Blick auf die Ärzte und Krankenhäuser aber machen deutlich, daß der Rat im Hinblick auf die rechte Anwendung des Gesetzes nicht ohne Sorge ist. Er erwartet, daß eine verantwortliche Praxis die nach seinem Urteil weiterbestehenden Mängel des Gesetzes nicht noch verschärft, sondern eher begrenzt. Die Evangelische Kirche will ihrerseits nach Kräften dazu beitragen, ihre Mitverantwortung für die in Not geratenen Frauen wahrzunehmen" (EZA 742/554 [an H.-J. Vogel]; EZA 742/342 [an Willy Brandt]).

[290] Es blieb allerdings weitgehend unklar, an wen genau sich das Wort wandte. Bereits während der Abfassung des Textes hatte es über diesen Punkt kontroverse Auffassungen gegeben. Während Wilkens in der Adscriptio seiner Entwürfe nicht nur die Kirche, sondern auch die Öffentlichkeit als Adressatin aufgeführt hatte, waren andere Stimmen im Rat dafür eingetreten, Schobers Vorbild zu folgen und sich mit der Erklärung zunächst ausschließlich an einen internen Kreis, d. h. die Gemeinden, zu wenden. Der Kompromiss lief schließlich auf ein Wort hinaus, das den Versuch unternahm, sowohl die Gemeinden als auch die Öffentlichkeit anzusprechen. Vgl. die handschriftlichen Korrekturen auf dem 3. Entwurf (vgl. oben Anm. 282).

der Indikationsfeststellung eines Kollegen oder einer Kollegin abhängig zu machen, sondern auch als Operateure in jedem Einzelfall zu prüfen, ob sie einen Eingriff verantworten könnten oder nicht.[291]

Ausdrücklich ermutigte der Rat schließlich alle Frauen, die bestehenden Angebote zur Beratung in Anspruch zu nehmen. Das Strafrecht, gab die Erklärung zu bedenken, sei weder ein geeigneter Ratgeber in einer bedrängten Lebenssituation noch könne es den Betroffenen – Frauen wie Männern [!] – die gewissenhafte und verantwortliche Entscheidung im Konfliktfall abnehmen. Der Rat erinnerte in diesem Zusammenhang daran, dass Gottes Segen auch auf den Mühsalen des Lebens ruhe und diese nicht selten in Gewinn enden lasse.[292] Er bekräftigte allerdings zugleich die evangelische Grundüberzeugung, wonach die christliche Gemeinde als Gemeinschaft von Menschen, die den Willen Gottes immer wieder verfehlen und von der Vergebung Gottes leben, allen offen stehe – wie auch immer sie sich in der konkreten Konfliktsituation entscheiden mögen.

3.2.3 Reaktionen auf das Ratswort

Die Reaktionen auf das Ratswort waren zwiespältig. Der Kommentator des *Berliner Sonntagsblattes* hielt der Erklärung vor, sie wiederhole lediglich längst Bekanntes, statt richtungsweisend in die Debatte einzugreifen.[293] Das katholische, ebenfalls in Berlin erscheinende *Petrus-Blatt* vertrat indes den entgegengesetzten Standpunkt. Mancher habe sich in den zurückliegenden Jahren gefragt, so das Blatt, ob die katholischen Bischöfe nicht erfolgreicher operiert hätten, wenn sie enger mit der evangelischen Kirche zusammengearbeitet hätten. Das Ratswort der EKD, in dem sich nicht ein ein-

---

[291] Der Rat regte in diesem Zusammenhang die Bildung regionaler Arbeitskreise an, denen nicht nur Vertreter und Vertreterinnen des medizinischen Standes, der Krankenhäuser und ihrer Träger, sondern auch verschiedener gesellschaftlicher Gruppen angehören sollten, so dass der Austausch gepflegt und nach Möglichkeit ein optimales Beratungsangebot für Frauen in Schwangerschaftskonflikten geschaffen werden konnte.

[292] Der Rat lehnte sich hier an ein unveröffentlichtes Votum der VELKD an (vgl. „Seelsorgerliches Wort der VELKD zur Neufassung des § 218" vom 14.1.1975, in: EZA 650/95/194).

[293] „Bitte etwas konkreter" von Hans-Joachim Girock (*Berliner Sonntagsblatt* vom 1.8.1976). Girock rief den Rat auf, die Kreistagsbeschlüsse in Süddeutschland zu verurteilen (vgl. dazu auch unten S. 541–544). Verschiedene Tageszeitungen druckten das Ratswort einfach unkommentiert ab (vgl. „Hilfe für schwangere Frauen", in: *FAZ* vom 16.7.1976, sowie „Evangelischer Kirchenrat: Gesetz allein genügt nicht", in: *FR* vom 11.8.1976). Auch das „Niedersächsische Ärzteblatt" veröffentlichte Teile der Ratserklärung unter der Überschrift: „EKD fordert Arbeitsgemeinschaften zur Gründung von Beratungsstellen" (71. Jg, 1976, S. 515).

ziger kritischer Satz zum neuen Gesetz fände, habe nun jedoch den ultimativen Beweis erbracht, dass von der EKD kein Mitziehen zu erwarten gewesen wäre und sie im Vergleich zu früheren Zeiten deutlich „abgeschlafft" sei.[294] Während die einen somit kritisierten, die Stellungnahme sei noch nicht liberal genug, vertraten andere die Auffassung, sie sei bereits zu anbiedernd.

Wilkens hatte die Missbilligung der katholischen Seite bereits vor Veröffentlichung des Ratswortes vorausgesehen, und mehr noch: Er teilte sie.[295] Der Vizepräsident selbst gehörte zu den entschiedensten Kritikern der Erklärung, die er selbst verfasst und nach dem Willen des Rates überarbeitet hatte.

„Ganz so enthaltsam, wie dieses Wort jetzt verfährt, hätte ich mir diese Erklärung hinsichtlich einer solchen Kritik nicht gewünscht", schrieb er mit der Übersendung des Votums an das Büro des Bevollmächtigten und fuhr fort: „Aber man kann natürlich auch der Auffassung sein, es sei genug bemängelt worden und nun müsse man sich auf den Boden der Tatsachen stellen."[296] Wilkens ließ jedoch keinen Zweifel daran, dass er diesen Standpunkt der Ratsmehrheit nicht teilte.[297] Offen schrieb er dem ehemaligen Ratsmitglied Rudolf Weeber: „Der Rat hat davon abgesehen, in seiner letzten Äußerung ausdrücklich noch einmal an dem Gesetz Kritik zu üben. Diese Askese habe ich für übertrieben gehalten, darum habe ich in meinen eigenen Aufsätzen jetzt das Versäumte noch einmal nachgeholt."[298] Sowohl der *epd* als auch das *Deutsche Sonntagsblatt* veröffentlichten Ende Juli einen Artikel des Vizepräsidenten, in dem dieser das Ratswort besprach und dabei die vormals geäußerten Einwände der Kirchenleitung gegen den Koalitionsentwurf nochmals ausführlich zu Wort kommen ließ.[299]

In krassem Gegensatz zu den Reaktionen aus den eigenen Reihen stan-

---

[294] Meldung über einen Kommentar von Winfried Henze im West-Berliner *Petrus-Blatt* in: *kna-Informationsdienst* vom 22.7.1976. Der Vorwurf des ‚Leisetretens' wurde auch in Einsendungen evangelischer Christen und Christinnen gegen die EKD erhoben. Vgl. z. B.: „Ich bin beschämt, einer Kirche anzugehören, die so den politischen Zeitströmungen angepaßt ist, dass sie stumm und feige geworden ist" (Brief der privaten Einsenderin Gerda Waßmuth an Claß vom 15.9.1976, in: EZA 2/93/6230). Der Theologe Otto Wolff, der offen mit der Europäischen Ärzteaktion sympathisierte, scholt das Ratswort ferner als „sachlich, theologisch, seelsorgerlich, soziologisch, geschlechter-ethisch usw. unfundiert" (Protestschreiben vom 12.11.1976, in: PAEPD, R521.61 § 218 sowie EZA 2/93/6231).

[295] Vgl. Brief an Kalinna vom 14.7.1976 (EZA 2/93/6230).

[296] EBD.

[297] Vgl. EBD. sowie Brief von Wilkens an Schober vom 14.7.1976 (EZA 2/93/6230).

[298] Brief vom 9.8.1976 (EZA 650/95/191).

[299] Zentraler Kritikpunkt Wilkens' war die ungenügende Ausgestaltung der Verfahrensregelung zur Prüfung des Einzelfalls (vgl. „Paragraph 218 in der Praxis", in: *epd Ausg. f. kirchl. Presse* vom 21.7.1976, unter der Überschrift „Gut beraten lassen" abgedruckt in: *DAS* vom 25.7.1976).

den derweil die Rückmeldungen verschiedener Politiker und Politikerinnen der Regierungskoalition. Auf keine der vorigen Stellungnahmen zur Reform des Abtreibungsstrafrechts hatte die evangelische Kirche so viele und so positive Erwiderungen aus den Regierungsparteien erhalten. Nicht nur die nordrhein-westfälische Ministerin für Bundesangelegenheiten Inge Donepp schrieb dem Bevollmächtigten am 24. August 1976, dass sie das deutlich sichtbare Bemühen der evangelischen Kirche um Frauen in Konfliktsituationen außerordentlich honoriere,[300] auch Bundesgesundheitsministerin Katharina Focke sprach Kunst ihren Dank für das Ratswort aus und ließ ihn wissen: „Ich habe bereits die früheren differenzierten und abgewogenen Stellungnahmen von seiten der evangelischen Kirche zu dieser Problematik mit großem Interesse zur Kenntnis genommen. Auch die jetzige Erklärung zeugt von dem hohen Maß an Verantwortung, von dem sich die evangelische Kirche bei ihren Entscheidungen und Bemühungen leiten läßt."[301]

Schließlich äußerte auch der Parteivorsitzende Willy Brandt seinen Dank für die ausgewogene Stellungnahme des Rates und formulierte eine vorsichtige Bitte. „Sie sprechen den meisten von uns aus dem Herzen", ließ der Ex-Kanzler Kunst wissen, „wenn Sie bekräftigen, dass die evangelische Kirche in ihren Einrichtungen nach Kräften dazu beitragen wird, ihre Mitverantwortung für die in Not geratenen Frauen wahrzunehmen. Vielleicht sieht die EKD eine Möglichkeit, die Diskussion in den nächsten Wochen und Monaten entsprechend zu beeinflussen."[302] Damit lenkte der Parteivorsitzende die Aufmerksamkeit auf das zentrale Thema seit In-Kraft-Treten der Gesetzesnovelle zu § 218 StGB: Die Frage der praktischen Umsetzung der Reform.

3.3 Die Kirchen und die praktische Umsetzung der Reform

Nachdem die Frage der strafrechtlichen Ausgestaltung des Abtreibungsverbots entschieden war, verlagerten sich die Auseinandersetzungen auf ein neues Problemfeld. Das 15. Strafrechtsänderungsgesetz stieß nach seinem

---

300 EZA 2/93/6230. „Um so mehr habe ich Mühe", schrieb Donepp weiter an Kunst, „die Haltung katholischer Bischöfe zu verstehen". Dem Bevollmächtigten bot sie dagegen außerordentlich entgegenkommend nicht nur Gespräche, sondern auch ihre Mithilfe für weitere Aktivitäten zum Themenkomplex Schwangerschaftsabbruch an.

301 Brief vom 11.8.1976 (EZA 2/93/6230). Mit ähnlichen Worten wie Focke lobte auch Hans-Jochen Vogel die Ratserklärung und fügte hinzu: „Ich hoffe und wünsche, daß sie [die Erklärung, S. M.] ihre Wirkung auf alle im Umfeld eines Schwangerschaftsabbruchs Beteiligten nicht verfehlen und dazu beitragen wird, daß auf diesem lange und heftig umkämpften Gebiet der dringend erforderliche Rechtsfrieden einkehren kann" (Brief an Kunst vom 17.8.1976, in: EZA 2/93/6230; EZA 742/554).

302 Brief an Kunst vom 19.8.1976 (EZA 742/342; EZA 2/93/6230).

In-Kraft-Treten am 21. Juni 1976 auf z. T. erhebliche Umsetzungsprobleme. Nicht nur den katholischen Krankenhausträgern war seitens der Bischofskonferenz nahe gelegt worden, die Reform in ihren Häusern nicht zur Anwendung kommen zu lassen, zahlreiche süddeutsche Kreistage hatten auch den in ihrer Trägerschaft stehenden kommunalen Kliniken die Vornahme von Schwangerschaftsabbrüchen per Beschluss untersagt.[303] Da sich in manchen Landesteilen kaum eine Klinik zur Aufnahme abtreibungswilliger Frauen bereit fand, zeichneten sich vor allem in Bayern und Baden-Württemberg ernsthafte ‚Versorgungsengpässe' ab.

Zeitgleich mit In-Kraft-Treten der Gesetzesnovelle im Juni 1976 begann zudem die heiße Phase des Wahlkampfes für die Bundestagswahl am 3. Oktober 1976. Die Reform wurde dazu nicht nur von Kritikern und Kritikerinnen der Regierungskoalition instrumentalisiert, auch die SPD feierte die Änderung des Abtreibungsstrafrechts auf Wahlkampfplakaten als Erfolg der amtierenden Regierung.[304] Vermehrt erhoben sich in diesem Kontext deshalb die Stimmen, die das so genannte Weigerungsrecht in Frage stellten, das dem medizinischen Personal die persönliche Gewissensentscheidung darüber zubilligte, ob es sich an der Vornahme von Schwangerschaftsabbrüchen beteiligen wollte oder nicht. Insbesondere die Kirchen, denen das Weigerungsrecht zweifelsohne besonders am Herzen lag, sahen sich zunehmender Kritik ausgesetzt, da ihnen die Hauptverantwortung für die breite Inanspruchnahme dieses Rechtes zur Last gelegt wurde.

3.3.1 Ein Appell des SPD-Sprechers an die evangelische Kirche

Für erhebliche Unruhe sorgte Anfang August 1976 ein Artikel des kirchenpolitischen Sprechers der SPD Rüdiger Reitz. Nicht wie Brandt in Form einer zurückhaltenden Bitte, sondern forsch fordernd sprach Reitz die evangelische Kirche auf die Krankenhäuser in ihrer Trägerschaft an. Sei die Kirche nicht verpflichtet, fragte er vorwurfsvoll, ihre Krankenhäuser verstärkt für Schwangerschaftsabbrüche zu öffnen, um zum Abbau der

---

[303] Vgl. oben S. 431 f. Die Kreistagsbeschlüsse bezogen sich mancherorts allerdings nur auf Abbrüche aufgrund der Notlagenindikation. Auf evangelischer Seite gab es keine entsprechenden Richtlinien. In seinem Brief an die evangelischen Krankenhäuser hatte Schober die Entscheidung über die Vornahme von Schwangerschaftsabbrüchen in evangelischen Kliniken der Grundsatzentscheidung der jeweiligen Krankenhausleitung, der persönlichen Gewissensentscheidung des medizinischen Personals sowie der Entscheidung über den konkreten Einzelfall anheim gestellt (vgl. oben S. 533 ff.).

[304] Vgl. H. TALLEN, § 218, S. 322. Ausdrücklich bedauerte auch Claß auf der Ratssitzung Mitte September, dass die Reform des § 218 StGB immer mehr in den Wahlkampf gezogen wurde (vgl. Auszug aus dem Protokoll der 49. Ratssitzung vom 17./18.9.1976, in: EZA 2/93/6230).

Versorgungsengpässe beizutragen?[305] „Und schließlich", ergänzte Reitz seinen Forderungskatalog, „die evangelische Kirche sollte alle ihre dafür geeigneten Kräfte mobilisieren, um unverzüglich in die Klärung des Problems von gesamtgesellschaftlicher Bedeutung einzugreifen. Gemeint ist der Bereich der persönlichen Gewissensentscheidung."[306] Da die individuelle Gewissensentscheidung, massenhaft in Anspruch genommen, den sozialen Auftrag des Rechtsstaates gefährde, forderte Reitz die EKD auf, das Weigerungsrecht ihres Krankenhauspersonals noch einmal zu überdenken. „Muß nicht die Einsicht in diese Notlage", argumentierte er, „die Eigenständigkeit der individuellen Gewissensentscheidung durch die Hinwendung zur ‚Sozialpflichtigkeit' des Gewissens einschränken?"[307]

Das war unerhört. Der kirchenpolitische Sprecher der SPD, wiewohl selbst Theologe, forderte die evangelische Kirche auf, ihr medizinisches Personal zur Vornahme von Schwangerschaftsabbrüchen anzuhalten und die persönliche Gewissensentscheidung der einzelnen Beschäftigten – wider alle reformatorischen Grundmaximen – notfalls zum Wohle der Gemeinschaft zu übergehen.

Eine derart weit reichende Forderung blieb nicht ohne Echo. In Bonn verurteilte der stellvertretende Vorsitzende des Evangelischen Arbeitskreises der CDU/CSU Roman Herzog den Artikel scharf und bezeichnete es als wahrhaft alarmierend, dass die SPD dazu aufrufe, die vom Gesetzgeber anerkannte Gewissensentscheidung in der Praxis nicht mehr zu respektieren.[308]

Auch in den Kirchen stieß der Artikel auf großes Befremden. Beunruhigt wandte sich die Kirchenleitung der EKHN, die der sozial-liberalen Regierung ansonsten recht aufgeschlossen gegenüberstand, an die Kirchenkanzlei und berichtete, der ‚Reitz-Artikel' habe besorgte Fragen ausgelöst und zwar nicht nur in den eigenen Reihen, sondern auch auf katholischer Seite.[309] Man erkundigte sich, ob und wie die EKD gedenke, auf den Vorstoß des kirchenpolitischen Sprechers zu reagieren.

Am 27. August, einen Tag nach Abfassung der Anfrage aus Darmstadt, trat der Rat nach siebenwöchiger Sommerpause erstmals wieder zusammen

[305] „Evangelische Kirche und Reform-§ 218. Alle Kräfte zur Lösung dieses Problems mobilisieren" (*SPD-Pressedienst* P/XXXI/150J vom 9.8.1976). Vgl. auch „Die Kirche soll helfen. SPD fragt nach Öffnung der Krankenhäuser bei Abtreibung" (in: *FR* vom 10.8.1976).

[306] Vgl. Anm. 305.

[307] Ebd.

[308] Vgl. *epd za* vom 28.9.1976.

[309] Katholische Vertreter, berichtete die EKHN, hätten sich bei der Kirchenleitung in Darmstadt erkundigt, ob sich hinter der Veröffentlichung möglicherweise ein Abrücken der EKD von bisher gemeinsam vertretenen Positionen abzeichne (vgl. Brief von Hans-Martin Heusel/Stellvertretender Leiter der Kirchenverwaltung der EKHN vom 26.8.1976, in: EZA 2/93/6230).

und wurde von Claß sogleich über den ‚Reitz-Artikel' informiert. Zum Verlauf der anschließenden Aussprache vermerkt das Protokoll allerdings nur kurz, dass die Ratsmitglieder sich mehrheitlich dagegen aussprachen, in dieser Angelegenheit weitere Schritte einzuleiten.[310] Man habe den Artikel nicht als offizielle Anfrage des Bundesvorstandes der SPD betrachtet, hieß es später zur Begründung, sondern lediglich als eine persönliche Meinungsäußerung.[311]

Es deutet indes einiges darauf hin, dass auch innerhalb der evangelischen Kirche verschiedene Auffassungen zu der von Reitz aufgeworfenen Problematik vertreten wurden. Während die Führungsspitzen der EKD und des Diakonischen Werks großen Wert auf die Wahrung der Gewissensfreiheit legten, trat sie in evangelischen Gremien, die primär die betroffenen Frauen im Blick hatten, mitunter stark in den Hintergrund. So zeigte Mechthild König vom Diakonischen Werk sich in einer vertraulichen Notiz enttäuscht und verärgert, dass der Ad hoc-Ausschuss § 218 der württembergischen Landeskirche in seiner Sitzung Mitte August sowohl den Lebensschutzgedanken als auch die Situation des medizinischen Personals unberücksichtigt gelassen und sich angesichts der Tatsache, dass im Oberland kein Krankenhaus zur Vornahme von Schwangerschaftsabbrüchen bereit war, ausschließlich mit der Frage befasst habe, wie man die Krankenhäuser zum Abbruch und die Ärzte und Ärztinnen zur Indikationsfeststellung bewegen könne.[312]

Dem Diakonischen Werk war dagegen, wie Schober bereits im Mai in seinem Brief zum Ausdruck gebracht hatte, an einem Ausgleich der verschiedenen Interessen durch den gegenseitigen Austausch gelegen. In Anbetracht der angespannten Situation in Württemberg lud der Präsident deshalb Vertreter und Vertreterinnen der Ärzteschaft sowie der Krankenhausträger in Württemberg zu einem Gespräch nach Stuttgart ein. Claß berichtete dem Rat später von dem „gelungenen Treffen", bei dem die von Schober und Wilkens vorgetragenen Positionen von den Anwesenden, die sich ansonsten mit diesen Fragen recht allein gelassen fühlten und die

[310] Vgl. Auszug aus dem Protokoll der 48. Ratssitzung vom 27.8.1976 (EZA 2/93/6230).

[311] Vgl. Brief von Wilkens an Prof. Dr. A.W. Müller/Trier vom 31.3.1977 (EZA 2/93/6231). Der Interpretation des Rates, Reitz habe lediglich seine Privatmeinung vorgetragen, stand allerdings nicht nur dessen Funktion als kirchenpolitischer Sprecher der SPD, sondern auch die im Grunde gleichlautende Anfrage des Parteivorsitzenden in seinem Schreiben an Kunst entgegen (vgl. Brief von Brandt an Kunst vom 19.8.1976, in: EZA 742/342; EZA 2/93/6230). Vgl. auch die Überschrift in der *FR* vom 10.8.1976: „Die Kirche soll helfen. SPD fragt nach Öffnung der Krankenhäuser bei Abtreibung".

[312] Vgl. Notiz zur Sitzung des Ad hoc-Ausschusses § 218 vom 20.8.1976 (ADW, HGSt 4631) sowie Protokoll der Sitzung des Ad hoc-Ausschusses § 218 vom 20.8.1976 (ADW, HGSt 4631).

Eröffnung weiterer Beratungsstellen einklagten, als „echte Hilfe und Orientierung" empfunden worden seien.[313]

Was die generelle Haltung der evangelischen Krankenhäuser sowie ihre jeweiligen Regelungen zur Vornahme von Schwangerschaftsabbrüchen betraf, ergaben spätere Umfragen keine signifikanten Unterschiede zu nichtkonfessionellen Kliniken. In 92 % der befragten evangelischen Krankenhäuser mit gynäkologischer Abteilung wurden Abbrüche aufgrund medizinischer Indikation und in 67 % der Häuser auch aufgrund der Notlagenindikation vorgenommen.[314] Die Reform wurde damit nicht nur von den Kirchenleitungen und dem Rat der EKD trotz verbleibender Anfragen im Wesentlichen angenommen, sondern sie wurde auch von den evangelischen Krankenhausleitungen und den hier Beschäftigten mitgetragen.

3.3.2 Regierung und katholische Kirche im Konflikt um das Weigerungsrecht

Anders als die evangelische Kirche, die ihre Kritik an der Reform des Abtreibungsstrafrechts weitgehend eingestellt hatte, sich zur Entscheidung des Bundestages loyal verhielt und nicht einmal zum ‚Reitz-Artikel' Stellung nahm, setzte die katholische Kirche ihren Protest gegen die Reform auch nach deren In-Kraft-Treten im Sommer 1976 unvermindert fort.

Im Mittelpunkt der Auseinandersetzungen, die sich nicht ohne Bedacht unmittelbar vor der Bundestagswahl intensivierten, stand das Weigerungsrecht. Entschlossen verwahrten sich die katholischen Bischöfe gegen Vorstöße wie die des kirchenpolitischen Sprechers der SPD, durch welche die Gewissensfreiheit der Einzelnen angetastet und dem Gemeinwohl untergeordnet werden sollte. Im Gegensatz zur Regierung propagierte die katholische Kirche keine restriktive, sondern eine extensive Interpretation des Weigerungsrechts, das sie nicht nur auf Einzelpersonen und kirchliche wie

---

[313] Auszug aus dem Protokoll der 49. Ratssitzung vom 17./18.9.1976 (EZA 2/93/6230).

[314] Nichtkonfessionelle Krankenhausträger ließen die medizinische Indikation in 86 % und die Notlagenindikation in 76 % ihrer Häuser praktizieren. Von den Krankenhäusern in katholischer Trägerschaft praktizierten 32 % die medizinische Indikation und nur 3 % die Notlagenindikation (vgl. „Bericht der Kommission zur Auswertung der Erfahrungen mit dem reformierten § 218 StGB", BT-Drs. 8/3630 vom 31.1.1980, S. 90–92). Der Bund Freier evangelischer Gemeinden sowie die Liebenzeller Mission lehnten allerdings jede Beteiligung an Schwangerschaftsabbrüchen ab und empfahlen ihren Krankenhausträgern, die Beschäftigten vertraglich zu verpflichten, an keiner Abtreibung mitzuwirken (vgl. Stellungnahme der Bundesleitung des Bundes Freier evangelischer Gemeinden/KdöR zur Neufassung des Paragraphen 218 ff. StGB vom 13.9.1976, in: EZA 650/95/194, sowie zur Liebenzeller Mission: „Verfassungsbeschwerde zu § 218" von Heinz L. Steuber, in: *Stuttgarter Nachrichten* vom 7.9.1976).

private Krankenhausträger, sondern auch auf kommunale Krankenhausträger angewandt wissen wollte.

Knapp drei Wochen vor der Wahl veröffentlichte das Kommissariat der deutschen Bischöfe Mitte September eine Stellungnahme, in der die Politiker und Politikerinnen aufgefordert wurden, ihre „Kampagne des Gewissensdrucks" auf die Angehörigen des medizinischen Standes - insbesondere jene, welche die Mitwirkung an Schwangerschaftsabbrüchen ablehnten - umgehend einzustellen.[315] Bischof Tenhumberg spitzte den Appell des Kommissariats nochmals zu, als er sich wenige Tage später auf einer Großveranstaltung in Münster unmittelbar an den Bundeskanzler wandte und diesen ermahnte, jede Art des politischen Gewissensdrucks auf das katholische Krankenhauspersonal zu unterlassen.[316] Fünf Wochen darauf - inzwischen hatte die sozial-liberale Regierung die Wahl für sich entscheiden können - reagierte Schmidt auf die Zurechtweisung des Münsteraner Bischofs. In einem offenen Schreiben wies der Kanzler die Anschuldigungen der katholischen Kirche gegen die Regierung zurück und warf dieser im Gegenzug vor, sie würde die Kollektivbeschlüsse der süddeutschen Kreistage unterstützen, obwohl auch diese das medizinische Personal verpflichteten und in seiner Gewissensentscheidung einschränkten.[317]

Nicht nur Tenhumberg reagierte umgehend auf Schmidts Gegenkritik und bekräftigte abermals, die katholische Kirche werde sich nicht mit dem Gesetz abfinden, auch der Leiter des Kommissariats der Deutschen Bischöfe Wilhelm Wöste sah sich zur Stellungnahme veranlasst.[318] In einem Schreiben an den Bundesjustizminister verteidigte Wöste die Kreistagsbeschlüsse und berief sich dazu auf eine frühere Aussage der Gesundheitsministerin, wonach die freie Entscheidung aller am Schwangerschaftsabbruch Mitwirkenden inklusive der Krankenhausträger gesetzlich garantiert werde.[319] Vogel erwiderte daraufhin, dass die Kreistage sich nicht auf das Weigerungsrecht berufen könnten, da die Inanspruchnahme eines Kollek-

---

[315] Erklärung des Kommissariats der Deutschen Bischöfe im Auftrage des kommissarischen Vorsitzenden der Deutschen Bischofskonferenz, Kardinal Joseph Höffner, vom 15.9.1976 (zitiert nach H. TALLEN, § 218, S. 323 f.). Höffner wurde später Nachfolger des im Sommer 1976 verstorbenen Vorsitzenden der katholischen Bischofskonferenz Döpfner.

[316] Vgl. H. TALLEN, § 218, S. 324. Auch Wilkens hielt intern fest: „Es ist so weit gekommen, dass nicht diejenigen Ärzte und Krankenhäuser sich einer öffentlichen Kontrolle ausgesetzt fühlen, die das Gesetz großzügig anwenden, [...], sondern diejenigen, die zu einer restriktiven Handhabung neigen" („Zur Beurteilung der gegenwärtigen § 218-Szene", internes Papier von Wilkens an Claß, Tenhumberg u. a. vom 1.11.1976, in: EZA 650/95/214).

[317] Vgl. Brief an Tenhumberg vom 24.10.1976 (veröffentlicht in: *kna* vom 30.10.1976). Vgl. auch „Kanzler fordert von katholischer Kirche Gewissensfreiheit" (*FR* vom 25.10.1976).

[318] Vgl. Brief von Tenhumberg an Schmidt vom 28.10.1976 (veröffentlicht in: *kna* vom 30.10.1976). Vgl. auch „Widerstand gegen Abtreibungs-Erlaubnis" (*FAZ* vom 3.11.1976).

[319] Vgl. BT Sten. Ber. 7. WP 95. Si. vom 25.4.1974, S. 6403. Wöstes Brief an Vogel vom 3.11.1976 wurde in der *FR* vom 26.11.1976 abgedruckt.

tivgewissens durch einen Träger öffentlicher Gewalt, anders als bei privaten oder kirchlichen Trägern, nicht mit dessen Pflicht zur weltanschaulichen und religiösen Neutralität zu vereinen sei.[320]

Die scharfen Wortgefechte um das Weigerungsrecht verdeutlichten im Herbst 1976 nochmals, dass zwischen der katholischen Kirche und der Regierung bezüglich der gesetzlichen Regelung des Schwangerschaftsabbruchs offenbar keine Verständigung möglich war. Die Abtreibungsdebatte der zurückliegenden sechs Jahre hatte zu keiner Annäherung der Standpunkte geführt. Im Gegenteil, die Reform des § 218 StGB belastete das Verhältnis zwischen der katholischen Kirche und der sozial-liberalen Bundesregierung unterdessen bis an die Grenze der Zerrüttung.

3.3.3 Einflussnahmen radikaler Reformgegner innerhalb der evangelischen Kirche

Nicht nur die katholische Kirche übte scharfe Kritik an der Reform des Abtreibungsstrafrechts. Nach In-Kraft-Treten des 15. Strafrechtsänderungsgesetzes im Sommer 1976 flammten auch die Proteste radikaler evangelischer Reformgegner und -gegnerinnen nochmals auf. Anders als auf katholischer Seite waren es im evangelischen Lager allerdings nicht die Kirchenleitungen, die das Wort führten, sondern evangelikale und pietistische Splittergruppen.[321] Gleichwohl gelang es den radikalen Reformgegnern bisweilen, offizielle Gremien der evangelischen Kirche in ihre Proteste zu involvieren.

So nutzte etwa der Braunschweiger Mediziner und Lebensschützer Hans Runge eine Diskussion über die Taufe auf der VELKD-Generalsynode Ende Oktober, um die Verabschiedung eines Votums zum Schwangerschaftsabbruch zu initiieren.[322] Die Synode, die Runges Anregung aufgriff, schloss sich dessen radikalen Ansichten indes nicht an, sondern verabschiedete – ganz auf Linie des Ratswortes – nur einen kurzen Appell, der die Gliedkirchen der VELKD aufforderte, ihre seelsorgerliche Verantwortung für Frauen in Schwangerschaftskonflikten wahrzunehmen und die perso-

---

[320] Vogels Erwiderung an Wöste vom 1.12.1976 wurde in der *FR* vom 8.12.1976 veröffentlicht. Obwohl die Bundesregierung die Kreistagsbeschlüsse scharf verurteilte, duldete sie sie und leitete aufgrund der Rechtsunsicherheit keine rechtlichen Schritte ein.

[321] So sprach sich beispielsweise die Bekenntnisbewegung ‚Kein anderes Evangelium' in einer für evangelische Kreise unüblichen Wahlempfehlung zwei Wochen vor der Bundestagswahl entschieden dagegen aus, Parteien zu wählen, welche die Reform des § 218 StGB mit zu verantworten hätten (vgl. Erklärung des Bundesarbeitskreises der Bekenntnisbewegung ‚Kein anderes Evangelium' vom 20.9.1976, abgedruckt in: KJ 1976/77, S. 91 f.).

[322] Vgl. Bericht über die fünfte Tagung der fünften Generalsynode der VELKD vom 26.–29.10.1976 in Bückeburg, S. 185 f.

nellen wie sachlichen Voraussetzungen für eine frühzeitige und wirksame Begleitung der Hilfesuchenden ohne Verzug zu schaffen.[323]

Anders als in der Synode der VELKD, die den Einflüssen der radikalen Reformgegner nicht nachgab, gestaltete sich das Bild in der württembergischen Landessynode. Hier gelang es den Lebensschützern und Landessynodalen Siegfried Theodor Ernst, Oswald Seitter und Martin Ewert die Unterstützung weiter Kreise zu gewinnen. Großes bundesweites Aufsehen erregte vor allem die Verfassungsbeschwerde, die Seitter und Ewert am 21. August 1976 gegen die Krankenkassenfinanzierung des Schwangerschaftsabbruchs beim BVerfG anstrengten.[324]

„Das Gesetz mutet uns zu", führten die Juristen zur Begründung ihrer Beschwerde an, „daß wir die Massenliquidation von Leben mit finanzieren. Dagegen wehren wir uns im eigenen Namen, aber auch im Namen der hinter uns stehenden evangelischen Christen."[325] Ausdrücklich machten die zwei Beschwerdeführer ihre Synodalämter zur Grundlage der Verfassungsbeschwerde und fuhren fort: „Wir sind deshalb als Angehörige des obersten gesetzgebenden Organes unserer Landeskirche, entsprechend unserem Beschluß vom 22.4.1972 und unserem Gelübde ‚falscher Lehre, der Unordnung und dem Ärgernis in der Kirche zu wehren', gezwungen, uns an das Bundesverfassungsgericht zu wenden."[326]

In einem Sonderdruck mit einer Auflage von 500.000 Exemplaren verbreitete die katholische Zeitung *Deutsche Tagespost* die Verfassungsbeschwerde der beiden Synodalen, verbunden mit ihrem Aufruf zur Unterstützung der Initiative.[327] Am 6. September 1976, eine Woche nach der

---

[323] Ebd., S. 220–223, sowie „Beschluss der Generalsynode betr. Seelsorgerliche Beratung in Fragen des Schwangerschaftsabbruchs" vom 28.10.1976 (Ebd., S. 491).

[324] Im Namen der in Korntal bei Stuttgart ansässigen Ludwig-Hofacker-Vereinigung, die dem württembergischen Pietismus verpflichtet war, forderte Seitter Ministerpräsident Filbinger in einem Offenen Brief vom 28.8.1976 ferner auf, sich hinter die Beschlüsse der württembergischen Kreistage zu stellen (veröffentlicht in: *idea* 39/76 vom 13.9.1976).

[325] Verfassungsbeschwerde der Synodalen Seitter und Ewert vom 21.8.1976 (EZA 2/93/6230, in Auszügen abgedruckt in: KJ 1976/77, S. 92); vgl. auch „Verfassungsbeschwerde zu § 218" von Heinz L. Steuber (*Stuttgarter Nachrichten* vom 7.9.1976). Im Namen der von ihm geleiteten Europäischen Ärzteaktion hatte der Lebensschützer Siegfried Ernst die evangelische Kirche als „Kirche der Gewissensfreiheit" bereits im Sommer 1976 aufgefordert, Position zu beziehen gegen die „Beschwerung der Gewissen" durch die Krankenkassenfinanzierung des Schwangerschaftsabbruchs (Brief an Claß vom 6.7.1976, in: EZA 2/93/6230).

[326] Vgl. Anm. 325. Zum württembergischen Beschluss von 1972 vgl. oben S. 202 ff. Zu Recht hielt die Presse fest: „Bei den Beschwerdeführern handelt es sich um vorwiegend konservative Protestanten, die sich – und das ist auch ein interessanter Aspekt – mit ihrem Vorstoß ganz entschieden von der mehr oder weniger wohlwollenden EKD-Erklärung zum Paragraphen 218a absetzen" („Vorstoß". Kommentar von Wulf Petzoldt, in: *Stuttgarter Nachrichten* vom 7.9.1976).

[327] Vgl. *Deutsche Tagespost.* Sonderdruck vom 31.8.1976; vgl. auch Meldung in: *epd za* 14.9.1976.

Veröffentlichung, berichtete Seitter, der Verfassungsbeschwerde seien inzwischen zahlreiche württembergische Mitsynodale der konservativen Synodalfraktion ‚Lebendige Gemeinde' beigetreten; unter ihnen fünf Dekane und der Synodale Siegfried Ernst.[328] Drei Tage später meldete die Presse, dass sich weitere 32 Synodale des Kreises ‚Lebendige Gemeinde' der Verfassungsbeschwerde angeschlossen hätten.[329] Seitter ließ die Kirchenkanzlei außerdem wissen, er habe sogar aus der liberalen Synodalfraktion ‚Gruppe Offene Kirche' sowie von dem Rechtsgelehrten und ehemaligen Ratsmitglied Martin Heckel Zuspruch erhalten.[330]

Die Kampagne der beiden württembergischen Synodalen scheiterte dennoch. Das BVerfG nahm die Verfassungsbeschwerde nicht zur Entscheidung an. Angesichts der Tatsache, dass der Staat den Krankenkassen jährlich 55 Mill. DM zur Kostendeckung der Schwangerschaftsabbrüche zukommen lasse, hieß es im Beschluss des BVerfG, dürfe davon ausgegangen werden, dass die Versicherten nicht an der Kostendeckung beteiligt würden und die Beschwerdeführer damit nicht von der Reform betroffen seien.[331]

Die breite Unterstützung, welche die Beschwerdeführer innerhalb der württembergischen Landessynode erfahren hatten, sowie der irreführende Rekurs der Juristen auf ihr Synodalamt zur Begründung der Verfassungsbeschwerde machen deutlich, wie anfällig die kirchlichen Strukturen für eine Instrumentalisierung sein konnten. Die württembergische Landessynode, in der es den Lebensschützern wiederholt gelang, eine Anhängerschaft unter der Mehrheit der evangelikal-pietistischen Synodalen zu gewinnen, blieb jedoch eine Einzelerscheinung.[332] Kein anderes ranghohes evangelisches Gremium öffnete sich den Einflüssen der Lebensrechtsbewegung in einem ähnlichen Ausmaß.

---

[328] Es handelte sich um die Dekane Hennig/Esslingen, Scheffbuch/Schorndorf, Weber/Bad Liebenzell, Grosch/Besigheim und Zeeb/Neuenbürg (vgl. „Verfassungsbeschwerde zu § 218" von Heinz L. Steuber, in: *Stuttgarter Nachrichten* vom 7.9.1976).

[329] Vgl. *epd za* und *Stuttgarter Nachrichten* vom 14.9.1976.

[330] Vgl. Brief vom 9.9.1976 (EZA 2/93/6230). Selbst Wilkens hielt die Verfassungsbeschwerde für „voll berechtigt", war jedoch der Meinung, sie sei zu schmal begründet (vgl. Brief an Claß vom 1.11.1976, in: EZA 650/95/191).

[331] Vgl. „Verfassungsbeschwerde nicht unmittelbar Betroffener gegen neue Strafvorschriften über Schwangerschaftsabbruch". Beschluss vom 4.11.1976, 1 BvR 357/76.

[332] Mit Beschluss vom 24.11.1982 beauftragte die württembergische Synode ihren Oberkirchenrat Jahre später nochmals zu prüfen, inwieweit er oder der Rat der EKD sich an einem neu eingeleiteten Verfahren beim BVerfG betreffend Verfassungswidrigkeit der Krankenkassenfinanzierung so genannter Notlagenindikationen bzw. der Lohnfortzahlung in solchen Fällen durch die Kirche als Arbeitgeberin anschließen könnte (vgl. Brief des württembergischen Oberkirchenrats an die Kirchenkanzlei vom 11.12.1982, in: EZA 650/95/214). Die EKD beschied das Gesuch nach Prüfung durch die Kirchenkanzlei negativ (vgl. Gutachten von OKR Winkler mit handschriftlichen Ergänzungen von Wilkens, ohne Datum, in: EZA 650/95/214).

3.4 Das Schlusswort der EKD-Synode in Braunschweig

Das vorläufig letzte evangelische Forum, das sich ausführlich mit der Reform des § 218 StGB befasste, war die Synode der EKD. Knapp zwei Monate bevor das Gremium im November 1976 in Braunschweig zusammentrat und über die Verabschiedung eines Votums verhandelte, galt es jedoch zunächst im Rat der EKD darüber zu beraten, wie die evangelische Kirche sich angesichts der neu entfachten Kontroversen um das Weigerungsrecht und die Krankenkassenfinanzierung des Schwangerschaftsabbruchs verhalten sollte.

3.4.1 Vorüberlegungen des Rates

Auf der Ratssitzung vom 18./19. September informierte Claß die Ratsmitglieder sowohl über die katholische Bischofserklärung als auch über die Verfassungsklage der beiden württembergischen Landessynodalen und bedauerte es in diesem Zuge außerordentlich, dass die Reform des Abtreibungsstrafrechts massiv in den Wahlkampf hineingezogen wurde. Die eingehende Aussprache im Anschluss an den Bericht des Ratsvorsitzenden lief sodann auf die Frage hinaus, ob der Rat sich noch vor der Bundestagswahl Anfang Oktober zur Problematik des Schwangerschaftsabbruchs äußern sollte, wie es – so später das Protokoll – „offensichtlich den Wünschen der katholischen Kirche und bestimmter partei-politischer Kreise" entsprach.[333] Das Gremium entschied sich jedoch dagegen und erteilte den Bitten um indirekte Wahlkampfbeeinflussung damit eine Absage.[334] Die Entscheidung des Rates erschien angesichts der von evangelischer Seite zuvor mehrfach öffentlich geäußerten Sorge um eine demagogische Wahlkampfführung nur konsequent.[335] Eine Ratserklärung zur Reform des § 218 StGB, veröffentlicht in der Endphase des Wahlkampfes, hätte wohl kaum zu einer vertieften inhaltlichen Auseinandersetzung mit der Problematik des Schwangerschaftsabbruchs, sondern lediglich zur weiteren politischen Polarisierung beigetragen.

So blieb das Schlusswort der evangelischen Kirche zur Reform des Abtreibungsstrafrechts der Synode der EKD vorbehalten, die gut vier Wochen nach der Bundestagswahl, Anfang November 1976, in Braunschweig zusammentrat.

---

[333] Auszug aus dem Protokoll der 49. Ratssitzung vom 17./18.9.1976 (EZA 2/93/6230).

[334] Vgl. Ebd. Schober, von Heyl und Wilkens wurden lediglich damit beauftragt, Material zu sammeln und dem Rat zu einem späteren Zeitpunkt u. U. weitere Vorschläge zu unterbreiten.

[335] Appelle zur Versachlichung des Wahlkampfes, der mit irreführenden Parolen wie „Freiheit oder Sozialismus" geführt wurde, waren u. a. von den Landeskirchen in Württemberg, Bayern und Baden abgegeben worden (vgl. KJ 1976/77, S. 114–118).

3.4.2 Die Synodaltagung und ihr Ergebnis

Offizielles Hauptthema der EKD-Synode vom 7. bis 11. November 1976 war die Eingliederung der Umsiedler. Darüber hinaus hatten die Kirchenvertreter und -vertreterinnen sich mit der Ablehnung der Grundordnung durch die württembergische Landessynode, d. h. dem ultimativen Aus für die intensiven EKD-Reformanstrengungen der zurückliegenden Jahre zu befassen.[336]

Bereits im Frühjahr 1976 hatten Mitglieder der konservativen Synodalfraktion im Rahmen einer Vorbereitungstagung zudem bekannt gegeben, sie würden der Herbstsynode einen Beschlussantrag zur Reform des Abtreibungsstrafrechts vorlegen.[337] Von den württembergischen EKD-Synodalen Erika Kimmich und Kurt Hennig sowie dreizehn weiteren Mitgliedern der Synode war daraufhin ein kurzer Antrag, der die Verurteilung der Fristenregelung und damit die Revision des Kasseler Beschlusses von 1974 vorsah, eingereicht und mit den Tagungsunterlagen allen Synodalen zugeleitet worden.[338]

In unheilvoller Erwartung und Erinnerung an den chaotischen Diskussionsverlauf auf der Kasseler Synode 1974 schrieb Wilkens dem Ratsvorsitzenden wenige Tage vor dem Auftakt der Tagung: „Auf der Synode in

---

[336] Die württembergische Landessynode hatte die EKD-Strukturreform am 17.2.1976 durch ihr Veto zur Grundordnung scheitern lassen. Der Beschluss wurde u. a. auf die Haltung der EKD zur Reform des § 218 StGB zurückgeführt (vgl. M. AHME, Reformversuch, S. 154; S. 176 f.; deutlicher noch KJ 1976/77, S. 92). M. AHME weist allerdings darauf hin, dass die Ablehnung der württembergischen Landessynode umfassender verstanden werden muss als Konsequenz aus den starken Spannungen innerhalb der EKD zwischen differierenden Kirchenverständnissen (Reformversuch, S. 160; vgl. dazu auch P. BEIER, „Kirchwerdung", S. 133).

[337] Vgl. *epd za* vom 26.5.1976.

[338] „Antrag für eine Stellungnahme der Synode der EKD zur Fristenregelung" (ohne Datum), in: PAEvKBB, EKD-Synode Braunschweig 1976 (November), Dokumente. Der Antrag wurde unterzeichnet von den Synodalen Besser, von Bülow, Flammer, Flemming, Fündeling, Hennig, Hubatsch, Illies, Kampf, Kimmich, von Keler, Meves, Scheffbuch, Stampehl und Wachsmann. Obgleich die beiden württembergischen Dekane Hennig und Scheffbuch die Verfassungsbeschwerde des Mitsynodalen Seitter unterstützten, obgleich der Hamburger Mediziner Sieghard-Carsten Kampf sowie die Psychagogin Christa Meves vermutlich ebenfalls der Lebensrechtsbewegung zuzurechnen waren und obgleich schließlich die Haltung von Joachim Illies und Hans von Keler zu den Lebensschutzorganisationen ungeklärt bleibt, scheint es verfehlt, den Antrag als einen gezielten Versuch radikaler Lebensschützer zur Ausweitung ihres Einflussbereiches auf die Synode der EKD zu betrachten. Ging der Antrag doch nachweislich von keinem der oben genannten Lebensschützer, sondern von Erika Kimmich aus, deren Proteste sich bereits über Jahre ausschließlich auf die Korrektur des Kasseler Votums zur Fristenregelung beschränkten. Dass die Grenzen zwischen Synodalen, die der Reform des § 218 StGB kritisch bis ablehnend gegenüberstanden, und den organisierten Lebensschützern mitunter fließend waren, kann freilich kaum bestritten werden.

Braunschweig wird uns auf diesem Gebiet [§ 218 StGB, S. M.] sicherlich einiges bevorstehen. Mit dem Entschließungsantrag von Bruder Hennig allein ist es nicht getan. Ich fürchte, daß dieser Antrag eine umfangreiche Diskussion initiieren wird.“[339]

Die Beschlussanträge

Wilkens sollte richtig liegen. Zwar enthielten Claß und Schober sich in ihren Berichten zum Auftakt der Synode jedes Urteils über die Novellierung des Abtreibungsstrafrechts und verhandelten die Reform nur am Rande, doch griff bereits der erste Redebeitrag der anschließenden Synodalaussprache das Thema auf.[340] Die ehemalige CSU-Bundestagsabgeordnete Ingeborg Geisendörfer stellte der Beschlussvorlage von Kimmich und Hennig einen zweiten Antrag zur Seite.

Der erste Antrag aus Württemberg zielte allein auf eine Revision des Kasseler Beschlusses. In seinem Kernsatz hielt er fest, dass zahlreiche evangelische Christen und Christinnen der Feststellung der EKD-Synode von 1974, dass auch die Fristenregelung sittlich vertretbar sei, nach wie vor widersprachen.[341] Geisendörfer indes wandte den Blick nicht wie Kimmich zurück auf die Haltung der EKD-Synode zur Fristenregelung, sondern schaute nach vorn auf die zukünftigen diakonischen und bewusstseinsbildenden Aufgaben der Kirche. Ihr Entwurf hielt zunächst ausdrücklich fest, dass das neue Strafgesetz die Menschen nicht von der Verpflichtung befreie, ihrer Verantwortung als Christen und Christinnen gemäß zu handeln.[342] Sodann erinnerte das Papier daran, dass es stets einhellige Meinung der Synode gewesen sei, den Betroffenen mit Rat,

339 Brief vom 1.11.1976 (EZA 650/95/191). Auch die Presse rechnete mit einer „gründlichen Diskussion“, hielt es jedoch für zweifelhaft, dass eine Mehrheit der Synodalen sich dazu bereit fände, den Beschluss von Kassel umzustoßen und die Fristenregelung nachträglich zu verurteilen (vgl. *HAZ* vom 6./7.11.1976).

340 Vgl. BRAUNSCHWEIG 1976, S. 55 (Claß), S. 70 (Schober), S. 147 (Geisendörfer).

341 Vgl. oben Anm. 338. Der Kasseler Beschluss, begründete Kimmich ihren Antrag, habe vielen Synodalen keine Ruhe gelassen und zahlreiche Gemeindeglieder – Laien wie Pfarrer – befremdet, verwirrt und in ihrem Gewissen verletzt (BRAUNSCHWEIG 1976, S. 255 f.). Kimmich erinnerte etwa daran, dass der württembergische Pfarrer Reinhard Küspert aus Protest gegen die jüngste, von ihm scharf kritisierte Stellungnahme der EKD ein Lehrzuchtverfahren gegen sich selbst angestrengt hatte (vgl. auch *epd za* vom 6.10.1976). Küspert war bereits 1974 nach der Kasseler Synode hervorgetreten, als er den Ausschluss verschiedener Synodaler wegen „Verbreitung von Irrlehre“ gefordert hatte (vgl. Brief an Claß vom 19.4.1974, in: EZA 87/760; vgl. oben S. 342).

342 Die Formulierung dieser ethisch-religiösen Grundeinsicht sollte, so Geisendörfer, der weiteren Klarstellung dienen, denn: „Nicht zuletzt durch die Auseinandersetzungen in den Kirchen [...]“, konstatierte die Politikerin, „herrschen in der Öffentlichkeit oft noch Unsicherheit und Verwirrung“ (BRAUNSCHWEIG 1976, S. 147). Geisendörfers Antrag findet sich im Synodalprotokoll abgedruckt (vgl. EBD., S. 148).

Verständnis und praktischer Hilfe beizustehen. Ausdrücklich wurde daher die von Schober in seinem Bericht vorgetragene Anregung zum Ausbau des evangelischen Beratungsangebots begrüßt. In Anlehnung an das Votum der VELKD-Generalsynode schloss der Antrag mit der Bitte an Rat, Gliedkirchen, Gemeinden und kirchliche Werke, die zum Ausbau des Beratungsangebots notwendigen Maßnahmen in jeder Weise zu unterstützen und beschleunigt voranzutreiben.

Ohne eine direkte Konkurrenz aufkommen zu lassen stellte Geisendörfer dem Kimmich-Antrag, dessen Hauptfokus auf der nachträglichen Verurteilung der Fristenregelung lag, damit einen zweiten Antrag an die Seite, der den Blick der Synode von den kontroversen strafrechtlichen Fragen auf die diakonischen und bewusstseinsbildenden Aufgaben der Kirche lenkte.[343]

Überweisung der Anträge und Ausarbeitung der Beschlussvorlage

Am dritten Verhandlungstag kam es zu einer ersten Aussprache über die beiden Anträge zur Reform des Abtreibungsstrafrechts. Die Diskussion ließ nicht nur das Konfliktpotenzial erkennen, das unter den Synodalen zur Abtreibungsproblematik herrschte, sondern dokumentierte auch die hilflosen Versuche des Präsidiums, eine eingehende Synodaldebatte zur Reform des Abtreibungsstrafrechts zu verhindern.[344] Die Aussprache verfing sich immer wieder in Geschäftsordnungsfragen und endete schließlich mit der Überweisung der Beschlussvorlagen an einen Synodalausschuss. Dass die Wahl dabei auf den Diakonieausschuss fiel und nicht auf den

---

[343] Auch Kimmichs Antrag hatte, ein wenig unvermittelt freilich, mit der Aufforderung an die Gemeindeglieder geschlossen, den Bedrängten zu helfen, das menschliche Leben zu schützen und das göttliche Gebot als heilig zu achten. Ihr Antrag, sagte Kimmich später, verfolge zwar eine andere Zielrichtung als Geisendörfers Entwurf, doch ergänzten sich die beiden Papiere (vgl. BRAUNSCHWEIG 1976, S. 255). Zu Recht meinte die Presse allerdings, dass die Anträge in gegensätzliche Richtungen wiesen, da Geisendörfer im Gegensatz zu Kimmich darauf abzielte, die Eigenverantwortung, die die einzelnen Christen und Christinnen unabhängig von strafrechtlichen Regelungen zu übernehmen hätten, hervorzuheben (vgl. *epd za* vom 16.11.1976).

[344] Zunächst hatte das Synodalpräsidium es – willentlich? – versäumt, die Aussprache über den bereits seit langem vorliegenden Antrag Kimmich in die Tagesordnung aufzunehmen, so dass die Synode gezwungen war, die diesbezüglichen Beratungen zwischen die übrigen Verhandlungsthemen einzuschieben (vgl. BRAUNSCHWEIG 1976, S. 81). Sodann erklärte sich das Präsidium erst nach einer längeren Geschäftsordnungsdebatte bereit, den Synodalen den Antrag Geisendörfer schriftlich vorzulegen (vgl. EBD., S. 260–263). Und schließlich sprach von Heyl sich dagegen aus, den kurzen Antrag Kimmich nochmals verlesen zu lassen, um ihn – wie allgemein üblich – ins Protokoll aufzunehmen. Wider besseres Wissen versicherte er auf Nachfrage, dass der Antrag auch ohne abermalige Verlesung im Synodalprotokoll abgedruckt werden würde, was selbstverständlich nicht geschah (vgl. EBD., 257). Laut Auskunft des Synodalbüros (Telefonat vom 13.2.2001) wurde der Antrag nicht einmal zu den Akten genommen.

'Ausschuß für Kirche, Gesellschaft und Staat', der sich zweifelsohne ebenso angeboten hätte, kann als Konsequenz einer Entwicklung innerhalb der evangelischen Kirche betrachtet werden, in deren Verlauf die primär strafrechtlich-politische Sicht auf die Problematik des Schwangerschaftsabbruchs von einer stärker sozial-diakonisch geprägten Betrachtungsweise abgelöst worden war.[345]

Der Diakonieausschusses setzte eine achtköpfige Unterkommission zur weiteren Beratung der Anträge und zur Ausarbeitung einer gemeinsamen Beschlussvorlage ein.[346] Die Verhandlungen der Unterkommission, so wurde dem Plenum später berichtet, gestalteten sich nicht immer einfach, waren jedoch von Erfolg gekrönt. Geschlossen stellten sich schließlich alle Ausschussmitglieder hinter die Beschlussvorlage, in der sie ihr zuvor gesetzte Ziel – ein einladendes und verständliches Wort an Kirche und Öffentlichkeit zu verfassen – adäquat verwirklicht sahen.[347] Der Entwurf der Kommission orientierte sich im Wesentlichen an Geisendörfers Antrag, der mit Gedanken und Zitaten aus Schobers Brief an die evangelischen Krankenhäuser angereichert worden war.[348] Die Ausarbeitung von Kimmich fand sich zwar an keiner Stelle im Wortlaut, wurde aber der Sache nach

---

[345] Die Überweisungsfrage hatte sich als ein echtes Politikum gestaltet. 20 Synodale hatten für den tendenziell konservativ besetzten 'Ausschuß für Schrift und Verkündigung' votiert. 32 hatten sich dafür ausgesprochen, die Angelegenheit an den 'Ausschuß für Kirche Staat und Gesellschaft' zu übergeben, dessen Zusammensetzung recht disparat war und in dem sich eine Reihe der Mitglieder jenes Berichtsausschusses fanden, welcher zwei Jahre zuvor das Kasseler Votum erarbeitet hatte. Auf Anregung von Diether Bischoff, dem ehemaligen Vorsitzenden des Diakonieausschusses, und gegen den erklärten Willen Kimmichs war die Entscheidung schließlich mit 46 Stimmen auf den 'Ausschuß für Diakonie, Mission und Ökumene' gefallen, der sich vor allem durch seine Unvoreingenommenheit sowie seine relativ ausgewogene Besetzung auszeichnete (vgl. BRAUNSCHWEIG 1976, S. 265).

[346] Neben den Antragstellerinnen Geisendörfer und Kimmich sowie den Unterzeichnern des Kimmich-Antrags, dem braunschweigischen Pfarrer Eberhard von Bülow und dem württembergischen Dekan Rolf Scheffbuch, gehörten der Unterkommission an der holsteinische Propst Karl Hauschildt, die braunschweigische Oberstudiendirektorin Ingeborg Baatz, der westfälische Synodale Diether Bischoff und der damalige rheinland-pfälzische Staatssekretär Roman Herzog (vgl. EBD., S. 368).

[347] Vgl. EBD., S. 368; S. 380.

[348] Dies und das Folgende vgl. EBD., S. 473 f. Schobers Schreiben, das den Synodalen auf Geisendörfers Anregung hin (EBD., S. 148) zugeleitet worden war, fand auf allen Seiten viel Anerkennung. „Wir haben diesen Brief für besonders hilfreich gehalten, und wir erlauben uns in formloser Weise die Anregung an den Rat, er möge davon weitgehend den geeigneten Gebrauch machen, damit die Gedanken dieses Briefes in den Gemeinden so weit wie möglich verbreitet werden", gab Herzog den Wunsch der Unterkommission weiter (EBD., S. 371). Selbst der Lebensschützer Sieghard-Carsten Kampf hielt das Schreiben des Diakonischen Werks für 'hervorragend' (EBD., S. 372). Inwiefern der Rat die Anregung der Synode allerdings beherzigt und für eine weitere Verbreitung des Schreibens gesorgt hat, lässt sich aus den Akten nicht ersehen.

– wie in der Abschlussdebatte verschiedentlich bemerkt wurde – ebenfalls in die Beschlussvorlage aufgenommen.[349]

Die sechs Absätze der Erklärung kreisten zunächst um ethische Grundsatzfragen zum Schwangerschaftsabbruch und wandten sich sodann den Aufgaben zu, die nach der Reform verstärkt auf die Kirche zukamen. In Anlehnung an Geisendörfers Antrag hielt die Beschlussvorlage der Unterkommission zunächst fest, dass die staatliche Straffreiheit Christen und Christinnen keineswegs von der persönlichen Entscheidung darüber befreie, was sie vor Gott verantworten könnten. Nach wie vor seien sie an das Gebot „Du sollst nicht töten“ gebunden. Als ein Gebot der Liebe, erläuterte die Erklärung weiter, wolle das Tötungsverbot allerdings in erster Linie dem Heil und dem Wohl der Menschen dienen, weswegen es zugleich ein offenes Auge für die konkrete Situation fordere. In der konkreten Situation, fuhr das Papier in Anlehnung an Schober fort, könne indes auch die Verweigerung eines Schwangerschaftsabbruchs schuldig machen.

Ein weiteres Schoberzitat leitete zum zweiten Teil der Erklärung über und erinnerte daran, dass Christen und Christinnen verpflichtet seien, Menschen in Bedrängnis so zu begegnen, dass dabei die Liebe Gottes sichtbar werde. Die Gemeinden bräuchten deshalb Menschen, die vom Evangelium geprägt Bewusstsein bildeten und Hilfe leisteten. Die zuständigen kirchlichen Stellen wurden aufgefordert, die finanziellen und personellen Mittel, die für den raschen Ausbau des Beratungsangebotes nötig seien, bereitzustellen. Auch an die Gemeinden appellierte die Erklärung, das Ihrige dazu beizutragen, dass Kinder und Familien fröhlich in ihrer Mitte leben können. In der Zuversicht des Glaubens blickte das Votum abschließend über die engen Grenzen menschlichen Vermögens hinaus und schloss mit den ermutigenden Worten: „Dem Herrn, der das Leben will, trauen wir zu, daß er neue Kraft, Phantasie und Möglichkeiten unter uns freisetzt.“[350]

„Eintracht Braunschweig“[351]: Abschlussdebatte und Verabschiedung der Synodalerklärung

Abschlussdebatte und Abstimmung über das Synodalvotum zum Schwangerschaftsabbruch waren – wie einst in Kassel – auf den letzten Verhandlungstag anberaumt; anders als damals wurde das Thema allerdings nicht noch einmal buchstäblich ‚auf den letzten Drücker‘ verhandelt, sondern bereits unmittelbar nach Eröffnung der Vormittagssitzung.

Als überaus wertvoll, wenn nicht sogar entscheidend für die Verabschiedung des Synodalwortes erwies sich die Ernennung Roman Herzogs zum

349 Vgl. z. B. den Beitrag des Synodalen Hennig (Ebd., S. 378).
350 Ebd., S. 474.
351 Zitat des Ratsvorsitzenden zur Braunschweiger Synode 1976 (Ebd., S. 408).

Vorsitzenden der Unterkommission.[352] Verbunden mit einem detaillierten Bericht über die Ausschussarbeit präsentierte Herzog dem Plenum die Beschlussvorlage seiner Unterkommission und hielt ein überzeugendes Plädoyer für deren Verabschiedung. Der Entwurf seines Ausschusses böte die einmalige Chance, so der Vorsitzende, die Gräben, die mit dem Kasseler Votum aufgebrochen seien, zu überbrücken.

Herzog ließ zunächst keinen Zweifel daran, dass er – ebenso wie die Unterzeichner und Unterzeichnerinnen des Kimmich-Antrags – die Kasseler Debatte von 1974 für verunglückt hielt. Er appellierte jedoch an die Synodalen, nicht zurück zu blicken auf die Fristenregelung und den Beschluss von vor zwei Jahren, sondern dem Entwurf der Unterkommission zu folgen und nach vorn zu schauen auf die zukünftigen Aufgaben der Kirche zur Linderung der Abtreibungsnot. Unmissverständlich gab Herzog überdies zu verstehen, dass es keine Weiterentwicklung zum Kasseler Votum darstellen würde, wenn sich erneut ganze Synodalfraktionen der Beschlussvorlage verschlössen. Es bedürfe vielmehr einer breiten Mehrheit, um „mit einem für uns alle bedrängenden Punkt unserer jüngeren Vergangenheit fertigzuwerden."[353]

Die Zeichen für eine Verständigung standen günstig. Im Gegensatz zu 1974, als die öffentliche Abtreibungsdebatte auf einen neuen Höhepunkt zusteuerte und es für viele Synodale zudem galt, sich von der Gemeinsamen Erklärung der beiden großen Kirchen zu distanzieren, befand sich die Synode 1976 in keiner akuten Konfliktsituation. Zwar hatte das Beharren konservativer Kreise auf Revision des Kasseler Votums zur Wiederaufnahme der Debatte geführt, doch stellte sich bald heraus, dass es den Antragstellern und -stellerinnen inzwischen weniger darum ging, sich tatsächlich noch einmal vom Kasseler Beschluss oder der Fristenregelung zu distanzieren, als vielmehr darum, ein auch für sie akzeptables neues Synodalvotum zur Frage des Schwangerschaftsabbruchs zu erwirken. Der Weg zum kleinsten gemeinsamen Nenner schien geebnet.

Bereits die ersten Stellungnahmen zur Vorlage des Diakonieausschusses ließen sodann erkennen, dass die Diskussion innerhalb der Synode in der Tat einen komplett anderen Verlauf nehmen würde als damals in Kassel. Obgleich ein Großteil der Redner und Rednerinnen dem konservativen Lager zuzurechnen war, äußerten sie sich nahezu geschlossen wohlwollend

---

[352] Dies und das Folgende EBD., S. 368. Auch die Presse zollte Herzog Anerkennung für seine geglückte Mediation (vgl. „Verantwortung für den Nächsten ist entscheidend" von Friedrich Weigend, in: *Die Rheinpfalz* vom 12.11.1976).

[353] BRAUNSCHWEIG 1976, S. 371. Unterstützung erhielt Herzog von Schober, der in militärischer Manier hinzufügte: „Was den Mitarbeitern an der Front jetzt hilft, ist ein gemeinsames Wort der Synode. Sicher würde den Mitarbeitern nicht damit geholfen sein, eine vielleicht in dieser oder jener Stelle profiliertere Aussage zu hören, die nur von einem Teil der Synode getragen wird" (EBD., S. 379).

zum Entwurf der Unterkommission.[354] Überwältigt von der breiten Zustimmung, die sich auch am Beifall immer deutlicher abzeichnete, zog der Reformgegner Sieghard-Carsten Kampf gar seine Änderungsanträge zurück und empfahl seinen Mitsynodalen die unveränderte Annahme der Ausarbeitung.[355] Ernsthaft umstritten war ohnehin nur jener Satz, den die Unterkommission aus Schobers Brief an die evangelischen Krankenhäuser übernommen hatte und in dem es hieß, dass auch die Verweigerung eines Schwangerschaftsabbruchs schuldig machen könne.[356] „Es gibt in dieser ganzen Sache [...] nicht die Politik der weißen Hände," wies Präses Immer – unterstützt durch Hild und von Heyl – diesbezügliche Einwände jedoch zurück und lobte den fraglichen Satz als wahrhaft „evangelischen Satz".[357]

Nachdem Herzog in einem rhetorisch wie inhaltlich brillanten Schlusswort nochmals für eine möglichst breite Zustimmung zur Beschlussvorlage geworben hatte, wurde die Erklärung am Ende einstimmig (mit nur zwei Enthaltungen) ohne jede Änderung von der Synode angenommen.[358]

Bedenkt man die knappen Abstimmungsergebnisse des Kasseler Beschlusses von 1974 und die Entzweiung, die dieser nach sich gezogen hatte, so gebührt der überwältigenden Mehrheit, ja demonstrativen Geschlossenheit in Braunschweig größte Beachtung. Was die evangelische Kirche in ihren Stellungnahmen zur Reform des § 218 StGB immer wieder gefordert hatte, eine breite (parlamentarische) Mehrheit über die parteipolitischen Grenzen hinweg, was jedoch weder der Kasseler Synode noch den Abgeordneten im Bundestag gelungen war, das stellte die Braunschweiger Sy-

---

[354] Vgl. EBD., S. 367–383 (Kampf, Illies, Seitter, Hennig, von Keler).

[355] Vgl. EBD., S. 383. Der Antrag auf vorzeitigen Abbruch der Debatte angesichts der großen Einmütigkeit wurde allerdings abgelehnt (vgl. EBD., S. 379 f.).

[356] Vgl. z. B. EBD., S. 380 (von Keler).

[357] Vgl. EBD., S. 381 f. Wenig später wiederholte Immer seine Aussage: „Es gibt für uns in dem anstehenden Problem nicht ‚die Politik der reinen Hände'. Wir können durch die Durchführung wie auch durch die Ablehnung eines Schwangerschaftsabbruchs schuldig werden" (Thesen von Karl Immer zu § 218 StGB an die Chefärzte der evangelischen Krankenhäuser vom 23.11.1976, in: ADW, HGSt 4631, abgedruckt auch in: VERHANDLUNGEN DER 25. ORDENTLICHEN RHEINISCHEN LANDESSYNODE in Mülheim an der Ruhr, S. 123–125).

[358] Die vorgebrachten Einwände, die Presse könnte den fraglichen Satz erneut – wie damals den problematischen Passus des Kasseler Votums – missverständlich zitieren, wies Herzog mit dem Hinweis darauf zurück, dass es gegenwärtig vordringlich darauf ankäme, durch eine größtmögliche Geschlossenheit die tags zuvor in der Presse veröffentlichten Unkenrufe zu widerlegen, dass das ‚Thema 218' wieder in der Synode aufbreche (vgl. BRAUNSCHWEIG 1976, S. 383). Unter der Überschrift „Die Diskussion über den § 218 bricht in der EKD neu auf" war am Vortag in der *Welt* ein Artikel von Henk Ohnesorge erschienen. Kimmich war darin mit der Aussage zitiert worden, dass man in Süddeutschland unter den Protestanten die Klarheit der katholischen Kirche vermisse.

Zur Abstimmung siehe BRAUNSCHWEIG 1976, S. 383. Das Synodalvotum findet sich EBD., S. 473 f. sowie in: *epd-dok* 51/76, S. 62.

node 1976 eindrücklich unter Beweis. Jenseits der verschiedenen Standpunkte zur Reform des § 218 StGB fand sie zu einem diakonischen Umgang mit der Abtreibungsproblematik und zu Aussagen, denen alle Seiten zustimmen konnten.

An dieser Stelle sei nochmals darauf hingewiesen, dass sich mit Roman Herzog und Ingeborg Geisendörfer nicht etwa Mitglieder der Regierungskoalition, sondern zwei Unionspolitiker für die Verabschiedung eines außerordentlich moderaten Votums zur Abtreibungsreform einsetzten und damit die tiefe parteipolitische Kluft, die seit Jahren zu dieser Frage zwischen Opposition und Regierung klaffte, als Christen und Synodale in bemerkenswerter Weise überwanden.

Angesichts der erfreulichen Entwicklung, die die Synodalverhandlungen genommen hatten, war die Synode, die ihre Arbeit zunächst unter dem Trauma der gescheiterten EKD-Strukturreform und der darin zutage getretenen evangelischen Zertrennung aufgenommen hatte, zum Abschluss ihrer Tagung erfüllt von Dank und Lob für das hohe Maß an Gemeinsamkeit, das die Verhandlungen geprägt hatte. In einem bewegenden Schlusswort formulierte der Ratsvorsitzende die Ermutigung, die sich aus dieser Erfahrung für die gesamte evangelische Kirche ergab und scherzte zufrieden, dass die Synodalversammlung in Braunschweig mit vollem Recht zuweilen den Beinamen „Eintracht Braunschweig" erhalten habe.[359]

3.4.3 Reaktionen auf den Braunschweiger Beschluss

Wie jedoch wurde das neue Votum der EKD-Synode zur Reform des § 218 StGB in der Öffentlichkeit aufgenommen? Welches Presseecho rief es hervor und – mindestens ebenso wichtig – wie reagierte die württembergische Landessynode, deren anhaltende Proteste gegen das Kasseler Votum überhaupt erst den Anstoß für die neue Stellungnahme gegeben hatten?

Die württembergische Landessynode

Die württembergische Landessynode trat am 22. November 1976, keine zwei Wochen nach Beendigung der EKD-Synode, zusammen. Ausführlich äußerte Landesbischof Claß sich in seinem Synodalbericht sogleich zu der, wie er sich ausdrückte, „gerade in unserer Landeskirche besonders leidenschaftlich entbrannten Diskussion um die Reform des § 218 StGB".[360] In

---

[359] BRAUNSCHWEIG 1976, S. 408.

[360] Claß wies zudem darauf hin, „daß die in Württemberg besonders vielgescholtene EKD" sich in Sachen § 218 StGB keineswegs in Schweigen gehüllt habe, wie ihr verschiedentlich

aller Deutlichkeit schloss der Bischof sich zunächst den Vorbehalten seiner Landessynode gegen das Reformgesetz an, forderte die Synodalen sodann jedoch auf, nicht bei ihrer Enttäuschung über das neue Gesetz stehen zu bleiben, sondern die Herausforderungen mutig anzunehmen, die sich der Kirche und ihrer Diakonie nunmehr stellten.

Der Bischof vermied es jedoch, direkt zum Braunschweiger Beschluss Stellung zu nehmen, da dies dem Synodalen Helmuth Flammer im Rahmen seines umfassenden Berichtes über die EKD-Synode oblag. Eingehend erläuterte und würdigte der Fabrikant in seinem Bericht später die Erklärung zur Neufassung des Abtreibungsstrafrechts und hob hervor, dass es sich bei dem Wort keineswegs um einen Formelkompromiss handele, sondern um ein breit unterstütztes Votum, das selbst in der Presse auf Anerkennung gestoßen sei.[361] Als ein „ermutigendes Zeichen" und „eine beglückende Erfahrung" lobte auch die ursprüngliche Antragstellerin Erika Kimmich die Braunschweiger Synode samt ihres Beschlusses zur Reform des § 218 StGB.[362]

Allein der Anführer der deutschen Lebensschutzbewegung und Landessynodale Siegfried Ernst schloss sich der positiven Bewertung des Votums nicht an und setzte seinen Protest fort – wie es jedoch scheint mit abnehmendem Rückhalt unter den württembergischen Synodalen, die sich in ihrer Mehrheit überaus zufrieden mit dem Braunschweiger Beschluss zeigten.[363]

Das Presseecho

Wie Flammer vor der württembergischen Landessynode zu Recht hervorgehoben hatte, war das Presseecho auf das Braunschweiger Synodalvotum überwältigend gewesen. Schon die Einbringung der Anträge von Kimmich und Geisendörfer war von der Presse mit regem Interesse verfolgt worden.[364]

---

vorgeworfen worden sei. „Sie hat allerdings nicht plakativ geredet", fuhr er fort, „[u]nd Balkenüberschriften für die Sensationspresse haben wir auch nicht geliefert. Wir wollten verantwortlich reden, alle Betroffenen mitbedenken, nicht zuletzt die betroffenen Frauen" (VERHANDLUNGEN DER 8. EVANGELISCHEN LANDESSYNODE IN WÜRTTEMBERG. 40. Sitzung am 22.11.1976, S. 1644 f.).

[361] Vgl. EBD., S. 1647–1650. Flammer verwies hier auf den Artikel „Nein und Ja zur Abtreibung" von Karl-Alfred Odin (*FAZ* vom 16.11.1976).

[362] Vgl. oben Anm. 360, S. 1652.

[363] Ernst, der die Ausstellung von Beratungsscheinen rigoros ablehnte, polemisierte auf der Synode u. a. heftig gegen die Pläne der Landeskirche, acht neue Beratungsstellen zu schaffen. Er wurde von Präsident Hans Eißler jedoch scharf in seine Schranken verwiesen. „Dr. Ernst, wir wissen und Sie wissen das auch, daß Sie gelegentlich in der Gefahr stehen, sich zu außerordentlich scharfen Äußerungen hinreißen zu lassen, die dann mindestens mißverständlich sind", fiel Eißler dem Lebensschützer ins Wort und bat ihn klarzustellen, dass Beratungsstellen keine „Schwindelunternehmen" seien, wie Ernst suggeriert hatte (vgl. Ebd., S. 1721 f. [42. Sitzung am 24.11.1976]).

[364] Vgl. „Synode beschäftigt sich erneut mit Schwangerschaftsabbruch", in: *epd za* vom

Mit der Verabschiedung der Beschlussvorlage war aus dem anfänglichen Interesse breite Zustimmung geworden. Die Synode, hieß es beispielsweise in der *Neuen Rhein-Zeitung*, habe einen bemerkenswerten Denkanstoß geliefert, da sie – anders als in den Kirchen bisher üblich – über den kategorischen Lebensschutz hinaus zu einer stärkeren Beachtung der persönlichen Lage der Schwangeren gefunden und folgerichtig festgehalten habe, dass auch die Verweigerung eines Schwangerschaftsabbruchs in gewissen Situationen schuldig machen könne.[365] Diese Aussage des Braunschweiger Votums nahm in der Berichterstattung wie erwartet breiten Raum ein. Im Gegensatz zum umstrittenen Passus des Beschlusses von 1974 wurde sie allerdings zumeist in ihrem Kontext belassen und nicht selten mit jener zweiten Hauptaussage des Votums verknüpft, dass das neue Gesetz für Christen und Christinnen keineswegs ohne weiteres die weit gehende Legalisierung des Schwangerschaftsabbruchs bedeute.[366]

Beachtung fand in den Medien auch die große Geschlossenheit, mit der die Synodalerklärung verabschiedet worden war. „Die Diskussion [...] über den umstrittenen Schwangerschaftsabbruch zeigte", schrieb z. B. die *FAZ*, „daß man in der Evangelischen Kirche wieder lernt, die auseinandergehenden Meinungen so vorzutragen, daß die Gemeinsamkeit gewahrt bleibt."[367] Dies dürfe, fuhr das Blatt fort, als hoffnungsvolles Zeichen dafür betrachtet werden, dass der Protestantismus seine Gegensätze allmählich überwinde.

Die Tatsache, dass sich trotz der Polarisierungen, Gruppen- und Frontenbildungen im deutschen Protestantismus Einmütigkeit über das Synodalwort hatte erzielen lassen, führte die Presse darauf zurück, dass es sich bei der Erklärung sowohl um ein klares und ausgewogenes als auch – mit Präses Immer gesprochen – um ein wahrhaft „protestantisches Votum" handelte.[368] Der Braunschweiger Beschluss, so Karl-Alfred Odin von der

---

10.11.1976, sowie vom selben Datum: „Neue 218-Debatte in der EKD", in: *Frankfurter Neue Presse*, „Schwangerschaftsabbruch als Glaubens-Grundfrage", in: *Westfälische Rundschau*, „Synode will Klarheit in der 218-Frage", in: *Kölner Stadt-Anzeiger*, und „Schwangerschaftsabbruch ‚eine sittliche Gefahr'", in: *Braunschweiger Zeitung*.

365 „Kirche und Abtreibung" von Hans-Josef Joest (*NRZ* vom 12.11.1976).

366 Vgl. „Zu treuen Händen" von Wolfgang Teichert (*DAS* vom 21.11.1976); „EKD äußert sich zur Abtreibung" (*Stuttgarter Zeitung* vom 12.11.1976); „Auch die Verweigerung der Abtreibung kann schuldig machen" (*FR* vom 12.11.1976).

367 „Respekt vor dem empfangenen Leben. Evangelische Kirche überwindet Gegensätze" (*FAZ* vom 12.11.1976).

368 „Vor-Sorge" von H.-N. Janowski (*DAS* vom 21.11.1976). Vgl. auch: „Die EKD-Synode und der § 218". Kommentar von D. von König (SDR vom 12.11.1976 12.40/3/Hy): „Die Synode liefert ihm [dem Christen, S. M.] keine Patentrezepte, aber sie gibt ihm die Zuversicht, daß er sich nicht gegen die höchsten Gebote vergeht, wenn er nach reiflicher Überlegung die Verantwortung für eine Mitwirkung oder Verweigerung übernimmt. Die Stärkung dieses Mutes zu der eigenen Verantwortung in schweren Konflikten ist vielleicht das wichtigste Ergebnis des Ringens auf der Braunschweiger Synode."

FAZ, sei die logische Konsequenz aus dem evangelischen Ethos. „Die evangelische Kirche kennt kein Sittengesetz", erläuterte Odin und fuhr fort: „Norm für die evangelische Kirche ist allein, sich zu den anderen Menschen so zu verhalten, wie Gott sich zu den Menschen verhält [...] Die Verantwortung für den Menschen, nicht ein Gesetz oder Gebot bestimmt das Handeln. [...] Der Beschluß der Braunschweiger Synode zeigt, daß es nach evangelischer Auffassung keine glatte Lösung geben kann."[369] Stringent folgte für Odin aus diesen protestantischen Maximen die in Braunschweig formulierte doppelte Antwort der evangelischen Kirche auf den Schwangerschaftsabbruch, ihr „Nein und Ja".[370]

Eben diese scheinbare Widersprüchlichkeit in der evangelischen Argumentation sowie der konsequente Rückverweis an die Letztverantwortung des persönlichen Gewissens trafen allerdings auch auf Unverständnis und Kritik. So warf die *Bild*-Zeitung der Synode vor, sie habe wieder einmal „diplomatisch" gesprochen, damit jedoch den rat- und trostsuchenden Christen, die auf ein weisendes Wort ihrer Kirche warteten, nicht geholfen, denn – gemahnte das Blatt: „Die EKG [EKD, S. M.] kennt doch jene Stelle im Neuen Testament ganz genau, die da lautet ‚Eure Rede sei ja, ja oder nein, nein, was darüber ist, das ist von Übel.'"[371] Während das komplexe Wirklichkeitsverständnis des Synodalwortes für die einen seine Stärke ausmachte, war es anderen ein Graus. Lob und Tadel machten sich somit bezeichnenderweise an ein und demselben Punkt fest.

Die konträren Bewertungen erfahren indes eine gewisse Plausibilität, wenn sie im größeren Kontext divergierender Auffassungen von der gesellschaftlichen Stellung der Kirche und ihren Aufgaben betrachtet werden. In der Abtreibungsdebatte Anfang der siebziger Jahre ging es für die evangelische – im Gegensatz zur katholischen – Kirche nicht mehr wie ehedem darum, rechtliche und ethisch-religiöse Bewertung des Schwangerschaftsabbruchs in Deckungsgleichheit zu bringen. Die evangelische Kirche sah sich unter den veränderten gesellschaftlichen Bedingungen der siebziger

---

369 „Nein und Ja zur Abtreibung" (*FAZ* vom 16.11.1976).

370 Ebd.

371 „Ja, ja – oder nein, nein!" (*Bild* vom 12.11.1976). Auch der *Rheinische Merkur* kritisierte, das Braunschweiger Votum sei nicht weniger unbefriedigend als das Kasseler Votum, mit welchem sich die Synode zwei Jahre zuvor „blamiert" habe (vgl. „Unbefriedigend" von Joachim Sobotta, in: *Rheinischer Merkur* vom 12.11.1976). Scheinbar ohne Verständnis für die Komplexität der Sache blickte am Jahresende auch Johannes Gross im Leitartikel der *FAZ* auf das Votum zurück: „Das Ende solcher Anstrengungen [zur Gesetzesreform, S. M.] ist leicht am Zeitpunkt abzulesen, da etwa die Führenden der evangelischen Kirche zum klärenden Schlußwort finden; bei der Abtreibungsreform wurde, wenn das Gedächtnis nicht trügt, als Handreichung dargeboten, daß Abtreibung Sünde sei; die Verweigerung von Abtreibung aber auch. Da sieht man doch klarer; Moses und Paulus waren immer so eindeutig gewesen" („Höhepunkte 1976", in: *FAZ* vom 31.12.1976).

Jahre auch längst nicht mehr in der Position, strafrechtliche Reformen zu verhindern. Sie betrachtete ihre primäre Aufgabe vielmehr zunehmend darin – und tut dies bis heute – Bewusstsein zu schaffen für die Differenz zwischen der rechtlichen und der ethisch-religiösen Betrachtung des Schwangerschaftsabbruchs, und das ethische Gebot zur strengen Gewissensprüfung als eigenständigen, für die Bewertung des Schwangerschaftsabbruchs konstitutiven Aspekt neben der rein rechtlichen Möglichkeit zur Abtreibung zu behaupten.

Hier lag der neue Fokus des Braunschweiger Beschlusses, der – je nachdem, wie man die Stellung der Kirche in der Gesellschaft und ihre Hauptaufgaben bestimmte – auf Anerkennung oder auch Kritik stieß.

Wilkens' Kritik am Synodalbeschluss

Der überaus positiven Bewertung, die das Braunschweiger Votum allgemein erfuhr, vermochte der Vizepräsident der Kirchenkanzlei sich nicht anzuschließen. Entschieden lehnte er das Synodalvotum ab, wobei seine Kritik keineswegs auf divergierenden Vorstellungen von der gesellschaftlichen Stellung der Kirche basierte, sondern auf einer systematisch-theologischen Anfrage.

In der ersten hitzigen Reaktion des Vizepräsidenten auf den Beschluss standen allerdings zunächst seine generellen Vorbehalte gegen synodale Strukturen im Vordergrund. „Es müßte doch Mittel und Wege geben“, schrieb er unmittelbar nach der Synode aufgebracht an führende Kirchenvertreter, „daß Mitgliedern des Rates und auch der Kirchenkanzlei, die sich durch Jahre hindurch mit einem solchen Fragenkomplex befaßt haben, in irgendeiner Weise Gelegenheit gegeben wird, sich zu einem solchen Text zu äußern und auch in angemessener Weise daran mitzuarbeiten.“[372] Wilkens war verärgert, dass seine noch in Braunschweig vorgetragene Anregung, die Frage der Gewährung bzw. Verweigerung eines Schwangerschaftsabbruchs in der Synodalerklärung nicht als ein ethisches Problem zu thematisieren, sondern mit dem rechtlich-formalen Verweis auf den Katalog der legalisierten Indikationen abzuhandeln, keine Berücksichtigung gefunden hatte.

Als Präses der Synode sah von Heyl sich zu einer Erwiderung auf den Protest des Vizepräsidenten veranlasst. Entschieden verwahrte er sich in einem resoluten Antwortschreiben gegen das von Wilkens eingeklagte Vetorecht für die Kirchenkanzlei bzw. den Rat und wies darauf hin, dass dieser von seinen Möglichkeiten zur Einflussnahme in Braunschweig durchaus Gebrauch gemacht habe, dass seine Anregungen jedoch nicht weiter

[372] Brief an Claß mit Abschriften an von Heyl, Thimme, von Keler und Kunst vom 15.11.1976 (EZA 650/95/191).

geführt hätten. „Es ging uns in diesem Wort nicht um die strafrechtliche, sondern um die ethische Bewertung", hob der Präses nochmals hervor und fügte schroff hinzu: „Dies bleibt Ihnen unklar."[373]

In seinem Antwortschreiben auf die ungewohnt deutliche Zurechtweisung räumte Wilkens zunächst ein, sein Insistieren auf einer rechtlichen Argumentation sei in der Tat verfehlt gewesen.[374] Sodann bemühte er sich, seinen eigentlichen Hauptkritikpunkt noch einmal differenziert darzulegen. Er verstehe und teile die Intention des Synodalvotums durchaus, erläuterte Wilkens, doch halte er dessen Formulierung für gänzlich verfehlt. Die Erklärung käme vom Liebesgebot (ohne weiteren Hinweis darauf, dass dieses zunächst die Tötung ungeborenen Lebens untersage) unmittelbar auf die Gewährung von Schwangerschaftsabbrüchen zu sprechen. Damit gebe sie Anlass zu der Fehlinterpretation, dass das Liebesgebot nach evangelischem Verständnis unmittelbar auf die Gewährung von Schwangerschaftsabbrüchen hinauslaufe. „Auch ich könnte sagen, daß die Verweigerung eines Schwangerschaftsabbruchs schuldig macht", fasste Wilkens seine Kritik zusammen. „Aber das hebt eben das Schuldigwerden am Gebot ‚Du sollst nicht töten' nicht auf. Und dies ist der springende Punkt. [...] Der Entscheidung für oder gegen einen Schwangerschaftsabbruch in einer konkreten Situation ist die eigentliche letzte Qual genommen, wenn die sittliche Fragestellung so formuliert wird, wie es in der Synodal-Kundgebung geschieht."[375] Die Synodalerklärung habe in ihrer einseitigen Formulierung nicht klar zum Ausdruck gebracht, so Wilkens' Einwand, dass es vielfach nicht möglich ist, sich zu entscheiden, ohne schuldig zu werden.

Diese letzte wahrhaft evangelische Spitze – das mitunter unausweichliche Schuldigwerden – fehlte dem Synodalvotum in der Tat.[376] Dass der Kirchenmann indes so vehement darauf beharrte und nicht gewillt war, die realpolitischen Gegebenheiten zu berücksichtigen (dass eine Synodaldebatte über diesen Punkt vermutlich weitere Anfragen nach sich gezogen und

---

[373] Brief vom 22.11.1976 (EZA 650/95/191).

[374] Brief vom 13.1.1977 (EZA 650/95/215).

[375] Ebd. Rückblickend schrieb Wilkens am 20.7.1977 an den neuen Ratsbevollmächtigten Heinz-Georg Binder: „Es folgte dann die Synodalerklärung zur Frage des Schwangerschaftsabbruchs vom 11. November 1976, gegen deren Kernsatz ich mich damals gleich in Braunschweig ohne jeden Erfolg ausgesprochen habe. Ich bleibe dabei, daß diese Erklärung an der umstrittenen Stelle nicht nur schlecht und falsch ist, sondern den weiteren Gang der Dinge entsprechend beeinflußt hat." Missmutig fügte er hinzu: „Heute wird auch in Schreiben des Diakonischen Werkes diese Erklärung ganz besonders belobigt" (EZA 650/95/215); vgl. dazu auch E. Wilkens, Kirchliche Mitverantwortung, S. 47. Wilkens dürfte bei Binder allerdings auf wenig Verständnis gestoßen sein, denn der ehemalige geistliche Repräsentant der Bremischen Landeskirche hatte sich bereits Ende 1973 für eine Fristenregelung ausgesprochen (vgl. Interview mit Binder in: *epd za* vom 17.12.1973).

[376] Vgl. aus sozialethischer Perspektive sehr instruktiv zum Problem der Schuld: M. Lippold, Schwangerschaftsabbruch, S. 445–453.

den Grundkonsens innerhalb der Synode gefährdet hätte), dürfte zum einen auf sein generelles Misstrauen gegen jede Art von Synodalvoten zurückzuführen sein, zum anderen aber auch auf die große Ernüchterung, mit der er im Nachhinein auf die gesamte Reform des Abtreibungsstrafrechts zurückblickte.[377]

3.5 Der evangelische Beitrag zur Abtreibungsdebatte – zwei zeitgenössische Resümees

Wilkens, der den evangelischen Beitrag zur Debatte um die Reform des Abtreibungsstrafrechts wie kein Zweiter geprägt hatte, zeigte sich rückblickend recht verbittert über das Ergebnis der Gesetzesnovellierung und betrachtete die evangelische Intervention im Großen und Ganzen als gescheitert. Der reformierte § 218 StGB war seiner Ansicht nach bewusst doppeldeutig konzipiert und schwankte unentschlossen zwischen Lebensschutz und Emanzipationswillen hin und her.[378]

In Briefen an Gesinnungsgenossen analysierte Wilkens die verschiedenen Faktoren, die seiner Ansicht nach zur Verabschiedung des letztlich unbefriedigenden Gesetzentwurfs beigetragen hatten. Der Kirchenmann sah die Verantwortung für den Ausgang der Reform:

a) bei der gesamten *Bevölkerung*, die das Gesetz als „Frucht der Reform-Revolte" so gewollt habe;[379]
b) beim *Deutschen Bundestag*, der den ‚Parteienklüngel' nicht habe überwinden können;
c) bei der *Publizistik*, die das gesellschaftliche Unrechtsbewusstsein über den Schwangerschaftsabbruch weitgehend vernichtet und sich massiv gegen die Kirchen gestellt habe;[380]

---

377 Zu E. WILKENS' Haltung im Blick auf Synodalvoten vgl. DERS., Die politische Verantwortung der Kirche, S. 45.

378 „Zur Beurteilung der gegenwärtigen § 218-Szene", siebenseitiges internes Papier von Wilkens an Claß, Tenhumberg u. a. vom 1.11.1976 (EZA 650/95/214). Insbesondere hinsichtlich der Verfahrensregelung, klagte Wilkens, habe die SPD sich aus Scheu vor einem weiteren Koalitionsstreit von der FDP „aufs Kreuz legen lassen" (Brief an Weeber vom 9.8.1976, in: EZA 650/95/191; vgl. Brief an Reinhard Scheele/Henriettenstift Hannover vom 14.7.1976, in: EZA 650/95/191).

379 Dieser Punkt findet sich nur in Wilkens' Brief an Prof. G. Seybold/Zentrum für Innere Medizin, Stuttgart vom 18.1.1977 (EZA 650/95/191). Die übrigen Punkte finden sich dagegen allesamt und in der angegebenen Reihenfolge auch in Wilkens' Brief an den Landesuperintendenten Dieter Andersen/Lüneburg vom 11.8.1978 (EZA 2/93/6231).

380 Rückblickend schrieb Wilkens: „Den Kampf um die Neugestaltung des § 218 haben wir freilich in der Hauptsache verloren, weil wir 80–90 % der deutschen Publizistik in den

d) bei den *Ärzten und Ärztinnen*, die sich nach Auffassung des Vizepräsidenten von den Parteien ‚an der Nase hatten herumführen lassen' und deren Standesorganisationen nicht auf die Bitten der EKD-Kirchenleitung um Unterstützung reagiert hatten;[381]
e) bei der *katholischen Kirche*, deren kompromisslose Haltung für das Scheitern des von evangelischer Seite befürworteten Regierungsentwurfs von 1972 verantwortlich zu machen sei;[382]
f) bei der *Synode der EKD*, die 1974 und 1976 Beschlüsse mit jeweils ‚verhängnisvoller Wirkung' gefasst habe;[383] sowie schließlich
g) bei der gesamten *evangelischen Kirche*, deren Leitungen sich, wie Wilkens meinte, „als zu schwach und als unfähig erwiesen, ihre Sicht der Dinge auch wirklich durchzusetzen oder auch nur beharrlich zu vertreten."[384]

Die Beschuldigungen entbehrten nicht einer gewissen Berechtigung und zeichneten ein bestechend scharfes Bild des Kräftespiels der Abtreibungsdebatte. Sie veranschaulichten darüber hinaus allerdings auch die Gemütsverfassung des Vizepräsidenten, der sich zunehmend in Opposition zum ‚Rest der Welt' – inklusive seiner eigenen Kirche – sah.[385] Verdrossen über

Jahren nach 1970 gegen uns gehabt haben" (Brief an Gerhard Rammler vom 1.4.1980, in: EZA 2/93/6234).

381 Vgl. Brief an Andersen vom 11.8.1978 (EZA 2/93/6231). Vgl. dazu oben S. 483.

382 Zur katholischen Kirche führte Wilkens aus: „Sie hat von Anfang an überzogene Vorstellungen von den Möglichkeiten gehabt, in ein Strafgesetz moraltheologische Normen hineinzubringen. Ich behaupte bis heute, daß wir den relativ passablen Entwurf der Regierung Brandt von 1972 hätten haben können, wenn damals die katholische Kirche mitgezogen wäre" (Ebd.). Vgl. auch: „Wir hätten vor einer Reihe von Jahren in einer ganz bestimmten gesetzgeberischen Konstellation ein Gesetz haben können, mit dem wir gut in der Bundesrepublik hätten auskommen können. Es ist gescheitert an der katholischen Kirche, die eben alles wollte und damit alles verloren hat" (Brief an Rammler vom 1.4.1980, in: EZA 2/93/6234).

383 Vgl. Brief an Andersen vom 11.8.1978 (EZA 2/93/6231).

384 Ebd. Die Erklärungen der EKD – abgesehen freilich von den Synodalvoten – könnten sich, wie Wilkens nicht ohne Eigenlob festhielt, allerdings „durchweg sehen lassen" (Ebd.).

385 Einiges deutet darauf hin, dass Wilkens' Verbitterung in erster Linie der Tatsache galt, dass seine eigene Position sich schlussendlich nicht hatte durchsetzen können. Nachdem die Meinung des Vizepräsidenten über weite Strecken der Abtreibungsdebatte nahezu gleichzusetzen gewesen war mit jener der Evangelischen Kirche in Deutschland, hatten Rat und Synode sich 1976 zunehmend vom strafrechtlich ausgerichteten Kurs des Vizepräsidenten gelöst und den Blick stärker auf die künftigen diakonischen Aufgaben der Kirche gelenkt. Vergeblich beklagte sich Wilkens deshalb Ende 1976, dass die ‚offensichtlichen Unzulänglichkeiten' des neuen Gesetzes vom Rat nicht mehr angesprochen würden und man auf entsprechende von ihm vorgelegte kritische Überlegungen nicht einmal mehr reagiere (vgl. „Zur Beurteilung der gegenwärtigen § 218-Szene". Siebenseitiges internes Papier von Wilkens an Claß, Tenhumberg u. a. vom 1.11.1976, in: EZA 650/95/214, sowie Brief von Wilkens an Claß vom 18.1.1977, in: EZA 650/95/191). Der Rat nahm sich erst im Frühjahr 1980,

das Ergebnis der Reform resümierte Wilkens in späteren Jahren: „Wir haben hier, um es salopp auszudrücken, den Krieg verloren."[386]

Ganz anderer Ansicht war der *epd*-Korrespondent Rudolf Orlt - ebenfalls ein langjähriger Beobachter und Kenner der Materie. Orlt zog eine recht positive Bilanz des evangelischen Beitrags zur Abtreibungsdebatte, wobei er den ‚Erfolg' der EKD im Unterschied zu Wilkens nicht an der Umsetzung konkreter strafrechtlicher Forderungen der Kirche maß. Der Journalist charakterisierte die Position der EKD vielmehr abstrakter. Der evangelische Beitrag ließe sich im Kern, so Orlt, in drei Punkten zusammenfassen:

a) „Einmal ging es darum, daß das Minuszeichen, das im allgemeinen zu einem Schwangerschaftsabbruch gehört, nicht ausradiert wird."[387]
b) Sodann habe die evangelische Kirche sich stets dafür ausgesprochen, im Einzelfall abzuwägen;
c) und schließlich habe sie immer darauf gedrängt, dass sich das Nachdenken über eine Lösung weder in panischer Angst noch in oberflächlicher Leichtfertigkeit vollziehen dürfe.

„Diese Überlegungen" - die in der Tat als eine Art Quintessenz des evangelischen Beitrags betrachtet werden können - resümierte Orlt abschließend, „sind im großen und ganzen vom Bundestag verstanden und aufgegriffen worden."[388]

Divergierende Auffassungen über das Ergebnis der Gesetzesnovellierung und den Erfolg des evangelischen Beitrags zur Reform des Abtreibungsstrafrechts standen sich somit gegenüber, und das mit einem gewissen Recht. In vielerlei Hinsicht entsprach die Reform des § 218 StGB zwar den von evangelischer Seite eingebrachten Anregungen und Wünschen,

---

im Anschluss an die Veröffentlichung des Berichts der staatlichen Auswertungskommission, des Themas wieder an (vgl. „Erklärung des Rates der EKD zum Schwangerschaftsabbruch" vom 9.5.1980, in: DENKSCHRIFTEN 3/1, S. 241–245).

[386] Brief an Seybold vom 18.1.1977 (EZA 650/95/191). Vgl. auch: „Daß wir diesen ganzen Krieg auf der ganzen Linie verloren haben, habe ich schon vor einigen Jahren gesagt. Alles andere ist schlicht Geschwätz" (Brief an Andersen vom 11.8.1978, in: EZA 2/93/6231). Wenngleich Wilkens aus seiner Verbitterung über den Ausgang der Reform keinen Hehl machte, wäre es jedoch falsch, anzunehmen, er habe sich reformfeindlichen Positionen angenähert. Offen widersprach er etwa dem Wunsch, die EKD möge der Fristenregelung sowie der sozialen Indikation eine klare Absage erteilen: „Ich glaube nicht", schrieb er dazu, „daß eine aus unserer [EKD, S. M.] Sicht der Dinge genügende gesetzliche Regelung zum Schwangerschaftsabbruch ohne eine soziale Komponente ausgekommen wäre. An dieser Stelle haben wir uns (und ich habe mich) immer von der Position der römisch-katholischen Kirche unterschieden" (Brief an Seybold vom 18.1.1977, in: EZA 650/95/191).

[387] „§ 218: Neue Priorität" (in: *Berliner Sonntagsblatt* vom 4.7.1976).

[388] EBD.

doch waren auch zentrale Anliegen unberücksichtigt geblieben.[389] Während Wilkens hervorhob, dass die Gesetzesnovelle aus Sicht der EKD – zumal im Blick auf die Verfahrensregelung – kaum voll befriedigen konnte, wies Orlt darauf hin, dass das Hauptanliegen der evangelischen Intervention gleichwohl umgesetzt und die ethische Definition des Problems Schwangerschaftsabbruch im neuen Strafrecht beibehalten worden war. Die Reform des § 218 StGB hatte – um mit Orlt zu sprechen – das Minuszeichen vor dem Schwangerschaftsabbruch nicht ausradiert.

[389] Ungeachtet der fortbestehenden Anfragen an das neue Gesetz bestand jedoch breite Einigkeit, dass die evangelische Kirche ihre Hauptaufgabe nach der Reform nicht im gemeinsamen Einsatz mit den Katholiken für eine abermalige Novellierung des Strafrechts zu betrachten habe, sondern in der Bewusstseinsbildung und der diakonischen Hilfe. „[E]s ist falsch zu meinen", schrieb selbst Wilkens, „daß eine Neufassung des Gesetzes im Blick auf die chaotische Bewußtseinslage in der Öffentlichkeit eine Besserung gelingen läßt. Was nötig ist, ist eine mühselige Kleinarbeit in den Beratungsstellen und in den Arbeitsgemeinschaften mit Ärzten, und dann natürlich eine seelsorgerliche Arbeit in den Kirchengemeinden. Und alles dies", schloss er, „geschieht" (Brief an Rammler vom 1.4.1980, in: EZA 2/93/6234).

Schlussbetrachtung

Blickt man am Ende dieser Untersuchung zurück, so zeigt sich, dass die historische Rekonstruktion des komplexen evangelischen Beitrags zur Abtreibungsdebatte eine große Vielfalt an Erkenntnissen zu Tage förderte. Sie erbrachte wertvolle Einsichten zu den Ausgangsfragestellungen nach den Strukturen der Ausbildung und Vermittlung überregionaler kirchlicher Positionen, nach Wandlungen im Verständnis des kirchlichen Öffentlichkeitsauftrags und nach der grundsätzlichen Veränderung der gesellschaftlichen Rolle der Kirche im Anschluss an die Umwälzungsprozesse Ende der sechziger Jahre. Aus der Detailanalyse des historischen Fallbeispiels der Abtreibungsdebatte ließen sich zudem Einzelerkenntnisse und größere Zusammenhänge eruieren, die über die Kirchengeschichte hinaus in die Disziplin der Sozialethik sowie die Bereiche der Kybernetik, der Feministischen Theologie und der Ökumenik reichen.

Die grundlegenden Ergebnisse seien an dieser Stelle nochmals kompiliert und systematisiert. Die Zusammenschau setzt dazu mit einigen Beobachtungen über die Rahmenbedingungen der Ausarbeitung des evangelischen Beitrags ein, fährt mit einer inhaltlichen Charakterisierung der verschiedenen evangelischen Äußerungen fort und zieht daraus in einem letzten Schritt Schlussfolgerungen für den Wandel des Öffentlichkeitsauftrags und die Rolle der evangelischen Kirche im gesellschaftlichen Kräftespiel der siebziger Jahre.

Der innerkirchliche Pluralismus und das Strukturproblem der EKD

Im Zuge der historischen Aufarbeitung des evangelischen Beitrags zur Debatte um die erste große Reform des § 218 StGB zeigte sich, dass innerhalb der evangelischen Kirche nicht nur eine Meinungsvielfalt herrschte, sondern vielfach auch ein emsiges Gegeneinander. Die verschiedenen Dienststellen der EKD zogen nicht immer an einem Strang, die Landeskirchen und gliedkirchlichen Zusammenschlüsse widersprachen sich sowohl untereinander als auch den EKD-Voten, die Synoden korrigierten ihre Kirchenleitungen und diese wiederum setzten sich geflissentlich über die Erklärungen der Synoden hinweg, ganz zu schweigen von den widersprüchlichen Äußerungen verschiedener kirchlicher Verbände und einzelner

Christen und Christinnen. Augenscheinlich kollidierten hier nicht nur divergierende Überzeugungen zur Frage des § 218 StGB, sondern auch konkurrierende Auffassungen darüber, wer öffentliche Stellungnahmen zu diesem Thema abgeben sollte.

In dieser Vielstimmigkeit spiegelte sich ein Grundsatzproblem evangelischer Ekklesiologie. Da die evangelische Kirche im Gegensatz zur katholischen keine Gewissensbindung durch das Lehramt kennt, sondern in der Tradition der Lehre vom Priestertum aller Gläubigen die individuelle Verantwortung der einzelnen Christen und Christinnen hervorhebt, wird immer wieder grundsätzlich diskutiert, ob es überhaupt eine übergeordnete für die evangelische Kirche in toto sprechende Instanz geben kann, wie ihre Aussagen legitimiert sein müssen und mit welchem Anspruch sie sich zu Wort melden darf.

Die damalige Polyphonie und das Gegeneinander innerhalb der evangelischen Kirche verdankten sich darüber hinaus jedoch erheblichen strukturellen Defiziten des dringend reformbedürftigen kirchlichen Apparats. Die Verfassung der Konföderation evangelischer Kirchen in Deutschland sah (und sieht) keine Regelung für einen geordneten Diskurs zwischen den verschiedenen kirchlichen Instanzen auf Regional-, Landes- und Bundesebene vor.[1] Ohne ein standardisiertes Verfahren, mittels dessen auf demokratischem Wege eine breite Meinungsbildung über evangelische Grundaussagen herbeigeführt werden kann, war es jedoch schon rein verfahrenstechnisch kaum möglich, zu einem Konsens zu gelangen, den die verschiedenen kirchlichen Organe hätten akzeptieren und sich in ihren Äußerungen an ihm hätten orientieren können.

Mit der Strukturschwäche ging zudem ein gravierendes Vermittlungsproblem der EKD einher. Über weite Strecken hatte es den Anschein, als intendierten Rat und Kirchenkanzlei gar keine umfassende Konsensfindung über den evangelischen Beitrag zur Abtreibungsdebatte. Die Intervention die EKD-Stellen zielte ausschließlich auf die politischen Entscheidungsträger, während die ebenso notwendige innerkirchliche Verständigung und Bewusstseinsbildung ausblieb und die Kommunikation ‚nach innen' gänzlich vernachlässigt wurde. Statt des Austauschs untereinander und des konstruktiven Umgangs mit abweichenden Auffassungen, wie sie nicht nur von verschiedenen Landeskirchenleitungen und Synoden, sondern auch von der evangelischen Presse, der Frauenarbeit und einzelnen Verbänden der Diakonie vertreten wurden, herrschten Konkurrenz und Verdrängung. Ins-

[1] Artikel 19 der EKD-Grundordnung bestimmt zwar, dass ein einheitliches Handeln der Gliedkirchen auf allen Gebieten des öffentlichen Lebens erstrebt wird und die EKD die gesamtkirchlichen Anliegen gegenüber den Inhabern der politischen Gewalt vertritt, doch fand der recht offen formulierte Artikel in der Praxis kirchlichen Handelns kaum Berücksichtigung, wie die vorliegende Untersuchung gezeigt hat.

besondere an dem autoritären Auftreten des Vizepräsidenten der Kirchenkanzlei, der den EKD-Beitrag zur Abtreibungsproblematik maßgeblich mit prägte, dissentierende evangelische Positionen jedoch meist zu unterdrücken suchte, veranschaulicht sich das zentralistische Selbstverständnis innerhalb der EKD-Administration.[2]

Der Zentralismus des EKD-Apparats traf seinerseits wiederum auf den ausgeprägten Partikularismus der Landeskirchen, so dass es zu erheblichen innerkirchlichen Reibungsverlusten kam.[3] Statt miteinander zu kooperieren und die evangelische Kirche möglichst geschlossen nach außen zu vertreten, befanden sich die verschiedenen Organe und Instanzen somit in einem fortwährenden, sinnlosen Kampf gegen die Windmühlen in der eigenen Kirche.

Die Vielstimmigkeit des Protestantismus gründete allerdings nicht nur in ekklesiologischen Grundfragen und massiven kybernetischen Steuerungsdefiziten, sie war auch ein Kind ihrer Zeit. Im Zuge der allgemeinen Transformationsprozesse hatte sich die enge Bindung der Protestanten an tradierte Normen und Werte in den sechziger Jahren gelockert und es war zu einem innerkirchlichen Auseinanderstreben gekommen. Insbesondere in theologischen und politischen Fragen hatte sich eine große Meinungsvielfalt unter den Protestanten ausgebildet. Die gesellschaftlichen Entwicklungen hatten damit ihre Analogie in der evangelischen Kirche gefunden.

Divergierende Beurteilungen der gesellschaftlichen wie kirchlichen Pluralismuserscheinungen hatten jedoch zu einer nachhaltigen Polarisierung innerhalb der evangelischen Kirche geführt.[4] Die Grenze zwischen Kritikern und Befürwortern des Pluralismus verlief quer durch die gesamte Kirche und trennte nicht nur die Bekenntnisbewegung von der Volkskirche und die Kirchengebundenen von den Kirchenfernen, sondern mitunter auch die Kirchenleitungen von den Synoden und die Landeskirchen von der EKD.

---

[2] Vgl. z. B. oben S. 121 f. sowie oben S. 86 Anm. 158.

[3] Die Landeskirchen sahen sich zumeist nicht einmal veranlasst, die EKD-Kirchenkanzlei von ihren Stellungnahmen in Kenntnis zu setzen. Vgl. dazu Wilkens' Klage: „In diesem Zusammenhang ein Seufzer: Die Landeskirchen könnten uns wirklich das Leben dadurch etwas erleichtern, daß sie derartige Erklärungen zu Gegenständen, die von gesamtkirchlicher Bedeutung sind, uns von sich aus zusenden. Bei solchen Kleinigkeiten fängt es an, ob man in den Landeskirchenämtern überhaupt noch an die Existenz von EKD; Kirchenkanzlei usw. denkt" (Brief an Claß vom 3.8.1977, in: EZA 2/93/6231). Wilkens erfuhr in der Regel aus der Presse von landeskirchlichen Voten und ersuchte dann um deren Zusendung (vgl. z. B. Brief an das bayerische Landeskirchenamt vom 4.6.1973 sowie Antwortschreiben vom 7.6.1973, beides in: EZA 2/93/6221).

[4] Vgl. dazu den Synodalen Hans-Gernot Jung: „Auf's Ganze gesehen fehlt es [...] noch an der kirchlichen und theologischen Wertschätzung der Vielfalt. Die Pluralität wird meist eher hingenommen und erduldet als begriffen, gewollt und gestaltet. Das Thema ‚Grenzen des Pluralismus' bewegt unsere Gemüter mehr als die Frage nach dem evangelischen Sinn von Pluralität" (KASSEL 1974, S. 137).

Unter diesen Rahmenbedingungen einen konsensfähigen evangelischen Beitrag zum Problem des Schwangerschaftsabbruchs und seiner strafrechtlichen Bewertung zu erarbeiten, war wahrlich keine leichte Aufgabe.[5]

Das Verhältnis zur katholischen Kirche

In dem Maße, in dem die innerevangelischen Diskrepanzen zugenommen hatten, hatten sich die ehedem so bestimmenden konfessionellen Differenzen unterdessen relativiert. Anfang der siebziger Jahre standen einzelne konservative Kirchenoberhäupter wie Hermann Dietzfelbinger, Hans Thimme oder Hermann Kunst der katholischen Bischofskonferenz, die den gesellschaftlichen Transformationsprozessen eine klare Absage erteilte, näher als einem wachsenden Teil der eigenen Kirchenglieder.

Von katholischer Seite war das Interesse an einer Intensivierung des evangelisch-katholischen Gesprächs ebenfalls gestiegen, da die einst so guten Verbindungen zur Regierung mit dem politischen Wechsel 1969 abgebrochen waren und man den Einflussverlust in Bonn durch ein gemeinsames Auftreten der Kirchen zu minimieren suchte. Die von der neuen sozial-liberalen Regierung geplanten Reformen des Sexual-, Ehe- und Abtreibungsstrafrechts gaben schließlich den auslösenden Impuls zur Zusammenarbeit und führten mit der so genannten Orangen Schrift 1970 zu einer ersten halboffiziellen Verlautbarung der beiden großen Kirchen.[6] Aus dem bedeutenden ersten Anknüpfungspunkt der ökumenischen Annäherung wurde jedoch bald einer ihrer größten Prüfsteine.

Bereits das breite Echo auf die Veröffentlichung der Orangen Schrift zeigte, dass sich die in den sechziger Jahren noch übereinstimmend ablehnende Haltung der Kirchen zur Reform des § 218 StGB erheblich aufgefächert hatte und zumindest auf evangelischer Seite nicht mehr konsens-, ja nicht einmal mehr mehrheitsfähig war. Die divergierenden Reaktionen auf den 1971 von Justizminister Jahn vorgelegten Referentenentwurf ließen sodann keinen Zweifel daran, dass in den Kirchen nicht nur unterschiedliche inhaltliche Positionen vertreten wurden, sondern der Rat der EKD und die katholische Bischofskonferenz unterdessen auch verschiedene politische Ziele im Blick auf die Strafrechtsreform verfolgten.

Die katholische Seite konnte im Gegensatz zur evangelischen in einem erweiterten Indikationenmodell keine Verbesserung zur Alternative einer

---

[5] Ernüchtert resümierte Wilkens 1974: „Schließlich aber muß sich die evangelische Kirche weiterhin mit der Tatsache auseinandersetzen, dass es ihr bisher nicht gelungen ist, ihr Verständnis einer politischen Mitverantwortung der Kirche allgemein überzeugend zu vertreten" („Zur gegenwärtigen Lage der evangelischen Kirche", in: KJ 1974, S. 10–17; 11).

[6] Vgl. oben S. 61–102.

Fristenregelung sehen und leistete erbitterten Widerstand gegen jede Reform des § 218 StGB. Die Mehrzahl der evangelischen Kirchenvertreter begegnete der katholischen Position daraufhin nicht nur inhaltlich mit zunehmender Distanz, sondern hegte überdies ernsthafte Bedenken, was deren politische Implikationen betraf. Man ging davon aus, dass eine rigorose Obstruktionshaltung der Kirchen die als notwendig erkannte Reform nicht mehr verhindern, sondern im Gegenteil nur zu einer Stärkung der radikalreformerischen Ansätze führen würde.[7]

Zaghafte Versuche der evangelischen Seite, das unbedingte ‚Nein' der katholischen Kirche in Richtung auf die Duldung eines politisch-pragmatischen Kompromisses abzumildern, scheiterten. Wie die Gemeinsame Erklärung von 1973 eindrücklich belegt, endeten solche Bemühungen bisweilen sogar eher mit der Aufgabe evangelischer Grundüberzeugungen denn mit Konzessionen von katholischer Seite.[8] Der entschiedene Widerspruch, der sich innerhalb der evangelischen Kirche gegen solche Formen der katholisch-evangelischen Zusammenarbeit erhob, ließ den Rat der EKD schließlich Abstand nehmen von weiteren Versuchen, in der Frage der Strafrechtsreform zu gemeinsamen Aussagen mit der katholischen Schwesterkirche zu gelangen. Der formal wie inhaltlich so verschiedene Beitrag der Kirchen zur Abtreibungsdebatte führte damit letztlich zu einer Entfremdung in diesem sozialethischen Bereich, die – trotz späterer fruchtbarer Dialoge – im Grunde bis heute fortbesteht.[9]

Der evangelische Beitrag zur Abtreibungsdebatte – eine inhaltliche Bilanz

Die evangelische Kirche hat die Reform der Strafbestimmungen zum Schwangerschaftsabbruch auf mannigfaltige Weise kritisch-konstruktiv zu begleiten gesucht. Die vorliegende Detailanalyse bestätigt dabei zunächst das bisherige Bild, wonach die evangelischen Stellungnahmen zum Schwangerschaftsabbruch und seiner rechtlichen Bewertung im Unterschied zur geschlossen ablehnenden Haltung der katholischen Kirche eher in Kurz-

---

[7] Vgl. oben S. 237 sowie S. 501 f. Auf die intentionale Ausrichtung der evangelischen Beiträge wird im folgenden Abschnitt näher einzugehen sein.

[8] Vgl. oben S. 304–315 sowie S. 136–139.

[9] Vgl. dazu auf der einen Seite die viel gelobte gemeinsame Erklärung GOTT IST EIN FREUND DES LEBENS von 1989, die einen neuen Ansatz verfolgte und nicht davor zurückscheute, Unterschiede zwischen den konfessionellen Standpunkten offen zu benennen (vgl. EBD., S. 85 f.). Vgl. auf der anderen Seite den aus evangelischer Sicht nur schwer nachvollziehbaren Rückzug der katholischen Kirche aus dem System der gesetzlichen Schwangerschaftskonfliktberatung (vgl. M. SPIEKER, Kirche und Abtreibung).

formeln wie „Einerseits und andererseits“[10], „Nein und Ja“[11] oder „Weder Ja noch Nein“[12] zusammengefasst werden können. Die plakativen Überschriften verlangen freilich nach Ausdifferenzierung.

Der offizielle Beitrag der evangelischen Kirche zur Debatte um die erste große Reform des Abtreibungsstrafrechts lässt sich thematisch in zwei Gruppen gliedern.[13] Die weitaus größte Zahl der protestantischen Voten nahm zu den strafrechtlichen Reformentwürfen Stellung. Die Spannweite der im Namen des Protestantismus dabei vertretenen Positionen war beträchtlich, so dass in Öffentlichkeit und Politik zumeist Irritation über die Haltung der evangelischen Kirche zu strafrechtlichen Fragen herrschte.[14]

In ihrer Mehrheit, so lässt sich zusammenfassen, wandten sich die evangelischen Äußerungen gegen eine Fristenregelung und plädierten für eine überlegte Lockerung des § 218 StGB in Form einer Indikationenregelung. Eine möglichst breite parlamentarische Basis zu schaffen für ein – in den jeweiligen Stellungnahmen allerdings sehr verschieden ausdifferenziertes – Indikationenmodell und damit eine Fristenregelung zu verhindern, kann zunächst unbestritten als Hauptziel der kirchlichen Intervention betrachtet werden. Der Versuch der direkten strafrechtlichen Mitgestaltung schlug jedoch fehl. Er scheiterte nicht etwa an den externen Grenzen des veränderten kirchlichen Einflusses in Gesellschaft und Politik, sondern bereits daran, dass aufgrund des Meinungspluralismus in der evangelischen Kirche keine breite Einigkeit mehr über die exakte Ausgestaltung des Strafrechts

---

[10] Vgl. S. KEIL, Einerseits und andererseits.

[11] „Nein und Ja“ von Karl-Alfred Odin (*FAZ* vom 16.11.1976). Vgl. auch die umgekehrte Variante: „Ja und Nein zum 218-Entwurf. Der Rat der EKD nahm Stellung“ von Claus-Jürgen Roepke (*epd Ausg. f. kirchl. Presse* vom 1.10.1975).

[12] „Weder Ja noch Nein“ (*DZ* vom 24.3.1972). Vgl. auch den mit „Ja, ja – oder nein, nein!“ getitelten Kommentar zum evangelischen Beitrag zur Abtreibungsdebatte in der *Bild*-Zeitung vom 12.11.1976.

[13] Ein dritter eigenständiger evangelischer Beitrag, der sich mit der ethisch-theologischen Dimension des Schwangerschaftsabbruchs und seiner Sanktionierung befasste, kann neben der strafrechtlich bzw. diakonisch orientierten Intervention nicht ausgemacht werden. Die Beratungen in der Strafrechtskommission sowie im Rechtsausschuss der EFD verdeutlichen vielmehr, wie schwer sich die evangelischen Gremien mit einer ethisch-theologischen Reflexion taten (vgl. oben S. 119 f. sowie S. 153 ff.). In der theologischen Argumentation von Bedeutung waren lediglich die im universitären sowie im Beratungssektor unternommenen Anstrengungen, das Tötungsverbot mit Hilfe des Liebesgebotes zu relativieren und damit die grundsätzliche ethische Missbilligung des Schwangerschaftsabbruchs aufzuheben. Man wird allerdings zu fragen haben, ob diesen ‚fortschrittlichen‘ Überlegungen nicht eben jene veraltete Vorstellung von der Deckungsgleichheit zwischen christlicher Ethik und Strafrecht zugrunde lag, welche man im Zuge der Strafrechtsreform zu überwinden trachtete (zur Rechtstheorie vgl. R. ANSELM, Jüngstes Gericht; H.-R. REUTER, Rechtsethik, S. 177–183).

[14] Vgl. dazu exemplarisch die Zusammenstellung verschiedener evangelischer Voten bei I. GEISENDÖRFER, Gesellschaftspolitik und Strafrechtsreform.

herzustellen war. Ohne eine geschlossene und verbindliche Positionierung des Protestantismus entbehrten die zahllosen Versuche zur unmittelbaren Einflussnahme auf strafrechtliche Einzelfragen jedoch jeder Grundlage.[15]

Den zweiten Schwerpunkt der evangelischen Stellungnahmen – neben den Bemühungen um eine wie auch immer geartete Indikationenregelung – bildete das Engagement für sozialpolitische und diakonische Hilfsmaßnahmen zur Linderung von Schwangerschaftskonflikten. Da die evangelischen Voten in ihrer Mehrzahl allerdings, wie soeben dargelegt, dezidiert strafrechtliche Anliegen verfolgten, stand der Appell zum Ausbau der so genannten flankierenden Maßnahmen und zur Einführung einer Pflichtberatung – sofern er überhaupt geäußert wurde – keineswegs im Zentrum des kirchlichen Beitrags. Erst als die strafrechtlichen Forderungen weitgehend unberücksichtigt blieben und die Aufnahme einer Beratungsklausel als das wichtigste Entgegenkommen Bonns an die Kirchen betrachtet werden musste, gewann das ursprünglich sekundäre Anliegen an Bedeutung.[16] So entstand im Nachhinein der bei näherer Quellenanalyse nicht aufrecht zu erhaltende Eindruck, die evangelische Kirche habe sich in der Abtreibungsdebatte stets primär für die sozialpolitische Seite der Reform eingesetzt.[17]

Die Tatsache, dass aus dem ursprünglich sekundären ein aus späterer Sicht primäres Anliegen wurde, deutet indes auf einen interessanten Wandel im kirchlichen Selbstverständnis hin. In dieser Neuorientierung lässt sich m. E. erkennen, dass die EKD das Bonner Angebot annahm, nicht mehr in erster Linie das Strafrecht, sondern die Beratung als den Ort der ethisch-religiösen Reflexion und damit den genuinen Ort des kirchlichen Beitrags zu einem verantwortungsvollen Umgang mit dem Schwangerschaftsabbruch zu betrachten.

---

[15] Die mehrheitliche Ablehnung der Fristenregelung bei gleichzeitiger Befürwortung unterschiedlicher Indikationenmodelle gab insofern wenig Orientierung, als nicht weniger als fünf der acht über die Jahre eingebrachten Gesetzentwürfe Indikationenmodelle waren. Zudem war das Feld der Indikationenentwürfe sehr weitläufig und reichte von der Anerkennung allein der medizinischen Indikation im Heck-Entwurf bis zum Müller-Emmert-Entwurf, der nicht nur die vier gängigen Indikationen umfasste, sondern der Frau auch ähnlich dem Fristenmodell Straffreiheit garantierte.

[16] Vgl. oben S. 220–223; 286–304; 349–360; 431–440; 462–477. Kirchliche Forderungen zum Ausbau der flankierenden Maßnahmen spielten bei der Aufnahme der Beratungsklausel in den reformierten § 218 StGB allerdings nur eine mittelbare Rolle neben der Kritik der Alternativ-Professoren sowie anzunehmenden Verfassungszweifeln des Bundesjustizministeriums (vgl. oben S. 393).

[17] Vgl. dazu Gott ist ein Freund des Lebens, S. 85 f.

Die Rolle der evangelischen Kirche im gesellschaftlichen Kräftespiel

Im Verlauf der Auseinandersetzungen um die Reform des § 218 StGB wurde deutlich, dass die pluralistische Gesellschaft den genuinen Ort der Glaubensgemeinschaften weniger im öffentlich-politischen als im individualethischen und sozial-diakonischen Bereich sah.[18] Das staatskirchenrechtliche Denken mit seinen klerikalen Machtansprüchen war an ein Ende gelangt, und die Kirchen fanden sich in der Gesellschaft zunehmend in einer Diaspora-Situation wieder. „Das bedeutete für die Kirchen", wie Martin Greschat die Entwicklung zusammenfasst, „daß sie sich [...] nicht länger als oberhalb der Gesellschaft angesiedelt begreifen konnten, sondern sich fortan als ein Segment, als eine Gruppe innerhalb der Gesellschaft verstehen lernen mußten."[19] Dem kirchlichen Beitrag zur Abtreibungsdebatte fiel in dieser geschichtlichen Konstellation eine paradigmatische Funktion zu als eine Art Erprobungsfeld für ein neues Selbstverständnis, das der veränderten gesellschaftlichen Stellung der Kirche Rechnung zu tragen vermochte.[20]

Die Mittel- und Mittlerposition der EKD

Da die evangelische Kirche nicht in demselben Maße wie die katholische als Konfliktpartei mit einem dezidierten oder auch nur kohärenten Eigeninteresse auftrat, sondern in der Urteilsbildung zu gesellschaftspolitischen Fragen eher ein Spiegelbild des breiten gesellschaftlichen Meinungsspektrums abgab, konnte sie sich nicht nur fordernd, sondern auch vermittelnd in den Konflikt um die Reform des § 218 StGB einbringen. Ein direktives Auftreten war ihr aufgrund äußerer wie innerer Umstände ohnehin immer weniger möglich, so dass es auch strategisch angeraten schien, sich weniger der autoritären Interessendurchsetzung und stärker der Interessenvermittlung zuzuwenden.[21] Das Selbstbild von der parteiübergreifenden Mittel-

---

[18] Vgl. oben S. 511–515. Vgl. auch: „Die Kirchen aber mögen sich auf ihre vornehmste Aufgabe konzentrieren: Auf die Unterrichtung der Gewissen samt den dazugehörigen diakonischen Maßnahmen!" („Über diesen Vorschlag lässt sich reden" von Heinz Zahrnt, in: *DAS* vom 5.10.1975).

[19] M. Greschat, Kirchen, S. 192.

[20] Vgl.: „Nach den einschneidenden Veränderung, die auf Politik und Gesetzgebung der Bonner Koalition in den letzten Jahren zurückgehen, müssen sich die Kirchen neu orientieren, sowohl was den innerkirchlichen Bereich betrifft als auch die Darstellung nach aussen. Das zeigte sich am deutlichsten bei der Diskussion über den neuen Paragraphen 218" („Sorgen der evangelischen Kirche in Deutschland", in: *NZZ* vom 13.11.1976).

[21] Für ihren Mittelkurs musste die EKD sich freilich von den radikalen Kräften innerhalb der Kirche – den reformfeindlichen weit mehr als den reformfreundlichen – scharf kritisieren

und Mittlerposition der evangelischen Kirche, das sich im Verlauf der Abtreibungsdebatte zunehmend festigte, entsprach zudem der inhaltlichen Überzeugung eines wachsenden Teils der kirchenleitenden Persönlichkeiten in Rat, Synode und Kirchenkanzlei.

Politisch betrachtet drückte sich darin eine zunehmende Distanz der kirchlichen Gremien und Amtsstellen zur Union bei gleichzeitiger vorsichtiger Annäherung an den wertkonservativen Flügel innerhalb der SPD aus, wobei die inhaltliche Annäherung keineswegs unweigerlich eine parteipolitische Umorientierung nach sich zog. Erwin Wilkens, der maßgebliche Verfasser der EKD-Abtreibungsvoten, steht stellvertretend für eine Reihe kirchenleitender Persönlichkeiten jener Zeit, die ungeachtet ihrer in Einzelfragen mitunter großen Nähe zu sozialdemokratischen Positionen ihre traditionell konservative Grundhaltung beibehielten und insofern jeweils nur in einem ‚Teildeckungsverhältnis' zu den beiden großen Parteien standen. Die evangelischen Vertreter standen somit auch selbst auf jener Grenze, die sie durch ihre Vermittlungstätigkeit zu beleben trachteten.

In offiziellen Verlautbarungen und vertraulichen Gesprächen bemühte sich die evangelische Seite sowohl darum, den gemäßigten Reformkräften innerhalb der jeweiligen Partei Mehrheiten zu verschaffen als auch eine überparteiliche Verständigung zu befördern.[22] Ihre Bemühungen um Aufweichung der verhärteten politischen Fronten waren dabei zunächst von dem Wunsch geleitet, die Verabschiedung einer Fristenregelung zu verhindern.

Die EKD setzte ihre Vermittlungsarbeit allerdings auch fort, als ihrem genuinen politischen Interesse durch das Bundesverfassungsgericht nachgekommen, die Fristenregelung zurückgewiesen und der Bundestag zur Verabschiedung einer Indikationenregelung verpflichtet worden war. Sie betrachtete ihre Aufgabe weiterhin darin, wie Wilkens nach dem Urteil des Bundesverfassungsgerichtes 1975 schrieb, „Wunden zu heilen, Wogen zu glätten und an einer Regelung mitzuarbeiten, die eine breite parlamentarische und gesellschaftliche Grundlage findet."[23] Um der gesellschaftlichen Befriedung willen sowie aus inhaltlichen Gründen lag der evangelischen Seite auch in der dritten und letzten Reformphase an einem möglichst breiten parlamentarischen Konsens. Die EKD-Vertreter konzentrierten sich bei der Wahrnehmung des politischen Mandats deshalb erneut darauf,

---

lassen (vgl. oben S. 505 Anm. 169 sowie S. 539 Anm. 294). Die kirchenamtliche Linie der Mittel- und Mittlerposition war zudem keineswegs konsistent und wurde wiederholt durch dissentierende evangelische Voten verdeckt (vgl. z. B. oben S. 245 f. sowie 415 ff.).

[22] Von politischer Seite wurde der EKD die Vermittlerrolle sogar mitunter angetragen (vgl. oben S. 257; S. 343; S. 493).

[23] Brief an Benda vom 5.3.1975 (EZA 2/93/6228). Vgl. dazu auch die Stellungnahme des Rates zum Urteil des Bundesverfassungsgerichts (oben S. 453 ff.).

die gemäßigten Positionen sowohl auf Regierungs- als auch auf Oppositionsseite zu stärken und die parteipolitischen Gräben in Richtung auf eine fraktionsübergreifende Einigung zu überwinden. Wie in den Jahren zuvor bot die EKD sich dazu als Forum zur Kompromisssuche an und trat bis zum Schluss für eine Lösung jenseits der parlamentarischen Frontstellungen ein.

Es gelang letztlich nicht, den Hiatus zwischen den Fraktionen im Bundestag zu überwinden. Allerdings trug der evangelische Vermittlungskurs in einem anderen Forum Früchte und führte zu einem großen Erfolg. Der Synode der EKD glückte im Herbst 1976, was zuvor im Bundestag gescheitert war. Sie konnte das tiefe innerkirchliche Zerwürfnis, das die Gemeinsame Erklärung zur Änderung des § 218 StGB sowie das Gegenvotum des Kasseler EKD-Synode von 1974 hinterlassen hatten, überwinden und zu einem Schlusswort finden, das sowohl von den Kritikern und Kritikerinnen des neuen Gesetzes als auch von dessen Befürwortern und Befürworterinnen mitgetragen wurde.[24] Die Synode leistete damit nicht nur einen wertvollen Beitrag zur innerkirchlichen Versöhnungsarbeit, sondern gab zugleich ein wegweisendes Signal zur gesellschaftlichen Befriedung.

Das neue Verständnis des Öffentlichkeitsauftrags und seine Umsetzung

Die Veränderung der Stellung der Kirche in der Gesellschaft und der Ausbau des kirchlichen Selbstverständnisses in Richtung auf eine Mittel- und Mittlerposition gingen einher mit einem Wandel im Verständnis des kirchlichen Öffentlichkeitsauftrags. Die Impulse, welche die EKD-Führung im Verlauf der Abtreibungsdebatte zunehmend dazu bewegten, dem Druck zur Revision ihrer Auffassung vom politischen Mandat nachzugeben, kamen dabei keineswegs allein von außen. Öffentlichkeit und Politik billigten den Kirchen in der Reformdebatte der siebziger Jahre zwar weit weniger direkte politische Mitbestimmungsrechte zu als noch zehn Jahre zuvor, doch entbrannten vor allem innerhalb der evangelischen Kirche selbst heftige Auseinandersetzungen über letzte Versuche, den Protestantismus apodiktisch auf bestimmte inhaltliche Positionen zu den strafrechtlichen Fragen des Schwangerschaftsabbruchs festzulegen. Umstrittener als der Inhalt der kirchlichen Stellungnahmen war dabei in der Regel der ihnen zugrunde liegende Anspruch. An der Frage wie Kirche agieren und intervenieren sollte, d. h. in welcher Form sie ihren Öffentlichkeitsauftrag wahrnehmen sollte, spalteten sich die Geister.

---

[24] Vgl. oben S. 556 f.

Der hermeneutische Schlüssel zu den Auseinandersetzungen, die in ähnlicher Form mannigfach im Protestantismus jener Jahre geführt wurden, lag in der Einstellung der Protagonisten zu den gesellschaftlichen Transformationsprozessen. Wie in der Gesellschaft war auch innerhalb der evangelischen Kirche eine ‚neue Generation' herangewachsen, die unabhängig ihres Alters und ihrer politischen Beheimatung den Pluralisierungserscheinungen der Zeit Verständnis und Wohlwollen entgegenbrachte.[25] Die Freiheit der individuellen Gewissensentscheidung und die daraus resultierende viel gescholtene protestantische Pluralität waren in ihren Augen nicht nur eine tagespolitische Bürde des Protestantismus, sondern gehörten konstitutiv zu seinem Wesen.

Die Forderung nach Anerkennung und Achtung der evangelischen Meinungsvielfalt brachte Konsequenzen für das Verständnis und die Umsetzung des politischen Mandats der evangelischen Kirche mit sich. Richtungsweisend für die Neuinterpretation des Öffentlichkeitsauftrags war die 1970 veröffentlichte so genannte Denkschriften-Denkschrift. Laut Denkschriften-Denkschrift sollten die Kernaufgaben kirchlicher Äußerungen darin bestehen, Denkanstöße zu vermitteln, verhärtete Fronten aufzulockern und zu überwinden, um einen gesellschaftlichen Grundkonsens zu ermöglichen, sowie zur allgemeinen Bewusstseinsbildung und Wertorientierung beizutragen.[26]

Diese Maximen umzusetzen und die evangelischen Stellungnahmen nicht länger als unmittelbar politisch umzusetzende Handlungsanweisungen, sondern als Richtungshinweise, als Beiträge unter anderen Beiträgen zur Verständigung über gemeinsame Ziele und Werte des Gemeinwesens zu begreifen, fiel den Kirchenführern und EKD-Vertretern nicht leicht. Der Prozess des Umdenkens war mühsam und mit zahlreichen Rückschlägen verbunden. Im Verlauf der langwierigen Auseinandersetzungen um die Neufassung des Abtreibungsstrafrechts zeichnete sich jedoch immer deutlicher ab, dass die EKD sich in der Ausgestaltung ihres Öffentlichkeitsauftrags sukzessive davon löste, konkrete politische Inhalte vorzugeben und sich zunehmend darauf konzentrierte, die Eckpfeiler und Grenzen des nach christlicher Überzeugung Vertretbaren herauszuarbeiten und in den gesellschaftlichen Diskurs einzubringen.

Die Erarbeitung einer eigenständigen, dem christlichen Werthorizont verpflichteten und zugleich gesamtgesellschaftlich diskursfähigen Position konnte sich in der zweiten Hälfte der Reformdiskussion zunehmend etab-

---

[25] Vgl. z. B. die Synodalaussprachen über die Orange Schrift und die Gemeinsame Erklärung (oben S. 85–88; S. 329–333; S. 372–375).

[26] Vgl. Aufgaben und Grenzen kirchlicher Äusserungen zu gesellschaftlichen Fragen. In diesem Kontext ebenfalls von Bedeutung war die 1985 erschienene Denkschrift Evangelische Kirche und freiheitliche Demokratie.

lieren. Das „Planspiel § 218", das der evangelischen Kirche, wie Heinz Zahrnt es formuliert hatte, die Gelegenheit zur Einübung einer neuen gesellschaftlichen Rolle und eines neuen pluralismus-konformen Öffentlichkeitsauftrags hatte geben sollen, geriet in der Tat zum Lehrstück für den Wandel innerhalb der evangelischen Kirche im Anschluss an die gesellschaftlichen Transformationsprozesse der sechziger Jahre.[27]

Der evangelische Beitrag zur Bewusstseinsbildung

Die vorliegende Untersuchung hat gezeigt, dass die Auswirkungen evangelischer Einflussnahmen auf die gesetzlichen Einzelbestimmungen zur Reform des § 218 StGB marginal waren. Es stellt sich die Frage, ob die Vermittlungstätigkeit der EKD, die über weite Strecken zweifelsohne zur Deeskalation des Konflikts und zur Erhöhung des Diskursniveaus beitrug, als einziger dauerhafter Beitrag der evangelischen Kirche zur Abtreibungsdebatte angesehen werden muss, oder ob sich unter Zugrundelegung des neu interpretierten kirchlichen Öffentlichkeitsauftrags, der weniger konkrete politische Inhalte vorgeben als Richtungen an- und Grenzen aufzeigen wollte, u. U. auch auf der Ebene der gesellschaftlichen Bewusstseinsbildung und Wertorientierung Wirkspuren der evangelischen Intervention feststellen lassen.

Heutzutage begreifen die wenigsten Menschen in Deutschland den Schwangerschaftsabbruch als rein medizinischen Eingriff oder legitime Form der Verhütung; die Mehrheit der Bevölkerung ist der Auffassung, dass es sich um eine nicht leichtfertig zu treffende ethische Entscheidung und in letzter Konsequenz um die Beendigung werdenden bzw. ungeborenen Lebens handelt.[28] Vergleicht man diese in unseren Tagen weithin geteilte Auffassung mit den Quellen von vor dreißig Jahren, wird deutlich, dass damals keineswegs allein die überholten strafrechtlichen Bestimmungen, sondern auch diese grundsätzliche Sicht auf den Schwangerschaftsabbruch zur Disposition standen. Die Auseinandersetzungen jener Jahre

[27] Vgl. oben S. 43. Ihren Höhepunkt fand die oben skizzierte Entwicklung in der paradigmatischen Aussage des 1997 erschienenen Wortes des Rates der EKD und der Deutschen Bischofskonferenz zur wirtschaftlichen und sozialen Lage in Deutschland. „Die Kirchen wollen nicht selbst Politik machen", hieß es dort, „sie wollen Politik möglich machen" (FÜR EINE ZUKUNFT IN SOLIDARITÄT UND GERECHTIGKEIT, S. 7). Das gemeinsame Wort entsprach sowohl im Modus seiner Ausarbeitung als auch in der Form und dem Gehalt seiner Aussagen nahezu voll und ganz den Anforderungen der so genannten Denkschriften-Denkschrift (vgl. AUFGABEN UND GRENZEN; K. TANNER, Organisation und Legitimation).

[28] Es wäre freilich interessant zu fragen, inwiefern sich angesichts der jahrzehntelang differierenden Gesetzgebung in den zwei deutschen Staaten möglicherweise noch Ost-West-Unterschiede in der Problemdefinition des Schwangerschaftsabbruchs nachweisen lassen.

kreisten nicht nur um das Ausmaß, sondern auch um die Zielsetzung der Reform.

Im Zuge der Abtreibungsdebatten, die Anfang der siebziger Jahre in zahlreichen Staaten der westlichen Welt geführt wurden, betrachtete man das staatliche Abtreibungsverbot erstmals unter emanzipatorischen Gesichtspunkten und deckte seinen paternalistischen Charakter auf. Darüber hinaus kam es in verschiedenen pressure-groups zu einer radikal liberalistischen Neuinterpretation des Schwangerschaftsabbruchs. Mit Hilfe des fortschrittsoffenen Zeitgeists von seiner ethischen Dimension entkleidet, gelangte die Abtreibung als probates Mittel zur Befreiung von gesellschaftlichen, biologischen und kirchlich-christlichen Zwängen zu neuer Bedeutung. Das gesetzliche Verbot der Abtreibung dagegen wurde als klerikales Dogma gebrandmarkt; die Notwendigkeit des staatlichen Lebensschutzes bestritten und die Abschaffung des § 218 StGB konsequent gefordert. Letztes Ziel der Reform des Abtreibungsstrafrechts sollte die Autonomie nach humanistisch-liberalem Verständnis sein, die „kollektive Emanzipation zur Offenheit und Mündigkeit oder die Rettung der säkularen, pluralistischen Gesellschaft vor mittelalterlichen, ultra-montanen Angriffen", wie Lißke es formuliert.[29]

Im Hinblick auf die Reformziele vertraten die evangelischen Beiträge zur Änderung des Abtreibungsstrafrechts jedoch nahezu geschlossen einen abweichenden Standpunkt. Gleich ob sie für eine Fristen- oder Indikationenregelung votierten, waren sie darin einig, dass das oberste Ziel aller Reformbestrebungen die Verminderung der Abtreibungszahlen, d. h. der bessere Schutz des ungeborenen Lebens zu sein habe. Dass der Weg dorthin nicht länger über ein rigides und erwiesenermaßen wirkungsloses Strafrecht, sondern durchaus auch über eine weit gehende Freigabe des Schwangerschaftsabbruchs bei gleichzeitigem Ausbau der sozialen Hilfsangebote führen konnte, war unbenommen. Die Reform des Abtreibungsstrafrechts sollte nach evangelischem Verständnis jedoch primär dem Lebensschutz und nicht der Lösung von fremden Fesseln dienen.

Während unter den evangelischen Christen und Christinnen eine große Meinungsvielfalt zu der rechtspolitischen Frage herrschte, *wie* das ungeborene Leben am Besten zu schützen sei, bestand im Blick auf die ethische Frage *ob* und die christliche Überzeugung *dass* es zu schützen ist, breite Einigkeit. Die Grenze des nach christlicher Überzeugung Vertretbaren verlief demnach keineswegs zwischen einer Fristen- oder Indikationenregelung, wiewohl es sich oftmals so darstellte. Die Grenze wurde auch nicht

---

[29] M. LISSKE, Abtreibungsregelung, S. 41. Vgl. dazu oben S. 113 ff. Vgl. ferner die Gesetzesänderungen in den USA, in Schweden und der damaligen DDR, die den entsprechenden ‚Paradigmenwechsel' vollzogen (A. ESER/H.-G. KOCH, Schwangerschaftsabbruch, sowie zu den USA oben S. 460 Anm. 158).

dort erreicht, wo man auf den Machtaspekt der staatlichen Entscheidungshoheit hinwies und ein legitimes Recht auf Mitbestimmung der Betroffenen – vor allem der Frauen – einklagte.[30]

Die Grenze des nach christlicher Überzeugung Vertretbaren wurde m. E. erst dort erreicht, wo die Problemdefinition – die Überzeugung, dass es sich beim Schwangerschaftsabbruch um eine gravierende ethische Entscheidung zur Beendigung ungeborenen Lebens handelt – wo dieser Deutungshorizont verlassen wurde. Nach christlicher Ansicht war und ist der Schwangerschaftsabbruch mehr als ein recht harmloser medizinischer Eingriff. Dieses Bewusstsein galt es in der Abtreibungsdebatte Anfang der siebziger Jahre wach zu halten. Das Proprium des evangelischen Beitrags zur Abtreibungsdebatte lag somit in erster Linie in dem ethisch begründeten Hinweis darauf, *dass* das ungeborene Leben zu schützen ist und weniger in rechtspolitischen Handlungsanweisungen darüber, wie dieser Lebensschutz im Einzelnen auszugestalten sei.

Die öffentliche Abtreibungsdebatte sowie die 1974 zunächst verabschiedete Gesetzesreform verdeutlichten, wie stark die gesellschaftlichen Strömungen waren, die den Schwangerschaftsabbruch allein im emanzipatorischen Kontext verorten und dem Lebensschutzgedanken nur noch eine untergeordnete Rolle zubilligen wollten. Nachdem das BVerfG interveniert hatte, stand am Ende der langwierigen Auseinandersetzungen um die Reform des § 218 StGB jedoch eine Gesetzesregelung, die die Strafbestimmungen lockerte, ohne deren traditionelle ethische Motivation preiszugeben. Das reformierte Strafrecht von 1976 wagte damit den Spagat zwischen dem Recht auf absolute Autonomie einerseits und dem Gebot des unbedingten Lebensschutzes andererseits. Statt nach ‚glatten Lösungen' trachtete es nach dem bestmöglichen Ausgleich zwischen den Interessen der schwangeren Frau und jenen des ungeborenen Lebens. Die Position der evangelischen Kirche in der zweiten Hälfte des 20. Jahrhunderts, ihr ‚Nein und Ja zur Abtreibung' fand damit eine Entsprechung im Strafrecht.

---

[30] Die Abtreibungsdebatte Anfang der siebziger Jahre wäre somit zu eng geführt, wollte man sie – wie auf dem Titelbild Alice Lex-Nerlingers – ausschließlich als einen Kampf der Frauenbewegung gegen die Kirchen begreifen. Zum Einen standen die vielfach zu unmittelbaren Antagonisten stilisierten Gruppierungen für sehr viel breitere – wertkonservative bzw. radikalreformerische – gesellschaftliche Strömungen. Zudem war das Verhältnis zwischen den Leitungskreisen der evangelischen Kirche und der Frauenbewegung eher von gegenseitiger Ignoranz denn offener Feindschaft geprägt. Und zum Anderen ist davon auszugehen, dass es – insbesondere auf lokaler Ebene – durchaus personale Verflechtungen zwischen engagierten Reformbefürworterinnen und der evangelischen Kirche gab. Vgl. z. B. die prominenten Beispiele von Luc Jochimsen (oben S. 127 Anm. 291) und Lieselotte Funcke (oben S. 85 f.).

Der § 218 StGB ist seither mehrfach überarbeitet worden. Die ethische Problemdefinition in ihrer Symbolkraft und die liberale, lebensnahe Praxis sind dabei mit Bedacht und, wie ich meine, zu beiderseitigem Gewinn bis heute in einem wohl ausbalancierten Spannungsverhältnis gehalten worden.

Quellen- und Literaturverzeichnis

I. Unveröffentlichte Quellen

1. Archivalische Quellen

Archiv des Diakonischen Werkes der EKD, Berlin (ADW)

Allgemeines Verzeichnis, Sozialpolitische Sammlung (SP-S):

XVIII 5
XXXXII 15

Präsidialbüro (PB):

422

Bestand Hauptgeschäftsstelle (HGSt):

3960; 3961; 3962; 3963; 3967; 3968;
4629; 4631;
4640; 4641; 4642; 4643; 4644; 4647;
4650; 4656;
4660; 4662;
5655;
5670; 5671; 5672; 5673

Archiv der Evangelischen Frauenarbeit in Deutschland, Frankfurt a. M. (AEFD)

Material § 218 (mehrere Ordner)
Rechtsausschuss, § 218 (mehrere Ordner)
Rechtsausschuss, Protokolle 1969–1973
Rechtsausschuss, Korrespondenz mit Mitgliedern, Aktennotizen bis Ende 75
Rechtsausschuss, Flankierende Maßnahmen, Stellungnahme

Evangelisches Zentralarchiv in Berlin (EZA)

Bestand 2: Kirchenkanzlei der EKD

2/301; 2/302;
2/2818; 2/2823; 2/2827; 2/2828;
2/93/6215; 2/93/6216; 2/93/6217; 2/93/6218; 2/93/6219; 2/93/6220;
2/93/6221; 2/93/6222; 2/93/6223; 2/93/6224; 2/93/6225; 2/93/6226;

2/93/6227; 2/93/6228; 2/93/6229; 2/93/6230; 2/93/6231; 2/93/6232; 2/93/6233; 2/93/6234

Bestand 81: Büro des Ratsvorsitzenden (Hermann Dietzfelbinger)

81/89/62; 81/89/63; 81/89/64; 81/89/65

Bestand 87: Büro des Bevollmächtigten der EKD am Sitz der Bundesregierung

87/671; 87/672; 87/673; 87/674;
87/724; 87/725; 87/726;
87/743; 87/744; 87/745; 87/746; 87/747; 87/748; 87/749;
87/750; 87/751; 87/752; 87/753; 87/754; 87/755; 87/756; 87/757; 87/758; 87/759;
87/760; 87/761; 87/762; 87/763; 87/764;
87/990

Bestand 99: Kirchenkanzlei der EKD, Außenstelle Bonn

99/1.294; 99/1.295; 99/1.296; 99/1.297; 99/1.298; 99/1.299;
99/1.300; 99/1.301; 99/1.302; 99/1.303; 99/1.304; 99/1.305; 99/1.306; 99/1.307;
99/11; 99/12;
99/1310; 99/1311

Bestand 650/95: Handakten Erwin Wilkens

650/95/191; 650/95/192; 650/95/193; 650/95/194; 650/95/195; 650/95/196;
650/95/197; 650/95/198; 650/95/199;
650/95/200; 650/95/201; 650/95/202; 650/95/203; 650/95/204; 650/95/205;
650/95/206; 650/95/207; 650/95/208; 650/95/209;
650/95/210; 650/95/211; 650/95/212; 650/95/213; 650/95/214; 650/95/215

Bestand 742: Nachlass Hermann Kunst, 1907–1999

742/248;
742/531;
742/554;
742/558; 742/559

Pressearchiv des Evangelischen Pressedienstes, Frankfurt a. M. (PAepd)

R521: § 218 allgemein bis 31.12.1973
R521: § 218 allgemein 1.1.1974–31.12.1975
R521: § 218 allgemein 1.1.1976–31.12.1995
R521: § 218 allgemein bis 31.12.1988
R521.1: § 218-Bundesregierung, Bundestag, Bundesrat
R521.2: § 218-CDU/CSU
R521.3: § 218-FPD

R521.4: § 218-SPD
R521.5: § 218 Stellungnahmen der katholischen Kirche
R521.5: § 218 Stellungnahmen der katholischen Kirche 1976–1995
R521.6: § 218 Stellungnahmen der ev. Kirche A-Z
R521.60: § 218-Stellungnahmen Rat der EKD
R521.61: § 218-Gemeinsame Erklärung
R521.7: Ärzte – § 218
R521.8: Juristen – § 218
R521.81: Urteil des BVG zu § 218
R522: § 218 flankierende Maßnahmen

Pressearchiv der Evangelischen Kirche in Berlin-Brandenburg, Berlin (PAEvKBB)

Abtreibung 1'62–7'71
Abtreibung 8'71–2'72
Abtreibung 2'72–3'73
Abtreibung 4'73–7'74
Abtreibung 8'74–12'79
Abtreibung und Kirche 60–71
Abtreibung und Kirche 1'72–6'73
Abtreibung und Kirche 7'73–12'76
Denkschrift Sexualität 1971
Denkschrift Gesetz des Staates und die sittliche Ordnung 1970
EKD-Synode Kassel 1974 (Januar) Dokumente
EKD-Synode Braunschweig 1976

Pressearchiv des Presse- und Informationsamtes der Bundesregierung, Bonn (PABReg)

Plan 22:

640–5: Stellungnahmen der Kirchen zu seelsorgerischen Fragen (MF 8075)
642–0: Synode der EKD (MF 8080)
642–1: Kirchenkonferenz der EKD (MF 8080)
642–2: Rat der EKD (MF 8080)
642–9: Evangelische Kirche. Theologie und Seelsorge (MF 8080)
760: Strafrecht (MF 8100; 8101; 8102; 8103)

Archiv der Evangelischen Kirche im Rheinland, Düsseldorf (AEKiR)

Sammlung Landessynode, LS 1972, Handakten Goerisch
Bestand Öffentlichkeitsausschuss, Nr. 10

Archiv der Evangelischen Akademie Bad Boll (AEvABB)

Tagungsakten Rassmann, Die Diskussion um den § 218, 19.–21.2.1971
„Massnahmen sozialer Hilfe und Beratung zum § 218. Tagung der Evangelischen

Akademie Bad Boll vom 10.–2.4.1975“ Tagungsbericht in: *Materialdienste der Evangelischen Akademie Bad Boll* 4/1975

2. Privatbestände

Handakten Wolf-Dieter Hauschild, Diskussion um § 218, 1974
Handakten Wolf-Dieter Hauschild, Entscheidung § 218, 1975

3. Interviews

Horst Echternach
Lieselotte Funcke
Hermann Kalinna
Siegfried Keil
Mechthild König
Johannes Niemeyer

4. Telefonische Auskünfte und weiterführende Hinweise

Katharina Focke
Michael Häusler
Ingrid Klimmer/Bonn
Hans Otte
Armin Roether/Bad Boll
Christa Stache
Tilmann Winkler (†)

II. Nachrichtenagenturen, Tages- und Wochenpresse

Abendzeitung
Bild
Bayerischer Staatsanzeiger
Berliner Kirchen Report
Berliner Sonntagsblatt – Die Kirche
Braunschweiger Zeitung
Deutsche Presseagentur (dpa)
Deutsche Tagespost
Deutsche Zeitung/Christ und Welt (DZ)
Deutsches Allgemeines Sonntagsblatt (DAS)
Dithmarscher Landeszeitung
EPD Landesdienst
EPD Ausgabe für die kirchliche Presse (epd Ausg. f. kirchl. Presse)
EPD vertraulich

EPD Zentralausgabe (epd za)
Evangelischer Pressedienst-Dokumentation (epd-dok)
fdk tagesdienst
Frankfurter Allgemeine (FAZ)
Frankfurter Neue Presse
Frankfurter Rundschau (FR)
Hamburger Morgenpost
Handelsblatt
Hannoversche Allgemeine (HAZ)
Herder-Korrespondenz (HK)
Informationsdienst der Evangelischen Allianz (idea)
Katholische Nachrichtenagentur-Dokumentation (kna-dok)
Kölner Stadtanzeiger
Kölnische Rundschau
L'Avvenire d'Italia
Lübecker Nachrichten
Münsterländische Tageszeitung
Neue Bildpost
Neues Deutschland
Neue Ruhr Zeitung/Neue Rhein Zeitung (NRZ)
Neue Westfälische Zeitung
Neue Zürcher Zeitung (NZZ)
Nürnberger Nachrichten
Osservatore Romano
Parlamentarisch-Politischer-Pressedienst (ppp)
Die Presse
Rheinische Post
Rheinischer Merkur
Die Rheinpfalz
Saarbrücker Zeitung
Spandauer Volksblatt
SPD-Pressedienst
Der Spiegel
Stern
Stuttgarter Nachrichten
Stuttgarter Zeitung
Süddeutsche Zeitung (SZ)
Der Tagesspiegel
Vorwärts
Der Weg – Evangelisches Sonntagsblatt für das Rheinland
Weinheimer Nachrichten
Westdeutsche Allgemeine Zeitung (WAZ)
Die Welt
Die Welt am Sonntag
Weser Kurier
Westfälische Rundschau
Die Zeit

III. Gedruckte Quellen und Literatur

ABROMEIT, Heidrun/WEWER, Gottrik (Hgg.): Die Kirchen und die Politik. Beiträge zu einem ungeklärten Verhältnis. Opladen 1989.

AFFEMANN, Rudolf: Geschlechtlichkeit und Geschlechtserziehung. Gütersloh 1970.

AHME, Michael: Der Reformversuch der EKD 1970–1976. Stuttgart/Berlin/Köln 1990.

ALTERNATIV-ENTWURF EINES STRAFGESETZBUCHES. Besonderer Teil. Straftaten gegen die Person. Erster Halbband. Vorgelegt von Jürgen Baumann/Anne Eva Brauneck/Gerald Grünwald/Ernst-Walter Hanack/Armin Kaufmann/Arthur Kaufmann/Ulrich Klug/Ernst-Joachim Lampe/Theodor Lenckner/Werner Maihofer/Peter Noll/Claus Roxin/Rudolf Schmitt/Hans Schulz/Günter Stratenwerth/Walter Stree. Tübingen 1970.

AMTLICHES HANDBUCH DES DEUTSCHEN BUNDESTAGES. Herausgegeben vom Deutschen Bundestag.

ANSELM, Reiner: Jüngstes Gericht und irdische Gerechtigkeit. Protestantische Ethik und die deutsche Strafrechtsreform. Stuttgart/Berlin/Köln 1994.

ANTWEILER, Anton: Über den Schutz des Lebens. Zum § 218 des Strafgesetzbuches. In: ThGl 61, 1971, S. 180–201.

ARNDT, Claus/ERHARD, Benno/FUNCKE, Lieselotte (Hgg.): Der § 218 StGB vor dem Bundesverfassungsgericht. Dokumentation zum Normenkontrollverfahren wegen verfassungsrechtlicher Prüfung des Fünften Strafrechtsreformgesetzes (Fristenregelung). Karlsruhe 1979.

AUER, Alfons: Zur Diskussion über Schwangerschaftsabbruch. Versuch einer ethischen Orientierung. In: ThQ 151, 1971, S. 193–213.

AUFGABEN UND GRENZEN KIRCHLICHER ÄUSSERUNGEN ZU GESELLSCHAFTLICHEN FRAGEN. Eine Denkschrift der Kammer für soziale Ordnung der Evangelischen Kirche in Deutschland. In: Die Denkschriften der EKD Bd. I/1, Gütersloh 1978, S. 43–76.

BARCZAY, Gyula: Revolution der Moral? Die Wandlungen der Sexualnormen als Frage an die evangelische Ethik. Zürich/Stuttgart 1967.

– Für die Fristenregelung. In: Hermann Ringeling/Hans Ruh (Hgg.): Zur Frage des Schwangerschaftsabbruches. Theologische und kirchliche Stellungnahmen. Basel 1974, S. 91–105.

BARING, Arnulf: Machtwechsel. Die Ära Brandt-Scheel. Stuttgart 1982.

BARTH, Karl: Die Kirchliche Dogmatik. Bd. III/4. Zürich ^{2}1957.

BAUMANN, Jürgen (Hg.): Das Abtreibungsverbot des § 218. Eine Vorschrift, die mehr schadet als nützt. Neuwied/Berlin 1971.

BECKEL, Albrecht (Hg.): § 218 – Abtreibung in der Diskussion. Medizinische, psychologische, juristische, ethische und politische Aspekte der Reform des § 218. Zusammengestellt und eingeleitet von Jörg Twenhöven. Münster 1972.

BECKER, Walter: Schwangerschaftsbeseitigung in rechtlicher Sicht. In: ZEE 4, 1960, S. 102–110.

– Der Kampf um die Abtreibung in Deutschland. In: WzM 23, 1971, S. 131–139.

BEIER, Peter: „Kirchwerdung" im Zeichen der deutschen Teilung. Die Verfassungsreformen von EKD und BEK als Anfrage an ihre „besondere Gemeinschaft" (AKiZ. B 37). Göttingen 2004.

BEINTKER, Michael: Kirchliche Zeitgeschichte und systematisch-theologische Urteilsbildung. In: KZG 5, 1992, S. 41–48.

BERICHTE ÜBER DIE TAGUNGEN DER SYNODE DER EVANGELISCHEN KIRCHE IN DEUTSCHLAND. Im Auftrag der Synode herausgegeben von der Kirchenkanzlei der Evangelischen Kirche in Deutschland.[1]

BIEBER, Rüdiger: Umstrittene Ökumene bei der Reform des § 218. In: MdKI 25, 1974, Nr. 1.

BÖHME, Wolfgang/WILKENS Erwin: Möglichkeit und Grenze politischer Wirksamkeit der Kirche. Wie konkret sollen kirchliche Denkschriften sein? Stuttgart 1970.

BONHOEFFER, Dietrich: Ethik. Zusammengestellt und herausgegeben von Eberhard Bethge. München 1949.

CAMPENHAUSEN, Axel von: Rez. Wolfgang Huber: Kirche und Öffentlichkeit. In: ZEE 19, 1975, S. 188.

– Grundwerte in Staat und Gesellschaft. Vortrag vor der Katholischen Akademie in Hamburg am 13. Februar 1977. In: Günter Gorschenek (Hg.): Grundwerte in Staat und Gesellschaft. München ^{3}1978, S. 190–218.

CONRAD, Wolfgang: Der Öffentlichkeitsauftrag der Kirche. Eine Untersuchung über den Rechtscharakter der Einigungsformel der deutschen Staatskirchenverträge seit 1945. Göttingen 1964.

CZARNOWSKI, Gabriele: Frauen als Mütter der ‚Rasse'. Abtreibungsverfolgung und Zwangseingriff im Nationalsozialismus. In: Unter anderen Umständen. Zur Geschichte der Abtreibung. Publikation anläßlich der Ausstellung: Unter anderen Umständen. Zur Geschichte der Abtreibung. Veranstaltet vom Deutschen Hygiene-Museum/Dresden (1. Juli bis 31. Dezember 1993). Herausgegeben von Gisela Staupe/Lisa Vieth. Neuauflage. Dortmund 1996, S. 58–72.

DÄHN, Gerd: Zur Geschichte des Abtreibungsverbots. In: Jürgen Baumann (Hg.): Das Abtreibungsverbot des § 218. Eine Vorschrift, die mehr schadet als nützt. Neuwied/Berlin 1971, S. 329–339.

DANTINE, Wilhelm: Reform des § 218. Es geht zunächst um die Frau. Plädoyer für eine freiwillige Mutterschaft. In: LM 12, 1973, S. 35–38.

DEKRETE DER ÖKUMENISCHEN KONZILIEN. Herausgegeben vom Istituto per le Scienze Religiose/Bologna. Besorgt von Giuseppe Alberigo [...] in Zusammenarbeit mit Hubert Jedin. Bd. III. Herausgegeben von Josef Wohlmuth. Paderborn u. a. 2002.

DEMEL, Sabine: Abtreibung zwischen Straffreiheit und Exkommunikation: Weltliches und kirchliches Strafrecht auf dem Prüfstand. Stuttgart/Berlin/Köln 1995.

– Frauenfeindliche Bevormundung oder Freigabeschein zum Töten? Die Schwangerschaftskonfliktberatung im Kreuzfeuer der Kritik. In: StdZ 122, 1997, S. 87–103.

DIE DENKSCHRIFTEN DER EKD. Herausgegeben von der Kirchenkanzlei der Evangelischen Kirche in Deutschland. Bd. I,1–IV,3. Gütersloh 1978–1991.

DENZINGER, Heinrich: Kompendium der Glaubensbekenntnisse und kirchlichen Lehrentscheidungen. 37. Aufl. verbessert, erweitert, ins Deutsche übertragen

[1] Die Protokolle der EKD-Synoden wurden mit Ort und Jahreszahl abgekürzt (STUTTGART 1970; BERLIN 1971A; BERLIN 1971B; BERLIN-SPANDAU 1972; BREMEN 1973; COBURG 1973; KASSEL 1974; BERLIN-SPANDAU 1974; FREIBURG i.B. 1975; BRAUNSCHWEIG 1976). Die Synodalprotokolle der Landessynoden finden sich mit vollständiger Literaturangabe am jeweiligen Zitationsort.

unter Mitarbeit von Helmut Hoping. Herausgegeben von Peter Hunermann. Freiburg i.B. u. a. 1991.

Deutscher Bundesrat. Drucksachen.

Deutscher Evangelischer Kirchentag Frankfurt 1975. Herausgegeben vom Präsidium des Deutschen Evangelischen Kirchentages. Stuttgart 1975.

Devereux, George: A study of abortion in primitive societies. A typological, distributional and dynamic analysis of the prevention of birth in 400 preindustrial societies. London 1964.

Dienel, Christiane: Kinderzahl und Staatsräson: Empfängnisverhütung und Bevölkerungspolitik in Deutschland und Frankreich bis 1918. Münster 1995.

Doering-Manteuffel, Anselm/Nowak, Kurt (Hgg.): Kirchliche Zeitgeschichte. Urteilsbildung und Methoden (KuG. 8). Stuttgart/Berlin/Köln 1996.

Dölger, Franz Joseph: Das Lebensrecht des ungeborenen Kindes und die Fruchtabtreibung in der Bewertung der heidnischen und christlichen Antike. In: AuC 4, 1934, S. 1–61.

Eckhof, Marliese: Gegen die Abtreibungsseuche. Ärzte und § 218 in der Weimarer Republik. In: Marliese Eckhof/Petra Finck (Hggin.): Euer Körper gehört uns! Ärzte, Bevölkerungspolitik und Sexualmoral bis 1933. Hamburg 1987, S. 79–171.

Eckl, Norbert: Der Einfluß sozialer Anschauungen und Wertungen auf die Rechtsprechung zu den Tötungsdelikten, der Abtreibung und Körperverletzung. Diss. München 1963.

Eichelberger, Hanns-Werner: Konfession und Ethik am Beispiel der Einstellung zum Schwangerschaftsabbruch. In: Karl-Fritz Daiber (Hg.): Religion und Konfession. Studien zu politischen, ethischen und religiösen Einstellungen von Katholiken, Protestanten und Konfessionslosen in der Bundesrepublik Deutschland und in den Niederlanden. Hannover 1989, S. 72–92.

Europäische Ärzteaktion (Hg.): Alarm um die Abtreibung. Teil 1. Neuhausen 1980.

Evangelische Kirche im Rheinland (Hg.): Kirche und Sexualstrafrecht. Stellungnahmen des Öffentlichkeitsausschusses der Evangelischen Kirche im Rheinland. Mit einem Vorwort des Bundesministers Ehmke. Stuttgart 1970.

Evangelische Kirche und freiheitliche Demokratie – Der Staat des Grundgesetzes als Angebot und Aufgabe. Gütersloh 1985.

Finck, Petra: Der Geburtenrückgang und seine Folgen. Bevölkerungspolitik im Deutschen Kaiserreich. In: Marliese Eckhof/Petra Finck (Hggin.): Euer Körper gehört uns! Ärzte, Bevölkerungspolitik und Sexualmoral bis 1933. Hamburg 1987, S. 9–76.

Frauen gegen § 218: Vorsicht ‚Lebensschützer‘! Die Macht der organisierten Abtreibungsgegner. Herausgegeben von Mechthild Bock. Hamburg 1991.

Frauenhandbuch Nr. 1: Abtreibung, Verhütungsmittel. Herausgegeben von der Berliner Initiativgruppe Brot & Rosen. Überarbeitete und erweiterte Auflage. Berlin 1974.

Freise, Kristin: Die Abtreibungsproblematik im Spannungsfeld zwischen Moral, Recht und Politik. Saarbrücken/Fort Lauderdale 1993.

Für eine Zukunft in Solidarität und Gerechtigkeit. Wort des Rates der Evangelischen Kirche in Deutschland und der Deutschen Bischofskonferenz zur wirtschaftlichen und sozialen Lage in Deutschland. Hannover/Bonn 1997.

Funcke, Lieselotte: Die Möglichkeiten einer rechtlichen Regelung aus evangelischer

Sicht. In: Jürgen Baumann (Hg.): Das Abtreibungsverbot des § 218. Eine Vorschrift, die mehr schadet als nützt. Neuwied/Berlin 1971, S. 144–148.

– Die Last trägt die Frau. Wir dürfen die Augen nicht vor Problemen verschließen. In: LM 10, 1971, S. 397–399.

– Die Liberalen denken an morgen. Gespräch mit der Bundestags-Vizepräsidentin Lieselotte Funcke. In: EK 4, 1971, S. 523–526.

Funcke, Lieselotte/Heyl, Cornelius von/Niemeyer, Johannes (Hgg.): Kirche in Staat und Gesellschaft: Trennung und Partnerschaft. Gegensatz oder Ergänzung? 3. aktualisierte Auflage. Stuttgart 1975.

Gante, Michael: § 218 in der Diskussion. Meinungs- und Willensbildung 1945–1976. Düsseldorf 1991.

Gauly, Thomas M.: Katholiken. Machtanspruch und Machtverlust. Bonn 1991.

Geisendörfer, Ingeborg: Gesellschaftspolitik und Strafrechtsreform. In: Hermann Kunst (Hg.): Protestantische Positionen in der deutschen Politik. Frankfurt a. M. 1972, S. 43–64.

Gerhards, Jürgen/Neidhardt, Friedhelm/Rucht, Dieter: Zwischen Palaver und Diskurs. Strukturen öffentlicher Meinungsbildung am Beispiel der deutschen Diskussion zur Abtreibung. Opladen 1998.

Das Gesetz der Moral und die staatliche Ordnung. Gegendenkschrift zur ‚gemeinsamen christlichen Aussage' von Julius Kardinal Döpfner, Landesbischof D. Hermann Dietzfelbinger und deren Autorenkollektiv. Mit Beiträgen von Dr. Klaus Lefringhausen, Dr. Horst Zilleßen, Dr. Helmut Simon, Dr. Armin Volkmar Bauer, Dr. Traugott Wolfhorst, Dr. Martin Goldstein und Dr. Siegfried Meurer. Im Anhang eine Dokumentation. Wuppertal 1971.

Gott ist ein Freund des Lebens. Herausforderungen und Aufgaben beim Schutz des Lebens. Gemeinsame Erklärung des Rates der Evangelischen Kirche in Deutschland und der Deutschen Bischofskonferenz. Gütersloh 1989.

Gorman, Michael J.: Abortion and the Early church. Christian, Jewish and Pagan Attitudes in the Greco-Roman World. New York 1982.

Gorschenek, Günter (Hg.): Grundwerte in Staat und Gesellschaft. München [3]1978.

Greschat, Martin: Die Kirchen in den beiden deutschen Staaten nach 1945. In: Ders.: Protestanten in der Zeit. Kirche und Gesellschaft in Deutschland vom Kaiserreich bis zur Gegenwart. Herausgegeben von Jochen-Cristoph Kaiser. Stuttgart/Berlin/Köln 1994, S. 180–200.

Grosse Kracht, Hermann-Josef: Zwischen Zivilreligion und Zivilgesellschaft? Überlegungen zum ‚Öffentlichkeitsauftrag der Kirchen' im demokratischen Staat. In: Joachim Wiemeyer/Wilfried Lochbühler/Judith Wolf (Hgg.): Der Öffentlichkeitsauftrag der Kirche. Begründung – Wege – Grenzen. Münster 1999, S. 7–27.

Grossmann, Atina: Reforming sex: The German movement for birth control and abortion reform 1920–1950. Oxford u. a. 1995.

Grundwerte und Gottes Gebot. Gemeinsame Erklärung des Rates der Evangelischen Kirche in Deutschland und der Deutschen Bischofskonferenz. Herausgegeben von der Kirchenkanzlei der Evangelischen Kirche in Deutschland und dem Sekretariat der Deutschen Bischofskonferenz. Gütersloh 1970.

Hanack, Ernst-Walter: Art.: Schwangerschaftsunterbrechung. I. Allg. Problematik, sowie II. Geltendes und künftiges Recht der BRD. In: EStL 1966, S. 1940–1943.

- Zum Verhältnis von Recht und Ethik bei der Strafgesetzgebung. Ein Arbeitspapier. In: ZEE 16, 1972, S. 321–329.

HARDING, Sandra: Whose science? Whose knowledge? Thinking from Women's Lives. o. O. (Open University Press) 1991.

HÄRLE, Wilfried (Hg.): Kirche und Gesellschaft. Analysen – Reflexionen – Perspektiven. Stuttgart 1989.

HASE, Hans-Christian von: Ethische Indikation? In: ZEE 4, 1960, S. 110–112.

HAUSCHILD, Wolf-Dieter: Art.: Die Evangelische Kirche in Deutschland. In: TRE X (1982), S. 656–677.

HEIERLE, Werner: Kirchliche Stellungnahmen zu politischen und sozialen Fragen: Eine Untersuchung über ihre Möglichkeiten und Grenzen anhand ausgewählter Beispiele. Bern u. a. 1975.

HEIM, Karl: Die christliche Ethik. Tübinger Vorlesungen. Nachgeschrieben und ausgearbeitet von Walter Kreuzburg. Tübingen 1955.

HERRMANN, Joachim: Die Liberalisierung der Schwangerschaftsunterbrechung durch den Supreme Court der Vereinigten Staaten. In: JZ 28, 1973, S. 490–494.

HILD, Gottlob: In gemeinsamer Sorge? In: MdKI 22, 1971, S. 3–5.

- Zwischen Moral und Strafrecht. Zur Reform des Paragraphen 218 Strafgesetzbuch. In: MdKI 23, 1972, S. 108–112.
- Gebetbuch oder Parteibuch: Katholische Stimmen zur Bundestagswahl. In: MdKI 23, 1972, S. 88–89.
- Die Qual der Wahl. Katholische Kirche im Wahlkampf. In: MdKI 27, 1976, S. 113.

HILD, Helmut/WILKENS, Erwin: Zur politischen Verantwortung der Kirche (Bensheimer Hefte. 45). Göttingen 1973.

HILD, Helmut (Hg.): Wie stabil ist die Kirche? Bestand und Erneuerung. Ergebnisse einer Meinungsbefragung. Gelnhausen/Berlin 1974.

HOFMANN, Beate: Gute Mütter. Starke Frauen. Stuttgart/Berlin/Köln 2000.

HOFMANN, Dietrich (Hg.): Schwangerschaftsunterbrechung. Aktuelle Überlegungen zur Reform des § 218. Frankfurt a. M. 1974.

HONECKER, Martin: Grundwerte und christliches Ethos. In: Ders.: Sozialethik zwischen Tradition und Vernunft. Tübingen 1977, S. 145–174.

- Die Denkschriften der EKD als Paradigma ethischer Argumentation. In: Kirche im Spannungsfeld der Politik. Festschrift für Bischof D. Hermann Kunst D.D. zum 70. Geburtstag am 21. Januar 1977. Herausgegeben von Paul Collmar/Hermann Kalinna/Lothar Wiedemann. Göttingen [2]1978, S. 131–142.
- Welche Legitimation haben Kirchen zu politischen Äußerungen? In: Ders.: Sozialethik zwischen Tradition und Vernunft. Tübingen 1977, S. 41–62.
- Sozialethik zwischen Tradition und Vernunft. Tübingen 1977.

HORNIG, Gottfried: Schwangerschaftsunterbrechung. Aspekte und Konsequenzen. Gütersloh 1967.

HUBER, Wolfgang: Kirche und Öffentlichkeit. Stuttgart 1973.

JACHERTZ, Norbert: Klischees, die sich allzugut verkaufen. In: DÄ 68, 1971, S. 2201–2205.

JACOBI, Peter: Bad Boll – Ein Schulbeispiel christlicher Meinungsbildung. In: Luc Jochimsen (Hgin.): § 218: Dokumentation eines 100jährigen Elends. Hamburg 1971, S. 75–84.

JAHN, Gerhard: Rechtspolitik mit Augenmaß. Reden und Aufsätze zur Rechtspolitik. Mit einem Nachwort von Robert Leicht. Karlsruhe 1972.

JANSSEN, Karl: Die Unterbrechung der aufgezwungenen Schwangerschaft als theologisches und rechtliches Problem. In: ZEE 4, 1960, S. 65–72.

JEROUSCHEK, Günter: Lebensschutz und Lebensbeginn. Kulturgeschichte des Abtreibungsverbots. Stuttgart 1988.

JOCHIMSEN, Luc: Wir sind keine Mörderinnen! In: Susanne von Paczensky (Hgin.): Wir sind keine Mörderinnen! Streitschrift gegen eine Einschüchterungskampagne. Reinbek 1980, S. 9–15.

JÜNGEL, Eberhard/KÄSEMANN, Ernst/MOLTMANN, Jürgen/RÖSSLER, Dietrich: Annahme oder Abtreibung. Thesen zur Diskussion über § 218 StGB. In: EK 4, 1971, S. 452–454.

JÜNGEL, Eberhard/KÄSEMANN, Ernst/MOLTMANN, Jürgen/RÖSSLER, Dietrich: Thesen zur Diskussion über den § 218 StGB. In: Jürgen Baumann (Hg.): Das Abtreibungsverbot des § 218. Eine Vorschrift, die mehr schadet als nützt. Neuwied/Berlin 1971, S. 135–143.

JUST-DAHLMANN, Barbara: Tiefschlag gegen die Regierung? In: EK 4, 1971, S. 101–103.

JÜTTE, Norbert (Hg.): Geschichte der Abtreibung. Von der Antike bis zur Gegenwart. München 1993.

KAISER, Jochen-Christoph/NOWAK, Kurt/SCHWARTZ, Michael (Hgg.): Eugenik, Sterilisation, ‚Euthanasie': Politische Biologie in Deutschland (1895–1945). Berlin 1992.

KAPPARIS, Konstantinos A.: Abortion in the ancient world. London 2001.

KAUP, Heike: Der Schwangerschaftsabbruch aus verfassungsrechtlicher Sicht. Eine rechtsvergleichende Untersuchung anhand des deutschen und des amerikanischen Rechts (Schriften zum Staats- und Völkerrecht. 43). Frankfurt a. M. u. a. 1991.

KATHOLISCHER ERWACHSENEN-KATECHISMUS. Herausgegeben von der Deutschen Bischofskonferenz. Bd. 2: Leben aus dem Glauben. Freiburg u. a. 1995.

KEIL, Horst: Ruck nach rechts. In: EK 5, 1972, S. 47–48.

KEIL, Siegfried: Sexualität. Erkenntnisse und Maß-Stäbe. Stuttgart 1966.

– Einerseits und andererseits. In: EK 4, 1971, S. 203–204.

KELER, Hans von: Die neue Synode der EKD. In: DtPfrBl 73, 1973, S. 665f.

KIRCHLICHES JAHRBUCH FÜR DIE EVANGELISCHE KIRCHE IN DEUTSCHLAND. 89., 99.–103./104. Jg. Gütersloh 1964, 1974–1981.

KOHLER-WEISS, Christiane: Schutz der Menschwerdung – Der Schwangerschaftsabbruch als Thema der evangelischen Ethik. Gütersloh 2004.

KONGREGATION FÜR DIE GLAUBENSLEHRE: Erklärung über den Schwangerschaftsabbruch [latein.-dt.]. Von den Bischöfen approbierte Übersetzung. Eingeleitet von Franz Böckle. Trier 1975.

KLOSTERMANN, Götz: Der Öffentlichkeitsauftrag der Kirchen – Rechtsgrundlagen im kirchlichen und staatlichen Recht. Eine Untersuchung zum öffentlichen Wirken der evangelischen Kirchen in der Bundesrepublik Deutschland. Tübingen 2000.

KLUGE, Dieter: Eyn noch nit lebendig kindt. Rechtshistorische Untersuchungen zum Abbruch der Schwangerschaft in den ersten drei Monaten der Entwicklung der Frucht auf der Grundlage der Carolina von 1532 (EHS.R. 578). Frankfurt a. M./Bern/New York 1986.

Knöferl, Günter/Voigt, Bert/Kolvenbach, Kurt: Modellprogramm ‚Beratungsstellen'-§ 218. Stuttgart u. a. 1981.

Koschorke, Martin: Legalisierung der Abtreibung – ja oder nein? Sozialethische Überlegungen. In: WzM 23, 1971, S. 156–177.

– Die rechtliche Neuregelung der Abtreibung. In: JK 36, 1975, S. 255–268.

Koschorke, Martin/Sandberger, Jörg F. (Hgg.): Schwangerschaftskonfliktberatung. Ein Handbuch. Göttingen 1978.

Koschorke, Martin: Mit gespaltener Zunge über den Schutz des Lebens. Widersprüche einer Denkschrift. In: EK 23, 1990, S. 159–162.

Kraiker, Gerhard: § 218. Zwei Schritte vorwärts, einen Schritt zurück. Eine Analyse der Reform des § 218 in der Bundesrepublik Deutschland. Frankfurt a. M. 1983.

Kriele, Martin: § 218 StGB nach dem Urteil des Bundesverfassungsgerichts. In: ZRP 8, 1975, S. 73–79.

Kunter, Katharina: Die Kirchen im KSZE-Prozeß 1968–1978 (KuG. 20). Stuttgart 2000.

Kürschners Volkshandbuch: Deutscher Bundestag. Darmstadt 1973.

Die Lage der Vertriebenen und das Verhältnis des deutschen Volkes zu seinen östlichen Nachbarn. In: Die Denkschriften der EKD Bd. I/1. Gütersloh 1978, S. 77–126.

Lang-Hinrichsen, Dietrich: Zur Frage der Verfassungsmäßigkeit der ‚Fristenlösung' beim Schwangerschaftsabbruch. In: FamRZ 21, 1974, S. 497–508.

Das Leben bejahen. Aufgaben des Lebensschutzes im Zeichen der Notlagenindikation. Eine seelsorgerliche Orientierungshilfe. Im Auftrag der Bischofskonferenz der Vereinigten Evangelisch-Lutherischen Kirche Deutschlands. Herausgegeben von Horst Reller. Gütersloh 1980.

Liguori, Alfons Maria von: Der Beichtvater. In: Ders.: Sämtliche Werke. Dritte Abteilung. Fünfter Band. Erster Teil. Dritte, sorgfältig revidierte Auflage. Regensburg 1858, S. 138–141.

Lippold, Michael W.: Schwangerschaftsabbruch in der Bundesrepublik Deutschland. Sachstandsbericht und kritische Würdigung aus theologisch-ethischer Perspektive. Leipzig 2000.

Lissek, Vincens/Raabe, Felix: Für das Leben. Eine Arbeitshilfe zur Auseinandersetzung um den § 218 StGB. Herausgegeben vom Generalsekretariat des Zentralkomitees der Deutschen Katholiken/Bonn. In Zusammenarbeit mit dem Sekretariat der Deutschen Bischofskonferenz. Bonn 1974.

Lisske, Michael: Abtreibungsregelung in den U.S.A. und der Bundesrepublik. Der politische Prozeß im Vergleich. Diss. Freiburg i. Br. 1990.

Lohse, Eduard: Erneuern und Bewahren. Evangelische Kirche 1970–1990. Göttingen 1993.

Mahrenholz, Ernst-Gottfried: Die Kirchen in der Gesellschaft der Bundesrepublik. 2. durchgesehene Neuauflage. Hannover 1972.

Mall-Haefeli, M.: Zur Frage der Liberalisierung der Schwangerschaftsunterbrechung. In: Schweizerische Zeitschrift für Gynäkologie und Geburtshilfe 1972, S. 69–91.

McIntosh, William/Alston, Letitia/Alston, Jon: The differential impact of religious preference and church attendance on attitudes toward abortion. In: RRelRes 20, 1979, S. 195–213.

MEDIZINISCHE INDIKATION UND GOTTES GEBOT. In: EvW 1, 1948, S. 321.

MEHLHAUSEN, Joachim: Zur Methode kirchlicher Zeitgeschichtsforschung. In: EvTh 48, 1988, S. 508–521.

MEHLHAUSEN, Joachim (Hg.): Pluralismus und Identität. Gütersloh 1995.

MEUSER, Michael/NAGEL, Ulrike: ExpertInneninterviews – vielfach erprobt, wenig bedacht. Ein Beitrag zur qualitativen Methodendiskussion. In: Detlef GARZ/Klaus KRAIMER (Hgg.): Qualitativ-empirische Sozialforschung. Konzepte, Methoden, Analysen. Opladen 1991, S. 441–471.

MOTSCHMANN, Jens/MATTHIES, Helmut (Hgg.): Rotbuch Kirche. Stuttgart 1976.

MÜNZ, Rainer/PELIKAN, Jürgen M.: Geburt oder Abtreibung. Eine soziologische Analyse von Schwangerschaftskarrieren. Wien 1978.

MUTH, Ulrich: Die Diskussion über eine Reform des strafrechtlichen Abtreibungsverbots in der Bundesrepublik Deutschland bis zum 15. Strafrechtsänderungsgesetz vom 18.05.1976. Diss. Heidelberg 1992. Heidelberg 1994.

NEUBAUER, Reinhard: Betrifft § 218. Informationen, Argumente, Perspektiven in christlicher Sicht. Berlin 1972.

ODIN, Karl-Alfred: Das politische Wort der Kirche. In: Ders. (Hg.): Die Denkschriften der Evangelischen Kirche in Deutschland. Texte und Kommentar. Neukirchen-Vluyn 1966, S. 5–21.

ONSTEIN, Herbert: Die Entwicklung der Straftatbestände der Abtreibung in der Weimarer Zeit und im Dritten Reich sowie die Diskussion hierzu innerhalb der Ärzteschaft, der Jurisprudenz und des Reichstages. Diss. Münster 1996.

OYEN, Hendrik van: Evangelische Ethik. Bd. II. Basel 1957.

– Grenzfälle in der medizinischen Ethik. In: ZEE 4, 1960, S. 193–207.

PANZER, Karl: Schwangerschaftsabbruch: § 218 StGB. Eine Dokumentation. Herausgegeben vom Katholischen Arbeitskreis für Strafrecht beim Kommissariat der Deutschen Bischöfe. Zusammengestellt und mit einem Vorwort versehen von Karl Panzer. Köln 1972.

§ 218. Argumente zur Reform. Herausgegeben vom Vorstand der SPD, Abteilung Öffentlichkeitsarbeit (Das Argument. 1). Bonn 1974.

PHILIPPS, Karl (Hg.): Dokumentation zur Reform des § 218 StGB (Materialien für den Dienst in der Evangelischen Kirche von Westfalen. Reihe D, Öffentlichkeitsarbeit. 1). Bielefeld 1973.

– Dokumentation zur Reform des § 218. Ergänzungsheft (Materialien für den Dienst in der Evangelischen Kirche von Westfalen. Reihe D, Öffentlichkeitsarbeit. 2). Bielefeld 1974.

– Dokumentation zur Reform des § 218 StGB. 2. Ergänzungsheft (Materialien für den Dienst in der Evangelischen Kirche von Westfalen. Reihe D, Öffentlichkeitsarbeit. 4). Bielefeld 1975.

– Dokumentation zur Reform des § 218 StGB. 3. Ergänzungsheft (Materialien für den Dienst in der Evangelischen Kirche von Westfalen. Reihe D, Öffentlichkeitsarbeit. 6). Bielefeld 1977.

POUTRUS, Kirsten: „Ein Staat, der seine Kinder nicht ernähren kann, hat nicht das Recht, ihre Geburt zu fordern." Abtreibungen in der Nachkriegszeit 1945–1950. In: Unter anderen Umständen. Zur Geschichte der Abtreibung. Publikation anläßlich der Ausstellung: Unter anderen Umständen. Zur Geschichte der Abtreibung. Veranstaltet vom Deutschen Hygiene-Museum/Dresden (1. Juli bis 31.

Dezember 1993). Herausgegeben von Gisela Staupe/Lisa Vieth. Neuauflage. Dortmund 1996, S. 73–85.

Praetorius, Ina: Anthropologie und Frauenbild in der deutschsprachigen protestantischen Ethik seit 1949. Gütersloh 1993.

Preul, Reiner: Kirchentheorie. Berlin/New York 1997.

Pross, Helge: Abtreibung. Motive und Bedenken. Mit einem Exkurs über Abtreibung in der DDR von Dieter Voigt. Stuttgart u. a. 1971.

Raiser, Ludwig: Kein vollgeglücktes Modell. In: EK 4, 1971, S. 103–104.

- Die Denkschriften der Evangelischen Kirche in Deutschland als Wahrnehmung des Öffentlichkeitsauftrages der Kirche. In: Die Denkschriften der EKD Bd. I, 1. Gütersloh 1978, S. 9–40.

Rau, Wolfgang: Konservativer Widerstand und soziale Bewegung: Problemverständnis und Weltauslegung von Lebensrechtsgruppen (EHS. 22, 111). Frankfurt/Bern/New York 1985.

Reform des § 218. Aus der öffentlichen Anhörung des Sonderausschusses für die Strafrechtsreform des Deutschen Bundestages. Aus Stellungnahmen von Sachverständigen bei der 74., 75. und 76. Sitzung des Sonderausschusses für die Strafrechtsreform am 10., 11. und 12. April 1972. Herausgegeben vom Presse- und Informationszentrum des Deutschen Bundestages (Zur Sache. 6/72). Stuttgart 1972.

Rendtorff, Trutz: Christliche Gemeinsamkeit im Durchschnitt. In: ZEE 15, 1971, S. 176–178.

- Ethik Bd. I. Stuttgart u. a. 1980.

Reuter, Hans-Richard: Rechtsethik in theologischer Perspektive. Studien zur Grundlegung und Konkretion. Gütersloh 1996.

Riddle, John M.: Eve's herbs: a history of contraception and abortion in the West. Cambridge, Mass. u. a. 1997.

Ringeling, Hermann/Ruh, Hans (Hgg.): Zur Frage des Schwangerschaftsabbruches. Theologische und kirchliche Stellungnahmen. Basel 1974.

Rink, Sigurd: Der Bevollmächtigte. Propst Grüber und die Regierung der DDR (KuG. 10). Stuttgart/Berlin/Köln 1996.

Römhild, Paul: Vom Ursprung des Lebens und vom Beginn des Menschsein. o. O. 1973.

Rusch, Regina: Aktionen und Reaktionen bis Sommer '71. In: Luc Jochimsen (Hgin.): § 218: Dokumentation eines 100jährigen Elends. Hamburg 1971, S. 84–111.

Saatz, Ursula: § 218. Das Recht der Frau ist unteilbar. Über die Auswirkungen des § 218 und die Bewegung gegen die Abtreibungsgesetzgebung zur Zeit der Weimarer Republik. Münster 1991.

Sandschneider, Eberhard: Die Reform des § 218 StGB im Kräftefeld gesellschaftlicher Gruppen und Interessen. In: Heike Jung/Heinz Müller-Dietz (Hgg.): § 218 StGB. Dimensionen einer Reform. Heidelberg 1983, S. 19–42.

Scharfenberg, Joachim: Das Leiden am Leitbild der Ehe. Unbescheidene Wünsche eines aufsässigen Christen an seine Kirche. In: EK 4, 1971, S. 130–131.

Scheunemann, Renate: Plädoyer für die Straffreiheit des Schwangerschaftsabbruchs. In: WzM 23, 1971, S. 154–156.

Schindler, Peter (Hg.): Datenbuch zur Geschichte des Deutschen Bundestages 1949 bis 1982. Bonn [2]1983.

SCHMID, Richard: Chronik § 218. In: Merkur 27, 1973, S. 563–572.
SCHMIDT, Helmut: Als Christ in der politischen Entscheidung. Gütersloh 1976.
– Ethos und Recht in Staat und Gesellschaft. In: Günter Gorschenek (Hg.): Grundwerte in Staat und Gesellschaft. München [3]1978, S. 13–28.
SCHNELL, Ingeborg Cornelia Ulrike: Schwangerschaft und Gesetzgebung im 19. Jahrhundert. Diss. Freiburg i. Br. 1984.
SCHROEDER, Friedrich-Christian (Hg.): Abtreibung. Reform des § 218. Berlin/New York 1972.
SCHWARZER, Alice (Hgin.): Frauen gegen den § 218. 18 Protokolle aufgezeichnet von Alice Schwarzer. Mit einem Bericht der sozialistischen Arbeitsgruppe zur Befreiung der Frauen. Frankfurt a. M. 1971.
– So fing es an: 10 Jahre Frauenbewegung. München 1981.
SCHWEITZER, Carl-Christoph: Der Abgeordnete im parlamentarischen Regierungssystem der Bundesrepublik. Opladen 1979.
SCHWEITZER, Wolfgang: Freiheit zum Leben. Stuttgart/Gelnhausen 1959.
– Respekt vor dem keimenden Leben. Erwägungen zum Paragraphen 218. In: EK 4, 1971, S. 535–537.
– Kommentar. Öffentliche kirchliche Erklärungen vom Frühjahr 1972: Zum § 218 des Strafgesetzbuches (1.) und zur Diskussion um die Ostverträge (2.). Versuch einer Analyse. In: ZEE 16, 1972, S. 248–256.
SIEBEL, Wigand u. a. (Hgg.): Soziologie der Abtreibung. Empirische Forschung und theoretische Analyse. Stuttgart 1971.
SIMON, Helmut: Katholisierung des Rechts? Zum Einfluß katholischen Rechtsdenkens auf die gegenwärtige deutsche Gesetzgebung und Rechtsprechung (Bensheimer Hefte. 16). Göttingen 1962.
– Zur rechtlichen Beurteilung von Schwangerschaftsunterbrechungen und Sterilisationen. In: Helmut Thielicke (Hg.): Kindersegen und Geburtenkontrolle. Ein Symposion mit Joachim Beckmann, Wilhelm Giesen, Richard Kepp, Gertrud Osterloh, Hermann Schubnell, Helmut Simon, Helmut Thielicke. Hamburg 1964, S. 146–178.
– Selbstgerecht vom Dach der Kirche. In: EK 4, 1971, S. 99–100.
SÖLLE, Dorothee: Für die Bejahung des Lebens – gegen die Bestrafung der Mutter. In: Luc Jochimsen (Hgin.): § 218. Dokumentation eines 100jährigen Elends. Hamburg 1971, S. 155–159.
SPRANGER, Karl-Dieter: Erfahrungen sprechen gegen Fristenlösung. In: Familienpolitische Informationen 13, 1974, S. 28.
SPIEKER, Manfred: Kirche und Abtreibung in Deutschland. Ursachen und Verlauf eines Konfliktes. Paderborn u. a. 2001.
SPOTTS, Frederic: Kirchen und Politik. Mit einem Nachwort zur deutschen Ausgabe von Friedrich Weigend-Abendroth. Stuttgart 1976.
SPRUIT, Leonardus Gerardus Maria: Religie en abortus: interactiemodellen ter verklaring van de houding tegenover abortus (KASKI, Instituut voor sociaalwetenschappelijk onderzoek, studie en advies. 419). Nijmegen 1991.
STAMMLER, Eberhard: Fehlalarm. In: EK 4, 1971, S. 121.
– Kirchliches Machtkartell? In: EK 7, 1974, S. 261–262.
STATISTISCHES JAHRBUCH FÜR DIE BUNDESREPUBLIK DEUTSCHLAND.
STEINMEYER, Fritz-Joachim (Hg.): Leben annehmen. Evangelische Beratung bei Schwangerschaften in Not- und Konfliktsituationen. Stuttgart 1987.

STELLUNGNAHMEN ZUM THEMA SCHWANGERSCHAFTSABBRUCH. Herausgegeben vom Kirchenamt der EKD (EKD-Texte. 14). Hannover 1986.

STRAFRECHTSKOMMISSION DER EKD: Stellungnahme zur Reform des § 218. In: ZEE 16, 1972, S. 233–242.

STRATENWERTH, Gerhard: Art.: Schwangerschaftsunterbrechung. In: ESL 1954, S. 887–892, ESL 4. Aufl. 1963, S. 1062–1069.

– Kritische Bemerkungen zu dem Beitrag von H. van Oyen über Grenzfälle der medizinischen Ethik. In: ZEE 4, 1960, S. 244–247.

TALLEN, Hermann: Die Auseinandersetzung über § 218 StGB. Zu einem Konflikt zwischen der SPD und der katholischen Kirche (Abhandlungen zur Sozialethik. 15). München/Paderborn/Wien 1977.

TANNER, Klaus: Organisation und Legitimation. Zum internen Stellenwert politischer Stellungnahmen der Evangelischen Kirche in Deutschland. In: Heidrun Abromeit/Gottrik Wewer (Hgg.): Die Kirchen und die Politik. Beiträge zu einem ungeklärten Verhältnis. Opladen 1989, S. 201–220.

THIELICKE, Helmut: Theologische Ethik Bd. III. Tübingen 1964.

THIERFELDER, Hans: Der Oberste Gerichtshof der USA und die Bestrafung der Abtreibung. In: DRiZ 51, 1973, S. 234–236.

THIETZ, Kirsten (Hgin.): Ende der Selbstverständlichkeit? Die Abschaffung des § 218 in der DDR. Berlin 1992.

THRÄNHARDT, Dietrich: Geschichte der Bundesrepublik Deutschland. Erweiterte Neuauflage. Frankfurt a. M. 1996.

TRILLHAAS, Wolfgang: Ethik. Berlin 1959; 2. neubearb. Aufl. Berlin 1965; 3. durchgesehene und erweiterte Aufl. Berlin 1970.

– Sexualethik. 2. durchgesehene und erweiterte Auflage. Göttingen 1970.

UNTER ANDEREN UMSTÄNDEN. Zur Geschichte der Abtreibung. Publikation anläßlich der Ausstellung: Unter anderen Umständen. Zur Geschichte der Abtreibung. Veranstaltet vom Deutschen Hygiene-Museum Dresden (1. Juli bis 31. Dezember 1993). Herausgegeben von Gisela Staupe/Lisa Vieth. Neuauflage. Dortmund 1996.

VERHANDLUNGEN DES DEUTSCHEN BUNDESTAGES. STENOGRAPHISCHE BERICHTE.

VERHANDLUNGEN DES DEUTSCHEN BUNDESTAGES. ANLAGEN ZU DEN STENOGRAPHISCHEN BERICHTEN.

VOGEL, Friedrich: Wirksamer Schutz für das werdende Leben. Ein Plädoyer für eine enge Indikationslösung. In: Albrecht Beckel (Hg.): § 218 – Abtreibung in der Diskussion. Medizinische, psychologische, juristische, ethische und politische Aspekte der Reform des § 218. Zusammengestellt und eingeleitet von Jörg Twenhöven. Münster 1972, S. 89–97.

VOGEL, Johanna: Kirche und Wiederbewaffnung. Die Haltung der EKD in den Auseinandersetzungen um die Wiederbewaffnung 1949 bis 1956 (AkZ. B 4). Göttingen 1978.

VOGLER, Michael: Schwangerschaftsunterbrechung in der Sicht der heutigen protestantischen Theologie. In: ThGl 52, 1962, S. 426–447.

WECKER, Rose: Konfessionelle Frauenbewegung und die Diskussion um den Schwangerschaftsabbruch: Überlegungen zur ethischen Urteilsfindung im Kontext von Frauenbewegung und Kirche. Diss. Heidelberg 1998.

WEWER, Göttrik: Die großen Kirchen und das politische System in der Bundesrepublik Deutschland. In: Heidrun Abromeit/Göttrik Wewer (Hgg.): Die Kirchen

und die Politik. Beiträge zu einem ungeklärten Verhältnis. Opladen 1989, S. 49–87.
WIEMEYER, Joachim/LOCHBÜHLER, Wilfried/WOLF, Judith (Hgg.): Der Öffentlichkeitsauftrag der Kirche. Begründung – Wege – Grenzen. Münster 1999.
WILKENS, Erwin: Art.: Schwangerschaftsunterbrechung, III.: Theologische Würdigung. In: EStL 1. Aufl. 1966, S. 1943–1946.
– Staat und sittliche Ordnung. In: EK 4, 1971, S. 97–99.
– (Hg.): § 218. Dokumente und Meinungen zur Frage des Schwangerschaftsabbruchs. Ausgewählt, eingeleitet und erläutert von Erwin Wilkens. Gütersloh 1973.
– Die politische Verantwortung der Kirche in der Gegenwart. In: Helmut Hild/Erwin Wilkens: Zur politischen Verantwortung der Kirche (Bensheimer Hefte. 45). Göttingen 1973, S. 24–52.
– Art.: Schwangerschaftsabbruch. In: EStL 2. Auflage 1975, S. 2269–2273.
– Lebensrecht des Ungeborenen. Überlegungen zur Neuregelung des Rechts auf Schwangerschaftsabbruch. In: EK 8, 1975, S. 533–536.
– Überlegungen zur Geschichte des politischen Dienstes der Evangelischen Kirche in Deutschland (1977). In: Ders. (Hg.): Politischer Dienst der Kirche. Gütersloh 1978, S. 15–33.
– Kirchliche Mitverantwortung in Politik, Staat und Gesellschaft. In: Ders. (Hg.): Politischer Dienst der Kirche. Gütersloh 1978, S. 34–73.
– Politischer Dienst der Kirche. Gütersloh 1978.
– Bekenntnis und Ordnung. Ein Leben zwischen Kirche und Politik. Hannover 1993.
WISKEMANN, Bernd/CORNILS, Karin: Landesbericht Schweden. In: Albin Eser/Hans-Georg Koch (Hgg.): Schwangerschaftsabbruch im internationalen Vergleich. Rechtliche Regelungen – Soziale Rahmenbedingungen – Empirische Grunddaten. Teil I: Europa. Baden-Baden 1988, S. 1383–1483.
WÖLBER, Hans-Otto: Paragraph 218. Der Konflikt bleibt. In: LM 10, 1973, S. 95.
ZILLESSEN, Horst: Rückfall in den Obrigkeitsstaat. In: Das Gesetz der Moral und die staatliche Ordnung. Gegendenkschrift zur ‚gemeinsamen christlichen Aussage‘ von Julius Kardinal Döpfner und Landesbischof D. Hermann Dietzfelbinger und deren Autorenkollektiv. Mit Beiträgen von Dr. Klaus Lefringhausen, Dr. Horst Zilleßen, Dr. Helmut Simon, Dr. Armin Volkmar Bauer, Dr. Traugott Wulfhorst, Dr. Martin Goldstein und Dr. Siegfried Meurer. Im Anhang eine Dokumentation. Wuppertal 1971, S. 13–19.
– Vorstellungen von Demokratie und Gesellschaft in kirchlichen Verlautbarungen. In: ZEE 16, 1972, S. 218–232.

Abkürzungen

Die Abkürzungen dieser Arbeit richten sich nach Siegfried M. Schwertner, Internationales Abkürzungsverzeichnis für Theologie und Grenzgebiete (IATG[2]), Berlin [2]1994 (Sonderausgabe für die Theologische Realenzyklopädie).

Darüber hinaus wurden folgende Abkürzungen benutzt:

AB	Augsburgischen Bekenntnisses
Abs.	Absatz
ADW	Archiv des Diakonischen Werkes der EKD, Berlin
AE	Alternativ-Entwurf eines Strafgesetzbuches
AEFD	Archiv der Evangelischen Frauenarbeit in Deutschland
AEJ	Arbeitsgemeinschaft der Evangelischen Jugend in Deutschland
AEKiR	Archiv der Evangelischen Kirche im Rheinland
AEvABB	Archiv der Evangelischen Akademie Bad Boll
AG	Arbeitsgemeinschaft
Anm.	Anmerkung
ap	Associated press
ARD	Arbeitsgemeinschaft der Rundfunkanstalten Deutschlands
Art.	Artikel
AWO	Arbeiterwohlfahrt
BAGW	Bundesarbeitsgemeinschaft der Freien Wohlfahrtspflege
Bd.	Band
BdKJ	Bund der katholischen Jugend
Betr.	Betrifft
BGBl	Bundesgesetzblatt
BJM	Bundesjustizministerium
BMJFG	Bundesministerium für Jugend, Familie und Gesundheit
BR	Bundesrat
BT	Bundestag
BT-Drs.	Bundestagsdrucksache
BR	Bayerischer Rundfunk
BRD	Bundesrepublik Deutschland
BR-Drs.	Bundesratsdrucksache
BverfG	Bundesverfassungsgericht
Bzw.	Beziehungsweise
ca.	Circa
CAJ	Christliche Arbeiterjugend
CDU	Christlich Demokratische Union
CSU	Christlich Soziale Union
DAG	Deutsche Angestelltengewerkschaft
DÄ	Deutsches Ärzteblatt

DAJEB	Deutsche Arbeitsgemeinschaft für Jugend und Eheberatung
DAS	Deutsches Allgemeines Sonntagsblatt
DCV	Deutscher Caritas-Verband
DeKrV	Deutscher Evangelischer Krankenhausverband
DGB	Deutscher Gewerkschaftsbund
d. h.	das heißt
DriZ	Deutsche Richterzeitung
DRK	Deutsches Rotes Kreuz
Dpa	Deutsche Presseagentur
DpW	Deutscher paritätischer Wohlfahrtsverband
DRK	Deutsches Rotes Kreuz
DW	Diakonisches Werk
DZ	Deutsche Zeitung/Christ und Welt
EAF	Evangelische Aktionsgemeinschaft für Familienfragen
ebd.	ebenda
EFD	Evangelische Frauenarbeit Deutschlands
EKD	Evangelische Kirche in Deutschland
EKFuL	Evangelische Konferenz für Familien- und Lebensberatung
EKHN	Evangelische Kirche in Hessen und Nassau
EKU	Evangelische Kirche der Union
Epd	Evangelischer Pressedienst
Epd-dok	Dokumentation des Evangelischen Pressedienstes
epd Ausg. f. kirchl. Presse	Evangelischer Pressedienst, Ausgabe für die kirchliche Presse
EZA	Evangelisches Zentralarchiv in Berlin
EZI	Evangelisches Zentralinstitut für Familienberatung, Berlin
FamRZ	Zeitschrift für das gesamte Familienrecht
FAZ	Frankfurter Allgemeine
Fdk	Freie Demokratische Korrespondenz
FDP	Freie Demokratische Partei (F.D.P.)
FR	Frankfurter Rundschau
GBl	Gesetzblatt
GEP	Gemeinschaftswerk der Evangelischen Publizistik
GG	Grundgesetz
HAZ	Hannoversche Allgemeine
HB	Helvetischen Bekenntnisses
HBV	Gewerkschaft Handel Banken und Versicherungen
Hg.	Herausgeber (im Singular)
Hgg.	Herausgeber (im Plural)
Hgin.	Herausgeberin
HR	Hessischer Rundfunk
HK	Herder-Korrespondenz
Idea	Informations-Dienst der Evangelischen Allianz
JK	Junge Kirche
JZ	Juristen-Zeitung
KAB	Katholische Arbeiter-Bewegung
KEG	Katholische Erziehergemeinschaft

KJ	Kirchliches Jahrbuch
Kann	Katholische Nachrichten-Agentur
KuG	Konfession und Gesellschaft
LKR	Landeskirchenrat
LS	Landessynode
MR	Ministerialrat
NDR	Norddeutscher Rundfunk
NRZ	Neue Ruhr Zeitung/Neue Rhein Zeitung
NZZ	Neue Zürcher Zeitung
o. O.	ohne Ort
OKR	Oberkirchenrat
PH	Pädagogische Hochschule
Ppp	Parlamentarisch politischer Pressedienst
Paepd	Pressearchiv des Evangelischen Pressedienstes, Frankfurt a. M.
PAEvKBB	Pressearchiv der Evangelischen Kirche in Berlin-Brandenburg, Berlin
RGBl	Reichsgesetzblatt
SDR	Süddeutscher Rundfunk
SFB	Sender Freies Berlin
SkF	Sozialdienst katholischer Frauen
Si.	Sitzung
SPD	Sozialdemokratische Partei Deutschlands
Sten. Ber.	Stenographischer Bericht
Stud. theol.	Student(in) der Theologie
StGB	Strafgesetzbuch
StREG	Strafrechtsreform-Ergänzungsgesetz
5. StrRG	Fünftes Strafrechtsreformgesetz
SZ	Süddeutsche Zeitung
u. a.	unter anderem
VELKD	Vereinigte Evangelisch-Lutherische Kirche Deutschlands
vgl.	Vergleiche
WAZ	Westdeutsche Allgemeine Zeitung
WDR	Westdeutscher Rundfunk
WHO	World Health Organization (Weltgesundheitsorganisation)
WP	Wahlperiode
z. B.	zum Beispiel
ZdK	Zentralkomitee der deutschen Katholiken
ZDF	Zweites Deutsches Fernsehen
ZRP	Zeitschrift für Rechtspolitik

Personenregister

Bei den im Berichtszeitraum auftretenden Personen wird in der Regel nur ihre Funktion während dieser Zeit angegeben

Arbeiten zur Kirchlichen Zeitgeschichte
Reihe A: Quellen

8 **Die Protokolle des Rates der Evangelischen Kirche in Deutschland. Band 5: 1951**
Bearbeitet von Dagmar Pöpping.
2004. Ca. 496 Seiten, gebunden
ISBN 3-525-55758-2

7 Matthias Weindel
Leben und Lernen hinter Stacheldraht
Die Evangelischen Lagergemeinden und Theologischen Schulen in England, Italien und Ägypten
Eine Dokumentation. Mit einem Vorwort von Gerhard Schäfer. 2001. 462 Seiten, gebunden
ISBN 3-525-55757-4

6 **Die Protokolle des Rates der Evangelischen Kirche in Deutschland. Band 2: 1947/48**
Im Auftrag der Evangelischen Arbeitsgemeinschaft für Kirchliche Zeitgeschichte und des Evangelischen Zentralarchivs in Berlin bearbeitet von Carsten Nicolaisen und Nora Andrea Schulze.
1997. XXVIII, 851 Seiten, gebunden
ISBN 3-525-55754-X

5 **Die Protokolle des Rates der Evangelischen Kirche in Deutschland. Band 1: 1945/46**
Im Auftrag der Evangelischen Arbeitsgemeinschaft für Kirchliche Zeitgeschichte und des Evangelischen Zentralarchivs in Berlin bearbeitet von Carsten Nicolaisen und Nora Andrea Schulze. Mit einer Einleitung von Wolf-Dieter Hauschild.
1995. XLVIII, 971 Seiten, gebunden
ISBN 3-525-55756-6

4 **Verantwortung für die Kirche II**
Stenographische Aufzeichnungen und Mitschriften von Landesbischof Hans Meiser 1933-1955. Band 2: Herbst 1935 bis Frühjahr 1937
Bearbeitet von Hannelore Braun und Carsten Nicolaisen. 1993. XXXII, 723 Seiten mit 15 Abbildungen, gebunden
ISBN 3-525-55755-8

3 **Die evangelische Kirche nach dem Zusammenbruch**
Berichte ausländischer Beobachter aus dem Jahre 1945. Bearbeitet von Clemens Vollnhals. 1988. XLV, 392 Seiten, gebunden
ISBN 3-525-55753-1

2 Erich Dinkler /
Erika Dinkler-von Schubert (Hg.)
Theologie und Kirche im Wirken Hans von Sodens
Briefe und Dokumente aus der Zeit des Kirchenkampfes 1933-1945. Bearbeitet von Michael Wolter. 2., durchgesehene Auflage 1986. 403 Seiten, 1 Frontispiz, kartoniert
ISBN 3-525-55752-3

1 **Verantwortung für die Kirche I**
Stenographische Aufzeichnungen und Mitschriften von Landesbischof Hans Meiser 1933-1955. Band 1: Sommer 1933 bis Sommer 1935
Bearbeitet von Hannelore Braun und Carsten Nicolaisen. 1985. XLIV, 590 Seiten mit 1 Porträt, gebunden. ISBN 3-525-55751-5